CATARINA, A GRANDE, & POTEMKIN

SIMON SEBAG MONTEFIORE

Catarina, a Grande, & Potemkin

Uma história de amor na corte Románov

Tradução
Berilo Vargas

COMPANHIA DAS LETRAS

Copyright © 2000, 2016 by Simon Sebag Montefiore
Publicado pela primeira vez pela Weidenfeld & Nicolson, Londres, em 2000

Grafia atualizada segundo o Acordo Ortográfico da Língua Portuguesa de 1990, que entrou em vigor no Brasil em 2009.

Título original
Catherine the Great & Potemkin: The Imperial Love Affair

Capa
Kiko Farkas e Felipe Sabatini/ Máquina Estúdio

Fotos de capa
Acima: *Retrato de Catarina II* (1729-1796), óleo sobre tela de Fedor Stepanovich Rokotov (c. 1735-1808), séc. XVIII, State Hermitage Museum, São Petersburgo, Rússia Bridgeman/ Fotoarena
Abaixo: *Grigóri Potiômkin* (1739-1791), de Johann Baptist von Lampi (1751-1830), Museu Suvóvov, São Petersburgo

Preparação
Alexandre Boide

Índice remissivo
Luciano Marchiori

Revisão
Ana Maria Barbosa
Carmen T. S. Costa

Dados Internacionais de Catalogação na Publicação (CIP)
(Câmara Brasileira do Livro, SP, Brasil)

Montefiore, Simon Sebag
  Catarina, a Grande, & Potemkin : uma história de amor na corte Románov/ Simon Sebag Montefiore ; tradução Berilo Vargas. — 1ª ed. — São Paulo : Companhia das Letras, 2018.

  Título original : Catherine the Great & Potemkin : The Imperial Love Affair.
  Bibliografia.
  ISBN 978-85-359-3101-3

  1. Catarina II, Imperatriz da Rússia, 1729-1796 2. Generais – Rússia – Biografia 3. Homens de Estado – Rússia – Biografia 4. Rússia – História – Catarina II, 1729-1796 5. Potemkin, Gregório Alexandrovich, 1739-1791 I. Título.

18-13848   CDD-947.06

Índice para catálogo sistemático:
1. Catarina II, Imperatriz da Rússia : Biografia   947.06

[2018]
Todos os direitos desta edição reservados à
EDITORA SCHWARCZ S.A.
Rua Bandeira Paulista, 702, cj. 32
04532-002 — São Paulo — SP
Telefone (11) 3707-3500
www.companhiadasletras.com.br
www.blogdacompanhia.com.br
facebook.com/companhiadasletras
instagram.com/companhiadasletras
twitter.com/cialetras

Sumário

Lista de personagens 9
Árvores genealógicas 13
Mapas 17
Prefácio à nova edição 19
Agradecimentos 24
Nota preliminar 29

Prólogo: Morte nas estepes 31

PARTE UM: POTEMKIN E CATARINA — 1739-62
1. O menino provinciano 47
2. O homem da Guarda e a grã-duquesa: O golpe de Catarina 71
3. Primeiro encontro: O temerário pretendente da imperatriz 92

PARTE DOIS: MAIS PERTO — 1762-74
4. Ciclope 113
5. O herói de guerra 127
6. O mais feliz dos homens 151

PARTE TRÊS: JUNTOS — 1774-6

7. Amor. 169
8. Poder. 185
9. Casamento: Madame Potemkin 203
10. Sofrimento e compreensão 223

PARTE QUATRO: A PARCERIA APAIXONADA — 1776-7

11. Os favoritos dela. 239
12. As sobrinhas dele 264
13. Duquesas, diplomatas e charlatães 278

PARTE CINCO: O COLOSSO — 1777-83

14. Bizâncio 303
15. O sacro imperador romano. 314
16. Três casamentos e uma coroa 331
17. O paraíso de Potemkin: A Crimeia. 342

PARTE SEIS: O CO-TSAR — 1784-6

18. Imperador do sul 365
19. Negros britânicos e guerreiros tchetchenos. 394
20. Anglomania: Os Bentham na Rússia e o imperador de jardins 407
21. O Negro Branco. 430
22. Um dia na vida de Grigóri Alexándrovitch. 451

PARTE SETE: O APOGEU 1787-90

23. O teatro mágico. 479
24. Cleópatra 495
25. As amazonas. 512
26. Cossacos judeus e almirantes americanos: A guerra de Potemkin. 528
27. Grito de destruição: O assalto a Ochakov 549
28. Meus êxitos são seus 566
29. O delicioso e o cruel: Sardanápalo 583
30. Um mar de carnificina: Izmail. 607

PARTE OITO: A ÚLTIMA DANÇA — 1791

31. A Bela Grega. 619
32. Carnaval e crise 629
33. A última viagem. 646

Epílogo: Vida após a morte. 655

Notas 675
Bibliografia selecionada 763
Créditos das imagens 785
Índice remissivo 789

Lista de personagens

Príncipe Grigóri Potemkin de Táurida, marido secreto de Catarina II, estadista, militar

Catarina II, a Grande, nascida princesa Sophie de Zerbst, imperatriz da Rússia de 1762 a 1796

Abdul-Hamid I, sultão otomano de 1774 a 1788
Jeremy Bentham, filósofo inglês e fundador do utilitarismo
Samuel Bentham, irmão de Jeremy, oficial da Marinha, construtor naval
Alexandre Bezboródko, secretário de Catarina, depois ministro do Exterior
Ksawery Branicki, cortesão polonês casado com Alexandra Engelhardt, sobrinha de Potemkin
Alexandra Branicka, sobrinha favorita de Potemkin, *née* Engelhardt, casada com Ksawery
Alexei Bóbrinski, filho natural de Catarina e Grigóri Orlov
Praskóvia Bruce, confidente de Catarina, supostamente selecionadora de favoritos
Conde Cagliostro, charlatão italiano

Zakhar Tchernichov, admirador de Catarina, cortesão, ministro da Guerra, aliado dos Orlov

Ivan Tchernichov, irmão de Zakhar, cortesão, ministro da Marinha

Conde Louis Cobenzl, embaixador austríaco em Petersburgo

Elisabeth, condessa de Craven, aventureira aristocrática inglesa, viajante, escritora

Conde de Damas, aristocrata francês e oficial do exército de Potemkin

Iekaterina Dáchkova, *née* Vorontsova, conspiradora e defensora de Catarina

Iekaterina Dolgorúkaia, mulher de oficial russo, amante de Potemkin

Isabel, filha de Pedro, o Grande, imperatriz de 1741 a 1761

Mikhail Faléiev, empresário, oficial de intendência, comerciante, construtor de Nikoláiev

Frederico II, o Grande, rei da Prússia de 1740 a 1786

Frederico Guilherme, sobrinho de Frederico, o Grande, rei da Prússia de 1786 a 1797

Mikhail Garnovski, acompanhante da duquesa de Kingston, *homme d'affaires* de Potemkin

Varvara Golítsina, *née* Engelhardt, sobrinha de Potemkin que casou com o príncipe Serguei Golítsin

Praskóvia Golítsina, casada com o príncipe Mikhail Golítsin, última amante de Potemkin

William Gould, jardineiro inglês de Potemkin

Sir James Harris, embaixador britânico em Petersburgo, posteriormente conde de Malmesbury

Henrique da Prússia, irmão mais novo de Frederico, o Grande

John Paul Jones, lendário almirante americano tido como fundador da Marinha dos Estados Unidos

José II, imperador sacro romano, ou Kaiser, de 1765 a 1790, cogovernante e em seguida governante dos territórios dos Habsburgo de 1780 a 1790

Alexandre Khrapovítski, autor de diário e secretário de Catarina

Elisabeth, duquesa de Kinstron, condessa de Bristol, aventureira e bígama inglesa

Alexandre Lanskoi, favorito de Catarina de 1779 a 1784

Leopoldo, imperador sacro romano, irmão de José II e seu sucessor de 1790 a 1792

Príncipe de Ligne, aristocrata europeu, cortesão austríaco e marechal de campo

Lewis Littlepage, norte-americano da Virgínia, cortesão polonês e oficial da flotilha de Potemkin

Alexandre (Dmítriev-)Mamónov, favorito de Catarina de 1786 a 1789

Maria Teresa, rainha-imperatriz, governante dos territórios dos Habsburgo de 1740 a 1780, mãe de José

Francisco de Miranda, revolucionário sul-americano, mais tarde ditador da Venezuela

Príncipe de Nassau-Siegen, aristocrata europeu e soldado mercenário

Grigóri Orlov, chefe do golpe de Catarina e seu favorito de 1761 a 1772

Alexei Orlov-Tchésmenski, "Cicatriz", assassino de Pedro III e vencedor da Batalha de Chesme, irmão de Grigóri

Nikita Pánin, tutor do grão-duque Paulo, depois ministro do Exterior de Catarina

Pedro Pánin, irmão de Nikita, general e subjugador de Pugatchov

Grão-duque Paulo, filho de Catarina e Pedro III, imperador de 1796 a 1801, assassinado

Pedro III, sobrinho da imperatriz Isabel; marido de Catarina II, imperador de 1761 a 1762

Reginald Pole Carew, gentleman e viajante inglês, amigo de Potemkin, posteriormente membro do Parlamento

Stanisław Poniatowski, segundo amante de Catarina, posteriormente Estanislau Augusto, último rei da Polônia

Vassíli Pópov, chefe da chancelaria de Potemkin

Pável Potemkin, primo do príncipe, general e vice-rei do Cáucaso

Praskóvia Potemkina, mulher de Pável e amante do príncipe

Iemelian Pugatchov, pretendente ao trono, cossaco, líder da rebelião camponesa de 1773 a 1774

Alexei Razumóvski, corista cossaco que se tornou favorito de Isabel

Kiril Razumóvski, irmão de Alexei, hetmã da Ucrânia até 1764, cortesão

José (Óssip) de Ribas, aventureiro napolitano, amigo e almirante de Potemkin

Duc de Richelieu, oficial do exército de Potemkin, depois construtor de Odessa, primeiro-ministro da França

Ivan Rímski-Kórsakov, favorito de Catarina de 1778 a 1779

Pedro Rumiántsev-Zadunáiski, herói militar da Primeira Guerra Turca
Serguei Saltikov, primeiro amante de Catarina
Alexandre Samóilov, sobrinho de Potemkin e general, depois procurador-geral
Iekaterina Samóilova, mulher de Alexandre e provavelmente amante de Potemkin
Conde de Ségur, embaixador francês na Rússia
Selim III, sultão otomano de 1788 a 1807
Major James George Semple, trapaceiro inglês — "Príncipe dos Vigaristas"
Shagin Giray, aliado dos russos, descendente de Gêngis Khan, e último cã da Crimeia
Stepan Chechkóvski, agente da polícia secreta — o "homem do cnute"
Ivan Chuválov, favorito da imperatriz Isabel que convidou Potemkin para Petersburgo
Iekaterina Scavrónskaia, "anjo" e "gatinha", née Engelhardt, sobrinha de Potemkin
Alexandre Suvórov, herói militar, general favorito de Potemkin
Alexandre Vassíltchikov, favorito de Catarina de 1772 a 1774, apelidado de "Sopa Gelada"
Alexandre Viázemski, administrador de assuntos internos, procurador-geral
Semion Vorontsov, embaixador russo em Londres
Alexandre Vorontsov, irmão de Semion, ministro do Comércio
Sophie de Witte, escrava, cortesã, amante de Potemkin, depois condessa Potocka
Alexandre Iermólov, favorito de Catarina em 1786
Tatiana Iussúpova, née Engelhardt, casada com Mikhail Potemkin, então príncipe Iussúpov
Alexandre Zavadóvski, favorito de Catarina de 1776 a 1777, cortesão, ministro
Joshua Zeitlin, comerciante judeu, estudioso rabínico, amigo de Potemkin
Semion Zóritch, favorito de Catarina de 1777 a 1778, fundador da escola militar
Platon Zúbov, último favorito de Catarina, de 1786 a 1796

Tsares e imperadores reinantes da Rússia — Os Románov

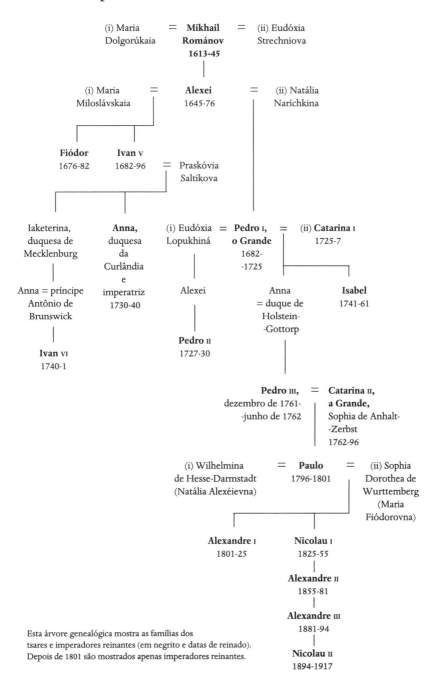

Esta árvore genealógica mostra as famílias dos tsares e imperadores reinantes (em negrito e datas de reinado). Depois de 1801 são mostrados apenas imperadores reinantes.

Família imediata do príncipe Potemkin, incluindo sobrinhas e sobrinhos favoritos

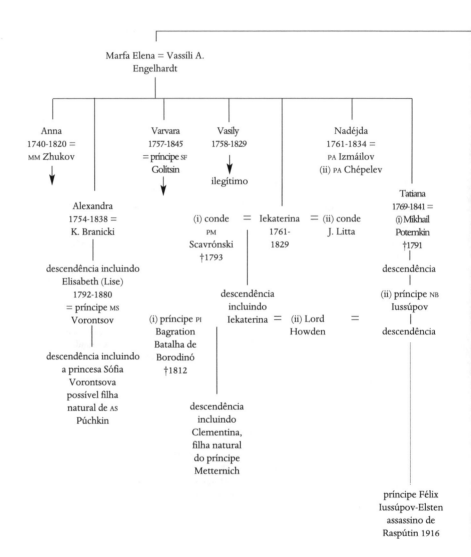

Esta árvore genealógica mostra os principais personagens apresentados no livro e não pretende ser exaustiva.
= casado(a) com † morto(a)

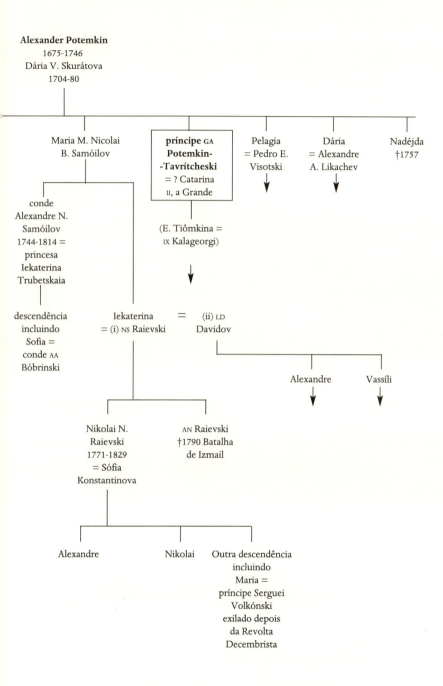

A família estendida do príncipe Potemkin

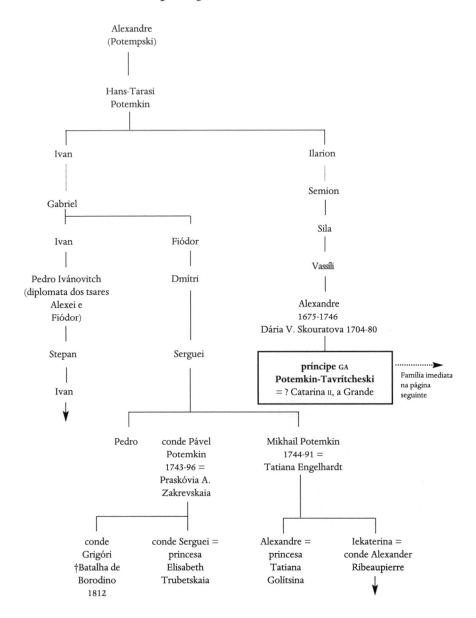

Esta árvore genealógica mostra os principais personagens apresentados no livro e não pretende ser exaustiva
= casado(a) com † morto(a)

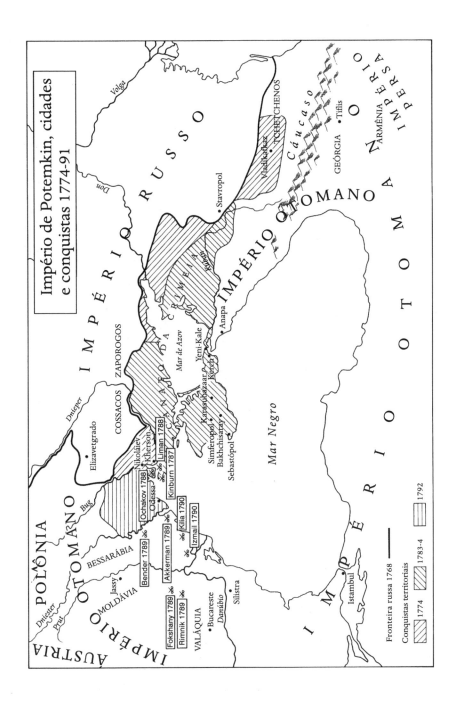

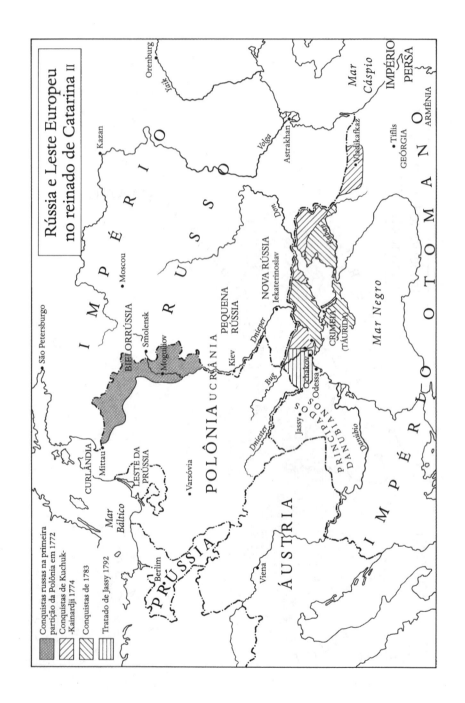

Prefácio à nova edição

Durante dois séculos, Catarina, a Grande, e Potemkin foram relegados aos becos libidinosos, românticos e até mesmo escusos da história, escarnecidos como obcecados por sexo e poder, ou como ridiculamente ineptos. Mais recentemente, porém, foram reabilitados como estadistas e, agora no século XXI, voltaram ao centro da encruzilhada onde a história se encontra com o noticiário político.

Sem câmeras ou testemunhas oculares, os historiadores não têm como saber o que acontece a portas fechadas, em quartos de dormir e gabinetes de trabalho — a não ser que os protagonistas se comuniquem com franqueza em sua correspondência. Catarina e Potemkin escreveram milhares de cartas assim, sobre amor e poder; sabemos como os dois falavam e pensavam, e sabemos também da excepcional intensidade da sua paixão. Sabemos mais a respeito deles do que de muitos políticos de hoje, na era digital. "É possível amar outra pessoa depois de tê-lo conhecido?", escreveu Catarina. "Não existe no mundo homem nenhum que se compare a você [...]. Oh, Monsieur Potemkin! Que truque você usou para perturbar uma cabeça que já foi uma das melhores da Europa?" O estilo de vida escandalosamente libertino dos dois, bem como seus exuberantes triunfos políticos, com certeza excitavam os críticos ocidentais dos êxitos e excessos russos —

"Este aqui é Potemkin", escreveu Byron, "figurão do tempo em que o homicídio e a prostituição faziam sucesso" —, enquanto os jornais britânicos propagavam histórias da ninfomania de Catarina e das supostas aldeias inventadas por Potemkin. Mas quem realmente conhecia Catarina e Potemkin os considerava incomparáveis, brilhantes, ambiciosos e complementares em seus talentos: "não admira que se amem", escreveu uma dessas pessoas, "são exatamente iguais". Catarina foi provavelmente a maior governante do sexo feminino dos tempos modernos. Para o príncipe de Ligne, Potemkin foi "o homem mais extraordinário que conheci [...]. Gênio, gênio e mais gênio". Juntos, eles se viam como estadistas patrióticos a serviço da Rússia — coroa, nação e Estado. Eram políticos superlativos e visionários cheios de ideias, que confiavam um no outro e admiravam um ao outro, porque, acima de tudo, eram parceiros pessoais.

Apesar disso, eram também realistas convictos. Potemkin definiu assim a arte da política: "aperfeiçoar os acontecimentos". E fizeram mais do que isso. Sua missão foi expandir o império rumo às regiões meridionais da Ucrânia, por eles apelidadas de "Nova Rússia". Anexaram faixas desse território (1774, 1775 e 1791) e a Crimeia (1783), onde fundaram a Frota do Mar Negro e a nova base naval de Sebastópol. Construíram muitas cidades, incluindo Odessa, além de avançarem para o Cáucaso, estabelecendo um protetorado na Geórgia (1783). Suas aspirações englobavam o Oriente Médio; ali Catarina apoiou autocratas árabes locais nas províncias otomanas onde hoje ficam Síria e Líbano, e ocupou temporariamente Beirute em 1772-4. Nos anos 1780, planejaram invasões do Irã (então Pérsia) e, para respaldar os armênios, investidas até a Turquia e o Iraque atuais, pertencentes ao Império Otomano. As colossais realizações de Catarina e Potemkin no sul equivalem às de Pedro, o Grande, no norte. Eles alteraram o equilíbrio de poder na Europa, fazendo da Rússia um império com novos interesses no Oriente Próximo e no Mediterrâneo. Com a colonização da Nova Rússia e a anexação da Crimeia, mudaram o centro de gravidade político da Rússia e a visão que a nação tinha de si mesma como potência imperial. Trata-se de uma perspectiva que sobreviveu à queda da dinastia Románov.

Depois do caos de 1917 e da guerra civil, Lênin e Stálin conseguiram astutamente preservar a maior parte do império dos Románov (perdendo apenas a Polônia, a Finlândia e os Países Bálticos), criando a fachada de uma União Soviética constituída voluntariamente de quinze repúblicas. Stálin não tinha muita paciência com a extravagância pouco respeitável de Catarina e Potemkin, preferindo guiar-se por modelos mais austeros e machões, como Pedro, o Grande, mas admirava a habilidade política da dupla: "o gênio de Catarina", segundo ele, "foi escolher o príncipe Potemkin [...] para governar o Estado". No entanto, quando a URSS desmoronou em 1991, a Rússia perdeu todas as repúblicas, incluindo a mais importante, a Ucrânia.

Quando da publicação deste livro pela primeira vez, em 2000, exatamente no momento em que Vladímir Pútin, dinâmico e implacável ex-agente da KGB, elegeu-se presidente, foi uma surpresa descobrir que os *apparatchiks* do seu novo regime gostavam de ler e discutir a obra — a ponto de organizarem reuniões secretas surreais com este historiador inglês para falar sobre estadistas mortos duzentos anos atrás. Pútin e seus esbirros consideravam a queda da União Soviética e a perda do império uma das maiores catástrofes do século XX; o Krémlin voltou-se para Catarina e Potemkin como heróis improváveis, vendo suas conquistas no Cáucaso, na Crimeia e na Ucrânia como símbolos essenciais para o status da Rússia como grande potência.

Catarina e Potemkin foram relegados pela historiografia soviética como decadentes demais, aristocráticos demais, femininos demais. Quando comecei a fazer as pesquisas para este livro nos arquivos russos, em meados dos anos 1990, alguns documentos não tinham sequer sido estudados desde o reinado de Nicolau II. Agora voltaram à moda, servindo de inspiração para um novo regime que combina nostalgia imperial com ambição nacionalista: o Krémlin dos primeiros anos do século XXI fundiu num peculiar híbrido moderno o que havia de majestático e dourado no império dos Románov com a glória severa de uma superpotência stalinista.

Os novos ocupantes de altos cargos do governo, quase sempre treinados na elite da KGB, não estão nem um pouco interessados na cultura, no esclarecimento e na humanidade de Catarina e Potemkin, que nada têm a ver com seu autoritarismo intolerante. Mas estão interessados, *sim*, em sua herança autocrática e imperial, em especial no sul. O casal do século XVIII e os novos donos do Krémlin têm em comum a crença no prestígio e na disciplina do Estado; na facilidade essencial da autocracia para governar a insubmissa Rússia; na visão do caráter excepcional da missão da civilização russa no mundo; e na ideia de que a Rússia não pode ser uma grande potência sem a Ucrânia e a Crimeia. Púchkin entendeu bem o que

Potemkin tinha conquistado para Catarina e para a Rússia: "A glória de um nome amado por sua imperatriz e por sua pátria [...] tocado pela mão da história, ele conquistou para nós o mar Negro". As conquistas, as novas cidades e a frota de Potemkin explicam por que esse casal imperial é importante duzentos anos depois de sua morte.

Em 2008, o presidente Pútin foi à guerra contra a Geórgia para reafirmar a hegemonia russa. Em fevereiro de 2014, desafiou os avanços dos Estados Unidos e da União Europeia sobre uma Ucrânia independente usando unidades militares russas incógnitas, os misteriosos "homens de verde", para ocupar e anexar, com êxito, a Crimeia — a primeira recuperação territorial da Rússia desde a desastrosa desintegração da União Soviética. A Crimeia tinha sido parte da Federação Russa na época soviética até que Stálin, num rompante de capricho imperial pouco antes de morrer, decidiu cedê-la à Ucrânia: seus sucessores a transferiram em 1954. Mas a região reteve seu significado militar, imperial e místico para os russos.

Essa viçosa península tinha sido o lugar onde Vladímir, o Grande, grão-príncipe de Kíev, se converteu ao cristianismo em 988, acontecimento citado por Potemkin em carta para Catarina na qual recomendava a anexação imediata da Crimeia, em 1783. Em 2014, Pútin declarou: "A Crimeia é tão sagrada para a Rússia quanto o Monte do Templo em Jerusalém é sagrado para o judaísmo e para o islã". Depois desse êxito, Moscou lançou uma guerra secreta para enfraquecer a Ucrânia independente e separar a parte leste do país: a expressão "Nova Rússia" foi amplamente usada para descrevê-la, fazendo eco a Catarina e Potemkin. Essa guerra oportunista — ao custo de milhares de vidas inocentes, travada em segredo por unidades incógnitas do Exército russo e em público por aventureiros nacionalistas — foi lançada provavelmente para confirmar e estimular a convicção arcaica, embora popular, de que uma Rússia que domina a Ucrânia ainda é uma grande Rússia. Em 2015, a Rússia reafirmou seus tradicionais interesses no Oriente Médio, apoiando um velho regime parceiro seu na Síria com forças militares e sustentação política, repisando o rumo tomado pela primeira vez, ainda que com cautela, por Catarina na Síria otomana, e perseguido com mais afinco pelo tsar Nicolau I e depois pelos soviéticos durante a Guerra Fria. Num regime de um homem só, porém, essas políticas foram apropriadas pelo presidente Pútin, e seu êxito e resultado final dependem da sobrevivência dele e da natureza dos seus sucessores.

Catarina e Potemkin continuam sendo talvez os governantes mais adeptos do Iluminismo e do humanismo de que a Rússia já desfrutou — embora os pontos de comparação não sejam particularmente elevados. Brilhantes e imaginativos, tolerantes e magnânimos, apaixonados e excêntricos, extravagantes e epicurianos, trabalhadores e ambiciosos, eram personagens muito diferentes dos governantes atuais, filhos insensíveis da União Soviética. Apesar disso, estranhamente, eles são mais relevantes do que nunca no século XXI.

Simon Sebag Montefiore
Setembro de 2015

Agradecimentos

Ao longo de vários anos e de milhares de quilômetros, fui ajudado por muita gente, do casal de camponeses que cria abelhas no lugar onde Potemkin nasceu, perto de Smolensk, a professores, arquivistas e curadores de Petersburgo, Moscou e Paris a Varsóvia, Odessa e Iasi, na Romênia.

Minha maior dívida é com três notáveis especialistas. A inspiração para este livro veio de Isabel de Madariaga, professora emérita de Estudos Eslavos da Universidade de Londres e decana de história catariniana no Ocidente. Sua obra pioneira *Russia in the Age of Catherine the Great* [A Rússia na época de Catarina, a Grande] mudou o rumo dos estudos sobre Catarina. Ela também compreendeu o notável caráter de Potemkin e suas relações com a imperatriz, e declarou que ele precisava de um biógrafo. Além disso, ajudou com ideias, sugestões e conselhos ao longo do projeto. Acima de tudo, quero lhe agradecer por editar e corrigir este livro em sessões que ela conduziu com a divertida autoridade e o rigor intelectual da própria imperatriz, com quem se parece em muitos sentidos. Era sempre eu que saía exausto das sessões, e não ela. Devo a ela qualquer mérito que haja nesta obra; os disparates são inteiramente meus. Para mim é motivo de felicidade ter podido depositar uma coroa de flores em seu nome no esquecido túmulo de Potemkin em Kherson.

Devo agradecer também a Alexander B. Kamenskii, professor de Primórdios e Primórdios Modernos de História da Rússia, do Departamento de Humanidades da Universidade Estatal Russa de Moscou, e respeitada autoridade em Catarina, sem cujo saber, charme e ajuda prática este volume não teria sido escrito. Sou profundamente grato a V. S. Lopatin, cujo conhecimento dos arquivos é inigualável, e que foi generosíssimo com esse conhecimento: Lopatin e sua mulher Natasha foram muito hospitaleiros durante minhas estadias moscovitas. Ele também leu o livro e me proporcionou o benefício dos seus comentários.

Devo agradecer também ao professor J. T. Alexander por responder a minhas perguntas e ao professor Evgenii Anisimov, que tanto me ajudou durante o tempo que passei em Petersburgo. A assessoria de George F. Jewsbury sobre o desempenho militar de Potemkin foi muito esclarecedora. Obrigado ao professor Derek Beales, que muito me ajudou em questões relativas a José, especialmente o mistério das escravas circassianas. Devo mencionar que ele e o professor Tim Blanning, ambos de Sidney Sussex, Cambridge, foram os supervisores cujos fascinantes ensinamentos sobre o Despotismo Esclarecido, quando eu era estudante universitário, lançaram as bases deste livro. Quero ressaltar a minha dívida também com três obras recentes de que fiz amplo uso — *Ekaterina i Potemkin Lichnaya Perepiska*, de Lopatin, o já mencionado livro de Isabel de Madariaga, e *Catherine the Great*, de J. T. Alexander.

Gostaria de agradecer às seguintes pessoas, sem as quais este livro não poderia ter sido escrito: Sua Alteza Real o Príncipe de Gales, por sua generosa ajuda em relação aos trabalhos de restauração de São Petersburgo e o Bicentenário de Púchkin. Sergei Degtiarev-Foster, esse defensor de história russa que tornou tudo possível de Moscou a Odessa, e Ion Florescu, que fez da expedição romeno-moldávia um grande êxito. Obrigado também a Lord Rothschild, ao professor Mikhail Piotrovski e a Geraldine Norman, chairman, presidente e diretora do Hermitage Development Trust, que estão organizando uma exposição permanente dos tesouros de Catarina, a Grande, incluindo o famoso retrato de Potemkin, de autoria de Lampin, na Somerset House em Londres.

Tenho uma dívida de gratidão com Lord Brabourne por ler o livro inteiro e, por lerem partes dele, com a dra. Amanda Foreman, Flora Fraser e especialmente com Andrew Roberts, por seus minuciosos pareceres e incentivo. William Hanham leu as seções sobre arte, o professor John Klier leu as seções judaicas e Adam Zamoyski leu as seções sobre a Polônia.

Em Moscou, agradeço aos diretores e equipe dos arquivos de RGADA e RGVIA; Natasha Bolotina, com seu conhecimento especial sobre Potemkin, a mãe dela Svetlana Romanovna, Igor Fedyukin, Dmitri Feldman e Julia Tourchaninova e Ernst Goussinski, professores de Educação, todos ajudaram imensamente. Galina Moiseekno, uma das mais brilhantes especialistas do Departamento de História da Universidade Estatal Russa de Humanidades, foi excelente na seleção e localização de documentos, e sua análise e precisão históricas foram impecáveis.

Obrigado às seguintes pessoas. Em São Petersburgo, agradeço a minha amiga professora Zoia Belyakova, que tornou tudo possível, e ao dr. Sergei Kuznetzov, chefe de Pesquisa Histórica do Departamento do Palácio Stróganov do Museu Estatal Russo, e à equipe da RGIA. Sou grato ao professor Mikhail Piotrovsky, diretor do Museu Estatal Hermitage (novamente), a Vladimir Gesev, diretor do Museu Estatal Russo do Palácio Mikhailovski; Liudmilla Kurenkova, assistente do diretor do Museu Estatal Russo, A. N. Gusanov, do Museu Estatal do Palácio Pavlovsk; dra. Elana V. Karpova, chefe do Departamento de Escultura dos Séculos XVIII-começo do XX do Museu Estatal Russo, Maria P. Garnova, do Departamento da Europa Ocidental do Hermitage, e G. Komelova, também do Hermitage. Ina Lokotnikova me mostrou o Palácio Anichkov e L. D. Diyacheko teve a bondade de me levar para uma visita privada, usando seu exaustivo conhecimento, ao Palácio de Táurida. Obrigado a Leonid Bogdanov por tirar a foto de capa de Potemkin.

Em Smolensk: Anastasia Tikhonova, pesquisadora do Museu Histórico de Smolensk, Elena Samoluboca e Vladimir Golitchev, vice-chefe do Departamento Regional de Educação de Smolensk, responsável por Ciência. Em Tchijovo, o professor e especialista em folclore local Victor Zheludov, e equipe da escola de Petrishchevo, a aldeia mais próxima de Tchijovo, com agradecimentos pelo banquete Potemkin que amavelmente prepararam.

Pela viagem ao sul da Ucrânia, agradeço a Vitaly Serfeichi, da transportadora UKMAR, e Misha Sherokov. Em Odessa: Natalia Kotova, professor Semyon J. Apartov, professor de Estudos Internacionais, Universidade Estatal de Odessa. No Museu de História Regional de Odessa — Leonila A. Leschinskaya, diretora, Vera V. Solodova, vice-diretora, e especialmente ao bem informado e gracioso mestre dos próprios arquivos, Adolf Nikoláievitch Malikh, chefe da seção Felikieteriya, que tanto me ajudou. Ao diretor do Museu de Frota Mercante de Odessa, Pedro P. Klishevsky, e ao fotógrafo Sergei D. Bereninich. Em Ochakov: ao prefeito, Yury M. Ishenko. Em Kherson: padre Anatóli da igreja de Santa Catarina. Em Dniepropetrovsk: Olga Pitsik e as equipes dos museus de Nikoláiev e Simferopol; Anastas Victorevitch, do Museu Naval de Sebastópol. Mas acima de tudo, no Palácio Alupka, Anna Abramovna Galitchenko, autora de *Alupka, um palácio dentro de um parque*, mostrou-se um manancial de conhecimentos.

Na Romênia, obrigado a Razvan Magureanu, professor de Engenharia Elétrica da Universidade Politécnica de Bucareste, e Ioan Vorobet, que nos levou de carro a Iasi, nos protegeu e tornou possível nossa entrada na Moldávia. Em Iasi: professor Fanica Ungureanu, autoridade a respeito do mosteiro Golia, e Alexander Ungureanu, professor de geografia da Universidade de Iasi, sem cuja ajuda eu não teria encontrado o lugar da morte de Potemkin. Em Varsóvia, Polônia: Peter Marty e Arkadiusz Bautz-Bentkowski e a equipe da AGAD. Em Paris, à equipe da AAE no Quai d'Orsay. Karen Blank pesquisou e traduziu textos alemães. Imanol Galfarsoro traduziu do espanhol o diário de Miranda. Em Telavi, Geórgia: Levan Gachechiladze, que me apresentou a Lida Potemkina.

Na Grã-Bretanha, sou grato a muita gente por coisas grandes e pequenas: minha agente Georgina Capel, presidente da Orion, Anthony Cheetham, o editor de Weidenfeld & Nicolson, Ion Trewin e Lord e Lady Weidenfeld. Obrigado a John Gilkes por criar os mapas. Muitos agradecimentos são devidos a Peter James, meu legendário editor, por aplicar sua sabedoria a este livro. A equipe da Biblioteca Britânica, do Museu Britânico, do Public Records Office, da Biblioteca de Londres, da Biblioteca da Escola de Estudos de Europa Oriental e Eslavos, a Cornwall and Winchester Records Offices e ao Antony Estate. Agradeço ao meu pai, dr. Stephen Sebag Montefiore, médico, por seu diagnóstico da doença e da psicologia singular de Potemkin, e a minha mãe, April Sebag Montefiore, por seus palpites sobre as relações pessoais de Potemkin. Devo um muito obrigado especial a Galina Oleksiuk, minha professora de russo, sem cujas aulas este livro não poderia ter sido escrito. Quero agradecer também às seguintes pessoas pela ajuda e por suas amáveis respostas às minhas perguntas: Neal Ascherson, Vadim Benyatov, James Blount, Alain de Botton, dr. John Casei, o ilustre L. H. L. (Tim) Cohen, professor Anthony Cross, Sir Edward Dashwood, Ingelborga Dapkunaite, barão Robert Dimsdale, professor Christopher Dyffy, Lisa Fine, princesa Katya Golitsyn, príncipe Emmanuel Golitsyn, Dabid Henshaw, professor Lindsey Hughes, Tania Illingworth, Anna Joukovskaya, Paul e Safinaz Jones, Dmitri Khankin, professor Roderick E. McGrew, Giles MacDonogh, Noel Malcolm, o conde de Malmesbury, Neil McKentrick, o mestre de Gonville & Caius College, Cambridge, dr. Philip Mansel,

Sergei Alexandrovitch Medvedev, Charles e Patty Palmer-Tomkinson, dr. Monro Price, Anna Reid, Kenneth Rose, a ilustre Olga Polizzi, Hywel Williams, Andre Zaluski. O crédito por estas joias de conhecimento lhes pertence; a culpa de qualquer erro é inteiramente minha.

Por último, mas não menos importante, devo agradecer a minha mulher, Santa, por suportar nosso ménage-à-trois com o príncipe Potemkin por tanto tempo.

Nota preliminar

As datas são informadas no antigo calendário juliano, usado na Rússia, que estava onze dias à frente do novo calendário gregoriano, usado no Ocidente. Em alguns casos, aparecem as duas datas.

Dinheiro: 1 rublo continha 100 copeques. Aproximadamente 4 rublos = 1 libra esterlina = 24 libras francesas na década de 1780. Naquela época, um gentleman inglês podia viver bem com trezentas libras esterlinas por ano, um oficial russo com mil rublos.

Distâncias e medidas: 1 versta era igual a 0,663 milha ou 1,06 quilômetro. 1 deciatina equivalia a 2,7 acres, ou 1,09 hectare.

Nomes e nomes próprios: Usei a forma mais reconhecível da maioria dos nomes, o que significa que a coerência absoluta é impossível nessa questão — por isso peço desculpas antecipadamente àqueles que se sentirem ofendidos com minhas decisões. O assunto deste livro é Potemkin, embora em russo a pronúncia esteja mais perto de "Patiomkin". Usei a forma russa de nomes, exceto nos casos em que o nome já é bem conhecido em sua tradução; por exemplo, o tsarévitch Pável Petróvitch é geralmente conhecido como grão-duque Paulo; a imperatriz é Catarina, e não Iekaterina. Em geral escrevo prenomes traduzidos, Pedro em vez de Piotr e assim por diante. Usei a forma feminina russa de nomes, como Dáchkova em vez de Dáchkov. Em nomes poloneses, como Branicki, usei a forma mais polonesa, cuja pronúncia é "Branitski". Assim, no feminino, empreguei a forma russa em Scavrónskaia, mas a polonesa em Branicka. Quando alguém passa a ser conhecido por um sufixo ou título, tento usá-lo, por isso A. G. Orlov é Orlov-Tchésmenski a partir do momento em que recebe esse sobrenome.

Prólogo
Morte nas estepes

"Príncipe dos Príncipes."
Jeremy Bentham sobre o príncipe Potemkin

De quem é cama — a terra: de quem é teto — o azul-celeste
De quem são salões o ermo em torno?
Não és o filho da fama e do prazer
Oh, esplêndido príncipe da Crimeia?
Não foste tu das alturas da honra
Subitamente jogado no vazio das estepes?
Gavril Derjávin, *A queda-d'água*

Pouco depois do meio-dia de 5 de outubro de 1791, uma lenta fila de carruagens, servidas por lacaios de libré e um esquadrão de cossacos com a farda da Hoste do Mar Negro, deteve-se numa estradinha de terra, numa desolada encosta no meio da estepe bessarábia. Era um lugar estranho para o séquito de um grande homem descansar: não havia taverna à vista, nem sequer um casebre de camponês. A grande carruagem-dormitório, puxada por oito cavalos, foi a primeira a parar. As outras — ao todo eram provavelmente quatro — diminuíram a velocidade e pararam ao lado da primeira sobre a relva, enquanto os lacaios e a escolta de cavalaria se apressavam para ver o que se passava. Os passageiros abriram as portas de suas carruagens. Ao ouvirem o desespero do senhor, dirigiram-se às pressas para a sua carruagem.

"Chega!", disse o príncipe Potemkin. "Chega! Não faz sentido continuar." Dentro da carruagem-dormitório, havia três médicos aflitos e uma esbelta condessa, de maçãs salientes e cabelos castanho-avermelhados, todos em volta do príncipe. Ele suava e gemia. Os médicos chamaram os cossacos para remover o paciente. "Tirem-me da carruagem...", instruiu Potemkin. Todo mundo entrava logo em ação quando a uma ordem sua, e ele tinha mandado em praticamente tudo na Rússia por muito tempo. Cossacos e generais se amontoaram em volta da porta aberta, e lenta e suavemente começaram a carregar para fora o gigante ferido.

A condessa o acompanhava de perto, segurando sua mão, molhando sua testa quente enquanto as lágrimas lhe corriam pela face de pequeno nariz arrebitado e boca de lábios cheios. Dois camponeses moldávios que cuidavam do gado na estepe vizinha aproximaram-se a passo lento para observar. Os pés descalços apareceram primeiro, depois as pernas e o roupão meio aberto — embora esta cena não fosse inusitada. Potemkin era conhecido por receber imperatrizes e embaixadores descalço e de roupão aberto. Mas agora era diferente. Ele ainda tinha a leonina beleza eslava, a basta cabeleira, em outros tempos considerada a mais bela do Império, e o sensual perfil grego, que lhe valera o apelido de "Alcibíades" quando jovem.[1] No entanto, o cabelo já estava salpicado de branco e caía sobre sua testa febril. Ainda era um gigante, em estatura e em largura. Tudo nele era exagerado, colossal e original, mas a vida de indulgência desmedida e ambição implacável havia inchado seu corpo e envelhecido seu rosto. Como um ciclope, só tinha um olho; o outro era cego e estropiado, o que lhe dava uma aparência de pirata. O peito era largo e peludo. Sempre uma força da natureza, ele agora parecia, acima de tudo, um magnífico animal reduzido a um trêmulo e contorcido monte de carne.

Aquela aparição ali na estepe bravia era Sua Sereníssima Alteza o Príncipe do Sacro Império Romano Grigóri Alexándrovitch Potemkin, provavelmente marido da imperatriz da Rússia, Catarina, a Grande, e certamente o amor da sua vida, o seu melhor amigo, o cogovernante do seu Império e o parceiro dos seus sonhos. Era príncipe de Táurida, marechal de campo, comandante em chefe do Exército russo, grande atamã dos Cossacos do Mar Negro e de Ekaterinoslav, grande almirante das Frotas do Mar Negro e do Cáspio, presidente da Escola de Guerra, vice-

-rei do sul e possivelmente o próximo rei da Polônia, ou de qualquer outro principado que ele mesmo criara.

O príncipe, ou Sereníssimo, como era conhecido em todo o Império Russo, tinha governado ao lado de Catarina II durante quase duas décadas. Conheceram-se durante trinta anos e compartilharam a vida por quase vinte. Fora isso, o príncipe desafiava, e ainda desafia, qualquer categorização. Catarina notou sua existência quando ele era um rapaz espirituoso e tomou-o como amante numa época de crise. Quando o caso amoroso terminou, ele continuou amigo, parceiro e ministro dela, tornando-se seu co-tsar. Ela sempre o temeu, respeitou e amou — mas era uma relação tempestuosa. Chamava-o de "Colosso", seu "tigre", seu "ídolo", "herói", o "maior de todos os excêntricos".[2] Foi o "gênio"[3] que ampliou imensamente o império, criando a Frota do Mar Negro da Rússia, conquistando a Crimeia, vencendo a Segunda Guerra Turca e fundando cidades célebres, como Sebastópol e Odessa. A Rússia não tivera um estadista imperial tão bem-sucedido, tanto em sonhos como em feitos, desde Pedro, o Grande.

O Sereníssimo formulava suas próprias políticas — às vezes inspiradas, outras vezes quixotescas — e construiu seu próprio mundo. Embora seu poder dependesse da parceria com Catarina, ele pensava e agia como uma das potências soberanas da Europa. Potemkin deslumbrava seus gabinetes e suas cortes pelas proezas titânicas, pela erudição e pelo gosto refinado, ao mesmo tempo que os escandalizava pela arrogância e devassidão, pela indolência e pelo luxo. Apesar de o odiarem por seu poder e inconsistência, até os inimigos louvavam sua inteligência e criatividade.

Agora esse príncipe descalço andava meio cambaleando — e meio carregado por seus cossacos — pela relva. Era um lugar remoto e espetacular, que não ficava sequer na estrada principal entre Jassy, na Romênia atual, e Kischnev, hoje na República da Moldávia. Naqueles tempos, era território do sultão otomano, conquistado por Potemkin. Ainda hoje é difícil de encontrar, mas em duzentos anos não mudou praticamente nada.[4] O lugar onde deitaram Potemkin era um pequeno planalto, ao lado de uma inclinada estrada de pedra, de onde se podia ver longe em todas as direções. O campo à direita era um vale verde ondulante, que se elevava na distância numa infinidade de montículos verdes, espessos, coberto pelo capim alto, hoje praticamente desaparecido, das estepes. À esquerda, montes cobertos de floresta sumiam na névoa. Bem em frente, a comitiva de Potemkin teria visto a estradinha descer e subir até um morro mais alto, coberto de árvores escuras e densos arbustos, desaparecendo dentro do vale. Potemkin, que adorava guiar sua carruagem à noite na chuva,[5] tinha mandado parar num lugar da mais bravia e mais natural dramaticidade.[6]

Sua comitiva talvez tenha contribuído para aumentar esse efeito. A mistura do exótico e do civilizado nos companheiros de Potemkin naquele dia era um reflexo das suas contradições: "O príncipe Potemkin é o emblema do imenso Império Russo", escreveu o príncipe De Ligne, que o conhecia bem, "ele também é composto de desertos e minas de ouro."[7] Sua corte — pois ele era quase da realeza, embora Catarina o provocasse chamando-a de sua *"basse-cour"*, qualquer coisa entre uma corte real e um pátio de fazenda — saiu para a estepe.[8]

Muitos assistentes seus já choravam. A condessa, única mulher presente, usava os trajes soltos, de mangas compridas, de que sua amiga, a imperatriz, gostava, mas as meias e os sapatos eram o que havia de mais fino na moda francesa, encomendados de Paris pelo próprio Sereníssimo. Suas joias de viagem eram feitas do mais valioso diamante, da inigualável coleção de Potemkin. E havia ainda os generais e condes de casaca e uniformes com faixas e medalhas, e chapéus de três pontas que não seriam dignos de nota na Guarda Montada em Londres ou em qualquer corte do século XVIII, mas havia também umas pitadas de atamãs cossacos, príncipes orientais, boiardos moldávios, paxás otomanos renegados, servos, secretários, soldados rasos — e os bispos, rabinos, faquires e mulás cuja companhia Potemkin adorava. Nada o distraía mais do que uma discussão sobre teologia bizantina, os costumes de alguma tribo oriental como os basquires, ou arquitetura palladiana, pintura holandesa, música italiana, jardins ingleses...

Os bispos ostentavam os mantos soltos da Igreja ortodoxa, os rabinos os cachinhos trançados do judaísmo, os renegados otomanos os turbantes, as pantalonas e as sandálias da Sublime Porta. Os moldávios, súditos ortodoxos do sultão otomano, usavam cafetãs incrustados de joias e chapéus de copa alta rodeados de pele e incrustados de rubis, os soldados rasos russos os chapéus, casacos, botas macias e calças de pele de camurça "Potemkin", desenhados pessoalmente pelo príncipe. Por último, os cossacos, a maioria Cossacos de Barco conhecidos como zaporogos, tinham ferozes bigodes e cabeças raspadas, deixando apenas um tufo de cabelos que descia do alto para a parte de trás num longo rabo de cavalo, como personagens do *Último dos moicanos*, e brandiam punhais curtos, pistolas gravadas e lanças compridas especiais. Eles assistiam a tudo com expressão triste, pois Potemkin adorava os cossacos.

A mulher era a condessa Alexandra Branicka, astuta e altiva sobrinha de Potemkin, de 37 anos, ela também uma formidável força política. Os casos amorosos de Potemkin com a imperatriz e uma impudente coleção de nobres e cortesãs chocaram inclusive cortesãos franceses que se lembravam da Versalhes de Luís XV. Ele teria mesmo tomado como amantes suas cinco sobrinhas, todas legendariamente belas? Teria amado acima de todas a condessa Branicka?

A condessa mandou estenderem um tapete persa na relva. Em seguida, fez com que ali depositassem Potemkin cuidadosamente. "Quero morrer a céu aberto", disse ele, enquanto o ajeitavam. Tinha passado os últimos quinze anos viajando freneticamente pelas vastidões da Rússia como nenhum outro homem no século XVIII: "uma trilha de faíscas marca sua rápida jornada", escreveu o poeta Gavrili Derjávin em sua ode a Potemkin, *A queda-d'água*. Assim sendo, de forma coerente para um homem em movimento perpétuo, que mal teve tempo de viver em seus inúmeros palácios, o Sereníssimo acrescentou que não queria morrer numa carruagem.[9] Queria adormecer na estepe.

Naquela manhã, Potemkin pediu a seus amados cossacos que lhe erguessem uma tenda improvisada com suas lanças, com teto de cobertores e peles. Era uma ideia característica de Potemkin, como se a pureza de um pequeno acampamento cossaco pudesse curá-lo de todos os sofrimentos.

Os preocupados médicos, um francês e dois russos, reuniram-se em volta do príncipe deitado de bruços e da atenta condessa, mas não havia muita coisa que pudessem fazer. Catarina e Potemkin consideravam os médicos melhores como parceiros à mesa do carteado do que como curandeiros à cabeceira da cama. A imperatriz dizia gracejando que seu médico escocês liquidava a maioria dos pacientes com sua costumeira panaceia para todos os males — uma debilitante barragem de vomitórios e sangramentos. Os médicos tinham medo de ser responsabilizados se o príncipe morresse, porque acusações de envenenamento costumavam ser sussurradas na corte russa. Mas o excêntrico Potemkin tinha sido um paciente totalmente rebelde, abrindo todas as janelas, mandando derramar água-de-colônia na cabeça, consumindo salgados gansos de Hamburgo com litros de vinho — e agora partindo nessa atormentada viagem pelas estepes.

O príncipe vestia um rico roupão de seda, forrado de pele, que dias antes a imperatriz lhe enviara de São Petersburgo, a uma distância de quase 2 mil verstas. Os bolsos internos continham maços de cartas secretas da imperatriz, nas quais consultava o parceiro, bisbilhotava com o amigo e tomava decisões sobre as políticas do seu império. Ela destruiu quase todas essas cartas, mas sorte nossa que ele tenha guardado muitas naquele bolso sentimental, perto do coração.

Vinte anos dessas cartas revelam uma parceria igualitária e incrivelmente bem-sucedida de dois estadistas e amantes, surpreendente por sua modernidade, tocante por sua intimidade e impressionante por sua habilidade no trato das questões de governo. Seu caso de amor e sua aliança política não devem nada à história de Antônio e Cleópatra, Luís XVI e Maria Antonieta, Napoleão e Josefina, porque era tão notável por seus feitos quanto por seu romance, tão gracioso por sua humanidade quanto por seu poder. Como tudo mais que diz respeito a Potemkin, sua vida com Catarina estava impregnada de mistérios: teriam eles se casado em segredo? Tiveram algum filho juntos? Dividiam de fato o poder? Seria verdade que concordaram em continuar companheiros enquanto se entregavam a outros amantes? Potemkin teria mesmo servido como alcoviteiro para a imperatriz, obtendo-lhe jovens favoritos, e ela o teria ajudado a seduzir as sobrinhas e a transformar o palácio imperial em seu próprio harém familiar?

Enquanto sua doença ia e vinha, suas viagens eram acompanhadas pelo carinho de Catarina, por bilhetes de esposa, com ela lhe mandando roupões e casacos, repreendendo-o por comer demais e não tomar seus remédios, suplicando-lhe que descansasse para se recuperar, e pedindo a Deus que não levasse seu amado. Ele chorava quando os lia.

Naquele exato momento, os mensageiros da imperatriz galopavam em duas direções na Rússia, trocando seus cavalos cansados em albergues imperiais. Vinham de São Petersburgo com a última carta de Catarina para o príncipe, e daquele ponto na Moldávia voltavam levando para ela as últimas notícias dele. Tinham feito isso por muito tempo — e estavam sempre aguardando ansiosamente notícias um do outro. Mas agora as cartas eram mais tristes.

"Meu querido amigo, príncipe Grigóri Alexándrovitch", escreveu ela em 3 de outubro, "recebi hoje suas cartas dos dias 25 e 27 poucas horas atrás, e confesso que fiquei extremamente preocupada [...]. Peço a Deus que lhe devolva logo a saúde." Ela não estava preocupada quando escreveu essa carta, porque as mensagens geralmente levavam dez dias para ir do sul até a capital, embora pudessem levar apenas sete, à velocidade máxima.[10] Dez dias antes, Potemkin parecia recuperado — o que explica a calma de Catarina. Mas, poucos dias antes, em 30 de setembro, até que a saúde dele parecesse melhorar, as suas cartas eram quase histéricas. "Minha preocupação com a sua saúde não tem limites", escrevera ela.

"Pelo amor de Deus, se for necessário tome qualquer coisa que os médicos achem que possa melhorar o seu estado de saúde. Suplico a Deus que lhe devolva a energia e a saúde o mais rápido possível. Até logo, meu amigo [...]. Estou lhe mandando um casaco de pele [...]."[11] Mas todo o barulho foi em vão — pois, apesar de o casaco ter sido mandado antes, nenhuma das cartas chegou a tempo.

Em algum ponto das 2 mil verstas que separavam os dois, os mensageiros devem ter cruzado um com o outro. Catarina não estaria tão otimista se tivesse lido a carta de Potemkin, escrita em 4 de outubro, um dia antes, quando ele iniciava a jornada. "Matuchka [Mãezinha], Misericordiosíssima Senhora", ditara ele ao secretário, "Não me resta mais energia para aguentar meus tormentos. A única escapatória é ir embora desta cidade, e dei ordem para que me levem a Nikoláiev. Não sei o que será de mim. Seu mais leal e grato súdito." Estava escrita com a letra do secretário, mas, pateticamente, na parte de baixo, Potemkin rabiscara, numa caligrafia fraca, angulosa e com interrupções: "A única escapatória é ir embora".[12] Não estava assinada.

O último lote de cartas de Catarina que recebeu chegou um dia antes, no malote do mensageiro mais rápido de Potemkin, o brigadeiro Bauer, o dedicado ajudante de ordens que ele costumava despachar galopando a Paris buscar meias de seda, a Astrakhan atrás de sopa de esturjão sterlet, a Petersburgo pelas ostras, e a Moscou para trazer uma dançarina ou um jogador de xadrez, a Milão para buscar uma partitura, um virtuose do violino ou uma carroça de perfumes. Bauer viajava com tanta frequência e ia tão longe para atender aos caprichos de Potemkin que, em tom de brincadeira, pediu que lhe escrevessem o seguinte epitáfio: "Cy git Bauer sous ce rocher, Fouette, cocher!".[13]*

Ao rodearem Potemkin na estepe, os funcionários e cortesãos devem ter pensado nas implicações daquela cena para a Europa, para sua imperatriz, para a guerra não terminada com os turcos, para as possibilidades de ação contra a França revolucionária e a desafiadora Polônia. Os exércitos e frotas de Potemkin tinham abocanhado imensos pedaços do território otomano em volta do mar Negro e da atual Romênia: agora o grão-vizir do sultão esperava negociar a paz com ele. As cortes da Europa — do jovem primeiro lorde do Tesouro em Londres, o viciado em vinho do Porto William Pitt, que não conseguira conter a guerra de Potemkin, ao velho e hipocondríaco príncipe Wenzel von Kaunitz, chanceler em Viena — acompanhavam atentamente a doença de Potemkin.

* "Aqui jaz Bauer debaixo desta pedra, depressa, cocheiro!"

Seus planos poderiam mudar o mapa do continente. Potemkin fazia malabarismos com coroas como um palhaço no circo. Esse visionário mercurial algum dia se tornaria rei? Ou era mais poderoso como estava — consorte da imperatriz de todas as Rússias? Se fosse coroado, seria como rei da Dácia, na atual Romênia, ou rei da Polônia, onde suas vastas propriedades já faziam dele um magnata feudal? Salvaria a Polônia ou a repartiria? Mesmo naquele momento em que estava estirado no chão da estepe, potentados poloneses se reuniam secretamente à espera de suas ordens misteriosas.

Essas perguntas seriam respondidas pelo resultado daquela desesperada corrida da cidade de Jassy, assolada pela febre, para a nova cidade de Nikoláiev, terra adentro na costa do mar Negro, para onde o homem doente queria ser levado. Nikoláiev foi sua última cidade. Ele tinha fundado muitas, como o herói cujas proezas tentava imitar, Pedro, o Grande. Potemkin projetava cada cidade, tratando-a carinhosamente como uma amante querida ou uma valiosa obra de arte. Nikoláiev (hoje na Ucrânia) era uma base naval e militar, nas frias margens do Bug, onde construíra para si um palácio de estilo turco-moldávio, perto do rio, refrescado pela constante brisa que curaria sua febre.[14] Era uma viagem longa para um moribundo.

O comboio tinha partido no dia anterior. O grupo passou a noite numa aldeia *en route* e continuou viagem às oito da manhã. Depois de cinco verstas, Potemkin sentia-se tão desconfortável que foi transferido para a carruagem-dormitório. Ainda conseguia sentar-se.[15] Viajaram outras cinco verstas e pararam exatamente ali.[16]

A condessa segurou suavemente sua cabeça: pelo menos ela estava ali, pois os melhores amigos que tinha na vida eram mulheres. Uma era a sobrinha favorita; a outra, claro, a própria imperatriz, que se afligia a quase 2 mil quilômetros de distância, aguardando notícias. Na estepe, Potemkin tremia, suava e gemia, sofrendo dolorosas convulsões. "Estou queimando", disse. "É como se pegasse fogo!" A condessa, que Catarina e Potemkin chamavam de "Sashenka", pediu-lhe calma, mas "ele respondeu que a luz escurecia em seus olhos, não conseguia mais enxergar e só distinguia vozes". A cegueira era sintoma de queda da pressão arterial, comum entre os moribundos. Arruinado pela febre da malária, por provável insuficiência hepática e pneumonia, depois de anos de trabalho compulsivo, de viagens frenéticas, de tensão nervosa e hedonismo desenfreado, seu poderoso metabolismo enfim entrava em colapso. O príncipe perguntou aos médicos: "Com que é que os senhores vão me curar agora?". O dr. Sanovski respondeu que "ele tinha que depositar todas as suas esperanças em Deus". Entregou um ícone a Potemkin, que adotava tanto o travesso ceticismo do Iluminismo francês como a supersticiosa devoção dos camponeses russos. Potemkin ainda tinha forças para pegá-lo. Beijou-o.

Um velho cossaco, que a tudo assistia, notou que o príncipe estava falecendo, e disse isso respeitosamente, com a sensibilidade à morte típica dos homens de fronteira que vivem perto da natureza. Potemkin tirou as mãos do ícone. Branicka segurou-as nas suas. Em seguida o abraçou.[17] No momento supremo, ele naturalmente pensou em sua amada Catarina e sussurrou: "Perdoe-me, misericordiosa mão-soberana".[18] Depois disso, Potemkin morreu.[19] Tinha 52 anos.

O círculo fechou-se em torno do corpo, naquele silêncio assombrado que sempre assinala a morte de um grande homem. A condessa Sashenka colocou suavemente a cabeça dele num travesseiro, pôs as mãos no rosto e caiu para trás, desmaiada. Alguns choraram alto; outros se ajoelharam para rezar, erguendo as mãos para os céus; outros, ainda, simplesmente fitaram-lhe o rosto de um só olho aberto. À esquerda e à direita, grupos de boiardos ou comerciantes moldávios sentaram-se para observar, enquanto um cossaco tentava controlar um cavalo empinado, que talvez sentisse que "o globo terrestre se abalava" com aquela "morte prematura e súbita!".[20] Os soldados e cossacos, veteranos das guerras de Potemkin, soluçavam, todos e cada um. Não tinham tido tempo sequer de terminar de construir a tenda do patrão.

Assim morreu um dos mais famosos estadistas da Europa. Contemporâneos seus, mesmo reconhecendo as suas contradições e excentricidades, tinham-no na mais alta conta. Todos os visitantes da Rússia queriam conhecer de perto essa força da natureza. Ele era sempre — pela pura força da personalidade — o centro das atenções: "Quando ausente, era o único assunto das conversas; quando presente, prendia todos os olhares".[21] Quem o encontrasse nunca ficava desapontado. Jeremy Bentham, o filósofo inglês que esteve hospedado em suas propriedades, chamava-o de "o príncipe dos príncipes".[22]

O príncipe de Ligne, que conheceu todos os titãs da sua época, de Frederico, o Grande, a Napoleão, foi quem melhor descreveu Potemkin, como "o homem mais extraordinário que conheci [...] entediado em meio ao prazer; infeliz por ter tanta sorte; saciado de tudo, facilmente irritável, taciturno, inconstante, filósofo profundo, ministro capaz, político sublime, ou igual a uma criança de dez anos [...]. Qual é o segredo da sua mágica? Gênio, gênio e mais gênio; aptidões naturais, memória excelente, muita elevação de espírito; malícia sem intenção de fazer mal, artifício sem fraude [...] a arte de conquistar todos os corações em seus bons momentos, muita generosidade [...] gosto refinado — e conhecimento consumado da raça humana".[23] O conde de Ségur, que conheceu Napoleão e George Washington, disse que, "de todas as personalidades, a que mais me impressionou, e para mim a que era mais importante conhecer bem, foi o famoso príncipe Potemkin. Sua personalidade era a mais original, por ser uma mistura inconcebível de grandeza e mesquinhez, preguiça e atividade, ambição e indiferença. Esse homem seria notável pela originalidade em qualquer lugar". Lewis Littlepage, visitante americano, escreveu que o "assombroso" Sereníssimo era mais poderoso na Rússia do que o cardinal Wolsey, o conde-duque de Olivares e o cardeal Richelieu jamais o foram em seus respectivos reinos.[24]

Aleksandr Púckhin, que nasceu oito anos depois dessa morte na estepe bessarábica, era fascinado por Potemkin, entrevistou suas já idosas sobrinhas para saber mais a seu respeito e anotou suas histórias: ele costumava dizer que o príncipe "foi tocado pela mão da história". Em sua extravagância e "russice", os dois complementavam um ao outro.[25] Vinte anos depois, Lord Byron ainda escrevia a respeito do homem que ele chamava "filho mimado da noite".[26]

A tradição russa ditava que os olhos do morto fossem fechados e moedas colocadas em cima. O olho do grande homem precisava ser selado com peças de ouro. Potemkin era "mais rico do que alguns reis", mas, como muitos homens riquíssimos, jamais andava com dinheiro. Nenhum dos magnatas da sua comitiva tinha moedas. Deve ter havido um momento embaraçoso em que todos vasculhavam bolsos, batiam nos casacos, chamavam *valets de chambre*: nada. Então alguém foi pedir aos soldados.

O cossaco grisalho que vira Potemkin agonizar sacou uma moeda de cinco copeques. E assim o príncipe teve o olho fechado com uma humilde moeda de cobre. A inconveniência da morte entrou imediatamente nos domínios da lenda. Talvez tenha sido o mesmo velho cossaco que depois se afastou murmurando: "Viveu no ouro, morreu na relva".

Esse dito espirituoso entrou na mitologia das princesas e dos soldados; poucos anos depois, a pintora Elisabeth Vigée Lebrun perguntou a uma encarquilhada princesa de São Petersburgo sobre a morte de Potemkin: "Ai de mim, minha querida, esse grande príncipe, que tinha tantos diamantes e tanto ouro, morreu na relva!", respondeu a nobre viúva, como se ele houvesse tido o mau gosto de expirar num dos seus jardins.[27] Durante as Guerras Napoleônicas, o Exército russo marchava entoando canções sobre a morte de Potemkin, "deitado numa capa de chuva na estepe".[28] O poeta Derjávin viu romance na morte desse homem sem limites nas solidões naturais, "como névoa numa encruzilhada".[29] Dois observadores em diferentes lados do Império — o conde Fiódor Rostopchin (conhecido como o homem que, em 1812, incendiou Moscou), na vizinha Jassy, e o embaixador sueco, conde Curt Stedingk,[30] na distante Petersburgo — reagiram exatamente com as mesmas palavras: "Sua morte foi tão extraordinária como sua vida".[31]

A imperatriz precisava ser informada imediatamente. Sashenka Branicka poderia ter-lhe contado — ela já vinha mantendo Catarina a par da saúde do príncipe —, mas estava perturbada demais. Por isso um ajudante de ordens foi enviado a galope, na frente, para dar a notícia ao dedicado e incansável secretário de Potemkin, Vassíli Pópov.

Houve um último momento, quase ritual. Quando o melancólico comboio começou a refazer os próprios passos, de volta para Jassy, alguém deve ter resolvido marcar o lugar exato onde o príncipe tinha morrido, para que se pudesse construir um monumento à sua glória. Não havia pedras. Galhos de árvore seriam arrastados pelo vento. Foi então que o atamã (general cossaco) Pável Golovati, que convivera com Potemkin durante trinta anos, confiscou a lança zaporoga de um dos seus cavaleiros. Antes de juntar-se à retaguarda da comitiva, cavalgou até o pequeno platô e enfiou a lança no chão no local exato.[32] Uma lança cossaca para assinalar o lugar de Potemkin era tão característica quanto a flecha que Robin Hood teria usado para escolher o seu túmulo.

Nesse ínterim, Pópov recebeu a notícia e, de imediato, escreveu para a imperatriz. "Fomos atingidos por um golpe! Misericordiosíssima soberana, o Sereníssimo príncipe Grigóri Alexándrovitch não está mais entre os vivos."[33] Pópov despachou a carta por intermédio de um jovem oficial, que recebeu ordem para não descansar enquanto não entregasse a terrível notícia.

Sete dias depois, às seis da tarde de 12 de outubro,[34] esse mensageiro, respeitosamente trajando preto — e o pó da estrada —, entregou a carta de Pópov no

Palácio de Inverno. A imperatriz desmaiou. Os cortesãos acharam que fosse um derrame. Os médicos foram chamados para fazer uma sangria. "Lágrimas e desespero" — foi com essas palavras que Alexandre Khrapovítski, secretário particular de Catarina, descreveu o choque da imperatriz. "Às oito, eles tiraram sangue, às dez ela foi para a cama."[35] Estava em estado de colapso total: nem mesmo os netos puderam entrar. "Não era o amante que ela lamentava", escreveu um preceptor imperial suíço, que sabia da relação entre eles. "Era o amigo."[36] Ela não conseguiu dormir. Às duas da manhã, levantou-se para escrever ao leal e meticuloso confidente, o *philosophe* Friedrich Melchior Grimm: "Um terrível golpe mortal me atingiu na cabeça. Às seis da tarde, um mensageiro me trouxe a trágica notícia de que meu pupilo, meu amigo, quase meu ídolo, o príncipe Potemkin de Táurida, morreu na Moldávia depois de um mês doente. Não imagina como estou arrasada...".[37]

Em muitos sentidos, a imperatriz jamais se recuperou. A idade de ouro do seu reinado morreu com ele. Mas o mesmo aconteceu também com a reputação dele: Catarina disse a Grimm naquela trágica noite de insônia, rabiscando à luz de vela em seus apartamentos do Palácio de Inverno, que as realizações de Potemkin tinham sempre desconcertado os invejosos "falastrões". Mas, se os inimigos não o derrotaram em vida, tiveram êxito na morte. Ele mal esfriara quando uma lenda cruel se espalhou em torno desse extravagante personagem, que obscureceria suas conquistas por duzentos anos.

Catarina ficaria espantada e horrorizada se soubesse que hoje seu "ídolo" e "estadista" é mais conhecido por uma calúnia e um filme. Ele é lembrado pela histórica difamação das "Aldeias de Potemkin", quando na verdade foi um construtor de cidades, e pelo filme *O encouraçado Potemkin*, a história dos marinheiros amotinados que prenunciou a revolução que, bem depois da sua morte, destruiu a Rússia que ele amava. Portanto, a lenda de Potemkin foi criada pelos inimigos nacionais da Rússia, por cortesãos invejosos e pelo instável sucessor de Catarina, Paulo I, que se vingou não apenas na reputação, mas mesmo nos ossos do amante da sua mãe. No século XIX, os Románov, que chefiavam uma rígida burocracia militarista com sua própria afetação vitoriana, alimentaram-se das glórias de Catarina, mas se sentiam constrangidos com sua vida privada, especialmente com o papel do "meio tsar" Potemkin.[38] Os sucessores soviéticos dos Románov compartilhavam seus escrúpulos, ao mesmo tempo que ampliavam suas mentiras (apesar da descoberta recente de que Stálin,* um ávido estudante de história, privadamente tinha admiração por Potemkin). Até mesmo os mais distintos historiadores ocidentais ainda o tratam mais como um bufão devasso e um atleta sexual do que como um estadista histórico.** Todos esses fios se juntaram para garantir que o príncipe não ocupasse o seu devido lugar na história. Catarina, a Grande, sem saber das calúnias que viriam, pranteou seu amigo, amante, soldado, estadista e provavelmente marido pelos anos que lhe restaram de vida.

Em 12 de janeiro de 1792, Vassíli Pópov, o factótum do príncipe, chegou a São Petersburgo com uma missão especial. Trazia os bens mais preciosos de Potemkin — as cartas secretas de amor e negócios de Estado de Catarina. Elas continuavam amarradas num maço. Algumas estavam — e ainda estão — manchadas pelas lágrimas derramadas pelo moribundo Potemkin quando as lia, e relia, sabendo que jamais poria os olhos em Catarina novamente.

A imperatriz recebeu Pópov. Ele lhe entregou as cartas. Ela mandou todo mundo sair, menos Pópov, e trancou a porta. Então os dois choraram juntos.[39] Fazia quase trinta anos que ela vira Potemkin pela primeira vez, no mesmo dia em que tomou o poder e se tornou a imperatriz de todas as Rússias.

* "Qual foi o toque de gênio de Catarina, a Grande?", perguntou Stálin durante uma famosa discussão sobre história com seu capanga favorito, Andrei Jdanov, no verão de 1934. Stálin respondeu assim à sua própria pergunta: "Sua grandeza foi escolher o príncipe Potemkin e outros amantes e funcionários talentosos para governar o Estado". Este autor descobriu esta história ao fazer pesquisas para seu livro *Stálin: A corte do czar vermelho*: ele entrevistou Iúri Jdanov, filho de Andrei e posteriormente genro do ditador, agora um octogenário que, quando menino, assistiu à cena.
** Escrevendo em 1994, por exemplo, um respeitadíssimo professor de história da Universidade de Cambridge avalia as aptidões políticas e militares de Potemkin com a divertida, mas totalmente infundada, alegação de que "lhe faltava confiança em qualquer outro lugar que não fosse a alcova".

PARTE UM

POTEMKIN E CATARINA

1739-62

1. O menino provinciano

> *Prefiro ouvir a notícia de que você foi morto do que saber que se comportou vergonhosamente. (Conselho de um nobre de Smolensk ao filho que ingressava no Exército.)*
>
> L. N. Engelhart, *Memórias*.

"Quando eu crescer", consta que o jovem Potemkin costumava se gabar, "vou ser estadista ou arcebispo." Seus colegas de escola provavelmente zombavam desse sonho, pois ele nasceu nas fileiras da respeitável pequena nobreza de província, mas sem os benefícios de um nome de família ou de uma fortuna. Seu padrinho, que o compreendia bem, gostava de dizer que o menino "alcançaria grande honra, ou perderia a cabeça".[1] A única maneira de se elevar rapidamente a essa altura na Rússia daquela época era cair nas graças do monarca — e quando atingiu a idade de 22 anos esse obscuro provinciano já tinha dado um jeito de conhecer duas imperatrizes reinantes.

Grigóri Alexándrovitch Potemkin nasceu em 30 de setembro de 1739* na pequena aldeia de Tchijovo, não muito longe da velha cidade-fortaleza de Smo-

---

* A data do seu nascimento é, como tudo o mais a seu respeito, misteriosa, porque há muita confusão sobre a idade com que foi morar em Moscou e com que foi humilhado pelas Guardas. Há argumentos a favor de 1742, a data fornecida por seu sobrinho Samóilov. As datas e os registros

lensk. Os Potemkin eram donos da modesta propriedade e seus 430 servos do sexo masculino. A família estava longe de ser rica, mas também não era pobre. No entanto, compensavam seu status mediano comportando-se de maneira estranha mesmo para os padrões das selvagens zonas fronteiriças do Império Russo. Formavam um clã numeroso de origem polonesa e, como toda a nobreza, tinham inventado uma duvidosa genealogia. Quanto menor a nobreza, mais grandiloquente tende a ser, por isso os Potemkin diziam-se descendentes de Telesin, o príncipe de uma tribo italiana que ameaçou Roma por volta de 100 a.C., e de Istok, príncipe dálmata do século 11 d.C. Após séculos de não explicada obscuridade, esses nobres dálmatas-italianos reapareceram em Smolensk ostentando o nome distintamente não latino de "Potemkin", ou "Potempski", em sua forma polonizada.

A família gostava de navegar nos mares bravios entre os tsares da Moscóvia e os reis da Polônia, recebendo de ambos propriedades nos arredores de Smolensk. O patriarca da família era Hans-Tarasi (supostamente uma versão de Telesin) Potemkin, que teve dois filhos, Ivan e Ilarion, dos quais os dois ramos da família descendiam.[2] Grigóri veio da linhagem mais jovem de Ilarion. Os dois lados ostentavam oficiais de patente mediana e cortesãos. A partir da época do bisavô de Potemkin, a família serviu exclusivamente à Moscóvia, que aos poucos recuperava da Comunidade Polaco-Lituana essas terras tradicionalmente pertencentes a Kiev.

Os Potemkin tornaram-se pilares da endógama nobreza de Smolensk, que tinha sua própria e exclusiva identidade polonesa. Enquanto a nobreza russa era chamada de *dvoriánstvo*, os nobres de Smolensk ainda se identificavam como *szlachta*, como seus equivalentes poloneses. Hoje Smolensk parece profundamente incrustada na Rússia, mas, quando Potemkin nasceu, ainda era zona fronteiriça. O Império Russo em 1739 já se estendia a oeste de Smolensk, através da Sibéria, até a fronteira chinesa, e do Báltico no norte até os contrafortes do Cáucaso no sul — mas ainda não tinha capturado seu grande prêmio, o mar Negro. Smolensk fora conquistada pelo pai de Pedro, o Grande, o tsar Alexei, mais recentemente, em 1654, e antes disso fazia parte da Polônia. A nobreza local continuava culturalmente polonesa, por isso o tsar Alexei confirmou seus privilégios, permitiu que o regimento de Smolensk elegesse seus oficiais (embora não tivesse permissão de conservar suas ligações polonesas) e decretou que a geração seguinte

---

históricos contradizem uns aos outros, sem provocar um debate particularmente interessante. Essa é a data mais provável.

deveria casar com moças russas e não polonesas. O pai de Potemkin talvez tenha usado as folgadas pantalonas e a longa túnica do nobre polonês e falado um pouco de polonês em casa, apesar de usar a farda de inspiração mais germânica de oficial do Exército russo na rua. Dessa forma, Potemkin foi criado num ambiente semipolonês, herdando ligações muito mais estreitas com a Polônia do que a maioria dos nobres russos. Essa conexão ganhou importância posteriormente: ele se naturalizou polonês, brincou com a ideia de assumir o trono da Polônia e às vezes parece ter acreditado que era essa sua nacionalidade.[3]

O único antepassado famoso de Potemkin (apesar de descendente da linhagem de Ivan) foi Pedro Ivánovitch Potemkin, talentoso comandante militar e posteriormente embaixador do tsar Alexei e do seu sucessor, o tsar Fiódor, pai e irmão de Pedro, o Grande. A melhor maneira de descrever esse Potemkin é defini-lo como um incidente diplomático transeuropeu de um homem só.

Em 1667, esse governador local e *okólnitchi* (alto cortesão) foi despachado como primeiro embaixador da Rússia na Espanha e na França e depois, em 1680, como enviado especial a várias capitais europeias. O embaixador Potemkin fazia qualquer coisa para garantir que o prestígio do seu senhor fosse protegido num mundo que ainda via o tsar moscovita como bárbaro. Os russos, por sua vez, eram xenófobos, desprezando os ocidentais não ortodoxos, para eles não muito melhores do que os turcos. Numa época em que todos os monarcas davam um valor excepcional a títulos e questões de etiqueta, os russos achavam que tinham que dar ainda mais valor a essas coisas.

Em Madri, o barbudo e exageradamente paramentado embaixador exigiu que o rei da Espanha tirasse o chapéu toda vez que o nome do tsar fosse mencionado. Quando o rei trocou de chapéu, Pedro Potemkin exigiu explicações. Havia bate-bocas quando os espanhóis questionavam os títulos do tsar, e mais ainda quando esses títulos eram relacionados na ordem errada. Na viagem de volta a Paris, ele tornou a discutir por causa dos títulos, quase chegou às vias de fato com funcionários da alfândega, recusou-se a pagar impostos sobre seus ícones incrustados de joias ou sobre seus roupões moscovitas cravejados de diamantes, reclamou dos valores abusivos e os chamou de "infiéis imundos" e "cães danados". Luís XIV queria apaziguar essa nascente potência europeia e pediu desculpas pessoalmente pelos mal-entendidos.

A segunda missão parisiense do embaixador foi igualmente inflamada, mas depois ele embarcou para Londres, onde foi recebido por Carlos II. Essa foi, ao que tudo indica, a única audiência em toda a sua carreira diplomática que não terminou em um espetáculo. Quando visitou Copenhague e encontrou o rei dinamarquês acamado, Pedro Potemkin pediu que pusessem um sofá ao lado e deitou-se, para que o embaixador do tsar pudesse negociar em termos de supina igualdade real. Quando retornou, o tsar Fiódor estava morto, e Potemkin foi repreendido com severidade pela regente Sófia por suas palhaçadas excessivamente zelosas.* A natureza rabugenta parece ter sido herdada pelos dois lados da família.[4]

O pai de Grigóri Potemkin, Alexandre Vassílievitch Potemkin, era um desses apatetados militares excêntricos que devia tornar a vida nas guarnições de província no século XVIII ao mesmo tempo tediosa e pitoresca. Esse primeiro protótipo russo do coronel Blimp era quase insano, sempre propenso à indignação e imprudentemente impulsivo. O jovem Alexandre serviu no exército de Pedro, o Grande, durante toda a Grande Guerra do Norte, e combateu na decisiva Batalha de Poltava, em 1709, na qual Pedro derrotou o invasor sueco, Carlos XII, e com isso protegeu sua nova cidade de São Petersburgo e o acesso da Rússia ao Báltico. Depois lutou no cerco de Riga, ajudou a capturar quatro fragatas suecas, foi condecorado e mais tarde ferido no flanco esquerdo.

Após a guerra, o veterano teve que servir como burocrata militar, realizando cansativos censos populacionais nas distantes províncias de Kazan e Astrakhan, e comandando pequenas guarnições. Não temos muitos detalhes sobre o seu caráter ou a sua carreira, mas sabemos que quando quis se aposentar, por causa dos ferimentos doloridos, teve que comparecer diante de um conselho da Escola de Guerra e, de acordo com o costume, estava tirando a farda para mostrar as cicatrizes quando descobriu que um dos membros do conselho tinha servido sob suas ordens como sargento. Imediatamente sungou as calças e disse, apontando para o homem: "O quê? *Ele* vai *me* examinar? *Não* vou permitir. Melhor ficar no serviço, por piores que sejam meus ferimentos!". E saiu às pressas para servir mais dois anos de tédio. Por fim deu baixa como um enfermo tenente-coronel em 1739, ano em que o filho nasceu.[5]

---

* Quando Grigóri Potemkin, que se mostraria ainda mais chocante para as sensibilidades ocidentais, alcançou a grandeza em São Petersburgo, sentiu-se que ele precisava de um ancestral famoso. Um retrato do mal-humorado, xenófobo e pedante embaixador da era do Rei-Sol e do Alegre Monarca foi encontrado, possivelmente presenteado pela embaixada inglesa, e colocado no Hermitage de Catarina, a Grande.

O velho Alexandre Potemkin já tinha uma reputação de tirano doméstico. Sua primeira mulher ainda vivia quando o veterano viu Dária Skouratova, provavelmente na propriedade de Bolshoia Skouratova, que ficava perto de Tchijovo. Nascida Dária Vassílievna Kondireva, aos vinte anos já era viúva de Skouratov, o falecido proprietário. O coronel Potemkin casou com ela sem perda de tempo. Nenhum desses idosos maridos era uma perspectiva muito atraente para uma moça, mas a família de Skouratov ficaria muito satisfeita por ter encontrado para ela uma nova casa.

A jovem mulher do coronel recebeu o mais desagradável dos choques. Já grávida da primeira filha, Martha Elena, descobriu que o coronel Potemkin ainda estava casado com a primeira mulher, que morava na aldeia. É de supor que toda a aldeia estivesse a par do segredo do coronel, e Dária deve ter achado que foi feita de boba diante dos próprios servos. Na época a bigamia era tão contrária aos preceitos da Igreja e do Estado como hoje, mas lugares como Tchijovo eram tão remotos, os registros civis tão caóticos e o poder dos homens sobre as mulheres tão avassalador que histórias de bígamos eram muito comuns entre os nobres da província. Mais ou menos na mesma época, o general Abram Gannibal, o avô abissínio de Púchkin, casava-se pela segunda vez em situação de bigamia, enquanto torturava a primeira mulher numa masmorra até ela concordar em ir para um convento, e um dos seus filhos repetiu a façanha.[6] Em geral não era preciso recorrer à tortura para convencer mulheres russas a entrar para o convento e com isso liberar seus maridos para um segundo casamento. Dária visitou a primeira mulher e, entre lágrimas, convenceu-a a consagrar-se ao Senhor, por fim legitimando seu próprio casamento bígamo.

Podemos garimpar o bastante sobre esse casamento para dizer que foi profundamente infeliz: Alexandre Potemkin mantinha a mulher em gravidez quase perpétua. Ela teve cinco filhas e um filho — Grigóri foi o terceiro a nascer. Além disso, o irascível capataz era também doentiamente ciumento. Como o ciúme com frequência acaba provocando aquilo que mais teme, a jovem esposa não tinha poucos admiradores. Uma fonte nos conta que, pela época do nascimento de Grigóri, o coronel Potemkin andava sumamente desconfiado de um primo visitante, que viria a ser padrinho de Grigóri, o mundano Grigóri Matvéievitch Kizlovski, alto funcionário de Moscou. Supostamente o menino foi batizado em homenagem a Kizlovski — mas seria ele seu pai natural? Simplesmente não sabemos: Potemkin herdou um pouco do caráter maníaco, taciturno, do pai. Ele também passou a amar Kizlovski como um pai depois da morte do coronel. É preciso aceitarmos o fato de que, mesmo no adúltero século XVIII, os filhos vez por outra descendiam mesmo dos seus pais oficiais.

Sabemos muito mais sobre a mãe de Potemkin do que sobre o pai porque ela viveu o bastante para ver Grigóri tornar-se o homem mais importante do Império. Dária era bonita, capaz e inteligente. Um retrato bem posterior mostra uma idosa senhora de gorro com um rosto duro, cansado mas astuto, nariz irregular e queixo fino. Suas feições são mais grosseiras do que as do filho, embora ele supostamente fosse parecido com ela. Quando descobriu que estava grávida pela terceira vez, em 1739, os prognósticos foram positivos. Moradores de Tchijovo ainda hoje contam que ela teve um sonho em que o sol apareceu soltando-se do céu e caindo em cima da sua barriga — e nesse momento acordou. A adivinha da aldeia, Agrafina, interpretou o sonho como um aviso de que seria menino. Mas o coronel mesmo assim descobriu um jeito de estragar a felicidade dela.[7] Quando a hora se aproximava, Dária foi esperar para dar à luz na *bánia*, ou casa de banhos, da aldeia, assistida, provavelmente, por suas servas. O marido, segundo a história ainda narrada pelos moradores, passou a noite sentado encharcando-se de fortes bebidas caseiras de frutas. Os servos esperaram acordados também — queriam um herdeiro depois de duas filhas. Quando Grigóri nasceu, os sinos tocaram. Os servos dançaram e beberam até o sol raiar.[8] O lugar do nascimento dele foi adequado, uma vez que a *bánia* do Palácio de Inverno viria a ser o lugar mais usado para seus encontros amorosos com Catarina, a Grande.

Os filhos de Dária nasceram numa casa sobre a qual pairava uma sombra — a paranoia paterna. O casamento dever ter perdido todo vestígio de romance que um dia teve quando ela descobriu a bigamia do marido. As acusações de infidelidade certamente pioraram as coisas: ele era tão ciumento que, quando as filhas casaram, proibiu os genros de beijarem a mão de Dária, para evitar que lábios masculinos impressos em carne macia levassem inexoravelmente ao pecado. Após o nascimento do herdeiro, entre as muitas pessoas que apareceram para o cumprimentar, o coronel recebeu a visita do primo Serguei Potemkin, que o informou de que Grigóri não era seu filho. Os motivos de Serguei ao dar essa notícia dificilmente teriam sido filantrópicos: ele queria que a sua família herdasse as propriedades. O velho militar teve um acesso de raiva, pediu a anulação do casamento e declarou Grigóri bastardo. Dária, vendo a possibilidade de os portões do convento se fecharem sobre ela, convocou o mundano e sensato padrinho

Kizlovsky. O padrinho saiu correndo de Moscou para convencer o marido meio senil a desistir do divórcio. Dessa maneira, o pai e a mãe de Grigóri acabaram presos um ao outro.[9]

O mundo imediato de Grigóri Potemkin nos seis primeiros anos de vida seria o da aldeia do pai. Tchijovo fica no rio Tchivo, um modesto curso d'água que cavou uma pequena, íngreme e lamacenta ravina através das grandes planícies. Ficava a algumas horas de Smolensk, de onde a distância até Moscou era de mais 350 verstas. São Petersburgo estava a 837 verstas. No verão, fazia um calor escaldante, mas a região plana significava que os invernos eram cruéis, com ventos cortantes. O campo era belo, rico e verdejante. Era, e ainda é, uma terra bravia e aberta, um lugar estimulante e divertido para uma criança.

Em muitos sentidos, a aldeia era um microcosmo da sociedade russa: havia dois fatos essenciais no Estado russo daquela época. O primeiro era o instinto perpétuo e elementar do Império para ampliar suas fronteiras em todas as direções possíveis: Tchijovo ficava na inquieta zona fronteiriça ocidental. O segundo era a dicotomia nobreza-servidão. A aldeia natal de Potemkin dividia-se nessas duas metades, o que ainda hoje se pode constatar, embora o povoado praticamente tenha deixado de existir.

Localizada numa ligeira elevação sobre o rio, a primeira morada de Potemkin era uma modesta casa senhorial de madeira, com uma bonita fachada. Não poderia contrastar mais acentuadamente com as residências dos magnatas mais bem situados na escala social. Por exemplo, ainda naquele século, a propriedade do conde Kiril Razumóvski, mais ao sul, na Ucrânia, "mais parecia uma cidade pequena do que uma casa de campo [...] com quarenta ou cinquenta anexos [...] sua guarda, um numeroso séquito de servos, e uma grande banda de músicos".[10] Em Tchijovo, o único anexo à casa senhorial era provavelmente a casa de banhos, onde Grigóri nasceu, que provavelmente ficava rio acima perto do poço. A *bánia* era parte integrante da vida russa. Moradores do campo de ambos os sexos banhavam-se juntos,* o que pareceu chocante a um mestre-escola francês que

---

* Isso continuou até 1917. Quando os inimigos de Raspútin se queixaram a Nicolau II sobre os banhos que ele tomava com suas devotas seguidoras, o último tsar respondeu que se tratava de um costume das pessoas comuns.

visitou o lugar, pois "pessoas de todas as idades banhavam-se juntas, e o hábito de ver tudo desvendado desde tenra idade embota os sentidos".[11] Para os russos, a *bánia* era uma aconchegante, sociável e relaxante extensão da casa.

Excetuando-se os problemas do casamento dos pais, esse era, provavelmente, um ambiente feliz, apesar de nada sofisticado, para se crescer. Temos o relato de um menino da pequena nobreza criado na província de Smolensk: apesar de nascer trinta anos depois, Lev Nikoláievitch Engelhardt era parente de Potemkin e deixou um registro sobre a vida numa aldeia vizinha. Ele tinha liberdade de correr de um lado para outro trajando uma camisa de camponês e descalço: "Fisicamente, minha educação era parecida com o sistema esboçado por Rousseau — o Nobre Selvagem. Mas sei que meu pai não só ignorava essa obra como tinha uma duvidosa familiaridade com a gramática russa".[12] Outro memorialista, também aparentado com Potemkin, escreveu: "O mais rico proprietário de terras local tinha apenas mil almas", e "possuía um conjunto de colheres de prata, que usava para receber os hóspedes mais importantes, deixando que os outros se servissem com colheres de peltre".[13]

Grigóri, ou Gricha, como o chamavam, era o herdeiro da aldeia e, além do velho pai, o único homem numa família de mulheres — cinco irmãs e a mãe. Era supostamente o centro das atenções, e essa atmosfera familiar deve ter dado o tom do seu caráter, porque ele continuaria atraindo todos os olhares pelo resto da vida. Ao longo da sua carreira, ele se descrevia como "filho mimado da Fortuna". Tinha necessidade de destacar-se e dominar. Nessa família de mulheres aprendeu a sentir-se absolutamente à vontade em companhia feminina. Na idade adulta, seus amigos mais próximos eram mulheres — e sua carreira dependia de suas relações com uma delas em particular. Essa vida familiar em um ambiente rústico, animado pelo alvoroço de anáguas, não poderia durar muito. A maioria das irmãs logo se casaria respeitavelmente com primos da pequena nobreza de Smolensk (à exceção de Nadéjda, que morreu com dezenove anos). Em particular, os casamentos de Elena Marfa com Vassíli Engelhardt e Maria com Nikolai Samóilov produziriam sobrinhos e sobrinhas que desempenhariam papel importante na vida de Potemkin.[14]

Servir ao Estado era a única profissão de um nobre russo. Nascido na família militar de um oficial que tinha servido com Pedro em Poltava, Gricha seria criado para compreender que sua obrigação na vida e seu caminho para o sucesso estavam inextricavelmente ligados ao serviço do Império. As proezas do pai eram, provavelmente, os limites da imaginação do menino. A honra de uma farda era tudo na Rússia, particularmente para a pequena nobreza de província. Em 1721, Pedro, o Grande, tinha preparado uma Tabela de Posições para estabelecer a hierarquia dentro dos serviços militar, civil e da corte. Qualquer homem que alcançasse a 14ª posição militar, ou a oitava civil, era automaticamente alçado à nobreza hereditária — *dvoriánstvo* —, mas Pedro também impôs uma vida de serviço compulsório a todos os nobres. Pela época do nascimento de Potemkin, a nobreza tinha eliminado aos poucos essa humilhante obrigação, mas a carreira das armas ainda era o caminho para o sucesso. Potemkin demonstrou interesse pelo sacerdócio. Descendia de um arquimandrita do século XVII, e o pai o mandou para uma escola eclesiástica em Smolensk. Mas ele estava desde sempre destinado à farda.[15]

Bem abaixo da casa, ao lado do rio, ficava o poço, ainda hoje chamado de Catarina. Diz a lenda que Potemkin levou a imperatriz para conhecer o lugar onde nasceu. É provável que quando menino tirasse água do poço, pois a vida da nobreza mediana era melhor do que a dos seus servos abastados, mas não muito. Quando nasceu, Potemkin provavelmente foi entregue aos cuidados de uma ama de leite na aldeia, mas, de forma literal ou não, esse protótipo do "Nobre Selvagem" foi criado com leite do ambiente rural russo. Deve ter sido cuidado tanto pelas servas como pela mãe e pelas irmãs; a música que ouvia seriam os comoventes lamentos que os servos cantavam à noite em tempo de festejos. As danças que sabia seriam as enérgicas e graciosas danças dos camponeses, bem mais do que os cotilhões dançados nos bailes dos proprietários de terras locais. Com certeza conhecia a adivinha da aldeia, além do padre. Sentia-se tão à vontade ao lado dos quentes e malcheirosos fornos das casas camponesas — fumegantes de *kasha*, o mingau de trigo sarraceno, *shchi*, o apimentado caldo de repolho, e *kvass*, a amarga cerveja amarela que eles bebiam além da vodca e dos vinhos de frutas — como se sentia na casa senhorial. Reza a tradição que o menino vivia com simplicidade. Brincava com os filhos do padre, pastoreava cavalos com eles e apanhava feno com os servos.[16]

A pequena igreja ortodoxa de Nossa Senhora, em Tchijovo, estava localizada (bem como os vestígios de sua arruinada sucessora) no lado onde moravam os servos da aldeia: Potemkin passava boa parte do tempo lá. Os servos eram devotos: cada um, "além do amuleto bento do batismo em volta do pescoço, levava uma pequena figura do […] santo padroeiro, estampada em cobre. Soldados e camponeses costumavam tirá-la do bolso, cuspir nela e esfregá-la [...] e colocá-la diante deles e, de repente, se prostrarem [...]".[17] Quando um camponês entrava numa casa, tinha o hábito de perguntar onde estava "o Deus" e então persignar-se diante do ícone.

Potemkin cresceu em meio a uma mistura de devoção e superstição camponesas: foi batizado na igreja da aldeia. Muitos proprietários de terras tinham condição de pagar um preceptor estrangeiro para os filhos, de preferência francês ou alemão — ou, às vezes, um idoso prisioneiro de guerra sueco, capturado na Grande Guerra do Norte, como a pobre família de proprietários descrita na novela de Púchkin, *A filha do capitão*. Mas os Potemkin não tiveram nem isso. Consta que o padre local, Semen Karzev, e o sacristão, Timofei Krasnopevzev, lhe ensinaram o alfabeto e algumas rezas, que despertaram nele um fascínio pela religião que durou a vida inteira. Gricha aprendeu a cantar, e adorava música, outra característica da sua vida adulta: o príncipe Potemkin nunca andava sem sua orquestra e um monte de novas partituras. Havia uma lenda segundo a qual, décadas depois, um desses sábios da aldeia visitou São Petersburgo e, ouvindo falar que seu pupilo era agora o homem mais importante da corte, fez uma visita ao príncipe, que o recebeu calorosamente e lhe deu um emprego de curador do Cavaleiro de Bronze, a estátua de Pedro, o Grande, de autoria de Falconet.[18]

Os 430 servos do sexo masculino viviam com suas famílias perto da igreja, do outro lado da aldeia. O valor dos servos, ou "almas", como eram chamados, dependia do número de homens. A riqueza de um nobre era medida não em dinheiro, ou alqueires, mas em almas. Numa população de 19 milhões, havia cerca de 50 mil nobres do sexo masculino e 7,8 milhões de servos. Metade era de camponeses de casas senhoriais, de propriedade de nobres individuais ou da família imperial, enquanto a outra metade era de camponeses estatais, de propriedade do próprio Estado. Só nobres podiam ter servos legalmente, mas apenas uma parcela de 1% dos nobres tinha mais de mil almas. As casas dos grandes nobres, que podiam ter centenas de milhares de servos, atingiriam um clímax de luxo e pitoresco no reinado de Catarina, quando eram donas de orquestras de servos e de servos pintores de refinados ícones e retratos: o conde Cheremetev, o mais rico proprietário de servos da Rússia, tinha um teatro de servos com um repertório de quarenta óperas. O balé do príncipe Iussúpov ostentaria centenas de servas bailarinas. O conde Scavrónski (parente de Catarina I, que casou com uma das sobrinhas de Potemkin) era tão obcecado por música que proibia os servos de falar: eles tinham que cantar declamando.[19] Esses casos eram raros: 82% dos nobres eram muito pobres, tendo menos de cem almas. Os Potemkin estavam no meio — parte dos 15% que possuíam de 101 a quinhentos.[20]

Os servos de Tchijovo eram propriedade absoluta do coronel Potemkin. Escritores franceses da época usavam a palavra "esclaves" — escravos — para os descrever. Tinham muito em comum com os escravos negros do Novo Mundo, com a diferença de que pertenciam à mesma raça dos senhores. Havia ironia na servidão, pois, embora os servos na Rússia da época em que Potemkin nasceu fossem bens móveis na base da pirâmide social, eram também a fonte primordial do poder do Estado e dos nobres. Formavam a infantaria russa quando o Estado formava um exército através de *levées* compulsórias. Os proprietários de terras despachavam os infelizes selecionados para uma vida inteira de prestação de serviço militar. Os servos pagavam impostos, que os imperadores russos usavam para financiar seus exércitos. Apesar disso, constituíam também o núcleo da riqueza de um nobre. O imperador e a nobreza disputavam o seu controle — e deles sugavam o máximo que conseguiam.

Geralmente as almas eram herdadas, mas também podiam ser concedidas a favoritos por imperadores agradecidos, ou compradas como resultado de anúncios de jornal, como os carros usados de hoje. Por exemplo, em 1760, o príncipe Mikhail Scherbátov, futuro crítico da moralidade de Potemkin, vendeu três moças para outro nobre por três rublos. Apesar disso, os senhores costumavam orgulhar-se dos cuidados paternalistas que dispensavam aos seus servos. "O próprio fato de suas pessoas serem propriedade lhes garante a benevolência dos senhores."[21] A casa do conde Kiril Razumóvski tinha mais de trezentos empregados domésticos, todos servos, claro (exceto o chef francês e provavelmente um preceptor francês ou alemão dos seus filhos), incluindo um mestre de cerimônias, um *valet de chambre* chefe, dois anões, quatro cabeleireiros, dois servidores de café e assim por diante. "Tio", disse uma sobrinha sua, "me parece que o senhor tem um bocado de empregados sem os quais poderia viver." "Verdade", respondeu Razumóvksi, "mas eles não poderiam viver sem mim."[22]

Às vezes os servos amavam os senhores: quando o tesoureiro-mor conde Shukalov se viu obrigado a vender uma propriedade a trezentas verstas de Petersburgo, foi acordado certa manhã por uma balbúrdia em seu pátio na capital. Ali se reunia um multidão de servos vindos do campo. "Vivíamos muito contentes sob a sua autoridade e não queremos perder um senhor tão bom", declararam eles.

"Então, com cada um de nós pagando [...] viemos trazer-lhe o dinheiro de que precisa para readquirir a propriedade." O conde abraçou os servos como se fossem seus filhos.[23] Quando o senhor se aproximava, observou um inglês, os servos se curvavam quase até o chão; quando uma imperatriz visitou áreas remotas, um diplomata francês anotou que eles faziam suas mesuras ajoelhados.[24] Os servos de um proprietário de terras eram a sua força de trabalho, o seu saldo bancário, às vezes seu harém e sua total responsabilidade. Apesar disso, ele vivia com medo de que se rebelassem e o assassinassem na casa senhorial. Levantes camponeses eram comuns.

Em sua grande maioria, os senhores dispensavam um tratamento humano aos servos, mas só uma pequena minoria conseguia imaginar que a escravidão não fosse uma condição natural. Se os servos fugiam, os senhores podiam usar a força para trazê-los de volta. Caçadores de servos ganhavam recompensas por sua sinistra ocupação. Até mesmo os proprietários de terra mais racionais castigavam regularmente os servos, usando de preferência o cnute, o grosso chicote russo de couro, mas certamente não tinham permissão para os executar. "Castigos devem ser infligidos a camponeses, empregados e todos os demais, em razão de seus delitos, com chibatas", escreveu o príncipe Scherbátov em instruções aos seus administradores em 1758. "Procedam com cuidado, para não cometer assassinato ou mutilar. Assim sendo, não batam na cabeça, nas pernas ou nos braços com um cacete. Mas quando houver um castigo que justifique o cacete, ordenem que ele se curve e bata nas costas, ou melhor, açoite com chibatas nas costas e mais abaixo, pois o castigo será mais doloroso, mas o camponês não ficará mutilado."

O sistema dava ampla margem para abusos. Catarina, em suas *Memórias*, lembrava que a maioria das casas em Moscou continha "coleiras de ferro, correntes e outros instrumentos de tortura para aqueles que cometem a mais leve infração". A alcova de uma nobre, por exemplo, continha "uma espécie de jaula escura em que ela mantinha uma escrava que lhe penteava o cabelo; o principal motivo [...] era o desejo da velha perversa de esconder do mundo que ela usava cabeços postiços [...]".[25]

O absoluto poder do proprietário sobre os servos às vezes escondia torturas dignas do Barba Azul: as piores foram cometidas por uma proprietária de terras, ou talvez só tenham feito queixas porque se tratava de uma mulher. Certamente as autoridades fizeram vistas grossas durante muitos anos, e isso não ocorria numa província distante, mas em Moscou. Dária Nikoláievna Saltikova, de 25 anos, conhecida como "a devoradora de homens" — *liudoed* —, era uma figura monstruosa que tinha prazer sádico em torturar centenas de servos, supostamente concentrando-se em seus órgãos genitais. Quando enfim foi presa, no começo do reinado de Catarina, a imperatriz, que dependia do apoio dos nobres, precisou punir a devoradora de homens com muito cuidado. Ela não poderia ser executada, porque a imperatriz Isabel abolira a pena de morte em 1754 (exceto para traição), por isso Saltikova foi acorrentada ao cadafalso em Moscou durante uma hora com um letreiro no pescoço que dizia "torturadora e assassina". Toda a cidade apareceu para vê-la: assassinos em série eram raridade na época. Em seguida, a devoradora de homens foi confinada pelo resto da vida num mosteiro-prisão subterrâneo. Sua crueldade era a exceção, não a regra.[26]

Esse era o mundo de Gricha Potemkin e a essência da vida no interior russo. Ele nunca perdeu os hábitos adquiridos em Tchijovo. Pode-se imaginá-lo correndo pelos pastos entre fardos de feno com os filhos dos servos, mastigando um nabo ou um rabanete — como o faria anos depois nos aposentos da imperatriz. Não era de surpreender que, na refinada corte voltairiana de São Petersburgo, ele fosse visto sempre como cria quintessencial do solo da Rússia.

Em 1746, esse idílio terminou, quando o seu pai morreu aos 74 anos. Gricha Potemkin, com seis anos, herdou a aldeia e os servos, mas era uma herança insignificante. A mãe, viúva pela segunda vez aos 42 anos, com seis filhos para criar, não conseguia chegar ao fim do mês em Tchijovo. O adulto Grigóri se comportaria com a imprudente extravagância daqueles que se lembram de dificuldades financeiras — mas nunca chegou a ser uma pobreza opressiva. Mais tarde, ele cederia a aldeia para a irmã Elena e o marido Vassíli Engelhardt. Os dois construíram uma mansão no lugar da casa senhorial de madeira e uma bela igreja no lado da aldeia onde moravam os servos, para glória do Sereníssimo, o filho célebre da família.[27]

Dária Potemkina era ambiciosa. Grigóri não faria carreira naquele lugarejo remoto, sepultado como uma agulha no vasto palheiro da Rússia. Ela não tinha relações sociais na nova capital, São Petersburgo, mas na velha sim. Logo a família estava a caminho de Moscou.*

---

* Hoje resta pouca coisa do lado Potemkin da aldeia, exceto o Poço de Catarina e a cabana de dois camponeses octogenários que vivem de abelhas. Do lado dos servos, há só as ruínas da igreja. Na época do comunismo, dizem os aldeões, os comissários mantinham gado na "igreja de Potemkin",

* * *

A primeira coisa que Gricha Potemkin viu da velha capital certamente foram as torres de campanário. No fundo das brumas do Império Russo, Moscou era o ponto de apoio de tudo aquilo que se opunha a São Petersburgo, a nova capital de Pedro, o Grande. Se a Veneza do Norte era a janela para a Europa, Moscou era um alçapão para os recessos das antigas e xenofóbicas tradições da Rússia. Sua sombria e solene grandiosidade russa assustava os ocidentais pobres de espírito: "O que há de particularmente feio e de mau gosto em Moscou são as torres de campanário", escreveu uma inglesa ao chegar, "pedaços quadrados de tijolos de diferentes cores e cúspides douradas [...] a aparência é muito gótica". De fato, apesar de construída em torno de uma formidável fortaleza medieval, o Krémlin, e das claras cúpulas em forma de cebola da Catedral de São Basílio, os becos e pátios tortuosos, apertados e escuros da cidade eram tão obscuros quanto a velha igreja ortodoxa. Para os ocidentais, mal parecia uma cidade europeia. "Não posso dizer que Moscou me dê outra ideia que não seja a de uma grande aldeia, ou de muitas aldeias juntas." Outro visitante, olhando para os nobres castelos e para as cabanas cobertas de palha, achou que a cidade parecia ter sido "aglomerada em cima de embarcações flutuantes".[28]

Kizlovski, o padrinho de Potemkin (e possivelmente seu pai natural), reitor aposentado do Kamer-Collegium, o oficial em Moscou do ministério encarregado da Corte (os ministérios de Pedro eram chamados de *Collegia*, ou Colégios), acolheu a família sob sua proteção e ajudou Dária, fosse sua amante ou apenas protegida, a mudar-se para uma pequena casa na rua Nikitskaia. Gricha Potemkin foi matriculado na escola ginasial anexa à universidade com o filho de Kizlovski, Serguei.

A inteligência de Potemkin foi reconhecida logo cedo; ele tinha um excelente ouvido para línguas, e logo se destacou em grego, latim, russo, alemão e francês, aprendendo também um pouco de polonês, e dizia-se que era capaz de entender italiano e inglês. O que mais o fascinava era a Igreja ortodoxa: mesmo quando criança, conversava sobre a liturgia com o bispo do convento grego, Dorofei. O

---

mas o gado adoeceu e morreu. Os aldeões ainda cavam a terra em busca da Caverna de Aladim que eles chamam de "Ouro de Potemkin". Mas tudo que encontraram até agora foram os corpos de mulheres do século XVIII, provavelmente irmãs de Potemkin, no cemitério da igreja.

padre da igreja de São Nicolau estimulou seu conhecimento das cerimônias eclesiásticas. A extraordinária memória de Gricha, que seria notada posteriormente, permitia-lhe aprender de cor longos trechos da liturgia grega. A julgar por seus conhecimentos e por sua memória na fase adulta, talvez achasse fácil demais aprender e chato concentrar-se. Aborrecia-se depressa e não tinha medo de ninguém: já era bem conhecido por seus epigramas e pelas imitações que fazia dos professores. Apesar disso, de alguma forma conseguiu fazer amizade com um sacerdote de alto nível, Ambrosius Zertis-Kamenski, mais tarde arcebispo de Moscou.[29]

O menino costumava ajudar no altar, mas mesmo então ou estava imerso na teologia bizantina ou louco para cometer alguma terrível travessura. Quando Gricha apareceu diante das visitas do padrinho em trajes de padre georgiano, Kizlovski disse: "Um dia você ainda vai me fazer passar muita vergonha, porque não consegui educá-lo como um nobre". Potemkin já se julgava diferente dos outros: seria um grande homem. Há registros das mais variadas previsões que costumava fazer sobre sua futura posição de superioridade: "Se eu for general, vou comandar soldados; se for bispo, serão os padres". Prometeu à mãe que quando fosse rico e famoso mandaria destruir as casas dilapidadas onde ela havia morado para construir uma catedral.* As lembranças felizes dessa época ficaram com ele pelo resto da vida.[30]

Em 1750, com onze anos, ele foi a Smolensk, acompanhado provavelmente pelo padrinho, alistar-se para o serviço militar. A primeira vez que um garoto vestia uma farda e sentia o peso de um sabre, o ranger das botas, o rijo aperto da túnica, os esplêndidos aparatos da carreira das armas, ficava gravada na memória como um momento alegre na vida de todo menino-soldado da *dvoriántsvo*. Meninos nobres eram alistados absurdamente cedo, às vezes aos cinco anos, servindo como soldados supranumerários, para resolver da melhor forma o problema do serviço militar vitalício de Pedro. Quando se tornavam militares de fato, no fim da adolescência, tinham servido tecnicamente mais de dez anos e já eram oficiais. Os pais alistavam seus filhos nos melhores regimentos, as Guardas, da mesma maneira que os nobres ingleses costumavam "se candidatar para Eton". Em Smolensk,

---

* Ele de fato fez uma doação para a redonda igreja Nikitskaia (Pequena Nikitskaia), que foi reconstruída por seus herdeiros. Mas o grande projeto ainda estava na fase de planejamento quando de sua morte. Historiadores que acreditam que ele se casou com Catarina II identificam essa igreja como o local do casamento.

Gricha testemunhou perante o Escritório de Heráldica sobre os serviços prestados pela família e sobre sua nobreza, referindo-se à sua *soi-disant* linhagem romana e à sua ligação com o irascível embaixador do tsar Alexei. O escritório da província fez confusão e anotou sua idade como sete, mas, levando em conta que as crianças se inscreviam geralmente com onze anos, é provável que se trate de um deslize burocrático. Cinco anos depois, em fevereiro de 1755, ele voltou para uma segunda inspeção e foi inscrito na Guarda Montada, um dos cinco regimentos de elite das Guardas.[31] O adolescente voltou a dedicar-se aos estudos.

Matriculou-se na Universidade de Moscou, onde era um dos melhores alunos nas aulas de grego e história eclesiástica.[32] Algumas amizades que fez ali seriam levadas para o resto da vida. Os estudantes usavam uniforme — casaco verde com punhos vermelhos. A universidade acabara de ser fundada. Denis von Vizin, contemporâneo de Potemkin, em seu livro *Confissões francas sobre meus assuntos e pensamentos*, contou que ele e o irmão estavam entre os melhores alunos. Como Potemkin, eram filhos da pequena nobreza empobrecida, que não podia se dar ao luxo de contratar preceptores. A nova universidade era caótica. "Estudávamos sem ordem nenhuma", lembrava-se ele, devido à "negligência e ao alcoolismo dos professores".[33] Von Vizin dizia que o ensino de idiomas estrangeiros era péssimo ou inexistente. Os registros sobre Púchkin perderam-se no incêndio de 1812, mas ele com certeza aprendeu muito, possivelmente graças aos amigos clérigos.

Esse desleixo pedagógico não importava muito, porque Potemkin, que segundo consta numa fase posterior da vida não lia nada, era viciado em leitura. Quando visitava parentes no interior, passava o tempo todo na biblioteca e até dormia debaixo da mesa de bilhar, agarrado a um livro.[34] Noutra ocasião, Potemkin pediu a um amigo, Ermil Kostrov, que lhe emprestasse dez livros. Quando Potemkin os devolveu, Kostrov não acreditou que ele pudesse ter lido tanto em tão pouco tempo. Potemkin respondeu que tinha lido todos de capa a capa: "Se não acredita, examine-os!", disse ele. Kostrov ficou convencido. Quando outro aluno chamado Afonin lhe emprestou a recém-publicada *Filosofia natural*, de Buffon, Potemkin a devolveu no dia seguinte, e Afonin ficou espantado porque ele se lembrava absolutamente de cada detalhe.[35]

Então Potemkin chamou a atenção de outro poderoso patrono. Em 1757, o seu virtuosismo em grego e teologia lhe valeu a medalha de ouro da universidade, e isso impressionou um dos magnatas da corte imperial em Petersburgo. Ivan Ivánovitch Chuválov, o culto e erudito fundador e curador da Universidade de

Moscou, era jovem, de rosto redondo e amável, com doces feições de duende — mas inusitadamente modesto para alguém da sua posição. Chuválov era o amante da imperatriz Isabel, dezoito anos mais velha, e um dos seus conselheiros mais próximos. Naquele mês de junho, Chuválov ordenou à universidade que selecionasse seus doze melhores alunos e os mandasse a São Petersburgo. Potemkin e outros onze foram despachados para a capital, onde o próprio Chuválov os recebeu, e levados ao Palácio de Inverno para serem apresentados à imperatriz de todas as Rússias. Foi a primeira visita de Potemkin a Petersburgo.

Até Moscou devia parecer atrasada em comparação com São Petersburgo. Nas pantanosas margens e ilhas do estuário do rio Neva, Pedro, o Grande, tinha fundado o seu "paraíso" em 1703, em território ainda pertencente à Suécia. Quando enfim derrotou Carlos VII em Poltava, a primeira reação de Pedro foi afirmar que São Petersburgo finalmente estava a salvo. Tornou-se capital oficial em 1712. Milhares de servos morreram fincando os pilares e drenando a água desse vasto canteiro de obras, enquanto o tsar pressionava para que o projeto seguisse adiante. Naquela época, já era uma bela cidade, de cerca de 100 mil habitantes, com elegantes palácios ao longo dos aterros: no lado norte, ficava a Fortaleza de Pedro e Paulo e o palácio de tijolos vermelhos que tinha pertencido ao favorito de Pedro, o príncipe Ménchikov. Quase em frente a esses edifícios ficavam o Palácio de Inverno, o Almirantado e mansões aristocráticas. Suas avenidas eram surpreendentemente largas, como se tivessem sido construídas para gigantes, porém sua retidão germânica era alheia à alma russa, bem diferente das vielas estreitas de Moscou. Os edifícios eram imponentes, mas todos ainda inacabados, como tanta coisa na Rússia.

"É uma animada e linda cidade com ruas extremamente largas e compridas", escreveu um visitante inglês. "Não só a cidade, mas o modo de vida obedecem a uma escala grandiosa demais. Os nobres parecem competir entre si em todo tipo de extravagância." Havia contrastes em toda parte. Dentro dos palácios, "as residências são decoradas com os móveis mais suntuosos provenientes de todos os países, mas passa-se para a sala de estar onde o assoalho é da mais fina madeira incrustada através de uma escada tosca, fedendo a sujeira".[36] Nem mesmo os palácios e as danças da cidade ocultavam totalmente a natureza do Império que ela governava: "De um lado há modas elegantes, vestidos belíssimos, refeições suntuosas, festivais esplêndidos e teatros iguais aos que enfeitam Paris e Londres", observou um diplomata francês, "de outro lado há os comerciantes em trajes asiáticos, empregados domésticos e camponeses vestindo pele de carneiro e usando longas barbas, gorros de pele, luvas sem dedos e machadinhas penduradas nos cintos de couro".[37]

O novo Palácio de Inverno da imperatriz ainda não estava pronto, o que não o impedia, porém, de ser magnífico — um salão era dourado, pintado, equipado com candelabros e repleto de cortesãos, já no seguinte ventava e entrava água, quase aberto aos elementos e coberto de ferramentas de pedreiro. Chuválov levou os treze estudantes premiados para as salas onde Isabel recebia embaixadores estrangeiros. Ali, Potemkin e seus colegas foram apresentados à imperatriz.

Isabel, então quase cinquentona e no 17º ano de reinado, era uma loura grande de olhos azuis, do tipo amazona. "Era impossível vê-la pela primeira vez e não ficar impressionado com sua beleza", lembrava-se Catarina, a Grande. "Uma mulher grande, que, apesar de corpulenta, não era, de forma nenhuma, deformada pelo tamanho."[38] Isabel, como a xará inglesa do século XVI, foi criada à gloriosa sombra de um pai dominador e passou a juventude num arriscado limbo entre o trono e a masmorra. O pai lhe refinou os instintos políticos naturais — mas aí cessam as semelhanças com Gloriana. A imperatriz era impulsiva, generosa e frívola, mas também astuta, vingativa e impiedosa — verdadeiramente filha de Pedro, o Grande. Sua corte era dominada pela exuberância e pela vaidade da imperatriz, cujos apetites por festas elaboradas e por roupas caras era prodigioso. Jamais vestia duas vezes o mesmo traje. Trocava de vestido duas vezes por dia, e as mulheres da corte a imitavam. Quando morreu, seu sucessor encontrou 15 mil vestidos num guarda-roupa no Palácio de Verão. Na corte, peças francesas ainda eram uma novidade rara e exótica: a diversão mais comum eram os chamados bailes travestis, onde todo mundo recebia ordem para se vestir com roupas do sexo oposto: isso dava origem a rudes brincadeiras com os homens de "combinação de osso de baleia" e as mulheres parecidas com "meninos raquíticos" — especialmente as mais velhas. Havia um motivo para isso: "a única mulher que ficava bem de verdade, e totalmente homem, era a própria imperatriz. Como era alta e poderosa, trajes masculinos lhe caíam bem. Tinha a perna mais linda que já vi num homem [...]".[39]

Mesmo a suposta alegria da corte de Isabel era permeada pela luta por influência política e pelo temor dos caprichos imperiais: quando não conseguiu tirar o pó do cabelo e teve de raspar a cabeça para removê-lo, a imperatriz ordenou a todas as damas da corte que também raspassem a sua. "As damas obedeceram entre lágrimas." Num acesso de ciúme de outras beldades, cortou com tesoura as fitas de uma e os cachos de outras duas. Baixou uma ordem para que nenhuma outra mulher imitasse o seu *coiffeur de jour*. Quando sua beleza perdeu o viço, ela alternava entre devoções ortodoxas e frenéticas aplicações de cosméticos.[40] A política era um perigo mesmo para mulheres nobres sempre na moda. No começo do seu reinado, Isabel mandou cortar a língua de uma beldade, a condessa Natália Lopukhiná, que fez um vago comentário sobre uma conspiração — no entanto essa foi a mesma mulher de coração mole que aboliu a pena de morte.

Ela combinava a devoção ortodoxa com uma vigorosa promiscuidade. Os casos amorosos de Isabel eram numerosíssimos e desinibidos, mais ainda do que os de Catarina: incluíam de médicos franceses a coristas cossacos, e ao sempre rico reservatório de virilidade das Guardas. Seu grande amor, apelidado de "Imperador Noturno", era um jovem ucraniano meio cossaco, que ela notou pela primeira vez cantando no coro: chamava-se Alexei Razum, sobrenome logo nobilitado para Razumóvski. Ele e o irmão mais novo Kiril, um pastor de rebanhos adolescente, foram recompensados com riquezas e elevados a conde, um dos novos títulos germânicos importados por Pedro, o Grande. Em 1749, Isabel arranjou um novo amante, Ivan Chuválov, de 22 anos, portanto outra família foi elevada à condição diamantina de magnata.

Pela época em que o jovem Potemkin visitou Petersburgo, muitos desses magnatas provinham de uma recém-cunhada aristocracia de Pedro e Isabel — não havia melhor propaganda dos benefícios da vida na corte. "Ordenanças, coristas, copeiros de cozinhas nobres", como relatou Púchkin, foram promovidos, por mérito ou simples benevolência, aos cumes da riqueza e da aristocracia.[41] Esses novos homens serviam nos mais altos escalões da corte e do serviço militar, lado a lado com nobres moscovitas sem título e com os clãs principescos, que eram os descendentes das casas governantes: os príncipes Golítsin, por exemplo, descendiam do grão-duque Gedemim da Lituânia, os príncipes Dolgorúki de Rurik.

Essa foi a introdução de Potemkin a um mundo de imperatrizes e favoritos, que ele ainda viria a dominar. O pai de Isabel, Pedro I (o Grande), tinha comemorado a conquista do Báltico declarando-se *imperator*, ou imperador, em 1721, além do título tradicional de tsar, que vinha do *Caesar* romano. Mas Pedro também garantira um século de instabilidade ao decretar que governantes russos poderiam escolher os próprios herdeiros sem consultar a opinião de quem quer que fosse, no que ficara conhecido como "apoteose do mando autocrático". A Rússia só teria uma lei de sucessão no reinado de Paulo I. Como Pedro torturara até a morte o próprio filho e herdeiro — o tsarévitch (filho do tsar) Alexei — em 1718, e os outros filhos homens tinham morrido, em 1725 sucedera-o sua viúva de origem plebeia com o nome de Catarina I, por seus próprios méritos, respaldada pelos Regimentos das Guardas e uma camarilha de amigos íntimos. Catarina foi a primeira de uma linhagem de governantas mulheres ou crianças, sintoma de uma penosa falta de herdeiros homens.

Nessa "era de revoluções palacianas", imperadores eram elevados à dignidade real pela combinação de facções dentro da corte, magnatas nobres e Regimentos das Guardas, que ficavam estacionados em São Petersburgo. Por ocasião da morte de Catarina I, em 1727, seu neto Pedro, filho do assassinado Alexei, governou como Pedro II por apenas dois anos. Quando ele morreu,* a corte russa ofereceu o trono à sobrinha de Pedro, Anna de Curlândia, que governou, com seu odiado favorito alemão Ernst Biron, até 1740. Ainda bebê, Ivan VI subiu ao trono, sob controle da mãe, Ana Leopóldovna, a duquesa de Brunswick, como regente. Os russos não apreciavam governantes crianças, alemães ou mulheres. Os três eram difíceis demais de aguentar.

Em 25 de novembro de 1741, depois de uma série de golpes palacianos durante o reinado do infante Ivan VI, a grã-duquesa Isabel, de 31 anos, tomou o Império Russo com apenas 308 homens das Guardas — e despachou o imperador-menino para uma cela na fortaleza de Schlüsselburg. A mistura de intriga palaciana e golpe pretoriano deu o tom à política russa pelo século seguinte. Estrangeiros ficavam desnorteados com isso — em especial no século do Iluminismo, quando a política e o direito estavam sendo obsessivamente analisados: só restou às línguas mais afiadas concluir que o trono russo não era eletivo, nem hereditário — era *ocupativo*. Parafraseando Madame de Staël, a Constituição russa *era* o caráter do imperador. A personalidade do autocrata *era* o governo. E o governo, como afirmou o marquês de Custine, era "uma monarquia absoluta temperada pelo assassinato".[42]

---

* O jovem imperador, que transferiu a corte de volta para Moscou, morreu no palácio suburbano que hoje contém os arquivos da Escola de Guerra (RGVIA), onde a maioria dos documentos de Potemkin está armazenada.

O governo das mulheres criou uma versão russa peculiar do favorito da corte. Chuválov, patrono de Potemkin, foi o último da imperatriz. O favorito era um parceiro ou amante de confiança, quase sempre de origem humilde, favorecido pelo monarca por escolha pessoal, e não por nobreza de nascimento. Nem todos aspiravam ao poder. Para alguns bastava se tornarem cortesãos ricos. Mas na Rússia as imperatrizes precisavam deles porque só homens podiam comandar exércitos. Estavam em situação ideal para serem ministros — favoritos[43] que governavam o país para suas amantes.*

Quando Chuválov, ainda com 32 anos, apresentou Gricha Potemkin, de dezoito anos, à imperatriz, àquela altura inchada e doente, chamou a atenção dela para o fato de ele saber grego e teologia. A imperatriz ordenou que Potemkin fosse promovido a cabo das Guardas como recompensa, apesar de até aquela altura ele não ter nenhuma experiência militar. Ela provavelmente presenteou os meninos com uma bugiganga — uma taça de vidro com a silhueta dela gravada — como prêmio.**

A corte deve ter virado a cabeça de Potemkin, porque ao voltar para Moscou ele não conseguiu mais concentrar-se nos estudos. Talvez a embriaguez e a indolência dos professores contagiassem os alunos. Em 1760, o linguista, que tinha recebido a medalha de ouro e sido apresentado à imperatriz, foi expulso por "preguiça e não assistir às aulas". Anos depois, já príncipe, Potemkin visitou a Universidade de Moscou e teve um encontro com o professor Barsov, que o expulsara. O príncipe perguntou se o professor se lembrava daquele primeiro encontro. "Vossa Alteza fez por merecer", respondeu Barsov. Como lhe era característico, o príncipe adorou a resposta, abraçou o professor e tornou-se seu patrono.[44]

Ao que parece, a expulsão de Potemkin foi um tanto desastrosa. O padrinho e a mãe achavam que um jovem obscuro como Gricha não podia se dar ao luxo de

---

* Pelo século XVII, os favoritos tinham evoluído para favoritos-ministros, como Olivares na Espanha e Richelieu e Mazarin na França, que não eram amantes do rei, mas políticos habilidosos, escolhidos para dirigir as burocracias cada vez mais infladas. Quando Luís XIV preferiu governar pessoalmente depois da morte de Mazarin, em 1661, a moda acabou. Mas as imperatrizes da Rússia, a começar por Catarina I em 1725, a reinventaram.
** No Museu de História Local de Smolensk há uma taça dessas que teria pertencido a Potemkin. Consta que Catarina, a Grande, usou-a para fazer um brinde ao passar por Smolensk.

ser tão preguiçoso. Felizmente, ele já se alistara nas Guardas, mas não tinha sequer o dinheiro para a viagem até São Petersburgo, sinal claro de que a família ou não estava de acordo, ou rompera relações com ele. Ele afastou-se da mãe: a rigor, numa fase posterior da vida, os dois raramente se encontravam. Mais tarde a imperatriz Catarina II a converteu em dama de companhia, e a mãe tinha orgulho do filho — mas reprovava abertamente sua vida amorosa. Portanto, não era apenas um processo de sair de casa. Ele agora estava por conta própria. Tomou quinhentos rublos emprestados, soma considerável, do amigo Ambrosius Zertis--Kamenski, àquela altura bispo de Mojak. Potemkin costumava dizer que tinha a intenção de devolver com juros, mas o bispo viria a ser brutalmente assassinado nessa história, antes de Potemkin subir ao poder. E ele nunca quitou a dívida.

A vida de um jovem das Guardas era ociosa, decadente e absurdamente dispendiosa, mas não havia caminho mais seguro para alcançar a grandeza. Potemkin apareceu no momento oportuno — a Rússia travava a Guerra dos Sete Anos contra a Prússia, enquanto em São Petersburgo a imperatriz Isabel morria. As Guardas já fervilhavam de intrigas.

Ao chegar a São Petersburgo, Potemkin apresentou-se no quartel-general do seu Regimento da Guarda Montada, que compreendia uma pequena aldeia de casernas, casas e estábulos construídos em torno de um pátio à margem do rio Neva, perto do Convento de Smólni. O regimento tinha igreja, hospital, casa de banho e prisão próprios. Havia um prado atrás para alimentar cavalos e realizar desfiles. Os mais antigos Regimentos das Guardas — como o Preobrajénski e o Semionóvski — foram criados por Pedro, o Grande, primeiro como regimentos de música, mas depois como suas forças leais na rancorosa luta contra o corpo de mosqueteiros do Estado, o *streltsi*. Seus sucessores acrescentaram outros. Em 1730, a imperatriz Anna fundou o regimento de Potemkin, o Garde-à-Cheval, a Guarda Montada.[45]

Oficiais das Guardas era incapazes de resistir "à sedução da metrópole".[46] Quando não estavam farreando, os *bon vivants* adolescentes travavam uma guerra de guerrilhas, por vezes fatal, nos bailes e nas ruelas, com o Nobre Corpo de Cadetes baseado no Palácio Ménchikov.[47] Tanto sangue jovem era arruinado por dívidas, ou esgotado por infindáveis contatos com prostitutas no bairro de Metshchanski ou por partidas de uíste ou faraó, que pais mais ascéticos preferiam que os filhos ingressassem num regimento comum, como o pai em *A filha do capitão*, que exclama: "Petrusha não vai para Petersburgo coisa nenhuma. O que aprenderia se servisse em São Petersburgo? A ser um perdulário e um libertino? Não, que ele seja um soldado, e não um dândi nas Guardas!".[48]

Potemkin logo ficou conhecido entre os jovens mais temerários e atrevidos das Guardas. Com 21 anos, era alto — bem mais de um metro e oitenta —, de ombros largos e muito atraente para as mulheres. Potemkin "contava com a vantagem de ter a mais bela cabeleira da Rússia". Sua boa aparência e seus talentos eram tão notáveis que ele recebeu o apelido de "Alcibíades", um elogio superlativo numa era neoclássica.* As pessoas instruídas daquela época liam Plutarco e Tucídides, portanto o caráter do estadista ateniense era bem conhecido — inteligente, culto, sensual, inconsistente, devasso e extravagante. Plutarco delirava com o "brilhantismo" de Alcibíades, sua "beleza física".[49] Potemkin atraiu imediatamente a atenção como um homem espirituoso — era um mímico excepcional, dom que o levaria muito além dos domínios dos comediantes.[50] Não demoraria a despertar a admiração dos mais glamorosos rufiões das Guardas — os Orlov —, que, por sua vez, o atrairiam para as intrigas da família imperial.

As Guardas protegiam os palácios imperiais, e isso é que lhe dava significado político.[51] Estacionados na capital e perto da corte, "os oficiais tinham mais oportunidade de ficar conhecidos", como observou um diplomata prussiano.[52] Podiam ir a qualquer lugar da cidade, "sendo admitidos em jogos, danças, *soirées* e apresentações teatrais da corte, no interior daquele santuário".[53] Seus deveres nos palácios lhes davam oportunidade de manter um contato constante, mas irreverente, com magnatas e cortesãos — e um senso de envolvimento pessoal nas rivalidades da própria família imperial.

Durante os meses em que a imperatriz Isabel ficou suspensa entre a vida e a morte, grupos de homens das Guardas foram cada vez mais enredados nos planos de mudança da sucessão para excluir o odiado grão-duque Pedro e substituí-lo por sua mulher, a popular grã-duquesa Catarina. Trabalhando na guarda dos palácios imperiais, Potemkin teve a chance de observar a figura romântica da grã-duquesa Catarina, que logo passaria a reinar, por seus próprios méritos, como Catarina II. Ela nunca foi bonita, mas tinha qualidades bem superiores a esse efê-

---

* Alcibíades era famosamente bissexual — entre seus amantes estava Sócrates —, porém *jamais* houve qualquer insinuação de que Potemkin compartilhasse dos seus gostos sexuais. Outra figura do século XVIII conhecida como Alcibíades era um favorito do rei Gustavo II, da Suécia, e, posteriormente, amigo do tsar Alexandre — o conde Armfeld, "l'Alcibiade du Nord".

mero verniz: a magia indefinível da dignidade imperial combinada com atração sexual, uma animação natural e um charme irresistível que encantavam qualquer um que a conhecesse. A melhor descrição de Catarina nessa idade foi escrita poucos anos antes por Stanisław Poniatowski, seu amante polonês:

> Ela atingira aquela fase da vida em que qualquer mulher a quem foi concedido o dom da beleza está no seu melhor momento. Tinha cabelos negros, uma tez radiante e corada, grandes, salientes e expressivos olhos azuis, cílios longos e escuros, nariz arrebitado, uma boca beijável [...] uma figura esbelta, mais alta do que baixa; movimentava-se com agilidade, mas com grande nobreza, e tinha uma voz agradável e um riso alegre e bondoso.

Potemkin ainda não se encontrara com ela — porém mais ou menos na época da sua chegada a São Petersburgo ela começou a cultivar a amizade das Guardas, que a admiravam fervorosamente, tanto quanto odiavam seu marido, o herdeiro. De modo que esse rapaz provinciano de Tchijovo viu-se no lugar perfeito para participar da conspiração que a levaria ao trono — e os aproximaria um do outro. Catarina tinha entreouvido um general expressar o galante sentimento que o jovem Potemkin logo compartilharia: "Lá vai uma mulher pela qual um homem honesto seria capaz de aguentar alegremente várias chicotadas do cnute".[54]

2. O homem da Guarda e a grã-duquesa: O golpe de Catarina

Só Deus sabe como é que minha mulher ficou grávida.
Grão-duque Pedro, nas *Memórias* de Catarina, a Grande

A futura Catarina II, conhecida como a Grande, não era russa de nascimento, mas vivia na corte de Isabel desde os catorze anos, e não poupara esforços para se comportar, em suas palavras, "de tal maneira que os russos me amassem". Poucos tinham percebido, porém, que essa grã-duquesa de 32 anos era uma política de talento, uma estadista de visão e uma atriz consumada, com a ardente ambição de governar o Império Russo, função para a qual estava admiravelmente qualificada.

Ela nasceu princesa Sophie de Zerbst-Anhalt em 21 de abril/2 de maio de 1729 em Stettin. Seu monótono destino como a filha de uma secundária casa principesca alemã mudou em janeiro de 1744, quando a imperatriz Isabel vasculhou o Sacro Império Romano, essa agência de relacionamentos para reis, em busca de uma moça para casar com seu recém-designado herdeiro, Karl-Peter-Ulrich, duque de Holstein, seu sobrinho e portanto neto de Pedro, o Grande. Ele acabava de ser proclamado grão-duque Pedro Fiódorovitch da Rússia e precisava de um herdeiro para assegurar o trono de Isabel. Por várias razões — políticas, dinásticas e pessoais —, a imperatriz escolheu Sophia, que se converteu à Igreja ortodoxa como Iekaterina Aléixevna — ou Catarina — e casou com Pedro em 21 de agosto de 1745, usando um vestido modesto e cabelo não empoado. Observadores notaram seu excelente domínio do idioma russo e sua compostura.

Catarina logo percebeu que Pedro não estava apto para ser seu marido nem tsar da Rússia. Com um mau presságio, notou que ele era "muito infantil", sem "discernimento" e "sem amor pelo país sobre o qual estava destinado a reinar". Não seria um casamento feliz, nem romântico. Pelo contrário, é um tributo ao caráter de Catarina o fato de ela ter sobrevivido ao matrimônio em posição tão vantajosa.

Pedro temia a corte russa e talvez sentisse que não estava à altura da sua condição. Apesar de ser neto de Pedro, o Grande, duque de Holstein e, em dado momento, herdeiro da Rússia e da Suécia, tivera uma vida infeliz. Quando menino, o pai o entregara a um marechal pedante e cruel da corte de Holstein, que o fazia passar fome, surrava-o e o colocava horas a fio ajoelhado em ervilhas secas. Tornou-se um adolescente maníaco por desfiles militares, obcecado por bonecos e, mais tarde, por soldados. Alternadamente privado de afeição e mimado pela adulação, Pedro tornou-se uma criatura confusa, lamentável, que nutria desprezo pela Rússia. Uma vez inserido na corte russa, apegava-se desesperadamente à crença em tudo que fosse alemão — particularmente prussiano. Desprezava a religião russa, preferindo o luteranismo; desdenhava o Exército russo, entregando-se avidamente ao culto do seu herói Frederico, o Grande.[1] Não conseguia disfarçar sua preocupante falta de senso e sensibilidade, por isso Catarina resolveu adotar o seguinte plano: "(1) agradar ao grão-duque, (2) agradar à imperatriz, (3) agradar ao país". Aos poucos, o terceiro item foi se tornando mais importante do que o primeiro.

As feições de Pedro, que já não eram muito agradáveis, ficaram marcadas por cicatrizes de varíola logo depois da chegada de Catarina. Ela passou a achá-lo "medonho" — embora seu comportamento ofensivo fosse ainda pior.[2] Na noite do casamento, ninguém chegou perto dela, uma humilhação para qualquer noiva.[3] Durante as peripatéticas migrações sazonais da corte entre o Palácio de Verão e o Palácio de Inverno, entre Peterhof, no golfo da Finlândia, e Tsárskoie Seló, no interior, entre Moscou, no sul, e Livônia, no oeste, ela se consolava lendo os clássicos do Iluminismo — pelo resto da vida, sempre tinha um livro à mão — e por vigorosas cavalgadas. Projetara uma sela especial, para que pudesse fingir que estava sentada de lado diante da imperatriz e escanchar quando ficava a sós. Apesar de bem longe da nossa era da psicologia, quando lemos suas *Memórias* ficamos com a distinta impressão de que a era da *sensibilité* compreendia perfeitamente as implicações sexuais desse exercício frenético.[4]

Catarina era sensual e coquete, embora possivelmente ainda em estado latente, mas se sentia presa a um casamento estéril, não consumado, com um homem repulsivo e infantil, ao mesmo tempo que vivia rodeada por uma corte traiçoeira, onde se acotovelavam os jovens mais bonitos e sofisticados da Rússia. Vários se apaixonaram por ela, incluindo Kiril Razumóvski, irmão do favorito da imperatriz, e Zakhar Tchernichov, seu futuro ministro. Ela era vigiada o tempo todo. A pressão tornava-se incomodamente específica: ela precisava ser fiel e tinha a obrigação de conceber um filho. Diante dessa vida, Catarina tornou-se viciada em jogos de azar, especialmente o faraó — destino de muitas mulheres infelizes e privilegiadas daquela época.

No começo dos anos de 1750, o casamento degenerara de embaraçoso a infeliz. Catarina tinha todos os motivos para acabar com a reputação de Pedro, mas também demonstrava piedade e bondade para com o marido, até que seu comportamento começou a ameaçar a existência dela. Mas nesse aspecto o relato de Catarina sobre atraso e rudeza do cônjuge não é exagerado: o casamento ainda não tinha sido consumado. Talvez Pedro tivesse uma malformação física, como a de Luís XVI. Certamente era inibido e ignorante, com um desenvolvimento físico e psicológico retardatário.[5] Os detalhes do casamento congelariam qualquer coração feminino: Catarina deitava-se sozinha na cama enquanto o franzino marido brincava com bonecos e soldadinhos, e às vezes arranhava um violino ao lado dela; mantinha seus cães no quarto e a obrigava a montar guarda durante horas com um mosquete.[6]

A maioria dos flertes dela dava em nada, mas Serguei Saltikov, então com 26 anos e descendente da velha nobreza moscovita, foi diferente: era "belo como o alvorecer", segundo Catarina, porém, lendo nas entrelinhas, era também uma espécie de Casanova barato. Ela caiu de amores. Ele foi provavelmente o seu primeiro amante. Incrivelmente, providências foram tomadas no mais alto nível para assegurar que fosse exatamente isso — a imperatriz precisava de um herdeiro, fosse quem fosse o pai.[7]

Depois de um aborto espontâneo, Catarina engravidou uma segunda vez. No momento em que nasceu, em 20 de setembro de 1754, o herdeiro, que recebeu o nome de Paulo Petróvitch, foi levado pela imperatriz. Catarina ficou aos prantos, "cruelmente abandonada" durante horas em seus lençóis suados e manchados: "Ninguém se preocupava comigo".[8] Ela se consolou lendo *Esprit des lois*, de Montesquieu, e os *Anais*, de Tácito. Saltikov foi despachado para longe.

E quem era o pai do futuro imperador Paulo I, de quem o resto da dinastia Románov, até Nicolau II, descendia? Saltikov ou Pedro? A alegação de Catarina de que seu casamento nunca foi consumado pode ou não ser verdade: ela dispunha de seus motivos para desmerecer Pedro, e posteriormente até pensou em deserdar Paulo. Ele se tornou um adulto feio, com nariz de focinho de porco, ao passo que Saltikov, apelidado de *"le beau Serge"*, era admirado pela beleza. Mas então Catarina maliciosamente chamou a atenção para a feiura do irmão de Saltikov. O mais provável é que Saltikov fosse o pai natural.

Era possível sentir pena de Pedro, tão inapto para as venenosas sutilezas das intrigas da corte, mas impossível gostar desse homem mandão, presunçoso e bêbado. Um dia Catarina encontrou um rato pendurado nos aposentos de Pedro. Quando perguntou o que o bicho estava fazendo ali, ele respondeu que o roedor tinha sido condenado por um crime e merecia o castigo mais severo previsto na lei militar. Seu "crime" tinha sido subir na fortaleza de papelão de Pedro e comer duas sentinelas feitas de goma. Noutra ocasião Pedro perdeu o controle diante de Catarina e disse que sabia que a Rússia seria a ruína dele.[9]

Dizem as *Memórias* de Catarina que só quando a voluntariosa tolice dele começou a pôr em risco a sua vida e a de Paulo é que essa jovem mãe inocente passou a preocupar-se com o futuro. Ela dá a entender que sua ascensão ao trono estava praticamente predeterminada. Isso está longe de ser verdade — Catarina conspirou para usurpar o trono com um inconstante elenco de conspiradores ao longo dos anos de 1750, do chanceler imperial de Isabel ao embaixador inglês. Quando a saúde de Isabel começou a falhar, e Pedro se entregou à bebida, com a Europa cada vez mais perto da Guerra dos Sete Anos e os fios da política russa todos tensionados, Catarina tinha toda intenção de sobreviver — e no topo.

Sua vida doméstica, porém, estava mais livre agora que tinha dado à luz um herdeiro. Começou então a desfrutar os prazeres de ser uma mulher atraente numa corte impregnada do cheiro agradável de intrigas amorosas, como ela mesmo explicou:

> Acabei de dizer que eu era atraente. Consequentemente, metade da estrada da tentação já estava andada e é apenas humano nessas situações que não se fique no meio do caminho. Pois há uma estreita aliança entre tentar e ser tentada [...]. Talvez a

fuga seja a única solução, mas há situações em que escapar é impossível, pois como escapar [...] na atmosfera de uma corte? [...] e, se você não foge, nada é mais difícil [...] do que evitar uma coisa que fundamentalmente a atrai.[10]

Em 1755, num baile no Oranienbaum, o palácio campestre do grão-duque perto de Peterhof, Catarina conheceu Stanisław Poniatowski, de 23 anos, o secretário polonês do novo embaixador inglês.[11] Poniatowski era também o representante do poderoso partido pró-Rússia da Polônia, que girava em torno dos seus tios, os irmãos Czartoryski, e sua parentela, conhecida como "Família". Mas além disso encarnava o ideal do inglês culto e vivido, com uma veia de idealismo romântico e melancólico. Os dois se apaixonaram.[12] Foi o primeiro caso de amor verdadeiro de Catarina, no qual seus sentimentos eram apaixonadamente correspondidos.

Uma série de escaramuças entre os britânicos e os franceses no alto rio Ohio deu início aos acontecimentos que levariam à Guerra dos Sete Anos, uma conflagração global que se estendeu do Reno ao Ganges, de Montreal a Berlim. O ponto de partida do envolvimento russo foi o ódio de Isabel contra a Prússia como nova potência, e contra Frederico, o Grande, cujos gracejos sobre a sua carnalidade a deixavam furiosa. Nessa imensa dança diplomática, as outras potências subitamente trocaram de parceiro, numa dramática mudança que pôs fim ao "Velho Sistema" de alianças e ficou conhecida como "Revolução Diplomática". Quando a música parou de tocar nessa dança das cadeiras, em agosto de 1756, a Rússia, aliada da Áustria e da França, foi à guerra contra a Prússia, que era financiada por subsídios ingleses (embora a Rússia não estivesse em guerra com a Inglaterra). Exércitos russos invadiram a Prússia Oriental em 1757. A guerra envenenou a política da corte e destruiu o caso de amor de Catarina com Poniatowski, que obviamente estava do lado inglês e acabou tendo que ir embora. Catarina estava grávida de Poniatowski — Anna Petróvna nasceu em dezembro de 1757 e também foi abduzida e criada pela própria Isabel.[13]

Catarina entrou na crise mais perigosa de sua vida de grã-duquesa. Depois da vitória contra a Prússia, em 19/30 de agosto de 1757, na Batalha de Gross-Jägersdorf, o marechal de campo Apráxin, de quem Catarina era amiga, ouviu falar que a imperatriz Isabel tinha adoecido. Deixou os prussianos se retirarem em boa ordem e recuou seus próprios exércitos, provavelmente achando que a imperatriz estava para morrer e que Pedro III assinaria a paz com seu herói, Frederico, o Grande. A imperatriz não morreu e, como todos os tiranos, era extremamente sensível com relação à sua mortalidade. Em tempos de guerra, pensamentos como esse equivaliam a traição. O partido pró-inglês foi destruído, e graves suspeitas recaíram sobre Catarina, em especial depois que o marido aterrorizado a denunciou. A grã-duquesa estava sozinha e correndo perigo real. Queimou seus documentos, esperou — e então jogou as suas cartas com fria e magistral habilidade.[14]

Catarina provocou um confronto decisivo: em 13 de abril de 1758, como narra em suas *Memórias*, exigiu ir para a casa da mãe, explorando a amizade que Isabel lhe tinha e a aversão cada vez mais forte que sentia pelo sobrinho. A imperatriz decidiu interrogar Catarina pessoalmente. Numa cena de dramaticidade bizantina, Catarina apresentou sua defesa à imperatriz, enquanto Pedro resmungava denúncias. Ela usou charme, indignação de olhos arregalados e seus costumeiros protestos de amorosa gratidão para desarmar a imperatriz. Quando eles saíram, Isabel sussurrou: "Tenho muito mais coisas para dizer a você [...]".[15] Catarina soube que ganhara e gostou muito de saber por intermédio de uma criada que Isabel não suportava Pedro: "Meu sobrinho é um monstro".[16] Quando a poeira baixou, Catarina e Pedro deram um jeito de conviver em termos cordiais. Pedro tinha arranjado uma amante reconhecidamente sem atrativos físicos, chamada Isabel Vorontsova, sobrinha do chanceler imperial, por isso tolerava o caso de Catarina com Poniatowski, que tinha voltado em caráter temporário. Por fim, o polonês, que ainda amava Catarina, teve que partir e ela mais uma vez ficou só.

Dois anos depois, Catarina bateu os olhos em Grigóri Orlov, um tenente das Guardas Izmáilovski que, depois de distinguir-se ao receber três ferimentos dos prussianos na Batalha de Zorndorf, tinha voltado para Petersburgo como encarregado de tomar conta de um nobre prisioneiro de guerra prussiano, o conde Schwerin. Pedro, que adorava tudo que fosse prussiano, fazia alarde da sua amizade com Schwerin. Foi provavelmente assim que Catarina conheceu Orlov, embora reze a lenda que ela primeiro o admirou da sua janela enquanto ele montava guarda.

Grigóri Grigórievitch Orlov era belo, alto e abençoado, conforme escreveu um diplomata inglês, com "todas as vantagens de estampa, fisionomia e conduta".[17] Orlov vinha de uma raça de gigantes* — os cinco irmãos eram todos igualmente enormes.[18] Consta que tinha um rosto angelical, mas que era também do

---

* Potemkin também era descrito por estrangeiros como gigante. Os melhores espécimes tendiam a ingressar nas Guardas, mas o físico dos homens russos parece ter desabrochado nesse período, a

tipo de soldado franco e alegre que todos amavam — "um homem simples e direto, sem pretensões, afável, popular, bem-humorado e honesto. Jamais fez maldade contra ninguém"[19] — e era imensamente forte.[20] Quando Orlov visitou Londres, quinze anos depois, Horace Walpole capturou qualquer coisa do seu charme descomunal: "Orlov, o Grande, ou melhor, o Imenso, está aqui [...] ele dança danças gigantescas e faz amor gigantescamente".[21]*

Orlov era filho de um governador de província, e não da alta nobreza rica. Descendia de um oficial do *streltsi* condenado por Pedro, o Grande, à decapitação. Quando chegou a hora de morrer, o avô de Orlov aproximou-se do fétido cepo e afastou com um chute a cabeça do homem executado antes dele. O tsar ficou tão impressionado com sua jactância que o perdoou. Orlov não era particularmente inteligente — "muito bonito", escreveu o embaixador francês Breteuil para seu ministro Choiseul em Paris, "mas [...] muito burro". Quando voltou, em 1759, Orlov foi designado ajudante de ordens do conde Pedro Chuválov, Grande Mestre de Artilharia, o primo do patrono de Potemkin na universidade. Orlov não demorou a seduzir a amante de Chuválov, a princesa Elena Kurákina. Para sorte de Orlov, Chuválov morreu antes de poder se vingar.

No começo de 1761, Catarina e Orlov se apaixonaram um pelo outro. Depois da levemente afetada sinceridade de Poniatowski, Grigóri Orlov oferecia vigor físico, bondade ursina e, mais importante, a veia política que logo se tornaria necessária. Já em 1749, Catarina pudera oferecer ao marido o apoio dos oficiais das Guardas que lhe tinham devoção. Agora recebia o apoio dos irmãos de Orlov e seu alegre bando. O que causava melhor impressão, em termos de habilidade e crueldade, era Alexei, irmão de Grigóri. Era muito parecido com Grigóri, mas tinha cicatrizes no rosto e era "de muita força bruta, mas sem coração", as qualidades que tinham feito dos Orlov uma força tão eficaz em 1761.[22]

Orlov e seus amigos das Guardas discutiram vários planos para elevar Catarina ao trono no fim de 1761 — embora, provavelmente, em termos muito vagos. A ordem precisa dos acontecimentos é obscura, mas foi também nessa época que

---

julgar pelos comentários de visitantes: "O camponês russo é um homem bom, corpulento, direto e bonito", comentou de forma efusiva Lady Craven ao viajar pelo Império.

* Sua força não era mito — como testemunhou a baronesa Dimsdale em 1781 quando o carro da imperatriz Catarina, na atração Montanha Voadora, uma versão inicial da montanha-russa, escorregou dos trilhos de madeira: Orlov, "um homem notavelmente forte, colocou-se atrás do carro e com o pé o repôs na posição certa".

o jovem Potemkin teve os seus primeiros contatos com os Orlov. Uma fonte lembrava-se de que foi a reputação de Potemkin como homem divertido que atraiu a atenção de Grigóri Orlov, apesar de outros interesses em comum — ambos eram conhecidos como sedutores bem-sucedidos e apostadores audaciosos. Nunca chegaram a ser exatamente amigos, mas Potemkin àquela altura movimentava-se na mesma galáxia.²³

Catarina precisava de aliados assim. Nos últimos meses de vida de Isabel, ela não alimentava mais nenhuma ilusão sobre o grão-duque Pedro, que falava abertamente em divorciar-se de Catarina, casar com a amante Vorontsova e reverter as alianças da Rússia, para salvar seu herói Frederico da Prússia. Pedro era um perigo para ela, para o filho, para o país — e para si mesmo. Ela via as opções com nitidez:

> *Primo* — compartilhar o destino de Sua Alteza, seja qual for; *Secondo* — ficar exposta, de repente, a qualquer coisa que ele possa tentar por mim ou contra mim; *Tertio* — tomar um caminho independente de qualquer dessas eventualidades [...] era uma questão de perecer com ele (ou por causa dele), ou salvar a mim, as crianças e talvez o estado do naufrágio [...].

Exatamente no momento em que Isabel entrava em seu declínio terminal e Catarina precisava estar preparada para se salvar "do naufrágio" e encabeçar um possível golpe, a grã-duquesa descobriu que estava grávida de Grigóri Orlov. A barriga ela podia ocultar cuidadosamente, mas, do ponto de vista político, estava *hors de combat*.

Às quatro da tarde de 25 de dezembro de 1761, a imperatriz Isabel, de cinquenta anos, estava tão fraca que já não tinha forças para vomitar sangue. Limitava-se a ficar deitada na cama contorcendo-se, a respiração lenta e rouca, os membros inchados como balões, metade cheios de fluido, nos aposentos imperiais do inacabado e barroco Palácio de Inverno em São Petersburgo. Os cortesãos, arrepiados de esperança e de medo do que a morte dela poderia trazer, reuniam-se à sua volta. A morte de um monarca reinante era ainda mais pública do que um nascimento real: era uma ocasião formal, com etiqueta própria, porque o falecimento da imperatriz era a passagem do sacro poder. O cheiro forte de suor, vômito, fezes e urina devia suplantar a doçura das velas, o perfume das damas e o bafo de vodca dos homens. O sacerdote pessoal de Isabel rezava, mas ela já não recitava com ele.[24]

A sucessão do grão-duque Pedro, homem espigado e de rosto marcado pela varíola, agora com 34 anos e menos à vontade do que nunca com a cultura e o povo russos, foi aceita, mas não exatamente num clima de júbilo. Já havia uma corrente subterrânea de preocupação com relação a Pedro e de esperança sobre Catarina. Muitos magnatas sabiam que o herdeiro era claramente inapto para sua nova função. Mas, ainda que fossem necessários cálculos apropriados em relação a carreira e família, a chave da sobrevivência eram sempre o silêncio, a paciência e a vigilância.

Fora do palácio, os Guardas ficavam de sentinela no frio enregelante, observando com tensão a transferência de poder, orgulhosamente conscientes do seu papel na ascensão e na queda de tsares. A vontade de agir existia, em especial entre os jovens temerários da turma dos Orlov, que incluía Potemkin. No entanto, as relações de Catarina com Orlov, e principalmente o bem guardado segredo de que ela estava grávida de seis meses, só eram conhecidos de um pequeno círculo. Se para uma mulher comum era difícil esconder uma gravidez, imagine-se para uma princesa imperial. Catarina conseguia, mesmo no superlotado quarto de enferma de uma imperatriz moribunda.

Os dois veteranos favoritos de Isabel, o alegre e atlético Alexei Razumóvski, o menino cossaco de coro de igreja que virou conde, e o esteta de rosto redondo Ivan Chuválov, patrono de Potemkin na universidade, ainda com 34 anos, serviam-na com carinho — e ansiedade. O príncipe Nikita Trubetskoi, o taurino procurador-geral do Senado, observava em nome da nobreza russa mais antiga. O herdeiro, o grão-duque Pedro, não aparecia. Estava bebendo com seus amigos alemães fora do quarto de doente, com a falta de dignidade e de tato que fariam dele uma figura odiada. Mas a sua mulher Catarina, que odiava e amava a imperatriz ao mesmo tempo, postava-se ostentosamente à cabeceira da cama e estava ali, insone e lacrimosa, havia duas noites.

Catarina era a imagem da afeição solícita pela tia e imperatriz moribunda. Quem, admirando sua lacrimosa sinceridade, poderia adivinhar que poucos anos antes ela citara maliciosamente as palavras de Poniatowski sobre a imperatriz: "Oh, essa palerma! Ela acaba com a nossa paciência! Por que não morre logo?". Os Chuválov, últimos de uma série de conspiradores, já tinham procurado Catarina para falar sobre a possibilidade de alterar a sucessão em favor dela e do seu filho pequeno, o grão-duque Paulo — mas sem resultado. Todos aqueles intriguistas tinham caído ou partido. Catarina foi a única que sobreviveu, cada vez mais perto do trono.[25]

A imperatriz ficou imóvel. O desajeitado grão-duque foi convocado, pois Isabel não demoraria a morrer. Ele veio de imediato. Logo que ela morreu, os cortesãos se ajoelharam diante de Pedro III. Ele partiu rapidamente, indo direto para o conselho assumir o poder. Segundo Catarina, ele lhe ordenou que ficasse ao lado do corpo até receber novas instruções.[26] As damas de Isabel já se alvoroçavam em torno do corpo, limpando os detritos da morte, enxugando-lhe o suor do pescoço e da testa, passando-lhe ruge no rosto, fechando-lhe os olhos azul-claros pela última vez.

Todos choravam — pois Isabel fora amada apesar de suas frivolidades e crueldades. Muito fizera para devolver à Rússia sua posição de grande potência europeia, tal qual seu pai deixara o império. Razumóvski enfiou-se em seu quarto para prantear. Ivan Chuválov foi tomado por "pensamentos hipocondríacos" e uma sensação de desamparo. O robusto procurador-geral abriu as portas da antessala e anunciou, com lágrimas escorrendo pelo rosto envelhecido: "Sua Majestade imperial adormeceu em Deus. Deus salve Nosso Graciosíssimo Soberano, o imperador Pedro III". Houve um murmúrio de saudações ao novo reinado — mas a corte estava impregnada de "gemidos e choros".[27] Lá fora, os homens das Guardas "pareciam tristes e abatidos. Todos falavam ao mesmo tempo, mas em voz baixa [...]. Aquele dia [portanto] apresentava um aspecto quase sinistro, com o pesar pintado em cada rosto".[28]

Às sete da noite, senadores, generais e cortesãos juraram lealdade a Pedro III. Um te-déum em ação de graças foi cantado. Enquanto o arcebispo de Nóvgorod solenemente pregava ao novo imperador, Pedro III não cabia em si de contente, sem ocultar seu estado de espírito, comportando-se escandalosamente e "agindo como um idiota".[29] Mais tarde, os 150 nobres mais importantes do império se reuniram para um banquete na galeria e para brindar à nova era, a três salas de distância de onde jazia o cadáver imperial. A chorosa Catarina, ao mesmo tempo mulher de *sensibilité* e fria calculista política, desempenhou o seu papel. Pranteou a imperatriz e foi sentar-se ao lado do corpo três dias depois. Àquela altura, os quentíssimos salões deviam feder horrores.[30]

Na Prússia, tropas russas tinham acabado de tomar a fortaleza de Kolberg e estavam ocupando a Prússia Oriental, enquanto na Silésia outro corpo de exército avançava, com unidades dos aliados austríacos da Rússia. A destruição de Frederico, o Grande, era iminente. A estrada para Berlim estava aberta. Só um milagre poderia salvá-lo — e a morte de Isabel foi exatamente isso. Pedro mandou deter as tropas imediatamente e iniciou negociações de paz com o perplexo e aliviado rei da Prússia. Frederico pretendia oferecer a Prússia Oriental à Rússia, mas nem isso foi necessário.* Pedro então começou a preparar-se para travar a sua própria guerra com a Dinamarca, a fim de recuperar o Schleswig para o seu ducado de Holstein alemão.

No funeral de Isabel, em 25 de janeiro de 1762, o imperador Pedro III, em alto astral, inventou um jogo para fazer o dia passar mais depressa: diminuía o passo atrás do carro fúnebre, esperava que estivesse a uns dez metros de distância, e saía correndo para alcançá-lo, arrastando atrás de si os cortesãos mais idosos, que precisavam agarrar-se às abas da sua casaca preta. "As críticas ao revoltante comportamento do imperador espalharam-se rapidamente."

Esses críticos, naturalmente, voltaram-se para sua mulher. Na hora exata da morte de Isabel, Catarina recebeu uma mensagem do príncipe Kiril Dáchkov, das Guardas, que dizia o seguinte: "É só dar a ordem e nós a colocaremos no trono". Dáchkov era outro membro de um círculo de homens das Guardas do qual faziam parte heróis da Guerra dos Sete Anos, como os irmãos Orlov. Catarina, grávida, desencorajou a traição. O mais notável no golpe dado por ela posteriormente não é que tenha dado certo, pois uma conspiração depende muito da sorte, mas que já estivesse preparado seis meses antes. Catarina conseguiu impedir que fosse executado antes de recuperar-se do seu resguardo.

Foi o novo imperador que inconscientemente decidiu tanto o momento como a magnitude da conspiração. Em seu reinado que mal completara seis meses, Pedro conseguiu alienar quase todas as grandes forças da sociedade política russa. Apesar disso, as medidas que tomou estavam longe de ser bárbaras, embora

---

* Foi esse o Milagre da Casa de Brandemburgo que tanto inspirou Hitler e Goebbels em 1945 no bunker de Berlim, quando esperavam que a morte do presidente Roosevelt dividisse os Aliados. Frederico disse num arroubo de euforia que "A Messalina do Norte está morta" e aplaudiu o "verdadeiro coração alemão" de Pedro III.

fossem quase sempre imprudentes. Em 21 de fevereiro de 1762, por exemplo, ele aboliu a temida Chancelaria Secreta — embora seus órgãos oficiais tenham sobrevivido e sido escondidos na forma da Expedição Secreta, sob a égide do Senado. Três dias antes, o imperador tinha promulgado seu manifesto sobre a liberdade da nobreza, que liberava os nobres do serviço militar compulsório determinado por Pedro, o Grande.

Essas medidas deveriam ter-lhe granjeado alguma popularidade, mas outras ações suas pareciam deliberadamente programadas para alienar os grupos mais poderosos da Rússia. O Exército era o mais importante deles: durante a Guerra dos Sete Anos, tinha derrotado Frederico, o Grande, invadido Berlim e levado a impressionante máquina militar da Prússia à beira da extinção. Mas Pedro III não só fez as pazes com a Prússia, como também deu um jeito de emprestar a Frederico o corpo de exército que originariamente ajudara os austríacos. E não foi só: em 24 de maio, Pedro deu à Dinamarca, em benefício de Holstein, um ultimato calculado para provocar uma guerra, sem nenhuma relação com os interesses russos. Ele resolveu comandar seus exércitos pessoalmente.

Pedro se referia de forma jocosa às Guardas como "janízaros" — a infantaria turca que entronizava e destronava sultões — e decidiu dissolver parte delas.[31] Isso intensificou a conspiração das Guardas contra ele. O sargento-mor Potemkin, que já conhecia vagamente os Orlov, agora queria a qualquer custo participar do complô. E foi assim que aconteceu. Um homem do grupo dos Orlov, um capitão do regimento Preobrajénski das Guardas, convidou um amigo de Potemkin dos tempos de universidade, Dmítri Babarikin, para "ingressar na sua sociedade". Babarikin recusou-se — era contra a "vida desregrada" deles e o caso de Grigóri Orlov com Catarina. Mas confidenciou essas antipatias ao amigo de universidade. Potemkin exigiu, "no ato", que Babarikin o apresentasse ao capitão do Preobrajénski. Aderiu imediatamente à conspiração.[32] Em seu primeiro ato político de que há registro, esse Potemkin já parece verossímil — astuto, valente, ambicioso e agindo de acordo com a impulsividade que seria a sua marca registrada. Para um jovem provinciano, era de fato emocionante pertencer às Guardas naquele momento.

Enquanto isso, Pedro promoveu sua família Holsteiner a cargos importantes. Seu tio (e também de Catarina) Georg-Ludwig de Holstein-Gottorp foi designado membro do conselho, coronel-chefe das Guardas Montadas e marechal de campo. Esse Georg-Ludwig tinha noutros tempos flertado com a adolescente

Catarina, antes que ela partisse para a Rússia. Por coincidência, quando chegou de Holstein, em 21 de março, o príncipe Georg-Ludwig recebeu o sargento-mor Potemkin como seu ordenança.[33] Potemkin não hesitava nem um pouco em se promover: aquela posição era uma garantia de que, quando o regime desmoronasse, ele estaria bem colocado para manter os outros conspiradores bem informados. Suas impecáveis habilidades de equitação foram notadas pelo príncipe Georg-Ludwig, que o promoveu a primeiro-sargento das Guardas. Outro príncipe de Holstein foi nomeado governador-geral de São Petersburgo e comandante de todas as tropas russas no Báltico.

Por último, a imperatriz Isabel tinha concordado em secularizar boa parte das terras da Igreja ortodoxa, mas no começo do seu reinado, em 21 de março, Pedro baixou um *ukaz*, ou decreto imperial, confiscando a propriedade.[34] Suas estripolias durante o funeral de Isabel tinham demonstrado desprezo pela Igreja ortodoxa — além de falta de modos. Esses atos ofenderam o Exército, alarmaram as Guardas, insultaram os devotos, e jogaram no lixo as vitórias da Guerra dos Sete Anos.

Tal era a raiva que tinha tomado conta de Petersburgo que Frederico, o Grande, o maior beneficiário das maluquices de Pedro, temia que o imperador fosse destronado se saísse da Rússia para comandar a expedição dinamarquesa.[35] Provocar a ira do Exército era insensato, insultar a Igreja era tolo, enfurecer as Guardas era uma idiotice pura e simples, e juntar as três coisas ao mesmo tempo era provavelmente suicida. Mas o complô, suspenso na morte de Isabel por causa da gravidez de Catarina, não podia ir adiante enquanto não tivesse um líder. Como o próprio Pedro bem o sabia, havia três possíveis aspirantes ao trono. À sua maneira infeliz e desajeitada, o tsar muito provavelmente planejava eliminá-los da linha de sucessão, um a um — mas não foi rápido o bastante.

Em 10 de abril de 1762, Catarina deu à luz um filho de Grigóri Orlov, chamado Alexei Grigórievitch Bóbrinski, seu terceiro filho. Mesmo no quarto mês de reinado de Pedro, só um pequeno grupo de homens das Guardas tinha ciência das relações de Catarina com Orlov — a princesa Iekaterina Dáchkova, sua amiga, participante do complô e mulher de um dos homens das Guardas que a apoiavam, não sabia. Pedro certamente agia como se *ele* mesmo não soubesse de nada. Isso dá uma pista sobre o quanto a conspiração era secreta. Ninguém o mantinha a par. Ele era incapaz de usar os poderes secretos de que os autocratas necessitam.[36]

Catarina recuperou-se do resguardo no começo de maio, mas ainda hesitava. O imperador bêbado dizia cada vez mais alto e bom som que se divorciaria dela para casar com a amante, Isabel Vorontsova. Isso fez Catarina pensar com mais clareza. Ela confirmou a Poniatowski, em carta de 2 de agosto de 1762, que o golpe vinha sendo discutido nos últimos seis meses. Agora se tornava uma possibilidade real.[37]

O sucessor de Pedro "por direito" não era sua mulher, mas o filho, o grão-duque Paulo, então com seis anos: muitos conspiradores aderiram ao golpe achando que ele seria aclamado imperador, tendo a mãe como regente testa de ferro. Circulavam boatos de que Pedro queria forçar Saltikov a admitir que era o verdadeiro pai de Paulo, para poder se livrar de Catarina e dar início a uma nova dinastia com Voronstova.

É fácil esquecer que havia outro imperador na Rússia: Ivan VI, enterrado vivo nas entranhas de Schlüsserlburg, a leste de Petersburgo, à margem do lago Ladoga, desde que foi derrubado por Isabel quando bebê em 1741, tinha então mais de vinte anos. Pedro foi inspecionar esse tsar esquecido em sua úmida masmorra e descobriu que o rapaz tinha deficiência mental — apesar de suas respostas parecerem relativamente inteligentes. "Quem é você?", perguntou o imperador Pedro. "Sou o imperador", foi a resposta. Quando Pedro quis saber por que ele tinha tanta certeza, o prisioneiro disse que a Virgem e os anjos lhe contaram. Pedro lhe deu um roupão de presente. Ivan o vestiu em arroubos de felicidade, correndo pela masmorra como "um selvagem que usa suas primeiras roupas". Desnecessário dizer que foi um alívio para Pedro constatar que pelo menos um dos seus possíveis adversários jamais seria capaz de governar.[38]

O próprio Pedro transformou o complô de alguns grupos mais afoitos de homens das Guardas numa fatal coalizão contra ele. Em 21 de maio, anunciou que deixaria Petersburgo para comandar seus exércitos pessoalmente contra a Dinamarca. Enquanto tomava providências para que seus exércitos começassem a marcha para o oeste, ele mesmo saiu da capital para ficar no seu palácio de verão favorito, em Oranienbaum, perto de Peterhof, de onde partiria para a guerra. Havia muitos soldados que não tinham a menor vontade de embarcar nessa impopular expedição.

Duas semanas antes, Pedro tinha conseguido acender o pavio da sua própria destruição: no fim de abril, o imperador ofereceu um banquete para comemorar a paz com a Prússia. Pedro estava bêbado como sempre. Propôs um brinde à família imperial, pensando nele mesmo e nos tios de Holstein. Catarina não se levantou. Pedro percebeu e gritou com ela, querendo saber por que não se levantara, nem esvaziara a taça. Quando ela respondeu, sensatamente, que também era membro da família, o imperador gritou para a mesa: *"Dura!"* — "Idiota". Cortesãos e diplomatas se calaram. Catarina corou, e lágrimas lhe vieram aos olhos, mas conseguiu se recompor.

Naquela noite, Pedro supostamente ordenou a seu ajudante de ordens que prendesse Catarina, para que ela pudesse ser despachada para um convento — ou coisa pior. O ajudante de ordens procurou às pressas o príncipe Georg-Ludwig de Holstein, que compreendeu a tolice daquele ato. O tio de Pedro, a quem Potemkin servia como ordenança, convenceu-o a revogar a ordem.

A existência pessoal e política de Catarina, bem como a vida dos seus filhos, estavam ameaçadas, e de forma bem específica. Ela não tinha escolha senão se proteger. Nas três semanas seguintes, os Orlov e seus subalternos, incluindo Potemkin, cabalaram febrilmente para que as Guardas se sublevassem.[39]

O plano consistia em prender Pedro quando ele partisse de Oranienbaum para sua guerra maluca contra a Dinamarca e confiná-lo na fortificada sepultura de Schlüsserburg com o tsar simplório, Ivan VI. De acordo com Catarina, trinta ou quarenta oficiais e cerca de 10 mil homens estavam mobilizados.[40] Três conspiradores essenciais se juntaram, mas, até os últimos dias, um mal sabia do envolvimento dos outros. Catarina era o único elo entre os participantes. Assim sendo, comicamente, cada uma dessas três pessoas achava que ela — e só ela — estava pondo Catarina no trono.

Orlov e seus homens das Guardas, incluindo Potemkin, eram os músculos e os organizadores do golpe. Havia oficiais em todos os regimentos. A missão de Potemkin era preparar as Guardas Montadas.[41] Porém os outros dois grupos eram necessários não apenas para o êxito do golpe, mas também para garantir que Catarina pudesse reinar.

Iekaterina Dáchkova, *née* Vorontsova, tinha certeza de que só ela tornara o golpe possível. Essa esbelta moça de dezenove anos, com ar de menino travesso e casada com um dos partidários de Catarina nas Guardas, se achava uma espécie de Maquiavel de anágua. Era um elo útil para chegar à alta aristocracia: a imperatriz Isabel e o grão-duque Pedro foram seus padrinhos de batismo. Personificava o minúsculo e híbrido mundo da corte, por ser não apenas sobrinha do chanceler imperial de Pedro III, Mikhail Vorontsov, e do tutor do grão-duque Paulo, Nikita Pánin, futuro ministro do Exterior de Catarina, mas também irmã da "feia e estúpida" amante do imperador.[42] Horrorizava-a o gosto da irmã em matéria de imperadores. Dáchkova demonstra como os laços de família nem sempre decidem lealdades políticas: os Vorontsov estavam no poder, mas essa Vorontsova conspirava para os derrubar. "Política era um assunto que me interessava desde meus primeiros anos", escreveu ela em suas imodestas e crédulas *Memórias* que, juntamente com os escritos da própria Catarina, são os melhores relatos daqueles tempos.[43]

Nikita Ivánovitch Pánin, tio de Dáchkova, era o terceiro conspirador-chave: como o Ober-Hofmeister, ou tutor, do grão-duque Paulo, ele controlava uma peça crucial. Por isso Catarina precisava do apoio de Pánin. Quando Pedro III pensou em declarar Paulo ilegítimo, estava ameaçando a fonte de influência de Pánin como Ober-Hofmeister. Pánin, de 42 anos, preguiçoso, gordo e muito astuto, estava longe de ser um zeloso servidor público: sua indiferença inchada, de pele macia, nos passa qualquer coisa de eunucoide. De acordo com a princesa Dáchkova, Pánin era um "homem pálido e enfermiço [...] interessado apenas em moleza, tendo passado a vida inteira em cortes, extremamente preciso em seus trajes, usando pomposa cabeleira postiça, com três laços bem empoados nas costas, dava a ideia artificial de um velho cortesão do reinado de Luís XIV".[44] No entanto, Pánin não acreditava na tirania irrestrita dos tsares, particularmente à luz da "mais dissoluta devassidão de embriaguez"[45] de Pedro III. Como muitos membros instruídos da alta nobreza, Pánin esperava criar uma oligarquia autocrática com a queda de Pedro. Era o íntegro oponente do favoritismo, mas a ascensão da sua família devia-se aos caprichos imperiais.* Nos anos 1750, a imperatriz Isabel demonstrara interesse por Nikita Pánin e talvez tivesse havido um breve caso amoroso antes que o favorito de plantão, Ivan Chuválov, o despachasse numa missão diplomática à Suécia. Quando Pánin retornou, em 1760, não trazia nenhuma mácula das venenosas políticas de Isabel e era aceitável para todas as facções.[46]

---

* Os êxitos de Pánin vinham do casamento com a sobrinha do príncipe Alexandre Ménchivok, que foi favorito de Pedro, o Grande, e tinha começado a vida como vendedor de tortas.

Por isso, tanto Catarina como Pánin desejavam ver Pedro destituído, mas havia uma preocupante diferença nos detalhes: Catarina queria governar, e Pánin, Dáchkova e outros achavam que o grão-duque Paulo deveria ser o imperador.[47] "Era improvável que uma conspiradora jovem e mulher", escreveu a princesa Dáchkova, "ganhasse de imediato a confiança de um político cauteloso como Monsieur Pánin", mas essa tensa cabala de interesses divergentes agora estava formada.

Em 12 de junho, Pedro partiu de Petersburgo para Oranienbaum. A apenas oito verstas de Peterhof, Catarina estava à espera em sua mansão de verão, Mon Plaisir.

Em 27 de junho, o conluio subitamente entrou em pânico quando o capitão Passek, um dos conspiradores nas Guardas, foi denunciado e preso. Pedro III não demoraria a ser informado do complô. Apesar de nobres raramente serem torturados, a ameaça era real. Passek com certeza contaria tudo.

Os Orlov, Dáchkova e Pánin se juntaram pela primeira e última vez numa reunião dominada pelo pânico, enquanto Potemkin e outros conspiradores aguardavam suas instruções. Os duros Orlov, segundo Dáchkova, ficaram bem perdidos, mas "para dissipar as apreensões [...] e também para mostrar que eu, pessoalmente, não recuava diante do perigo, quis que eles repetissem a seus soldados, como vinda diretamente de mim, a afirmação de que recebo relatos diários da imperatriz [...] e que eles podem ficar tranquilos". Levando em conta que um erro poderia custar a vida desses homens, é pouco provável que a bazófia dessa presunçosa princesa adolescente tranquilizasse alguém.[48]

Por sua vez, a princesinha não ficou nem um pouco impressionada com os rudes Orlov, vulgares e arrogantes demais para o seu gosto. Ela ordenou a Alexei Orlov, o principal organizador do golpe e conhecido como "Le Balafre" — "Cicatriz" —, que fosse imediatamente para Mon Plaisir. Mas Grigóri Orlov vacilou, sem saber se deveria ir buscar Catarina naquela noite ou esperar até o dia seguinte. Dáchkova afirma que decidiu por eles: "Não tentei sufocar a raiva que tinha desses irmãos [...] por hesitar sobre as instruções que eu tinha dado a Alexei Orlov. 'Vocês já perderam tempo', disse eu. 'Quanto ao seu medo de assustar a imperatriz, melhor deixar que ela seja trazida inconsciente para São Petersburgo do que expô-la ao risco [...] de compartilhar conosco o cadafalso. Digam ao seu irmão que cavalgue a toda a velocidade sem perder um minuto [...]'."[49]

O amante de Catarina finalmente concordou. Os conspiradores em Petersburgo receberam ordem para provocar uma rebelião das Guardas. No meio da noite, Alexei Orlov partiu de carruagem para ir buscar Catarina em Mon Plaisir, acompanhado de vários homens das Guardas que viajavam em pé nos estribos, ou seguiam em outra carruagem: o sargento Potemkin era um deles.

Às seis da manhã do dia seguinte, pararam em frente a Mon Plaisir. Enquanto Potemkin aguardava na carruagem com os postilhões em seus lugares, cavalos prontos, chicotes levantados, Alexei Orlov correu para o anexo especial construído ao lado do pavilhão e invadiu o quarto de dormir de Catarina, acordando a amante do seu irmão.

"Tudo pronto para a proclamação", disse Alexei Orlov. "Você tem que se levantar. Passek foi preso." Catarina não precisou ouvir mais nada. Vestiu-se às pressas, de preto. Ou o golpe daria certo naquele dia — ou nunca. Se falhasse, todos acabariam no cadafalso.[50]

Alexei Orlov ajudou Catarina a entrar na carruagem, cobriu-a com sua capa e mandou os postilhões percorrerem os dezoito quilômetros de volta para Petersburgo a toda a velocidade. Quando a carruagem começou a andar, Potemkin e outro oficial, Vassíli Bíbikov, subiram nos varais para proteger a preciosa carga. Sempre houve algumas dúvidas sobre onde estaria Potemkin durante aquelas horas, mas esta história, aqui mencionada pela primeira vez, foi registrada pelo inglês Reginald Pole Carew, que viria a conhecer bem Potemkin, e provavelmente a ouviu da fonte mais autorizada.[51]

Catarina ainda usava sua touca de dormir. Encontraram uma carruagem que vinha da capital. Por uma feliz coincidência, nela viajava um cabeleireiro francês, Michel, que passou para a carruagem dela e lhe penteou o cabelo a caminho da revolução, embora ao chegar ainda não estivesse empoado. Perto da capital depararam com a pequena carruagem de Grigóri Orlov, que corria na direção contrária. Catarina, com Alexei e o cabeleireiro, trocaram de veículo. Potemkin talvez tenha feito o mesmo. As carruagens então seguiram diretamente para o quartel do Regimento Izmáilovski das Guardas, onde encontraram "doze homens e um tamboreiro". É a partir desses começos humildes que se derrubam impérios. "Os soldados", relatou Catarina sem tomar fôlego, "correram para me beijar as mãos, os pés, a bainha do meu vestido, chamando-me salvadora. Dois [...] trouxeram um padre com um crucifixo e começaram a prestar juramento."

Seu coronel — e antigo admirador de Catarina —, o conde Kiril Razumóvski, atamã da Ucrânia, beijou suas mãos de joelhos.

Catarina subiu novamente na carruagem e, conduzida pelo padre e pelos soldados, partiu para o quartel do regimento de Semionóvski. "Eles vieram ao nosso encontro gritando Viva!" Ela iniciou outra perambulação de convencimento, que cresceu até se transformar numa procissão triunfante. Mas nem todos os oficiais das Guardas apoiaram o golpe: o irmão de Dáchkova e sobrinho do chanceler imperial de Pedro III, Simon Románovitch Vorontsov, resistiu e foi preso. Quando Catarina estava entre o Palácio Aníchkov e a Catedral de Kazan, o sargento Potemkin reapareceu à frente das suas Guardas Montadas. Os homens saudaram a imperatriz com frenético entusiasmo. Ela talvez tivesse ouvido o nome dele como um dos organizadores do golpe, porque posteriormente louvaria o tenente Khitrovó e "um subalterno de dezessete anos chamado Potemkin", por seu "discernimento, coragem e ação" naquele dia — apesar de os oficiais das Guardas Montadas também terem apoiado o golpe. Na verdade, Potemkin tinha 23 anos.[52]

O comboio imperial, inflado por milhares de homens das Guardas, rumou para o Palácio de Inverno, onde o Senado e o Sínodo se reuniram para divulgar o Manifesto de Catarina, já impresso, e prestar o juramento. Pánin chegou ao palácio com o filho dela, o grão-duque Paulo, ainda de camisa de dormir e boné de algodão. A multidão se movimentava lá fora à medida que a notícia se espalhava. Catarina apareceu numa janela, e o povo soltou berros de aprovação. Enquanto isso, as portas do palácio foram abertas, e seus corredores, como num baile invadido por penetras que derrubassem os portões, ficaram lotados de soldados, padres, embaixadores e moradores da cidade, para ouvir a nova soberana prestar juramento — ou simplesmente para assistir à revolução.

A princesa Dáchkova chegou logo depois de Pánin e do grão-duque: "Ordenei à minha criada que me trouxesse um vestido de gala e parti sem demora para o Palácio de Inverno [...]". A aparência de uma agitadíssima princesa adolescente, vestida para impressionar, provocou outras cenas dramáticas: primeiro lhe barraram a entrada; depois, ao ser reconhecida, a multidão era tão densa que não conseguiu avançar. Por fim, a esbelta moça foi transportada por cima pelos soldados, passando de mão em mão, como uma boneca. Com "um grito de aprovação", eles "me reconheceram como amiga comum". Isso tudo seria suficiente para virar a cabeça de qualquer um, e certamente virou a dela. "Depois de um tempo, minha cabeça girando, meu robe em farrapos [...] corri até a presença de Sua Majestade."[53]

A imperatriz e a princesa se abraçaram, mas, apesar de o golpe já ter capturado Petersburgo, Pedro continuava em posição de vantagem: seus exércitos na vizinha Livônia, preparados para a guerra dinamarquesa, poderiam esmagar facilmente as Guardas. E havia a fortaleza de Kronstadt, ainda sob seu controle, dominando os acessos por mar à própria São Petersburgo. Catarina, aconselhada por Pánin, os Orlov e outros altos funcionários, como o conde Kyril Razumóvski, despachou o almirante Talízin para conquistar o apoio de Kronstadt.

Agora era preciso capturar o próprio imperador. A imperatriz ordenou às Guardas que se preparassem para marchar contra Peterhof. Lembrando-se, talvez, de como a imperatriz Isabel ficava bem de roupas masculinas, Catarina pediu uma farda das Guardas. Os soldados livraram-se ansiosamente dos odiados uniformes prussianos que Pedro os obrigara a usar, substituindo-os por suas velhas túnicas. Se seus homens estavam rasgando suas velhas roupas, Catarina faria o mesmo: "Ela tomou emprestado um conjunto do capitão Talízin [primo do almirante]", escreveu Dáchkova, e "eu consegui outro com o tenente Púchkin, dois jovens oficiais dos nossos respectivos tamanhos [...] do antigo traje do regimento Preobrajénski das Guardas".[54]

Enquanto Catarina recebia seus partidários no Palácio de Inverno, Pedro chegou, como combinado, a Peterhof, para comemorar a Festa de São Pedro e São Paulo com Catarina. Mon Plaisir estava deserto. O vestido de gala de Catarina, abandonado sobre sua cama, era um auspício quase fantasmagórico — pois ela havia trocado de roupa em todos os sentidos. Pedro III o viu e teve um colapso: chorou, bebeu e não soube o que fazer.

O único dos seus cortesãos que não perdeu a cabeça foi o octogenário marechal de campo conde Burhard von Münnich, veterano alemão das revoluções palacianas de 1740-1, recentemente chamado de volta do exílio. Münnich sugeriu uma marcha imediata contra São Petersburgo, no espírito do seu avô — mas aquele homem não era nenhum Pedro, o Grande. O tsar despachou mensageiros a São Petersburgo para negociar ou prender Catarina, mas todos desertaram, passando-se para o lado dela: o chanceler imperial Mikhail Vorontsov, que tinha viajado nos estribos do trenó de Isabel durante o golpe *dela* vinte anos antes, apresentou-se como voluntário, mas se juntou imediatamente a Catarina, ajoelhando-se diante dela. Já deprimida e confusa, a cada vez menor comitiva de Pedro percorreu tristemente de volta as oito verstas até Oranienbaum. O grisalho Münnich por fim convenceu o imperador de que ele deveria capturar Konstadt para controlar a capital. Mensageiros foram despachados na frente. Quando a escuna de Pedro chegou a Oranienbaum, por volta das dez horas, naquela noite prateada, ele estava bêbado e teve que ser ajudado pela amante Isabel Vorontsova e pelo velho marechal de campo para subir a bordo. Três horas depois apareceu ao largo de Kronstadt.

Münnich avisou ao oficial de quarto em Kronstadt que o imperador estava diante deles, mas eles gritaram de volta: "Não há mais imperador". Declararam que só reconheciam Catarina II. Era tarde demais: o almirante Talízin tinha chegado a Kronstadt bem a tempo. Pedro perdeu todo o controle de si mesmo e dos acontecimentos. Desmaiou em sua cabine. Na volta para Oranienbaum, o desesperado e bêbado imperador, que desde sempre previra esse momento, só queria abdicar e viver em Holstein. Resolveu negociar.

Em Petersburgo, Catarina reuniu suas Guardas em frente ao Palácio de Inverno. Foi nesse momento emocionante e inesquecível que Potemkin deu um jeito de encontrar-se pela primeira vez com sua nova imperatriz.[55]

3. Primeiro encontro: O temerário pretendente da imperatriz

> *As Guardas Montadas vieram, num frenesi de alegria tão grande como eu nunca tinha visto, chorando e declarando aos berros que o país finalmente estava livre.*
> Catarina, a Grande, para Stanisław Poniatowski, 2 de agosto de 1762

> *De todos os soberanos da Europa, acho que a imperatriz da Rússia é o mais rico em diamantes. Ela tem uma espécie de paixão por eles; talvez seja a sua única fraqueza...*
> Sir George Macartney a respeito de Catarina, a Grande

A recém-aclamada Catarina II, vestindo de forma um pouco imprudente uma farda verde emprestada de um capitão do regimento Preobrajénski das Guardas, apareceu na porta do Palácio de Inverno na noite de 28 de junho de 1762, acompanhada por sua comitiva e empunhando um sabre desembainhado nas mãos sem luvas. Na azul incandescência de uma das "noites brancas" de São Petersburgo, ela desceu a escada até a praça lotada e em direção ao seu garanhão cinza puro-sangue, que se chamava Brilhante. Saltou para cima da sela com a facilidade de uma cavaleira experiente — seus anos de frenéticos exercícios não tinham sido em vão.

As Guardas, formadas por 12 mil homens que tinham corrido para participar da sua revolução, amontoavam-se em torno dela na praça, prontas para dar início à "Marcha para Peterhof", com o objetivo de derrubar Pedro III. Todos devem ter dado uma espiada naquela mulher no apogeu dos seus 33 anos, com longos cabelos castanho-avermelhados, olhos azul-claros, pestanas negras, tão à vontade com a farda das Guardas, no momento mais dramático da sua vida. Entre eles, Potemkin, a cavalo e trajando a farda das Guardas Montadas, aguardava, ansioso, uma oportunidade de destacar-se.

Os soldados empertigaram-se em posição de sentido, com toda a pompa bem treinada das Guardas — mas não havia silêncio na praça. Mais parecia a desordem inquieta e barulhenta de um acampamento do que a polida rigidez de uma parada militar. A noite repercutia o ressoar dos cascos, o relinchar dos cavalos, o retinir das esporas e das espadas, o tremular dos estandartes, as tossidas e os sussurros de milhares de homens. Muitos soldados aguardavam ali desde a noite anterior, num clima de carnaval. Outros estavam bêbados — as tavernas tinham sido saqueadas. As ruas estavam cobertas de fardas de estilo prussiano descartadas, lembrando a manhã seguinte a um baile de fantasia. Nada disso tinha importância, porque todos sabiam que estavam mudando a história: lançavam olhares para a visão encantada daquela jovem mulher que agora tornavam imperatriz, e a comoção do momento deve ter tocado a todos e a cada um.

Catarina pegou as rédeas de Brilhante e empunhou a espada que lhe foi entregue, mas percebeu que tinha esquecido de prender uma *dragonne*, ou fiador de espada, ao sabre. Deve ter olhado em torno à procura de uma, porque sua hesitação foi notada por um guarda de olhar atento, que com o tempo viria a compreendê-la melhor, mais instintivamente, do que qualquer outra pessoa. Ele de imediato galopou em sua direção atravessando a praça, tirou a *dragonne* da sua própria espada e entregou-a com uma reverência. Ela agradeceu. Deve ter notado sua estatura quase de gigante, a esplêndida cabeleira castanha e o rosto comprido e sensível, com uma cova no queixo, a aparência que lhe valera o apelido de "Alcibíades". Grigóri Potemkin não poderia ter chamado a atenção dela de forma mais ousada, numa ocasião mais memorável, porém ele tinha um talento especial para se aproveitar desses momentos.

A princesa Dáchkova, também trajando ousadamente uma farda das Guardas, montou em seu cavalo logo atrás da imperatriz. Havia um claro elemento de baile de máscaras nessa "revolução das anáguas". Era hora de marchar em ordem para atacar ao amanhecer: Pedro III ainda estava à solta e ainda era nominalmente imperador em Oraniembaum, à distância de uma noite de marcha a cavalo. Mas Alcibíades já estava ao lado da imperatriz.

Catarina recebeu a *dragonne* de Potemkin, prendeu-a no seu sabre e pôs Brilhante em marcha. Potemkin esporeou sua montaria para voltar a reunir-se aos seus homens, mas o cavalo tinha sido treinado nas Guardas Montadas para correr, de joelhos emparelhados, com os outros, em formação de esquadrão para atacar. O animal recusou-se teimosamente a voltar, e durante vários minutos, enquanto o destino da imperatriz girava em torno dessa pequena cena, Potemkin lutou para controlar o animal obstinado e foi obrigado a dizer qualquer coisa para a nova imperatriz. "Isso a fez rir [...] ela percebeu a sua beleza [...] falou com ele. Então", contou o próprio Potemkin a um amigo quando já era o cogovernante de Catarina, ele foi "lançado a uma carreira de honra, riqueza e poder — tudo graças a um cavalo indócil".[1]

Todos os relatos estão de acordo sobre esse primeiro encontro com Catarina, mas divergem nos detalhes: foi a *dragonne* ou a pluma vertical de chapéu, a *sultane*?[2] Para o supersticioso Potemkin, o importante foi o fato de o cavalo não querer deixar a proximidade imperial, como se o animal percebesse o destino comum dos dois: aquela "feliz coincidência", como ele dizia.[3] Mas não foi a sorte que o fez galopar para oferecer sua *dragonne*. Diante dos artifícios de Potemkin, do seu gosto por gestos teatrais e das suas habilidades de equitador, é bem possível que não tenha sido o cavalo que demorou a voltar para suas fileiras. De qualquer maneira, o animal acabou obedecendo ao cavaleiro e voltando a galope para o seu lugar.

A longa coluna de homens, marchando em torno de duas mulheres montadas e trajando uniformes masculinos, mergulhou na noite clara. Bandas militares tocavam; os soldados entoavam canções marciais. Às vezes assobiavam e gritavam: "Viva mãezinha Catarina!".

Às três da madrugada, a coluna de Catarina fez uma parada para descanso em Krásni-Kabak. Ela deitou-se numa estreita cama de palha, ao lado de Dáchkova, mas não dormiu. Os Orlov seguiram adiante, com sua vanguarda. O grupo principal prosseguiu viagem duas horas depois e foi recebido pelo vice-chanceler imperial, príncipe A. M. Golítsin, que trazia outra oferta de Pedro. Mas não havia nada a negociar, exceto a abdicação incondicional. O vice-chanceler prestou juramento a Catarina.

Logo veio a notícia de que Alexei Orlov tinha tomado posse pacificamente das duas propriedades de veraneio, Oranienbaum e Peterhof. Às dez da manhã, Peterhof recebeu Catarina como imperatriz soberana: menos de 24 horas antes ela partira usando seu gorro rendado de dormir. Seu amante Grigóri Orlov, acompanhado por Potemkin, já estava na vizinha Oranienbaum obrigando Pedro a assinar a abdicação incondicional.[4] Quando o nome estava no papel, Grigóri Orlov levou o documento de volta para a imperatriz. Potemkin ficou para guardar aquela casca de imperador.[5] O enojado Frederico, o Grande, por quem se poderia dizer que Pedro sacrificou seu império, comentou que o imperador "permitiu ser expulso do trono como uma criança que é mandada para a cama".[6]

O ex-imperador foi levado para sua carruagem, acompanhado da amante e de dois assessores. A carruagem foi cercada por uma guarda. Potemkin era um deles. Os soldados inquietos escarneciam do comboio com gritos de "Viva a imperatriz Catarina Segunda!".[7] Em Peterhof, Pedro entregou a espada, a faixa de santo André e sua farda do regimento de Preobrajénski das Guardas. Foi conduzido a uma sala que conhecia bem, onde Pánin o visitou: o ex-tsar caiu de joelhos e suplicou que não o separassem da amante. Quando isso lhe foi recusado, Pedro, exausto e choroso, perguntou se poderia ficar com seu violino, seu criado negro Narciso e seu cão Mopsy. "Considero uma das maiores infelicidades da minha vida ter visto Pedro naquele momento", recordaria Pánin posteriormente, "a maior infelicidade da minha vida."[8]

Antes que ele pudesse ser levado para sua residência permanente em Schlüsselburg, uma berlinda fechada com guardas nos estribos, sob comando de Alexei Orlov, transferiu o ex-imperador para sua propriedade em Rópcha (trinta quilômetros terra adentro). Potemkin não é mencionado nessa guarda, mas estava lá três dias depois, portanto é provável que fizesse parte. Catarina concedeu ao marido seu violino, seu negro — e seu cão.[9] Nunca mais voltou a ver Pedro.

Poucos dias depois, a princesa Dáchkova entrou no gabinete de Catarina e ficou "atônita" ao ver Grigóri Orlov "estirado ao comprido num sofá", consultando os documentos de Estado. "Perguntei-lhe o que estava fazendo. 'A imperatriz mandou abrir', respondeu." O novo regime estava no poder.[10]

Catarina II chegou de volta à radiante capital em 30 de junho. Agora que tinha vencido, precisava pagar a conta da vitória. Potemkin foi um dos beneficiários especificados pela própria imperatriz: ela deve ter se lembrado do fiador de espada. O custo foi de mais de 1 milhão de rublos num orçamento anual de apenas 16 milhões. Seus partidários embolsaram generosas recompensas pelo papel desempenhado no golpe: a guarnição de São Petersburgo recebeu metade de um salário anual — um total de 225 890 rublos. A Grigóri Orlov foram prometidos 50 mil rublos; Pánin e Razumóvski receberam pensões de 5 mil rublos. Em 9 de agosto, Grigóri e Alexei Orlov, Iekaterina Dáchkova e os dezessete principais conspiradores receberam oitocentas almas ou 24 mil rublos cada um.

Grigóri Potemkin foi um dos onze participantes subalternos que receberam seiscentas almas ou 18 mil rublos.[11] Ele apareceu em outras listas escritas à mão pela própria Catarina: numa delas, os comandantes das Guardas Montadas apresentaram seu relatório, sugerindo que Potemkin fosse promovido a corneteiro. Catarina escreveu "tem que ser tenente", por isso ele foi promovido a segundo-tenente,[12] e ela lhe prometeu mais 10 mil rublos. Catarina deixou o chanceler imperial Vorontsov no cargo, mas Nikita Pánin se tornou seu ministro-chefe. O grupo de Pánin queria uma regência para Paulo, exercida pela oligarquia aristocrática, porém os Orlov e suas Guardas protegiam o poder absoluto de Catarina, sendo essa a única razão de eles estarem no governo.[13] Entretanto, os Orlov tinham outro plano: o casamento de Grigóri Orlov com a imperatriz. Só havia um obstáculo, intransponível, para isso: Catarina já era casada.

Pedro III, Narciso e Mopsy ficaram em Rópcha, guardados por Alexei Orlov e seus trezentos soldados, Potemkin entre eles. Orlov mantinha Catarina a par dessa torpe situação, numa série de cartas animadas, informais, porém macabras. Mencionava Potemkin pelo nome nesses bilhetes, outro sinal de que Catarina estava familiarizada com ele, ainda que vagamente. Mas Orlov concentrava-se em zombar de Pedro, "o Grotesco". É possível uma corda de estrangulamento cada vez mais apertada nas sinistras piadas de Orlov, como se ele buscasse a aprovação de Catarina antes de cometer o ato.[14]

Ela não deve ter ficado surpresa ao saber, em 5 de julho, que Pedro tinha sido assassinado. Os detalhes continuam tão obscuros como o próprio ato. Sabemos apenas que Alexei Orlov e seus lacaios desempenharam suas funções e que o ex-imperador foi esganado.[15]

A morte serviu aos objetivos de todos. Ex-imperadores eram sempre um risco para seus sucessores num país afligido por pretendentes. Mesmo mortos, eles podiam ressuscitar. A mera existência de Pedro III enfraquecia a usurpação de Catarina. Também ameaçava os planos dos Orlov. Não houve erro em seu assassinato. Potemkin teria tomado parte? Como seria acusado de todos os pecados imagináveis em sua carreira futura, é significativo que seu nome jamais tenha sido citado em conexão com o assassinato de Pedro, e isso só pode querer dizer que ele não se envolveu. Mas estava em Rópcha.

Catarina verteu lágrimas sentidas — por sua reputação, não por Pedro: "Minha glória está conspurcada, a posteridade não me perdoará". Dáchkova ficou chocada, mas pensando também em si mesma. "É uma morte repentina demais, madame, para a sua glória e para a minha."[16] Catarina apreciou os benefícios do ato. Ninguém foi punido. Na verdade, Alexei Orlov desempenharia papel de destaque nos trinta anos seguintes. Mas Catarina tornou-se notória em toda a Europa como uma adúltera regicida e matricida.

O corpo do imperador ficou exposto num caixão simples, no Mosteiro de Santo Alexandre Niévski, durante dois dias, trajando um uniforme Holstein azul sem nenhuma condecoração. Uma echarpe cobria a garganta machucada, e um chapéu foi posto um pouco em cima do rosto para esconder o escurecimento causado pela estrangulação.[17]

Catarina recuperou a compostura e divulgou uma declaração recebida com muita zombaria, atribuindo a morte de Pedro a "uma cólica hemorroidal".[18] Esse diagnóstico absurdo, apesar de talvez necessário, se tornaria um eufemismo na Europa para descrever assassinatos políticos. Posteriormente, quando Catarina convidou o *philosophe* D'Alembert para ir visitá-la, ele comentou gracejando com Voltaire que não ousaria aceitar, pois tinha tendência a hemorroidas, obviamente uma enfermidade muito perigosa na Rússia.[19]

Os tsares da Rússia eram tradicionalmente coroados em Moscou, a velha capital ortodoxa. Pedro III, com seu desprezo pela terra adotiva, não se dera sequer ao trabalho de ser coroado. Catarina, a usurpadora, não cometeria o mesmo erro. Pelo contrário, uma usurpadora precisa seguir todos os rituais de legitimação, até os menores detalhes, custe o que custar. Catarina mandou preparar uma faustosa e tradicional cerimônia de coroação, a ser realizada o mais cedo possível.

Em 4 de agosto, no mesmo dia em que foi promovido a segundo-tenente por ordem expressa da imperatriz, Potemkin fazia parte dos três esquadrões das Guardas Montadas que partiram para Moscou a fim de assistir à coroação. A mãe e a família ainda viviam lá e apreciaram o retorno do filho pródigo, pois ele partira como tratante e agora voltava para guardar a imperatriz em sua coroação. No dia 27, o grão-duque Paulo, de oito anos, único pilar legítimo do novo regime, acompanhado por seu tutor Pánin com 27 carruagens e 257 cavalos, deixou a capital, seguido por Grigóri Orlov. A imperatriz partiu cinco dias depois com uma comitiva de 23 cortesãos, 63 carruagens e 395 cavalos. A imperatriz e o tsarévitch entraram em Moscou, cidade de cúpulas e torres e da velha Rússia, na sexta-feira, 13 de setembro. Ela sempre detestou Moscou, onde se sentia antipatizada e certa vez caíra gravemente doente. Seu preconceito foi confirmado quando o pequeno Paulo contraiu uma febre que só cedeu um pouco para a verdadeira cerimônia.

Em 22 de setembro, na Catedral da Dormição, no coração do Krémlin, a imperatriz foi coroada "a sereníssima e poderosíssima princesa e Lady Catarina, a Segunda, imperatriz e autocrata de todas as Rússias" perante 55 dignitários da Igreja ortodoxa em pé num semicírculo. Como Isabel fizera antes, ela deliberadamente pôs a coroa na cabeça com as próprias mãos para ressaltar a legitimidade proveniente de si mesma, em seguida tomou o cetro na mão direita e o orbe na esquerda, e a assembleia de fiéis se ajoelhou. O coro cantou. Canhões foram disparados. O arcebispo de Nóvgorod a ungiu. Ela comungou.

Catarina voltou para seu palácio numa carruagem dourada, guardada por soldados desmontados das Guardas Montadas, incluindo Potemkin, enquanto moedas de ouro eram atiradas para a multidão. Por onde ela passava, as pessoas ajoelhavam-se. Posteriormente, durante o anúncio das honras da coroação, o novo regime começou a tomar forma: Grigóri Orlov foi nomeado general diretor do departamento de pessoal, e os cinco irmãos, com Nikita Pánin, foram elevados a condes do Império Russo. O segundo-tenente Potemkin, que estava de serviço no palácio, mais uma vez apareceu nessas listas: recebeu um faqueiro de prata e outras quatrocentas almas na região de Moscou. Em 30 de novembro, foi designado *Kammerjunker*, cavalheiro de câmara, com permissão para continuar nas Guardas,[20] enquanto outros *Kammerjunkers* saíram do Exército e tornaram-se cortesãos.[21]

Seguiu-se uma cansativa semana de bailes, cerimônias e recepções, mas a febre do grão-duque Paulo piorou: se ele morresse, não poderia haver pior presságio para o reinado de Catarina. Uma vez que Catarina tinha reivindicado o poder em parte para proteger Paulo contra Pedro III, essa morte também eliminaria boa parte da sua justificativa para governar. Estava claro que a reivindicação de Paulo ao trono era superior à dela. Um imperador já tinha padecido de hemorroidas assassinas; a morte do filho dele teria conspurcado Catarina, já regicida, com mais sagrado sangue real. A crise atingiu o auge durante as primeiras duas semanas de outubro, com o tsarévitch delirando, mas depois ele começou a melhorar. Isso não ajudou em nada a tensa atmosfera. O regime de Catarina tinha sobrevivido à coroação, mas já havia complôs e contracomplôs. Nas casernas, os homens das Guardas que tinham feito um imperador achavam que podiam fazer outros. Na corte, os Orlov queriam que seu Grigóri se casasse com Catarina, enquanto Pánin e os magnatas pretendiam minar os poderes imperiais e governar em nome de Paulo.

No ano transcorrido desde que viera de Moscou para as Guardas Montadas, Potemkin tinha evoluído de estudante expulso a servidor da imperatriz na qualidade de cavalheiro de câmara, dobrando o número de almas de que era dono e recebendo duas promoções. De volta a Petersburgo, os Orlov contaram à imperatriz histórias do homem mais divertido das Guardas, o tenente Potemkin, um mímico fabuloso. Catarina, que conhecia o nome e o rosto por causa do golpe, respondeu que gostaria de ouvir seus gracejos. Os Orlov então convocaram Potemkin para distrair a imperatriz. Ele deve ter achado que a sua hora havia chegado. O homem que se descrevia como "filho mimado da Fortuna", sempre oscilando entre o desespero e a euforia, tinha uma crença absoluta no próprio destino, certo de que seria capaz de alcançar qualquer coisa além dos limites dos homens comuns. Sua oportunidade chegara.

Grigóri Orlov recomendou que ele imitasse determinado nobre. Potemkin era capaz de reproduzir perfeitamente a voz peculiar e os maneirismos do homem. Logo depois da coroação, o soldado das Guardas foi formalmente apresentado pela primeira vez, e Catarina pediu que encenasse esse acontecimento. Potemkin respondeu que era incapaz de encenar o que quer que fosse — mas sua voz soou diferente, e um arrepio percorreu a sala. Todos se sentaram direito ou olharam para o chão. A voz era absoluta e inequivocamente perfeita. O sotaque com um toque de alemão, a entonação reproduzida com uma exatidão primorosa. Potemkin imitara a própria imperatriz. Os cortesãos mais antigos devem ter imaginado que a carreira daquele jovem terminara ali, antes de começar. Os Orlov devem ter aguardado, fingindo despreocupação, para ver de que forma ela receberia a impertinência. Todas as atenções se concentraram na bonita e um tanto masculina face, e na testa alta e inteligente da tsarina. Ela explodiu numa gargalhada espalhafatosa, e todo mundo achou que devia rir também, concordando que a imitação de Potemkin era brilhante. Mais uma vez, sua aposta fora recompensada.

Foi então que a imperatriz olhou direito para o segundo-tenente e cavalheiro de câmara Potemkin e admirou a extraordinária beleza desse "verdadeiro Alcibíades". Como mulher, notou de imediato os soltos e sedosos cabelos castanho-avermelhados — "a melhor *chevelure* em toda a Rússia". Virando-se para Grigóri Orlov, queixou-se de que eram mais belos que os dela: "Jamais o perdoarei por me ter apresentado a este homem", gracejou ela. "Foi você que quis apresentá-lo, mas vai se arrepender." Orlov de fato se arrependeria. Essas histórias são contadas por pessoas que conheceram Potemkin nessa época — um primo e um camarada das Guardas. Ainda que devam muito a uma visão retrospectiva da história, soam verdadeiras.[22]

Nos onze anos e meio decorridos entre o golpe e o começo do seu caso amoroso, a imperatriz observava Potemkin e o preparava para alguma coisa. Não havia nada inevitável em 1762 sobre sua ascensão quase ao poder supremo, porém, quanto mais ela o via, mais fascinada ficava com sua infinita originalidade. Eles de alguma forma corriam um para o outro, em faixas aparentemente paralelas que cada vez mais se aproximavam. Aos 23 anos, Potemkin exibiu seu talento de imitador e sua inteligência para a imperatriz. Ela logo percebeu que havia muito mais nele do que uma deslumbrante *chevelure*: era erudito em grego e especialista em teologia e nas culturas dos povos nativos da Rússia. Mas aparece escassamente na história daqueles anos, e sempre envolto em lenda: ao esboçar a vida diária da imperatriz e da corte, vemos Potemkin passar de relance, destacando-se da multidão de cortesãos para trocar ditos espirituosos com Catarina — e logo em seguida desaparecer novamente. Ele fazia o possível para que essas rápidas aparições fossem memoráveis.

O tenente Potemkin tinha se apaixonado pela imperatriz e não parecia preocupado em esconder isso de quem quer que fosse. Não tinha medo dos Orlov, nem de ninguém no ninho de cobras da instável corte de Catarina. Foi esse o mundo onde entrou, e apostando o mais alto possível. O reinado de Catarina II parece-nos longo, glorioso e estável — mas isso porque estamos olhando para trás, depois dos acontecimentos. Na época, o regime ilícito de uma usurpadora e regicida parecia aos embaixadores estrangeiros em São Petersburgo malfadado e condenado a durar pouco. Potemkin, que estava na capital havia pouco mais de um ano, tinha muito a aprender sobre Catarina e os magnatas da corte.

"Minha posição é tal que preciso ter o maior cuidado", escreveu Catarina para Poniatowski, seu ex-amante, que ameaçava visitá-la, em 30 de junho. "O último soldado das Guardas pensa, quando me vê: 'Essa aí é obra das minhas mãos'." Poniatowski ainda estava apaixonado por Catarina — e sempre estaria —, e agora desejava recuperar a grã-duquesa que fora obrigado a deixar. A resposta de Catarina não deixa dúvida sobre qual era o clima em Petersburgo, nem sobre a sua irritação com a ingênua paixão de Poniatowski: "Já que tenho de falar claramente, e você resolveu ignorar o que venho lhe dizendo há seis meses, o fato é que, se você aparecer aqui, provavelmente ambos seremos trucidados".[23]

Enquanto se empenhava em criar a corte magnífica que julgava necessária, ela simultaneamente lutava nos bastidores para alcançar estabilidade em meio a tantas intrigas. Quase de imediato, foi soterrada por revelações sobre complôs contra ela, mesmo entre as Guardas que acabavam de instalá-la no trono. A polícia secreta de Catarina, herança de Pedro III, era a Expedição Secreta do Senado, dirigida durante todo o seu reinado por Stepan Chechkóvski, o temível "homem do cnute", subordinada ao procurador-geral. A imperatriz tentou reduzir o uso da tortura, em especial quando o suspeito já tinha confessado, mas é impossível saber até que ponto foi bem-sucedida: é provável que, quanto mais longe de Petersburgo, mais a tortura era aplicada com liberalidade. Açoites e surras eram mais rotineiros do que a tortura de verdade. A Expedição Secreta era minúscula — uns quarenta funcionários, muito longe das legiões utilizadas pela NKVD ou pela KGB da era soviética —, mas quase não havia privacidade: cortesãos e estrangeiros eram efetivamente vigiados por seus próprios criados e guardas, e servidores civis não hesitavam em informar sobre os insatisfeitos.[24] Catarina às vezes mandava vigiar opositores políticos e estava sempre disposta a receber Chechkóvski. Não se pode falar na existência de Estado policial no século XVIII, mas, fossem quais fossem os nobres sentimentos da imperatriz, a Expedição Secreta estava sempre a postos para vigiar, prender e interrogar — e esteve particularmente ocupada nos primeiros anos.

Havia outros dois candidatos ao trono com melhores credenciais do que as dela: Ivan VI, o simplório de Schlüsselburg, e Paulo, seu próprio filho. Os primeiros conspiradores, em nome de Ivan, foram descobertos em outubro de 1762, durante a cerimônia de coroação em Moscou: dois homens das Guardas do regimento de Izmaílovski, Guriev e Kruschóv. Foram torturados e espancados com varas, com a permissão de Catarina, mas seu "complô" na verdade era pouco mais do que bazófia de bêbados.

Catarina nunca se deixou intimidar: manipulava com equilíbrio as diferentes facções na corte, ao mesmo tempo que reforçava a segurança e descaradamente subornava as Guardas com presentes caros. Cada lado dessa disputa de facções tinha seu próprio e perigoso programa. Catarina deixou claro, de imediato, que, como Pedro, o Grande, antes dela, e seguindo o exemplo do herói da época, Frederico, o Grande, ela seria seu próprio chanceler imperial. Administrava a Rússia através de um forte secretariado, que se tornou o verdadeiro governo do Império. Dentro de dois anos, designou o príncipe Alexandre Alexéiovitch Viázemski, de 34 anos, o incansável e mal-amado administrador com olhos protuberantes e rosto corado, que cuidaria dos negócios internos da Rússia por quase trinta anos a partir do Senado como seu procurador-geral, função que combinava os modernos gabinetes dos ministros das Finanças, Justiça e Interior.

Nikita Pánin se tornou seu ministro-chefe. Esse defensor da moderação aristocrática dos caprichos absolutistas propôs um conselho imperial que seria nomeado pela imperatriz, mas que ela não poderia dissolver. O ideal de Pánin era uma ameaça tanto a Catarina como aos "arrivistas" nas Guardas que a haviam posto no trono.[25] A tutela exercida por Pánin sobre Paulo, amplamente tido como o legítimo imperador, tornava-o defensor natural de uma transmissão de poder assim que o menino tivesse idade. Abertamente desprezava o mando de "favoritos caprichosos".[26] Assim sendo, os cinco Orlov eram seus inimigos. Durante os doze anos seguintes, ambas as facções tentaram usar a cada vez mais forte amizade imperial de Potemkin em sua luta pela supremacia.

Catarina distraía Pánin dos seus planos confinando-o à política externa, como "membro sênior" da Escola de Negócios Estrangeiros — ministro do Exterior —, porém jamais esqueceu que em 1762 Pánin quis colocar Paul no trono, e não ela. Era mais seguro que esse conspirador profundamente odiado fosse uma serpente dentro da casa dela. Um precisava do outro: ela considerava Pánin "a pessoa mais habilidosa, inteligente e zelosa da minha corte", mas não gostava muito dele.[27]

Por baixo dessas duas grandes facções, a corte da nova imperatriz era um labirinto de famílias e facções. Catarina nomeou Zakhar Tchernichov, seu admirador dos anos 1750, para dirigir a Escola de Guerra, enquanto seu irmão Ivan foi designado chefe da Marinha: os Tchernichov inicialmente ficaram neutros na disputa entre os Pánin e os Orlov. Mas membros das grandes famílias costumavam apoiar diferentes facções, como vimos nos casos da princesa Dáchkova e dos Vorontsov.[28] Até ela logo ultrapassou os limites, alegando exercer um poder que não tinha.[29] "Essa célebre conspiradora que se gabava de ter dado uma coroa [...] tornou-se motivo de piada para todos os russos."[30] Dáchkova, como o chanceler imperial Vorontsov e Ivan Chuválov, magnatas do tempo de Isabel, fariam uma "viagem ao exterior", eufemismo para um tranquilo exílio nas cidades-spa da Europa.

A corte de Catarina tornou-se um caleidoscópio de facções que estavam perpetuamente se recompondo e competindo entre si, grupos de indivíduos unidos por amizade, laços de família, cobiça, amor, ou por opiniões parecidas da mais vaga espécie. Os dois velhos códigos de identificação continuaram sendo saber se um cortesão apoiava uma aliança prussiana ou austríaca, e era mais chegado à imperatriz ou ao herdeiro. Tudo era dominado pelo mais simples egoísmo — "O inimigo do meu inimigo meu amigo é".

O primeiro êxito do novo regime em política externa foi colocar a coroa da Polônia na cabeça do último amante de Catarina. Dias depois do golpe, em 2 de agosto de 1762, Catarina escreveu ao fiel Stanisław Poniatowski: "Estou mandando o conde Keyserling à Polônia imediatamente para fazê-lo rei depois da morte do atual", Augusto III.

Isso tem sido apresentado como um capricho imperial para agradecer a Poniatowski por seus serviços amorosos. Mas essa instituição tautológica, a Serena Comunidade da Polônia, não era uma bobagem. A Polônia era em todos os sentidos uma singularidade dentro da Europa, mas também um exasperante Estado de contradições absurdas: na realidade, não era sequer um país, mas dois estados — o Reino da Polônia e o Grão-Ducado da Lituânia; tinha um Parlamento, o Sejm, mas governos paralelos; seus reis eram eleitos e quase impotentes; quando nomeavam alguns funcionários, não podiam demiti-los; sua nobreza, a *szlachta*, era quase onipotente. Os Sjems eram eleitos por toda a *szlachta*, que, por incluir quase 10% da população, tornava a Polônia mais democrática do que a Inglaterra. Um voto bastava para anular todas as atividades de uma Sejm — o famoso *liberum veto* —, o que tornava o mais pobre dos delegados mais poderoso do que o rei. Havia apenas uma forma de contornar isso: os nobres podiam formar uma confederação, que funcionava como alternativa temporária ao Sejm e só existia até alcançar seus objetivos. Então era dissolvida. Na realidade, a Polônia era governada pelos magnatas, "régulos" donos de propriedades maiores do que alguns países, que possuíam seus próprios exércitos. Os poloneses eram extremamente orgulhosos da sua estranha constituição, que mantinha esse enorme território num caos humilhante, visto por eles como preciosa e irrestrita liberdade.

Escolher reis poloneses era um dos esportes diplomáticos favoritos do século XVIII. Os competidores nesse torneio diplomático eram a Rússia, a Prússia, a Áustria e a França. Versalhes tinha três aliados tradicionais no Leste, o Império Otomano, a Suécia e a Polônia. Mas, desde 1716, a política da Rússia passou a dominar a Comunidade, mantendo sua constituição absurda, instalando reis fracos em Varsóvia, fomentando o poder dos magnatas — e com um exército russo eternamente de prontidão na fronteira. O único interesse de Catarina nisso tudo era preservar o protetorado petrino na Polônia. Poniatowski era o testa de ferro ideal para esse papel, porque, por intermédio dos seus tios pró-russos Czartoryski, a "Família", e com o respaldo dos canhões e do dinheiro russos, Catarina podia continuar controlando a Polônia.

Poniatowski começou a sonhar em tornar-se rei e casar com Catarina, porque, como escreve seu biógrafo, poderia combinar os dois grandes desejos da sua vida.[31] "Se eu desejava o trono", implorou ele, "era porque eu a via nele." Quando ela lhe disse que isso era impossível, ele rogou: "Não faça de mim um rei, mas me leve para o seu lado".[32] Esse idealismo galante, apesar de lamuriento, não era um bom presságio para suas futuras relações com o paradigma feminino da *raison d'état*. Como os competidores de costume nesse jogo de fazer rei estavam exaustos depois da Guerra dos Sete Anos, Catarina e Pánin conseguiram o que queriam. Catarina ganhou o respaldo de Frederico, o Grande, porque a Prússia tinha sido arruinada pela Guerra dos Sete Anos e ficou tão isolada que essa aliança com a Rússia, assinada em 31 de março/11 de abril de 1764, era sua única esperança. Em 26 de agosto/6 de setembro o Sejm Eleitor, cercado por tropas russas, elegeu Poniatowski rei da Polônia. Ele adotou o nome de Estanislau Augusto.

A aliança prussiana e o protetorado polonês formariam os pilares do alardeado "Sistema do Norte" de Pánin, no qual as potências do Norte, incluindo Dinamarca, Suécia e quem sabe Inglaterra, conteriam o "Bloco Católico" — os Bourbon da França e da Espanha e os Habsburgo da Áustria.[33]

Agora que Poniatowski era rei, Catarina casaria com Grigóri Orlov? Houve uma espécie de precedente. A imperatriz Isabel teria, segundo boatos, casado com seu corista cossaco Alexei Razumóvski. Ele agora vivia aposentado em Moscou.

Um velho cortesão fez uma visita ao palácio barroco dos tempos de Isabel de Alexei Razumóvski e o encontrou lendo a Bíblia. O visitante era o chanceler imperial Mikhail Vorontsov, desempenhando sua última função política antes de "fazer uma viagem ao exterior". Estava ali para oferecer a Razumóvski a patente de alteza imperial. Era um jeito educado de perguntar se tinha casado em segredo com a imperatriz Isabel. Catarina e os Orlov queriam saber: havia uma certidão de casamento? Razumóvski deve ter sorrido. Fechou a Bíblia e sacou uma caixa de ébano, ouro e pérola. Abriu-a para mostrar um velho pergaminho selado com a águia imperial...

Catarina precisou ler com cuidado. Ela compreendia perfeitamente o perigo de elevar os Orlov a uma posição muito alta. Se casasse com Orlov, ameaçaria a pretensão ao trono do grão-duque Paulo, e possivelmente a vida dele, além de insultar os magnatas e o Exército. Mas ela amava Orlov. Devia seu trono aos Orlov. Tinha dado à luz um filho de Grigóri.* Tratava-se uma época em que a vida pública imperial era indissolúvel da vida privada. Durante toda a vida, Catarina quis ter uma família: os pais estavam mortos; a tia a aterrorizara e lhe levara o filho; os interesses do filho eram uma ameaça viva ao seu reinado, talvez à sua vida; mesmo Anna, sua filha com Poniatowski, tinha morrido jovem. Sua posição era extraordinária, mas ela sonhava com um lar quase burguês ao lado de Grigóri

---

* Era o bebê do qual estava grávida quando da morte de Isabel — Alexei Grigórievitch Bóbrinski (1762-1813). Apesar de nunca ter sido reconhecido oficialmente, Catarina supervisionou sua criação. Ele levou uma vida libertina em Paris, com a imperatriz pagando suas contas, antes de voltar para casa e partir para outra viagem mais tarde. Paulo I enfim o reconheceu como meio-irmão e lhe concedeu o título de conde.

Orlov, a quem considerava seu parceiro vitalício. Por isso não tomou nenhuma decisão — e provavelmente permitiu que os Orlov mandassem esse emissário perguntar a Razumóvski se o precedente existia.

Mas os irmãos não eram muito sutis. Numa pequena festa, Grigóri gabou-se com presunção de gângster de que, se quisesse, poderia derrubar Catarina dentro de um mês. Kiril Razumóvski, o irmão boa gente de Alexei, respondeu rápido como um raio: "Talvez. Mas, amigo, em vez de esperar um mês, nós o enforcaríamos em duas semanas".[34] As gargalhadas foram generosas — mas de arrepiar. Quando Catarina mencionou um possível casamento com Orlov, Pánin teria respondido: "A imperatriz pode fazer o que quiser, mas a sra. Orlov jamais será imperatriz da Rússia".[35]

Essa vacilação não era uma política segura. Em maio de 1783, enquanto fazia uma peregrinação de Moscou a Rostov do Don, Catarina levou um susto que pôs fim ao projeto de Orlov. O cavalheiro de câmara Fiódor Khitrovó, que juntamente com Potemkin tinha mobilizado as Guardas a favor de Catarina, foi preso. Sob interrogatório, admitiu que tinha planos de matar os Orlov para impedir o casamento e casar Catarina com o irmão de Ivan VI. Não se tratava de um funcionário qualquer falando à toa sob o efeito da vodca, mas de alguém do círculo mais íntimo da conspiração de Catarina. Teria Pánin ou a própria Catarina inventado esse *niet* decisivo às ambições de Orlov? Caso tenha sido isso, funcionou.

Isso nos leva de volta à pergunta feita a Alexei Razumóvski, que brincou com o pergaminho na caixa enfeitada de joias até que o chanceler imperial Vorontsov estendesse a mão. Razumóvski, então, jogou-a no fogo. "Não, não há provas", afirmou. "Diga isso à nossa graciosa soberana."[36] A história é um mito, mas alguns relatos dizem que com isso Razumóvski frustrou o desejo de Catarina de casar com Orlov. Na realidade, Catarina gostava dos dois Razumóvski — homens encantadores e joviais, velhos amigos de vinte anos. Provavelmente não havia certificado de casamento nenhum. A queima do pergaminho soa como uma piada do cossaco gracejador. Mas se a pergunta foi feita, o mais provável é que Alexei Razumóvski tenha dado a resposta que Catarina queria ouvir para não ter que casar com Orlov. Apesar de ter feito a pergunta, ela não precisava de uma resposta.[37]

Justamente quando comemorava o êxito na Polônia, Catarina enfrentou outro desafio relacionado ao simplório conhecido como "Prisioneiro Anônimo

Número Um", o imperador na torre. Em 20 de junho de 1764, a imperatriz deixou a capital numa jornada pelas províncias bálticas. Em 5 de julho, um jovem e atormentado oficial, Vassíli Miróvitch, com sonhos de recuperar a boa sorte da família, fez uma tentativa de libertar Ivan VI das entranhas de Schlüsselburg e torná-lo imperador. O pobre Miróvitch não sabia que Catarina tinha reiterado as ordens de Pedro III para que, se alguém tentasse libertá-lo, o Prisioneiro Número Um fosse morto no ato. Nesse ínterim, Miróvitch, cujo regimento estava estacionado em Schlüsselburg, tentava descobrir a identidade do misterioso prisioneiro sem nome que era cuidadosamente mantido dentro da fortaleza.

Em 4 de julho, Miróvitch, que tinha perdido seu mais confiável coconspirador num acidente de afogamento, redigiu um manifesto proclamando a ascensão do imperador Ivan VI. Em razão do clima de instabilidade depois do regicídio de Pedro III, e da reverência supersticiosa dos russos aos seus tsares, ele conseguiu recrutar poucos homens. Às duas da madrugada, Miróvitch tomou o controle dos portões, subjugou o comandante e seguiu para a cela de Ivan. Deu-se uma troca de tiros entre os rebeldes e a guarda de Ivan, que de repente cessou. Quando correu para a cela, encontrou o corpo apunhalado do ex-imperador ainda sangrando. Miróvitch compreendeu imediatamente, beijou o corpo e entregou-se.

Catarina prosseguiu viagem por mais um dia, depois voltou, temerosa de que a conspiração fosse mais ampla. No interrogatório descobriu-se que Miróvitch não era o centro de uma teia de intrigas, apenas um solitário. Depois de um julgamento em setembro, foi condenado à morte. Seis soldados que receberam sentenças variadas foram condenados a passar por um corredor polonês de mil soldados, dez ou doze vezes (o que provavelmente seria fatal) — e depois viver no exílio, se sobrevivessem. Miróvitch foi decapitado em 15 de setembro de 1764.

O assassinato de dois imperadores chocou a Europa: os *philosophes*, que já mantinham uma lisonjeira correspondência com a imperatriz, julgando-a um deles, tiveram que se esforçar para vencer seus escrúpulos: "Concordo com você que nossa filosofia não gostaria de se gabar de muitos alunos iguais a ela. Mas, que fazer? É preciso amar os amigos com todos os seus defeitos", escreveu D'Alembert para Voltaire. Este último cunhou espirituosamente um novo eufemismo para o assassinato de dois tsares: "São assuntos de família", disse o sábio de Ferney, "que não me dizem respeito."[38]

Mas Catarina, por ser quem era, não relaxou. Sabia que não bastava simplesmente governar. Sua corte era o espelho que refletiria os seus sucessos para o resto do mundo. Sabia que ela mesma teria que ser o melhor adorno da corte.

"Nunca vi em minha vida inteira uma pessoa cujo porte, cujos modos e cujo comportamento correspondessem tão fortemente à ideia que eu tinha feito dela", escreveu o embaixador inglês Sir George Macartney. "Apesar de achar-se no 37º ano de vida, ainda pode ser chamada de bela. Os que a conheceram mais jovem dizem que não se lembram de tê-la visto tão adorável como agora, e não tenho dificuldade em acreditar nisso."[39] O príncipe de Ligne, lançando um olhar retrospectivo em 1780, achava que "ela fora mais bem-apessoada do que bela. A majestade da testa era temperada pelos olhos e pelo sorriso agradável".[40] O perspicaz professor escocês William Richardson, autor de *Anecdotes of the Russian Empire* [Casos do Império Russo], escreveu: "A imperatriz russa tem altura acima da média, é graciosa e bem-proporcionada, mas bem coberta, tem uma bonita coloração, porém tenta embelezá-la com ruge, como todas as mulheres neste país. A boca é bem-feita, com ótimos dentes; os olhos azuis têm uma expressão de atenta curiosidade. A impressão geral causada é tal que seria um insulto dizer que tinha aparência masculina, mas não seria justo com ela dizer que era inteiramente feminina". O célebre Giacomo Casanova, que conheceu Catarina e sabia alguma coisa sobre mulheres, captou bem os efeitos do seu charme: "De estatura média, mas bem-feita e com porte majestoso, a Soberana tinha a arte de fazer-se amada por todos aqueles que imaginava estivessem interessados em conhecê-la. Apesar de não ser bonita, certamente agradava pela doçura, afabilidade e inteligência, que ela sabia usar muito bem para parecer que não tinha pretensões".[41]

Conversando, "não era espirituosa",[42] o que compensava sendo rápida de raciocínio e bem informada. Macartney considerava que "sua conversa é brilhante, talvez brilhante demais, pois adora brilhar numa conversa". Casanova revelou a necessidade que ela sentia de parecer esperta sem fazer força: quando a encontrou passeando fora do palácio, ele puxou o assunto do calendário grego e ela falou pouco, mas quando voltaram a se encontrar estava totalmente informada a respeito. "Com certeza tinha estudado o assunto de forma deliberada para deslumbrar."[43]

Tinha o dom do tato: quando discutia suas reformas com alguns deputados de Nóvgorod, o governador explicou que "estes senhores não são ricos". Catarina respondeu prontamente: "Eu lhe peço perdão, senhor governador. Eles *são* ricos em zelo". Essa resposta encantadora encheu-lhes os olhos de lágrimas e agradou-lhes mais do que dinheiro.[44]

Para trabalhar, trajava, sensatamente, um longo vestido ao estilo russo, com mangas soltas, mas quando se divertia ou se apresentava, "seu vestido nunca é espalhafatoso, é sempre rico [...] ela aparece, com grande vantagem, em trajes militares e gosta de aparecer neles".[45] Quando entrava numa sala, sempre fazia "três vênias *à la Russe*", à direita, à esquerda e para a frente.[46] Compreendia que a aparência era importante, por isso seguia os rituais ortodoxos ao pé da letra em público, apesar de Casanova observar que ela mal prestava atenção dentro da igreja.

Era, de fato, uma mulher que se esforçava infinitamente para ser uma grande imperatriz e adotava uma atitude germânica com a perda de tempo: "perder o mínimo de tempo possível", dizia. "O tempo pertence não a mim, mas ao império."[47] Parte da sua genialidade estava em escolher homens talentosos e extrair deles o que tinham de melhor: "Catarina tinha a rara habilidade de escolher as pessoas certas", escreveu o conde Alexandre Ribeaupierre, que a conhecia, e também seus mais altos funcionários. "A história justificou as escolhas dela."[48] Tendo-os selecionado, ela administrava seus homens tão habilmente que cada um deles "começava a achar [que o que ela propunha] era ideia dele, e tentava executá-la com zelo".[49] Havia também o cuidado de não humilhar seus servidores. "Minha política consiste em elogiar em voz alta e repreender em voz baixa."[50] De fato, alguns dos dizeres de Catarina são tão simples e astutos que poderiam ser coligidos para compor um guia de administração moderna.

Em tese, o poder absoluto dos tsares era cegamente obedecido num império sem lei — mas Catarina sabia que na prática era diferente, o que Pedro III e, posteriormente, seu filho Paulo jamais aprenderam. "Não é fácil como se pensa [fazer cumprir a nossa vontade]", explicou ela ao secretário de Potemkin, Pópov. "Em primeiro lugar, minhas ordens não seriam executadas se não fossem ordens do tipo que é possível cumprir [...]. Ouço conselhos, consulto [...] e, quando me convenço de que haverá aprovação geral, dou minhas ordens e tenho o prazer de observar o que se pode chamar de obediência cega. E este é o alicerce do poder ilimitado."[51]

Ela era educada e generosa com os cortesãos, bondosa e magnânima com os criados, mas havia um lado sinistro na satisfação com que exercia o poder; Catarina saboreava os poderes secretos do Estado, lendo relatórios policiais e provocando calafrios em suas vítimas, como qualquer ditador, ao fazê-los saber que estavam sendo observados. Anos depois, o jovem voluntário francês conde de Damas, sozinho em seu quarto observando um desfile militar que passava em frente à sua janela em marcha para lutar contra os suecos, murmurou: "Se o rei da Suécia pudesse ver estes soldados [...] firmaria a paz". Dois dias depois, quando prestava homenagem à imperatriz, "ela encostou os lábios em meu ouvido e disse: 'Quer dizer que o senhor acha que se o rei da Suécia pudesse inspecionar minhas Guardas assinaria a paz comigo?'. E começou a rir".[52]

Seu charme não enganava ninguém: havia alguma verdade nas farpas do pedante príncipe Scherbátov, que serviu na corte, quando descreveu essa "considerável beleza, inteligente, afável", que "ama a glória e a persegue com assiduidade". Ela era "cheia de ostentação [...] infinitamente egoísta". Ele arriscou-se a afirmar: "A verdadeira amizade jamais habitou em seu coração, e ela está pronta a trair o melhor amigo [...] sua regra é lisonjear um homem enquanto precisa dele e então, em suas próprias palavras, 'jogar fora um limão espremido'".[53] Não era bem assim, mas o poder sempre vinha em primeiro lugar. Potemkin era a exceção que confirmaria a regra.

Como cavalheiro de câmara, Potemkin agora passava boa parte do tempo nos palácios imperiais, realizando suas tarefas, que incluíam postar-se de pé atrás da cadeira dela durante as refeições para servi-la e servir seus convidados. Isso significava que ele via a imperatriz com frequência em público, inteirando-se de sua rotina. Ela começou a interessar-se por ele — e ele começou a ter por ela um interesse imprudente, que não era necessariamente adequado a um cortesão tão principiante.

PARTE DOIS
MAIS PERTO
1762-74

4. Ciclope

A natureza fez de Grigóri Orlov um camponês, e camponês ele será até o fim.
Durand de Distroff

Quando a imperatriz e o segundo-tenente das Guardas Montadas deparavam um com o outro nas centenas de corredores do Palácio de Inverno, Potemkin se ajoelhava, pegava-lhe a mão e declarava-lhe sua paixão. Não havia nada de inusitado no fato de eles se encontrarem dessa maneira, porque Potemkin era um cavalheiro de câmara. Qualquer cortesão podia, literalmente, esbarrar na soberana em algum lugar do palácio — eles a viam todos os dias. Na verdade, até pessoas comuns tinham permissão para entrar no palácio, se estivessem decentemente vestidas e não usassem libré. No entanto, a conduta de Potemkin — beijar as mãos de Catarina de joelhos e declarar seu amor — era arrojada, para não dizer indiscreta. A única coisa capaz de evitar o constrangimento seria o seu abundante charme — e a coquete aquiescência de Catarina.

Havia provavelmente muitos jovens oficiais na corte que se julgavam apaixonados por ela — e muitos outros que fingiam estar porque era vantajoso para sua carreira. Houve uma longa lista de pretendentes, incluindo Zakhar Tchernichov e Kiril Razumóvski, que se apaixonaram por Catarina ao longo dos anos e aceitaram suas polidas recusas. Mas Potemkin não aceitava nem as convenções da corte nem o domínio dos Orlov. Ia mais longe do que qualquer outro. A maioria dos cortesãos tinha receio dos irmãos que haviam assassinado um imperador. Potemkin ostentava a sua coragem. Bem antes de chegar ao poder, já desprezava as hierarquias da corte. Provocava o chefe da polícia secreta. Os magnatas tratavam Chechkóvski com prudência, mas consta que Potemkin ria-se do homem do cnute, perguntando-lhe: "Quantas pessoas vai açoitar hoje com seu cnute?".[1]

Não era possível agir assim diante dos Orlov sem algum incentivo da imperatriz. Ela poderia facilmente tê-lo reprimido, se quisesse. Mas não quis. Foi desonesto da parte dela, pois não havia possibilidade de Catarina aceitar Potemkin como amante em 1763-4. Ela devia o trono aos Orlov. Potemkin ainda era jovem demais. Por isso Catarina não poderia levá-lo a sério. Estava apaixonada por Grigóri Orlov e, como diria posteriormente a Potemkin, era uma criatura de hábito e lealdade. Encarava o arrojado, ainda que não particularmente talentoso, Orlov como seu companheiro permanente e "assim seria para sempre, se ele não tivesse sido o primeiro a cansar-se".[2] Apesar disso, ela parecia reconhecer que tinha uma identificação especial com Potemkin. O mesmo pensava o cavalheiro de câmara, que dava um jeito de encontrar-se com ela o máximo possível, durante a rotina dos seus dias de imperatriz.

Catarina levantava-se diariamente às sete da manhã, mas, se acordasse antes, acendia ela mesma o aquecedor para não acordar os criados. Então trabalhava até as onze, sozinha com seus ministros ou secretários de gabinete, às vezes concedendo audiências às nove. Escrevia furiosamente, à mão — ela mesma chamava esse hábito de "grafomania" —, para uma ampla variedade de correspondentes, de Voltaire e Diderot aos alemães dr. Zimmerman, Madame Bielke e, mais tarde, ao barão Grimm. Suas cartas eram afetuosas, francas e divertidas, temperadas com seu senso de humor um tanto laborioso.[3] Aquela era a época das epístolas: homens e mulheres vividos e experientes orgulhavam-se do conteúdo e do estilo de suas cartas. Se vinham de um grande homem numa situação interessante — um príncipe de Ligne, uma Catarina, a Grande, ou um Voltaire —, eram copiadas e lidas nos salões da Europa como uma mistura de despacho de jornalista famoso e campanha de agência de publicidade.[4] Catarina gostava de escrever, e não só cartas. Adorava redigir decretos — *ukaz* — e instruções. Em meados dos anos 1760, ela já estava redigindo sua Instrução Geral para a Grande Comissão que convocaria em 1767, para codificar as leis existentes. Copiava grandes trechos dos livros que estudava desde quando era adolescente, em especial Beccaria e Montesquieu. Dava a isso o nome de "legislomania".

Às onze horas ela ia se arrumar, admitindo em seu quarto de dormir as pessoas mais íntimas, como os Orlov. Às vezes saíam juntos para um passeio — se fosse verão, ela adorava caminhar pelos jardins do Palácio de Verão, onde a gente comum podia se aproximar dela. Quando Pánin arranjou uma audiência para Casanova,[5] ela veio acompanhada apenas por Grigóri Orlov e duas damas de honra. Almoçava à uma da tarde. Às duas e meia voltava para seus aposentos, onde lia até as seis, a "hora do amante", quando recebia Orlov.

Se houvesse alguma atividade da corte no fim do dia, ela se vestia e saía. As vestimentas da corte eram um longo casaco *à la Francaise* para os homens e, para as mulheres, um vestido de manga comprida com cauda curta e corpete de barbatanas de baleia. Em parte porque combinava com a riqueza e extravagância russas, em parte porque aquela corte precisava proclamar sua legitimidade, homens e mulheres competiam no uso de diamantes em qualquer ornamento onde pudessem colocá-los — botões, fivelas, bainhas, ombreiras e muitas vezes três filas na aba do chapéu. Ambos os sexos usavam as fitas e faixas das cinco ordens da cavalaria russa: Catarina gostava de ostentar a fita de santo André — vermelha com prata nas bordas e cravejada de brilhantes — e a de são Jorge sobre os ombros, com os colares de santo Alexandre Niévski, santa Catarina e são Vladimir e duas estrelas — santo André e são Jorge — no peito esquerdo.[6] Catarina herdou a suntuosidade das vestimentas da corte de Isabel. Amava o esplendor, prezava seus usos políticos e com certeza não era nem remotamente econômica, mas jamais chegou perto da extravagância indumentária da antiga imperatriz, atenuando mais tarde a pompa. Ela compreendia que o brilho excessivo acaba enfraquecendo o próprio poder que pretende tornar ilustre.

Enquanto as Guardas patrulhavam o lado de fora do palácio, os aposentos da soberana eram protegidos por uma força de elite, fundada por Catarina em 1764 e formada por nobres — os sessenta homens das Chevaliers-Gardes — que usavam casacos azuis de frente vermelha coberta de rendas de prata. Tudo, desde a bandoleira à carabina, era enfeitado com prata, até as botas. Na cabeça usavam capacetes de prata com altos penachos. A águia russa era bordada nas costas e enfeitava as placas de armadura de prata nos braços, nos joelhos e no peito, presa por cordões de prata e correntes de prata.[7]

Nos domingos à tarde, havia uma reunião da corte; nas segundas-feiras, uma comédia francesa; nas quintas-feiras, geralmente uma tragédia francesa e depois um balé; nas sextas-feiras ou sábados, era costume haver baile a fantasia no palácio. Cinco mil convidados participavam dessas festas vastas e em parte públicas. Catarina e sua corte exibiam sua pompa para os embaixadores estrangeiros e uma para a outra. Que melhor guia se poderia desejar numa noite dessas do que Casanova? "O baile durou sessenta horas [...]. Em toda parte, pude ver alegria, liberdade e uma abundância de velas [...]." Ele ouviu um dos convidados mascarados dizer: "Lá está a imperatriz [...] daqui a pouco você verá Grigóri Orlov; ele recebeu ordem para segui-la guardando certa distância [...]". Os convidados fingiam não a reconhecer. "Todo mundo o reconhecia, pela estatura avantajada e pelo jeito de manter a cabeça curvada para a frente." Casanova, sanguessuga internacional, empanturrou-se de comida, assistiu a uma *contredance* de quadrilha executada com perfeição em estilo francês e, em seguida, sendo quem era, naturalmente encontrou uma ex-amante (então mantida pelo embaixador polonês), cujas delícias voltou a descobrir. A essa altura, havia muito perdera de vista a imperatriz.[8]

Catarina adorava se vestir formalmente e usar máscaras. Em certa ocasião, disfarçada de oficial de sobreveste cor-de-rosa (um manto solto) e farda militar, ela registrou algumas de suas conversas levemente eróticas com convidados que, de fato, não a reconheceram. Uma princesa tomou-a por um homem bonito e dançou com ela. Catarina sussurrou: "Como sou feliz", e as duas flertaram. Catarina beijou-lhe a mão; ela corou. "Diga por favor quem é você", pediu a moça. "Sou todo seu", respondeu Catarina, mas não se identificou.[9]

Catarina raramente comia muito à noite e quase sempre se recolhia às dez e meia, acompanhada por Grigóri Orlov. Gostava de estar dormindo às onze.[10] Sua disciplinada rotina formava o mundo público da corte, mas a sagacidade e o humor de Potemkin lhe valeram acesso ao seu mundo privado. Isso o aproximou dos vigilantes e violentos Orlov, mas também lhe deu oportunidade de mostrar à imperatriz o quanto era apaixonado. Potemkin pagaria caro por sua imprudência.

No início da noite, Catarina convidava os mais íntimos, cerca de dezoito pessoas, para seus aposentos, e mais tarde para a extensão do Palácio de Inverno que ela chamava de seu Pequeno Hermitage. Os habitués incluíam a condessa Bruce, a atraente quebra-galho em quem Catarina confiava para resolver seus assuntos mais privados; o mestre de cavalaria, Liev Naríchkin, que ela descrevia de "palhaço nato",[11] epítome do nobre russo rico e frívolo; os Orlov, é claro — e, cada vez mais, Potemkin, entre outros.

A corte russa era bem menos rígida e formal do que muitas outras da Europa Ocidental, incluindo a de Jorge III. Mesmo quando Catarina recebia ministros que não faziam parte da sua *coterie* privada, todos se sentavam para trabalhar juntos, não como os primeiros-ministros britânicos, que tinham de ficar em pé na presença de Jorge III, a não ser que o rei lhes concedesse o raro privilégio de sentar-se. No Pequeno Hermitage de Catarina, essa informalidade ia ainda mais longe. Catarina jogava cartas — uíste ou faraó, quase sempre — até por volta das dez da noite. Guardas como Orlov e Potemkin logo se sentiram em casa, uma vez que passaram boa parte da juventude sentados em volta de mesas de baeta verde. Também participavam de jogos de palavras cruzadas e ou de escrever e desenhar, charadas e até cantorias.

Grigóri Orlov era o mestre do salão: Catarina deu ao amante os quartos acima do seu, no Palácio de Inverno, para que pudesse descer pela escada verde sem ser anunciado. Embora adotasse uma atitude cerimoniosa para com piadas atrevidas em seu círculo mais íntimo, ela era muito liberal nas demonstrações afetivas com Orlov. Um inglês de visita anotou que "eles não se abstêm de carícias por causa da presença dele".[12] Orlov adorava música, e seu bom humor dava o tom daquelas noites, quando a imperatriz se tornava pouco mais que um membro de um grupo de amigos. "Depois do jantar", registrou o Diário da Corte certa noite, "Sua Majestade imperial graciosamente voltou para seus aposentos internos, e os senhores na sala de cartas entoaram canções, com o acompanhamento de vinhos variados; então os cantores e criados da corte [...] e, por ordem do conde G. C. Orlov, os sargentos e soldados da guarda em Tsárskoie Seló, cantavam alegres canções noutra sala."[13]

Os Orlov tinham concretizado suas ambições — até certo ponto. Apesar de o casamento agora ser letra morta, Orlov era o constante companheiro da imperatriz, o que por si lhe garantia influência. Mas sem dúvida era ela quem conduzia o governo. Havia uma falha no projeto dos Orlov como força política: o cérebro, os músculos e o charme não estavam concentrados num homem só, mas eram distribuídos com admirável senso de justiça entre os cinco irmãos. Alexei Orlov, o

Cicatriz, tinha a crueldade; Fiódor, a cultura e a sabedoria política; enquanto Grigóri, que precisava de tudo isso, só tinha a beleza física, uma ótima natureza e sólido bom senso.

Diplomatas alegavam que Orlov, "criado em tabernas e casas de má reputação [...] levava uma vida de canalha, apesar de ser amável e bem-intencionado". Dizia-se que "as suas boas qualidades" eram "eclipsadas por uma devassidão" que "transformava a corte real num antro de libertinagem. Praticamente não havia uma única moça na corte [...] que não fosse importunada por ele",[14] afirmou o príncipe Scherbátov, que se julgava a consciência moral da aristocracia russa.[15] "O favorito", escreveu o embaixador britânico, Sir Thomas Gunning, "é libertino" e andava em má companhia. Ao longo dos anos 1760, Catarina ignorou suas infidelidades, como uma mulher sábia e vivida, ou não estava bem informada. Orlov, porém, não era tão simplório como os diplomatas estrangeiros afirmavam, também não era nenhum intelectual ou estadista: correspondia-se com Voltaire e Rousseau, mas provavelmente só para agradar a Catarina e porque era o que se esperava de um cavalheiro culto daquela época.

Catarina nunca promoveu demais Orlov, que teria apenas dois grandes serviços a desempenhar: logo depois do golpe, foi designado para chefiar a Administração Especial de Estrangeiros e Imigrantes, incumbida de atrair colonos para as regiões desertas dos acessos ao mar Negro e as terras fronteiriças do Cáucaso setentrional. Ali ele se desincumbiu de suas funções com muita energia e lançou alguns alicerces para futuros êxitos de Potemkin. Em 1765, ela o nomeou diretor de Material Bélico, chefe da artilharia, embora seja significativo que sentisse necessidade de consultar Pánin, que a aconselhou a reduzir de forma gradativa os poderes desse cargo antes de entregá-lo a Orlov. Ele nunca compreendeu bem as minúcias da artilharia e "parecia saber menos a esse respeito do que um estudante", segundo o diplomata francês Durand, que se encontrou com ele durante exercícios militares. Mais tarde ele enfrentou heroicamente o desafio de combater a Peste de Moscou.[16]

Orlov pavoneava-se de um lado para outro, na esteira de Catarina, mas não se esforçava muito para exercer o poder e nunca conquistou a independência política que ela mais tarde delegaria a Potemkin. Apesar da intimidade física com a imperatriz, Orlov era meio desligado do governo propriamente dito.

Potemkin tinha pressa em exibir sua insolente sagacidade perante a imperatriz, cuja informalidade lhe dava ampla margem para tanto. Houve uma ocasião em que descuidadamente entrou no salão onde Grigóri Orlov jogava cartas com a imperatriz. Debruçou-se sobre a mesa e pôs-se a espiar as cartas dele. Orlov ordenou-lhe sussurrando que saísse, mas Catarina interveio. "Deixe-o em paz", disse ela. "Não está atrapalhando."[17]

Se os Orlov decidiram livrar-se de Potemkin, foi Nikita Pánin que interveio naquele "momento perigoso" para salvá-lo do que quer que os irmãos estivessem planejando.[18] No fim do verão de 1762, Potemkin recebeu sua primeira — e última — missão no exterior: viajar a Estocolmo para informar ao conde Ivan Osterman, o embaixador russo na Suécia, sobre a mudança de regime.[19] A corte russa tradicionalmente tratava a Suécia como uma estação de resfriamento para amantes fogosos demais. (O próprio Pánin e o primeiro amante de Catarina, Serguei Saltikov, tinham sido despachados para lá por motivos semelhantes.) A partir das escassas provas de que dispomos sobre o início da sua carreira, parece que o irreprimível Potemkin não aprendeu nada com esse aviso para que se comportasse direito e continuou bancando o palhaço na frente dos Orlov até que eles resolveram lhe ensinar uma lição.

Depois da sua volta, Catarina continuava interessada como sempre nesse seu jovem e original amigo. Potemkin, que ela depois passou a chamar de seu "pupilo", aproveitava-se dessa generosidade de espírito. De serviço como cavalheiro de câmara, estava sentado em frente à imperatriz à mesa quando ela lhe fez uma pergunta em francês. Ele respondeu em russo. Um cortesão o repreendeu pela grosseria, e Potemkin rebateu: "Pelo contrário, acho que um súdito deve responder na língua em que consegue expressar melhor seus pensamentos — e eu estudo russo há 22 anos".[20] Isso era típico da sua galante impertinência e também da sua atitude de desafio para com a galomania de muitos cortesãos. Há uma lenda segundo a qual Catarina sugeriu que ele melhorasse o seu francês e tomou providências para que tivesse aulas com um sacerdote destituído da condição de padre chamado Chevalier de Vivarais, que servira sob Dupleix em Pondicherry, na Índia, durante a Guerra dos Sete Anos. Esse sórdido charlatão não era *chevalier* coisa nenhuma, e viajava com uma "esposa" chamada Vaumale de Fages, que aparentemente deu uma prazerosa contribuição nas aulas de francês de Potemkin. Vivarais foi o primeiro de uma longa fila de trapaceiros sofisticados cuja companhia Potemkin muito apreciava. E o francês tornou-se a sua segunda língua.[21]

Catarina traçou uma carreira especial no governo para seu jovem *protégé*. Ela sabia o suficiente dos interesses religiosos de Potemkin para nomeá-lo assistente do procurador do Santo Sínodo, o conselho criado por Pedro, o Grande, para governar a Igreja ortodoxa. O procurador era administrador e juiz em todos os assuntos religiosos — o equivalente ao procurador-geral em assuntos mundanos. A imperatriz interessava-se por ele a ponto de redigir, ela própria, suas instruções. Intitulada "Instrução para nosso cavalheiro de Câmara da monarca Grigóri Potemkin" e datada de 4 de setembro de 1763, essa primeira carta, que mostra o tom maternal que ela gostava de usar com homens mais jovens, diz o seguinte:

> Do *ukaz* que foi baixado a seu respeito ao Santo Sínodo: embora o senhor saiba muito bem por que foi nomeado para esse posto, estamos ordenando o seguinte para melhor cumprimento dos seus deveres [...] 1. Para melhor compreensão dos assuntos dirigidos a partir desse posto [...] 2. Será proveitoso para o senhor adquirir o hábito de ir ao Sínodo quando eles não estiverem reunidos [...] 3. Conhecer a pauta antecipadamente [...] 4. O senhor precisará saber ouvir com diligente atenção [...]

O sexto ponto decretava que, em caso de doença do procurador-geral, "o senhor terá que nos informar sobre todos os negócios e anotar nossas ordens no Sínodo. Em resumo, deverá aprender tudo que possa esclarecer o andamento dos negócios e ajudá-lo a compreendê-lo melhor".[22] O primeiro período de Potemkin no Sínodo foi curto, possivelmente em razão dos seus problemas com os Orlov, mas sabemos, pelo Decreto 146, dos registros do Sínodo, que ele compareceu todos os dias durante o mês de setembro.[23] Estava em ascensão.

Enquanto fazia a corte à imperatriz e começava sua carreira política, Potemkin era incapaz de se conter. Alcibíades adquiriu a reputação de amante. Não havia razão para que fosse fiel a Catarina enquanto Orlov era o dono do pedaço. O leal mas cansativo sobrinho de Potemkin, Alexandre Samóilov, deixou registrado que seu tio prestava "atenção especial" a "certa moça bem-nascida" que "não lhe era indiferente". Irritantemente, acrescentou: "cujo nome não vou dizer".[24] Alguns historiadores acham que era a condessa Bruce, confidente de Catarina, que se tornaria notória como suposta *"éprouveuse"*,[25] "experimentando" amantes de

Catarina. A condessa Bruce, com muito desprendimento, fez o que pôde para ajudar Potemkin a aproximar-se de Catarina: naquela corte mundana não havia melhor alicerce para uma aliança política do que uma amizade amorosa. Certamente a condessa Bruce tinha dificuldade para resistir a um jovem. Mas já era uma mulher de 35 anos, como Catarina — ou seja, dificilmente pode ser a "moça", que continua misteriosa.[26]

Fosse quem fosse, Catarina permitiu que Potemkin continuasse desempenhando o papel melodramático de seu *cavalier servente*. Estaria mesmo apaixonado por Catarina? Não há necessidade de examinar exaustivamente os motivos dele: é impossível, em questões do coração, separar o indivíduo da posição que ocupa. Ele era ambicioso e dedicado a Catarina — a imperatriz e a mulher. Até que, de repente, desapareceu.

Diz a lenda que em algum momento daquele ano Grigóri e Alexei Orlov convidaram Potemkin para uma partida de bilhar. Quando ele chegou, os Orlov se atiraram em cima dele e o espancaram terrivelmente. O olho esquerdo de Potemkin foi danificado. A ferida infeccionou. Potemkin permitiu que um curandeiro de aldeia — um tal de Erofeich — fizesse um curativo, mas o remédio camponês, em vez de melhorar, só piorou a situação. O ferimento infeccionou, e Potemkin perdeu o olho.[27]

As declarações de Potemkin a Catarina e a luta com os Orlov fazem parte da mitologia de Potemkin; há outros relatos dando conta de que ele teria perdido o olho jogando tênis e procurando um curandeiro, cujo unguento o queimou. Mas é difícil imaginar Potemkin numa quadra de tênis. A história sobre a briga era amplamente tida como verdadeira, porque Potemkin *estava mesmo* ultrapassando os limites da prudência ao cortejar Catarina, mas é improvável que tenha de fato acontecido, porque Grigóri Orlov sempre se comportou de forma decente com seu jovem rival.

Foi esse o primeiro revés que ele sofreu — qualquer que seja a verdade dos fatos. Em dois anos, tinha passado do jovem que chegou de Moscou pobre e obscuro à condição de mimado *protégé* da própria imperatriz de todas as Rússias. Mas subira muito, e cedo demais. Perder a visão de um olho foi trágico, porém ironicamente sua ausência da corte fazia sentido em termos estratégicos. Foi a primeira vez que Potemkin lançou mão de oportunos desaparecimentos para atrair a atenção da imperatriz.

Potemkin parou de visitar a corte. Não via ninguém, estudava religião, e deixou a barba crescer, chegando a pensar em tornar-se monge. Sempre teve uma queda pela contemplação religiosa e pelo misticismo. Como filho legítimo da Igreja ortodoxa, costumava fazer retiros em mosteiros para rezar. Embora sempre houvesse uma dose de teatro em suas extravagâncias, seus contemporâneos, que não perdiam oportunidade de atacá-lo, jamais duvidaram que se sentisse de fato atraído por uma vida de orações. Nem duvidavam da sua ascética e tipicamente russa aversão ao sucesso mundano, em especial o seu.[28] A crise, porém, era bem mais séria. Parte do charme de Potemkin vinha da estonteante vertigem de suas mudanças de humor, sintoma de uma personalidade insana, o que ajuda a explicar seu estranho comportamento. Ele mergulhou na depressão. Sua confiança foi abalada. O colapso foi tão sério que havia quem dissesse que ele mesmo "matou" o olho "para "livrá-lo do defeito que resultou do acidente".[29]

Havia vaidade também em seu desaparecimento: o olho cego certamente ficou meio fechado — mas não perdido.* Ele tinha vergonha disso e provavelmente achava que a imperatriz lhe sentiria aversão por isso. A hipersensibilidade de Potemkin era uma de suas qualidades mais cativantes. Mesmo como estadista famoso, sempre se recusava a posar para retratos por se julgar desfigurado. Convenceu-se de que sua carreira tinha acabado. Certamente os adversários se deleitavam com a ruína da sua aparência: os Orlov lhe deram o apelido de um dos gigantes de um olho só da *Odisseia* de Homero. "Alcibíades", diziam eles, tornara-se o "Ciclope".

Potemkin desapareceu por dezoito meses. A imperatriz às vezes perguntava por ele aos Orlov. Consta que teria até cancelado algumas de suas pequenas reuniões, tamanha era a falta que sentia das imitações dele. Mandava-lhe recados através de amigas anônimas. Catarina diria a Potemkin que a condessa Bruce sempre a informava de que ele ainda a amava.[30] Por fim, de acordo com Samóilov, a imperatriz mandou o seguinte recado pela mensageira: "É uma pena que alguém com méritos tão raros esteja perdido para a sociedade, a mãe-pátria e

---

* Isso não impediu que um diplomata dissesse que ele tinha "adquirido um olho de vidro em Paris".

aqueles que o prezam e sinceramente lhe têm simpatia".³¹ Isso deve ter lhe dado esperanças. Quando Catarina passou por seu refúgio, teria ordenado a Grigóri Orlov que o convocasse novamente para a corte. O honrado e franco Orlov sempre demonstrou respeito por Potemkin diante da imperatriz. Além disso, devia achar que, com a beleza em ruínas e a confiança abalada, Potemkin deixara de ser uma ameaça.³²

O sofrimento pode fomentar a dureza, a paciência e a profundidade. Percebe-se que o caolho Potemkin que voltou para a corte era um homem diferente do novato alcibiadiano que a deixara. Dezoito meses depois de perder o olho, Potemkin ainda usava uma faixa de pirata em volta da cabeça, o que sugere as contradições de timidez e teatralidade que faziam parte da sua personalidade. Catarina o acolheu de volta à corte. Ele reapareceu em sua antiga função no Sínodo; e, quando Catarina comemorou o terceiro aniversário do golpe presenteando seus 33 principais seguidores com faqueiros de prata, Potemkin foi lembrado quase no fim da lista, bem abaixo de notáveis como Kiril Razumóvski, Pánin e Orlov. Este último estava firme e permanentemente ao seu lado, mas ela obviamente não tinha esquecido seu temerário pretendente.³³

Por isso os Orlov pensaram numa maneira mais agradável de livrar-se dele. Diz a lenda que Grigóri Orlov sugeriu à imperatriz que a filha de Kiril Razumóvski, Isabel, seria uma parceira muito vantajosa para o guarda de Smolensk, e Catarina não fez objeções.³⁴ Não há provas desse namoro, mas sabemos que Potemkin posteriormente ajudou a moça — e sempre se deu bem com o pai dela, que "o tratava como um filho".

De fato, a bondade do conde com o jovem Potemkin era típica da ausência de esnobismo desse cossaco que tinha sido pastor e era um dos mais simpáticos magnatas de Catarina. Dizia-se que Razumóvski fora camponês aos dezesseis anos e marechal de campo aos 22, o que era quase verdade.* Sempre que seus filhos, criados para serem orgulhosos aristocratas russos, ficavam constrangidos com suas humildes origens cossacas, ele berrava para o seu *valet de chambre*: "Ei,

---

* Irmão do favorito da imperatriz Isabel, ele foi nomeado atamã da Ucrânia com pouco mais de vinte anos. Isso quer dizer que foi governador das terras cossacas fronteiriças nominalmente independentes durante todo o reinado de Isabel. Razumóvski apoiou o golpe de Catarina e pediu que ela tornasse o atamanato hereditário em sua família. Ela recusou, aboliu o atamanato, substituindo--o por uma Escola da Pequena Rússia, e o nomeou marechal de campo.

me traga os trapos de camponês que eu usava quando cheguei a São Petersburgo. Quero lembrar a época feliz em que tocava o meu gado gritando 'Tsop! Tsop!'".[35] Ele vivia numa fabulosa propriedade — dizia-se que era o responsável por introduzir o champanhe na Rússia. Potemkin, que com certeza adorava as cintilantes histórias (e provavelmente os vinhos espumantes) desse alegre contador de casos, tornou-se obcecado pelos cossacos: teria esse entusiasmo, que durou o resto da vida, nascido entre taças de champanhe no palácio de Razumóvski? O verdadeiro motivo para não ter havido casamento é que Potemkin ainda amava Catarina e que ela alimentava algum tipo de gloriosa esperança para o futuro.[36] Catarina "às vezes teve olhos para os outros", escreveu o embaixador britânico, o conde de Buckinghamshire, "em especial para um homem amável e talentoso, que não desmerece a afeição dela; ele conta com bons conselheiros e não deixa de ter alguma chance de sucesso".[37] O "talentoso" dá a impressão de ser Potemkin, e seus "bons conselheiros" não poderiam estar mais bem situados do que a condessa Bruce.

Em 1767, ele recebeu uma função que mais uma vez mostrou que Catarina criava tarefas especialmente adequadas aos seus interesses. Depois de sua breve passagem pelo Sínodo, ela lhe concedeu atribuições de pagador do Exército e a responsabilidade de fabricar as fardas usadas durante o dia pelo exército. Então Catarina lançou o mais audacioso experimento político de sua vida: a Comissão Legislativa. Potemkin, que evidentemente tinha exibido seus conhecimentos de culturas orientais, foi designado um dos três "guardiães de povos exóticos",[38] junto com o procurador-geral príncipe Viázemski e um dos secretários de Catarina, Olsufiev. A imperatriz aos poucos ia apresentando Potemkin às mais altas autoridades do reino. Com Catarina II, nada jamais era mera coincidência.

A Comissão Legislativa era uma assembleia eleita de cerca de quinhentos delegados, provenientes de um espectro surpreendentemente amplo (para a época) de representantes da nobreza, moradores das cidades, camponeses do Estado e de povos não russos. Eles se reuniram aquele ano em Moscou levando instruções dos seus eleitores. Havia 54 não russos — tártaros, basquires, iacutos e calmucos. Como Viázemski e Olsufiev tinham tarefas mais pesadas a desempenhar, a responsabilidade de cuidar deles ficou com Potemkin.

Potemkin seguiu antes da imperatriz para Moscou, com dois esquadrões das Guardas Montadas, para ajudar a supervisionar a chegada dos delegados. Catarina viajou em fevereiro, partindo de Moscou num cruzeiro pelo Volga, até Kazan e Simbirsk, com um séquito de mais de 1500 cortesãos, incluindo dois Orlov e dois Tchernichov, além de embaixadores estrangeiros — numa viagem projetada para mostrar que ela estava tomando o pulso do seu império. Em seguida, voltou a Moscou para inaugurar a Comissão.

Catarina pode ter pensado em abolir ou reformar a servidão, de acordo com os dogmas do Iluminismo, mas estava longe de querer perturbar a ordem política russa. A servidão era um dos laços mais fortes entre o trono e a nobreza: se ela o rompesse, seria por sua conta e risco. Os quinhentos ou mais artigos de sua Grande Instrução, redigida por ela própria, eram o sumário de uma vida inteira de leituras de Montesquieu, Beccaria e a *Enciclopédie*. O objetivo da Comissão era codificar as leis existentes — mas até isso era uma arriscada invasão da sua própria autocracia. Longe de ser uma revolucionária, ela acreditava no absolutismo russo. De fato, em sua grande maioria nem os próprios *philosophes*, esses inimigos da superstição, eram democratas, e sim defensores da razão, da lei e da ordem impostas de cima para baixo. Catarina era sincera, mas havia um elemento de fachada, pois a comissão demonstrava sua autoconfiança e a estabilidade da Rússia. No entanto, acabaria se revelando uma propaganda das mais verbosas e prolixas.

Às dez da manhã de domingo, 30 de julho de 1767, Catarina, numa carruagem puxada por oito cavalos e seguida por dezesseis carruagens de cortesãos, foi escoltada do Palácio Golovin, em Moscou, para o Krémlin, por Grigóri Orlov e um esquadrão das Guardas Montadas, que provavelmente incluía Potemkin. O grão-duque Paulo vinha atrás. Na Catedral da Dormição, ela apeou para uma cerimônia de bênção. Seguiam-na o procurador-geral Viázemski e todos os delegados — russos e exóticos — que marchavam atrás, dois a dois, como os passageiros da Arca de Noé. Os delegados não cristãos aguardaram do lado de fora da igreja. Então todos caminharam na mesma ordem até o Grande Palácio do Krémlin para serem recebidos por sua imperatriz trajando o manto e a coroa imperiais, em pé diante do trono, acompanhada pelo grão-duque Paulo, por cortesãos e bispos. À sua direita havia exemplares expostos da Grande Instrução. Na manhã seguinte, no Palácio das Facetas do Krémlin, as Instruções da imperatriz foram lidas, e a Comissão abriu os trabalhos numa cerimônia calcada na abertura inglesa do Parlamento, com similar discurso do trono.[39]

Potemkin escoltava a imperatriz quando ela ia assistir a sessões da Comissão. Deve ter lido as Instruções: posteriormente, sua vasta biblioteca conteria todas as obras que Catarina usava — *Esprit des lois*, de Montesquieu, os 35 volumes da *En-*

cyclopédie de Diderot (em francês) e tomos de Voltaire. Mas ele não fez nenhum discurso.[40] A Comissão, propriamente, não teve êxito em codificar as leis, e acabou se tornando um lugar de muito falatório e pouca ação. Conseguiu, no entanto, coligir informações úteis para a futura legislação de Catarina. A Comissão também cunhou o título "Catarina, a Grande", que ela recusou. A estada em Moscou a fez lembrar-se do quanto detestava a cidade, por isso voltou para São Petersburgo, onde reuniu de novo a Comissão em janeiro de 1768. A iminência da guerra finalmente lhe deu uma desculpa para pôr fim às suas laboriosas deliberações.[41]

Em 22 de setembro de 1768, Potemkin foi promovido a *Kammerjunker* para receber a chave cerimonial de *Kammerherr* — camareiro da corte.[42] Inusitadamente, deveria permanecer no Exército, onde foi promovido a capitão das Guardas Montadas. Então, dois meses depois, foi removido do Exército e lotado na corte em tempo integral por ordem específica de Catarina. Dessa vez Potemkin não queria de forma nenhuma ir para a corte. Em 25 de setembro de 1768, o Império Otomano declarou guerra contra a Rússia. Potemkin via nisso sua oportunidade.

5. O herói de guerra

Atacado e numericamente suplantado pelo inimigo, ele foi o herói da vitória...
Marechal de campo conde Pedro Rumiántsev-Zadunáiski sobre o general Potemkin durante a Primeira Guerra Russo-Turca

"Majestade, a excepcional devoção de Vossa Majestade pelo bem comum tornou nossa mãe-pátria amada por nós", escreveu Potemkin à imperatriz em 24 de maio de 1769. O cavalheirismo da primeira das cartas suas que sobreviveram visava declarar sua paixão por ela da forma mais explícita possível.

É dever do súdito exigir de todos obediência aos vossos desejos. Da minha parte, cumpri os meus deveres exatamente como Vossa Majestade deseja.

Reconheci os feitos de Vossa Majestade para a nossa mãe-pátria, tentei compreender vossas leis e ser um bom cidadão. No entanto, vossa misericórdia para comigo me enche de zelo pela pessoa de Vossa Majestade. Para mim a única maneira de manifestar minha gratidão a Vossa Majestade é derramar o meu sangue para vossa glória. Esta guerra me oferece uma excelente oportunidade para tanto e não posso viver na ociosidade.

Permita-me, Clemente Soberana, apelar aos pés de Vossa Majestade e pedir que

Vossa Majestade me mande para o corpo de exército do príncipe Prozorovski no Exército no front, com qualquer patente que Vossa Majestade deseje, mas sem me inscrever na lista de serviço militar perpétuo, e só enquanto durar a guerra.

Eu, Clemente Soberana, tentei me qualificar para o Vosso Serviço; tenho inclinação especial pela cavalaria, da qual, não tenho medo de afirmar, conheço todos os detalhes. No que diz respeito à arte militar, já sei de cor a regra principal: a melhor maneira de alcançar grande êxito é o serviço fervoroso à Soberana e o desprezo à própria vida [...]. Pode ver o meu zelo [...]. Jamais se arrependerá da sua escolha.

Súdito escravo de Vossa Majestade Imperial,

Grigóri Potemkin.[1]

A guerra era, de fato, a maneira ideal para Potemkin escapar da frustrante rotina da corte e destacar-se. Mas também provocaria a crise que fez a imperatriz precisar dele. Deixar Catarina, paradoxalmente, o aproximaria ainda mais dela.

A Primeira Guerra Russo-Turca começou quando os cossacos russos perseguiram os rebeldes da Confederação de Bar, um grupo de poloneses que se opunha ao rei Estanislau Augusto e à influência russa na Polônia, através da fronteira polonesa, entrando na pequena cidade tártara de Balta, no que era, tecnicamente, território turco. Ali os cossacos massacraram judeus e tártaros. A França incentivou a Sublime Porta — o governo otomano, já ameaçado pela recente extensão do poder russo sobre a Polônia — a dar um ultimato, exigindo que a Rússia se retirasse totalmente da Comunidade. Os turcos prenderam o embaixador russo em Istambul, Alexei Obreskov, e trancafiaram-no na fortaleza das Sete Torres, onde Suleiman, o Magnífico, tinha guardado seu tesouro, mas que àquela altura se tornara uma prisão de alta classe, a Bastilha turca. Era a tradicional maneira otomana de declarar guerra.

Catarina reagiu criando um Conselho de Estado, formado por seus principais conselheiros — de Pánin, Grigóri Orlov e Kiril Razumóvski aos dois primos Golítsin e os dois irmãos Tchernichov — para ajudar a coordenar a guerra e atuar como grupo de orientação política. Além disso, deu a Potemkin o que ele queria. "Nosso camareiro Potemkin deve ser designado para o Exército", ordenou Catarina ao seu ministro da Guerra, Zakhar Tchernichov.[2] Potemkin seguiu direto para o Exército. Dentro de cinco dias, como major-general da cavalaria — patente militar equivalente a camareiro da corte —, estava se apresentando ao major-general príncipe Alexandre Prozorovski na pequena cidade polonesa de Bar.

O Exército russo, nominalmente com 80 mil homens, recebeu ordem para tomar o controle do rio Dniester, a via fluvial estratégica que ia do mar Negro ao sul da Polônia. O acesso ao mar Negro — e o seu controle — era o objetivo final da Rússia. Ao combater Dniester abaixo, as tropas russas esperavam chegar àquelas praias. As forças russas foram divididas em duas: Potemkin servia no Primeiro Exército sob o comando do general príncipe Alexandre Golítsin, visando a fortaleza de Khotin. O Segundo Exército, sob o comando do general Pedro Alexándrovitch Rumiántsev, recebeu ordem para defender as fronteiras meridionais. Se tudo saísse bem na primeira campanha, eles abririam caminho lutando pela costa do mar Negro, descendo o Prut até o grande Danúbio. Se pudessem atravessar o Danúbio para as províncias turcas da Bulgária, ameaçariam a Sublime Porta em sua própria capital, Constantinopla.

A imperatriz estava superconfiante. "Meus soldados saíram para combater os turcos como se fossem a um casamento!", gabou-se ela a Voltaire.[3] Mas uma guerra não tem nada de casamento — em especial para os soldados-camponeses russos. O próprio Potemkin, cuja única experiência de guerra eram as fanfarronadas da vida das Guardas em Petersburgo, chegou cru ao mundo áspero e caótico do verdadeiro Exército russo.

A vida de um recruta russo era tão breve que com frequência terminava bem antes de que chegasse ao seu acampamento. Quando saíam de casa para o serviço militar vitalício (Potemkin posteriormente o reduziria a 25 anos), as famílias lhes ofereciam uma trágica despedida, com lamentos e cantos fúnebres, como já estivessem mortos. Os recrutas então eram postos em marcha em colunas, às vezes presos uns aos outros por correntes. Sofriam um trauma medonho e brutal, apartados de suas aldeias e de suas famílias. Um historiador moderno afirma, com razão, que essa experiência tinha muita coisa em comum com a travessia transatlântica dos escravos africanos. Muitos morriam em marchas de milhares de verstas, ou chegavam tão fracos ao seu destino que logo morriam: mais tarde, ainda naquele século, o conde de Langeron, um francês a serviço da Rússia, estimaria que 50% dos recrutas morriam. Descreveu vividamente o regime sádico de surras e disciplina que tinha como objetivo impedir que esses soldados-servos se rebelassem contra seus servos-senhores — os oficiais —, apesar de talvez não ser pior do que a crueldade do Exército prussiano ou da Marinha Real inglesa. Como os escravos negros, os soldados russos buscavam consolo em sua própria cultura pitoresca, sagrada e calorosa: ganhavam apenas sete rublos e cinquenta copeques por ano (o salário de um primeiro-major era de trezentos rublos), enquanto Potemkin, por exemplo, que não era nem de longe um homem rico, tinha recebido 18 mil rublos apenas pela parte que desempenhou no golpe. Assim sendo, eles partilhavam tudo na cooperativa dos soldados — a *artel* —, que passava a ser sua aldeia, sua igreja, sua família, seu clube, sua cozinha e seu banco, tudo numa coisa só.[4] Entoavam seu rico repertório de canções "por cinco, seis horas seguidas, sem a menor pausa"[5] (e posteriormente haveriam de cantar muitas sobre Potemkin).

O recruta russo já era tido como "o melhor soldado do mundo", escreveu Langeron. "Combina todas as qualidades que fazem um bom soldado e um herói. É abstêmio como um espanhol, resistente como um boêmio, cheio de orgulho nacional como um inglês e suscetível ao impulso e à inspiração como franceses, valões ou húngaros."[6] Frederico, o Grande, ficou impressionado e aterrorizado com a coragem e a resistência russa durante a Guerra dos Sete Anos, e cunhou um termo para descrever sua maníaca e ursina selvageria — *"les oursomanes"*.[7] Potemkin serviu na cavalaria, que adquirira a reputação de sangrenta bravura, especialmente por lutar ao lado da feroz e irregular cavalaria ligeira da Rússia, os cossacos.

O Exército russo era único da Europa porque, até as revoluções Americana e Francesa, os exércitos treinavam e lutavam por reis, não por ideias ou nações. A maioria dos exércitos era composta por muitas nacionalidades — mercenários, recrutas relutantes e ralé — que serviam a uma bandeira, não a um país. Mas o Exército russo era repleto de camponeses russos recrutados em *levées* em massa dentre os 7 milhões de almas disponíveis. Isso era visto como a explicação para sua quase insensata bravura.[8]

Os oficiais, fossem proprietários de terra russos viciados em jogos e farras, ou alemães, ou, mais tarde, mercenários franceses, eram notoriamente cruéis: o general Mikhail Kamenski, exemplo extremo, chegava a morder os soldados. Mas eram também de uma coragem extraordinária.[9] As características da sua *chair du cannon* camponesa — brutalidade, disciplina, autossuficiência, resistência, patriotismo e estoicismo em face do mais espantoso sofrimento — faziam do Exército russo uma formidável força de combate. "Os turcos estão caindo como pinos de boliche", afirmava um ditado russo; "mas, pela graça de Deus, nossos homens aguentam firmes, embora sem cabeça."[10]

Alguns contemporâneos achavam que a guerra no século XVIII tornara-se menos sanguinária. Decerto, as dinastias da Europa, os Habsburgo e os Bourbon, pelo menos fingiam lutar de acordo com regras aristocráticas de etiqueta. Mas, para os russos, guerras contra os turcos eram diferentes. Depois de séculos de ameaças dos muçulmanos tártaros, e depois dos turcos, contra a Rússia ortodoxa, o camponês via a luta como uma cruzada. Destruição generalizada — a medieval ausência de misericórdia com os vencidos — era o grito de batalha.

Potemkin tinha acabado de chegar a Bar quando a mera simulação de guerra, que deu tempo para que os despreparados turcos e russos reunissem suas forças, terminou abruptamente. Em 16 de julho de 1769, cerca de 12 mil cavaleiros tártaros, sob o comando do cã da Crimeia, o aliado do sultão, realizando incursões pela Ucrânia russa, atravessaram o Dniester e atacaram o acampamento de Potemkin. Mesmo então, os tártaros, armados com laços, arcos e flechas, pareciam um fantasma de outros tempos, mas eram as únicas forças turcas prontas para a guerra. O cã tártaro, Kirim Giray, descendente direto de Gêngis Khan, era um comandante de cavalaria agressivo e destemido. Estava acompanhado do barão de Tott, um oficial francês transferido temporariamente para Istambul para aprimorar as forças turcas. Deixou um relato dessa expedição medieval — a última do gênero. Quinhentos anos depois de Gêngis Khan, os tártaros da Crimeia, descendentes das hordas mongóis, ainda eram os melhores cavaleiros da Europa. Enquanto avançavam da Crimeia pela Ucrânia em direção às tropas russas ainda estacionadas no sul da Polônia, deviam parecer e soar tão aterradores como seus ancestrais mongóis. Mas, como a maioria das cavalarias irregulares, eram indisciplinados, e quase sempre entretidos demais em saquear para ter grande utilidade estratégica. Porém seu ataque deu aos turcos tempo de constituir seus exércitos, compostos, segundo consta, de 600 mil homens.

Em sua primeira batalha, Potemkin enfrentou esses selvagens tártaros e cavaleiros turcos. E os rechaçou. Saiu-se bem, pois "o camareiro Potemkin" aparece na lista dos que se distinguiram. Foi o começo da fase de sucesso de Potemkin. Em 19 de julho, ele combateu novamente na Batalha de Kamenets e tomou parte em outras escaramuças, ajudando o general Golítsin a tomar Kamenets.[11] Em São Petersburgo, Catarina comemorou esses combates menores com um te-déum no domingo, 19 de julho, mas o vacilante Golítsin esmoreceu diante de Khotin. Furiosa e impaciente, em agosto a imperatriz o chamou de volta. Há indícios de que Potemkin, por intermédio dos Orlov, teve alguma participação na intriga para afastar Golítsin.[12] Mas, se por um lado foi ridiculamente lento, Golítsin pelo menos teve sorte. Seu oponente era um grão-vizir, Mehmed Emin, que preferia ler poesia islâmica a decepar cabeças. Por isso Catarina ficou constrangida quando, antes de suas ordens chegarem ao front, Golítsin se recompôs e atravessou o Dniester.

O major-general Potemkin e sua cavalaria agora combatiam praticamente todos os dias: ele voltou a destacar-se em 30 de junho e rechaçou ataques turcos em 2 e 6 de julho. Quando Golítsin finalmente atravessou de novo o Dniester, Potemkin serviu na tomada de Khotin. Lutou heroicamente com sua cavalaria em 14 de agosto na Batalha de Prashkovski, e em seguida ajudou a derrotar Maldavanzi-Pasha no dia 29. "Estou recomendando a coragem e a habilidade demonstradas em batalha pelo major-general Potemkin", escreveu Golítsin, "porque até então nossa cavalaria jamais tinha agido com tanta disciplina e coragem como o fez sob o comando do major-general."[13] Potemkin tornava-se herói de guerra.

Esse elogio deve ter sido boa notícia para Catarina na capital. Mas não foi, de forma nenhuma, boa notícia para a Sublime Porta, onde o sultão Mustafá III chamou de volta seu grão-vizir: Emin-Pasha pode ter perdido a cabeça em sentido figurado no front, mas, de acordo com a tradição otomana, perdeu-a literalmente ao voltar para casa. No entanto, essas vitórias chegaram tarde demais para Golítsin, que recebeu a título de consolação o bastão de marechal de campo. O irmão do ministro do Exterior, general Pedro Ivánovitch Pánin, assumiu o comando do exército de Bender, e, em setembro, o Primeiro Exército foi entregue a Pedro Rumiántsev. Assim começou o comando de um dos mais gloriosos generais da história da Rússia, que se tornou patrono de Potemkin — e depois seu rival.

O novo comandante não poderia ter sido mais diferente do major-general de 29 anos que integrava seu estado-maior. Mas Potemkin lhe tinha imenso respeito. Com 43 anos, Rumiántsev era um militar alto, magro e exigente, com um humor mordaz — e irmão da condessa Bruce. Como seu herói Frederico, o Grande, "não amava nem respeitava ninguém no mundo", porém era "o mais brilhante de todos os generais russos, dotado de talentos extraordinários".[14] Também como seu herói, Rumiántsev impunha a mais severa disciplina, mas tinha uma conversa maravilhosa. "Passei dias com ele, tête-à-tête", relatou Langeron, com entusiasmo, "e nunca tive um minuto de tédio."[15] Acumulara uma fortuna e vivia em "antigo esplendor feudal", sempre exibindo as maneiras mais refinadas de um *seigneur*. Nada disso deveria surpreender, pois era um espécime vivo de história petrina: provavelmente era filho natural de Pedro, o Grande.*

O general tinha aprendido o ofício lutando contra a Prússia na Guerra dos Sete Anos, durante a qual até mesmo Frederico admirou suas habilidades. Catarina reconhecia seus talentos, porém jamais confiou inteiramente nele, e o nomeou presidente do Pequeno Colégio Russo, sem dúvida um cargo à altura do seu status, mas a uma distância segura da corte. Ele nunca se impressionou muito com Catarina, gostava das fardas e perucas prussianizadas do Exército russo, acreditava na disciplina militar prussiana — e esforçava-se para aperfeiçoar as táticas prussianas da Guerra dos Sete Anos. Tinha tendência a preferir alemães a russos.[16]

Rumiántsev era um pai para seus soldados, mas um general para seus filhos. Quando um dos filhos o visitou depois de terminar seus estudos, ele perguntou: "Quem é você?". "Seu filho", respondeu o rapaz. "Que bom. Como você cresceu", disse o general em tom de zombaria. O filho perguntou se haveria um emprego para ele e se poderia ficar. "Sem dúvida", respondeu o pai, "você deve conhecer um oficial qualquer no acampamento que possa ajudá-lo."[17]

Potemkin sempre gostou de perseguir objetivos em ambos os campos — ter acesso ao comandante e a oportunidade de encontrar a glória em batalha; camareiro na corte, general no front. Escreveu para Rumiántsev sobre "as duas coisas que servem de fundamento ao meu serviço [...] a devoção à minha soberana e o desejo de aprovação do meu altamente respeitado comandante".[18] Rumiántsev apreciava sua inteligência, mas também certamente sabia da sua proximidade com a imperatriz. Suas demandas foram concedidas. Quando a guerra entrou no

---

* A mãe de Rumiántsev nasceu em 1699 e viveu 89 anos. A mais soberba das damas de companhia da corte conhecera o duque de Marlborough e Luís XIV, lembrava-se de Versalhes e do dia em que São Petersburgo foi fundada. Vangloriava-se, ainda no leito de morte, de ter sido a última amante de Pedro, o Grande. As datas certamente coincidem: o menino recebeu o nome de Pedro em homenagem ao tsar. Seu pai oficial, outro gigante russo, foi um menino de província transformado em conde, um general em chefe e um dos homens fortes de Pedro, o Grande: foi ele o rufião despachado para perseguir o filho fugitivo de Pedro, o tsarévitch Alexei, na Áustria e levá-lo de volta para ser torturado até a morte pelo pai.

segundo ano, Catarina estava frustrada com a lentidão do êxito russo. A guerra, no século XVIII, era sazonal: no inverno russo, os exércitos hibernavam como ouriços. A batalha contra os principais exércitos otomanos — e a queda de Bender — teria que esperar até a primavera.

Assim que possível, Rumiántsev tornou a reagrupar seu exército, formando vários corpos manobráveis, e avançou descendo o Dniester. Mesmo no gélido janeiro, Potemkin, enviado por Rumiántsev para servir no corpo de exército do general Schtofel'n, envolveu-se em escaramuças, repelindo os ataques de Abdul-Pasha. Em 4 de fevereiro, Potemkin ajudou a capturar Jurja numa série de audaciosas incursões de cavalaria, derrotando 12 mil soldados inimigos, tomando dois canhões e alguns estandartes. Ainda fazia um frio implacável, mas ele "não se poupava".[19] No fim do mês, o relatório de Rumiántsev, lido no Conselho perante a imperatriz, mencionou "as fervorosas façanhas do major-general Potemkin", que "me pediu que o mandasse para o corpo de exército do tenente-general Schtofel'n, onde, logo de início, ele se distinguiu tanto pela coragem como pela habilidade marcial".[20] O comandante recomendou que Potemkin fosse condecorado, e ele recebeu sua primeira medalha, a Ordem de Santa Ana.

Enquanto os russos marchavam para o sul perseguindo o exército turco, Potemkin, de acordo com um relato posterior de Rumiántsev, "protegeu a margem esquerda com as tropas que lhe foram confiadas e repeliu os ataques inimigos lançados contra ele". Em 17 de junho, o exército principal atravessou o Prut a vau para atacar os 22 mil turcos e 50 mil tártaros acampados do outro lado. Enquanto isso, o major-general Potemkin e as tropas de reservas atravessaram o rio cinco quilômetros abaixo e atacaram de emboscada a retaguarda turca. O acampamento debandou; os turcos fugiram.[21]

Apenas três dias depois, Rumiántsev avançou contra um exército turco de 80 mil homens confortavelmente acampado no ponto onde o rio Larga se junta ao Prut, enquanto eles aguardavam a chegada do grão-vizir e o grosso de seu exército.[22]

Com suas formações em quadrado, em 7 de julho de 1770, Rumiántsev, Potemkin e os russos atacaram de surpresa o acampamento turco, preparados para as violentas cargas adversárias. Foi a primeira vez que Potemkin vislumbrou um exército otomano. Era um imenso, impressionante e ruidoso cenário de tendas de seda e carroças cambaleantes, estandartes verdes e sibilantes caudas de cavalo (símbolos otomanos de poder) — esparramado, confuso, animado pela presença de mulheres e civis e de fardas exóticas, mais parecido com um bazar do que com um exército. O Império Otomano não era o gigante impotente em que se transformaria no século seguinte. Ainda era capaz de levantar imensas forças em seus distantes paxalatos, das planícies da Mesopotâmia e das montanhas da Anatólia aos portos berberes e aos Bálcãs: todos mandavam suas carnes de canhão quando o sultão erguia a bandeira do profeta.

"Os turcos, que têm fama de estúpidos na arte da guerra, executam-na com uma espécie de método", explicaria posteriormente o príncipe de Ligne. O método consistia em amontoar exércitos apinhados mais ou menos em formação piramidal e lançá-los contra as forças russas em ondas de carga de cavalaria e de ululante infantaria. Em outros tempos, seus janízaros tinham formado a mais temível infantaria da Europa. Aos poucos, degeneraram numa rica e arrogante Guarda Pretoriana, mais interessada em suas feitorias e em golpes palacianos do que em lutar, mas ainda tinham orgulho da sua destreza e do seu fervor islâmico: usavam gorros vermelhos e dourados com camisas brancas, pantalonas ondulantes e botas amarelas, e portavam cimitarras, azagaias e mosquetes.

O que a cavalaria turca tinha de melhor eram os tártaros e *spahis*, os cavaleiros feudais turcos, que pulavam dos cavalos para disparar seus mosquetes e montavam de novo. Usavam placas peitorais incrustadas de joias ou apenas reluzentes coletes com pantalonas, deixando muitas vezes suas armas nuas quando portavam sabres curvos e gravados, punhais, lanças e pistolas incrustadas de pedras preciosas. Eram tão indisciplinados que só lutavam se estivessem dispostos e costumavam amotinar-se: era comum os janízaros furtarem cavalos e saírem galopando do campo de batalha, atacarem seus oficiais ou venderem alimentos do exército em proveito próprio. A base dos exércitos otomanos era formada por soldados irregulares não pagos, recrutados por senhores feudais anatolianos, e esperava-se que vivessem de pilhagem. Não obstante os esforços de conselheiros franceses como o barão de Tott, sua artilharia estava muito atrasada em relação à dos russos, e seus mosquetes eram antiquados. Apesar da pontaria admirável, eram lentos nos disparos.

Desperdiçavam muita energia em ostentações obsoletas. Quando tudo estava pronto, essa plebe marcial de centenas de milhares atingia um estado de religioso furor, alimentado por gotas de ópio.[23] "Eles avançam", escreveria Potemkin mais tarde, descrevendo suas recordações para o conde de Ségur, "como uma torrente transbordante." Segundo ele, a formação piramidal dos turcos era arranjada por ordem decrescente de coragem — "os guerreiros mais bravos, intoxicados de ópio", encabeçavam o vértice, enquanto a base era formada por "nada mais do que" covardes. A carga, lembrava-se Ligne, era acompanhada por "uivos apavorantes, gritos de Alá, Alá". Só um soldado de infantaria disciplinado era capaz de resistir ao seu avanço. Qualquer russo capturado era imediatamente decapitado, com um grito de "Neboisse!", ou "Não tenha medo!" — e a cabeça brandida na ponta de um pique. Seu fervor religioso "aumentava na proporção do perigo".

Os russos resolviam o problema do ímpeto da carga turca usando o quadrado, capaz de aguentar qualquer ataque alvoroçado. Os turcos eram ao mesmo tempo os "mais perigosos e os mais desprezíveis inimigos que há no mundo", escreveria Ligne, "perigosos se permitimos que ataquem; desprezíveis se nos antecipamos a eles". Os *spahis* e os tártaros, "zumbindo à nossa volta como vespas", podiam envolver os quadrados russos, "pinoteando, pulando, caracolando, exibindo suas habilidades de equitação e fazendo suas acrobacias de escola de equitação" até se cansarem. Então os quadrados de Rumiántsev, treinados com precisão prussiana, protegidos por cossacos e hussardos, e interligados por *jägers*, soldados de infantaria leve e de boa pontaria, avançavam. Uma vez rompidos, os turcos fugiam como lebres ou lutavam até morrer. "Terrível chacina", segundo Potemkin, era o resultado frequente. "O instinto dos turcos os torna destros e capazes de todo tipo de empreendimento de guerra [...] mas nunca vão além da primeira ideia, são incapazes de uma segunda. Quando seu momento de bom senso [...] passa, há neles qualquer coisa de louco ou de criança."[24]

Foi o que aconteceu quando os quadrados de Rumiántsev atacaram o acampamento turco na Batalha de Larga, repelindo as cargas otomanas com estoica resistência e rajadas de artilharia. Entre turcos e tártaros, 72 mil homens foram obrigados a evacuar suas fortificações e fugir. Potemkin, agregado ao corpo de exército do príncipe Nikolai Repnin, comandou a guarda avançada que investiu contra o acampamento do cã da Crimeia e foi, segundo Rumiántsev, "um dos primeiros a atacar e capturar suas fortificações". Potemkin foi novamente condecorado, dessa vez com a Ordem de São Jorge, Terceira Classe: ele escreveu para agradecer à imperatriz.[25]

O novo grão-vizir agora avançava com o principal exército turco para impedir a junção dos dois exércitos russos de Rumiántsev e Pánin. Atravessou o Danúbio e marchou rio Put acima para incorporar as tropas que fugiam da Batalha de Larga. Rumiántsev marchou com seus 25 mil soldados ao encontro dos 150 mil do exército turco agrupado pelo grão-vizir, acampado atrás de triplas fortificações perto do lago Kagul. Apesar da desigualdade numérica, ele decidiu atacar. Usando as lições e a confiança adquiridas em Larga, formou cinco quadrados de frente para as principais posições turcas. Potemkin e sua cavalaria defendiam o transporte do exército contra "os ataques de numerosas hordas tártaras e impediam que [...] atacassem a retaguarda do exército". Ao incumbir Potemkin de suas obrigações, consta que Rumiántsev teria dito: "Grigóri Potemkin, traga-nos nossas provisões, equilibradas em cima do seu sabre".[26]

Os turcos, que não tinham aprendido nada em Larga, foram apanhados totalmente de surpresa, combateram encarniçadamente durante todo o dia, mas foram derrotados em cenas de desesperada carnificina, deixando 138 canhões, 2 mil prisioneiros e 20 mil mortos no campo de batalha. Rumiántsev explorou com brilhantismo sua vitória avançando em direção ao baixo Danúbio: em 26 de julho, Potemkin ajudou Repnin a tomar a fortaleza de Izmail, e depois a de Kilia, em 10 de agosto. O general Pánin tomou Bender de assalto em 16 de setembro, e Rumiántsev enfim encerrou sua campanha com a tomada de Brailov, em 10 de novembro.[27] E ainda havia mais uma esplêndida boa notícia.

Catarina tinha enviado a Frota Russa do Báltico, criação que era o orgulho de Pedro, o Grande, através do mar do Norte, pelo canal da Mancha e pelo estreito de Gibraltar, até alcançar a retaguarda turca no Mediterrâneo oriental. Seu almirante era o conde Alexei Orlov, que nunca estivera no mar, mas seus verdadeiros luminares eram dois oficiais escoceses, John Elphinstone e Samuel Greig. Apesar das bravas tentativas de Pedro, o Grande, para inspirar o amor à navegação nos lavradores russos, só os livonianos e os estonianos se lançaram ao mar. Havia poucos oficiais russos, e a maioria era lamentável. Quando Elphinstone se queixou, Catarina respondeu: "A ignorância dos russos vem da juventude: a dos turcos, da decrepitude".[28] A Inglaterra ajudou a expedição russa: Londres ainda não via os turcos como aliados naturais, ou o "Urso" como inimigo natural. A "Questão Oriental" ainda não tinha sido formulada. Pelo contrário, a França era inimiga da Inglaterra, a Turquia, aliada da França. Pela época em que a vulnerável Frota Russa chegou à Inglaterra, oitocentos marinheiros estavam doentes. Devia ser uma visão absurdamente patética, esses camponeses russos enjoados do mar reequipando-se, reabastecendo-se de água e recuperando-se em Hull e Portsmouth.

Depois de se concentrar em sua base, Livorno, na Toscana, a frota de Orlov por fim atingiu as águas otomanas. Não conseguiu provocar uma rebelião entre os manhosos gregos e montenegrinos, e em seguida entrou hesitantemente em combate com a frota turca ao largo de Quios. Os turcos se retiraram para a enganosa segurança do porto de Chesme. Samuel Greig providenciou uma feroz cantiga de ninar para o sono dos turcos. Na noite de 25 para 26 de junho, navios em chamas por ele preparados flutuaram à deriva para dentro do porto de Chesme. Essa "emboscada engenhosa" transformou o porto numa grande conflagração. "Atravancado de navios, pólvora e artilharia", Chesme, escreveu o barão de Tott, contemplando a cena do lado turco, "logo se tornou um vulcão engolfando toda a força naval dos turcos."[29] Onze mil turcos morreram. Alexei Orlov vangloriou-se, para Catarina, de que a água de Chesme ficou tingida de encarnado, e a vitoriosa imperatriz transmitiu essa visão macabra e distintamente anti-iluminista para um empolgado Voltaire.[30] Foi o dia mais desastroso para as armas turcas desde a Batalha de Lepanto.

Quando a notícia de Chesme chegou a São Petersburgo, seguindo tão de perto as glórias de Kagul, a capital russa explodiu de alegria. Houve te-déuns e recompensas para cada marinheiro da frota, com uma inscrição muito simples: "Estive lá". Catarina recompensou Rumiántsev por Kagul com seu bastão de marechal de campo e a construção de um obelisco em seu parque em Tsárkoie Seló, enquanto Alexei Orlov ganhou o título de Tchésmenski ("de Chesme"). Foi a maior sequência de triunfos russos desde Poltava. O prestígio de Catarina estava nas alturas — especialmente na Europa: Voltaire chegou a dar pulos em seu leito de enfermo em Ferney e cantou ao pensar em tantos infiéis mortos.[31]

Potemkin cobrira-se de glória naquele ano de vitórias russas e decidiu tirar partido do seu novo sucesso. Quando as operações terminaram, em novembro de 1770, ele pediu a Rumiántsev uma licença para ir a São Petersburgo. Alguém teria alimentado suas esperanças de que Catarina o recebesse de braços abertos? Mais tarde, os inimigos de Potemkin diriam que Rumiántsev ficou aliviado por se livrar dele. Mas a verdade é que Rumiántsev admirava a inteligência e os feitos militares de Potemkin e aprovou a viagem, encarregando-o de proteger os interesses dele e do seu exército. As suas cartas para seu *protégé* eram tão paternais quanto as de Potemkin para ele eram filiais.

Potemkin voltou para São Petersburgo com o prestígio de um herói de guerra e recomendações entusiásticas de Rumiántsev: "Este oficial de grande habilidade pode fazer observações perspicazes sobre a terra que foi teatro da guerra, que merecem a atenção e o respeito de Sua Majestade e, por causa disso, estou confiando a ele todos os acontecimentos que precisam ser relatados a Sua Majestade".[32]

A imperatriz, de ânimo exultante depois de Kagul e Chesme, recebeu-o calorosamente: sabemos, por intermédio do Diário da Corte, que ele foi convidado para jantar com Catarina onze vezes durante sua breve estada.[33] Diz a lenda que houve uma audiência privada na qual Potemkin foi incapaz de resistir a mais gestos de teatralidade de joelhos no chão. Ele e Catarina combinaram manter correspondência, ao que tudo indica por intermédio do bibliotecário Petróv e do confiável camareiro Ivan Perfilevitch Ieláguin — bons aliados para se ter perto da imperatriz. Quase nada sabemos sobre o que teria acontecido a portas fechadas, mas percebe-se que eles sentiram agitar-se qualquer coisa que ambos sabiam que poderia se tornar séria.* Se a situação das relações privadas entre Catarina e Grigóri Orlov já estavam abaladas, o fato é que o conde Alexei Orlov-Tchésmenski tinha feito crescer o crédito da família na corte. Era muito cedo para Potemkin substituir Grigóri Orlov, mas a viagem não foi uma perda de tempo completa.[34]

Grigóri Orlov certamente percebeu que Potemkin foi bem recebido e tomou providências para que ele retornasse ao Exército. Potemkin voltou em fevereiro, levando uma carta de Orlov para Rumiántsev, na qual o favorito recomendava Potemkin e pedia ao comandante que fosse "seu tutor e guia". Era uma forma graciosa de Orlov pôr seu jovem rival no lugar; mas era também um sinal de que ele se tornara muito mais importante nessa viagem a Petersburgo. Ficara marcado.[35]

---

* Catarina, numa carta de amor não datada, mas que costuma ser situada no início do caso amoroso entre os dois, diz a Potemkin que um cortesão, cujo nome não é citado, talvez um aliado de Orlov, advertira-a sobre o comportamento dela com ele, e pedira permissão para mandá-lo de volta para o Exército, com o que ela concordou.

Em questão de semanas a luta recomeçou. Mas, em comparação com as proezas do ano anterior, 1777 seria uma decepção no front da Moldávia e da Valáquia, hoje Romênia, onde Potemkin serviu. Quando os turcos sensatamente se recusaram a aguentar mais batalhas contra Rumiántsev, o marechal de campo passou o ano atacando posições turcas no baixo Danúbio, avançado para a Valáquia. Potemkin saiu-se bem: incumbido de defender a região de Kraovksi, ele "não só rechaçou o inimigo [...] como também o atacou. Foi o primeiro a cruzar o Danúbio". Em 5 de maio, conseguiu desfechar um pequeno golpe, atacando a pequena cidade de Zimbry, do outro lado do Danúbio, destruindo-a, incendiando as provisões do inimigo e roubando navios da sua flotilha, os quais levou de volta para o lado russo do rio. Em 17 de maio, Potemkin derrotou e perseguiu 4 mil turcos perto do rio Ol'ta — "façanha gloriosa e excepcional", nas palavras de Rumiántsev, "só obtida graças à habilidade e coragem de Potemkin". Os turcos o atacaram em 27 de maio, mas foram derrotados e refutados. Ele se juntou novamente a Repnin, e juntos os dois rechaçaram um poderoso corpo de exército turco sob o comando de um *seraskier* (equivalente turco ao marechal de campo) em 10 de junho e, em seguida, tomaram Bucareste.[36]

Em algum momento depois desse avanço, Potemkin foi acometido de uma perigosa febre, endêmica nos meses de verão naqueles principados danubianos. Foi tão séria que ele "só se recuperou graças à sua constituição forte, porque não aceitava ajuda médica", escreveu Samóilov. Em vez disso, o general deitado colocou-se nas mãos de dois cossacos zaporogos, a quem incumbiu de cuidar dele e umedecê-lo com água fria. Potemkin sempre teve o maior interesse pelos povos exóticos do Império — motivo do cargo que ocupava na Comissão Legislativa —, mas essa é a primeira alusão que temos da amizade especial que dedicava aos cossacos. Ele estudava a cultura dos seus cossacos e admirava sua liberdade e *joie de vivre*. Os cossacos o apelidaram de "Gritsko Nechosa", ou "Peruca Cinzenta", por causa da cabeleira postiça que às vezes usava, e o convidaram para ser cossaco honorário. Poucos meses depois, em 15 de abril de 1772, ele escreveu para o atamã cossaco pedindo para ser admitido nessa ordem marcial. Alistado nas hostes zaporogas em maio daquele ano, escreveu ao atamã: "Estou encantado".[37]

Potemkin já estava recuperado quando o exército atravessou o Danúbio e fez uma arremetida em direção à importante fortaleza turca de Silistra, que dominava um trecho do Danúbio. Ali Potemkin conquistou a imorredoura hostilidade do conde Semion Románovitch Vorontsov, jovem rebento da família que vivera seu período áureo nos tempos de Pedro III. Nascido em 1744, o culto Vorontsov, filho de um governador de província notoriamente corrupto (apelidado de Bolso Grande), sobrinho do chanceler imperial de Pedro III, tinha sido preso durante o golpe por apoiar Pedro III, mas depois ganhou fama como o primeiro oficial a chegar às trincheiras turcas em Kagul. Como todos os Vorontsov, esse anglófilo de cara grande e gorda demonstrava marcante apreço por suas próprias credenciais, mas era corretamente visto por Catarina e Potemkin como pouco confiável politicamente, e passou a maior parte de sua carreira em honroso exílio, como embaixador em Londres. Então, nos arredores de Silistra, foi obrigado a sofrer a indignidade de precisar que seus granadeiros, em situação de inferioridade diante de 12 mil homens da cavalaria turca, fossem resgatados por um relutante Potemkin.

Seis dias depois, foi a vez de Potemkin ser salvo por Vorontsov: "ele não só lhe deu cobertura como perseguiu os turcos até dentro da cidade", utilizando três baterias de artilharia e matando "grandes quantidades". Vorontsov, escrevendo em 1796, citou os dois combates como provas do próprio virtuosismo e da incompetência de Potemkin. Ambos consideravam intolerável terem sido salvos um pelo outro. O rancor era mútuo e simétrico.[38]

Silistra não caiu, o exército atravessou novamente o Danúbio a vau e ali terminou a morna campanha de Rumiántsev. A luta de verdade naquele mês de junho foi a bem-sucedida invasão do enfraquecido canato da Crimeia — cujo exército estava ausente, no Danúbio, enfrentando Rumiántsev — pelo Segundo Exército, então comandado pelo príncipe Vassíli Dolgorúki.

Catarina aprendia que a glória não era nem tão rápida nem tão barata quanto esperava. O saco sem fundo do exército exigia cada vez mais recrutas. A colheita foi ruim. A paga dos soldados estava atrasada. A febre assolava o exército, enquanto surtos de peste bubônica espalhavam-se por todo o Império Otomano. Os russos temiam que a doença contagiasse os exércitos do sul. Era hora de iniciar conversações de paz com os otomanos, antes que eles esquecessem Chesme e Kagul. Então, em setembro de 1771, uma notícia terrível chegou a Moscou.

A peste desabara com terrível intensidade sobre a velha capital. Em agosto, o número de mortos era de quatrocentos a quinhentos por dia. Não demorou para que a ordem desaparecesse. Os nobres escafederam-se; os funcionários entraram em pânico; o governador abandonou o posto; e Moscou tornou-se um jazigo surreal, coberto de cadáveres em estado de putrefação, fétidas fogueiras de carne e boatos sobre milagres, maldições e conspirações. Na cidade abandonada, as ruas eram patrulhadas por bandos desesperados de camponeses e trabalhadores que cada vez mais depositavam suas esperanças num ícone milagroso.[39]

A última autoridade de fato, o bispo Ambrósio, mandou retirar o ícone, numa tentativa de diminuir o risco de infecção nas multidões que se reuniam para invocar seus poderes milagrosos. A turba se rebelou e reduziu o bispo a pedaços. Esse bispo Ambrósio tinha emprestado a Potemkin o dinheiro da viagem para São Petersburgo. Enquanto a Rússia sofria a tensão do imenso custo da guerra, a multidão assumiu o controle. Havia o perigo real de que a peste desencadeasse algo ainda pior — uma revolta camponesa na zona rural. O número de mortos continuava subindo.

Grigóri Orlov, inquieto porque Catarina não lhe dera oportunidade de demonstrar seu valor, ofereceu-se para ir a Moscou resolver a situação. Em 21 de setembro de 1771, partiu para lá. Quando chegou, 21 mil pessoas estavam morrendo todos os meses. Orlov mostrou bom senso, competência, energia e humanidade. Trabalhava sem descanso. O simples fato de exibir seu semblante de querubim e sua figura altiva pela cidade já tranquilizava as pessoas. Mandou queimar 3 mil casas velhas, onde a infecção poderia persistir, desinfetou outras 6 mil, fundou orfanatos, reabriu os banhos públicos fechados na quarentena e gastou 95 mil rublos distribuindo alimentos e roupas. Seus esforços hercúleos restabeleceram a ordem. Quando foi embora, em 22 de novembro, deixou as taxas de mortalidade em queda — provavelmente graças ao frio, mas o Estado voltara a assumir o controle de Moscou. Chegou a Petersburgo em 4 de dezembro, sob aclamação popular. Catarina mandou construir um arco em sua homenagem, no parque de Tsárkoie Seló, já pontilhado de monumentos dedicados aos seus próprios triunfos. Fez até uma medalha comemorativa. Parecia que os Orlov, essa raça de heróis, como os chamava Voltaire, estavam garantidos.[40]

Quando os diálogos com os turcos começaram, no ano seguinte, Catarina deu a Grigóri Orlov a imensa responsabilidade de negociar a paz. Catarina despediu-se dele, que trajava uma roupa presenteada por ela, bordada e incrustada de diamantes em cada costura. A visão dele voltou a inspirá-la. "O conde Orlov", comentou efusivamente com madame Biele, "é o homem mais bonito de sua geração."[41]

★ ★ ★

Quando Orlov saía de São Petersburgo, Potemkin estaria chegando para ajudar Catarina a enfrentar sua mais recente crise? As atividades dele durante aqueles meses são misteriosas. Mas, em algum momento da trégua com os turcos, ele sem dúvida voltou a visitar São Petersburgo.

A partida de Orlov para o sul precipitou outro complô contra a imperatriz, o que também ajudou Potemkin. De trinta a cem suboficiais do regimento Preobrajénski das Guardas amotinaram-se. Supunham que Orlov estivesse viajando para que "o Exército os convencesse a jurar lealdade a ele" e fizesse dele "príncipe da Moldávia e imperador". A missão deles era o eterno pesadelo de Catarina: derrubá-la e entronizar seu filho Paulo como imperador. A conspiração foi sufocada, mas, com Paulo aproximando-se da maturidade, a apreensão de Catarina era compreensível.[42] O diplomata sueco Ribbing escreveu para sua corte em julho informando que Catarina se retirara para uma propriedade na Finlândia, a fim de decidir que medidas tomar, acompanhada por Kiril Razumóvski, Ivan Tchernichov, Liev Naríchkin — e Potemkin.[43] Os primeiros nomes não precisavam de explicação — ela confiava neles havia quase vinte anos. Mas a presença de Potemkin, ainda com apenas 31 anos, é inesperada. É a primeira vez que seu nome aparece como conselheiro próximo da imperatriz. Ainda que o sueco estivesse equivocado, fica a sugestão de que Potemkin estava em Petersburgo e já muito mais chegado a Catarina do que as pessoas se davam conta.

Há outras sugestões de que ele já a aconselhava em caráter privado, se é que não ia para a cama com ela, bem antes do que se imaginava. Quando ela o convocou no fim de 1773, disse-lhe que ele era *"já* [grifo do autor] muito próximo do nosso coração".[44] Em fevereiro de 1774, ela lhe disse que se arrependia de não ter iniciado relações com ele "um ano e meio atrás"[45] — quer dizer, em 1772. Era ela que começava a apaixonar-se por ele.

Então, dois meses depois, quando Grigóri iniciou as conversações com os turcos em Fokshany, na distante Moldávia, Potemkin, de acordo com Samóilov,[46] estava lá, participando das discussões, comportando-se do jeito que mais tarde o tornaria famoso. Enquanto Orlov negociava, Potemkin supostamente passava horas preguiçando num sofá, de roupão, absorto em seus pensamentos. Isso é bem compatível com o que se sabe a seu respeito. Era natural que ele e suas tropas estivessem na área, junto com o restante do exército. Rumiántsev estava lá, claro.

Supõe-se que Potemkin fizesse parte da sua comitiva, mas ele deve ter contado com as bênçãos de Catarina para descansar no meio de uma conferência internacional de paz, presidida pelo desconfiado Orlov. Teria Catarina despachado Potemkin para ficar de olho em Orlov? Por que outra razão Orlov o teria tolerado?

A história que de fato interessa é saber o que é que Orlov fazia ali: não tinha nem a experiência diplomática nem o temperamento para aquela função. Revelou-se que Catarina tinha seus próprios motivos pessoais para tirá-lo de São Petersburgo — mas por acaso chegaria a ponto de pôr em risco a conferência de paz só para afastá-lo da capital? É verdade que ele foi ajudado pelo experiente Obreskov, o embaixador russo na Sublime Porta, recém-libertado das Sete Torres. Só com muito esforço Orlov conseguia participar das discussões e concessões extraoficiais que os turcos consideravam boas maneiras.

Então ele teve uma altercação com Rumiántsev. Orlov queria retomar a guerra; Rumiántsev, ciente de que os recrutas eram poucos, as doenças galopantes e o dinheiro curto, não queria. A atenta e exigente inteligência do marechal de campo lhe conferia a agudeza de um picador de gelo. Isso deve ter exasperado o calmo gigante, que não estava nem de longe à altura da situação. Por fim, ele perdeu a paciência no meio de uma sessão e, para espanto dos plenipotenciários turcos, ameaçou enforcar Rumiántsev com as próprias mãos. Os turcos, que ainda se julgavam os receptáculos de tudo que havia de mais elegante e civilizado no mundo, certamente sacudiram a cabeça diante dessa manifestação de barbárie russa. Mas as questões em jogo eram complicadíssimas e se intricavam ainda mais a cada dia. Catarina queria que os otomanos aceitassem que a Crimeia se tornasse independente da soberania turca. A Crimeia, suspensa do continente como um diamante no umbigo de uma dançarina, dominava o mar Negro. Os turcos a reivindicavam como sua "virgem pura e imaculada" — o lago do sultão. A proposta de Catarina tiraria da Turquia o controle direto da costa setentrional do mar Negro, à exceção de suas fortalezas, e deixaria a Rússia um passo mais perto do sonho frustrado de Pedro, o Grande, de controlar seu poder e seu comércio.

Enquanto isso, a Prússia e a Áustria sentiam-se cada vez menos à vontade com os êxitos russos: o implacável e ganancioso Frederico, o Grande, tinha receio de que seu aliado russo abocanhasse um pedaço excessivo de território otomano. A Áustria, hostil à Prússia e à Rússia, negociou em segredo um tratado defensivo com os turcos. A Prússia queria alguma compensação por ser aliada leal da Rússia;

a Áustria exigia uma recompensa por ser totalmente desleal à Turquia. Dissessem o que dissessem, a Rússia e a Prússia olhavam com nostalgia para o caos incontrolável da Polônia. A rainha-imperatriz da Áustria, Maria Teresa, hesitava diante dessa ladroagem — mas, como disse Frederico, o Grande, "chorou, mas pegou". A pitoresca, débil e autodestrutiva Polônia era como um banco sem cofres trancados de onde esses salteadores imperiais podiam roubar o que quisessem para financiar suas onerosas guerras, satisfazer sua ganância e aliviar o ciúme e a inveja que tinham uns dos outros. Áustria, Prússia e Rússia negociaram a Primeira Partição da Polônia, deixando Catarina livre para fazer a Turquia ceder a suas demandas.

Justo quando a partição polonesa estava praticamente combinada, a Suécia, tradicional aliada da Turquia, resolveu estragar a festa. Durante anos a Rússia gastara milhões de rublos com subornos, para garantir que os suecos continuassem uma monarquia limitada, dividida entre grupos franceses e russos. Mas, em agosto de 1772, seu novo rei, Gustavo III, restaurou o absolutismo com um golpe. Incentivou os turcos a continuarem lutando. Assim, em Fokshany, Orlov cansou-se da intransigência turca em face de sua demanda pela independência da Crimeia. Fosse por causa da complexidade da diplomacia, das minúcias da etiqueta turca, ou da presença de Potemkin bocejando de roupão no sofá, o fato é que Orlov apresentou um ultimato que arruinou a conferência. Os turcos abandonaram a negociação.

Orlov tinha outras coisas em mente: a corte estava em crise. De repente, em 23 de agosto, sem aguardar ordens, ele deixou de lado a conferência e partiu para Petersburgo, tão depressa quanto seu cavalo pudesse levá-lo. Potemkin, se ainda estivesse no sofá enquanto Orlov galopava, teria mergulhado ainda mais fundo em seus pensamentos.

Grigóri Orlov foi detido nos portões de São Petersburgo por ordem expressa da imperatriz. Por questões de quarentena, recebeu instruções para se dirigir à vizinha propriedade de Gátchina.

Poucos dias antes, em 30 de agosto, um bonito segundo-tenente das Guardas Montadas, Alexandre Vassíltchikov, de 28 anos, foi formalmente designado assistente da imperatriz e mudou-se para um apartamento no Palácio de Inverno. Os cortesãos sabiam que os dois eram amantes havia um mês. Depois de ser apresentada a Vassíltchikov, a pedido de Nikita Pánin, Catarina passara a observá-lo com atenção. Em Tsárskoie Seló, quando ele escoltava sua carruagem, ela o presenteou com uma caixa de rapé de ouro que trazia a inscrição "Pela boa conduta da escolta", inusitada recompensa pelos deveres de sentinela. Em 1º de agosto, ele foi nomeado cavalheiro de câmara.[47]

Quando Catarina soube que Grigóri Orlov estava chegando de Fokshany, ficou perturbada, mas também furiosa, porque, abandonando as já cambaleantes negociações, ele expunha a sua vida amorosa aos olhares dos gabinetes da Europa. De fato, os embaixadores estrangeiros ficaram desnorteados: supunham que Orlov fosse parceiro de Catarina pela vida toda. Estavam acostumados ao equilíbrio entre os Pánin e os Orlov, agora aliados dos irmãos Tchernichov. Ninguém sabia dos efeitos políticos da chegada de Vassíltchikov, exceto que os Orlov estavam em queda e os Pánin em alta.

Orlov e Catarina vinham se afastando um do outro havia dois anos: não sabemos exatamente por quê. Ela estava com quarenta anos, ele com 38: talvez ambos quisessem parceiros mais jovens. Na verdade, ele jamais compartilhara os interesses intelectuais dela. Politicamente, ela confiava nele, e ambos haviam passado por muita coisa juntos: tinham um filho juntos. Mas Orlov demonstrava limitações intelectuais — Diderot, que o conheceria mais tarde em Paris, comparou-o a uma "caldeira que está sempre fervendo, mas jamais cozinha nada". Talvez a companhia de Potemkin tornasse a descomplicada solidez de Orlov menos atraente para Catarina. Mas é um mistério que ela não tivesse escolhido Potemkin para substituí-lo. Talvez, depois de anos quitando sua dívida com Orlov e a família dele, ainda não estivesse pronta para o caráter dominador e excêntrico de Potemkin. Mais tarde se arrependeria de não o ter convocado imediatamente.

No mesmo dia em que Orlov partiu para o sul, como ela contaria mais tarde a Potemkin, alguém lhe revelou o quanto ele lhe era infiel. Foi então que Catarina admitiu que Orlov teria ficado "para sempre, se ele não tivesse sido o primeiro a cansar-se". Isso costuma ser aceito como uma declaração sincera, mas ela devia pelo menos ter suspeitado havia anos de seus pecadilhos. O apetite sexual de Orlov, que a tudo devorava, era bem conhecido dos embaixadores. "Qualquer coisa serve para ele", afirmou Durand. "Ele faz amor do mesmo jeito que come — fica tão satisfeito com uma calmuca ou uma finlandesa como com a moça mais linda da corte. Esse é o tipo de pateta que ele é." Fosse qual fosse a razão, a imperatriz decidiu que "já não podia confiar nele".[48]

Catarina negociou um acordo com Orlov com a generosidade que seria sua estrela-guia no amor: ele recebeu uma pensão anual de 150 mil rublos, 100 mil rublos para arranjar sua casa, e o neoclássico Palácio de Mármore, na época ainda em construção, 10 mil servos, e todos os tesouros e privilégios adicionais imagináveis — além de dois faqueiros de prata, um para uso diário e outro para ocasiões especiais.[49] Em 1763, o imperador Francisco, do Sacro Império Romano, consorte de Maria Teresa, lhe concedera o título de príncipe do Sacro Império Romano. O título de príncipe, ou *kniaz* em russo, só existia na Rússia entre os descendentes de antigas casas reais.* Quando os tsares do século XVIII desejavam elevar alguém a príncipe, pediam ao imperador do Sacro Império Romano que o tornasse um príncipe imperial. Agora Catarina permitiu que o ex-amante usasse o título.

Em maio de 1773, o príncipe Orlov voltou para a corte e reassumiu suas funções oficiais, embora Vassíltchikov continuasse sendo o favorito — e Potemkin foi deixado suspenso impacientemente no limbo.[50]

O Potemkin que voltou da guerra deve ter sido um homem frustrado. Pelo menos Catarina o promoveu a tenente-general em 21 de abril de 1773. O velho establishment ficou com inveja. "A promoção de Potemkin é, para mim, uma pílula que não consigo engolir", escreveu Semion Vorontsov para o irmão.[51] "Quando ele era tenente das Guardas, eu já era coronel, e ele certamente serviu menos do que eu [...]."[52] Vorontsov resolveu pedir baixa assim que a guerra acabasse. Havia um sentimento de exaustão e relutância para com essa campanha frustrante e malfadada, mesmo entre os veteranos das vitórias de Rumiántsev. Houve outra tentativa de negociar, dessa vez em Bucareste, mas a hora tinha passado.

Mais uma vez, o cansado exército de Rumiántsev, agora reduzido a 35 mil soldados, cruzou o Danúbio na altura da obstinada fortaleza de Silistra. Potemkin "foi o primeiro a iniciar a campanha no inverno severo, com sua marcha para o Danúbio", informou o marechal de campo, "e a organização de uma série de incursões ao outro lado do rio, com seu corpo de reserva. Quando o exército se aproximava do ponto de travessia do Danúbio, e quando o inimigo, com grande

---

* Pedro, o Grande, fez de Ménchikov, seu favorito, um príncipe, mas foi exceção. Depois de 1796, o imperador Paulo e seus sucessores passaram a criar príncipes tão promiscuamente que acabaram causando uma saturação inflacionária ao prestígio desse título.

número de homens e artilharia, consolidou-se na margem oposta, nas colinas de Gurabalski, para impedir nossa passagem", Potemkin, ainda segundo Rumiántsev, "foi o primeiro a atravessar o rio nos barcos e a desembarcar suas forças contra o inimigo". O novo tenente-general capturou o acampamento otomano em 7 de junho. Mas Potemkin já estava marcado como uma estrela em ascensão: um colega general, o príncipe Iúri Dolgorúki, outro membro daquele clã que estava em toda parte, afirmou que o "tímido" Potemkin "nunca mantinha a ordem" durante as travessias de rio e só era respeitado por Rumiántsev por causa das suas "relações na corte". Mas as memórias de Dolgorúki são notoriamente indignas de confiança. O exigente Rumiántsev — e seus colegas oficiais — admiravam e amavam Potemkin e lhe atribuíam grande valor durante essa campanha.[53]

A guarnição de Silistra, "muito forte", lançou uma poderosa surtida contra Potemkin. Em 12 de junho, não muito longe de Silistra, ele repeliu outro ataque, de acordo com Rumiántsev, tomando a artilharia inimiga. As forças de Rumiántsev aproximaram-se dos familiares muros de Silistra. Em 18 de junho, o tenente-general Potemkin, "no comando dos corpos avançados, superou as maiores dificuldades e os maiores perigos, afugentando o inimigo para longe das fortificações diante da cidade". Em 7 de julho, derrotou um corpo turco de 7 mil soldados de cavalaria. Mesmo nos braços de Vassíltchikov, na verdade especialmente em sua digna mas tediosa companhia, Catarina não esquecia Potemkin: ao contar a Voltaire, naquele mês de junho, sobre a travessia do Danúbio, mencionou pela primeira vez o nome de Potemkin. Sentia sua falta.[54]

Com o fim do verão e a aproximação do outono, Potemkin supervisionou a construção de baterias de artilharia na ilha em frente a Silistra. O tempo deteriorava-se; os turcos davam todos os sinais de que não desistiriam de Silistra. "Atormentado pela severidade do clima e pelas surtidas do inimigos", Potemkin "providenciou todas as ações para bombardear a cidade, espalhando o medo e a destruição."[55] Quando os russos penetraram nos muros, os turcos disputaram cada rua, cada casa. Rumiántsev retirou-se. Fazia um frio congelante. As baterias de Potemkin voltaram a bombardear a fortaleza.

Nesse momento tenso e desconfortável, um mensageiro imperial chegou ao acampamento de Rumiántsev com uma carta endereçada a Potemkin. Datada de 4 de dezembro, a mensagem fala por si:

Senhor! Tenente-general e *chevalier*, o senhor provavelmente está tão absorto na contemplação de Silistra que não tem tempo para ler cartas e, embora eu ainda não saiba se seu bombardeio teve êxito, tenho certeza de que cada uma das suas proezas é feita por desvelo para comigo pessoalmente e por dedicação à nossa querida mãe-pátria.

Mas, como da minha parte estou ansiosa para preservar indivíduos ardorosos, bravos, inteligentes e talentosos, suplico-lhe que não se exponha ao perigo. Ao ler esta carta, provavelmente se perguntará por que a escrevi. Aqui vai minha resposta: escrevi esta carta para que possa ter uma confirmação do meu jeito de pensar no senhor, porque sempre fui sua devotada,

Catarina.[56]

No infecto, gélido e perigoso desconforto do seu primitivo acampamento aos pés de Silistra, essa carta deve ter-lhe parecido uma comunicação do monte Olimpo, e era exatamente isso. Não dá a impressão de ser uma carta de amor escrita às pressas. Pelo contrário, é uma declaração provocadora, cautelosa e cuidadosamente redigida, que diz muito sem dizer nada. Não convidava Potemkin a voltar à capital, mas é claramente uma convocação, talvez até mesmo o que na linguagem popular se chama de um "pode vir". Fica-se com a impressão de que ele já sabia qual era "o jeito de pensar" de Catarina — que ela já estava apaixonada pelo homem que a amava havia mais de uma década. Já se correspondiam — o que explica a insinuação de Catarina de que Potemkin não se dera ao trabalho de responder a todas as suas cartas. A taciturna indiferença com que ele ignorava as cartas imperiais devia torná-lo ainda mais atraente, levando em conta a reverência bajulatória que cercava Catarina. O empolgado Potemkin entendeu aquilo como o convite que havia tanto tempo esperava para ir a Petersburgo.

Além disso, o temor de Catarina pela vida de Potemkin não era gratuito. Rumiántsev precisava agora desvencilhar seu exército de suas atabalhoadas operações em Silistra e conduzi-lo, em segurança, através do Danúbio. Potemkin teve a honra de ser incumbido do papel mais perigoso nessa operação: "Quando a principal parte tinha cruzado o rio de volta", relataria Rumiantsev, "ele foi o último a fazê-lo, porque deu cobertura às nossas forças na margem inimiga".[57] Apesar disso, dizer que Potemkin tinha pressa em chegar à capital seria um eufemismo.

Detratores de Potemkin, como Semion Vorontsov e Iúri Dolgorúki, escrevendo principalmente depois de sua morte, quando era moda falar mal dele, diziam que ele era incompetente e covarde.[58] Mas, como já vimos, os marechais de campo Golítsin e Rumiántsev aclamavam suas façanhas bem antes de ele subir ao poder, e outros oficiais escreveram para amigos sobre seu arrojo, até chegar a Silistra. O relatório de Rumiántsev descrevia Potemkin como "um desses comandantes militares que enaltecem a glória [...] das armas russas, pela coragem e competência". Onde está a verdade?

O lisonjeiro relatório de Rumiántsev a Catarina foi escrito depois da ascensão de Potemkin, em 1775, e portanto tendia a exagerar suas realizações — mas o marechal de campo não era homem de mentir. Portanto, Potemkin comportou-se heroicamente na Guerra Turca e fez seu nome.

Logo que o exército se aquartelou para o inverno, ele correu a São Petersburgo. Sua impaciência foi notada, vista com suspeita e analisada pelos muitos observadores das intrigas da corte, que perguntavam uns aos outros: "Por que tanta pressa?".[59]

6. O mais feliz dos homens

Teus olhos adoráveis me cativaram, mas eu tremia ao dizer que te amava.
G. A. Potemkin para Catarina II, fevereiro/março de 1774

Esse esperto camarada é divertido como o próprio capeta.
Catarina sobre G. A. Potemkin

Tanta coisa mudou no instante em que Grigóri Alexándrovitch [Potemkin] chegou!
Condessa Iekaterina Rumiántseva para o
conde Pedro Rumiántsev, 20 de março de 1774

O tenente-general Grigóri Potemkin chegou a São Petersburgo em algum momento de janeiro de 1774 e entrou a passos largos numa corte tumultuada, sem dúvida esperando ser convidado para a cama e para o governo de Catarina. Se era isso que esperava, sofreria uma decepção.

O general mudou-se para um chalé no pátio da casa do cunhado Nikolai Samóilov[1] e foi apresentar-se à imperatriz. Ela teria lhe falado dos desastres e intrigas que turbilhonavam à sua volta? Teria lhe suplicado que tivesse paciência? Potemkin vivia abalado por tantas expectativas que achava difícil ter paciência.

Desde criança acreditava que seu destino era comandar e, desde que ingressou nas Guardas, estava apaixonado pela imperatriz. Parecia ser todo impulso, todo paixão, mas apesar disso teve que aprender a esperar um pouco. Aparecia com frequência na corte e fazia Catarina rir. Os cortesãos sabiam que Potemkin de repente estava em ascensão. Um dia, ele subia as escadas do Palácio de Inverno quando cruzou com o príncipe Orlov, que descia. "Alguma novidade?", perguntou Potemkin. "Não", respondeu o príncipe Orlov, "a não ser que estou descendo e você está subindo." Mas nada aconteceu — pelo menos em público. Passaram-se dias, semanas. A espera era uma tortura para alguém da natureza de Potemkin. Catarina estava numa situação complicada e delicada, pessoal e politicamente, por isso agia devagar e com cautela. Vassíltchikov continuava sendo o amante oficial — ainda tinha seus aposentos no palácio e, supostamente, partilhava a cama dela. No entanto, Vassíltchikov era uma companhia decepcionante para Catarina, que o considerava corrosivamente maçante. O tédio gera a infelicidade e depois o desprezo. "Suas carícias me faziam chorar", diria ela a Potemkin mais tarde.[2] Potemkin tornou-se mais e mais impaciente: ela lhe mandara cartas de estímulo e o convocara. Ele viera o mais depressa possível. Aguardou aquele momento ao longo de doze anos de dedicação. Ela reconhecia sua inteligência e capacidade: por que não permitir que a ajudasse? Ela admitira que tinha afeição por ele, e o sentimento era recíproco. Por que não se livrava de Vassíltchikov?

Ainda assim, nada aconteceu. Ele a intimou a explicar o significado da convocação. Ela respondeu qualquer coisa assim: "*Calme-toi*. Vou pensar no que você me disse e espere até que eu lhe comunique qual é minha decisão".[3] Talvez ela quisesse que ele primeiro resolvesse todas as complexidades da sua situação política, talvez o estivesse instigando, na esperança de que as relações entre os dois amadurecessem na hora certa. Ninguém acreditava mais nos benefícios de preparar as coisas com cuidado do que Catarina. Muito provavelmente, ela queria apenas que ele trouxesse o assunto à tona, pois precisava da sua destemida confiança tanto quanto do seu cérebro e do seu amor. Potemkin logo descobriu por que Catarina precisava dele naquele momento: talvez já soubesse o bastante. Mas, quando foi informado pela imperatriz e pelos amigos, deve ter percebido que ela estava enredada na mais grave crise — em termos políticos, militares e românticos — desde que chegara ao poder. A crise começara poucos meses antes, na terra dos cossacos do Yaik.

★ ★ ★

Em 17 de setembro de 1773, um carismático cossaco do Don apareceu diante de uma entusiástica multidão de cossacos, calmucos e tártaros perto de Yaiksk, o quartel-general dos cossacos do Yaik, milhares de verstas a sudeste de Moscou, outro planeta em relação a Petersburgo, e identificou-se como o imperador Pedro III, que não tinha sido assassinado, mas ali estava para chefiá-los contra a perversa Catarina. Referia-se a ela como "a alemã, a filha do diabo". O *soi-disant* "imperador" era, na verdade, Iemelian Pugatchov, um esbelto e trigueiro desertor do Exército, de cavanhaque negro e cabelos castanhos. Nem sequer era parecido com Pedro III. Mas isso não tinha a menor importância, pois naqueles remotos rincões ninguém teria reconhecido o original: Pugatchov, nascido por volta de 1740 (quase da mesma idade de Potemkin), havia lutado na Guerra dos Sete anos e no cerco de Bender. Tinha suas queixas contra o governo, fora preso e escapara.

Prometia tudo a todo mundo — era o "tsar russo de bico-doce, coração mole, misericordioso". Já exibira as "marcas do tsar" no próprio corpo, para convencer aquela gente simples e furiosa de que trazia os estigmas esperados de um governante ungido. Ele prometia "terras, águas, florestas, moradias, pastagens, rios, peixes, pão [...]" e qualquer outra coisa que lhe ocorresse.

Esse manifesto político extraordinariamente generoso era irresistível para muitos ouvintes — mas especial para os cossacos do Yaik. Os cossacos eram comunidades marciais, ou hostes de homens livres, proscritos, criminosos que escaparam da prisão, servos fugidos, dissidentes religiosos, desertores, bandidos de sangue tártaro e eslavo que tinham ido para as fronteiras formar bandos armados a cavalo, vivendo de saques, rapinagem e da criação de cavalos. Cada hoste — os do Don, os do Yaik, os zaporogos e seus irmãos poloneses e siberianos — desenvolvia sua própria cultura, mas em geral eram organizados como democracias primitivas de fronteira, elegendo um atamã em tempos de guerra.

Durante séculos, evitaram qualquer radicalização, aliando-se à Polônia, à Lituânia ou à Suécia contra Moscou, à Rússia contra os cãs da Crimeia ou os sultões otomanos. No século XVIII, tanto podiam roubar os russos como os turcos, mas eram úteis aos russos como guardas de fronteira e cavalaria ligeira. No entanto, a tensão entre o Estado russo e os cossacos vinha aumentando. Os cossacos estavam preocupados com seus próprios problemas — temiam ser incorporados ao Exército regular, com sua disciplina de treinamentos, e ter que raspar a barba.

Os cossacos do Yaik estavam particularmente apreensivos com recentes disputas sobre direitos de pesca. Uma revolta fora duramente reprimida um ano antes. Havia mais, porém: a Guerra Russo-Turca entrava no quinto ano e seus custos, em homens e dinheiro, recaíam em especial sobre o campesinato. Aquelas pessoas estavam prontas para acreditar em seu descarnado "Pedro III".

Pugatchov pôs fogo nesse barril de pólvora. Na Rússia, a tradição de "pretendentismo" ainda era forte. Nos "Tempos Turbulentos" do século XVII, o "Falso Dimítri" chegou a governar Moscou. Num país vasto e primitivo, onde os tsares eram todo-poderosos e só bondade, e a gente simples achava que fossem tocados pela mão de Deus, a imagem desse governante bondoso, cristão, andando no meio do povo e emergindo para salvá-lo, era um elemento poderoso do folclore russo.* Não era tão estranho como pode parecer: a Inglaterra teve o seu quinhão de pretendentes, como Perkin Warbeck, que em 1490 dizia ser Ricardo, duque de York, um dos "Príncipes da Torre" assassinados.

O pretendentismo tornou-se vocação histórica para certos dissidentes, desertores, velhos crentes que viviam nas fronteiras — desconhecidos que alegavam ser um tsar recentemente morto ou derrubado. O verdadeiro tsar em questão precisava ter reinado por tempo suficiente para criar a ilusão de que, se nobres e estrangeiros malvados não o tivessem derrubado, teria salvado a gente comum. Isso fazia de Pedro III um candidato ideal. Até o fim do reinado de Catarina, haveria 24 tsares fictícios, mas nenhum alcançou o sucesso de Pugatchov.

Houve outro impostor bem-sucedido: o Falso Pedro III de Montenegro, nos Bálcãs. No início da guerra, em 1769, quando a frota tentava levantar os ortodoxos do Báltico numa revolta contra os turcos, Catarina ordenou a Alexei Orlov que mandasse um enviado à remota terra balcânica de Montenegro, governada por um ex-curandeiro, possivelmente italiano, chamado "Estevão, o Pequeno", que unira as tribos guerreiras apresentando-se como Pedro III. O enviado, príncipe Iúri Dolgorúki (futuro crítico das virtudes militares de Potemkin), ficou perplexo ao descobrir que seu "Pedro III" montenegrino, um homem de trinta anos e cabelos cacheados, com voz aguda, túnica de seda branca e gorro vermelho, governa-

---

* Quando o imperador Alexandre I morreu, em 1825, espalhou-se a crença de que ele tinha se tornado um monge, perambulando pelas vastidões russas.

va desde 1766. Dolgorúki denunciou o charlatão. Mas, incapaz de controlar Montenegro, colocou-o de volta no trono, trajando a dignidade de uma farda de oficial russo. Estevão, o Pequeno, governou Montenegro por mais cinco anos, até ser assassinado. Na verdade, foi um dos melhores governantes que Montenegro tivera até então.[4]

Um dia depois que Pugatchov declarou-se imperador, seu astuto oportunismo lhe conquistara trezentos adeptos, que começaram a invadir fortes do governo. Seu exército crescia. Na verdade, esses chamados fortes não passavam de aldeias rodeadas por cercas de madeira e repletas de cossacos pouco confiáveis, camponeses descontentes e uma pequena e sonolenta guarnição de soldados. Não era difícil capturá-los. Em semanas, as terras fronteiriças do sudeste estavam quase literalmente em chamas.[5]

Em 5 de outubro, "Pedro III" chegou diante da capital local de Orenburg, agora à frente de um exército de 3 mil homens, com mais de vinte canhões, deixando para trás corpos de nobres e oficiais pendurados em seus redutos derrotados, ou do lado de fora de suas mansões incendiadas, quase sempre sem cabeça, sem mãos e sem pernas. As mulheres eram estupradas e mortas a pancadas; os homens eram pendurados de cabeça para baixo. Um corpulento oficial foi esfolado e embalsamado vivo, enquanto os rebeldes cortavam-lhe pedaços de gordura para esfregar em seus ferimentos. A mulher foi cortada em pedaços, e a filha teve o consolo de ser incluída no harém do "Amparator", onde seria assassinada por cossacos que invejavam seu lugar de privilégio.

Em 6 de novembro, "Amparator Pedro Fadarivitch" fundou uma Escola de Guerra em seu quartel-general em Berda, nos arredores de Orenburg. Logo passou a usar um cafetã bordado de ouro e um chapéu de peles, o peito coberto de medalhas, e seus capangas eram conhecidos como "conde Pánin" e "conde Vorontsov". Contava com secretários para escrever seus manifestos em russo, alemão, francês, árabe e nas línguas turcas; juízes para manter a ordem entre os soldados; comandantes para chefiar diferentes exércitos; desertores para disparar seus canhões. Seu exército montado deve ter sido uma visão formidável, exótica e bárbara: boa parte era formada por camponeses, cossacos e cavaleiros turcos, armados com lanças, foices e arcos e flechas.

Quando a notícia chegou à "filha do diabo" em São Petersburgo, em meados de outubro, Catarina achou que fosse uma pequena revolta cossaca e despachou o general Vassíli Kar com uma força para suprimi-la. No começo de novembro, Kar foi derrotado pela horda frenética, de repente composta por 25 mil homens, e fugiu de volta para Moscou coberto de vergonha.

Esses êxitos iniciais deram a Pugatchov o prestígio de que precisava. Quando seus rufiões tomavam cidades, ele era recebido com repique de sinos, comitês de recepção de sacerdote portando ícones, além de moradores oferecendo preces a "Pedro III e ao grão-duque Paulo" (não a Catarina, claro).

"Pugatchov estava sentado numa poltrona nos degraus da casa do comandante", escreveu Púchkin em sua novela *A filha do capitão*, que se baseia em pesquisas e conversas com testemunhas. "Ele usava uma capa de cossaco preta orlada de renda de ouro. Um alto gorro preto com borlas douradas pendia sobre seus olhos brilhantes [...]. Os anciãos cossacos cercavam-no [...]. Na praça, preparavam-se patíbulos."[6] Às vezes sessenta nobres eram enforcados juntos. Consta que recompensas de cem rublos eram oferecidas para cada nobre morto, e o título de "general" em troca de cem mansões incendiadas.

"O imperador" então ia jantar na casa do governador, em geral acompanhado pela apavorada viúva e pelas filhas; o próprio governador provavelmente estava pendurado do lado de fora. As damas seriam enforcadas, ou cedidas a um chefe de clã para seu prazer particular. Embora em público fosse saudado como soberano, os jantares privados do imperador eram banquetes cossacos informais. Depois de recrutar mais homens, confiscar canhões e roubar o tesouro local, ele partiria novamente a galope, ao repique de sinos e entoar de preces.[7] No começo de dezembro, Pugatchov estava sitiando as cidades de Samara e Orenburg, bem como Ufa e Basquíria, com um exército de quase 30 mil, inflado por todos os descontentes do sul — cossacos, tártaros, basquires, quirguizes e calmucos.

Pugatchov já cometia seus erros; por exemplo, o casamento com sua amante favorita dificilmente seria o comportamento apropriado para um imperador que, se estivesse de fato vivo, já estaria casado com certa "filha do diabo" em São Petersburgo. Apesar disso, quando dezembro chegou, de repente ficou claro que ele representava uma ameaça real ao Império Russo.

O momento escolhido por Catarina para escrever a Potemkin nada tinha de coincidência. Ela redigiu a carta quando tinha acabado de receber a notícia de que Pugatchov tinha posto Kar em debandada. Não se tratava de uma sublevação qualquer: a região do Volga estava se rebelando sob o comando de um líder aparentemente organizado e capaz. Cinco dias antes de pegar na pena para escrever a Potemkin, ela tinha designado o notável general Alexandre Bíbikov, amigo de Pánin e de Potemkin, para eliminar o pretendente. Em termos políticos, precisava de alguém sem relação com os principais grupos, mas ligado diretamente a ela, que pudesse aconselhá-la em assuntos militares. Em termos pessoais, sentia falta do amigo a quem passara a amar. Era como se todos os anos de sua estranha relação, tão estreita em potencial mas perpetuamente tão distante, convergissem naquele momento.

Enquanto Potemkin preparava-se para ir vê-la, a rebelião não era nem de longe a única dificuldade. Havia um outro pretendente, legítimo, bem mais perto de casa, e por isso mesmo muito mais perigoso: o filho. Em 20 de setembro de 1772, o grão-duque Paulo — o tsarévitch, ameaça ao reino e portanto à vida de Catarina — fez dezoito anos, e ela já não poderia postergar o reconhecimento da sua maioridade, pois o herdeiro tinha todos os motivos para esperar receber permissão para casar, manter a própria corte e desempenhar um papel político significativo. A primeira expectativa era possível, talvez até atraente, a segunda factível, mas nem um pouco conveniente, e a terceira impossível. Catarina temia que aceitar Paulo como uma espécie de cogovernante fosse o primeiro passo para a sua queda. Enquanto ainda refletia sobre o que fazer, um novo complô deixou claro que Paulo continuava a ser o seu calcanhar de aquiles.

As dificuldades de Catarina começaram com a dispensa do príncipe Orlov um ano antes, e a aproximação com Vassíltchikov, que não ajudava nada em questões de Estado — nem do coração. A queda de Orlov parecia ter significado o triunfo de Nikita Pánin, que, como tutor de Paulo, deve ter esperado abocanhar uma fatia de poder ainda maior. Mas o equilíbrio foi restaurado com a reaparição de um animado príncipe Orlov em maio de 1773, depois de "viajar ao exterior". Ele voltou a participar do Conselho em junho. Deve ter posto a família na linha, uma vez que São Petersburgo agora sentia a presença formidável de todos os cinco irmãos Orlov.

Em face da maioridade de Paulo, Catarina começou a procurar uma grã-duquesa, mais ou menos como Isabel fizera para encontrá-la. Nos dois casos, a imperatriz decidiu que uma princesa alemã, não diretamente ligada à Áustria ou à Prússia, seria a melhor escolha. Em junho, Paulo demonstrou interesse pela princesa Wilhelmina, segunda filha do Landgraf de Hesse-Darmstadt, cujo negócio de família consistia em alugar moradores do Hesse como mercenários. Mais ou menos na mesma época em que Wilhelmina se converteu à Igreja ortodoxa, em 15 de agosto, Paulo recebeu uma proposta nada desprezível de um diplomata do serviço russo, Caspar von Saldern, natural do ducado de Holstein, de Paulo. Ele convenceu Paulo a colocar seu nome num plano para que mãe e filho reinassem juntos, como Maria Teresa e José da Áustria. Quando Pánin soube, tentou esconder. Mas Catarina descobriu a conspiração e ficou tão furiosa com Saldern que queria "o miserável amarrado da cabeça aos pés e trazido aqui imediatamente".[8] Ele jamais voltou a pôr os pés na Rússia.[9]

Não bastasse isso — guerra, tensão filial, possível traição e a rebelião camponesa que se propagava —, uma celebridade literária chegou a São Petersburgo em 28 de setembro de 1773 e deu a Catarina um breve intervalo de divertimento. A imperatriz admirava sua *Encyclopédie*, mas é difícil imaginar um momento mais inconveniente para a visita de Denis Diderot. O enciclopedista, impregnado de todas as risíveis ilusões dos *philosophes* franceses, esperava aconselhar Catarina sobre a reforma imediata de todo o seu império. Hospedado por cinco meses numa casa a poucas centenas de metros do Palácio de Inverno (o lugar está assinalado por uma placa perto da Catedral de Santo Isaac), suas conversas com a imperatriz a ajudaram a suportar a monotonia da vida ao lado de Vassíltchikov.

No entanto, Diderot logo começou a irritá-la — se bem que, em comparação com a desastrosa estada de Voltaire com Frederico, o Grande, sua visita pode ser considerada um relativo sucesso. Catarina alegava, de forma maliciosa, que ele lhe arruinara os joelhos, socando-os enquanto, euforicamente, lhe ensinava como governar a Rússia.[10] Ele pelo menos a apresentou a seu companheiro Frederich Melchior Grimm, que se tornaria o mais querido correspondente da imperatriz pelo resto da vida.

A única vitória de Diderot foi, provavelmente, convencê-la — se é que Pugatchov já não a tivesse convencido — de que programas abstratos de reforma tinham pouca utilidade na Rússia: "Você trabalha apenas no papel [...]", disse-lhe ela, "enquanto eu, pobre imperatriz, trabalho na pele humana".[11] Catarina, segundo Diderot, tinha "a alma de César com as seduções de Cleópatra".[12]

Em 29 de setembro, Paulo, enfraquecido pelo Caso Saldern, casou com a grã-duquesa Natália (ex-Wilhelmina), numa cerimônia seguida por dez dias de comemorações. O conde Pánin continuou ministro do Exterior, mas teve que abrir mão do cargo de tutor de Paulo, perdendo seus aposentos nos palácios. A título de consolação, foi promovido ao mais alto nível da Tabela de Posições, com uma pensão de 30 mil rublos e um presente de 9 mil almas. Para apaziguar os Orlov, Catarina promoveu o aliado deles Zakhar Tchernichov a marechal de campo e presidente da Escola de Guerra. Porém o Caso Saldern tinha prejudicado todos eles: Catarina já não confiava em Pánin, mas teve que ficar com seu Sistema do Norte. Já não respeitava Orlov, embora seu clã fosse um dos pilares do regime. Ela lhe perdoou a maluquice de Fokshany, porém não o aceitou mais como amante. Considerava o filho Paulo tacanho de espírito, amargurado e antipático. Jamais poderia confiar nele para governar — apesar de ser o herdeiro. Ela se entediava com Vassíltchikov, mas fizera dele seu favorito oficial. Catarina, cercada pela feroz rivalidade entre os Pánin e os Orlov, nunca estivera tão só.[13]

Além disso, esse perigoso dilema prejudicava sua imagem na Europa. Frederico, o Grande, o gênio misantropo que presidia uma austera corte só de homens, andava particularmente desgostoso: Orlov tinha sido chamado de volta para ocupar todos os cargos, esbravejou, "exceto o de foder". Frederico também percebeu que o clima de incertezas na corte ameaçava Pánin e sua aliança prussiana. "É uma coisa terrível", declarou o rei da Prússia, "quando o pau e a boceta decidem os interesses da Europa."[14] Mas até o fim de janeiro o recém-chegado Potemkin não estava decidindo nada. Não podia esperar mais. Decidiu forçar Catarina a tomar uma decisão.

Potemkin declarou que já não estava interessado nas glórias mundanas: iria ordenar-se padre. Deixou de imediato o chalé de Samóilov, mudou-se para o Mosteiro de Santo Alexandre Niévski, fundado por Pedro, o Grande, nos arredores da Petersburgo do século XVIII, passando a viver como um monge, de barba crescida, jejuando, lendo, rezando e cantando com ostentação. O suspense da espera, a um passo do sucesso, numa bolha política e pessoal foi, em si, suficiente para levar a natureza maníaca de Potemkin à beira do colapso, por ele atenuado com um mergulho no misticismo ortodoxo. Mas tratava-se de um político nato, com todos os talentos teatrais necessários. Sua retirada melodramática pressionava publicamente Catarina; ele na prática tinha entrado "em greve", negando seus conselhos e seu apoio até que ela resolvesse lhe dar crédito. Já se sugeriu que foi tudo combinado de antemão com a imperatriz para acelerar a ascensão dele. O casal não tardaria a demonstrar que era bem capaz de executar piruetas pré-arranjadas, mas nesse caso o comportamento de Potemkin parece ter sido uma combinação, em partes iguais, de devoção, depressão e artifício.[15]

Sua cela, mais parecida com uma sede cenobítica de campanha política, via muita gente chegar e sair entre um jejum e outro. Carruagens entravam a galope pelos portões e partiam; servos, cortesãos e o farfalhar de saias de damas imperiais, particularmente da condessa Bruce, andavam de um lado para outro no palco barroco do mosteiro, como personagens de ópera, levando bilhetes e sussurrando recados.[16] Primeiro, como em qualquer ópera, houve uma canção. Potemkin fez Catarina saber que ele compusera uma para ela. Tem o timbre da paixão de Potemkin — e também o sentimentalismo que é marca registrada das canções amorosas, tanto ontem como hoje. Mas, como descrição de uma situação, não é má. "Desde que te contemplei, só penso em ti [...]. Mas, por Deus, que tormento amar alguém a quem não ouso me declarar! Alguém que nunca será minha! Deuses cruéis! Por que lhe dar tantos encantos? E por que a pusestes tão alto? Por que me condenais a amá-la, e a mais ninguém?"[17] Potemkin assegurou-se de que a condessa Bruce contasse à imperatriz que sua "infeliz e violenta paixão o reduzira ao desespero, e, em sua triste situação, ele achava prudente fugir do objeto do seu tormento, uma vez que a simples visão já bastava para agravar seus sofrimentos, que já eram intoleráveis".[18] Ele começava a "odiar o mundo por causa do amor que sentia por ela — e ela ficou lisonjeada".[19]

Catarina respondeu com um recado verbal mais ou menos nos seguintes termos: "Não consigo compreender o que o reduziu a esse desespero, uma vez que nunca me declarei contra ele. Pelo contrário, eu imaginava que a afabilidade da minha recepção o faria entender que sua homenagem não era desagradável".[20] Não foi o bastante. Os jejuns, as cantorias, o ruflar das saias das mensageiras e a entrega de recados continuaram. Os monges mais santos certamente reviravam os olhos diante dessa azáfama mundana.

Catarina, segundo todas as versões, tomou sua decisão e despachou a condessa Bruce — ironicamente a irmã distanciada de Rumiántsev — para trazer Potemkin de volta. A condessa, usando suas roupas mais finas, chegou ao mosteiro numa carruagem da corte. Foi levada até Potemkin, que estava barbudo, trajando hábito monacal e prostrado numa cela nua diante de um ícone de santa Catarina. Caso a condessa ainda pudesse ter qualquer dúvida sobre a sua sinceridade, ele continuou rezando e cantando por muito tempo. Finalmente Potemkin fez o favor de ouvir o recado. Então fez a barba às pressas, lavou-se e vestiu uma farda para reaparecer na corte.

O que teria sentido Catarina durante esse interlúdio operístico? Nas semanas seguintes, quando eles enfim se tornaram amantes, ela lhe revelou, no mais terno e comovente relato, que já o amava na época em que voltou do Exército:

> Então chegou certo herói [*bodatr*]: esse herói, com sua bravura e sua conduta, já era muito querido do nosso coração; ao saber de sua chegada, as pessoas começaram a falar sobre sua manutenção aqui, sem saber que já tínhamos escrito para ele, às escondidas, pedindo-lhe que fizesse isso, com a secreta intenção, no entanto, não de agir cegamente quando ele chegasse, mas de tentar descobrir se de fato sentia a inclinação que segundo a condessa Bruce muitos suspeitavam que ele sentia, a inclinação que eu queria que ele sentisse.[21]

A imperatriz estava em Tsárskoie Seló, nos arredores da cidade. Potemkin para lá se dirigiu, muito provavelmente acompanhado pela condessa Bruce. O Diário da Corte nos diz que Potemkin foi apresentado no fim da tarde de 4 de fevereiro — e levado direto para os aposentos privados dela, onde os dois permaneceram por uma hora. Ele volta a ser mencionado no dia 9, quando compareceu a um jantar formal no Palácio de Catarina. Jantaram oficialmente juntos quatro vezes em fevereiro, mas pode-se concluir que passaram muito mais tempo juntos: dispomos de alguns bilhetes sem data de Catarina para Potemkin, que é possível situar naqueles dias.[22] O primeiro é endereçado a "Mon ami", o que sugere uma crescente ternura, mas o adverte para a possibilidade de esbarrar num perplexo grão-duque, que já odiava o príncipe Orlov por ser amante de sua mãe.[23] No segundo, escrito poucos dias depois, Potemkin foi promovido a "Mon cher ami". Ela já usa os apelidos que os dois inventaram para os cortesãos: um dos Golítsin é "M. le Gros" — "O Gorducho" — e, mais importante, ela chama Potemkin de *"l'esprit"* — "a inteligência".[24]

A cada hora eles se aproximavam mais um do outro. No dia 14, a corte voltou para o Palácio de Inverno na cidade. No dia 15, houve outro jantar com Vassíltchikov e Potemkin entre os vinte convidados. Pode-se imaginar a tristeza do pobre Vassíltchikov com Potemkin dominando a cena.

Potemkin e a imperatriz talvez tenham consumado seu caso amoroso mais ou menos nessa época. Poucos dos seus milhares de bilhete trazem datas, mas há um que podemos, sem muita certeza, situar em 15 de fevereiro, pelo qual Catarina cancela um encontro com *"l'esprit"* na *bánia*, a casa de banhos russa, basicamente porque "todas as minhas damas estão lá agora e provavelmente não vão sair em menos de uma hora".[25] Os homens e as mulheres comuns frequentavam juntos as *bánias* no século XVIII, para grande indignação dos estrangeiros, mas a imperatriz não. É a primeira menção de Catarina e Potemkin encontrando-se na *bánia*, mas seria esse o lugar favorito dos dois para seus encontros amorosos. Se no dia 15 eles iam se encontrar na intimidade da *bánia* é porque muito provavelmente já eram amantes.

No dia 18, a imperatriz assistiu a uma comédia russa na Ópera e em seguida provavelmente recebeu Potemkin em seus aposentos. Eles conversaram ou fizeram amor até uma da manhã — hora extremamente tardia para aquela disciplinada princesa germânica. Num bilhete em que se pode perceber a crescente intensidade dos dois, mas também a submissão de Catarina, ela manifesta a doce preocupação de que "abusei da sua paciência [...] meu relógio parou e o tempo passou tão depressa que uma hora pareceu um minuto".[26]

"Meu querido, que bobagem você disse ontem [...]", escreveu ela nesses primeiros dias. "O tempo que passo com você é tão feliz. Ficamos quatro horas juntos, o tédio sumiu, e não quero me separar de você. Meu amado, meu amigo, amo-o tanto, você é tão bonito, tão inteligente, tão jovial, tão engraçado: quando estou com você, não dou a menor importância ao mundo. Nunca me senti tão feliz [...]."[27] Pela primeira vez, podemos ouvir a risada íntima que deve ter ecoado à noite na *bánia* do Palácio de Inverno. Eram ambos sensuais — um casal de epicuristas. "Meu querido amigo, tenho medo de que esteja zangado comigo. Se não estiver, melhor assim. Venha depressa para o meu tédio e prove que não está."[28]

Vassíltchikov ainda estava morando lá — pelo menos oficialmente. Catarina e Potemkin lhe deram o apelido de *"soupe à la glace"* — "Sopa Gelada".[29] Foi então que ela disse a Potemkin que gostaria que eles tivessem começado um ano e meio antes, em vez de perderem um tempo precioso sendo infelizes.[30] Mas a presença de Vassíltchikov nos aposentos ainda incomodava Potemkin, que sempre foi histericamente ciumento. Ao que parece, foi embora zangado, porque, numa carta poucos dias depois, Catarina teve que lisonjeá-lo muito para trazê-lo de volta: "Não posso forçar ninguém a fazer carícias [...]. Você conhece a minha índole e o meu coração, você conhece minhas boas e más qualidades, deixo que escolha como quer agir [...]. É tolice atormentar-se [...]. Você acaba com a sua saúde por nada".[31]

Vassíltchikov tinha sido praticamente esquecido, mas aqueles dias devem ter sido angustiantes para ele. Catarina era implacável com aqueles a quem não conseguia respeitar, e percebe-se que a mediocridade dele a deixava envergonhada. Vassíltchikov percebeu que jamais poderia desempenhar o papel de Potemkin, cuja "reputação é bem diferente da minha. Eu era apenas uma espécie de mulher manteúda [...]. Mal tinha permissão para ver ninguém, ou para sair. Quando eu pedia alguma coisa, ninguém dava a mínima [...]. Quando estava ansioso para receber a Ordem de Santa Ana, falei sobre o assunto com a imperatriz, e no dia seguinte encontrei 30 mil rublos dentro do meu bolso, em notas. Minha boca era mantida fechada dessa maneira [...]. Já Potemkin consegue o que quer [...] ele é o senhor".[32]

"O senhor" fez questão que a infeliz tigela de "Sopa Gelada" fosse retirada da mesa. Vassíltchikov deixou seus aposentos no Palácio de Inverno, que foram convertidos na Sala do Conselho, porque Potemkin se recusava a morar no lugar de outra pessoa. Novos aposentos foram decorados para ele. Potemkin mudou-se do chalé nos Samóilov para ficar com o confiável camareiro Ieláguin.[33]

Pelo fim de fevereiro, o relacionamento já não era mais um mero caso ou escapada sexual: o casal estava absolutamente comprometido. No dia 27, Potemkin sentiu-se confiante o suficiente para escrever uma carta pedindo para ser nomeado "general e ajudante de ordens pessoal de Sua Majestade". Havia um pequeno grupo de chefes militares de pessoal, na maioria apenas cortesãos. Mas dessa vez o significado ficaria claro. Ele acrescentou o que supostamente era uma piada à la Potemkin, "não vai ofender ninguém". Ambos devem ter rido muito disso. Sua chegada ofenderia todo mundo, dos Orlov aos Pánin, de Maria Teresa e Frederico, o Grande, a Jorge III e Luís XVI. Mudaria o cenário político e, em última análise, as alianças da Rússia no exterior. Mas não havia problema, porque ele acrescentou, de forma comovente, seus sentimentos reais: "Eu seria o mais feliz dos homens [...]".[34] A carta foi entregue a Stekalov, o encarregado de solicitações, como qualquer outra. Porém essa foi respondida bem mais depressa.

"Tenente-general [...]. Considero seu pedido apropriado", respondeu ela no dia seguinte, arremedando a linguagem oficial, "em vista dos serviços que o senhor prestou a mim e à mãe-pátria." Era típico de Potemkin escrever em caráter oficial: "Foi o único dos seus favoritos que ousou enamorar-se dela e dar os primeiros passos", escreveu Charles Masson, posteriormente tutor suíço de matemática na corte e autor de memórias escandalosas, mas pouco confiáveis. Catarina louvou essa coragem em sua resposta: "Estou mandando preparar sua nomeação a ajudante--general. Confesso que me agradou muito que o senhor, numa prova de confiança, decidiu fazer seu pedido diretamente a mim, sem nenhum subterfúgio".[35] É nesse momento que Potemkin sai das sombras da história para se tornar um dos estadistas mais descritos e discutidos do século.

"Uma nova cena acaba de começar", informou Sir Robert Gunning, o embaixador inglês, ao conde de Suffolk, secretário de Estado para o Norte, em Londres, em 4 de março, logo depois de ter observado o ajudante-general na corte, "que provavelmente há de merecer mais atenção do que qualquer um que já se apresentou desde o início deste reinado". Como se tratava de uma era epistolar, todo mundo passou a escrever a respeito de Potemkin. Diplomatas estavam impacientes porque, como Gunning percebeu de imediato, Potemkin era mais competente do que o príncipe Orlov e do que Vassíltchikov. É interessante que, poucos dias depois de ele aparecer como o favorito oficial, até mesmo estrangeiros sem intimidade com a corte informavam a seus reis que Potemkin tinha chegado para amar a imperatriz *e* ajudar no seu governo. "O sr. Vassíltchikov, o favorito cuja compreensão era limitada demais para se achar que tivesse alguma influência em questões oficiais ou compartilhasse a confiança de sua amante", explicou Gunning, "é substituído por um homem que parece ter as duas coisas em grau supremo."[36] O embaixador prussiano, conde Von Solms, foi ainda mais longe em seu comunicado a Frederico: "Evidentemente Potemkin [...] vai se tornar a pessoa mais influente da Rússia. Juventude, intelecto e qualidades positivas lhe darão essa importância [...]. Logo o príncipe Grigóri Grigórievitch [Orlov] será esquecido e a família Orlov cairá para o padrão comum".[37]

O principal aliado da Rússia sentiu ainda mais repulsa do que experimentara com a chegada de Vassíltchikov dois anos antes. Muito bem informado por Solms, Frederico, o Grande, escreveu para o irmão, príncipe Henrique, ridicularizando o nome do recém-chegado — "general Patukin, ou Tapukin" —, mas reconheceu que sua ascensão ao poder "pode ser prejudicial ao bom andamento dos nossos negócios". Sendo quem era, Frederico cunhou um princípio filosófico da arte misógina de governar: "Uma mulher é sempre uma mulher, e, num governo feminino, a boceta tem muito mais influência do que uma política firme, guiada pela pura razão".[38]

Os cortesãos russos observavam Potemkin com cautela, relatando em crônica cada movimento do novo favorito, até mesmo as joias que usava e a decoração dos seus aposentos. Cada detalhe tinha um significado que era importante conhecer. Solms já havia descoberto que a chegada de Potemkin não perturbou os Pánin.[39] "Acho que este novo ator desempenhará o seu papel com grande vivacidade e importantes mudanças, se conseguir consolidar sua posição",[40] escreveu o general Pedro Pánin para o príncipe Alexandre Kurákin em 7 de março. Evidentemente, os Pánin imaginavam que seria possível usar Potemkin para minar a posição dos Orlov.[41] "O novo ajudante-general está sempre de serviço, em lugar de todos os demais", escreveu a condessa Sievers para o marido, um dos mais altos funcionários de Catarina. "Dizem que é agradável e modesto."[42] Potemkin já acumulava um poder que Vassíltchikov nunca teve. "Se quiser alguma coisa, meu querido", escreveu a condessa Rumiántseva ao marido, o marechal de campo, que estava com o exército, "peça a Potemkin."[43]

Ao seu amigo Grimm, Catarina demonstrou toda a sua alegria por ter se livrado de Vassíltchikov e encontrado Potemkin: "Eu me afastei de certo sujeito afável, mas tedioso ao extremo, que imediatamente foi substituído por um dos maiores, mais sagazes e mais originais entre os excêntricos deste século de ferro".[44]

PARTE TRÊS
JUNTOS
1774-6

7. Amor

As portas estarão abertas [...] estou indo me deitar [...]. Amado, farei o que você mandar. Vou vê-lo ou você vem me ver?
Catarina II para G. A. Potemkin

*Esse era Potemkin, grande personagem nos tempos
Em que o homicídio e a prostituição podiam fazer um nome.
Se estrelas e títulos significam grande elogio,
Sua glória deve ter sido quase igual ao seu patrimônio.
Esse camarada de um metro e oitenta de altura
Era capaz de provocar uma fantasia correspondente
Na então soberana do povo russo,
Que media os homens como se fossem torres de campanário.*
Lord Byron, *Don Juan*, Canto VII: 37

  Tudo que diz respeito ao amor de Catarina e Potemkin é excepcional. Ambos eram indivíduos extraordinários, nas circunstâncias mais incomuns. Mas o caso de amor no qual se envolveram tem características universais ainda hoje. Sua paixão era tão extenuante e tumultuosa que é fácil esquecer que se amavam enquanto governavam um vasto império — em guerra no exterior e em guerra civil interna. Ela era imperatriz, ele súdito — ambos com a mesma "ambição ilimitada" —, vivendo numa corte altamente competitiva, onde tudo era visto e cada olhadela tinha consequências políticas. Eles com frequência se perdiam em seu amor e em seus humores, mas nenhum dos dois em momento algum jamais foi um indivíduo à parte da vida pública: Catarina era sempre a soberana, e Potemkin, desde o primeiro dia, era, mais que um simples favorito, um político de primeira linha.

Os amantes já não eram jovens, pelos padrões da época: Potemkin tinha 34 anos, Catarina era dez anos mais velha. Mas seu amor era mais comovedor justamente por causa das imperfeições. Em fevereiro de 1774, a perfeição alcibidiana de Potemkin era coisa do passado. Ele se tornara uma figura bizarra e impressionante que fascinava, horrorizava e atraía seus contemporâneos em doses iguais. Apesar da estatura colossal, ainda era ágil; a admirável cabeleira era longa e despenteada, de um castanho forte, quase ruivo, às vezes coberta por uma peruca cinza. A cabeça também era titânica, mas quase em formato de pera. O perfil lembrava as curvas suaves de um pombo — talvez fosse por isso que Catarina costumava chamá-lo assim. O rosto era pálido, longo, estreito e estranhamente sensível num homem tão grande — mais de um poeta que de um general. A boca era um dos melhores traços: lábios carnudos e vermelhos; os dentes fortes e brancos, qualidade rara na época; o queixo dividido tinha uma covinha. O olho direito era verde e azul; o esquerdo, imprestável, semicerrado, às vezes o fazia franzir o rosto. Provocava uma impressão estranha — embora Jean-Jacob Jennings, diplomata sueco que o conheceu bem mais tarde, tenha dito que "o defeito no olho" era muito menos perceptível do que esperava. Potemkin sempre foi muito sensível a essa questão, que lhe conferia certa vulnerabilidade, mas também um ar de pirata. O "defeito" tornava essa figura do outro mundo mais parecida ainda com uma criatura mitológica — Pánin chamava-o de "le Borgne", "o Caolho", mas a maioria imitava os Orlov, chamando-o de "Ciclope".[1]

O corpo diplomático logo ficou arrebatado: "essa figura é gigantesca e desconforme, e seu semblante nem um pouco atraente", escreveu Gunning, mas:

Potemkin parece ter profundo conhecimento da humanidade, e uma dose maior da faculdade de discernimento do que seus conterrâneos em geral possuem, e tanta destreza em intrigas e maleabilidade em sua posição do que qualquer um deles. Embora a devassidão de suas maneiras seja notória, é o único que estabeleceu ligações com o clero. Com essas qualificações, pode naturalmente alimentar a esperança de atingir as alturas a que aspira sua ilimitada ambição.[2]

Solms informou: "Potemkin é muito alto, bem-proporcionado, mas tem uma aparência desagradável porque faz um esforço para enxergar", porém três dias depois acrescentou que, em virtude de sua "juventude e seu intelecto [...] será fácil para o general Potemkin [...] ocupar o lugar de Orlov no coração da imperatriz".[3]

Suas maneiras variavam das de um cortesão de Versalhes às de um dos seus amigos cossacos e tártaros ou às dos animais selvagens. Contemporâneos seus, em especial Catarina, concordavam que a figura geral, com suas dimensões russas e sua mistura de feiura e beleza, exalava uma energia primitiva, uma sexualidade quase animalesca, uma terrível originalidade, um intelecto vigoroso e uma surpreendente sensibilidade. Era amado ou odiado. Como indagou uma das filhas de Kiril Razumóvski: "Como é que alguém pode fazer a corte ao mendigo cego, e por quê?".[4]

Catarina ainda era uma mulher atraente, bonita e majestática, em seu melhor momento. A testa era alta e forte, os olhos azuis eram claros, travessos e de uma frieza arrogante. Os cílios eram negros, a boca bem-feita, o nariz um tantinho aquilino, a pele alva e viçosa, e a postura fazia-a parecer ainda mais alta. Já era voluptuosa, o que camuflava usando sempre "um manto amplo, de largas mangas [...] semelhante ao vestuário moscovita tradicional".[5] Todos louvavam sua "dignidade temperada de graça",[6] que a tornava "ainda bonita, infinitamente inteligente e bem informada, mas com um espírito romântico em seus amores".[7]

De repente Catarina e Potemkin se tornaram inseparáveis. Quando não estavam juntos, mesmo em seus próprios aposentos, separados por poucos metros, escreviam um para o outro como dois maníacos. Eram ambos muito eloquentes. Felizmente para nós, as palavras tinham enorme importância para eles. Às vezes trocavam vários bilhetes por dia — equivalentes às chamadas telefônicas ou, mais ainda, aos e-mails da internet. Por serem cartas secretas de amor, que muitas vezes tratavam também de assuntos de Estado, quase nunca traziam assinatura. A letra de Potemkin, surpreendentemente boa para um homem tão grande, ainda que inconstante, piorou com o tempo, e é quase ilegível em qualquer idioma perto de sua morte. As cartas são uma mistura de russo e francês, às vezes de forma quase aleatória; outras vezes, assuntos do coração eram em francês, assuntos de Estado em russo. Uma grande quantidade dessas cartas sobreviveu, registro de um amor da vida inteira e de uma parceria política. Algumas pertencem àquele século, mas outras são tão modernas que poderiam ter sido escritas hoje por um casal de amantes. Outras só poderiam ser escritas por uma imperatriz e um estadista; outras, ainda, falam a eterna língua trivial do amor. Há até mesmo conversas completas. "Vá, meu pombo, e seja feliz", escreveu Catarina para Potemkin numa carta. Ele foi. Quando voltou, Catarina recebeu isto: "Mãe, estamos de volta, hora do jantar". Ao que ela replicou: "Minha nossa! Quem diria que você ia voltar?".[8]

Catarina dirigia-se ao amante como "minha alma querida", "meu coração", "amado" e "bijou". Posteriormente, costumava usar o tradicional russo "batuchka" ou "batinka" — ou "papai" — e uma infinidade de diminutivos de Grigóri: "Gricha", "Gríchenka", "Grichenok", até "Grichefichenka". No auge da paixão, os nomes que inventava para ele ficaram ainda mais pitorescos: "meu faisão dourado", "galinho dourado", "queridíssimo pombo", "gatinho", "cãozinho", "titio", "coraçãozinho", "alma gêmea", "periquitinho", "meio pássaro, meio lobo", e muitos outros que combinam força e sensibilidade. Se estivesse dando trabalho, ela ironicamente o punha no seu lugar, chamando-o "Prezado Senhor", ou "Prezado Tenente-General", ou "Vossa Excelência". Quando lhe dava um novo título, gostava de dirigir-se a ele de acordo.

Potemkin quase sempre se dirigia a Catarina como "Matuchka", ou "Mãezinha", ou "Soberana Senhora", ou as duas coisas. Em outras palavras, empregava deliberadamente a velha maneira russa de dirigir-se à tsarina, em vez de chamá-la Katinka, como alguns dos seus últimos amantes faziam. Isso tinha a ver não com falta de intimidade, mas com a reverência de Potemkin pela soberana. Por exemplo, ele forçava o mensageiro que lhe trazia bilhetes da imperatriz a ficar ajoelhado enquanto escrevia a resposta, o que divertia Catarina pelo romantismo: "Por favor escreva, seu mestre de cerimônias lhe entregou meu bilhete hoje e ajoelhou-se como sempre faz?".

Potemkin tinha medo de que as cartas fossem roubadas. A diligente imperatriz queimou algumas das primeiras cartas de amor *dele*, logo que acabou de ler. As cartas desse período que sobrevivem são quase todas *dela*, ou cartas *dele* que ela devolveu com um adendo. Portanto, temos muito mais cartas dela. Posteriormente, a maioria dessas cartas sobreviveu porque se tornaram documentos estatais, bem como pessoais. O apaixonado russo guardava as suas num maço mal-ajambrado, preso com barbante e geralmente enfiado no próprio bolso, perto do coração, para ler e reler quando quisesse. "Gríchenka, bom dia", começava uma carta dela, provavelmente de março de 1774, "[...] estou bem de saúde e dormi bem [...]. Tenho medo de que você perca minhas cartas: de que alguém as roube do seu bolso [...]. Podem achar que são dinheiro e resolver embolsá-las."[9] Mas, felizmente para nós, Potemkin ainda as levava com ele quando morreu, dezessete anos depois. Os dois tinham apelidos para todos os cortesãos importantes, às vezes difíceis de decifrar, e também uma língua secreta em código, possivelmente para que Potemkin pudesse lhe dizer de que maneira gostaria de fazer amor com ela.

"Meu pombo, bom dia", era a saudação típica que ela usava. "Quero saber se dormiu bem e se me ama tanto quanto amo você."[10] Às vezes eram muito curtas, como esta: "Boa noite, amado. Estou indo para a cama".[11]

Quando a corte voltou de Tsárskoie Seló para a cidade, em 9 de abril, Potemkin mudou-se da casa de Ieláguin, onde morava desde que se tornou amante da imperatriz, para seus aposentos recém-decorados no Palácio de Inverno: "Dizem que são esplêndidos", informou a condessa Sievers no dia seguinte. Potemkin agora era figura familiar na cidade: "Estou sempre vendo Potemkin, que anda de um lado para outro numa sege com seis". A bela carruagem, os cavalos caros e a velocidade tornaram-se elementos da sua imagem pública. Se a imperatriz saísse, Potemkin quase sempre ia junto. Quando Catarina foi ao teatro, em 28 de abril, "Potemkin estava no camarote", notou a condessa Sievers. Membros da família real, às vezes a plateia inteira, geralmente conversavam durante a peça — Luís XV irritou Voltaire com esse hábito real. Ali, Potemkin "conversou com a imperatriz durante toda a peça; ele desfruta da total confiança dela".[12]

Os novos aposentos de Potemkin ficavam diretamente embaixo dos de Catarina no Palácio de Inverno. Ambos os apartamentos davam para a Praça do Palácio e para um pátio interno, mas não para o rio Neva. Quando Potemkin queria visitá-la — o que fazia, sem anunciar, sempre que quisesse —, ele subia (já Orlov descia) a escada em espiral, como sempre decorada com tapetes verdes. O verde era a cor dos corredores amorosos — pois a escada que ligava os aposentos de Luís XV ao budoar da marquesa de Pompadour também era dessa cor.

Potemkin recebeu aposentos em todos os palácios imperiais, incluindo o Palácio de Verão, na cidade, e Peterhof, nos arredores, porém os dois passavam mais tempo no Palácio de Catarina (ou Grande) em Tsárskoie Seló, onde Potemkin chegava ao quarto de dormir imperial atravessando um corredor tão frio que suas cartas em geral traziam advertências contra a travessia dessa tundra ártica. "Lamento que esteja doente", escreveu ela. "É uma boa lição para você: não ande descalço pelas escadas. Se quiser ficar bom, use um pouco de tabaco."[13] Raramente passavam a noite juntos (como Catarina o faria com alguns dos favoritos que vieram depois), porque Potemkin gostava de jogar e conversar até tarde da noite, e ficar na cama a manhã inteira, enquanto a imperatriz era de acordar cedo. Seu metabolismo era o de uma professorinha alemã, embora com uma forte veia de sensualidade; o dele era o de um rude homem de fronteira.

Nas reuniões noturnas de Catarina, Potemkin costumava aparecer de repente, sem se anunciar, descabelado, de roupão turco, ou qualquer outro tipo de envoltório, sem nada por baixo, deixando visíveis as pernas e o peito cabeludos. Em qualquer estação do ano andava descalço. Se fizesse frio, jogava um casaco de pele por cima, que lhe dava a aparência de um gigante indeciso entre o bruto e o dândi. Além de tudo, gostava de usar um lenço cor-de-rosa na cabeça. Era uma visão oriental, muito longe dos gostos voltairianos da corte, sendo por isso que ela o chamava de *"bogatr"*, o cavalheiresco herói eslavo da mitologia do Rus. Mesmo nos primeiros dias do caso, Potemkin sabia que era diferente de todos: se convocado, podia languidamente decidir não dar a menor atenção. Aparecia nos aposentos da imperatriz quando lhe convinha, e jamais se dava ao trabalho de ser anunciado, nem de esperar ser chamado: entrava e saía dos aposentos dela como um urso sem rumo, às vezes o mais engraçado do grupo, outras silencioso, sem sequer dar atenção à imperatriz.

Seus gostos eram "verdadeiramente bárbaros e moscovitas", e o que ele amava acima de tudo era "a comida simples do seu povo, particularmente pastelaria, como *pirozki*, e hortaliças cruas", que guardava ao lado da cama.[14] Quando subia a escada, geralmente ia beliscando maçãs, nabos, rabanetes, alho, comportando-se no Palácio de Inverno da forma exata como o fazia quando menino, na companhia dos filhos dos servos em Tchijovo. O significado político das coisas que o príncipe escolhia para beliscar era tão natural e deliberado, em sua rusticidade russa, como as maçãs Norfolk vermelhas para o tosco inglesismo de Walpole.

O comportamento nada refinado de Potemkin chocava os cortesãos, geralmente francófilos, e os melindrosos embaixadores, mas quando lhe dava na veneta ele aparecia de uniforme formal ou militar, com a perfeita graça e a imaculada apresentação de um refinado cortesão. Tudo nele era uma batalha entre extremos. Se estivesse pensativo ou melancólico, como era muito frequente, roía as unhas até o toco: sofreu terrivelmente de unha inflamada a vida inteira, por isso as cartas entre os dois governantes do Império com frequência deixavam de tratar das leis e das guerras por causa do estado das unhas dele. "O maior roedor de unhas do Império Russo", era como Catarina o descrevia. "O Ciclope", escreveu Alexander Ribeaupierre, "tem um hábito gracioso. Rói as unhas freneticamente, até a carne."[15] Se não eram as unhas, era qualquer coisa ao seu alcance. No Pequeno Hermitage, onde a imperatriz tinha preparado uma lista de regras para incentivar a informalidade, uma regra foi acrescentada visando especialmente a Potemkin. "Pede-se que você seja animado", dizia a Regra Três, "mas sem destruir, quebrar ou roer nada."[16]

Apesar disso, Potemkin tomou conta também dos aposentos de Catarina: instalou um imenso divã turco no salão para nele poder recostar-se envolto em seu roupão — "Mister Tom [o galgo inglês de Catarina] está roncando profundamente atrás de mim no divã turco que o general Potemkin trouxe para cá",[17] relatou Catarina a Grimm, cheia de orgulho. Seus objetos pessoais espalhavam-se pelos arrumados quartos da imperatriz — e ela admirava essa sua negligência indomada, quase boêmia: "Por quanto tempo você ainda vai deixar coisas em meus quartos!", escreveu ela. "Por favor, não jogue seus lenços por tudo quanto é canto, desse seu jeito turco. Obrigada pela visita, e amo você demais."[18]

É impossível reduzir uma amizade, menos ainda um amor, aos seus componentes. Mas, a bem dizer, a relação entre eles era baseada no riso, no sexo, na admiração pela inteligência um do outro e no poder, numa ordem que estava sempre mudando. Sua graça a fizera rir quando Orlov o apresentou, doze anos antes — e assim continuou pela vida dos dois afora. "Por falar em tipos originais que me fazem rir e acima de todos o general Potemkin", escreveu Catarina a Grimm em 12 de julho daquele ano, "que está mais *à la mode* do que qualquer outro e me faz rir tanto que quase me arrebento."[19] As cartas que trocavam eram impregnadas tanto pelas gargalhadas dela como pela força da ambição e da atração dos dois: "Meu querido, que histórias você me contou ontem! Não consigo parar de rir quando penso nelas. Que momentos de felicidade eu passo com você!".[20]

Havia muitas brincadeiras envolvendo uma competição entre Potemkin e Mister Tom para ver qual dos dois fazia mais bagunça nos aposentos imperiais. As cartas dela para Grimm estão repletas das palhaçadas de Potemkin, como ele se cobrindo com o tapetinho de Mister Tom, uma cena absurda: "Estou costurando um cobertor de cama para Thomas [...] que o general Potemkin já disse que pretende roubar para ele".[21] Mais tarde Potemkin introduziria um macaco tremendamente malcomportado.

Ela nunca se aborrecia na companhia de Potemkin e sempre se entediava em sua ausência: ele era um ser proteico, criativo e sempre original. Quando passava um tempo sem o ver, ela resmungava: "Estou morta de tédio. Quando voltarei a vê-lo?". Mas, como é tão frequente nos casos de amor, as risadas e as relações sexuais pareciam empurrar inexoravelmente um para o outro. A satisfação sexual transparece nas cartas dela. O caso tinha um componente sexual fortíssimo. Ela era extremamente orgulhosa da atração sexual que ele exercia sobre outras mulheres e do seu histórico de conquistas femininas. "Não me admira que se atribuam tantas mulheres a você", escreveu. "Parece-me que você não é uma pessoa comum, sendo diferente de todos em tudo."[22]

> Querido, acho que você pensava mesmo que eu não fosse escrever hoje. Levantei às cinco e são sete, vou escrever [...]. Dei ordens rigorosas a todo o meu corpo, até o último fio de cabelo, para parar de demonstrar-lhe o mais ínfimo sinal de amor. Tranquei o meu amor no coração a dez chaves, ali é sufocante, e acho que ele pode explodir. Pense nisso, você é um homem razoável, é possível dizer mais asneiras em tão poucas linhas? Um rio de absurdos jorra da minha cabeça, não entendo como você aguenta uma mulher com pensamentos tão incoerentes. Oh, Monsieur Potemkin! Que mágica usou para desestabilizar uma cabeça que era tida como uma das melhores da Europa. É hora, está passando da hora, de eu tomar juízo. Que vergonha! Que pecado! Catarina II ser vítima desta paixão louca [...] mais uma prova do supremo poder que você tem sobre mim. Chega! Chega! Estou garatujando uma metafísica tão sentimental que você vai cair na gargalhada. Bem, minha carta maluca, vá para aquele lugar feliz onde mora meu herói [...]. Tchau, *giaour*, moscovita, cossaco [...].[23]

Era assim que ela se sentia, provavelmente durante todo o mês de março de 1774, quando acordava cedo na manhã seguinte a um encontro amoroso com Potemkin, que ainda dormia em seus aposentos. Os nomes maliciosos que lhe dava — o "Cossaco", o "*Giaour*" (pejorativo aplicado pelos turcos aos não muçulmanos), "Leão da Selva", "Tigre Dourado", "Galinho Dourado" e "Lobo" — talvez fossem referências à energia sexual. Ela chegou a chamá-lo, surpreendentemente, de Pugatchov, significando talvez feroz, enérgico e desenfreado como um cossaco.

Naqueles meses, eles compartilhavam tudo: seus encontros parecem ter sido frenéticas sessões de gargalhadas, sexo e planejamento político, sem trégua, porque ambos adoravam as três coisas. O sexo misturava-se imediatamente à política. "Amo muito você", disse ela começando uma carta, em abril, "e quando você me acaricia, minhas carícias sempre têm pressa em responder [...]. Não esqueça de convocar Pável [P. S. Potemkin, seu primo, que estava sendo enviado para ajudar a conter Pugatchov]: quando ele chegar, será preciso fazer duas coisas" —[24] e passou a discutir as medidas a serem tomadas contra a rebelião.

Catarina era viciada nele: uma noite, quando deixou de visitá-la, ela disse que "levantei da cama, me vesti e fui à biblioteca perto da porta, para esperá-lo, e lá fiquei duas horas exposta à corrente de ar; e então, às onze horas, me sentindo muito infeliz, fui para a cama onde, graças a você, tinha passado cinco noites sem dormir".[25] A visão da imperatriz esperando do lado de fora do quarto de Potemkin por duas horas, de roupão e gorro, nos dá uma ideia da sua paixão por ele. Havia os inevitáveis boatos sobre o enorme equipamento sexual de Potemkin, o que talvez explique o mito de que Catarina fez um molde de seu membro formidável para se consolar durante suas ausências, cada vez mais longas, quando ia para o sul.[26] Em termos de veracidade histórica, isso se equipara a outras maldosas calúnias contra Catarina, mas histórias sobre a "gloriosa ferramenta" de Potemkin acabaram incorporadas à mitologia homossexual de São Petersburgo.*

---

* No fim do século XIX, o pintor Constantine Somov, que fazia parte do círculo de intelectuais da "Arte pela Arte", cujo pai era curador do Museu Hermitage, ofereceu um chá para seus amigos, em sua maioria homossexuais, o poeta Kuzmim, provavelmente o empresário do balé Serguei Diaghilev, e um punhado de outros. Somov, de acordo com O. Remizov, autor de *A outra Petersburgo*, contou-lhes que o pai, o curador, tinha descoberto um magnífico molde, em tamanho natural, do membro de Potemkin no acervo de Catarina. Diante da descrença geral, os homens foram convidados a ir a outra sala, onde puderam admirar, com a respiração excitada de verdadeiros *connoisseurs*, "a gloriosa ferramenta de Potemkin", moldada em porcelana, envolta em algodão e seda,

Se ele estivesse ocupado, Catarina respeitava sua privacidade, mesmo sendo a imperatriz. Um dia ela não resistiu ao impulso de ir vê-lo em seus aposentos. Desceu as escadas, mas, quando se aproximava, "vi pelo vão da porta as costas de um secretário ou adjunto, e saí correndo. Amo você o tempo todo, com toda a minha alma".[27] Isso mostra também que a imperatriz precisava agir com cautela diante de empregados e servos em seus próprios palácios. Catarina queixava-se repetidamente de que seu amor por ele a fazia perder a razão, o mais alto ideal dessa devota de Voltaire e Diderot. Essa governanta iluminista da Idade da Razão divertia-se demais usando a linguagem tolamente desvanecida de menina de escola: "Quando você está comigo, fechar os olhos é para mim a única maneira de não perder o juízo; a alternativa, que me faria rir pelo resto da vida, seria dizer: 'meus olhos estão enfeitiçados por você'". Estaria ela se referindo à canção romântica que ele lhe compôs? "Meus olhos estúpidos olham fixamente para você; fico bobo e não consigo raciocinar." Ela sonhava com ele: "Aconteceu uma coisa estranha comigo. Virei sonâmbula" — e conta que se imaginou conhecendo "o mais fascinante dos homens". Então, acordou: "agora procuro por toda parte este homem dos meus sonhos [...]. Para mim ele é mais valioso do que o mundo inteiro! [...]. Amado, quando o encontrar, dê-lhe um beijo por mim".[28]

No subsolo do Palácio de Inverno, debaixo da capela de Catarina, ficava seu banho russo — a *bánia* —, onde, ao que parece, boa parte dos seus encontros amorosos ocorria.*

"Meu querido camarada, se quiser comer uma carne, tudo está pronto lá no banho. Mas eu lhe suplico que não roube nenhum alimento porque todo mundo vai saber que temos cozinhado lá."[29] Depois da promoção dele nas Guardas em março de 1774, Catarina escreveu:

---

dentro de uma caixa de madeira. Depois o objeto foi devolvido ao Hermitage, onde, acrescente-se, nunca mais foi visto. Quando este autor visitou, recentemente, o Hermitage, à procura do acervo de Potemkin, ninguém sabia de nada. Mas o museu é muito grande.

* Hoje a *bánia*, assim como os aposentos deles, não existe mais. Foram destruídos no incêndio de 1837. Mas de fora dá para ver a capela pela cúpula dourada e a cruz. Agora a *bánia* é a seção egípcia do Museu Hermitage. Ainda hoje tem a fria umidade de uma casa de banhos.

Bom dia, sr. tenente-coronel, como se sente depois do banho? Estou bem e me sentindo muito contente graças a você. Quando você saiu, sabe qual foi o assunto da conversa? É fácil adivinhar, sabendo como você é inteligente: você, meu querido! Boas coisas foram ditas a seu respeito, todos achavam que nada se compara a você. Tchau, vai ficar aí tomando conta do regimento e dos oficiais o dia inteiro? Mas eu já sei o que vou fazer. Vou pensar — em quem? Nele, pois a verdade é que Gricha nunca sai do meu pensamento [...].[30]

Um dia, Potemkin voltou ao Palácio. "Querida Matuckha, acabei de chegar, mas estou tão congelado que não consigo aquecer nem os dentes", anunciou ele. "A primeira coisa que quero saber é como você está se sentindo. Obrigado pelas roupas, e beijo-lhe os pés." Podemos imaginar as mensageiras ou damas de companhia correndo pelos quilômetros de corredores do Palácio de Inverno com a resposta de Catarina: "Fico feliz que esteja de volta, meu querido. Estou bem. Para se esquentar: vá para o banho; foi aquecido hoje".[31] Mais tarde a serva lhe trouxe a notícia de que Potemkin tinha terminado o banho. E a imperatriz mandou outro bilhete: "Meu lindo, meu amado, com quem nada se parece, estou cheia de calor e ternura por você, e terá minha proteção enquanto eu viver. Imagino que esteja mais bonito do que nunca depois do banho".[32]

Amantes tendem a compartilhar detalhes da sua saúde: Potemkin e Catarina o fizeram a vida inteira. "*Adieu monsieur*", rabiscou ela certa manhã antes de sair, "dormiu bem? Como está a febre? Seria tão bom sentar e conversar."[33] Quando a febre dele cedeu, ela tentou atraí-lo de volta. "Você terá uma nova rotina", prometeu. "De início, receberei você no meu budoar, sentarei você perto da mesa e ali estará aquecido e não pegará resfriado [...]. E começaremos a ler um livro, e deixarei você ir embora às dez e meia [...]."[34]

Quando ele melhorou, foi a vez de ela adoecer: "Dormi muito bem, mas não por muito tempo: tive uma dor de cabeça e uma dor no peito. Não sei se vou sair hoje. Se sair, é só porque o amo mais do que você me ama, e posso prová-lo como dois e dois são quatro. Irei vê-lo. Nem todo mundo é tão inteligente, tão bonito, tão adorável como você".[35]

Potemkin era um notório hipocondríaco. Mesmo com um simples mal-estar vivia num estado de tensão nervosa, por isso de vez em quando Catarina adotava o tom tirânico de uma enérgica matrona alemã para acalmá-lo: "Realmente, é hora de acomodar-se à ordem correta das coisas. Sossegue e deixe-me sossegar também. Digo-lhe sinceramente que sou muito compreensiva com a sua doença, mas não vou mimá-lo com palavras de ternura".[36] Quando ele estava de fato doente: "Minha alma querida, preciosa e única, não tenho palavras para expressar o meu amor por você. Não se preocupe com a sua diarreia — ela deixará os intestinos bem limpos [...]".[37] Os intestinos, em particular, repercutiam nas cartas daquele século.

E, quando ela própria ficou prostrada com diarreia, teve receio, como qualquer mulher teria, de que o amante a surpreendesse numa posição indigna. "Se você realmente precisar me ver, mande alguém avisar; desde as seis da manhã estou com uma diarreia medonha". Além disso, não queria ir visitá-lo tendo que atravessar o gélido corredor em Tsárskoie Seló: "Sinto muito, mas passar pelo corredor não aquecido [...] só agravaria minhas dores [...]. Sinto muito que você esteja doente. Tente ficar quieto, meu amigo, este é o melhor remédio".[38]

Catarina estava vibrando por ter encontrado um parceiro que de certa forma era seu igual: "Meu querido, o tempo que passo com você é tão feliz. Passamos quatro horas juntos, o tédio sumiu e não quero me separar de você. Meu queridíssimo amigo, AMO VOCÊ DEMAIS, você é tão bonito, esperto, jovial e engraçado; quando estou com você, não dou a menor importância ao mundo. Nunca fui tão feliz. Com frequência quero esconder de você meus sentimentos, mas quase sempre o coração simplesmente trai a minha paixão".[39] Mas, mesmo naqueles primeiros e idílicos tempos desse grande amor, Potemkin já se atormentava com seus apetites contraditórios: uma necessidade infantil de atenção e amor de um lado, e do outro um ardente desejo de liberdade e independência.

A solução de Catarina para o primeiro problema era mimar Potemkin dia e noite, soterrando-o de atenções, que ele sugava, pois era tão ávido de amor quanto ela. A imperatriz de todas as Rússias não se cansava de submeter-se a esse orgulhoso russo: "Meu pombo querido, meu precioso amigo, preciso escrever-lhe para cumprir minha promessa. Por favor, fique sabendo que eu o amo, e isso não deveria ser surpresa para ninguém. Por você, qualquer um faria o impossível, por isso serei ou sua humilde criada ou sua serva mais baixa, ou as duas coisas".[40] Potemkin estava sempre exigindo mais e mais atenção. Queria saber se ela pensava o tempo todo nele. Se não pensasse, ficava amuado.

"Nunca esqueço você", disse ela para tranquilizar seu "querido amigo" depois de um dos seus amuos. "Logo que acabei de ouvir relatórios, o que levou três horas, quis mandar alguém falar com você, especialmente porque ainda não eram dez horas, e tive medo de acordá-lo antes. Como vê, sua raiva não tem fundamento [...]. Querido, amo você com toda a minha alma."[41] Se ela estivesse realmente com raiva, dizia-lhe: "Tolo! Não estou mandando você fazer nada! Por não merecer essa frieza, culpo nosso inimigo mortal, seu esplim!".[42] Ela tolerava seus amuos, achando a paixão dele um tanto lisonjeira e tentando entender seus tormentos: "Está falando bobagem, meu querido, amo você e vou amar para sempre, apesar de você". Ou, ainda mais docemente: "Batinka, venha aqui para que eu possa acalmá-lo com minhas infinitas carícias".[43] O papel dela geralmente era atenuar com seu amor a raiva desse homem furioso e frustrado.

Os humores de Potemkin eram tão instáveis que os dois faziam brincadeiras um com o outro: "Havia alguma coisa naquele papel?", escreveu ela, fingindo não ter lido um dos seus irados bilhetes. "Certamente repreensões, pois Vossa Excelência ficou amuado a noite inteira e eu, magoada, busquei em vão suas carícias [...]. A briga foi anteontem, quando tentei, com toda a sinceridade, falar com você sobre meus planos que [...] poderiam lhe ser muito úteis. Noite passada, confesso, não mandei ninguém de propósito [...]. Mas como você não chegou às nove, mandei saber notícia da sua saúde. Então você apareceu carrancudo. Fingi não perceber seu mau humor, o que acabou ofendendo-o realmente [...]. Espere, querido, deixe meu coração sarar de novo, a ternura voltará logo que um conceda ao outro uma audiência."[44]

Talvez tenha sido depois disso que Potemkin lhe mandou uma folha de papel em branco. A imperatriz ficou magoada, mas achou graça, e o recompensou com uma enciclopédia quase completa de apelidos: "Hoje não é Dia da Mentira para você me mandar uma folha em branco. Provavelmente [...] o fez para não me mimar demais. Mas [...] também não adivinho qual é o significado do seu silêncio. Mesmo assim, estou cheia de ternura para com você, *Giaour*, Moscovita, Pugatchov, Galinho Dourado, Pavão, Gato, Faisão, Tigre Dourado, Leão da Selva".[45]

Catarina ocultava uma obsessiva carência emocional — "minha cruel ternura" — debaixo do frio temperamento alemão, o que seria suficiente para sufocar qualquer homem, ainda mais o impossivelmente irrequieto Potemkin. Recompensado com generosidade, em rápida ascensão, mimado pelas mulheres que amava, ele era de tal forma uma pilha de nervos, de melodrama poético e de antagonismo eslávico, que não conseguia relaxar e simplesmente ser feliz: "A calma para você é um estado de espírito que sua alma não consegue aguentar". Ele precisava de espaço para respirar. Sua inquietação a atraía, mas ela não conseguia deixar de considerá-la insultuosa: "Vim acordá-lo e [...] vejo que você saiu [...]. Agora entendi que este seu sono é só uma desculpa para se livrar de mim. Na cidade você passa horas comigo [...] enquanto aqui só consigo vê-lo rapidamente. *Giaour*, Cossaco, Moscovita, você está sempre tentando me evitar! [...]. Pode rir-se de mim, mas eu não rio quando vejo que está entediado em minha companhia [...]."[46] Mas Potemkin era tão manipulador quanto a própria Catarina. Fosse o orgulho ou a inquietação que o faziam evitá-la, ele gostava que ela soubesse. "Nunca o procurarei se você me evitar",[47] escreveu ela pateticamente em certa ocasião. A mente volátil e imprevisível de Potemkin entediava-se com facilidade, embora ele nunca se cansasse da companhia de Catarina. Tinham coisas demais em comum.

Era difícil, para um russo tradicional como Potemkin, ainda que versado nos clássicos do Iluminismo, manter uma relação de igual para igual com uma mulher, não apenas mais poderosa como também tão independente em termos sexuais. O comportamento de Potemkin era complacente e egocêntrico, mas ele estava numa situação difícil, sofrendo enormes pressões, tanto no campo político como no pessoal. Era por isso que atormentava Catarina. Tinha um ciúme obsessivo de outros homens, o que era uma tolice, levando em conta a absoluta devoção que ela lhe dedicava. A função de amante oficial não era fácil para um homem imperioso.

Primeiro teve ciúme de Vassíltchikov. Então Catarina lhe deu a satisfação de negociar os termos da partida — ou de recompensa para "Sopa Gelada". "Estou transferindo essa questão de decidir para alguém muito mais esperto do que eu [...]. Só lhe peço que seja moderado." A carta da imperatriz nos oferece um fascinante vislumbre da sua generosidade: "Não vou dar a ele mais que duas aldeias", informou ela a Potemkin. "Dei-lhe dinheiro quatro vezes, mas não lembro quanto, acho que 60 mil [...]." Potemkin, juntamente com seu ex-anfitrião Ieláguin, preparou um acordo generosíssimo para Vassíltchikov, apesar de pífio em comparação com o que seria dado aos seus sucessores. Vassíltchikov, que já tinha saído do Palácio de Inverno para ir morar com o irmão, recebeu uma mansão totalmente decorada, 50 mil rublos para estabelecer residência, 5 mil rublos de pensão anual, aldeias, roupas de cama, roupa branca e um serviço de mesa de prata para vinte lugares, incluindo, sem dúvida, tigelas para sopa gelada. O infeliz "manteúdo" Vassíltchikov teve que, de forma humilhante, "curvar-se" e agradecer a Potemkin — mas tinha motivo para ser grato.[48] Esse foi um dos primeiros exemplos de ausência de espírito vingativo em Potemkin, fosse pessoal ou politicamente. Entretanto, ele continuava torturado pela humilhação inerente à sua própria posição: Catarina poderia dispensá-lo, assim como dispensara Sopa Gelada.

"Não, Gríchenka", respondeu ela em francês depois de um desentendimento, "é impossível para mim mudar no que lhe diz respeito. Precisa ser justo consigo mesmo: é possível amar quem quer que seja depois de ter conhecido você? Acho que não existe homem no mundo que se compare a você. Tanto mais que meu coração é constante por natureza, e vou dizer mais: em geral, não gosto de mudança." Catarina era muito sensível à reputação de "lasciva":

> Quando me conhecer melhor, vai me respeitar, pois lhe garanto que sou respeitável. Sou muito verdadeira, amo a verdade, odeio mudanças, sofri horrivelmente nos últimos dois anos, queimei os dedos, não voltarei para isso [...]. Estou muito feliz. Se você continuar dando atenção a tudo quanto é boato, sabe o que farei? Tranco-me em meu quarto e não vejo ninguém a não ser você. Se for necessário, posso fazer uma coisa radical assim, e amo você para além de mim mesma.[49]

Sua paciência era de santa, mas não inesgotável: "Se o seu mau humor bobo já passou, por favor me diga, pois parece que ainda persiste. Como não lhe dei motivo algum para essa raiva tão teimosa, me parece que já foi longe demais. Infelizmente, só eu a acho longa demais, pois você é um tártaro cruel!".[50]

As relações entre eles floresciam em meio a essas mudanças de humor, mas era tudo muito cansativo. De alguma forma, parece que esse comportamento desagradável inspirava o respeito e o amor de Catarina, apesar de as zangas de Potemkin serem abertamente manipuladoras. Catarina comovia-se com as paixões dele e ficava lisonjeada com seu ciúme, mas, por falta de controle, ele às vezes ia longe demais. Ameaçou matar qualquer rival que disputasse o coração dela. "Você devia estar envergonhado", provocou ela. "Por que diz que qualquer um que tome o seu lugar vai morrer? É impossível influenciar o coração com ameaças [...]. Reconheço que há certa ternura em suas apreensões [...]. Queimei os dedos por esse idiota [Vassíltchikov]. Eu tinha medo de que [...] habituar-me a ele me fizesse infeliz, e encurtasse a vida [...]. Agora você pode ler meu coração e minha alma. Abro-os com sinceridade e, se você não sente e não vê isto, então é indigno da grande paixão que despertou em mim."[51]

Potemkin queria saber de tudo. Alegava que antes dele teria havido quinze amantes. Era um raro exemplo de alguém acusar uma imperatriz, sem rodeios, de imoral. Mas Catarina esperava resolver os ciúmes dele com o que denominou de "confissão sincera". Trata-se de um extraordinário documento em qualquer época. Sua moderna entonação feminina pertence ao nosso confessional século XXI, a moralidade mundana ao século XVIII. Os sentimentos de romance e sinceridade são eternos. Nunca se ouviu falar que uma imperatriz desse explicações sobre sua vida sexual. Ela discutiu os quatro amantes que vieram antes — Saltikov, Poniatowski, Orlov e Vassíltchikov. Arrependia-se de Saltikov e Vassíltchikov. Potemkin aparecia como o gigante herói, o *"bogatr"* a quem tanto se assemelhava: "Agora, Senhor Herói, depois desta confissão, posso esperar perdão pelos meus pecados? Como terá o prazer de ver, não há quinze coisa nenhuma, apenas um terço desse número, dos quais o primeiro [Saltikov] ocorreu a contragosto e o quarto [Vassíltchikov] por desespero, o que não conta como autocomplacência; quanto aos outros três, Deus é testemunha, não ocorreram por devassidão, pela qual não tenho inclinação. Se na juventude me tivessem dado um marido que pudesse amar, eu lhe teria sido eternamente fiel".

Então ela lhe apresentou uma versão do que seria a verdade sobre sua própria natureza: "O problema é só que meu coração não pode estar contente, ainda que por uma hora, sem amor [...]". Isso nada tinha a ver com a ninfomania que meninos de escola têm atribuído a Catarina, sendo antes uma admissão de suas necessidades emocionais. A isso, o século XVIII teria chamado de declaração de *sensibilité*; o século XIX aí teria visto uma declaração poética de amor romântico; hoje, podemos ver que se trata apenas de parte de uma personalidade complexa e apaixonada.

O amor de um pelo outro era absoluto, mas a turbulência de Potemkin e sua fome de poder significavam que ele era sempre tempestuoso. Apesar disso, Catarina terminou sua confissão com a seguinte proposta: "Se quiser me ter para sempre, mostre-me tanto afeição como amizade, e continue a me amar e me contar a verdade".[52]

8. Poder

*Ela é louca por ele. Eles podem muito bem estar apaixonados,
porque são exatamente iguais.*
Senador Ivan Ieláguin a Durand de Distroff

"Esses dois grandes personagens foram feitos um para o outro", observou Masson. "Ele primeiro amou a soberana como sua amante, depois a idolatrou como sua glória."[1] A semelhança de ambições e talentos entre os dois foi ao mesmo tempo o alicerce do seu amor e o seu defeito. O grande caso de amor da imperatriz anunciou uma nova era política, porque todo mundo se deu conta de imediato que Potemkin, ao contrário de Vassíltchikov ou mesmo de Grigóri Orlov, era capaz de exercer seu poder e faria questão de exercê-lo de imediato. Mas, no começo de 1774, eles precisavam agir com muita cautela, no momento mais delicado do reinado de Catarina até então: Pugatchov ainda praticava seus desmandos pelo território ao norte do Cáspio, ao sul dos Urais e a leste de Moscou — e os nobres, muito preocupados, queriam que fosse rapidamente detido. Os turcos ainda não estavam prontos para negociar, e o exército de Rumiántsev estava exausto e consumido pela febre. Um movimento em falso contra Pugatchov, uma derrota nas mãos dos turcos, uma provocação contra os Orlov, uma ofensa às

Guardas, uma concessão ao grão-duque — qualquer dessas situações poderia ter custado literalmente a cabeça dos amantes.

Se acaso tivessem alguma ilusão, Alexei Orlov-Tchésmenski resolveu mostrar-lhes que vinha observando com extrema atenção a janela iluminada da casa de banhos imperial. Os irmãos Orlov, que tinham recuperado muito terreno desde 1772, seriam as primeiras baixas da ascensão de Potemkin.

"Sim ou não?", "Le Balafre" perguntou à imperatriz com uma leve risada.

"Sobre o quê?", questionou a imperatriz.

"É amor?", insistiu Orlov-Tchésmenski.

"Não vou mentir", disse a imperatriz.

Cicatriz repetiu a pergunta: "Sim ou não?".

"Sim!", disse finalmente a imperatriz.

Orlov-Tchésmenski voltou a rir: "Vocês se encontram na *bánia*?"

"Por que pergunta?"

"Porque há quatro dias vimos a luz no banho mais tarde do que de costume." E acrescentou: "Ontem estava claro que vocês marcaram um encontro mais tarde, para não demonstrar afeição, e despistar os outros. Boa jogada".[2] Catarina contou tudo isso ao amante, e os dois se divertiram imensamente com aquilo, como crianças travessas chocando os adultos. Mas havia sempre qualquer coisa de ameaçador nas brincadeiras de Alexei Orlov.

Entre sessões de sexo e de riso na *bánia*, Potemkin imediatamente começou a ajudar Catarina na Guerra Russo-Turca e na Rebelião de Pugatchov. Esses atores políticos costumavam discutir como desempenhar uma cena: "Adeus, irmão", disse-lhe ela. "Comporte-se com sabedoria em público e dessa maneira ninguém saberá o que realmente pensamos."[3] Mas ela se sentia segura com Potemkin, que lhe transmitia a sensação de que tudo era possível, de que todos os sonhos gloriosos eram alcançáveis e de que os problemas do momento podiam ser resolvidos.

Catarina já vinha sofrendo pressões por causa de Potemkin. No começo de março, cortesãos não identificados, mas poderosos, incluindo um de apelido "o Alquimista" — possivelmente Pánin ou um dos Orlov —, aconselhou Catarina a livrar-se de Potemkin: "O homem que você chama de 'o Alquimista' fez uma visita [...]. Tentou demonstrar o delírio dos seus atos e dos meus e terminou perguntando se queria que eu lhe pedisse que voltasse para o Exército: concordei. Estão todos querendo me fazer preleções [...]. Não admiti, mas também não me desculpei, por isso não podem dizer que menti". Mas as cartas mostram também a união de Potemkin e Catarina em questões políticas:

> Em resumo, tenho um monte de coisas para conversar com você e particularmente sobre o assunto de que falamos ontem, entre o meio-dia e as duas da tarde; mas não sei se você está no mesmo estado de espírito de ontem e não sei também se suas palavras sempre correspondem às suas ações, pois você me prometeu várias vezes que viria e não veio [...]. Penso em você o tempo todo. *Oh là là!* Que carta longa eu lhe escrevi. Me desculpe, sempre esqueço que você não gosta disso. Não farei mais.[4]

Catarina se esforçava para que a ascensão de Potemkin não provocasse um racha com os Orlov: "Eu lhe peço — não faça nada, não faça mal, não tente fazer mal ao príncipe Orlov em meus pensamentos, porque isso seria ingratidão da sua parte. Antes de chegar, ninguém foi elogiado e amado como você".[5]

Potemkin passou a exigir um lugar no governo. Os cargos mais importantes eram guerra e negócios estrangeiros. Levando em conta que tinha voltado do Danúbio como herói do campo de batalha, era natural que escolhesse a Escola de Guerra como seu objetivo. Já em 5 de março de 1774, uma semana depois de ser nomeado ajudante-general, ela encaminhou ordens para Zakhar Tchernichov, presidente da Escola de Guerra, aliado de Orlov, por intermédio de Potemkin.[6] Como sempre, a Rebelião de Pugatchov funcionou a favor de Potemkin: todo governo precisa de bodes expiatórios para seus desastres públicos. Assim Zakhar Tchernichov, que não recebeu crédito nenhum pelas vitórias de Rumiántsev, foi responsabilizado pelos desmandos de Pugatchov e não se sentia nem um pouco feliz com isso: "O conde Tchernichov está muito preocupado e vive dizendo que vai se aposentar".[7] Dez dias depois que Potemkin entregou as mensagens de Catarina a Tchernichov, ela o promoveu a tenente-coronel do regimento de Preobrajénski das Guardas, do qual ela mesma era coronel. Tinha sido o posto de Alexei Orlov, portanto era sinal do mais alto favor imperial — e do eclipse dos Orlov. E ele se tornou capitão de sessenta *chevaliers-gardes*, gloriosamente vestidos, que patrulhavam os palácios de capacete e peitorais de prata, e cujos esquadrões de hussardos ou cossacos escoltaram a carruagem da imperatriz.

Potemkin sabia que seria loucura enfrentar todas as facções da corte, por isso tentava "ser amigo de todo mundo", escreveu a condessa Rumiántseva —[8]

principalmente de Nikita Pánin.⁹ O presunçoso e indolente Pánin parecia "mais satisfeito do que antes" de Potemkin aparecer. Mas o conde Solms não o subestimava: "Só tenho medo de que Potemkin, que tem reputação de esperto e perverso, possa beneficiar-se da bondade de Pánin".¹⁰

O favorito esperava, por intermédio de Pánin, neutralizar os demais elementos perigosos da corte de Catarina — o meticuloso e prussófilo herdeiro grão-duque Paulo, agora com vinte anos, ansioso para desempenhar uma função política adequada à sua posição. Paulo não gostava do príncipe Orlov, mas viria a odiar ainda mais o novo favorito, porque já percebera que Potemkin o manteria para sempre excluído da corte. Potemkin logo cruzaria seu caminho. Paulo, fanático em matéria de disciplina militar *à la Prusse*, esbarrou com o favorito quando visitava a mãe e resmungou qualquer coisa sobre a roupa de Potemkin. "Meu querido", disse Catarina ao amante, "o grão-duque vem me visitar às quintas e sextas [...] das nove às onze [...]. Nenhuma crítica porque o conde [...] Andrei Razumóvski [amigo do grão-duque Paulo] vai vê-los com a mesma roupa, e nem por isso eu o considero mais malvestido do que você [...]."¹¹ Felizmente, o grão-duque Paulo não viu Potemkin numa de suas peles de urso meio abertas, com lenço cor-de-rosa na cabeça, que deixavam qualquer um perplexo.

Pánin resolveu empurrar o cada vez mais amargo tsarévitch para o lado do "inteligente" Potemkin.¹² Assim, Potemkin usava Pánin, que pensava estar usando Potemkin. A condessa Rumiántseva disse ao marido que a volta de Potemkin tinha alterado tudo politicamente — e estava certa.¹³ Potemkin concentrou-se na Rebelião de Pugatchov. Logo depois que Catarina e Potemkin se tornaram amantes e parceiros políticos, o general Alexandre Bíbikov, estabelecendo seu quartel-general em Kazan, deu um jeito de derrotar o exército de 9 mil homens de Pugatchov em 22 de março, levantar o cerco de Orenburg, Ufa e Yaiksk e forçar o impostor a abandonar sua "capital" em Berda, nos arredores de Orenburg. O favorito sugeriu a nomeação do primo, Pável Serguéievitch Potemkin, filho do homem que tentara convencer seu pai de que ele era ilegítimo, para chefiar a Comissão Secreta em Kazan, incumbida de descobrir a causa da rebelião — os turcos e franceses eram os principais suspeitos — e punir os rebeldes. Potemkin e Catarina mandaram Zakhar Tchernichov¹⁴ convocar Pável Potemkin do front turco. Pável Serguéievitch era uma figura polivalente bem século XVIII — militar eficiente, cortesão gracioso, poeta, erudito multilíngue, o primeiro a traduzir Rousseau para o russo. Quando chegou a Petersburgo, Catarina "lhe disse para juntar-se a

Bíbikov" em Kazan imediatamente.[15] Agora que Bíbikov estava a ponto de estrangular o falso Pedro III e que Pável Potemkin fora acionado para cuidar do processo post mortem, a preocupação dos amantes era pôr fim à Guerra Turca.

"Matuchka", rabiscou Potemkin ao ler um dos rascunhos dos termos de paz russos redigidos por Catarina, "o que significam os artigos sublinhados?" Embaixo, a imperatriz respondeu: "Significam que já foram acrescentados e que, se houver debate, não se insistirá neles [...]".[16] No momento em que se juntou aos conselheiros da imperatriz, ele começou a discutir com ela as instruções a serem dadas ao marechal de campo Rumiántsev. De início os cortesãos acharam que Potemkin estivesse tentando destruir o antigo chefe. A lenda sobre Potemkin afirma que durante toda a vida ele foi perversamente ciumento dos outros poucos homens tão talentosos como ele. Não era bem assim. "Dizem que ele foi impiedoso com Rumiántsev", escreveu Solms a Frederico, "mas o que eu soube foi o contrário — são amigos e ele o defende de censuras." A mulher do marechal de campo também se surpreendia com o fato de que "ele não perde oportunidade de tentar servi-lo [...] e até me beneficia".[17]

Só um vigoroso susto poderia fazer os turcos se sentarem à mesa para negociar a paz, mas o exército de Rumiántsev, cada vez mais reduzido, precisava de reforços para o ataque que planejava realizar através do Danúbio e de autoridade para firmar a paz no local. No fim de março, Potemkin convenceu Catarina "a dar poderes a Rumiántsev, e assim a guerra acabou", como ela mesma resumiu.[18] Isso significava que a tradicional tática otomana de postergação não funcionaria, porque Rumiántsev recebeu autoridade para firmar a paz no local, dentro de limites definidos por Catarina e Potemkin, mas sem necessidade de consultar novamente Petersburgo. Os novos termos de paz corrigidos por Potemkin foram enviados ao marechal de campo em 10 de abril. Àquela altura, os turcos já tinham perdido o apetite para negociar. As tomadas de decisões muçulmanas, terrivelmente lentas mesmo nos melhores momentos, haviam sido retardadas pela morte do sultão Mustafá III e por seu sucessor, seu cauteloso irmão Abdul-Hamig. Os turcos foram incentivados a continuar lutando pelos franceses e provavelmente pelos traiçoeiros prussianos: Frederico, mesmo engolindo sua fatia da Partição Polonesa, ainda tinha ciúmes dos avanços russos no sul. Mais que isso, os turcos também se animaram com a Rebelião de Pugatchov. Com isso, não poderia haver paz sem que primeiro houvesse guerra. Mais uma vez, o marechal de campo Rumiántsev preparou-se para cruzar o Danúbio.

O primeiro passo de Potemkin rumo ao poder foi juntar-se ao Conselho de Estado, o gabinete de guerra consultivo criado por Catarina em 1768. Sua ascensão é sempre descrita como rápida e fácil. Mas, contrariando o clichê histórico, o favorecimento imperial não lhe garantia poder. Potemkin julgava-se pronto para o conselho. Mas poucos concordavam. Além disso, todos os outros membros do conselho pertenciam à primeira ou segunda posição na Tabela de Posições; Potemkin ainda estava na terceira. "Que devo fazer? Não sou nem mesmo admitido no conselho. E por que não? Eles não aceitam, mas darei um jeito", esbravejou Potemkin, "com uma franqueza que espantou" o diplomata francês Durand.[19] Ele costumava aturdir quase todos os diplomatas que encontrava com a franqueza dos seus comentários. Para os embaixadores estrangeiros, esse foi o primeiro sinal de que Potemkin, com menos de três meses na cama de Catarina, já queria poder real e estava disposto a consegui-lo.

Enquanto a corte estava em Tsárskoie Seló durante o verão, Catarina ainda relutava em nomeá-lo para o conselho. Ele se fez valer por sua determinação e seu mau humor. "Domingo, quando eu estava sentado à mesa perto dele e da imperatriz", relatou Durand, "vi que ele não só não falava com ela, como nem sequer respondia às suas perguntas. Ela estava extremamente agitada, e nós, da nossa parte, desagradavelmente surpresos. O silêncio só era quebrado pelo mestre da cavalaria [Liev Naríchkin], que não conseguiu de forma alguma animar a conversa. Ao levantar-se da mesa, a imperatriz afastou-se sozinha e reapareceu com os olhos vermelhos e ar perturbado."[20] Teria Potemkin conseguido o que queria?

"Meu amor", escreveu a imperatriz em 5 de maio, "porque você me pediu, hoje vou despachá-lo com uma coisa para o conselho, escrevi um bilhete que deve entregar ao príncipe Viázemski. Portanto, se quiser ir, precisa estar pronto até o meio-dia. Aí vão o bilhete e o relatório da Comissão de Kazan."[21] O bilhete pedindo que Potemkin discutisse a Comissão Secreta criada para investigar e punir os rebeldes de Pugatchov parece informal, mas não era: Catarina estava convidando Potemkin a fazer parte do conselho. Potemkin entregou o bilhete ao procurador--geral Viázemski com ostentação e sentou-se à cabeceira da mesa; jamais sairia dali. "Em nenhum outro país", informou Gunning a Londres no dia seguinte, "favoritos sobem tão depressa. Para grande surpresa dos membros do conselho, o general Potemkin assumiu seu lugar entre eles."[22]

Foi nessa época que a Comissão Secreta de Kazan descobriu um "complô" para assassinar Catarina em sua residência de verão, Tsárskoie Seló: um partidário de Pugatchov que foi capturado, confessou, durante interrogatório, que assassinos tinham sido despachados. Potemkin cuidou da investigação com Viázemski: "Acho que a montanha vai parir um rato",[23] disse Catarina bravamente a Potemkin. Ele estava assustado, mas no fim se descobriu que a história provavelmente foi inventada durante o interrogatório realizado pela comissão no sul, uma das razões pelas quais Catarina era contra o costume russo de açoitar suspeitos com o cnute. Ela estava longe demais para impedir que a comissão aplicasse a tortura contra os rebeldes, mas insistiu com Bíbikov para reduzir ao mínimo a sua utilização.[24]

Em 30 de maio, Potemkin foi promovido a general em chefe e vice-presidente da Escola de Guerra. Para nós é fácil esquecer que, enquanto essa encarniçada batalha de facções se desenrolava nos conselhos da imperatriz, Potemkin e Catarina ainda desfrutavam os primeiros ardores do seu caso amoroso. Possivelmente no mesmo dia da sua promoção, a imperatriz mandou o seguinte bilhete a Potemkin na linguagem infantil dos namorados: "General ama eu? Mim ama general muitão".[25] O enfraquecido ministro da Guerra Tchernichov foi "duramente atingido", informou Gunning, "a tal ponto que não poderia continuar no cargo [...]".[26] Fragilizado, ele longo renunciou para se tornar governador das novas províncias bielorrussas tomadas na Primeira Partição da Polônia. Aí terminou a crise faccional iniciada dois anos antes com a queda do príncipe Orlov.

Honrarias, responsabilidades, servos, propriedades e riquezas choveram sobre Potemkin: em 31 de março ele tinha sido nomeado governador-geral da Nova Rússia, as imensas províncias meridionais que faziam fronteira com o canato tártaro da Crimeia e com o Império Otomano; em 21 de junho, foi designado comandante em chefe de todas as forças irregulares, isto é, de seus amados cossacos. É difícil imaginar a escala da riqueza que Potemkin acumulou de forma repentina. Ela o colocava a anos-luz de distância das suas origens em Tchijovo, ou mesmo da casa do seu padrinho em Moscou. Um soldado camponês da infantaria russa recebia sete rublos por ano; um oficial, trezentos. Potemkin regularmente recebia presentes de 100 mil rublos no dia do seu santo, em feriados ou para comemorar sua ajuda particular em determinado projeto. Além de contar com uma imensa mesada de trezentos rublos, morava de graça em todos os palácios e era servido pela criadagem imperial. Consta que recebia 12 mil rublos no primeiro dia do mês em sua penteadeira, mas é mais provável que Catarina simplesmente lhe desse milhares de rublos quando tinha vontade, como Vassíltchikov havia testemunhado. Potemkin gastava tão livremente como recebia, sentindo-se por um lado constrangido e, por outro, sempre exigindo mais. Apesar disso, estava longe de atingir o teto da sua renda ou da sua extravagância. Logo não haveria teto nenhum, fosse numa coisa ou na outra.[27]

Catarina fazia questão de que Potemkin recebesse todas as medalhas russas e estrangeiras possíveis — para elevar o status dele e consolidar o dela. Monarcas adoravam obter medalhas estrangeiras para seus favoritos. Já os monarcas estrangeiros relutavam, irritados, em concedê-las — especialmente aos amantes de regicidas usurpadoras. Mas, a não ser que houvesse uma boa desculpa, em geral cediam. A correspondência entre monarcas e embaixadores russos relativa a essas distinções é um divertidíssimo curso sobre os eufemismos tortuosamente polidos e quase codificados que constituíam a linguagem da diplomacia de corte.

"Bom dia, amor", Catarina saudou Potemkin em tom brincalhão, "[...] acordei e mandei perguntar ao vice-chanceler sobre as fitas; escrevi dizendo que eram para [...] o general Potemkin e que eu tinha intenção de colocá-las depois da missa. Você o conhece? É bonito e tão inteligente quanto bonito. E me ama, tanto quanto é bonito e inteligente, e eu o amo também [...]."[28] Naquele dia, ele recebeu a Ordem Russa de Santo Alexandre Niévski e a Ordem Polonesa da Águia Branca, gentilmente concedida pelo rei Estanislau Augusto. Havia prestígio nessas ordens, embora a alta nobreza as visse como propriedade sua: uma das características mais irresistíveis de Potemkin era o gosto infantil por medalhas. Logo juntou uma coleção delas; a Ordem de Santo André, de Pedro, o Grande; Frederico, o Grande, lhe mandou a Águia Negra prussiana; a Dinamarca outorgou o Elefante Branco; a Suécia, o Sagrado Serafim. Mas Luís XIV e Maria Teresa lhe recusaram o Espírito Santo e o Tosão de Ouro, respectivamente, alegando que eram destinadas apenas a católicos. Em Londres, Jorge III ficou chocado com a tentativa de seu embaixador de conseguir a Jarreteira para Potemkin.[29]

"Parece que a imperatriz vai entregar as rédeas do governo a Potemkin", Gunning informou a Londres. De fato, o impensável aconteceu: Potemkin se tornara superior ao príncipe Orlov. Os embaixadores não engoliram. De tão acostumados aos Orlov, não conseguiam acreditar que eles não estivessem prestes a voltar ao poder a qualquer minuto. Os Orlov também não conseguiam acreditar.

O príncipe Orlov entrou como um furacão para ver Catarina em 2 de junho — uma visão assustadora até mesmo para uma imperatriz. "Dizem", relatou o bem informado Gunning, "que Orlov e Catarina tiveram uma briga feia."[30] O príncipe Orlov sempre foi afável, mas agora estava permanente e perigosamente irascível. Seu mau humor, quando lhe dava vazão, era terrível. Na verdade, Catarina o chamou de "estouvado" e ficou chateada com alguma coisa que Orlov lhe disse. Mas ela sabia muito bem lidar com ele: e Orlov concordou em "viajar ao exterior" novamente. Ela não deu a mínima. Tinha Potemkin. "Boa noite, meu amigo. Mande me dizer amanhã como está indo. Tchau — estou muito entediada sem você."[31]

Em 9 de junho, Rumiántsev lançou uma ofensiva contra os turcos, despachando dois corpos de exército através do Danúbio, que derrotaram o principal exército deles perto de Kozludji. Isso isolou o grão-vizir dos fortes danubianos. A cavalaria russa, passando por Shumla, galopou para a atual Bulgária.

Catarina e Potemkin receberam com tristeza a notícia da morte súbita, de febre, do vencedor de Pugatchov, Bíbikov, mas a rebelião parecia eliminada, e eles nomearam o medíocre príncipe Fiódor Shcherbátov para substituí-lo. De repente, no começo de julho, Catarina foi informada de que Pugatchov, apesar das derrotas, reaparecera com outro exército. Ela demitiu Shcherbátov e nomeou outro, o general príncipe Pedro Golítsin: "Estou lhe mandando, querido, a carta que escrevi para o príncipe Shcherbátov. Corrija-a, por favor, e depois vou mandar lê-la para o conselho". A imperatriz escreveu, otimistamente, para Potemkin: "Baterá na cabeça do prego".[32]

Em 20 de junho, os turcos pediram oficialmente a paz: em geral isso queria dizer uma trégua, um congresso e os meses de negociação que tinham arruinado os últimos acordos. Foi então que o conselho de Potemkin para "dar poderes" a Rumiántsev produziu resultados, porque o marechal de campo estabeleceu-se na aldeia búlgara de Kuchuk-Kainardji e disse aos turcos que, ou assinavam a paz, ou os dois exércitos voltariam a guerrear. Os otomanos começaram a negociar; a notícia de um tratado de paz era esperada a qualquer momento; os ânimos de Catarina se exaltaram. Tudo estava indo muito bem.

* * *

Uma nova crise provocada por Pugatchov atingiu Catarina em meados de julho. No dia 11, Pugatchov surgiu diante da antiga e estratégica cidade de Kazan com um exército de 25 mil homens. O supostamente fora de combate Pugatchov não tinha nada de derrotado, mas vinha sendo perseguido pelo verdadeiro herói da rebelião, o competente e infatigável tenente-coronel Ivan Mikhelson. Kazan ficava a meros 148 quilômetros de Nijni Nóvgorod, e isso representava uma distância de apenas pouco mais de 160 quilômetros de Moscou. A velha cidade tártara, conquistada por Ivan, o Terrível, em 1556, tinha 11 mil habitantes, e suas construções eram quase todas de madeira. Por coincidência, o general Pável Potemkin, recém-designado para as comissões secretas de Kazan e de Orenburg, tinha chegado a Kazan em 9 de julho, dois dias antes de Pugatchov. O velho governador estava doente. Pável Potemkin assumiu o comando, mas só dispunha de 650 soldados de infantaria e duzentos homens da pouco confiável cavalaria chuvache, por isso protegeu suas forças com barricadas na cidadela. No dia 12, Pugatchov invadiu Kazan, que foi arrasada numa infernal orgia de violência que durou das seis da manhã à meia-noite. Qualquer homem em "trajes alemães" ou sem barba era morto; mulheres de "vestido alemão" eram entregues ao acampamento do pretendente. A cidade foi reduzida a cinzas antes de o exército de Pugatchov escapar, e Pável Potemkin teve que ser resgatado por Mikhelson.

A região do Volga tornou-se toda ela uma fervilhante revolta camponesa. A rebelião assumira um aspecto ainda mais torpe: tinha começado como um levante cossaco. Agora se tornara uma brutal luta de classes, uma *jacquerie*, ou seja, um massacre de proprietários de terras por camponeses, que tinha esse nome por causa da rebelião no norte da França em 1358. O regime viu-se diante da possibilidade de milhões de servos massacrarem seus senhores. Era uma ameaça não apenas a Catarina, mas aos alicerces do próprio Império. Servos de feitoria, camponeses e 5 mil cavaleiros basquires agora seguiam a bandeira do pretendente. Servos rebelavam-se numa aldeia depois da outra. Bandos de escravos fugitivos percorriam o interior. Cossacos rebeldes passavam a galope pelas aldeias convocando os servos à rebelião.* Em 21 de julho, a notícia da queda de Kazan chegou

---

* Um sinal da anarquia que tomara conta da região do Volga foi o fato de que outro falso Pedro III,

a Catarina em Petersburgo. As autoridades no centro começaram a entrar em pânico. Será que Pugatchov marcharia contra Moscou?[33]

No dia seguinte, a imperatriz convocou uma reunião de emergência do conselho em Peterhof. Declarou que viajaria diretamente a Moscou para reagrupar o Império. O conselho escutou em mal contido silêncio. Ninguém ousou falar. Os membros do conselho estavam preocupados e pouco à vontade. A própria Catarina estava nervosa: Kazan tornou-a subitamente vulnerável. De forma inusitada, ela demonstrou isso. Alguns magnatas, em especial o príncipe Orlov e os dois irmãos Tchernichov, ressentiam-se amargamente da ascensão de Potemkin e do ressurgimento de Pánin.

O conselho ficou aturdido quando a imperatriz manifestou o desejo de ir a Moscou. Seu silêncio vencido refletia a profundidade "da depressão sem palavras". Catarina voltou-se para o seu principal ministro, Nikita Pánin, e perguntou o que ele achava da ideia. "Minha resposta", escreveu ele para o irmão, o general Pedro Pánin, "foi que não seria apenas ruim, mas desastroso", porque cheirava a medo na cúpula. Catarina defendeu de forma passional os benefícios da sua ida a Moscou. Potemkin respaldou-a. A opção de Moscou pode ter sido ideia dele, porque, como o mais velho dos russos entre aqueles cultos patrícios, ele instintivamente via Moscou como a capital ortodoxa quando a mãe-pátria corria perigo. Além disso, pode ter concordado com ela apenas porque era muito novo ali para se arriscar a assumir uma posição independente da de Catarina.

A reação da maioria do conselho foi quase cômica: o príncipe Orlov recusou-se a dar uma opinião, alegando, como uma criança, que não se sentia bem, não dormira direito e não tinha nenhuma ideia. A Kiril Razumóvski e ao marechal de campo Alexandre Golítsin, uma dupla de "idiotas", não lhes ocorreu uma palavra para dizer. Zakhar Tchernichov "tremia entre os favoritos" — Orlov e Potemkin — e conseguiu emitir "meias palavras duas vezes". Reconheceu-se que não havia ninguém de peso militar no Volga para coordenar a derrota de Pugatchov: exigia-se "um personagem distinto". Mas quem? Orlov, supostamente, saiu para tirar a

---

um servo fugitivo, também conseguiu formar um exército do povo e conquistar Troitsk, a sudeste de Moscou, onde instalou outra corte grotesca.

sua soneca de beleza, enquanto o desanimado conselho aproveitou para não resolver nada, além de aguardar notícias sobre o tratado de paz com os turcos.[34]

Nikita Pánin teve uma ideia. Depois do jantar chamou Potemkin de lado e propôs que o "distinto personagem" salvador da Rússia fosse nada menos do que seu irmão, o general Pedro Ivánovitch Pánin. Havia algum sentido nesse argumento: tratava-se de um general vitorioso na batalha com as credenciais aristocráticas necessárias para apaziguar os temores dos proprietários de terras. Já estava em Moscou. Mas havia um problema com Pedro Pánin. Era um homem rude, arrogante e casmurro, para quem a palavra "mandão" parecia ter sido especialmente inventada. Mesmo para um militar russo do século XVIII, muitas de suas opiniões declaradas da forma mais estridente eram absurdas: era um pedante no que dizia respeito aos privilégios dos nobres e às minúcias da etiqueta militar e alimentava a robusta crença de que só homens serviam para a função de tsar. Esse tirano escandaloso, severo adepto da disciplina, era capaz de aparecer na antessala do seu quartel-general trajando um roupão de cetim cinza e uma alta touca de dormir com fitas cor-de-rosa.[35] Catarina desprezava-o, desconfiava dele politicamente e até o mantinha sob secreta vigilância policial.

Assim sendo Nikita Pánin, não ousando propor o nome do irmão em voz alta no conselho, abordou cautelosamente Potemkin, que foi falar com a imperatriz. Ela deve ter ficado furiosa só de pensar nessa possibilidade. Talvez ele a tenha persuadido de que não havia muitas opções, considerando que até mesmo seus partidários mais próximos estavam vacilando. Ela concordou. Quando Nikita Pánin falou com ela depois, a imperatriz dissimulou sua verdadeira opinião e, como boa atriz que era, jurou graciosamente que queria que Pedro Pánin assumisse o comando supremo das províncias do Volga e "salvasse Moscou e as partes internas do Império". Nikita Pánin escreveu às pressas para o irmão.[36]

Os Pánin tinham conseguido praticamente dar um golpe de Estado, forçando Catarina a engolir a humilhação de ver o odiado Pedro Pánin salvar o Império. Eles passaram a ser, à sua maneira, uma ameaça tão grande a Catarina e a Potemkin quanto o próprio Pugatchov. Tendo tragado o amargo remédio que era Pánin, os amantes de imediato se deram conta de que precisavam diluí-lo. Ficaria pior antes de melhorar: os Pánin exigiram a concessão de extraordinários poderes de vice-rei ao general sobre todas as cidades, cortes e comissões secretas nas quatro imensas províncias afetadas, e sobre todas as forças militares (salvo o Primeiro Exército de Rumiántsev, o Segundo Exército que ocupava a Crimeia e as unidades na Polônia), bem como autoridade para decretar sentenças de morte. "Veja você, meu amigo", disse Catarina a Potemkin, "pelas peças em anexo, que o conde Pánin quer transformar seu irmão no ditador das melhores partes do Império." Ela estava decidida a não elevar esse "mentiroso de primeira linha [...] que me ofendeu pessoalmente, acima de todos os mortais no Império". Potemkin assumiu as negociações com os Pánin e a administração da rebelião.[37]

Catarina e Potemkin não sabiam que, antes da queda de Kazan, Rumiántsev tinha firmado com os turcos um acordo de paz extremamente proveitoso — o Tratado de Kuchuk-Kainardji. No fim da tarde de 23 de julho, dois mensageiros, um deles filho de Rumiántsev, galoparam até Peterhof levando a notícia. O humor de Catarina saltou do desespero para o entusiasmo eufórico. "Acho que hoje é o dia mais feliz da minha vida", disse ela ao governador de Moscou.[38] O tratado dava à Rússia um ponto de apoio no mar Negro, concedendo as fortalezas de Azov, Kerch, Yeni-Kale e Kinburn e a estreita faixa costeira entre os rios Dnieper e Bug. Navios mercantes russos poderiam passar pelo estreito para o Mediterrâneo. Ela poderia construir uma Frota do Mar Negro. O canato da Crimeia tornou-se independente do sultão otomano. Esse êxito possibilitaria as conquistas de Potemkin. Catarina ordenou extravagantes comemorações. A corte mudou-se para Oranienbaum três dias depois, para festejar.

Isso fortaleceu a posição de Potemkin perante Pedro Pánin, que, muito agitado, aguardava em Moscou a confirmação dos seus poderes ditatoriais. Os rascunhos desses poderes, que chegaram até nós, mostram que Catarina e Potemkin estavam igualmente empolgados com a possibilidade de reduzir os Pánin às suas devidas proporções. Eles com certeza não estavam com pressa. Nikita Pánin percebeu que talvez tivesse exagerado: "Vi desde o primeiro dia que esse negócio era tido como [...] uma extrema humilhação". Potemkin não se sentia nem um pouco intimidado pelos Pánin: "Ele não ouve nem quer ouvir nada que se diga, mas decide tudo com a impudência de sua mente".[39]

Ao escrever para Pedro Pánin poucos dias depois, com as instruções da imperatriz, Potemkin explicou em minúcias, com toda a sua "impudência", que a nomeação se devia inteiramente aos seus próprios esforços junto à imperatriz: "Tenho certeza absoluta de que Vossa Excelência verá em minhas ações um grande favor que lhe presto".[40] O general Pánin recebeu suas ordens em 2 de agosto — só comandaria as forças que já lutavam contra Pugatchov, com autoridade sobre Kazan, Orenburg e Nijni Nóvgorod. Potemkin ainda tinha seu duro primo Pável

Serguéievitch em Kazan, servindo de contrapeso ao poderosíssimo Pánin: a autoridade foi dividida entre os dois. A tarefa de Pánin era destruir as forças de Pugatchov; a de Pável Potemkin era prender, interrogar e punir. Nem todos os membros do conselho entenderam direito que Pedro Pánin não seria "ditador": quando Viázemski sugeriu que a Comissão Secreta de Pável Potemkin ficasse subordinada a Pánin, recebeu uma lacônica refutação imperial: "Não, porque ela está subordinada a mim".[41]

As últimas notícias do Volga enfraqueceram ainda mais os Pánin. Soube-se que Mikhelson tinha derrotado Pugatchov várias vezes logo depois da queda de Kazan, portanto a notícia do saque já estava ultrapassada quando abalou o conselho em Petersburgo. Longe de marchar rumo a Moscou, Pugatchov fugiu para o sul. A crise política de Catarina tinha ficado para trás. As comemorações pela vitória contra os turcos começaram em Oranienbaum no dia 27, com festas para o corpo diplomático. Mas Catarina ainda observava com atenção as estranhas perturbações no Volga.

Era sempre difícil saber se Pugatchov estava fugindo ou avançando. Mesmo suas fugas pareciam invasões. O populacho corria para ele, as cidades se entregavam, casas senhoriais eram incendiadas, pescoços eram partidos, sinos tocavam. No remoto Baixo Volga, as cidades continuavam caindo em seu poder, culminando, em 6 de agosto, com o saque de Sarátov, onde padres renegados realizaram juramentos de lealdade a Pugatchov e sua mulher, o que minava ainda mais a sua impostura. Na ocasião, 24 proprietários de terra e 21 funcionários públicos foram enforcados. Mas Pugatchov estava fazendo o que todo criminoso acuado faz: voltando para casa, para o Don.

Os vitoriosos logo começaram a brigar entre si: Pedro Pánin e Pavel Potemkin, ambos arrogantes e agressivos, procuravam enfraquecer um ao outro sempre que possível, em nome dos seus respectivos parentes em Petersburgo. Foi exatamente por essa razão que Potemkin tinha dividido suas responsabilidades.

Pugatchov chegou à terra dos cossacos do Don, diante de Tsarítsin,* e descobriu, da pior maneira, que um pretendente jamais é honrado em sua própria pátria. Quando conferenciava com os cossacos do Don, os cossacos perceberam que "Pedro III" era o menino que eles tinham conhecido como Iemelian Pugatchov. Não se reagruparam. Pugatchov, ainda com 10 mil rebeldes, fugiu rio abaixo e foi

---

* Que recebeu o novo nome de Stalingrado em 1925. Em 1961 passou a chamar-se Volgogrado.

preso por seus próprios homens. "Como ousa levantar a mão contra seu imperador!", gritou ele. Inutilmente. O "Amparator" estava nu. Foi entregue às forças russas em Yaiksk, onde a rebelião começara um ano antes. Havia uma fartura de enérgicos e ambiciosos soldados no Baixo Volga — Pável Potemkin, Pánin, Mikhelson e Alexandre Suvórov — e entre eles houve uma indigna disputa para ficar com o crédito pela captura do "vilão do Estado", ainda que nenhum deles o tenha de fato capturado. Suvórov entregou Pugatchov a Pedro Pánin, que se recusou a permitir que Pável Potemkin o interrogasse.[42] Como crianças que denunciam colegas aos professores, eles passaram de agosto a dezembro escrevendo queixas a Petersburgo. Às vezes suas cartas, que contradiziam umas às outras, chegavam no mesmo dia.[43] Com a crise superada, e os amantes mantinham firme controle, Catarina e Potemkin se indignavam e ao mesmo tempo se divertiam com aquelas disputas. "Meu amor", escreveu-lhe Catarina em setembro, "Pável tem razão. Suvórov teve tanta participação nisto [a captura de Pugatchov] como Thomas [o cachorro dela]." Potemkin falou por todos quando escreveu para Pedro Pánin: "Estamos todos muito felizes com o fato de o herege ter chegado ao fim".[44]

Pedro Pánin começou a agir à sua maneira. Até matou uma das testemunhas. Quando botou as mãos no pretendente, que durante a guerra, sem que ele o percebesse, tinha servido sob as suas ordens em Bender, deu-lhe um tapa na cara e o obrigou a ajoelhar-se. Depois o levou para fora e estapeou-o de novo, para que qualquer visitante curioso pudesse ver, menos Pável Potemkin, cuja missão era interrogá-lo.[45] Catarina e Potemkin desataram lindamente esse nó górdio, dissolvendo a Comissão de Kazan para criar a Comissão Especial do Departamento Secreto do Senado em Moscou, incumbida de providenciar o julgamento de Pugatchov. Nomearam Pável Potemkin para integrá-la[46] — mas não Pánin. Potemkin, de maneira óbvia, protegia assim os interesses do primo e os próprios, pois Catarina lhe disse: "Espero que todas as rixas e insatisfações de Pável acabem de uma vez quando receber minhas ordens de ir para Moscou". No meio da política, acrescentou: "Meu amor, amo-o muito e espero que essa pílula cure todos os seus males. Mas peço-lhe que se abstenha: tome apenas sopa e chá sem leite".[47]

Pedro Pánin "então decorou a Rússia rural com uma floresta de patíbulos", de acordo com um historiador moderno.[48] Os assassinos [de funcionários públicos]", declarou Pánin numa circular não aprovada por Catarina, "e seus cúmplices devem ser executados primeiro cortando fora as mãos e os pés, depois a cabeça, e exibindo os corpos em cepos ao lado das vias principais [...] aquelas aldeias onde eles foram assassinados e traídos devem [...] por sorteio entregar os culpados, com cada terceiro homem sendo destinado à forca [...] e, se nem com isso ainda os entregarem, então cada centésimo homem, por sorteio, deve ser pendurado pela costela e todos os adultos restantes açoitados [...]".

Pánin gabou-se para Catarina de que não hesitava em "derramar o sangue amaldiçoado de hereges do Estado".[49] A execução pela costela, por ele especificada, era realizada numa raridade esquecida — a *glagoli*, uma forma especial de patíbulo na forma de um "r" minúsculo, com um braço mais longo, no qual as vítimas eram penduradas pelas costelas, com a utilização de um gancho enfiado e preso por trás da caixa torácica.[50] Essa exibição macabra era a última coisa que Catarina queria que a Europa visse, mas Pánin alegava que era só para servir de elemento de dissuasão. Rebeldes eram amarrados em patíbulos sobre balsas e empurrados rio abaixo no Volga, os corpos apodrecendo nesses cadafalsos anfíbios. Na realidade, o número de hereges executados foi bem menor do que seria de esperar, embora certamente tenha havido muitos casos de justiçamento primitivo. Apenas 324, muitos deles sacerdotes e nobres renegados, foram condenados à morte de forma oficial, o que, levando em conta a escala da rebelião, é pouco quando se compara com as represálias inglesas depois da Batalha de Cullonden, em 1745.[51]

A Hoste de Cossacos de Yaik, onde a rebelião tinha começado, foi abolida e renomeada. Numa prévia da futura moda soviética de renomear lugares em homenagem a seus líderes, Catarina ordenou que a *stanitsa* de Zimoveskaia,[52] aldeia natal de Pugatchov, do outro lado do Don, passasse a chamar-se Potemkinskaia, apagando, nas elegantes palavras de Púchkin, "a sombria lembrança do rebelde com a glória de um novo nome que se tornava caro para ela e para a mãe-pátria".[53]

O "herege do Estado" foi despachado para Moscou, observando tudo com os olhos fixos por entre as grades de uma jaula de ferro especialmente construída para ele. Quando chegou, no começo de novembro, os furiosos moscovitas já saboreavam a perspectiva de uma execução particularmente sádica. Isso começou a preocupar Catarina, que sabia que a rebelião já era uma mácula constrangedora em sua reputação de iluminista.

Catarina e Potemkin resolveram, em segredo, atenuar a crueldade da execução — admirável numa época em que as mortes judiciais na Inglaterra e na França ainda eram espantosamente cruéis. O procurador-geral Viázemski foi enviado a Moscou, acompanhado pelo "secretário do Senado" Chechkovski, o temido homem do cnute que, como Catarina informou de forma macabra a Pável Potemkin, "tinha um talento especial com a gente comum". No entanto, Pugatchov não foi torturado.[54]

Catarina tentou supervisionar o julgamento o máximo possível. Pediu a Potemkin que lesse o Manifesto sobre Pugatchov que tinha redigido — se ele não estivesse doente demais. O hipocondríaco não respondeu, por isso a imperatriz, que obviamente precisava da aprovação dele, mandou-lhe outro bilhete: "Por favor, leia e me diga o que acha: é bom ou ruim?". No fim daquele dia, ou no dia seguinte, a imperatriz estava impaciente — "é meio-dia, mas não temos o fim do manifesto, que assim não pode ser escrito a tempo e nem enviado para o conselho [...]. Se você gosta dos rascunhos, pedimos-lhe que os mande de volta [...]. Se não gosta, corrija-os". Potemkin talvez estivesse doente, ou quem sabe já cuidasse das comemorações de paz a serem realizadas em Moscou. "Minha alma querida, você começa novos empreendimentos todos os dias."[55]

O julgamento começou em 30 de dezembro no Grande Salão do Krémlin. Em 2 de janeiro de 1775, Pugatchov foi condenado a esquartejamento e decapitação. Não havia "sorteio", nem estripação de condenados vivos, na Rússia: isso fazia parte da civilização inglesa. No entanto, "esquartejar" significava que os quatro membros seriam decepados enquanto a vítima ainda vivia. Os moscovitas aguardavam com entusiasmo esse espetáculo macabro. Catarina tinha outras ideias. "No que diz respeito às execuções", escreveu ela a Viázemski, "não haverá execuções dolorosas." Em 21 de dezembro, por fim pôde contar a Grimm que "em poucos dias a farsa do 'marquês de Pugatchov' estará encerrada. Quando receber esta carta, pode ter certeza de que não ouvirá mais falar nesse senhor".[56]

De modo que a última cena convencional da "farsa do marquês de Pugatchov" foi preparada na praça Bolotnaia, abaixo do Krémlin. Em 10 de janeiro de 1775, as multidões lá se acotovelaram, prontas para assistirem ao desmembramento do "monstro" vivo. Pugatchov, "todo lambuzado de preto", foi conduzido numa "espécie de carroça de esterco", na qual ia amarrado a um poste. Havia dois padres com ele, e o carrasco em pé atrás. Dois reluzentes machados jaziam no cepo. "Nem vestígio de medo" se detectava em sua face serena "na hora que se aproximava da dissolução". O "monstro" subiu a escada do patíbulo, despiu-se e deitou-se estendido, pronto para que o carrasco começasse a cortá-lo.

Uma coisa "estranha e inesperada" aconteceu. O carrasco agitou o machado e, contrariando a sentença, decapitou Pugatchov sem "esquartejar". Isso deixou os juízes e a multidão indignados. Alguém, provavelmente um dos juízes, gritou com o carrasco, "ameaçando-o em termos severos". Outro funcionário exclamou: "Seu filho da puta — o que você fez?". E acrescentou: "Pois então ande depressa — mãos e pés!". Segundo testemunhas, todos achavam que o carrasco "ficaria sem a língua [...] por causa da sua negligência". O carrasco não deu a menor atenção e desmembrou o cadáver, antes de seguir adiante para cortar a língua e o nariz dos outros hereges que tinham escapado da condenação à morte. Os membros de Pugatchov ficaram expostos no alto de um poste no meio do patíbulo. A cabeça foi enfiada numa estaca de ferro e exibida.[57] A Pugatchovschina — a época de Pugatchov — chegara ao fim.

Em algum momento das últimas fases da crise, Catarina escreveu a seguinte carta para Potemkin: "Minha alma querida, *cher Epoux*, marido amado, venha e se aconchegue, se quiser. Sua carícia é doce e adorável para mim [...]. Adorado marido".[58]

9. Casamento: Madame Potemkin

Minha marmórea beleza [...] meu amado, melhor do que qualquer rei [...]
nenhum homem na terra se iguala a você [...]
Catarina II para G. A. Potemkin

Catarina e Potemkin planejaram um encontro secreto que certamente os inundou de um sentimento de crescente expectativa, júbilo e ansiedade. Em 4 de junho de 1774, a imperatriz, ainda se recuperando em Tsárskoie Seló do intenso confronto com o príncipe Orlov, escreveu este bilhete misterioso para Potemkin, que estava na cidade: "Meu querido, chego amanhã e trago comigo aquilo sobre o qual você me escreveu. Mande prepararem o barco do marechal de campo Golítsin em frente ao desembarcadouro dos Sieverses, e se possível atracá-lo na praia não longe do palácio [...]".[1] Alexandre Golítsin, primeiro-comandante de Potemkin na guerra, era governador-geral da capital, por isso tinha seu próprio barco. O conde Iákov Sievers tinha um desembarcadouro no Fontanka, ao lado do Palácio de Verão.

Em 5 de junho, como prometera a Potemkin, a imperatriz voltou para São Petersburgo. No dia seguinte, uma sexta-feira, ofereceu um pequeno jantar para seus principais cortesãos, no jardinzinho do Palácio de Verão, talvez para se despedir do príncipe Orlov, prestes a "viajar ao exterior". No domingo, 8 de junho,

Catarina e Potemkin compareceram a um jantar em homenagem aos Guardas de Izmailóvski: os brindes foram respondidos por salvas de canhão; a refeição, servida com talheres de prata de Paris, foi acompanhada por cantores italianos. Depois, Catarina andou pelas margens do Fontanka ao lado da casa do conde de Sievers.[2]

À meia-noite daquele dia de verão, a imperatriz partiu do Palácio de Verão numa misteriosa viagem de navio pelo Fontanka. Ela costumava visitar os cortesãos em suas casas à beira do Neva ou nas ilhas que compunham São Petersburgo. Mas aquilo foi outra coisa. Era tarde demais para uma mulher que gostava de estar na cama às onze de noite. Ela partiu em segredo, o rosto provavelmente escondido numa capa com capuz.[3] Consta que estava sozinha — acompanhada apenas de sua leal criada Maria Savichna Perekuchina. O general em chefe Potemkin, que passara o dia com ela, estava ausente. Escapulira ao anoitecer tomando um barco que o aguardava no rio e que o conduziu para dentro da névoa, onde desapareceu.

O barco de Catarina saiu do Fontanka, passou pelo Palácio de Verão com seus jardins, e entrou no Grande Neva, em direção ao deselegante lado de Viborg. O barco ancorou num dos pequenos molhes do Pequeno Neva. Ali a imperatriz passou para uma carruagem não identificada, que aguardava com as cortinas fechadas. Logo que a imperatriz e a criada entraram, os postilhões açoitaram os cavalos e a carruagem arrancou pela estrada. Parou à direita, em frente à igreja de São Sampsónovski. Não havia mais ninguém. As damas desembarcaram e entraram em São Sampsónovski. A igreja tinha sido construída por Pedro, o Grande, inusitadamente em estilo ucraniano, em madeira (foi reconstruída em pedra em 1781), para comemorar o santo do dia da Batalha de Poltava. Sua característica mais marcante era um alto campanário pintado de lilás, branco e verde.[4]

A imperatriz encontrou-se com Potemkin dentro da igreja, iluminada por velas. "O maior roedor de unhas do Império" teria roído as unhas até o toco. Como haviam participado do jantar das Guardas de Izmailóvski no começo da noite, os dois ainda estavam "fardados", Potemkin com um uniforme de general em chefe — jaqueta verde com gola vermelha, bordada de renda dourada, calças vermelhas, botas de cano alto, espada, chapéu com abas douradas e plumas brancas. Sabemos, pelo Diário da Corte, que Catarina usou seu "longo uniforme das Guardas" o dia inteiro; era "enfeitado com renda dourada, em forma de traje de montar para senhoras".[5] A imperatriz pôde entregar o casaco com capuz para a criada, sabendo que estava muito atraente "fardada". Talvez sua roupa lembrasse aos dois o dia em que se conheceram.

Havia apenas três homens dentro da igreja. Um sacerdote não identificado e dois "atendentes". O "atendente" de Catarina era o camareiro Evgraf Alexándrovitch Chertkov; o de Potemkin era o sobrinho Alexandre Nikoláievitch Samóilov. Foi o sobrinho quem leu o trecho do Evangelho. Quando chegou às palavras "que a mulher sujeite-se ao seu marido", Samóilov hesitou, olhando de relance para a soberana. Poderia uma imperatriz sujeitar-se ao marido? Catarina fez que sim com a cabeça, e ele continuou.[6] Então o padre deu início à cerimônia. Samóilov e Chertkov adiantaram-se para segurar as coroas sobre suas cabeças, como num casamento ortodoxo tradicional. Quando a longa cerimônia terminou, as certidões de casamento foram assinadas e distribuídas entre as testemunhas. Todos juraram guardar segredo. Potemkin tornara-se o consorte secreto de Catarina II.

Essa é a lenda do casamento de Potemkin e Catarina. Não há prova convincente de que eles se casaram, mas é quase certo que sim. No entanto, casamentos secretos sempre fizeram parte do mito da realeza. Na Rússia, a imperatriz Isabel teria se casado com Alexei Razumóvski. Na Inglaterra, o príncipe de Gales logo se casaria com a sra. Fitzherbert numa cerimônia secreta, cuja validade foi muito debatida.

Há muitas versões do casamento: algumas dizem que eles se casaram em Moscou no ano seguinte, ou em Petersburgo em 1784 ou 1791.[7] A versão de Moscou ocorreu na igreja da Ascensão de Nosso Senhor, perto de Nikitski, com sua distinta cúpula redonda, pintada de amarelo. Ficava próximo da casa de Potemkin, onde ele morava em Moscou. A igreja seria posteriormente embelezada com dinheiro de Potemkin,[8] em memória da mãe. É mais famosa hoje como a igreja onde Aleksandr Púchkin casou com Natália Goncharova em 18 de fevereiro de 1831 — um dos muitos vínculos entre os dois.*

Um casamento secreto poderia muito bem ter sido realizado em qualquer outro dia durante seu relacionamento, com os detalhes ocultados no relato da rotina de suas atividades. No entanto, essa época e esse lugar são os mais prová-

---

* Há outro possível local em Moscou. Durante o século XIX, o príncipe S. Golítsin, que era um colecionador, costumava convidar visitas ao seu palácio da rua Volkonski, um dos lugares onde Catarina teria ficado hospedada em Moscou em 1775. O príncipe gostava de mostrar aos visitantes dois ícones, supostamente doados por Catarina à capela dele para celebrar o seu casamento ali com Potemkin.

veis. A carta de Catarina mencionava um assunto secreto e o molhe dos Sieverses. O Diário da Corte de 8 de junho mostrava-a embarcando e desembarcando ali. Há tempo, no começo ou no fim da noite, para a secreta viagem de barco. Todas as lendas orais, transmitidas pelos convidados e seus descendentes e registradas pelo professor Bartenev no século XIX, mencionavam a igreja de São Samsónov, do meio para o fim de 1774, e as mesmas quatro testemunhas. Mas onde estão as certidões? A de Potemkin foi supostamente herdada por sua queridíssima sobrinha Alexandra Branicka. Ela contou o segredo para seu genro, o príncipe Mikhail Vorontsov, e deixou a certidão para a filha, a princesa Lise. O conde Orlov-Davidov lembrava-se de uma visita ao conde Samóilov, que lhe mostrou uma fivela incrustada de joias. "Isto", disse ele, "me foi presenteado pela imperatriz em memória do seu casamento com meu falecido tio." A certidão de Samóilov foi sepultada com ele, de acordo com seu neto, o conde A. A. Bóbrinski. A cópia de Chertkov caiu na obscuridade.

O desaparecimento das provas e o sigilo não são tão duvidosos como parecem, porque ninguém teria ousado revelar nada disso durante os reinados rigorosos e militaristas dos tsares Paulo, Alexandre I e Nicolau I — ou depois. Os "vitorianos" Románov ficavam constrangidos com a vida amorosa de Catarina, que, pelas dúvidas geradas sobre a paternidade de Paulo, punha em questão a legitimidade deles. Mesmo nos anos de 1870, o professor Bartenev precisou pedir permissão ao imperador até para fazer a pesquisa, que só pôde ser publicada em 1906: apenas no intervalo entre as revoluções de 1905 e de 1917, quando a autocracia vivia seus últimos momentos, Nicolau II permitiu sua publicação.[9]

O indício mais forte do casamento está nas cartas de Catarina; na maneira como ela tratava Potemkin; em como ele se comportava; em como a relação dos dois era descrita por quem tinha acesso a sua privacidade. Ela assinou as cartas com as palavras "devotada esposa" e o chamou de "querido marido" em pelo menos 22 correspondências, referindo-se a ele como seu "senhor" em centenas de outras.[10] "Morrerei se você mudar [...] meu querido amigo, esposo amado"[11] é uma das primeiras menções à palavra em suas cartas de amor. "Pai, Ch[er] Ep[oux] — [querido marido] — [...]. Mandei Kelhen ir curá-lo do peito, amo você demais, meu querido amigo", escreveu ela.[12] Referia-se ao sobrinho de Potemkin como — "*nosso* sobrinho"[13] [grifo do autor]. Monarcas, mais do que mortais comuns, definem com muita precisão quem é ou não é membro da família. Ela trataria alguns parentes dele como se fossem seus até morrer — a tal ponto que correu o boato de que Branicka, sobrinha dele, era sua filha.¹⁴ A carta mais reveladora e específica sobre o assunto provavelmente é datada de um ano depois, possivelmente começo de 1776:

> Meu Senhor e *Cher Époux* [...]. Por que prefere acreditar em sua imaginação doentia e não nos fatos reais, que confirmam as palavras de *sua esposa*. *Não foi ela unida a você dois anos atrás por laços sagrados?* Amo você *e estou unida a você por todos os laços possíveis. Compare apenas, meus anos eram mais significativos dois anos atrás do que são agora?*¹⁵ [grifos do autor]

O casamento, como ambos sem dúvida esperavam, parecia tê-los aproximado ainda mais. Provavelmente Potemkin, apaixonado por Catarina, atormentado por ciúmes e pela fragilidade de sua posição, e ambicioso de desempenhar um papel independente, tenha sido apaziguado por ele. Talvez fosse tão dissoluto quanto devoto, mas era um crente ortodoxo praticante, o que talvez tenha ajudado a convencê-la. Da parte dela, pode parecer que o casamento fosse estranho depois de uma relação de apenas alguns meses, mas além disso pode-se citar aquelas palavras de mãe — "você simplesmente *sabe* quando é a pessoa certa". Além do mais, Catarina fora apresentada a Potemkin havia doze anos e o amava fazia um bom tempo: na verdade, já o conhecia muito bem. O seu amor não era só avassalador, eles eram, nas palavras de Catarina, "almas gêmeas". Por último, ela encontrou um intelectual do mesmo nível, com quem podia partilhar o fardo do governo e o calor da família.

A melhor prova é que, aceite-se ou não que tenha havido uma cerimônia, Catarina tratou Potemkin, pelo resto da vida, como se tivesse havido. Fizesse o que fizesse, ele jamais perdeu poder; era tratado como membro da família imperial e tinha acesso absoluto ao Tesouro, bem como a autonomia para tomar decisões independentes. Comportava-se com extraordinária confiança, indiferença até, e deliberadamente se apresentava na tradição tsarista.

Os embaixadores estrangeiros suspeitavam de alguma coisa: um diplomata soube, de "uma pessoa confiável", que as "sobrinhas [de Potemkin] estavam de posse da certidão",¹⁶ mas tal era a reverência pelos monarcas naqueles tempos que jamais mencionaram a palavra "casamento" por escrito, preferindo falar do assunto diretamente com suas cortes. Desse modo, o embaixador francês, conde de Ségur, informou a Versalhes, em dezembro de 1788, que Potemkin "se aproveita de [...] certos direitos sagrados e invioláveis [...]. A singular base desses direitos é um grande mistério *conhecido apenas por quatro pessoas* na Rússia; um feliz acaso me permitiu descobri-lo e, quando eu tiver acabado de investigar, na primeira oportunidade [...] informarei ao rei"[17] [grifos do autor]. Sua Cristianíssima Majestade já sabia: em outubro, Luís XIV já chamava Catarina de "Madame Potemkin" em conversa com o conde de Vergennes, seu ministro do Exterior — embora meio de brincadeira.[18]

O sacro imperador romano José II logo descobriu também. Explicou o enigma de Catarina e Potemkin, durante um passeio pelo Augarten, em Viena, com o embaixador britânico, Lord Keith, nestes termos: "por mil razões e mil conexões de todos os tipos, ela não poderia *se livrar dele facilmente, ainda que alimentasse o desejo de fazê-lo*. É preciso ter estado na Rússia para entender todos os detalhes da situação da imperatriz"[19] [grifos do autor]. Isso, aparentemente, foi também o que quis dizer Charles Whiteworth, o embaixador britânico em São Petersburgo, quando informou, em 1791, que Potemkin era indemissível e não prestava contas de nada.[20]

Potemkin dava a entender que era quase membro da família real. Durante a Segunda Guerra Russo-Turca, o príncipe de Ligne sugeriu a Potemkin que se tornasse príncipe da Moldávia e da Valáquia. "Para mim, isto é piada", respondeu Potemkin. "Eu poderia ser rei da Polônia, se quisesse; eu não quis ser duque da Curlândia; *sou muito mais que isto*"[21] [grifos do autor]. O que poderia ser "muito mais que" rei, senão consorte da imperatriz da Rússia?

Então o casal voltou ao trabalho. Depois do casamento, como sempre, eles se divertiam com as suspeitas alheias: alguém teria notado que estavam loucamente apaixonados? Ela se perguntava o que "nosso sobrinho" — possivelmente Samóilov — achava do comportamento deles. "Nossa loucura deve ter-lhe parecido bem estranha."[22]

Noutra ocasião, alguém tinha adivinhado um grande segredo. "Que podemos fazer, querido? Essas coisas às vezes acontecem", ponderou Catarina. "Pedro, o Grande, em casos como esse costumava mandar pessoas ao mercado, em busca de informações que só ele achava que eram secretas; às vezes, por combinação, as pessoas simplesmente adivinham [...]."[23]

Em 16 de janeiro de 1775, logo que soube que Pugatchov estava morto, a imperatriz, acompanhada por Potemkin, partiu de Tsárskoie Seló para Moscou, onde deveriam comemorar a vitória contra os turcos. Catarina vinha planejando ir a Moscou desde que o acordo de paz foi assinado, mas seu querido "marquês de Pugatchov" tinha atrasado as coisas. Potemkin, de acordo com Gunning, incentivara-a a visitar a velha capital, talvez para comemorar a abertura de uma janela para o mar Negro e para projetar o fato de que o governo controlava tudo depois de Pugatchov.

No dia 25, ela preparou uma grande entrada cerimonial com o grão-duque Paulo. Caso tivesse esquecido que estava no coração da velha Rússia, Paulo era calorosamente recebido onde quer que fosse, enquanto Catarina, segundo Gunning, "passava quase sem aclamação no meio do populacho, ou sem que se manifestasse o menor grau de satisfação".[24] Mas a Rebelião de Pugatchov lhe mostrara que o interior precisava de atenção: ali passaria a maior parte do ano. Ficou no Palácio Golovin e no suburbano Palácio de Kolómenskoie, onde Potemkin também recebeu aposentos projetados por ela, mas Catarina os considerava desconfortáveis e hostis, metáfora para tudo que lhe desagradava em Moscou.

Imperatrizes não têm lua de mel, mas ela e Potemkin obviamente queriam passar algum tempo sozinhos. Em junho, Catarina comprou a propriedade do príncipe Kantemir, Terra Negra, onde resolveu construir um novo palácio: deu-lhe o nome de Tsarítsino. Os que acham que ela casou com Potemkin, fosse em Moscou ou Petersburgo, alegam que foi ali que eles desfrutaram a sua versão de uma lua de mel. Queriam viver no aconchego, por isso passaram meses num chalé de apenas seis cômodos, como um casal burguês.[25]

Com lua de mel ou não, eles estavam sempre planejando, imaginando, esboçando; podemos constatar como trabalhavam bastante através de suas cartas. Catarina nem sempre concordava com seu pupilo, nem ele com ela. "Não se zangue se achar todas as minhas propostas malucas", disse ela, quando discutiam o problema de licenciar a produção de sal e concordaram com a proposta dele de que Pável Potemkin e seu irmão Mikhail pesquisassem o assunto. "Eu não poderia ter inventado nada melhor." Potemkin estava sempre equivocado no que dizia respeito a finanças — fossem as dele ou as do Estado. Era um empreendedor, não um administrador. Quando propôs atacarem o monopólio do sal, ela advertiu: "Não se ocupe disso, porque vai despertar ódio [...]". Ele ficou magoado. Ela o acalmou — mas com firmeza: "Não quero que você pareça idiota ou tenha a reputação de idiota [...]. Sabe muito bem que escreveu bobagem. Peço-lhe que redija uma boa lei [...] e você me repreende". Quando ele estava demorando, por exemplo, para editar a anistia de Pugatchov, ela o pressionou: "De segunda a sexta é tempo suficiente para ler tudo".[26]

As soluções de Catarina para Pugatchovschina eram administrativas e envolviam a reestruturação do governo local e o aumento da participação de nobres, moradores da cidade e camponeses estatais no Judiciário e na Previdência. Ela se gabou para Grimm de padecer de "uma nova doença chamada legislomania".[27] Potemkin corrigiu seus rascunhos, como o viria a fazê-lo com seu Código de Polícia e suas Cartas Régias para a Nobreza e para as Cidades: "Peço-lhe que ponha um + ao lado dos artigos, significando que está de acordo. Se colocar um # é porque devem ser excluídos [...] redija suas alterações com clareza". Catarina ficou impressionada com as mudanças sugeridas por ele: "Vejo nelas seu zelo fervoroso e seu grande intelecto".[28]

O casal inventou um jogo pirata de sequestro internacional. Em fevereiro de 1775, a imperatriz incumbiu Alexei Orlov-Tchésmenski de seduzir determinada jovem em Livorno, Itália, onde Cicatriz comandava a Frota Russa, e levá-la para a Rússia.

A moça tinha vinte anos, era esbelta, de cabelos negros, com perfil italiano, tez de alabastro e olhos cinzentos. Cantava, pintava e tocava harpa. Simulava a castidade de uma vestal ao mesmo tempo que simultaneamente mudava de amantes como uma cortesã. Usava vários nomes, mas só um tinha importância. Dizia ser a "princesa Isabel", filha da imperatriz Isabel e de Alexei Razumóvski. Era a quintessência da mulher aventureira ao estilo do século XVIII: toda época é um equilíbrio de opostos, de modo que aquela idade de ouro de aristocratas era também a época perfeita para os impostores; a era do pedigree era também a das falsas aparências. Como viajar era mais fácil, embora as comunicações ainda fossem lentas, a Europa vivia infestada, e embelezada, por homens e mulheres de duvidosa linhagem, que tiravam vantagem das longas distâncias para reivindicar aristocracia ou realeza. A Rússia, como vimos, tinha sua própria história de pretendentismo, e a dama com quem Orlov-Tchésmenski deveria se encontrar era uma das mais românticas impostoras russas.

Ela apareceu pela primeira vez usando o nome de "Ali Emena" — alegando ser filha de um sátrapa persa. Em curtas viagens promocionais da Pérsia à Alemanha, aparecia e desaparecia com uma caixa de maquiagem cheia de títulos ruritanos: princesa Vladimir, sultana Selime, srta. Frank e Schell; condessa Treymill em Veneza; condessa Pinneberg em Pisa e então condessa Silviski. Mais tarde foi a princesa de Azov, nome petrino, que se referia ao porto no mar de Azov conquistado e perdido por Pedro, o Grande. Como costuma ocorrer com os impostores que conseguem convencer muita gente de que são verdadeiros, nem é preciso dizer que ela era carismática e que ajudava muito o fato de a "princesa" ter uma delicadeza sentimental. Era tudo que uma princesa misteriosa devia ser. Em suas viagens, crédulos aristocratas mais velhos caíam sob seu feitiço, protegendo-a, financiando-a…

Perto do fim da Guerra Russo-Turca, partiu para a terra da simulação — a Itália, reino de Cagliostro e de Casanova, onde aventureiros eram tão comuns quanto cardeais. Ninguém jamais descobriu quem ela era de fato, mas não demorou muito para que todos os diplomatas da Itália investigassem suas origens; seria filha de um dono de cafeteria tcheco, de um estalajadeiro polonês, de um padeiro de Nuremberg?

Ela fisgou o príncipe Karol Radziwill, um confederado polonês antirrusso. Acompanhada por um séquito de nobres poloneses trajando roupas nacionais, ela se tornou uma arma política contra a Rússia. No entanto, cometeu o erro de escrever para o embaixador britânico em Nápoles. Conhecido como um esteta e mais tarde marido traído de Emma, amante de Nelson, Sir William Hamilton era particularmente suscetível a aventureiras de corpo gracioso e lhe deu um passaporte, mas em seguida escreveu para Orlov-Tchésmenski, que de imediato informou São Petersburgo.[29]

A Catarina que respondeu era a implacável usurpadora que não costumava aparecer em público. Depois de Pugatchov, não estava nem um pouco disposta a correr riscos com pretendentes, por mais femininos e jovens que fossem: o tom fanfarrão, quase de gângster, da sua carta nos oferece um vislumbre de como talvez se comportasse a portas fechadas com os Orlov. Se aqueles ragusanos não entregassem a herege, "pode-se jogar algumas bombas na cidade", disse ela a Orlov-Tchésmenski quando a mulher visitou Ragusa. Mas seria bem melhor capturá-la, "se possível sem barulho".[30]

Cicatriz imaginou um plano ardiloso para usar contra os delírios de grandeza dessa aventureira e contra seus sonhos românticos. Contou com dois conselheiros, tão sutis quanto ele era brutal: José Ribas, suposto filho de um cozinheiro espanhol-napolitano que ingressou na Frota Russa na Itália. Esse charlatão talentoso, que mais tarde se tornaria um bem-sucedido general russo e um dos mais chegados amigos de Potemkin, trabalhava com um hábil ajudante chamado Ivan Krestinek, que deu um jeito de cair nas graças do séquito da falsa princesa e convencê-la a encontrar-se com Orlov-Tchésmenski em Pisa.

Cicatriz cortejou-a, escreveu-lhe cartas de amor, deixou-a usar sua carruagem e levou-a ao teatro. Nenhum dos russos tinha licença para sentar-se na presença dela, como se ela pertencesse à família imperial. Mas além disso dizia estar furioso pelo fato de Potemkin ter tomado o lugar do seu irmão, príncipe Orlov, e pôs sua frota à disposição dela para ajudá-la a assumir o trono, e com isso reconduzir a família dele ao seu devido lugar ao lado da nova imperatriz. Essa fraude deve ter sido um jogo agradabilíssimo: parece que ela se tornou sua amante e que o caso durou oito dias. Talvez a moça achasse mesmo que ele *estava* apaixonado e que *ela* o estava enganando. Nessas questões de Estado, em que não havia lugar para a piedade, Cicatriz era um mestre. Sua proposta de casamento foi a isca definitiva.

Ele a convidou a inspecionar a frota em Livorno. Ela aceitou. O esquadrão era comandado pelo vice-almirante escocês Samuel Greig, um dos arquitetos de Chesme. Greig concordou em dar as boas-vindas a bordo à princesa, dois nobres poloneses, dois *valets de chambre* e quatro criados, todos italianos, com honras imperiais. Ali ela encontrou um padre à sua espera, cercado por tripulantes em fardas de gala. Salvas imperiais foram disparadas; marinheiros saudaram-na com um "Viva a imperatriz!". O padre entoou uma bênção à "princesa Isabel" e a Orlov-Tchésmenski. Consta que ela chorou de alegria ao ver que todos os seus sonhos se realizavam.

Quando olhou em volta, o conde já não estava ao seu lado. Seus esbirros agarraram "a vilã", como escreveu Orlov-Tchésmenski em seu relato à imperatriz em Moscou, e levaram-na para baixo. Sabemos que, enquanto o navio rumava para Petersburgo, Potemkin correspondia-se com Orlov-Tchésmenski — algumas cartas sobreviveram, e Potemkin e a imperatriz certamente discutiram o assunto. Catarina mostrou-lhe as cartas de Cicatriz. "Meu doce, meu amor", ela lhe escreveu na época do sequestro, "mande-me as cartas do [...] con[de] Al[exei] Gr[igórievitch] Orlov." Em abril, o casal conversou sobre a recompensa devida a Krestinek pelo trabalho eficaz, embora repugnante, de atrair a aventureira. Muita gente achava que o papel de Greig nesse duvidoso sequestro em solo estrangeiro era impróprio para um oficial britânico, mas não dispomos de nenhuma prova de que o almirante, empenhado em fazer carreira nas Forças Armadas russas, sentisse algum remorso por sequestrar uma moça, em especial levando em conta que Catarina lhe agradeceu pessoalmente em Moscou.

A "princesa" chegou a Petersburgo em 12 de maio e foi imediatamente depositada, na calada da noite, na Fortaleza de São Pedro e São Paulo, embora reze a lenda que foi mantida por algum tempo numa das residências suburbanas de Potemkin. O marechal de campo Golítsin, governador de Petersburgo, interrogou-a para saber quem a respaldava e se realmente acreditava na própria história. Parece que, como tantos outros que conquistam seguidores com suas imposturas, ela acreditava nas próprias histórias: Golítsin informou a Catarina que "a história de sua vida está repleta de casos fantásticos que mais parecem contos de fadas". Catarina e Potemkin devem ter acompanhado o interrogatório com interesse. Na febril imaginação dos camponeses russos, histórias ainda mais malucas tinham dado origem a exércitos. Mas, quando a "princesa" escreveu a Catarina pedindo uma audiência e assinou "Isabel", a imperatriz repreendeu-a com severidade: "Mande alguém dizer a essa notória mulher que, se quiser aliviar o seu mísero destino, precisa acabar com essa comédia".[31]

Enquanto Catarina e Potemkin comemoravam a vitória em Moscou, a "princesa Isabel", que já sofria de tuberculose, foi mantida numa cela úmida, onde vivia em seus castelos de sonho. Em cartas para Catarina, suplicava pateticamente por melhores condições. Mas deixara de existir. Ninguém mais ouviu falar nela. Assim como Catarina tinha feito vistas grossas ao assassinato de Pedro e arranjara com os carcereiros de Ivan que o matassem se necessário, a moça tuberculosa foi abandonada. Houve duas enchentes em São Petersburgo em junho e julho daquele verão, e uma maior ainda em 1777, por isso surgiu a lenda de que a trêmula beldade foi aos poucos sendo afogada enquanto as águas subiam dentro das celas subterrâneas. Essa foi a imagem recriada no sinistro retrato de Flavítski. Dizia-se também que ela morreu ao dar à luz o filho de Orlov-Tchésmenski, e que ele vivia atormentado pela culpa — sentimento bastante improvável, tratando-se de quem era.

Ela é conhecida na história por um dos poucos títulos imagináveis que não usou: "princesa Tarakánova", literalmente, "das baratas". O nome vinha da sua alegação de ser filha de Alexei Razumóvski, cujos sobrinhos eram chamados de Daraganov — que talvez tenha se tornado "Tarakánov". Mas "princesa das baratas" também pode ter vindo da imagem dos insetos que lhe fizeram companhia em seus últimos dias.³² Enquanto a imperatriz se preparava para voltar à capital, a "princesa Isabel" morria de tuberculose em 4 de dezembro de 1775. Tinha 23 anos. O corpo foi rápida e secretamente sepultado — outra inconveniência exterminada.³³

Quando o grão-duque Paulo e a corte voltaram para o Palácio de Kolómenskoie, dentro da cidade, em 6 de julho de 1775, mesmo a austera Moscou deve ter se inflado de animação, fervilhando de soldados, príncipes, embaixadores, padres e pessoas comuns, todos prontos para dez dias de festas. As comemorações, o primeiro espetáculo político preparado por Potemkin, foram projetadas para refletir o vitorioso ressurgimento da Rússia depois de seis anos de guerra, epidemia e rebelião. As festas do século XVIII em geral envolviam arcos do triunfo e fogos de artifício. Os arcos, baseados no modelo romano, às vezes eram construídos com pedras, porém com mais frequência eram de lona, galhardetes de madeira ou papel machê. Os bilhetes que circulavam entre a imperatriz e Potemkin davam conta de cada detalhe: "Você recebeu o pessoal que está trabalhando no *feu d'artifice* para a paz?", perguntou-lhe ela.³⁴

A complexidade e a escala dos preparativos deixavam todos à beira de um ataque de nervos. Quando Semion Vorontsov chegou com suas tropas, "apresentei a [...] Potemkin o estado em que meu regimento se encontrava e ele me deu sua palavra de honra de que não nos faria participar de exercícios ou inspeções públicas por três meses [...]. Mas dez dias depois, contrariando sua palavra, ele mandou dizer que a imperatriz e toda a sua corte viriam assistir aos exercícios [...]. Entendi que ele queria me ver humilhado publicamente [...]". No dia seguinte, houve uma violenta altercação entre eles.³⁵

Em 8 de julho, o herói da guerra, o marechal de campo Rumiántsev, aproximou-se da cidade. Potemkin mandou um bilhete amável, respeitoso, para o *"batuchka"* Rumiántsev marcando um encontro em Chertanova, "onde a marquise [o arco do triunfo] está pronta", e assinando "seu mais humilde e leal servidor, G. Potemkin". Potemkin então partiu a cavalo e foi buscar o marechal de campo para alojá-lo nos aposentos de Catarina.

No dia 10, o séquito imperial foi a pé da Porta de Prechisnki ao Krémlin. Potemkin tinha encenado um esplêndido espetáculo para convencer os observadores estrangeiros da supremacia da imperatriz vitoriosa. "Todas as ruas do Krémlin estavam tomadas por soldados [...] um grande palanque [...] coberto de tecido vermelho, e todas as paredes das catedrais e outros edifícios ladeadas por filas de assentos para criar um vasto anfiteatro [...]. Mas nada se compara à magnífica cena que foi para nós o desfile da imperatriz [...]." Enquanto a terra literalmente tremia com "o som e o ribombo" de sinos, a imperatriz, usando uma pequena coroa e uma capa roxa, forrada de arminho, caminhou de volta para a catedral com Rumiántsev à sua esquerda e Potemkin à sua direita. Sobre a cabeça dela doze generais seguravam um dossel roxo. Sua cauda era carregada por *chevaliers-gardes*, de uniforme vermelho e dourado com refulgentes capacetes de prata e plumas de avestruz. A corte inteira vinha atrás "em trajes deslumbrantes". À porta da Uspenski, a imperatriz foi saudada pelos bispos. Um missa solene foi celebrada, o te-déum entoado. "Estávamos extasiados", lembrava-se um espectador.[36]

Depois da missa, a imperatriz presidiu uma cerimônia de condecoração no Palácio das Facetas. Catarina, cercada por seus quatro marechais de campo, distribuiu os prêmios da vitória. Concedeu a Rumiántsev o título, por sufixação, de "Zadunáiski" — literalmente "Além do Danúbio". Esse sobrenome arrojado foi ideia de Potemkin — pouco antes, Catarina lhe perguntara: "Meu amigo, ainda é mesmo necessário dar ao marechal o título de 'Zadunáiski'?".[37] Mais uma vez, Potemkin tentava apoiar Rumiántsev, e não arruiná-lo. Zadunáiski recebeu, além disso, 5 mil almas, 100 mil rublos, um aparelho de jantar e um chapéu com uma coroa de pedras preciosas no valor de 30 mil rublos. O príncipe Vassíli Dolgorúki recebeu o título de "Krimski" por tomar a Crimeia em 1771. Os prêmios mais significativos, porém, foram dados a Potemkin: o diploma do seu primeiro título, conde do Império Russo, juntamente com uma espada cerimonial. A imperatriz ressaltou sua obra política, citando especificamente a contribuição para o tratado com os turcos. Como escreveu a Grimm: "Ah — que cabeça a desse homem! Ele desempenhou uma parte maior do que qualquer outro nessa paz".[38] Depois de uma das suas brigas, ela havia prometido: "Vou lhe dar o retrato no dia da paz — *adieu* minha joia, meu coração, amado marido".[39] Naquela ocasião, portanto, Potemkin recebeu o retrato em miniatura da imperatriz, enfeitado com diamantes, para usar no peito. Antes dele, só o príncipe Orlov tivera esse privilégio, e o conde Potemkin o usaria em todos os seus retratos, e pelo resto da vida — sempre, é claro, que se dignava vestir-se de forma adequada.

Os festejos durariam duas semanas: Potemkin planejara uma divertida e bucólica feira nos campos de Khodínskoie, onde construíra dois pavilhões simbolizando "o mar Negro com todas as nossas conquistas". Ali desenvolveu um parque temático imperial com estradas representando o Don e o Dnieper, teatros e salas de jantar com nomes de portos do mar Negro, minaretes turcos, arcos góticos, colunas clássicas. Catarina elogiou com entusiasmo a primeira oportunidade que Potemkin teve de exibir sua imaginação inigualável como empresário de show business político. Longas filas de carruagens eram conduzidas por cocheiros "vestidos de turcos, albaneses, sérvios, circassianos, hussardos e 'genuínos criados negros' de turbante carmesim". Fogos "roda de Catarina" explodiram em luzes, e 60 mil pessoas beberam vinho servido em fontes e banquetearam-se com rosbife.[40]

Em 12 de julho, as comemorações foram adiadas quando Catarina adoeceu. Há uma lenda segundo a qual isso serviu para disfarçar o nascimento de um filho de Potemkin. Ela era mestra em esconder gestações constrangedoras nas dobras de roupas já desenhadas para sua corpulência. Os gabinetes da Europa certamente já comentavam aos sussurros que ela estava grávida. "Madame Potemkin é uma boa mulher de 45 anos — uma bela idade para ter filhos", gracejara Luís XVI com Vergennes.[41] A criança, segundo constava, era Elisaveta Grigórievna Tiômkina, criada na casa dos Samóilov para ter alguma ligação com a família. Filhos ilegítimos na Rússia tradicionalmente adotavam o nome do pai sem a primeira sílaba; assim, Ivan Betskoi era o filho bastardo do príncipe Ivan Trubetskoi, e Ronstov, o filho de Roman Vorontsov.

No entanto, essa história é improvável. Potemkin era muito voltado para a família, cumulando de atenções todos os parentes, e não há nenhum registro dele prestando nenhuma atenção a Tiômkina. Catarina também teria cuidado dela. Mas havia uma outra família Tiômkin, que nada tinha a ver com os Potemkin. Além disso, naquela época, não era repreensível ter uma *"fille naturelle"* ou *"pupille"*. Bóbrinski, filho de Catarina com o príncipe Orlov, não foi ocultado, e Betskoi teve uma carreira pública de sucesso. Se ela era de fato filha de Potemkin com uma amante plebeia, havia menos razão ainda para escondê-la. Tiômkina continua a ser um enigma — mas não necessariamente um enigma ligado a Catarina e Potemkin.[42] Em Moscou, enquanto isso, a imperatriz ficou confinada em seus aposentos no Palácio de Prechistenski durante uma semana, até se recuperar. Os festejos prosseguiram.

Em Moscou, o conde Potemkin foi procurado pelos britânicos com um estranho pedido. Em 1775, as colônias americanas da Grã-Bretanha tinham se rebelado contra Londres. Isso manteria o mundo ocidental alheio às questões russas por oito anos, oportunidade que Potemkin usaria muito bem. A França e sua aliada da casa de Bourbon, a Espanha, viu de imediato a possibilidade de vingar-se da vitória britânica na Guerra dos Sete Anos, ocorrida doze anos antes. Londres tinha recusado a ideia de uma aliança anglo-russa sugerida por Pánin, porque a Grã-Bretanha não quis encarregar-se da defesa da Rússia contra o Império Otomano. Mas agora Jorge III e seu secretário de Estado para o Norte, o conde de Suffolk, de repente se viam obrigados a lidar com a Revolução Americana. Dona da melhor frota do mundo, mas de um exército insignificante, a Grã-Bretanha tradicionalmente recorria a mercenários. Nesse caso, decidiu adquirir tropas russas.

Em 1º de setembro de 1775, Suffolk queixou-se de que "o crescente frenesi do infeliz e iludido povo de Sua Majestade do outro lado do Atlântico" significava que havia necessidade imediata da assistência russa. Em termos mais específicos, a Grã-Bretanha queria "20 mil disciplinados soldados de infantaria completamente equipados e prontos para embarcar logo que a navegação no Báltico abra na primavera". Como Pánin mostrou desinteresse, Gunning procurou Potemkin, que ficou intrigado. Por fim, Catarina recusou, escrevendo para Jorge III uma carta polida e desejando-lhe sorte.[43]

O pobre Gunning teve que escrever para Londres poucas semanas depois: "Mal consigo alimentar esperanças no momento [...] será que Sua Majestade não poderia usar hanoverianos?".[44] No fim, os desesperados britânicos contrataram o exército daquele estado mercenário do Hesse. Os americanos, com seus ideais unidos e suas táticas irregulares, derrotaram os rigidamente treinados e desmoralizados britânicos, mas é lícito nos perguntarmos se os duros, brutais e homogêneos russos, respaldados pelos cossacos, não teriam sido capazes de derrotá-los. As tentadoras possibilidades dessa hipótese estendem-se até a Guerra Fria e mais além.

As relações entre Catarina e Potemkin eram tão intensas que começavam a desgastar os dois. "Seríamos mais felizes", escreveu Catarina, "se amássemos menos um ao outro."⁴⁵ O caldeirão sexual dos primeiros dezoito meses não poderia perdurar indefinidamente, mas havia indícios também de que a tensão do papel dele como favorito oficial estava prejudicando sua vida amorosa. A relação professora-aluno, que tanto agradava a Catarina, tornava-se irritante, talvez mesmo intolerável, para um homem dominador, confiante e capaz como Potemkin. Nem mesmo o casamento poderia alterar as realidades da política cortesã e da completa dependência dele para com os caprichos dela. Mas ela amava a impetuosidade dele — exatamente o que o fazia querer escapar. Estaria ele se distanciando dela, ou apenas precisava de espaço para respirar?

Catarina tentou desesperadamente restaurar a felicidade dos dois. "É hora de vivermos em harmonia. Não me atormente", escreveu ela. Quando ele ficava indignado com sua posição subordinada, a imperatriz prometia: "Jamais lhe darei ordem para fazer seja o que for, seu tolo, porque não mereço tanta frieza [...]. Juro dar apenas carícias em troca de carícias. Só quero abraços, e abraços amorosos, o que há de melhor. A frieza estúpida e o mau humor estúpido geram apenas raiva e aflição em troca. Para você é difícil dizer 'minha querida' ou 'meu bem'. É possível que seu coração esteja silencioso? Meu coração não se cala".⁴⁶ Catarina ficava magoada com a crescente aspereza dele: será que seu consorte não estava mais apaixonado?

Ela fazia o possível para agradar: no outono de 1775, quando estava prestes a ausentar-se de Moscou em viagem, Gunning informou o seguinte: "esqueceram que a quarta-feira seguinte era o dia do santo do conde Potemkin, o que a levou a adiar a excursão quando se deu conta [...] para permitir que o conde recebesse os cumprimentos da nobreza". Gunning acrescentou que a imperatriz também lhe dera de presente 100 mil rublos — e designara um arcebispo grego para as províncias meridionais de Potemkin por recomendação dele. Aí está Potemkin no que tinha de mais exigente: era típico dele alterar a programação da imperatriz, receber uma quantia principesca de presente — e não esquecer de garantir uma nomeação política.⁴⁷

Às vezes Catarina queixava-se de que ele a humilhava diante da corte: "Meu querido senhor, Grigóri Alexándrovitch, desejo felicidade a Vossa Excelência. Esta noite é melhor você perder no carteado porque se esqueceu completamente de mim e me deixou sozinha como se eu fosse um poste". Mas Potemkin sabia como lidar com ela, respondendo com uma linha de arabescos simbólicos — possivelmente um código sexual em sua linguagem secreta, acrescentando: "Esta é a resposta [...]".[48] Mas qual era a resposta? Como é que ela conseguia segurar o consorte e fazê-lo feliz?

O casal desenvolveu uma maneira própria de comunicar seus sentimentos — os dele obscuros e apaixonados, os dela compreensivos e complacentes —, o dueto epistolar:

POTEMKIN	CATARINA
Minha alma preciosa	Eu sei,
Você sabe que sou	
Absolutamente seu	Eu sei, eu sei,
E só tenho você	É verdade.
Serei sempre fiel	
A você até a morte	Não duvido de você.
E preciso do seu	
Apoio	Acredito em você.
Por esta razão, e	
Porque é meu desejo,	Isso foi provado há muito
Servi-la e empregar	Tempo.
Minhas aptidões é	
Agradabilíssimo para mim.	Com alegria, mas
	O quê?
Fazendo alguma	
Coisa por mim	Minha alma está feliz, mas pouco clara.
	Diga-me mais claramente.[49]
Você jamais se arrependerá	
E verá	
Apenas benefícios.	

Potemkin de alguma maneira afastava-se dela. Consta que usava doenças como pretexto para evitar os seus abraços. Quanto mais inquieto ele ficava, mais Catarina se cansava de suas zangas. As raivas violentas, de olhos coruscantes, tão atraentes no começo de um namoro, tornam-se irritante exibicionismo durante a vida conjugal. O comportamento de Potemkin era intolerável, mas Catarina tinha parte da culpa. Ela custou a entender a constante tensão da posição política e social de Potemkin, que arruinaria tantos futuros amantes dela. Catarina simplesmente era tão gananciosa em termos emocionais quanto ele. Eram ambos fornalhas humanas que exigiam um infindável suprimento de combustível na forma de glória, extravagância e poder de um lado, e amor, elogios e atenção do outro. Esses apetites gigantescos é que tornavam as relações entre eles tão penosas quanto produtivas. Potemkin queria governar e construir, mas amar Catarina exigia tempo integral. Para ambos era uma impossibilidade humana dar ao outro o que o outro exigia. Eram parecidos demais para viver juntos.

Em maio de 1775, antes de começarem as comemorações de paz, Catarina cumpriu suas obrigações ortodoxas encabeçando uma peregrinação ao severo Mosteiro de Troitsko-Sergueiévna, uma viagem compulsória de volta à idade das trevas moscovita, quando as mulheres eram mantidas no isolamento do *terem,* e não em tronos. A visita trouxe à tona o repúdio de Potemkin pelo êxito mundano, seus anseios ortodoxos e talvez seu descontentamento com o lugar que ocupava. Sucumbindo a seus instintos cenobitas, e ignorando Catarina, ele temporariamente abandonou a corte para orar no retiro de uma cela monástica.[50]

A rapidez das mudanças de humor de Potemkin deve ter sido cansativa para os dois. Talvez fosse isso que ela quisesse dizer ao afirmar que amavam demais um ao outro para serem felizes: a relação era tão inflamável que não tinha suficiente estabilidade para servir bem a nenhum dos dois. Eles continuaram a amar um ao outro, e a trabalhar juntos ao longo de 1775, mas o estresse aumentava. Catarina entendia o que estava acontecendo. Ela encontrara um parceiro em Potemkin — um diamante raro —, mas como poderia ele encontrar um papel adequado? E como poderiam satisfazer suas naturezas exigentes e ainda assim continuar juntos? Enquanto brigavam, lançavam olhares em torno.

No dia anterior às comemorações de paz, o conde Potemkin recebeu um triste bilhete do cunhado Vassíli Engelhardt informando a morte da irmã Elena Marfa. Eles tinham seis filhas (a mais velha já casada) e um filho no Exército. As outras filhas tinham de oito a 21 anos. "Peço-lhe que cuide delas e tome o lugar de Marfa Alexándrovna [...]", escreveu Engelhardt a Potemkin em 5 de julho. "Por ordem sua, eu as enviarei para a casa de sua mãe." Não havia razão nenhuma que impedisse o pai de criá-las em Smolensk, mas Engelhardt, homem do mundo, percebeu que a vida na corte seria uma vantagem para as filhas. Potemkin chamou-as para Moscou.

A imperatriz, como qualquer esposa obediente, quis conhecer a família de Potemkin. Quando sua formidável sogra, Dária Potemkina, que ainda vivia em Moscou,* lhe foi apresentada, Catarina estava num dos seus momentos de grande solicitude e sensibilidade: "Percebi que sua mãe é muito elegante, mas não tem relógio. Aqui vai um que eu lhe peço para lhe entregar".[51] Quando as sobrinhas chegaram, Catarina as recebeu calorosamente e disse a Potemkin: "Para deixar sua mãe feliz, pode designar quantas sobrinhas quiser para damas de companhia".[52] Em 10 de julho, o clímax das comemorações de paz, a mais velha da ninhada, Alexandra Engelhardt, de 21 anos, foi nomeada *frele*, ou dama de companhia da imperatriz.[53] A segunda e mais decorosa, Varvara, logo se juntaria a ela. Quando chegaram, as sobrinhas foram saudadas como superlativas beldades da Rússia.

Enquanto isso, Catarina ocupava-se da redação de suas leis, ajudada por dois jovens secretários que pouco tempo antes tomara emprestados da equipe de Rumiántsev-Zadunáiski: Pedro Zavadóvski e Alexandre Bezboródko. O último, e mais esperto, era tão feio e desajeitado que chegava a ser fascinante. Mas Zavadóvski era metódico, culto e bonito. Seus lábios franzidos e os olhos sem alegria sugeriam que era perseverante e fleumático — precisamente o oposto de Potemkin, talvez até um antídoto contra ele. Durante as longas horas de redação e durante a cansativa viagem de volta para São Petersburgo, quando enfim deixaram Moscou para trás, Catarina, Potemkin e Zavadóvski formaram um estranho trio.

* Catarina deu a Dária uma casa em Prestichenka, onde ela morou até morrer.

É possível imaginar a cena nos aposentos de Catarina: Potemkin, estirado num divã com um longo roupão, uma faixa na cabeça, sem peruca e com cabelo todo desgrenhado, mastigando rabanetes e imitando cortesãos, fervilhando de ideias, piadas e ataques de cólera, enquanto Zavadóvski senta-se todo empertigado, de cabeleira postiça e uniforme, escrevendo à sua mesa, os olhos fixos na imperatriz com devoção de um labrador…

10. Sofrimento e compreensão

Minha alma, estou fazendo tudo por você, pelo menos me incentive um pouco com um comportamento afetuoso e calmo [...] meu senhorzinho querido, meu adorável marido.
Catarina II para o conde Potemkin

*Mas nessas questões a poderosa imperatriz da Rússia
Não se comportava melhor do que uma costureira qualquer...*
Lord Byron, *Don Juan*, Canto IX:77

"Meu marido acaba de me dizer 'Eu vou para onde, eu faço o quê?'", escreveu Catarina para o conde Potemkin naquela época. "Meu querido e muito amado marido, venha aqui e será recebido de braços abertos!"[1] Em 2 de janeiro de 1776, Catarina nomeou Pedro Zavadóvski ajudante-general. Esse ménage à trois deixou a corte desnorteada.

Os diplomatas perceberam que alguma coisa se passava na vida privada da imperatriz e imaginavam que a carreira de Potemkin tinha acabado: "A imperatriz começa a ver as liberdades tomadas por seu favorito [Potemkin] sob uma luz diferente [...]. Já se murmura que uma pessoa colocada perto dela pelo sr. Rumiántsev tem toda a probabilidade de conquistar a sua inteira confiança".[2] Havia rumores de que Potemkin perderia a Escola de Guerra para Alexei Orlov--Tchésmenski ou para o príncipe Repnin, sobrinho de Pánin. Mas um diplomata inglês, Richard Oakes, notou que Potemkin estava ampliando seus interesses, em vez de reduzi-los, e "parece cada vez mais interessado em assuntos estrangeiros do que dava a impressão inicialmente".[3] Embora os anglo-saxões fossem incapazes de compreender o que se passava, o petulante embaixador francês, Chevalier Marie Daniel Bourrée de Corberon, que manteve um valioso diário de sua vida na corte, suspeitava que seria preciso bem mais do que Zavadóvski para o destruir. "Melhor de rosto do que Potemkin", comentou. "Mas seu favoritismo ainda não estava decidido." Então, no tom sarcástico que os diplomatas costumavam adotar quando discutiam a vida sexual imperial: "Seus talentos foram postos à prova em Moscou. Mas Potemkin [...] ainda tem o ar de quem está com prestígio [...] portanto Zavadóvski provavelmente não passa de uma distração".[4]

Entre janeiro e março de 1776, a imperatriz evitou grandes aglomerações, enquanto lutava para resolver suas relações com o conde Potemkin. Naquele mês de janeiro, o príncipe Orlov reapareceu depois de suas viagens, e isso contribuiu para turvar ainda mais as águas, porque, incluindo um ex, de repente havia três favoritos na corte. Grigóri Orlov recuperara a velha e vigorosa forma, mas já não era o mesmo homem de outros tempos: sofrendo de excesso de peso e ataques de "paralisia", estava apaixonado pela prima, Iekaterina Zinovieva, de quinze anos, uma das damas de companhia da imperatriz, a quem, segundo algumas versões, teria estuprado. A implacável competição na corte refletia-se nos boatos de que Potemkin estava envenenando Orlov — coisa completamente contrária à sua natureza. A paralisia de Orlov talvez fosse um estágio avançado da sífilis, o fruto doentio da sua conhecida falta de discernimento.

Catarina só aparecia em pequenos jantares. Pedro Zavadóvski estava quase sempre presente; Potemkin, menos do que antes — mas ainda presente demais, para o gosto de Zavadóvski. O novo ajudante-general certamente se sentia inferior entre dois dos mais dinâmicos conversadores de sua época. Potemkin ainda era amante de Catarina, enquanto o sério Zavadóvski ficava cada vez mais apaixonado. Não sabemos quando (ou se) ela se afastou de Potemkin e tomou Zavadóvski como amante — deve ter sido em algum momento daquele inverno. Na verdade, é mais provável que jamais tenha deixado de ir para a cama com o homem a quem chamava "meu marido". Estaria jogando um contra o outro, incentivando os dois? Naturalmente. Levando em conta que ela, segundo seu próprio testemunho, era uma dessas pessoas que não conseguem viver um dia sem ter alguém que as ame, seria apenas humano da sua parte lançar olhares para o secretário enquanto Potemkin ostentava seu desinteresse.

Em certo sentido, a relação entre eles atravessou a sua fase mais comovente nesse tenso período de seis meses, porque ainda amavam um ao outro, vendo-se como marido e mulher, distanciando-se um do outro, mas tentando descobrir uma maneira de continuarem juntos para sempre. O conde Potemkin às vezes chorava nos braços da sua imperatriz.

"Por que quer chorar?", perguntou ela ao seu "senhor e amado marido" numa carta que o lembrava dos "laços sagrados" do seu casamento. "Como posso mudar de postura com você? É possível não o amar? Confie em minhas palavras [...] amo você."[5]

Potemkin vira desenvolver-se a aproximação entre Catarina e Zavadóvski, e pelo menos a tolerava. Continuava difícil como sempre, mas claramente não tinha nenhuma intenção de matar Zavadóvski, como certa vez ameaçara fazer com quem o sucedesse. As cartas revelam uma crise na relação e certa dose de ciúme de Zavadóvski, mas Potemkin parece tão dominante que o outro homem não chega de fato a representar uma ameaça. Mais provável é que Potemkin aprovasse a nova relação — até certo ponto. A questão era apenas descobrir que ponto era esse.

"Sua vida é preciosa para mim e não quero afastá-lo",[6] comunicou-lhe a imperatriz com todas as letras. Eles gostavam de resolver suas brigas com cartas em forma de diálogo: a segunda que chegou até nós parece o clímax de uma discussão, a calma reconciliação depois de um vendaval de inseguranças. Essa é muito mais específica do que o dueto epistolar anterior. A imperatriz é afavelmente paciente com seu impossível excêntrico, Potemkin é terno e gentil com ela — qualidades incongruentes num homem como ele:

POTEMKIN	CATARINA
Permita meu amor dizer o seguinte que,	Permito, sim
espero, acabará com a discussão	Quanto mais cedo melhor
Não se surpreenda se fico	Não fique perturbado
Perturbado com o nosso amor.	
Não só você	Você também me cumulou
Me cumulou de coisas boas,	Você está lá firme e
você me colocou em seu	forte, e estará
coração. Quero ficar	
Ali sozinho, e acima de qualquer outro,	Continua lá
Porque ninguém jamais a amou	Sei disso e acredito nisso
tanto; e	Em meu coração, serei
Como fui feito por suas	
mãos, quero que minha paz	Feliz de o ser
Seja obra de suas mãos,	
Que você seja	Será meu maior prazer
Feliz por ser boa comigo;	
Que você possa encontrar repouso	Claro
dos grandes	Que nossos
Trabalhos decorrentes da sua alta	pensamentos descansem e
Posição	nossos sentimentos ajam livremente
Pensando no meu conforto.	São o que há de mais terno e
Amém.	acharão a melhor maneira.
	Fim da briga.
	Amém.[7]

Nem sempre ele era tão polido. Potemkin, sentindo-se vulnerável, atacava-a com as palavras mais cruéis. "Peço a Deus que o perdoe pelo seu vão desespero e pela violência, e também por sua injustiça comigo", respondeu ela. "Acho que você me ama, apesar de com frequência não haver nenhum vestígio de amor em suas palavras." Ambos sofriam terrivelmente. "Não sou perversa e não estou zangada com você", escreveu ela depois de uma discussão. "Só depende da sua vontade, a maneira como me trata." Mas ela sugeriu que eles não poderiam manter essa tumultuosa tensão indefinidamente: "Quero vê-lo calmo e estar no mesmo estado também".[8]

A corte procurava sinais da queda de Potemkin ou da ascensão de Zavadóvski, enquanto o casal discutia o que fazer. Potemkin queria continuar no poder, por isso tinha que manter seus aposentos no Palácio de Inverno. Quando ele se ofendia, ela lhe dizia o que tantos amantes comuns dizem a seus parceiros em agonia — "não é tão difícil decidir: fique comigo". Então, tipicamente, acrescentava esse lembrete sobre sua parceria amoroso-política: "Todas as suas propostas políticas são muito sensatas".[9] Mas Catarina enfim perdeu a paciência também:

> Pelo modo como você às vezes fala, é como se eu fosse um monstro com todos os defeitos, especialmente o da estupidez [...]. Esta mente não conhece outra forma de amar que não seja fazer feliz quem quer que ame, e por isso acha impossível tolerar ainda que seja um momento de ruptura com aquele a quem ama sem — para seu desespero — ser correspondida nesse amor [...]. Minha mente está ocupada em tentar descobrir virtudes, algum mérito, no objeto do seu amor. Gosto de ver em você todas as maravilhas [...].

Depois dessa manifestação de mágoa, enquanto Potemkin deixava de amá-la, ela definiu o cerne do problema: "A essência do nosso desacordo é sempre a questão do poder, e nunca a do amor".[10]

Isso sempre foi tomado em sentido literal, mas se trata de uma cuidadosa reescrita feminina da história dos dois. O amor entre eles foi tão tempestuoso como a colaboração política. Se o poder fosse o tema de suas brigas, então tirando o amor e deixando o poder, as disputas se perpetuariam. Talvez seja mais verdadeiro dizer que a essência da discórdia fosse o fim da fase intensamente física de sua relação e o amadurecimento e a necessidade de liberdade de Potemkin. Talvez Catarina não conseguisse admitir que ele não a queria mais como mulher — mas que os dois sempre se desentenderiam sobre o poder.

Nada disso o satisfazia. Potemkin parecia viver num estado de raiva permanente. "Você está zangado", escreveu ela em francês. "Fica longe de mim, diz que está ofendido [...]. Que outra justificativa pode querer? Mesmo quando queima um herege a Igreja não quer nada mais [...]. Você está destruindo toda a minha felicidade, pelo tempo que ainda me resta. Paz, meu amigo. Estendo-lhe minha mão — pode segurá-la, amor?"[11]

* * *

Ao voltar de Moscou para São Petersburgo, Catarina escreveu para o príncipe Dmítri Golítsin, seu embaixador em Viena, que queria que "Sua Majestade [o sacro imperador romano José II] elevasse o general conde Grigóri Potemkin, que serviu tão bem a mim e ao Estado, à dignidade de príncipe do Sacro Império Romano, pelo que lhe ficarei muito grata". José II concordou relutantemente em 16/27 de fevereiro, apesar da aversão demonstrada por sua afetada mãe, a rainha-imperatriz Maria Teresa. "É muito engraçado", ironizou Corberon com desdém, "que a devota rainha-imperatriz recompense os amantes da descrente soberana da Rússia."

"Príncipe Grigóri Alexándrovitch!", exclamou Catarina, aclamando seu Potemkin. "Graciosamente permitimos que aceite o título de príncipe do Sacro Império Romano."[12] Potemkin passou então a ser conhecido como "Alteza Sereníssima", ou, em russo, "*Svetleishii Kniaz*". Havia muitos príncipes na Rússia, mas, a partir daquele momento, Potemkin era "O Príncipe" — ou apenas "Sereníssimo". Os diplomatas achavam que aquele era o canto do cisne de Potemkin, porque Orlov só tivera licença para usar esse título ao ser dispensado. Catarina também deu a Potemkin "um presente de 16 mil camponeses, o que pode render anualmente cinco rublos por cabeça", e a Dinamarca lhe mandou a Ordem do Elefante Branco. Potemkin estava sendo demitido ou confirmado no cargo? "Jantei com o conde Potemkin", comunicou Corberon em 24 de março. "Consta que seu prestígio acabou, que Zavadóvski ainda conta com os favores íntimos e que os Orlov têm muito prestígio para protegê-lo."[13]

O Sereníssimo desejava ser monarca, além de príncipe: já temia que Catarina morresse e o deixasse à mercê do ressentido Paulo, de quem "só pode esperar a Sibéria".[14] A solução era estabelecer-se de forma independente, fora das fronteiras russas. A imperatriz Anna tinha feito seu favorito, Ernst Biron, duque da Curlândia, um principado báltico dominado pela Rússia mas tecnicamente pertencente à Polônia. O duque que então reinava era Pedro, o filho de Biron. Potemkin decidiu ficar com a Curlândia.

Em 2 de maio, Catarina informou seu embaixador na Polônia, o conde Otto-Magnus Stackelberg, de que "desejando agradecer ao príncipe Potemkin os serviços prestados ao país, tenciono dar-lhe o ducado da Curlândia", e sugeriu que manobras ele deveria fazer nesse sentido. Frederico, o Grande, instruiu seu embaixador em Petersburgo a oferecer ajuda a Potemkin nesse projeto e, em 18/29 de maio, escreveu-lhe uma calorosa carta de Potsdam. Mas Catarina não foi até o fim: Potemkin ainda não se mostrara um estadista, e ela precisava agir com cautela, tanto na Curlândia como na Rússia. Essa busca de um trono no exterior foi uma preocupação insistente da carreira de Potemkin. Mas Catarina sempre se esforçou ao máximo para que ele concentrasse sua atenção na Rússia — onde era necessário.[15]

No início de abril de 1776, o príncipe Henrique da Prússia chegou para consolidar a aliança do irmão Frederico com a Rússia. As relações russo-prussianas tinham perdido o brilho quando Frederico solapara os ganhos russos durante a Guerra Russo-Turca. O irmão mais jovem de Frederico era um homossexual enrustido, um general enérgico e um diplomata habilidoso, que tinha ajudado a dar início à Partição da Polônia em 1772. Era uma caricatura de Frederico, porém catorze anos mais jovem e amargamente invejoso do irmão — a sina dos irmãos mais novos no tempo dos reis. Henrique tinha sido um dos primeiros a cultivar a amizade de Potemkin. Um sinal do novo interesse de Potemkin por assuntos estrangeiros foi o fato de ele mesmo providenciar a viagem de Henrique. "Minha felicidade", escreveu o príncipe Henrique a Potemkin, "será grande se durante a estada em São Petersburgo eu tiver oportunidade de demonstrar minha estima e amizade." No momento em que chegou, em 9 de abril, ele manifestou seu desejo presenteando Potemkin com a Águia Negra da Prússia, para que acrescentasse à sua crescente coleção de medalhas estrangeiras: isso deu a Frederico II e Potemkin um bom pretexto para a troca de cartas lisonjeiras. Sem dúvida o príncipe Henrique incentivou o projeto da Curlândia.[16]

Justamente quando os estrangeiros achavam que Potemkin tinha perdido seu prestígio, os imprevisíveis amantes pareciam desfrutar de uma trégua. Talvez na melhor e mais simples declaração de amor que alguém possa fazer, ela escreveu: "Meu querido príncipe! Deus determinou que você fosse meu amigo mesmo antes de eu ter nascido, porque o criou para ser meu. Obrigado pelo presente e pelo abraço [...]".[17] Parece que estavam se encontrando secretamente — mas as penosas negociações entre os dois continuavam. O eclipse de Potemkin e a ascensão de Zavadóvski eram amplamente esperados. Nem Catarina nem Potemkin aguentavam mais aquele limbo agonizante. Na manhã seguinte à chegada do príncipe Henrique, a tragédia interveio.

Às quatro da madrugada do dia 10 de abril de 1776, a grã-duquesa Natália Alexéievna, esposa gestante de Paulo, entrou em trabalho de parto. A imperatriz vestiu um avental e correu para os aposentos de Natália, onde ficou ao lado dela e de Paulo até as oito da manhã.[18]

A ocasião não era das melhores, porque o príncipe Henrique precisava ser ciceroneado. Naquela noite, a imperatriz e o príncipe Henrique assistiram ao concerto de violino de Lioli nos "aposentos do príncipe Grigóri Alexándrovitch Potemkin", registrou o Diário da Corte. O príncipe Henrique e Potemkin discutiram uma aliança, conforme sugerido por Catarina: seguindo as instruções de Frederico, o príncipe Henrique fez de tudo para se entender com o favorito dela.[19] Durante a madrugada, parecia que a grã-duquesa estava prestes a dar à luz um herdeiro do Império.

A grã-duquesa Natália já se mostrara uma decepção para Catarina. Embora Paulo parecesse amá-la, ela era uma intriguista que nem ao menos se dera ao trabalho de aprender russo. Catarina e Potemkin suspeitavam que ela estivesse tendo um caso com Andrei Razumóvski, o melhor amigo de Paulo e um mulherengo cheio de lábia. Apesar disso, no dia 11, Catarina vestiu o avental novamente e correu para cumprir seu dever, passando seis horas ao pé da cama e jantando em seguida em seus aposentos com seus dois príncipes, Orlov e Potemkin. Passou todo o dia seguinte com a grã-duquesa.

Os diplomatas estrangeiros sentiram-se ludibriados pelo fato de "o parto" ter suspendido "a queda de Potemkin", conforme relatou Corberon. A grã-duquesa chorava de dor. A imperatriz estava preocupada. "Uma refeição foi trazida para os aposentos de Sua Majestade, mas ela não quis comer". registra o Diário da Corte. "O príncipe [...] Potemkin comeu." Quando ele estava com fome, pouca coisa era capaz de afastá-lo de sua comida.

Os médicos fizeram o possível, de acordo com a ciência da carnificina voluntariosa na época tida como medicina. O fórceps já era usado em meados do século XVIII.* Cesarianas, apesar de desesperadamente perigosas, eram realizadas com êxito desde os tempos do Império Romano: a mãe praticamente morria sempre de infecção, choque e hemorragia, mas a criança podia ser salva. Nessa ocasião, nada foi tentado, e era tarde demais. O bebê tinha morrido e infectou a mãe. "As

---

* Até 1733, o fórceps foi uma arma secreta, por assim dizer, de uma dinastia cirúrgica, os Chamberlen. Nesses tempos, até a profissão de médico era hereditária.

coisas vão muito mal", escreveu Catarina, provavelmente no dia seguinte, numa carta redigida às cinco da manhã, já pensando em como lidar com Paulo. "Acho que a mãe seguirá o mesmo caminho do filho. Guardar silêncio a esse respeito [...]." Ela mandou o comandante de Tsárskoie Seló preparar os aposentos de Paulo. "Quando as coisas clarearem, trago meu filho para cá."[20] A gangrena começou. O mau cheiro era insuportável.

O príncipe Potemkin estava jogando cartas enquanto aguardava o desfecho inevitável. "Disseram-me", relatou Corberon, "que Potemkin perdeu [...] 3 mil rublos no uíste enquanto o mundo inteiro chorava." Trata-se de um comentário injusto. A imperatriz e o consorte tinham muita coisa para preparar. Catarina compilou uma lista de seis candidatas a nova mulher de Paulo, que enviou a Potemkin. A princesa Sophia Dorothea de Württemberg, com quem ela sempre quis que Paulo casasse, era a primeira de seis.[21]

Às cinco da tarde de 15 de abril, a grã-duquesa morreu. Paulo quase enlouqueceu de dor, vociferando que os médicos tinham mentido: ela deveria estar viva, ele queria ficar com ela, não permitiria que fosse sepultada — e todas as outras fantasias a que as pessoas recorrem para negar a realidade da morte. Os médicos sangraram-no. Vinte minutos depois, Catarina acompanhou o filho arrasado para Tsárskoie Seló. Potemkin viajou com sua velha amiga, a condessa Bruce. "*Sic transit gloria mundi*", comentou Catarina sucintamente com Grimm. A imperatriz não gostava de Natália, e os diplomatas a criticavam pela maneira como conduzira o parto da grã-duquesa: teria permitido que a nora morresse? O exame post mortem revelou que havia uma anormalidade e que Natália jamais poderia dar à luz — portanto não poderia ter sido salva pela medicina da época. Mas, como se tratava da Rússia, onde imperadores morrem de "hemorroidas", Corberon informou que ninguém acreditava na versão oficial.*

"Durante dois dias, o grão-duque tem sofrido de indizível perturbação", escreveu Oakes. "O príncipe Henrique da Prússia mal saiu de perto dele." O príncipe Henrique, Catarina e Potemkin se juntaram para tratar do imediato casamento

---

* Consta que Potemkin teria arranjado essa morte e misteriosamente visitado a parteira. Assassinato médico é tema recorrente na paranoia política russa — o Complô dos Médicos contra Stálin em 1952-3 tirou proveito do fantasma dos "assassinos de jaleco branco". O príncipe Orlov, a grã-duquesa Natália, o amante de Catarina Alexandre Lanskoi e o próprio Potemkin — todos inspiraram boatos de que teriam sido assassinados pelos médicos que cuidavam deles. Dizia-se que Potemkin estaria envolvido nas três primeiras mortes.

de Paulo com a princesa de Württemberg. "A escolha de uma princesa não será postergada por muito tempo", informou Oakes poucos dias depois. Em meio ao luto, Catarina, Potemkin e o príncipe Henrique compreenderam a dura realidade de que o Império precisava de um herdeiro, por isso Paulo precisava com urgência de uma esposa.

Como era de esperar, Paulo relutava em casar novamente. Esses escrúpulos pessoais foram afastados quando Catarina, tão amorosa com suas famílias adotivas, tão cruel com a sua própria, mostrou-lhe as cartas de Natália para Andrei Razumóvski encontradas entre as coisas dela. Catarina e Potemkin arranjaram uma viagem de Paulo a Berlim para aprovar a noiva. Os irmãos Hohenzollern estavam maravilhados com a possibilidade de influenciar o herdeiro russo — a princesa Sophia era sobrinha deles. Provavelmente contribuiu para a serenidade de Paulo sua prussofilia e o culto de Frederico, o Grande, como seu pai antes dele. A corte retomou então o seu esporte favorito — tramar a queda de Potemkin.[22]

A grã-duquesa Natália e a criança natimorta ficaram expostas à visitação pública no Mosteiro de Santo Alexandre Niévski. Ela trajava cetim branco. O feto, perfeitamente formado segundo a autópsia, jazia macabramente aos seus pés num caixão aberto.[23] O Seleníssimo ficou em Tsárskoie Seló com Catarina, o príncipe Henrique e Paulo, que chorava pela perda não só da mulher, mas também das ilusões sobre o seu casamento. Corberon não conseguia compreender por que Zavadóvski e Potemkin estavam com a imperatriz: "o reinado desta última está chegando ao fim", alardeou, "o cargo dele de ministro da Guerra já transferido para o conde Alexei Orlov", mas estava preocupado com o fato de Potemkin agir como se tudo estivesse bem.[24] Tanto Corberon como seu colega britânico de diplomacia calculavam que o príncipe Henrique estaria apoiando Potemkin contra os Orlov, contribuindo "muito para retardar a retirada do príncipe Potemkin, que a fita [a Águia Negra] vinculou aos seus interesses".

O funeral de Natália foi realizado em 26 de abril no Mosteiro de Niévski. Potemkin, Zavadóvski e o príncipe Orlov acompanharam Catarina — mas Paulo estava perturbado demais para comparecer. Os diplomatas examinaram com a maior atenção os maneirismos dos principais atores em busca de nuances políticas, assim como os kremlinologistas dissecariam posteriormente a etiqueta e a hierarquia dos funerais dos secretários-gerais soviéticos. Tanto num caso como no outro, os kremlinologistas quase sempre erravam. Nesse caso, Corberon percebeu um sinal revelador da queda de prestígio de Potemkin — Ivan Tchernichov, presidente da Escola Naval, fez "três grandes reverências" ao príncipe Orlov, mas apenas "uma muito ligeira a Potemkin, que se curvava incessantemente diante dele".

O Sereníssimo podia jogar o jogo com secreta confiança. Ainda estava no poder em 14 de junho, quando o príncipe Henrique da Prússia e o grão-duque Paulo partiram em sua uxória viagem a Berlim. A missão teve êxito. Paulo voltou com Sophia de Württemberg — que logo, como grã-duquesa Maria Fiódorovna, se tornaria sua mulher e mãe de dois imperadores.*

Enquanto isso, segundo consta, o príncipe Orlov e o irmão, farejando sangue, atormentavam Potemkin com piadas sobre sua queda iminente. Potemkin não aceitou a provocação. Sabia que, se os planos dessem certo, as piadas logo perderiam todo o sentido.[25] "Ouvimos rumores vindos de Moscou", escreveu Kiril Razumóvski a um dos secretários de Potemkin, "de que seu chefe começa a arruinar-se na bebedeira. Não acredito e rejeito esses rumores porque acho que seu espírito é mais forte do que isso."[26] Corberon informou que Potemkin afundava na "decadência". Era verdade que Potemkin, descaradamente, buscava o prazer em tempos de tensão pessoal — a devassidão para ele funcionava como válvula de escape.[27] Catarina e Potemkin discutiram o futuro numa troca de insultos e demonstrações de afeto. As cassandras tinham razão em certo sentido, pois foi naqueles dias que os alicerces do resto da carreira dele foram assentados.

"Mesmo agora", garantiu-lhe a imperatriz, "Catarina está apegada a você de alma e coração." Poucos dias depois: "Você me ignorou o dia todo ontem, sem nenhuma razão [...]". Catarina pôs em dúvida a verdade dos sentimentos dele por ela: "Qual de nós está de fato sincera e eternamente preso ao outro; qual de nós é tolerante e sabe perdoar ofensas, insultos e opressões?". Potemkin estava feliz num dia e explosivo no outro — por ciúme, excesso de sensibilidade ou por pura teimosia. Seus ciúmes, como tudo o mais que lhe dizia respeito, eram inconsistentes,

---

* Paulo e Maria Fiódorovna casaram em Petersburgo, em 26 de setembro de 1776. Os dois imperadores foram Alexandre I e Nicolau I, que governou até 1855. O segundo filho do casal, Constantino, quase assumiu, mas sua recusa ao trono deflagrou a Revolta Dezembrista em 1825.

mas ele não estava sozinho nisso. Catarina com certeza lhe perguntou sobre outra mulher, e Potemkin reagiu com excessivo rigor. "Isso me magoou", disse ela. "Eu não esperava, e até agora não entendo por que minha curiosidade o insulta."[28]

Ela exigia que ele se comportasse bem em público: "A opinião do público idiota depende da sua postura nesta questão". É costume afirmar que Potemkin passou a fingir ciúmes para conseguir o que queria protegendo o orgulho feminino de Catarina. Ele de repente exigiu que Zavadóvski fosse afastado. "Você me pede para afastar Zavadóvski", escreveu ela. "Minha glória sofre muito com este pedido [...]. Não me peça injustiças, feche os olhos para boatos, respeite minhas palavras. Nossa paz será restaurada."[29] Os dois estavam perto de alcançar um entendimento, mas devem ter resolvido ficar separados, como um casal ciente de que não deve prolongar a agonia da proximidade constante. Entre 21 de maio e 3 de junho, não há registro de que Potemkin tenha estado na corte.

Em 20 de maio, Zavadóvski surgiu como o favorito oficial de Catarina, de acordo com Oakes, e recebeu um presente de 3 mil almas. No aniversário da ascensão ao trono, ele foi promovido a major-general, recebendo mais 20 mil rublos e mil almas. Mas a essa altura Potemkin já não se importava. A tempestade passara: Potemkin permitiu que ela estabilizasse suas relações com Zavadóvski, porque marido e mulher tinham finalmente chegado a um acordo sobre os temores e exigências um do outro. "Matuchka", escreveu ele, agradecido, "este é o fruto real do seu bondoso tratamento para comigo nos últimos anos. Percebo sua tendência a me tratar bem [...]."

No entanto, o compungido Potemkin não conseguia manter distância: reapareceu em Tsárskoie Seló em 3 de junho: "Venho aqui para vê-la porque sem você eu me entedio. Vejo que minha vinda a deixa constrangida [...]. Misericordiosa senhora, eu atravessaria o fogo por sua causa [...]. Se finalmente tomo a decisão de ser banido da sua presença, é melhor que não seja em público. Não demorarei a partir, embora isto seja como a morte para mim". Diante dessa declaração apaixonada, respondeu Catarina: "Meu amigo, sua imaginação lhe prega uma peça. Fico feliz de vê-lo e você não me deixa constrangida. Mas fiquei irritada com outra coisa sobre a qual lhe falarei noutra ocasião".[30]

O Sereníssimo ainda ficou um tempo na corte. O pobre Zavadóvski, agora apaixonado por Catarina e seu companheiro oficial, desapareceu do Diário da Corte no dia da volta de Potemkin: teria fugido diante do gigante jovial e cheio de vida? Os diplomatas não se deram conta: no que lhes dizia respeito, o afastamento de Potemkin de todos os seus cargos era só uma questão de tempo. Suas expectativas pareceram se confirmar quando Catarina presenteou o príncipe com um palácio: a "casa Aníchkov", um sólido e arruinado palácio em São Petersburgo que tinha pertencido a Alexei Razumóvski, favorito de Isabel. Ficava (e ainda fica) à margem do Neva, ao lado da ponte Aníchkov. Isso sugeria que Potemkin estava prestes a desocupar seus aposentos nos palácios imperiais e partir "em viagem" pelos spas da Europa.

Numa monarquia absolutista, a proximidade do trono era imperativa, a condição sine qua non de poder. Potemkin era conhecido por resmungar que, se perdesse a cama no palácio, perderia tudo. Catarina estava sempre tranquilizando seu sumamente nervoso amigo: "Batinka, Deus é testemunha, não vou expulsá-lo do palácio. Por favor, more nele e acalme-se!".[31] Mais tarde ele se mudaria dos aposentos do favorito, porém jamais sairia do Palácio de Inverno ou perderia acesso ao budoar de Catarina.

A nova residência era perfeitamente adequada à nova situação. Pelo resto da vida, a residência dele seria a chamada "casa Chépelev", um edificiozinho separado, que tinha abrigado estábulos, de frente para a rua Milliónaia, ligado ao Palácio de Inverno por uma galeria por cima da arcada. A imperatriz e o príncipe podiam ir a pé para os aposentos um do outro, passando por um corredor coberto que saía do lado da capela do Palácio, com privacidade e, no caso de Potemkin, sem se vestir.

Tudo estava resolvido. Em 23 de junho, Potemkin partiu para uma viagem de inspeção em Nóvgorod. Um diplomata britânico notou que alguns móveis foram retirados dos seus aposentos no Palácio de Inverno. Ele tinha sido rebaixado e estava indo para um mosteiro. Os cortesãos mais astutos, porém, como a condessa Rumiántseva, perceberam que a viagem dele foi paga e administrada pela corte. Em toda parte era recebido com arcos de triunfo, como membro da família imperial, e para ser assim só podia ser por ordem imperial.[32] Não sabiam que Catarina lhe dera um presente de boa viagem, suplicou-lhe que se despedisse dela e depois lhe escreveu uma série de bilhetes afetuosos: "Concedemos-lhe a posse eterna e hereditária da casa Aníchkov", informou ela a Potemkin, mais 100 mil rublos para decorá-la. Em seus dois anos como favorito, as cifras financeiras são impossíveis de calcular, porque a imperatriz estava sempre lhe dando dinheiro ou presentes não registrados — ou quitando diretamente suas dívidas. Mas ele agora habitava um mundo irreal e opulento, no qual a escala cresiana das fortunas só era partilhada por monarcas: com frequência recebia 100 mil rublos de Catarina, quando um coronel ganhava mil rublos por ano. Calcula-se que o príncipe tenha recebido 37 mil almas, vastas propriedades nos arredores de Petersburgo e de Moscou e na Bielorrússia (a propriedade de Kritchev, por exemplo, ostentava 14 mil almas), diamantes, serviços de jantar, bandejas de prata e 9 milhões de rublos. Nada disso lhe bastava.[33]

O príncipe voltou em poucas semanas. Catarina o acolheu com um bilhete caloroso. Ele foi direto para seus aposentos no Palácio de Inverno. Isso desnorteou detratores: o Sereníssimo "chegou aqui no sábado à noite e apareceu na corte no dia seguinte. Sua volta para os aposentos que antes ocupava no palácio deixou muita gente apreensiva com a possibilidade de ele recuperar o favoritismo perdido".[34] Teriam ficado mais surpresos ainda se soubessem que ele logo estaria revisando as cartas de Catarina para o tsarévitch Paulo em Berlim.

Não há dúvida de que ambos estavam desempenhando papéis previamente combinados, como as celebridades de hoje que se deliciam enganando a imprensa. Tendo começado o ano com medo de perder o amor e a amizade que os uniam, num frenesi de ciúmes e remorsos, eles conseguiram arranjar à sua maneira aquele casamento peculiar. Cada qual poderia ir atrás da própria felicidade enquanto preservava os serviços — pessoais, políticos, afetivos e práticos — do outro. Não foi fácil. As coisas do coração não podem ser treinadas como regimentos ou negociadas como tratados — especialmente quando envolvem pessoas tão emotivas. Só a confiança, o tempo, a natureza, os erros e acertos, e a inteligência poderiam conseguir tal resultado. Potemkin executava a difícil transformação de amante influente em "ministro favorito" que governava com sua imperatriz.[35] Os dois haviam conseguido enganar todo mundo.

No dia em que o Sereníssimo voltou para a corte, o casal sabia que seriam observados de perto por pessoas à procura de algum sinal de desfavorecimento ou recuperação. Por isso o príncipe entrou nos aposentos dela "com a máxima compostura" e lá encontrou a imperatriz jogando uíste. Sentou-se diante dela. Catarina lhe deu uma carta, como se nada tivesse mudado — e lhe disse que ele sempre tinha sorte no jogo.[36]

PARTE QUATRO
A PARCERIA APAIXONADA
1776-7

11. Os favoritos dela

E Catarina (é preciso dizê-lo em favor de Catarina)
Embora audaciosa e sanguinária, era daquele tipo
Cuja paixão temporária lisonjeava
Porque cada amante parecia uma espécie de rei...
　　　　　　　　　　Lord Byron, *Don Juan*, Canto IX:70

Uma ordem de Sua Majestade colocou
Nosso jovem tenente aos afáveis cuidados
Dos que estavam no poder. Todo mundo parecia bondoso
(Como parece às vezes à primeira vista,
Para que o jovem lembre de não cometer erros)
Como o fez também Miss Protassoff,
Chamada, por seu cargo místico, de l'Eprouveuse,
Termo inexplicável para a Musa.
　　　　　　　　　　Lord Byron, *Don Juan*, Canto IX:84

O caso amoroso do príncipe Potemkin com Catarina II parecia ter terminado naquele momento, mas a verdade é que jamais chegou ao fim. Simplesmente tornou-se um casamento no qual ambos se apaixonavam por outros e tinham outros parceiros sexuais, enquanto a relação deles continuava a ser a coisa mais importante da vida de ambos. Esse inusitado arranjo matrimonial inspirou a obscena mitologia sobre a imperatriz como ninfomaníaca e Potemkin como alcoviteiro imperial. Talvez o "Movimento Romântico" e os casamentos e divórcios em série da nossa própria época tenham destruído nossa capacidade de compreender essa comovente parceria.

Zavadóvski foi o primeiro favorito oficial a compartilhar a cama da imperatriz enquanto Potemkin regia a cabeça dela, continuando a servir de consorte, amigo e ministro. Em seus 67 anos de vida, sabemos que Catarina teve pelo menos doze amantes, o que está longe de ser o exército de que costuma ser acusada. Mesmo esse número é enganador, porque, quando encontrava um parceiro com quem era feliz, ela achava que seria para sempre. Raramente terminava um relacionamento por iniciativa própria — Saltikov e Poniatowksi afastaram-se dela; Orlov lhe foi infiel e até Potemkin de alguma forma planejava ir embora. No entanto, depois de Potemkin, suas relações com homens muito mais jovens eram obviamente anormais, mas a sua situação também era das mais incomuns.

A realidade era muito diferente do mito. Ela transformou a condição de amante num cargo oficial, e Potemkin a ajudou. As relações triangulares entre Catarina, Potemkin e seus jovens amantes têm sido negligenciadas pelos historiadores — e no entanto isso se transformou no núcleo da "família" dela.

O caso de Catarina com Zavadóvski foi um teste para o ménage à trois imperial. A presença de Potemkin tornava mais difícil e humilhante a vida dos favoritos, que não conseguiam evitar a intimidade de Catarina com ele. As relações entre eles e o Sereníssimo eram quase tão importantes quanto o seu amor pela imperatriz. Mesmo sem Potemkin, era um papel difícil, e Zavadóvski não demorou a ficar numa situação das mais infelizes.

As cartas de Catarina para Zavadóvski nos oferecem um maravilhoso vislumbre do mundo sufocante dos favoritos. Ele mal durou dezoito meses como favorito, mas seu amor por Catarina era genuíno. As cartas que recebeu revelam que ela o amava também. Mas havia menos igualdade entre os dois. Embora tivesse a mesma idade de Potemkin, ele vivia em êxtase admirativo, e ela o tratava com certo desdém, agradecendo-lhe sua "cartinha afetuosa" como se ele fosse um menino esperto capaz de recitar o alfabeto. Enquanto Potemkin queria tempo e

1. O Sereníssimo príncipe Grigóri Potemkin em seu apogeu, quando já era secretamente marido de Catarina, a Grande, e seu parceiro de poder. Catarina o chamava de sua "marmórea beleza", e dizia-se que ele tinha a cabeleira mais bonita da Rússia. No entanto, Potemkin sentia-se pouco à vontade com o olho cego, e os pintores sempre o retratavam deste ângulo para ocultá-lo.

2. Catarina, a Grande, trajando o uniforme das Guardas, em 28 de junho de 1762, dia em que tomou o poder do marido, o imperador Pedro III. Foi nessa ocasião que viu Potemkin pela primeira vez. Quando passava as tropas em revista na frente do Palácio de Inverno em São Petersburgo, ela percebeu que estava sem o seu fiador de espada. O jovem Potemkin aproximou-se, cavalgando, para lhe oferecer o seu. Ela nunca o esqueceu.

3. (*Acima*) A condessa Alexandra "Sachenka" Branicka, inteligente, graciosa, magnífica, era sobrinha de Potemkin, provavelmente sua amante, e com certeza sua melhor amiga, depois de Catarina. Ele morreu em seus braços.

4. (*À direita*) O herdeiro: grão-duque (depois imperador) Paulo, instável e amargurado filho de Catarina, que odiava Potemkin e vivia alardeando que ainda o mandaria para a prisão.

Palácios de Potemkin: suas residências do norte e do sul.
(*Da esquerda para a direita, no sentido horário*) 5. O neoclássico Palácio Táurida, em São Petersburgo, palco do suntuoso baile oferecido pelo príncipe em 1791; 6. O Palácio Bablovo, em ruínas, perto de Tsárskoie Seló; 7. Seu primeiro palácio, o Aníchkov, em Petersburgo; 8. O Castelo Ostrovki. Tanto o Palácio Bablovo como o Castelo Ostrovki foram inspirados no gótico Strawberry Hill, de Walpole.

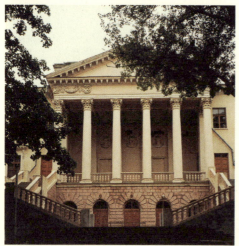

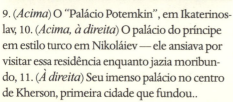

9. (*Acima*) O "Palácio Potemkin", em Ikaterinoslav, 10. (*Acima, à direita*) O palácio do príncipe em estilo turco em Nikoláiev — ele ansiava por visitar essa residência enquanto jazia moribundo, 11. (*À direita*) Seu imenso palácio no centro de Kherson, primeira cidade que fundou..

12. A imperatriz, aos 58 anos, trajando sua indumentária de viagem, durante o magnífico tour organizado por Potemkin pela Crimeia, onde ela se encontrou com o imperador José II, em 1787.

13. Marechal de campo Potemkin durante a Segunda Guerra Turca — o vencedor em seu apogeu. Ele usa o retrato de Catarina ornado com diamantes, objeto que mais se orgulhava de possuir.

14. (*Abaixo*) Sua assinatura.

15. A imperatriz, já envelhecida, nos anos 1790: ainda majestosa e digna, mas cada vez mais obesa e com dificuldade para respirar. Disse a Potemkin que estava tão apaixonada por seu jovem amante sem talento, Zúbov, que se sentia como uma gorda mosca no verão. Ela queria muito que ele aprovasse seu mais recente favorito.

16. Um impetuoso, dinâmico e triunfante chefe militar, no fim dos anos 1780. O bem-disposto príncipe Potemkin exibe o suntuoso uniforme branco (por ele criado) de grande almirante da Frota do Mar Negro e o retrato de Catarina no peito, enquanto aponta para Sebastópol e suas novas cidades. Catarina dizia que as vitórias o deixavam "ainda mais bonito"; os inimigos reconheciam: "as mulheres suspiram pelos abraços do príncipe Potemkin".

17. (*À esquerda*) Monumentos à beira da estrada (na Moldávia) onde Potemkin morreu em 5 de outubro de 1791.

18. (*Abaixo*) Seu caixão no túmulo sob a igreja. Os bolcheviques roubaram os ícones.

19. (*À esquerda*) Placa que anuncia a morte de Potemkin e relaciona todos os seus títulos, exibida durante o velório do príncipe em outubro de 1791. Este autor a encontrou no mosteiro Golia, em Iasi (Romênia), debaixo de um piano.

20. (*Abaixo*) O alçapão que conduz ao túmulo de Potemkin, na igreja de Santa Catarina em Kherson (Ucrânia).

21. A igreja em ruínas na aldeia natal de Potemkin, Tchijovo, perto de Smolensk, na Rússia, onde ele foi batizado, aprendeu a ler e onde provavelmente seu coração está sepultado.

espaço para si, Zavadóvski sonhava em estar com ela o dia todo, como um cãozinho fraldeiro, por isso Catarina precisava escrever-lhe dizendo que "o tempo não pertence a mim, mas ao Império". Porém trabalhavam juntos — ele ainda labutava como secretário o dia inteiro, antes de retirar-se com ela às dez, depois de jogar três partidas de uíste. Era uma rotina ao mesmo tempo cansativa e laboriosa.

O novo favorito era também, segundo se supõe, muito menos tarimbado sexualmente do que o príncipe, o que talvez explique por que tenha se apaixonado por ela tão completamente. "Você é o próprio Vesúvio", escreveu ela. A inexperiência dele provavelmente o fazia perder o controle, pois ela acrescentou: "quando menos se espera, lá vem mais uma erupção, mas não se preocupe, porque as extinguirei com carícias. Querido Petrucha!". Sua correspondência com Zavadóvski era menos formal do que com Potemkin. Enquanto o primeiro a chamava de "Katiucha" ou "Katia", o príncipe sempre usou "Matuchka", "Soberana Senhora". As cartas da imperatriz para Zavadóvski parecem mais explícitas sexualmente: "Petruchinka, me alegra muito que você tenha sido curado por meus travesseiros e, se minhas carícias contribuem para a sua saúde, então você jamais adoecerá". Esses "travesseiros" talvez quisessem dizer peitos — mas ela também bordava almofadas recheadas de ervas, o que ilustra os cômicos perigos que esperam os biógrafos que fazem interpretações sexuais de cartas particulares.[1]

Zavadóvski, que a amava muito, adoecia com frequência, mais dos nervos do que de qualquer outra coisa. Não estava preparado para lidar com tantas intrigas e tanto ódio. Embora ela declarasse repetidamente em suas cartas que o amava, ele não conseguia relaxar em sua posição: sua vida privada estava "sob um microscópio".[2] Ela não fazia ideia do que ele tinha que enfrentar, e ele não tinha a força de Potemkin para conseguir das pessoas o que queria. Acima de tudo, era preciso tolerar a onipresença de Potemkin. Era um trio, e, quando Potemkin queria atenção, é de se supor que a conseguisse. Quando passavam por crises em suas relações, era Potemkin quem as resolvia: "Ambos precisamos de uma restauração da paz espiritual!", escreveu Catarina. "Tenho sofrido tanto quanto você há três meses, me torturando [...]. Vou conversar com o príncipe Gri[góri] A[lexándrovitch Potemkin]." Essa conversa com Potemkin sobre os sentimentos pessoais de Zavadóvski não deve ter contribuído muito para a paz espiritual *dele*. Mais tarde, Zavadóvski afirmaria que a sempre presente ostentação de Potemkin não o perturbava nem um pouco, porém os indícios sugerem que se sentia intimidado e transtornado quando o outro estava por perto. "Não entendo", escreveu a imperatriz para Zavadóvski, "por que você não consegue olhar para mim sem lágrimas nos olhos." Quando Potemkin se tornou príncipe, Catarina convidou — ou melhor, intimou — Zavadóvski: "Se quiser cumprimentar a nova Alteza, Sua Alteza o receberá afetuosamente. Se você se tranca, nem eu nem ninguém nos acostumaremos a vê-lo".[3]

Anos depois, circulou um boato de que Potemkin perdeu a calma com a imperatriz, exigiu que ela dispensasse Zavadóvski, entrou como um furacão nos aposentos deles, quase os atacou e jogou um castiçal em Catarina.[4] Parece um dos típicos ataques de cólera de Potemkin, mas não sabemos qual terá sido o motivo. Potemkin pode ter decidido que Zavadóvski era um chato; também pode ter tido a ver com a amizade dele com seus críticos, como Semion Vorontsov. Zavadóvski com certeza tinha uma veia mesquinha, provinciana, que era totalmente alheia ao Sereníssimo — e isso pode ter irritado a própria Catarina.

Os diplomatas davam-se conta da difícil situação de Zavadóvski. Mesmo em meados de 1776, quando ele acabara de ser inaugurado, por assim dizer, Cerberon se perguntava sobre "o nome do novo favorito [...] porque dizem que Zavadóvski está em declínio". A tarefa diplomática de analisar o favoritismo de Catarina sempre foi uma mistura inexata de kremlinologia e fofoca "ao estilo tabloide sensacionalista" — uma questão de puros blefes e falsos blefes. Como disse o francês, "eles deduzem sua desgraça por sua promoção".

Dentro de um ano, porém, uma magoada Catarina percebeu a infelicidade dele também. Em maio de 1777, escreveu para Zavadóvski: "O príncipe Orlov me disse que você quer ir embora. Estou de acordo [...]. Depois do jantar [...] posso me encontrar com você". Tiveram uma penosa conversa que Catarina, é claro, reproduziu com todos os detalhes para Potemkin: "Eu [...] perguntei se ele tinha alguma coisa para me dizer ou não? Ele me contou", e ela lhe permitiu escolher um intermediário, uma espécie de mistura de agente literário com advogado de divórcio, para negociar os termos da sua dispensa. "Ele escolheu o conde Kiril Razumóvski [...] entre lágrimas [...]. Tchau, querido", acrescentou ela a Potemkin. "Aproveite os livros!" Obviamente, ela lhe dera um presente para acrescentar à sua biblioteca cada vez maior. Uma vez negociada por Razumóvski a saída de Zavadóvski, Catarina lhe deu "3 mil ou 4 mil almas [...] mais 50 mil rublos por ano e 30 mil em anos futuros, com um aparelho de mesa de prata para dezesseis [...]".

Isso teve um custo emocional para Catarina. "Estou sofrendo no coração e na alma", relatou a Potemkin.[5] A imperatriz sempre foi generosa com os amantes, mas, como veremos, deu a Zavadóvski bem menos do que a qualquer outro, com exceção de Vassíltchikov. Havia um fundo de verdade no dito de Masson, o tutor suíço: "Catarina era caridosa no amor, mas implacável na política".[6]

Zavadóvski ficou perturbado. Catarina, adotando o tom de uma babá do norte, recomendou-lhe que se acalmasse traduzindo Tácito — terapia peculiar numa era de neoclassicismo. Então, inevitavelmente, consolou o infeliz acrescentando que, para que o príncipe Potemkin "seja amistoso como antes, não é difícil fazer o esforço [...] suas mentes hão de partilhar o mesmo sentimento a meu respeito, portanto se tornarão mais próximas uma da outra". Não há a menor dúvida de que a perspectiva de ter que conquistar o apoio de Potemkin só serviu para tornar as feridas de Zavadóvski ainda mais dolorosas. Estava inconsolável: "Em meio à esperança, em meio à paixão repleta de sentimentos, meu feliz quinhão se partiu como o vento, como um sonho que não se consegue deter: o amor [dela] por mim desapareceu". Em 8 de junho, Zavadóvski retirou-se, amargurado, para a Ucrânia. "O príncipe Potemkin", anunciou o novo embaixador britânico, sir James Harris, "está novamente no auge."[7] Nem é preciso dizer que Catarina, que não podia ficar "sem amor por uma hora sequer",[8] já tinha encontrado outra pessoa.

Em 27 de maio de 1777, um sábado, a imperatriz chegou à nova propriedade de Potemkin, Ozérki, nos arredores de Petersburgo. Quando se sentaram para jantar, houve uma salva de canhão de boas-vindas. Potemkin sempre recebia com opulência. Havia 35 convidados, os principais cortesãos, as sobrinhas do príncipe Alexandra e Iekaterina Engelhardt, seus primos Pável e Mikhail Potemkin — e, no fim da lista, o major dos hussardos Semion Gavrilovitch Zóritch, um sérvio de 31 anos, moreno, atlético, de cabelos ondulados. Foi a primeira vez que apareceu numa recepção oficial, mas parece que Catarina já o conhecia. O belo e temerário Zóritch, já conhecido como "Adônis" pelas mulheres da corte e *"vrai sauvage"* pelos demais, era uma espécie de herói de guerra. Potemkin lembrava-se dele no exército. Zóritch tinha sido capturado pelos turcos. Os prisioneiros costumavam ser decapitados no calor do momento, mas os nobres eram preservados para resgate — por isso Zóritch proclamou-se conde, em alto e bom som, e sobreviveu.

Ao voltar, esse ambicioso patife escreveu para Potemkin e foi designado para sua comitiva. Os ajudantes de ordens de Potemkin eram naturalmente apresentados à corte — e a imperatriz notou o rapaz. Em poucos dias, Zóritch era o novo favorito oficial, e sua vida mudou de repente. Foi o primeiro de uma série de favoritos, ou mignons de Catarina, que assumiam o papel como um cargo oficial. Embora falasse com entusiasmo da beleza de Zóritch e o chamasse de "Sima", ou "Seniucha", Catarina sentia falta do seu Potemkin. "Entregue a Seniucha as cartas anexadas", pediu ela ao consorte. "É tão chato sem você."[9] Assim como o modesto Zavadóvski era um antídoto contra o exuberante Potemkin, o exaltado sérvio era um alívio depois do amuado Zavadóvski. Este último soube do aparecimento de Zóritch e voltou correndo para Petersburgo, onde ficou com seus amigos, os Vorontsov.

Zavadóvski sofria como um "cervo ferido" — e a corte o tratou como se fosse um. Disseram-lhe que se comportasse direito. A imperatriz "respeitava-o", mas sugeriu que se contivesse, "para extinguir a ansiedade".[10] Que ansiedade? Talvez a da imperatriz. Mas certamente também a do hipocondríaco roedor de unhas Potemkin. De qualquer forma, Zavadóvski se deu conta de que, como não seria reconduzido à antiga posição, os cortesãos não lhe davam mais muita atenção. Voltou a dedicar-se ao seu trabalho. É possível simpatizar com Zavadóvski, por seu diligente trabalho para o Estado e por sua dor romântica, mas ele passou os vinte anos seguintes queixando-se aos amigos da onipotência e extravagância de Potemkin. Manteve sua devoção a Catarina e só casou dez anos depois. E, quando construiu seu palácio em Iekaterinodar (presente de Catarina) — com seus 250 cômodos, seus revestimentos de porcelana, suas lareiras de malaquita, sua biblioteca —, a principal atração era uma estátua de Catarina em tamanho natural.[11] Mas ele não era um favorito típico, porque, embora a imperatriz jamais lhe tenha concedido poder político independente, como o fez com Potemkin, teve uma carreira distinta no reinado de Catarina e também posteriormente.*

Catarina estava apaixonada por Zóritch. Potemkin estava satisfeito com seu antigo ajudante e lhe deu um penacho de diamantes para o chapéu e uma magnífica bengala.[12] Catarina, que se esforçaria tanto para que seus favoritos respeitassem Potemkin, escreveu: "Meu caro príncipe, recebi o penacho, entreguei-o a Sima, e ele o está usando, graças a você". Como o vaidoso rei Gustavo III da Suécia

---

* Alexandre I nomeou-o o primeiro ministro da Educação da Rússia.

lhe fazia uma visita, ela comparou, entre risadas, os dois dândis.[13] Zóritch, que gostava de pavonear-se nas melhores roupas, parecia um galo de briga muito bem emplumado, mas o *vrai sauvage* não tardou a sentir suas limitações. Padecia também de outro vício daquela época: o jogo. Catarina, quando se recuperou do prazer inicial que lhe causavam a beleza e o vigor do rapaz, percebeu que ele era um estorvo. E não era por causa do jogo — a imperatriz jogava diariamente, e Potemkin a noite inteira —, mas por sua incapacidade de entender qual era o seu lugar em relação ao príncipe.[14]

Em poucos meses, todos sabiam que ele precisaria ser dispensado, e os diplomatas de novo tentavam adivinhar quem seria o próximo amante. "Há um candidato persa, no caso da renúncia de Monsieur de Zóritch", escreveu sir James Harris já em 2 de fevereiro de 1778. Mas Zóritch pavoneava-se de um lado para outro, anunciando, em alto e bom som, que se fosse descartado estava "disposto a pedir satisfações" ao sucessor — em outras palavras, desafiá-lo para um duelo. Essa fanfarronice física teria realmente ofendido a corte de Catarina. Longe de retardar sua queda, como ele sem dúvida pensava, aquele era exatamente o tipo de comportamento que a tornava inevitável. "Juro por Deus", ameaçava ele, "corto as orelhas de qualquer um que tome o meu lugar." Logo Harris achou que tinha descoberto outro candidato ao posto de favorito. Como todos os diplomatas, Sir James considerava "provável que Potemkin seja incumbido de procurar um novo subordinado e ouvi dizer [...] que ele já escolheu um tal de Acharov — tenente da polícia em Moscou, de meia-idade, bem constituído, mais Hércules do que Apolo".[15]

Três meses depois, com a corte em Tsárskoie Seló para o verão, Zóritch continuava em seu posto. Quando a imperatriz foi ao teatro, segundo Harris, o príncipe lhe apresentou um "alto oficial hussardo, um dos seus ajudantes. Ela o tratou muito bem". Quando Catarina saiu, Zóritch "atacou Potemkin de forma muito violenta, usando fortes palavras de insulto, insistindo que ele o enfrentasse". Potemkin rejeitou a insolência com desdém. Zorich invadiu os aposentos imperiais gabando-se do que tinha feito. "Quando Potemkin apareceu, foi mal recebido, e Zorich parecia ter agradado."

Potemkin deixou Tsárskoie Seló e voltou para a cidade. Mas, como quase sempre ocorria com Potemkin e Catarina, as aparências enganavam. O *sauvage* recebeu ordem para cavalgar até São Petersburgo atrás do príncipe e, humilhantemente, convidá-lo para cear e fazer as pazes. O Sereníssimo deu meia-volta. A ceia foi realizada: "ao que parece são bons amigos". Zóritch tinha cometido o erro de peitar o príncipe Potemkin, embora isso por si não fosse decisivo, uma vez que praticamente todos os favoritos o peitaram em algum momento. Mas Sir James compreendeu bem Potemkin: "homem astuto", que, "no fim, tirará vantagem da truculência de Zóritch".[16]

Não deu outra: apenas seis dias depois, Harris informou sobre a dispensa de Zóritch, "que lhe foi comunicada, muito delicadamente, pela própria imperatriz". Zóritch explodiu em acusações ressentidas, provavelmente contra Potemkin. Já lhe fora concedida a valiosíssima propriedade de Chklov, com 7 mil almas e uma "imensa soma de dinheiro em espécie". O último registro de sua presença na corte foi em 13 de maio.[17] No dia seguinte, Catarina encontrou-se com Sereníssimo para um jantar no Palácio de Kerekinski, na viagem de volta de Tsárskoie Seló: "O menino foi embora, e ponto final", escreveu ela depois de discutir planos militares com Potemkin; "quanto ao resto, falaremos disso juntos [...]". Muito provavelmente, ela se referia ao objeto de sua recente felicidade.

No Kerekinski, o príncipe Potemkin chegou com "o major Ivan Nikoláievitch Rímski-Kórsakov". Naturalmente, ao separar-se de Zóritch, Catarina já estava apaixonada por um novo amigo. Zóritch continuava fazendo violentas ameaças quando Rímski-Kórsakov foi nomeado ajudante de Potemkin, em 8 de maio.[18] Longe de ser uma hedonista desumana, Catarina sempre passava por crises emocionais, quando não entrava em colapso total, durante essas mudanças. Zóritch ainda estava amuado em São Petersburgo quando, de acordo com Harris, Catarina pensou em chamar de volta "o simples e tranquilo" Zavadóvski. Potemkin, "que tem mais astúcia para alcançar os objetivos do momento do que qualquer outro homem, maquinou para conseguir essas boas decisões [...]". Ele "introduziu" Kórsakov "no momento decisivo".

Dois dias depois, a imperatriz, junto com a corte e muita gente da família de Potemkin, incluindo duas sobrinhas, saíram para uma temporada em outra das propriedades do príncipe "e para esquecer seus afazeres [...] na companhia do novo apadrinhado dela". A propriedade de Potemkin era Eschenbaum (Osinovaia Rocha), "nos limites da Finlândia". Quando se lê a carta que Catarina escreveu em Eschenbaum para Grimm, na qual fala com entusiasmo dos lagos e das florestas que avista da janela, ao mesmo tempo que se queixa de que sua comitiva ficou espremida em apenas dez dormitórios, não se tem ideia de que sua nova paixão já encontrava dificuldades. Duas imponentes e libidinosas mulheres de meia-idade disputavam as atenções do belo ajudante de Potemkin.[19]

Havia vinte convidados em Eschenbaum, incluindo, claro, a velha amiga de Potemkin, a condessa Bruce, supostamente a provadora dos amantes de Catarina. Outra pessoa — só podia ser a condessa Bruce — também se sentia atraída pelo belo Kórsakov. Catarina tinha notado e hesitou antes de entregar-se. "Tenho medo de queimar os dedos, e é melhor não cair em tentação [...]", escreveu ela a Potemkin, num enigmático apelo em que parecia pedir que lhe conseguisse alguém para que pudesse manter distância: "Acho que o dia anterior dissipou a imaginária atração que espero seja apenas unilateral e que pode facilmente ser contida com sua esperta orientação". Era evidente que ela queria a "criança" para si, mas "não quero, querendo, e quero sem querer [...] isto é claro como o dia!". Mesmo nesse linguajar oblíquo, fica óbvio que ela estava se apaixonando — mas queria que a concorrência fosse afastada.

A "esperta orientação" de Potemkin resolveu o problema. A condessa Bruce, se era ela mesmo, recuou, e Catarina tomou posse do seu novo mignon.[20] A festa terminou. Dois dias depois, em 1º de junho, Kórsakov foi oficialmente designado ajudante-general da imperatriz. Numa era de neoclassicismo, Rímski-Kórsakov, de 24 anos, impressionou-a imediatamente com sua "antiga beleza" grega, a tal ponto que logo o apelidou de "Pirro, Rei do Épiro". Em suas cartas para Grimm, ela afirmava que, de tão belo, ele era "a frustração dos pintores, o desespero dos escultores".[21] Catarina parecia alternar nos tipos que escolhia, porque Kórsakov era tão elegante e artístico quanto Zóritch era vigoroso e másculo: retratos mostram sua beleza refinadamente clássica. Adorava cantar, e Catarina contou ao príncipe Orlov que ele tinha uma voz "de rouxinol". Aulas de canto foram providenciadas. Ele foi cumulado de agrados — 4 mil almas e presentes no valor de meio milhão de rublos. Arrogante, vaidoso e não muito inteligente, era "agradável, mas tolo".[22]

Mais uma vez, Catarina estava felicíssima com seu novo companheiro: "*Adieu mon bijou*", escreveu ela a Potemkin, numa forma que sintetizava o seu casamento especial. "Graças a você e ao Rei do Épiro, sou muitíssimo feliz, e quero que você seja igualmente feliz."[23] Com a imperatriz feliz, o príncipe, cada vez mais ocupado com o comando do Exército e o governo do sul, afirmara sua supremacia de tal forma que, quando Zavadóvski finalmente voltou para Petersburgo e encontrou outro favorito instalado em seus antigos aposentos, ficou chocado com o fato de Potemkin "não ter nada contra ele. Em todos os séculos", queixou-se ele a Rumiántsev-Zadunáiski, "Deus jamais criou uma pessoa tão universal como essa. O príncipe P. está em toda parte e tudo é ele!".[24]

Catarina escrevia apaixonadamente para o seu "Rei do Épiro": "minha impaciência por ver aquele que para mim é a melhor das criaturas de Deus é muito grande: ansiei por ele mais de 24 horas e fui ao seu encontro". Ou, como relatou Harris, com seca ironia: "Kórsakov desfruta de toda afeição e de todos os favores que vêm com a novidade". Kórsakov decerto saboreava o seu papel, talvez até demais: Potemkin sugeriu que ele fosse promovido a cavalheiro de câmara, mas Kórsakov queria passar direto a camareiro-mor. Quando o mignon conseguiu o que queria, Catarina concedeu a Pável Potemkin a mesma honraria, para agradar ao Sereníssimo. Logo Kórsakov era major-general; o rei da Polônia lhe enviou a Águia Dourada, que usava sempre. O desejo de Catarina por Kórsakov soava como uma canção em suas cartas. Ela se mostra pateticamente agradecida, escrevendo o seguinte: "Obrigada por me amar".[25]

Já havia sinais inquietantes que só a imperatriz não conseguia ou não queria ver. Mesmo nas cartas, Kórsakov parecia nunca estar ao seu lado, e ela parecia nunca saber por onde ele andava. Há um vislumbre da sufocante carência dela e das esquivanças dele, para evitar a sua companhia: "Não consigo esquecê-lo por um momento. Quando o verei?". Logo ela parecia quase febril: "Se ele não voltar logo, vou sair correndo daqui e procurá-lo em todos os cantos da cidade". Esse apetite emocional é que governava Catarina e a tornava surpreendentemente vulnerável — o calcanhar de aquiles dessa máquina política, em tudo o mais indestrutível.[26]

Não demorou para que Catarina, apegada a esse jovem vazio, voltasse a se sentir angustiada. No começo de agosto de 1778, poucos meses depois da nomeação de Kórsakov, Harris informou a Londres que o novo favorito já estava em queda e que Potemkin, Grigóri Orlov e Nikita Pánin lutavam entre si para patrocinar o substituto. Dentro de duas semanas, ele sabia até "o segredo no gabinete do conde Pánin, de nome Strackhov […] notado pela primeira vez num baile em Peterhof em 28 de junho". Se a ligação durasse, disse Harris ao seu secretário de Estado para o Norte, conde de Suffolk, "deverá resultar na queda de Potemkin". No fim do ano, Harris concluiu que Kórsakov estava seguro de novo, mas "inteiramente subserviente às ordens do príncipe Potemkin e da condessa Bruce".

A menção à condessa Bruce era preocupante. Pelo fim de janeiro, os candidatos a favorito se multiplicavam: ainda havia Strackhov, cujos "amigos alimentam grande esperança", mas havia também Levachev, um major do regimento Semiónovski das Guardas, que poderia tornar-se favorito "se um jovem de nome Svickhoski, apadrinhado de Madame Bruce [...] não tivesse se esfaqueado de desilusão. O ferimento não é mortal". Esses rumores de casos amorosos de Catarina com frequência se baseavam em fiapos de fofoca sem fundamento, mas as conjeturas diplomáticas sobre escândalos significavam que havia intensas batalhas políticas na corte, ainda que não refletissem necessariamente o que se passava na alcova imperial. Apesar disso, Harris era mais bem informado do que a maioria, devido à amizade com Potemkin. Àquela altura, até mesmo um diplomata novo na cidade como Harris sabia que a condessa Bruce tivera um novo surto de "violenta paixão por Kórsakov".

Toda a cidade de Petersburgo, exceto, infelizmente, a própria imperatriz, devia estar ciente de que a condessa Bruce renunciara a Kórsakov apenas por um breve período. Como ambos moravam no Palácio, a poucos metros do quarto de dormir da imperatriz, mantinham a ligação debaixo do nariz de Catarina. Não é de admirar que a imperatriz vivesse procurando o favorito. A condessa Bruce, que tinha a mesma idade de Catarina e sempre fora uma discreta e experiente dama da corte, deve ter perdido a cabeça pela beleza do "Rei do Épiro".[27] O Sereníssimo e a condessa Bruce desentenderam-se nessa época, ao que tudo indica por causa de Kórsakov. Potemkin, que a bem dizer devia saber do caso desde o momento em que começou, quis afastar Bruce. Provavelmente tentou, com delicadeza, insinuar alguma coisa para a imperatriz no começo de setembro. Eles discutiram. Os diplomatas acharam que ele estava com ciúme de Strackhov, o candidato de Pánin.[28]

O príncipe, que não queria magoar a imperatriz, nem voltar a perder prestígio por tentar ajudar, decidiu dar um jeito. Quando a imperatriz estivesse à procura do esquivo Kórsakov pelo palácio, alguém, leal a Potemkin, a conduziria a certo quarto. Essa pessoa deve ter sido a sobrinha favorita de Potemkin, Alexandra Engelhardt, que era dama de companhia. Harris deve ter ouvido essa história da boca da própria Alexandra, uma vez que ela recebia secretamente dinheiro inglês.[29] Catarina surpreendeu o amante e a condessa Bruce numa posição comprometedora, senão *in flagrante delicto*. Ali mesmo chegou ao fim o curto reinado do "tolo" Kórsakov.

***

A imperatriz ficou magoada e furiosa, mas não era vingativa. Ainda em 10 de outubro de 1779, escrevia gentilmente para Kórsakov: "Estou repetindo meu pedido para acalmá-lo e incentivá-lo. Semana passada, mostrei que estou cuidando de você [...]". Apesar dos presentes generosos, Kórsakov demorou-se em Petersburgo, e até se gabava de suas travessuras sexuais com a imperatriz nos salões, da forma mais degradante. Isso deve ter chegado aos ouvidos do protetor Potemkin, que amava demais Catarina para não tomar alguma providência. Quando ela discutia com ele se deveria recompensar o próximo favorito, o Sereníssimo sugeriu que houvesse limites para o generoso tratamento que dispensava a Kórsakov e aos outros. Mais uma vez, ele feriu o orgulho de Catarina. A generosidade era em parte um escudo que ela usava para ocultar a profundidade de suas feridas emocionais — e em parte um esforço para compensar a sua idade e a juventude deles. Segundo Corberon, os dois discutiram, mas depois se reconciliaram.

Kórsakov não estava liquidado. Ele teve o desplante não só de trair a imperatriz, mas também de trair a traidora, a condessa Bruce, iniciando uma relação adúltera com a beldade da corte Iekaterina Stróganova, que largou marido e filho por causa dele. Isso era demais até mesmo para Catarina. O ingrato foi despachado para Moscou. Uma era da vida privada de Catarina terminou quando a condessa Bruce, agora em desgraça, deixou a capital para ir atrás do "Rei do Épiro" em Moscou. Ele a rejeitou, e ela voltou para o marido, o conde Iákov Bruce.[30] A corte mergulhou alegremente no jogo de adivinhações amorosas, tão popular quanto o uíste e o faraó.

A magoada Catarina desfrutou de um inusitado período de seis meses sem estar apaixonada por ninguém. Era em tempos de infelicidade como esse, comentou Harris, que Potemkin se tornava ainda mais poderoso: teria ele voltado à cama de Catarina para consolar a amiga?

É muito provável que eles tenham retomado, em caráter temporário, seus velhos hábitos, como o fariam pelo resto da vida: é o que sugerem as cartas dela para Potemkin, que gracejam sobre os deliciosos efeitos dos "remédios químicos de Cagliostro". O notório charlatão conde Cagliostro adquiriu fama na Europa em 1777 e virou moda em Mittau, a capital da Curlândia, antes de chegar a

Petersburgo exatamente nessa época.* Catarina entusiasmou-se com o "remédio químico de Cagliostro, que é tão macio, tão agradável, tão prático que dá um perfume agradável e elasticidade à mente e aos sentidos — *basta, basta, caro amico*, não quero aborrecê-lo além da conta [...]".[31] Esse tônico é uma referência jocosa a algum bálsamo místico vendido por esse necromante vendedor de ilusões — ou a uma das especialidades sexuais de Potemkin. Levando em conta que Catarina não tinha muita paciência para a alquimia de Cagliostro, para a maçonaria e para a promessa da vida eterna, mas tinha uma comprovada tolerância para com as atividades amorosas de Potemkin, dá para adivinhar qual das duas coisas seria.

Enquanto isso, os cortesãos tramavam para encontrar um novo favorito para a imperatriz. Dessa vez havia muitos candidatos, incluindo certo Staniov, que em seguida a história perdeu de vista, e depois o filho natural de Roman Vorontsov, Ivan Rontsov, que, um ano mais tarde, apareceu em Londres como líder demagogo de uma turba londrina na Revolta de Gordon. Por fim, no primeiro semestre de 1780, ela encontrou o companheiro que merecia, um jovem chamado Alexandre Dmítrievitch Lanskoi.

Com apenas vinte anos quando Catarina já contava 51, esse "jovem muito bonito", de acordo com um visitante inglês, foi o mais suave e doce e o menos ambicioso dos favoritos de Catarina. Sacha Lanskoi, "é claro, não tinha um bom caráter", segundo Bezboródko, secretário de Catarina em rápida ascensão, mas, em comparação com os que viriam depois, "era um verdadeiro anjo". Bezboródko, que via tudo no gabinete de Catarina, tinha motivos para saber. Embora tenha se envolvido em pelo menos uma intriga contra o Sereníssimo, Lanskoi

---

* As cartas mencionando Cagliostro costumam ser datadas de 1774 por V. S. Lopatin e outros, por causa de sua óbvia paixão sensual por Potemkin. Mas o conde Cagliostro só apareceu em Londres em 1776-7, por isso não poderiam ter conversado sobre ele em 1774. Cagliostro viajou pela Europa em 1778, conquistando a fama em Mittau por intermédio do patrocínio da família ducal e da aristocracia da Curlândia, antes de ir para Petersburgo, onde conheceu Potemkin: suas relações são discutidas no próximo capítulo. Se o desejo dela de que, em vez de *"soupe à la glace"* — Vassíltchikov —, eles tivessem começado seu caso amoroso "um ano e meio atrás" for traduzido como "um ano e meio antes", a carta pode ser datada de 1779-80, quando a volta entre os dois teria feito Catarina lembrar-se daquele ano e meio perdido.

foi também o favorito que aderiu com mais satisfação à grande família de Catarina-Potemkin.[32]

Lanskoi, outro homem das Guardas Montadas, tinha sido ajudante de ordens de Potemkin durante uns meses, e foi provavelmente por isso que Catarina o notou. Mas, de acordo com Harris, que nessa época convivia com Potemkin num regime diário, ele não era a escolha predileta do príncipe. Potemkin só foi convencido a concordar graças a presentes imperiais de terras e dinheiro no dia do seu aniversário, que segundo Harris chegavam a 900 mil rublos, soma difícil de acreditar. Tivesse ou não outro candidato, Potemkin era eminentemente flexível em questões de alcova: apoiou Lanskoi.

Logo tenente-general, ele era o pupilo e companheiro ideal para Catarina. Não era altamente instruído, mas queria aprender. Gostava de pintura e arquitetura. Ao contrário dos outros, tentava evitar a política — embora isso não fosse completamente possível — e fez um esforço para ser amigo de Potemkin, embora isso também não fosse totalmente viável.[33] Apesar do gosto pelo esplendor e de sua gananciosa família, Lanskoi era o melhor dos apadrinhados, porque de verdade adorava Catarina, e o sentimento era recíproco. Pelos quatro anos seguintes, Catarina desfrutou de uma relação estável com o calmo e agradável Lanskoi ao seu lado.

Em maio de 1781, houve um ligeiro estremecimento nas relações de Catarina com Lanskoi. Harris ouviu os costumeiros boatos de que Catarina estava tendo um caso com um novo favorito, Mordvínov, mas que Potemkin ajudou a afastar a imperatriz e Lanskoi desse solavanco em suas relações. Se Catarina flertou com outra pessoa, Lanskoi não foi "ciumento, nem inconstante, nem impertinente, e lamenta a desgraça [...] de maneira tão patética", que o amor de Catarina se reavivou, e ela não aguentou separar-se dele.[34] Eles se adaptaram, felizes, a uma relação que ela esperava fosse durar até sua morte.

Potemkin beneficiou-se imensamente do sistema de favoritismo de Catarina. Quando ela se achava em meio a uma relação estável, ele tinha tempo de conquistar seu lugar na história. Durante os anos de felicidade dela com Lanskoi, Potemkin tornou-se um estadista — mudou os rumos da política externa russa, anexou a Crimeia, fundou cidades, colonizou desertos, construiu a Frota do Mar Negro e reformou o Exército russo. No entanto, no fim da vida da imperatriz, a carreira sexual de Catarina já era uma lenda e motivo de piadas.

Dentro da Rússia, a desaprovação da conduta moral de Catarina e Potemkin quase sempre coincidia com a oposição política ao reinado dela entre detratores como Semion Vorontsov e a comitiva da "jovem corte" do grão-duque Paulo, ambos excluídos do poder. A opinião de um aristocrata ortodoxo tradicional é expressa da obra *Da corrupção dos costumes*, do príncipe Mikhail Shcherbátov (publicada muito depois da morte da imperatriz), que responsabiliza Catarina e Potemkin por quase toda a moralidade vigente no século XVIII. Os críticos afirmavam que o favoritismo afetava a atmosfera da corte: "ela deu a outras mulheres o exemplo da posse de uma longa [...] série de amantes", resmungou Shcherbátov. A respeito do perverso mestre titereiro, dizia ele que Potemkin irradiava "amor ao poder, à ostentação, cedendo a todos os seus desejos, a gula e consequentemente o luxo à mesa, a lisonja, a avareza, a rapacidade". Em outras palavras, o príncipe era a fonte de "todos os vícios conhecidos no mundo e dos quais ele mesmo está repleto".[35]

Essa farsa impudica atingiu o auge durante os últimos anos da imperatriz, quando nenhum estrangeiro conseguia falar sobre a Rússia sem trazer à tona a questão da sexualidade de Catarina. Quando visitou a Rússia depois da morte de Potemkin, o bisbilhoteiro professor de Oxford John Parkinson colheu e popularizou todas as fofocas que pôde ouvir e as associou à vida amorosa de Catarina, incluindo a construção de um canal: "Um grupo discutia sobre qual dos canais tinha custado mais caro; então alguém observou que não havia a menor dúvida nessa questão. O canal de Catarina (é como se chama um deles) tinha sido, inquestionavelmente, o mais dispendioso". Até mesmo o distinto ex-embaixador Sir George Macartney, posteriormente festejado por sua missão na China, chamado de volta por fazer um filho com uma dama de companhia imperial, aviltou a própria reputação afirmando que o gosto de Catarina por homens russos se devia ao fato de que "as babás russas, segundo consta, têm o costume de puxá-lo quando a criança é novinha, o que produz o grande efeito de alongar o instrumento viril".[36] Os diplomatas abafavam o riso ao transmitir seus relatos sobre "tarefas" e "obrigações" e cunhavam frases humorísticas que fariam corar um tabloide sensacionalista de hoje, mas quase sempre estavam equivocados, e os historiadores vêm simplesmente repetindo as mentiras que parecem confirmar fantasias masculinas sobre a voracidade sexual de mulheres poderosas. Poucos assuntos na história foram tão mal compreendidos de forma tão deliberada.

A natureza do "favoritismo" vinha da posição peculiar da imperatriz e de sua relação especialíssima com Potemkin. Era verdade inequívoca que qualquer um que se tornasse favorito de Catarina entrava numa relação na qual havia três participantes, e não apenas dois. O favoritismo era uma necessidade, porque Catarina vivia num mundo masculino. Não poderia casar outra vez em público e, legal ou espiritualmente, já tinha em Potemkin um marido. Os egos, talentos e emoções dos dois eram iguais demais, semelhantes demais, para que conseguissem viver juntos, mas Catarina precisava de constante amor e companhia. Seu grande desejo era viver cercada por uma família de verdade, e tinha forte instinto materno para ensinar e nutrir. Não há dúvida de que esses anseios emocionais eram tão fortes quanto seus famosos apetites sexuais. A imperatriz era uma dessas pessoas que precisam de companhia, e não costumava descartar um parceiro antes de encontrar outro. Em geral esses hábitos se baseiam mais em insegurança do que em lascívia, mas pode ser que as duas coisas estejam ligadas. Havia outra razão para Catarina procurar amantes jovens à medida que envelhecia, mesmo ao custo de sua dignidade e reputação. Ela mesma tocou pessoalmente no assunto ao descrever as tentações da corte de Isabel. A corte estava repleta de homens bonitos; ela era a soberana. Catarina fazia porque podia — como a proverbial criança solta numa loja de doces. Quem não o faria?

A posição de favorito de Catarina evoluiu até se tornar uma inusitada nomeação oficial. "Amar a imperatriz da Rússia", explicou o príncipe de Ligne, o perfeito sedutor do Iluminismo que adorava Potemkin e Catarina, "é uma função de corte."[37] Para evitar uma corte desorganizada, Catarina designava seu amante publicamente. Esperava que seu sistema de favoritismo atenuasse a maledicência. Em certo sentido, aplicava os princípios do Iluminismo ao próprio ventre, pois decerto a clareza e a razão impediriam que a superstição se manifestasse em forma de insinuação e fofoca.

Era preciso manter as aparências, mas aquela era uma época de franqueza sexual. Até a rainha-imperatriz Maria Teresa, modelo da moralista católica, que presidia uma corte de retidão sufocante, deu a Maria Antonieta conselhos ginecológicos espantosamente francos quando ela se casou com Luís XIV. A própria Catarina era puritana em público. Repreendeu o conde de Ségur por contar piadas sujas, embora ela mesma fosse capaz de contar uma de vez em quando. Segundo Corberon, ao inspecionar uma fábrica de cerâmicas, a imperatriz fez uma piada tão chocante que ele precisou anotá-la em código no seu diário: a impressão é que abafou o riso ao constatar que uma das formas lembrava uma vagina. Mais tarde, seu secretário deixou registrado que ela riu muito ao comentar que, na mitologia, as mulheres sempre podiam atribuir uma gravidez a visitas dos deuses. Durante uma vida inteira de exposição pública, duas ou três piadas sórdidas não é muita coisa — embora seja difícil imaginar Maria Teresa contando uma que fosse.

Por trás da fachada, Catarina gostava de partilhar uma discreta vulgaridade com seus amantes. Suas cartas para Potemkin e Zavadóvski exibem uma sensualidade animal, como quando ela disse que seu corpo tinha dominado a mente e era preciso restringir cada fio de cabelo. Obviamente apreciava o sexo, mas, tanto quanto sabemos, era sempre quando se julgava apaixonada. *Não há prova* nenhuma de ela jamais ter ido para a cama com um homem só pelo sexo, sem achar que era o começo de um longo relacionamento amoroso. Os diplomatas espalhavam nomes ao acaso e diziam que cumpriam certas "funções", o que desde então tem sido aceito como verdade.

Entretanto, deve ter havido relacionamentos transitórios e "parceiros de uma noite" em sua busca de compatibilidade, mas seriam raros, porque difíceis de arranjar. No Palácio de Inverno, por exemplo, teria sido surpreendentemente complicado deixar entrar — e sair — um amante, mesmo que se tratasse de um homem das Guardas, sem que outros homens das Guardas, criadas, *valets de chambre* e cortesãos soubessem. Por exemplo, quando foi ver Potemkin em 1774, Catarina não pôde entrar nos seus aposentos porque ele estava com ajudantes, que ficariam espantados de ver a imperatriz aparecer no apartamento dele: ela teve que voltar secretamente para os seus aposentos, apesar de ele ser o favorito oficial. Em outro momento, um favorito que passou a noite no budoar dela deparou com seu secretário ao sair de manhã, e *ele mesmo* anotou o encontro em seu diário.

Catarina passou a vida toda em público de um modo que faz até a nossa época de *paparazzi* parecer um prodígio de privacidade. Dentro do palácio, cada movimento seu era observado e comentado. É provável que houvesse muito mais provas se regimentos de homens das Guardas entrassem e saíssem clandestinamente dos aposentos imperiais. Só Potemkin podia entrar no quarto de dormir de Catarina quando bem entendesse, porque havia um corredor coberto que levava diretamente dos aposentos dele para os dela, e todos admitiam que era um arranjo exclusivo.[38]

Eis o modo como os favoritos ascendiam à alcova imperial e viviam quando lá chegavam. O caso amoroso de Catarina tornava-se uma instituição no dia em que o Diário da Corte anunciava que o jovem em questão, geralmente um homem das Guardas da pequena nobreza da província, e portanto não um descendente de magnata, tinha sido designado ajudante-general da imperatriz. Em vários casos, como vimos, os cavalheiros já eram ajudantes de ordens de Potemkin, função que lhes permitia um contato regular com Catarina.[39] Assim sendo, sempre que os diplomatas escreviam febrilmente que Potemkin tinha apresentado um oficial a Catarina, aquilo podia significar tudo ou não significar nada.* No entanto, percebe-se que Catarina preferia escolher seus amantes entre os que trabalhavam com Potemkin, porque de alguma forma tinham sido bafejados pelo próprio príncipe e sabiam como proceder.

Antes da nomeação para a ajudância, o jovem fazia tudo que lhe mandavam. Reza a lenda que Potemkin simplesmente selecionava o rapaz numa lista de candidatos. Se Catarina gostasse da escolha, a *"éproveuse"*, ou provadora — sua dama de companhia, de início a condessa Bruce, depois Anna Protasova —, faria um teste. Saint-Jean, memorialista de duvidosa confiabilidade que aparentemente trabalhou na chancelaria de Potemkin, afirmava que o príncipe se tornou uma espécie de instrutor sexual: um possível favorito ficava com Potemkin durante seis semanas para "aprender tudo que precisava saber" como amante de Catarina.[40] Depois era examinado pelo dr. Rogerson, o comunicativo médico de Catarina, e finalmente enviado ao quarto da imperatriz para o teste mais importante de todos. Quase tudo nessa lenda, em especial o papel de Potemkin, é falso.

Como era feita a seleção? Com uma mistura de acaso, gosto e artifício. A alcovitagem de Potemkin era amplamente tida como certa: "ele agora desempenha o mesmo papel de La Pompadour no fim da sua vida com Luís XV", declarou Corberon. A verdade era muito mais complicada, porque envolvia o amor, a escolha e as emoções de uma mulher extremamente digna e astuta. Nem Potemkin, nem ninguém poderia de fato "fornecer" homens para Catarina. Ambos eram orgulhosos demais para o exercício do lenocínio. Ele não "forneceu" Zavadóvski, que já trabalhava com Catarina. Como consorte e amigo, deu a sanção final, mas

* O pequeno grupo de ajudantes de Catarina incluía seu favorito do momento e também os filhos de magnatas e vários sobrinhos de Potemkin. Isso ficou ainda mais complicado porque em junho de 1776 Potemkin criou a patente de ajudante de ordens da imperatriz, cujos deveres (escritos à mão por ele e revisados por Catarina) eram ajudar os ajudantes. O príncipe, é claro, tinha seus próprios ajudantes de ordens, que com frequência acabavam se tornando funcionários de Catarina.

não sem antes tentar livrar-se do tedioso secretário. Dizia-se que Zóritch tinha sido "designado" por Potemkin. No começo do dia do jantar em Ozérki, pouco antes de Zóritch tornar-se favorito, uma troca de mensagens escritas entre Catarina e Potemkin dá uma pista.

Potemkin escreveu à imperatriz pedindo humildemente que nomeasse Zóritch ajudante de ordens *dele*, "concedendo-lhe qualquer patente que Sua Majestade imperial julgar necessária". Com isso Potemkin fazia um teste para descobrir se Catarina aprovava ou não Zóritch. Ela escreveu simplesmente: "Promova a coronel".[41] Potemkin queria que Catarina fosse feliz *e* preservasse o poder dele. Talvez essa via indireta, e não as obscenas insinuações dos diplomatas, fosse o jeito sutil de Potemkin sondar as águas, perguntando se Catarina queria aquele jovem na corte ou não, mas sem degradar a dignidade dela. Uma vez encontrado o favorito, ela em geral procurava Potemkin em busca do que chamava de "orientação esperta".[42] Era assim que esses políticos altamente sofisticados, esses seres humanos sensíveis, se comunicavam nesses assuntos.

Ela fazia suas próprias escolhas: Lanskoi, quando foi selecionado, era ajudante de ordens de Potemkin, mas na verdade o príncipe queria que o favorito fosse outro. Como quer que isso funcionasse, havia sempre muita disputa entre os Pánin e os Orlov para apresentar favoritos em potencial a Catarina, uma vez que eram tidos como muito mais influentes do que na realidade deviam ser. Rumiántsev e Pánin esperavam beneficiar-se da ascensão de Potemkin: mas o que ele representou foi a queda de ambos.

Seria verdade que os favoritos eram provados pela *"éprouveuse"*? Não há prova nenhuma de algum tipo de "teste", mas há provas abundantes da ciumenta possessividade de Catarina com relação aos seus favoritos. Esse mito nasceu da possível relação anterior da condessa Bruce com Potemkin, de sua missão de convocá-lo no Mosteiro de Niévski para ser o favorito da imperatriz, e do caso dela com Kórsakov bem *depois* de Catarina ter iniciado o relacionamento com ele. Teria Kórsakov, gabando-se após sua dispensa, inventado esse arranjo, talvez para desculpar o próprio comportamento? No que diz respeito ao exame médico, não há também prova nenhuma, mas parece sensato mandar o dr. Rogerson verificar se um pândego homem das Guardas não tinha sífilis antes de dormir com a imperatriz.

Depois disso, o felizardo jantava com Catarina, comparecia a qualquer recepção que ela adornasse com sua presença e ia para o Pequeno Hermitage jogar cartas com o seu grupo de amigos íntimos — Potemkin, o mestre da cavalaria Liev Naríchkin, alguns Orlov, se estivessem nas graças da imperatriz, sobrinhos e sobrinhas de Potemkin, e um estrangeiro qualquer. Ela sentava-se para jogar algumas partidas de uíste ou faraó, ou brincar de rimas e charadas. Todo mundo observava com atenção — embora Potemkin provavelmente já soubesse. Às onze da noite, Catarina se levantava, e o jovem a acompanhava aos aposentos dela. Essa era a rotina da vida deles, praticamente todos os dias em Petersburgo, a não ser que houvesse um feriado especial. Catarina sempre foi grata a Potemkin por seus conselhos, sua bondade e sua generosa ausência de ciúmes nessas questões privadas — como escreveu para ele quando se apaixonou por Kórsakov: "Ele é um anjo — muito, muito, muito obrigada!".[43]

O favorito tirava imensos benefícios de sua posição privilegiada, mas isso era contrabalançado por terríveis desvantagens. As vantagens eram terras, servos, joias e dinheiro em espécie suficientes para fundar uma dinastia aristocrática. As desvantagens eram, em resumo, Catarina e Potemkin.

A primeira vantagem — e a marca real da função — era a posse dos mais poderosos bens de raiz de todas as Rússias. Tratando-se de qualquer propriedade, a localização era tudo. Aposentos na ala da imperatriz em seus palácios reais eram tão valiosos como os de Versalhes. O novo favorito tomava posse do apartamento lindamente decorado, coberto de tapetes verdes, ligado ao de Catarina pela notória escadaria. Ali, dizia-se, encontrava certa quantia em dinheiro como presente de boas-vindas — 100 mil rublos, ou 10 mil rublos, toda semana. Mas não há provas desse cumprimento premiado, apesar de sabermos, pelas queixas de "mulher manteúda" de Vassíltchikov, que a imperatriz regularmente dava generosos presentes em dinheiro nos aniversários e que sem dúvida pagava pelas excelentes roupas que usavam e lhes concedia mesadas. Diz a lenda que, em agradecimento pela posição privilegiada, os favoritos pagavam a Potemkin uma espécie de suborno de 100 mil rublos, como se estivesse alugando o lugar *dele*. Nem mesmo o pouco confiável Saint-Jean acreditava nessa história, o que é alguma coisa, pois ele acreditava em praticamente tudo o mais.[44] Como receberia depois riquezas inimagináveis, o favorito podia muito bem agradecer à pessoa que patrocinara sua chegada aos mais altos círculos, como se agradece a um patrono — mas é improvável que um provinciano pobre tivesse 100 mil rublos para pagar a Potemkin, ainda que o sistema existisse. A única prova desse tipo de pagamento foi que, ao serem designados, um dos últimos favoritos deu a Potemkin um bule de chá e outro agradeceu ao patrono com um relógio de ouro. Em geral Potemkin não recebia nada.

O favorito e sua família ficavam ricos. "Acredite, amigo", relatou Corberon, "aqui esta profissão é boa!"[45] Estrangeiros ficavam impressionados com os custos de manter e, especialmente, dispensar favoritos. "Não menos que 1 milhão de rublos por ano, sem contar as imensas pensões do príncipe Orlov e do príncipe Potemkin", calculou Harris, que estimava que os Orlov tinham recebido 17 milhões de rublos entre 1762 e 1783.[46] É impossível verificar a exatidão dessas cifras, mas Catarina era generosa ao extremo, mesmo quando maltratada, talvez por sentir-se culpada, ou por reconhecer que não era uma função fácil. Talvez esperasse que sua magnanimidade demonstrasse que não estava magoada. No entanto, não faltavam jovens ambiciosos dispostos a desempenhar a função. Na verdade, quando a imperatriz estava escolhendo um novo amante, o ajudante de Potemkin (e primo de suas sobrinhas) Liev Engelhardt notou que, "durante o culto religioso para a corte, muitos jovens que tivessem um resquício qualquer de beleza ficavam empertigados, na esperança de resolver seu destino desse modo tão fácil".[47]

O arranjo pode parecer frio e cínico, mas as relações de Catarina com seu favorito não poderiam ser mais complacentes, amorosas e aconchegantes. Na verdade, Catarina enamorava-se apaixonadamente de cada um, cumulava-os de amor e de controladora atenção, e passava horas conversando e lendo para eles. O começo de cada caso era uma explosão de amor maternal, sentimentalismo germânico e admiração da sua beleza. Ela falava deles com entusiasmo para quem quisesse ouvir e, sendo a imperatriz, todos tinham que ouvir. Ainda que a maioria fosse mimada e estúpida demais para governar, ela amava cada um como se a relação fosse durar até o dia da sua morte. Quando terminavam, ela entrava em desespero e depressão, e em geral quase nenhum assunto era resolvido durante semanas.

A rotina imperial tornava-se enlouquecedoramente maçante depois de um tempo — jantares infindáveis, jogos de uíste e obrigações sexuais para com uma mulher que, apesar de todo o charme e majestade, tornava-se cada vez mais corpulenta, afligida por indigestão e, em 1780, já entrada nos cinquenta. Uma vez que a excitação do luxo e a proximidade do poder perdiam a graça da novidade, não devia ser fácil para um jovem de pouco mais de vinte anos. A afeição de Catarina parece pesada, quando não sufocante. Se um favorito tivesse algum vestígio de aptidão ou caráter, devia ser absurdamente difícil acompanhar, dia após dia, uma imperatriz já de idade, que o tratava como um cruzamento de pupilo bonito e "mulher manteúda". Segundo descreveu um favorito, era uma tediosa "prisão". A corte era maldosa. Os favoritos se sentiam vivendo no meio de "uma alcateia de lobos numa floresta". Mas a habitavam também as nobres mais ricas e elegantes, enquanto os favoritos eram obrigados a passar a noite com uma senhora gorda. Por isso a tentação de trair a imperatriz devia ser quase irresistível.[48]

O papel de Potemkin na vida de Catarina piorava as coisas. Para os favoritos devia ser intolerável descobrir que não apenas se esperava que fossem o companheiro de uma senhora mais velha e exigente, mas que os benefícios reais do amor dela eram conferidos a Potemkin, a quem recebiam ordem para adorar tanto quanto ela. A maioria deles — vimos os comentários de Vassíltchikov — era obrigada a admitir que, enquanto eram mimados e mantidos, Potemkin era sempre o "senhor" de Catarina, o marido. A própria Catarina o chamava de "Paizinho" ou "Meu amo". Não havia espaço para outro Potemkin no governo da Rússia.

Mesmo que o favorito estivesse apaixonado pela imperatriz, como foi o caso de Zavadóvski e Lanskoi, não havia garantia de privacidade em relação a Potemkin, cujos aposentos estavam ligados aos dela pelo corredor coberto. Ele era o único homem na Rússia que não precisava ser anunciado à imperatriz. Pelo fim dos anos 1770, vivia quase sempre ausente, o que devia ser um alívio, mas, quando estava em Petersburgo ou Tsárskoie Seló, invadia a qualquer hora o quarto da imperatriz como um redemoinho descabelado, com seus roupões forrados de pele, suas echarpes cor-de-rosa e suas bandanas vermelhas. Isso naturalmente acabava com o dia do favorito — em especial por ser improvável que ele pudesse rivalizar com Potemkin em graça e carisma. Não admira que Zavadóvski ficasse reduzido a viver chorando e escondido.[49] Catarina fazia questão de que os favoritos reverenciassem Potemkin, com a humilhante implicação de que ele era o verdadeiro homem da casa. Todos escreviam cartas de cortesia a Potemkin, e Catarina terminava quase todas as suas cartas para ele transmitindo as lisonjas do favorito e encaminhando seus bilhetinhos.

Há uma forte sensação de que Catarina desejava que os favoritos vissem a ela e a *Potemkin* como pais. Seu próprio filho, Paulo, lhe tinha sido tirado, e depois se afastado, e ela não pôde criar Bóbrinski, portanto é compreensível que tratasse os favoritos, tão jovens quanto seus filhos, como substitutos. Ela dizia, maternalmente, que "estou ajudando o Estado ao educar estes jovens",[50] como se fosse, personificada numa mulher, uma escola de boas maneiras para funcionários públicos.

Se ela era a mãe, então seu consorte, Potemkin, era o pai dessa "família" peculiar. Ela costumava chamar os favoritos de "as crianças", e eles respeitosamente chamavam Potemkin, sem dúvida por insistência de Catarina, de "Tio" ou "Paizinho". Quando Potemkin adoeceu, Lanskoi teve que escrever: "Neste momento fiquei sabendo pela Senhora Mãe que você, Pai Príncipe Grigóri Alexándrovitch, está doente, o que nos perturba muito. Desejo-lhe melhoras, do fundo do coração". Quando não o chamava de Pai, Lanskoi escrevia assim: "Querido Tio, muito obrigado pela carta sua que recebi". Então Lanskoi, exatamente como Catarina, acrescentou: "Pode imaginar como é chato sem você, venha o mais cedo possível". Mais tarde, quando Potemkin estava gravemente doente no sul, Lanskoi lhe escreveu que "nossa incomparável Mãe Soberana [...] chora sem parar". Lanskoi talvez se ressentisse disso, mas graças à sua natureza afetuosa afeiçoou-se ao que era, de fato, uma família substituta. Como veremos no próximo capítulo, a estranha simetria desse arranjo foi completada com o acréscimo das sobrinhas de Potemkin.

Não era uma via de mão única. O Sereníssimo tratava os favoritos como filhos também. Quando o indomável Zóritch foi dispensado, Potemkin generosamente escreveu ao rei Estanislau Augusto da Polônia para ter certeza de que o favorito caído em desgraça tivesse uma recepção decente. O príncipe explicou ao rei que aquele "infeliz negócio" tinha feito Zóritch "perder por um tempo neste país as vantagens que merece por suas virtudes marciais, por seus serviços e pela conduta irrepreensível". O rei polonês zelou por Zóritch durante suas viagens. "É um prazer atendê-lo", disse ele a Potemkin. Sabemos, pelas cartas de agradecimentos de Lanskoi, que o príncipe lhe mandava amáveis bilhetes, além de laranjas, e apoiava a promoção de sua família.[51]

Os favoritos eram convenientes a Potemkin pela mais simples das razões: enquanto tratavam de acompanhar Catarina em seus jantares e de fazer amor com ela à noite, o poder ficava nas mãos de Potemkin. Os cortesãos e diplomatas levaram anos para perceber que os favoritos eram poderosos *em potencial*, mas só se de alguma maneira conseguissem afastar Potemkin. As damas de companhia, os médicos e secretários da imperatriz, todos tinham influência, mas os favoritos um pouco mais, porque ela os amava. No entanto, esses "subalternos efêmeros" não tinham poder real, nem mesmo na velhice de Catarina, *enquanto Potemkin esteve vivo*. Conforme comunicou o conde Von der Goertz a Frederico II, eles eram "escolhidos expressamente para não ter nem o talento nem os meios para [...] exercer influência direta".[52]

Para exercer o poder, um homem precisa ter prestígio para se fazer obedecer. A própria franqueza do favoritismo assegurava que o prestígio público fosse mínimo. "A maneira definitiva como ela proclamava a posição deles [...] era exatamente o que limitava o grau de privilégio que lhes conferia", observou o conde de Damas, que conhecia bem Catarina e Potemkin. "Eles prevaleciam sobre ela diariamente em questões menores, mas jamais se impunham em assuntos importantes."[53] Só Potemkin e, em menor grau, Orlov ganharam prestígio por serem amantes de Catarina. Em geral, a ascensão de um novo favorito era "um acontecimento sem nenhuma importância, a não ser para as partes envolvidas", explicou Harris ao seu secretário de Estado, o visconde Weymouth. "São [...] criaturas da escolha de Potemkin, e a alteração serve apenas para aumentar o poder e a influência dele."[54] De modo que, se sobrevivessem, ficavam sujeitos a ele; se fossem dispensados, ele se beneficiava da crise. Essa, pelo menos, era a teoria, mas as coisas nunca eram tão preto no branco.

Diz a lenda que Potemkin poderia dispensá-los quando quisesse. Desde que Catarina estivesse feliz, Potemkin podia seguir à vontade para governar sua parte do império. Não houve *nenhum* favorito que ele não tentasse dispensar, num momento ou em outro. Mas Catarina só dispensou um dos seus favoritos por insistência de Potemkin. Em geral estava apaixonada e rejeitava seus resmungos. O Sereníssimo, que não era rígido nem vingativo, passava então a coexistir tranquilamente com eles até que outra crise surgisse. Sabia que os favoritos mais tolos se imaginavam capazes de derrubá-lo, o que quase sempre resultava na saída deles.

Os favoritos costumavam apressar a própria queda, fosse traindo a imperatriz, como Kórsakov, tornando-se profundamente infelizes, como Zavadóvski e o próprio Potemkin, ou se enredando em intrigas atrapalhadas contra o príncipe, como o fez Zóritch, o que levava a imperatriz a enjoar deles. Quando Potemkin exigia a dispensa deles, o que ocorria com frequência, ela provavelmente o mandava cuidar da própria vida e lhe dava outra propriedade, ou admirava os últimos planos para as cidades dele. Noutras ocasiões, censurava-o por *não* lhe contar que eles a estavam enganando, mas Potemkin provavelmente sabia que ela estava apaixonada e seria perda de tempo.

O príncipe gostava de gabar-se de que Catarina sempre precisava dele quando as coisas não iam bem, fosse em termos políticos ou amorosos. Durante as crises de alcova, ele era especialmente indispensável, como informou Harris a Londres durante o desentendimento de Catarina com Lanskoi, em maio de 1781: "Essas revoluções são momentos em que a influência do meu amigo não tem limites, e nada que ele peça, por mais extravagante que seja, lhe é recusado".[55] Mas era, sem dúvida, mais que isso.

Em tempos de crise, como a humilhação dela por Kórsakov, ele se tornava novamente marido e amante. "Quando todos os recursos são insuficientes para que ele consiga o que quer", escreveu o embaixador austríaco, conde Louis Cobenzl, um dos poucos estrangeiros que de fato conheciam intimamente Catarina e Potemkin, ao seu imperador José II, "ele reassume por alguns dias a função de favorito."[56] As cartas entre a imperatriz e o príncipe sugerem que sua relação era tão informal e íntima que nenhum dos dois pensaria duas vezes antes de passarem a noite juntos a qualquer momento da sua vida em comum. Por isso alguns escritores o chamam de *"favori-en-chef"* e outros apenas de *"sous-favoris"*. Não admira que os *"sous-favoris"* fossem incapazes de compreender o papel de Potemkin e tentassem fazer intrigas contra ele.

Potemkin e Catarina tinham resolvido seus dilemas pessoais nesse sistema formal, que supostamente preservava a amizade entre eles, mantinha o amor imperial fora da política e reservava poder político para Potemkin. Apesar de ser um sistema que funcionava melhor do que a maioria dos casamentos, apresentava suas falhas. Ninguém, nem mesmo esses dois habilíssimos manipuladores, era realmente capaz de controlar o favoritismo, essa sensível e conveniente fusão de amor e sexo, ganância e ambição.

Não obstante, foi a cura que encontraram para o ciúme. Enquanto foi feliz de verdade com Lanskoi, em 1780, Catarina foi igualmente isenta de ciúmes das escandalosas travessuras de Potemkin. "Essa medida aumentou o poder de Potemkin", explicou Harris a Weymouth, "que nada pode destruir a não ser que certo relato seja verdadeiro [...]." O relato? De que Potemkin poderia vir a "casar com sua sobrinha favorita".[57]

12. As sobrinhas dele

> *Havia um homem, se era mesmo homem,*
> *Não que houvesse dúvidas sobre sua virilidade...*
> Lord Byron, *Don Juan*, Canto VII: 36

Quando as cinco irmãs Engelhardt chegaram à corte, em 1775, essas moças provincianas, sem mãe, com pouca instrução, mas lindas, foram transformadas de imediato pelo tio em mulheres sofisticadas e tratadas como membros da família imperial — "quase como grã-duquesas".[1] Quando Potemkin terminou seu relacionamento com a imperatriz da Rússia, quase de imediato se aproximou de sua fascinante sobrinha adolescente Varvara Engelhardt. Não demorou para que os cochichos começassem a circular pela corte, afirmando que o degenerado príncipe tinha seduzido as cinco moças.

Depois de voltar a ser um homem quase solteiro, Potemkin mergulhou de cabeça num emaranhado de casos secretos e ligações públicas com aventureiras e aristocratas, tão entrelaçados que fascinavam sua própria época e ainda são difíceis de desenredar. "Como Catarina, ele era um epicurista", escreveu o conde Alexandre Ribeaupierre, filho de um dos ajudantes de Potemkin, que casou com sua sobrinha-neta. "Os prazeres sensuais tinham parte importante em sua vida — amava as mulheres com paixão, e nada conseguia deter suas paixões."[2] A essa altura se tornou possível retomar a vida de que mais gostava. Acordando tarde, visitando Catarina pelo corredor coberto, ele oscilava constantemente entre o trabalho frenético e o hedonismo febril, entre arroubos de trabalho administrativo e de criatividade estratégica, e casos amorosos, debates teológicos e farras noturnas, até o dia amanhecer, nas mesas de feltro verde.

Nada chocou tanto seus contemporâneos como a lenda das cinco sobrinhas. Todos os diplomatas escreveram a esse respeito para a plateia cativa de seus monarcas, com mal disfarçado prazer: "Você terá ideia da moralidade russa", informou Corberon a Versalhes, então sob o novo e cerimonioso rei Luís XVI, "pela maneira como o príncipe Potemkin protege suas sobrinhas". Para ressaltar o horror desse destino imoral, ele acrescentou com estremecimento: "Há uma que só tem doze anos e sem a menor dúvida sofrerá o mesmo destino". Semion Vorontsov também se mostrava enojado: "Vimos o príncipe Potemkin transformar a própria família num harém no palácio imperial, do qual ocupa uma parte". Que "escandalosa desfaçatez!". O escândalo das sobrinhas era aceito pelos contemporâneos como verdade — mas ele teria mesmo seduzido todas as cinco, mesmo a caçula?[3]

As "quase grã-duquesas" tornaram-se o encanto dourado da corte de Catarina, as mais ricas herdeiras da Rússia e as matriarcas de muitas dinastias aristocráticas do Império. Nenhuma jamais esqueceu quem era e quem era o tio: a vida delas foi iluminada e mitificada por seu status quase régio e pelo prestígio do Sereníssimo.

Apenas cinco das irmãs Engelhardt tinham relevância na corte, porque a mais velha, Anna, já havia casado com Mikhail Zhukov antes da ascensão de Potemkin, embora ele cuidasse do casal e promovesse o marido ao governo de Astrakhan. A segunda mais velha, a formidável Alexandra Vassílievna, com 22 anos em 1776, tornou-se a sobrinha favorita de Potemkin, sua melhor amiga e depois da imperatriz. Já era mulher-feita quando chegou, e por isso foi a que teve mais dificuldade para se adaptar à sofisticação da corte. Mas era tão altiva quanto Potemkin tinha sido, e "inteligente e voluntariosa". Usava sua "espécie de magnificência" para ocultar a "falta de instrução".[4] Tinha jeito para os negócios e para a política e o dom da amizade. Seus retratos mostram uma mulher esbelta de cabelos negros penteados para trás, maçãs salientes, olhos azuis inteligentes, uma grande boca sensual, nariz pequeno e pele de alabastro, dotada de um corpo ágil e da grandiloquência de uma mulher que era membro honorário da família imperial e confidente do seu maior estadista.

A terceira irmã era Varvara, de vinte anos, que abria caminho na vida com seu charme. *"Plenira aux chevaus d'or"* — "a feiticeira de cabelos dourados" — era como o poeta Derjavin a descrevia; era célebre pela radiante lourice. Mesmo na meia-idade, mantinha o porte esbelto, e seus traços foram descritos pelo memorialista Wiegel como "perfeitos [...] com o frescor de uma moça de vinte anos". Ainda que não fosse uma estadista como a irmã Alexandra, era emotiva, coquete, caprichosa, esquentada e incessantemente exigente. Ninguém podia criticar seu mau humor e seus maus modos enquanto o príncipe viveu, mas em certa ocasião ela puxou uma amiga pelos cabelos; noutra, açoitou um dos administradores de suas propriedades. Era severa com os pomposos e os corruptos, mas muito boa com os empregados — embora não necessariamente com os servos.[5] Anos depois, foi preciso usar a força para sufocar uma revolta camponesa em suas propriedades.

Nadéjda, de quinze anos, conseguia ser ruiva e morena ao mesmo tempo e deve ter sofrido por ser o patinho feio numa família de cisnes, mas Potemkin fez dela uma dama de companhia como as outras. Era cabeça-dura e irritante: Nadéjda é a palavra russa para "esperança", por isso Potemkin, que dava apelidos a todo mundo, chamava-a cruelmente de "Beznadejnaia" — ou Caso Perdido. A quinta irmã era a plácida e passiva Iekaterina, que já tinha o tipo físico da família: seu retrato pintado por Vigée Lebrun em 1790 mostra seu rosto angelical, emoldurado por cachos louro-castanhos, mirando-se num espelho. Iekaterina, escreveu Ségur, o embaixador francês, poderia "servir de modelo para um artista pintar a cabeça de Vênus". Por último, Tatiana era a caçula — com sete anos em 1776 —, mas que viria a ser tão bela e inteligente quanto Alexandra. Depois de retirar-se da alcova de Catarina, Potemkin apaixonou-se por Varvara.[6]

"Mãezinha, Varenka, minha alma, minha vida", escreveu Potemkin para Varvara. "Você dormiu, bobinha, e não se lembrava de nada. Eu, ao sair, beijei-a e cobri-a com uma colcha e com um roupão e lhe fiz o sinal da cruz." É possível afirmar que se trata da carta de um tio que simplesmente deu um beijo de boa-noite na sobrinha e a ajeitou, embora pareça de fato que ele está saindo de manhã depois de passar a noite com ela.

"Meu anjo, suas carícias são tão agradáveis, tão adoráveis, conte meu amor por você e verá que é minha vida, minha alegria, meu anjo; beijo-a vezes sem conta e penso em você cada vez mais [...]." Mesmo na era da *sensibilité* e escritos por um príncipe emotivo e desinibido, esses sentimentos não eram os de um tio convencional. Ele costumava chamá-la de "meu bem" ou "meu tesouro", "minha alma, minha terna amante", "minha deusa namorada" e "lábios adoráveis" e, com frequência, terminava assim: "Beijo você da cabeça aos pés". As cartas são descaradamente sensuais — mas apesar disso "de família": "Meu bem, Varenka, minha alma [...]. Tchau, lábios doces, venha jantar. Convidei suas irmãs [...]". Numa carta, ele informou: "Amanhã vou à *bánia*". Lembrando-se de seus encontros no *bánia* do Palácio de Inverno com Catarina, estaria ele combinando um encontro com a sobrinha no mesmo lugar?

O príncipe tinha então 37 anos, dezessete a mais do que Varvara, portanto, no que diz respeito à idade, nada havia de notável nesse caso amoroso. As irmãs e o desajeitado irmão, Vassíli, agora iam à corte todos os dias e às casas de Potemkin — a casa Chépelev, a Aníchkov — todas as noites. Compareciam a jantares e ficavam assistindo enquanto ele jogava cartas com a imperatriz no Pequeno Hermitage. Eram seus ornamentos mais preciosos, bem como seus amigos, sua família, sua comitiva. Tanto quanto sabemos, o príncipe não teve filhos: eram seus herdeiros também. Não foi por acaso que Varvara se tornou sua amante, pois ela era a namoradeira, e ele, o herói da família.

As cartas são claramente as de um homem mais velho para uma mulher mais jovem; por exemplo, quando lhe diz que a imperatriz a convidou para jantar, Potemkin acrescenta: "Minha querida, vista-se bem e tente ser bondosa e linda", recomendando-lhe que preste atenção em seus "pês e quês". De fora da cidade, possivelmente de Tsárskoie Seló, ele perguntou: "Estou planejando ir à cidade amanhã [...]. Escreva-me dizendo onde pensa em me visitar — na Aníchkov ou no Palácio?". Varenka com frequência via a imperatriz e o Sereníssimo juntos. "A imperatriz passou por uma sangria hoje, por isso não há necessidade de incomodá-la", disse-lhe ele. "Estou liberado da imperatriz e então vou ver você."

Varenka também estava apaixonada por ele — com frequência chamava-o de "minha vida" e, como todas as mulheres de Potemkin, preocupava-se com a saúde dele, ao mesmo tempo que desfrutava do seu luxo: "Pai, minha vida, muito obrigada pelo presente e pela carta [...]. Beijo-o um milhão de vezes na minha imaginação". No entanto, ela começava a sofrer e criar problemas. "É inútil me acariciar", escreveu. "Escute, estou falando sério agora [...] se alguma vez me amou eu lhe peço que me esqueça para sempre, decidi deixá-lo. Desejo que seja amado por outra [...] embora ninguém vá amá-lo como amei [...]." Estaria a mais atirada das irmãs Engelhardt com ciúme de outra mulher, pois de fato havia outras, ou simplesmente fingindo?

"Varenka, você é minha malandrinha boba e ingrata", escreveu Potemkin, talvez naquele momento. "Posso dizer — Varenka se sente mal e Grichenka não sente nada? Quando chegar, vou arrancar-lhe as orelhas por causa disso!" Terá sido quando ele chegou zangado depois disso que ela lhe disse: "Bem, meu amigo, se fui eu que o deixei furioso, então vá!". Mas em seguida ela disse que tinha dormido demais e talvez por isso estivesse de mau humor. De modo que Varenka amuava e fazia poses, enquanto Potemkin sofria as torturas de todo homem mais velho que se apaixona por uma moça mimada. A imperatriz, que convidava Varvara para tudo e sabia do relacionamento dos dois, não se importava quando Potemkin sentia-se feliz. Na verdade, fazia o possível para que a sobrinha fosse íntima dos dois. Quando uma das cortesãs se mudou do palácio, Potemkin pediu à imperatriz que "ordene a Madame Maltiz [chefe das damas de companhia de imperatriz] que ceda os aposentos da princesa Iekaterina para minha Varvara Vassílievna". Catarina respondeu: "Vou ordenar [...]".[7]

O escandaloso caso chegou ao conhecimento de Dária Potemkin em Moscou. A mãe do príncipe, horrorizada, tentou dar um basta. O Sereníssimo, furioso, jogou as cartas dela na lareira, sem ler. Dária escreveu também para Varvara, repreendendo-a. "Recebi cartas de vovó", disse Varvara a Potemkin, "o que me deixou com muita raiva. É por isso que você está indo?" Então a jovem se oferece de novo: "Meu querido *méchant*, meu anjo, você não me quer, meu amado tesouro?".

Quando Potemkin começou a passar mais tempo em suas províncias meridionais, Varvara ficou amuada na corte. Catarina decidiu intervir. Harris ficou sabendo: "Sua Majestade repreendeu o príncipe xxx pela irregularidade da sua conduta com a sobrinha e a desonra subsequente [...]". Harris projetava a presunção britânica numa relação que não compreendia. A bem-humorada provocação de Catarina a Potemkin sobre sua sobrinha-amante revelava a abertura da relação entre eles: "Ouça, minha pequena Varenka não está nada bem; a causa é a sua ausência. É muito errado da sua parte. Isso vai matá-la, e estou ficando muito apegada a ela. Querem fazer uma sangria nela".[8]

Estaria Varenka definhando por amor ao tio? Ou haveria outro motivo? A moça manhosa talvez estivesse fazendo jogo duplo com o príncipe. No início, o amor impregnava as cartas dela. Mais tarde, o tom mudou. Potemkin ainda estava apaixonado — mas sabia que ela em breve teria de casar: "Sua vitória sobre mim é forte e eterna. Se me ama, estou feliz, se soubesse como amo, jamais ia querer outra coisa". Depois de se tornar mulher, ela queria mais. Tinha conhecido o príncipe Serguei Fiódorovitch Golítsin, outro membro daquela numerosa e poderosa família, e apaixonara-se por ele.

Não sabemos se Potemkin ficou inconsolável por muito tempo, mas tinha decidido que as moças deviam arranjar casamentos magníficos, cumulando-as de riquezas para facilitar. O fim do caso era uma exigência das obrigações de família. "Agora tudo acabou", escreveu-lhe ela. "Esperava isso há um mês, quando comecei a notar que você mudou comigo. Que foi que fiz agora, que estou tão infeliz? Estou devolvendo todas as cartas que me escreveu." Era, portanto, uma via de mão dupla. "Se me comportei mal", escreveu ela, "você precisa se lembrar quem foi a causa."

Potemkin comportou-se generosamente. Em setembro de 1778, "ele convenceu um príncipe xxx a casar com ela". O príncipe xxx — Serguei Golítsin — concordou. "Noivaram com grande pompa no Palácio anteontem", comentou Harris. Em janeiro de 1779, como em todos os matrimônios das Engelhardt, a imperatriz estava presente quando Varvara casou. Varvara e Potemkin continuaram íntimos pelo resto da vida, e ela continuou a escrever-lhes cartas afetuosas e provocadoras: "Beijo suas mãos e lhe peço que se lembre de mim, pai. Não sei por que, mas acho que você me esqueceu [...]", e então, como todos os que o conheceram, escreveu: "Venha, meu amigo, logo que puder, é muito chato sem você". Ela ainda assinava como "gatinha de Grichenkin".[9]

Varvara e Serguei Golítsin foram felizes no casamento e tiveram dez filhos. A imperatriz e o Sereníssimo foram padrinhos do mais velho, de nome Grigóri e nascido naquele ano: contemporâneos sugeriam que seria filho de Potemkin, o que era bem possível. Como criança e como homem, Grigóri era inquietantemente parecido com o tio-avô — outro mistério da consanguinidade.

Depois do casamento de Varvara, Harris viu que "Alexandra Engelhardt parece ainda ter grande poder sobre" Potemkin. Parecia que o príncipe tinha passado para a sobrinha com quem tinha mais coisas em comum. Não dispomos das cartas de amor dos dois, e ninguém sabe o que acontece nos quartos de dormir a portas fechadas, mas os contemporâneos estavam convencidos de que eram amantes (o que não quer dizer que fossem). Alexandra, ou "Sachenka", "é uma jovem dama de personalidade muito agradável, com boas habilidades, e uma superior aptidão para tecer uma intriga de corte", acrescentou Harris com uma admiração mesclada de inveja, pois ele próprio era um ávido conspirador, embora não muito bem-sucedido. Harris estava convencido de que Alexandra direcionara Catarina para o quarto onde ela encontrou a condessa Bruce e Kórsakov juntos.

Sachenka tornou-se inseparável da imperatriz e do Sereníssimo. "Se o tio não mudar os sentimentos que lhe tem", comentou Harris, "ela provavelmente será a confidente [de Catarina]." Tão estreita se tornaria essa relação que uma lenda idiota foi transmitida, e aparentemente levada a sério por algumas famílias polonesas, segundo a qual Alexandra seria filha de Catarina. O grão-duque Paulo e Alexandra nasceram em 1754, portanto, de acordo com essa versão, quando deu à luz uma menina, em vez do esperado herdeiro varão, Catarina escondeu a criança e a substituiu pelo filho de uma camponesa calmuca que quando adulto tornou-se o imperador Paulo I.[10] A explicação mais simples é que ela era sobrinha de Potemkin, e uma mulher fascinante. A posição de Sachenka como membro não oficial da família imperial ainda era reconhecida quarenta anos depois.

Então ela se tornou a anfitriã de Potemkin. Um jantar oferecido por ela era sinal de aprovação dele. Alexandra, como Harris contou delicadamente a Londres, "tem verdadeira noção do valor dos presentes". Ela aceitava presentes e dinheiro do embaixador britânico — e ele a recomendou a Alleyne Fitzherbert, seu sucessor, como uma fonte inteligente. Era uma hábil mulher de negócios, que ganhou milhões vendendo grãos e madeira — e ficou célebre pela generosidade com os servos.[11] No fim de 1779, o intenso relacionamento de Potemkin com Sachenka terminou, mas eles continuaram amigos íntimos.

O príncipe embarcou então num longo relacionamento com a quinta irmã — Iekaterina —, embora neste caso também não haja cartas de amor para comprovar. "Falam até em casar Potemkin com sua sobrinhazinha pela qual está mais apaixonado que nunca."[12] Iekaterina — "Katinka", "Katich" ou a "Gatinha", como a chamavam a imperatriz e Potemkin — era a Vênus na família delas. "Agraciada por um rosto arrebatador", escreveu Vigée Lebrun, "e sua angélica suavidade, tinha um charme irresistível." Potemkin chamava-a de seu "Anjo Encarnado" — "e jamais alguém recebeu um apelido tão justamente", como diria posteriormente o príncipe de Nassau-Siegen para a mulher.[13]

Tinha pouca instrução e curiosidade, mas era absolutamente sedutora. Seu temperamento era como o de uma mulata loura — eterna languidez e despreocupada sexualidade. "Sua felicidade", lembrava Vigée Legrun, "era viver estirada num canapé, enrolada numa grande pele negra sem espartilho." Quando visitas lhe perguntavam por que nunca usava os "enormes diamantes [...] os mais suntuosos que se possa imaginar" que "o famoso Potemkin" lhe deu, ela respondia com ar indolente: "Com que objetivo, para quem, para quê?". Era "a mais dócil das três" sobrinhas-amantes e "acreditava no amor de Potemkin para não fazê-lo sofrer". Era sonhadora e passiva demais para Potemkin, que só se apaixonava por mulheres impetuosas e astutas. Portanto, embora o príncipe a tenha amado menos do que as outras duas, foi a que mais durou. O Seríssimo declarou que ser amante dela era saborear as delícias essenciais da carne, elogio grosseiro de um inquestionável *connoisseur*.[14]

No fim de 1780, os diplomatas diziam que o "harém familiar" de Potemkin tinha provocado "uma confusão dos diabos" na corte. A teimosa Varvara Golítsina, desafiadoramente respeitável agora que estava casada, expressou suas opiniões sobre a vida da imperatriz. Essa crassa falta de tato irritou Catarina. Varvara complicou ainda mais sua estúpida teimosia proclamando que ninguém merecia ser açoitado com o cnute por falar a verdade. Potemkin também ficou furioso e despachou-a para as propriedades de Golíntsin. Nesse embaraçoso momento, a "Anjo Encarnado" Iekaterina teria, supostamente, engravidado do tio. O dr. Rogerson prescreveu as águas de uma estância. O Seríssimo convenceu Varvara a levar a irmã. Corberon ficou maravilhado com Potemkin por, como sempre, manipular o que poderia ter sido um desastre e dar a impressão de que Varvara estava apenas acompanhando a irmã numa missão médica, e não sendo exilada, e que Iekaterina não estava sendo afastada para esconder a barriga, mas apenas saindo a passeio com os Golítsin. Quando Iekaterina partiu, dizia-se que estava grávida de seis meses.

Catarina fez então uma sugestão que aborreceu Potemkin e provocou outra confusão. Quando foi designada dama de companhia no verão de 1777, Iekaterina imediatamente chamou a atenção de Bóbrinski, filho de Catarina e do príncipe Orlov, o que muito divertiu a imperatriz, que fez piadas a esse respeito em suas cartas para Potemkin.[15] Bóbrinski apaixonou-se pela moça. A imperatriz, segundo Corberon, disse até que ele poderia casar com ela. Bóbrinski era um dândi vazio, vítima de um nascimento que fizera dele tudo e nada ao mesmo tempo. Muitos bastardos faziam carreiras brilhantes naquela época — nenhum deles superando, no entanto, o marechal Maurice de Saxe, de Luís XV, filho de Augusto, o Forte, da Polônia e da Saxônia —, mas Bóbrinski não fez carreira nenhuma e era um notório desajuizado. Teria ele se recusado a casar com uma moça engravidada pelo tio? Ou teria Potemkin sido contra porque considerava Bóbrinski um idiota — e, pior ainda, um Orlov? Esse labirinto moral, sexual e familiar apresenta um pequeno caleidoscópio da moralidade da corte.[16]

Alexei Orlov-Tchésmenski, que se retirara para Moscou e odiava Potemkin, sentiu que poderia tirar partido da situação e chegou a Petersburgo em setembro de 1778, na esperança derrubar Potemkin. O Seriníssimo ostentou "grande bom humor e indiferença", enquanto os dois gigantes adversários, Ciclope e Cicatriz, serviam publicamente a mesa da imperatriz. "Está além da capacidade da minha pena", comentou Harris, "descrever [...] uma cena na qual todas as paixões que podem se apoderar da mente humana desempenharam um papel que, por todos os atores, foi ocultado com a mais magistral hipocrisia." Orlov-Tchésmenski estava decidido a fazer uma última tentativa de derrubar o Seriníssimo que, segundo suas palavras a Catarina, "arruinou vosso Exército": "seu único talento superior é a astúcia" e seu único objetivo é "investir-se no soberano poder". Catarina não gostou nada daquilo, mas tentou pôr panos quentes na situação. "Seja amigo de Potemkin", suplicou a Orlov-Tchésmenski. "Convença esse homem extraordinário a ser mais circunspecto em sua conduta [...] [e] a prestar mais atenção nos deveres dos grandes cargos que ocupa [...]."

"Como sabe, senhora", disse Cicatriz, "sou seu escravo [...] se Potemkin perturba a sua tranquilidade mental é só me dar suas ordens. Ele desaparecerá imediatamente [...]." A proposta de matar Potemkin pode ser apenas fofoca diplomática, mas todo mundo sabia que Orlov-Tchésmenski era perfeitamente capaz de cumprir a ameaça. Catarina não manifestou nenhum interesse, e esse foi o último arquejo do poder de Orlov.[17]

Apesar das brigas, Potemkin e a imperatriz estavam tão empenhados naquela altura em reformular a política externa que a posição política dele era absolutamente estável. Quando a briga esquentava, Potemkin apenas se ausentava num amuo diplomático até que a imperatriz se acalmasse. Iekaterina retornou sem nenhum sinal de bebê, pelo que sabemos.

A sobrinha caçula, Tatiana, já era "cheia de energia e determinação" quando, com doze anos em 1781, foi designada dama de companhia. Enquanto o tio estava no sul, ela lhe escrevia cartas, numa letra graúda de menina, que nos dão uma pista sobre a natureza da "família" de Catarina e Potemkin. Em geral terminava como o fez em 3 de junho de 1785: "Espero a sua volta com a mais viva impaciência". Como todos os demais, Tatiana se chateava na ausência do Seriníssimo: "Não sei, querido tio, quando vou ter a felicidade de vê-lo, mas as pessoas a quem pergunto dizem que não sabem de nada e que você vai ficar aí o inverno todo. Ah! Como parece um tempo longo demais para mim, se for verdade, mas não acredito nesses palhaços". Ele dava-lhe presentes generosos: "Meu querido tio, mil, e mil e um milhão de agradecimentos por seu gracioso presente, jamais esquecerei a sua bondade e lhe peço que continue para sempre. Vou fazer o possível para merecê-los". Ela jamais se tornaria sua amante.[18]

Todo o clã de Potemkin era tratado como membro da família estendida de Catarina, que incluía Lanskoi, seu amante. A imperatriz cuidava com a maior afeição não só das irmãs Engelhardt, mas também da outra família de Potemkin — o primo Pável Potemkin, depois de servir na campanha contra Pugatchov, tornou-se vice-rei do Cáucaso, e seu irmão Mikhail, inspetor-chefe da Escola de Guerra e integrante do círculo mais próximo de Catarina. O leal sobrinho do príncipe, Alexandre Samóilov, filho de sua irmã Maria, tornou-se secretário do Conselho de Estado e general — "corajoso mas inútil". Outros sobrinhos, como Vassíli Engelhardt e Nikolai Visotski, filho de sua irmã Pelageia, serviu como ajudante de ordens de Catarina, tratado quase como pessoa da família.

O favorito da imperatriz Sacha Lanskoi era muito amável com as sobrinhas de Potemkin, como sabemos pelas cartas de Tatiana, inéditas até aqui. "Monsieur Lanskoi tem recebido todo tipo de atenção", informou ela, inocentemente. Numa carta, Tatiana contou ao tio que o grão-duque e a duquesa "me receberam no jardim — me acharam muito crescida e falaram comigo com muita gentileza".[19] Quando, dois anos depois, Iekaterina estava casada e grávida, foi Lanskoi que deu a Potemkin notícias do nascimento. "Pai", escreveu ele, "a soberana mandou gentilmente lhe fazer uma reverência e batizar o bebê [...] estou lhe mandando uma carta de Iekaterina Vassílievna [...]." Poucos dias depois ele informou que a imperatriz tinha febre, mas a sobrinha parecia cada dia melhor.

Há uma sensação de que, longe das duras lutas políticas, a imperatriz, até certo ponto, conseguiu remendar uma família com seus — ou, como dizia, "nossos" — "parentes" de Potemkin e seu querido Lanskoi. Ela escolheu sua família como outros escolhem amigos. Havia uma simetria entre os favoritos de Catarina e as sobrinhas de Potemkin. Quando a política permitia certa serenidade, ela tratava as sobrinhas como filhas e os favoritos como filhos. Juntos, eram quase filhos desse casamento nada convencional e sem filhos biológicos.[20]

As relações de Potemkin com as sobrinhas eram insólitas e peculiares, mas não incomuns para sua época, e certamente Catarina não parecia chocada com elas. Diz ela nas *Memórias* que, em sua própria infância, antes de partir para a Rússia, tinha flertado (e possivelmente mais que isso) com o tio, o príncipe Georg-Ludwig de Holstein, que queria casar com ela.* Esse comportamento — e outros piores — não era raro nas famílias reais. Os Habsburgo casavam regularmente com sobrinhas. No começo do século, o regente da França, Filipe, duque de Orléans, teria tido casos com sua filha, a duquesa de Berry.**

Augusto, o Forte, o rei da Polônia, Eleitor da Saxônia e velhaco aliado de Pedro, o Grande, estabeleceu um imbatível e incestuoso precedente de vigorosa degenerescência que nem mesmo Potemkin seria capaz de igualar. Augusto, um *bon vivant* amante das artes, sem dinheiro e politicamente escorregadio, que Carlyle descreveu como "jovial Homem do Pecado, alegre e eupéptico Filho de Belial", tinha, segundo a lenda, não só gerado um herdeiro e 354 bastardos com uma legião de amantes, mas também, supostamente, fez da filha, a condessa Orczelska, sua amante. Para agravar ainda mais o incesto, a filha-amante, por sua vez, apaixonou-se pelo conde Rudorfski, seu meio-irmão, um dos filhos naturais

---

* Esse Georg-Ludwig era também tio do marido dela, Pedro III, que o levou a Petersburgo durante seu curto reinado. Ironicamente, o ordenança dele era o jovem Potemkin.
** Quando ela morreu, os inimigos dos Orléans cantavam: "La pleures-tu comme mari/ Comme ta fille ou ta maîtresse?" — Tu a pranteias como marido, por tua filha ou tua amante?

de Augusto. Com os plebeus a história era diferente, muito embora na França do século XVII o cardeal Mazarin tenha transformado as sobrinhas — as Mazarinettes — nas mais ricas herdeiras do país, e houvesse rumores sobre suas relações com elas. Enquanto isso, Voltaire teve o último caso amoroso de uma longa vida com sua promíscua e gananciosa sobrinha Madame Denis, mas guardando segredo — só a correspondência dos dois revelaria tudo. Na geração seguinte à de Potemkin, Lord Byron alardeava seu caso com a meia-irmã, e o príncipe Talleyrand montou casa com a duquesa de Dino, mulher do seu sobrinho.

Na Rússia, o incesto entre tio e sobrinha era muito mais comum. A Igreja ortodoxa fazia vistas grossas. Consta que Nikita Pánin teria tido um caso com uma sobrinha (por casamento), a princesa Dáchkova — embora ela negasse. Kiril Razumóvski montou casa em Batúrin com a filha de sua irmã Anna, condessa Apráxina, com quem vivia como marido e mulher. Apesar disso, quase não se mencionava a incestuosa relação mantida por esse proeminente e muito admirado magnata, porque ocorria sossegadamente no interior do país; ninguém "fazia muito barulho". O pecado de Potemkin era a forma escancarada como as amava. Isso chocava seus contemporâneos, assim como a visibilidade das relações de Catarina com seus favoritos a tornava tão notória: eram as linhas paralelas do mesmo tipo de arranjo. O Serreníssimo via a si mesmo como quase um membro da realeza, portanto podia fazer o que bem entendesse e desfrutá-lo à vista de todos.[21]

O imoral tio Potemkin tem sido crucificado pelos historiadores por seu comportamento, mas as sobrinhas eram parceiras solícitas — Varvara estava apaixonada por ele — e o adoraram até o fim da vida. Longe de se sentirem violadas ou agredidas, Alexandra e Varvara tiveram casamentos excepcionalmente felizes, ao mesmo tempo que mantinham estreita relação com o tio. Dizia-se que Iekaterina, amante ocasional pelo resto da vida de Potemkin, apenas "tolerava" seus abraços, mas ela era uma moça sonolenta, que "tolerava" o marido, assim como tolerava diamantes e tudo o mais: era sua natureza. Não há dúvida de que tinham veneração pelo protetor da família. Em suas cartas, sempre demonstravam vontade de vê-lo. Como Catarina, achavam a vida chata sem ele. Não é preciso recorrer ao termo abuso para explicar esse pecadilho: naquele lugar e naquela época, devia parecer natural.

As sobrinhas não foram as únicas amantes depois que ele se afastou da alcova de Catarina: os arquivos de Potemkin estão sobrecarregados de centenas de cartas de amor não assinadas, de mulheres desconhecidas, sem dúvida nenhuma apaixonadas pelo gigante caolho. Há dois tipos de homens mulherengos — o fornicador maquinal, que despreza suas conquistas, e o genuíno amante das mulheres, para quem a sedução é o alicerce do amor e da amizade. Potemkin pertencia a este último tipo — adorava a companhia das mulheres. Mais tarde, sua corte ficou tão lotada de estrangeiros que era impossível desconhecer a identidade de suas amantes adúlteras. Mas dos anos 1770 tudo que nos resta são cartas anelantes perguntando, em sinuosas letras femininas: "Como passou a noite, querido: melhor que eu. Não dormi um segundo". Nunca estavam satisfeitas com o tempo que ele lhes concedia. "Não estou satisfeita com você", escreveu uma delas. "Você tem um ar tão distraído. Alguma coisa deve ocupar a sua mente [...]." As amantes tinham que esperar nos palácios dos maridos, ouvindo, pelos amigos e pelos empregados, o que Potemkin andava aprontando: "Sei que você esteve com a imperatriz à noite e adoeceu. Diga-me como está, fico preocupada e não tenho notícias suas. *Adieu*, meu anjo, não posso lhe contar mais nada, tudo me impede [...]". Termina abruptamente — o marido na certa tinha acabado de chegar, por isso ela mandou a carta inacabada por uma criada de confiança.

Essa mulheres preocupavam-se minuciosamente com sua saúde, suas viagens, suas jogatinas, o que ele comia. Talvez Potemkin tivesse a capacidade de atrair esse tipo de atenção porque foi criado no meio de tantas irmãs amorosas: "Meu querido príncipe, será que você pode fazer por mim o sacrifício de não gastar tanto tempo jogando? Isto vai acabar com sua saúde". As amantes ansiavam por vê-lo adequadamente: "Amanhã há um baile na casa do grão-duque: espero ter o prazer de vê-lo lá". Mais ou menos na mesma época, outra mulher escreveu:

> Que pena que só pude vê-lo de longe, quando queria tanto beijá-lo, querido amigo [...]. Deus meu, que pena, e não consigo aguentar! Diga pelo menos que me ama, querido. É a única coisa que pode me reconciliar comigo mesma. Eu beijaria você o tempo todo, mas você logo se cansaria de mim; escrevo para você diante do espelho e tenho a impressão de estar batendo um papo com você, e lhe conto tudo que me vem à cabeça [...].

Nas cartas de amor dessas mulheres desconhecidas sentadas diante do espelho e de potes de ruge, rolos de seda, lufadas de pó, e uma pena na mão duzentos anos atrás, vemos Potemkin vivo e refletido: "Beijo-o um milhão de vezes antes que vá embora […]. Você trabalha demais […]. Beijo-o 30 milhões de vezes e com uma ternura que não para de aumentar […]. Beije-me em pensamento. *Adieu, minha vida*".[22]

Apesar disso, elas mascaram um pungente dilema inerente à posição peculiar de Potemkin. Ninguém mais poderia jamais tê-lo de verdade. Seus casos com as sobrinhas têm sentido porque ele nunca poderia casar e ter uma vida de família normal. Se era incapaz de ter filhos, isso tornava tudo duplamente adequado. Ele amava muitas — mas era casado com a imperatriz e com o Império.

13. Duquesas, diplomatas e charlatães

Ou numa carruagem dourada
Por esplêndidas parelhas puxada
Com cão de caça, companheiro ou um bufão
Ou alguma beldade — melhor ainda —
   Gavrili Derjávin, "Ode à princesa Felitsa"

Vossa Excelência não faz ideia das alturas que
a corrupção atinge neste país.
   Sir James Harris ao visconde de Stormont,
   13 de dezembro de 1780

No verão de 1777, o suntuoso iate de Elisabeth, duquesa de Kingston, também condessa de Bristol, atracou no porto de São Petersburgo. A duquesa era uma sedutora em decadência, vista em Londres como adúltera, bígama e descarada. No entanto, Petersburgo ficava longe, e os russos às vezes eram espantosamente lentos para detectar charlatães. Não eram muitas as duquesas inglesas que visitavam a Rússia numa época em que as modas inglesas varriam a Europa. Eram tantos os negociantes ingleses fornecendo produtos aos russos que eles moravam na famosa *"English line"*, em Petersburgo. Na corte russa, Potemkin era o maior dos anglófilos.

Já tão cosmopolita como podia ser um homem que só tinha saído do seu país uma vez, Potemkin preparava-se para a alta política estudando de perto a língua, os costumes e a política dos ocidentais e enchendo sua própria corte — a *"basse-cour"*, ou "pátio de fazenda", segundo o apelido que lhe deu Catarina[1] — com os duvidosos estrangeiros que a Rússia atraía. No fim dos anos 1770, a Rússia tornou-se uma elegante extensão do Grand Tour feito por jovens cavalheiros britânicos, e Potemkin, uma das atrações obrigatórias. A duquesa foi a pioneira.

Kingston foi saudada pelo presidente da Escola Naval, Ivan Tchernichov (irmão de Zakhar Tchernichov, que Kingston seduzira quando embaixador em Londres). Ele a apresentou a Catarina, ao grão-duque e, claro, ao príncipe. Até mesmo Catarina e Potemkin ficaram um tanto impressionados com a fabulosa riqueza dessa célebre aristocrata a bordo do seu brinquedo flutuante de luxo, repleto dos mais finos objetos, engenhocas mecânicas e inestimáveis tesouros da Inglaterra.

A duquesa de Kingston era um desses espécimes da feminilidade setecentista que conseguiam tirar vantagem da aristocracia machista fazendo uma carreira de sedução, casamento, fraude, exibicionismo e roubo. Elisabeth Chudleigh nasceu lady em 1720 e, aos 24 anos, casou-se em segredo com Augustus Harvey, que pôs no dedo dela um anel para cortina de cama em vez de uma aliança de brilhante. Herdeiro do conde de Bristol, vinha de uma família tão esperta na acumulação de riqueza como voraz no abuso dos prazeres. Chudleigh foi uma das mulheres mais perseguidas e promíscuas de sua época, tornando-se celebridade para os jornais baratos: ela queria publicidade, e eles acompanhavam suas travessuras com uma sede insaciável de detalhes. Seu período legítimo atingiu um despido apogeu quando apareceu descabelada num vestido de gaze transparente no Baile do Embaixador Veneziano em 1749, fantasiada de Ifigênia, o Sacrifício — "tão nua", comentou Mary Wortley Montagu, filha do primeiro duque de Kingston, "que o sumo sacerdote não teria a menor dificuldade para inspecionar as entranhas da vítima". Era uma cena de tão voluptuosa audácia que ela apareceu com um sorriso afetado numa geração inteira de gravuras das mais vendidas. A visão era tão atrevida que ela supostamente teria realizado a impressionante façanha de seduzir o velho Jorge II.

Depois de anos como amante do duque de Kingston, um idoso magnata do partido Whig, casou-se com ele, em condição de bigamia. Quando ele morreu, houve uma briga infernal por sua fortuna. A família dele, os Perrepont, desmascarou o casamento dela com Harvey e a levou a julgamento perante a Câmara dos Lordes, que a considerou culpada diante de 5 mil espectadores. Seria motivo para que ficasse estigmatizada, mas Harvey herdou o condado a tempo de lhe conceder imunidade. Ela perdeu o ducado, porém ficou com o dinheiro sujo — e continuou a usar o título de duquesa. Fugiu para Calais, perseguida pelos indignados Pierrepont, e a "Condessa Ducal", como a apelidou Horace Walpole, equipou seu novo iate com sala de jantar, sala de estar, cozinha, galeria de quadros e órgão, roubando tudo de que gostava na mansão de Kingston, Thoresby Hall. A tripulação entregou-se a todas as patifarias imagináveis, incluindo dois motins, o que forçou a substituição dos marujos ingleses. Por fim ela zarpou com um pitoresco séquito que incluía uma tripulação francesa, uma mistura de capelão e mercenário inglês (que parece ter sido o correspondente não oficial dos jornais) e um bando de canalhas imprestáveis.

Chegando à Rússia, o circo provocou algo mais familiar nos condados domésticos britânicos do que nos palácios de São Petersburgo — uma guerra de vigários. Kingston ofereceu "um magnífico espetáculo a bordo do seu iate", que foi lealmente narrado para a *Gentleman Magazine* pelo seu obsequioso capelão. "Logo que o jantar foi servido, uma banda composta de pífaros, tambores, clarinetas e trompas francesas tocou algumas marchas inglesas [...]. Depois do jantar, houve alguns concertos no órgão localizado na antessala." A comunidade britânica em Petersburgo ficou escandalizada com a impertinência daquela nova-rica bígama que, de acordo com o capelão *deles*, William Took, provocou "desprezo universal". Mas suas "exibições ostentosas" caíram bem em Petersburgo.

A duquesa e sua comitiva receberam da imperatriz uma casa à beira do Neva e começaram a passar muito tempo com Potemkin. Na verdade, se ajustaram muito bem ao seu dissoluto *ménage*. Potemkin flertou com a duquesa, que era surda, e usava camadas de ruge e pintura, e ainda se vestia como uma mocinha, mas ele estava mais interessado nas antiguidades que ela trazia. Um dos oficiais de Potemkin, o coronel Mikhail Garnovski, "cuidou" dela. Garnovski era o que se poderia chamar de soldado-mercador: espião, conselheiro e agente comercial de Potemkin, acrescentava, então, o título de gigolô ao seu curriculum vitae. Tornou-se amante da duquesa, que precisava passar "cinco ou seis horas fazendo sua toalete" e era quase a definição encarnada da "ovelha em traje de cordeira". Ela deu tesouros a Potemkin e presenteou Ivan Tchernichov com um Rafael. Queria levar Tatiana, a sobrinha de Potemkin, de oito anos, para casa a fim de lhe dar uma educação kingstoniana, contradição em termos com a qual o Sereníssimo jamais concordaria.

Kingston, nove anos mais velha do que Catarina, tinha planejado deslumbrar Petersburgo e ir embora depressa ao som de trombetas. Mas o plano deu errado quando, para secreto deleite de observadores como Corberon, a tempestade de setembro de 1777 encalhou seu iate. Então a tripulação francesa se amotinou também e escafedeu-se, deixando para a imperatriz a tarefa de providenciar nova tripulação e o conserto do iate. Quando enfim partiu por terra, a duquesa tratava Catarina de "grande amiga" e estava enamorada de Potemkin, a quem descrevia como "grande ministro, pleno de *esprit* [...] numa palavra tudo aquilo que compõe um homem honesto e galante". Ele e Catarina educadamente convidaram-na a voltar, embora já estivessem meios cansados dela. Garnovski foi levá-la à fronteira.

Ela voltou dois anos depois — como toda pessoa desagradável, aceitava qualquer convite, por mais vago que fosse. Encomendou para Potemkin um livro de encadernação riquíssima, com os títulos dele em prata e diamantes, mas, tipicamente, o presente nunca chegou. Decorou uma "esplêndida" mansão em Petersburgo com, de acordo com seu antigo jardineiro em Thoresby, então trabalhando para a imperatriz, "tapeçarias de damasco carmesim" e "cinco lustres musicais! Bom órgão, bandejas, pinturas!". Comprou propriedades na Livônia, incluindo uma de Potemkin por mais de 100 mil libras esterlinas, de acordo com Samuel Bentham, um jovem inglês, e pomposamente batizou suas terras de "Chudleith".

Em 1780, Catarina e Potemkin estavam cansados de "Kingstoncha" — essa mulher Kingston. Samuel Bentham avistou a velha desmazelada na casa dos Razumóvski, dormindo durante um concerto: "Servia de motivo de riso para o grupo". No entanto, continuava dominando sua moderna expertise no que agora chamamos de relações públicas e vazava histórias falsas de sua intimidade imperial para os jornais londrinos. "A imperatriz é polida em público", observou Bentham, "mas não teve nenhuma conferência privada [com Catarina], que [...] é o que ela mesma colocou nos jornais ingleses." Ela mantinha a casa aberta, mas "não consegue convencer ninguém, fora oficiais russos, que estão atrás de um jantar, a irem lá [...]". Fez uma tentativa fracassada de casar com um dos Radziwill, visitou "Chudleigh", depois partiu para Calais. A última visita que fez foi em 1784. Quando finalmente partiu, em 1785, a idade a alcançou. Após sua morte em

Paris, em 1788, Garnovski, para quem deixara 50 mil rublos no testamento, conseguiu confiscar a maior parte do que havia em "Chudleigh" e três propriedades dela, que serviram de base para sua fortuna pessoal.²

O gosto estético do príncipe foi influenciado pela duquesa — na verdade ele herdou os tesouros mais preciosos.* O Relógio do Pavão de Potemkin, fabricado por James Cox, levado para Petersburgo por ela em 1788, era um dos objetos mais refinados já produzidos: um pavão de ouro em tamanho natural com cauda resplandecente em pé sobre uma árvore de ouro com galhos e folhas e uma coruja, numa gaiola dourada de 3,65 metros de altura com sinos em volta. O mostrador do relógio era um cogumelo com uma libélula marcando os segundos. Quando batia a hora redonda, essa deliciosa engenhoca iniciava movimentos surpreendentes: a cabeça da coruja balançava e o pavão cantava, empinava a cabeça regiamente e abria a cauda em toda a sua gloriosa extensão.** Ela também trouxe um órgão-relógio, outro objeto deslumbrante, provavelmente o que tocava no seu iate: por fora, o largo mostrador o fazia parecer um relógio comum, mas ao ser aberto virava um órgão que tocava como um agudo instrumento de igreja.*** Quando a duquesa morreu, o príncipe comprou esses objetos e ordenou aos mecânicos que os montassem em seu palácio.³

A duquesa deixou também uma lembrança de gosto mais duvidoso com Potemkin. Quando voltou, em 1779, ainda prestigiada, trouxe consigo um jovem inglês que dizia ser oficial do Exército, especialista em questões militares e comerciais. O "major" James George Semple tinha mesmo servido no Exército britânico contra os americanos e sem dúvida era especialista em comércio, embora não do tipo sugerido. (Um retrato no Museu Britânico mostra-o com expressão insolente, chapéu alto, camisa branca cheia de babados e uniforme — a parafernália do charlatão.) Quando chegou à Rússia, Semple já era uma celebridade da trapaça, conhecido como "O Impostor do Norte e Príncipe dos Vigaristas". De fato, pou-

---

* Potemkin exibiu muitos dos tesouros de Kingston no baile que ofereceu em 1791, descrito no capítulo 32. O Hermitage atual, que abriga boa parte das coleções de Potemkin, está pontilhado de objetos que pertenceram à duquesa de Kingston. Garnovski seria amaldiçoado por sua avareza, pois o imperador Paulo o jogou numa prisão para devedores, e ele morreu pobre em 1810.

** O Relógio do Pavão é uma das principais peças do Museu Hermitage atual. Ainda entra em atividade a cada hora redonda.

*** Agora está no Palácio Ménchikov, parte do Hermitage, e é tocado aos domingos ao meio-dia. Em sua música, podemos ouvir os sons do salão de Potemkin dois séculos atrás.

cos anos depois, saiu um livro sobre ele: *The Northern Hero: Surprising Adventures, Amorous Intrigues, Curious Devices, Unparalleled Hypocrisy, Remarkable Escapes, Infernal Frauds, Deep-Laid Projects and Villainous Exploits* [O herói do norte: Aventuras surpreendentes, intrigas amorosas, artifícios curiosos, hipocrisia ímpar, fugas notáveis, fraudes infernais, projetos elaborados e proezas infames]. Semple era casado com uma prima de Kingston, mas estava na prisão dos devedores em Calais quando ela preparava sua segunda turnê russa. Ela pagou para tirá-lo da cadeia e convidou-o para a viagem a Petersburgo. O detento provavelmente seduziu a condessa Ducal.[4]

Potemkin ficou imediatamente encantado. O príncipe sempre gostou de heróis intrépidos, e Semple, como todos os malandros, vivia de lisonjas. Em seus primeiros dias de estadista, quando começava a conhecer os ocidentais, Potemkin sem dúvida era descuidado com suas amizades estrangeiras, mas ele sempre preferiu mascates divertidos a aristocratas maçantes. O Herói do Norte e Príncipe dos Vigaristas misturou-se à pitoresca ralé anglo-francesa da *basse-cour*, incluindo um mercenário irlandês chamado Newton, que viria a ser guilhotinado na Revolução; o Chevalier de Vivarais, um padre francês expulso do sacerdócio que andava acompanhado pela amante,[5] e um misterioso aventureiro francês chamado Chevalier de la Teyssonière, que ajudava Corberon a defender interesses franceses.[6] É uma pena que o maior aventureiro da época, o culto e espirituoso Casanova, tenha chegado cedo demais para conviver com Potemkin: teriam gostado muito um do outro.

O circo internacional da *basse-cour* era um microcosmo grotesco do mundo cosmopolita da diplomacia. O Sereníssimo, enquanto trabalhava a sério em questões militares e meridionais, começou a interessar-se pelas atribuições de Nikita Pánin — relações exteriores. Como a condessa de Rumiántseva observou astutamente para o marido após o término do caso amoroso de Potemkin com Catarina: "A impulsividade, que outrora o excitava, acabou. Ele leva uma vida totalmente diferente. Não joga cartas à noite; trabalha o tempo todo [...]. Você não o reconheceria [...]".[7]

O príncipe era neófito em diplomacia, mas estava bem qualificado para a natureza das questões internacionais da época. O mundo diplomático do século XVIII costuma ser descrito como um balé elegante, no qual cada bailarino conhece seus passos até os mínimos detalhes. Mas isso é um tanto ilusório, pois, se os passos eram familiares, a música, no fim do século, já não era previsível. O "Velho Sistema" tinha sido virado de cabeça para baixo pela "Revolução Diplomática" de 1756. A luz que guiava a diplomacia era o implacável egoísmo da *raison d'état*. Tudo dependia do poder do Estado, medido em população, ampliação territorial e tamanho do Exército. O "equilíbrio de poder", mantido pela sempre presente ameaça de uso da força, era na verdade um pretexto para a inexorável expansão das grandes potências à custa das menores: geralmente queria dizer que, se uma potência obtinha ganhos, as outras precisavam tirar a diferença, como a Polônia descobriu em 1772.

Os embaixadores costumavam ser aristocratas cultos, que, a depender da distância de suas capitais, tinham independência para executar a política régia à sua maneira, mas as iniciativas dos diplomatas podiam estar em descompasso com políticas de governo: tratados assinados por diplomatas eram, por vezes, desautorizados por seus próprios ministérios. Isso significava que os avanços políticos eram lentos e pesados, enquanto cortesãos iam e vinham, transitando por estradas lamacentas e esburacadas, esquivando-se de salteadores e hospedando-se em tavernas infestadas de baratas e ratos. Os diplomatas gostavam de dar a impressão de ser amadores aristocráticos. Era bastante comum, por exemplo, embaixadores britânicos e franceses em Paris e Londres trocarem de casas e empregados até que suas missões terminassem. Os Ministérios do Exterior do século XVIII eram minúsculos: o Foreign Office britânico nos anos 1780, por exemplo, contava com apenas vinte funcionários.

A diplomacia era tida como prerrogativa do rei. Às vezes os monarcas conduziam políticas clandestinas, totalmente contrárias às dos seus ministros: dessa forma, a torpe política polonesa antirrussa, conhecida como *"le Secret"*, conseguiu desperdiçar os últimos vestígios de influência francesa em Varsóvia. Embaixadores e soldados estavam a serviço de reis, não de países. Como a *basse-cour* e a comitiva militar de Potemkin demonstrariam, aquela era uma era de cosmopolitismo, na qual estrangeiros encontravam serviço em qualquer corte, em especial na diplomacia e no Exército. Pessoas daquela época considerariam nossa opinião de que um homem só pode servir ao país em que nasceu tola e limitadora.

"Gosto de ser estrangeiro em todos os lugares", afirmou o príncipe de Ligne, *grand seigneur* internacional, à sua amante francesa, "desde que eu tenha você e seja proprietário de alguma coisa em algum lugar." Ligne explicou que "perde-se o respeito num país onde se passa muito tempo".[8] Embaixadas e exércitos eram repletos de pessoas de nacionalidades variadas, que se destacavam nesses serviços: barões livônios, marquesas italianas, condes alemães e, espalhados por toda parte, escoceses e irlandeses jacobitas. Os italianos especializavam-se na diplomacia, enquanto os escoceses e irlandeses sobressaíam-se na guerra.

Depois das rebeliões de Quinze e de Quarenta e Cinco, muitas famílias celtas foram obrigadas a espalhar-se por diferentes países: eram conhecidas como "Gansos Voadores", e várias acabaram servindo na Rússia.* Três famílias de "Gansos Voadores" — os Lacey, os Browne e os Keith** — parecem ter dominado os exércitos da Europa. Os irmãos Keith — George, o exilado conde marechal da Escócia, e seu irmão James — ficaram amigos íntimos de Frederico, o Grande, depois de servirem à Rússia contra os turcos. Quando o general James Keith saudou um embaixador otomano durante aquelas guerras, ficou perplexo ao ouvir a longa resposta de um escocês, vinda de sob o turbante turco — um caledônio renegado, de Kirkcaldy.[9] Numa batalha típica, como Zorndorf na Guerra dos Sete Anos, os comandantes dos russos, prussianos e dos vizinhos suecos chamavam-se Fermor, Keith e Hamilton.

Por trás da empolada etiqueta, a competição entre os embaixadores era um torneio inescrupuloso com o objetivo de exercer influência política e obter informações, estrelado por aventureiros de fingida aristocracia, atrizes batedoras de carteira, decifradores de códigos, mensageiros a galope, chefes de correio que abriam cartas, criadas, sedutoras profissionais e mulheres da nobreza pagas por governos estrangeiros. A maior parte dos despachos diplomáticos era interceptada pelo Gabinete Negro, um escritório secreto do governo que abria, copiava e voltava a selar cartas, para depois decifrar seus códigos. O Gabinete Negro russo

---

* Havia uma relação especial dos escoceses com a Rússia. Os escoceses costumavam tornar-se russificados. O chanceler imperial de Isabel, Bestújev, descendia de um escocês chamado Best; o conde Iákov Bruce, de mercenários escoceses; Lermontov, o poeta do século XIX, de um Learmond chamado "Thomas, o Rimador".
** Um Browne foi marechal de campo no Exército austríaco, enquanto George Browne ingressou no Exército russo, foi capturado pelos turcos, vendido três vezes em Istambul e tornou-se governador da Livônia durante a maior parte do reinado de Catarina, a Grande, morrendo com mais de noventa anos. O marechal de campo conde Lacey tornou-se conselheiro militar da confiança e correspondente de José II, enquanto outro, o conde Francis Anthony Lacey, foi embaixador espanhol em Petersburgo e capitão-geral de toda a Catalunha.

era particularmente eficaz.* Reis e diplomatas tiravam partido desse sistema não usando códigos quando escreviam de forma deliberada alguma coisa para que um governo estrangeiro soubesse — isso era chamado de escrever *"en clair"*.[10]

Embaixadores rivais utilizavam uma dispendiosa rede de espiões, especialmente empregados domésticos, e gastavam fortunas pagando "pensões" a ministros e cortesãos. Fundos do serviço secreto eram usados para obter informações (o que explica os presentes ingleses para Alexandra Engelhardt) ou influenciar políticas (a própria Catarina recebeu empréstimos ingleses durante os anos 1750). Esses pagamentos em geral não produziam nenhum efeito político, e quase sempre a escala dos subornos era exagerada.[11] A Rússia tinha a reputação de ser especialmente venal, mas é provável que não o fosse mais do que a França ou a Inglaterra. Na Rússia, os países que ofereciam lances mais altos na disputa por influência eram Inglaterra, França, Prússia e Áustria. E àquela altura se dispunham a usar todas as armas dos seus arsenais para conseguir os favores de Potemkin.

A Europa estava diante de três fontes de conflito em 1778. A França, ansiosa por vingar-se da Guerra dos Sete Anos, estava prestes a apoiar os rebeldes americanos e ir à guerra contra a Inglaterra. (A guerra começou em junho de 1778, e a Espanha entrou do lado francês no ano seguinte.) No entanto, a Rússia estava muito mais preocupada com outros pontos críticos. O sultão otomano jamais aceitara inteiramente os termos do Tratado de Kuchuk-Kainardji, de 1774, em especial a independência da Crimeia e a abertura do mar Negro e do Mediterrâneo aos navios mercantes russos. Em novembro de 1776, Catarina e Potemkin tinham despachado um exército para a Crimeia a fim de instalar um cã da sua escolha, Shagin Giray, em face dos distúrbios inspirados por Constantinopla. Agora o canato se rebelava contra o *protégé* da Rússia, e os impérios Russo e Otomano aproximavam-se da guerra.

O terceiro eixo de conflito era a rivalidade pelo controle da Alemanha entre a Prússia e a Áustria. A Rússia sempre pôde escolher entre uma aliança com a Áustria ou com a Prússia: cada uma tinha suas vantagens. A Rússia tinha sido

---

* O Gabinete Negro britânico era muito temido, porque tinha sua base no eleitorado de Hanover, de Jorge III, um entreposto que lhe permitia interceptar correspondência de toda a Europa.

aliada da Áustria desde 1726, e foi só graças a Pedro III que adotara a opção prussiana, em 1762. A Áustria não perdoava a Rússia por essa traição, por isso Catarina e Frederico ficaram presos um ao outro. O ministro do Exterior Nikita Pánin apostara o futuro de sua carreira na manutenção dessa aliança, mas o Sistema do Norte — sua rede de potências nortistas, incluindo a Grã-Bretanha — jamais se materializara, limitando-se ao sustentáculo prussiano. Ademais, dera a Frederico uma influência sobre a política russa na Polônia e no Império Otomano que praticamente equivalia a um poder de veto.

No entanto, Potemkin sempre achou que os interesses da Rússia — e os seus próprios — estavam mais para o sul, não para o norte. Só se preocupava com os conflitos austro-prussiano e anglo-francês na medida em que afetavam as relações da Rússia com o Império Otomano em torno do mar Negro. As vitórias na Guerra Russo-Turca expuseram a irrelevância da aliança prussiana, além do jogo duplo de Frederico.

O Sereníssimo pôs-se a estudar diplomacia. "Como é cortês com todos! Finge ser alegre e conversador, mas é claro que está apenas dissimulando. Nada que queira ou peça será recusado." Em 1773-4, Potemkin tinha cortejado "muito assiduamente" Nikita Pánin.[12] O ministro era um monumento dispéptico à lentidão e teimosia da burocracia russa — de olhos pequenos e fundos, divertido e astuto, ele sentava em cima da política externa russa como um sapo inchado e sonolento. Os diplomatas viam Pánin como "um grande glutão, um grande jogador e um grande dorminhoco", que certa vez ficou quatro meses com um despacho no bolso do robe de chambre, sem abrir. "Passa a vida com mulheres e cortesãs de segunda ordem", com "todos os gostos e caprichos de um jovem afeminado". Em resposta à brava tentativa do embaixador sueco de discutir negócios de Estado à mesa, ele produziu um *bon mot*: "É evidente, meu caro barão, que o senhor não está habituado a cuidar de negócios de Estado se permite que eles interfiram no seu jantar". Não havia uma vírgula de admiração no tom de Harris quando informou à sua corte: "Vocês não vão acreditar em mim se eu lhes disser que em 24 horas o conde Pánin dedica apenas meia hora ao desempenho de suas obrigações".[13]

De início, Potemkin "só pensava em estabelecer firmemente seu prestígio e não se ocupava de assuntos estrangeiros, em cuja direção Pánin demonstrava predileção pelo rei da Prússia", comentou o rei polonês Estanislau Augusto. Agora começara a dar demonstrações de força. No começo da sua amizade com Catarina, é provável que Potemkin a tenha convencido de que os interesses da Rússia consistiam em preservar as conquistas de Pedro, o Grande, no Báltico e o controle da Polônia, mas, depois disso, usar uma aliança com os austríacos para transformar o mar Negro num lago russo. Catarina jamais gostou de Frederico, o Grande, nem confiava em Pánin, mas o que Potemkin sugeria era uma inversão da política russa voltando-a para a Áustria. Isso precisava ser feito aos poucos — mas a tensão com Pánin começou a aumentar. Quando o Conselho se reuniu certo dia, Potemkin informou que havia notícias de distúrbios na Pérsia e sugeriu que ali poderia haver benefícios para a Rússia. Pánin, obcecado pelos interesses nortistas da Rússia, atacou-o de maneira severa, e Potemkin, furioso, suspendeu a reunião.[14] A rivalidade entre os dois estadistas e suas respectivas visões políticas ficaram mais óbvias.

Pánin não ia desistir sem uma boa briga, e Catarina teve que agir com cautela, porque Potemkin ainda não havia sido testado no cenário internacional. O nervosismo de Pánin só aumentou, pois se tornava claro que Potemkin viera para ficar. Em junho de 1777, Corberon escreveu que Pánin tinha até comentado com um amigo: "Espere aí. As coisas não podem continuar assim para sempre". Mas nada aconteceu, e Potemkin consolidava seu poder. Catarina deliberadamente empurrava Potemkin para a política externa: pedira-lhe que discutisse assuntos com o príncipe Henrique da Prússia durante sua visita. Quando Gustavo III da Suécia, que acabara de retomar o poder absoluto com um golpe, chegou numa visita incógnita, identificando-se como conde da Gotlândia, Potemkin foi encontrar-se com ele e o acompanhou durante sua estada. O desafio de Potemkin era minar o poder de Pánin, derrubar o Sistema do Norte e arranjar uma aliança que lhe permitisse ir atrás dos seus sonhos no sul.

Os dois conflitos orientais da Europa intensificaram-se simultaneamente no começo de 1778 — de tal forma que tornou a aliança prussiana ainda mais obsoleta e deixou Potemkin de mãos livres para começar a construir no sul. Nos dois casos, Catarina e Potemkin coordenaram a ação diplomática e militar.

O primeiro ficou conhecido como "Guerra das Batatas". O eleitor da Baviera morreu em dezembro de 1777. O imperador José II, cuja influência crescia à medida que sua mãe, Maria Teresa, envelhecia, vinha planejando permutar os Países Baixos Austríacos pela Baviera fazia tempo, o que aumentaria o poder da Alemanha e compensaria a Áustria pela perda da Silésia para a Prússia. Em janeiro de 1778, a Áustria ocupou a maior parte da Baviera. Isso ameaçava o novo status de grande potência da Prússia no Sacro Império Romano; por isso Frederico, então com 67 anos, reagrupou os príncipes alemães, ameaçados pela ampliação austríaca, e em julho invadiu a Boêmia dos Habsburgo. A França, aliada da Áustria, estava envolvida na luta contra a Grã-Bretanha e não apoiaria José. Catarina não tinha o menor entusiasmo em ajudar seu aliado prussiano também. José marchou contra Frederico. A Europa Central estava em guerra novamente. Mas nenhum dos lados arriscava-se a uma batalha campal. Havia escaramuças. Os soldados passaram o gélido inverno desenterrando as mirradas batatas boêmias, o único alimento que restava — daí "Guerra das Batatas".

Enquanto isso, na Crimeia, agora "independente" de Istambul depois de Kuchuk-Kainardji, o pró-russo cã Shagin Giray foi derrubado pelos próprios súditos. Potemkin ordenou que suas tropas na Crimeia reconduzissem Shagin Giray ao poder. Os turcos, que até já tinham mandado uma expedição abortada em agosto de 1777 para derrubar o cã, precisavam do apoio de um aliado ocidental contra a Rússia, mas a Áustria e a Prússia estavam ocupadas demais em colher batatas boêmias, e a França se preparava para ajudar os americanos em sua Guerra da Independência.

Potemkin e Pánin, emergindo secretamente como líderes de facções pró-Áustria e pró-Prússia, concordavam com Catarina que a Rússia, apesar de obrigada por tratado a ajudar a aliada Prússia, não desejava uma guerra na Alemanha, que enfraqueceria sua posição na Crimeia. A França também não queria que esses pontos críticos desencadeassem uma guerra. Seu único objetivo era impedir que a Grã-Bretanha encontrasse um aliado continental. Dessa maneira, em vez de incentivar a guerra, a França empenhou-se em resolver as diferenças nas duas disputas. A Rússia ofereceu-se para servir de mediadora, junto com a França, entre a Prússia e a Áustria. Como Catarina não ajudou a Prússia, a França aceitou fazer a mediação entre a Rússia e os turcos.

Os mediadores forçaram a Áustria a recuar. Catarina e Potemkin trabalharam juntos, enquanto brigavam a propósito de suas relações pessoais, dos favoritos dela e das sobrinhas dele. "Batinka", escreveu ela ao príncipe, "ficarei muito feliz de receber o plano de operações de suas próprias mãos [...]. Estou furiosa com você, senhor, por que fala comigo em parábolas?"[15] Potemkin ordenou a um corpo de exército, sob o comando do príncipe Repnin, que marchasse para oeste para ajudar a Prússia. Dizia-se que os dois lados tinham oferecido a Potemkin vastos subornos. O chanceler austríaco Kaunitz ofereceu "uma soma considerável", Frederico, o ducado de Curlândia. "Tivesse aceitado o ducado de Curlândia, não seria difícil para mim conseguir a coroa da Polônia, pois a imperatriz poderia ter induzido o rei a abdicar em meu favor", teria afirmado Potemkin posteriormente.[16] A realidade é que não há nenhuma prova de que dinheiro tenha sido oferecido ou recebido, especialmente levando em conta o legendário pão-durismo de Frederico.*

A paz foi estabelecida em Teschen em 2/13 de maio de 1779, com a Rússia como garantidora do statu quo no Sacro Império Romano. A Rússia e a Turquia tinham chegado a um acordo em março, na convenção de Ainalikawak, que reconheceu a independência da Crimeia, tendo Shagin Giray como cã. Esses dois êxitos elevaram a confiança e o prestígio de Catarina na Europa.

O Sereníssimo deu as boas-vindas ao príncipe Henrique da Prússia em Petersburgo em 1778, para escorar a titubeante aliança prussiana. O Hohenzollern fez o possível para conquistar Potemkin, dizendo, para lisonjeá-lo, que ele tinha seu lugar no triunvirato com as duas principais figuras imperiais. Henrique se disse tocado "pelas demonstrações de boa vontade da imperatriz, pela amizade do grão-duque e pela sua atenção, meu príncipe".[17] Henrique já conhecia bem Potemkin. Mas é impossível não questionar se teria mesmo achado graça quando Potemkin soltou seu macaquinho de estimação durante uma discussão com a imperatriz, que se pôs a brincar com o animal. Catarina deliciou-se com o espanto do Hohenzollern. Mas, independentemente de o príncipe Henrique perceber ou não, aquelas brincadeiras simiescas eram sinal de que Potemkin já não demonstrava o menor interesse na aliança prussiana. O Sereníssimo lançava mão de qualquer meio para enfraquecer Pánin e impor sua nova estratégia.

Em 15 de dezembro de 1777, Potemkin encontrou sua ferramenta involuntária nessa luta. Sir James Harris chegou a Petersburgo como o novo ministro plenipotenciário e embaixador extraordinário da corte de Saint James. Harry era um anglo-saxão de um tipo bem diferente de Semple e Kingston, amigos de Potemkin.

* Inclusive, *"travailler pour le roi de Prusse"* era um eufemismo popular para "trabalhar sem salário".

Era um belo exemplar do afável e culto gentleman inglês. Com 32 anos, tinha conquistado sua reputação, de um jeito bem século XVIII, ao servir no seu primeiro posto em Madri. Quando a Espanha e a Grã-Bretanha quase foram à guerra por causa de umas ilhas obscuras chamadas Falklands, ele deveria ter voltado para casa, mas em vez disso demorou-se a 35 quilômetros de Madri para cuidar de um caso amoroso. Assim sendo, estava excepcionalmente bem posicionado para reagir com rapidez e habilidade quando a guerra não ocorreu. Sua carreira estava feita.[18]

A Grã-Bretanha lutava contra os americanos, apoiados pela França, na Guerra da Independência, por isso as instruções que Harris recebeu do secretário de Estado para o Norte, o conde de Suffolk, eram que negociasse uma "aliança ofensiva e defensiva" com a Rússia, para fornecer reforços navais. Harris dirigiu-se primeiro a Pánin, que não estava inclinado a ajudar. Ao saber do "ódio inveterado [de Potemkin] contra Monsieur Pánin",[19] resolveu cortejar o Sereníssimo.

Em 28 de junho de 1779, Sir James tomou coragem e abordou o príncipe na antessala da imperatriz, com a ousadia e a lisonja que tinham mais chance de prender sua atenção. "Eu lhe disse que era chegado o momento de a Rússia desempenhar o principal papel na Europa — e só ele estava habilitado para cuidar da gestão disto." Harris tinha notado o crescente interesse de Potemkin pelas relações internacionais e admirava sua "compreensão muito aguda e ambição ilimitada". Foi o começo de uma estreita amizade que confirmou a anglofilia de Potemkin[20] — nunca, porém, o seu compromisso real com uma aliança com ingleses.

Sir James Harris supunha (como seus homólogos franceses), durante toda a sua missão russa, que o interesse primordial de Potemkin e Catarina era a luta anglo-francesa, e não o conflito turco com a Rússia. Potemkin aproveitou-se do iludido anglocentrismo de um cavalheiro Whig nos últimos dias do primeiro império mundial da Grã-Bretanha. Portanto, essas duas cenas — a rivalidade dos diplomatas ocidentais e os sonhos secretos de Potemkin e Catarina — eram representadas simultaneamente, lado a lado. As únicas coisas que Potemkin de fato tinha em comum com Harris eram o amor à Inglaterra e a hostilidade em relação a Pánin.

O Sereníssimo deliciava-se com a intuição de Harris e gostou do inglês, pois impulsivamente o convidou para jantar em seu círculo familiar, na casa de campo de um sobrinho. De início, o embaixador denunciava a depravação de Catarina e a "dissipação" de Potemkin, mas a essa altura estava quase apaixonado pela exuberância do homem a quem chamava, orgulhosamente, "meu amigo".[21] Harris suplicou a Potemkin que mandasse "um armamento", uma expedição naval para ajudar a Grã-Bretanha, em troca de alguns benefícios ainda não decididos, para restaurar o equilíbrio de poder e aumentar a influência da Rússia. O príncipe pareceu impressionado com a ideia e disse: "Em quem devemos confiar para redigir essa declaração, e em quem para preparar o armamento? O conde Pánin não tem nem a vontade nem a capacidade [...] é um prussiano e nada mais; o conde Tchernichov [ministro da Marinha] é um canalha, e trairia quaisquer ordens que lhe fossem dadas [...]".[22]

Potemkin estava sendo cortejado também por Corberon e pelo novo embaixador prussiano, Goertz, que descreveram sua extravagância, sua graça e seus caprichos. Mas o prussiano ficou particularmente impressionado por um homem "tão superior pelo gênio [...] que todo mundo sucumbe diante dele". Harris venceu a disputa: o Sereníssimo concordou em arranjar uma audiência privada com a imperatriz para que o inglês pudesse explicar seu caso diretamente.[23]

Em 22 de julho de 1779, Kórsakov, o favorito do momento, procurou Harris depois que Catarina tinha terminado seu jogo de cartas num baile de máscaras e o conduziu por um caminho particular até o camarim da imperatriz. Harris propôs a aliança a Catarina, que foi amistosa, mas vaga. Percebeu que o "armamento" de Harris acabaria envolvendo a Rússia na guerra anglo-francesa. Harris perguntou se Catarina reconheceria a independência dos Estados Unidos. "Eu preferiria ficar sem minha cabeça", respondeu ela com veemência. No dia seguinte, Harris entregou a Potemkin um memorando com suas alegações.[24]

A rivalidade de Potemkin com Pánin parecia trabalhar a favor de Harris — mas na verdade ele deveria ter sido mais cauteloso. Quando o Conselho se reuniu para discutir as propostas britânicas, Catarina pediu a Harris, por intermédio de Potemkin, que produzisse outro memorando. Quando os dois conversaram sobre a conduta de Pánin, Potemkin enganou o inglês alegando que era "tão pouco versado em assuntos estrangeiros que muita coisa do que eu disse era total novidade para ele". Porém não havia aluno que aprendesse mais rápido do que Potemkin.

O príncipe e Sir James passaram dias e noites batendo papo, bebendo, tramando e jogando. Potemkin talvez estivesse usando Harris como uma mão de pôquer, mas gostava muito dele. Tem-se a clara impressão de que, enquanto Harris falava de questões diplomáticas, Potemkin tomava aulas de civilização inglesa. Mensageiros corriam entre os dois. As cartas publicadas de Harris oferecem a sua versão oficial da amizade, mas suas mensagens inéditas para Potemkin nos arquivos russos mostram o tamanho da familiaridade entre os dois: uma delas é sobre um guarda-roupa que um devedor de Harris lhe deu em vez dos 1500 guinéus que devia. "Você me concederia uma prova inegável de sua amizade", escreveu o embaixador extraordinário, "se conseguisse que a imperatriz o comprasse [...]. Perdoe-me por lhe falar com tanta franqueza [...]." Não há registro de que Potemkin tenha resolvido o caso, mas ele era um amigo generoso. Em maio de 1780, Harris mandou para o pai, um respeitado classicista, "um pacote de produções gregas que o príncipe Potemkin me deu para entregar a você". Quando o pai de Harris morreu, Potemkin foi solícito em suas condolências. Num bilhete sem data, o embaixador agradeceu: "Ainda não estou em condições de ir à sua casa, meu príncipe, mas o papel que teve a bondade de desempenhar em minha tristeza a atenuou infinitamente [...]. Ninguém pode amá-lo, estimá-lo e respeitá-lo mais que eu".[25]

Quando se encontravam no Palácio de Inverno, Potemkin puxava Harris para os aposentos privados da imperatriz como se fossem os dele, e os dois papeavam a noite toda.[26] Eles obviamente farreavam juntos. "Fiz uma *soupe dansant* umas três semanas atrás para o príncipe Potemkin e sua turma", contou Harris à irmã Gertrude em 1780, na qual eles beberam "três garrafas do tócai do rei da Polônia e uma dúzia de clarete e champanha". Harris afirmou que só bebeu água.

Essa amizade anglo-russa intensificou a intriga diplomática em Petersburgo com os outros diplomatas observando, escutando às escondidas e subornando freneticamente para descobrir o que eles conversavam. A vigilância e a espionagem eram tão óbvias que deviam ser cômicas, e quase dá para ouvir o farfalhar de cortinas e o piscar de olhos em buracos de fechadura. Os franceses eram os mais apavorados. Corberon rebaixou-se à espionagem constante nas várias casas de Potemkin: anotou que Harris tinha uma tenda em seu jardim "onde cabiam dez sentados", segundo ele um presente de Potemkin. O médico de Catarina, Rogerson, era sem a menor dúvida "espião de Harris", e Corberon chegou a procurar Potemkin para o acusar de hostilidade contra a França. Então "tirou do bolso um papel onde leu uma lista das várias vezes" que Harris se encontrara com Potemkin em ocasiões sociais. O príncipe encerrou de forma abrupta essa conversa boba, alegando que tinha mais o que fazer. Harris provavelmente ouviu sobre esse incidente através da sua espiã, Alexandra, a onipresente sobrinha-amante do príncipe. O inglês ficou tão íntimo dela que Corberon o acusou de cortejá-la. Os prussianos também estavam atentos. "Por um mês, a mesa e a casa do embaixador britânicos estão repletas dos parentes e criaturas do favorito", contou Goertz a Frederico em 21 de setembro de 1779.[27]

Essas elegantes tramoias atingiram seu ponto mais baixo quando Harris entregou o segundo memorando a Potemkin, que teria, sem muito entusiasmo, colocado o papel no bolso do roupão, ou "debaixo do travesseiro". De alguma forma, ele foi surripiado e entregue ao embaixador francês, Corberon, que o repassou a Pánin. O Chevalier de la Teyssonière, que vivia em volta da *basse-cour*, teve alguma participação, mas foi uma francesa, amante do príncipe e governanta de suas sobrinhas, Mademoiselle Guibald, quem de fato roubou o documento. Mais tarde seria dito que Pánin acrescentou notas contradizendo os argumentos britânicos e deixou o memorando na mesa de trabalho de Catarina, para que ela acreditasse que eram conselhos de Potemkin. Essa versão, obviamente, tinha como objetivo dar à casa de Potemkin um ar de bagunça, razão pela qual a maioria dos historiadores a repudia, e também a Guibald, como lendas. Catarina decerto identificaria a letra e as opiniões de Potemkin, o que torna essas notas um detalhe improvável. Mas Teyssonière de fato circulava de modo furtivo pela corte de Potemkin, e as cartas de Tatiana Engelhardt para o tio revelam que a srta. Guibald existia mesmo. Além disso, quase todo mundo que trabalhava para Potemkin devia receber suborno de alguém, o que provavelmente explica por que Guibald não foi demitida. Ela ainda continuou na casa de Potemkin por muitos anos. É provável que a história tenha algum fundo de verdade.[28]

O Seremíssimo não passava todo o tempo com Harris. No meio dessa intriga, um fenômeno europeu chegou a Petersburgo. O *soi-disant* conde Alessandro di Cagliostro, acompanhado por uma linda esposa e posando de coronel espanhol, estabeleceu-se nos negócios como curandeiro, provedor do rito maçônico egípcio, alquimista, mago e necromante. O verdadeiro nome do famoso charlatão era, provavelmente, Giuseppe Balsamo, da Sicília, mas esse siciliano atarracado, moreno e calvo, de olhos negros e uma testa latejante, com certeza tinha muita audácia e carisma.

A Idade da Razão minara as bases da religião, mas havia um anseio natural de espiritualidade para preencher o vazio. Era esse um dos motivos da moda da franco-maçonaria, manifestada nas variedades racionalista e ocultista. Esta última logo se expandiu em toda a sua diversidade esotérica — hipnotismo, necromancia, alquimia, cabala, ministrados em cultos como o martinismo, o iluminismo, o rosacrucianismo e o swedenborguismo. Essas ideias eram propagadas através de lojas maçônicas e de uma notável série de curandeiros e charlatães. Alguns, como Swedenborg, Mesmer e Lavater, eram magos cujo conhecimento da natureza humana — quando não poderes de cura — ajudava as pessoas numa época em que médicos e cientistas não conseguiam explicar muita coisa.[29] Muitos eram apenas charlatães, como o amante Casanova e o notório George Psalmanazar, que viajavam pela Europa enganando nobres inocentes com suas fábulas sobre a pedra filosofal e a fonte da juventude. Sempre se apresentavam como homens de posses, de bom gosto e de mistério, ostentando títulos exóticos. Cada qual oferecia sua atraente mistura de bom senso, conselhos médicos práticos, promessas de juventude eterna, guias para a outra vida — e a capacidade de converter metais ordinários, até mesmo urina, em ouro.

Seu decano, o chamado conde de Saint-Germain, que dizia ter quase 2 mil anos de idade e testemunhado a crucificação quando jovem (seu *valet de chambre* também se lembrava disso), impressionou Luís XV criando, a partir do éter, um diamante no valor de 10 mil libras francesas. Uma porção substancial da aristocracia europeia da época estava, de alguma forma, envolvida nesses cultos de maçonaria.

Cagliostro tinha deslumbrado Mittau, a capital da Curlândia, mas precisou ir embora às pressas. Agora esperava repetir o sucesso em Petersburgo. Como Catarina contou a Grimm, o hierofante "chegou na hora certa para ele, quando várias lojas maçônicas desejam ver espíritos [...]". O "mestre feiticeiro" providenciava, conforme o esperado, tantos quantos lhe fossem exigidos, juntamente com toda espécie de truque envolvendo desaparecimento de dinheiro, venda de poções misteriosas e "operações químicas que não funcionam". Ela achava especialmente cômica sua alegação de ser capaz de produzir ouro a partir da urina e oferecer a vida eterna.

Apesar disso, Cagliostro realizava curas e conquistou um distinto grupo de discípulos para seu rito maçônico egípcio. Corberon e cortesãos como Ivan Ieláguin e o conde Alexandre Stróganov acreditavam com fervor nos poderes do necromante. Muitos nobres russos ingressaram em lojas maçônicas. Algumas evoluíram gradualmente para uma espécie de oposição anti-Catarina, o que explicava sua profunda desconfiança da maçonaria.

Potemkin assistiu a algumas das sessões espíritas de Cagliostro, mas jamais acreditou nelas, sendo um dos poucos cortesãos que não se tornaram maçons. Ele e Catarina adoravam fazer piadas sobre os truques de Cagliostro.[30] O verdadeiro interesse de Potemkin era a condessa Cagliostro. Consta que o Sereníssimo teve um caso amoroso com a mulher do hierofante, que nasceu Lorenza, adotou o nome de Serafina e às vezes se apresentava como princesa di Santa Croce. Isso pode ter prejudicado Cagliostro bem mais do que ele supunha. Catarina caçoava de Potemkin por causa do tempo que ele passava na residência do casal: talvez fosse bom ele aprender a manter os espíritos de Cagliostro sob controle... Estaria ela se referindo à falsa princesa-condessa?[31]

Ele ia com tanta frequência ao estabelecimento luxuoso e endividado de Cagliostro que, segundo a lenda, uma das bem-nascidas amantes russas de Potemkin resolveu subornar a aventureira, para que desistisse dele. Num desses encontros comovedores, quase respeitosos, entre a aristocrata e a cortesã, a aristocrata pagou a Serafina 30 mil rublos, uma alta soma, para ir embora. Potemkin ficou lisonjeado. Disse à garota de Cagliostro que não precisava ir embora e que podia ficar com o dinheiro — e reembolsou a quantia à aristocrata. Algumas lendas absurdas[32] afirmam que a "aristocrata" era a própria imperatriz.

As dívidas e verdades sempre davam um jeito de alcançar esses personagens, mesmo naquele século cafajeste. Pouco tempo depois, o embaixador espanhol denunciou que Cagliostro não era nem um nobre da Espanha, nem coronel. E Catarina contou animadamente a Grimm que o feiticeiro e sua "condessa" tinham sido expulsos da Rússia.*

Quando Pánin convocou Harris, no começo de fevereiro de 1780, para ler a rejeição das propostas britânicas de aliança, Sir James foi correndo conversar com Potemkin para entender as razões. Potemkin declarou sem rodeios (dessa vez)

---

* Depois de Petersburgo, Cagliostro andou pela Europa, causando sensação em toda parte, mais como celebridade do que mago, porém em Paris envolveu-se, através do seu patrocinador, o cardeal de Horan, no Escândalo do Colar de Diamantes, a operação policial que tanto prejudicou Maria Antonieta. Napoleão citou-o como uma das causas da Revolução Francesa. Cagliostro acabou sendo inocentado no julgamento que Maria Antonieta tão estupidamente cobrou e Luís XVI com tanta imprudência autorizou, mas estava arruinado. Morreu preso em 1795 na fortaleza papal italiana de San Leone.

que o medo de Catarina de "embarcar em outra guerra era mais forte até do que sua sede de glória". Harris parecia não escutar. Potemkin explicou que o novo favorito, Lanskoi, estava muito doente, o que "transtornou" a imperatriz. Sir James acreditou quando ele disse: "Minha influência está temporariamente suspensa". Harris criticou aquelas "tímidas resoluções", ao que "o príncipe se inflamou" e fanfarreou dizendo que, antes de ir dormir, "ia lançar um desafio para saber se havia no império alguma influência mais poderosa do que a sua". Harris ficou muito animado, mas, como não era incomum, Potemkin adoeceu e só voltou a recebê-lo semanas depois.

O Seríssimo então segredou ao crédulo inglês que a imperatriz era uma mulher ultracautelosa, capaz de ataques de histeria feminina com relação aos seus mignons. O próprio Potemkin oscilava entre expressões de impotência política e explosões de grandiloquência. Atacava Pánin, aquele "ministro indolente e letárgico" — enquanto ele mesmo se estirava na cama em pleno dia. Harris estava praticamente enfeitiçado pela amizade, extravagância e aparente sinceridade de Potemkin.[33]

Em fevereiro de 1780, o Seríssimo convocou Harris para anunciar, "com uma alegria impetuosa análoga ao seu caráter", o envio de um armamento de quinze navios de linha e cinco fragatas "para proteger o comércio russo". Mas Potemkin com certeza sabia que aquilo era um golpe fatal contra a missão de Harris.[34] Era o desdobramento da bem-sucedida mediação de Catarina na Guerra da Sucessão bávara. A Grã-Bretanha reivindicava o direito de deter navios neutros e expropriar sua carga, mas tinha cometido o erro de barrar navios russos. Essa insolência marítima deixara furiosos os países neutros, incluindo a Rússia. Em março de 1780, Catarina declarou, portanto, os princípios de direitos de neutralidade no mar em sua "Neutralidade Armada", destinada a acabar com a arrogância britânica, ampliar a marinha mercante russa e também o prestígio da própria imperatriz. Harris precisaria oferecer mais para conseguir prender a atenção dos russos.

Sir James se indagava se Potemkin não teria sido subornado pela França ou pela Prússia. Ao mesmo tempo, os franceses e os prussianos de repente começaram a achar que Potemkin tinha sido subornado pelos ingleses. Essa paranoia venal desencadeou uma orgia de subornos, que deve ter parecido um maná dos céus para os gananciosos empregados de Petersburgo, os mais beneficiados.

Harris tinha certeza de que Corberon havia subornado todos os *"valets de chambre* e agentes inferiores das casas russas [...] que são, principalmente, franceses". Versalhes estava de fato decidida a manter a Rússia fora da guerra, e para isso se dispunha a distribuir dinheiro por todos os lados em São Petersburgo — os franceses até se gabavam de ter dinheiro suficiente para comprar Potemkin.[35] "Quase chego a suspeitar que a fidelidade do meu amigo foi abalada", confidenciou Harris ao visconde de Stormont, secretário de Estado para o Norte. Corberon já tinha contado a Versalhes que Harris dispunha de um crédito de 36 mil libras esterlinas e pagou 100 mil rublos a Potemkin. Orlov-Tchésmenski acusou o príncipe de receber 150 mil guinéus ingleses. Harris achava que a França estava pagando entre 4 mil e 5 mil libras para a família de Pánin.

No fim de março de 1780, Harris não conseguiu mais se segurar. Se os franceses estavam subornando "meu amigo", então a Grã-Bretanha deveria oferecer mais, apresentando uma "isca similar". O mercado de subornos em São Petersburgo vibrava como uma Bolsa de Valores. Lembrando a Stormont que estava lidando com uma "pessoa imensamente rica", Harris sugeriu "tanto quanto Torcy propôs, mas sem êxito, a Marlborough".[36] Até mesmo o tesoureiro da Europa deve ter engolido em seco.* Os prussianos e austríacos também cortejavam Potemkin. Harris observava o embaixador prussiano em confabulações diárias com o príncipe e ouviu dizer que ele estava novamente oferecendo a Curlândia ou "assegurando-lhe, em caso de falecimento da imperatriz, para sua pessoa honrarias e propriedades" — ou seja, no caso de Paulo sucedê-la. Dizia-se também que os austríacos lhe ofereceram outro principado.[37]

Potemkin estava ou não sendo subornado? As somas gigantescas de 100 mil rublos ou 150 mil guinéus foram mencionadas no fim de 1779, mas uma pesquisa nos "Fundos do Serviço Secreto" mostra que, até novembro, Harris retirara apenas 1450 libras e posteriormente levou uma bronca por gastar 3 mil. Isso somado talvez satisfizesse Sachenka Engelhardt, mas não seria nem uma ajuda de custo para o príncipe. As dúvidas de Harris "desapareceram" — ele percebeu que a "imensa fortuna de Potemkin o coloca fora do alcance da corrupção". Homens ricos costumam ser subornados em troca de um pouquinho mais, entretanto

---

* Stormont devia saber que isso queria dizer a soma inegavelmente imperial de 2 milhões de francos. O ministro de Luís XIV em Haia ofereceu o suborno mais famoso do século a Marlborough em maio de 1709.

Harris provavelmente estava certo ao dizer que Potemkin "só pode ser alcançado pela rigorosa atenção ao seu humor e ao seu caráter". Isso foi ressaltado quando Catarina deu ao amigo 40 mil libras esterlinas, segundo Harris, em agradecimento por sua ajuda na Neutralidade Armada. Era uma soma vultosa, mas "tão mimado é este homem singular que ele nem sequer acha que vale a pena agradecer". O prussiano Goertz também julgava Potemkin insubornável: "a riqueza não consegue nada com ele — a sua é imensa".

Pánin pôs todas essas cifras em contexto ao perguntar desdenhosamente: "Você acha mesmo que 50 mil libras esterlinas são suficientes para comprar o príncipe Potemkin?". Quando Potemkin ouviu o boato de que Harris lhe dera 2 milhões de rublos, tratou o assunto com desdém. O inglês estava convencido da nobreza de Potemkin. O Sereníssimo era orgulhoso demais, rico remais, para ser subornado.[38]

As táticas de Potemkin estavam produzindo efeitos em Pánin. Ambos achavam que o outro aceitava subornos. Isso levou a um tumultuoso confronto no Conselho, quando Potemkin acusou Pánin de aceitar dinheiro francês ou, como disse, "os retratos de Luís XVI" são excelentes para "apostar no uíste". Pánin explodiu, respondendo que, se precisasse, era mais fácil receber guinéus. Supostamente, Pánin achava que Potemkin estava recebendo muito mais do que as risíveis 50 mil libras. A imperatriz foi chamada para restaurar a paz.[39]

Harris resolveu descobrir se o Sereníssimo de fato era a favor de uma aliança com os ingleses, por isso subornou "o secretário favorito do príncipe Potemkin [...] também secretário da imperatriz". Tratava-se, provavelmente, de Alexandre Bezboródko, que se tornava o principal factótum de Catarina em assuntos internacionais à medida que Pánin entrava em declínio. Stormont concordou com a oferta de quinhentas libras, apesar de acrescentar que era muito dinheiro. Mas na hora, Harris foi depenado em quase 3 mil libras, porém com isso chegou mais perto da realidade da política de Potemkin. Bezboródko revelou que os monarcas da Europa, de Frederico a José, bombardeavam Potemkin com ofertas de tronos e dinheiro. Nenhuma oferta o influenciou. Na verdade, ele não era entusiasta da causa inglesa, exceto quando relacionada à rivalidade com Pánin. O "espião" acrescentou que Potemkin vivia no "impulso do momento" e era bem capaz de "adotar os princípios políticos de todos os países", mas no momento estava interessado na Áustria. Ali finalmente estava a verdade.[40]

Os diplomatas tinham ouvido Potemkin falar de planos de realeza no sul.

Mesmo quando discutiam frotas inglesas, Harris observou que a "mente [de Potemkin] estava continuamente ocupada pela ideia de erguer um império no Oriente", e foi ele "sozinho que estimulou a imperatriz e despertou seu interesse por esse projeto".[41] Catarina de fato foi contagiada pelas visões grandiosas de Potemkin. Numa conversa com Harris, ela "discursou por um bom tempo […] sobre os gregos antigos, sua alacridade e superioridade […] e o mesmo caráter ainda existente nos gregos modernos".[42] Corberon, que tinha ouvido a mesma coisa, não exagerou ao escrever que "ideias românticas são adotadas aqui com furor".[43] Mas os diplomatas não compreendiam a importância das "ideias românticas" de Potemkin — seu "Projeto Grego" —, que deixavam Catarina tão animada. A cabeça do Sereníssimo não estava em Londres, Paris, Berlim ou Filadélfia. Estava em Tsargrado, a cidade dos imperadores — Constantinopla. O desmembramento do Império Otomano viria a ser o tema dominante do resto da vida dele e o alicerce da sua grandeza.

PARTE CINCO

O COLOSSO

1777-83

14. Bizâncio

Fui convidado para uma fête que o príncipe Potemkin deu em sua estufa de laranjas [...]. Diante da porta havia um templozinho consagrado à Amizade que continha um busto da imperatriz [...]. Onde a imperatriz ceava foi mobiliado em Pequim, lindamente pintado para lembrar uma tenda [...] só havia lugar para cinco ou seis [...]. Outra saleta era mobiliada com um sofá de dois lugares, bordado e estofado pela própria imperatriz.
Chevalier de Corberon, 20 de março de 1779

Quando tomou Constantinopla em 1453, o sultão otomano Mehmed II passou pelas ruas diretamente para a notável igreja do imperador Justiniano, Hagia Sofia. Diante do colossal tributo ao cristianismo, espargiu terra na cabeça simbolizando sua humildade perante Deus, e só então entrou. Com seu olhar atento, avistou um soldado turco saqueando mármore. O sultão exigiu uma explicação. "Em nome da fé", replicou o soldado. Mehmed matou-o com sua espada: "Para vocês os tesouros e os prisioneiros bastam", decretou. "Os prédios da cidade ficam para mim." Os otomanos não tinham conquistado Bizâncio para perder a grandeza dos tempos de Constantino.

Mehmed pôde então adicionar Kaiser-i-Rum — César de Roma — a seus títulos de cã turco, sultão árabe e padixá. Para os ocidentais, era apenas o Grand

Seigneur ou o Grande Turco — a partir de então passou a ser chamado com frequência de imperador. Daquele dia em diante, a Casa de Osman adotou o prestígio de Bizâncio. "Ninguém duvida que você seja o imperador dos romanos", Jorge de Trebizonda, o historiador cretense, disse a Mehmed, o Conquistador, em 1466. "Quem quer que seja legalmente senhor da capital do império é o imperador, e Constantinopla é a capital do Império Romano [...]. E aquele que é e continua imperador dos romanos é também imperador da terra inteira."[1] Era para esse troféu que Potemkin e Catarina voltavam sua atenção.

O Império Otomano estendia-se de Bagdá a Belgrado, e da Crimeia ao Cairo, e incluía boa parte do sudeste da Europa — Bulgária, Romênia, Albânia, Grécia, Iugoslávia. Ostentava a nata das cidades santas do Islã, de Damasco a Jerusalém, até os lugares sagrados propriamente, Meca e Medina. O mar Negro foi, durante séculos, sua "virgem pura e imaculada", o lago privado do sultão, enquanto até mesmo as praias do Mediterrâneo eram ainda dominadas por seus portos, de Chipre até Argel e Túnis. Tratava-se, portanto, de um império internacional. Mas era erroneamente chamado de turco. Em geral, o único líder turco em sua hierarquia calibrada com toda a cautela era o próprio sultão. Por ironia, o chamado Império Turco era um Estado deliberadamente multinacional, construído pelos renegados eslavos ortodoxos dos Bálcãs, que ocupavam os mais altos escalões da corte, da burocracia e do corpo de janízaros, as Guardas Pretorianas de Istambul.

Havia pouca noção de classe: enquanto os cavaleiros ocidentais associavam-se por laços de genealogia, o Império Otomano era uma meritocracia governada em nome do sultão pelos filhos de camponeses albaneses. O que importava era que todos, mesmo os grão-vizires, eram escravos do sultão, que *era* o Estado. Até meados do século XVI, os sultões formaram uma talentosa sucessão de líderes implacáveis e enérgicos. Mas eles acabariam vítimas do seu próprio Projeto Grego, pois, de forma gradual, o exercício desagradável de governar foi ficando a cargo do ministro-chefe, o grão-vizir, enquanto eles mesmos eram santificados pelo ritual sufocantemente elaborado dos imperadores bizantinos. De fato, ao assistir à coroação de Mustafá II, o militar francês barão de Tott notou que o sultão, cercado por plumagem romana e mesmo por *fasces*, foi apequenado pela magnificência da própria importância. Com base na ordem de cerimônias do século X compilada por Constantino Porfirogeneta, a bênção e a maldição dos bizantinos foi transformar os sultões otomanos de conquistadores dinâmicos que cavalgavam corcéis à frente de exércitos em almofadinhas afeminados cavalando odaliscas à frente de falanges de eunucos. Mas isso não foi só culpa da tradição grega.

De início não havia lei de sucessão, o que significava que as entronizações eram quase sempre comemoradas com régios massacres. O novo imperador abatia seus irmãos — às vezes até dezenove deles — por estrangulamento com corda de arco, uma polida execução que não derramava sangue imperial. Por fim, um sentimento de ecologia régia conteve esse desperdício estúpido. Os príncipes otomanos passaram a ser mantidos na Jaula, em parte embalsamados de prazer, em parte instruídos pelo descaso, em parte mortos de medo da corda de arco. Quando emergiam à luz do dia, como animais sobressaltados que não enxergavam direito, os novos sultões ficavam amedrontados, até serem tranquilizados pelos cadáveres de seus antecessores.

O Estado como um todo tornou-se uma hierarquia rigidamente estratificada com o grão-vizir, em geral de origem eslava, no topo, com um corpo de 2 mil criados e uma guarda de quinhentos albaneses. Todo alto funcionário, todo paxá (literalmente, "o pé do sultão") ostentava sua posição em termos de rabos de cavalo, uma relíquia das origens nômades da Casa de Osman. O grão-vizir exibia cinco; paxás menos importantes, de um a três. Vizires usavam chinelos e turbantes verdes; camareiros, vermelhos; mulás, azuis. As cabeças e os pés dos otomanos marcavam sua posição com tanta clareza quanto as estrelas de uma dragona. Funcionários usavam verde; cortesãos do palácio, vermelho. Todas as nacionalidades do império usavam os chinelos próprios: os gregos de preto, os armênios de roxo, os judeus de azul. Quanto aos chapéus, os poderes do Império eram celebrados no alto das cabeças numa festa de gorros encimados por peles e penas.

O sultão morava num palácio construído no cabo do Serralho, apropriadamente a acrópole bizantina. Em estilo turco, o palácio era uma sequência de pátios cada vez mais privativos, conduzindo ao serralho imperial através de uma série de portões. Esses portões, onde a justiça turca costumava ser administrada, tornaram-se, por isso, os símbolos visíveis do governo otomano. Por essa razão, o governo era conhecido no Ocidente como Sublime Porta.

A luxúria dos imperadores era incentivada para produzir um rico reservatório de herdeiros masculinos. Dessa maneira, se os sultões buscavam qualidade, a lógica do harém exigia quantidade. A propósito, os eunucos que administravam a corte eram, ao que parece, capazes de conjunção sexual, sendo apenas privados

dos meios de procriar — para que pudessem cuidar do harém. Assim como a Escola do Palácio, que treinava pajens imperiais para tocarem o Império, era preenchida por albaneses e sérvios, o harém, que produzia herdeiros imperiais para governar o Império, era preenchido por moças eslavas louras, de olhos azuis, dos mercados de escravas da Crimeia. Até o fim do século XVII, a língua franca da corte era, bizarramente, o servo-croata.

O sultanato otomano estava morrendo estrangulado — não com corda de arco, mas pela tradição. Na época de Potemkin, os sultões tinham seus poderes restringidos não só pelo bizantinismo, mas por um fundamentalismo religioso imposto pela corte islâmica, o *ulemá*, e pelo conservadorismo político imposto pelos poderosos interesses da corte e dos militares.

O Império era governado pelo medo e pela força. O sultão ainda tinha poder sobre a vida e sobre a morte, e o usava sem reservas. A morte imediata era parte da refinada etiqueta da corte. Muitos grão-vizires são mais famosos por terem sido mortos do que pelo seu governo. Eram decapitados com tal frequência que, mesmo levando em conta riquezas que o cargo trazia, é surpreendente que houvesse tantos candidatos a ocupá-lo. O sultão Selim matou sete durante um reinado, e a expressão "Que tu sejas vizir de Selim" significava "Quero que morras de repente!" no idioma nacional. Os vizires sempre levavam seu testamento quando eram convocados pelo sultão. Durante a guerra de Potemkin contra os turcos, que viria em seguida, 60% dos vizires foram executados.

As sentenças de morte do sultão, determinadas por um leve pisotear na sala do trono, ou pela abertura de certa janela reticulada, eram executadas pelos temíveis mudos, que podiam recorrer à corda ou ao machado. A exposição de cabeças era parte do ritual de morte otomano. As cabeças de altos funcionários eram colocadas em colunas de mármore brancas no palácio. Cabeças importantes eram embalsamadas com algodão; cabeças medianas, com palha. Cabeças menores eram exibidas em nichos, enquanto pilhas de narizes, línguas e órgãos humanos embelezavam o palácio local. Vítimas femininas, às vezes mulheres deslumbrantes expulsas do harém, eram costuradas em sacos e atiradas no Bósforo.[2]

A ameaça mais direta ao sultão era o corpo de janízaros do seu próprio exército, além da turba. O povo de Constantinopla sempre foi um governante à parte, mesmo sob Justiniano. Nessa época a ralé de Istambul, manipulada pelos janízaros ou pelo *ulemá*, decretava cada vez mais os rumos da política. Um agente de Potemkin, Pisani, informou que ao longo dos anos 1780 vizires e outros agitadores "animavam a *cannaille*" para "intimidar seu soberano", "cometendo todo tipo de excesso".³

O comando era pífio, a disciplina risível e a corrupção endêmica. A incapacidade de comandar começava no topo: em 1774, Abdul-Hamid I tinha sucedido ao mais apto Mustafá III depois de viver emparedado 43 anos na Jaula. Esse homem amável e medroso não estava preparado para ser chefe militar ou reformador, embora tenha se esforçado ao máximo, gerando 32 filhos.* Tinha o hábito de bebericar vinho e gostava de dizer que, se um dia se tornasse infiel, adotaria o catolicismo, porque o melhor vinho do mundo era cultivado nos países católicos: quem já tinha ouvido falar em vinho protestante? Esse tipo de piada sem muita graça em nada contribuía para melhorar a disciplina de suas forças militares.

Quando Tott estava formando um corpo de artilharia, exigiu que um homem honesto ficasse incumbido de administrar os recursos. "Um homem honesto", respondeu o vizir. "Onde vamos encontrar esse homem? Não conheço nenhum." O vizir voltou-se para o seu ministro do Exterior: "E você? Pode nos indicar um homem honesto?". "Menos do que qualquer pessoa", disse, aos risos, o Reis Effendi. "Só conheço vigaristas."⁴ A capacidade intelectual do governo otomano também estava atrofiada: a ignorância dos funcionários públicos otomanos era uma piada diplomática. No Congresso de Sistova, um negociador turco achou que a Espanha ficava na África; o Reis Effendi, o ministro do Exterior de um império internacional, supunha que navios de guerra pudessem navegar no Báltico; e todos pensavam que Gibraltar fosse na Inglaterra.⁵

O Império já não podia depender do seu poderio militar. Os otomanos resolveram o problema tornando-se uma potência europeia como qualquer outra. Na realidade, viraram de cabeça para baixo a máxima de Clausewitz: enquanto, para a maioria das potências, a guerra era a diplomacia por outros meios, a diplomacia, para os otomanos, era a guerra por outros meios. A ascensão da Rússia tinha alterado as prioridades otomanas. Os inimigos potenciais da Rússia — França, Prússia, Suécia e Polônia — tornaram-se os quatro aliados potenciais da Sublime Porta. O jogo era simples: cada uma oferecia subsídios à Porta para atacar a Rússia. Nenhuma potência ficaria sentada de braços cruzados enquanto a Rússia consumia os turcos.

---

* Um deles, que depois reinaria como Mahmud II, era supostamente filho de uma odalisca favorita, Aimée Dubucq de Rivery, prima da futura imperatriz Josefina.

O Império era, de acordo com um dos embaixadores de Potemkin, "como uma beldade envelhecida, que não se dava conta de que seu tempo já passara". Porém ainda tinha vastos recursos militares, em termos de soldados, e um fanatismo por sua fé islâmica. Governado pela corda do arco, o chinelo verde e a *canaille* de Constantinopla, o Império em 1780 era mais parecido com um gigante leproso cujos membros agigantados ainda impressionavam pelo tamanho, mesmo quando já estavam se desprendendo do corpo colossal.[6]

Em 27 de abril de 1779, a grã-duquesa Maria Fiódorovna deu à luz um filho, que Catarina e Potemkin chamaram de Constantino, e decidiram que seria o imperador de Constantinopla depois que a Sublime Porta fosse destruída. A grã-duquesa já tinha produzido um herdeiro para o Império Russo dois anos antes — o primeiro neto de Catarina, o grão-duque Alexandre. Em seguida dera à luz o herdeiro para o Império Bizantino dos gregos.

Usando a história clássica, a ortodoxia oriental e sua própria imaginação romântica, Potemkin criou um programa cultural, um sistema geopolítico e uma campanha de propaganda reunidos numa coisa só: o "Projeto Grego", com o objetivo de conquistar Constantinopla e instalar o grão-duque Constantino no trono. Catarina contratou para Constantino uma babá grega chamada Helena e fez questão de que ele aprendesse o idioma grego.[7] Potemkin contribuiu pessoalmente para a educação helenista dos grão-duques até os anos 1780. "Eu gostaria de lembrar a você", escreveu ele para a imperatriz sobre mudanças nas aulas de Alexandre e Constantino, "que, ao aprender línguas, a grega deve ser a principal, pois é a base das outras [...]. Quando você fala em ler o Evangelho em latim, a língua grega seria mais apropriada, pois é a língua do original." Catarina escreveu embaixo: "Mudar levando isso em conta".[8]

Não sabemos com exatidão quando os dois parceiros começaram a conversar sobre a grandeza clássica e a restauração bizantina, mas obviamente foi no começo do seu relacionamento (quando Catarina o provocou chamando-o de seu *"giaour"* — nome turco para infiel). Catarina deve ter ficado impressionada com a curiosa mistura de imaginação, história e pragmatismo do Projeto. O Sereníssimo foi feito para seu Projeto Grego, assim como o Projeto Grego para o Sereníssimo. Ele demonstrava um grande conhecimento da história e da teologia da ortodoxia bizantina. Catarina e Potemkin, como a maioria das pessoas instruídas da época, foram criados com os clássicos, de Tácito a Plutarco — o que explica o apelido de Alcibíades dado ao príncipe —, embora ele soubesse ler grego e ela não. Potemkin costumava pedir a seus leitores que recitassem os historiadores clássicos, presentes em suas bibliotecas. Os entusiastas do classicismo no século XVIII não se limitavam a ler a respeito dos tempos antigos: queriam imitá-los para os igualar ou superar. Construíam como os gregos e os romanos.* Agora Potemkin se tornava especialista também no Império Otomano.

A ideia propriamente não era nova: a propaganda moscovita tinha promovido a Rússia como a "Terceira Roma" desde a queda de Constantinopla, que os russos ainda chamavam de Tsagrado, cidades dos césares. Em 1472, o grão-duque da Moscóvia, Ivan III, casou com a sobrinha do último imperador, Sofia Paleóloga. Seu metropolita o saudava como o "novo imperador da nova Constantinopla — Moscou", e ele usava o título de tsar (César), que Ivan, o Terrível, tinha adotado. No século seguinte, Filofei, um monge, assinalou que "duas Romas caíram, mas a terceira está de pé e não haverá uma quarta".[9] Porém o esplendor neoclássico, a ousada simetria de religião, cultura e política, o pragmatismo da aliança austríaca, além do plano específico de uma partição, pertencem a Potemkin. Seu talento não estava meramente na concepção impulsiva de ideias, mas também na paciência e no instinto para torná-las reais: ele vinha seguindo esse arco-íris bizantino desde que chegou ao poder, e o projeto levou seis anos para contornar o pró-russo Pánin.

Já em 1775, quando Catarina e Potemkin comemoraram a paz turca em Moscou, o príncipe fez amizade com o monge grego Eugenios Voulgaris, que forneceria a teologia ortodoxa para o Projeto Grego. Em 9 de setembro de 1775, Catarina nomeou Voulgaris, por sugestão de Potemkin, primeiro arcebispo de Kherson e Slaviansk. Essas cidades ainda não existiam. Kherson, uma homenagem à cidade grega de Quersoneso e terra natal da Igreja ortodoxa russa, era apenas um nome na imaginação febril de Potemkin.

O decreto de Catarina nomeando o arcebispo proclamava as duvidosas origens gregas da Igreja ortodoxa russa, texto provavelmente escrito por Potemkin. Um dos seus primeiros atos quando se tornou favorito foi fundar um ginásio grego. Agora designou Voulgaris para dirigi-lo. Potemkin tentou converter o arcebispo grego em seu "Hesíodo, Strabo Crisóstomos" a escrever uma história da

---

* Até o *valet de chambre* de Potemkin, Zakhar Constantinov, era grego.

região, "escavar o passado oculto [...]" e mostrar os vínculos entre os antigos citas e os greco-eslavos. Voulgaris jamais escreveu a história, mas traduziu as *Geórgicas* de Virgílio e dedicou a obra a Potemkin, "o mais alto e helenófilo príncipe", junto com uma ode à sua nova Atenas no Dnieper, que terminava assim: "Aqui mais uma vez será vista a antiga Grécia; Tu, famoso príncipe, sejas de fato vitorioso".[10] Tudo isso era apenas parte do programa helenófilo de Potemkin de formar uma civilização grega num novo Império Bizantino no mar Negro.

A gênese do Projeto Grego é uma janela que nos permite vislumbrar como a imperatriz e o príncipe trabalhavam juntos. Alexandre Bezboródko, secretário em ascensão de Catarina, redigiu em 1780 a "Nota sobre questões políticas", que delineou o projeto — e costuma-se dizer que ele é o autor da ideia. Isso significa não compreender como funcionavam as relações da troica que, a partir de então, formulou a política externa russa.

Potemkin concebeu o Projeto Grego antes de Bezboródko chegar a Petersburgo, como mostram suas cartas e conversas, seu apoio a Vulgarious, o nome dado a Constantino e a fundação de Kherson em 1778. A "Nota" de Bezboródko era um estudo da viabilidade da ideia, com base numa explicação das relações bizantino-otomano-russas desde meados do século x, claramente encomendado por Catarina e Potemkin. O rascunho do tratado austríaco de 1781 redigido por Bezboródko revela o método de trabalho deles: o secretário redigia do lado direito da página, em seguida Potemkin corrigia a lápis do lado esquerdo, dirigindo-se a Catarina. A partir de então, Potemkin concebia as ideias e Bezboródko as redigia. Portanto, quando Potemkin morreu, Bezboródko expressou literalmente a verdade ao dizer que o príncipe era bom "para bolar ideias se fosse para outra pessoa executar".[11]

Bezboródko era um ucraniano "desajeitado, clownesco e negligente", de lábios grossos e olhos esbugalhados, que cometia gafes por todo lado, as meias escorregando até os calcanhares, com o modo de andar de um elefante. No entanto, como Ségur percebeu, "ele esconde a mente mais delicada no envelope mais apatetado". Consta que adorava participar regularmente de orgias no distrito de bordéis de Petersburgo. De fato, costumava desaparecer até por 36 horas. Cantores de ópera italianos importavam jovens italianas para o seu serralho; ele pagava a uma soprano, Davia, 8 mil rublos por mês, que ela agradecia traindo-o com qualquer um que aparecesse. "Apesar de ricamente vestido, ele sempre dava a impressão de pôr a roupa no fim de uma orgia", o que provavelmente tinha acontecido mesmo.

Uma vez chegou em casa bêbado e soube que a imperatriz queria vê-lo imediatamente. No palácio, Catarina exigiu-lhe um documento que ele tinha prometido. O factótum tirou uma folha de papel e leu o *ukaz* primorosamente redigido. Catarina agradeceu e pediu para ver o texto escrito. Ele lhe entregou uma folha em branco e caiu de joelhos. Bezboródko tinha esquecido de escrever, mas ela o perdoou pelo improviso. Era dono de uma inteligência independente e excepcionalmente precisa e sensível. Começou como protegido de Potemkin e acabou como seu aliado político, apesar de ser amigo de inimigos dele, como os Vorontsov. A gratidão em suas cartas pela proteção de Potemkin mostrava que o príncipe sempre foi, de longe, o parceiro mais importante.[12] "Ele continua me tratando muito bem", escreveu o secretário a um amigo, "e eu mereço, pois com frequência dedico tanto tempo aos negócios particulares dele como aos europeus."[13]

O Sereníssimo trabalhava com ministros de Catarina, como o procurador-geral Viázemski e o presidente da Escola de Comércio Alexandre Vorontsov (irmão de Semion). Potemkin, famoso por suas sutis intrigas políticas, tinha desdém pela política convencional da corte: via os ministros, em especial Vorontsov, "com o maior desprezo", e disse a Harris que, "ainda que pudesse se livrar deles, não via ninguém melhor para os substituir".[14] Bezboródko era o único a quem parecia respeitar. Potemkin dizia com orgulho a Catarina que nunca tentou organizar um partido em Petersburgo. Considerava-se um consorte real, não um político ocasional ou um mero favorito. O único outro membro do *seu* grupo político era Catarina.

O primeiro passo para realizar o Projeto Grego foi uma détente com a Áustria. Os dois lados vinham andando nessa direção havia algum tempo e emitindo sinais diplomáticos encorajadores. O sacro imperador romano e cogovernante da monarquia dos Habsburgo, José II, nunca desistiu do plano bávaro que tinha levado à Guerra das Batatas. Percebeu que precisava de Potemkin e Catarina para ganhar a Baviera, o que tornaria as terras dos Habsburgo mais compactas e coerentes. Para tanto, José precisava persuadir a Rússia, com lisonjas, a afastar-se da querida aliança de Pánin com a Prússia. Se, durante esse processo, pudesse aumentar seus domínios à custa do Império Otomano, melhor ainda. Todos os caminhos levavam a Petersburgo.

Durante anos, José e a sua mãe Maria Teresa viram Catarina como uma regicida ninfomaníaca, a quem se referiam como "a princesa catarinizada de Zerbst". Agora José ponderava cuidadosamente sobre a conveniência de uma aliança russa, apesar da oposição materna. Seus instintos eram respaldados por seu chanceler, o príncipe Wenzel von Kaunitz-Rietberg, que arquitetara a Revolução Diplomática de 1756 para aliar a Áustria à França, uma velha inimiga. Kaunitz era um neurótico convencido, frio e libidinoso, que tinha tanto medo de doença que fazia Maria Teresa fechar suas janelas. Seus elaborados exercícios para limpar os dentes ao fim de cada refeição eram o elemento mais repugnante da vida pública em Viena. Kaunitz fazia questão de que o embaixador da Áustria em Petersburgo, Cobenzl, cuidasse de "colocar as relações com Monsieur de Potemkin sobre a base da boa amizade [...]. Diga-me como está se dando com ele neste exato momento".[15]

Em 22 de janeiro de 1780, José mandou uma mensagem para Catarina, por intermédio do embaixador russo em Viena, o príncipe Dmítri Golítsin, dizendo que gostaria de encontrar-se com ela. A imperatriz concordou em 4 de fevereiro, informando apenas a Potemkin, Bezboródko e a um insatisfeito Nikita Pánin. O encontro foi marcado para 27 de maio em Moguiliov, na Bielorrússia.[16]

A imperatriz e o príncipe não viam a hora de ter esse encontro. Entre fevereiro e abril, discutiram vivamente o assunto. A tensão consumia ambos. Eles se acalmavam como um casal comum, e em seguida vibravam com seus planos como uma dupla de conspiradores. Em algum momento de abril, Lanskoi, o amante de Catarina, contou-lhe que a sensível "alma [de Potemkin] estava impregnada de ansiedades". Provavelmente estava preocupado com as intrigas contra seus planos meridionais, mas ela o apaziguou com a "verdadeira amizade que você sempre encontrará no meu coração [...] e no coração ligado ao meu [ou seja, o de Lanskoi], que o ama e respeita tanto quanto eu". E concluiu com ternura: "Nossa única tristeza diz respeito a você, que está ansioso". Potemkin foi áspero com Lanskoi, que correu para Catarina. Ela temeu que seu favorito tivesse irritado o príncipe: "Por favor, me diga se Alexandre Dmítrievitch [Lanskoi] o aborreceu de alguma forma e se você está zangado com ele e por que razão, exatamente". Houve até insinuações de volta aos velhos tempos em que eram amantes, embora talvez estivessem apenas discutindo planos: "Meu querido amigo, acabei de jantar e a porta da escadinha está aberta. Se quiser falar comigo, pode vir".

No fim de abril, o Sereníssimo saiu a fim de preparar a recepção para a tsarina e o sacro imperador romano — em Mogiliov. Era política sua, e Catarina lhe atribuiu a responsabilidade de preparar o cenário. Logo que partiu, Catarina ficou com saudades do consorte. "Estou sem meu amigo, meu príncipe", ela lhe escreveu. Cartas animadas foram trocadas entre eles. Em 9 de maio de 1780, Catarina partiu de Tsárskoie Seló com uma comitiva que incluía as sobrinhas Alexandra e Iekaterina Engelhardt, além de Bezboródko. Nikita Pánin foi deixado para trás. Quando o imperador José chegava a Moguiliov para ser recebido por Potemkin, Catarina aproximava-se pela estrada de Petersburgo. Ela e seu consorte ainda discutiam detalhes de último minuto sobre o encontro e sentiam falta um do outro. "Se descobrir um jeito melhor, por favor me diga", escreveu ela sobre sua programação — e assinou: "Tchau, meu amigo, ficamos infelizes e deprimidos sem você. Estou morrendo de vontade de vê-lo logo que possível".[17]

15. O sacro imperador romano

Não foi você que ousou erguer
O poder da Rússia, o ânimo de Catarina
E com apoio de ambos desejou
Levar o estrondo do trovão àquelas cachoeiras
Sobre as quais Roma antiga se firmou
E fez tremer todo o universo?
Gavrili Derjávin, A queda-d'água

Em 21 de maio de 1780, o príncipe Potemkin deu as boas-vindas ao imperador José II, que viajava à Rússia incógnito, sob o nome falso de conde de Falkenstein. É difícil imaginar dois homens mais diferentes e que combinassem menos. O austríaco, tenso, nervoso, egocêntrico e mandão, queria discutir política imediatamente, enquanto o príncipe insistia em levá-lo à Igreja ortodoxa. "Até agora, toda a conversa com Potemkin se resumiu a banalidades, e ele não pronunciou uma palavra sobre política", resmungou o imperador, de 39 anos, já meio calvo, de rosto oval e até bonito em se tratando de um Habsburgo, para a mãe, a rainha-imperatriz Maria Teresa, que não aprovava nada daquilo. A impaciência de José não fazia diferença, porque Catarina estava a apenas um dia de distância. O imperador continuou a demonstrar sua inquietação — mas Potemkin exibia apenas uma enigmática afabilidade; era uma manobra política deliberada, para que José tomasse a iniciativa. Ninguém sabia o que Potemkin e Catarina tinham em mente, mas Frederico, o Grande, e o sultão otomano acompanhavam a reunião com temerosa apreensão, uma vez que eram o alvo principal.

O príncipe entregou ao imperador uma carta de Catarina que revelava claramente suas esperanças: "Juro que neste momento nada é mais difícil do que esconder meus sentimentos de alegria. O próprio nome Monsieur le Comte de Falkenstein já inspira muita confiança [...]".[1] Potemkin descreveu a Catarina suas impressões de José, e os parceiros discutiram com impaciência seu significado. O príncipe transmitiu os extravagantes cumprimentos de José à imperatriz. O espírito dessa parceria única é capturado numa carta de Catarina quando estava a apenas um dia de distância: "Amanhã espero estar com você, todo mundo sente a sua falta [...]. Tentaremos juntos descobrir o que quer o Falk[enstein]".[2]

Isso era mais fácil na teoria do que na prática: a personalidade desagradável do imperador desconcertava seus contemporâneos — e os historiadores. Ninguém representava melhor que ele as incongruências do déspota esclarecido: José era uma desconfortável mistura de autocrata expansionista e militarista com *philosophe* que desejava libertar o povo das superstições do passado. Considerava-se um gênio militar e um rei-filósofo, como seu herói Frederico, o Grande (o inimigo que quase destruíra a herança de José). Os ideais de José eram admiráveis, mas ele desprezava os seres humanos, não tinha nem tato nem vestígio de compreensão do conceito segundo o qual a política é a arte do possível. Suas duríssimas reformas doutrinárias vinham de uma austera vaidade, que o tornava um tanto ridículo: estava convencido que o Estado era sua própria pessoa.

A identidade falsa assumida por José era o símbolo de toda a sua filosofia da monarquia. Era tão pomposo e moralista no tocante a seus nomes como ao seu estilo de vida e suas reformas. "Você sabe que [...] em todas as minhas viagens eu observo rigidamente e guardo com zelo meus direitos e as vantagens que a figura de conde de Falkenstein me dá", explicou José a Cobenzl, "portanto eu, por consequência, estarei de uniforme mas sem ordens [...]. Você cuidará de arranjar alojamentos bem pequenos e comuns em Moguiliov."[3]

Esse homem que se declarava "primeiro funcionário do Estado" trajava uniforme cinza, viajava apenas com um ou dois companheiros, só queria comer comida simples de estalagem e preferia um colchão militar numa taverna de beira de estrada a dormir num palácio. Isso representava um desafio para o organizador da visita, Potemkin, mas ele se esforçou ao máximo para enfrentá-lo. A Rússia tinha poucas estalagens infestadas de pulgas como as que o imperador esperava encontrar, por isso Potemkin fantasiou casas senhoriais como tavernas.

O imperador orgulhava-se de viver sempre investigando coisas, de manhã à noite. Jamais entendeu que a inatividade pode ser poderosa — daí o comentário do príncipe de Ligne de que "ele governava demais e reinava de menos [...]". Ligne compreendia bem José — e o adorava: "Como homem, tem o maior mérito [...] como príncipe, terá ereções contínuas e nunca estará satisfeito. Seu reinado será um priapismo contínuo". Desde a morte do pai, em 1765, José vinha reinando como sacro imperador romano, ou, como diziam os alemães, o Kaiser, mas era obrigado a dividir o poder sobre os territórios da monarquia Habsburgo — que abrangiam Áustria, Hungria, Galícia e Países Baixos Austríacos, Holanda, Toscana e partes das nações balcânicas — com a mãe, a formidável, humana e astuta Maria Teresa. Apesar do rigor e da rígida devoção católica, ela lançou os alicerces para as reformas de José — que as impôs com tanta severidade que primeiro se tornaram uma piada, depois um desastre. Posteriormente, ele deu os primeiros passos para emancipar os servos e os judeus, que já não precisavam usar a estrela de davi amarela, podiam praticar seus cultos com liberdade, entrar em universidades e dedicar-se ao comércio. Apesar de desdenhar das nobrezas locais, suas reformas desabavam sobre seus povos como cacetadas. Ele não conseguia compreender a sua obstinada ingratidão. Quando proibiu caixões de defunto para poupar madeira e tempo, ficou perplexo com a indignação que o forçou a recuar de sua decisão. "Meu Deus, ele quer enfiar até a alma das pessoas num uniforme", exclamou Mirabeau. "É o cúmulo do despotismo."

Sua vida emocional foi trágica: a talentosa primeira mulher, Isabella de Parma, preferia a cunhada ao marido no que parecia uma ligação lésbica, mas ele a amava. Quando ela morreu jovem, depois de três anos de casamento, José, então com 22 anos, ficou inconsolável. "Perdi tudo. Minha mulher adorada, objeto de toda a minha ternura, minha única amiga, se foi [...]. Não sei nem dizer se ainda estou vivo." Sete anos depois, sua filha única morreu de pleurisia: "Uma coisa que lhe peço que me deixe guardar comigo é seu roupão branco de metim bordado de flores [...]". Mas mesmo esses acessos emocionais eram sobre si mesmo, mais do que sobre qualquer outra pessoa. Ele casou em segundas núpcias com uma medonha herdeira Wittelsbach, Josefa, para reivindicar a Baviera, com quem era implacável no trato. "Sua figura é baixa, atarracada e sem o menor vestígio de charme", escreveu. "O rosto é coberto de manchas e espinhas. Os dentes são horríveis."

Sua vida sexual depois disso oscilava entre princesas e prostitutas e, quando achava que podia vir a apaixonar-se por determinada mulher, livrava-se de todo desejo visitando primeiro uma meretriz. Ligne lembrava que ele não tinha "ideia do que era uma boa pândega ou uma diversão, nem lia nada além de documentos oficiais". Julgava-se um modelo de decência racional e via todos os demais com sarcástico desdém. Como homem, era uma casca sem sangue; como governante, "o maior inimigo desse príncipe", escreveu Catarina, "era ele mesmo". Esse era o Kaiser de que Potemkin precisava para realizar a maior façanha de sua carreira.[4]

Em 24 de maio de 1780, a imperatriz da Rússia entrou em Moguiliov pelo arco do triunfo, escoltada por esquadrões de couraceiros — cena que impressionou até o sarcástico Kaiser: "Foi belo — toda a nobreza polonesa a cavalo, hussardos, couraceiros, muitos generais [...] por fim ela própria numa carruagem de dois lugares com a dama de companhia srta. Engelhardt [...]". Enquanto canhões estrondavam e sinos tocavam, a imperatriz estava na igreja acompanhada por Potemkin e o marechal de campo Rumiántsev-Zadunáiski, e em seguida eles desfilaram pelas ruas rumo à residência do governador. Foi o começo de quatro dias de teatro, canções e, claro, fogos de artifício. Nenhum gasto foi poupado para transformar a monótona capital de província, conquistada da Polônia em 1771 e repleta de poloneses e judeus, numa cidade à altura de césares. O arquiteto italiano Brigonzi tinha construído um teatro especial, onde sua compatriota Bonafina cantou para os convidados.

José vestiu seu uniforme e "o príncipe Potemkin me levou à corte".[5] O Sereníssimo apresentou os césares um ao outro, e eles se simpatizaram de imediato, ambos sem dúvida sonhando com a Hagia Sofia. Discutiram política depois do jantar, sozinhos, salvo pela presença de Potemkin e sua sobrinha-amante Alexandra Engelhardt. Catarina considerou José "muito inteligente, adora falar e fala muito bem". Catarina também falou. Não propôs formalmente o Projeto Grego ou a partição do Império Otomano, mas ambos sabiam por que estavam ali. Ela aludiu aos próprios sonhos bizantinos, pois José contou à mãe que o "projeto de estabelecer um império no Oriente revira em sua cabeça e choca em sua alma". No dia seguinte, os dois se deram tão bem numa *opéra comique* que José tinha falado em segredo sobre planos que "não ouso publicar" — como Catarina se gabou em carta para Grimm. Ambos estavam empenhados em causar boas impressões. Precisavam gostar um do outro. Fizeram de tudo para que assim fosse.[6]

Ainda havia oposição a esse realinhamento, não apenas da parte de Pánin e do prussófilo grão-duque Paulo. Rumiántsev-Zadunáiski questionou se aquelas festividades pressagiavam uma aliança com a Áustria — indagação que era prerrogativa de um irritadiço herói de guerra. A imperatriz respondeu: "seria vantajosa numa guerra com os turcos, e o príncipe Potemkin recomendou-a". Rumiántsev-Zadunáiski sugeriu azedamente que ela ouvisse seu próprio conselho. "Uma cabeça é bom", respondeu Catarina, de forma lacônica, "mas duas é ainda melhor."[7] Era assim que eles trabalhavam juntos.

José, sempre obsessivo, levantava cedo e inspecionava qualquer coisa que pudesse encontrar. Como muitos militares sem talento — Pedro III e o grão-duque Paulo logo vêm à mente —, considerava que com muitas inspeções e paradas se transformaria num Frederico, o Grande. Potemkin polidamente o escoltou numa inspeção do Exército russo, mas ficou claro que achou cansativo seu andar empertigado. Quando José insistiu em mencionar um dos "magníficos regimentos" de Potemkin, que ainda não tinha inspecionado, o príncipe não quis ir, por causa do "mau tempo esperado a qualquer momento". Por fim, Catarina lhe disse, como uma esposa insistente, que levasse José, fosse qual fosse o tempo.

Uma esplêndida tenda foi armada para os dois monarcas assistirem à demonstração de equitação, enquanto os outros espectadores, incluindo o príncipe Stanisław Poniatowski, sobrinho do rei da Polônia, a quem devemos esta história, observavam montados. Houve um alarido distante quando o príncipe Potemkin, à frente de milhares de cavaleiros, apareceu a galope. O príncipe ergueu a espada para atacar quando de repente o cavalo curvou-se sob seu peso e desabou, "como um centauro nas pernas traseiras". No entanto, ele continuou sentado nesse momento constrangedor e deu sua ordem. O regimento começou sua carga a uma légua de distância e, fazendo o chão estremecer, parou na frente da tenda imperial, em perfeita formação. "Nunca vi nada igual feito por um regimento de cavalaria", declarou José. Seus comentários sobre a montaria de Potemkin não foram registrados.[8]

No dia 30, Catarina e José saíram de Moguiliov na mesma carruagem para Smolensk, onde se separaram temporariamente. José, com apenas cinco auxiliares, foi ver Moscou. Catarina não estava longe da terra natal de Potemkin, Tchijovo. Diz uma lenda que Potemkin convidou Catarina para visitar seu vilarejo, onde, com o sobrinho Vassíli Engelhardt, um dos ajudantes de ordens dela e agora o dono do lugar, recebeu-a na entrada e lhe mostrou a casa de banhos de madeira onde nasceu. O poço recebeu o nome de Catarina. Depois os dois se separaram — o príncipe para se juntar a José na estrada para Moscou, a imperatriz para voltar a São Petersburgo. "Meu bom amigo", escreveu ela a Potemkin, "é tudo vazio sem você."[9]

José não conseguia entender Potemkin. "O príncipe Potemkin quer ir a Moscou para me explicar tudo", comunicou ele à mãe. "Seu prestígio está nas alturas. Sua Majestade chegou a citá-lo à mesa como seu verdadeiro aluno [...]. Ele não apresentou nenhuma opinião particularmente notável até agora", acrescentou José, mas "não duvido que vá se mostrar na viagem." Porém, mais uma vez, José ficou desnorteado. Enquanto o imperador emendava pedantes discursos sobre suas próprias opiniões, entre enérgicas expedições de inspeção, Potemkin se recolhia em devaneios silenciosos. O príncipe queria a aliança de José, mas não era bajulador e não estava impressionado como deveria por ter em sua companhia o chefe da Casa de Habsburgo. Em Moscou, José contou à "querida mãe" que Potemkin "me explica o necessário" sobre algumas atrações, mas "para outras vou sozinho". Era bem característico de Potemkin ficar cochilando na cama enquanto o imperador-inspetor acordava cedo para mais inspeções. Quando se separaram, José estava indignado porque Potemkin "se mostrou muito relaxado. Só o vi três vezes em Moscou e ele não falou nada sobre negócios". Esse homem, concluiu ele, é "indolente demais, frio demais para resolver o que quer que seja — e despreocupado".[10]

Em 18 de junho, José e Potemkin chegaram a Petersburgo, onde os dois lados começaram a investigar que tipo de amizade queriam manter. Em Tsárskoie Seló, Potemkin arranjou um regalo para o conde de Falkenstein. Recrutou o jardineiro inglês de Catarina, vindo de Hackney (originariamente de Hanover), muito apropriadamente chamado Bush, para criar uma pousada especial para o imperador, que adorava estalagens. Quando a baronesa Dimsdale, mulher inglesa do médico que vacinava a família imperial, fez uma visita um ano depois, o jardineiro contou-lhe orgulhosamente que tinha pendurado uma placa na frente do prédio com os dizeres "Armas do conde de Falkenstein". Ele mesmo carregava um cartaz com a palavra "Estalajadeiro". José jantou em "Armas de Falkenstein" carne cozida, sopa, presunto e os "pratos russos mais agradáveis, apesar de comuns". Fica-se imaginando se o pedante sem um pingo de senso de humor entendeu a brincadeira.[11]

Durante toda essa pândega, os ministros russos e os diplomatas viviam inquietos, sentindo que haveria vastas, apesar de até então invisíveis, mudanças. Quando o grupo voltou para Petersburgo, José teve um encontro com Nikita Pánin. "Esse homem", notou o Kaiser, "tem um ar de quem teme que se fale com seu antagonista, príncipe Potemkin." No começo de julho, o príncipe trabalhava, entre o imperador, a imperatriz e o embaixador austríaco Cobenzl, o início de uma relação mais formal "para restabelecer a velha confiança e intimidade entre as duas cortes". Catarina notou a personalidade contraditória do imperador, mas, na arena quase pública de suas cartas para Grimm, declarou que ele tinha a mente "mais sólida, mais profunda e mais inteligente" que conhecia. Quando foi embora, os dois lados estavam mais próximos, mas nada foi decidido. Maria Teresa ainda reinava em Viena.[12]

Depois da partida de José, no meio da disputa pela aliança russa entre Áustria, Prússia e Grã-Bretanha, Dária, a mãe distanciada de Potemkin, morreu em Moscou. Quando a imperatriz soube, estava a caminho de Tsárskoie Seló, e o príncipe em sua residência de veraneio ali perto, Ozérki. Catarina insistiu em dar-lhe a notícia pessoalmente, por isso mudou de trajeto para ir ter com ele. A perda de um parente que está longe muitas vezes é mais dolorosa do que a de um que vive perto; Potemkin chorou copiosamente, porque "esse príncipe", como observou Corberon, "combina as virtudes e os defeitos da *sensitivité*".[13] Ainda era dizer pouco.

A bem-sucedida visita de José de fato deu pano para mangas. O grupo pró-Prússia, Pánin e o grão-duque Paulo ficaram transtornados. Frederico, o Grande, resolveu mandar um príncipe prussiano a Petersburgo para neutralizar o êxito dos Habsburgo. Bem antes do encontro de Moguiliov, seu embaixador Goertz já discutia essa visita com Potemkin e Pánin. Em vez do príncipe Henrique, que agora conhecia bem Potemkin, Frederico mandou o sobrinho e herdeiro Frederico Guilherme. Não foi uma boa ideia. José, apesar de todo o pedantismo, era uma presença imponente, mas Frederico Guilherme, que recebeu instruções especiais do rei para lisonjear Potemkin, era um grosseirão prussiano, estúpido e corpulento, sem nenhuma virtude social que compensasse isso. O príncipe Henrique escreveu a Potemkin pedindo-lhe que recebesse bem o rústico sobrinho — no tom de um homem que manda a contragosto um presente, mas pede desculpas antecipadamente por sua má qualidade.*

Potemkin e Pánin deram as boas-vindas ao príncipe da Prússia em 26 de agosto. No entanto, Potemkin decretou com mordacidade que Alexandra Engelhardt não "lhe ofereceria uma ceia",[14] e Catarina apelidou o "corpulento, reservado e inábil" prussiano de "Gordo Gu". Logo o Hohenzollern entediava todo mundo na capital, exceto o grão-duque, que era tão fascinado por Frederico, o Grande, e seus exercícios militares que qualquer príncipe prussiano lhe servia. Além disso, o plano de Frederico já tinha sido minado pela chegada da arma secreta de José II — o príncipe de Ligne.[15]

Corberon e Goertz estavam convencidos, por ser esse seu desejo, de que nada resultaria da visita de José. No entanto, o francês foi jantar com os Cobenzl "e os recém-chegados, o príncipe de Ligne e seus filhos". Corberon fez pouco desse *"grand seigneur* de Flandres", a quem considerava "um agradável *roué*", porém ele era muito mais que isso.

Charles-Joseph, príncipe de Ligne, de cinquenta anos, era um aristocrata do Iluminismo com eterno ar de menino travesso e espontaneamente espirituoso. Herdeiro de um principado imperial outorgado em 1602, foi criado por uma babá que o fazia dançar e dormir nu com ela. Casou com uma herdeira do Liechtenstein, mas considerou o casamento "absurdo durante várias semanas e, então, indiferente". Após três semanas, cometeu sua primeira infidelidade com uma camareira. Chefiou seu regimento de Ligne durante a Guerra dos Sete Anos, distinguindo-se na Batalha de Kolin. "Eu gostaria de ser uma mulher bonita até os trinta, um general [...] até os sessenta", disse ele a Frederico, o Grande, depois da guerra, "e um cardeal até os oitenta." No entanto, vivia consumido de amargura por uma razão — queria ser levado a sério como general, mas ninguém, de José a Potemkin, lhe confiaria um comando militar independente. Isso doía.[16]

O maior talento de Ligne era para a amizade. O sedutor da Europa encarava cada dia como uma comédia à espera de ser convertida num dito picante, cada moça como uma aventura à espera de ser convertida num poema, e cada monarca como uma conquista à espera de ser seduzida por suas brincadeiras. Sua lisonja podia ser positivamente emética: "Que bajulador reles e descarado é esse Ligne!",

---

* Até Frederico, o Grande, descrevia-o como "uma nuvem de tédio e antipatia".

escreveu alguém que o viu em ação. Mas funcionava. Amigo de José II e de Frederico, o Grande, ao mesmo tempo, o que não era para qualquer um, e também de Rousseau, Voltaire, Casanova e da rainha Maria Antonieta, ele mostrava como o *monde* era pequeno naqueles tempos. Ninguém personificou melhor o cosmopolitismo devasso do fim do século XVIII: "Gosto de ser estrangeiro em toda parte [...], francês na Áustria, austríaco na França, e francês e austríaco na Rússia".

As cartas de Ligne eram copiadas, com seus *bons mots* repetidos, em todos os salões da Europa — conforme a intenção de seu autor. Era um magnífico escritor, cujos maldosos retratos dos grandes homens da sua época, em especial Potemkin, que o fascinava, nunca foram superados. Suas *Mélanges* são, juntamente com a *Histoire* de Casanova, o melhor registro daquela era: Ligne estava no topo e Casanova na base da mesma sociedade. Encontravam-se com os mesmos charlatães e duques, as mesmas prostitutas e condessas em bailes e mesas de cartas, óperas e bordéis, tavernas de beira de estrada e cortes reais, vezes sem conta, em toda a Europa.

Ligne encantava Potemkin. Sua amizade, juntando dois dos melhores conversadores da época, ia e vinha com a intensidade de um caso amoroso, relatada em muitas cartas inéditas de Ligne que estão nos arquivos de Potemkin, escritas numa letra minúscula, mas esbanjando humor e inteligência, antes de mergulharem de novo na ilegibilidade. Esse *"jockey diplomatique"*, como ele mesmo se descrevia, era convidado para todos os jogos privados, passeios de carruagem e jantares privados da imperatriz em Tsárskoie Seló. O apático príncipe da Prússia não tinha a menor chance contra o homem que Catarina chamava de "a pessoa de convívio mais agradável e fácil que conheço, uma mente original que pensa profundamente e faz todos os tipos de travessuras, como uma criança".

Só o grão-duque deu mais atenção a Frederico Guilherme, o que serviu para distanciá-lo ainda mais de Catarina e Potemkin. Quando a imperatriz ofereceu um espetáculo, com baile e ceia no Teatro do Hermitage, em homenagem ao príncipe da Prússia, a dupla grã-ducal acompanhou o convidado, mas Catarina suspirou para Harris: "Quero que você me proteja dos chatos", e não se deu ao trabalho de assistir ao espetáculo. Diplomatas se perguntavam para onde tinha ido a imperatriz. Descobriu-se depois que ela estava jogando bilhar com Potemkin e Ligne.[17]

A imperatriz e o Sereníssimo ficaram aliviados quando Frederico Guilherme finalmente foi embora, sem conseguir nenhum resultado. Ele tinha notado a frieza da recepção: como rei, se vingaria. Mas os russos quase se recusaram a deixar Ligne partir. Sempre um cavalheiro, o *"jockey diplomatique"* ficou um pouco mais. Por fim, em outubro, insistiu, e Potemkin foi com ele para lhe mostrar um dos seus regimentos e só o deixou sair carregando uma montanha de presentes — cavalos, servos e uma caixa incrustada de brilhantes. Potemkin sentia falta de Ligne e sempre perguntava a Cobenzl quando iria voltar.

Era exatamente o que os austríacos queriam. Dispararam uma saraivada de elogios na direção de Potemkin: num pequeno exemplo ilustrativo da natureza lúbrica da lisonja diplomática, Cobenzl pediu ao seu imperador que fizesse menções favoráveis a Potemkin em despachos *en clair* sempre que possível. Os russos, respondeu ele à lisonja de José, prezavam mais uma palavra do Kaiser do que qualquer coisa dos reis da Prússia e da Suécia. Mas os cumprimentos diretos do imperador seriam reservados para ocasiões especiais. E José também enviaria saudações às sobrinhas Engelhardt.[18]

Em 17/28 de novembro de 1780, José foi libertado das sensatas restrições de Maria Teresa. A morte dela, depois de um reinado de quarenta anos, deu a José a chance de quase arruinar o legado dos Habsburgo de uma maneira que nem mesmo Frederico da Prússia poderia ter imaginado. Nas lúgubres cartas de pêsames trocadas entre Viena e Petersburgo, a dor mal disfarçava os sorrisos. "O imperador", gracejou Ligne para Potemkin em 25 de novembro, apenas uma semana depois da morte dela, "me parece profundamente cheio de amizade por você [...] de tal maneira que tive verdadeiro prazer em discordar dele em seu nome em todos os aspectos [...] fez-me dizer a mim mesmo de vez em quando que você não me esqueceu [...]".[19] Não havia dúvida sobre isso.

Quando o corpo da rainha-imperatriz estava exposto no Kaisergruft — cripta imperial — da igreja dos Capuchinhos de Viena, José teve certeza de que poderia embarcar em sua reaproximação com a Rússia. Potemkin declarou a Cobenzl o seu "entusiasmo" e a sua "seriedade". Catarina assegurou-se de que todos os detalhes fossem submetidos diretamente a ela, e não a Pánin, "esse velho embusteiro", como o chamava em conversa com Potemkin.[20] Catarina e José voltaram sua atenção para a luta futura contra o sultão.

Sir James Harris, que era da opinião que uma aliança com os austríacos ajudaria a sua própria missão, ainda não conseguia entender a relutância da Rússia em aliar-se à Grã-Bretanha, mesmo depois que Potemkin voltou de Moguiliov. O príncipe jovialmente atribuiu a recusa de Catarina a um monte de desculpas esfarrapadas, incluindo a "imbecilidade do fofoqueiro favorito" Lanskoi, sendo a fraqueza dela induzida por suas "paixões" e pelas "hábeis lisonjas" do imperador Habsburgo, que a fez sentir-se a "maior princesa da Europa". Esse discurso exaltado mostrava a genuína frustração de Potemkin em seus esforços para controlar Catarina, mas também parece uma travessura potemkiana. É um claro exemplo de Potemkin "iludindo" o pobre Harris, porque as cartas secretas do casal mostram que ambos estavam submetendo todo o seu sistema político a uma aliança com a Áustria.[21] Harris enfim percebeu o erro de apoiar Potemkin contra Pánin, porque o primeiro agora estava desinteressado, apesar de amistoso, enquanto o último era abertamente hostil.

Harris pediu para ser chamado de volta em face da hostilidade de Pánin. Mas Londres ainda insistiu com ele para descobrir um jeito de assegurar a aliança com os russos. Por isso, em conversas noturnas com Potemkin, o sempre engenhoso Harris concebeu um plano ambicioso. A imaginação de Potemkin foi a fonte do que se tornou política oficial britânica. A Grã-Bretanha, sugeriu o príncipe, deveria oferecer à Rússia "algum objeto à altura da ambição russa" em troca de sua entrada na guerra. Em linguagem cifrada, Harris explicou ao seu secretário de Estado, o visconde Stormont, em novembro de 1780: "O príncipe Potemkin, apesar de não ter falado em termos diretos, claramente me deu a entender que a única cessão que convenceria a imperatriz a tornar-se aliada nossa seria a de Minorca". Não era tão extravagante como pode parecer porque, em 1780, Potemkin estava construindo sua Frota do Mar Negro e promovendo o comércio pelo estreito e até portos mediterrâneos como Marselha. Port Mahon, em Minorca, poderia ser uma base útil para a frota. A Rússia tinha ocupado ilhas gregas na última guerra — mas não ficou com nenhuma delas na paz; Potemkin de tempos em tempos oferecia Creta à França e à Inglaterra em seus planos de partição otomana; e o imperador Paulo mais tarde ocupou Malta. Além disso ele tinha o cuidado, como ressaltou Harris, de nunca fazer essa sugestão de forma direta. Era um dos fantásticos jogos de construção de império que Potemkin adorava jogar — sem nenhum custo pessoal.

Potemkin ficou animado com a ideia de uma base naval russa em Minorca, principalmente levando em conta que a Grã-Bretanha deixaria grandes estoques de suprimentos, avaliados em 2 milhões de libras esterlinas, que estariam à disposição da Rússia ou de Potemkin. Ele tinha encontros diários com Harris para discutir o assunto e arranjou o segundo tête-à-tête do embaixador com Catarina em 19 de dezembro de 1780. Antes que Harris fosse convocado, o príncipe esteve com a imperatriz por duas horas, voltando com um "semblante cheio de satisfação e alegria". Foi o clímax da amizade de Harris com o Sereníssimo. "Estávamos sentados a sós bem tarde da noite quando ele de repente começou a falar em todas as vantagens que resultariam para a Rússia [...]". Dá para ouvir o prazer infantil de Potemkin, seus sonhos quiméricos e sua alegria febril, enquanto ele se estira num divã em seus aposentos, com garrafas de tócai e champanha por toda parte, e cartas sobre mesas de feltro verde: "Então, com a vivacidade de sua imaginação, ele deixou-se levar pela ideia de uma frota russa estacionada em Mahon, de povoar a ilha com gregos, dizendo que essa aquisição seria um coluna à glória da imperatriz no meio do mar".[22]

A imperatriz compreendia os benefícios de Minorca, mas disse a Potemkin: "A noiva é bonita demais, estão tentando me enganar". Quando os dois estavam juntos, era como se ela fosse incapaz de resistir à animação de Potemkin, mas, depois que ele saía, mudava de ideia. A Rússia, com uma frota ainda não construída, só poderia segurar o grande prêmio enquanto a Grã-Bretanha quisesse. Catarina rejeitou Minorca. Tinha razão: a ilha ficava longe demais, e logo a própria Grã-Bretanha a perdeu.

Potemkin resmungou que Catarina era "desconfiada, tímida e tacanha", porém estava mais uma vez fazendo teatro. Harris ainda não conseguia resistir à esperança de que o príncipe estivesse comprometido com a Inglaterra: "Jantei na quarta-feira em Tsárskoie Seló com o príncipe Potemkin [...] ele falou sobre o interesse de nossas duas cortes de um modo tão amigável e sagaz que mais que nunca lamentei suas recaídas no ócio e na dissipação". Ainda não se conscientizara de que a ênfase estratégica de Potemkin não era ocidental, mas quase exclusivamente meridional. Apesar disso, enquanto o príncipe negociava em segredo com os austríacos, Sir James continuava tentando.

José e Catarina tinham, nesse meio-tempo, chegado a um acordo sobre os termos de um tratado de defesa, incluindo a cláusula secreta visando à Sublime Porta — mas o grandioso empreendimento de Potemkin deparou com um obstáculo muito característico da época. Era a chamada "alternativa", uma tradição diplomática pela qual os monarcas, ao assinarem um tratado, firmavam sua assinatura numa cópia em primeiro lugar e em segundo na outra. O sacro imperador romano, como principal governante da Europa, sempre assinava primeiro nas duas cópias. Mas Catarina se recusava a admitir que a Rússia fosse menos do que Roma, enquanto José se recusava a rebaixar a dignidade do Kaiser assinando em segundo lugar. Dessa maneira, inacreditavelmente, o realinhamento do Oriente esbarrava num detalhe de protocolo.

Foi uma dessas crises em que as diferenças entre Catarina e Potemkin ficaram mais evidentes, porque, enquanto a imperatriz se mantinha irredutível, o príncipe lhe suplicava que fosse flexível e assinasse o tratado. A disputa entre os dois parceiros ecoa em suas cartas e nos despachos de Cobenzl. Potemkin corria para lá e para cá entre os dois lados. Catarina, a certa altura, lhe disse para informar a Cobenzl "que desista dessa bobagem, que vai acabar parando tudo". Tudo, de fato, parou.

A tensão não era nem um pouco aliviada pelas demandas de Potemkin por favores para as sobrinhas Alexandra e Iekaterina, ambas prestes a casar. Logo até o favorito de Catarina, Lanskoi, estava envolvido nas brigas. Mas Catarina imaginou uma solução inspirada para Potemkin sugerir a José: eles trocariam cartas assinadas, declarando as obrigações mútuas, em vez de um tratado.[23]

O nervoso príncipe, diante dessa crise num plano de uma vida inteira, teve um colapso de "má digestão". Catarina visitou os aposentos de Potemkin para reconciliar-se e passou a noite com ele, "das oito à meia-noite". A paz foi restaurada.

Quando a crise do tratado com os austríacos atingiu o clímax, em 10 de maio de 1781, Potemkin ordenou ao conde Mark Voinovick, marinheiro dálmata, que preparasse uma pequena invasão da Pérsia. Ele vinha alimentando em segredo uma política persa, enquanto tentava remover obstáculos no caminho do seu Projeto Grego.

Esse plano desenrolou-se concomitantemente com as negociações austríacas durante um ano inteiro. Dez dias antes de José sugerir o encontro de Moguiliov com Catarina, em 11 de janeiro de 1780, o Sereníssimo ordenou a Alexandre Suvórov, seu general mais capaz, que organizasse uma força de invasão em Astrakhan. Mandou os navios que vinha construindo em Kazan, no Volga, desde 1778, seguirem para o sul. A aliança com a Áustria podia levar mais anos para ser alcançada. Enquanto isso, a Rússia sondaria o Império Persa em vez do Otomano.

O Império Persa naqueles tempos contornava o extremo sul do Cáspio e estendia-se por Baku e Derbent, todo o atual Azerbaijão, a maior parte da Armênia e metade da Geórgia. Os armênios e georgianos eram cristãos ortodoxos. Como acontecia com os gregos, os valáquios e os moldávios, Potemkin sonhava em libertar seus companheiros de fé e arrastá-los para dentro do Império Russo. Ao mesmo tempo, fazia reuniões com representantes armênios em Petersburgo para discutir a libertação dos cristãos da Armênia do jugo persa.

O príncipe era um dos poucos estadistas russos a entender de comércio na época: sabia que uma feitoria no Cáspio oriental estava a uma marcha de apenas "trinta dias do golfo Pérsico, apenas cinco semanas para chegar à Índia via Kandahar". Em outras palavras, aquele foi o primeiro, e reconhecidamente menor, golpe de Potemkin no que se tornaria conhecido como "O Grande Jogo". Sabemos que Potemkin estava fazendo malabarismos com seu Projeto Grego e um projeto persa, porque ele falou a esse respeito com seus amigos britânicos. Os franceses e britânicos observavam os planos secretos de Potemkin com interesse. Na verdade, seis anos depois o embaixador francês ainda tentava descobrir seus segredos.

Em fevereiro de 1780, Sacha Lanskoi tinha adoecido e Potemkin postergou suas ordens finais a Suvórov, que ficou em compasso de espera na monótona e provinciana Astrakhan. Uma vez confirmados o Projeto Grego antiotomano e a visita de José, teria sido insensato da parte de Potemkin espalhar demais suas forças. Por isso o plano foi alterado. No começo de 1781, o príncipe cancelou a invasão e convenceu Catarina a enviar uma limitada expedição, sob o comando de Voinovitch, de trinta anos, para alguns "um pirata perigoso", para outros "uma espécie de espião italiano dos ministros de Viena", que tinha lutado por Catarina na Primeira Guerra Russo-Turca e capturado temporariamente Beirute, hoje capital do Líbano.

Em 29 de junho de 1781, essa minúscula expedição naval de três fragatas e vários navios de transporte de tropas cruzou o Cáspio para fundar uma feitoria na Pérsia e lançar as bases do Império de Catarina na Ásia Central. A Pérsia estava uma bagunça, mas o sátrapa da província de Askabad, do outro lado do Cáspio, Aga-Mohommed-Khan, jogava vários lados contra o centro do poder. Esse terrível e formidável construtor de impérios, que fora castrado quando menino pelos inimigos do pai, esperava tornar-se, ele próprio, um xá. Gostou da ideia de uma feitoria russa nas praias orientais, talvez para financiar seus próprios exércitos com ajuda da Rússia.

A expedição de Voinovitch era uma mistura iluminista do desejo de conhecimento científico, do entusiasmo mercantil e da pura grandiloquência imperial de Potemkin. A desidratada expedição contava apenas com cinquenta soldados de infantaria, seiscentos soldados ao todo, e o respeitado botânico judeu-alemão de Potemkin, Karl-Ludwig Hablitz, que provavelmente redigiu um relato não assinado da expedição persa que está nos arquivos do Quai d'Orsay. Voinovitch não tinha perfil para um papel de tamanha importância, mas a expedição era, de qualquer maneira, pequena demais, e agora estava entregue à própria sorte. Provavelmente resultou de uma das muitas soluções conciliatórias entre a cautela de Catarina e a imaginação de Potemkin. Quando o destacamento partiu, tanto a imperatriz como o príncipe estavam firmemente concentrados em Tsargrado e Viena, e não em Askabad e Kandahar.

Voinovitch tinha recebido ordens do príncipe para usar "apenas a persuasão", mas ao chegar "fez exatamente o oposto". Quando alcançou o outro lado do mar e deu com Aga-Mohommed acampado com seu exército, Voinovitch mostrou que era "tão ruim como cortesão quanto como político". O príncipe persa ainda estava interessado numa feitoria russa e chegou a sugerir que seu sobrinho encabeçasse uma missão a Petersburgo. Mas Voinovitch cometeu a imprudência de estabelecer uma fortificação, com apenas vinte canhões, como se seus 650 soldados pudessem desafiar um exército persa. Embora tenha oferecido lautas festas aos persas e disparado ostentosamente seus canhões, a única coisa que conseguiu foi assustar os já desconfiados moradores, que ouviram dizer que Suvórov estava chegando, através do Daguestão, com 60 mil soldados. Essa notícia falsa era, provavelmente, a primeira intriga britânica no "Grande Jogo" — e funcionou. Aga-Mohommed resolveu livrar-se desses russos ineptos e desagradáveis.

O governante do vilarejo convidou Voinovitch e Hablitz para um jantar. Assim que chegaram à casa, eles se viram cercados por seiscentos guerreiros persas. A Voinovitch e Hablitz foram dadas as opções da decapitação ou da evacuação imediata da fortificação e o retorno ao lugar de onde vieram. Eles tomaram a decisão certa ao escolher a segunda alternativa, já que Aga-Mohommed era um homem capaz de atos de selvageria desenfreada: mais tarde, ele mandaria cegar toda a população masculina — composta de 20 mil homens — de uma cidade que resistiu a suas investidas. Ele também conseguiu o raro feito de se tornar o único eunuco da história a fundar uma dinastia: os Qajar, descendentes de um sobrinho seu, governaram a Pérsia até o início do século XX, quando foram substituídos pelos Pahlavi. Ainda demoraria mais um século antes que a Rússia conquistasse a Ásia Central.[24]

A flotilha navegou miseravelmente de volta para casa. Potemkin deve ser responsabilizado por essa expedição quixotesca, que poderia muito bem ter terminado em catástrofe, mas era o seu estilo bizantino de buscar uma política alternativa, para o caso de alguma coisa dar errado em Viena.[25]

Não deu. José concordou em assinar um tratado de defesa secreto por meio de uma troca de cartas. Durante seis meses, a Europa achou que as negociações tinham fracassado, mas, secretamente, em 18 de maio, Catarina assinou sua carta para "Meu querido irmão" — e José lhe retribuiu à altura. Ela aceitou que a Rússia ajudasse a Áustria contra a Prússia; porém, o que era mais relevante para Potemkin, José prometeu defender a Rússia se os turcos atacassem — "Comprometo-me três meses depois [...] a declarar guerra [...]". A Áustria, portanto, subscreveu os tratados de paz da Rússia com a Turquia.[26] Esse realinhamento da política russa foi um triunfo pessoal de Potemkin.

Catarina e Potemkin gostaram da ideia de enganar a comunidade internacional. Embaixadores da França, da Prússia e da Grã-Bretanha distribuíam subornos para descobrir o que se passava. Harris notou, desconfiado, que "meu amigo" andava "muito animado", mas "evitava qualquer tema político". Cobenzl, que sabia tudo, claro, também se divertiu. "Esse negócio", comunicou ele ao imperador, "continua a ser um mistério aqui para todo mundo, salvo Potemkin e Bezdoródko."[27] Não demorou para José perceber que Catarina costumava conseguir o que queria. Apesar da prioridade do Projeto Grego, ela não permitiu que a Neutralidade Armada morresse e convenceu tanto a Prússia como a Áustria a assinarem. "O que a mulher quer Deus dá, segundo o provérbio", disse José, "e uma vez nas mãos delas a gente sempre vai mais longe do que queria." Catarina e Potemkin estavam eufóricos: Catarina ficou tão emocionada com uma carta lisonjeira de José que chegou a corar.

O tratado permaneceu secreto. Só em 25 de junho, um mês depois, Harris suspeitou de que um acordo tinha sido firmado, graças a um suborno de 1600 libras esterlinas pagas ao secretário de Bezboródko, mas, por incrível que pareça, o segredo foi mantido por quase dois anos. Só Catarina, Potemkin e Bezboródko sabiam de tudo; o grão-duque Paulo não foi informado. Pánin retirou-se para sua propriedade em Smolensk.[28] Os parceiros congratulavam-se mutuamente. Catarina via a si mesma e a Potemkin como os grandes amigos retratados na mitologia clássica — Pílades e Orestes. "Meu velho Pílades", disse ela, elogiando-o, "é um homem esperto."

No entanto, agora tinham pela frente um desafio representado pelo grão-duque, que era profundamente cético a respeito da expansão meridional e da aliança austríaca. Macaqueando o pai, continuava "prussiano". Em julho, quando Catarina convidou o médico britânico barão Dimsdale, junto com a mulher, para vacinar os jovens grão-duques Alexandre e Constantino contra varíola, Nikita Pánin exigiu o direito de voltar e supervisionar a operação, estratagema que combinara com Paulo. "Se ele pensa que algum dia voltará a ocupar o cargo de primeiro-ministro", vociferou Catarina, "está redondamente enganado. Nunca mais será nada na minha corte além de enfermeiro."

Catarina e Potemkin devem ter conversado sobre como proteger sua política contra Paulo e, se possível, convertê-lo à causa austríaca. Por que não enviá-lo, acompanhado da mulher, para um grande passeio por Viena e Paris, evitando o velho Frederico, o Grande, em Berlim? Se Catarina sugerisse, o nervoso Paulo julgaria que era um truque de Potemkin para afastá-lo. O Sereníssimo estava providenciando a criação do próprio reino, fundando suas primeiras cidades no mar Negro e planejando casamentos para as sobrinhas. Não ia permitir que Paulo estragasse nenhum desses projetos. Potemkin elaborou uma solução.[29]

16. Três casamentos e uma coroa

> *Ou no meio de um adorável pomar*
> *Uma pérgula, onde jorra uma fonte*
> *Uma doce harpa ao alcance dos meus ouvidos*
> *Meus pensamentos enreda com variados prazeres,*
> *Primeiro fatiga depois desperta meu sangue;*
> *Reclinado num divã de veludo,*
> *Mimando os ternos sentimentos de uma donzela*
> *Inundo de amor meu jovem coração.*
> Gavrili Derjávin, "Ode à princesa Felitsa"

Logo depois que o tratado austríaco foi assinado, Catarina pôs em prática o plano do seu consorte. Ela convenceu o príncipe Repnin, sobrinho de Pánin, a propor a viagem para a Áustria a Paulo, como se fosse ideia dele mesmo. Paulo engoliu a isca e suplicou à imperatriz que o deixasse ir. Depois de fingir relutância, Catarina concordou — mas preocupada também com as inevitáveis gafes do filho ressentido e amargo. "Ouso pedir a indulgência de Sua Majestade imperial", pediu ela a José, "para com a inexperiência da juventude." José mandou o convite. Paulo e Maria Fiódorovna estavam animados. Foram até polidos com Potemkin, que, por sua vez, elogiou o herdeiro para todo mundo.[1]

Pánin tinha ouvido falar no plano. "O velho embusteiro" já não se esforçava para ocultar sua amargura. Voltou às pressas a Petersburgo e incutiu em Paulo o medo de que a viagem fosse um complô. Esses deslocamentos podiam ser perigosos para príncipes russos: era impossível esquecer que Alexei, filho de Alexandre, o Grande, foi levado de volta para Viena e torturado até a morte. Tudo isso era uma realidade muito palpável para um tsarévitch cujo pai tinha sido assassinado pela mãe e que confiava em pouquíssima gente. Panin sugeriu que Berlim seria uma ideia melhor do que Viena — e insinuou que Paulo seria não só excluído da sucessão, e possivelmente assassinado, mas que os filhos seriam tirados dele. Paulo ficou histérico.

Em Tsárskoie Seló, na manhã seguinte, um domingo, 13 de setembro, o grão-duque e a grã-duquesa, ambos em estado de pânico, recusaram-se a viajar. Mencionaram a necessidade de ficar com as crianças depois da vacinação. Catarina trouxe os médicos Rogerson e Dimsdale para tranquilizá-los. A corte ficou alvoroçada por três dias, e os diplomatas analisavam a postura de Paulo, que minava a reaproximação com a Áustria, desafiando a imperatriz e o príncipe. Potemkin estava tão "perplexo, irresoluto e mesmo abatido" que chegou a pensar em permitir que Paulo visitasse a raposa astuta em Berlim. Harris, que estava com ele em seus aposentos naquela sexta-feira e considerava que a aliança com os austríacos dava novas esperanças à Grã-Bretanha, advertiu que aquela fraqueza poderia derrubá-lo. Potemkin andou de um lado para outro do quarto, "como é seu costume", sem dizer nada, e de repente saiu para ver a imperatriz. Catarina não era Pedro, o Grande, mas a recusa de Paulo a obedecer às suas ordens teria causado uma grave crise sucessória. Os consortes resolveram forçar Paulo a ir. Quando Potemkin voltou a ver Harris, uma hora depois, tudo estava resolvido.

A partida foi uma dessas pequenas tragédias na vida das famílias reais, desempenhada diante da corte, da comitiva de Paulo e de dezenas de cavalos e servos. Em 19 de setembro, o herdeiro, que viajava incógnito com o nome de Comte du Nord, e a mulher despediram-se dos filhos com beijos. A grã-duquesa desmaiou e teve que ser carregada, inconsciente, para a carruagem. O grão-duque seguia a mulher com uma expressão de terror abjeto. A imperatriz e seus principais pesos-pesados, Potemkin, o príncipe Orlov e o traiçoeiro conde Pánin, despediram-se dele. Ao subir soturnamente na carruagem, Paulo sussurrou qualquer coisa para Pánin, que não respondeu.

O herdeiro baixou as cortinas da janela e mandou o cocheiro sair rápido. Na manhã seguinte, Pánin foi demitido.[2]

O Seréníssimo, saboreando a vitória política, estava arranjando casamento para suas duas sobrinhas-amantes solteiras, Sachenka e Katinka. Em 10 de novembro de 1781, Katinka, "a Vênus" — Iekaterina Engelhardt, por quem metade da corte, incluindo, em momentos distintos, os dois filhos de Catarina, Paulo e Bóbrinski, estava apaixonada —, casou com o frágil de saúde, mas rico, conde Pável Martinovitch Scavrónski, na capela do palácio. Descendente do irmão livoniano da mulher de Pedro, o Grande, Catarina I, Scavrónski era um sublime excêntrico. Educado na Itália, que considerava sua pátria, ele convinha a Potemkin porque era um bufão tolerante obcecado por música — um melomaníaco que compunha e dava concertos, apesar de não ter nenhum talento para a música. Seus empregados eram proibidos de falar e só se comunicavam recitando. Dava todas as suas ordens em música, e os visitantes conversavam em forma de improvisos vocais. Seus jantares cantantes, enfeitados pela sonolentamente coquete Katinka, deviam ser de uma loucura cômica.[3] Catarina tinha dúvidas sobre a capacidade de Scavrónski de satisfazer uma mulher — "é meio bobo e trapalhão", achava ela, acrescentando que só se importava com isso porque se tratava de uma questão "próxima de nós", significando que via as sobrinhas de Potemkin como quase sua família. O príncipe discordava — a fraqueza e a riqueza de Scavrónski lhe convinham.[4]

Dois dias depois, Sachenka casou com o aliado polonês do tio, o grão-hetmã (ou grão-general) da Coroa polonesa Ksawery Branicki, de 49 anos, um rufião amável, esforçado e ambicioso que fez carreira como o homem durão do rei Estanislau Augusto. Era o que Casanova chamou de lento mas arrojado e "bravo polonês". Casanova duelou com Branicki em Varsóvia, por insultar sua amante, uma atriz italiana chamada La Binetti. Ambos foram feridos — Branicki com gravidade —, mas se tornaram amigos.[5] Quando Ségur passou por Varsóvia, Branicki apareceu no quarto dele de trajes tradicionais poloneses — botas vermelhas, túnica marrom, chapéu de pele e sabre — e disse: "Aqui estão duas companheiras para sua viagem", e lhe deu duas pistolas incrustadas de joias.[6]

Branicki caíra em desgraça com o rei da Polônia e, achando que teria futuro como aliado russo, encontrou uma alma gêmea no Seréníssimo. Conheceram-se em Petersburgo em 1775, e desde então Branicki vinha tentando cair em suas graças, trabalhando para Potemkin na Polônia. Em 27 de março daquele ano, escreveu para contar a "meu caro general" que "a Polônia me escolheu" para dar a notícia de que Potemkin tinha recebido o certificado de *indigenat*, ou status de nobre polonês, primeiro passo da sua longa estratégia para se tornar duque da Curlândia ou rei da Polônia, uma rota de fuga para o caso de Catarina morrer.[7] O casamento de Branicki com a sobrinha era, obviamente, destinado a funcionar como uma base para a família de Potemkin na Polônia.[8]

A imperatriz supervisionou o casamento de Alexandra com o "bravo polonês". A noiva foi levada aos aposentos de Catarina pela manhã e "ricamente enfeitada com algumas joias da imperatriz, que ela pôs com as próprias mãos". Temos uma descrição do casamento parecido de uma das mais próximas damas de companhia da imperatriz, a filha de Liev Naríchkin: "O vestido dessa dama era uma camisola de tecido branco prateado com mangas soltas [...] e um aro enorme". A noiva jantou com a imperatriz. Na igreja, usou uma "peça de seda verde-mar com brocados". O casal levava velas nas mãos enquanto coroas eram seguradas sobre suas cabeças, de acordo com a tradição ortodoxa. Trocaram alianças, e o padre pegou um "pedaço de seda de duas ou três jardas e amarrou suas mãos juntas". Terminada a cerimônia, houve um banquete, depois do qual a noiva devolveu as joias da imperatriz e recebeu 5 mil rublos.[9]

Quase ao mesmo tempo, a quarta irmã, a "incorrigível" Nadéjda, que tinha casado com o coronel P. A. Izmáilov com menos esplendor em 1779, perdeu o marido e casou em seguida com um aliado de Potemkin, o senador P. A. Chépelev. A última sobrinha, Tatiana, casou com um primo distante, o tenente-general Mikhail Serguéievitch Potemkin, 25 anos mais velho, em 1785. O Sereníssimo apelidou-o de "Santo" pela natureza afável, e o casamento foi feliz até a morte prematura dele.[10]

Enquanto Varvara e Alexandra terminaram seus casos com Potemkin, a condessa Iekaterina Scavrónskaia, como será chamada daqui em diante, parece ter continuado sua amante. "As coisas entre ela e o tio permanecem nas mesmas bases", comunicou Cobenzl a José II. "O marido, que é muito ciumento, não aprova, mas não tem coragem para impedir." Mesmo cinco anos depois, Scavrónskaia ainda era "mais linda que nunca, e a sultana-chefe favorita do tio".[11]

Potemkin conseguiu que Scavrónski fosse nomeado embaixador em Nápoles em 1784, o que deixou Scavrónski muito feliz, porque ia morar na terra de maestros. Mas Scavrónskaia não tinha o menor interesse em ópera italiana, e Potemkin, ao mesmo tempo que mantinha várias outras amantes, gostava de sua plácida sobrinha e não queria separar-se dela. No fim, ela foi embora, mas não ficou muito tempo. O marido mandava bilhetes para o Sereníssimo que são obras-primas da mais lamentável bajulação: "Não conseguiria expressar toda a alegria, toda a gratidão com que li o que o senhor se dignou escrever-me, e o quanto me comove ver que o senhor se digna dedicar-me sua bondade e lembrança, que dediquei minha vida a merecer, e às quais ouso sugerir que ninguém no mundo daria mais valor". Mais que isso, Scavrónski escrevia em desespero suplicando a Potemkin que o ajudasse a evitar um *faux pas* diplomático. O príncipe devia rir muito para dentro ao ler essas cartas, apesar de gostar das esculturas que Scavrónski lhe mandava da Itália.[12] Notavelmente, o conde gerou uma família, entre suas árias em Nápoles, incluindo uma filha que viria a ser famosa na Europa.

Scavrónski sempre teve o cuidado de dizer ao príncipe que sua mulher ansiava por juntar-se de novo a ele na Rússia, o que provavelmente era verdade, porque o "anjo" sonhador sentia saudade da mãe-pátria. Quando estava em Nápoles, ela mantinha uma "mulher escrava" debaixo da cama, que a ajudava a pegar no sono "contando a mesma história todas as noites". De dia, ficava "perpetuamente ociosa", sua conversa era "vazia como você pode imaginar", mas não conseguia deixar de namorar.[13] Tornou-se a maior coquete de Nápoles, alto elogio numa cidade que logo conheceria os ardis de Emma, Lady Hamilton. Mas, quando os êxitos de Potemkin lhe deram a chance de cortejar a Europa, Katinka voltou às pressas para compartilhar com ele o foco das atenções públicas.

A condessa Alexandra Branicka continuou sendo não apenas confidente de Potemkin e sua agente de influência entre os poloneses, mas também a melhor amiga de Catarina. Enquanto o marido perdulário fazia tudo para desbaratar sua fortuna, ela a aumentava prodigiosamente, o que levava a discussões com o tio — mas eles sempre se reconciliavam.[14] Pelo resto da vida, ela se juntaria com frequência a Potemkin e a imperatriz — apesar de morar em suas propriedades polonesas e bielorrussas. As cartas quase ilegíveis para o tio são muito afetuosas: "Meu pai, minha vida, é muito triste estar tão longe [...] peço-lhe perdão — não me esqueça, me ame para sempre, ninguém o ama como eu. Deus meu, ficarei muito feliz quando voltar a vê-lo".[15] Era amplamente respeitada. Os contemporâneos ressaltam sua ética, "sendo um modelo de fidelidade a vida inteira",[16] o que era notável naqueles tempos, em especial levando em conta que era casada com um libertino bem mais velho. Eles constituíram uma grande família. Talvez ela tenha se apaixonado pela simpática rudeza de Branicki.

Essa trinca de casamentos provocou brigas com a imperatriz sobre as medalhas e o dinheiro concedidos à família dele — "600 mil rublos, dinheiro, a Ordem de Santa Catarina para a futura Grande Genérale [Alexandra] e o retrato [da imperatriz] para a princesa Golítsin [Varvara]". Potemkin esperava que as sobrinhas fossem subsidiadas pelo Estado — não eram a família de Catarina? Conseguiu o que queria depois de semanas de bate-boca. Ele certamente era a favor de cuidar dos seus.

Paulo deixou Tsárskoe Seló cultivando um ódio visceral pelo Sereníssimo. Porém, mais como um monarca do que como um ministro, Potemkin tentava preservar um equilíbrio entre facções da corte e potências estrangeiras. Em novembro, teve uma conversa com Harris sobre devolver a Pánin alguma dose de poder, supostamente para contrabalançar a ascensão de Bezboródko.[17] Uma de suas melhores características — ausente em muitos políticos, mesmo os democratas — era a ausência de espírito de vingança. Talvez simplesmente não quisesse mais ver Pánin humilhado. Fosse como fosse, o triunfo de Potemkin deixou Pánin arrasado: ele adoeceu em outubro.

Da mesma forma, no começo de 1782, o desnorteado Cobenzl contou a José que Potemkin voltava a pender para o lado da Prússia. Tanto Cobenzl como Harris concluíam seus relatos confessando que não tinham conseguido entender os motivos das manobras de Potemkin, mas o príncipe, embora favorecendo a Áustria, continuou pelo resto da vida a adotar um meio caminho entre as duas monarquias alemãs.[18]

Em Viena, Paulo horrorizou seus anfitriões, em especial depois que José lhe confiou o segredo da aliança austríaca. O Habsburgo viu que a "debilidade e pusilanimidade do grão-duque, somadas à falsidade", dificilmente fariam daquele paranoico raivoso e esnobe um autocrata de sucesso. Paulo passou seis semanas na Áustria, onde fez preleções a José sobre seu desprezo por Potemkin. Quando chegou às terras dos Habsburgo na Itália, criticou com severidade para Leopoldo, o grão-duque da Toscana, irmão de José, a corte de sua mãe e denunciou o Projeto Grego e a aliança austríaca. Os planos de Catarina para "engrandecer a si mesma à custa dos turcos e refundar o império de Constantinopla" eram "inúteis". A Áustria, sem a menor dúvida, tinha subornado Potemkin, aquele traidor. Paulo, quando subisse ao trono, ia prendê-lo e trancafiá-lo na prisão![19] Certamente os irmãos Habsburgo ficaram aliviados quando o Comte du Nord viajou para Paris.

O príncipe só se protegeria contra Paulo se alterasse a sucessão ou estabelecesse uma base fora da Rússia. Assim sendo, pôs em prática um plano destinado a desacreditar Paulo de uma vez por todas — e possivelmente tirá-lo da linha sucessória no futuro, deixando o trono para seu filho Alexandre. Quando Potemkin soube que a comitiva de Paulo incluía o príncipe Alexandre Kurákin, outro inimigo prussófilo e sobrinho de Pánin, pediu aos austríacos, por intermédio de Cobenzl, para ver as mensagens de correio de Paulo interceptadas pelo Gabinete Negro. Os serviços secretos austríacos entregaram a Potemkin o que puderam garimpar dos contatos de Paulo com Pánin. O príncipe tinha certeza de que pegaria Kurakin espionando para os prussianos e, dessa maneira, maculando o tsarévitch Paulo.[20]

Nikita Pánin, por mais debilitado que estivesse, sabia que as cartas de Kurákin seriam interceptadas e abertas, por isso providenciou para que Paulo se mantivesse em contato com seus seguidores em casa por intermédio de uma terceira pessoa, Pável Bíbikov, filho do general. A carta de Bíbikov para Kurákin, interceptada no começo de 1782, foi uma surpresa estarrecedora que, mais do que o Complô Saldern, assegurou a exclusão de Paulo do poder pelo resto da vida de Catarina. Bíbikov descrevia o governo de Catarina como "a horrível situação na mãe-pátria" e criticava Potemkin, "ciclope *par excellence*" e "*le bourgne*", por ter arruinado o Exército. "Se ele quebrasse o pescoço", tudo voltaria à sua "ordem natural".

Catarina ficou alarmada e furiosa. Bíbikov foi preso de imediato. Catarina redigiu pessoalmente as perguntas a serem feitas quando ele fosse interrogado por Chechkóvski. Bíbikov desculpou-se alegando apenas insatisfação com o fato de seu regimento estar estacionado no sul. Catarina enviou os resultados ao príncipe, ao mesmo tempo que ordenou que Bíbikov fosse julgado na Expedição Secreta do Senado. O julgamento *in camera* considerou-o culpado de traição e, pela lei militar, de difamar seu comandante, Potemkin, e o condenou à morte.

A decência do príncipe veio à tona. Apesar de o círculo de Paulo ter de fato discutido a ideia de quebrar-lhe o pescoço, Potemkin pediu clemência a Catarina em 15 de abril de 1782: "Ainda que a virtude produza ciúme e inveja, isso não é nada em comparação com o bem que ela outorga aos que a servem [...]. Você provavelmente já o perdoou [...]. Ele provavelmente superará suas inclinações dissolutas, tornando-se um digno súdito de Vossa Majestade, e eu acrescentarei esta graça aos outros favores que me fez". Admitindo que estava assombrado pelo medo da vingança de Potemkin, Bíbikov chorou ao ser interrogado. Propôs desculpar-se publicamente.

"Ele não deveria temer a minha vingança", escreveu Potemkin a Catarina, "uma vez que, entre as aptidões que Deus me concedeu, essa inclinação está ausente. Não desejo sequer o triunfo de uma desculpa pública [...]. Ele jamais encontraria um exemplo de vingança, contra ninguém, em toda a minha vida."[21] Era verdade — porém, mais importante, isso também mostrava a capacidade de moderação do estadista: ele nunca ia longe demais e, portanto, jamais provocava uma reação indesejada.

Bíbikov e Kurákin, convocado de volta da comitiva de Paulo em Paris, foram exilados para o sul. Quando o herdeiro voltou para Petersburgo, no fim da viagem, sua influência estava acabada e seus aliados, dispersos. Até mesmo a mãe desdenhava o filho tedioso e desequilibrado e sua mulher, aos quais chamava de "Die Schwere Bagage" — algo como os malas sem alça.[22] "O príncipe Potemkin está feliz", comunicou Cobenzl a José, "como nunca vi."[23]

O tratado secreto com os austríacos logo seria testado — na Crimeia, de crucial importância para o mar Negro, último reduto tártaro, e o ponto central da política de expansionismo meridional de Potemkin. Em maio, o príncipe saiu "numa viagenzinha" para lá a partir de Moscou, visitando propriedades. Enquanto estava a caminho, os turcos mais uma vez apoiaram uma rebelião na Crimeia contra o cã fantoche de Catarina, Shagin Giray, que foi novamente expulso, junto com os residentes russos. O canato degenerou em anarquia.

A imperatriz mandou um mensageiro atrás do príncipe. "Meu querido amigo, volte o mais rápido possível", escreveu ela em 3 de junho de 1782, acrescentando em tom de cansaço que teriam de honrar a promessa de reinstalar o cã — mesmo sendo a terceira vez que o faziam. Foi dada a Potemkin a notícia de que o almirante britânico Rodney tinha derrotado a frota francesa do almirante Joseph de Grasse na Batalha dos Santos, no Caribe, em 1/12 de abril, aliviando um pouco a difícil situação da Grã-Bretanha depois que os Estados Unidos conquistaram sua liberdade. Na Crimeia, ela se deu conta de que a política de respaldar Shagin Giray era obsoleta, mas a delicada questão de saber o que fazer dependia das potências da Europa — e de Potemkin. "Poderíamos decidir juntos em meia hora", escreveu ela ao consorte, "mas agora não sei onde o encontrar. Peço que apresse sua chegada, porque nada me apavora mais do que deixar escapar alguma coisa ou estar errada." A parceria e a relação de igualdade entre eles nunca foram anunciadas com tanta clareza.[24]

O príncipe encarava o tumulto na Crimeia como uma oportunidade histórica, porque a Grã-Bretanha e a França continuavam distraídas pela guerra. Voltou a galope, entrando na cidade quase aos saltos. Imediatamente mandou a seguinte mensagem brincalhona a Sir James Harris em francês, rabiscada com sua própria letra garranchenta: "Vive la Grande Bretagne et Rodney; je viens d'arriver, mon cher Harris, devinez qui vous écrit and venez me voir tout de suíte".*

Harris correu para Tsárskoie Seló à meia-noite para visitar "esse homem extraordinário que", como afirmou ao secretário do Exterior Charles James Fox, seu amigo íntimo, "cada dia me dá novo motivo de espanto". Sir James encontrou Potemkin num estado de quase febril exaltação. O Sereníssimo insistiu em falar a noite toda, ainda que tivesse acabado de fazer "uma jornada de 3 mil verstas, que cobrira em dezesseis dias, período em que só dormiu três vezes e, além de visitar várias propriedades e todas as igrejas por onde passava, sofreu todos os atrasos e todas as tediosas cerimônias das honras civis e militares que a imperatriz mandou despejar sobre ele [...] apesar disso não mostra o menor sinal de fadiga [...] e, quando nos separamos, eu certamente era o mais cansado dos dois".[25]

O príncipe e a imperatriz, novamente juntos, resolveram reinstalar Shagin Giray como cã da Crimeia, e também invocar o tratado com a Áustria, caso fossem levados à guerra contra a Sublime Porta. José respondeu com tanto entusiasmo a "minha imperatriz, minha amiga, minha aliada, minha heroína"[26] que, enquanto Potemkin preparava a resposta militar russa à crise da Crimeia, Catarina aproveitou a oportunidade para transformar o Projeto Grego de quimera em realidade política. Em 10 de setembro de 1792, apresentou o projeto a

---

* "Viva a Grã-Bretanha e Rodney. Acabei de chegar, meu caro Harris. Adivinhe quem está lhe escrevendo e venha ver-me imediatamente!"

José, que ficou chocado com a sua inviabilidade, mas impressionado com sua visão. Primeiro, Catarina queria restabelecer "a antiga monarquia grega sobre as ruínas [...] do governo bárbaro que ali governa até agora" para "o mais jovem dos meus netos, o grão-duque Constantino". Em seguida, queria criar o reino da Dácia, a província romana que cobria a Romênia de hoje, "um Estado independente das três monarquias [...] sob um soberano de religião cristã [...] e uma pessoa de lealdade na qual as duas cortes imperiais possam confiar [...]". As cartas de Cobenzl deixam claro que a Dácia destinava-se especificamente a ser o reino de Potemkin.

A resposta de José foi igualmente detalhada: ele aceitava o projeto em princípio. Em troca, queria a fortaleza de Khotin, parte da Valáquia e Belgrado. Veneza lhe cederia a Ístria e a Dalmácia, e receberia em troca Moreia, Chipre e Creta. Tudo isso, acrescentou, era impossível sem ajuda francesa — poderia a França ficar com o Egito? Só a guerra e a negociação poderiam resolver os detalhes — mas ele não o rejeitou.[27]

Potemkin acreditava realmente num Império Bizantino renascido e governado por Constantino, tendo ele mesmo como rei da Dácia? A ideia o entusiasmava, mas ele sempre foi o mestre do possível. O conceito por trás da Dácia foi posto em prática com a criação da Romênia em meados do século XIX, e Potemkin certamente tinha planos de concretizá-lo. Mas não perdeu a cabeça com isso.[28] Ao longo de 1785, conversou sobre os turcos com o embaixador francês Ségur e alegou que poderia tomar Istambul, mas insistiu em afirmar que a nova Bizâncio não passava de "quimera". Era tudo "maluquice". "Não é nada." Mas então sugeriu, maliciosamente, que três das quatro potências poderiam expulsar os turcos para a Ásia e libertar o Egito, o arquipélago, a Grécia, toda a Europa do jugo otomano. Anos depois, o príncipe perguntou ao seu leitor, que declamava Plutarco, se ele, Potemkin, poderia chegar a Constantinopla. O leitor respondeu diplomaticamente que era bem possível. "Para mim isso basta", exclamou Potemkin; "se alguém me dissesse que eu não poderia ir até lá, eu daria um tiro na cabeça".[29] Era sempre flexível — foi ele quem sugeriu em setembro de 1788 que Constantino fosse feito rei da Suécia, bem longe de Tsargrado.[30] Portanto, queria que servisse a seus objetivos estratégicos e fosse tão real quanto pudesse.

Catarina, a Grande, acabou com qualquer discussão sobre a contribuição de Potemkin para a aliança austríaca e o Projeto Grego. "O sistema com a corte de Viena", escreveria ela posteriormente, "é obra sua."[31]

★ ★ ★

Em 7 de agosto de 1782, a imperatriz e o Sereníssimo compareceram à inauguração da gigantesca estátua de Pedro, o Grande — o Cavaleiro de Bronze —, feita por Falconet, que ainda está de pé na Praça do Senado em Petersburgo. Era uma declaração em pedra da ambição dos dois de rivalizar com as realizações de Pedro, que fora tão brilhantemente bem-sucedido no Báltico, mas fracassara no sul.

O príncipe mandou o sobrinho, o major-general Samóilov, iniciar ações preparatórias para restaurar a ordem na Crimeia, mas decidiu ir pessoalmente para o sul e cuidar da parte principal. Essa viagem marca o fim do período doméstico da parceria entre Potemkin e Catarina e o começo de sua época de realizações colossais. A partir de então, Catarina compreendeu que eles estariam tão longe um do outro quanto juntos. Era a trajetória dele para a grandeza e contentamento, embora, como ela docemente reconheceu enquanto ele estava longe: "Meu querido senhor, detesto tanto quando você não está do meu lado". Em 1º de setembro de 1782, o príncipe partiu de São Petersburgo e subjugou a Crimeia.[32]

17. O paraíso de Potemkin: A Crimeia

> *Agora roubo cativos dos persas*
> *Ou lanço minhas setas contra os turcos...*
> Gavrili Derjávin, "Ode à princesa Felitsa"

A Crimeia era o que Potemkin chamava de "a verruga" na ponta do nariz de Catarina — mas que viria a ser seu próprio "paraíso" russo. A península era não apenas exuberante e estonteantemente bela, mas também uma joia cosmopolita, um antigo *entrepôt* que controlava o mar Negro. Os antigos gregos, godos, hunos, bizantinos, cazares, judeus karains, georgianos, armênios, genoveses e tártaros, que vieram depois, eram todos apenas visitantes, vendendo e comprando, numa península que parecia não pertencer a nenhuma etnia em particular. Para um classicista como o príncipe, havia as ruínas de Quérson e o mítico templo de Ifigênia, a filha de Agamenon. Porém ele estava mais interessado na importância estratégica e em sua história como reduto mongol que durante séculos tinha aterrorizado a Rússia.

O canato tártaro da Crimeia, conhecido no Ocidente como Tartária Crim, era um Estado que já parecia arcaico em 1782 — o último posto avançado mongol. A dinastia Giray da Crimeia era a segunda família do Império Otomano, porque descendia do próprio Gêngis Khan, sendo portanto uma linhagem muito mais distinta do que a Casa de Osman. Se Roma e Bizâncio representavam duas das três tradições internacionais de legitimidade imperial, o sangue de Gêngis Khan era a terceira. A família possuía propriedades na Anatólia, onde os otomanos convenientemente aprisionavam inquietos sucessores em potencial numa espécie de Jaula Giray. Se os otomanos fossem extintos, estava subentendido que os Giray gengísidas seriam seus sucessores. Eles sempre foram mais aliados do que súditos.

O canato tinha sido fundado em 1441, quando Haci Giray se separou da Horda Dourada e tornou-se cã da Crimeia e das praias do mar Negro. Seu sucessor Mengli Giray reconheceu a suserania final do imperador, e a partir de então os dois Estados coexistiram numa aliança tensa e respeitosa. Os tártaros guardavam o mar Negro, defendiam as fronteiras setentrionais da Turquia e forneciam um fluxo contínuo de escravos eslavos louros para vender nos centros de prazer e nas galés de Constantinopla. Entre 1601 e 1655, estima-se que tenham sequestrado mais de 150 mil escravos. Seus exércitos de 50 mil a 100 mil cavaleiros mandavam nas estepes orientais, fazendo incursões à Moscóvia sempre que precisavam de mais escravos para abastecer seus mercados. Usavam arcos de formato quadrado, de um metro e oitenta de comprimento, com setas de sessenta centímetros; mosquetes e escudos redondos, enfeitados de joias, com pistolas incrustadas de lápis-lazúlis e esmeraldas. Até aquele século, os cãs gengísidas recebiam tributos dos tsares da Rússia e dos reis da Polônia. Os Giray consideravam a sua grandeza insuperável. "Sua estrela imperial pairou sobre o glorioso horizonte", escreveu um cã numa inscrição no Palácio de Backhisaray, onde os cãs residiam em seus serralhos como grandes turcos em miniatura, guardados por 2100 sekbans, janízaros de Constantinopla. "Seu belo trono crimeano forneceu intensa iluminação ao mundo inteiro."

Durante trezentos anos, a Tartária tinha sido um dos Estados mais importantes da Europa Oriental, com uma cavalaria tida como a melhor do continente. Estendia-se muito além da Crimeia: em seu apogeu, no século XVI, governava da Transilvânia e da Polônia a Astrakhan e Kazan, e até metade do caminho para Moscou. Mesmo na época de Potemkin, o canato reinava nas estepes do Kuban, no leste, à Bessarábia, no oeste, da ponta da Crimeia até a Siétch de Zaporójie — "todo o território que separa o Império Russo do mar Negro". Geralmente aliados da Lituânia contra a Moscóvia, os cãs tártaros do século XVI chegaram a incendiar os subúrbios de Moscou.[1] Mas seu Estado tinha um defeito fatal. Os cãs não eram hereditários, mas escolhidos por eleição. Abaixo dos Giray havia os *murza*, as dinastias tártaras, também descendentes dos mongóis, que elegiam um Giray como cã e outro, não necessariamente um filho, como seu herdeiro, o cã Kalgai. Além disso, muitos súditos do cã eram tártaros nogais, nômades e insubmissos. Só em tempos de guerra o cã conseguia, de fato, comandar.[2]

O barão de Tott, conselheiro francês dos otomanos, foi transferido temporariamente para a Crimeia, onde cavalgava e acompanhava o cã em caçadas com falcões e com galgos — o cã sempre secundado por 6 mil cavaleiros. Quando a Sublime Porta declarou guerra à Rússia, em 1768, o cã Kirim Giray, acompanhado por Tott, galopou da Crimeia à frente de um exército de 100 mil para atacar o exército russo na fronteira polono-bessarábia, onde o jovem Potemkin servia. Quando Kirim Giray morreu (possivelmente envenenado), os tártaros detiveram-se na Bessarábia para entronizar o novo cã, Devlet Giray, e o barão foi um dos últimos a testemunhar a primitiva magnificência dessa monarquia gengísida: "Usando um chapéu com dois penachos enriquecidos de brilhantes, o arco e a aljava cruzados no corpo, precedido por seus guardas e cavalos sobressalentes ornamentados com plumas e penas na cabeça, seguido pelo estandarte do Profeta e acompanhado por toda a corte, ele se dirigiu ao Palácio onde na sala do Divã, sentado no trono, recebeu a homenagem de todos os fidalgos". Essa nobre cena de belicismo nômade era, incongruentemente, seguida por "uma numerosa orquestra e uma trupe de atores e bobos". Quando partia para a guerra, o cã residia numa tenda, como seus antepassados mongóis, "decorada por dentro de carmim".[3]

As incursões iniciais impressionaram, mas a Guerra Russo-Turca foi um desastre para a Tartária Crim. Devlet Giray também pereceu em sua tenda forrada de carmim e foi substituído por um homem menos importante. Tott foi chamado de volta a Constantinopla, mas infelizmente o exército tártaro permaneceu no Danúbio com o grosso das tropas otomanas, de modo que não estava lá em 1771 quando Vassíli Dolgorúki ocupou a Crimeia. Como já vimos, Pugatchov e a situação diplomática impediram que os russos mantivessem todas as suas conquistas em 1774. Mas Catarina, astutamente aconselhada por Potemkin, insistiu no Tratado de Kuchuk-Kainardji para que a Tartária se tornasse independente do sultão, que continuaria exercendo controle religioso como califa. Essa "independência" trouxe mais ruínas.

A tragédia da Crimeia tinha rosto e nome. Shagin Giray, o cã Kalgai ou, como dizia Catarina, o "delfim tártaro", encabeçara a delegação crimeana em São Petersburgo em 1771. "Alma doce", escreveu ela a Voltaire, "escreve poemas árabes [...] virá ao meu círculo aos domingos depois do jantar, quando tem permissão para entrar e ver as moças dançarem [...]." Shagin não era apenas bonito, mas também educado em Veneza. Portanto, tornou-se o candidato russo a cã quando os crimeanos concordaram em se tornar independentes de Istambul no Tratado de Karasubazaar, de novembro de 1772. Naquele ano, Shagin deixou a capital com 20 mil rublos e uma espada de ouro.[4] No entanto, os otomanos jamais aceitaram a independência da Crimeia, apesar de concordarem com isso nos Tratados de Kuchuk-Kainardji e de Ainalikawak. Entregaram Kinburn, no Dnieper, e dois outros fortes no mar de Azov. Mas ficaram com a poderosa fortaleza de Ochakov, da qual podiam ameaçar os russos, que ocupavam as terras entre o Dnieper e o Bug.

Em abril de 1777, Shagin Giray conseguiu eleger-se cã. Tinha ficado muito impressionado com a corte russa. Seu verniz de cultura ocidental não escondeu por muito tempo a inépcia política, a incompetência militar e o sadismo desenfreado. Como um José II islâmico, mas sem a filantropia, Shagin resolveu estabelecer um despotismo esclarecido, com o respaldo de um Exército mercenário chefiado por um nobre polonês. Enquanto isso, os russos tinham assentado 1200 aliados gregos da guerra na cidade de Yeni-Kale, no mar de Azov: esses "albaneses", como eram chamados, logo começaram a desentender-se com os tártaros. Quando os otomanos enviaram uma frota com outro ex-cã a bordo para substituir Shagin, os tártaros se rebelaram, e o cã fugiu de novo. Em fevereiro de 1778, Potemkin ordenou mais uma operação, enquanto os otomanos, comicamente, declaravam que iam provar que Shagin era um infiel porque "dorme numa cama, senta numa cadeira e não reza da maneira correta".[5] O cã reinstalado, tão iludido a respeito de suas habilidades políticas que, segundo Potemkin, se julgava um Pedro, o Grande, da Crimeia, assassinava os inimigos com uma crueldade estarrecedora até para os russos. Catarina esperava que o cã tivesse aprendido a lição.

Potemkin, no entanto, agia para puxar o tapete do canato. Sua economia dependia dos comerciantes e fruticultores gregos, georgianos e armênios — todos ortodoxos. Os tártaros, sob o chicote dos mulás, fisgados pelos "albaneses" e provocados pelos esbirros poloneses de Shagin, voltaram-se contra esses cristãos. Em 1779, a Rússia patrocinou o êxodo dos 31 098 cristãos, sob controle do general Alexandre Suvórov. Os cristãos supostamente ficaram felizes de encontrar refúgio num império ortodoxo. Prometeram-lhes privilégios econômicos na Rússia. O êxodo, porém, mais parecia uma marcha para a morte. As novas habitações não estavam prontas, e muitos morreram na estrada. Potemkin e Rumiántsev-Zadunáiski, as mais altas autoridades políticas e militares, devem ser responsabilizados por sua miséria. Mas Potemkin de fato assentou a maioria em Taganrog e em sua nova cidade de Mariúpol. Em termos imperialistas, funcionou esplendidamente; sem comércio nem agricultura, os irmãos de Shagin rebelaram-se no verão de 1782. Quando ele fugiu de novo, suplicando a ajuda russa, um deles, Bahadir Giray, foi eleito cã. Seu reinado seria curto.

Potemkin, que assumiu o comando total do front meridional, precisou de apenas dezesseis dias para atravessar do mar Báltico ao mar Negro pela Eurásia. Viajava a um passo de galope em geral reservado para estafetas — que adotou como seu. Resmungou para Catarina sobre "companheiros desagradáveis, mau tempo, estradas ruins e cavalos vagarosos".[6] O companheiro desagradável era, muito provavelmente, o major Semple. Potemkin lhe fez muitas perguntas sobre os exércitos da Europa Ocidental, e o malandro depois alegou que tinha sido conselheiro de Potemkin nas reformas militares, embora as ideias do Sereníssimo fossem anteriores à sua chegada, e o príncipe as tenha posto em prática depois da sua partida. Potemkin estava perdendo a paciência com o vigarista. Ele e Catarina trocaram cartas calorosas o tempo todo. Ela queria saber da Crimeia, mas também lhe dava as últimas notícias sobre Katinka Scavrónskaia, que estava doente. Lanskoi visitou-a e informou a Catarina e Potemkin que ela estava melhorando — era assim que essa família peculiar funcionava.[7]

Em 26 de setembro de 1782, o Sereníssimo entrou em sua nova cidade de Kherson. No dia 22, teve um encontro com Shagin Giray em Petrovsk (hoje Berdiansk), para negociar a intervenção russa. Os russos puseram os rebeldes em debandada, matando quatrocentos "um tanto gratuitamente" antes de tomar a capital Bakhchisaray. Shagin Giray, guardado por soldados russos, tomou posse de sua capital novamente. Em 30 de setembro, dia do santo de Potemkin, que ele costumava comemorar com Catarina nos seus aposentos, ela lhe mandou alguns presentes de esposa — um serviço de chá para viagem e uma nécessaire: "Que lugar selvagem esse para onde você foi no dia do seu santo, amigo".[8]

Certa tranquilidade foi restaurada até meados de outubro, e Potemkin voltou para sua nova cidade, Kherson. Pelo resto da vida, passaria a maior parte do tempo no sul. Catarina sentia profundamente a sua falta, mas "meu mestre, tenho que admitir que sua estada de quatro semanas em Kherson foi imensamente proveitosa".[9] Ele trabalhava com afinco para acelerar as construções e os estaleiros de Kherson, e inspecionava as obras da fortaleza de Kinburn, em frente a Ochakov, o reduto otomano. "Como pode esta pequena cidade levantar o nariz contra o jovem Colosso de Kherson?", perguntou Catarina, enquanto os consortes esperavam para ver se a Sublime Porta iria à guerra contra ela. Felizmente, a frente unida da Áustria e da Rússia foi suficiente para intimidar a Porta.[10] O Colosso voltou correndo a Petersburgo para convencer Catarina a anexar o canato.[11]

O príncipe que voltou a Petersburgo no fim de outubro era um homem diferente. Tinha uma missão — e todos notaram que "o caráter e a conduta do príncipe Potemkin mudou muito, materialmente, nesses seis meses", informou Harris a Lord Grantham, o novo secretário do Exterior. "Acorda cedo, cuida de negócios, torna-se não apenas visível para todos, mas afável também."[12]

O Seríssimo até dispensou a *basse-cour*. O major Semple tentou usar a proteção de Potemkin para pressionar os comerciantes de Petersburgo e extorquir dinheiro da duquesa de Kingston. Quando ameaçou mandar soldados russos à casa dela para pegar o dinheiro, Potemkin desmascarou o "Príncipe dos Vigaristas", que fugiu da Rússia, tomando dinheiro de comerciantes ao longo de todo o caminho de volta para casa. Pouco se sabe das aventuras subsequentes de Semple, mas Ligne escreveria para Potemkin informando que tinha dado uma recepção a "um dos ingleses de Vossa Alteza, Le Major Semple, que me disse que o acompanhou na conquista da Crimeia". Foi preso por fraude na Inglaterra, desterrado em 1795, fugiu, e depois morreu na prisão em Londres em 1799.[13] O Seríssimo deliciava-se com sua fauna de charlatães, armazenando em sua memória prodigiosa tudo o que aprendia com eles. Os vigaristas usavam-no. Mas Potemkin sempre saía ganhando.

Começou então a vender casas, cavalos, propriedades, joias, juntou "montes de dinheiro em espécie" e declarou que queria retirar-se para a Itália. Disse a Harris que tinha perdido poder e que apresentara sua renúncia a Catarina, mas ela não aceitara. Potemkin estava sempre ameaçando renunciar — Catarina devia ter se acostumado. Apesar disso, ninguém sabia o que ele estava aprontando.[14] Até pagou suas dívidas.

Parecia que Deus também estava pagando as dívidas de Potemkin. O príncipe Orlov enlouqueceu depois da morte de sua nova e jovem esposa em junho de 1781, e andava vociferando pelos corredores dos palácios. Nikita Pánin sofreu um derrame em 31 de março de 1783. Quando esses dois sóis eclipsados, que odiavam um ao outro, e admiravam relutantemente Potemkin, morreram dentro de poucos dias, Catarina achou que ficariam "espantados de se encontrarem de novo no outro mundo".[15]

O príncipe estava organizando seus negócios porque se preparava para uma vida de trabalho no sul. Estava no auge da criatividade quando o "querido mestre" voltou a São Petersburgo — ideias chispavam da cabeça dele tão vigorosa e pitorescamente como faíscas de uma roda de Catarina. Pôs-se de imediato a trabalhar junto dela para resolver de uma vez por todas o problema da Crimeia. Seria Catarina a estrategista dura e obstinada e Potemkin o tático cauteloso, como afirmariam mais tarde os historiadores? Nesse caso, Potemkin adotou a linha dura e conseguiu o que queria — mas em diferentes casos eles adotavam posições diferentes: é impossível generalizar. Quando enfrentava um problema ou um risco, o casal discutia, berrava, amuava, reconciliava-se, até que uma política conjunta emergisse completamente formulada.

No fim de novembro, o príncipe explicou a Catarina, num apaixonado tour de force, que a Crimeia, que "quebra a nossa fronteira", precisava ser tomada porque os otomanos "poderiam atingir nosso coração" através dela. Isso precisava acontecer o quanto antes, enquanto ainda era tempo, com os britânicos ainda em guerra com franceses e americanos, a Áustria ainda entusiasmada, Istambul ainda destroçada por revoltas e pela peste. Num fluxo de retórica imperialista e história erudita, ele exortou:

> Imagine que a Crimeia é Sua e a verruga em seu nariz não existe mais! [...] Graciosa senhora [...]. É sua obrigação elevar a glória russa! Veja quem ganhou o quê: a França tomou a Córsega, os austríacos sem uma guerra tomaram mais da Moldávia do que nós. Não há potência na Europa que não tenha participado da divisão da Ásia, da África, da América. Acredite em mim, fazer isto lhe trará glória imortal maior do que a de qualquer outro soberano russo. Essa glória abrirá caminho para outra ainda maior: com a Crimeia, o domínio do mar Negro será alcançado.

E concluiu: "A Rússia precisa do paraíso".[16]

Catarina hesitava: haveria guerra? Eles não poderiam tomar apenas o porto de Akhtair em vez de todo o canato? Potemkin lamentou a cautela de Catarina em conversa com Harris: "Aqui nunca olhamos para a frente ou para trás e somos governados apenas pelo impulso do momento [...]. Se eu tivesse certeza de ser aplaudido quando acertasse ou de ser criticado quando errasse, saberia do que é que dependo [...]". Harris finalmente pôde ajudar quando Potemkin arrancou dele a garantia de que a Grã-Bretanha não impediria a expansão russa à custa da Porta.[17]

Então, apenas poucas semanas depois da volta de Potemkin, Catarina lhe deu o "mais secreto" édito para anexar a Crimeia — mas só se Shagin Giray morresse, fosse derrubado ou se recusasse a ceder o porto de Akhtiar, ou se os otomanos atacassem, ou... Havia tantas condições que ambos sabiam que ele estava realmente livre para conseguir o seu prêmio, mas só se pudesse estabelecer as condições ideais. "Por este instrumento declaramos nosso desejo", escreveu a imperatriz ao príncipe em 14 de dezembro de 1782, "da anexação da Crimeia e juntá-la ao Império Russo com toda a fé no senhor e tendo absoluta certeza de que não perderá tempo conveniente nem as maneiras oportunas de executá-lo." Ainda havia o risco de o Império Otomano ir à guerra, ou de que as grande potências impedissem.[18]

Não admira que Potemkin trabalhasse tanto. Precisava preparar-se para a guerra com a Sublime Porta ao mesmo tempo que esperava evitá-la. Catarina mantinha José bem informado por carta calculando astutamente que, se ele não tivesse nenhuma surpresa, era menos provável que ficasse ressentido. Se agissem rápido, e a operação não envolvesse derramamento de sangue, poderiam ficar com a Crimeia antes que a Europa pudesse reagir. Dispunham de pouco tempo, porque a França e a Grã-Bretanha estavam negociando a paz na Guerra Americana. As preliminares tinham sido assinadas em 9/20 de janeiro em Paris. A paz ainda não estava ratificada, por isso os russos podiam contar com mais seis meses. Os diplomatas tentavam adivinhar até onde os parceiros iriam: "As visões do príncipe Potemkin aumentam a cada dia e são de uma magnitude", informou Harris, "capaz de exceder a ambição da própria imperatriz".[19] Sir James minimizou o caso ao escrever que, "apesar dos esforços que fazia para dissimular", o Sereníssimo estava "muito triste de ver nossa guerra tão perto do fim [...]".[20]

★ ★ ★

Foram as últimas oportunidades para Potemkin desfrutar da companhia de Sir James Harris. O inglês achava que tinha jogado a última cartada em Petersburgo. Quando seu amigo Charles James Fox voltou para o ministério como metade da coalizão Fox-North, seguindo uma política pró-russa, Harris exigiu ser chamado de volta enquanto as relações com a Rússia continuavam amigáveis. Sir James e o príncipe viram-se pela última vez na primavera, quando o príncipe estava cada vez mais ocupado com suas preparações meridionais. Harris teve sua audiência de despedida com a imperatriz depois da partida de Potemkin, em 20 de agosto de 1783, e voltou para casa.*

Harris cometera o erro de basear suas esperanças num homem que defendia alegremente uma aliança inglesa, mas na realidade adotava uma política bem diferente no sul. Quando a aliança austríaca entrou em vigor, a falsidade de Potemkin para com Harris ficou evidente.

Sir James deixou Petersburgo com grande prestígio em Londres, porque seu papel de amigo e tutor de Potemkin em assuntos relacionados à civilização inglesa o levara para mais perto do topo do que qualquer outro embaixador jamais chegaria na Rússia. Mas devia abrigar sentimentos ambíguos a respeito de Potemkin, que tão bem o enganara. "O príncipe Potemkin não é mais nosso amigo", informou ele com tristeza a Charles James Fox. Os arquivos de Potemkin mostram que eles se mantiveram em contato por muito tempo depois disso. Harris costumava recomendar viajantes ao príncipe: um desses foi o arcediago Coxe, o memorialista. "Sei que lhe devo desculpas", escreveu Harris, "[...] mas sei que gosta de homens de letras [...]." Catarina acabou considerando Harris um "encrenqueiro e conspirador". Potemkin tinha "paixões súbitas" pelos amigos e depois seguia em frente. Diria a um embaixador que tinha feito muito por Harris, que por sua vez "pôs tudo a perder", e resmungou para Bezboródko que Harris era "pérfido, mentiroso e não muito decente". A amizade entre eles acabou des-

---

* Um sinal da estima de Catarina e Potemkin por Harris ainda pode ser visto em Londres na forma de uma deslumbrante bugiganga. Quando Harris foi embora, ela lhe deu de presente um lustre produzido nas fábricas de vidro de Potemkin. Um descendente de Harris, o sexto conde de Malmesbury, recentemente doou o objeto para a Skynner's Company da cidade de Londres, onde está pendurado no Salão Exterior.

truída pela crescente hostilidade da Grã-Bretanha contra a Rússia — mais um triste exemplo do cemitério especial reservado para as amizades diplomáticas.[21]

O príncipe passou fevereiro e março de 1783 preparando planos militares para a Suécia e a Prússia, aliados potenciais dos otomanos contra a Rússia, enquanto posicionava exércitos contra os turcos e mandava a frota báltica de volta para o Mediterrâneo. O objetivo de qualquer guerra tinha de ser a fortaleza otomana de Ochakov, que dominava o *liman* (estuário) do Dnieper e, com isso, o acesso ao mar Negro. Potemkin também voltou seu olhar reformador para a vestimenta e as armas dos militares russos: num dos seus animados e enérgicos memorandos para Catarina, usando senso comum e coloquialismos pitorescos, propôs reduzir o fardo do soldado raso, eliminando toda a afetada parafernália prussiana. Inusitadamente para um general russo e para um comandante do século XVIII, ele de fato queria dar mais conforto à sua bucha de canhão.

Esperava-se que o homem de infantaria russo empoasse e trançasse o cabelo, o que podia levar doze horas, e usasse roupas nada práticas, incluindo apertadas botas de cano alto, meias, calças caras de camurça e o duro chapéu triangular de ponta, que não protegia contra as intempéries. Nada pior que isso "poderia ser inventado para deprimir o soldado", escreveu Potemkin, que propôs: "Toda janotice deve ser eliminada". Suas denúncias contra o penteado marcial prussiano são um exemplo clássico do pensamento de Potemkin: "Sobre o penteado. Enrolar, empoar, fazer tranças — isso é coisa de soldado? Eles não têm *valets*. E para que precisam de cachos? Todo mundo concorda que é mais saudável lavar e pentear o cabelo do que sobrecarregá-lo de pó, gordura, farinha, grampos, tranças. O traje do soldado deve ser assim: preparado e pronto para uso imediato". Meses depois de tornar-se favorito, ele também mandou os oficiais instruírem os soldados sem as "surras desumanas" que tornam o serviço militar desagradável e intolerável. Em vez disso, recomendava "interpretação afetuosa e paciente". A partir de 1774, vinha aligeirando e aprimorando a cavalaria russa também, criando novos regimentos de dragões e tornando o equipamento e a armadura dos couraceiros mais fáceis de manusear.

Anos à frente do seu tempo e imune à abrutalhada prussomania de quase todos os generais ocidentais (e russos), Potemkin inspirou-se nos trajes leves dos cossacos, em vez de copiar os rígidos uniformes dos desfiles militares prussianos, para projetar a nova farda, que receberia o seu nome: chapéus confortavelmente quentes que podiam cobrir as orelhas, cabelos curtos, *puttees* em vez de meias, botas folgadas, sem espadas cerimoniais, apenas baionetas. O novo uniforme de Potemkin estabeleceu um modelo pela "beleza, simplicidade e conveniência do traje, adaptado ao clima e ao espírito do país".[22]

Era hora de partir. Ele sabia que, se a aventura crimeana terminasse bem, "eu logo passarei a ser visto sob outra luz e, se minha conduta não for aprovada, me retirarei para o campo e jamais voltarei a aparecer na corte".[23] Mas aqui o príncipe dissimulava novamente: ele estava convencido de que poderia fazer qualquer coisa. Deixou a capital no auge do prestígio. "Seu olho é tido como o olho onisciente", escreveu Zavadóvski, em tom ressentido, a Rumiántsev-Zadunáiski. Mas Harris sabia que havia um risco: "O príncipe Potemkin vai lá assumir o comando do exército, por mais perigoso que esse ato possa ser para a duração do seu prestígio".[24]

Por fim, o príncipe cortou o cabelo, talvez para ficar com mais aparência de estadista. "A grã-duquesa", escreveu Mikhail Potemkin para o Sereníssimo, "disse que, depois de cortar o cabelo, sua imagem mudou para melhor." É alentador saber que cortes de cabelo pudessem ter significado político mesmo dois séculos antes da televisão.[25] Contas acertadas, laços rompidos — mortais, políticos, financeiros e capilares —, Potemkin partiu para o sul em 6 de abril de 1783, acompanhado por um séquito que incluía a sobrinha mais nova Tatiana Engelhardt, a fim de conquistar "o paraíso".

Antes de comparecer à guerra, o príncipe compareceu a um batizado. O tio e a pequena e animada Tatiana chegaram à propriedade de Belaiatserkov, de Sashenka Branicka, para o batizado do seu bebê. De Petersburgo, Bezboródko acompanhava os movimentos de Potemkin: "Recebemos uma mensagem dizendo que o príncipe Potemkin partiu de Kritchev em 27 de abril", contou o ministro a Semion Vorontsov, "e, tendo atuado como padrinho em Belaiatserkov, saiu no dia seguinte [...]." Poucas vezes um batizado foi seguido tão atentamente pelos gabinetes da Europa.

A viagem do príncipe foi inusitadamente despreocupada. Durante todo o caminho, era perseguido pelas cartas cada vez mais ansiosas da imperatriz. De início, os consortes saborearam seu ato de malabarismo diplomático como uma dupla de salteadores planejando um assalto. Eles suspeitavam que o imperador

José tinha inveja dos ganhos russos à custa da Turquia em 1774, por isso Catarina disse a Potemkin: "Tomei a decisão de não contar com ninguém a não ser comigo. Quando o bolo fica pronto, todo mundo quer um pedaço". Quanto à amiga da Turquia, a França, o "trovão francês, ou devo dizer com o relâmpago distante", a abalava tão pouco quanto as palpitações de José. "Por favor, não me deixe sem notícias suas e dos seus negócios." Potemkin compreendia muito bem o valor da aliança com os austríacos, mas nunca deixou de divertir-se rindo de José e das hesitações do seu chanceler: "Kaunitz está agindo como uma serpente ou como um sapo", escreveu ele a Catarina em 22 de abril, mas tentou tranquilizá-la: "Mantenha-se firme, Matuchka, diante de quaisquer abordagens, especialmente de inimigos internos ou externos [...]. Não deve confiar demais no imperador, mas um tratamento amistoso é necessário".[26]

Os emissários de Potemkin estavam preparando os tártaros na Crimeia e os cossacos do Kuban enquanto suas tropas se aprontavam para lutar contra os otomanos. Balmain cuidava da peça mais fácil do quebra-cabeça: em 19 de abril, conseguiu a abdicação de Shagin Giray em Karasubazaar, na própria Crimeia, em troca de generosos subsídios e, possivelmente, de outro trono. "Meu pombo, meu príncipe", escreveu Catarina, eufórica, ao saber da notícia.[27] Quando o príncipe finalmente chegou a Kherson no começo de maio, descobriu que, como sempre, a burocracia russa era incapaz de realizar muita coisa sem a sua energia impulsionadora. "Lady Matuchka", informou ele a Catarina no começo de maio, "tendo chegado a Kherson, estou cansado como um cão e incapaz de descobrir algum sentido no Almirantado. Tudo é desolado e não há um único relatório adequado." Como qualquer menino do interior, seus pensamentos sobre os ministros da Europa eram povoados por cães, lobos e sapos.

O príncipe então se dedicou inteiramente, num turbilhão de atividades e de ansiedade, a capturar a Crimeia sem interferência externa. Os arquivos mostram esse dínamo de múltiplos talentos em ação. Os rescritos de Potemkin para seus generais — Balmain na Crimeia, Suvórov e Pável Potemkin no Kuban — cobriam todos os detalhes: os tártaros deviam ser tratados gentilmente; regimentos foram posicionados; a artilharia deveria ser trazida se houvesse necessidade de sitiar Ochakov; um espião estava a caminho ("prenda-o e mande-o para mim"). A um coronel que demonstrou excessiva reverência ao cã deposto, ele serviu uma dose de sarcasmo potemkiniano: "Você é o mordomo do cã ou um oficial?". E especificou cada passo do juramento de lealdade.[28]

Enquanto isso, no leste da Crimeia e no Kuban, ao sul das montanhas do Cáucaso, ele conduzia negociações com os dois reis georgianos sobre um protetorado russo, e com um sátrapa persa e rebeldes armênios sobre a formação de um estado armênio independente. Em meio a tudo isso, uma epidemia de peste atingiu a Crimeia, importada de Constantinopla, e foi preciso decretar quarentenas. "Ordeno que se tomem precauções contra ela — repetir o básico, inspirar higiene, visitar hospitais de peste, para dar o exemplo", escreveu Potemkin para Bezboródko. Esses eram apenas alguns dos incontáveis projetos que Potemkin punha em prática nessa época. "Só Deus sabe como estou exausto." Como se isso não bastasse para um homem, monitorava as potências da Europa — e lidava com Catarina.[29] Ele a repreendia: "Você sempre me deu apoio [...] portanto não negue o favor de que mais preciso — cuide da sua saúde".

Frederico, o Grande, tentou então arruinar os planos de Catarina instigando os franceses a detê-la. Potemkin desafiou o "mascate [prussiano] [...] a mandar tropas francesas para cá — vamos lhe ensinar uma lição à maneira russa". O rei Gustavo da Suécia, que esperava igualar e superar seu herói Alexandre, o Grande, insistiu em visitar Catarina, à procura de uma oportunidade para tirar partido dos problemas russos com a Turquia e recuperar o perdido Império Báltico da Suécia. Mas sua visita foi retardada quando o cavalo o derrubou num desfile militar e ele quebrou o braço. "Que herói mais desajeitado", zombou Catarina em carta a Potemkin. Alexandre, o Grande, nunca deu vexame. Quando Gustavo chegou para fazer sua visita, o bolo crimeano já tinha sido assado e comido.

O conde de Vergennes, ministro do Exterior da França, procurou o embaixador austríaco em Paris para coordenar uma reação aos planos russos. José II, pressionado por Catarina a tomar uma decisão, e com medo de ficar fora dos ganhos otomanos, de repente reagrupou-se e informou ao horrorizado Vergennes sobre a existência do Tratado Russo-Austríaco. Sem apoio da aliada Áustria, a França, exausta, não teve força de vontade para agir. Quanto à Grã-Bretanha, feliz por ter escapado das areias movediças americanas, Lord Grantham disse a Harris que "se a França quer ficar quieta em relação aos turcos [...] por que vamos nos meter? Não é hora de começar um novo tumulto".

A aliança com José foi decisiva. "Sua previsão tornou-se realidade, meu animado e esperto amigo", disse a imperatriz ao seu consorte. "Abre-se o apetite comendo." Parecia, portanto, que os consortes conseguiriam o que queriam.[30]

★ ★ ★

Potemkin estava tão envolvido em suas múltiplas atividades que parou de mandar suas costumeiras cartas para Catarina. Ela ficou aflita e escreveu-lhe repetidamente em maio e junho, dizendo, irritada: "Você reclama que não recebe notícias minhas, mas acho que eu é que não tenho notícias suas há muito tempo". Os dois estavam ficando irritados um com o outro, como sempre ocorria em tempos de crise política. Ela queria saber se o cã tinha ido embora da Crimeia, para que os tártaros pudessem fazer o juramento de lealdade e ela proclamasse a anexação.

Potemkin, trabalhando com afinco em Kherson, tentava administrar a saída de Shagin, que agora retardava o empreendimento, apesar da pensão de 200 mil rublos. Os tártaros não cooperariam enquanto o cã lá estivesse. Apesar de ele ter despachado a bagagem para Petrovsk, seus oficiais tentavam dissuadir os mulás de confiarem na Rússia. Pável Potemkin e Suvórov finalmente informaram do distante Kuban que os nômades nogais estavam prontos para jurar lealdade a Catarina. Tudo precisava ser coordenado. O príncipe resolvera que a anexação aconteceria sem derramamento de sangue, para pelo menos parecer que era a vontade do povo crimeano. Por fim, nos últimos dias de maio, Potemkin escreveu que estava saindo de Kherson para a Crimeia: "Até mais, Matuchka, querida [...] o cã vai partir num piscar de olhos".

O príncipe chegou à Crimeia e acampou em Karasubazaar, pronto para fazer o juramento em 28 de junho, dia da posse de Catarina. Mas a coisa se arrastava. Apesar de trabalhar freneticamente, esgotando-se, o príncipe transmitia uma impressão de moleza oriental. "Vi-o na Crimeia", escreveu um dos seus oficiais, "deitado num sofá cercado de frutas e aparentemente alheio a qualquer preocupação — no entanto, em meio a toda essa apatia a Rússia conquistou a península."[31]

Catarina ora tinha saudade de Potemkin, ora se desesperava com ele. "Nem eu sei nem ninguém sabe por onde você anda." No começo de junho, ela sentia sua falta. "De vez em quando lamento que você esteja aí e não aqui, porque me sinto perdida sem você." Um mês depois, estava furiosa: "Você deve imaginar como estou ansiosa sem notícias suas há mais de cinco semanas [...]. Eu contava com a ocupação da Crimeia até meados de maio, o mais tardar, e já estamos em meados de julho e sei tanto sobre o assunto quanto o papa em Roma".[32] Então começou a temer que ele estivesse morrendo de peste. É de supor que Potemkin tenha esperado até que pudesse colocar toda a Crimeia e o Kuban aos pés de Catarina.

Em todo o antigo canato crimeano, os murzás e mulás reuniram-se com seus albornozes mais finos para jurar lealdade, sobre o Corão, a uma imperatriz cristã-ortodoxa a quase 2 mil quilômetros de distância. Potemkin, pessoalmente, os fez prestar o juramento, primeiro ao clero, depois aos demais. A cena mais notável ocorreu no Kuban, bem a leste. No dia marcado, 6 mil tendas tártaras da horda nogai foram armadas na estepe do Eysk. Milhares de pequenos e resistentes cavalos mongóis desfilaram a meio galope em volta dos acampamentos. Soldados russos vigiavam com displicência. A abdicação de Shagin foi lida para os nogais, que fizeram o juramento de lealdade à imperatriz perante Suvórov. Depois voltaram para suas hordas, que também recitaram o juramento. Em seguida, festejaram: cem vacas e oitocentos carneiros foram assados e consumidos. Os nogais beberam vodca — porque o vinho era proibido pelo Corão. Após muitos brindes de urras, os cossacos e os nogais disputaram corridas de cavalo. Então os nogais, tendo perdido a liberdade seiscentos anos depois que Gêngis Khan despachou suas hordas para o oeste, foram embora.[33]

Em 10 de julho, o príncipe rompeu o silêncio com a imperatriz: "Em três dias, brindarei você com a Crimeia. Todos os notáveis já juraram, agora todo o resto virá atrás". Em 20/31 de julho, Catarina recebeu o relato de Potemkin de que os tártaros da Crimeia e as duas hordas nogais tinham prestado juramento. Ela ficou tão aliviada, e estava tão desgastada com a espera, que respondeu com frieza, mas, quando a notícia foi assimilada, e recebeu a explicação de Potemkin, conseguiu avaliar o que ele tinha realizado. "Quantas proezas gloriosas em tão ponto tempo." As cartas dele foram imediatamente inundadas por ideias para cidades, portos e navios, enfeitadas com referências clássicas a seus novos territórios. O entusiasmo de Potemkin era sempre contagioso. Quando escreveu que os rumores covardes sobre a praga tinham sido espalhados por poltrões em "Spa e Paris", Catarina enfim voltou a rir.[34]

Poucos dias depois, o Seredíssimo puxou outro coelho dourado da cartola: no Cáucaso, o reino da Geórgia aceitou a proteção russa. O Cáucaso, o istmo entre os mares Negro e Cáspio, era uma faixa montanhosa de reinos e principados, dominados pelos impérios do entorno — Rússia, Turquia e Pérsia. No noroeste, Potemkin tinha acabado de anexar o Kuban, governado pelos crimeanos. No sopé das montanhas, generais russos lutavam para controlar os insubmissos montanheses muçulmanos da Tchetchênia e do Daguestão. Ao sul das montanhas, os impérios Persa e Turco dividiam a região entre si. Ali, os dois reinos georgianos ortodoxos, Kartli-Kakhetia e Imerécia, eram quase míticos ou bíblicos em sua romântica ferocidade, por isso era apropriado que seus tsares se chamassem respectivamente de Hércules e Salomão.

Hércules (Heraclius ou Erakle, em georgiano), notável construtor de impérios, parecia ser o último cavaleiro medieval ainda vivo e bem de saúde no século de Voltaire. O nome era perfeito para o homem. Descendente da dinastia bagrátida, que forneceu monarcas georgianos por quase mil anos, era um rei-guerreiro que devia o trono à sua luta pelo xá da Pérsia na Índia e tinha conseguido criar um mini-império nos quintais da Pérsia e da Turquia. Já velho, "de estatura mediana, com rosto comprido, olhos grandes e barbicha, passara a juventude", observou um viajante, "na corte de Nadir Xá, onde tomou gosto pelos costumes persas [...]". Hércules era "famoso pela coragem e pelas aptidões militares. A cavalo, sempre usava um par de pistolas carregadas na cintura e, se o inimigo estivesse perto, um mosquete despontando num dos ombros [...]". O outro tsar georgiano, Salomão de Imerécia, era igualmente notável, pois, repetidamente derrubado e restaurado, tinha "vivido como um selvagem por dezesseis anos em cavernas e buracos, e muitas vezes, graças à sua coragem, escapara de ser assassinado". Também vivia com um mosquete no ombro.[35]

Quando os russos foram à guerra em 1768, Catarina tinha ajudado Hércules e Salomão, abandonando-os, no entanto, depois de 1774, à vingança do xá e do sultão. Potemkin, incentivado pela aliança com os austríacos, resolveu aumentar a pressão sobre os otomanos conversando com os georgianos. Correspondia-se com Hércules, perguntando se agora vivia em paz com Salomão: queria os dois reinos para a Rússia.

Em 31 de dezembro de 1782, o rei Hércules comunicou ao "misericordioso e sereno príncipe" que "estou confiando a mim, a meus filhos e a minha nação ortodoxa" à Rússia. O Sereníssimo ordenou a seu primo, que comandava os corpos de exército do Cáucaso, que conduzisse as negociações. Em 24 de julho de 1783, Pável Potemkin assinou o Tratado de Georgievsk com Hércules em nome do príncipe.[36]

O Serenissimo, ainda acampado em Karasubazaar, na Crimeia, ficou muito feliz. Sua animação clássico-ortodoxa com a notícia de outro presente magnífico para a imperatriz era incontrolável:

Lady Matuchka, minha mãe adotiva, o assunto georgiano também foi resolvido. Terá outro soberano iluminado uma época como você? Mas não é só brilho. Você anexou os territórios, que Alexandre e Pompeu apenas vislumbraram, sob a batuta da Rússia, e Quérson de Táurida [Crimeia] — a fonte do nosso cristianismo e, portanto, da nossa humanidade — já está nas mãos de sua filha.* Há qualquer coisa de místico nisso. Você destruiu a horda tártara — que tiranizou a Rússia nos velhos tempos, e a devastou em tempos recentes. A fronteira de hoje promete a paz para a Rússia, a inveja para a Europa e o medo para a Porta Otomana. Por isso registre esta anexação, não avermelhada de sangue, e ordene a seus historiadores que preparem muita tinta e muito papel.[37]

Catarina ficou impressionada. Agradecendo-lhe as conquistas, ela ratificou o tratado, que confirmava os títulos de Hércules, suas fronteiras e o direito de cunhar a própria moeda. Em setembro, Pável Potemkin construiu uma estrada a partir de uma trilha de cavalo e viajou, numa carruagem puxada por oito montarias, através do Cáucaso até Tiflis (hoje Tbilisi). Em novembro, dois batalhões russos entraram na capital. O príncipe começou a supervisionar a construção de fortes na nova fronteira da Rússia, enquanto dois tsarévitches georgianos, filhos de Hércules, partiam para morar na corte cosmopolita de Potemkin.[38]

E havia mais. O fracasso da aventura caspiana de Voinovitch dois anos antes não tinha interrompido os planos de Potemkin a respeito de uma aliança antiotomana com a Pérsia. Bezboródko, um dos poucos que compreendiam os projetos geopolíticos de Potemkin, explicou que o príncipe planejava não apenas essa versão oriental da aliança austríaca. Ele tinha convencido Catarina, no rescrito crimeano, a autorizá-lo a pressionar os caspianos a criarem dois outros principados: um armênio (a atual Armênia) e outro nas margens do Cáspio (o atual Azerbaijão) que pudessem ser governados por Shagin Giray, o deposto cã da Crimeia.[39]

No começo de 1784, Potemkin já negociava com o cã persa em Isfahan sobre a possibilidade de ele também juntar-se ao Império, o que lhe dava a oportunidade de fundar seu reino armênio. "A Armênia levanta as mãos para o sacro trono de Vossa Majestade imperial pedindo para ser libertada do judô de Aga", declarou

---

* Potemkin, o ortodoxo, ficou felicíssimo com a posse do lugar, a antiga cidade de Quersoneso, na Crimeia, onde Vladímir, grão-príncipe de Kiev, tinha sido batizado em 988, no momento em que o cristianismo chegava à terra de Rus.

Potemkin à imperatriz.⁴⁰ Negociações com os potentados persas, os cãs de Shusha e Goya, e os armênios do Karabak, continuaram até 1784.* Potemkin mandou um embaixador a Isfahan, mas o cã morreu e o enviado voltou para casa. Em última análise, o projeto persa-armênio não deu resultado. Por ora, os ganhos do príncipe já eram bastante substanciais.

Catarina ficou encantada e o elogiou como imperatriz, como amante e como amiga: "Por todos os trabalhos executados por você e pelos cuidados infinitos com meus assuntos, não posso expressar suficientemente o meu reconhecimento; você sabe como sou sensível ao mérito, e os seus méritos são excepcionais, tanto quanto o são a minha amizade e o meu amor por você. Que Deus lhe dê saúde e poderes ainda maiores, de corpo e alma".⁴¹

No fim de agosto de 1783, o príncipe caiu de cama, atacado por uma febre perigosa. Esgotado por seus projetos colossais, por suas viagens infindáveis, pela proximidade da peste e pela água contaminada, Potemkin jazia à beira da morte num belo chalé tártaro, em meio às verdes pastagens de Karasubazaar.

Potemkin não podia sair de combate — mas a sua saúde melhorou em meados de setembro. A Europa ainda se espantava com as conquistas russas. Enquanto sua febre baixava e subia, ele inspecionava as forças russas. No que se tornou um padrão, mesmo uma tradição, em São Petersburgo, Catarina, Bezboródko e os embaixadores seguiam cada espasmo seu. Quando ele se mudou para a capital regional do sul, Kremenchuk, longe da Crimeia e de Kherson, infestadas pela peste, Catarina, sempre uma esposa preocupada, escreveu: "Você nunca cuida de si mesmo enquanto se restabelece. Peço-lhe que, por favor, se lembre pelo menos uma vez da importância da sua saúde: o bem-estar do Império e a minha glória". Ela sabia que a conquista e o desenvolvimento do sul dependiam dele: "O empreendimento mais importante do mundo resultará em nada sem você. Estimo a sua mudança para Kremenchuk, mas isso não deveria ser feito no meio de uma doença perigosa, fiquei horrorizada de saber que você percorreu trezentas verstas nessas condições".⁴²

---

* Os armênios do Nagorno-Karabak ainda lutavam para escapar do controle muçulmano da República do Azerbaijão e fazer parte da República da Armênia durante uma violenta guerra nos anos 1990.

Os dois imperialistas russos saboreavam seu êxito. Potemkin perdia-se em sonhos românticos neoclássicos, enquanto Catarina reagia com uma satisfação brutal, quase stalinista: "Vejo com calma a inveja da Europa — que zombem de nós enquanto cuidamos dos nossos assuntos". Reafirmou a permanência dele: "Saiba que estou comprometida com você por um século".[43] Para demonstrá-lo, destinou 100 mil rublos à construção de uma nova casa para ele, que viria a ser o Palácio de Táurida.[44]

Ele não conseguia parar de trabalhar. Sabia que as hordas nogais seriam motivo de permanente instabilidade no Kuban, por isso, numa ação pressagiadora de futuras máculas na história russa, preparou um plano para transferir os nômades e reassentá-los entre o Volga e os Urais. Os rumores chegaram ao conhecimento dos nogais. Nesse meio-tempo, o irritante peralvilho gengísida, Shagin Giray, demorava-se em Taman, mantendo-se em contato com as hordas nogais. Talvez incentivadas por ele, as hordas, logo depois de saírem do churrasco de Suvórov na estepe, mataram os murzás pró-Rússia. O enérgico Suvórov imediatamente saiu atrás dos rebeldes e massacrou-os em 1º de outubro.[45]

O embaixador russo na Porta era o amigo de Potemkin dos tempos de universidade, Iákov Bulgákov, que agora monitorava a reação otomana enquanto negociava um acordo comercial. Ele informou que os turcos "não vão brigar pela Crimeia, se não houver uma nova situação criada pela Europa". O Tratado de Versalhes pôs fim à Guerra de Independência dos Estados Unidos em 23 de agosto/3 de setembro, mas era tarde demais. A Prússia e a França tentaram opor alguma resistência e, no fim de setembro, Catarina ainda esperava uma declaração de guerra otomana "a qualquer minuto", mas José se manteve firme contra Vergennes e Frederico.[46] O Kaiser chegou mesmo a aclamar "o êxito do príncipe Potemkin" em carta à imperatriz: "Conheço muito bem o valor e a dificuldade de encontrar *serviteurs* bons e leais como ele, e sei como é raro em nossa profissão achar alguém que nos compreenda". Em 28 de dezembro de 1783, os turcos reconheceram implicitamente a perda da Crimeia numa nova convenção de Ainalikawak, negociada por Bulgákov.[47]

Cartas e elogios choveram na chancelaria de Potemkin. Era verdade que ele tinha "atingido o mais alto grau de poder que os soberanos concedem a indivíduos", como lhe disse em carta seu general Igelstrom.[48] Mais que isso, "o que os séculos não completaram, o que Pedro I não conseguiu", afirmou o escritor Glinka, "este gigante da nossa época foi capaz de conseguir".[49] Catarina sentia uma falta imensa dele, escrevendo a mais simples confirmação da parceria entre os dois no começo de outubro: "Que Deus lhe conceda melhoras e sua volta para cá. Sinceramente, quando fico sem você, às vezes me sinto como se não tivesse mãos". O príncipe respondeu que "Graças a Deus, a cada hora me sinto melhor [...] e quando estiver completamente restabelecido irei vê-la, minha querida Matuchka".[50]

O príncipe Potemkin voltou a Petersburgo no fim de novembro de 1783 e ali encontrou os cortesãos que lhe eram hostis num paroxismo de ciúme e inveja. Seu aliado Bezboródko estava sitiado, e Potemkin o defendeu, sendo, por sua vez, acossado pelos inimigos. "A inveja de muitos", observou Bezboródko, agradecendo o apoio de Potemkin, "é clara." Essa inveja assumiu a forma de uma intriga para desacreditar o Sereníssimo.

A imperatriz tinha sido informada de que os surtos de peste no sul eram, de alguma forma, resultado da negligência de Potemkin. Ela era muito sensível a esse assunto, desde a peste com distúrbios de 1770 em Moscou. Havia alegações de que colonos italianos, que chegavam para lavrar a terra nas estepes do sul, tinham morrido porque não havia casas para eles. Ambas as alegações eram falsas — ele se esforçara com um empenho extra para conter a peste, e conseguiu. Deve ter sido desanimador fazer tanto e viajar tão longe para ter que defender sua posição ao voltar. O complô, de acordo com Bezboródko, foi tramado pelo ministro da Marinha, Ivan Tchernichov, que tinha todas as razões para ressentir-se do êxito do Sereníssimo, porque o grande almirante Potemkin estava construindo sua própria Frota do Mar Negro, fora da jurisdição da Escola Naval. A princesa Dáchkova, de volta de suas viagens, e até Lanskoi estavam, de alguma forma, envolvidos. Essas acusações provocaram um bate-boca entre os consortes, e um bloco de gelo se interpôs entre esses dois orgulhosos estadistas.[51]

Potemkin parou de visitar Catarina. Liev Engelhardt, outro primo de Smolensk que tinha acabado de ingressar na equipe do príncipe como ajudante, fez um vívido relato dessa época. Geralmente a rua, conhecida como Millionáia (rua dos Milionários), em frente à casa de Potemkin e adjacente ao Palácio de Inverno, ficava tão congestionada com carruagens e peticionários que era impossível passar. Mas agora, no auge do seu sucesso, estava deserta. Os inimigos festejavam.

Em 2 de fevereiro de 1784, o Seraníssimo acordou tarde, como de hábito. Seu *valet* tinha deixado um pequeno envelope com o selo imperial ao lado da cama. A imperatriz, que se levantara às sete, como sempre, dera ordens para não acordarem o príncipe. Potemkin leu a carta e chamou o secretário, Vassíli Pópov. "Leia isto!", disse. Pópov correu para a antessala, onde o ajudante Engelhardt estava de plantão: "Vá cumprimentar o príncipe. Ele foi promovido a marechal de campo". Engelhardt entrou para cumprimentar o patrão. O príncipe marechal de campo pulou da cama, vestiu um sobretudo, enrolou a echarpe cor-de-rosa no pescoço e foi ver a imperatriz. Tinha sido promovido também a presidente da Escola de Guerra. Além disso, por recomendação sua, a imperatriz criara a província de Táurida, o nome clássico da Crimeia, somando-a ao vasto vice-reinado da Nova Rússia de Potemkin. Em duas horas, seus aposentos estavam lotados. Carruagens voltaram a congestionar a Millionáia. Os cortesãos que haviam se mostrado mais frios eram os que mais se rebaixavam.[52] Em 10 de fevereiro, Catarina jantou como convidada de Potemkin na casa de uma de suas sobrinhas.

O príncipe decidiu, por impulso, que queria ver Constantinopla, por isso perguntou a Bulgákov: "E se eu chegasse da Crimeia, de navio, como seu convidado? Sério, quero saber se isto é possível". O pedido de Potemkin não era apenas um impulso romântico — embora em boa parte fosse o desejo de ver a cidade dos césares. Agora sabia o que queria fazer, quanto queria construir no sul, e para isso precisava de tempo e de paz. Certamente queria ir a Tsargrado negociar essa paz com o próprio sultão. O embaixador Bulgákov deve ter se apavorado só com a ideia. Em 15 de março, respondeu de Istambul que seria complicadíssimo. "Eles acham", explicou, "que você é o nosso grão-vizir."[53] Potemkin nunca foi a Constantinopla — mas seu destino estava no sul. A partir de então, planejava "passar os primeiros quatro ou cinco meses do ano em suas províncias".[54] Em meados de março, o príncipe partiu novamente de Petersburgo. Havia cidades para construir, frotas para embarcar, reinos para fundar.

PARTE SEIS
O CO-TSAR
1784-6

18. Imperador do sul

> *Não foi você que pôs em fuga*
> *As poderosas hordas de vizinhos rapaces*
> *E fez das vastas e desertas regiões*
> *Cidades habitáveis e campos de milho*
> *E cobriu de navios o mar Negro*
> *E sacudiu o coração da Terra com seu trovão?*
> Gavrili Derjávin, *A queda-d'água*

"A cada hora deparo com algum exemplo novo, fantástico, das peculiaridades asiáticas do príncipe Potemkin", escreveu o conde de Damas, que observava a energia e a criatividade com que o vice-rei do sul trabalhava no fim dos anos 1780. "Ele transfere uma *guberniia* [província], demole uma cidade a fim de construí-la noutro lugar, forma uma nova colônia ou um novo centro industrial, e muda a administração de uma província, tudo isso na meia hora extra que lhe sobra antes de dar atenção total à preparação de um baile ou um festejo [...]."[1] Era assim que os ocidentais viam o príncipe — um sátrapa astuto ordenando a construção de cidades enquanto encomendava vestidos de baile para suas amantes. Sempre achavam que os "bárbaros" russos eram incapazes de fazer alguma coisa direito, como os alemães e os franceses, e portanto a obra de Potemkin tinha que ter defeitos. Quando ficou claro que Potemkin fazia as coisas direito e que suas proezas pareciam quase miraculosas tanto na concepção como na execução, ocidentais e seus inimigos russos, tomados de inveja, propagaram a grande mentira sobre as "Aldeias de Potemkin", que seriam meras fachadas.

A realidade das conquistas de Potemkin no sul, nos quinze anos que lhe foram concedidos, era notável. "Tem havido tentativas de ridicularizar a fundação das primeiras cidades e colônias", escreveu um dos seus primeiros biógrafos. "Mas esses estabelecimentos não são menos dignos da nossa admiração [...]. O tempo tem justificado nossas observações. Ouçam os viajantes que estiveram em Kherson e Odessa [...]."[2] As chamadas "Aldeias de Potemkin" hoje são cidades de milhões de habitantes.

A Rússia passou por dois saltos espetaculares de expansão no sul: os reinados de Ivan, o Terrível, que anexou os canatos de Astrakhan e Kazan, e de Catarina, a Grande. Potemkin foi, como Púchkin e outros reconheceram, a inteligência dominante e a energia responsáveis pelos êxitos de Catarina no sul. Potemkin não inventou essas políticas: como afirmou o historiador russo Kliutchevski, a colonização é "o fato básico da história russa". Mas Potemkin foi incomparável na habilidade de combinar as ideias criativas de um empreendedor com a força de um soldado e a visão de um estadista. Além disso, levou o sul para o norte: enquanto, sob Pánin, a Rússia buscava o Sistema do Norte, sob Potemkin o sul *era* a política externa da Rússia.

O príncipe tornou-se governador-geral (*namestvo*) de Nova Rússia, Azov, Sarátov, Astrakah e do Cáucaso tão logo foi elevado à condição de favorito, mas no fim dos anos 1770, e certamente depois da anexação da Crimeia, passou a ser de fato cogovernante do Império Russo. Assim como Diocleciano viu que o Império Romano era tão vasto que precisava de um imperador do Oriente e um do Ocidente, Catarina deixou Potemkin cuidar do sul e controlá-lo como um governante absoluto. Potemkin tinha crescido desde 1774 — tanto na estatura como na cintura. Foi feito para os vastos espaços abertos das estepes do sul, e não poderia ficar confinado na corte. Petersburgo agora era pequena demais para os dois.

O poder de Potemkin era tanto vertical como horizontal, pois estava encarregado do Exército e da Escola de Guerra, e era comandante em chefe de todas as forças irregulares, especialmente dos cossacos. Quando começou a construir a

Frota do Mar Negro, a frota ficou subordinada não ao Almirantado em Petersburgo, mas a ele como grande almirante. No entanto, acima de tudo, seu poder dependia da sua própria personalidade, do prestígio dos seus êxitos, como a Crimeia, e de sua capacidade de inventar ideias e forçar sua execução — e não mais apenas da sua proximidade de Catarina.

O Seseníssimo governava deliberadamente seu vice-reinado — os nomes e as fronteiras das províncias mudaram, mas, na prática, abrangiam todas as novas terras anexadas entre 1774 e 1783, do rio Bug no oeste ao mar Cáspio no leste, das montanhas do Cáucaso, e do Volga estendendo-se pela maior parte da Ucrânia até quase Kiev — como um imperador. Era extraordinário que uma tsarina russa, como Catarina, delegasse tanto poder a um consorte — mas a relação entre eles não tinha paralelo.[3]

O Seseníssimo instalou no sul uma corte que rivalizava com — e complementava — a de Catarina no norte. Como um tsar, ele cuidava da gente pobre, desdenhava da nobreza, e distribuía patentes e propriedades em suas terras. Potemkin viajava com uma comitiva régia; era recebido nas cidades por todos os nobres e moradores; sua chegada era assinalada por disparos de canhão e por bailes. Mas ele ia muito além dos aparatos da realeza. Quando baixava suas ordens, fazia-o em nome da imperatriz, mas além disso relacionava seus intermináveis títulos e medalhas, como cabia a um rei. Seus comandos também eram absolutos: fosse um jardineiro, fosse um engenheiro, seus subordinados costumavam ter uma patente militar e suas ordens eram de estilo militar. "Igualando em poder os reis mais poderosos", lembrava-se Wiegel, "duvido mesmo que Napoleão fosse obedecido com mais presteza."[4]

O príncipe gostava de parecer majestosamente lânguido — como é lembrado em tantas memórias —, mas isso era só pose. Ele arruinava a saúde com a carga gigantesca de trabalhos que realizava. Provavelmente, era como o aluno aplicadíssimo que tenta dar a impressão de que não estuda nada, mas passa a noite com a cara enfiada nos livros. No começo dos anos 1780, governava através de sua chancelaria, que tinha pelo menos cinquenta funcionários, incluindo especialistas em correspondência em francês e grego.[5] Tinha até primeiro-ministro próprio — o infatigável Vassíli Stepánovitch Pópov, em quem ele, e posteriormente a imperatriz, tinha absoluta confiança. Como Potemkin, Pópov jogava a noite toda, dormia metade do dia, jamais tirava o uniforme e estava sempre pronto para atender, mesmo no meio da noite, ao famoso chamado do príncipe, em geral feito de sua cama: "'Vassíli Stepánovitch!'". Só se ouvia 'Vassíli Stepánovitch!'".[6] Se Pópov era seu chanceler imperial, o igualmente incansável Mikhail Leontovitch Faléiev, jovem comerciante que ele conheceu durante a Primeira Guerra Russo-Turca, tornou-se seu intendente, empreiteiro e colaborador em obras colossais. O retrato de Faléiev mostra os olhos azuis espertos e cansados, o rosto fino, asseado e bonito desse empreendedor russo tão fora do comum, usando seu casaco azul e seus babados brancos. Potemkin o tornou um nobre, e ele acumulou grande fortuna, mas, o que era inusitado para um grande comerciante, Faléiev era respeitado e amado na cidade que construiu com o Seseníssimo — Nikoláiev. Os dois mantinham constante correspondência.[7]

Potemkin estava em perpétuo movimento, exceto quando paralisado por crises de depressão e febre. Por mais cidades que fundasse, onde quer que estivesse, sozinho num trenó *kibitka*, com a chancelaria centenas de verstas para trás, ou num palácio, a capital do império meridional era a figura criativa, embora falível e atormentada, do próprio Potemkin.

A carreira de Potemkin começou e terminou com demonstrações do seu amor pelos cossacos. Primeiro ele destruiu os cossacos zaporogos e depois os recriou, reconstruindo sua hoste no coração do Exército imperial. Numa ilha no meio do largo rio Dnieper — daí o nome *"za-porogui"*, "para lá das corredeiras" —, vivia uma república singular de 20 mil homens de espírito marcial, que controlavam um imenso triângulo de território árido ao norte do mar Negro. Os zaporogos não cultivavam a terra porque esse trabalho era feito por escravos e eles eram homens livres — a própria palavra cossaco é derivada do termo turco antigo para homem livre. Mas, como a maioria dos cossacos, sua *siétch* era uma democracia brutal, com um atamã eleito em tempo de guerra. Tinham leis próprias: a traição era punida costurando o traidor num saco e jogando-o nas corredeiras. Assassinos eram enterrados vivos, abraçados aos cadáveres gelados das vítimas, aos quais eram amarrados.

Eram cossacos incomuns em muitos sentidos. Viviam tão felizes em seus barcos de sessenta pés, forrados de junco e impulsionados a remo — as *chaiki* ou "gaivotas" —, como em cima de cavalos. Consta que foram os primeiros a inventar o submarino, usando areia como lastro e um cano de madeira para respirar. Os cossacos zaporogos não viviam com mulheres. Nenhuma mulher tinha permissão de entrar em sua *siétch* ou "clareira", para preservar a disciplina, a sua virtude suprema: "eram solteirões", explicou Liev Engelhardt, "como os Cavaleiros de Malta".

Esses "cossacos de barco" ostentavam bigode pontudo, cabeça raspada e comprido rabo de cavalo, pantalonas turcas com fio de ouro, faixa de seda na cintura, cafetã de cetim, chapéu alto de pele e turbante geralmente com penas de avestruz e insígnia enfeitada de joias. A profissão deles era a guerra. Quando não lutavam para si, lutavam para outros, às vezes como mercenários — em meados do século XVII, alguns zaporogos foram emprestados pelo rei da Polônia para lutar contra a Espanha em Dunquerque, sob o comando do príncipe de Condé, e duas vezes naquele século sua frota de quase cem *chaiki* tinha feito incursões na própria Constantinopla.

Os cossacos desenvolveram para si a função de guardas piratas das fronteiras russas, mas em 1774 suas hostes independentes e insubordinadas já não eram necessárias para proteção contra os turcos — e a *siétch* atrapalhava o confronto da Rússia com os tártaros. Os cossacos ucranianos sob Mazeppa abandonaram Pedro, o Grande, juntando-se a Carlos XII da Suécia. Assaltantes cossacos iniciaram a Guerra Russo-Turca em 1768, e os zaporogos roubaram várias vezes as tropas turcas a caminho do front. Recentemente, os cossacos do Yaik e do Don tinham produzido Pugatchov. Durante a guerra, Potemkin criara laços especiais com a *siétch* — era um zaporogo honorário. Inclusive, em maio de 1774 tinha escrito de Tsárskoie Seló a seus amigos cossacos contando-lhes sobre sua ascensão ao poder e afirmando: "Contei tudo à soberana". Apesar disso, logo que a Rebelião de Pugatchov foi sufocada, ele mudou de tom, avisando-lhes que parassem de saquear e recomendando a liquidação da *siéch* e a reorganização de todas as hostes cossacas. Na realidade, eles eram uma comprovada carga pesada para o Estado russo — e para os planos de Potemkin de colonizar e cultivar novos territórios.

Ao amanhecer de 4 de junho de 1775, por ordem de Potemkin, tropas russas dirigiram-se à *siétch*, cercaram-na e exigiram que se rendesse sob pena de ser destruída. A *siétch*, à qual ele se referia como "a canalha estúpida", se entregou sem resistir. Potemkin redigiu para Catarina a Proclamação, que foi publicada em 3 de agosto de 1775 — "toda a violência deles deve ser mencionada — as razões pelas quais uma sociedade tão nociva será destruída".[8] Os zaporogos não foram mortos: apenas três líderes, incluindo o rico atamã Kalischevski, foram despachados para o mosteiro ártico de Solovki, no mar Branco. Foram reassentados como cossacos de Astrakhan, mas muitos fugiram para lutar pelos turcos: Potemkin teria de atraí-los de volta nos anos 1780.[9] E a *siétch* não estava sozinha: a hoste do Yaik foi transferida e recebeu novo nome; os cossacos do Don foram reformados também e colocados sob controle direto de Potemkin — ele nomeou seu novo atamã e o comitê que cuidaria de assuntos civis.[10] O superpoderoso atamã do Don, Efremov, foi preso, embora Potemkin o protegesse, e também a sua família.[11]

Potemkin imediatamente sugeriu que os zaporogos leais formassem regimentos especiais. Catarina passou a temer os cossacos depois de Pugatchov, por isso ele aguardou o momento oportuno, mas construiu uma flotilha cossaca nos mares Cáspio e de Azov.[12] Tratava os cossacos com tanta gentileza que os nobres resmungavam, dizendo que estava apaixonado por eles. Ele de fato cercou-se de zaporogos leais. Também tomou providências para que servos fugitivos, encontrados no meio desses homens da fronteira, não fossem devolvidos aos seus senhores. É revelador que Potemkin fosse amado por eles: recebeu até o título de "Protetor dos Cossacos".[13]

Apesar disso, a destruição dos zaporogos sempre entra na lista dos crimes cometidos por Potemkin — especialmente na Ucrânia moderna, onde a *siétch* é vista como precursora do Estado ucraniano. Mas a *siétch* e as outras hostes estavam condenadas depois de Pugatchov, seu território não era colonizado nem cultivado e ficava no meio do caminho da campanha russa rumo ao mar Negro. Sua remoção permitiu que a Crimeia fosse anexada. O Sereníssimo é criticado por tirar tesouros das igrejas zaporogas e distribuir as terras para amigos — mas a verdade é que, por não estar lá pessoalmente, ordenou ao general Tekeli que fizesse um inventário de todos os tesouros religiosos e os entregasse à Igreja.[14] (De qualquer maneira, a maioria de suas joias era roubada.) A distribuição e o cultivo da terra eram o objetivo primordial da anexação. Ele voltou a colonizar as terras com gregos que tinham lutado por Orlov-Tchésmenski e, posteriormente, camponeses do estado do interior da Rússia, e começou a construir fortalezas para protegê-los. Na verdade, um historiador moderno sustenta que o cultivo dessas estepes é que deu à Rússia os recursos e o suprimentos de alimentos para derrotar Napoleão em 1812.[15]

Em 31 de maio de 1778, Catarina aprovou o plano de Potemkin para um porto do mar Negro chamado Kherson, nome sonoro, em que ressoavam os seus sonhos neoclássicos e ortodoxos de Quersoneso. Essa foi a cidade que a paz com a Turquia e a liquidação dos zaporogos tornaram possível.[16] Ordenada a construção de docas, carpinteiros foram convocados de todas as partes do império. Em 25 de julho, o príncipe escolheu um dos oficiais do Almirantado para ser o primeiro governador — Ivan Abramovitch Gannibal. Provavelmente Potemkin se sentiu atraído pela história exótica desse homem e pela sua ligação com Pedro, o Grande.

Era o filho mais velho, e mestiço, do famoso negro de Pedro, o Grande, Abram Gannibal, príncipe abissínio comprado em Istambul para o tsar e por ele adotado. Dando-lhe por razões óbvias o nome do adversário de Cipião [Aníbal], Pedro educou seu pupilo, promoveu-o e foi padrinho do seu filho Ivan. Púchkin, que escreveu o (incompleto) *O negro de Pedro, o Grande*, era sobrinho-neto de Ivan Gannibal. O avô de Púchkin, Óssip Gannibal, era um mau pai, por isso a mãe do poeta foi criada na família do primeiro governador de Kherson designado por Potemkin. Quando ele morreu, em 1801, a lápide dizia o seguinte: "O mormaço da África o gerou, o frio acalmou-lhe o sangue". Seu retrato no Museu Histórico Estatal de Kherson mostra a pele escura e as finas feições abissínias do pai e o cabelo liso e o físico atarracado da mãe russa. Catarina ordenou a Gannibal que desse andamento à sua tarefa colossal.

A primeira cidade de Potemkin foi projetada para ser tanto a base da sua nova Frota do Mar Negro, que até então existia apenas de forma reduzida nos portos russos menores do mar de Azov, quanto um entreposto para o comércio do Mediterrâneo. A localização desse porto foi uma decisão difícil, porque os ganhos russos em 1774 lhe deram um estreito corredor para o mar Negro. O acesso era pela foz do rio Dnieper, uma das grandes rotas aquáticas da Rus, que ia até o mar Negro através de um estuário estreito e raso chamado Liman. No fim do Liman, no promontório de Kinburn, Potemkin mandou construir uma pequena fortaleza. Mas os otomanos mantinham a poderosa cidade-fortaleza de Ochakov do outro lado, que efetivamente controlava o delta. Não havia um lugar ideal que fosse ao mesmo tempo defensável e um porto natural. Os engenheiros navais preferiam Glubokaia Pristan, um porto fundo, mas indefensável, por isso Potemkin escolheu um local mais para cima no Dnieper, onde já havia uma fortaleza chamada Alexandershanz. Uma ilha do rio protegia o porto e as docas. Por causa das corredeiras do Dnieper, era difícil alcançá-lo sem usar "camelos", enquanto um banco de areia abaixo da cidade obstruía o acesso ao mar. Pior que isso, Kherson ficava na beira das estepes escaldantes e dos canais pantanosos, e a milhares de verstas da mais próxima reserva de madeira para navios, sem falar em suprimento de alimentos.

Os obstáculos eram assustadores, mas Potemkin repetidamente os superava para construir sua cidade. Ninguém em Petersburgo acreditava que ela ficaria pronta. Não foi à toa que Catarina lhe escreveu: "Kherson jamais será construída sem você". Simultaneamente, a inveja que destruiria a reputação de Potemkin já se manifestava mesmo antes de a primeira pedra ser lançada. "A fundação de Kherson se tornará famosa", escreveu Zavadóvski, exasperado. "Seu criador ama o projeto e o empurra para a frente."[17] Tinha razão: Potemkin quase produziu a cidade só com a força de vontade e não dava sossego a Gannibal. Até agosto, o russo-abissínio tinha estabelecido doze turmas de operários e comprado madeira no alto Dnieper, na Bielorrússia russa e na Polônia. Tudo precisava ser levado rio abaixo para Kherson.

Potemkin contratou mais de quinhentos carpinteiros e milhares de operários, fundou os estaleiros e planejou a cidade. As quilhas dos primeiros navios foram assentadas em maio de 1779. Havia mais duas em andamento em 1781. O Seriníssimo resolveu empregar o exército, que começou pôr seus próprios alojamentos de madeira, usando de início taipa nas paredes. Em seguida, trouxe mil criminosos para trabalhar nas pedreiras.[18] Então ofereceu ao empreendedor Faléiev sua grande oportunidade, convencendo-o a dinamitar as corredeiras pedregosas do Dnieper em troca de uma fatia do futuro comércio de Kherson. Faléiev, que investiu no sucesso da cidade, encarregou-se dessa grande obra. Potemkin forneceu a pólvora. Em 1783, Faléiev tinha conseguido tão bons resultados que algumas barcaças conseguiam descer direto para Kherson. O príncipe o recompensou com a patente de major, dando-lhe título de nobreza.[19]

Os detratores de Potemkin alegavam que pouca coisa tinha sido construída e que nada havia sido feito direito — e a história lhes deu crédito. Felizmente, os ocidentais bem-nascidos que visitaram Petersburgo em suas grandes turnês encontravam-se com Potemkin, que sempre os encaminhava para Kherson. Um dos primeiros foi um jovem engenheiro inglês, Samuel Bentham, irmão do filósofo utilitarista Jeremy, que acabaria trabalhando cinco anos com Potemkin. Em 1780, ele viu que Kherson já tinha 180 casas e havia lançado um navio de linha de batalha com 64 bocas de fogo e cinco fragatas, e ficou maravilhado: "Ele escolheu o lugar não mais de dois [...] anos atrás, quando aqui não havia sequer uma cabana". A madeira, observou ele, tinha que ser trazida por via fluvial de uma cidade na Polônia que num futuro distante ficaria famosa — Tchernóbil.[20]

Outro intrépido inglês, e amigo de Samuel Bentham, era Reginald Pole Carew, formado em Oxford e proprietário de terras córnico de vinte e muitos anos, que testemunhou a etapa seguinte. Ele pertencia àquela juventude que posteriormente participaria do Grande Jogo. Potemkin adotou Pole Carew, mostrando-lhe suas propriedades e *fabriks* nos arredores de Petersburgo, antes que ele rumasse para o sul. As anotações de Carew, até então inéditas, fazem supor que ele pretendia escrever um livro ou estava envolvido em espionagem como amador. Quando chegou, já havia trezentas casas em Kherson. Fora nove regimentos de soldados, "até agora a cidade é habitada principalmente por judeus poloneses e gregos [...]. Soldados, marinheiros, camponeses são usados [...] na construção", mas notou que a obra nas fortificações seguia em ritmo acelerado "por medo de absurdas forças superiores".[21] Eram esses seus verdadeiros sentimentos, mas também disse ao príncipe, diplomaticamente, que "o que vejo aqui ultrapassa a imaginação".[22]

Potemkin estava decidido a atrair o comércio para o seu vice-reinado. Em 1781, Pole Carew conversou sobre um possível empreendimento comercial com o general Gannibal e com dois magnatas de Kherson — o empreendedor da predileção de Potemkin, Faléiev, e o francês Antoine. Faléiev tinha fundado a Companhia do Mar Negro para fazer comércio com os otomanos e não demorou a lançar sua fragata, a *Borysthenes*. Além disso, era dono de uma fábrica de conhaque para as três *guberniia* de Potemkin e fornecia carne para os soldados: Pole Carew calculou que ele já ganhava uns 500 mil rublos por ano. Pole Carew fez uma lista dos produtos que podiam ser comercializados em Kherson — cera, bandeiras, corda, madeira,[23] e sentiu-se atraído pelas oportunidades de negócios. "É um burguês de Kherson que lhe escreve", comunicou ele ao príncipe.[24]

Antoine de Marselha, posteriormente barão de Saint-Joseph, era o magnata dos transportes marítimos da cidade. Ao partir para Petersburgo, procurou o príncipe para propor a criação de uma feitoria e porto-franco em Kherson. Potemkin ficou seduzido pela ideia,[25] e convidou Catarina a "abolir impostos alfandegários internos e reconsiderar os externos".[26] Por mais que gostasse da Grã-Bretanha, o príncipe percebeu que a França dominava o comércio mediterrâneo a partir de Marselha, e isso teria consequências políticas. Em 1786, Antoine informou a Potemkin que, no ano anterior, onze dos seus navios franceses tinham chegado de Marselha.[27]

No entanto, Kherson foi uma luta. Potemkin supervisionava cada detalhe, quando tinha tempo: em 3 de agosto de 1783, escreveu para seu engenheiro, o coronel Gaks, em Kherson: "Confirmo pela segunda vez que o prédio do hospital precisa ser terminado [...]". Em 14 de outubro: "Surpreende-me que, apesar de você ter me garantido que o hospital está concluído, ele nem começou [...]". E acrescentou: "Acho estranho que às vezes se cancelam ordens confirmadas por mim". Em outras palavras, se houve alguma fraude na construção de Kherson, Potemkin foi a vítima, pois não podia estar simultaneamente em todos os lugares. Uma semana depois, ordenou a Gaks que construísse duas casas de banho para combater a peste — "um para os absolutamente saudáveis e outro para os debilitados [...]" e "Não esqueça de construir fábricas de cerveja". Mas Gannibal e Gaks simplesmente não estavam dando conta do recado. Potemkin frustrou-se. Em fevereiro seguinte, demitiu Gaks e nomeou o coronel Nikolai Kórsakov, talentoso engenheiro formado na Grã-Bretanha. Potemkin confirmou o orçamento anual de 233 740 rublos, mas queria tudo terminado "em pouco tempo", insistindo ao mesmo tempo em "durabilidade" e "beleza por dentro".[28] O príncipe aprovava pessoalmente cada plano, cada fachada de prédio — da escola à casa do arcebispo e a sua própria residência —, e a cidade começou a tomar forma.[29]

Um quadro de Kherson no museu da cidade mostra a praça central tal como Potemkin a projetou: lá está a bela igreja de Santa Catarina. Mais tarde, em 1790, o príncipe ainda estava trabalhando nos detalhes da obra. Quando seu arquiteto favorito, Ivan Stárov, foi para o sul, Potemkin lhe deu ordem para "refazer a cúpula da catedral de Kherson" exatamente como a do seu palácio em São Petersburgo, "e arranje um lugar para o campanário".[30] Assim foi feito. A cúpula e o campanário continuam exatamente como Potemkin ordenou. O palácio do Sereníssimo faz ângulo reto com ela.

Seus memorandos para os funcionários destroem totalmente a imagem de Potemkin apresentada na maioria dos relatos ocidentais.[31] São obra de um homem ciente das dificuldades que seus subordinados enfrentavam. Não há dúvida de que era autoritário, preocupado com os mínimos detalhes, mas surpreendentemente flexível e disposto a dar uma segunda chance a funcionários assoberbados de serviço. Potemkin sabia melhor que ninguém que a localização de Kherson tornava-a extremamente vulnerável a doenças. Lendo nas entrelinhas, imagina-se que era um posto terrível. Pole Carew registrou que os carpinteiros navais enviados de Kronstadt e Petersburgo tinham "desaparecido". Quando navios de Istambul e soldados de outras partes do Império afluíram para a área enquanto Potemkin organizava a tomada da Crimeia, a ameaça de epidemia ficou mais séria. Até 1786, o comerciante francês Antoine tinha perdido seus irmãos e muitos empregados. Kherson "parecia um vasto hospital: só se via gente morta ou morrendo". O príncipe tentou controlar a saúde local e manter as febres à distância.[32] Tomava precauções especiais com hospitais e fábricas de cerveja (para fornecer água potável), chegando a aconselhar os moradores a comer verduras,[33] e pessoalmente designava médicos[34] para seus hospitais.*

Tudo era impulsionado pelo entusiasmo maníaco do homem que Catarina chamava de o "jovem Colosso de Kherson".[35] Sua energia contagiante era a única coisa capaz de triunfar sobre a preguiça do burocrata russo: voltando de sua nova cidade, ele falou a James Harris "com arrebatamento sobre o clima, o solo, a posição de Kherson".[36] Cada visita sua, porém, expunha mais erros cometidos pelos subordinados. Foi por isso que começou a passar cada vez mais tempo longe, e que Catarina reconheceu que as viagens valiam a pena, por mais que sentisse sua falta.[37]

Costuma-se dizer que Potemkin ocultava os erros que cometeu em Kherson. Pelo contrário. Confiou um catálogo de fracassos a Catarina. Demitiu Gannibal — aparentemente por ter construído mal as fortificações; não via nenhum sentido no Almirantado; gastou-se dinheiro demais; não havia madeira suficiente; a madeira de que dispunham era defeituosa. "Ó, Matuchka, quanta bagunça, quanta desonestidade aqui no Almirantado!" O clima era muito quente. Os edifícios ainda ficavam num ermo. "Ninguém teve o bom senso sequer de plantar árvores. Mandei plantar."[38] Exigia mais especialistas: "Mande-me funcionários de acordo com a lista anexa. Não há ferreiros suficientes aqui. Mandei buscar em Tula".

A cidade continuava crescendo. Ao visitá-la em 1782, Kiril Razumóvski ficou impressionado com as construções de pedra, a fortaleza, os navios de guerra, "os subúrbios espaçosos", os quartéis e os navios mercantes gregos: "Imagine tudo isso e você vai entender minha perplexidade, pois não faz muito tempo não havia nada aqui além de um edifício onde as colmeias são mantidas no inverno".[39] Francisco de Miranda, o revolucionário sul-americano, que também foi adotado por Potemkin durante um tempo, teve a oportunidade de visitar Kherson em dezem-

---

* Quando este autor visitou Kherson, a cidade ainda era um lugar infestado de insetos: a cama e o teto do principal hotel tinham tantos mosquitos que os lençóis e a pintura ficavam literalmente enegrecidos.

bro de 1786. Estimou que havia 40 mil moradores — 30 mil militares e 10 mil civis. Havia 1200 "casas muito boas, de pedra".[40] Após a morte de Potemkin, a viajante inglesa Maria Guthrie e o escritor russo Sumarokov elogiaram a "bela cidade"[41] com santa Catarina, catorze igrejas, uma sinagoga, 22 mil moradores cristãos ortodoxos e 2500 judeus.[42]

Potemkin aprendeu com os próprios erros em Kherson. Gabava-se de que o uso da mão de obra dos soldados economizava dinheiro do Estado, mas tinha uma concepção tsarista de orçamento. As obras tinham que ser feitas depressa, mas, se não fossem conduzidas corretamente, ele insistia em refazer tudo: o mais importante eram os resultados; os custos irrelevantes para um semi-imperador que tinha licença para dispor do Tesouro imperial como se fosse seu. No entanto, a melhor refutação aos críticos de Potemkin é a cidade que ainda hoje é um polo de construção naval.*

O Sereníssimo encomendou dois ícones de corpo inteiro para a bela igreja neoclássica de Kherson — um de são Jorge, o outro de santa Catarina, ele brandindo uma lança e de uniforme militar romano, com peitoral e capa vermelha, ela de vestido dourado e casaco vermelho forrado de arminho. Os olhos dele estão voltados para cima, ela olha diretamente para nós. Então compreendemos tudo: se santa Catarina tem uma razoável semelhança com a imperatriz, são Jorge[43] é, sem a menor dúvida, Potemkin.**

---

* O centro da cidade ainda é basicamente como Potemkin planejou. A fortaleza foi destruída: só os dois portões subsistem. O imenso poço, possivelmente o que Potemkin mandou o coronel Gaks construir, ainda está coberto por uma grade. Durante a Segunda Guerra Mundial, os nazistas, ao se retirarem, jogaram dentro dele os russos que executaram. O imenso palácio de Potemkin sobreviveu até 1922. O arsenal curvo, a Casa da Moeda, o Almirantado e acima de tudo santa Catarina ainda existem. A igreja, com sua pedra cor de areia, suas colunas e sua nobre cúpula de Starov, serviu por um tempo como museu do ateísmo para expor os corpos decompostos das pessoas sepultadas no cemitério, mas voltou a ser usada como templo. Kórsakov, o engenheiro, está sepultado no cemitério da igreja. E o maior motivo de orgulho dos seus padres e paroquianos é que Potemkin, o construtor, jaz sob o piso da igreja — ver o Epílogo.

** O autor ouviu a lenda de que os ícones eram de autoria de V. L. Borovikóvski e representavam um virtuoso Potemkin e Catarina. O padre da igreja nunca tinha ouvido essa história. Constatou-se que os ícones da igreja foram guardados no Museu de Arte de Kherson, onde são atribuídos a Mikhail Chibanov. Potemkin, o matador do dragão, é instantaneamente reconhecível.

Se a queda dos zaporogos tornou Kherson possível, o fim do canato crimeano deu a Potemkin a oportunidade real de desenvolver o sul. Também fez de Kherson uma cidade mais comercial e menos necessária como base naval, porque a Crimeia era muito bem-dotada de portos. Kherson ficava na estepe, enquanto a Crimeia era o mercado do mar Negro, a estufa e a horta de Constantinopla.

Potemkin e sua imperatriz desejavam seguir as pegadas de Pedro, o Grande. Pedro tinha tomado o Báltico dos suecos, construído uma frota russa e fundado uma cidade ali. Agora Potemkin tinha tomado o mar Negro dos tártaros e dos turcos, construído uma frota russa e desejava fundar sua própria Petersburgo. "Petersburgo estabelecida no mar Báltico é a capital setentrional da Rússia, Moscou a do meio e que Kherson de Akhtiar seja a capital meridional de minha soberana", escreveu ele a Catarina.[44] Kherson de novo! Eles adoravam mencioná-la.

Primeiro, ele cuidou de criar um porto para a sua frota. Akhtiar, informou o Sereníssimo à imperatriz, da Crimeia, em junho de 1783, "é o melhor porto do mundo".[45] Seria a nova base naval da Rússia, e Potemkin apressou-se a fortificá-la e a construir estaleiros,[46] antes mesmo de acabar de anexar o canato.[47] O príncipe, é claro, deu a Akhtiar um nome grego: Sebastópol. Fundou imediatamente uma cidade no "anfiteatro natural na encosta de um morro"[48] e ordenou que seu engenheiro Kórsakov construísse uma "fortificação reforçada. O Almirantado precisa ser localizado convenientemente para descarregar" e deve haver uma estrada pela península "boa como uma romana". "Vou chamá-la Estrada de Catarina."[49] O engenheiro concordou com a escolha de Potemkin para a cidade: "O lugar mais adequado que existe que Vossa Alteza determinou [...]".[50] Meros quatro anos depois, quando Potemkin visitou a cidade com o amigo Francisco de Miranda, o sul-americano contou "catorze fragatas, três navios de linha de 66 canhões e uma canhoneira". Miranda imediatamente compreendeu o valor da nova cidade de Potemkin: o porto poderia abrigar uma frota de "mais de cem navios". Se sofresse um desastre, a frota poderia ser reparada em uma semana.[51] Logo após a morte de Potemkin, Maria Guthrie[52] descreveu-o como "um dos melhores portos do mundo". Sebastópol continua a ser a maior base naval da Rússia (e da Ucrânia).*

---

* Ainda uma cidade naval fechada, agora é compartilhada pelas Frotas do Mar Negro da Ucrânia e da Rússia. Nenhum dos prédios do tempo de Potemkin sobreviveu ao sítio anglo-francês da Guerra da Crimeia e ao cerco nazista na Segunda Guerra Mundial. Mas há um monumento pouco acima

* * *

O Sereníssimo estava em êxtase com sua Crimeia, percorrendo a península enquanto ordenava a seu engenheiro favorito Nikolai Kórsakov que prestasse assessoria em fortificações, e a seus cientistas, como o botânico Hablitz, que padecera o trauma da expedição persa de Potemkin, que informassem sobre população e fauna.

"Não descrevo as belezas da Crimeia porque levaria muito tempo [...]", escreveu o príncipe à imperatriz em junho de 1783, enquanto anexava a península e fazia propaganda dos seus encantos, do seu potencial estratégico e de sua história clássica.[53] É impossível não compartilhar com a exuberante e febril festa de criação de Potemkin nesse lugar mágico, pelo qual se apaixonara. Ainda hoje, é fácil entender por quê: quando se atravessa o estreito de Perekop, passa pelos lagos salgados, a maior fonte de renda do cã, o norte da Crimeia dá uma impressão de planura, aridez e monotonia. Mas, depois de uma hora de viagem para o sul, tudo muda completamente, transformando-se num luxuriante jardim do Éden, que lembra os vinhedos do sul da Itália e da Espanha. Morros verdejantes e videiras sobem até as ameias da fortaleza medieval genovesa de onde se descortina um cenário de penhascos brancos e baías azuis. Potemkin, que adorava jardins, começou a plantar árvores, comemorando o nascimento dos filhos do grão-duque com avenidas de loureiros e olivais. Ele imaginava a imperatriz visitando seu "paraíso". Os Románov no século seguinte e os *aparatchiks* do Politburo no século XX transformariam a Crimeia na estância de férias da elite, mas Potemkin, que seja dito em sua defesa, sempre quis que fosse mais que isso.[54]

Suas primeiras providências foram para proteger os tártaros muçulmanos do filistinismo abrutalhado dos seus próprios soldados: vezes sem conta ordenou aos generais: "Tratem bem os moradores e não os ofendam. Os chefes de [...] regimento devem dar o exemplo".[55] Introduziu observadores em regimentos para ficarem de olho em seu comportamento — ou, como dizia, "para a proteção das aldeias" — e manterem-no a par de "todas as ações proibidas", e pôs a região táuride sob a autoridade de murzás crimeanos, especialmente o renegado Iakub Aga, que se tornara Iákov Izmáilovitch Rudzevitch.[56] Como contou a Catarina, dava

---

do porto — movimentado e cinzento de tantos navios de guerra — com a inscrição: "Aqui em 3(14) de junho de 1783 foi fundada a cidade de Sebastópol — a fortaleza marítima do sul da Rússia".

dinheiro para sustentar mesquitas e muftis. De fato, em viagem pela Crimeia com Francisco de Miranda, sempre se encontrava com o mufti local e fazia uma doação para sua mesquita.[57] Potemkin concedeu aos murzás tártaros nobreza russa e o direito de possuir terras.[58] Como de costume, formou um exército tártaro-crimeano, pequeno, para manter as aparências.[59] Era tradição do imperialismo russo cooptar clérigos muçulmanos, mas a sensibilidade com que Potemkin cuidava deles era inusitada para um soldado russo de qualquer época.

Os tártaros não eram agricultores e nunca desenvolveram a terra: "Esta península talvez ficasse ainda melhor se nos livrássemos dos tártaros obrigando-os a saírem [...]. Deus sabe que não merecem este solo e que o Kuban é o lugar adequado para eles". Potemkin compartilhava os instintos dos imperialistas russos de desarraigar povos como peças de xadrez — mas não os transferiu. Na verdade, costumava favorecê-los, e esforçou-se para que ficassem. Mas milhares dos tártaros foram embora assim mesmo: a atitude deles foi claramente descrita no ambíguo cumprimento feito por um mufti crimeano em conversa com Miranda: ele se lembrava de Potemkin tomando a Crimeia como "uma mulher se lembra do homem que a deflora".[60]

Potemkin decidiu construir a capital crimeana na cidade tártara de Ak--mechet, no interior seco e plano da península: chamou-a de Simferopol, ainda hoje a capital,[61] e ainda a mesma cidade achatada, cuidadosamente disposta, e monótona criada por Potemkin.[62] A escala colossal dos planos de Potemkin abrangia de Kherson a Sebastópol, de Balaclava, Teodósia, Kerch a Yeni-Kale e de novo Kherson. Em todos esses lugares, novas cidades foram fundadas, ou fortalezas existentes ampliadas em cidades. Mas o coronel Kórsavok estava à altura dos desafios. "Matuchka", escreveu Potemkin, esfuziante, para Catarina, "nunca tivemos um engenheiro como Kórsakov [...]. É preciso cuidar desse homem."[63] Dentro de cinco anos, Sebastópol e sua frota estavam prontas para serem inspecionadas pelos dois césares do leste.

Em 1784, Potemkin resolveu construir uma suntuosa capital para o seu Império meridional — uma nova Atenas — no lugar de uma pequena aldeia zaporoga chamada Palavitsa. Queria batizá-la de "Iekaterinoslav". Incapaz de fazer fosse o que fosse pela metade, apaixonou-se pelo nome, porque significava "Glória de Catarina" e queria usá-lo em toda parte. (Na verdade, usou-o também para renomear todo o seu vice-reinado.) "Misericordiosíssima Soberana", escreveu o príncipe, "onde, senão na terra dedicada à sua glória, deveria haver uma cidade com magníficos edifícios? É por isso que me incumbi do desenvolvimento de projetos que correspondessem ao nome elevado desta cidade." Potemkin visualizava uma metrópole neoclássica: seus tribunais deveriam parecer "basílicas da Antiguidade", seu mercado, um imenso semicírculo "como o Propileu, ou a entrada de Atenas". A casa do governador-geral seria em "estilo grego e romano".[64]

Catarina, cujas visões do classicismo e cujo altruísmo eram iguais aos dele, aprovou os planos.[65] O Sereníssimo examinou possíveis projetos por mais de um ano. Finalmente, em 1786, o arquiteto francês Claude Giroir produziu o projeto de uma praça central e um traçado de ruas em ângulos retos com o Dnieper, mas o arquiteto de Potemkin, Stárov, aprimorou os planos finais. Em janeiro de 1787, o príncipe mostrou-os orgulhosamente para Francisco de Miranda, que ficou impressionado com a "magnificência romana e o gosto arquitetônico". Potemkin queria empregar 16 mil operários durante nove ou dez anos. Miranda se perguntava se o projeto algum dia seria concluído.[66]

Nada em sua carreira provocou mais zombarias do que Iekaterinoslav. A construção de uma cidade ali era necessária para o desenvolvimento das desertas estepes zaporogas, o pecado foi a grandiosidade. Mas até as mentiras anti-Potemkin são interessantes, pela luz que jogam sobre os esforços de que os inimigos do Sereníssimo eram capazes para denegrir seu nome. A maior parte das histórias alega que Potemkin fundou Iekaterinoslav num lugar insalubre e quase imediatamente teve de transferi-la de lugar, em razão de sua própria incompetência. É verdade que em 1778, seis anos antes, ele permitira que um governador de província fundasse um assentamento para armênios e gregos, os refugiados crimeanos, no rio Kilchen, usando o nome de "Iekaterinoslav". Tudo que ele fez então foi tomar o nome para sua "famosa cidade", mas não transferiu a original, que já tinha um bairro grego, um armênio e um católico, com três igrejas[67] e quase 3 mil habitantes. Simplesmente rebatizou-a de Novomoskovsk.[68]

Os inimigos diziam que o príncipe planejava construir no meio da estepe deserta uma catedral maior do que São Pedro em Roma, como o ditador africano de um Estado sem dinheiro construindo a maior catedral do mundo dentro da floresta. Desde então, historiadores, mesmo o único biógrafo moderno de Potemkin, George Soloveytchik, têm repetido essa constrangedora ambição como sinal das ilusões de grandeza do príncipe.[69] No entanto, Potemkin pode até ter mencionado São Pedro, mas jamais propôs a sua construção: na carta a Catarina, ele escreveu: "Imagino aqui uma excelente catedral, uma espécie de imitação de *São Paulo Extramuros de Roma*, dedicada à Transfiguração de Deus, como sinal da transformação desta terra, graças a vossa assistência, de estepe árida em amplo jardim, e da região inóspita habitada por animais em lar, acolhendo pessoas de todas as terras".[70] *San Paolo fuori le mura* era, confessadamente, um projeto ambicioso, mas não tanto quanto São Pedro. É improvável que Catarina aprovasse uma réplica de São Pedro, ou destinasse as imensas verbas de 2 milhões a 3 milhões de rublos para o desenvolvimento do sul se as ideias de Potemkin fossem tão ridículas. De alguma forma, São Pedro entrou na história.

A única parte da cidade que existia desde o começo era a Universidade de Iekaterinoslav, com seu *conservatoire* musical.[71] Ele imediatamente transferiu o ginásio grego, fundado em sua propriedade de Ozérki como parte do Projeto Grego, para sua Nova Atenas, dizendo que tinha economizado o suficiente para ali reconstruir a escola.[72] O *conservatoire* ocupava lugar especial no seu coração lírico. "É a primeira vez", escarneceu Gobenzl para José em novembro de 1786, "que alguém resolveu estabelecer um *corps de musique* numa cidade antes que ela sequer fosse construída."[73] Potemkin contratou Giuseppe Sarti, seu compositor-maestro pessoal, para ser o primeiro diretor do *conservatoire*. Não foi só Sarti: o príncipe na verdade recrutou uma equipe musical inteira na Itália antes de construir uma cidade. "Em anexo, tenho a honra de lhe apresentar, Monseigneur, a conta de 2800 rublos por ordem de Vossa Alteza", escreveu um certo Castelli de Milão em 21 de março de 1787, "para Monsieur Joseph Canta, que os repassou para os quatro professores de música [...]. Eles pretendem partir para a Rússia no dia 26 [...]."[74] Não se sabe o que foi feito dos quatro professores milaneses.

Em 1786, ele ordenou ao governador local Ivan Sinelnikov que recrutasse dois pintores, Nereni e Bukharov, para lecionar arte na universidade, com salário de 150 rublos. Mesmo no meio da guerra, em janeiro de 1791, mandou o governador de Iekaterinoslav empregar um francês chamado De Guienne como "historiador na Academia", com salário de quinhentos rublos. Como disse Potemkin a Sinelnikov, as escolas públicas precisavam ser melhoradas para fornecer bons alunos à universidade. No geral, 300 mil rublos foram destinados só aos estabelecimentos educacionais.[75] Isso foi ridicularizado. Mas é difícil criticar as prioridades de Potemkin, quando ele prestava tanta atenção a professores como a navios de guerra.

Tudo isso era sem dúvida excêntrico, mas a capacidade de transformar ideias em realidade era parte essencial do gênio de Potemkin. Muito do que foi considerado absurdo depois da sua morte parecia possível quando ele vivia: a escala com que criava não apenas cidades, mas a Frota do Mar Negro, parecia inviável, porém Potemkin, e só ele, era capaz de torná-la real. Dessa forma, a universidade e a cidade puderam ser construídas — mas só enquanto ele viveu. Sua visão era nobre, indo muito além do *conservatoire*: Potemkin queria que fosse uma escola ortodoxa internacional, onde acreditava que "jovens" da Polônia, da Grécia, da Valáquia e da Moldávia poderiam estudar.[76] Como era de praxe com o príncipe, a escolha dos estudantes estava estreitamente ligada a seus objetivos para o Império e para si mesmo. Vivia tentando treinar marujos melhores para seus navios. Em 1787, depois da visita de Catarina, unificou todas as academias navais da região e de Petersburgo, transferindo-as para Iekaterinoslav, no que deveria ser a academia do Projeto Grego, a escola para os reinos de Potemkin.[77]

A obra só começou em meados de 1787, quando foi retardada pela guerra, e pouco se construiu. Mas não tão pouco quanto todo mundo pensa. Em 1790, Stárov chegou ao sul e traçou novos planos para toda a cidade, especialmente a catedral e o palácio do príncipe, todos aprovados por Potemkin em 15 de fevereiro de 1790. As residências dos professores e os prédios administrativos para a universidade foram concluídos. Em 1792, havia 546 construções estatais e só 2500 moradores.[78] Seu governador, Vassíli Kahovski, informou à imperatriz depois da morte do príncipe que a cidade estava projetada e em andamento. Sem o seu mestre, a construção prosseguiria?[79] Em 1815, um funcionário itinerante informou que era "mais parecida com uma colônia holandesa do que com um centro administrativo de província".[80] Mas alguma coisa da Atenas de Potemkin ainda resta.

Iekaterinoslav nunca se tornou a Petersburgo do sul; sua universidade nunca foi a Oxford das estepes. O abismo entre esperança e realidade fez dela o maior fracasso de Potemkin e tem sido usada para desacreditar tudo o mais que foi feito e bem-feito. Mas nenhum dos historiadores dos últimos dois séculos visitou Iekaterinoslav, que, como Sebastópol, era uma cidade fechada na era soviética. Quando se examina com mais atenção a cidade, que hoje se chama Dniepropetrovsk, fica claro que sua localização foi admiravelmente bem escolhida, sobre a margem alta e verde de uma curva do Dnieper, onde o grande rio tem mais ou menos um quilômetro e meio de largura. A artéria principal de Potemkin, a rua Catarina, tornou-se a moderna avenida Karl Marx, ainda chamada de "a maior, mais larga e mais elegante avenida de toda a Rússia" pelos moradores. (William Hastie, o arquiteto escocês, ampliou esse traçado em seu plano diretor de 1816.)[81]

No meio da cidade fica uma igreja do século XVIII, agora revivida pela presença de fiéis cristãos ortodoxos. Seu nome — igreja da Transformação — é o que Potemkin sugeriu em 1784. É um magnífico e imponente edifício, totalmente proporcional ao tamanho da cidade. Tem uma alta flecha de campanário, colunas clássicas e cúpula dourada, com base nos planos originais de Stárov. Iniciada durante a guerra, em 1788, e terminada bem depois da morte de Potemkin, em 1837, lá está a nobre catedral do príncipe, no meio da cidade que supostamente nunca foi construída.[82] Não muito longe da igreja ergue-se um hediondo arco do triunfo amarelo, de design soviético, levando ao Parque Potemkin, que ainda abriga o vasto Palácio Potemkin.[83] Mais oitenta anos transcorreriam depois da morte de Potemkin para que *conservatoires* musicais fossem inaugurados em São Petersburgo e Moscou. Iekaterinoslav, porém, viria a ser mais próspera sob planejamento soviético, quando se tornou um laborioso centro industrial — como queria Potemkin.*

As cidades de Potemkin avançavam à medida que ele ia ganhando território. As últimas que ele patrocinou foram possibilitadas pelas conquistas da Segunda Guerra Turca — Nikoláiev, pela queda da fortaleza de Ochakov, e Odessa, pelo avanço em torno do mar Negro.

Em 27 de agosto de 1789, o príncipe esboçou uma ordem para fundar Nikoláiev, em homenagem a são Nicolau, o padroeiro dos navegantes, em cujo dia Potemkin finalmente tomou Ochakov. Construída num lugar alto, frio e ventila-

---

* Dniepropetrovsk destacou-se na era soviética por fornecer à União Soviética sua camarilha de líderes nos anos 1970. Em 1938, um *aparatchik* comunista de 38 anos chamado Leonid Brejnev passou por cima dos cadáveres de seus superiores liquidados durante o Grande Expurgo de Stálin para se tornar chefe de propaganda em Dniepropetrovsk. Ali ele formou a panelinha que dominaria a União Soviética de 1964 a 1980: a "Máfia de Dniepropetrovsk". Moradores ainda se lembram que Brejnev adorava oferecer recepções no Palácio Potemkin.

do, onde o rio Ingul se junta ao Bug, cerca de trinta quilômetros acima de Kherson e oitenta quilômetros do mar Negro, Nikoláiev foi a mais bem planejada e bem-sucedida de suas cidades (à exceção de Odessa).

Foi construída por Faléiev de acordo com ordens precisas de Potemkin, abrangente em visão, exata em detalhes. Num memorando de 21 pontos, ele ordenou a Faléiev que construísse um mosteiro, mudasse a sede naval de Kherson para Nikoláiev, construísse uma escola militar para trezentos alunos, fundasse uma igreja com a renda das tavernas locais, refundisse o sino quebrado do Convento Mejigorski, acrescentando cobre, cultivasse a terra "segundo o método inglês, como praticado pelos três assistentes de formação inglesa do professor Livánov", construísse hospitais e asilos para inválidos, criasse um porto-franco, cobrisse de mármore todas as fontes, construísse um banho turco e um almirantado — e então estabelecesse uma câmara municipal e uma força policial.

Incrivelmente, Faléiev conseguiu lidar com essas estocadas de energia uma a uma. Respondeu às ordens específicas de Potemkin: "Vossa Alteza me ordenou que" — e então informava que praticamente tudo tinha sido feito — e mais ainda, desde assentar padres dos velhos crentes a semear hortas. Deu prioridade à construção dos estaleiros. Camponeses, soldados e prisioneiros turcos ergueram a cidade: 2500 trabalhavam ali em 1789. Faléiev evidentemente exigia demais deles, pois o Seníssimo deu ordens para protegê-los e dar-lhes rações diárias de vinho quente. Há uma gravura contemporânea no Museu de Nikoláiev mostrando os soldados e os prisioneiros de guerra turcos a pé, supervisionados por oficiais russos a cavalo. Outra mostra bois arrastando toras de madeira para construir a cidade.

Em outubro, Faléiev pôde dizer ao príncipe que o embarcadouro estava pronto e que a escavação feita pelos recrutas e pelos turcos estaria terminada em um mês. Já havia nove quartéis de pedra e cinco de madeira. Em 1791, os principais estaleiros foram transferidos de Kherson para Nikoláiev.[84] Aqui se vê como Potemkin trabalhava. Não há vestígio do preguiçoso, do bufão que se apresentava para os ocidentais, ou do autocrata pomposo que não dava a menor atenção aos detalhes. Potemkin pressionava Faléiev. "Trabalhe depressa", escreveu ele referindo-se a um encouraçado de que precisava: "Esforce-se ao máximo". Em seguida, agradeceu-lhe as melancias que tinha mandado, mas acrescentou: "Não imagina o quanto minha honra e o futuro de Nikoláiev dependem deste navio".[85] A primeira fragata de sua nova cidade foi lançada antes da morte dele — e seu palácio foi quase concluído.

Quatro anos depois, a visitante Maria Guthrie aplaudiu seus 10 mil habitantes, "as ruas notavelmente longas, largas e retas" e "os belos edifícios públicos". A localização da cidade ainda hoje é ideal: é bem traçada e planejada, apesar de restarem poucos prédios de Potemkin. Os estaleiros ainda funcionam onde eles os construiu, mais de duzentos anos atrás.[86]

Odessa foi conquistada por Potemkin, que ali mandou construir uma cidade e uma fortaleza — embora a cidade não recebesse o nome nem fosse iniciada antes da sua morte. Quando tomou o forte otomano de Hadji-Bey, em 1789, o príncipe reconheceu que era um lugar excepcional e estratégico, mandou explodir o velho castelo e escolheu pessoalmente o local do porto e do assentamento. Os trabalhos começaram de imediato.

Tudo isso já estava em andamento quando ele morreu, mas a cidade foi fundada formalmente três anos depois por seu protegido José (Óssip) de Ribas, o aventureiro espanhol de Nápoles que tinha ajudado Orlov-Tchésmenski a sequestrar a "princesa Tarakánova". "O general (depois almirante) de Ribas era altamente dotado de inteligência, engenhosidade e talento, mas não era nenhum santo", de acordo com Langeron. Seu retrato de autoria de Pampi mostra um rosto astuto, impiedoso e de expressão sutil. Em 1776, casou com a filha ilegítima de Ivan Betskoi, amigo de Catarina e autoridade em artes, que tivera um caso com a mãe da imperatriz. Eles formavam uma das duplas mais politicamente eficientes de Petersburgo. Portanto, onde o príncipe estivesse, Ribas nunca estava longe. Sempre vigoroso e competente, fosse construindo navios, comandando frotas ou arranjando amantes para Potemkin, Ribas juntou-se a Pópov e Faléiev como os três principais homens de ação de Potemkin.*

Catarina chamou o porto em homenagem a Odessos — antiga cidade grega que segundo a crença ficava ali perto —, mas no feminino, Odessa. Continua a ser uma das joias do legado de Potemkin.[87]

"Informo que o primeiro navio a ser lançado se chamará *Glória de Catarina — Iekaterinoslav*", escreveu Potemkin, entusiasmado, a sua imperatriz. "Por favor,

---

* Hoje Deribas é um dos bulevares mais elegantes de Odessa.

me permita dar-lhe este nome." O nome "Iekaterinoslav" tornara-se obsessão. Cidades, navios e regimentos se apequenavam diante do peso da sua grandiosidade. Isso preocupava a prudente imperatriz: "Por favor, não dê nomes pomposos demais aos navios, para que esses nomes tão sonoros não se tornem um fardo para eles [...]. Faça o que quiser com os nomes, mas não exagere, porque é melhor ser do que parecer".[88] Potemkin, porém, não ia mudar *Glória de Catarina*, nem mesmo para proteger a glória de Catarina a mando dela. Por isso, ignorou o pedido e, em setembro, anunciou orgulhosamente o lançamento, a partir dos seus estaleiros em Kherson, do navio de linha de 66 bocas chamado *Glória de Catarina*.[89] Esse diálogo entre eles é muito característico.*

O príncipe tinha motivo para estar eufórico, porque navios de linha, pesadas fortalezas flutuantes com suas filas de mais de quarenta ou cinquenta canhões, mesmo número de alguns exércitos inteiros, eram as armas mais prestigiosas do século XVIII — equivalentes aos porta-aviões de hoje. (Catarina concedeu a Potemkin os 2,4 milhões de rublos iniciais para financiar isso em 26 de junho de 1786.) A construção de uma frota desses navios foi comparada, por um historiador moderno, ao programa espacial, em termos de custo e esforço. No entanto, os detratores de Potemkin alegam que os navios estavam podres, se é que foram construídos. Trata-se de um disparate. Pole Carew examinou cuidadosamente a construção naval em andamento. Havia três navios de linha de 66 bocas de fogo em "estágio avançado", enquanto fragatas de trinta e quarenta bocas já tinham sido lançadas. Mais quatro quilhas foram assentadas. O Estado não era o único construtor naval — Faléiev também estava fabricando os seus navios mercantes. Em Gluboka, 35 verstas em direção ao mar, já havia mais sete fragatas, de 24 e de 32 bocas. Quando Miranda, que não tinha preconceitos europeus e acumulava vasta experiência militar, fez uma visita cinco anos depois, informou que nem a madeira nem o projeto dos navios poderiam ser melhores, e considerou a mão de obra de um padrão superior ao dos navios espanhóis ou franceses. Foram construídos, segundo ele, no mais alto elogio que alguém poderia fazer a um navio naquele tempo, "à maneira inglesa".[90]

* Em Kherson hoje, no lugar das primeiras docas ergue-se uma medonha escultura soviética de concreto representando um veleiro. A inscrição, é claro, não menciona Potemkin, mas de qualquer maneira o aclama. "Aqui em 1783", lê-se nela, "foi lançado o primeiro navio de linha de 66 bocas de fogo da Frota do Mar Negro — 'Glória de Catarina'."

Isso mostra que ele sabia do que estava falando, pois os críticos alemães, franceses e russos dos navios de Potemkin não percebiam que sua madeira vinha dos mesmos lugares da usada pelos navios de guerra ingleses. Além disso, eram construídos por marujos e engenheiros que aprenderam seu ofício na Inglaterra, como o almirante Nikolai Mordvínov (que casou com uma moça inglesa) e o engenheiro Kórsakov. A rigor, em 1786, Kherson tinha uma atmosfera inglesa. "Mordvínov e Kórsakov são muito mais parecidos com ingleses do que quaisquer estrangeiros que já conheci", escreveu a ardorosa viajante Lady Craven.[91] Apesar disso, o Kaiser José, que não era nenhum especialista em questões navais, alegava que os navios eram "construídos de madeira verde, bichada".[92]

Em 1787, o príncipe tinha criado uma frota formidável, que o embaixador britânico calculou em 27 navios de guerra. Só navios de linha com mais de quarenta canhões, ele tinha 24, construídos em nove anos, com o início dos trabalhos em Kherson. Posteriormente, o perfeito porto de Sebastópol tornou-se a base naval da frota de Potemkin e Nikoláiev, seu principal estaleiro. Isso, junto com os 37 navios de linha da Frota do Báltico, situou o poderio naval russo instantaneamente quase em pé de igualdade com a Espanha, logo atrás da França — apesar de muito atrás dos 174 navios de linha da Grã-Bretanha, a única superpotência naval do mundo.

Potemkin é o pai da Frota do Mar Negro, assim como foi Pedro, o Grande, que criou a do Báltico. O príncipe tinha imenso orgulho da frota. Era sua "cria" especial, e ele posa no raro retrato de Lampi com seu uniforme branco de grande almirante das Frotas do Mar Negro e do Cáspio, tendo o mar Euxino (Negro) atrás dele. Catarina sabia que era criação dele. "Pode parecer exagero", teria dito o Sereníssimo no fim da vida, segundo anotou um embaixador britânico, "mas ele poderia dizer, quase literalmente, que cada tábua usada para construir a frota foi carregada nos seus ombros."[93]

Seu outro esforço hercúleo foi atrair pessoas comuns para habitar aqueles vastos territórios desertos. O assentamento de colonos e ex-soldados das fronteiras era uma velha prática russa, mas a campanha de recrutamento de Potemkin, na qual Catarina emitiu proclamações oferecendo todos os incentivos possíveis para colonos — isenção de impostos por dez anos, equipamentos agrícolas e gado de graça, franquias para fabricação de licores ou cerveja —, foi espantosa pela imaginação, pela escala e pelo êxito. Centenas de milhares foram transferidos, abrigados e assentados, e receberam doações sociais de arados, dinheiro e bois. Frederico, o Grande, estabelecera um modelo de colonização durante o *rétablissement* de seus territórios arrasados pela guerra tolerando todas as seitas, de modo que, na época da sua morte, 20% dos prussianos eram imigrantes. O príncipe tinha uma visão moderna do poder das relações públicas. Anunciava em jornais estrangeiros e criou uma rede de recrutadores em toda a Europa. "Os jornais estrangeiros", explicou ele a Catarina, "estão repletos de elogios aos assentamentos estabelecidos na Nova Rússia e em Azov." O público poderia ler sobre os privilégios concedidos aos colonos armênios e gregos e "perceber todo o seu valor". Ele também propôs a ideia moderna de usar embaixadas russas para ajudar no recrutamento. Potemkin se mostrara um colonizador entusiasta desde que chegou ao poder. Mesmo em meados dos anos 1770, recrutava imigrantes para seus novos assentamentos na Linha Mozdok do norte do Cáucaso.[94] Seus colonos ideais seriam os que plantassem, arassem, negociassem e fabricassem em tempos de paz e, vindo a guerra, cavalgassem contra os turcos.[95]

Os primeiros colonos de Potemkin foram os albaneses, da frota mediterrânea de Orlov-Tchésmenski de 1769, e os cristãos crimeanos. Os primeiros se estabeleceram inicialmente em Yeni-Kale, os últimos em suas próprias cidades, como Mariúpol. Os albaneses eram soldados-agricultores. Potemkin fundou escolas e hospitais, bem como cidades, para esses imigrantes. Uma vez anexada a Crimeia, Potemkin organizou os albaneses em regimentos e fixou-os em Balaclava. O príncipe projetou Mariúpol especificamente para os gregos crimeanos. Como em todas as outras cidades, ele supervisionou seu desenvolvimento, sempre acrescentando alguma coisa durante a sua carreira. Em 1781, o governador de Azov informou que boa parte da cidade estava construída. Havia quatro igrejas, os gregos tinham seu próprio tribunal e a cidade cresceu, transformando-se num próspero centro comercial. Mais tarde Potemkin fundou Nachkichevan, no baixo Don, perto de Azov, e Grigóripol (batizada em homenagem a si mesmo, claro), no Dniester, para os armênios.[96]

O Sereníssimo espremia o cérebro para encontrar cidadãos produtivos dentro do Império, atraindo nobres e servos,[97] soldados aposentados e feridos, velhos crentes* ou *raskólniki*,[98] cossacos e, naturalmente, mulheres com as quais pudes-

---

* Os que seguiam os velhos ritos da Igreja ortodoxa. Excluídos da vida russa havia um século, visem constituir famílias. As moças eram despachadas para o sul como as noivas de encomenda dos colonos do Meio-Oeste americano no século XIX.[99] Como era de seu feitio, Potemkin também voltou a sua atenção para empobrecidos sacerdotes de aldeia.[100] Fora do Império, ofereceu anistia a exilados, como servos fugidos,[101] *raskólniki* e cossacos que tinham fugido para a Polônia ou para a Turquia. Famílias, aldeias e cidades inteiras mudaram-se, ou retornaram, para se estabelecerem nas províncias dele. Estima-se que, até 1782, ele dobrou a população de Nova Rússia e Azov.[102]

A campanha de Potemkin intensificou-se depois da conquista da Crimeia — e, usando uma florescente rede de intermediários, ele a estendeu por toda a Europa. A população da Crimeia fora reduzida, ao longo de tempos turbulentos, para cerca de 50 mil habitantes do sexo masculino.[103] O príncipe achava que os territórios contavam com apenas 10% da população que deveriam abrigar. "Estou lançando mão de todos os meus poderes", comunicou ele a Catarina. "Dos lugares mais diversos, convoquei colonos versados em todas as esferas da economia [...]." Recorria a seus extraordinários poderes para decidir quem pagaria ou não pagaria impostos e quanta terra os colonos, fossem nobres ou estrangeiros, deveriam receber. Os imigrantes, em geral, costumavam ficar isentos de impostos por um ano e meio, período posteriormente estendido para seis anos.[104]

Os agentes recrutadores recebiam cinco rublos por colono. "Achei um homem que ficou encarregado de trazer colonos estrangeiros para a Crimeia", escreveu um deles para o príncipe. "Combinei que lhe pagaria trinta rublos por família entregue nesses lugares." Posteriormente, ele enviou a Potemkin outro agente, com quem "combinei duzentas almas, mas ele promete trazer muito mais".[105]

Os camponeses do sul da Europa proporcionavam um terreno particularmente fértil para o recrutamento. Em 1782, 61 famílias corsas chegaram para se fixar perto de Kherson.[106] No começo de 1783, Potemkin tomou providências para receber corsos e judeus recrutados pelo Duc de Crillon. Mas o príncipe decidiu que "não acho necessário aumentar o número desses habitantes, além dos já mandados pelo conde Mocenigo" (o ministro russo em Florença). Nos arquivos do príncipe, é possível acompanhar esse estranho comércio de agricultores honestos e malandros aproveitadores. Alguns escreviam diretamente para a chance-

---

viam geralmente em remotos assentamentos siberianos, para praticar seus cultos com liberdade. Fascinado por sua fé, Potemkin os protegia e tolerava.

laria do príncipe. Numa carta típica, Panaio e Alexiano, potenciais colonos gregos, pediam permissão para trazer as respectivas famílias "do Arquipélago" a fim de que "possam vir para formar uma colônia maior do que a dos corsos".[107] Alguns agentes eram traficantes da pior espécie: quantos inocentes ludibriaram? Fica a suspeita de que alguns proprietários de terras viram nesse movimento uma conveniente oportunidade para livrarem suas propriedades de trapaceiros. Potemkin não se importava. "Serão transportados para Kherson", escreveu ele, "onde tudo está pronto para recebê-los."[108]

O príncipe conseguiu também atrair os colonos mais industriosos e sóbrios que um construtor de impérios pudesse desejar: os menonitas de Danzig, que pediam o direito de construir suas próprias igrejas e de não pagar impostos por dez anos. O agente recrutador de Potemkin, George Trappe, explicou-lhes as condições — eles receberiam dinheiro para a viagem e casas quando chegassem. Os privilégios foram assegurados. A carta de Potemkin ao seu banqueiro escocês, Richard Sutherland, mostra como o ministro-chefe do Império cuidou em pessoa dos detalhes da mudança de números relativamente pequenos de pessoas através da Europa: "Monsieur, como Sua Majestade imperial se dignou conceder privilégios aos menonitas que desejaram se estabelecer no governo de Iekaterinoslav […] tenha a gentileza de preparar os montantes necessários, em Danzig, Riga e Kherson, para a sua viagem e o seu assentamento […]. Em vista da mercê que Sua Majestade imperial se dignou conceder a esses bons agricultores, tenho certeza de que não haverá obstáculo à entrega das somas […] que impeça o assentamento deles em Iekaterinoslav".[109] Há muitas cartas inéditas como essa nos arquivos. As 228 famílias, provavelmente 2 mil pessoas, partiram em sua longa jornada para fundar oito colônias no começo de 1790.[110]

Ao mesmo tempo, em Kherson, ele ordenava ao incompetente coronel Gaks que desse as boas-vindas a um grupo de suecos para o seu assentamento, "onde vão encontrar não apenas casas […]. Para comida, dê cinco rublos para cada um".[111] Outros 880 suecos foram assentados na nova cidade de Iekaterinoslav. Milhares de moldávios e valáquios, romenos ortodoxos sob domínio otomano, também afluíram em bandos para as fronteiras. Até 1782, tinham chegado 23 mil. Muitos viviam em Elizavetgrado, onde eram mais numerosos do que os russos. "Um grego da Bulgária", informa uma carta típica de um dos agentes de Potemkin em 1785, "me disse que há numerosos moldávios nas fronteiras da Moldávia — seria fácil convencê-los a virem como imigrantes." Não há dúvida de que foram.[112]

* * *

Caso quase único entre militares e estadistas russos, Potemkin era mais do que apenas tolerante com os judeus: estudava sua cultura, gostava da companhia dos rabinos e tornou-se seu defensor. O Iluminismo já tinha provocado mudanças de postura em relação aos judeus. Em 1742, a imperatriz Isabel banira do Império todos esses "inimigos de Cristo". Maria Teresa odiava tanto os judeus que, ainda em 1777, quando Potemkin lhes concedia privilégios para assentamento, ela escreveu: "Não sei de praga maior do que essa raça". Não aguentava pôr os olhos num judeu: falava com seu banqueiro Diego d'Aguilar protegida por uma tela. Mas seu filho José II melhorou muito a situação deles.[113] Catarina, quando usurpou o trono lançando mão da carta ortodoxa, não tinha como beneficiar os judeus. Seu decreto de outubro de 1762 convidada todos os colonos, "exceto judeus", mas em segredo permitiu a entrada deles, ordenando especificamente ao conde Browne, o governador-geral irlandês da Livônia, que *não* perguntasse qual era a religião dos candidatos a colono.[114]

A Partição da Polônia em 1772 levou pela primeira vez grande número de judeus — cerca de 45 mil — para a Rússia. O primeiro encontro de Potemkin foi com os muitos judeus que viviam em sua propriedade de Kritchev, localizada em terras que tinham sido polonesas. Quando convidou colonos para o sul em 1775, o príncipe fez um raro acréscimo: "até judeus". Em 30 de setembro de 1777, definiu sua política: judeus tinham permissão para se estabelecer nas terras dele, às vezes nas "pequenas propriedades desertas deixadas pelos cossacos zaporogos", desde que cada um trouxesse cinco colonos poloneses e dinheiro para investir. Posteriormente, acrescentou algumas vantagens apetitosas: nenhum imposto durante sete anos e o direito de negociar com vinhos e licores; proteção contra soldados achacadores; disputas julgadas por rabinos; permissão para sinagogas, cemitérios e para importar esposas da comunidade judaica da Polônia. Esses imigrantes seriam muito úteis: além do comércio, a fabricação de tijolos, de que Potemkin precisava para suas novas cidades, era um ramo dominado pelos judeus. Logo Kherson e Iekaterinoslav, caldeirões culturais onde se misturavam cossacos, *raskólniki* e gregos, eram pelo menos em parte cidades judaicas.[115]

O Seriníssimo ficou especialmente amigo de Joshua Zeitlin, notável comerciante judeu e erudito hebraico, que viajava com o príncipe, administrava suas propriedades, construía cidades, fechava negócios para suprir seus exércitos e até dirigiu a restaurada Casa da Moeda em Kaffa, na Crimeia — ele aparece em toda parte nos arquivos. Zeitlin "andava com Potemkin como um irmão e amigo" — relação única na história russa, porque o judeu resistia orgulhosamente à assimilação cultural, impregnado de devoção e ensinamentos rabínicos, mas ainda assim perto do topo da comitiva do príncipe. Potemkin promoveu-o a "conselheiro da corte", dando-lhe, dessa forma, status de nobreza e permitindo-lhe ser dono de servos e de propriedades. Os judeus russos chamavam Zeitlin de "Há-sar" — Senhor. O príncipe apreciava a habilidade de Zeitlin para fazer negócios e para discutir teologia talmúdica, e os dois estavam quase sempre juntos. Quando inspecionavam novas estradas e cidades, Zeitlin "ia num majestoso cavalo, ao lado de Potemkin". Enquanto o príncipe recebia petições, o nobre e plutocrático rabino "recebia consultas haláchicas de [...] eruditos. Ele desmontava do cavalo e redigia respostas haláchicas numa posição ajoelhada", em seguida montava e seguia pela estrada com o Sereníssimo. É difícil ressaltar o que havia de inaudito nessa visão de tolerância, não simplesmente para a Rússia, mas para a Europa.

Potemkin ajudava os judeus e reiteradamente intervinha em sua defesa. Durante a visita de Catarina ao sul, em 1787, ele chegou a patrocinar uma delegação, chefiada por Zeitlin, que pediu à imperatriz para mandar pararem de chamar os judeus de *"zhidy"* — "judeus". Catarina os recebeu e decretou que a partir de então deveriam ser chamados de *"evrei"* — "hebreus". Quando Zeitlin entrou em conflito com o banqueiro do príncipe, Sutherland, Potemkin apoiou seus amados judeus contra seus amados britânicos.[116] Uma variedade de rabinos judeus logo se juntou a Zeitlin na bizarra corte potemkiana de mulás e sacerdotes. Essa tolerância peculiar é que levou nobres antissemitas, seus detratores, a dizer, em tom de zombaria, que o príncipe tinha preferência por estrangeiros de "focinho grande" — mas Potemkin jamais se guiou pelos preconceitos alheios.[117]

Não admira que o príncipe tenha se tornado um herói para os judeus. Onde quer que fosse, particularmente na Bielorrússia, multidões de judeus eufóricos preparavam recepções tão elaboradas que às vezes até o irritavam. Ofereciam-lhe "grandes bandejas de prata, pães, sal e limões", que Miranda, observador desses rituais em Kherson, descreveu ironicamente como, "sem dúvida alguma, espécie de cerimônia de hospitalidade".[118]

Quando Potemkin morreu, Zeitlin retirou-se para seu suntuoso palácio em Ustie, na Bielorrússia, onde esse insólito financista patrocinava o conhecimento judaico em sua biblioteca-sinagoga hebraica, realizava experimentos científicos em seu laboratório e presidia sua própria corte, com a excentricidade e o esplendor de um Potemkin judeu. A situação dos judeus russos voltou a deteriorar-se. Nunca mais teriam um protetor tão eminente.[119]

Em seguida, o príncipe teve a ideia de importar presidiários britânicos para colonizar a Crimeia.

19. Negros britânicos e guerreiros tchetchenos

> *Mas só me levanto ao meio-dia,*
> *Tomo café e desfruto um cigarro;*
> *Faço dos dias de trabalho minhas férias*
> *E entrego meus pensamentos a quimeras...*
> Gavrili Derjávin, "Ode à princesa Felitsa"

O Sereníssimo ouviu dizer que a Guerra de Independência dos Estados Unidos estava impedindo a Grã-Bretanha de transportar seus presidiários para as colônias, e viu nisso uma oportunidade. Provavelmente a fonte dessa informação foi seu amigo príncipe de Ligne, porque José II tinha pensado em assentá-los na Galícia e depois mudou de ideia. Um dia, Semion Vorontsov, agora embaixador em Londres, recebeu a visita de um aventureiro irlandês chamado Dillon, que dizia que Ligne o designara para arranjar "delinquentes [...] e *blackamoors*" para se estabelecerem na Crimeia. Vorontsov, que tinha antipatia por Potemkin, ficou horrorizado com a possível "desonra da Rússia: toda a Europa saberá que tipos de monstro foram assentados". A dissipação os deixaria doentes, e eles teriam que se manter com sua "velha profissão — roubo e trapaça".*

---

* Quem eram esses *"blackamoors"*? Potemkin estaria, realmente, tentando importar colonos negros

Em outubro de 1785, Vorontsov ficou abismado ao receber uma ordem imperial, por intermédio de Bezboródko, para negociar o envio desses criminosos britânicos para Riga, de onde seriam transportados para a Crimeia. O governo britânico pagaria pela viagem. Vorontsov viu uma oportunidade de enfraquecer Potemkin, por isso escreveu para a imperatriz advertindo sobre os efeitos em sua reputação europeia. "Apesar da influência e do poder prodigiosos do príncipe Potemkin", gabou-se Vorontsov, a imperatriz decidiu que ele tinha razão — isso de fato poderia prejudicar a imagem dela na Europa. "É verdade", trombeteava Vorotnsov anos depois, "que o príncipe Potemkin jamais me perdoou."[1]

Essa história foi divulgada por Vorontsov — e tem sido repetida desde então — para mostrar a incompetência clownesca e a falta de discernimento de Potemkin. No entanto, não era uma ideia tola nem revoltante. A maioria desses "delinquentes" não era constituída de criminosos empedernidos — naquela época infelizes eram deportados da Inglaterra em correntes, dentro de medonhos navios-prisão, por terem roubado um lenço ou caçado clandestinamente uma lebre. A colônia penal suprema, a Austrália, para onde acabariam indo esses presidiários, prosperou. A imperatriz, Ligne e Bezboródko, que não eram idiotas, apoiavam a ideia de Potemkin. Além disso, tratava-se de um conceito familiar, porque muitos criminosos russos eram mandados para a Sibéria como "colonos".

Alguns colonos já eram quase criminosos, de qualquer maneira. Em 1784, um navio carregado do que Samuel Bentham chamava de "farroupilhas italianos", basicamente corsos, chegou de Lenghorn. Tinham se amotinado durante a viagem, matando o capitão, mas foram capturados e levados para Kherson, e ali postos para trabalhar na construção da cidade. Dessa debacle surge uma história que fala por si. Havia entre esses assassinos um inglês — sempre há um inglês nos planos de Potemkin. Como constava que o homem era mineiro, mandaram-no procurar carvão. Bentham o encontrou "quase nu e vivendo com cinco copeques por dia", por isso mencionou a história desse miserável compatriota ao príncipe, que "lhe prometeu um bom salário, e quando eu disse que estava quase nu, ordenou que eu lhe desse trezentos rublos para comprar roupas. Isso, acho, demonstra

---

— escravos africanos? *"Blackamoor"* também significava "mouros de rua", ou meninos pobres das ruas de Londres, que hoje chamaríamos de vadios.

uma dose não pequena de generosidade — bem como uma atitude favorável para conosco, os ingleses".[2]

Há um revelador pós-escrito envolvendo os Estados Unidos. Em 1784, americanos leais à Coroa britânica, que teriam que deixar o país, fizeram uma petição a Potemkin, para que os aceitasse como colonos. Potemkin ficou receoso de que "possam ser descendentes daquelas pessoas que migraram da Inglaterra durante as guerras civis no século anterior e que, como é legítimo supor, talvez tenham opiniões de forma alguma compatíveis com o espírito da [Rússia]".[3] Por isso criminosos britânicos eram bem-vindos, e respeitáveis legalistas americanos rejeitados. Mas Potemkin, que não via diferença entre Cromwell, Danton e Pugatchov, foi coerente: a rebelião política era muito mais perigosa do que o crime comum.

O Sereníssimo especificou aos seus governadores, com precisão, como os colonos deveriam ser recebidos ao término de suas longas viagens. "Os novos súditos que não sabem nossa língua e não conhecem nossos costumes precisam de defesa e proteção [...]", instruiu ele ao governador crimeano Kahovski. O príncipe sem dúvida decidia o destino dos colonos por capricho: "Propus assentá-los na margem esquerda do Dnieper. Mas agora acho que seria mais fácil transferi-los para as desertas terras gregas de Táurida, onde já existem construções".[4] Estava constantemente pensando em maneiras de melhorar a situação deles: "Tenha a bondade de distribuir bois, vacas e cavalos, deixados pelos tártaros que saíram de Táurida, entre os novos colonos", ordenou ele a Kahovski, "tentando não simplesmente ser equânime, mas também ajudar os pobres".[5] Ao governador de Iekaterinoslav, Sinelnikov, deu ordem para que cada família recebesse o mesmo, mais oito deciatinas de terra por cabeça. "Outras quarenta famílias estão descendo o Dnieper; não deixe de recebê-las pessoalmente [...]"[6]. Mais uma vez, essa saudação pessoal por um governador ocupado parece mais uma preocupação moderna com o bem-estar da população do que a rotina de um assentamento militar nas estepes russas.

Potemkin costuma ser acusado de abandonar essas pessoas à própria sorte. Ele não podia ver tudo, e seus funcionários com frequência mentiam. Por essa razão ele estava sempre na estrada — para que não lhe escondessem nada. Apesar disso, algumas dessas pessoas certamente passaram por milhares de pequenos sofrimentos. A saída da Crimeia de alguns colonos "prova sua insatisfação", escreveu Potemkin para Kahovski. "Entenda quais são os motivos disso e desempenhe suas obrigações com firmeza, atendendo aos ofendidos."[7] Sua ordem militar para "entender" demonstra a contradição que existe em tentar fomentar a sensibilidade psicológica através da cadeia de comando militar.

No entanto, muitos outros assentados ficaram satisfeitos. Os arquivos provam que, sempre que descobria uma falha, Potemkin reagia de imediato, como o bilhete para Kahovski em que sugere cinco maneiras de superar as "grandes privações" dos aldeões porque o Estado não forneceu gado em quantidade suficiente: "Apenas três juntas de bois, um arado e uma carreta foram dados para quatro, ou até mais, famílias [...]".[8] É extraordinário ver o cogovernante de um império ordenando que seus generais corrijam esse tipo de erro e deem certo número de bois a determinada família camponesa numa aldeia. Isso aconteceu muitas e muitas vezes.

Ele resolveu problemas de segurança transportando pessoas — algumas hordas nogais foram reassentadas nos Urais, Taman e no norte da Crimeia, e depois transferidas de novo. Seu pecado era serem indignas de confiança e estarem perto demais do turbulento Cáucaso. Essas migrações devem ter sido tristíssimas procissões, pelas quais Potemkin é responsável, assim como ministros britânicos seus contemporâneos são responsáveis também pela mácula do tráfico de escravos.

No geral, Potemkin acompanhou tudo com enorme cuidado, tanto quanto era possível para um administrador naquele século. Posteriormente, talvez durante a construção de sua última cidade, Nikoláiev, há este melancólico bilhete para Faléiev sobre as condições da gente comum: "Você precisa me dizer a verdade. Não posso saber sem mais nem menos, e você devia envergonhar-se de esconder-me a verdade. Contratei pessoas para trabalhar, prometendo-lhes salários; mas acabou se transformando em trabalho forçado. Infelizmente, meu nome está em toda parte, e elas podem achar que sou um tirano [...]".[9]

O príncipe planejava transformar a Crimeia e o sul no pomar do Império. "Este lugar é incrivelmente bom e fértil", disse ele a Catarina. O príncipe era, evidentemente, um "verde" *avant la lettre*: pelo menos, tinha uma compreensão instintiva do que agora chamamos de ecologia. Para ele, plantar árvores era ajudar a construir o futuro em suas terras, por isso estava sempre mandando seus homens "plantarem árvores do paraíso", ou "castanheiras". Em 5 de agosto de 1785, Potemkin imprimiu um discurso aos nobres da Crimeia, no qual lhes exigia, autocraticamente, que plantassem e criassem prosperidade: "Considero a lavoura a primeira fonte de riqueza". Era um ramo de negócio confiável, porque o Exército sempre precisava de provisões, além de um serviço prestado para o Estado. Mas, se a terra não é semeada, "envergonha o dono e lhe denuncia a preguiça".[10]

Ele praticava o que pregava. "Desejoso de promover a colonização da estepe de Perekop e dar o exemplo", Potemkin ocupou florestas e 6 mil deciatinas "para colher canas".[11] Não parava de ordenar aos diretores de Agricultura crimeana, os professores Livánov e Prokopóvitch (que estudaram na Inglaterra, juntamente com estudantes enviados por Potemkin), e o botânico Hablitz, que viajassem pela península aperfeiçoando qualquer coisa em que pudessem pensar. Além de ordenar a Kórsakov a construção de *salt bridges* para tornar mais eficiente a coleta de sal, despachou engenheiros para procurarem carvão betuminoso nos rios Donetz e Lugansk. A região de Táurida tinha até seu próprio especialista em mineração.[12]

O príncipe era obcecado com o uso de suas propriedades, e das propriedades que dera a outras pessoas, como centros de comércio entre o sul e o norte. "Os barcos que levam suprimentos das propriedades e fábricas do príncipe Potemkin [da Bielorrússia] para a marinha em Kherson voltam carregados de sal [...]", explicou um diplomata francês a Paris. Com a aquisição das estepes desertas do canato crimeano e da Siétch de Zaporójie, Potemkin pretendia fazer uso de concessões territoriais para estimular o comércio e a manufatura, especialmente entre estrangeiros como os Bemtham. Nisso também dava preferência aos anglo-saxões. "Os russos não são bons de comércio", diria Potemkin, mais tarde, a um embaixador britânico, "e ele sempre foi de opinião que o comércio exterior do Império deveria ficar inteiramente a cargo" de ingleses.[13]

Potemkin deu ordens para que nenhuma terra fosse dada sem o seu comando. Havia muitas maneiras de colonizar aquelas vastas terras: primeiro, cedeu imensas propriedades a magnatas, funcionários (como seu secretário Pópov e seu aliado Bezboródko, que ficou maravilhado com sua propriedade "quase régia"), amigos estrangeiros (como o príncipe de Ligne), camaradas cossacos e renegados tártaros — e ficou com 73 mil deciatinas no continente e 13 mil na península.[14] Se os proprietários de terras se saíssem bem, o Sereníssimo isentava-os de impostos, como o fez com três estudantes de agricultura inglesa "por seu grande progresso".[15] Se malbaratassem os presentes, Potemkin sentia-se tentado a tomar de volta o que tinha dado. Muitos estrangeiros, de nobres genoveses a fidalgas inglesas, bombardeavam o príncipe com projetos e pedidos de terra — mas só conseguiam alguma coisa se tivessem um plano de empreendimento.

"Eu tenho, meu príncipe, um grande desejo de me tornar proprietária de algumas propriedades aqui", escreveu-lhe da Crimeia a sedutora e ambiciosa condessa de Craven. Essa filha do conde de Berkeley, com seus cacheados cabelos à la Medusa, já era uma beldade favorita dos jornais londrinos dedicados a explorar escândalos, não muito diferente da duquesa de Kingston e Devonshire. Mas essa mulher talentosa e independente era também uma viajante corajosa e uma das primeiras autoras de best-sellers sobre viagens. Depois de um casamento absurdamente curto com um par cujo nome passou a usar de forma descarada, fora apanhada em flagrante com um duque francês, um embaixador em Londres, mas era também muito "democrática" em seus gostos, tendo, segundo se diz, amantes da classe operária. Um dia partiu em viagem com um jovem amante, ao mesmo tempo que escrevia cartas pitorescas para seu pretendente, o margrave de Anspach, cunhado de Frederico, o Grande. As cartas foram posteriormente publicadas com o título de *Journey through Crimea to Constantinople* [Viagem pela Crimeia até Constantinopla]. Ela encerrou sua viagem geográfica, amorosa e literária em 1791, casando com o margrave, com quem Potemkin também se correspondia, ingressando, com isso, nas fileiras da aristocracia imperial.[16]

Elisabeth Craven conheceu o príncipe em Petersburgo e viajou para a Crimeia com suas bênçãos. Enxergava oportunidades ali. "Eu faria uma colônia de pessoas honestas e trabalhadoras do meu país", sugeriu ela. "Ficaria muito feliz de ver minha própria terra florescer [...]. Digo-lhe francamente, meu príncipe, que gostaria de ter duas propriedades em diferentes lugares de Táurida." Apelando ao conhecido romantismo de Potemkin, descreveu seu desejo como "um sonho lindo". Sua Senhoria suplicou-lhe, de modo suspeito, "não conversar sobre isso com o sr. Fitzherbert [sucessor de Harris como embaixador britânico na Rússia], nem com meus compatriotas", supostamente porque não queria que os jornais de Londres tomassem conhecimento. Para o caso de Potemkin não se sentir seduzido o bastante pela proposta, Sua Senhoria fez questão de que ele soubesse exatamente quem era ela, assinando cada carta com "Elisabeth Craven, fidalga da Inglaterra, *née* Lady Elisabeth Berkeley". Não se sabe qual foi a resposta de Potemkin, porém ela jamais assentou sua família na Crimeia. Talvez o príncipe, que já não era o neófito encantado com Semple, achasse que essa "fidalga da Inglaterra" exigia demais.[17]

O príncipe sonhava em encher suas terras de prósperas fazendas e laboriosas fábricas: dessa vez não queria soldados, mas especialistas em agricultura. Catarina citou Potemkin para o dr. Zimmerman, seu amigo alemão: "Em Táurida, a questão principal deve ser [...] o cultivo da terra e a criação do bichos-da-seda, e consequentemente fazendas de amoreiras. Tecidos devem ser feitos ali [...] a produção de queijo também seria altamente desejável [...] jardins, acima de tudo jardins botânicos [...] precisamos de pessoas sensatas e experientes".[18]

Quando o oficial espanhol Antonio d'Estandas pediu terra para fundar fábricas de porcelana não muito longe de Simferopol, o príncipe deu ordens imediatas ao seu governador para "arranjar toda a terra necessária", mas "com a condição de que a fábrica seja estabelecida sem delongas".[19] Dava preferência a agricultura, pomares e rebanhos ovinos em vez de bovinos,[20] por acreditar que a Crimeia era ideal para lã e criação de ovelhas. "Fazendo lã melhor com métodos simples e corretos", gabou-se a Catarina, "superaremos qualquer país da Europa com nosso tecido. Encomendei machos de todos os lugares onde há as melhores ovelhas e espero que cheguem no próximo verão."[21]

O príncipe fomentou várias indústrias pessoalmente — sobretudo a do vinho e a da seda. Agia ao mesmo tempo como autocrata, banqueiro, empresário e freguês. Quando resolveu fabricar seda, como já vinha fazendo com êxito em Astrakhan, fechou acordo com o conde de Parma, na Itália, para produzi-la numa grande propriedade. O príncipe forneceu vinte famílias camponesas das suas propriedades russas, prometendo mais dali a cinco anos, e emprestou ao conde 4 mil rublos a título de capital inicial. Para incentivar a indústria, comprou toda a seda produzida localmente a preços inflacionados.[22] Quanto ao êxito da empreitada de Potemkin, Maria Guthrie encontrou o "zeloso" conde ainda produzindo seda de qualidade na virada do século.[23]

O príncipe queria transformar Iekaterinoslav no centro de comercialização da seda produzida em suas fazendas de amora crimeanas. Uma fábrica de meias de seda foi construída ao custo de 340 mil rublos, e ele logo mandou para a imperatriz um par de meias tão finas que podiam ser preservadas numa casca de noz. "Quando, ó minha Mãe Misericordiosa", escreveu o príncipe, "você visitar os domínios que eu presido, verá seu caminho coberto de seda."[24]

Para o vinho, o príncipe plantou 30 mil videiras de tócai, importadas da

22. Potemkin com cerca de 35 anos, no auge de sua paixão por Catarina, usando o peitoral de ouro e o uniforme de capitão das Chevaliers-Gardes, que protegiam os aposentos da imperatriz.

23. Dária Potemkina, mãe do príncipe, que reprovava os casos amorosos do filho com as sobrinhas, e dizia-o com todas as letras. Ele jogava suas cartas no fogo.

24. A imperatriz Isabel: escultural, de olhos azuis, loura, esperta e implacável, verdadeira filha de Pedro, o Grande, com uma queda por homens, vestidos, bailes travestis e piedade ortodoxa. Depois que foi apresentado a ela, o jovem Potemkin perdeu o interesse pelos estudos.

25. A grã-duquesa Catarina, com o apalermado marido Pedro e o filho Paulo. Ela desprezava o marido — e Paulo provavelmente era filho dela com Serguei Saltikov, seu primeiro amante.

26. Marechal de campo Pedro Rumiántsev no comando na Batalha de Kagul, contra os turcos, em 1770. As façanhas do general Potemkin nessa campanha fizeram dele um herói de guerra.

27. Os irmãos Orlov, que ajudaram Catarina a tomar o poder. O amável Grigóri (*à esquerda*) foi seu amante por doze anos. Alexei (*à direita*), brutal, com cicatrizes no rosto, ajudou a assassinar Pedro III e venceu a batalha naval de Chesme contra os turcos. Potemkin acabou com a influência deles.

28. Gravura fantasiosa mostrando Catarina e Potemkin jogando cartas no budoar da imperatriz. A rigor, eles costumavam jogar no Pequeno Hermitage, onde ela estabelecia regras especiais para ele — "Não quebre nem mastigue nada" —, porque ele gostava de chegar mastigando rabanete, usando apenas um roupão sem nada por baixo e uma bandana vermelha.

29. Alexandre Lanskoi, amante de Catarina de 1780 a 1784. Era delicado, afetuoso e sem ambição. Ela foi muito feliz com ele. Quando morreu, Potemkin correu para consolá-la, e cortesãos ouviram os dois uivando juntos de dor.

30. Conde Alexandre Dimítriev-Mamónov, penúltimo favorito de Catarina e parente de Potemkin. Ela o apelidou de "Casaca Vermelha". Ele deixou a imperatriz arrasada ao apaixonar-se por uma dama de companhia. "Cuspa nele", disse Potemkin.

As sobrinhas de Potemkin eram para ele família, amigas e amantes.
31. (*À esquerda*) Princesa Varvara Golítsina — ele se apaixonou por essa sobrinha namoradeira e voluntariosa quando seu caso amoroso com Catarina acabou.

32. (*À direita*) Condessa Iekaterina Scavrónskaia com a filha, a futura princesa Bagration. A bela e lânguida sobrinha-amante de Potemkin, conhecida como seu "anjo", foi sua "sultana-chefe" por muitos anos.

33. (*À esquerda*) A duquesa de Kingston (também condessa de Bristol) ficou famosa quando ainda era Elisabeth Chudleigh, aparecendo nua no baile do embaixador veneziano em Londres em 1749. Quando visitou Petersburgo num luxuoso iate nos anos 1770, essa já idosa e desleixada marqueteira era a mulher mais escandalosa da Inglaterra, tendo sido declarada culpada de bigamia. Potemkin, que cobiçava seus tesouros artísticos, providenciou para que um ajudante seu se tornasse amante dela.

34. (*Acima, à esquerda*) Princesa Tatiana Iussúpova, a sobrinha caçula, que adorava o tio e escreveu que a corte era muito chata sem ele. 35. (*Acima, à direita*) A condessa Iekaterina Samóilova, sobrinha por casamento do príncipe, descarada mas fascinante. Seduziu o jovem conde de Damas durante o cerco de Ochakov em 1788 — e, segundo se dizia, tornou-se amante de Potemkin logo depois.

36. (*Acima*) O sacro imperador romano José II se encontra com Catarina, num campo perto de Kaidak, durante o avanço de Potemkin na Crimeia, em 1787. Naquela noite, José mostrou descontentamento com a culinária de Potemkin — mas, apesar disso, invejava suas vastas conquistas.

37. (*À esquerda*) Charles-Joseph, príncipe de Ligne, socialite, soldado austríaco, de sagacidade renomada, *"jockey diplomatique"* e o sedutor da Europa, disse que era preciso usar a matéria de cem homens para fazer um Potemkin.

Hungria com permissão de José, em quatro lugares da península. Há anos ele vinha plantando pomares e vinhedos em Astrakhan, de onde trouxe seu viticultor Joseph Banq para Soudak, a viçosa aldeia crimeana à beira-mar, à sombra de uma arruinada fortaleza genovesa, que se tornou sua central de produção de vinhos. É um tributo à energia de Potemkin o fato de que seu produtor já estava comprando propriedades em setembro de 1783, semanas depois da anexação do canato. As tristes cartas de Banq, espalhadas pelos arquivos de Potemkin, são mal-humoradas, mal escritas e quase sempre manchadas, como se as escrevesse enquanto aguava as videiras. Elas demonstram as dificuldades de pôr em prática os projetos de Potemkin. O pobre Banq sentia muita falta da mulher — "sem minha família, não posso ficar em Soudak, ainda que Sua Alteza me oferecesse o mundo inteiro". De qualquer maneira, o trabalho era impossível sem vinte trabalhadores — não soldados! Mas os trabalhadores foram rudes com Banq, e ele teve que se queixar de novo ao príncipe. Quando as videiras floresceram, enviou orgulhosamente ao Sereníssimo 150 garrafas do seu vinho tinto de Soudak.[25]

A tarefa de Banq era expandir os vinhedos, plantar pomares e fazendas de produção de uva-passa e, como lucrativa ocupação secundária, "construir uma fábrica de vodca como na França". O salário que recebia nessa missão de cinco anos era de 2 mil rublos anuais (bem acima do salário médio dos funcionários públicos russos), mais um apartamento, lenha, uma junta de cavalos e barris de quarenta litros de vinho.[26] Ao chegar, o francês resmungou que os canteiros comprados para ele "não valem nada [...] não foram cultivados por três anos [...] é perda de tempo fazer vinho este ano".[27] Finalmente, Potemkin demitiu o infeliz, que deve ter sido apanhado roubando, porque suplicou perdão, ao mesmo tempo que sentia "o mais horrível desespero". Não se sabe o que lhe aconteceu, mas outro francês tomou seu lugar.[28] "O vinho de Soudak", declarou o embaixador francês, conde de Ségur, num relatório para Versalhes, "é muito agradável" — com o que Marie Guthrie concordou na virada do século.[29]

Mesmo no meio da Segunda Guerra Russo-Turca em 1789, quando avançava em território otomano, o príncipe achou tempo para ordenar a Faléiev que "lavre o terreno mais fértil e prepare vagens suficientes para semear no próximo verão. Vou lhe mandar as sementes de Jassy. Vou providenciar uma escola de agricultura aqui [...]".[30] O plantador e construtor não descansava nunca e jamais deixava de sentir prazer em criar.

***

O império de Potemkin dentro do Império não estava confinado à Nova Rússia: ele também governava as fronteiras militares do Cáucaso e do Kuban, em guerra quase permanente durante os anos 1780, com os tchetchenos e outros povos das montanhas que resistiam ao avanço russo. A solução russa consistia em manter uma linha de fortes através do Cáucaso, povoada por postos militares de robustos colonos cossacos. Logo que chegou ao poder, nos anos 1770, Potemkin reconsiderou os planos de defesa para o Cáucaso. Decidiu avançar as defesas fronteiriças da velha Linha Tsarítsin para a nova Linha Azov-Mozdok.

O príncipe já pensava em outras coisas além de meros canhões e torres. A Linha, escreveu ele, "oferece a oportunidade de estabelecer vinhedos, culturas de seda e algodão, aumentar a criação de gado, as coudelarias, os pomares e a produção de grãos, junta o Azov com a Província de Astrakhan, e em tempo de guerra [...] restringe a pressão deles sobre nossas terras".[31] A nova Linha começou no verão de 1777, com a construção de uma série de fortes em Iekaterinogrado, Georgievsk e Stavropol. Os cabardianos, circassianos e nogais rebelaram-se e foram suprimidos. Em 1780, Potemkin transferiu os primeiros colonos civis, a maioria camponeses do Estado, do interior para as cidades que se transformariam em importantes centros provincianos.* Quando as fortificações estavam quase concluídas, no fim de 1782, a imperatriz decretou que Potemkin exerceria a "única supervisão" de concessão de terras.[32] O príncipe transferiu cossacos dos seus assentamentos no Volga para a Linha. Quando criou a fortaleza de Vladikafkaz, em 1784, deu-lhe um nome que lançava um desafio às tribos das montanhas: "Senhor do Cáucaso".

O Tratado de Georgievsk de 1783 com o rei Hércules avançou as fronteiras russas, saltando por cima do Cáucaso para Tiflis. Naquela altura, os projetos e territórios de Potemkin eram tão vastos que ele recomendou à imperatriz a criação de um vice-reinado à parte para o Cáucaso, abrangendo as províncias do Cáucaso, Astrakhan e Sarátov — em última análise, sob controle dele, claro. Pável Potemkin, o dinâmico primo do príncipe, foi designado vice-rei: depois de abrir a

---

* O filho mais famoso de Stavropol é Mikhail Gorbatchóv. Apesar de o general Suvórov ser o responsável por construir alguns desses fortes em sua Linha Kuban, e seja citado como seu fundador em vários relatos históricos soviéticos, foi Potemkin quem ordenou a sua construção.

estrada militar georgiana pelas montanhas até Tíflis, ele assentou camponeses do Estado e da Igreja para povoar suas novas cidades. Só em 1786, 30307 colonos foram disponibilizados dentro da Rússia para que o príncipe destinasse ao Cáucaso (e Iekaretinoslav). Pável Serguéievitch era um verdadeiro Potemkin: elevou Iekaterinogrado a capital do seu vice-reinado, ali pontificando num esplêndido palácio.[33]

Os avanços russos para o Cáucaso provocaram uma rebelião islâmica entre os tchetchenos, ávaros e outras tribos: em 1785, um misterioso líder que trajava túnica verde e se identificava como xeque Mansour — "Victor" — emergiu das montanhas, pregando os ideais da irmandade Naqshbandi do sufismo místico e declarando uma *ghazavat* — guerra santa — contra os russos. Ninguém jamais saberá quem era ele, de fato: provavelmente um pastor tchetcheno chamado Ushurma, nascido em 1748, mas alguns diziam que era filho de um tabelião italiano de Monteferrat chamado Giovanni Battista Boetti, que fugiu para se tornar missionário dominicano, converteu-se ao Islã, estudou o Corão nas madraçais de Bucara e acabou como guerreiro muçulmano. Alguns russos não acreditam sequer que tenha existido: era apenas um símbolo envolto numa túnica verde.* Com seus guerreiros, precursores dos múridas que, sob o comando de Chamil, desafiaram a Rússia no século XIX, ele conseguiu eliminar uma coluna de seiscentos soldados russos, mas perdeu com mais frequência do que ganhou. Apesar disso, chefiou uma coalizão de tribos das montanhas com um jeito arrojado que o tornou uma lenda.

A guerra contra o xeque Mansour foi comandada diretamente por Pável Potemkin de Iekaterinogrado. Os arquivos de Potemkin, porém, mostram que o príncipe em última análise supervisionava essa guerra perene, que mantinha os corpos de exército do Cáucaso e do Kuban em combate constante. Antes de a Guerra Russo-Turca recomeçar em 1787, Mansour, derrotado, fugiu para mobilizar os circassianos em território otomano. Quando a guerra estourou, estava pronto para continuar lutando.[34] Os russos jamais conseguiram eliminar permanentemente esses guerrilheiros e gastaram boa parte do próximo século travando

---

* O xeque Mansour e o chefe do século XIX contra os russos, o imã Chamil, um ávaro, são os dois grandes heróis dos rebeldes tchetchenos de hoje. Quando o autor esteve em Grózni, antes da Guerra da Tchetchênia, em 1994, retratos do rosto barbudo de traços delicados do xeque Mansour adornavam os escritórios do presidente e dos ministros. O aeroporto de Grózni recebeu o seu nome durante a curta independência da Tchetchênia, nos anos 1990.

as chamadas Guerras Múridas. Quando este livro foi escrito, essa guerra continuava.

O príncipe também construiu seus próprios palácios no sul, à altura de um vice-rei, talvez de um tsar. Ele tinha "a casa-grande" em Kremenchuk, visitada por Lady Craven e Francisco de Miranda;[35] um vasto palácio em Kherson* com duas alas, cada uma de dois andares, e um pórtico central de quatro andares, que era a peça central da nova cidade. Além disso, havia a glória de sua "Atenas", o monumental Palácio de Iekaterinoslav,** projetado por Ivan Stárov, com duas alas que se estendiam por 120 metros a partir do pórtico de seis colunas acessível por duas escadarias de pedra: William Gould, o jardineiro de Potemkin, seguia Stárov com suas centenas de operários. Em Iekaterinoslav, ele construiu um jardim inglês e duas estufas em volta do Palácio de Potemkin para combinar com sua "praticidade e graciosidade", como disse o jardineiro ao príncipe.[36]

Curiosamente, Potemkin não projetou para si mesmo na Crimeia nada em escala particularmente grandiosa, mas Stárov construiu para ele um palácio de mármore, hoje desaparecido, em Karasubazaar.[37] Seu último palácio foi em Nikoláiev, construído quando Potemkin já era quase um sultão otomano.*** O príncipe

---

* O Museu Histórico Estatal de Kherson tem gravuras que o mostram em sua glória, no século XIX. Porém a construção não existe mais. Com a madeira saqueada para servir de lenha, e odiado por sua grandiosidade, foi destruída na Guerra Civil.

** O "Palácio de Potemkin" ainda está de pé no centro de Dniepropetrovsk. O museu local contém alguns dos espelhos incrustados de ouro, possivelmente feitos em suas próprias fábricas, que Potemkin planejava usar na decoração do palácio. Quando Potemkin morreu, só um andar estava pronto. O resto foi construído de acordo com os planos de Stárov, durante os anos 1830: tornou-se a Casa da Nobreza. Em 1917, converteu-se na Casa de Repouso dos Trabalhadores. Continua sendo a Casa dos Estudantes. Arruinado na guerra, foi reconstruído em 1951. As duas estufas do Jardim de Inverno em Ikaterinoslav desmoronaram em 1794. Hoje, o jardim de Gould, agora um Parque de Cultura, se chama "Parque Potemkin" e ainda tem uma atmosfera inglesa.

*** Este sobreviveu por muito tempo depois da sua morte. O autor encontrou o lugar onde ele se erguia: hoje, moradores nadam no mar em frente e mergulham da sua esplanada. Dois andares de escadas de pedra branca que levam à casa sobrevivem juntamente com a enfeitada fonte de Stárov, datada de 1792. Há uma quadra de basquete nos alicerces do palácio. A casa era o Clube dos Armadores durante o século XIX, mas foi destruída na Revolução: uma foto mostra-a sendo depredada para virar lenha. Ironicamente, hoje mansões em estilo moldávio dos milionários da Nova Rússia brotam como distorções do Palácio de Potemkin nos subúrbios de Nikoláiev.

encomendou-o, em estilo turco-moldávio, a arquitetos locais — uma cúpula com quatro torres, como uma mesquita. Sua localização alta, ensolarada mas fresca, no encontro dos dois rios era panorâmica. Como ficava nas margens do rio Ingul, tinha dois andares na frente elevando-se para um terceiro — mas um deles nos fundos. Em seus últimos meses, o príncipe mandou Stárov acrescentar uma *bánia* e uma fonte "como os meus em Tsárskoie Seló".[38] Foi o último trabalho de Starov para seu patrão.*

O príncipe sempre acreditou que o sul era a obra de sua vida. Em seus últimos dias em Petersburgo, em junho de 1791, submeteu o embaixador britânico William Fawkener, que não teve oportunidade de fazer um aparte, a um exuberante solilóquio que mostrava que nunca perdeu o entusiasmo. Potemkin exibiu toda a animação, toda a energia, toda a imaginação e toda a arrogância que fizeram dele um grande estadista imperial. Disse que precisou ir para o sul a fim de dar prosseguimento aos seus grandes projetos, "cujo êxito só dependia dele [...]". Havia a frota que construiu quase com as próprias mãos, e "a população do seu governo tinha aumentado desde a sua nomeação, de mais de 80 mil para mais de 400 mil combatentes, e o total podia chegar a quase 1 milhão [...]".[39]

Antes que as mentiras subjugassem a verdade, o embaixador francês, Ségur, mandou para Versalhes um relatório sobre as colossais realizações de Potemkin, afirmando com entusiasmo que, "quando tomou posse do seu imenso vice-reinado, havia apenas 204 mil habitantes e sob sua administração, em meros três anos, a população subiu para 800 mil. Esse crescimento é formado por colonos gregos, alemães, poloneses, inválidos, soldados e marinheiros aposentados".

Potemkin multiplicou a população estimada da Crimeia de 52 mil varões em 1782 para 130 mil em 1795. No resto da Nova Rússia, no mesmo período, a população masculina subiu de 339 mil para 554 mil, o que significava que Potemkin quase conseguiu dobrar a população do vice-reinado de 391 mil para 684 mil em

---

* Os dois criativos planejadores de Potemkin, Stárov e Gould, prosperaram, como todos que trabalharam com ele. O príncipe, evidentemente, era um empregador muito generoso, como o provam a riqueza de Faléiev, Zeitlin, Chemiakin, Garnovski e muitos outros. Ivan Stárov morreu rico em 1808.

pouco mais de dez anos. Outro conceituado historiador calcula que a população masculina aumentou de 724 678 em 1787 para 819 731 em 1793. Quaisquer que fossem as cifras, foi uma proeza impressionante. "Até que a invenção dos navios a vapor e das estradas de ferro no século XIX abrissem [...] regiões distantes como o Meio-Oeste americano [...] à agricultura comercial, essa expansão russa", escreve um historiador moderno, "não tinha paralelo em escala, extensão e rapidez."[40]

Ele fundou, literalmente, centenas de assentamentos — "um francês", escreveu Ségur, "me disse que todo ano ele planta novas aldeias estabelecidas e prósperas em lugares que tinham sido desertos"[41] — e vários bem grandes. A maioria ainda floresce hoje: Kherson, 355 mil habitantes; Nikoláiev, 1,2 milhão; Ikaterinoslav (hoje Dniepropetrovsk), 600 mil; Sebastópol, 375 mil; Simferopol, 358 mil; Stavropol, 350 mil; Vladikafkaz (capital da Ossétia do Norte), 300 mil; e Odessa, 1,1 milhão. A maioria ainda abriga estaleiros e bases navais.

A construção da Frota do Mar Negro da Rússia, bem como uma flotilha a remo, em menos de dez anos, foi uma façanha igualmente espantosa, que teria consequências de longo prazo, tanto na Guerra da Crimeia como depois. Os efeitos da Frota e o uso do imenso poder agrícola das estepes reverberaram no século XX. A Rússia tornou-se uma potência do Oriente Próximo pela primeira vez. "A proeza verdadeiramente enorme", escreve um historiador moderno, "fez da Rússia o árbitro da Europa Oriental e permitiu ao poderio russo ultrapassar o austríaco e eclipsar o otomano."[42] Mas o amor de Potemkin pelo sul nunca foi apenas pelo poder em si: havia um grande elemento de romance nele. Às vezes ele tentava a mão na poesia. Como escreveu para a imperatriz, a respeito da fundação de Iekaterinoslav:

> Pedras espalhadas e ruínas antigas
> Responderão à vossa divina inspiração
> De maneiras agradáveis e brilhantes
> Criando uma Nova Atenas.[43]

20. Anglomania: Os Bentham na Rússia e o imperador de jardins

> *Meu caso amoroso está no fim* [...]. *Certamente terei que deixar Petersburgo* [...]. *Por isso é uma sorte que uma proposta do príncipe Potemkin me ofereça uma boa oportunidade* [...]
>
> Samuel Bentham para o irmão Jeremy Bentham

Em 11 de dezembro de 1783, o príncipe Potemkin convocou ao seu apartamento em Petersburgo um jovem inglês chamado Samuel Bentham, cujo caso amoroso, e depois angústia, toda a sociedade acompanhara, como se fosse uma telenovela, e lhe ofereceu uma nova e gloriosa carreira. Essa oferta levou não apenas à existência mais aventurosa já vivida na guerra ou na paz por um inglês na Rússia, mas também a uma farsa na qual uma incompatível associação de artesãos galeses e geordies foi estabelecida numa propriedade bielorrussa, para que desenvolvessem e se transformassem no império industrial de Potemkin. As experiências de Samuel Bentham, a quem logo se juntaria na propriedade de Potemkin o irmão filósofo Jeremy, revelam não apenas o dinamismo ilimitado do Sereníssimo, mas também sua maneira de usar as propriedades como arsenal e centro de comércio do Estado, sem distinção entre seu dinheiro e o do Império.

Samuel Bentham era o caçula de sete irmãos — Jeremy o mais velho —, e só os dois sobreviveram. O pai, Jeremiah, era um advogado bem relacionado cujo patrono foi o futuro primeiro-ministro do partido Whig, o original mas desonesto conde de Shelburne, apelidado de o "Jesuíta de Berkeley Square" por seus muitos inimigos. Eles formavam uma família comovedoramente unida, trocando cartas com frequência, preocupados com as escapadelas de Samuel na Rússia. Os irmãos eram ambos dotados de inteligência brilhante, imensa energia e excepcional criatividade, mas tinham personalidades opostas: Jeremy, então com quase quarenta anos, era um erudito judicialista. Samuel era falador, sociável, irritadiço e passional. Engenheiro de formação, mas não limitado pela profissão, era um polímata e um empresário inventivo. Em certo sentido, tinha a mesma animação inquieta de Potemkin — estava "sempre correndo de um plano para um plano melhor [...] a vida passa e nada é terminado".[1]

Em 1780, enquanto Jeremy trabalhava em suas reformas judiciais em Londres, Samuel, com 23 anos, partiu numa viagem que o levaria à costa do mar Negro (viu Kherson em fase de crescimento) e dali para São Petersburgo, onde fez uma visita a Potemkin. Esperava enriquecer, enquanto Jeremy queria propor suas ideias jurídicas à imperatriz.[2] O Sereníssimo monitorava o progresso do jovem Bentham. O inglês percebeu que o príncipe era o homem capaz de pôr em prática suas ideias. Potemkin queria a ajuda dele com relação às corredeiras do Dnieper e a suas propriedades, e logo depois de conhecê-lo lhe fez uma oferta um tanto vaga.[3] Mas Samuel queria viajar, e, em 1781, o príncipe o despachou numa viagem à Sibéria para analisar as atividades econômicas da região, fornecendo-lhe dois soldados como seguranças. Quando ele voltou, o príncipe repassou para a imperatriz suas dissertações sobre minas, fábricas e salinas.[4]

Potemkin estava à procura de engenheiros, construtores navais, empresários e ingleses de talento: Samuel era tudo isso. Em carta que escreveu de Irkutsk, na Sibéria, para o irmão Jeremy, Samuel se gabou de seu novo contato — "o homem que tem o poder".[5] Estava claro para o animado viajante que ele e esse potentado anônimo foram feitos um para o outro:

> O negócio desse homem é maior do que o de qualquer outro de que ouvi falar no Império. Sua posição na corte é também a melhor com que se pode contar, bem como a de suas riquezas; governadores, é claro, se curvam diante dele. Seus principais negócios estão no mar Negro. Ali ele coleta impostos sobre alguns artigos, constrói navios para a Coroa, fornece em geral tudo que é necessário para o Exército e a Coroa, tem fábricas de vários tipos e está desobstruindo as quedas-d'água do

Dnieper por sua própria conta. Está muito ansioso para ter assistência em seus empreendimentos antes que eu parta de São Petersburgo.[6]

No entanto, ao voltar, Bentham teve a atenção atraída por algo muito mais sedutor.

O objeto de sua afeição era a condessa Sófia Matuchkina, bela sobrinha e tutelada do marechal de campo príncipe Alexandre Golítsin, o governador de Petersburgo cujas falhas de comando cometidas durante a Guerra Russo-Turca eram então eclipsadas pelo prestígio da idade. Samuel e a condessa, mais ou menos da mesma idade, conheceram-se no salão do marechal de campo, apaixonaram-se um pelo outro e deram um jeito de se encontrar duas vezes por semana. Sua paixão era atiçada pelas intrigas operísticas que a desaprovação do velho Golítsin tornava necessárias e pelo interesse que toda a corte demonstrou. O marechal de campo era contra qualquer namoro, menos ainda casamento, entre sua tutelada e esse inglês interesseiro. A imperatriz, no entanto, que combinava em si um tanto de travessura com certa carnalidade, fez a corte saber que estava adorando aquele escândalo.

A essa altura, a ambiciosa imaginação de Samuel se pôs a delirar. "Se você tiver alguma coisa a dizer a favor ou contra uma ligação matrimonial", pediu ele a Jeremy, "me diga." Ele amava a moça — e sua posição, pois acrescentou com desconcertante charme: "É herdeira de duas pessoas ricas". Samuel entendeu que seu namoro tinha despertado tanto interesse que poderia ajudá-lo a conseguir um emprego com a imperatriz, uma curiosa espécie de curriculum vitae, que, a rigor, não era tão inédita assim na Rússia: "Estou inclinado a acreditar que o desejo que Sua Majestade tem de me ajudar nessa aliança muito contribui para que simpatize comigo [...] ela acredita plenamente que foi meu amor que me induziu a oferecer meus serviços". Além disso, ele escreveu cartas para o próprio marechal de campo Golítsin, declarando, numa delas: "Já faz mais de um mês que amo sua sobrinha". Isso sem dúvida serviu apenas para aumentar a irritação do marechal de campo, que proibiu o casal de se encontrar.

Os cortesãos saboreavam esse romance proibido tanto quanto a imperatriz — e, mesmo durante o processo de anexação da Crimeia, Potemkin era mantido a par de tudo. Foi um belo momento para ser inglês em Petersburgo, e Samuel levava uma vida social inebriante, desfrutando das atenções de magnatas e condessas. Petersburgo estava repleta de ingleses — Sir James Harris e Alleyne Fitzherbert, que o sucedeu como embaixador britânico, o apadrinharam. Seu único inimigo entre eles era o escocês permanente da corte, o dr. Rogerson, jogador de talento e, quase sempre, médico letal. Suspeitando talvez dos motivos de Bentham, Rogerson disse a Catarina que não valia a pena conversar com Samuel, porque ele tinha um defeito de fala.[7] Mas isso não o detinha. Os dois melhores amigos russos de Samuel pertenciam à equipe de Potemkin, o príncipe Pável Mikhailovitch, filho da princesa Dáchkova, e o coronel Kórsakov, o engenheiro, que estudaram na Grã-Bretanha. Os russos levavam Bentham aos salões de todos os magnatas que abrissem as portas para estrangeiros. Eis aqui um dia típico, sem data, no turbilhão social de Samuel: "Café da manhã com Fitzherbert, jantar como convidado da duquesa de Kingston [em outra de suas visitas], depois na casa do príncipe Dáchkov, na de Potemkin, mas ele estava ausente, depois na casa da baronesa Stróganov e de lá para cear com Dáchkov".[8]

Provavelmente instigado por Catarina, o favorito Lanskoi interveio em favor de Samuel, dizendo à tia e à mãe de Sófia que "a imperatriz achava que elas cometiam um erro ao contrariar as inclinações da jovem condessa [...]. Isso só serviu para deixar a tia mais zangada". Havia poucas cidades no mundo, mesmo na Itália, tão predispostas a uma intriga como Petersburgo, onde a própria corte imprimia o ritmo e batalhões de servos tornavam banal e abrangente a tarefa de entregar bilhetes, escutar conversas e observar sinais secretos em janelas. Portanto, ajudados pelos amigos, Samuel e Sófia viviam cenas de *Romeu e Julieta* nas sacadas de escuros jardins de palácios. *Valets de chambre* e cocheiros transportavam cartas apertadas em mãos bem cuidadas. A condessa Sófia baixava de suas janelas epístolas perfumadas para Sam.[9] Samuel, inebriado pela grandiosidade das pessoas envolvidas em seu caso amoroso, padecia das ilusões comuns a tantos apaixonados que se julgam o centro do universo conhecido. Achava que até os gabinetes da Europa tinham deixado de lado guerras e tratados para discutir exclusivamente seus encontros românticos.

Assim sendo, quando do retorno triunfal de Potemkin, com a Crimeia e a Geórgia aos seus pés, Samuel estava convencido de que a primeira pergunta do Sereníssimo seria sobre seu amor. O príncipe tinha mais interesse no potencial do inglês como construtor naval. Mas já sabia, através de seus cortesãos, que o caso de Bentham estava condenado. A imperatriz pode ter se divertido provocando os

Golítsyn — porém jamais apoiaria um inglês contra os descendentes de Gediminas da Lituânia. Por isso Lanskoi, a intervenção imperial encarnada, interveio mais uma vez: o namoro precisava acabar.

Em 6 de dezembro, o desencantado Samuel foi ver o príncipe, que mandara Kórsakov oferecer-lhe um emprego em Kherson. Samuel resistiu à oferta de Potemkin — ainda na esperança de que o amor da condessa Sófia levasse ao casamento. Mas estava tudo acabado. Petersburgo não era mais tão divertido. Samuel resolveu partir, "por delicadeza", com a sofrida condessa, então aceitou o emprego. Potemkin nomeou-o tenente-coronel, com salário de 1200 rublos anuais, e "muito mais como ajuda de custo". O príncipe tinha muitos planos para o jovem Samuel — ia transferir os estaleiros para abaixo do banco de areia do Dnieper e queria que Samuel construísse diversas invenções mecânicas "sob seu comando".

O afortunado coronel estava quase apaixonado por Potemkin, como tantos estrangeiros antes e depois. É interessante notar como Bentham interpretava a posição única do príncipe: "sua área de comando imediato é toda a parte sul do país e sua área de comando indireto é todo o Império". O melodramático amante dos meses anteriores foi substituído pelo satisfeito *protégé* de Potemkin: "Enquanto eu contar com a boa opinião e a confiança do príncipe, que me lisonjeio de desfrutar no momento, minha situação não pode ser desagradável. Ele concorda com tudo que proponho". Quando estava interessado numa pessoa, o príncipe tratava-a com mais respeito do que todos os generais de todos os impérios da Europa juntos: agora Samuel era essa pessoa. "Vou a ele a qualquer momento. Ele me fala sempre que entro na sala, dando-me *bonjour*, e me convida para sentar, quando as altas patentes chegam aqui dez vezes sem que as mande sentar ou sequer olhe para elas."

O estilo administrativo idiossincrático de Potemkin aturdia o coronel Bentham: "quanto ao emprego que vou ter em Kherson ou noutros lugares [...]", o Seréníssimo mencionou também "um Estado nas fronteiras da Polônia [...]. Um dia ele fala de um novo porto e de um estaleiro abaixo do banco de areia, noutro fala sobre construir moinhos de vento na Crimeia. Daqui a um mês pode ser que eu tenha um regimento de hussardos e seja despachado contra [...] os chineses e, em seguida, comande um navio de cem bocas de fogo". Ele acabaria fazendo todas as coisas citadas. Certamente não poderia se queixar de que trabalhar para Potemkin fosse tedioso. No entanto, com relação ao seu destino imediato, tudo que pôde informar ao irmão foi o seguinte: "Não sei lhe dizer".

Em 10 de março de 1784, o príncipe partiu de repente de Petersburgo para o sul, deixando o arranjos de Bentham por conta do coronel Pópov, seu chefe de chancelaria.[10] À meia-noite de 13 de março, uma quarta-feira, Bentham seguiu num comboio de sete *kibitkas*. Samuel manteve um diário daqueles dias: chegou a Moscou no sábado para se encontrar com Potemkin. Quando se apresentou ao príncipe no domingo de manhã, trajando sua sobrecasaca de costume, o Sereníssimo chamou o sempre pronto Pópov, disse-lhe para alistar o rapaz no Exército, Cavalaria ou Infantaria, o que preferisse — ele escolheu Infantaria — e instruí-lo a usar sua farda de tenente-coronel.[11] A partir de então, Bentham não tirou mais o casaco verde com lapelas escarlates, o colete escarlate com rendas douradas, e os culotes brancos.[12]

Uma temporada de viagens com o príncipe por seu império era um privilégio concedido a pouquíssimos estrangeiros — mas Potemkin só tolerava os que fossem excelente companhia. Durante cinco meses, Samuel viajou pelo Império "sempre na mesma carruagem" com Potemkin: "A viagem que venho fazendo esta primavera com o príncipe, para mim, que não me incomodo com fadiga, tem sido, em todos os sentidos, agradabilíssima [...]. Há muito tempo não passo meu tempo de forma tão alegre".[13] Seguiram para o sul por Borodinó, Viazma e Smolensk, passaram pelas propriedades de Potemkin em Orcha no alto Dnieper, notando que os curtumes de Potemkin já empregavam dois curtidores de Newcastle. Em seguida partiram para o quartel-general de Potemkin no sul, Kremenchuk. Bentham devia estar com o príncipe quando ele inaugurou seu novo vice-reinado de Iekaterinoslav. Chegaram à Crimeia no início de junho: certamente visitaram juntos a nova base naval de Sebastópol. Na estrada, o tenente-coronel Bentham viu Potemkin governar seu império da traseira de um veloz trenó, que viajava milhares de verstas numa nuvem de gelo.

Em algum ponto nessa sede de governo ambulante e pulverizada por cavalos, o príncipe decidiu que o tenente-coronel Bentham não ficaria em Kherson. Em julho, Bentham chegou ao seu novo posto — Kritchev. A esparramada propriedade de Potemkin "nas fronteiras da Polônia" era outro mundo, inteiramente à parte.[14]

★ ★ ★

Bentham foi designado único senhor de uma propriedade "maior do que qualquer condado da Inglaterra" e, na verdade, do que muitos principados alemães: Kritchev, de acordo com Bentham, tinha mais de 250 quilômetros quadrados, mas ficava bem ao lado de outra propriedade de Potemkin, Dubrovna, que era ainda maior. Em Kritchev, havia cinco distritos e 145 aldeolas — com 14 mil servos do sexo masculino. A população desses territórios era "superior a 40 mil vassalos masculinos", no dizer de Samuel, o que significava que o número total de habitantes devia ser pelo menos o dobro.[15]

As propriedades de Kritchev-Dubrovna não eram apenas grandes, mas também vitais do ponto de vista estratégico: quando a Rússia anexou esses territórios poloneses na Primeira Partição, de 1772, Catarina passou a controlar os trechos superiores de dois dos maiores rios comerciais da Europa: a margem direita (setentrional) do Dvina, que levava a Riga, no Báltico, e a margem esquerda, ou oriental, do Dnieper, na qual Potemkin construiria tantas das suas cidades. Quando Catarina cedeu terras a Potemkin, em 1776, ele deve ter solicitado propriedades com acesso aos dois rios e que, portanto, eram potenciais entrepostos de comércio com o Báltico e o mar Negro: ideais para construir pequenos navios, as terras de Potemkin estendiam-se pela margem setentrional do Dnieper por inacreditáveis oitenta quilômetros.

Potemkin já era o senhor de um império industrial, mais conhecido pelas fábricas que produziam os espelhos mais belos da Rússia, sinal de uma explosão de demanda por espelhos que literalmente refletia a autoconsciência do século XVIII.* E havia também Kritchev.[16] Bentham fundou por lá instalações que incluíam destilaria de conhaque, fábrica, curtume, fundição de cobre, uma indústria têxtil com 172 teares tecendo pano para velas, uma confecção de cordas com vinte rodas suprindo os estaleiros de Kherson, um complexo de estufas, uma olaria, um estaleiro e outra fábrica de espelhos. Kritchev era uma extensão de Kherson.

---

* Potemkin levou Reginald Pole Carew para ver suas instalações industriais em 1781, incluindo as fábricas de vidro e tijolos perto de Schlüsselburg, outra fábrica de vidro perto do Mosteiro de Santo Alexandre Niévski, e a fundição de ferro a trinta quilômetros de Petersburgo, em sua propriedade de Eschenbaum, que era administrada por um inglês, o sr. Hill. Pole Carew também visitou Kritchev e outras propriedades de Potemkin no Dnieper e sugeriu a fundação de uma colônia numa antiga ilha zaporoga onde Potemkin depois assentaria imigrantes.

"A propriedade [...] fornece todos os principais produtos resinosos na maior abundância através de um rio navegável que [...] facilita o transporte para o mar Negro."[17] O negócio era de mão dupla: já havia um superávit de cordame e de pano de vela que era negociado com Constantinopla, ao mesmo tempo que se explorava um boom de importação-exportação no comércio com Riga. Era o arsenal imperial de Potemkin, sua base de fabricação e comercialização, seu estaleiro no interior e principal fornecedor de suas novas cidades e da marinha no mar Negro.

Kritchev era um mundo totalmente diferente dos salões de Petersburgo, para não falar nas câmaras do Lincoln's Inn, porém deve ter sido um grande choque para os recrutas ingleses de Bentham. Bentham mudou-se para um lugar conhecido como "casa de Potemkin", mas que na realidade era apenas um "celeiro cambaleante".[18] O entusiasmado e arrogante inglês tinha ido parar numa das encruzilhadas da Europa — não só uma convergência de rios, mas também um caldeirão cultural. "A localização é pitoresca e agradável, o povo [...] tranquilo e paciente até onde isso é possível [...] laborioso ou desocupado e bêbado." Havia quarenta nobres poloneses empobrecidos que trabalhavam na propriedade "quase como escravos". O local fervilhava de etnias e línguas diferentes.

Tudo isso era muito confuso e perturbador para um artesão recém-chegado de Newcastle, que nunca tinha viajado. "A mistura heterogênea de pessoas aqui é surpreendente", confessou Beaty, um linheiro geordie. Havia russos, alemães, cossacos do Don, judeus poloneses — e os ingleses. De início, "me pareceu a mais estranha mistura de sons que já tinham entrado pelos meus ouvidos ingleses". Os judeus, de quem "compramos tudo que é necessário para a vida", falavam alemão ou iídiche.[19] A Beaty só restava refletir que "num dia de feira quando vejo essa estranha mistura de rostos e roupas mais de uma vez já me perguntei o que foi que me trouxe para o meio deles".[20]

As responsabilidades de Samuel para com esse povo eram igualmente extensas: em primeiro lugar, ele era "legislador, juiz, júri e xerife" dos servos locais. Além disso, "tenho que dirigir e pôr em ordem todas as fábricas do príncipe aqui". As fábricas eram lamentáveis.[21] Por isso Bentham propôs tomar conta delas. "Extremamente agradável", respondeu Potemkin de Tsárskoie Seló, dizendo-se "encantado com sua ação e com o projeto de sua útil iniciativa".[22]

O príncipe estava sempre pensando em melhorar suas cidades e seus navios de guerra. Desmentindo sua suposta alergia aos detalhes ou a concluir seus projetos, ele se voltou para a fábrica de cordame: "Disseram-me que o cordame [...]

mal dá para usar".[23] Suplicou a Bentham que desse um jeito e mandou-lhe um especialista de Krondstadt. Quando Kórsakov e o marinheiro Mordvínov, amigos de Samuel e oficiais superiores de Potemkin, lhe fizeram uma visita a caminho de Kherson, Bentham informou ao Sereníssimo que estava fornecendo tudo de que precisassem para a construção naval.[24] Depois de quase dois anos, Samuel ia tão bem com as fábricas que propôs um negócio ao príncipe: assumir, de fato, as fábricas menos bem-sucedidas por dez anos, enquanto Potemkin ficava com as que já davam lucro. Todos os prédios e materiais lhe seriam fornecidos, juntamente com 20 mil rublos de capital, a serem amortizados gradualmente. No negócio, firmado em janeiro de 1786, o Sereníssimo não exigia nenhuma renda durante os dez anos — simplesmente esperava receber de volta as fábricas dando lucro. Seu verdadeiro interesse não era o lucro, mas o benefício do Império.[25]

Uma das sugestões de Bentham foi importar e plantar batatas em Kritchev: Potemkin aprovou. Os primeiros cinco hectares foram semeados em 1787 e depois disso um príncipe "muito satisfeito" continuou a cultivá-las em outras propriedades suas. Segundo algumas versões da história, Potemkin e Bentham introduziram a batata na Rússia. Não é verdade — Catarina providenciou a importação de batatas durante os anos 1760, mas o príncipe foi o primeiro a cultivá-las, e provavelmente graças a ele é que elas se tornaram parte da dieta básica russa.[26]

A principal tarefa de Bentham era construir navios para Potemkin — de todo e qualquer tipo. "Parece que tenho liberdade para construir qualquer tipo de navio [...] seja para guerra, negócio ou lazer." O príncipe queria canhoneiras para a marinha, uma fragata de lazer para a imperatriz, barcaças para o comércio no Dnieper e, por fim, barcaças de luxo para a tão planejada visita da imperatriz ao sul. Era uma encomenda nada fácil, senão dificílima, de atender. Houve um momento precioso de exasperação de Potemkin, quando Benthan tentou arrancar do príncipe informações precisas sobre o projeto do navio. O Sereníssimo queria um mastro, dois mastros e quantos canhões? "Ele me disse, para encerrar o assunto, que poderia haver até vinte mastros e um canhão, se eu quisesse. Estou um tanto confuso [...]."[27] Que inventor poderia desejar um patrão mais tolerante e enlouquecedor?

Logo Samuel percebeu que precisava de ajuda. Seus navios exigiam remadores, fossem camponeses ou soldados. Isso não era problema: o príncipe lhe entregou, como num passe de mágica, um batalhão de mosqueteiros. "Passo-lhe o comando", escreveu o Sereníssimo de Petersburgo em setembro. Potemkin estava sempre pensando em sua amada marinha: "Minha intenção, senhor, é que eles sejam capazes de um dia servir no mar, portanto eu o exorto a prepará-los para isso".[28] Bentham naturalmente não tinha ideia de como comandar soldados, ou fazê-lo em russo, por isso, quando um major lhe pediu que desse ordens num desfile, sua resposta foi: "O mesmo de ontem". Como tal manobra deveria ser executada? "Como sempre", ordenou Bentham.[29] Havia apenas "dois ou três sargentos" que sabiam escrever, menos ainda desenhar, além dos dois fabricantes de couro de Newcastle em Orcha, um jovem matemático de Estrasburgo, um fundidor de latão dinamarquês e um relojoeiro escocês.[30] Samuel bombardeou o príncipe pedindo-lhe artesãos: "Estou tendo dificuldade para conseguir pessoas de talento por aqui",[31] reclamou numa carta inédita. O príncipe respondeu que ele tinha liberdade de contratar artífices nos termos que bem entendesse.

A obsessiva anglomania do príncipe explodiu nas mais enérgicas campanhas de recrutamento já projetadas com o objetivo de atrair especialistas britânicos para climas distantes. A anglofilia dominava a Europa.[32] Em Paris, homens usavam "colarinhos Windsor" e sobrecasacas lisas, mulheres bebiam uísque escocês, tomavam chá enquanto apostavam em jóqueis nas corridas e jogavam uíste.* Potemkin não ligava para os detalhes, porém tinha certeza de que queria ingleses, não só para dirigir os teares de Kritchev, mas também para administrar jardins botânicos, leiterias, moinhos de vento e estaleiros da Crimeia a Kritchev. Os Bentham puseram anúncios em jornais ingleses. Esses anúncios revelavam inconscientemente as caprichosas exigências de Potemkin. "O príncipe quer introduzir o uso da cerveja", proclamava um. Ou "pretende ter uma leiteria elegante", com "a melhor manteiga e todos os tipos possíveis de queijo". Logo os anúncios se dirigiam a britânicos em geral: "Qualquer pessoa capaz de introduzir melhorias no governo do príncipe poderá receber um bom estímulo", garantia um anúncio publicado por Bentham na Grã-Bretanha. Por fim, Potemkin declarou a Samuel, sem rodeios, que sua intenção era criar "toda uma colônia de ingleses", com igre-

---

* Carteados seguiam modas políticas. Por exemplo, o conde de Ségur explica em suas *Mémoires* que em Paris o faro jogado pela alta aristocracia cedeu a vez ao uíste inglês, representando liberdade moderada, como esclareceu Montesquieu, mas, quando a Guerra de Independência dos Estados Unidos demonstrou que reis podiam ser desafiados, o "bóston" virou moda.

ja e privilégios próprios.³³ A anglofilia de Potemkin, claro, estendia-se a seus subordinados. Proprietários de terras locais queriam que seus camponeses fossem instruídos por ferreiros ingleses, por isso servos de Dáchkov foram despachados para aprender carpintaria inglesa.³⁴ Depois do casamento do futuro almirante Mordvínov com Henrietta Cobley, Nikolai Kórsakov confessou a Samuel que ele também "desejava ardentemente uma esposa inglesa".³⁵ Jardineiros, marujos e artesãos não bastavam. Os russos queriam esposas também.

O orçamento de Bentham era ilimitado. Quando ele incomodou o Sereníssimo para saber qual era o limite do crédito: "'O que for necessário', foi a única resposta que pude arrancar". Sutherland, o banqueiro de Potemkin, simplesmente arranjava o crédito em Londres.³⁶ Samuel Bentham viu oportunidades para ele e o irmão Jeremy negociarem mercadorias entre a Inglaterra e a Rússia e agirem como intermediários na campanha de recrutamento de Potemkin. Semanas depois dos primeiros anúncios, Samuel passou a enviar ao irmão uma lista de compras atrás da outra: uma delas, por exemplo, pedia um fabricante de moinhos, um especialista em moinhos de vento, um tecelão, construtores de barcaças ou barcos, sapateiros, pedreiros, marujos, governantas, "duas empregadas, uma para aprender a fabricar queijo, a outra, fiação e tricô".³⁷

Pai e irmão, Jeremiah e Jeremy Bentham, vasculharam entusiasticamente a Grã-Bretanha. O velho Jeremiah superava-se — visitou Lord Howe no Almirantado, depois convidou o subsecretário de Estado Fraser e dois veteranos russos que acabavam de retornar, Sir James Harris e Reginald Pole Carew, a sua casa para conversarem sobre o assunto. Conseguiu convencer até o ex-primeiro-ministro Shelburne, então marquês de Lansdowne — "a arranjar construtores navais para ir dar assistência a meu filho".³⁸ O marquês considerava Potemkin interessante mas indigno de confiança, e seus elogios sobre os irmãos Bentham eram distintamente ambíguos: "Seus dois filhos são de temperamento liberal demais para adotar um espírito mercantil, e a cabeça do seu Sam estará mais ocupada com novas invenções do que com cálculos de juros compostos, que os homens mais tapados da Rússia talvez possam fazer tão bem quanto ele [...]", escreveu Lansdowne de Weymoutn em 21 de agosto de 1786. "Ele está vivendo seus melhores anos num país instável e confiando em homens de temperamento instável."³⁹

Todo esse projeto frenético passa então a assumir qualquer coisa do clima absurdo de uma comédia de costumes do século XVIII, na qual um grupo heterogêneo de filósofos, marinheiros, impostores, mulheres espertas e trabalhadores é jogado, sem que ninguém saiba uma palavra sequer de alguma língua estrangeira, numa aldeia bielorrussa multilíngue, de propriedade de um Sereníssimo quase sempre invisível, mas impulsivo. Cada personagem acaba desempenhando funções completamente diferentes das designadas pelos Bentham.

Jeremy foi possuído por uma espécie de grafomania catariniana e escrevia com frequência para Samuel com detalhes intermináveis sobre uma procissão de candidatos para vagas que iam de chefe de jardim botânico a leiteira: "Com relação ao botânico, imagino que não haverá a menor dificuldade em encontrar um homem de ciência", escreveu ele, passando a discutir os custos da "Mulher do Leite". Por fim, Jeremy recrutou um homem chamado Logan Henderson para dirigir o tal jardim botânico. Naturalmente, uma expedição tão aventurosa atraiu uma multidão heterogênea: Henderson, por exemplo, era um escocês que se dizia "especialista" em jardins, máquinas a vapor, plantação de cana-de-açúcar e fogos de artifício. Ele se candidatou prometendo também levar duas sobrinhas, as srtas. Kirland, como leiteiras. O dr. John Debraw, ex-boticário do Addenbrooke's Hospital, em Cambridge, e respeitado autor da importante obra *Discoveries on the Sex of Bees* [Descobertas sobre o sexo das abelhas] — então recém-publicada e provocando reações variadas —, inscreveu-se como químico experimental de Potemkin, juntamente com jardineiros, construtores de moinhos, linheiros, na maioria de Newcastle ou da Escócia: a primeira batelada chegou a Riga em junho de 1785.

Jeremy Bentham queria muito juntar-se a Samuel na Bielorrússia: via ali não apenas oportunidades mercantis, mas um ambiente de paz para trabalhar em seus tratados, além de estadistas como Potemkin, capazes de pôr em prática suas ideias utilitaristas. (Sua teoria utilitarista media o êxito de governantes pela capacidade de oferecer mais felicidade para mais gente.) As propriedades de Potemkin pareciam um sonho de filósofo. Jeremy resolveu levar consigo outro grupo de recrutas. Quando partiu, Samuel já estava exasperado com as absurdas cartas do irmão. As coisas se deterioraram quando o filósofo resolveu escrever diretamente para o próprio príncipe, sugerindo ideias quixotescas e discorrendo sobre jardins e químicos: os arquivos de Potemkin guardam muitas dessas cartas inéditas de Jeremy Bentham. São de um valor inestimável, como documentos históricos e como obras cômicas: a expressão "professor maluco" logo nos vem à mente.

Jeremy planejava comprar um navio para transportar os artesãos do príncipe, propondo chamá-lo de *O príncipe Potemkin*. E então passou a tratar de negócios: "Eis aqui, Monseigneur, seu botânico. Eis aqui sua leiteira. O leite é bom em Cheshire, condado do queijo [...]". Mademoiselle Kirtland, a moça do leite, que era também química admirável, inspirou esta exposição benthaniana de feminismo: "Mulheres experientes com frequência perdem a perfeição do seu sexo adquirindo a do nosso [...]. Isso não é bem verdade com Mademoiselle Kirtland". O filósofo pretendia, na verdade, vender a Potemkin uma *"machine de feu"* ou, ainda melhor, a última máquina a vapor de Watts e Bolton, explicando que se tratava de mecanismos "que funcionam com a força da água reduzida a vapores ao ferver. De todas as máquinas da modernidade [...] a mais fácil de fabricar é a *machine de feu*", porém a mais difícil e cara era a de Watts e Bolton. Se o príncipe não quisesse a máquina a vapor, poderia instalar uma gráfica na Crimeia com um tal de sr. Titler. O que essa gráfica publicaria? Jeremy sugeriu *Project of the Body of the Laws* [Projeto do Corpo das Leis] de autoria de um tal de J. Bentham. Jeremy concluiu a carta, identificando-se, como se pedisse desculpas pelo incômodo: "Aqui pela quarta vez, Vosso Eterno Correspondente".[40]

Samuel entrou em pânico. O Sereníssimo detestava cartas longas e queria resultados. O coronel Bentham temia que sua carreira fosse arruinada pelo "Eterno Correspondente", por isso deu uma bronca no irmão trapalhão. O príncipe consideraria os detalhes "aborrecidos" e "esperaria não ouvir mais nada a respeito até que as pessoas aparecessem". Samuel estava preocupado porque Potemkin não respondeu: "Temo o pior [...]. Pretendo jogar a culpa no seu excesso de zelo".[41] Mas o filósofo finalmente recebeu uma polida carta do príncipe, por intermédio da embaixada russa em Londres. "Senhor", escreveu o príncipe para Jeremy, "agradeço-lhe a atenção que dedicou à execução das Incumbências [...] em meu nome. O tempo não me permitiu tomar uma resolução antes [...] mas agora lhe peço que faça o sr. Henderson acompanhar as pessoas [...]." Na verdade, as longas mas brilhantes cartas de Jeremy Bentham eram exatamente o tipo de distração fascinante que o príncipe mais adorava: mandou dizer que as apreciara imensamente e estava providenciando a sua tradução para o russo.[42]

Jeremy Bentham estava orgulhosíssimo de ter recrutado um paisagista para Kritchev chamado John Ayton, porque, como se gabava ao pai, "nosso jardineiro é sobrinho do jardineiro do rei em Kew".[43] Naquele tempo, havia também uma aristocracia de jardineiros. Mas Ayton não se tornou o grande astro da jardinagem do príncipe. O factótum de dedo verde de Potemkin já tinha chegado à Rússia em 1780, mais ou menos na mesma época que Samuel Bentham. Seu nome era William Gould, apadrinhado de Lancelot "Capability" Brown, o mestre do jardim inglês. Durante os anos 1770, Catarina e Potemkin tornaram-se, simultaneamente, ávidos devotos dos jardins ingleses. Em nenhuma outra área a anglomania do príncipe era mais pronunciada do que no vício de plantar jardins ingleses onde quer que estivesse.

O caos do jardim inglês, natural, pitoresco (mas intricadamente planejado), com lagos, grutas, paisagismos e ruínas, aos poucos ia derrotando o formal e preciso jardim francês. A sorte dos jardins seguia a sorte dos reinos: quando Luís XIV dominava a Europa, os jardins franceses também dominavam. Quando a França entrou em declínio e a Grã-Bretanha conquistou seu império, os jardins ingleses também triunfaram. "Adoro jardins ingleses", revelou Catarina a Voltaire, "com suas linhas curvas, *pente-douces*, tanques como lagos (arquipélagos em terra firme); e tenho profundo desprezo por linhas retas e *allées* idênticas […]. Numa palavra, a anglomania para mim é mais importante do que a 'plantomania'."[44]

A imperatriz abordava sua nova mania de jardinagem com a equilibrada praticidade que lhe era própria, ao passo que Potemkin exercia a sua com uma obsessiva perseverança igualmente típica. Em 1779, a imperatriz tinha contratado John Bush e seu filho Joseph para uma reforma nos jardins de Tsárskoie Seló. Para suas outras propriedades, ela contratou outros ingleses talentosos e com nomes relacionados à jardinagem — Sparrow e Hackett. Uma marca da anglomania de Potemkin é que ele claramente considerava um jardineiro inglês igual a um aristocrata russo: tal era seu respeito por esses lordes de canteiro de flores que jantou na casa dos Bush com duas sobrinhas, um dos seus maridos, o conde Scavrónski e três embaixadores, uma mistura social que escandalizou mesmo uma visitante inglesa de reputação mais democrática, a baronesa Dimsdale.[45] Ela comentou que Potemkin saboreou "o excelente jantar ao gosto inglês" de Bush e comeu tudo que podia. (O Sereníssimo gostava tanto da culinária inglesa que uma vez levou para casa o resto do rosbife que seu banqueiro Sutherland lhe ofereceu num jantar.) Logo as exigências de jardinagem de Potemkin passaram a ser tão grandes que ele recrutou Ayton da Inglaterra e tomou Sparrow de Catarina.[46]

Nenhum desses ficou tão famoso como Gould, de Potemkin, que ainda hoje é cultuado em remotos rincões da Rússia e da Ucrânia: em 1998, este autor ouviu seu nome pronunciado em lugares tão distantes um do outro como Petersburgo e Dniepropetrovsk. Gould teve a sorte de ser recrutado por um homem descrito pela *Encyclopaedia of Gardening* (1882) como "um dos mais extravagantes incentivadores da nossa arte de que os tempos modernos podem se gabar". Mas Potemkin também teve a sorte de encontrar seu alter ego jardineiro — o hábil e magnífico criador dos colossais jardins ingleses do Império que desafiavam a distância e a imaginação.

Gould empregava uma equipe de "centenas de assistentes", que viajavam atrás de Potemkin.[47] Ele planejou e executou jardins em Astrakhan, Iekaterinoslav, Nikoláiev e na Crimeia, incluindo as propriedades da viçosa costa crimeana de Artek, Massandra e o local do Palácio Alupka.* *Cognoscenti* locais ainda pronunciam seu nome com reverência, dois séculos depois que ele usou a enxada por lá pela última vez.[48] Potemkin descobriu as ruínas de um dos castelos de Carlos XII, talvez perto de Poltava. Não só mandou repará-lo como incumbiu Gould de cercá-lo com mais jardins ingleses.

A extraordinária especialidade de Gould era construir jardins ingleses da noite para o dia, no ato, onde quer que Potemkin estivesse. A *Encyclopaedia of Gardening*, que teve um dos jardineiros mais novos de Gould, Call, como fonte, afirma que, onde quer que parasse, Potemkin erguia um palácio de viagem, e Gould criava um jardim inglês, composto de "arbustos e árvores, dividido por caminhos de cascalho e ornamentado com bancos e estátuas, tudo transportado em sua cavalgada". A maioria dos historiadores considera que as histórias dos jardins ingleses instantâneos de Potemkin não passam de lendas — pois certamente era impossível que Gould viajasse com um comboio de carvalhos, pedras de jardim e arbustos. Mas nesse caso lenda e realidade se fundem: os Arquivos Estatais em Petersburgo, que guardam os relatos de Potemkin, mostram que Gould viajava constantemente com o príncipe a lugares onde sabemos, por outras fontes, que esses jardins eram de fato arranjados em questão de dias. Havia qualquer coisa de Harum-al-Rashid em Potemkin. Ele era, nas palavras de Elisabeth Vigée Lebrun, "uma espécie de feiticeiro, como aqueles sobre os quais a gente lê em *As mil e uma noites*".**

---

* Alupka é um notável palácio crimeano construído numa mistura de arquitetura baronial escocesa, arabesca e gótica pelo príncipe Mikhail Vorontsov e sua mulher Lise, que era sobrinha-neta de Potemkin. Hoje é um museu. Ver Epílogo.
** É possível acompanharmos algumas aventuras de Gould pelos arquivos: em 1785, ele recebeu

Gould então corria a Rússia, trabalhando junto com o príncipe. O jardineiro tornou-se "o [Capability] Brown da Rússia", mas, segundo advertia a *Encyclopeadia of Gardening*, "um estrangeiro estabelecido na condição de jardineiro-chefe de um imperador torna-se despótico como o patrão". Percebe-se aí um ciúme de jardineiro de um companheiro de profissão elevado ao nível de tsar dos arbustos, o Potemkin dos jardins.[49]

Naturalmente, Potemkin cultivava sua anglomania na pintura também. Colecionava quadros e gravuras e, segundo consta, tinha obras de Ticiano, Van Dyck, Poussin, Rafael e Da Vinci. O príncipe usava comerciantes e embaixadores russos como seus marchands: "Ainda não achei o quadro da paisagem que você quer, meu príncipe, mas espero não demorar a conseguir",[50] escreveu o embaixador russo na capital barroca da Saxônia, Dresden.

A rede de contatos ingleses de Potemkin acabou levando-o a Sir Joshua Reynolds. Quando Harris voltou para Londres, em 1784, deu a John Joshua Proby, Lord Carysfort, uma carta de apresentação a Potemkin: "O portador desta carta é homem bem-nascido — um par da Irlanda".[51] Carysfort chegou a Petersburgo e sugeriu à imperatriz e ao príncipe que suas coleções careciam de obras inglesas: que tal seu amigo Reynolds? Os dois concordaram. O artista escolheria os temas — mas Potemkin queria alguma coisa histórica que fosse compatível com o gosto de Reynolds. Quatro anos depois, após muitos atrasos, Catarina recebeu um quadro e Potemkin, dois. Carysfort e Reynolds escreveram ao príncipe, em francês, quando as pinturas iniciavam a viagem a bordo do navio *Friendship*. Agradecendo-lhe pela hospitalidade na Rússia, Carysfort explicou a Potemkin que o quadro de Catarina era "um jovem Hércules que estrangula a serpente". E acrescentou: "Seria desnecessário lembrar a Vossa Alteza, tão versado em literatura da Antiguidade, a história de que a pintura foi tirada das Odes de Píndaro".* Reynolds contou a Potemkin que tinha pensado em fazer para ele o mesmo quadro, mas depois

---

1453 rublos por uma ferramenta requerida na Crimeia; no ano seguinte, quinhentos rublos para jardineiros que chegavam da Inglaterra para ingressar na equipe. Em 1786-7, Gould partiu de Petersburgo rumo à Crimeia com duzentos rublos para a viagem e 225 para a carruagem. Depois se encontrou com o príncipe na Moldávia durante a guerra, viajando com ele até Dubossari em 1789 (oitocentos rublos) e no ano seguinte até Jassi (650 rublos).
* O malévolo Horace Walpole achou muita graça da propriedade do assunto, uma vez que dois

mudou de ideia. Este acabaria sendo *A continência de Cipião*. Carysfort também mandou *A ninfa cuja faixa é desatada por um cupido*. "Connoisseurs", escreveu Carysfort, "que o viram acharam uma beleza."[52]

De fato era "uma beleza". Os dois quadros parecem apropriados para Potemkin. *A ninfa*, ou *Desatando a zona de Vênus*, como passou a ser conhecido, representa um pequeno e travesso Cupido desatando o cinto de uma Vênus radiante e de seios à mostra. No outro quadro, *Cipião*, o herói clássico ideal de Potemkin — que derrotou os cartagineses como ele estava derrotando os turcos —, repele as tentações das mulheres e do dinheiro, duas coisas às quais Potemkin jamais resistiu.[53] Nem Catarina nem Potemkin tiveram pressa de pagar: Reynolds cobrou a Carysfort 105 libras pela *Ninfa*. Catarina pagou aos inventariantes de Reynolds.* Posteriormente, Potemkin acrescentou um Kneller e um Thomas Jones à sua coleção inglesa.

O Sereníssimo também patrocinou o melhor artista inglês em Petersburgo, Richard Brompton, um "tipo de pintor boêmio muito criativo", no dizer de Jeremy Bentham, que Catarina resgatou da prisão dos devedores. Potemkin quase se tornou agente de Brompton, chegando a aconselhar-lhe quanto deveria cobrar. Encomendou-lhe um quadro sobre Branicka: a esplêndida tela, que agora está no Palácio Alupka, na Crimeia, captura a lindeza petulante de Sachenka, sua astuta insolência. Brompton também pintou a imperatriz, mas Potemkin ordenou pessoalmente mudanças no penteado. José II comprou o quadro, porém acabou se queixando de que aquele "borrão" era "tão horrivelmente pintado que pensei em devolver".[54] Brompton costumava fazer apelos a Potemkin em cartas até então inéditas, que se ocupam de dinheiro e patrocínio imperial.[55] Quando ele morreu devendo 5 mil rublos, Potemkin deu mil rublos à viúva.[56]

O entusiasmo com que Potemkin e Catarina compartiam seus gostos artísticos é outro aspecto encantador da relação entre eles. Quando os dois se recolheram por duas horas em 1785, os diplomatas ficaram imaginando que uma guerra tinha começado, até descobrirem que o casal estava na verdade examinando com

---

tsares tinham sido mortos, pelo menos um por estrangulamento, para garantir a coroa de Catarina.

* As pinturas de Potemkin foram admiradas por Parkinson no Hermitage em 1792. Nenhum dos três Reynolds está em exibição no Hermitage, mas são exibidos no exterior. Quando o autor procurou por eles, em 1998, estavam num poeirento corredor usado como depósito, tristemente encostados na parede.

grande prazer desenhos levantinos trazidos pelo viajante inglês Sir Richard Worsley. Em vista desse deleite compartilhado, era coerente que, depois da morte do príncipe, sua coleção se juntasse à de Catarina no Hermitage.[57]

Enquanto isso, em 28 de julho de 1785, Jeremy Bentham partiu de Brighton, levando consigo um conselho prático de Shelburne: "Não se meta em intrigas, seja para favorecer a Inglaterra, seja a Rússia, nem mesmo com uma mulher bonita".[58] Ele se encontrou com Logan Henderson e as duas ágeis srtas. Kirtland em Paris, e dali seguiram viagem por Nice e Florença (onde avistou na ópera "um pobre velho senhor" — o jovem pretendente, Charles Edward Stuart). O grupo tomou o navio em Livorno para Constantinopla. Dali Jeremy mandou Henderson e as suas srtas. Kirtland por via marítima para a Crimeia. E seguiu por terra: depois de uma dramática jornada com a irmã do hospodar da Moldávia e vinte cavaleiros, chegou a Kritchev em fevereiro de 1786.[59] Foi um encontro feliz: os irmãos Bentham não se viam havia cinco anos e meio.

Agora com o grupo completo, a aldeia bielorrussa parecia transformada numa Torre de Babel de brigas, bebedeiras e troca de mulheres. Entre os recrutas, tão andrajosos quanto seria de esperar, poucos eram exatamente o que diziam ser: Samuel tentava controlar essa "plebe de Newcastle — contratados para trabalhos servis daquela cidade plebeia".[60]

Jeremy confessou a Samuel que as "sobrinhas" leiteiras de Henderson, que tanto o impressionaram com sua feminilidade e experiência, não sabiam fabricar queijo nem tinham nenhum parentesco com o jardineiro: ao que parecia, eram troilistas, praticantes de sexo a três. Henderson não se saiu muito bem. Potemkin instalou o jardineiro e suas "sobrinhas" leiteiras na casa tártara, perto de Karasubazaar. O príncipe, um sentimental, lembrou que tinha se recuperado ali de uma febre em agosto de 1783 e comprou o lugar. No entanto, logo ficou sabendo que Henderson era "um impostor descarado" que não tinha "plantado uma única folha de relva e Mamzel [uma das moças] não fez um único queijo".[61]

Roebbuck, outro recrutado, viajou com sua "*soi-disant* esposa", que se revelou uma meretriz. Oferecia "seus serviços a qualquer dos homens de Newcastle", querendo se livrar do marido facínora.[62] Samuel conseguiu transferi-la para o príncipe Dáchkov: os anglófilos russos ficavam muito felizes de ganhar uma rapariga de jardineiro — desde que viesse da terra de Shakespeare. Samuel suspeitava que "o terrivelmente briguento" Roebuck tivesse roubado diamantes em Riga — "não era dos mais honestos". Quando Potemkin convocava Samuel, Jeremy ficava encarregado de tudo, o que era motivo para novas manifestação de má conduta. O dr. Debraw, o sexólogo das abelhas, mostrou-se absolutamente inconveniente. Entrou de forma sorrateira no escritório de Jeremy, "com cara de quem acaba de sair do hospício", e exigiu um passe para sair. Esse bando de ladrões chegou a roubar dinheiro de Samuel para pagar suas dívidas.[63] Houve rebeliões contra os Bentham chefiadas por Benson, o factótum, que, também "como um homem recém-saído do hospício", insultou Jeremy, que nunca o tinha visto na vida.[64] Então, "a megera cozinheira/governanta" juntou-se "aos machos sedutores", atraindo "o velho Benson" para sua cama.[65] A palavra "hospício" aparece com sinistra e apropriada frequência nas cartas dos Bentham.

Apesar das travessuras desses expatriados, os Bentham conseguiram imensos resultados, tanto literária como mercantilmente: "O dia tem horas muito mais abundantes em Kritchev, ou melhor, em nosso chalé a cinco quilômetros de distância onde vivo agora", escreveu Jeremy. "Levanto um pouco antes do sol, preparo o café em menos de uma hora e só volto a comer às oito [...] da noite." Estava trabalhando em seu *Código das leis civis*, numa versão francesa de *Rationale of Reward* [A lógica da recompensa] e na *Defence of Usury* [Defesa da usura]. Mas também tinha "sido obrigado a ficar à disposição do meu irmão e tomar emprestada uma ideia [...]". Tratava-se do *Panóptico* — a solução de Samuel para supervisionar sua plebe de russos, judeus e geordies: uma fábrica construída de tal maneira que o administrador pudesse ver todos os operários de um ponto de observação central. Jeremy, o reformador jurídico, viu imediatamente a aplicação da ideia nas prisões. Trabalhava do raiar do dia ao anoitecer no *Panóptico*.[66]

Tanto Jeremy como Samuel também estavam atrás de outra grande ambição, muito cara a Potemkin: tornarem-se proprietários de terras na Crimeia. "Vamos ser grandes agricultores", anunciou Jeremy. "Até me arrisco a dizer que ele nos daria um bom pedaço de terra se quiséssemos [...]."[67] Mas, apesar de Potemkin tentar cruelmente Samuel — "só precisa me dizer que tipo"[68] —, os Bentham nunca se tornaram magnatas crimeanos — embora tenham conseguido uma fatia numa das propriedades de Kórsakov.

Enquanto isso, Samuel administrava as fábricas, negociando com Riga e Kherson em moeda estrangeira (trocando 20 mil rublos de Potemkin por ducados) e tecidos ingleses, e construindo *baidaks* (barcos fluviais) para o Dnieper.

Apesar do comportamento "de hospício" de seus recrutados, ele costumava elogiar outros trabalhadores que o ajudaram a realizar tanta coisa. Nos primeiros dois anos já tinha construído dois grandes navios e oito *baidaks;* em 1786, produziu vinte *baidaks*, número impressionante.[69] Era tudo tão dramático e estimulante que o velho Jeremy Bentham achou que talvez devesse aparecer também. Porém dois Bentham já eram mais que suficiente.

Em 1786, as ordens de Potemkin foram alteradas. Desde 1783 Catarina e Potemkin vinham discutindo quando a imperatriz deveria inspecionar seus novos domínios no sul. A viagem acabava sendo adiada, mas agora tudo indicava que talvez se materializasse. Samuel já era um especialista em construir barcaças e *baidaks* para o Dnieper. Potemkin então lhe ordenou a produção de treze iates e doze barcaças de luxo para que a imperatriz pudesse descer pelo Dnieper até Kherson. Samuel vinha fazendo experimentos com o que chamava de "trem flutuante articulado a remo, uma série de caixas flutuantes habilmente interligadas".[70] Pôs-se a trabalhar e conseguiu atender à colossal encomenda de Potemkin, à qual acrescentou uma vermicular imperial — barcaça de seis módulos, com 252 pés de comprimento, impulsionada por 120 remos.

Jeremy Bentham, desejoso de conhecer o famoso Potemkin, esperava que o Sereníssimo visitasse a propriedade enquanto Samuel estivesse ausente testando seus navios. Nada havia de surpreendente nisso, uma vez que naquela época quase toda a Rússia, ao que parece, passava a maior parte do tempo aguardando ansiosamente a chegada do "príncipe dos príncipes". Nesse meio-tempo, a incongruente comunidade britânica, o rebelde hospício bielorrusso, demonstrava um comportamento pior que nunca, sob a nervosa supervisão do filósofo do utilitarismo num regime de meio expediente.

Potemkin ainda não lhes pagara nada. O dr. Debraw, o jardineiro Roebruck e o mordomo factótum Benson viviam em franca e explícita rebelião. Muitos britânicos claramente saboreavam ali uma vida de expatriado de desenfreada devassidão. Logo começaram a morrer prolificamente, contratempo que Samuel atribuía mais ao estilo de vida imoderado do que ao clima insalubre. Debraw acabara de ser promovido a médico do Exército quando morreu, uma provável bênção para os soldados russos. Os demais expiraram ou foram dispersados.[71]

"Vivemos há um tempo considerável na expectativa do príncipe a caminho dos seus governos", escreveu Jeremy Bentham, mas, como de hábito, o príncipe estava sempre atrasado.[72] Poucos dias depois, a sobrinha-amante de Potemkin, condessa Scavrónskaia, passou por Kritchev, em viagem de Nápoles para Petersburgo, e comunicou que "o príncipe dos príncipes desistiu da sua intenção de vir".[73] Alguns biógrafos sustentam que Potemkin e Jeremy Bentham tiveram longas discussões filosóficas,[74] mas não há registro desses encontros. Se alguma vez se encontraram, é difícil imaginar que Jeremy não tivesse escrito alguma coisa a respeito.*

Por fim, depois de mais de um ano no mundo de Potemkin, Jeremy Bentham partiu pela Polônia, hospedando-se em numerosas "estalagens judaicas". Casas sujas e animais imundos tinham lá suas consolações: judias deslumbrantes. Eis uma anotação típica: "Linda judia, porcos no chiqueiro [...] aves soltas pela casa".[75] O filósofo conseguiu até fazer um cumprimento inusitado para um viajante inglês do seu século: uma casa de judias era tão magnífica que "a família inteira, bela de carne e de sangue, *não [era] inferior às inglesas*" [grifos do autor].

A propriedade prosperava: em Kritchev, Potemkin tinha seguido a orientação de seu conselheiro médico suíço, o dr. Behr, para reduzir a mortalidade, talvez por vacinação. A população masculina de servos tinha subido de 14 mil para 21 mil em poucos anos.[76] Sua contabilidade patrimonial e financeira mostra a importância disso para a frota de Kherson, enquanto as cartas inéditas de Bentham nos arquivos de Potemkin revelam que as cidades do mar Negro usavam Kritchev como seu celeiro de suprimentos. Nos dois anos e oito meses que findaram em agosto de 1785, a empresa de Bentham mandou para Kherson cordame, pano de vela e barcos fluviais no valor de 120 mil rublos, e cabos e lonas no valor de 90 mil. Em 1786, Bentham entregou um total de 11 mil rublos em *baidaks*. Com o progresso de Samuel, sua produção de lonas triplicou, os apetrechos náuticos duplicaram. Muitas fábricas eram altamente lucrativas em 1786: a destilaria de conhaque rendia 25 mil rublos por ano; os 172 teares, outros 25 mil; e a fábrica de cordas

---

* Potemkin talvez não tenha tido oportunidade de conhecer Jeremy Bentham. Mas nós temos: ele repousa, recheado, pálido e dissecado, mas facilmente reconhecível, um "autoícone", nos corredores do University College, em Londres.

produzia mil *puds*, ou dezesseis toneladas, por semana, gerando, talvez, 12 mil rublos.[77] No entanto, lucros e prejuízos não tinham grande importância para Potemkin: seu único critério era trazer glória e poder para o Império — ou seja, seu Exército, sua Marinha e suas cidades. Por esse critério, seu arsenal e sua fábrica imperiais foram um estrondoso sucesso.

De repente, em 1787, o príncipe vendeu todo o complexo por 900 mil rublos, para adquirir propriedades ainda maiores na Polônia. Recebera a propriedade de mão beijada e, apesar de ter investido muito, é improvável que contratar artesãos ingleses custasse alguma coisa perto desse valor. Como sempre acontecia com o príncipe maquiavélico, havia grandiosas razões políticas para a venda súbita do que tinha construído com tanto empenho. Transferiu algumas fábricas para suas propriedades em Kremenchuk, deixando que as outras continuassem a funcionar sob nova administração. Quando a propriedade foi vendida, os judeus de Kritchev tentaram levantar um dinheiro para comprá-la "e permitir que Sam[uel Bentham] compre esta cidade". Mas a iniciativa deu em nada.

Foi o fim da aventura em Kritchev para Jeremy Bentham e seus recrutas britânicos. Mas estava longe de ser o fim para os dois ingleses favoritos de Potemkin — Samuel Bentham e William Gould. Os dois desempenhariam importantes papéis em seu futuro. O príncipe até então usara Sam Bentham como consultor de mineração na Sibéria, administrador de fábrica, construtor naval, coronel de mosqueteiros, agrônomo e inventor. Agora Sam deveria levar suas barcaças rio acima numa missão especial para, em seguida, tornar-se intendente, especialista em artilharia, oficial naval combatente, instrutor siberiano e comerciante sino-alasquiano, nesta ordem.

Gould, com sua equipe sempre aumentada pela chegada de novos especialistas da Inglaterra, tornou-se parte indispensável da comitiva do príncipe — precursor do próprio Potemkin, chegando com suas ferramentas, seus operários e suas árvores poucas semanas antes do grande homem. Na guerra seguinte, nenhum dos peripatéticos quartéis-generais de Potemkin estaria completo sem um jardim de Gould. Mas sua obra-prima seria o Jardim de Inverno do Palácio de Táurida.

O Sereníssimo de vez em quando deixava de lado seus hóspedes britânicos devido à necessidade de fazer malabarismos com a política de São Petersburgo e seu empreendimento sulista. No iniciozinho da aventura de Samuel Bentham, quando ele viajava com Potemkin voltando da Crimeia, o príncipe prometeu acompanhá-lo a Kritchev para decidir o que fazer ali. Pararam em Kremenchuk, onde Potemkin recebeu uma notícia que mudou tudo.

Sem dizer nem até logo, o príncipe partiu de Kremenchuk "com a máxima prontidão", levando apenas um servo.[78] Só uma pessoa no mundo era capaz de fazer Potemkin largar tudo dessa maneira.

21. O Negro Branco

Além disso, Catarina às vezes gostava de um menino
E tinha acabado de sepultar o formoso Lanskoi...
Lord Byron, *Don Juan*, Canto IX: 47

Em 25 de junho de 1784, o tenente-general Alexandre Lanskoi, o favorito de Catarina, então com 26 anos, morreu em Tsárskoie Seló, tendo a imperatriz ao seu lado. A doença foi súbita: ele tinha caído de cama com dor de garganta menos de uma semana antes. Lanskoi parecia saber que ia morrer — embora Catarina tentasse convencê-lo do contrário — e o fez com a tranquila dignidade com que ocupara sua incômoda posição.[1] Mas logo começaram a correr boatos maldosos sobre a sua morte: ele teria morrido "no ato" com Catarina, acabara com a saúde tomando perigosos afrodisíacos para satisfazer a amante mais velha e ninfomaníaca. Na hora do falecimento, dizia-se que ele "literalmente explodiu — a barriga explodiu". Logo depois da morte, "as penas caíram. O mau cheiro era insuportável. Os que levaram o caixão [...] morreram". Havia boatos de envenenamento: Potemkin, já responsável por provocar a loucura do príncipe Orlov com veneno de ação lenta, teria eliminado outro rival? A julgar pelo trágico relato de Catarina a Grimm e por outras testemunhas, Lanskoi morreu de difteria. Graças ao verão escaldante e à demora até Catarina criar coragem para sepultá-lo, o fedor faz muito sentido. As entranhas de cadáveres insepultos tendem a inchar no calor.[2]

A imperatriz desabou num paroxismo de dor avassaladora. Os cortesãos nunca a tinham visto naquele estado. O médico imperial Rogerson e o ministro Bezboródko, parceiros de jogo e de bebida, trocaram ideias, sem dúvida naqueles sussurros entrecortados que deviam constituir a trilha sonora das crises na corte. Rogerson deu rédeas largas aos seus quase sempre fatais laxativos e sangrias, mas os dois homens perceberam que uma receita emocional talvez desse melhor resultado.* Os pensamentos da imperatriz naturalmente se voltaram para o "marido", o "queridíssimo amigo". Em sua desesperada infelicidade, ela não parava de perguntar, de forma comovente, se Potemkin tinha sido informado. Rogerson disse a Bezboródko que era "altamente necessário" tentar atenuar a tristeza e a ansiedade da imperatriz: "E nós sabemos que só há uma maneira de conseguir isso — a chegada, o quanto antes, de Sua Alteza". Logo que Lanskoi morreu, Bezboródko despachou para o sul o mais rápido mensageiro da corte. Catarina perguntava, como uma criança, se o príncipe chegaria logo. Todos com certeza respondiam que sim, o príncipe já estava vindo.[3]

O mensageiro encontrou o Sereníssimo, acompanhado por Samuel Bentham, em Kremenchuk, no meio das providências para a fundação de Sepastópol e a administração de Kritchev. O príncipe partiu de imediato. Dois sentimentos indivisíveis, como sempre, dominavam suas ações: sua querida amiga precisava dele e o seu poder dependia disso. Potemkin se orgulhava de ser o mais rápido viajante da Rússia. Se seus mensageiros geralmente levavam dez dias, ele levou sete. Em 10 de julho, chegou a Tsárskoie Seló.

Enquanto Potemkin galopava pelas estepes, Catarina tinha que lidar com a perda do favorito que a fizera mais feliz. "O animado, honesto e amável" Lanskoi era seu amado pupilo, com quem deixava seus instintos maternais e pedagógicos correrem soltos, e ele de fato se tornara membro da família de Catarina-Potemkin. Era de uma beleza excepcional — seus retratos mostram um homem de feições

---

* O dr. Rogerson tinha acabado de fazer mais uma vítima. Logo depois de reprovar o amor de Samuel Bentham por sua sobrinha, o marechal de campo príncipe Alexandre Golítsin morreu aos cuidados de Rogerson, provavelmente por um excesso de purgantes e sangrias. "Receio", Catarina escreveu em tom de brincadeira para Potemkin, "que qualquer um que caia nas mãos de Rogerson já pode ser decretado morto."

refinadas com qualquer coisa de menino de rua. Catarina achava que tinha encontrado o Santo Graal — um companheiro para o resto da vida. "Espero", escreveu ela a Grimm apenas dez dias antes da dor de garganta de Lanskoi, "que ele venha a ser o esteio da minha velhice."[4]

Potemkin encontrou a corte paralisada pela prostração da imperatriz, assombrada com o cadáver insepulto de Lanskoi em decomposição, e infectada por uma praga de mentiras cruéis e sarcásticas. Catarina estava inconsolável. "Estou mergulhada na mais profunda tristeza e minhas felicidade acabou", comunicou ela a Grimm. Lanskoi "sofria com minhas dores e ria com minhas alegrias".[5] Os nobres de São Petersburgo e de Tsárskoie Seló andavam preocupados com o colapso emocional de Catarina. Semanas depois da morte, cortesãos informavam que "a imperatriz está aflita como no dia da morte de M. Lanskoi". Ela quase enlouqueceu de dor, perguntando sem parar sobre o corpo do amante, talvez na esperança de que a história de sua morte fosse mentira. Passou três semanas sem sair da cama. Quando enfim se levantou, não saiu dos aposentos. Ninguém a viu durante meses. Não havia diversões, a corte estava "extremamente triste". Catarina adoeceu. O dr. Rogerson sangrou-a e prescreveu as panaceias de costume, o que sem dúvida explicava os gases e a fraqueza. De início, só Potemkin e Bezboródko a viam. Mais tarde, Fiódor Orlov, o mais amável dos irmãos, aparecia no começo da noite. O príncipe confortava Catarina compartilhando o luto. Dizia-se que os cortesãos ouviram Potemkin e Catarina "uivando" juntos pelo favorito morto.

Catarina achava que ninguém seria capaz de imaginar o seu sofrimento. De início até mesmo o pesar de Potemkin a ofendia, mas no fim os cuidados dele conseguiram guiá-la em seu sofrimento, e "dessa forma ele nos despertou do sono dos mortos".[6] Ele estava ali ao seu lado, todas as manhãs, todas as noites: deve ter quase vivido com ela naquelas semanas.[7] Provavelmente foi em uma das tais crises, como informou o conde Cobenzl a José II, que Potemkin reassumia o papel de marido e amante.[8] As relações entre eles desafiam a forma dos costumes modernos, mas estavam mais próximas da *amitié amoureuse* gálica. Não era hora de fazer amor necessariamente, mas de amar. Em momentos como esses é que Potemkin adquiria "poder ilimitado", como certa vez ele mesmo contou a Harris:[9] "Quando as coisas vão bem, minha influência é pequena, mas ao deparar com dificuldades, ela sempre me quer, então minha influência é a maior possível".[10]

Aos poucos, Catarina melhorou: Lanskoi foi sepultado perto de Tsarskóie Seló na ausência dela, mais de um mês depois de sua morte. Catarina partiu de sua residência de verão em 5 de setembro, dizendo que jamais voltaria. Chegando à capital, não aguentou ficar nos próprios aposentos, com tantas lembranças de Lanskoi, e mudou-se para o Hermitage. Durante quase um ano depois da morte de Lanskoi, não houve nenhum favorito. Catarina estava de luto, com Potemkin ao seu lado: em certo sentido, eles voltaram a viver juntos por um tempo. Foi um alívio quando a imperatriz finalmente apareceu em público: três dias depois, esteve na igreja. Era a primeira vez que a corte a via em dois meses e meio.

Potemkin teve que voltar para o sul e terminar seus projetos: partiu em janeiro de 1785. Mesmo de tão longe, funcionava como consolo para ela. Algumas cartas trocadas por eles, que provavelmente datam desses meses, aproximam-se do cavalheirismo e da alegria, mas não da paixão frenética e das gargalhadas do caso amoroso que viveram dez anos antes. Havia um tom outonal no ressurgimento desse romance, como se ambos se sentissem mais velhos. Primeiro, ele lhe mandou uma caixa de rapé, e ela agradeceu o belo presente, "de todo o coração". Então ele mandou um vestido feito da seda produzida em suas fábricas e, romanticamente, a convidou a tomar a estrada, "coberta de seda", até o sul.[11]

O Sereníssimo retornou no início do verão de 1785, quando Catarina estava em forma novamente. Os dois velhos amantes voltaram aos jogos de costume. "Estou em clima de confissão. Perdoe-me, Lady Matuchka, todos os meus pecados — os deliberados e os inconscientes", escreveu Potemkin na velha escrita eslava meridional. O príncipe tinha feito alguma travessura. Catarina respondeu: "Eu também lhe peço que me perdoe, e Deus o abençoe. O resto do supracitado eu consigo decifrar bem, mas não entendo nada ou entendo muito pouco. Dei boas risadas quando li".[12] Aquele era Potemkin: com frequência incompreensível, mas sempre estimulante. As risadas eram parte da terapia dela. Mas a imperatriz sentiu falta da companhia dele durante os seis meses em que esteve no sul.

O hábito de Catarina de fazer do favorito um cargo quase oficial significava que a corte se acostumara e que os cortesãos esperavam que a vaga fosse preenchida. Isso talvez tenha exercido sobre ela uma estranha pressão para encontrar alguém. Um ano depois da morte de Lanskoi, Potemkin compreendeu que ela, que não podia viver "sem amor sequer uma hora", precisava de uma atenção mais permanente do que aquela que ele podia oferecer. Se quisesse alcançar a glória no Império, Potemkin precisava que alguém cuidasse de Catarina. Quando Catarina ia à igreja nessa época, jovens se empertigavam em seus melhores uniformes, na esperança de serem notados quando ela passasse.[13] Catarina sempre teve dificuldade para se concentrar na igreja — como Casanova percebeu. Era uma cena desagradável, mas compreensível. O fato de haver homens fazendo pose deixa claro que os candidatos a favorito não eram escolhidos por Potemkin, como diziam as más línguas — eles simplesmente eram notados na corte, muito embora um patrono esperto fosse bem capaz de colocá-los no trajeto da imperatriz.[14] De qualquer maneira, a caçada começara. O falecimento de Lanskoi assinalou o início do apogeu do esplendor de Catarina, mas também de sua descida para a indignidade. Seus amantes nunca mais tiveram o mesmo nível.

Com o Sereníssimo de volta à capital, a imperatriz voltou sua atenção para os oficiais das Guardas de serviço. Havia o príncipe Pável Dáchkov, filho da princesa Dáchkova e amigo de Bentham que estudou em Edimburgo, e Alexandre Matvéievitch Dimítriev-Mamónov, primo distante de Potemkin. Os três serviam na equipe do príncipe. A coisa acabou se transformando numa espécie de concurso de beleza imperial, com o resultado a ser anunciado num baile de máscaras.

Já havia algum tempo que Catarina demonstrava certa fraqueza por Dáchkov. Perguntava regularmente por seu "excelente coração".[15] Cinco anos antes, o príncipe Orlov tinha esbarrado com a princesa Dáchkova durante uma viagem que ela fez com o filho a Bruxelas — dois magnatas russos meio exilados. Orlov provocara a egocêntrica princesa sugerindo ao rapaz que ele poderia muito bem vir a ser um favorito. Mal o filho saiu da sala, Dáchkova submeteu Orlov a uma furiosa reprimenda: que ousadia era aquela de conversar com um rapaz de dezessete anos sobre assuntos tão repulsivos? "E sobre favoritos", disse ela, "lembrei a ele que nem conheço nem reconheço esse tipo de gente [...]." A obscena resposta de Orlov a essa retórica grandiloquente "não valia a pena repetir" — mas foi muito merecida.[16] Agora Orlov estava morto, a princesa Dáchkova voltara depois de anos no exterior, e Dáchkov tinha 23 anos.

É difícil evitar a impressão de que a princesa Dáchkova, apesar de considerar o favoritismo com mal disfarçado desdém, não conseguia superar a ambição de ver o filho ocupando aquela posição. Potemkin ainda era capaz de arrancar boas risadas da imperatriz com suas imitações dos principais cortesãos — mas seu jeito de imitar a presunção de Dáchkova era um número à parte, e Catarina vivia lhe pedindo para repetir. Por isso o Sereníssimo deve ter sentido um prazer especial em servir a essa farsante seu próprio, e grandioso, veneno.[17]

A princesa Dáchkova fez uma visita a Potemkin e esbanjou seu charme. Potemkin, claro, incentivou a princesa em suas ambições e, maliciosamente, deu todas as razões para imaginar que a sua família estava prestes a ser contemplada com a grande honra. Entre uma conversa e outra, muito provavelmente Potemkin corria aos aposentos de Catarina para fazer maldosas imitações da princesa, provocando sonoras gargalhadas imperiais. Sem que Dáchkova soubesse, Catarina já flertava com Iermólov e Mamónov, que também eram bonitos — mas não tinham uma mãe terrível. Todos alimentavam as mais altas esperanças de ver seu candidato escolhido, embora Potemkin, ao que parecia, não tivesse preferência.

A princesa Dáchkova, festejando a recuperação do prestígio, disse em suas *Memórias* que Potemkin despachou o sobrinho Samóilov na "hora do amante", depois do jantar, "para perguntar se o príncipe Dáchkov estava em casa". Não estava. Samóilov deixou um recado dizendo que Potemkin queria vê-lo na casa dele o mais rápido possível. A princesa, escrevendo anos depois dos fatos, disse que dessa maneira Potemkin estava na verdade oferecendo ao filho o repugnante cargo de favorito, o que ela denunciou a Samóilov nos seguintes termos: "Embora eu ame a imperatriz e não ouse contrariar sua vontade, respeito demais a mim mesma [...] para participar de um negócio dessa natureza". Disse ainda que, se o filho se tornasse favorito, a influência dela só lhe serviria para pedir um passaporte e ir embora.

Esse duvidoso episódio gerou o mito de que Potemkin teria mandado o jovem para Catarina na "hora do amante". Como Dáchkov era ajudante de Potemkin, não havia nada de sórdido na convocação. É muito mais provável que Potemkin estivesse se divertindo à custa da princesa. E não há dúvida de que a resposta dela foi imediatamente repetida por ele em sua "voz de Dáchkova" para Catarina.[18]

O Sereníssimo ofereceu um baile de máscaras em seu Palácio Aníchkov — ele jamais morou nessa colossal residência,* na esquina da avenida Niévski com a Fontanka, mas era onde mantinha sua biblioteca e costumava organizar eventos sociais. Mandou seu arquiteto Stárov construir um terceiro piso e alterar a fachada para acrescentar as colunas dóricas que tanto amava. Num momento em que estava com pouco dinheiro, Potemkin pagou o que devia a Nikita Chemiakin, seu

---

* Quando ele morreu, o palácio passou para os Románov: foi a residência em Petersburgo da adorada irmã de Alexandre I, Catarina, até a morte dela em 1818. Depois pertenceu a Nicolau I até sua subida ao trono, quando passou a ser usado para os bailes da imperatriz: Púchkin e a mulher dançavam ali com frequência. Posteriormente, pertenceu à mãe do tsar Nicolau II, a imperatriz Maria Fiódorovna, até 1917. Em fevereiro de 1914, o príncipe Félix Iussúpov, futuro assassino de Raspútin, ali casou com a grã-duquesa Irina.

amigo comerciante, com o Aníchkov. Mas Catarina o comprou de volta. Essa troca de palácios por dívidas ocorria periodicamente, e a imperatriz sempre intervinha.[19]

Duas mil pessoas chegaram durante a noite trajando fantasias e dominós. Ele instalou a orquestra na imensa galeria oval do Aníchkov, em volta de uma pirâmide ricamente decorada. Mais de cem músicos, sob a batuta de Rosetti, tocavam instrumentos de sopro e acompanhavam um coro. A estrela da orquestra era um "negro vestido de seda tocando um tímpano" no topo da pirâmide. Uma cortina dividia o salão. Casais dançavam a quadrilha: os cortesãos admiravam o príncipe Dáchkov fazer par com uma adolescente chamada princesa Iekaterina Bariátinskaia, uma beldade extraordinária que ali debutava na vida social. Viria a ser uma das últimas amantes de Potemkin.

Quando a imperatriz chegou com o grão-duque Paulo, todos ficaram atentos para ver se algum dos três jovens seria escolhido. Liev Engelhardt, que deixou um vívido relato daquela noite, avistou Iermólov. Potemkin tinha ordenado à sua equipe que usasse uniformes claros de cavalaria, mas Iermólov viera fardado de dragão, desprezando as ordens do príncipe. Engelhardt correu para lhe fazer uma advertência e dizer que fosse trocar de roupa. "Não se preocupe", respondeu Iermólov, em tom confiante. "Mas obrigado de qualquer maneira." Essa ousada arrogância deixou Engelhardt desconcertado.

A princesa Dáchkova encurralou Potemkin contra sua vontade: juntos, os dois admiraram a atlética figura do filho dela, mas ela abusou da sorte, ou achando que o filho tinha sido escolhido, ou pedindo ao príncipe que propusesse outra pessoa da sua família. Potemkin virou-se para ela e, sarcasticamente, diante de todos, respondeu: Não há vaga. O cargo acabava de ser preenchido pelo tenente Iermólov. *Quem*, gaguejou a princesa humilhada, *quem?*

Potemkin abandonou-a, pegou Iermólov pela mão e mergulhou na multidão com ele a tiracolo, "como se fosse um nobre importante". O príncipe levou Iermólov até a mesa onde a imperatriz jogava uíste e depositou-o, por assim dizer, quatro passos atrás da cadeira dela, à frente dos principais cortesãos. Nesse momento todo mundo, mesmo Dáchkova, se deu conta de que a imperatriz tinha escolhido um novo favorito. A cortina foi puxada para revelar a mesa esplendidamente arranjada. A imperatriz, o grão-duque e os cortesãos sentaram-se em volta de uma mesa redonda especial, enquanto outras quarenta mesas estavam postas para os demais. O baile prosseguiu até as três da madrugada.[20]

De manhã, onze meses depois da morte do pranteado Lanskoi, Iermólov mudou-se para os antigos aposentos dele no Palácio de Inverno e foi nomeado ajudante-general da imperatriz. Tinha 31 anos, era alto, louro, com olhos quase amendoados e nariz chato — Potemkin apelidou-o de "Negro Branco". Não era nem decente nem bonito como Lanskoi, ou inteligente como Zavadóvski: "é um bom menino", comentou Cobenzl, "mas muito limitado". Logo promovido a major-general e condecorado com a Ordem da Águia Branca, Iermólov era sobrinho de um dos amigos de Potemkin, Levachov, mas também amigo de Bezboródko. Provavelmente foi um alívio para Potemkin que Catarina tivesse encontrado alguém aceitável depois daquele ano de luto. Apesar de os historiadores mais simplórios repetirem a história de que Potemkin tinha ciúme de cada favorito, observadores mais astutos, como Cobenzl, entenderam que ele estava feliz com o fato de que Iermólov impediria a imperatriz de "mergulhar na melancolia" e estimularia sua "boa disposição natural".[21]

A ascensão de Iermólov levou Potemkin ao auge do poder. Quando o príncipe adoeceu, poucos dias depois, Catarina "foi vê-lo, obrigando-o a tomar remédio e cuidando da saúde dele com infinito desvelo".[22] Mas finalmente a posição de Potemkin deixou de ser contestada. A corte estava em harmonia. O príncipe podia voltar para cuidar de suas províncias e de seus exércitos, pois Catarina, a mulher, estava feliz.

A corte de Catarina tinha alcançado um ápice de extravagância e esplendor em meados dos anos 1780: "uma grande ostentação de magnificência e pompa com o grande gosto e charme da corte da França", escreveu o conde de Damas. "O esplendor do cerimonial era realçado pelo luxo asiático."[23] Catarina e Potemkin adoravam dar bailes de máscaras, festas e bailes em geral a altos custos: a imperatriz tinha um gosto especial por bailes em que as pessoas vestiam roupas do sexo oposto. "Acabo de ter uma ideia deliciosa", escreveu ela ainda nos seus primeiros anos de reinado, "precisamos dar um baile no Hermitage [...] precisamos dizer às senhoras que venham menos vestidas e sem *paniers* e *grande parure* na cabeça [...] comediantes franceses vão armar barracas de feira para vender a crédito roupas de mulher para os homens e roupas de homem para as mulheres [...]".[24] Talvez a robusta imperatriz soubesse que ficava muito bem de roupa masculina.

Quem se encontrasse com a imperatriz de todas as Rússias no baile da corte durante os anos 1780 talvez a visse "trajando anágua de um tecido roxo e as longas mangas brancas até o pulso e o tronco aberto [...] de um vestido muito elegante", sentada "numa grande poltrona coberta de veludo carmesim e ricamente ornamentada", tendo à sua volta cortesãos em pé. As mangas, a saia e o tronco do vestido geralmente eram de cores diferentes. Catarina agora usava sempre esses longos vestidos russos de mangas compridas. Serviam para ocultar a sua corpulência, mas eram também muito mais confortáveis do que espartilhos e *paniers*. A princesa Dáchkova e a condessa Branicka copiavam esse vestido, mas a baronesa Dimsdale notou que as outras damas "usavam[-no] bem à moda francesa" — apesar de "as gazes e flores francesas jamais se destinarem", decretava Lady Craven, "a beldades russas". Havia mesas de carteado, e todos jogavam uíste, enquanto a imperatriz passeava em volta do salão, insistindo, graciosamente, que ninguém se levantasse — o que todos, é claro, faziam assim mesmo.[25]

A corte girava em torno dos palácios de Inverno e de Verão em São Petersburgo durante o inverno. Seguia a mesma programação semanal — as grandes reuniões no Hermitage aos domingos, com todos os diplomatas: às segundas-feiras, o baile do grão-duque, e assim por diante. Potemkin, quando estava na capital, costumava passar as noites de terça-feira entrando e saindo do Pequeno Hermitage da imperatriz, onde ela continuava a relaxar com o amante Iermólov e amigos íntimos como Naríchkin e Branicka. As conversas ali eram privadas. Nenhum empregado escutava. No jantar, os convidados pediam a comida escrevendo a lápis em pequenas placas que eram depositadas no meio da mesa mecânica e despachadas num pequeno elevador, por onde suas refeições subiam logo depois.[26]

Durante os meses de verão, toda a corte viajava trinta quilômetros, mais ou menos, para balneários imperiais nas proximidades. Catarina adorava Peterhof, no golfo da Finlândia, mas a principal sede da corte nessa época do ano era Tsárskoie Seló, onde Catarina costumava ficar no bolo de noiva barroco de Isabel, o Palácio de Catarina, batizado em homenagem à mãe da imperatriz Isabel, a imperatriz de Pedro, o Grande, que nascera camponesa.

"O lugar é uma construção magnífica", escreveu a baronesa Dimsdale, "o edifício de tijolos revestidos de estuque [...] todas as colunas externas douradas."

Dentro, algumas salas eram simplesmente "maravilhosas"; uma em estilo chinês a impressionou, mas ela "jamais esqueceria" a pequena suíte "como um palácio encantado" com "as laterais incrustadas de lâminas vermelhas e verdes, que ofuscam os olhos". As tapeçarias na sala de Lyon teriam custado 201 250 rublos. Catarina mandou seu arquiteto escocês Charles Cameron redesenhar tudo, e os jardins eram, claro, ingleses, projetados pelo sr. Bush, com gramados, caminhos de cascalho, *follies* e bosques — e um grande lago no meio. A Galeria de Cameron era como um templo antigo, exposta à luz no alto das colunas, dando uma impressão de leveza e espaço. No interior ficava a galeria de bustos de Catarina, que incluía figuras de Demóstenes e Platão. O parque era repleto de monumentos e *follies* dedicados a vitórias da Rússia, de modo que essa paisagem mágica tinha qualquer coisa de parque temático da Disney em versão imperial, o tema sendo, no caso, o engrandecimento da imperatriz e do Império. Havia a Coluna Chesme, projetada por Antonio Rinaldi, erguendo-se com impressionante dignidade numa ilha do Grande Lago, e a Coluna Rumiántsev, dedicada à Batalha de Kagul. Havia pontes siberianas, turcas e chinesas, uma aldeia chinesa, uma Torre Arruinada, uma pirâmide e um mausoléu para três dos galgos ingleses de Catarina, com os dizeres: "Aqui jaz Zemira, e as ninfas pranteadoras devem jogar flores em seu túmulo. Como Tom, seu antepassado, e Lady, sua mãe, ela era constante em suas lealdades e só tinha um defeito, ser um pouco geniosa [...]". Não longe dali ficava o mausoléu de Lanskoi. Havia até atrações de parque de diversões, como a Montanha Voadora — uma espécie de montanha-russa.[27]

    A imperatriz levantava cedo e dava uma caminhada com seus galgos, de casaco longo, sapatos de couro e gorro, como aparece no quadro de Borovikóvski e na novela *A filha do capitão*, de Púchkin. Mais para o fim do dia, às vezes havia desfiles militares. Quando a baronesa Dimsdale esteve lá, Catarina ficava em pé na sacada para ver Potemkin passar à frente de suas Guardas.

    O príncipe tinha suas próprias casas em torno de Tsárskoie Seló, e a imperatriz costumava hospedar-se nelas também. Às vezes eles construíam seus palácios um ao lado do outro — por exemplo, ela construiu para si o Pella perto do Ostrovki dele, para que um pudesse visitar o outro facilmente. Enquanto fazia dos aposentos dentro dos palácios imperiais a base de suas operações, as muitas residências desse sultão itinerante eram meros caravançarás — mas ele não parava de adquirir outras, construindo-as e reformando-as à vontade, ou seguindo modas inglesas. O primeiro foi o pequeno palácio de Eschenbaum, na costa finlandesa, "dado para meu príncipe Potemkin" em 1777, onde Catarina ficou no início do seu caso amoroso com Kórsakov. "Que vista das janelas", exclamou para Grimm. "Vejo dois lagos da minha, três manticules, um campo e um bosque."[28] Provavelmente foi ali que Harris ficou com a família de Potemkin. O príncipe tinha outra residência na estrada de Peterhof,* comprada em 1779: ali Stárov derrubou um palácio barroco e o reconstruiu em estilo neoclássico.

No entanto, nos anos 1780, Potemkin apaixonou-se pelo estilo neogótico representado na Grã-Bretanha por Strawberry Hill, de Walpole. Por isso Stárov reconstruiu dois palácios dele como castelos neogóticos, Ozérki e Ostrovki.** Ostrovki tinha torres e agulhas, arcos e ameias. Apenas um dos castelos góticos do príncipe ainda existe: ele era dono de uma grande propriedade nos bosques de Bablovski, contíguos a Tsárskoie Seló. Em 1782-5, encomendou a Ilia Neielov (que acabara de ver casas senhoriais numa viagem à Inglaterra) para construir seu próprio Strawberry Hill. Bablovo*** era um palácio pitoresco, assimétrico, com góticos torreões, torres, arcos e janelas em arco: suas duas alas estendem-se a partir de uma torre medieval circular. Visto através do bosque, lembra hoje um cruzamento de igreja em ruínas com castelo encantado.[29]

Quando chegava a hora de a corte retornar para Petersburgo, um lacaio de libré enfeitada de escarlate com franjas douradas colocava um banquinho de veludo carmesim no chão para a imperatriz entrar numa carruagem puxada por dez cavalos. Quinze carruagens iam atrás. Em cada uma dessas jornadas, a cavalgada envolvia mais de oitocentos cavalos. Cem canhões eram disparados, cornetas soavam e multidões aplaudiam. Havia palácios na estrada de Petersburgo, onde a imperatriz podia parar para descansar.[30]

Mais de dez anos haviam transcorrido desde que Potemkin e Catarina se apaixonaram um pelo outro: Catarina tinha 57 anos. Em sua presença, todos se

---

* Hoje um horrendo cinema soviético ocupa o lugar.
** Reza uma sinistra tradição que a "princesa Tarakánova" foi mantida ali por um tempo, com um filho cujo pai supostamente era Alexei Orlov-Tchésmenski, mas não há provas dessa passagem dela, ou da criança. Ostrovki sobreviveu até ser destruído pelos nazistas, mas, felizmente, foi fotografado durante os anos 1930.
*** O autor encontrou suas ruínas no Parque Bablovski. Há uma surpresa dentro da torre: uma bacia circular de granito vermelho, com cerca de três metros de diâmetro. Foi uma primeira versão de piscina construída por Alexandre I, que ali costumava nadar privadamente nos quentes verões de Tsárskoie Seló.

admiravam da "dignidade e imponência do seu porte e da bondade e suavidade da sua expressão".[31] Bentham achava "seus olhos os mais belos que se possa imaginar e sua pessoa totalmente graciosa".[32] Os olhos azuis e a testa formidavelmente masculina continuavam tão notáveis como sempre, mas Catarina era uma mulher pequena, cada dia mais gorda, constantemente atormentada por indigestões.[33]

Sua postura diante do poder continuava sendo a mesma mistura de implacável enaltecimento e *raison d'état* combinada com uma modéstia astuta e absolutamente dissimulada. Quando Ligne e Grimm começaram a repetir o nome "Catarina, a Grande" pelos salões do mundo, ela simulava a costumeira humildade: "Por favor, não me chamem pela alcunha de Catarina, a Grande, porque (i) não gosto de apelidos (ii) meu nome é Catarina II e não quero que digam de mim o que diziam de Luís XIV, que me deram o nome errado [...]".[34] (Luís não era muito *Bien-Aimé* na época da sua morte.) Sua única fraqueza ainda era a busca eterna e comovedora do amor. "Seria melhor se ela tivesse esses amantes só pelo lado físico", escreveu um diplomata francês, "mas é raro, entre pessoas mais velhas e quando sua imaginação não morreu, que não pareçam cem vezes mais estúpidas do que um jovem." E ela começou a agir como uma idiota, tanto quanto uma autocrata tinha o direito de fazer.

Potemkin sabia exatamente como lidar com Catarina, e ela com ele. Em meados dos anos 1780, a amizade deles dependia tanto de estarem separados como de estarem juntos. O príncipe sabia "que não era perto da imperatriz que seu poder crescia, uma vez que precisava dividi-lo com ela", explicou Damas. "É por isso que ele, ultimamente, preferia ficar longe. Quando estava longe, todos os detalhes de administração e de assuntos militares caíam em suas mãos."[35] Potemkin respeitava sua "excessiva penetração" e habilidade em detectar qualquer inconsistência num argumento, mas também seguia à risca o dito de Disraeli sobre tratar a realeza com espátulas de lisonjas. "Lisonjeie o máximo possível", aconselhava a Harris, "você jamais exagerará na unção se a lisonjear pelo que ela *deveria ser*, e não pelo *que ela é*." De forma um tanto desleal, também a criticava pela timidez e pela feminilidade: "fale às paixões dela, aos seus sentimentos [...] ela não quer nada mais do que elogios e congratulações, dê-lhe isso e ela lhe dará toda a força do seu império".[36] Mas esse era o ator Potemkin representando para Harris um papel provavelmente combinado de antemão com Catarina. Se a lisonja fosse tudo, Harris teria conseguido mais êxito, e Potemkin menos, porque o príncipe e a imperatriz viviam discutindo.

Quando lhe escrevia, ele reveladoramente a chamava de sua *"kormilitsa"*, sua enfermeira ou mãe adotiva; ela ainda o chamava de *"gosudar"* — "senhor", ou usando um apelido qualquer, mas achava que os dois formavam uma dupla como Pilades e Oreste, o Davi e o Jônatas da mitologia. Comportava-se ao mesmo tempo como imperatriz e esposa de Potemkin: quando ele estava ausente, ela cerzia as mangas dos seus paletós como uma *Hausfrau*, mandava-lhe infindáveis casacos e lhe dizia para tomar seus remédios, como se tratasse com uma criança.[37] Politicamente, via-o como o essencial homem de negócios do seu governo, seu amigo — e consorte. Dizia-lhe com frequência que "sem você eu me sinto como se não tivesse mãos", ou simplesmente lhe suplicava que voltasse a São Petersburgo para vê-la. Muitas vezes expressava seu desejo de que ele estivesse ao seu lado, e não no sul, para que pudessem resolver problemas complicados "em meia hora". A admiração que tinha por sua criatividade, sua inteligência e sua energia é patente nas cartas, e ela vivia com medo de, sem ele, fazer alguma coisa errada: "Eu me sinto perdida como nunca quando estou sem você. Fico sempre achando que deixei escapar alguma coisa".[38] Suas "duas cabeças" eram "melhores do que uma só". Ela o achava "mais inteligente do que eu, tudo que ele faz é cuidadosamente pensado".[39] Ele não podia obrigá-la a fazer o que não queria, mas eles tinham um jeito de persuadir um ao outro, de discutir problemas até encontrar a solução. Pessoalmente, "é o único homem que ela respeita, amando-o e temendo-o ao mesmo tempo".[40]

Ela era tolerante com o seu estilo de vida devasso, complacente com suas idiossincrasias e sabia muito bem que ele era quase um imperador. "O príncipe Potemkin retirou-se às onze a pretexto de que ia dormir", relatou ela a Grimm em 30 de junho de 1785, de Peterthof, onde estava instalada com o novo amante, Iermólov, "muito embora todos soubessem, perfeitamente, que ele estava dando uma festa esta noite" para examinar mapas e decidir questões de Estado. "Até se ouve dizer que ele é mais do que um rei."[41] Ela não tinha ilusões sobre a impopularidade dele nos círculos da alta nobreza — mas parecia sentir um prazer secreto quando seu *valet* lhe dizia que ele era odiado por todos, menos por ela.[42] O desprezo do príncipe pela popularidade a atraía, e o fato de ele em última análise depender dela atenuava o medo que tinha do poder dele. Inclusive, ela costumava dizer que, "ainda que toda a Rússia se rebelasse contra o príncipe, eu estaria do lado dele".[43]

Quando voltava a Petersburgo de suas viagens, ele geralmente facilitava a vida dela: Catarina decidiu nomear a princesa Dáchkova, sua tediosa coconspiradora, diretora da Academia de Ciências. A princesa escreveu-lhe uma carta recusando o cargo, que julgava acima da sua capacidade, e foi à casa de Potemkin explicar sua recusa, mas Potemkin a interrompeu: "Já fui informado por Sua Majestade". O Sereníssimo leu a carta de Dáchkova e "rasgou-a em pedaços" na frente dela. "Perplexa e furiosa", Dáchkova lhe perguntou como ousava rasgar uma carta endereçada à imperatriz.

"Calma, princesa", respondeu ele, "e ouça com atenção o que vou dizer. Você é sinceramente apegada a Sua Majestade [...] por que, então, a aflige numa questão que, nos últimos dois dias, ocupou exclusivamente os seus pensamentos, e na qual ela empenhou o seu coração? Se sua convicção for absoluta, aqui tem caneta e tinta, escreva sua carta de novo. Estou apenas agindo como um homem dedicado à defesa dos seus interesses." E acrescentou um toque potemkiano: a imperatriz tinha outro motivo para querer Dáchkova em Petersburgo. Desejava conversar mais com ela, porque, "para falar a verdade, está cansada do convívio com esses idiotas que vivem eternamente à sua volta". O argumento foi decisivo. "Minha raiva", escreveu Dáchkova, "[...] cedeu." O Sereníssimo sabia ser irresistível. Naturalmente, ela aceitou o cargo.[44]

Logo que Iérmolov se instalou em seus novos aposentos, a imperatriz, acompanhada pela corte, o novo favorito, Sereníssimo e os embaixadores da Grã-Bretanha, França e Áustria, partiram num cruzeiro do lago Ladoga para o alto Volga. Catarina e Potemkin gostavam de ver as coisas pessoalmente — como dizia a imperatriz, "o olho do dono engorda o cavalo". Essa viagem mostra com clareza como a corte se divertia — e como Potemkin fazia política. O principal desafio da vida na corte era combater o tédio.

Os três embaixadores eram protótipos da finura de espírito do Iluminismo. O austríaco ainda era o terrível e charmoso mulherengo Louis Cobenzl, que, apesar de já ser homem de meia-idade, sonhava com o palco e tomava aulas de canto. Quando mensageiros imperiais chegavam de Viena, não se espantavam de surpreender o embaixador cantando diante do espelho, travestido de condessa D'Escarbagnas.[45] O *caractère vraiment britannique* de Alleyne Fitzherbert era uma garantia de que ele "não se perturbava com os hábitos do príncipe",[46] mas Potemkin descobriu um novo amigo no embaixador francês, bem diferente de seus medíocres antecessores. De rosto redondo, sobrancelhas quase em pé e uma expressão perenemente divertida, como um sagui sorridente, Louis-Philippe, conde de Ségur, de 32 anos, era um ornamento da época que ele mesmo descreveu com tanta elegância em suas *Mémoires*. Filho de um marechal e ministro da Guerra da França, amigo de Maria Antonieta, Diderot e D'Alembert e veterano da Guerra de Independência dos Estados Unidos, ele se tornou parte do círculo íntimo de Catarina e Potemkin.

No cruzeiro, os cortesãos se divertiam com carteados, concertos e especialmente jogos de palavras. Hoje parecem forçados, mas os embaixadores podiam mudar as relações entre seus reis e a Rússia se fossem bons nesses jogos: por exemplo, Fitzherbert foi incumbido de criar um poema com versos terminando nas palavras *amour, frotte, tambour* e *garde-note*. Sua resposta, combinando lisonja, francês e as quatro palavras, foi considerada tão brilhante que Catarina a repetiu para Grimm:

> *D'un peuple très nombreux Catherine est l'amour*
> *Malheur à l'enemi qui contre elle se frotte;*
> *La renome usa pour elle — son tambour*
> *L'histoire avec plaisir sera — son garde-note.*

Alguns desses laboriosos gracejos eram inventados na hora, porém o mais comum, como acontece com os programas ao vivo dos comediantes de TV de hoje, era serem penosamente inventados antes da apresentação e declamados em público como se fossem tirados da cartola sem nenhum esforço. Mas Fitzherbert não era o grande mestre dessas gracinhas poéticas: perdia para o "amável e espirituoso" Ségur, aclamado por Catarina como o gênio desse gênero: "Ele faz poemas e canções para nós [...]. O príncipe Potemkin tem morrido de rir a viagem inteira".[47]

Enquanto as barcaças desciam o Volga, Ségur viu que os caprichos exaltados de Potemkin aparentemente formulavam políticas instantâneas. José II tinha ajudado Potemkin a anexar a Crimeia, por isso Catarina tinha a obrigação de respaldá-lo em seu projeto recorrente de trocar os Países Baixos austríacos pela Baviera. Tentara uma vez em 1778, mas a tentativa degenerara na Guerra das Batatas contra a Prússia. Agora, mais uma vez, Frederico, o Grande, em sua última vênia no palco que tinha dominado por quase meio século, frustrou o plano de José de anexar a Baviera, negociando uma Liga de Príncipes Alemães para impedi-lo. Por coincidência, era hora de renovar o Tratado de Comércio Anglo--Russo, e Catarina exigia termos mais favoráveis. No entanto, Hanover, da qual Jorge III da Inglaterra era eleitor, juntou-se a Frederico em sua liga antiaustríaca. Foi um balde de água fria para Catarina — e mais ainda para o anglófilo Potemkin.

Quando a notícia foi recebida na barcaça imperial, o casal ficou amuado. Depois do jantar, Ségur seguiu Potemkin para sua galé, onde o Sereníssimo explodiu, denunciando aquela "pérfida artimanha" do egoísmo britânico. "Eu disse à imperatriz há muito tempo, mas ela não quis acreditar em mim." O novo primeiro-ministro britânico, William Pitt, de 26 anos, "que, pessoalmente, não gosta dela", ia com certeza criar obstáculos às políticas russas na Alemanha, Polônia e Turquia. Essa análise da conduta de Pitt em relação ao Oriente era precisa. O príncipe declarou que faria qualquer coisa para se vingar da "pérfida Albion". Que tal um tratado comercial franco-russo?, sugeriu Ségur. Potemkin soltou uma gargalhada: "O momento é propício. Aproveite-o!". Estrangeiros gostavam de pintar o príncipe como um menino cheio de caprichos, mas na verdade ele já vinha incentivando o comércio de Kherson com a França, e com certeza Marselha, e não Londres, era a chave para as transações da Rússia no mar Negro. Recomendou a Ségur que rascunhasse secretamente um tratado: "Nem mesmo o assine. Você não tem nada a perder [...]. Os outros ministros não vão saber [...]. Comece logo a trabalhar!". Ironicamente, Ségur teve que pedir emprestada a escrivaninha de Fitzherbert para projetar sua emboscada antibritânica.

No dia seguinte, Potemkin foi à cabine de Ségur para lhe informar que, quando voltassem a Petersburgo, a imperatriz mandaria assinar o tratado. Como esperado, quando chegaram, em 28 de junho, Ségur estava participando de um baile de máscaras na corte quando Bezboródko entrou gingando e disse-lhe ao pé do ouvido que tinha ordens para negociar o tratado imediatamente. Levou tempo, mas o documento foi assinado em janeiro de 1787.

"O prestígio de Iermólov parecia aumentar depressa", comentou Ségur ao voltar para Petersburgo. "A corte, atônita com aquela mudança, voltou-se para o sol nascente." No primeiro semestre de 1786, menos de um ano desde que Iermólov assumira o cargo, o jovem favorito começou a jogar uma cartada perigosa: decidiu depor Potemkin. "Os amigos e parentes do príncipe ficaram consternados."[48] Iermólov continuou a ser criatura de Potemkin até o dia em que o príncipe flagrou Levachov, tio do favorito, roubando no carteado. Potemkin expulsou-o do recinto, e o tio reclamou para o presunçoso Iermólov. Dizia-se que ele se recusara a encaminhar os pedidos de favor do Sereníssimo. Mas Potemkin era perfeitamente capaz de cuidar disso sozinho. O mais provável é que o pouco inteligente Iermólov relutava em ser um membro subalterno da família de Catarina-Potemkin, tinha ciúme do poder do príncipe — e foi manipulado por seus rivais.[49]

As mãos invisíveis atrás da intriga de Iermólov talvez fossem Alexandre Vorontsov, presidente da Escola de Comércio e irmão do embaixador em Londres, Semion, e o ex-favorito Zavadóvski, que trabalhavam para Potemkin, mas o desprezavam. Eles utilizaram-se das desatentas finanças de Potemkin para insinuar que ele estava desviando fundos do Tesouro — especificamente 3 milhões de rublos destinados ao desenvolvimento do sul —, porém a prova que apresentavam era uma carta do deposto cã crimeano Shagin Giray, afirmando que o príncipe estava embolsando sua pensão.[50] Isso não era prova de coisa nenhuma, como eles sabiam muito bem, porque todos os pagamentos do Tesouro, mesmo os destinados a Potemkin, e sem dúvida a Shagin Giray, geralmente atrasavam anos. Por essa razão, era perda de tempo analisar as finanças de Potemkin, porque ele usava dinheiro seu para fins estatais e depois pegava de volta quando as verbas chegavam. Além disso, não tinha necessidade de malversar recursos — Catarina lhe dava qualquer coisa que pedisse. Mesmo assim, os conspiradores convenceram Iermólov a colocar a carta de Shagin Giray na frente da imperatriz. Quando a corte estava em Tsárskoie Seló, foi o que ele fez, e conseguiu semear dúvidas na cabeça imperial. A sorte estava lançada.[51]

Catarina distanciou-se de Potemkin. O príncipe, depois de tudo que fez para construir o sul, manteve-se orgulhosamente indiferente. Os dois mal falavam um com o outro, e ele quase nunca ia vê-la, embora afirmar o seu declínio fosse exagerado. Ainda no fim de maio, o ponto mais baixo da crise, Catarina disse ao seu novo secretário, Alexandre Khrapovítski: "O príncipe Potemkin parece um lobo solitário, e não é muito apreciado por isso, mas tem bom coração [...] além disso, seria o primeiro a pedir misericórdia a seu inimigo".[52] Apesar disso, os cortesãos farejavam sangue. As salas de espera do príncipe esvaziaram-se. "Todos se afastaram", lembrava-se Ségur. "No meu caso, redobrei minha assiduidade ao príncipe. Ia vê-lo todos os dias." Não se tratava apenas de amizade da parte de Ségur, pois ele tinha adivinhado que as relações entre o príncipe e a imperatriz se baseavam em laços secretos e invisíveis. Não obstante, parecia que a corda no pescoço dele se apertava. Ségur suplicou-lhe que tivesse cuidado. "Como é que é — você também?", respondeu Potemkin. "Quer que eu suplique vergonhosamente depois de tão grandes serviços prestados por capricho de uma injustiça insultuosa? Sei que acham por aí que estou perdido, mas estão enganados. Pois fique tranquilo — não é uma simples criança que vai me derrubar!"

"Tome cuidado!", insistiu Ségur.

"Sua amizade me comove", disse o príncipe. "Mas desprezo demais meus inimigos para ter medo deles."[53]

Em 17 de junho, a imperatriz, o grão-duque, Potemkin, Iermólov e Ségur partiram de Tsárskoie Seló para Pella. No dia seguinte, ela visitou o palácio de Potemkin na vizinha Ostrovki, outra prova de que a verdadeira posição de Potemkin não era, nem de longe, tão desastrosa como sugeriam os boatos. Ao voltarem para Tsárskoie Seló, Potemkin compareceu a todos os jantares oferecidos por Catarina nos três dias seguintes. É de supor que os conspiradores tentassem forçar Catarina a agir com base nas provas que apresentaram. Mesmo no ensolarado Palácio de Catarina, Potemkin era tratado com frieza.

No dia seguinte, ele deixou a corte sem dizer uma palavra e viajou para Narva, no Báltico. De volta à capital, instalou-se no palácio do mestre da cavalaria, Naríchkin, entregando-se a "festas, prazeres e amor". Os "inimigos cantaram vitória". Catarina, supostamente, estava acostumada a seus amuos e não fez nada. Mas quando ele não apareceu em 28 de junho — Dia da Ascensão de Catarina —, ela certamente se deu conta de que o político magistral a desafiava a agir.

"Estou ansiosa para saber se você está bem", Catarina escreveu em segredo a Potemkin, respondendo ao desafio. "Há dias não tenho notícias suas."[54] A carta era afetuosa. Era um desses sinais que ele compreendia perfeitamente. Potemkin aguardou alguns dias.

Então, de repente, ele reapareceu na corte — um fantasma de Banquo que na verdade não era fantasma coisa nenhuma. Supostamente, o príncipe invadiu o budoar da imperatriz "num acesso de fúria"[55] e berrou qualquer coisa nos seguintes termos: "Estou aqui, Madame, para declarar a Vossa Majestade que Vossa Majestade tem que escolher neste instante entre mim e Iermólov — um de nós tem que deixar hoje mesmo a corte. Enquanto mantiver este Negro Branco, não voltarei a pôr os pés no palácio".[56] Dito isso, saiu furioso e deixou Tsárskoie Seló.

Em 15 de julho, a imperatriz dispensou Iermólov por intermédio de um dos seus titereiros, Zavadóvski. O Negro Branco partiu no dia seguinte, carregando o fardo de 4 mil camponeses, 130 mil rublos e uma ordem para viajar.* Naquela mesma noite, o outro jovem oficial com quem Catarina tinha flertado um ano antes, Alexandre Dmítriev-Mamónov, chegou com Potemkin. Mamónov era seu ajudante (e parente distante). Consta que Potemkin enviou Mamónov a Catarina com uma aquarela e a impertinente pergunta: o que acha do quadro? Ela examinou a aparência dele e respondeu: "Os contornos são ótimos, mas a combinação de cores é menos feliz". Trata-se de uma lenda, mas parece um dos jogos que só Potemkin podia jogar com a imperatriz. No dia seguinte, a imperatriz escreveu para Mamónov...

Naquela noite, Mamónov cruzou com o amigo Khrapovítski, o secretário da imperatriz, quando era escoltado para a alcova de Catarina — um momento constrangedor ou triunfante para encontrar um amigo íntimo. Era de fato um mundo pequeno, que Khrapovítski descreveu em seu diário com fascinante minúcia. Na manhã seguinte, o meticuloso secretário escreveu com malícia: "Eles d[ormiram] até as nove horas" — em outras palavras, a imperatriz passou três horas a mais na cama. No dia seguinte, "fecharam a porta. M-v estava lá no jantar e, como de costume — [ela estava] empoada", de acordo com Khrapovítski, cujos olhos quase nunca se afastavam do buraco da fechadura imperial.[57]

A transição para Mamónov foi tão sem percalços que é bem possível que a "fúria" de Potemkin tenha ocorrido muito antes e que a crise nada teve a ver com malversação de fundos, mas com o próprio Iermólov. É provável que Catarina cortejasse Mamónov enquanto Iermólov e seus conspiradores cantavam vitória. Isso explica a inusitada despreocupação de Potemkin com a conspiração — outro exemplo do seu talento de ator. Num momento ou noutro, Potemkin ameaçou pedir a dispensa de todos os favoritos, de Zavadóvski em diante. Geralmente, Catarina lhe dizia que seu poder continuava firme — e que ele portanto deveria ir cuidar da vida. Ela obrigava os favoritos a lisonjeá-lo, e ele era suficientemente flexível para fazer amizade e trabalhar com eles. Conseguiu depor Iermólov provavelmente porque esse favorito se recusou a viver dentro do sistema de Potem-

---

* Um ano depois, durante uma visita a Londres, Iermólov provocou algum constrangimento ao solicitar uma audiência com Jorge III. Posteriormente, estabeleceu-se em Viena.

kin — e porque Catarina não o amava de verdade. Qualquer que tenha sido o arranjo, foi uma vitória política.

"Matuchka, tendo andado por Petersburgo, Peterhof, Oranienbaum, estou de volta e beijo-lhe os pés. Trouxe Paracleto a salvo, com saúde, alegre e adorável." Paracleto — o pequeno ajudante de Matuchka, ou seja, Mamónov — já estava com a imperatriz, que respondeu: "É uma grande alegria, *batinka*: como você se sente sem ter dormido, meu senhor? Que felicidade para mim você ter chegado!".[58]

"O príncipe Grigóri Alexándrovitch voltou", escreveu Khrapovítski em 20 de julho. Mamónov, em sinal de gratidão, deu de presente ao príncipe um bule de chá com a inscrição: "Mais unidos pelo coração do que pelo sangue", porque eram parentes muito distantes.[59] Mamónov, de 26 anos, era um francófilo instruído, da nobreza mediana, com uma delicada boca em forma de botão de rosa e nariz pequeno e bem-feito. Era muito mais culto e inteligente do que Iermólov, e bastante querido por sua graça, sua boa aparência e sua polidez. Catarina cumulava-o de honrarias: o ajudante-general foi elevado a conde do Sacro Império Romano e logo era dono de 27 mil servos, recebendo 180 mil rublos anuais com ajuda de custo de 36 mil rublos. Será que ela achava necessário compensar mais os amantes por causa da velhice? Catarina apaixonou-se por ele e passou a falar de Mamónov com o maior entusiasmo. Apelidou-o de "sr. Casaca Vermelha", porque ele gostava de usar uma que combinava com seus olhos negros. "A casaca vermelha", escreveu, exultante, para Grimm em 17 de dezembro, "veste um homem de excelente coração [...] a inteligência aguda de quatro pessoas [...] poço inesgotável de alegria." Mamónov fazia Catarina feliz e deixava Potemkin seguro. Tornou-se membro de sua inusitada família, como Lanskoi, ajudando as sobrinhas Branicka e Scavrónskaia,[60] e escrevendo cartas afetuosas para o príncipe, que Catarina anexava às suas. Às vezes ela acrescentava pós-escritos às cartas de Mamónov, que ele costumava encerrar assinando "com absoluta devoção".[61]

Logo após a queda do Negro Branco e a instalação do sr. Casaca Vermelha, Potemkin convidou Ségur para jantar. "Então, Monsieur Diplomat", disse-lhe Potemkin, a título de saudação, "pelo menos neste caso [...] minhas previsões são melhores do que as suas!" E, abraçando calorosamente o amigo, Potemkin trovejou: "Cometi algum erro, *batuchka*? O menino me derrubou? Minha bravura me enfraqueceu?".[62]

Sua bravura tinha, a rigor, sido generosamente compensada. O Sereníssimo pôde voltar para o sul. Ausentava-se por tanto tempo que o coronel Mikhail Garnovski, seu *homme d'affaires* em Petersburgo, que fez uma fortuna à custa da duquesa de Kingston, enviava-lhe relatórios secretos sobre a politicagem da corte. Garnovski monitorava, com particular interesse, o comportamento do favorito, e notou que, quando se erguiam brindes, ele tinha o cuidado de só brindar ao príncipe. Catarina mostrava documentos de Estado a Mamónov, mas ele nada tinha de estadista. Alexandre Vorontsov e Zavadóvski, inimigos de Potemkin, cortejavam-no, na esperança de que se tornasse um Iermólov. Ele continuava leal, mas sofria. Tinha ciúmes quando Catarina dava atenção a qualquer outra pessoa, porém achava a vida na corte solitária e cruel: estava certo quando dizia que os cortesãos eram como "lobos numa floresta".[63]

Catarina e Potemkin resolveram que era hora de ela inspecionar o que ele realizara no sul e demonstrar o imorredouro compromisso da Rússia com o controle do mar Negro. A data estava sempre mudando, mas finalmente concordaram que ela visitaria Kherson e a Crimeia no verão de 1787. Na véspera da partida de Catarina, nessa notável e gloriosa expedição, o Sereníssimo estava no auge, exercendo "na Rússia um poder maior do que […] Wolsey, Olivares e Richelieu",[64] escreveu um estrangeiro. Durante anos, diplomatas o descreveram como "grão-vizir",[65] outros o chamavam de "primeiro-ministro",[66] mas nenhum desses qualificativos definia sua posição única. Saint-Jean foi o que chegou mais perto: "As pessoas se deram conta de que não conseguiriam derrubar Potemkin […]. Ele só não era tsar no nome".[67] Mas era feliz? Como era sua vida? Quem era o homem Potemkin?

22. Um dia na vida de Grigóri Alexándrovitch

> *É você, o mais corajoso dos mortais!*
> *Mente fértil onde os planos são multidão!*
> *Você não segue pelos caminhos corriqueiros*
> *Você os estende — e o barulho*
> *Que deixa atrás para seus descendentes.*
> *É você, Potemkin, líder prodigioso!*
> Gavrili Derjávin, *A queda-d'água*

DE MANHÃ

O príncipe acordava tarde quando residia na "casa Chépelev", conectada por uma passagem coberta com os apartamentos da imperatriz no Palácio de Inverno. As antessalas já estavam lotadas de dignitários. Ele recebia os preferidos estirado na cama, de roupão. Ao acordar, gostava de tomar um banho frio, seguido por uma breve prece matinal. O café da manhã era, quase sempre, chocolate quente e uma taça de licor.

Caso decidisse realizar uma grande audiência, reclinava-se em sua sala de recepção, calculadamente ignorando os bajuladores mais atrevidos. Eles, por sua vez, estariam em apuros se o ignorassem. Um jovem secretário, formado em Cambridge e Oxford, aguardava para ver Potemkin com uma pasta de documentos no meio de todos aqueles generais e embaixadores. Estavam sentados num silêncio tumular porque sabiam que o príncipe ainda não acordara. "De repente a porta do quarto [...] se abriu com ruído e o imenso Potemkin apareceu, sozinho, de roupão, chamando o *valet de chambre*. Antes que tivesse sequer tempo de chamá-lo, num movimento súbito, todo mundo que estava na sala — generais e nobres — competindo em velocidade, saiu correndo para procurar o *valet* do príncipe [...]." Como todos correram, o secretário ficou congelado na presença de Potemkin, "sem coragem sequer de piscar".

O Sereníssimo lançou-lhe um olhar ameaçador e afastou-se. Quando reapareceu, já fardado, chamou-o para conversar: "Diga-me uma coisa, Alexéiev, sabe quantas nogueiras existem no meu jardim lá no Palácio de Táurida?". Alexéiev não sabia. "Pois vá ao jardim, conte-as e venha me dizer", ordenou o príncipe. Ao anoitecer, o jovem voltou e passou a informação ao príncipe. "Ótimo. Você cumpriu minha ordem depressa e direito. Sabe por que lhe dei essa ordem? Para ensiná-lo a ser mais ágil, porque hoje de manhã eu notei que, quando chamei meu *valet* e os generais e nobres correram para ir atrás, você nem se mexeu, seu calouro [...].Volte amanhã com seus documentos, porque hoje não estou disposto a examiná-los. Até mais!"[1]

Os peticionários ficavam confusos com a aparência e o caráter desse príncipe — imprevisível, fascinante, assustador. Transpirava ameaça e boas-vindas: podia ser "assustador",[2] arrasadoramente arrogante, espirituosamente travesso, afetuoso e amável, maníaco e taciturno. Quando Alexandre Ribeaupierre tinha oito anos, foi levado para ver Potemkin e jamais apagou da memória o seu poder animalesco, a sua afetuosa gentileza: "Fiquei apavorado quando ele me levantou com suas mãos fortes. Era imensamente alto. Ainda o vejo agora, em minha memória, com seu roupão frouxo, o peito cabeludo à mostra".[3] Ligne escreveu que ele era "alto, ereto, orgulhoso, bonito, nobre, majestoso ou fascinante", enquanto outros o descreviam como um "medonho ciclope". Mas Catarina sempre se referia à sua formosura, e ele era generosamente dotado de "sex appeal", a julgar pelas cartas femininas que abarrotam seus arquivos.[4] Era, inegavelmente, vaidoso da fama, mas desconfiado da aparência, em especial por ter só um olho bom. Quando alguém lhe mandava um mensageiro caolho, o Sereníssimo logo suspeitava que estavam tentando rir à sua custa e ficava magoadíssimo com esse "gracejo de mau gosto" — e isso quando ele era o homem mais poderoso a leste de Viena.[5] É por isso que há tão poucos retratos dele.

"O príncipe Potemkin jamais consentiu em ser retratado", explicou Catarina a Grimm, "e se existe algum retrato ou silhueta dele, é contra a sua vontade."[6] Ela o convenceu, em 1784 e depois em 1791, a deixar-se retratar por Giambattista Lampi, único artista em quem confiava.[7] Mas o Sereníssimo, sempre acanhado com o olho, só permitia que o retratassem com o rosto em três quartos — ainda que o olho inútil e semicerrado não fosse particularmente repulsivo.* Estrangeiros diziam que seus olhos representavam a Rússia, "um aberto e o outro fechado, [o que] nos lembra o Euxino [mar Negro] sempre aberto e o oceano Setentrional, tanto tempo fechado pelo gelo". O retrato que Lampi pintou dele como grande almirante, de pernas abertas sobre o mar Negro, é o Potemkin dinâmico que a história tem ignorado. Pinturas posteriores de Lampi mostram o rosto mais cheio, mais velho.[8] O melhor deles, porém, é o retrato do príncipe com seus 45 anos — o rosto comprido, artístico, de lábios cheios, cova no queixo, bastos cabelos castanhos. Pelo fim dos anos 1780, sua imensa largura combinava com a estatura de gigante.

O príncipe dominava qualquer cena que se dignasse honrar com sua presença. "Potemkin criava, destruía ou confundia, apesar de animar, tudo", escreveu Masson. "A um olhar seu, era como se os nobres que o detestavam fossem reduzidos a pó."[9] Praticamente todos que o conheceram usavam as palavras "extraordinário", "espantoso", "colosso", "original" e "gênio" — mas mesmo quem o conhecia bem tinha dificuldade para o descrever. Não havia como classificá-lo, a não ser como um dos excêntricos mais eletrizantes da história. Era assim, afinal, que Catarina o via. Mas os melhores observadores concordam apenas que ele era "notável" — simplesmente um fenômeno da natureza. "Um dos homens mais extraordinários, tão difícil de definir como raro de encontrar", na opinião do Duc

---

* Giambattista Lampi, 1751-1830, era um dos retratistas mais requisitados de Viena — José II e Kaunitz posaram para ele. Potemkin, ao que parece, o compartilhava com os austríacos, às vezes solicitando a Kaunitz que o enviasse à Rússia. As pinturas feitas em 1791, antes de sua morte, foram copiadas por pintores como Roslin e comercializadas na forma de gravuras.

de Richelieu. E continua sendo, como escreveu Lewis Littlepage da Virgínia, "esse homem indescritível".[10]

Tudo o que dizia respeito ao príncipe era um resumo dos contrastes mais disparatados: ele era um *chiaroscuro* em carne e osso — "uma mistura inconcebível de grandiosidade e mesquinhez, preguiça e atividade, bravura e timidez, ambição e indiferença", escreveu Ségur. Às vezes mostrava o "gênio de uma águia", às vezes "a volubilidade de uma criança". Era "colossal como a Rússia". Em sua mente, "havia áreas cultivadas e desertos, a aspereza do século XI e a corrupção do XVIII, a cintilação das artes e a ignorância dos claustros".[11] De um lado "entediava-se com o que possuía", de outro "invejava o que não podia ter". Potemkin "desejava tudo mas era desgostoso de tudo". Seu apetite pelo poder, sua lasciva extravagância e sua imponente arrogância eram sempre toleráveis por causa do brilhantismo exuberante, do humor endiabrado, da bondade carinhosa, da generosa humanidade e da ausência de malícia. Para Richelieu, "sua natureza sempre o levava mais para o bem do que para o mal".[12] A fama do Império foi engrandecida pelas suas conquistas — mas ele sabia, como previu Ségur, que "a admiração que despertavam" ia para Catarina, e "o ódio que provocavam" ia para ele.[13]

Tudo tinha que ser complicado com Potemkin.[14] Suas excentricidades talvez irritassem a imperatriz, mas no geral, como observou Ségur, elas o tornavam muito mais interessante para ela. Richelieu julgava-o um homem "de superioridade", mas "uma assombrosa confecção de absurdos e de gênio".[15] "Às vezes", observou Littlepage, "ele parecia digno de governar o Império da Rússia, outras vezes mal parecia apropriado para ser um escriturário no Império de Lilipute."[16] Porém o traço mais notável de suas excentricidades — e um que jamais deveríamos esquecer — é que ele, de alguma forma, encontrava tempo e energia para realizar quantidades colossais de trabalho, atingindo quase o impossível.

Os peticionários à espera de sua atenção estavam acostumados a ouvir a orquestra do príncipe. Potemkin gostava de começar o dia com música, por isso ordenava a seus instrumentistas, sempre a postos, e a um dos coros mantidos por ele, que executassem alguma coisa. Os músicos tocavam também durante o jantar, à uma da tarde, e tinham que estar prontos às seis da tarde para tocar onde quer que o príncipe aparecesse — e viajavam com ele, estivesse na Crimeia ou em guerra. A música para Potemkin era importantíssima — ele a compunha, e isso o acalmava. O príncipe precisava de música onde quer que fosse e costumava cantar para si mesmo.

Ele se encarregava dos entretenimentos musicais da corte, porque a imperatriz não tinha a menor dificuldade em admitir que era ruim de ouvido. "Sarti, o cantor Marchese e Madame Todi foram a delícia não da imperatriz, cujo ouvido era insensível à harmonia", relatou Ségur, lembrando-se de um concerto, "mas do príncipe Potemkin e de alguns esclarecidos amantes da música [...]."[17] Ele pagou 40 mil rublos pela orquestra de Razumóvski. Mas a sua paixão pela música realmente foi ao delírio quando contratou o célebre maestro-compositor italiano Giuseppe Sarti, em 1784. A orquestra, que tinha de sessenta a cem músicos, tocou "essa música extraordinária", segundo Lady Craven, "executada por homens e meninos, cada um soprando uma trompa adaptada ao seu tamanho. Sessenta e cinco desses músicos produzem uma melodia harmoniosa, qualquer coisa que lembra um imenso órgão".[18] Potemkin fez de Sarti seu primeiro diretor de música da Universidade de Iekaterinoslav, não construída. Suas despesas mostram-no importando trompas e pagando carruagens para levar "os músicos italianos Conti e Dophin" para o sul. Ali Potemkin deu a Sarte e três músicos 15 mil deciatinas de terra: "Concedo a aldeia [...] aos quatro músicos [...]. Vivam felizes e sossegados no campo". Dessa maneira, Potemkin assentou o que certamente foi a primeira colônia musical da história.[19]

Potemkin e seu círculo estavam sempre trocando partituras de ópera, assim como os amantes de música hoje trocam CDs. Catarina ficava feliz quando Potemkin enviava música para Grimm, o amigo dela, que o definia como "meu benfeitor musical".[20] A música era um jeito de agradar para obter favores. O príncipe Lubomirski, magnata polonês cujas propriedades forneciam madeira para Potemkin, costumava mandar-lhe música de sopro: "Se esse gênero musical for do agrado de Vossa Alteza, tomarei a liberdade de mandar mais".[21] Os austríacos usavam a música como arma diplomática. De sua casa em Viena, Cobenzl, também fanático por ópera, certa vez informou a Potemkin: "Soubemos dos detalhes da encantadora apresentação" de Sarti e Marchesini em Petersburgo. A ópera de Viena não poderia se igualar àquilo, disse o embaixador, diplomaticamente. Mais tarde, quando a guerra começou, o Kaiser José considerou que valia a pena enviar a Cobenzl "dois números de coral para a orquestra do príncipe Potemkin".[22] Assim como buscavam objetos de arte que estivessem à venda e faziam compras para ele, os embaixadores russos estavam sempre à procura de novos músicos para o príncipe.[23]

O Sereníssimo orgulhava-se pessoalmente da obra de Sarti, em especial porque ele mesmo tinha composto partes dela. O príncipe sempre criava canções de amor, como a que dedicou a Catarina, e música religiosa, como o "Cânone para nosso Salvador", publicado por sua própria gráfica. É difícil julgar a qualidade da composição de Potemkin, mas, como os detratores não zombavam de sua música, provavelmente tinha talento, como Frederico, o Grande, com sua flauta. Miranda, o cínico hóspede itinerante de Potemkin e testemunha imparcial, inclusive se mostrou impressionado com seu talento musical. Encontrou-se com Sarti no sul e viu Potemkin "escrever partituras aqui e ali, depois devolvê-las a Sarti indicando o tom, o ritmo e a melodia da composição de dois pontos criada no calor do momento, o que dá ideia de sua fecundidade e grande habilidade". Supõe-se, portanto, que Sarti pegava as ideias de Potemkin e arranjava-as para orquestra.[24]

Certamente Catarina tinha orgulho dos talentos musicais dele. "Posso lhe mandar a melodia de Sarti", escreveu ela para Grimm, "composta com as notas jogadas de qualquer jeito pelo príncipe Potemkin." O príncipe, que sempre exigia uma reação imediata, "está muito impaciente para saber se toda a música foi entregue a você".[25] Sarti e seus trompetistas itinerantes estiveram com Potemkin até o fim, porém mais tarde foi oferecido a ele o maior gênio musical de sua época — Mozart.

Por volta das onze da manhã chegava o momento ritual que definia o misterioso poder de Potemkin. O príncipe estava "recebendo todos os nobres em seu *lever*, todos usando suas condecorações", lembrava-se o conde de Damas, "enquanto ele se sentava no meio do círculo com seu cabelo solto e envolvido num grande roupão sem calções por baixo". No meio daquela cena asiática, o *valet de chambre* da imperatriz aparecia e sussurrava ao ouvido do príncipe: "ele rapidamente apertava melhor o roupão no corpo, dispensava todo mundo com uma mesura de despedida e, desaparecendo pela porta que levava aos seus aposentos privados, ia apresentar-se à imperatriz".[26] Ela, por sua vez, acordara umas cinco horas antes.

Então ele podia resolver vestir-se melhor — ou não. Potemkin adorava chocar, na opinião de Ligne, por isso adotava "os modos mais atraentes ou mais repulsivos". Adorava alternar entre os trajes formais e informais. Em ocasiões formais, ninguém se vestia mais ricamente do que Potemkin, que adotava "o estilo e as maneiras de um *grand seigneur* da corte de Luís XIV". Quando de sua morte, preparou-se uma lista das roupas existentes em seu palácio: havia dragonas incrustadas de rubis no valor de 40 mil rublos e botões de diamante de 62 mil rublos, e ele sempre usava o retrato de Catarina com diamantes, avaliado em 31 mil rublos. Tinha um chapéu tão pesado de joias que só um ajudante poderia carregar, no valor de 40 mil rublos. Até as jarreteiras de suas meias valiam 5 mil rublos. Seu guarda-roupa formal valia de 276 mil a 283 mil rublos. Apesar disso, costumava ser visto de "cabelos soltos, roupão e calças largas, estirado num sofá". Também gostava de peles — o príncipe era "incapaz de existir sem peles; sempre sem cuecas e de camisa — ou com ricas fardas bordadas em todas as costuras".[27] Os estrangeiros partiam do princípio de que um homem de roupão obviamente não estava trabalhando, mas não era bem assim: de simples agasalho ou fardado, Potemkin geralmente trabalhava com extraordinário afinco.

Quando Ségur chegou a Petersburgo, o Sereníssimo horrorizou o embaixador francês recebendo-o de agasalho de peles. Por isso Ségur convidou Potemkin para jantar e o recebeu nos mesmos trajes, o que divertiu imensamente o príncipe — embora só um amigo de Maria Antonieta pudesse escapar ileso dessa brincadeira. Havia método político em seu jeito amalucado de vestir-se: numa época em que o ritual da corte de Catarina ficava cada vez mais rico, mais estratificado, os cortesãos brigavam entre si para ver quem seguia a etiqueta mais à risca, vestindo-se com a maior ostentação possível. Os favoritos de Catarina estavam sempre prontos a exibir sua prosperidade e seu poder através de rendas, plumas e diamantes. Usavam as vestes para simbolizar riqueza e influência.[28] As hirsutas peles de Potemkin anunciavam que ele não era um simples favorito. Ressaltavam sua superioridade: ele estava acima da corte. Era o consorte imperial.

O príncipe agora já estava acordado fazia algumas horas, examinando documentos com Pópov, recebendo peticionários e encontrando-se com a imperatriz. Mas em certos dias se sentia deprimido demais para sair da cama. Uma vez convocou Ségur em seu quarto, explicando que "a depressão o impedira de levantar-se ou vestir-se [...]". Harris achava que sua doença decorria exclusivamente do "seu jeito único de viver".[29] O Sereníssimo certamente vivia à beira de um ataque. A vida de um favorito, mais ainda a de um consorte secreto, era extremamente estressante, pois ele era o homem a ser destruído, e precisava defender-se de todos os concorrentes.* O trabalho de um ministro-chefe, numa época em que os Estados se expandiam com grande rapidez, mas as burocracias não acompanhavam o ritmo, era debilitante — não admira que líderes como Pitt e Potemkin tenham morrido com 46 e 52 anos.[30]

Potemkin precisava de alguma maneira ocupar as mãos e a boca, por isso "roía as unhas, ou roía maçãs e nabos". Roía as unhas até na companhia de monarcas, uma mania sedutora.[31] Mas abusava do hábito e com frequência sofria de unha encravada. Catarina via nisso apenas mais um elemento do seus charme inigualável.[32] Quando o grão-duque Alexandre nasceu, a imperatriz brincou dizendo que "ele mastiga as unhas exatamente como o príncipe Potemkin".[33]

Seu humor mudava sempre — de "desconfiança para confiança, de ciúme para gratidão, de mau humor para amabilidade", relatou Ligne. Crises ou explosões de produtividade geralmente eram seguidas de doenças, que afligiam outros políticos como Sir Robert Walpole, cujos ataques febris sempre ocorriam quando a ansiedade era aliviada pelo êxito. No caso de Potemkin, isso se devia em parte à malária contraída em 1772 e 1783. A exaustão das viagens — que cobriam grandes distâncias em alta velocidade, combinada com incansáveis inspeções, tensão política, calor, frio e condições climáticas ruins — já bastava para adoecer qualquer pessoa: na verdade, o outro governante russo que viajava mais e com mais rapidez, Pedro, o Grande, com quem Potemkin em certo sentido se assemelhava, vivia com febre em suas jornadas. A necessidade de percorrer a Rússia tornava a vida do príncipe mais dura, porque ele tinha que estar, quase literalmente, em dois lugares ao mesmo tempo.

Seu temperamento era anormalmente turbulento, oscilando da euforia incontrolada para as profundezas da depressão em poucos momentos. "Em certas ocasiões, ficava indiferente quase a ponto de imobilidade, e em outros era capaz de realizar esforços incríveis." Quando estava deprimido, fechava-se em silêncio, e com frequência sentia-se desesperado, até frenético. Vinte ajudantes eram convocados, mas ele não lhes dirigia a palavra. Às vezes passava horas sem falar. "Sentei-me ao lado do príncipe Potemkin num jantar", escreveu Lady Craven,

---

* Os principais favoritos de épocas anteriores, como o conde-duque de Olivares e o cardeal Richelieu, viviam tendo colapsos nervosos.

"mas, a não ser quando me pediu para comer e beber, não posso dizer que ouvi o som da sua voz."[34]

Ele talvez fosse ciclotímico, ou mesmo maníaco-depressivo, oscilando entre períodos de depressão, inatividade e desespero de um lado, e hipomania, um turbilhão de energia, exaltação e atividade de outro. Costumava ser descrito como maníaco, e a euforia, a intensa loquacidade, a insônia, os gastos descontrolados e a hipersexualidade eram características do comportamento ciclotímico. Mas assim também o eram a "intensa criatividade", que lhe permitia fazer várias coisas ao mesmo tempo e, durante esses acessos de atividade, fazer muito mais do que uma pessoa normal seria capaz. Seu excessivo otimismo era autorrealizável. Também contribuía para a aura de sedução, de desfrute sexual que o tornava tão atraente. Personagens assim são de convívio difícil — mas com frequência talentosos.* Às vezes têm grandes poderes de liderança, precisamente por sofrerem da enfermidade maníaca.[35]

Quem conhecia Potemkin admirava sua "imaginação ágil", mas atacava sua inconstância. "Ninguém era capaz de conceber um plano com mais rapidez, executá-lo mais devagar e abandoná-lo com mais facilidade",[36] relatou Ségur, atitude desmentida, no entanto, pela escala daquilo que o príncipe de fato realizou. Mas essa era, sem dúvida, a impressão que Potemkin causava. Ligne chegou mais perto da verdade quando disse que o Sereníssimo "parece ocioso e está sempre ocupado".

Ele era perfeitamente capaz de fazer muitas coisas ao mesmo tempo: quando Ségur o visitou para ajudar o comerciante francês Antoine em Kherson, ele pediu ao diplomata que lesse seu memorando em voz alta. Mas Ségur ficou "muito surpreso ao ver o príncipe chamar com um gesto para dentro da sala uma pessoa depois da outra, e dar ordens a um padre, a um bordador, a um secretário e a um chapeleiro". O francês ficou irritado. Potemkin "sorriu e disse que tinha ouvido tudo muito bem". Ségur não se convenceu, até que, três semanas depois, Antoine escreveu de Kherson para dizer que todos os pedidos tinham sido atendidos pelo príncipe. Ségur voltou a Potemkin para pedir desculpas: "Logo que me viu, ele abriu os braços e se aproximou dizendo: 'E então, *batuchka*, escutei ou não escutei o que você disse? [...] Ainda acha que não sou capaz de fazer várias coisas

---

* Oliver Cromwell, o duque de Marlborough e Clive da Índia estão entre os muitos líderes talentosos que, segundo consta, tinham um comportamento ciclotímico.

simultaneamente, e ainda está irritado comigo?'".[37] Mas ele só trabalhava se e quando quisesse.

Se estivesse em estado de colapso depressivo, ou apenas relaxando, nenhum documento era assinado, e parte do governo russo imobilizava-se. Os secretários de sua chancelaria ficavam frustrados, por isso um espertinho, que tinha o apelido de "Galinha" provavelmente porque era agitado e intrometido, gabou-se de que conseguiria arrancar as assinaturas. Ao encontrar o príncipe, Galinha explicou que era preciso assinar aqueles documentos. "Ah, você entendeu direitinho. Tenho tempo de sobra" — disse Potemkin, e afetuosamente levou o rapaz para o seu escritório, onde assinou tudo. De volta à chancelaria, o secretário gabou-se da façanha. Mas, quando o gabinete começou a processar os documentos, o infeliz funcionário descobriu que Potemkin tinha escrito em cada um deles "Galo, Frangote, Galinha".[38] Às vezes ele sabia ser descaradamente infantil.

Todos os dias, ele ignorava calculadamente e tratava com desdém muitos dos príncipes, generais e embaixadores que lotavam suas antessalas para lhe pedir favores. Deitado no divã seminu e enrolado em suas peles, podia convocar um deles com o dedo.[39] Os diplomatas tinham tanto medo de fazer papel ridículo que se escondiam em suas carruagens na frente do palácio, mandando seus subalternos esperarem lá dentro até que Potemkin se dignasse recebê-los.[40]

O Sereníssimo não tolerava bajulação e inventava castigos apropriados para provocar os que a praticavam, mas respeitava e recompensava a coragem. "Estou cansado dessa gente sórdida", resmungou ele certo dia. O escritor Denis von Vizin, que era espirituoso, mas bajulador, viu nisso uma oportunidade: "Por que deixa esses canalhas entrarem? Deveria mandar barrá-los".

"Mesmo?", respondeu o príncipe. "É o que vou fazer amanhã." No dia seguinte, Von Vizin chegou ao palácio, satisfeito por ter expulsado seus rivais do círculo do príncipe. Os guardas não permitiram sua entrada.

"Deve ser algum mal-entendido", disse Von Vizin.

"Não", respondeu o porteiro. "Conheço o senhor, e Sua Alteza me deu ordem para não deixá-lo entrar, por causa do conselho que lhe deu ontem."[41]

Um general, que ficou horas esperando na antecâmara, berrou que não admitia ser tratado "como um cabo" e exigiu ser recebido, sem querer saber o que o príncipe estava fazendo. Potemkin pediu que o levassem ao seu escritório. Quando o general entrou, o príncipe levantou-se, o que era uma honra inédita. "Alteza, por favor!", disse o general.

"Estou indo à privada", disse o príncipe, aos risos.*

Quando um velho e empobrecido coronel irrompeu em seu escritório para pedir uma pensão, Potemkin reagiu rápido: "Tirem-no daqui". Um ajudante aproximou-se do coronel, que lhe deu um soco e continuou a espancá-lo no chão. Potemkin correu para separá-los e conduziu o veterano até seus aposentos. O coronel ganhou novo emprego, despesas de viagem e um bônus.[42]

O Sereníssimo não tinha medo de ninguém e achava que, como um tsar, estava num nível diferente da aristocracia: na verdade, identificava-se muito mais com o camponês russo ou com o cosmopolita europeu do que com o nobre russo. Em Moguiliov, quando flagrou um governador de província roubando no jogo de cartas, pegou-o pelo colarinho e deu-lhe uma bofetada. Certa vez deu na cara de um *grand seigneur*, um Volonski, que tinha batido palmas quando Potemkin contou uma piada. "O que, está me aplaudindo como se eu fosse um bobo da corte." E lá vai tabefe! "Toma [...] é assim que se trata um canalha." O nobre punido ficou uma semana longe da mesa do príncipe, mas logo depois voltou.[43]

MEIO-DIA

Quando as audiências terminavam, Pópov reaparecia com pilhas de papéis para assinar. Potemkin dividia com Kaunitz a honra de ser o hipocondríaco mais exagerado da Europa: sempre via seu médico enquanto examinava documentos de Estado. "Uma torrente de correspondência afogava o príncipe Potemkin, e não sei como ele conseguia ser tão paciente com todos os idiotas que o atacam em toda parte", comentou Miranda.[44] Eram cartas de príncipes alemães e viúvas russas, de piratas gregos e cardeais italianos. Todos usavam a palavra "importunar" em seus pedidos, que com frequência diziam respeito a solicitação de terras no sul ou à oportunidade de servir no Exército. Tem-se a impressão de que Potemkin correspondia-se com praticamente todos os príncipes do Sacro Império Romano, que denominava como "o arquipélago de príncipes". Até reis pediam

---

* Em nossa época, isso faz lembrar o presidente L. B. Johnson humilhando seu gabinete sentado na privada.

desculpas quando suas cartas eram longas demais. "Sei por experiência própria", escreveu o rei Estanislau Augusto da Polônia, "que ninguém gosta de cartas longas quando está ocupado [...]."

Ele recebia cartas estapafúrdias, com as lisonjas mais extravagantes, como a do professor Bataille, que mandou uma ode a Catarina acrescentando: "Poderia eu, Monseigneur, escrever sem fazer menção a Vossa Alteza? Tenha a bondade, Monseigneur, de dar uma olhada em minha obra".[45] A chancelaria perambulante de Potemkin, com seus cinquenta funcionários, respondia muitas dessas cartas, mas ele era famoso também por deixar pessoas eminentes sem resposta, como o rei da Suécia: o marechal de campo Loudon, escocês austrianizado, queixou-se a José II de que "o príncipe Potemkin tivera a polidez de não responder a duas cartas que ele lhe mandara".

Havia ainda trágicos pedidos de ajuda de infelizes de todas as categorias, que nos permitem vislumbrar a vida naquela época: um protegido de Potemkin agradece a ajuda recebida para casar com uma das moças Naríchkin, que de repente lhe revelou que tinha uma dívida de 20 mil rublos, contraída nos jogos de cartas, provavelmente faraó, equivalente, naquela época, ao moderno vício da heroína. Alguns eram de aristocratas em dificuldades, como a princesa Bariátinskaia, que escreveu de Turim: "Luto contra os horrores da miséria", mas "só você, meu príncipe, pode fazer feliz uma mulher que foi infeliz a vida inteira". Um conde alemão, dispensado pela imperatriz, escreveu: "Não tenho mais condições de sustentar uma mulher sempre doente, uma filha de catorze, filhos [...]". Um homem comum escreveu: "Suplico-lhe que se compadeça de nós [...]".[46] Mas, como se tratava de Potemkin, havia sempre um elemento de exotismo: havia um misterioso correspondente chamado Elias Abaise, *soi-disant* príncipe da Palestina, que confessou: "Sou obrigado, pela miséria, e por falta de dinheiro, crédito e todas as necessidades básicas, a implorar a alta proteção e benevolência de Vossa Alteza [...] e para ajudar minha partida [...] o inverno está chegando". Era assinada em árabe. Seria um judeu ou árabe errante da província otomana da Palestina? Nesse caso, o que estaria fazendo em São Petersburgo em agosto de 1780? E será que Potemkin o ajudou? "Vossa Alteza", diz a carta seguinte, "teve a atitude de me dar graciosa ajuda."[47]

O príncipe escrevia pessoalmente muitas respostas, com sua letra garranchenta, inclinada, em russo ou francês, mas Pópov era tão de confiança que o príncipe lhe dizia o que desejava e o secretário cuidava de tudo em seu próprio nome. Potemkin era extremamente tolerante com os subordinados[48] — mesmo quando faziam as maiores trapalhadas. Ele primeiro lhes repetia suas ordens. Se a tolerância não funcionasse, tentava a ironia, e se isso também não, o sarcasmo. Quando o almirante Voinovitch tentou justificar por que um navio tinha encalhado, o príncipe respondeu: "Fico muito satisfeito de saber que o navio *Alexander* foi tirado de um banco de areia, mas melhor seria não ter encalhado [...]. Acho interessante a sua opinião de que este incidente tornará os oficiais mais diligentes, mas eu prefiro, e exijo, diligência sem incidentes [...]. E se o capitão Baronov é um marinheiro assim tão experiente, eu ficaria muito mais convencido disso [...] se ele encalhasse navios turcos em bancos de areia, e não os dele".[49]

Antes do jantar, o príncipe gostava de ficar sozinho durante uma hora. Era então que lhe ocorria aquela abundância de ideias políticas que o distinguiam dos outros conselheiros de Catarina. Pópov e seus secretários raramente o interrompiam. Era uma regra de ouro: um funcionário que não entendeu o recado foi inclusive demitido por falar. Potemkin mandava buscar suas joias.

As joias acalmavam Potemkin tanto quanto a música. Ele ficava sentado ali, com uma pequena serra, um pouco de prata e uma caixa de diamantes.[50] Às vezes visitantes o viam sentado sozinho, como uma criança gigante, brincando com elas, passando-as de uma mão para a outra, formando padrões e desenhos até resolver o problema.[51]

Ele cumulava as sobrinhas de diamantes. Vigée Lebrun afirmou que a caixa de joias de Scavrónskaia em Nápoles era a mais rica que já tinha visto. Ligne ficou maravilhado de ver que ele tinha em sua coleção um tosão de diamantes no valor de 100 mil rublos.[52] Joias eram outra boa forma de conquistá-lo. "Mando-lhe um pequeno rubi vermelho e um rubi azul maior",[53] escreveu o marido de Sachenka, Branicki, numa de suas cartas chocantemente servis. A correspondência de Potemkin com seus joalheiros mostrava seu impaciente entusiasmo. "Estou mandando para Vossa Alteza o rubi de Santa Catarina", escreveu Alexis Deuza, provavelmente um artesão grego que trabalhava na *fabrick* de lapidação de Potemkin em Ozérki. "Não é tão bom como eu gostaria que fosse, para fazer com perfeição esse tipo de trabalho precisa-se de um cilindro, e o que Vossa Alteza encomendou não ficará pronto em menos de dez [...] dias, e achei que não devia esperar. Parece que Vossa Alteza o deseja com urgência."[54] Suas despesas revelam uma procura apaixonada por brilhantes: ele devia a uma procissão de comerciantes muito dinheiro por "diamantes, gemas, ametista, topázio e água-marinha, pérolas".[55] Tudo tinha que ser refinado e belo. Eis uma conta típica de Duval, o joalheiro francês, de fevereiro de 1784:

> Uma grande safira de 18 ¾ quilates — 1500 rublos
> Dois diamantes de 5 ⅜ quilates — 600 R
> 10 diamantes de 20 quilates — 2200 R
> 15 diamantes de 14,5 quilates — 912 R
> 78 diamantes de 14,5 quilates — 725 R [...][56]

E não eram apenas joias: uma conta de seus banqueiros Tepper, em Varsóvia, relaciona duas caixas de rapé de ouro incrustadas de diamantes, um relógio de ouro, um relógio de repetição de ouro incrustado de diamantes, um *"souvenir-à-brilliants"*, alguma música, dezoito canetas, taxas alfandegárias por quadros importados de Viena, pagamentos a um agente de influência polonês, 15 mil rublos pagos ao "judeu Osias" por um trabalho não mencionado, tudo isso totalizando 30 mil rublos.[57]

O pagamento de tudo isso era feito por Potemkin de forma tão aleatória que também virou lenda. A bem dizer, havia sempre joalheiros e artesãos sem receber entre os peticionários que lotavam seus aposentos. Dizia-se que quando um credor chegava, Potemkin fazia um sinal para Pópov: se o sinal era feito com a mão aberta, o comerciante recebia; com o punho fechado, era mandado embora. Nenhum deles teria a audácia de confrontá-lo na corte. Mas Fasi, o joalheiro suíço da corte, teria, segundo consta, enfiado uma conta debaixo do prato de Potemkin à mesa da imperatriz. O Seríssimo achava que fosse um *billet-doux* e ficou furioso quando leu. Catarina deu uma gargalhada, e Potemkin, que admirava a coragem, pagou a conta. Mas, para dar uma lição ao joalheiro pela insolência, pagou com moedas de cobre, suficientes para encher duas salas.[58]

JANTAR

Pela uma da tarde, as joias eram deixadas de lado, e os convidados do príncipe chegavam para o jantar, a principal refeição no século XVIII, a uma mesa posta para dezoito pessoas, geralmente funcionários, visitantes e os melhores amigos do momento, de Ségur ou Ligne a Lady Craven ou Samuel Bentham. As amizades de Potemkin, como vimos no caso de Harris, eram intensas como casos amorosos — e tinham tendência a acabar em desilusão. "O verdadeiro segredo para conquistar a sua amizade", explicou Ségur, "era não ter medo dele." Quando chegou a São Petersburgo e foi visitar Potemkin, Ségur ficou esperando tanto tempo que foi embora indignado. No dia seguinte, o príncipe lhe mandou um pedido de desculpas, convidou-o a voltar e recebeu-o trajando uma roupa deslumbrante, com diamantes bordados em todas as costuras. Quando Potemkin deitava-se na cama, deprimido, dizia a Ségur: "Meu caro conde, vamos deixar a cerimônia de lado [...] e conviver como dois amigos". Quando fazia amizade com alguém, dava preferência a essa companhia acima dos mais altos fidalgos imperiais, como Sam Bentham descobriu.[59] Potemkin era um amigo leal: a sós, era terno e afetuoso, mas em público parecia "altivo e arrogante". Isso talvez se devesse a essa surpreendente timidez.[60] Miranda o viu corar envergonhadamente diante da obsequiosa atenção que recebia.[61]

O príncipe era um mestre da conversação numa era em que a vivacidade de inteligência era especialmente valorizada. "Às vezes sério, às vezes hilariante", lembrava-se Ségur, "sempre pronto para discutir um assunto eclesiástico, sempre mudando da seriedade para a risada, ostentando com leveza seus conhecimentos." Ligne contou que, quando queria cativar alguém, demonstrava possuir "a arte de conquistar todos os corações". Era um companheiro imensamente gratificante, agradável e impossível, "repreendendo ou rindo, imitando ou praguejando, entregue à libertinagem ou a orações, cantando ou meditando". Era capaz de ser "notavelmente afável, ou extremamente feroz". Mas, quando "feroz," sua severidade em geral ocultava "a maior bondade de coração". Bentham jamais sentiu tanto "contentamento" como quando viajava na carruagem de Potemkin. O poeta Derjávin lembrava-se de Potemkin por seu "bom coração e grande generosidade".[62] Era também de uma bondade profunda: "Quanto mais conheço seu caráter", escreveu Sam Bentham a Pole Carew, "mais razões tenho para estimá-lo e admirá-lo".[63]

Sua genialidade aliava-se a uma sincera humanidade e a uma atenção à gente comum, em especial soldados, uma raridade numa época de buchas de canhão. Ligne notou que ele não "era nunca vingativo, pedindo perdão pela dor que tinha infligido, reparando rapidamente uma injustiça". Quando Potemkin comprou as propriedades do príncipe Lubomirski na Polônia, deu ordem para que "todos os patíbulos [...] sejam destruídos com a máxima urgência, sem deixar vestígio", desejoso de que os camponeses lhe obedecessem "por respeito às suas obrigações e não por medo de castigo".[64] Suas reformas militares destinavam-se a dar mais conforto às tropas, noção inteiramente nova naquele século, embora sua intenção também fosse aumentar a sua eficácia. Mas suas constantes ordens para serem mais lenientes nas punições eram inéditas no Exército russo: vezes sem conta, mandou reduzir as surras. "Toda compulsão [...] precisa ser erradicada", escreveu numa dessas ordens. "Os preguiçosos podem ser obrigados à base de porrete, porém não mais de seis bastonadas. Todo tipo de compulsão [...] tem que ser erradicado."[65] Suas repetidas ordens para alimentar as tropas com comida quente e nutritiva, vistas pelos generais como um agrado excessivo, parecem absolutamente modernas.[66]

"Ele jamais era vingativo ou rancoroso, mas apesar disso todos tinham medo dele",[67] lembrava-se o memorialista Wiegel, para quem isso explicava a ambiguidade de posturas em relação a Potemkin. Sua tolerância e boa índole confundiam os russos. "Seu jeito de olhar as pessoas, seus movimentos pareciam dizer a todos que o cercavam 'vocês não são dignos da minha raiva'. Sua falta de severidade e sua complacência nasciam, claramente, de um desdém ilimitado."[68]

Os jantares costumavam ser servidos por volta de uma e meia, e mesmo que houvesse apenas dezesseis convidados, como na ocasião em que Lady Craven participou de um desses eventos em Táurida, a orquestra de sessenta trompetistas tocava durante a refeição.[69] O príncipe era um notório epicurista e comilão — Shcherbátov o descreveu como um "glutão onipotente".[70] Quando a tensão política aumentava, talvez ele comesse para aliviá-la, ou como uma locomotiva consome carvão. Nunca perdeu o gosto pela comida simples de camponês, mas também servia caviar do Cáspio, ganso defumado de Hamburgo, pepinos de Níjni Nóvgorod, tortas de Kaluga, ostras do Báltico, melões e laranjas de Astrakhan e da China, figos da Provença. Amava *pain doux* de Savoie[71] como sobremesa e esperava saborear seu prato favorito, sopa de *sterlet* do Cáspio, preparada com esse jovem esturjão, onde quer que estivesse. Logo depois de chegar a São Petersburgo em 1780, Reginald Pole Carew compareceu a um jantar "comum" na casa de Potemkin e relacionou os "pratos refinados e raros": "notável e excelente carne de vitela de Archangel, uma deliciosa junta de cordeiro de Pequena Bukhara, leitão da Polônia, conservas da Pérsia, caviar do Cáspio".[72] Tudo era preparado por Ballez,* seu *chef de cuisine* francês.[73]

O Sereníssimo também apreciava vinhos, não apenas o seu próprio, de Soudak na Crimeia, mas, como relatou Pole Carew,[74] de todos os "portos da Europa e das ilhas gregas, do Cabo e das margens do Don". Nenhum brinde estava completo sem champanhe.[75] Se um embaixador russo na Europa Meridional, como Scavrónski em Nápoles, quisesse um favor seu, mandava-lhe uma coluna clássica — e alguns barris de vinho.[76]

Um dia, no auge da sua boa sorte, o Sereníssimo sentou-se para jantar. Estava animadíssimo, bancando o bobo, até perto do fim da refeição, quando se calou. Pôs-se a roer as unhas. Convidados e criados esperaram para ver o que ia dizer. Finalmente, ele perguntou:

Será que algum homem poderia ser mais feliz do que eu? Tudo que desejei, tenho; todos os meus caprichos foram concretizados, como num passe de mágica. Eu queria alta patente, e tenho; eu queria medalhas, e tenho; adorava jogar, e perdi somas enormes; gostava de dar festas, e dou festas magníficas; adorava construir casas, e ergui palácios; gostava de comprar propriedades, tenho muitas; adorava diamantes e coisas bonitas — não há na Europa quem tenha pedras mais raras ou primorosas. Em suma, todas as minhas paixões foram saciadas. Sou completamente feliz!

Dito isso, o príncipe jogou preciosas travessas de porcelana no chão, quebrou-as e, retirando-se para seu quarto, trancou a porta.

Potemkin sofria de excesso de tudo: considerava-se "filho da fortuna"; a rigor, gostava de usar essa frase. Mas às vezes a escala do seu êxito parecia desgostá-lo. Talvez fosse uma coisa profundamente russa: tinha vergonha do seu vasto poder, orgulho de sua alma turbulenta, repulsa pela fria máquina do Estado, orgulho de sua infinita capacidade de sofrimento e auto-humilhação, na qual reside a

---

* O príncipe amava sua comida e quando a esperadíssima chegada de Monsieur Ballez da França foi retardada em Elsinor, na Dinamarca, onde ele ficou encalhado, Potemkin mobilizou o embaixador russo e vários enviados especiais para transportá-lo rapidamente por terra até São Petersburgo.

grandeza do caráter russo. Seu apetite pela fama, pela riqueza e pelo prazer era insaciável — mas não o fazia feliz. Só realizações colossais, no governo ou no campo de batalha, na beleza estética, na música ou na arte, ou a serenidade do misticismo religioso pareciam justificar a obscenidade do mero poder.[77]

Uma vez ele chamou o ajudante e pediu café. Alguém correu para ir buscar. Ele pediu de novo. Outro mensageiro foi despachado. Depois repetiu o pedido de maneira quase frenética. Mas quando o café enfim chegou, ele disse: "Não precisava. Eu só queria esperar alguma coisa, mas agora estou privado até mesmo desse prazer".[78]

TARDE: A HORA DO AMANTE

A tarde era tradicionalmente a "hora do amante" na Rússia, como o *cinq-à--sept* gaulês ou a *siesta* espanhola. Certamente havia muito ir e vir de carruagens fechadas e criadas de senhoras trazendo *billets-doux* para a casa de Potemkin. Era ainda maior o número de mulheres casadas que lhe mandavam cartas de amor, suplicando para vê-lo. Uma delas saudava-o sempre com a expressão "Alô, meu amigo sem igual!". Esses bilhetes inéditos, escritos à mão numa linguagem que misturava francês e russo, e nunca assinados ou datados, enchem uma seção inteira do arquivo. "Não consegui lhe dar prazer porque não houve tempo, você saiu muito rápido", escreveu outra mulher, em letras graúdas de menina. Isso se repetia em todas as cartas de amor. Ao escrever de novo, a mesma mulher declarou: "Aguardo com a mais terna impaciência o momento em que possa beijá-lo. Enquanto espero, faço-o em imaginação e com a mesma ternura".

Os caprichos e amuos do Sereníssimo atormentavam suas amantes. "Você está me deixando louca de amor", escreveu uma delas. Sua inquietação e suas longas ausências no sul tornavam-no inatingivelmente atraente: "Fico tão furiosa por ter sido impedida de [ter] o prazer de abraçá-lo", escreveu uma moça. "Não se esqueça de que eu lhe suplico que se convença de que só estou envolvida com você!". Mas parece que Potemkin logo se esqueceu. "Não me esqueça", ela lhe suplicou depois. "Você *já* esqueceu." Mas outra declarava, em tom melodramático, que "se não vivesse na esperança de ser amada por você, eu me entregaria à morte". Finalmente, não aguentando mais a impossível falta de compromisso de Potemkin, as moças eram obrigadas a recuar e voltar a ser amigas: "Não quero recordar o passado e esqueço tudo, exceto que o amo, e isso basta para que eu deseje sinceramente a sua felicidade [...] *Adieu, mon Prince*".[79]

Ele estava acostumado a estirar-se no divã cercado de mulheres como um sultão, embora chamasse o seu harém de "o poleiro". Sempre gostou da companhia das mulheres e não via necessidade de refrear seus "apetites epicuristas".[80] Os diplomatas sempre chamavam sua *maîtresse en titre* de "sultana-chefe". Mas ele se comportava "nobremente" com as amantes, segundo Samoilov, que devia saber o que estava dizendo, uma vez que sua mulher muito provavelmente era uma delas: os casos amorosos dele eram sempre determinados pela paixão, não pela vaidade, "como é o caso de tanta gente famosa".[81] Os subordinados sabiam que era melhor manter suas mulheres longe dele, se quisessem preservar-lhes a virtude. O "olhar errante e caprichoso [de Potemkin] às vezes detinha-se, ou melhor, deslizava no rosto bonito de minha mãe", lembrava-se Wiegel. Um dia, um "idiota" do entourage dele lhe disse que a mãe de Wiegel tinha pés lindos. "É mesmo", respondeu Potemkin. "Eu não tinha notado. Uma hora dessas vou chamá-la e pedir que me mostre os pés sem meias." O pai de Wiegel rapidamente despachou-a para suas propriedades.[82]

Quando estava aborrecido, Potemkin costumava ir ao palácio do amigo bufão de Catarina, o mestre dos cavalos, Lev Naryshkin, onde comer, beber e dançar era um carrossel sem fim que durava noite e dia. Potemkin tratava-o como seu clube privado — geralmente sentava-se numa alcova especial —, como se fosse o lugar ideal para seus encontros com amantes casadas de alta posição social. "Era o foyer de todos os prazeres", escreveu Ségur, "o rendez-vous de todos os amantes, porque, no meio de tanta gente feliz, encontros românticos eram cem vezes mais fáceis do que nos bailes e salões onde reinava a etiqueta." Ali o príncipe relaxava, às vezes em silêncio, outras vezes "muito animado, conversando com mulheres, ele, que nunca falava com ninguém". Potemkin, que "dificilmente era visto em qualquer outro lugar", era atraído pelas filhas de Naríchkin, com quem estava "sempre" em "conversa particular". Parecia abrir caminho com a ajuda das filhas de Naríchkin: "consola-se da ausência das sobrinhas com Madame de Solugub, filha de Madame Naríchkina", informou Cobenzl ao seu imperador. Ivan Solugub era um dos seus generais. Todos os oficiais tinham que conviver com suas conquistas, fosse no campo de batalha ou dentro de suas próprias casas.[83]

O príncipe ainda dominava a vida de todas as sobrinhas e insistia em administrar os negócios delas sempre que possível. Seu "anjo de delícias carnais", Katinka Scavrónskaia, estava, inconvenientemente, visitando o marido operista em Nápoles, mas podemos seguir seus movimentos pela Europa através das instruções dadas por Potemkin a seus banqueiros para pagar as despesas dela. Quando passava por Viena, até o imperador José tinha que entreter[84] "sua gatinha", como Catarina, de forma bem tolerante, a chamava.[85] Em 1786, Katinka estava "mais bela que nunca", de acordo com Cobenzl, um perito no assunto, e sempre a "favorita sultana-chefe" do harém do tio.[86]

A sapeca Sachenka Branicka era imperiosa como o tio: os dois estavam sempre discutindo, apesar de serem os mais chegados um ao outro. Em 1788, o Sereníssimo tentou tirar Mademoiselle Guibald de uma das casas de Engelhardt. Guibald era a francesa da comitiva de Potemkin que supostamente tinha roubado a carta de Harris e se tornado uma companheira das sobrinhas e administradora do serralho do príncipe. Branicka recusou-se a demiti-la, e ele escreveu insistindo, porque Guibald "quer que minha sobrinha continue para sempre criança". Não sabemos qual das sobrinhas era objeto da discussão, mas todas já estavam casadas. Branicka evidentemente tranquilizou a senhora francesa, o que deixou Potemkin furioso: "Sou o dono da casa e quero que seja como digo. Não entendo como é que a condessa Branicka ousa acalmá-la contra a minha vontade [...]". O príncipe achava que "minha alta posição traz benefícios para todos os meus parentes; eles me devem tudo e estariam na miséria se não fosse por mim [...]". E declarou, simplesmente: "Há muitas razões, mas a principal é esta: eu quero que seja assim".[87]

COMEÇO DA NOITE

Por volta das dez e meia, quando a imperatriz se recolhia com o favorito, Potemkin, que costumava comparecer no início da noite, fosse no Pequeno Hermitage ou num baile, recebia o "bilhete rosa". A bem dizer o dia para ele estava apenas começando. Ele acordava à noite, seu momento mais criativo. Pode-se definir absolutismo como o poder de rescindir até mesmo as leis do tempo. Potemkin não prestava a menor atenção no relógio, e seus subordinados tinham que fazer o mesmo: era um insone, segundo Ligne, "constantemente deitado, mas nunca dormindo, fosse dia ou noite".[88]

NOITE

Sir James Harris conheceu de perto os hábitos noturnos do príncipe: "Suas horas de comer ou dormir são incertas, e costumávamos circular na chuva, numa carruagem aberta, à meia-noite".[89] Não há cena mais potemkiana do que essa.

Potemkin era incansavelmente curioso e estava sempre fazendo perguntas, arreliando e provocando os companheiros, discutindo religião, política, arte e sexo — "o maior perguntador do mundo". Suas perguntas faziam Richelieu lembrar-se de "uma abelha, que com a ajuda das flores, cujo pólen ela suga, cria uma requintada substância". Nesse caso o "mel" era a conversa picante e pungente de Potemkin, ajudada por uma memória impecável e uma imaginação caprichosa.[90]

Todos que conheciam Potemkin, mesmo os que o desprezavam, tinham que admitir que ele era dotado de um admirável equipamento mental: "Potemkin unia o dom de uma memória prodigiosa ao de uma mente natural, viva e ágil [...]".[91] Ligne lhe atribuía "faculdades naturais, uma excelente memória, muita elevação de alma; malícia sem intenção de ferir, esperteza sem artimanha, uma feliz mistura de caprichos", concluindo que tinha "o talento de adivinhar aquilo que ignora e um conhecimento consumado da humanidade". Nem todos os ocidentais gostavam de Potemkin: Sir John Sinclair definiu-o como "uma figura imprestável e perigosa", mas também reconhecia as "grandes habilidades"[92] de Potemkin. Seus adversários russos mais inteligentes concordavam: para Semion Vorontsov o príncipe tinha "uma montanha de inteligência, intriga e prestígio", mas carecia de "saber, aplicação e virtude".[93]

Ségur vivia se espantando com os conhecimentos de Potemkin, "não só de política, mas também de viajantes, *savants*, escritores, artistas e até artesãos". Todos que o conheciam elogiavam sua "vasta erudição em antiguidades". Seu companheiro de viagem no sul, Miranda, assombrava-se com seus conhecimentos de arquitetura, arte e música. "Parecia que esse homem de tanta inteligência e memória prodigiosa também queria estudar as ciências e as artes em profundidade, e que até certo ponto o conseguiu", escreveu o venezuelano depois de conversarem sobre a música de Haydn e Boccherini, as pinturas de Murillo e os escritos de Chappe d'Auteroche — e ficar claro que o príncipe conhecia profundamente todos eles.[94] Não é de admirar que Damas devesse "os momentos mais instrutivos e agradáveis da minha vida" ao "estranho" príncipe.[95]

Seu conhecimento de história russa era igualmente notável. "Obrigada por sua cronologia, é a melhor parte da minha história russa", escreveu Catarina em referência às suas próprias *Notas sobre história russa*, que contou com a ajuda dele. Os consortes adoravam história. "Passei anos pesquisando este assunto", escreveu Catarina a Seinac de Meilhan, o funcionário e escritor francês. "Sempre adorei ler coisas que ninguém mais lê. Só conheci um homem com gosto parecido — e esse homem é o marechal príncipe Potemkin."[96] Eis aqui outro prazer que os dois compartilhavam. Quando o tradutor da *História da Armênia*, um dos assuntos de estimação de Potemkin, foi enforcado pelos turcos, "o príncipe Potemkin", gracejou Catarina em carta a Grimm, "ficou muito furioso".[97]

Ele sempre quis ter sua própria gráfica, e Jeremy Bentham tentou ajudá-lo a encontrar uma.[98] Pouco antes do começo da guerra, Potemkin finalmente conseguiu a sua, que o seguiria durante todo o conflito, imprimindo periódicos políticos e clássicos em russo, francês, latim e grego, bem como composições pessoais.[99]

Ségur e o amigo Ligne diziam que Potemkin "tinha adquirido seus conhecimentos menos com os livros do que com os homens". Isso era claramente falso. O príncipe era homem de muita leitura. Pole Carew, que passou muito tempo com ele no começo da década, declarou que sua cultura vinha de "abundantes leituras em seus primeiros anos" — daí seu "conhecimento e gosto pela língua grega".[100] O conselho de Potemkin a Catarina sobre uma educação grega para os pequenos grão-duques mostra seu ouvido artístico para o idioma grego: "É difícil imaginar quanto conhecimento e quanta delicadeza de gosto se pode adquirir aprendendo-a. A língua tem uma harmonia adorável e muito jogo de ideias".[101]

Sua biblioteca, que ia sendo gradualmente ampliada com a compra de coleções de eruditos e amigos, como o arcebispo Voulgaris, reflete vastos interesses: há todos os clássicos, de Sêneca, Horácio e Plutarco, a *Les Amours de Sappho*, publicado em Paris em 1724; muitas obras de teologia, guerra, agricultura e economia, incluindo *Coutumes monastiques*, manuais de artilharia, *Uniformes Militares* e *La Richesse des Nations de Schmitt* (Adam Smith); muitas obras sobre Pedro, o Grande, mas também as obras-primas dos *philosophes*, de Voltaire e Diderot ao *Declínio e queda do Império Romano*, de Gibbon. Sua anglofilia e sua obsessão com jardins ingleses eram cobertas em histórias da Inglaterra, as obras de Locke e Newton, as *Caricatures de Hoguard* (Hogart) e, é claro, *Britannia Illustré ou deux livres des vues des principales maisons et jardins* [...] *de la Grande Bretagne*. Na época da sua morte, a imensa coleção continha 1065 obras estrangeiras e 106 em russo: encheu dezoito carruagens.[102]

Suas ideias políticas eram quintessencialmente russas, apesar de assimilarem a tolerância dos *philosophes* e o utilitarismo de Bentham. Ele acreditava que o absolutismo era o melhor sistema para um império do tamanho da Rússia. O governante era uma mulher e um Estado, e ele servia a ambos. As três revoluções — nos Estados Unidos, na França e na Polônia — horrorizavam-no e fascinavam-no. Ele interrogava Ségur sobre os americanos, por quem o francês tinha lutado, mas "não acreditava que instituições republicanas pudessem ter vida longa numa terra tão vasta. Sua mente, tão acostumada ao despotismo absoluto, não admitia a possibilidade de união da ordem com a liberdade".[103] A respeito da Revolução Francesa, Potemkin limitou-se a dizer o seguinte ao conde de Langeron: "Coronel, seus compatriotas são um bando de loucos".[104] O príncipe achava que a política era a arte da flexibilidade infinita e da paciência filosófica, para alcançar um objetivo definido. "É preciso ter paciência", prelecionou a Harris, "depender dela. O capítulo sobre acidentes lhe será mais útil do que toda a sua retórica." O lema político de Potemkin era "Aprimore os eventos à medida que surgem".[105]★

O príncipe gostava de discutir "divindade com seus generais e táticas com seus bispos", segundo Ligne, e Liev Engelhardt viu-o "jogar" seus "rabinos eruditos, velhos crentes e diferentes estudiosos uns contra os outros".[106] Seu "assunto favorito" era a "separação das Igrejas grega e latina", a única maneira infalível de conseguir a sua atenção era falar sobre "os concílios de Niceia, Calcedônia e Florença". Às vezes ele queria fundar uma ordem religiosa, outras vezes sonhava em perambular pela Rússia como um monge. Foi por isso que Frederico, o Grande, mandou seu embaixador nos anos 1770 estudar a Igreja ortodoxa, como a melhor maneira de fazer amizade com o príncipe.

Ele gracejava sobre religião — provocando Suvórov por observar a prática de jejuns — "Você quer entrar no paraíso montado num esturjão" —, mas era essencialmente um sério "filho da Igreja", jamais ingressando em lojas maçônicas.[107] Talvez oscilasse entre ser cenobita ou sibarita, mas era sem dúvida um crente, capaz de dizer a Catarina durante a guerra: "Cristo ajudará, Ele porá fim à nossa adversidade. Examine sua vida e verá que muitos benefícios inexplicáveis

---

★ Isto é uma versão anterior, mais proativa, da descrição de política segundo o primeiro-ministro britânico Harold Macmillan, como "Eventos, meu caro rapaz, eventos".

lhe foram concedidos por Ele no infortúnio [...]. Foi por mero acaso que sua coroação coincidiu com a festa dos Apóstolos" — e de então citar o apropriado capítulo 16, versículo 1, da Epístola de Paulo aos Romanos.[108] Sonhava com frequência em retirar-se para a igreja. "Seja uma boa mãe", pediu a Catarina, "prepare uma boa mitra de bispo e um posto tranquilo."[109] Potemkin nunca permitiu que a religião estragasse seus prazeres — Ségur "o viu passar uma manhã inteira examinando modelos de chapéu para dragões, gorros e vestidos para as sobrinhas, e mitras e batinas para sacerdotes". Ele cambaleava da igreja para a orgia e da orgia para a igreja, "acenando com uma mão para as mulheres que lhe agradavam e com a outra fazendo o sinal da cruz", observou Ligne, "abraçado aos pés de uma estátua da Virgem ou ao pescoço de alabastro de sua amante".[110] Religioso e grande pecador ao mesmo tempo, era a "síntese da espantosa capacidade dos russos de viverem honestamente por dentro e enrolados em incessante pecado por fora".[111]

O príncipe também passava boa parte da noite sentado às mesas de baeta verde. Se o francês era a língua que unia a Europa, o faraó era o jogo: um fidalgo rural de Leicestershire, um charlatão de Veneza, um fazendeiro da Virgínia e um oficial de Sebastópol jogavam o mesmo jogo, que não precisava de idioma nenhum. Uma noite de faraó no Palácio de Potemkin em meados dos anos 1780 era provavelmente muito semelhante a um carteado em Chatsworth com Georgiana, a duquesa de Devonshire, que também era jogadora compulsiva. Os jogadores sentavam-se em volta de uma mesa oval coberta de baeta verde, com uma borda de madeira no meio para separar as cartas. O *tailleur* (banqueiro) sentava-se em frente ao *croup* e os jogadores apostavam nas cartas viradas dos dois lados da borda. Podiam dobrar as apostas até um *soixante et le va* — sessenta vezes a aposta inicial, tudo isso anunciado, sem que se pronunciasse uma palavra, através de complicadas mutilações, ou dobras, das cartas. Dessa maneira, o faraó convinha peculiarmente a Potemkin: assumir grandes riscos sem necessidade de dizer uma palavra.

Ele costumava jogar de um modo bem potemkiano. Uma dessas ocasiões foi posteriormente relatada por Púchkin. Um jovem chamado "Ch." estava prestes a ser arruinado pelo dinheiro que devia ao "príncipe B.", que ia fazer uma reclamação à imperatriz. A família do jovem suplicou a Potemkin que intercedesse. O príncipe mandou um bilhete dizendo que "Ch." fosse visitá-lo durante o carteado do dia seguinte e insistiu: "Diga-lhe que seja mais ousado comigo". Quando "Ch."

chegou, Potemkin já estava jogando. E, quando o "príncipe B." apareceu, foi mal recebido, por isso sentou-se e ficou olhando o jogo. De repente Potemkin chamou "Ch." e, mostrando-lhe suas cartas, perguntou: "Diga-me uma coisa, irmão, como é que você jogaria esta mão?". O jovem "Ch.", lembrando-se das instruções recebidas, respondeu com rudeza: "O que tenho a ver com isto? Jogue da melhor maneira que souber!". Todos olharam para Potemkin, esperando sua reação àquela insolência. "Minha nossa", disse o Sereníssimo, "não se pode dizer uma palavrinha para você, *batinka*. Você perde logo a paciência!" Quando o "príncipe B" viu aquilo, concluiu que "Ch." devia ter muito prestígio com Potemkin e Catarina. Jamais cobrou a dívida.[112] Jogadores jogavam por *rouleaux* de cédulas, mas havia tempos que o príncipe perdia noção do valor do dinheiro. Por isso insistia em jogar por pedras preciosas, que ficavam ao lado dele em resplandecentes pilhas sobre a baeta verde.[113] Dívidas eram quitadas por aventureiros em duelos — mas não um homem da estatura de Potemkin. Apesar disso, seus companheiros de jogo arriscavam-se a trapacear, pois enquanto Potemkin jogava por prazer, apoiado pela bolsa sem fundo de Catarina, eles colocavam fortunas de família à mercê dos dados. Quando um jogador (possivelmente Levachov, tio de Iermólov) pagou o que devia com pedras falsas, Potemkin não disse palavra, mas combinou sua vingança com o cocheiro. Aquela tarde, durante uma tempestade, o príncipe saiu cavalgando ao lado da carruagem do trapaceiro. Quando a carruagem passava por um campo inundado, Potemkin gritou "Agora vá" para o cocheiro, que foi embora com os cavalos, deixando a vítima para trás. Quando finalmente chegou em casa, horas depois, as roupas de seda encharcadas, o enlameado trapaceiro foi recebido às gargalhadas pelo príncipe na janela. Porém nunca mais se tocou no assunto da trapaça.[114]

Os jogos de Potemkin não podiam ser interrompidos. Certa vez, convocado pelo Conselho, ele se recusou a ir. Quando o mensageiro pediu humildemente uma explicação, Potemkin respondeu: "No primeiro salmo, primeiro versículo". Ao procurar na Bíblia, o Conselho leu o seguinte: "Beatus vir qui non abiit in consilio impiorum",* exibindo, simultaneamente, seu humor, sua memória, sua arrogância, seu conhecimento teológico e seu vício de jogar.[115]

De alguma forma, entre o pôr e o nascer do sol, o príncipe desbastava grandes maços de papéis — era provavelmente quando executava a maior parte do seu

---

* Bem-aventurado aquele que não segue o conselho dos ímpios.

trabalho. Seus secretários estavam de plantão, e Pópov, entre acessos de jogatina, geralmente se punha atrás da cadeira dele com pena e bloco na mão, aguardando suas ordens, anotando suas ideias.

ALVORECER

Quando o insone finalmente ia dormir, a carruagem de uma de suas amantes parava na rua Millionáia, em frente ao Palácio de Inverno. Dentro, a dama nostálgica e amorosa via as velas ainda acesas, pouco antes de amanhecer. "Passei por sua casa e vi todas as luzes acesas. Sem dúvida estava jogando cartas, meu querido príncipe [...] conceda-me este prazer, faça algo por mim, e não fique acordado até as quatro ou cinco da manhã [...] meu amado príncipe."[116]

Como o príncipe não sabia viver sem seus jardins ingleses, as viagens do seu jardineiro William Gould eram um indicador das intenções de Potemkin. No fim de 1786, o "Imperador dos Jardins" inglês partiu para o sul em grande estilo, com seu "estado-maior" de jardineiros e operários. Os *cognoscenti* adivinharam que alguma coisa importante viria por aí.[117] A imperatriz estava prestes a partir em sua grandiosa jornada à Crimeia para se encontrar com o sacro imperador romano sob o olhar da Europa. Em novembro de 1786, o Sereníssimo, empresário dessa marcha imperial, partiu para dar uma última conferida no caminho. Nessa viagem, ele se superou na extravagante escolha dos companheiros de carruagem: um libertador e charlatão venezuelano, que mantinha um diário de suas fornicações ucranianas, e um aspirante a rei de Uidá e pirata, que tinha sido seduzido pela rainha do Taiti.

PARTE SETE

O APOGEU

1787-90

23. O teatro mágico

> *Luís XIV teria tido inveja de sua irmã Catarina II, ou casado com ela [...]. A imperatriz me recebeu [...]. Ela me lembrou mil coisas que só monarcas podem lembrar, pois a memória deles é sempre excelente.*
>
> Príncipe de Ligne

Em 7 de dezembro de 1786, Francisco de Miranda, com 37 anos, revolucionário culto, cínico e folgazão, de duvidosa nobreza crioula, que tinha sido expulso do Exército espanhol e partira de Constantinopla numa viagem de levantamento de fundos por uma Venezuela livre, esperava Potemkin em Kherson. Toda a cidade se preparava para a chegada do príncipe, que fazia uma última turnê de inspeção antes da visita de Catarina II e do sacro imperador romano a seus territórios. Todos aguardavam. Os canhões foram escovados, as tropas adestradas. Havia boatos de que ele estava a caminho, mas apesar disso a "misteriosa divindade", como Miranda o chamava, não chegava. "Ninguém jamais sabia para onde ele estava indo." A espera pelo Sereníssimo era uma das demonstrações do poder de Potemkin. Nada poderia ser feito sem ele. Quanto mais poderoso se tornava, mais tudo ficava paralisado na expectativa de sua chegada. Potemkin tinha que ser recebido como um tsar, ou pelo menos um membro da família imperial — por ordem de Catarina. Seus caprichos eram imprevisíveis, suas viagens tão céleres que podia de repente aparecer numa cidade sem aviso prévio — e por isso tudo tinha que ser mantido em estado de absoluta prontidão. "Você não cavalga", dizia Catarina para provocá-lo. "Você voa."[1]

Vinte dias depois, em 28 de dezembro, Miranda ainda esperava. Então, ao escurecer, "o muito desejado príncipe Potemkin" chegou sob o estrondo dos canhões. Soldados e funcionários prestavam suas homenagens ao "ídolo favorito".[2] Miranda foi levado por amigos à exótica corte do príncipe, povoada por todos os "cretinos e pessoas respeitáveis" que Kherson era capaz de abrigar. "Meu Deus, que bando de bajuladores e patifes", escreveu Miranda, "mas, de qualquer maneira, o que mais me divertia era a variedade de trajes que podiam ser vistos ali — cossacos, gregos, judeus" — e embaixadores caucasianos de uniformes *à la Prusse*. De repente um gigante apareceu, curvando-se para um lado e para outro, sem falar com ninguém. O venezuelano foi apresentado ao príncipe como um conde espanhol (coisa que não era). Potemkin falou pouco, mas teve a curiosidade despertada.

Em 31 de dezembro, o ajudante de Potemkin convocou Miranda, mas ao chegar lá o venezuelano encontrou o príncipe tomando chá com o príncipe Karl de Nassau-Siegen.[3] "Pelo amor de Deus", pensou Miranda ao ver Nassau, que ele conhecia da Espanha e de Constantinopla, e via com o desdém que só um aventureiro é capaz de sentir por outro. Ambos tinham levado vida tumultuosa. Miranda combatera pelos espanhóis em pontos tão distantes como Argel e Jamaica, e conheceu Washington e Jefferson em seus anos de América do Norte. Nassau-Siegen, com 42 anos, herdeiro empobrecido de um minúsculo principado, tornou-se mercenário aos quinze, juntou-se à expedição de circum-navegação do globo de Bouganville, durante a qual matou um tigre, tentou tornar-se rei de Uída, no oeste da África,[4] e fez amor com a rainha do Taiti. Ao voltar, comandou o infeliz assalto franco-espanhol a Gibraltar em 1782 e lançou uma incursão em Jersey. Implacável e temerário na guerra e na intriga, Nassau foi para o leste. Cortejou a princesa Sanguszko, uma viúva polonesa. Um achava que o outro tinha muito dinheiro. Quando se casaram, descobriram que o outro não era o que anunciava ser. Mas acabou sendo feliz aquele casamento entre pessoas de personalidade forte, e eles causaram a maior impressão nos salões de Varsóvia, mantendo cinquenta ursos em sua propriedade na Podólia, para repelir cossacos. Nassau-Siegen tinha acabado de tornar-se companheiro de viagem de Potemkin quando o rei Estanislau Augusto o despachou para pedir ao príncipe que pusesse ordem em sua clientela. Mas Nassau esperava também cair nas graças de Potemkin para adquirir direitos comerciais em Kherson.[5]

O príncipe interrogava Miranda sobre a América do Sul quando Ribas, seu cortesão napolitano, entrou correndo para anunciar que a amante dele havia chegado. Ela se apresentava como "condessa" Sevres, mas "fossem quais fossem suas origens", escreveu Miranda, "não passa de uma prostituta". Isso não tinha a menor importância: todos correram para cortejá-la. Sua companheira era Mademoiselle Guibauld, a governanta das sobrinhas de Potemkin, e agora administradora itinerante do serralho dele no sul. Potemkin beijou a amante e sentou-a à sua direita — "ele dorme com ela sem a menor cerimônia", notou Miranda. Um quinteto começou a tocar Boccherini. Nos dias seguintes, o exuberante Potemkin, recebendo nos apartamentos da "condessa" Sevres em seu palácio, não conseguia privar-se da companhia de seus dois novos amigos, Miranda e Nassau-Siegen. Ambos, cada qual à sua maneira, eram notáveis — Nassau-Siegen era conhecido como o "paladino" da época e Miranda o pai da libertação sul-americana, por isso é uma sorte para nós que este último tenha anotado suas experiências em seus diários céticos e sem preconceitos. Potemkin até preparou para eles um *fricassé* com suas próprias mãos, enquanto conversavam sobre piratas argelinos e aspirações polonesas. Miranda ficou muito feliz de saber que os cortesãos estavam "explodindo" de ciúmes dessa nova amizade.[6]

O príncipe convidou Nassau e Miranda para o acompanharem em sua inspeção-relâmpago do trajeto imperial. Potemkin sabia que, dependendo do êxito ou fracasso da viagem de Catarina, ele se tornaria intacável ou ficaria arruinado. Os gabinetes da Europa observavam tudo com atenção. A Inglaterra, a Prússia e a Sublime Porta agitavam-se, inquietas, enquanto Potemkin criava novas cidades e frotas para ameaçar Constantinopla. A viagem da imperatriz pela Crimeia foi retardada pela peste, mas havia sempre a suspeita de que não poderia ser realizada porque nada fora feito no sul — "há gente que supõe", informou Cobenzl a José, "que as coisas imprescindíveis para a turnê podem não estar prontas".[7]

Às dez da noite de 5 de janeiro de 1787, Potemkin, Miranda e Nassau partiram, cruzando rios congelados em alta velocidade — três dos homens mais extraordinários de sua época na mesma carruagem. Galopavam a noite toda, trocando de cavalos três vezes, parando numa casa de Potemkin no caminho, para chegar ao Perekop, a porta de entrada da Crimeia, às oito da manhã, após percorrerem 258 quilômetros em vinte horas.[8] Cobriam distâncias curtas numa espaçosa carruagem, mas como estavam em meados do inverno, frequentemente usavam *kibítkas* (carruagens leves) dotadas de esquis — as rodas eram retiradas — para deslizar rapidamente sobre estepes cobertas de neve, quase sozinhas. Viajar numa *kibítka* era como entrar numa cápsula espacial: "são exatamente como berços, a cabeça com janelas para a frente", relatou Lady Craven. "Posso me sentar, ou me deitar, ao comprido, e me sentir como um bebê crescido, confortavelmente protegido contra o frio por travesseiros e cobertores." O terreno áspero e a grande velocidade aumentavam ainda mais os riscos. Os passageiros eram submetidos a um contínuo "chacoalhar e a trancos violentos [...] a cabeça mais dura poderia muito bem quebrar. Fui derrubada duas vezes". Mas os postilhões russos não ligavam para nada disso: simplesmente apeavam dos cavalos em silêncio, levantavam a carruagem, "nunca se indagavam se a carruagem sofrera danos".[9] E retomavam sua marcha desabalada.

O príncipe inspecionou a Crimeia, onde Miranda viu a nova frota, tropas, cidades e grandes fazendas. Admirou os palácios preparados para a imperatriz em Simferopol, Backhchisaray, Sebastópol e Karasubazaar, e os jardins ingleses que William Gould plantava em volta deles. Chegando a Sebastópol, os oficiais insistiram em oferecer um baile ao príncipe, que corou quando um brinde foi erguido em sua homenagem. Miranda riu de alguns oficiais, que "corriam e saltavam de um lado para outro", como *"petit maîtres* parisienses". Em seguida inspecionaram Inkerman, antes de voltarem a galope para Simferopol, onde os viajantes tiraram dois dias para caçar enquanto Potemkin trabalhava.[10]

Para onde fosse, Potemkin era acompanhado por cavaleiros tártaros, formando esquadrões regulares de cavalaria: "cinquenta escoltavam a carruagem o tempo todo", relatou Nassau-Siegen à sua mulher, "e os tártaros de cada localidade onde passávamos vinham do campo, dos quatro cantos, de modo que o campo ficava coberto de homens que, correndo de todos os lados, criavam uma atmosfera de guerra". O "paladino" achou tudo "magnífico".[11] Miranda também percebeu que Potemkin cultivava cuidadosamente os muftis islâmicos de cada cidade. O Sereníssimo andava com o artista da sua corte, Ivánov, que pintava em viagem, e com músicos — variando de quartetos de cordas a coros ucranianos —, que tocavam em todas as paradas. Um dia Miranda deparou com Potemkin contemplando "um famosíssimo colar de pérolas enfeitado de brilhantes".[12] O venezuelano nunca tinha vista um "adereço mais nobre e belo em minha vida". Era, de fato, tão valioso que, ao ser comprado dos Mack, os joalheiros da corte vienense, a identidade do comprador foi mantida em sigilo. Até José II queria saber quem o havia comprado. Por fim Gobenzl revelou o segredo ao imperador: Potemkin queria dá-lo de presente à imperatriz durante a viagem imperial.[13]

Os três viajantes tomaram chá numa leiteria inglesa administrada para Potemkin pelo sr. Henderson com suas duas duvidosas "sobrinhas", recrutadas pelos Bentham, depois seguiram para os vinhedos de Soudak. Ele deu um vinhedo de presente a Nassau, que imediatamente mandou trazer videiras de Constantinopla. Os soldados inspecionados causaram forte impressão em Miranda — os regimentos de Kíev e Táurida "não poderiam ser melhores". Então o grupo visitou a Casa da Moeda de Potemkin no velho mercado de escravos de Kaffa, administrada pelo comerciante judeu Zeitlin, e a nova cidade de Teodósia.

O Sereníssimo aproveitava todas as noites e toda viagem de carruagem para discutir política e arte com seus companheiros, conversando, por exemplo, sobre as virtudes de Murillo ou os pecados da Inquisição. Os três companheiros da carruagem de Potemkin se entendiam bem, talvez até demais, por isso o príncipe resolveu provocar uma briga entre Nassau e Miranda. Potemkin atormentou o franco-alemão Nassau acusando os franceses de ingratidão com a Rússia. O venezuelano entrou na discussão. Nassau, furioso, disse a Miranda que as mulheres espanholas eram todas prostitutas, a maioria infectada por doenças venéreas. Inclusive, quando ele conheceu a duquesa de Alba, um espanhol imediatamente o advertiu de que ela estava "infestada". Isso irritou Miranda, e iniciou-se uma disputa para decidir qual dos dois países era mais pestilento. Não há dúvida de que Potemkin se divertia imensamente isso, e a viagem passava mais depressa.[14]

No dia 20, o grupo de Potemkin partiu pelas estepes de volta para Kherson: como de hábito, viajavam a noite toda, através do istmo, e descansaram, para o café da manhã, no Perekop, onde Miranda teve oportunidade de admirar uma das novas raças de carneiro de Potemkin. Fazia tanto frio que o rosto dos viajantes congelava. "Eles esfregavam neve e gordura no corpo, que é um tratamento usado por aqui." Bauer, ajudante de Potemkin, aguardava-os. Ele viera de Tsárskoie Seló em sete dias e meio para anunciar que a imperatriz já estava a caminho e se encontraria com Potemkin em Kíev.[15]

Às onze horas da gélida manhã de 7 de janeiro, catorze carruagens, 124 trenós (e quarenta de reserva) partiram de Tsárskoie Seló ao som de salvas de canhão. Em cada estação, 560 cavalos os aguardavam. A comitiva de Catarina era composta de 22 pessoas, entre os principais cortesãos e Ségur, Cobenzl e Fitzherbert, embaixadores de França, da Áustria e da Inglaterra. Todos iam enrolados em peles de urso e gorros de zibelina. Centenas de empregados os acompanhavam, incluindo vinte lacaios, trinta lavadeiras, polidores de prata, boticários, médicos e negros africanos.

A carruagem da imperatriz, puxada por dez cavalos e equipada com bancos estofados e tapetes, era tão espaçosa que comportava um homem em pé. Tinha seis lugares. Cada assento tinha sua importância.* No primeiro dia, ela transportou a própria imperatriz, Mamónov "Casaca Vermelha", a dama de companhia Protosova, o mestre cavalaria Naríchkin, o camareiro-mor Chuválov e Cobenzl. Era essencial nas sacolejantes viagens da realeza daquele tempo espantar o tédio sem ofender a diplomacia. Assim sendo, de dois em dois dias Chuválov e Naríchkin trocavam de lugar com Ségur e Fitzherbert,[16] a quem Catarina chamava seus "ministros de bolso".[17] Todos sabiam que estavam prestes a assistir ao espetáculo de sua vida.

Quando escurecia, às três da tarde, as carruagens e os trenós corriam por estradas congeladas nas noites de inverno iluminadas de um lado e de outro por fogueiras de ciprestes, bétulas e abetos, formando "avenidas de fogo mais claras do que a luz do dia". Potemkin ordenara que fossem mantidas acesas dia e noite. A imperatriz tentava seguir a mesma rotina de São Petersburgo, acordando às seis da manhã para trabalhar. Tomava café com seus "ministros de bolso" antes de retomar a viagem às nove, parando às duas da tarde para jantar, depois viajando até as sete. Em toda parte, havia palácios preparados para ela: suas estufas eram tão quentes que Ségur "tinha muito mais medo do calor [...] do que do frio lá fora". Havia carteados e conversas até as nove, quando a imperatriz se recolhia para trabalhar até a hora de ir para a cama. Ségur gostou muito da experiência, embora suas piadas ousadas não fossem toleradas; o melancólico Fitzherbert, sentindo-se irritadiço e tendo deixado para trás uma amante russa, entediava-se.

---

* A viagem da imperatriz causou outra briga com o herdeiro de seu trono: ela queria levar os jovens príncipes Alexandre e Constantino. O grão-duque Paulo se opôs com veemência: queria acompanhá-la na viagem também, mas Catarina não estava disposta a permitir que *Die schwere Bagage* estragasse a sua glória. Paulo chegou a fazer um desesperado apelo a Potemkin para impedir que as crianças fossem, um humilhante reconhecimento do poder do Sereníssimo. Potemkin provavelmente ajudou as crianças a ficarem com os pais, uma demonstração da bondade vencendo a conveniência; mas Alexandre adoeceu, o que por si resolveu o problema.

Queixou-se a Jeremy Bentham sobre "a mesma mobília, as mesmas vitualhas": era "apenas São Petersburgo transportada para cima e para baixo pelo império".[18] Enquanto ela se instalava com "Casaca Vermelha" em seu palácio, os embaixadores tinham a mesma probabilidade de acabar em fétidas cabanas de camponeses ou numa casa senhorial.[19]

Seguindo para Kíev a sudoeste, os estrangeiros puderam observar a Rússia tradicional: "um quarto de hora antes de Sua Majestade ir ter com eles", os camponeses "se deitam no chão e se levantam um quarto de hora depois que passamos".[20] Multidões se reuniam para dar as boas-vindas à imperatriz, mas, como Frederico, o Grande, ela desprezava essa admiração: "Ele formariam multidões também para ver um urso".[21] A imperatriz passou pela propriedade de Potemkin, Kritchev, e Jeremy Bentham acompanhou sua passagem pela rua principal, "ladeada por galhos de abeto e outros arbustos perenes, e iluminada por barris de alcatrão".[22] Havia bailes todos os dias, em toda parte: "é assim que viajamos", gabou-se ela a Grimm.[23]

Em 29 de janeiro, ela chegou a Kíev, onde a corte residiria pelos próximos três meses, até que o gelo do Dnieper derretesse. Uma "multidão de viajantes de todas as partes da Europa" a aguardava — incluindo Ligne.[24] Fidalgos congestionavam as estradas para Kíev. "Nunca, em minha vida, vi tanta alegria, tanto charme e tanta vivacidade de espírito", escreveu uma nobre polonesa que foi cortejar Catarina e Potemkin.* "Nossos pequenos jantares nestas sórdidas estalagens judias são muito refinados [...]. Fechando os olhos, dá para imaginar que estamos em Paris."[25]

Catarina recebeu a seguinte carta de Potemkin na Crimeia: "Aqui a folhagem começa a despontar nos campos. Acho que as flores não demoram [...]. Rezo a Deus para que esta terra tenha a sorte de agradar-lhe, minha mãe adotiva. Esta é a fonte de toda a minha felicidade. Até mais, querida Matuchka".[26]

---

* Trata-se da condessa Mniszech, *née* Urszula Zamoyska, sobrinha do rei da Polônia. Estanislau Augusto afirmava que Potemkin lhe propusera casamento em 1775. Por motivos óbvios, é improvável que isso tenha acontecido. Agora Potemkin, que evidentemente não guardava rancor, conseguiu que Catarina a condecorasse, juntamente com Alexandra Branicka.

Acompanhado por música e pelas contendas entre seus companheiros sobre problemas venéreos nacionais, Potemkin viajava dia e noite, "à velocidade de satanás", de acordo com Nassau, para chegar a Kremenchuk.[27] Indiferente às vastas responsabilidades que lhe pesavam sobre os ombros, com imperadores, reis e metade dos cortesãos da Europa convergindo para ver o resultado dos seus trabalhos, o príncipe parecia passar os dias ouvindo concertos. "Tínhamos música e mais música", relatou Miranda, maravilhado — instrumentos de sopro num dia, um oratório de Sartori no dia seguinte, um coro ucraniano, depois mais quartetos de Boccherini. Mas, por baixo do ar de indiferença, Potemkin devia trabalhar e roer as unhas como nunca na vida. Nem tudo estava perfeito: dois dias antes de Catarina chegar a Kíev, ele inspecionou dez esquadrões de Dragões. "Foi horrível", comentou Miranda. "PP não gostou." Outro esquadrão de couraceiros perto de Poltava estava confuso demais para ser inspecionado.

Enquanto a imperatriz aguardava em Kíev, os arranjos do príncipe aceleravam-se com a imprevisibilidade que era o seu único ritmo. Ele ordenou a Nassau e Miranda que fossem com ele ao encontro da imperatriz. Em 4 de fevereiro, depois de inspecionar tropas e comparecer a festas, Potemkin teve um encontro com o hospodar moldávio exilado, Alexandre Mavrocordato, que acabara de ser deposto pelos turcos contrários ao espírito de Kuchuk-Kainardji — um lembrete da tensão crescente entre a Rússia e a Sublime Porta.

Miranda apressou-se a mandar fazer roupa de cortesão. Quando chegou em casa, descobriu que seu empregado lhe arranjara uma moça russa "que não deve nada na cama à maia lasciva mulher andaluz". Na manhã seguinte, um ajudante anunciou que Potemkin tinha partido numa *kibítka* às cinco da manhã "sem dizer nada a ninguém". Às três da tarde, Nassau e Miranda saíram atrás, cada qual em sua própria cápsula *kibítka*. Jamais o alcançaram, claro, porque ninguém reduzira as horas de viagem no século XVIII com a maestria de Potemkin. A neve estava macia. Os trenós atolaram e viraram. Novos cavalos foram pedidos. Houve atrasos de horas. Quando Miranda chegou à alfândega de Kíev, dois dias depois, descobriu que Nassau tinha interceptado as mensagens de Potemkin — atitude típica daquele intriguista sem escrúpulos. "Que bandalheira", escreveu Miranda.[28]

Kíev, à margem direita do Dnieper, era uma visão "greco-cítica" de "ruínas, conventos, igrejas, palácios não terminados", uma velha cidade russa atravessando tempos difíceis.²⁹ Quando todos acabaram de chegar, destacavam-se três faustosos *tableaux*: primeiro, "o olho espantava-se de ver, de uma só vez, uma corte suntuosa, uma imperatriz conquistadora, uma rica e briguenta nobreza, príncipes e fidalgos orgulhosos e magnificentes" e todos os povos do Império: cossacos do Don, príncipes georgianos, chefes quirguizes e "selvagens calmucos, à imagem e semelhança dos hunos". Ségur descreveu a visão como um "teatro mágico que parecia confundir e mesclar a Antiguidade e os tempos modernos, a civilização e a barbárie".³⁰

A casa de Cobenzl era como um clube noturno masculino para estrangeiros, embora os outros dois "ministros de bolso" tivessem cada qual sua própria mansão. Havia franceses, alemães, montes de poloneses e alguns americanos, incluindo o minúsculo Lewis Littlepage, cujo nome lhe assentava como uma luva e que acabara de ser nomeado camareiro de Estanislau Augusto, rei da Polônia. Com 25 anos, esse cavalheiro virginiano e amigo de George Washington tinha lutado contra os britânicos em Gibraltar e Minorca e era um ator-produtor diletante, que encenou a première polonesa de *O barbeiro de Sevilha* na casa de Nassau. Agora atuava como os olhos de Estanislau Augusto na corte de Potemkin.³¹ O decano desses estrangeiros era o príncipe de Ligne — "afetuoso com seus iguais, popular com seus inferiores, familiar com príncipes e até soberanos, deixava todo mundo à vontade". Nem todos eram seduzidos pela personificação do charme: Miranda considerava-o um bajulador nauseante.³²

E havia a corte de Potemkin. O cenobita mudou-se diretamente para o colossal mosteiro das Caves, metade igreja, metade fortaleza, um sombrio labirinto medieval de salões subterrâneos, igrejas com 21 cúpulas, e células de troglodita, muitas delas abertas nas caves sob a cidade, onde 75 santos jaziam intactos em seda, refrigerados em suas catacumbas. Quando Potemkin ali recebeu os cortesãos, a impressão era de que "se tinha entrado numa audiência com o vizir de Constantinopla, de Bagdá ou do Cairo. Ali reinavam o silêncio e uma espécie de medo". O príncipe apareceu na corte com sua farda de marechal, retinindo de medalhas e diamantes, rendado, empoado e afivelado; mas em seu mosteiro ele se estirou num divã com sua *pelisse* favorita, os cabelos despenteados, fingindo estar "ocupado demais jogando xadrez para notar" a presença da corte de principelhos poloneses e tsarévitches georgianos. Ségur teve medo de ser ridicularizado por expor a dignidade do rei da França a semelhante altivez, "por isso foi assim que fiz […]". Vendo que Potemkin nem sequer levantou os olhos do tabuleiro de xadrez,

Ségur aproximou-se, tomou-lhe a mão leonina entre as suas, abraçou-o e sentou-se informalmente ao lado dele no sofá. Em particular, o Seraníssimo deixava de lado sua altivez e voltava a ser o homem alegre de sempre,[33] cercado pelas sobrinhas Branicka e Scavrónskaia, por Nassau, Miranda e o compositor Sarti, "vestido como um *macaroni* ridículo". Ele festejou o seu querido amigo Ségur "como uma criança".*

Kíev tornou-se a capital russa. Até Ligne ficou impressionado com o que viu: "Deus do céu! Que comitiva! Que barulheira! Que abundância de diamantes, medalhas e ordens! Quantas correntes, fitas, quantos turbantes e bonés orlados de peles ou pontiagudos!".[34] Potemkin conduziu seus convidados, Miranda e Nassau, numa orgia itinerante de jogos de cartas, jantares e danças. As sobrinhas mais que nunca eram tratadas como grã-duquesas: na casa de Branicka, onde embaixadores e ministros russos se reuniam, Miranda mal pôde acreditar na "riqueza e magnificência" dos "régulos" poloneses como Potocki e Sapieha.[35]

Em 14 de fevereiro, Potemkin e Miranda apresentaram-se à imperatriz. Ela caiu de amores por seu jeito machão, interrogando-o sobre a Inquisição, da qual ele se dizia vítima. A partir de então, Miranda foi incluído no círculo íntimo de Catarina e também no de Potemkin. Logo se tornou um tanto blasé. "Uíste com o pessoal de sempre", escreveu. Nassau queixou-se a sua mulher de que as apostas eram "um tanto caras — duzentos rublos". Mas o que podia esperar, jogando com a imperatriz e o Seraníssimo? A maioria das noites terminava em relaxada decadência na casa de Liev Naríchkin, exatamente como em Petersburgo.[36]

Houve o fascínio de sempre com a vida sexual de Catarina e Potemkin. Os embaixadores rabiscaram relatos para suas cortes e todos os viajantes registraram tudo que puderam garimpar. Catarina estava sempre acompanhada por Mamó-

---

* Uma vez dentro desse círculo íntimo, Ségur notou que Potemkin de vez em quando se esgueirava até uma sala dos fundos. Quando tentou seguir, as sobrinhas o seguraram com "afagos encantadores". Por fim ele escapou e deparou com a cena oriental de uma sala cheia de joias e mercadorias proibidas, cercada por comerciantes e curiosos. No centro estava seu próprio *valet*, Evrard, que fora apanhado em flagrante contrabandeando e cujos bens estavam sendo vendidos, com Potemkin sem dúvida arrematando as melhores pedras preciosas. Constrangidíssimo, Ségur demitiu seu *valet* no ato, mas as sobrinhas, evidentemente deliciadas com as últimas modas de Paris, o dissuadiram. "Melhor ser bom com ele", aconselhou Potemkin, "uma vez que, por um estranho acaso, você é seu [...] cúmplice." O *valet* sem dúvida foi apanhado com contrabando, mas o embaixador de Sua Cristianíssima Majestade fora claramente escolhido para vítima de uma das brincadeiras de Potemkin.

nov, que "deve tudo ao príncipe Potemkin e sabe disso", segundo Nassau, mas isso não impediu que corressem boatos sobre Miranda. "Nada escapa de sua penetração, nem mesmo a imperatriz de todas as Rússias", afirmou um jovem e invejoso diplomata americano, Stephen Sayre, "declaração que acho penoso fazer, eu, que estive 21 meses na capital dela sem sequer me familiarizar com as partes internas dos seus extensos e conhecidos domínios".[37]

A *soi-disant* condessa de Sevres, escoltada por Mademoiselle Guibald, começou sua temporada em Kíev de posse da "momentânea adoração" de Potemkin. E havia ainda as duas sobrinhas dele, mas Sevres logo foi substituída no posto de "sultana favorita" por uma Naríchkina,[38] admirada por Miranda numa das festas de Naríchkin. A imperatriz jantou lá. "Houve jogos e música, com dança." Catarina jogou uíste com Potemkin, Ségur e Mamónov e depois convocou Miranda para conversar sobre a arquitetura de Granada. Quando foi embora, às dez da noite, como de costume, é que a festa de fato começou. Naríchkina dançou uma animada dança cossaca, depois uma dança russa, "mais lasciva", na opinião de Miranda, "do que o nosso fandango [...] que bela dançarina [...] que movimentos suaves de ombros e costas! Ela seria capaz de ressuscitar os mortos!".

O Sereníssimo evidentemente partilhava a admiração de Miranda pelos talentos ressuscitadores dela, pois passou "uma hora tête-à-tête com Mademoiselle M. Nari [...] para convencê-la sobre determinada questão política". Miranda ouviu-a "dar suspiros" e exclamar *"ah, se isso fosse verdade!"* às histórias de Potemkin.[39] Uma fonte duvidosa também disse que Potemkin atacou a filha de Zakhar Tchernichov bem na frente dos aposentos de Catarina.* A moça teria gritado, acordando Catarina. Isso parece improvável, pois o que não faltava ao príncipe era companhia feminina.[40]

A comitiva do príncipe, incluindo Miranda e Nassau, instalou-se com ele no Mosteiro — mas nenhum deles se comportou como monge. Kíev vibrava de alegria — uma bênção para as prostitutas da Ucrânia. Miranda e Kisseliov, um dos ajudantes de Potemkin, "foram à casa de uma judia de ascendência polonesa que tinha moças ótimas e ofereceu as melhores essa noite", mas quando voltaram, depois de passar a tarde na casa do marechal de campo Rumiántsev-Zadunáiski,

---

* Isso lembra a tentativa de Lord Palmerston de violentar uma das damas de companhia da rainha Vitória em Windsor — com a diferença de que Catarina provavelmente achou tão divertido quanto a rainha não achou.

"só encontrei uma polonesa muito mais ou menos". Miranda ficou espantado de ver que mesmo nas províncias ucranianas as moças seguiam as modas francesas: "Que droga! Até que ponto a frivolidade gálica contaminou a raça humana?". Era tão grande a concorrência pelas exaustas *horizontales* de Kíev entre os vários cortesãos que, mal Miranda e o ajudante de Potemkin apareceram, os jovens camareiros de Catarina chegaram com força total e tomaram conta de todas as moças. Miranda ficou furioso: levava seus prazeres muito a sério. Finalmente encontrou a sua proxeneta judia-polonesa, mas, quando tentava lhe explicar que serviços Kisseliov desejava, o oficial russo também ficou furioso. "Como é difícil para os homens agirem liberalmente em questões de amor e preferência sexual!", resmungou Miranda. Os dois farristas tiveram mais sorte poucos dias depois, numa casa com uma cortesã de dezoito anos e sua criada. Kisseliov investiu na criada. Miranda "tentou conquistar a patroa que, no fim, concordou em aceitar três ducados (queria dez)". Ele deixou-se estar muito satisfeito "com minha ninfa na cama [...] ela era ótima e eu adorei", mas talvez não tanto quanto gostaria: "ela não me deixou introduzir". No dia seguinte bem cedo: "Quinta-feira Santa. Assistimos a uma missa solene na igreja de Petcherski com a imperatriz presente [...]". E assim, entre judias-polonesas de má reputação e missas solenes imperiais, era a vida em Kíev.[41]

Por trás dessa busca do prazer fervilhavam intrigas. Os embaixadores tentavam descobrir o que se passava de fato, mas "segredos políticos continuavam escondidos entre Catarina, o príncipe Potemkin e o conde Bezboródko". Quando Ségur anunciou que na distante Paris Luís XVI tinha convocado a fatal Assembleia dos Notáveis, primeiro passo para a Revolução Francesa, a imperatriz o cumprimentou. "Todas as mentes secretamente se sentiam instigadas por sentimentos liberais, o desejo de reformas." Catarina e Potemkin falavam em reformas, mas compreendiam muito bem os agourentos sinais vindos de Paris. "Não estamos nada impressionados", escreveu Catarina a Grimm, prometendo que Potemkin lhe enviaria alguma "música dervixe".[42]

Gélidas realidades manifestavam-se na presença dos mais ricos e mais inquietos dos poderosos "régulos" da Polônia. "Metade da Polônia está aqui", informou Catarina a Grimm. A imperatriz tomava as primeiras medidas para arranjar um encontro com seu ex-amante dos anos 1750, o rei Estanislau Augusto da Polônia.

Potemkin decidiu vê-lo antes e discutir a agenda para a reunião de cúpula com Catarina. O Sereníssimo continuava a cultivar a Polônia como uma apólice de seguro pessoal, responsabilizando-se cada vez mais pela condução da política russa naquele país. Ele mantinha a especial simpatia da *szlachta* de Smolensk pela Polônia desde criança, mas seus dois objetivos imediatos eram criar e fortalecer uma posição pessoal como magnata polonês e obter o apoio da Polônia na iminente guerra contra os turcos.

As questões polonesas eram tão complexas e instáveis que Potemkin evitava comprometer-se com alguma política em particular, preferindo mover-se de modo misterioso e flexível. Conduzia pelo menos três políticas simultâneas. Continuava dirigindo o partido polonês pró-Rússia, que era hostil ao rei Estanislau Augusto e girava em torno do seu sobrinho Branicki e uma camarilha de magnatas.[43]

No fim de 1786, adotou uma segunda política — a compra de imensas propriedades na Polônia, o que lhe era possível graças ao seu *indigenat* de 1775. (Tinha vendido algumas propriedades na Rússia em 1783 e estava prestes a desfazer-se do complexo de Kritchev.) Contou a Miranda que tinha acabado de comprar propriedades polonesas com mais de 120 mil hectares ao custo de 2 milhões de rublos.[44] Corria em Kíev o boato de que essas propriedades abrigavam trezentas aldeias e 60 mil almas.[45] No fim de 1786, o príncipe fechou um complicado negócio com o príncipe Ksawery Lubomirski para adquirir as colossais propriedades de Smila e Meschiricz, na margem direita do Dnieper, no triângulo do Palatinado Polonês de Kíev, que se projetava em território russo. Smila era tão vasta que, quando ele morreu, continha 112 mil almas do sexo masculino, o que lhe dava uma população total comparável à de uma pequena cidade do século XVIII. Tinha sua própria corte baronial, seu próprio sistema judicial e até um exército privado.[46]

Ele comprou as propriedades com dinheiro do próprio bolso, mas tudo acabava saindo do Tesouro, e o príncipe via essa compra como um empreendimento imperial, além de privado. Lubomirski já era um dos principais madeireiros que abasteciam a Frota do Mar Negro de Potemkin, de modo que ele estava comprando seus próprios fornecedores, para formar um conglomerado metade privado, metade imperial.[47] Mas não era só isso: o negócio fez de Potemkin um magnata — os alicerces do seu próprio principado particular fora da Rússia. Era também uma forma de anexação privatizada de território polonês — e um cavalo de Troia que lhe daria o direito de penetrar nas instituições polonesas. Catarina tentara dar a Potemkin o Ducado da Curlândia e o novo Reino da Dácia, quem sabe a coroa da própria Polônia. "Das terras que acaba de comprar na Polônia", comentou ela em Kíev com seu secretário, "Potemkin provavelmente fará um *tertium quid* independente tanto da Rússia como da Polônia." Ela compreendia o perigo que a ascensão de Paulo ao trono representava para seu querido consorte — mas isso a deixava apreensiva. Mais tarde, ainda naquele ano, ele lhe explicou que tinha comprado as terras "para se tornar proprietário e adquirir o direito de entrar tanto em suas questões como em seu comando militar".[48] Como tudo que dizia respeito à Polônia, a compra de Smila se revelou uma dor de cabeça, deflagrando uma série de querelas judiciais e brigas de família entre os Lubomirski, que enredaram Potemkin em quatro anos de negociações e litígios.[49]

O rei Estanislau Augusto representava uma terceira vertente da política polonesa de Potemkin. Mesmo minando-o com Branicki e suas compras de terras, Potemkin sempre teve um fraco por Estanislau Augusto, esse esteta impotente e patrono extremamente sincero do Iluminismo: sua correspondência tinha um tom caloroso que ia além da cortesia diplomática, pelo menos da parte de Potemkin. O príncipe achava que um tratado com Estanislau Augusto conquistaria o apoio polonês contra os turcos e manteria a Polônia dentro da esfera de influência russa e longe das ávidas garras da Prússia. Pessoalmente, Potemkin poderia então comandar tropas polonesas na qualidade de magnata. Tudo isso seria mais fácil de conseguir através de Estanislau Augusto.

Os poloneses estavam em Kíev para enfraquecer o próprio rei antes do encontro com Catarina e para ganhar a simpatia do Sereníssimo.[50] "Esses poloneses do primeiro time são humildes e bajuladores diante do príncipe Potemkin", observou Miranda num jantar na casa dos Branicki. A política e o adultério eram a corrente subjacente, uma vez que os poloneses "se enganavam e eram enganados, ou enganavam uns aos outros, tudo de um jeito muito amável, é bem verdade que menos do que suas mulheres [...]". Na realidade, a intenção deles era aumentar seu prestígio aos olhos de Potemkin, "mas é difícil captar o seu olhar", gracejou Ligne, "pois só tem um olho e além disso é míope".[51]

Potemkin demonstrava seu poder favorecendo um polonês e humilhando outro. Todos tinham ciúmes das atenções de Potemkin. Nassau e Lewis Littlepage faziam intrigas com os poloneses em nome dos seus patrões. Branicki invejava Nassau, porque Nassau estava hospedado com Potemkin — e portanto era "dono do campo de batalha".[52] Branicki e Félix Potocki tentaram convencer Potemkin de que Estanislau Augusto era contrário às suas aquisições de terras, as quais, como era natural, causara alguma apreensão em Varsóvia.[53] Alexandra Branicka já era tão chegada à imperatriz que boatos poloneses sustentavam que ela seria filha natural de Catarina.[54] O príncipe se irritava com as intrigas incompetentes de Branicki, de modo que houve "uma cena terrível", que deixou Alexandra doente.[55] Mas ele fez com que a imperatriz recebesse calorosamente Branicki e Félix Potocki, ao passo que ela "sequer olhou" para seus críticos, Ignacy Potocki e o príncipe Sapieha.[56]

Até Miranda acabou entrando nesse jogo polonês. Saudava o príncipe em frente a magnatas poloneses sem se levantar. Miranda devia saber que famílias reais, como aquela da qual Potemkin era quase membro, são muito sensíveis em questões de etiqueta. Estranhos jamais poderiam contar como certa a benevolência do príncipe. Boatos de que Miranda não era nem espanhol nem conde talvez tenham influenciado também nesse distanciamento. O fato é que Potemkin passou a tratá-lo com frieza.[57]

No começo de março, o príncipe, acompanhado por Nassau, Branicki e Stackelberg, o embaixador russo em Varsóvia, percorreram os 54 quilômetros até Chwastow para o encontro com o rei da Polônia, que aguardava com ansiedade o rendez-vous com Catarina, depois de tantos anos.[58] Potemkin trajava o uniforme de *szlachta* polonês do Palatinado de Bratslav e suas insígnias polonesas. Tratava o rei, acompanhado por Littlepage, como seu próprio monarca. Os dois homens concordaram com a sugestão de Potemkin sobre um tratado russo-polonês contra os otomanos. O Sereníssimo deixou Stackelberg sondar Estanislau Augusto a respeito dos seus planos de instalar-se num principado feudal em Smila. O rei respondeu que queria a anuência russa para reformar a Constituição polonesa. Potemkin denunciou Ignacy Potocki como "um *scelerat*" — um fóssil, Félix Potocki era "um idiota", mas Branicki no fundo não era má pessoa.[59] Potemkin ficou "encantado" com o rei[60] — "por um momento, pelo menos".[61] O encontro com Catarina foi confirmado.

De volta a Kíev dois dias depois, Miranda aguardava com ansiedade o retorno de Potemkin. Mas o príncipe, cujos amuos tinham curta duração, saudou-o como um amigo havia muito tempo ausente: "parece que faz um século que não nos vemos", disse.[62] Como a partida de Catarina se aproximava, era hora de separar-se de Miranda. A imperatriz, por intermédio de Mamónov, ofereceu-lhe um lugar nas forças armadas russas, mas ele revelou suas esperanças de uma revolta venezuelana contra a Espanha. Catarina e Potemkin simpatizavam com esse projeto anti-Bourbon. "Se a Inquisição é tão necessária, deveriam nomear Miranda inquisidor", brincou Potemkin. Catarina pôs à sua disposição todas as missões russas no exterior, e ele descaradamente pediu um crédito de 10 mil rublos. Mamónov disse a Miranda que o Sereníssimo precisaria aprovar, outra evidência da quase igualdade entre Catarina e Potemkin. Potemkin autorizou. Em 22 de abril, o futuro (apesar de efêmero) ditador da Venezuela despediu-se da imperatriz e do príncipe. Mas os espanhóis acabaram apanhando Francisco de Miranda. No fim do ano em Petersburgo, os dois embaixadores da dinastia dos Bourbon ameaçaram ir embora se o falso conde-coronel não fosse expulso. E ele jamais pôs as mãos nos 10 mil rublos — mas se manteve em contato com Potemkin: os arquivos revelam que ele lhe mandou de Londres um telescópio de presente.[63]

Justamente quando ninguém aguentava mais Kiev, que Catarina considerava "abominável",[64] salvas de artilharia anunciaram que o gelo tinha derretido e o espetáculo poderia começar. Ao meio-dia de 22 de abril de 1787, a imperatriz embarcou em sua galé na frota mais luxuosa já vista num grande rio.

24. Cleópatra

> *A barcaça em que ela ia sentada, como um trono polido,*
> *Brilhava sobre a água, o convés de popa de ouro batido,*
> *As velas roxas, e tão perfumadas que*
> *Os ares pareciam impregnados de amor, os remos de prata*
> *Moviam-se ao ritmo das flautas, e faziam*
> *A água correr mais depressa*
> *Como se respondesse amorosamente aos golpes. Já sua própria pessoa*
> *Fazia qualquer descrição empalidecer.*
>
> William Shakespeare, *Antônio e Cleópatra*

Ao meio-dia de 22 de abril de 1787, Catarina, Potemkin e sua comitiva embarcaram na barcaça-restaurante, onde um banquete para cinquenta pessoas estava pronto. Às três da tarde, a frota partiu. As sete galés imperiais da sublime frota do príncipe eram elegantes, confortáveis e majestosas, pintadas de dourado e escarlate por fora, enfeitadas de ouro e seda por dentro, impulsionadas e servidas por 3 mil remadores, tripulantes e guardas, e assistidas por mais de oitenta barcos.[1] Cada um tinha sua orquestra, sempre a postos no convés, para tocar quando os convidados embarcavam ou desembarcavam. Na barcaça de Catarina, a *Dnieper*, a orquestra era regida pelo maestro de Potemkin, Sarti. O toucador de Catarina tinha camas de solteiro para ela e Mamónov. Cada barcaça dispunha de sala de estar comunal, biblioteca, sala de música e toldo no convés. As suntuosas suítes tinham seda chinesa, com camas em tafetá; nos estúdios havia escrivaninhas de mogno, um confortável divã coberto de chintz e até banheiros com abastecimento de água próprio, novidade em terra, quanto mais no Dnieper. O restaurante flutuante comportava setenta pessoas.

Os convidados guardaram na memória pelo resto da vida a lembrança deslumbrante, quase mítica, desse cruzeiro. "Uma multidão de corvetas e barcos movia-se incessantemente na frente e dos lados da frota, que parecia saída de um conto de fadas", relatou Ségur. Curiosos irrompiam em "ruidosas aclamações ao ver os marinheiros e o majestoso esquadrão dela mergulhar ritmicamente os remos pintados nas águas do Dnieper, ao troar dos canhões". Era como "a frota de Cleópatra [...] jamais houve uma viagem mais brilhante e prazerosa", afirmou Ligne. "É verdade", comunicou Nassau à sua mulher, "que nossa reunião nessa galé foi uma das coisas mais extraordinárias que já se viu."

O príncipe providenciou um espetáculo perpétuo ao longo das margens: ao partirem debaixo de salvas de canhão e de sinfonias, pequenos esquadrões de cossacos realizavam manobras na planície. "Cidades, aldeias, casas de campo, às vezes cabanas rústicas, eram tão maravilhosamente enfeitadas e disfarçadas com guirlandas de flores e esplêndidas decorações arquitetônicas que pareciam transformar-se, diante dos nossos olhos, em magníficas cidades, palácios que brotavam de súbito e jardins magicamente criados."

A barcaça de Potemkin, *Bug*, abrigava o próprio, as sobrinhas com seus maridos e Nassau-Siegen. O tédio de Kíev ficou para trás, mas a malícia e a travessura desceram o Dnieper com eles. "Adoro estar com o príncipe, que gosta mesmo de mim", contou Nassau à mulher, "apesar dos companheiros, que me desprezam." Mais tarde ele ficou amigo de Branicki. O ex-amante da rainha do Taiti e quase rei de Uidá fez um desenho para a mulher em que retratava seus alojamentos na barcaça "grande e enfeitada"; Potemkin ocupava a maior suíte e ninguém chegava a suas acomodações sem passar pelo salão dele. O primeiro encontro de Catarina foi com o rei da Polônia, depois de cinco dias de viagem rio abaixo, e a barcaça de Potemkin era uma confederação flutuante de intrigas polonesas. Nassau, ainda em missão para Estanislau Augusto contra Branicki e tentando fazer fortuna, sempre acordava cedo e ia levantar Potemkin para ficar a sós com ele.

As manhãs eram livres. Ao meio-dia, a galé da imperatriz disparava um canhão para anunciar o jantar, às vezes apenas para dez convidados, que eram levados de barco para lá. Depois, Nassau era conduzido à barcaça de Ligne e Ségur, onde Ligne lia seus diários em voz alta. Às seis horas, voltavam à embarcação da imperatriz para a ceia. Ela sempre se recolhia às nove, e "todo mundo vai para [a barcaça de] Potemkin". Mas, apesar dessa pompa sem precedentes, a viagem era íntima. Certa noite, Mamónov, cansado de apagar tão cedo suas luzes imperiais, pediu a Nassau e outras pessoas que ficassem para um jogo de uíste. Mal começaram a jogar no salão de Catarina quando ela entrou, com os cabelos soltos, segurando o gorro de dormir e usando um roupão de tafetá cor de damasco, com fitas azuis. Foi uma rara revelação de como Catarina, mais velha, se apresentava aos seus jovens amantes atrás das portas do quarto de dormir. "Com os cabelos descobertos, parece mais jovem", comentou Nassau. Ela disse que esperava não estar incomodando, sentou-se, pediu desculpas pelo "*deshabillé*" e mostrou-se "muito animada". Recolheu-se às dez. O uíste foi até a uma e meia.

"A viagem é de fato uma festa contínua e absolutamente magnífica", informou Nassau. "Uma sociedade encantadora, porque Ligne e Ségur a tornam ótima." Os dois, que compartilhavam a *Sejm*, viriam a ser os garotos peraltas do passeio, sempre inventando brincadeiras e palhaçadas. Todas as manhãs, Ligne batia na fina divisória entre os dois quartos e improvisava poemas para Ségur, depois mandava sua página com cartas de "sabedoria, loucura, política, belos discursos, historietas militares e epigramas filosóficos". Nada poderia ser mais estranho do que essa correspondência matinal "entre um general austríaco e um embaixador francês deitados lado a lado na mesma barcaça, não longe da imperatriz do Norte, navegando rio abaixo pelo Dnieper, através de território cossaco, para visitar os tártaros". Ségur achava as cenas do cruzeiro quase poéticas: "A bela riqueza, a magnificência da nossa frota, a majestade do rio, o movimento, a alegria de incontáveis espectadores nas margens, os militares e a mistura asiática de trajes de trinta países diferentes, finalmente a certeza de ver novidades todos os dias, agitavam e aguçavam a imaginação". O sucesso daquele espetáculo refletia-se no magnífico diretor de cena: "Os elementos, as estações, a natureza e a arte, tudo parecia conspirar para garantir o triunfo desse poderoso favorito".[2]

Após três dias de cruzeiro cleopátrico, o rei da Polônia, Estanislau Augusto, comovido com lembranças românticas e panaceias políticas, aguardava em Kaniev, na margem polonesa, o encontro com a imperatriz. Havia qualquer coisa de enternecedor nesse encontro: da última vez que tinham se visto, ele era um jovem polonês sonhador, e ela a mulher oprimida de um marido estúpido e tirânico. Agora ele era rei e ela imperatriz. Havia 28 anos que não via a mulher que jamais deixara de amar, e provavelmente se entregava a fantasias de um reencontro romântico. "Você bem pode imaginar", confessou o rei a Potemkin, ainda em fevereiro, num bilhete inédito, "com que expectativa aguardo o momento em que ela me dê essa alegria." Era o tipo de sentimentalismo malfadado capaz de despertar ecos emocionais em Potemkin.[3]

Estanislau Augusto ainda era bonito, sensível, culto, mas acima de tudo queria fazer o melhor possível para a Polônia. Potemkin e Estanislau Augusto compartilhavam o interesse por ópera, arquitetura e literatura, mas o último não podia se dar ao luxo de confiar no primeiro. O quinhão do rei era só frustração e humilhação. Em termos políticos, estava na posição mais frágil imaginável. Pessoalmente, não era páreo para políticos da envergadura de Potemkin. Catarina considerava irritantes e ineptos os dilemas políticos do rei — e sua sinceridade pessoal quase insuportável. Talvez, por tê-lo amado tanto quando se encontrava na prisão de um casamento infeliz, ficava constrangida só de pensar no quanto ela era ingenuamente impotente naqueles tempos.[4]

O verdadeiro objetivo do encontro nada tinha a ver com nostalgia amorosa, mas com a sobrevivência da Polônia. O difuso caos, a débil grandiosidade, a teimosa liberdade e as labirínticas sutilezas da Comunidade tornavam-na a única questão política capaz de perturbar a mente metódica de Catarina. No entanto, era nessas mesmas condições que o astuto Potemkin crescia e prosperava. O plano do rei e do príncipe, aprovado em Chwastow, de formar uma aliança antiturca e reformar a Constituição polonesa, pode ter impedido a tragédia da destruição da Polônia. Mas aquela foi uma ocasião em que a falta de jeito pessoal minou o entendimento político.

A flotilha fundeou ao largo de Kaniev. Às onze horas da manhã de 25 de abril, Bezboródko e o príncipe Bariátinski, mestre de cerimônias da corte, recolheram o rei numa lancha. "Senhores, o rei da Polônia me pediu que confiasse o conde Poniatowski aos vossos cuidados", disse ele, assumindo seu nome original, uma vez que os reis da Polônia não podiam sair de território polonês. Quando o rei se encontrou com a imperatriz, Ségur e os demais formaram um círculo em volta deles para testemunhar suas primeiras palavras "em circunstâncias tão diferentes daquelas em que se conheceram, unidos pelo amor, separados pelo ciúme e perseguidos pelo ódio". Mas suas expectativas foram imediatamente frustradas. Dessa vez não houve centelha nenhuma. Os monarcas saíram andando, empertigados, pelo convés. Provavelmente a nostalgia dele não foi incapaz de conter algumas dolorosas alusões ao passado, pois, quando voltaram, ela estava tensa e constrangida, e nos olhos dele havia "certo traço de tristeza". Disseram alguns que ela usou as lisonjas dele para provocar o ciúme de Mamónov. "Fazia trinta anos que eu o tinha visto", escreveria Catarina, "e dá para imaginar como um achou o outro mudado."[5]

Houve um momento comovedor, depois que Estanislau Augusto concedeu, desajeitadamente, a medalha da Águia Branca a Engelhardt, sobrinho de Potemkin. Era hora de jantar. O rei pôs-se a procurar o chapéu. Catarina entregou-lhe. "Para cobrir a cabeça duas vezes", gracejou ele — sendo que a primeira era a coroa. "Ah, senhora, é muita generosidade e bondade." Estanislau Augusto foi descansar em outra barcaça, depois o conduziram de barco à residência flutuante de Potemkin. O Sereníssimo tentou reconciliar o rei com Branicki, mas este último se comportou com tamanha insolência que o rei saiu da sala. Potemkin correu atrás para pedir desculpas. A imperatriz e o príncipe repreenderam Branicki — mas ele era da família: a cria polonesa continuou a integrar a sua comitiva.

Às seis da tarde, o rei voltou à barcaça de Catarina para as negociações políticas. Propôs a aliança russo-polonesa, enquanto passeavam pelo convés. Ela prometeu uma resposta. O príncipe, enquanto isso, jogava cartas despreocupadamente ali perto. Catarina ficou furiosa com ele por não lhe dar assistência. "Por que o príncipe Potemkin e o senhor tiveram que nos deixar o tempo todo assim?", questionou ela, repreendendo Ligne. Estanislau Augusto suplicou a Catarina que ceasse em Kaniev, onde ele quase exaurira seus parcos recursos preparando dois dias de jantares e fogos de artifício, mas Catarina o esnobou. Disse a Potemkin que não queria fazer as coisas correndo como era hábito na Polônia: "Você sabe que qualquer mudança nas minhas intenções é desagradável para mim". Potemkin, fosse por respeito a Estanislau Augusto ou por raiva de Catarina, que arruinou sua estratégia polonesa, continuou jogando cartas e não respondeu. Catarina foi ficando mais furiosa, e calada, e o rei mais taciturno. Os cortesãos agitaram-se, tentando escutar as conversas alheias. "O príncipe Potemkin não disse palavra",

Catarina resmungou ao seu secretário no dia seguinte. "Tive que falar o tempo todo; minha língua secou; eles quase me deixaram furiosa pedindo-me para ficar." Catarina finalmente se dignou assistir de sua barcaça aos custosos fogos de artifício da Polônia.

O abatido e humilhado rei se retirou. "Não faça essa cara de angustiado", sussurrou-lhe Ligne, maldosamente. "Assim você dá alegria a uma corte que [...] o detesta." Catarina continuava furiosa com Potemkin. Ele continuava amuado em sua *Bug*. Ela lhe mandou uma saraivada de bilhetes: "Estou furiosa, você foi horrivelmente desastrado hoje". A flotilha esperou para assistir aos fogos de artifício, que culminaram com a simulação do Vesúvio em erupção. Dessa maneira, na inimitável descrição de Ligne, o rei "esteve aqui por três meses e gastou 3 milhões para ver a imperatriz por três horas". Poucos dias depois, Estanislau Augusto enviou a Potemkin este bilhete patético, em garatujas quase ilegíveis: "Fiquei feliz ao ver a imperatriz. Não a conheço mais, porém, apesar de triste, espero contar com o príncipe Potemkin como amigo".[6]

O Kaiser José II e a tsarina Catarina II, os césares do Leste, aproximavam-se um do outro. Em 30 de abril, a flotilha entrou tarde em Kremenchuk, tendo sido retardada por ventos fortes. José, mais uma vez viajando incógnito como conde de Falkenstein, esperava em Kaidak, rio abaixo, ouriçado de impaciência militar.

As reformas despóticas, mas racionais, de José já tinham levado várias províncias suas à rebelião. De início ele não queria ir à Rússia de forma nenhuma, porém sua presença era importante para os russos, uma vez que a aliança austríaca era sua principal arma contra os otomanos. "Talvez se possa achar tempo", sugeriu José ao chanceler Kaunitz, "para arranjar uma desculpa." O pomposo Habsburgo considerara o convite de Catarina "muito improvisado e altivo", por isso disse a Kaunitz que sua resposta seria "honesta, breve, mas sem deixar de dizer a essa princesa catarinizada de Zerbst que precisa ter um pouco mais de consideração [...] para me descartar". Em seguida, aceitou com entusiasmo. Gostava de inspecionar as forças militares russas, mas, no fundo do coração, o que queria mesmo era constatar que os russos não sabiam fazer nada direito, ao contrário dos austríacos. Escreveu a Potemkin, com ironia, que aguardava com impaciência para ver seus "interessantes arranjos e suas surpreendentes criações". Agora o homem maníaco por inspeções consolava-se pela espera inspecionando Kherson por conta própria.[7]

Catarina ficou aflita — onde estava José? Cobenzl enviou ao imperador cartas tranquilizadoras. Potemkin parecia viver apenas para o momento — apesar dos rumores de que lhe faltavam cavalos para o resto da viagem. A imperatriz desembarcou em Kremenchuk e inspecionou o elegante palácio, circundado, obviamente, por um "encantador jardim inglês" com muita sombra, água corrente e pereiras. Potemkin tinha mandado transportar de longe carvalhos imensos, "largos como ele mesmo", segundo um gracejo de Ligne, e formado um carvalhal. William Gould esteve lá. "Está tudo em flor", relatou a imperatriz a Grimm. Em seguida, Catarina inspecionou 15 mil soldados, incluindo sete regimentos da nova cavalaria ligeira de Potemkin, que Cobenzl elogiou pela qualidade dos homens e dos cavalos. Depois de oferecer um baile para oitocentas pessoas aquela noite, Catarina desceu o rio para seu encontro imperial.[8]

Justamente quando os barcos desapareciam rio abaixo, Samuel Bentham, deixando ao irmão Jeremy a tarefa de administrar Kritchev, despontou com a criação de que mais se orgulhava: a vermicular de seis módulos para Catarina.* Entre tantas visões maravilhosas, o jovem inglês, numa alta plataforma, dando ordens aos berros por uma trompa, dever ter oferecido mais uma. Potemkin ordenou-lhe que atracasse perto de sua barcaça. Na manhã seguinte, ele a inspecionou e "ficou tão satisfeito quanto seria possível", de acordo com o próprio Samuel. Quando a flotilha prosseguiu viagem, Bentham foi junto. Ele jurava que a imperatriz tinha notado e admirado seus barcos — mas Potemkin lhe disse isso para o consolar por ter perdido o seu momento de glória.

A trinta quilômetros de Kaidak, onde deveriam encontrar-se com o imperador, algumas barcaças encalharam. A flotilha lançou âncoras. Potemkin se deu conta de que não poderiam chegar pelo rio. Havia o perigo de que o sucesso espetacular degenerasse num caos constrangedor: uma imperatriz estava encalhada, um imperador desaparecido, os cavalos eram escassos, e as barcaças com provisões e cozinha estavam atoladas em bancos de areia. A "minhoca flutuante" de Bentham salvou o dia.

Deixando a imperatriz para trás, Potemkin trocou de barco e, para alegria de Bentham, seguiu na vermicular à procura do imperador. Já chegando a Kaidak, muito perto da *siétch* dos derrotados zaporogos, resolveu permanecer a bordo,

---

* O barco flutuante tinha, no total, 292 pés de comprimento por 17 pés de largura, impulsionado por 120 remadores.

em vez de instalar-se num dos seus palácios locais. Na manhã seguinte, saiu e encontrou José II. No fim daquele dia, o imperador devolveu o cumprimento embarcando na vermicular. Bentham não cabia em si de contente com os elogios de dois césares e do príncipe — mas eles estavam muito mais interessados em sua reunião do que em examinar engenhosas barcaças inglesas.*

Potemkin e José decidiram que o imperador "surpreenderia" a imperatriz. Monarcas não gostam de surpresas, por isso o Sereníssimo mandou um mensageiro ir voando avisar Catarina, e Cobenzl por sua vez despachou outro mensageiro para avisar José de que Potemkin já a avisara: servir a reis tem desses absurdos. Em 7 de maio, Catarina abandonou as barcaças e seguiu de carruagem para essa "surpresa" dolorosamente não espontânea.[9]

Catarina, acompanhada por Ligne, Mamónov e Alexandra Branicka, atravessou um campo e ficou "nariz a nariz" (as palavras são dela) com José, que estava com Cobenzl. As duas majestades, juntas na mesma carruagem, percorreram então as trinta verstas de distância até Kaidak. Ali José ficou horrorizado ao descobrir que as cozinhas e os cozinheiros tinham ficado muito para trás, nas barcaças encalhadas. Potemkin tanto galopou para tomar providências que se esqueceu de comer. Agora a tsarina e o Kaiser ali estavam, sem a menor esperança de comida. "Não havia ninguém para cozinhar ou servir", comentou José. Uma grande ironia para o imperador que gostava tanto de viajar sem nenhum formalismo. A turnê imperial corria o risco de degenerar em farsa.[10]

Potemkin era o mestre do improviso, assim como a necessidade é a mãe da invenção. "O próprio Potemkin assumiu o papel de *chef de cuisine*", contou Catarina, em tom muito divertido, a Grimm, "o príncipe de Nassau, o de principal cozinheiro, e o grande general Branicki, o de confeiteiro." A confusão criada na cozinha por um gigante russo caolho, um paladino internacional matador de leões e um "valentão polonês" barbudo deve ter sido uma cena assustadora, mas cômica, digna de um Hades culinário. Potemkin conseguiu apresentar uma *girandole* — um fogo de artifício rotativo girando em torno do C de Catarina — sobrepujada por 4 mil foguetes, e mais um vulcão em erupção. Para as famílias reais do século XVIII, fogos de artifício e vulcões de mentirinha deviam ser tão chatos quanto as visitas a centros de juventude e fábricas de hoje. Fica-se imaginando se

---

* "Não há dúvida", comunicou Samuel a Jeremy Bentham, iludindo-se triunfantemente, "de que o imperador, bem como todos os demais, elogiou a invenção."

aquilo chegou a desviar a atenção de todos da culinária de Potemkin: a verdade é que os três tinham estragado o caldo de carne. Para Catarina, "as duas majestades nunca tinham sido servidas tão grandiosamente e tão *mal*", mas era tudo tão divertido que foi "um jantar tão bom quanto ruim". Porém uma pessoa — a mais importante — não concordava.

"O jantar era constituído de pratos intragáveis", relatou o imperador, que não estava achando a menor graça, ao marechal de campo Lacey, mas pelo menos "a companhia é muito boa". A verdade, porém, é que o imperador do *Schadenfreude* estava secretamente felicíssimo — "a confusão reinante nesta viagem é inacreditável". Ele notou que havia "mais coisas e pessoas nesses barcos do que as carruagens poderiam conter, e não há cavalos para as transportar". José, inflado de superioridade alemã diante dos desajeitados russos, estava "curioso para ver como aquilo tudo terminaria", mas concluiu com um suspiro de mártir: "Será verdadeiramente um tempo de penitência".[11]

José puxou Ligne de lado na primeira oportunidade: "Me parece que estas pessoas querem é guerra. Estão preparadas? Acho que não; em todo caso, eu não estou". Ele já tinha visto os navios e fortes de Kherson. Os russos participavam de uma corrida armamentista, mas em sua opinião tudo aquilo era só "para jogar poeira em nossos olhos. Nada é sólido e tudo é feito às pressas, do jeito mais caro". José não conseguia admitir que estava impressionado. Tinha razão se achava que a magnificência da turnê e as realizações de Potemkin arrastavam Catarina para a guerra. "Podemos começá-la", disse ela ao seu secretário.

Potemkin queria discutir a possibilidade de guerra com o próprio José, por isso certa manhã foi ver o imperador e explicar as queixas e demandas territoriais russas contra os otomanos. Mas sua timidez o impediu de dizer tudo o que queria, por isso pediu a Ligne que o fizesse em seu nome. "Eu não sabia que ele desejava tanto", resmungou José. "Achei que tomar a Crimeia fosse suficiente. Mas o que fariam eles por mim se um dia eu viesse a entrar em guerra com a Prússia? Veremos [...]."[12]

Dois dias depois os dois césares chegaram, numa grande carruagem negra, com o brasão de Catarina nas portas, teto de couro e assentos de veludo vermelho, às desoladas fundações da grandiosa Iekaterinoslav de Potemkin.* Quando as duas majestades lançaram as pedras angulares da catedral, José sussurrou para Ségur: "A imperatriz pôs a primeira pedra, eu a última". (Estava enganado.) No

---

* A carruagem está no Museu Histórico Estatal de Dniepropetrovsk.

dia seguinte, atravessaram as estepes, acompanhados por "imensos rebanhos de carneiros, numerosíssimos cavalos",[13] rumo a Kherson.

No dia 12, entraram na primeira cidade de Potemkin num cortejo cerimonial pelo arco engalanado com um dístico que era um inequívoco desafio à Sublime Porta: "Esta é a estrada de Bizâncio".[14] José, que já inspecionara a cidade, agora teve a oportunidade de inspecionar a comitiva de Catarina. "O príncipe Potemkin, que é louco por música, leva com ele 120 músicos", observou o Kaiser, mas "um oficial cujas mãos estavam horrivelmente queimadas de pólvora levou quatro dias para conseguir ajuda". Sobre o favorito da imperatriz, José achou Mamónov "pouco inteligente [...] uma simples criança". Gostou de Ségur, julgou Fitzherbert "esperto", mas obviamente entediado, e elogiou o "jóquei diplomático", que tinha toda a alegria de viver e toda a viva inteligência que faltavam ao imperador: "É maravilhoso ter Ligne aqui e ele servirá bem aos meus interesses". Mas as inspeções peripatéticas e a inveja secreta de José não passaram despercebidas pelos russos. Catarina disse ao secretário, revirando os olhos: "Vejo e ouço tudo, mas não ando por aí como o imperador". Não era de admirar, na opinião dela, que ele tivesse levado os cidadãos de Brabante e Flandres a se rebelarem.[15]

Ségur e Ligne ficaram embasbacados com o que Potemkin conseguira fazer ali: "Não havia como impedir nosso espanto", escreveu Ségur, "ao vermos tantas novas e imponentes criações". A fortaleza estava quase concluída: havia casas para 24 mil; "várias igrejas de nobre arquitetura"; seiscentos canhões no arsenal; duzentos navios mercantes no porto e dois navios de linha e uma fragata, prontos para lançamento. A surpresa da comitiva de Catarina devia-se à suposição provavelmente quase universal em Petersburgo de que as realizações de Potemkin eram uma fraude. Então, de acordo com Ségur, todos reconheceram o "talento e a atividade do príncipe Potemkin". A própria Catarina, que decerto ouvira dos inimigos de Potemkin que tudo era mentira, disse a Grimm: "Podem falar o que quiserem em Petersburgo — as atenções do príncipe Potemkin transformaram esta terra, que na paz [de 1774] não passava de uma cabana, numa próspera cidade". Os estrangeiros perceberam as limitações do porto — "eles construíram muita coisa em Kherson, no pouco tempo transcorrido desde sua fundação", escreveu José, "— e isto está claro".

No dia 15, Catarina e José lançaram os três navios de guerra a partir de três toldos à beira-mar enfeitados com "gaze, rendas, arrebiques, guirlandas, pérolas e flores", que davam a impressão, segundo Ligne, de "terem acabado de sair dos modistas da rue St. Honoré". Um dos navios de linha com oitenta bocas de fogo recebeu o nome de *São José* em homenagem ao Kaiser, mas ele achou "a madeira muito verde [...] os mastros tão ruins" que logo se desmanchariam. Não se desmancharam.[16]

Antes de partirem, houve um momento aziago em que Catarina decidiu que queria visitar sua estratégica fortaleza de Kinburn, na foz do Dnieper. Mas um esquadrão otomano atravessou o Liman, e a imperatriz não pôde ir. Os russos estavam mais atentos aos olhos turcos que os observavam do que revelaram aos estrangeiros. O embaixador russo na Sublime Porta, Iákov Bulgákov, veio de Constantinopla para discutir política turca. Potemkin provocou Ségur dizendo que os franceses estavam incentivando os turcos, "que tinham bons motivos de preocupação".[17]

Depois de Kherson, os dois césares seguiram pela estepe descampada para a Crimeia. Quando Ségur fez um gracejo imprudente sobre os desertos, Catarina respondeu: "Por que se incomodar, Monsieur le Comte. Se tem medo do tédio dos desertos, o que o impede de voltar a Paris?".[18]

De repente a carruagem imperial foi cercada por 3 mil cossacos do Don com toda a pompa, chefiados pelo atamã, em fila única, prontos para a carga. Entre eles havia um esquadrão de outros cavaleiros das estepes que Potemkin admirava: os ferozes calmucos, "parecendo chineses", lembrou Nassau. Os cossacos investiram e voltaram a investir, com alaridos de guerra que extasiaram os convidados de Potemkin. Depois se separaram em duas metades e travaram uma batalha. Até José ficou impressionado com sua força e resistência: eram capazes de viajar sessenta verstas num dia. "Não há outra cavalaria na Europa", afirmou Nassau, "que consiga fazer o mesmo."

Em Kizikerman,* 75 verstas a nordeste de Kherson, eles deram com uma pequena casa de pedra e um acampamento de tendas trançadas de prata, os tapetes salpicados de pedras preciosas. Quando os oficiais cossacos foram apresentados à imperatriz na manhã seguinte por Alexandra Branicka, os diplomatas ficaram empolgados com as mulheres do atamã: a esposa usava um vestido longo, como batina de padre, feito de "um brocado de ouro e moedas". Usava um chapéu de marta com a base coberta de pérolas. Mas Nassau ficou mais encantado com os "quatro pingentes de pérolas" que balançavam eroticamente sobre suas bochechas, até a altura da boca.[19]

---

* Potemkin preferia o nome grego, Olviopol.

Ao escurecer, José e Ségur foram andando até o ermo plano e aparentemente infindável, com nada além de gramíneas até o horizonte. "Que terra mais peculiar", comentou o sacro imperador romano. "E quem poderia imaginar que me veria com Catarina, a Segunda, e os embaixadores francês e inglês, vagando por um deserto tártaro? Que página de história!"

"Parece mais uma página das *Mil e uma noites*", respondeu Ségur.

Então José parou e esfregou os olhos: "Não sei se estou acordado ou se o seu comentário sobre as *Mil e uma noites* me fez sonhar. Olhe aquilo lá!".

Uma alta tenda parecia mover-se na direção deles, flutuando sobre a grama. O Kaiser e o conde observaram atentamente aquela visão mágica: era um acampamento de calmucos mudando suas barracas de lugar sem as desmontar. Trinta calmucos vieram e cercaram os dois homens, sem ter ideia de que um deles era um imperador. Ségur entrou. José preferiu esperar do lado de fora. Quando Ségur finalmente reapareceu, José brincou, dizendo que era um alívio ver que o francês tinha sido libertado da sua "prisão".[20]

Os césares mal tinham passado pelas Linhas do Perekop para a Crimeia quando um estrondo de cascos fez-se ouvir, com uma nuvem de poeira dentro da qual galopava a cavalaria tártara de 1200 homens. A "emboscada tártara" de Potemkin cercou o comboio imperial completamente, armada de pistolas incrustadas de joias, alfanjes gravados, lanças e arcos e flechas, como se os viajantes tivessem de repente andado para trás em direção ao sombrio passado da Europa.

"Não seria um rebuliço na Europa, meu caro Ségur", disse Ligne, "se os 1200 tártaros que nos cercam decidissem nos levar a galope para um pequeno porto nas proximidades e ali embarcassem a nobre Catarina e o grande imperador romano, para levá-los a Constantinopla para diversão e alegria de Abdul-Hamid?" Felizmente Catarina não ouviu os devaneios de Ligne. Uma guarda de murzás tártaros, ostentando uniformes verdes ricamente trançados com tiras douradas, passou a formar a escolta pessoal de Catarina. Doze meninos tártaros lhe serviam de pajens.[21]

As carruagens e os cavaleiros tártaros pareciam desenvolver velocidade. Vinham descendo o morro íngreme que levava à antiga capital dos cãs Giray: Bakhchisaray. Os cavalos da carruagem de oito lugares que conduzia Catarina e José dispararam pela encosta. Saíram da estrada desviando-se perigosamente das pedras. Os tártaros que a ladeavam tentaram controlá-la. Catarina não demonstrou medo. Os tártaros conseguiram acalmar os cavalos, pois eles pararam, tão subitamente como tinham disparado, na capital crimeana.[22]

O palácio do cã era um eclético complexo formado por palácio, harém e mesquita, construído por escravos ucranianos, segundo planos de arquitetos persas e italianos, em estilos mourisco, árabe, chinês e turco, com peculiares retoques ocidentais, como chaminés góticas. A planta baseava-se nos palácios otomanos de Constantinopla, com portões e pátios conduzindo para dentro até a residência do cã e seu harém. Os pátios eram silenciosos e serenos. Altos muros cercavam jardins secretos, apaziguados pelo murmúrio de fontes elaboradas. As sugestões de influência ocidental e a grossura das paredes lembraram a José um convento carmelita. Ao lado da mesquita do cã, com seus altos minaretes, erguia-se o nobre e evocativo cemitério da dinastia Giray: duas rotundas octogonais foram construídas em torno dos mausoléus dos cãs, num campo de lápides intricadamente entalhadas. Doces aromas subiam de velas acesas debaixo das janelas. Em volta do palácio espalhava-se uma cidade tártara, com suas casas de banho e seus minaretes, num vale espremido entre dois penhascos verticais.* Potemkin tinha coberto essas pedras com lampiões para que os viajantes se sentissem de fato habitando um mítico palácio árabe no centro de um anfiteatro iluminado.[23]

Catarina hospedou-se nos apartamentos do próprio cã, que incluíam a "magnífica e excêntrica sala de audiências" dos Giray — grande e ricamente enfeitada com a desafiadora declaração dos Giray, que lançava um repto de supremacia a todas as dinastias do Oriente: "Os ciumentos e invejosos terão que admitir que nem em Ishfan, nem em Damasco, nem em Istambul encontrarão nada igual". O Habsburgo ficou nos aposentos de um irmão do cã. Potemkin, apropriadamente, instalou-se no harém com Ligne, que ficou enfeitiçado com a magia do lugar. Catarina também. Os deliciosos aromas dos jardins — flor de laranjeira, rosa, jasmim, romã — impregnavam todos os apartamentos, cada qual com seu divã espalhado pelas paredes e sua fonte no meio. Nos jantares de Catarina, ela recebia muftis locais, tratando-os com todo o respeito. A imperatriz sentiu-se inspirada

---

* Potemkin mandou assinalar o avanço crimeano de Catarina com marcos miliários, gravados em russo e em turco e dispostos a cada dez quilômetros. Apenas três sobreviveram: um fica hoje na frente do palácio do cã em Bakhchisaray. O cemitério dos Giray também continua intacto, apesar de um tanto coberto de mato.

pelos imãs convocando os fiéis à prece cinco vezes por dia em frente à sua janela a compor um mau poema, apesar de rimado, a Potemkin: "Não é este um lugar para o paraíso? Meus louvores a ti, meu amigo".

Depois do jantar, José saiu a cavalo para inspecionar ali perto a Chufut Kale, que no século VIII foi sede da seita judaica caraíta que rejeitava o Talmude, só acreditava no Torá original e vivia em feliz isolamento em castelos abandonados no alto dos morros da Crimeia. Em Bakhchisaray, Nassau, Ségur e Ligne exploravam a cidade, como alunos de internato em dia de folga. Ligne, apesar de vinte anos mais velho do que Ségur, era o mais travesso, esperando encontrar uma moça tártara sem o rosto coberto. Mas essa sedutora perspectiva teria que esperar. No harém, Potemkin reclinava-se para ver "dançarinas árabes", que, segundo Nassau-Siegen, "executavam danças repugnantes".[24] Após apenas duas noites em Bakhchisaray, os césares partiram às nove da manhã de 22 de maio, cercados por pajens, tártaros e cossacos do Don, para assistir ao maior de todos os espetáculos de Potemkin.

A tsarina e o Kaiser estavam jantando esplendidamente num bonito palácio construído nos Altos de Inkerman, numa nesga de terra que se projetava mar adentro. A orquestra de Potemkin tocava. As encostas fervilhavam de torneios e cavaleiros tártaros em disparada. O Sereníssimo deu o sinal. As cortinas foram puxadas, as portas abriram-se para uma sacada. Quando os monarcas olharam, um esquadrão de cavalaria tártara no meio de uma escaramuça afastou-se a meio galope para revelar "a magnífica visão" que lhes tirou o fôlego.

O anfiteatro de montanhas formava uma baía profunda e cintilante. No meio dela, uma frota numerosa e formidável — pelo menos vinte navios de linha e fragatas, segundo cálculos de José — estava ancorada em ordem de batalha, e voltava para o lugar onde os monarcas jantavam. A outro sinal oculto do príncipe, a frota fez uma saudação em uníssono, com todas as bocas de fogo: para Ségur, o próprio estrondo parecia anunciar que o Império Russo tinha chegado ao sul e que os "exércitos [de Catarina] poderiam em trinta horas [...] hastear suas bandeiras nas muralhas de Constantinopla". Nassau descreveu o momento como "quase mágico". Era a base naval de Sebastópol, fundada três anos antes. Potemkin tinha construído aquela frota inteira em apenas dois.

Logo que os canhões silenciaram, Catarina, estimulada por essa visão de poderio russo em estado bruto, levantou-se e fez um brinde emocionado ao seu "melhor amigo", olhando para José sem lhe citar o nome.* Pode-se imaginar José fazendo careta diante da demonstração passional dela, escarnecendo ciumentamente do sucesso russo, ansiando por fazer sua inspeção. Fitzherbert manteve-se absolutamente imperturbável.[25] Todos os olhos se voltaram para Potemkin: era uma realização sua, proeza notável quando se levava em conta a preguiça da burocracia russa, a amplitude de suas responsabilidades, a falta de expertise naval dos russos, e a distância até a fonte de madeira mais próxima, na distante Polônia. Os russos presentes devem ter pensado na conquista do Báltico e na fundação da frota russa nesse mar por Pedro, o Grande. Que cortesão falaria primeiro? "Madame", manifestou-se Ségur, "ao criar Sebastópol Vossa Majestade terminou no sul o que Pedro, o Grande, começou no norte." Nassau abraçou Potemkin e pediu permissão para beijar a mão da imperatriz. Ela recusou. "É ao príncipe Potemkin que devo tudo", disse ela, reiteradamente. "Portanto, abrace-o." Em seguida, virou-se para seu querido consorte e soltou uma gargalhada. "Espero que ninguém mais diga que ele é preguiçoso", comentou ela, advertindo contra qualquer insinuação de que as realizações dele não eram reais. Potemkin beijou-lhe as mãos, tão comovido que seus olhos se encheram de lágrimas.[26]

O Seríssimo conduziu a tsarina e o imperador até uma plataforma de embarque e um barco a remo, que partiu em direção a Sebastópol e à nova frota. O resto foi atrás numa segunda corveta. Eles passaram por baixo da proa de três navios de linha de sessenta bocas de fogo, três fragatas de cinquenta e dez de quarenta, que saudaram a imperatriz com outras três salvas; marinheiros lhe davam vivas. Desembarcaram numa escadaria de pedra que levava diretamente ao Almirantado, onde ela ia instalar-se. Em volta deles estendia-se a nova cidade de Sebastópol, "o porto mais belo que já vi", escreveu José. Enfim, ele estava tomado de admiração: "estavam lá 150 navios [...] prontos para todos os eventos do mar". O porto era defendido por três baterias. Havia casas, lojas, dois hospitais e casernas. Cobenzl estimou que haveria doze navios de linha. Até José reconheceu que eram "muito bem construídos". Parecia impossível para Ségur que Potemkin tivesse construído aquilo em tão pouco tempo. Tudo era bem-feito, num local onde três anos antes não havia nada. "É preciso fazer justiça ao príncipe Potem-

---

* O príncipe de Ligne viu nisso uma regra universal sobre as mulheres: "A lisonja a deixava inebriada [...], a inconveniência de mulheres no trono".

kin", Catarina escreveu naquele dia a Grimm em Paris. "A imperatriz", comentou José, "está totalmente extasiada [...]. No momento o príncipe Potemkin é todo-poderoso e festejado além de tudo que se possa imaginar."

Os césares e o príncipe pensavam em guerra. Catarina e Potemkin julgavam-se capazes de vencer os turcos no ato. A imperatriz perguntou a Nassau se ele achava seus navios comparáveis aos otomanos em Ochakov. Nassau respondeu que os navios russos poderiam botar a frota turca no bolso se quisessem. "Você acha que eu ousaria?", perguntou ela a Ligne com um sorriso de arrepiante coquetismo. A Rússia estava pronta para a guerra, dizia Potemkin a Ligne "incessantemente". Se não fosse a França, "começaríamos de imediato".

"Mas seus canhões e munição são muito novos", disse Ligne, refreando-o em nome do seu Kaiser.

"Tudo está lá", respondeu o Sereníssimo. "Eu só preciso dizer a 100 mil soldados — Marchem!"

Catarina manteve a cabeça fria o suficiente para ordenar a Bulgákov que enviasse uma nota tranquilizadora ao sultão. Nem ela nem Potemkin eram tão belicosos como pareciam. Apesar disso, os "ministros de bolso", a Sublime Porta e as chancelarias da Europa poderiam ser desculpados por acharem que a Rússia mal conseguia conter sua impaciência.[27]

Catarina retirou-se para conversar a sós com o pasmado imperador sobre o momento mais oportuno para a guerra. Potemkin juntou-se a eles, ressaltando sua condição de quase família real. José recomendou cautela, citando a França e a Prússia. Frederico Guilherme da Prússia (Frederico, o Grande, tinha morrido em 1786) era "medíocre demais" para contê-los, afirmou Catarina. A França fará "um barulho danado", concordou Potemkin, mas "acabará ficando com uma fatia do bolo". O príncipe sugeriu que a França engolisse o Egito e Cândia (Creta) na divisão vindoura. Além disso, acrescentou a imperatriz em tom de ameaça, "sou forte o suficiente, basta que você não me impeça". José, com medo de ser deixado de fora, assegurou-lhes que a Rússia poderia contar com a Áustria.[28] Nenhum deles tinha como saber que o mesmo debate — guerra ou paz — desenrolava-se simultânea e acaloradamente, à beira do mesmo mar, a um dia de viagem de navio dali, no Divã da Sublime Porta. A *canaille* de Constantinopla fazia muito barulho em favor da guerra, enquanto milhares de soldados marchavam pelas ruas a caminho das fortalezas do mar Negro e dos Bálcãs.

José convidou os diplomatas para trotar por Sebastópol e conversar privadamente sobre o enigma Potemkin. A capacidade desse exótico excêntrico para realizar tanta coisa desnorteava o imperador. Potemkin era ainda mais "extraordinário por seu gênio para a atividade", disse ele a Nassau. "Apesar de sua bizarrice", declarou José a Ségur, "esse homem singular" não era apenas "útil, mas necessário" para controlar um povo bárbaro como o russo. José ansiava por encontrar um defeito, por isso sugeriu a Nassau, que tinha comandando no mar, que os navios decerto não estavam prontos para navegar. "Estão prontos e inteiramente armados", respondeu o paladino. José, pelo menos dessa vez, teve que reconhecer a derrota: "A verdade é que só estando aqui para acreditar no que vejo".[29]

Nassau e Ligne saíram, escoltados por cossacos e tártaros, para inspecionar Partheniza e Massandra, as propriedades que o príncipe lhes dera de presente. Partheniza, a de Ligne, era supostamente o lugar do Templo de Diana, onde Ifigênia foi sacrificada. Ligne ficou tão comovido que escreveu um poema para Potemkin. Os convidados visitaram as ruínas da antiga cidade de Quersoneso. O Sereníssimo foi passar um dia nas montanhas, levando Nassau para relaxar numa propriedade tão boa que se referia a ela como "Enfeitiçada".[30]

25. As amazonas

> *Assemblage étonnant des dons de la nature*
> *Qui joignez la génie à l'âme le plus pure*
> *Délicat et sensible à la voix de l'honneur*
> *Tendre, compatissant, et rempli de candeur*
> *Aimable, gai, distrait, pensif et penseur sombre*
> *De ton charmant, ce dernier trait est l'ombre*
> *Apprends-moi par quel art, tout se trouve en ta tête?*
> Poema do príncipe de Ligne para o príncipe
> Potemkin, escrito na viagem à Crimeia

Um regimento de amazonas veio ao encontro do Kaiser, quando ele avançava para inspecionar Balaclava. José ficou atônito com mais esse truque de teatralidade potemkiana. A colônia militar grega, ou "albanesa", do príncipe já ostentava um traje neoclássico — peitorais e mantos, juntamente com pistolas modernas. Essas amazonas eram duzentas "albanesas", todas "lindas mulheres", de acordo com Ligne, usando saias de veludo carmesim, debruadas de rendas e franjas douradas, jaquetas de veludo verde, também debruadas de ouro, com turbantes de gaze, lantejoulas e penas brancas de avestruz. Estavam armadas até os dentes "com mosquetes, baionetas e lanças, peitorais amazonianos e cabelos longos graciosamente trançados". Esse capricho se originou de uma discussão entre Catarina e Potemkin em Petersburgo, antes da viagem, sobre as similaridades entre gregos modernos e clássicos. Ele elogiou a coragem dos gregos e suas mulheres. Catarina, que nada tinha de feminista, duvidou que as mulheres tivessem grande utilidade. O príncipe resolveu mostrar que ela estava errada.*

O constrangido Kaiser ficou tão admirado que recompensou a bela comandante amazona Elena Sardanova, de dezenove anos, mulher de um capitão, com o menos imperial dos beijos nos lábios. Em seguida partiu de volta a galope para se juntar à imperatriz. Ela encontrou as amazonas de Potemkin na parada seguinte, no vilarejo grego de Kadikovka, quando desfilava por uma avenida de louros, laranjas e limões. Potemkin lhe disse que as amazonas gostariam de fazer uma demonstração de suas habilidades de atiradoras. Catarina, no fundo provavelmente cansada de exibições militares, recusou o pedido. Em vez disso, abraçou Sardanova, deu-lhe um anel de brilhante no valor de 1800 rublos e mais 10 mil rublos para sua tropa.[1]

As amazonas juntaram-se aos tártaros, cossacos e albaneses da escolta de Catarina pelo resto da viagem. Quando a procissão imperial rodava pelo fecundo e montanhoso litoral do sudeste da Crimeia, o mais paradisíaco de seus campos, onde passou pelos vinhedos de Potemkin, deve ter tido uma visão e tanto. A aura de sucesso em torno da "Estrada de Bizâncio" permitia que os dois césares relaxassem. José até aceitou que Potemkin o deixasse esperando na antessala como um cortesão qualquer e disse que não poderia senão perdoar esse homem extraordinário — atitude bem inusitada para um petulante Habsburgo.[2]

Sacolejando em sua carruagem, Catarina e José conversavam sobre esses assuntos que chefes de Estado têm em comum. Ligne ia sentado numa espécie de sanduíche régio entre os dois, cochilando aqui, acordando ali, para ouvir um dos césares dizer: "Tenho 30 milhões de súditos, contando apenas a população mascu-

---

* Heródoto escreveu que as amazonas, chefiadas pela rainha Pentesileia, atravessaram o mar Negro, lutaram contra os citas e então se estabeleceram com eles não muito longe do mar de Azov. Portanto Potemkin deveria saber que a Crimeia era, por assim dizer, o hábitat natural das amazonas. Quando levou Miranda à Crimeia, os dois conheceram um coronel alemão, Schutz, cuja mulher "o seguira em campanha vestida de homem e fora ferida duas vezes — sua aparência tinha qualquer coisa de masculino". Teria Frau Schutz prestado consultoria a Potemkin sobre o Regimento das Amazonas? Parece muita coincidência haver duas famílias de amazonas numa pequena península.

lina", enquanto o outro admitia ter apenas 20 milhões. Um quis saber: "Alguém já tentou assassiná-lo?". Conversaram a respeito da sua aliança. "Que diabos vamos fazer com Constantinopla?", perguntou José a Catarina.³

Em Kaffa, o velho porto de escravos refundado por Potemkin como Teodósia, o Sereníssimo fez uma brincadeira com Ségur. Quando o grupo subia numa das carruagens naquela manhã, Ségur deparou com uma lindíssima menina vestida de circassiana. A cor fugiu-lhe do rosto: era a imagem exata de sua mulher. "Por um momento achei que Madame de Ségur tivesse vindo da França para me ver. A imaginação viaja rápido na terra das maravilhas." A moça desapareceu. E Potemkin, radiante, tomou o lugar dela. "A semelhança é perfeita, não?", perguntou a Ségur, explicando que tinha visto o retrato da mulher na tenda dele.

"Total e inacreditável", respondeu o marido atônito.

"Pois bem, *batuchka*", disse Potemkin, "a moça circassiana pertence a um homem que me deixará dispor dela o que quiser e, quando chegarmos a São Petersburgo, ela será sua."

Ségur tentou recusar, porque a mulher dele talvez não soubesse apreciar essa demonstração de afeto. Potemkin ficou magoado e acusou Ségur de falsa delicadeza. Por isso Ségur prometeu aceitar outro presente,* fosse o que fosse.⁴ O grupo subiu as suaves e verdejantes colinas do interior, para ver os jardins, leiterias, rebanhos de carneiros e cabras de Potemkin, e seu palácio "tártaro" cor-de-rosa em Karasubazaar.** Esse, de acordo com uma inglesa que por ali passou dez anos depois, era "um desses palácios de conto de fadas" que surgiam "como num passe de mágica por arranjos secretos de Potemkin, para surpreender e encantar".⁵

Ali encontraram uma ilha inglesa. Capability Brown teria reconhecido os jardins ingleses — "conjuntos de árvores majestosas, um vasto gramado", que levavam a "bosques que formavam um delicioso parque projetado por nosso compatriota Gould", e havia a leiteria inglesa de Henderson. O idílio de Potemkin

---

* O presente acabou sendo um menino calmuco chamado Nagu, posteriormente capturado na invasão de Ochakov. Ségur ensinou-lhe francês e depois depositou no colo de uma satisfeita condessa Cobenzl, de volta ao norte.
** Hoje não se sabe qual é a localização exata dessa "morada mágica" — construída no lugar da cabana tártara onde Potemkin quase morreu no fim de 1783. Mas quando o autor esteve em Beligorsk, nome atual de Karasubazaar, descobriu um local verdejante perto de um rio e um pomar que correspondiam à descrição da visitante inglesa Maria Guthrie. Os tártaros, deportados por Stálin, voltaram para o vilarejo.

não estaria completo sem um verdadeiro chá inglês. As "sobrinhas" de Henderson, que tinham vindo com Jeremy Bentham, capturaram o olhar experiente de Ligne: "Duas criaturas celestes vestidas de branco" apareceram, acomodaram os viajantes em volta de uma mesa coberta de flores "na qual puseram manteiga e creme. Aquilo me lembrava o café da manhã dos romances ingleses". Havia quartéis e soldados a serem inspecionados por José, que não estava nem um pouco encantado. "Fizeram-nos viajar por estradas de montanha", resmungou ele para o marechal de campo Lacey, "só para nos mostrarem um bode, uma cabra angorá e uma espécie de jardim inglês."[6]

Potemkin preparou um *feu d'artifice* que impressionou até mesmo aqueles dignitários cansados de demonstrações pirotécnicas. No meio de um banquete, 20 mil grandes foguetes explodiram e 55 mil vasos em chamas coroaram as montanhas duas vezes com as iniciais da imperatriz, enquanto os jardins ingleses iluminavam-se como se fosse de dia. José disse que nunca tinha visto nada tão impressionante, e só lhe restava admirar o poder de Potemkin, e portanto do Estado russo, de fazer exatamente o que queria, independentemente do custo: "Nós, na Alemanha e na França, jamais nos meteríamos a fazer o que está sendo feito aqui [...]. Aqui a vida e o esforço humanos não importam [...]. O senhor manda, o escravo obedece".[7]

Quando retornaram a Bakhchisaray, mulheres tártaras voltaram a ocupar os pensamentos dos cortesãos mundanos. Ligne, mais jovem aos cinquenta do que tinha sido aos trinta, não pôde mais conter a curiosidade. "De que adianta passar por um imenso jardim quando se está proibido de examinar as flores? Antes de deixar a Crimeia, preciso pelo menos ver uma dessas mulheres tártaras sem o véu." Por isso perguntou a Ségur: "Você me acompanharia?". Ligne e Ségur partiram para os bosques. Depararam com três donzelas tomando banho, com os véus no chão ao lado delas. "Mas, ai de mim", lembrava-se Ségur, nenhuma era bonita. Pelo contrário. "Mon Dieu!", exclamou Ligne. "Maomé tinha razão quando lhes ordenou que cobrissem o rosto." As mulheres saíram correndo, aos gritos. Os indiscretos foram perseguidos por tártaros que berravam impropérios e atiravam pedras.

No dia seguinte, durante o jantar, Catarina estava calada, Potemkin amuado — ambos provavelmente exaustos. Ligne achou que poderia animá-los contando sua travessura. A tsarina não achou graça: "Senhores, essa brincadeira foi de mau gosto". Ela conquistara aquelas terras e exigia que o islã fosse respeitado. Os tártaros agora eram seus súditos sob proteção imperial. Se seus pajens tivessem se comportado de modo tão infantil, ela mandaria castigá-los.[8]

Até o Kaiser foi afetado pela atmosfera de volúpia. Catarina permitiu que José, Ligne e Ségur (talvez como consolo depois da reprimenda) assistissem a uma audiência sua com uma princesa Giray. Mas eles se decepcionaram com aquela descendente de Gêngis: "As sobrancelhas pintadas e os cosméticos brilhantes faziam-na parecer um objeto de porcelana, apesar dos olhos adoráveis", relatou Ségur. "Eu teria preferido uma de suas criadas", disse José a Lacey. O Kaiser ficou tão encantado com a beleza das mulheres circassianas que esse suposto pilar do Iluminismo resolveu comprar uma:* deu dinheiro a certo tenente Tsiruli para ir a Kuban comprar uma "bela circassiana". Potemkin aprovou. O resultado da missão é desconhecido. No entanto, José voltou para Viena levando uma circassiana que parecia diferente, uma menina de seis anos comprada de um traficante de escravos.[9] Foi batizada como Elisabeth Gulesy, educada na corte, e recebeu no testamento dele uma pensão de mil guildas por ano, que não devia ser ruim quando se leva em conta que a pensão de Mozart, concedida em 1787, era de apenas oitocentas. Posteriormente, ela casou com o mordomo de um nobre, e a história nada mais registra a seu respeito.

Em 2 de junho, suas majestades imperiais finalmente se separaram nas estepes de Kizikerman. José seguiu rumo ao oeste, para Viena, e Catarina rumo ao norte, para Moscou. Em 8 de junho, a imperatriz chegou a Poltava, lugar da vitória de Pedro, o Grande, contra Carlos XII da Suécia. Potemkin encenou a batalha no que Ségur chamou de um "imenso quadro animado, vivo e comovente, quase uma realidade", com 50 mil soldados representando os russos e os suecos. Os olhos de Catarina brilharam de orgulho petrino. Então o Seteníssimo a presenteou com o colar de pérolas que tinha mostrado a Miranda. Em troca, Catarina emitiu um diploma aclamando as realizações de Potemkin no sul, concedeu-lhe

---

* Monarcas ocidentais costumavam arranjar escravas no Leste, apesar do asco que sentiam pela escravidão oriental. Deve ter havido um intenso tráfico dessas moças, que eram capturadas na guerra ou compradas por embaixadores na Sublime Porta. Isso explica o fato de Potemkin oferecer uma menina a Ségur. O conde marechal Keith, escocês jacobita amigo de Frederico, o Grande, viajou com uma jovem escrava turca capturada nas Guerras Russo-Turcas e, como veremos, um dos homens mais cultos da época, o rei Estanislau Augusto da Polônia, recebia um suprimento regular.

100 mil rublos e o novo sobrenome-título de "Tavrítchevski" — a partir de então ele se tornou *Kniaz* Potemkin-Tavrítchevski, príncipe Potemkin de Táurida.*

"Paizinho", escreveu ela em 9 de junho, "espero que você me deixe ir embora amanhã sem grandes cerimônias." No dia seguinte, nas imediações de Kharkov, o exausto casal se separou. Catarina, acompanhada por Branicka e "sua gatinha" Skarvrónskaia, bem como pelos "ministros de bolso", encontrou os netos Alexandre e Constantino em Moscou. Quando ela chegou a Tsárskoie Seló, em 22 de junho, todos os viajantes daquela jornada mágica "tiveram que voltar aos áridos cálculos políticos".[10]

O mais árido desses cálculos era a persistente alegação de que Potemkin tinha enganado Catarina: a calúnia da "Aldeia de Potemkin". Logo que chegaram de volta, os "ministros de bolso" foram interrogados pelos inimigos de Potemkin, que queriam saber se Kherson, Sebastópol, os rebanhos e as frotas eram reais. Mas a "Aldeia de Potemkin" foi inventada por um homem que nunca esteve no sul e que, portanto, jamais teve oportunidade de ver as realizações de Potemkin com os próprios olhos.

Mesmo nos anos 1770, boatos maldosos já alegavam que Potemkin não tinha feito nada no sul. Isso era patentemente falso e, assim sendo, agora seus inimigos, e os inimigos da Rússia, sussurravam que todo o espetáculo foi uma fraude estupenda. O ressentido embaixador saxão Georg von Helbig, que não fez parte da viagem, cunhou a frase "Potemkinsche Dörfer", conceito tão apropriado à fraude política, em especial na Rússia, que entrou na linguagem corrente, significando "impostura, fachada, feito irreal". Helbig não se limitou a usar sua frase espertinha nos despachos diplomáticos e publicou uma biografia, *Potemkin der Taurier*, na revista *Minerva*, de Hamburgo, no decorrer dos anos 1790, que foi adotada pelos inimigos da Rússia. Mais tarde, em 1809, apareceu uma versão integral em alemão, que seria ampliada e publicada em francês e inglês no século XIX. Assim estavam lançados os alicerces de uma versão histórica de Potemkin, tão

---

* Isto fica estranho quando traduzido para o inglês, "Potemkin of Taurida", mas soa melhor em alemão — "Potemkin der Taurier" — e em francês "le Taurien", o Tauriano. Catarina e Grimm discutiram qual seria a melhor tradução, e o *philosophe* sugeriu "Tauricus" ou "le Taurien".

falsa e injusta como suas supostas aldeias. Não fazia justiça ao Sereníssimo — mas a lama grudou nele.[11]

O cruzeiro pelo Dnieper forneceu a base das "Aldeias de Potemkin": Helbig sustentava que os assentamentos naquela região eram compostos de fachadas — telas pintadas em papelão —, transportadas ao longo do rio e vistas pela imperatriz cinco ou seis vezes. Helbig afirmou em seus escritos que milhares de camponeses foram arrancados de suas casas no interior da Rússia e empurrados pelas margens do rio durante a noite com seus rebanhos para aguardarem a chegada da imperatriz na manhã seguinte — mil aldeias foram despovoadas e muita gente morreu de fome em consequência da penúria resultante. Os estrangeiros teriam visto os mesmos camponeses todos os dias.

A acusação sobre as "Aldeias de Potemkin" já tinha sido levantada *anos antes* de a viagem ser feita. Quando Kiril Razumóvski esteve em Kherson em 1782, a simples existência da cidade foi uma "agradável surpresa", evidentemente porque ele ouvira falar que o projeto era apenas uma miragem.[12] Todos os visitantes estrangeiros que iam ao sul eram advertidos em Petersburgo de que era uma grande mentira: Lady Craven informou, *um ano antes* de Catarina partir, que "os invejosos do mérito de Potemkin em Petersburgo" lhe disseram que não havia água na Crimeia — "o fato de ele ter o governo de Táurida e de comandar tropas lá pode ter provocado a invenção de mil mentiras maldosas sobre aquela nova região [...] para diminuir a cota de elogios que lhe é devida".[13] A imperatriz ouviu durante anos — da boca de pessoas do círculo do herdeiro ou de cortesãos invejosos — que Potemkin estava mentindo sobre suas realizações. Garnovski informou ao príncipe, antes de Catarina iniciar a viagem, que ela foi advertida de que só veria *telas pintadas, e não edifícios de verdade*. Em Kíev, as histórias tornaram-se mais veementes. Uma das razões de Catarina insistir tanto na viagem foi certamente o desejo de tirar tudo a limpo: quando Potemkin tentou adiar a saída da imperatriz de Kíev, porque os arranjos não estavam concluídos, ela disse ao secretário Khrapovístski que queria ver tudo por conta própria, "mesmo sem estar pronto".[14]

Não há absolutamente, nas ordens dadas por Potemkin, ou nos relatos deixados por testemunhas, nenhum indício dessas "Aldeias de Potemkin". Ele certamente começou os preparativos para a visita de Catarina já em 1784, portanto não há necessidade de acreditarmos que o espetáculo tenha sido criado da noite para o dia: aquele ano o general Kahovski informou que palácios haviam sido construídos, ou casas velhas redecoradas para a iminente visita da imperatriz.

Potemkin usava palácios improvisados — mas quase todos os palácios de Catarina eram permanentes: os de Kherson ainda estavam em pé mais de cem anos depois. Em Bakhchisaray, o palácio do cã deveria ser "reparado" e "repintado". No ano seguinte, numa lista de melhorias a serem realizada na Crimeia, como a construção de novas salinas em Perekop e o "paraíso" de castanheiras de Gould em Kaffa, Potemkin ordenava que, em Bakhchisaray, Kahovski deveria construir "a grande rua por onde a imperatriz vai passar" com "boas casas e lojas".[15] Essa ordem para aprimorar algumas construções existentes é o mais próximo que os milhares de documentos nos arquivos de Potemkin nos oferece em matéria de indícios de apresentação cosmética. Miranda é uma testemunha-chave, imparcial, porque acompanhou Potemkin em sua inspeção antes da viagem, mas ele não viu nenhuma fraude em andamento. Pelo contrário, seu testemunho confirma a colossal realidade da obra de Potemkin.

E que dizer dos camponeses dançantes e seus rebanhos na beira do rio? Era simplesmente impossível movimentar números tão grandes naqueles tempos, em especial à noite. Vacas e ovelhas morrem se conduzidas dessa maneira. A incapacidade de Potemkin de ocultar o fiasco da cozinha perdida em Kaidak, onde teve que preparar ele mesmo o jantar dos dois monarcas, é outra prova de que provavelmente seria incapaz de deslocar milhares de homens e animais por distâncias tão vastas só para enganar seus convidados.[16] Além disso, os tais rebanhos não chegavam a ser novidade: os nômades daquela região sempre tiveram vacas e ovelhas. Potemkin aumentou sua quantidade e aprimorou sua qualidade: Miranda viu os rebanhos de ovelhas nas estepes,[17] e além disso, um ano antes, Lady Craven serviu de prova que Potemkin não precisaria recorrer a passes de mágica nas margens do rio e nas estepes: ela viu no pasto imensos rebanhos de "cavalos, vacas e ovelhas se aproximarem, para num instante tornar uma paisagem simples e majestosa repleta de paz e abundância".[18] Os rebanhos já estavam lá. Eram reais.

As multidões não precisavam de nenhuma pressão para ver a imperatriz. Nenhum tsar tinha visitado o sul desde Pedro, o Grande, sessenta anos antes, portanto quem não correria para embasbacar-se não com um, mas com dois césares? Mesmo em Smolensk, multidões viajavam até vinte léguas para ver a imperatriz.[19] Além disso, os camponeses do lugar certamente queriam vender suas hortaliças para as cozinhas imperiais. Quando Lady Craven, uma estrangeira solitária e desconhecida, visitou Bakhchisaray, um ano antes, as ruas encheram-se de curiosos e de soldados e tártaros entusiasmados, de modo que a reação deles à chegada de dois monarcas foi apenas um pouco mais intensa.[20] Não quer dizer que não tenha havido nenhum elemento de espetáculo nas margens do Dnieper: pelo contrário, Potemkin embelezou e enfeitou tudo que pôde. O Sereníssimo era um empresário da política que compreendia muito bem o poder de uma apresentação, e saboreava, de forma consciente e deliberada, o lado de "jogo" da atividade política.[21]

Hoje, uma visita de chefe de Estado é rotineiramente preparada e coreografada com minúcias, com casas pintadas, ruas limpas, vagabundos e prostitutas presos, bandeiras e galhardetes enfeitando as ruas. Bandas tocam, alunos dançam, e as paradas em estabelecimentos comerciais variados são previamente arranjadas.[22] Em muitos sentidos, aquela foi a primeira visita desse tipo. Todos sabiam que as amazonas, os cossacos e os jardins ingleses instantâneos eram destinados a exibição, assim como a rainha Elizabeth II sabe que os *impis* zulus armados de *assegai* e escudo que se apresentam em suas viagens não são moradores típicos de Johannesburgo.* Foi isso que Ségur quis dizer ao comentar que Potemkin tinha "um talento incrível para superar qualquer obstáculo, conquistando a natureza [...] enganando os olhos na monótona uniformidade dos longos trechos de planície arenosa".[23]

Sem dúvida é verdade que, onde quer que a imperatriz fosse, as autoridades locais tratavam de ajeitar as ruas, acrescentando uma lambidela de tinta nesse ou naquele prédio e escondendo feiuras. Em duas cidades, Kharkov e Tula, fora da rota de espetáculos de Potemkin, os governadores ocultaram coisas da imperatriz e talvez tenham até construído casas cenográficas.** Não deixa, pois, de ser irônico

---

* Mas nem isso era apenas exibição: quando Lady Craven visitou os albaneses em abril de 1786, eles já usavam "uma espécie de traje de guerreiro romano" e tinham "punhais orientais e italianos", enquanto os cossacos se apresentaram para ela só por prazer.
** Certas áreas sofriam, de fato, de escassez, notavelmente nos arredores de Moscou, mas não nas bem mais ricas províncias meridionais de Potemkin, depois da má colheita de 1786, razão pela qual Catarina voltou às pressas para a capital. Quando ela chegou a Tula, longe do vice-reinado de Potemkin, o governador local ocultou a pobreza com fachadas falsas, além de não a informar sobre a alta de preço dos alimentos. Quando Liev Naríchkin disse à imperatriz quanto custava o pão, ela, admiravelmente, cancelou o baile que seria dado em sua homenagem naquela noite. Tanto Catarina como Potemkin eram capazes de sentir o sofrimento da gente comum, desde que fossem informados, mas nenhum dos dois permitiria que uma fome localizada interferisse no glorioso engrandecimento do Império, ou na magnificência do seu estilo de vida. Essa era uma característica de todos os governos do século XVIII, por mais esclarecidos que fossem.

que os únicos relatos de "Aldeias de Potemkin" sugerem que não foram de forma nenhuma perpetradas pelo próprio.[24] Pode-se até argumentar que Potemkin foi o inventor do espetáculo político moderno — mas não que fosse um mascate de feira.

O Sereníssimo não *precisava* falsificar cidades ou frotas, como os estrangeiros, de Miranda a José, bem o atestam.[25] A imperatriz não poderia visitar cada lugar, e até Potemkin era enganado por seus funcionários, mas o Kaiser José fez questão de inspecionar tudo e reconheceu que tudo era real — apesar de acrescentar reveladoramente que, se não tivesse visto com os próprios olhos, não acreditaria.[26] Ligne também fez suas próprias andanças e descobriu "magníficos estabelecimentos em sua infância, fábricas em expansão, aldeias com ruas normais cercadas de árvores e irrigadas [...]".

Catarina, entre tantas alegações, tinha sido avisada, especificamente, de que Potemkin arruinara o Exército reformando a cavalaria. Quando viu sua magnífica cavalaria ligeira em Kremenchuk, ela ficou furiosa com os que lhe mentiram, exclamando para Ligne: "Gente perversa — como me enganou!".[27] Foi por essa razão que Catarina ficou duplamente feliz ao descobrir que os boatos eram falsos e fez questão de contar aos netos e a funcionários como o conde Bruce o que acabara de ver: "É muito bom ver esses lugares com meus próprios olhos. Advertiram-me sobre a Crimeia, tentando me assustar e me dissuadir de vê-la pessoalmente. Chegando aqui, me pergunto qual seria a razão de tanta animosidade". Até admitiu "sua grande surpresa" com o desenvolvimento de Kherson. Mas as afirmações da imperatriz não bastaram para conter as calúnias contra Potemkin.[28]

"Já circula a história ridícula de que aldeias de papelão foram pintadas ao longo do nosso trajeto [...] que os navios e canhões eram pintados, a cavalaria sem cavalos", escreveu Ligne para Paris. Ele identificou de imediato as razões disso: "Mesmo aqueles russos [...] que ficaram contrariados por não estarem conosco, vão fingir que fomos enganados". Ligne sabia "muito bem o que é um truque de prestidigitação", mas as realizações eram verdadeiras.[29] Potemkin tinha perfeita ciência das mentiras que os inimigos espalhavam a seu respeito. "E o principal", escreveria posteriormente a Catarina, "é que nem a malícia nem o ciúme jamais conseguirão me diminuir aos vossos olhos." A imperatriz afirmou que ele estava certo: "Você deu uma palmada nos dedos dos seus inimigos".[30]

Os dedos dos inimigos talvez estivessem ardendo, mas isso não os deteve por muito tempo. Em São Petersburgo, os rivais empenhavam-se em desacreditá-lo, apesar de todas as provas em contrário. Um cortesão exaltado como Evgraf Chertkov (testemunha no casamento de Potemkin e Catarina) não ajudava muito quando dizia a todo mundo: "Vi milagres que aparentemente só Deus era capaz de explicar [...]. Foi como um sonho [...]. Só ele [Potemkin] é capaz de fazer essas coisas".[31] Era exatamente o que inimigos como o grão-duque Paulo queriam ouvir.

O tsarévitch convocou Ligne e Ségur para os interrogar sobre as realizações de Potemkin. Não ia permitir que a verdade atrapalhasse seu despeito. "Apesar de tudo o que esses dois viajantes lhe contaram, ele *não quer* ser convencido de que as coisas vão tão bem como dizem."[32] Quando Ligne admitiu que Catarina não poderia ter visto tudo, Paulo explodiu: "Oh, sei muito bem. É por isso que este desgraçado país não quer ser governado só por mulheres!".[33] Essa determinação, mesmo na corte, explica a persistência das mentiras, até mesmo quando testemunhas oculares as refutavam. As mentiras foram amplificadas pelos críticos da expansão russa. É fácil ver que, depois da morte de Potemkin e de Catarina, essa estudada desinformação foi transformada no evangelho da história. Mesmo em 1813, a adaptação inglesa da obra de Helbig concluiu que a "inveja que sempre acompanha os grandes homens exaltou o que era apenas espetáculo e minimizou o que era real".[34] Potemkin foi vítima do próprio e esmagador triunfo. A "Aldeia de Potemkin" é, isto sim, uma das maiores imposturas da história.

O novo príncipe de Táurida mergulhou numa das suas crises de cansaço depressivo, sintoma do anticlímax depois de tanto trabalho e de um êxito tão espetacular. Permaneceu alguns dias em Kremenchuk e, em meados de julho, instalou sua corte em Kherson, onde caiu doente, estirado em seu divã, cismando e brincando com diamantes. Não era um bom momento para o príncipe ficar deprimido. Desde dezembro de 1786, estava encarregado de toda a política otomana e era "árbitro da paz e da guerra". Agora o Império Otomano marchava para a guerra. Após a perda da Crimeia e da Geórgia, e do reconhecimento da influência russa nos Principados Danubianos, os otomanos viviam procurando uma oportunidade de recuperar essas vergonhosas concessões.[35]

Houve tumultos em Istambul já em março e até maio. "Aqui o povo só fala em guerra", informou o melhor agente de Potemkin, N. Pisani, rebento de uma das famílias diplomáticas profissionais de Istambul, que interpretava e espionava para todo mundo. O sultão Abdul-Hamid, pressionado por seu grão-vizir pró-

-guerra, Yusuf-Pasha, e pelos muftis, testava, deliberadamente, a determinação russa: em 1786, o hospodar da Moldávia Mavrocordato foi expulso: a Rússia lhe deu refúgio. O tsar georgiano Hércules estava sento atacado pelo paxá local. Os turcos respaldavam o xeque Mansour e seus tchetchenos, por isso Potemkin fortaleceu sua Linha Mozdok. A Porta voltou a fortalecer suas bases de Kuban ao Danúbio, de Anapa e Batumi a Bender e Izmail, e reconstruiu suas frotas, o que explica a demonstração de força ao largo de Ochakov durante a visita de Catarina. "Os guerreiros", acrescentou Pisani, "ficam cada dia mais insolentes e cometem todos os excessos."[36]

Potemkin, sentindo-se forte com sua nova frota e a iminente visita de Catarina, tinha certamente desempenhado seu papel na escalada desse perigoso jogo de provocação política. Em dezembro de 1786, ordenara a Bulgákov, embaixador na Porta, que exigisse a imediata cessação dessas alfinetadas nos principados danubianos e no Cáucaso.[37] Ofereceu a guerra de um lado, ou a garantia das possessões russas do mar Negro em troca de segurança para o Império Otomano. Naquele momento, a Sublime Porta tendia para a segurança. A linguagem dele era forte, mas não excessivamente provocadora. Se fosse, os otomanos teriam atacado durante a visita de Catarina. Cobenzl considerava as demandas de Potemkin "muito secundárias".[38] Em março, Potemkin deu a seguinte ordem a Bulgákov: "Fazemos tudo para evitar a guerra, mas ela certamente virá se ignorarem nossos pedidos [...]. Tente explicar ao sultão como são secundários e justos".[39] Quando Bulgákov conversou com Potemkin em Kherson, naquele mês de junho, o objetivo era evitar e não provocar a guerra. Em agosto, Potemkin disse especificamente a Bulgákov para "ganhar mais dois anos".[40] Postergar era necessário, os preparativos não estavam terminados.[41]

A bazófia marcial do Sereníssimo pode ter parecido nostalgia da guerra, mas ele tinha ganhado o Siétch, a Crimeia e a Geórgia só com a *ameaça* de guerra, sem perder os ossos de um único granadeiro de Iekaterinoslav. Tinha consciência de que no fim seria obrigado a lutar contra os turcos, porque o ressentimento deles aumentava a cada êxito russo. Mas está claro que falava em guerra para não ter que travá-la. No entanto, Potemkin tem sido acusado de provocar a guerra com sua diplomacia desajeitadamente agressiva. Essa opinião baseia-se em parte na visão retroativa de que a Rússia estava intimidando os fracos turcos, quando na verdade a Porta vinha formando exércitos e frotas bastante aprimorados depois do seu funesto desempenho durante a Primeira Guerra Turca. Baseava-se também na ignorância sobre a febre da guerra que grassava em Istambul e a política otomana de provocar a Rússia no Cáucaso e no Danúbio. Se o príncipe é culpado de alguma coisa, foi de ter criado a Frota do Mar Negro e arranjado a visita imperial à Crimeia: essas coisas declaravam que a presença russa no mar Negro seria permanente, porém sugeriam também que a Porta nunca mais teria outra oportunidade de desalojar os russos. Assim sendo, a corrida armamentista e as provocações foram mútuas e simultâneas. A guerra ocorreu porque os russos e os otomanos punham em curso seus mecanismos, e acabou vindo sem que qualquer dos lados estivesse totalmente preparado.

Voltando a Constantinopla, o embaixador russo encontrou a cidade infectada pela febre da guerra. O grão-vizir Yusuf-Pasha, apoiado pelos janízaros e pelos imãs, estava deliberadamente, de acordo com Pisani em 1º de junho de 1787, "animando a *cannaille* [...] para intimidar o soberano e levá-lo a acreditar que o povo quer a guerra e que do contrário se rebelará contra ele". A turba se amotinava. Recrutas da Ásia inundavam a cidade a caminho de Izmail, a principal fortaleza da Moldávia. Os exércitos otomanos somavam 300 mil homens. Só a determinação pacífica do sultão e de seu prestigioso capitão-paxá (grão-almirante) Hassan-Pasha segurava-os.[42] Prússia, Suécia, Grã-Bretanha e França incentivavam os turcos — na verdade, informou Pisani, "tenho nas mãos o caderno do plano" arquitetado por oficiais franceses para retomar a Crimeia. Finalmente o sultão cedeu. A Porta fez impossíveis demandas a Bulgákov, como a devolução da Geórgia e a aceitação de cônsules turcos em cidades russas. Bulgákov rejeitou-as, foi preso em 5 de agosto e atirado nas Sete Torres. No dia 20, navios otomanos atacaram duas fragatas russas ao largo de Ochakov. Depois de seis horas de batalha, os russos escaparam. Era a guerra.[43]

"Meu medo é que você não tenha mais unhas nos dedos", declarou Catarina a Potemkin em 24 de agosto, escrevendo para discutir uma estratégia e a composição do Conselho. "Você roeu-as todas."[44] Como ela o conhecia bem! A relação entre Catarina e Potemkin entrou numa nova fase naquele mês: suas cartas iam ficando mais longas à medida que se ampliavam as operações no teatro de guerra e a atividade diplomática. Mais que nunca, eles se tornaram parceiros tanto na glória como na angústia, pública e privada. Correspondiam-se como um velho casal que por acaso governava um império, amorosos um com o outro, porém com frequência irritados, trocando ideias políticas e fofocas, dando um ao outro confiança, elogios, roupas novas e remédios. Mas o príncipe, sentado em Kremenchuk, arrepiava-se de acessos de febre, mergulhando cada vez mais fundo nas trevas da disforia. Ao contrário das histórias de sempre, ele não descurou seus deveres, mas estava exausto por ter concentrado tanto poder nas próprias mãos. Isso deixava Catarina preocupada: "Você faz tudo pessoalmente, por isso não descansa".[45]

Com exceção do próprio Pedro, o Grande, Potemkin foi o primeiro comandante em chefe russo de forças militares e navais em diferentes teatros de guerra. Como ministro da Guerra, era responsável por todos os fronts, das fronteiras da China e da Suécia às da Polônia e da Pérsia. Havia dois exércitos principais defronte dos turcos. O príncipe comandava o principal exército de Iekaterinoslav no centro, enquanto o marechal de campo Rumiántsev-Zadunáiski comandava o exército da Ucrânia, que era menor e dava-lhe cobertura a oeste na fronteira da Moldávia. Além disso, Potemkin era o seu próprio grão-almirante da Frota do Mar Negro. No Cáucaso e no Kuban, comandava os corpos de exército que combatiam tanto os otomanos como os tchetchenos e as tribos circassianas sob a chefia do xeque Mansour. Nenhuma dessas forças estava completa e totalmente preparada — embora, por sorte, isso fosse também verdadeiro do lado turco. Potemkin juntou suas forças e esperou que duas de suas quinhentas ordens de recrutamento no interior reunissem 60 mil novos combatentes. Além do mais, estava incumbido de coordenar operações com seus aliados austríacos e, cada vez mais, cuidava da política russa na Polônia. Era um comando gigantesco, que exigia não só a capacidade de suprir essas forças e coordenar operações em terra e mar, mas também uma abrangente visão estratégica.

O objetivo otomano primordial era recuperar a Crimeia, usando a poderosa fortaleza de Ochakov como base. Primeiro teriam que tomar Kherson, a cidade de Potemkin. A chave para Kherson era Kinburn, pequena fortaleza russa na ponta de uma faixa de terra na barra do Liman, o longo estuário do rio Dnieper. Potemkin ordenou vigorosamente medidas defensivas. Forças foram enviadas a Kinburn sob o comando do melhor general de Potemkin, Alexandre Suvórov. Em 14 de setembro, os turcos tentaram desembarcar em Kinburn, mas foram rechaçados. O príncipe ordenou que a Frota do Mar Negro se lançasse ao mar em Sebastópol para perseguir a frota otomana, que estaria em Varna.[46] Mas a febre e a depressão minavam as forças de Potemkin. "A doença me deixa cada dia mais fraco", confidenciou ele a Catarina. Caso não se recuperasse, que ela passasse o comando a Rumiántsev.[47]

"Deus me livre de saber que você está tão doente e fraco a ponto de ter que passar o comando para Rumiántsev", respondeu Catarina em 6 de setembro. "Você está em meus pensamentos dia e noite [...]. É a Deus que peço e rezo para que o mantenha vivo e ileso — você sabe o quanto é necessário para mim e para o Império." Ela também achava que deviam agir defensivamente até a primavera, mas ambos temiam que os turcos atacassem antes de as forças russas estarem prontas, e que José não honrasse a sua parte do tratado.[48]

Essas palavras o estimularam. "Você me escreve como uma mãe de verdade", respondeu ele, dando à imperatriz um panorama estratégico, com o fraseado pitoresco de sempre: Suvórov em Kinburn era "um homem que serve com suor e sangue", enquanto Kahovski na Crimeia "montaria num canhão com o mesmo sangue-frio com que se deitaria num sofá". Aconselhou Catarina a apaziguar a Grã-Bretanha e a Prússia, já prevendo qual seria a política de ambas. Então sugeriu que a Rússia despachasse sua Frota Báltica para o Mediterrâneo, como o fizera na última guerra. Mas, mesmo enquanto escrevia, parece ter tido um colapso: não conseguia dormir nem comer, e estava "muito fraco, milhões de problemas, hipocondria forte demais. Nem um minuto de descanso, nem sei se consigo aguentar por muito tempo".[49] As cartas dele cessaram.

Então de repente o mundo de Potemkin desabou. Ele soube que a Frota do Mar Negro, a menina dos seus olhos e arsenal do poderio russo, tinha sido destruída numa tempestade em 9 de setembro. Só faltou enlouquecer. "Estou exausto, Matuchka", escreveu no dia 19, "não presto para nada [...] Deus me perdoe, mas se houver perdas, se eu não morrer de tristeza, lançarei meus méritos aos vossos pés e me esconderei na obscuridade [...] só me deixe descansar um pouco. Estou falando sério, não aguento mais [...]." Apesar disso era também lúcido e eficiente — os exércitos se formavam, faziam manobras, aprovisionavam-se — e Kinburn estava pronta: ele tinha feito tudo o que podia, o que não contribuiu em nada para melhorar seu estado físico e mental.[50]

"Lady Matuchka, minha sorte acabou", Potemkin, que tanto acreditava na Providência, escreveu para sua imperatriz em 24 de setembro. "Apesar de todas as providências que estou tomando, está tudo de cabeça para baixo. A Frota de Sebastópol foi triturada [...]. Deus me derrotou, não os turcos." Suas delicadas emoções atingiram o fundo do poço de sua natureza ciclotímica, num momento crítico para o qual toda a sua carreira o preparara. Mergulhou em profundo desespero, embora seu colapso o coloque em boa companhia: Pedro, o Grande, padeceu de crises emocionais quase suicidas, depois de Narva, em 1700, bem como Frederico, o Grande, tanto em Mollwitz, em 1740, de onde fugiu, como em Hochkirch, em 1758. No século xx,[51] os melhores exemplos de colapsos nervosos temporários em momentos igualmente decisivos foram os sofridos porIóssif Stálin, diante da invasão alemã em 22 de junho de 1941, e por Yitzhak Rabin, chefe do estado-maior de Israel, em maio de 1967, ao planejar o ataque preventivo da Guerra dos Seis Dias.*

O príncipe estava num estado tão maníaco que confidenciou a Rumiántsev-Zadunáiski, seu velho professor: "Minha carreira acabou. Endoidei". Rabiscou um segundo bilhete para Catarina naquele dia, sugerindo que a Rússia abandonasse a Crimeia, seu troféu, seu próprio título — pois, sem uma frota em Sebastópol, que haveria em manter tantas tropas ali confinadas? "Passe o comando para outra pessoa [...]", implorou. Por Deus, ele sempre lhe fora dedicado. Mas agora: "A verdade é que estou praticamente morto [...]".[52]

---

* Quando Hitler invadiu a Rússia em 22 de junho de 1941, Stálin quase desapareceu, não quis ver ninguém e parecia esmagado pelo tamanho da responsabilidade e por uma perda de coragem momentânea. Ao que tudo indica, sofreu uma espécie de depressão. Em maio de 1967, Rabin tornou-se "gaguejante, nervoso, incoerente". Seu biógrafo cita o comentário de uma testemunha, segundo a qual "era quase como se ele tivesse ficado com medo, perdido o controle".

26. Cossacos judeus e almirantes americanos: A guerra de Potemkin

O príncipe Potemkin propôs o projeto singular de formar um regimento de judeus [...] pretende transformá-los em cossacos. Nada me diverte tanto.

Príncipe de Ligne

Você ficará encantado com o príncipe Potemkin, pois não pode haver espírito mais elevado.

John Paul Jones para o marquês de Lafayette

Catarina espicaçou o príncipe de Táurida. "Nesses momentos, meu querido amigo, você não é apenas uma pessoa privada que vive e faz o que quer", respondeu ela no mesmo dia em que ele escreveu com tanto desespero. "Você pertence ao Estado, você me pertence." Apesar disso, enviou a Potemkin uma ordem autorizando a transferência de comando para Rumiántsev-Zadunáiski, se fosse essa a sua vontade.

Quando recebeu a desvairada carta de Potemkin, ela demonstrou seu frio bom senso. "Nada está perdido", garantiu ela, como uma professora alemã rigorosa, mas tolerante. "A tempestade, tão danosa para nós, foi igualmente danosa para o inimigo." Quanto à retirada da Crimeia, parecia "não haver necessidade de correr para começar a guerra evacuando uma província que não está em perigo".* Atribuiu a depressão dele ao que chamava de "excessiva sensibilidade e ardente assiduidade" do "meu melhor amigo, filho adotivo e pupilo, que às vezes é mais sensato do que eu mesma. Mas, desta vez, sou mais vigorosa, porque você está doente e eu estou bem".[1] Essa era a essência de sua parceria: quem estivesse bem cuidaria de quem estivesse mal. A guerra dera aos consortes mais motivos de preocupação, porém também mais coisas para compartilhar. Eles costumavam alternar suas discussões militares com as mais calorosas declarações de amor e amizade.

Uma semana depois, Potemkin saiu da depressão, graças em parte às cartas de Catarina, mas principalmente porque a frota, afinal de contas, tinha sido danificada, porém não destruída: só um navio se perdera. "A destruição da Frota de Sebastópol foi um golpe tão violento que não sei como sobrevivi", confessou ele à imperatriz. De qualquer forma, era um alívio para ele saber que poderia passar o comando a Rumiántsev caso não desse conta. Os dois combinaram que ela despacharia o príncipe Nikolai Repnin, general talentoso e sobrinho de Pánin, para comandar o Exército sob a autoridade de Potemkin. O Sereníssimo pediu desculpas por lhe ter dado aquele choque: "Não é culpa minha se sou tão sensível".[2] Ela compreendeu. Num diagnóstico típico do século XVIII, Catarina pôs grande parte da culpa nos intestinos de Potemkin: os espasmos dele "não passam de gases", decretou. "Ordene que lhe deem alguma coisa para se livrar dos gases [...]. Sei como são dolorosos para pessoas sensíveis e impacientes como nós."[3]

Potemkin acabara de se recuperar quando a guerra começou para valer. Na noite de 1º de outubro, depois de um bombardeio e vários falsos ataques, os turcos desembarcaram 5 mil janízaros do primeiro time na estreita faixa de terra de Kinburn e tentaram tomar de assalto a fortaleza. Ali, os turcos entrincheiraram-se. Os russos, sob o comando do brilhante Suvórov, atacaram três vezes e por fim conseguiram massacrar praticamente toda a força otomana, mas a um alto custo. O próprio Suvórov foi ferido duas vezes. Mas a vitória em Kinburn significava que Kherson e a Crimeia estariam a salvo até a primavera.

* A retirada dos 26 batalhões de infantaria, 22 esquadrões de cavalaria e cinco regimentos cossacos, todos confinados na Crimeia, não era covardia de um histérico, mas robusto bom senso militar. Potemkin planejava deixar os turcos desembarcarem na península antes de destruí-los numa batalha terrestre. (Foi exatamente isso que fez Suvórov, em menor escala, em Kinburn.) Uma vez passado o perigo de um desembarque, eles poderiam ser transferidos, mas Catarina rejeitou a ideia por motivos políticos.

"Não tenho palavras para expressar o meu apreço e respeito por seu importante serviço, Alexandre Vassílievitch",[4] escreveu Potemkin a Suvórov, nove anos mais velho que ele. Os dois grandes excêntricos e notáveis talentos de sua época conheciam-se desde a Primeira Guerra Turca. A tensa relação entre eles produzia faíscas de admiração e irritação de ambos os lados. Suvórov era um pequeno e rijo general, com um rosto cadavérico de comediante, olhos ferozes, inteligentes e um repertório de maluquices. "Herói, bufão, meio demônio, meio sujeira", escreveu Byron, "arlequim de farda."[5] Ele rolava nu na grama todas as manhãs, dando cambalhotas em frente ao seu exército, pulava nas mesas, cantava no meio da alta sociedade, certa vez pranteou um peru decapitado tentando recolocar-lhe a cabeça no pescoço, vivia numa palhoça na praia, ficava em pé numa perna só durante desfiles e punha seus exércitos em marcha cantando três vezes como um galo. Fazia aos soldados perguntas absurdas, como "quantos peixes existem no Danúbio?". A resposta correta era qualquer uma dada com convicção. "Deus nos livre dos 'não sei, não'", costumava exclamar.[6]

Logo depois de Kinburn, um jovem voluntário francês escrevia uma carta quando sua barraca foi aberta sem a menor cerimônia e um espantalho entrou, apenas de camisa. Aquela "fantástica aparição" quis saber para quem era a carta. Para sua irmã em Paris, respondeu o jovem. "Mas eu também quero escrever uma carta", disse Suvórov, tomando a caneta e redigindo uma carta do começo ao fim. Quando a irmã a recebeu, disse que o que não era quase ilegível era total birutice. O francês explicou: "Tive de lidar com um lunático". Diz a lenda que Suvórov certa vez ouviu Catarina dizer, sobre Potemkin, que todos os grandes homens eram excêntricos. Suvórov então pôs-se a exibir diariamente uma nova singularidade, que acabou se tornando uma segunda natureza. Mas esse homem falava seis línguas e era grande conhecedor de história e literatura antigas.[7]

Suvórov, que como Potemkin era favorável a trajes informais e fáceis de usar e a táticas simples de ataque, diferia do príncipe em sua implacável, e muito russa, indiferença à vida dos seus soldados. A baioneta era sua arma favorita: "Aço frio — baionetas e sabres! Empurre os inimigos, derrube-os, não perca um minuto". Nunca confie no mosquete, "essa meretriz imprevisível". Ele queria sempre invadir e atacar, independentemente das baixas: velocidade e impacto eram tudo. Suas principais batalhas, Izmail e Praga, foram banhos de sangue.[8] Todo comandante em chefe precisa de um Suvórov. Potemkin teve a sorte de contar com ele, mas o usava com habilidade.*

O Seréníssimo agora saudava Suvórov como "meu prezado amigo", enviando-lhe infindáveis presentes, que iam de sobretudos a balaios de *"pâté de Périgord"* — foie gras.[9] Recomendou a Catarina que promovesse Suvórov a um posto acima de sua senioridade: "Quem, Matuchka, teria uma coragem tão leonina?". Ele deveria receber a mais alta condecoração da Rússia, a Ordem de Santo André. "Quem mereceu essa distinção mais que ele? [...] Começo por mim — dê-lhe a minha!"[10] O ciúme que Potemkin sentia de seu subordinado passou a fazer parte da lenda de Suvórov, mas não há vestígio disso em nenhuma das cartas de Potemkin, e tal ciúme teria sido absurdo naquela época: Potemkin era o comandante supremo, e Suvórov era apenas um dos seus generais. Suvórov ficava tão comovido com as afetuosas cartas de Potemkin que respondia: "Sou um plebeu! Como poderia não me sentir lisonjeado pela benevolência de Vossa Alteza! A chave dos segredos da minha alma está para sempre em vossas mãos".[11] Suvórov era parecido com Potemkin em termos de excentricidade e talento: ao contrário do mito do ódio que sentiam um pelo outro, o que havia entre eles era admiração. Na verdade, as cartas apaixonadas, meio insanas, que trocavam mais parecem declarações de um caso amoroso. "Impossível ser mais Suvórov do que Suvórov", brincava o Seréníssimo.

Potemkin inspecionou Kherson, Kinburn e as frotas numa de suas turnês em alta velocidade e estabeleceu seu quartel-general em Elizavetgrado, onde instalou a corte de inverno e planejou a próxima campanha. Mas continuou com suas inspeções: depois de mil verstas na estrada, em temperaturas congelantes, queixou-se a Catarina de hemorroidas e dores de cabeça. Mas estava realizando milagres em termos de reparo da velha frota e da construção de uma nova flotilha para combater no Liman.

O grão-duque Paulo declarou que queria lutar contra os turcos e levar a mulher para o front. A perspectiva da companhia de Paulo era calamitosa para o

---

* Posteriormente, Suvórov ficou mais famoso: tornou-se príncipe de Itália, um astro europeu combatendo os revolucionários franceses na Itália e na Suíça. Até 1779, era o ídolo russo sem rival, e assim foi até 1917. Então, em 1941, Stálin lhe devolveu a posição de herói nacional e instituiu a Ordem de Suvórov. Os historiadores soviéticos o reinventaram, apresentando-o como herói do povo. O resultado desse culto é que até hoje Suvórov recebe crédito por muita coisa que na verdade foi feita por Potemkin.

Sereníssimo, pois havia o risco de que o herdeiro tentasse minar o seu comando. Apesar disso, ele concordou em princípio. Catarina agora desprezava o filho, comparando-o a "mostarda depois do jantar". Apesar dos dois pedidos formais, ela deu um jeito de dissuadi-lo, lançando mão de todos os pretextos — da quebra de safra à mais recente gravidez da grã-duquesa — para poupar o Sereníssimo desse destino aborrecido e perigoso. Paulo passou o resto da guerra treinando suas tropas em Gátchina "como um major prussiano, exagerando a importância do detalhe mais ínfimo e trivial", ao mesmo tempo que se atormentava com o assassinato do pai e ameaçava tratar todo mundo com "dureza e vingança" quando subisse ao trono. Ele teve que morder a língua e cumprimentar o Sereníssimo por suas vitórias, mas a sua esposa era grata a Potemkin por sua bondade com os irmãos dela, que serviam em seu Exército. À medida que Catarina envelhecia, Potemkin lisonjeava Paulo, que continuou a pessoa amarga de sempre — "a seus olhos, os céus e a terra eram culpados". Ele não perdia oportunidade de falar mal do consorte da mãe para qualquer um que quisesse ouvir.[12]

José ainda não tinha aceitado o *casus foederis* do tratado, mas mesmo assim reclamava que Potemkin e Rumiántsev não faziam nada. Os russos e os austríacos observavam com atenção uns aos outros: uns queriam que os outros carregassem o fardo da guerra, e assim mesmo compartilhar as recompensas. Cada lado mandava espiões seguirem os passos do outro.[13]

O espião de José era o príncipe de Ligne, que recebeu ordens para usar sua amizade com Potemkin e convencer os russos a combater o máximo possível. "Você me manterá informado numa folha de papel à parte, em francês", instruiu José a Ligne secretamente, "que será escondida e posta num pacote comum com o envelope cuidadosamente endereçado: Exclusivamente para Sua Majestade".[14] O *"jockey diplomatique"*[15] não sabia que isso tinha caído nas mãos do Gabinete Negro russo — ainda está nos arquivos de Potemkin —, mas notou a reserva do Sereníssimo quando apareceu em Elisavetgrado. "O príncipe de Ligne, de quem gosto muito, agora é um fardo", disse Potemkin a Catarina.[16] A guerra foi a ruína dessa amizade.

Elizavetgrado era uma pequena e desolada cidade-guarnição, a 75 quilômetros da fronteira otomana. "Que clima, que estradas, que inverno, que quartel-general encontrei em Elizavetgrado", escreveu Ligne, que ao abraçar Potemkin lhe perguntou: "Quando para Ochakov?". Era uma pergunta absurda, levando em conta que estavam em meados do inverno, e os austríacos, tão surpreendidos e despreparados quanto os russos, ainda não tinham sequer declarado guerra. "Meu Deus", respondeu o ainda deprimido Potemkin. "Há 18 mil homens na guarnição. Não tenho nem isso no meu exército. Está me faltando tudo. Serei o homem mais azarado do mundo se Deus não me ajudar." Potemkin relacionou as guarnições turcas nas vizinhas fortalezas otomanas, Akkerman, Bender e Khotin. "Não há uma só palavra verdadeira nisso tudo", comentou Ligne.[17] Estava enganado.[18] Os informes enviados de Istambul por Pisani atestam que a fortaleza tinha acabado de ser fortificada e receber soldados.* Potemkin não tinha a menor intenção de sacrificar vidas russas para salvas reputações austríacas: tem-se a clara impressão de que parte da sua depressão era loucura diplomática para despistar os austríacos.

Potemkin vivia de forma esplendorosa em meio à miséria de Elizavetgrado, onde ocupava um palácio de madeira ao lado da velha fortaleza. Voluntários estrangeiros — aristocratas espanhóis, piemonteses, portugueses e em especial franceses — chegavam à gélida cidade, junto com uma "vil tropa de aventureiros subalternos". Em 12 de janeiro de 1788, Roger, conde de Damas, tendo fugido da França em busca de *gloire*, chegou para oferecer seus serviços. Com apenas 23 anos, bastos cabelos ondulados, gracioso e destemido, o primo de Talleyrand era amante da marquesa de Coigny, que também era amante ocasional de Ligne, a quem Maria Antonieta chamava de "rainha de Paris". Ao chegar, quis saber onde estava o amigo de sua amante, Ligne. Lá no castelo, disseram-lhe. Então lhe ensinaram o caminho para o palácio de Potemkin. Passou por dois guardas e entrou num imenso salão, repleto de ordenanças. Aquilo levava a uma longa suíte, tão intensamente iluminada como num "banquete numa capital qualquer".

A primeira sala que viu estava tomada por ajudantes à espera de Potemkin; na segunda, Sarti regia sua orquestra de sopro; na terceira, de trinta a quarenta generais cercavam uma imensa mesa de bilhar.[19] À esquerda, o Sereníssimo jogava cartas com uma sobrinha e um general. Aquela corte "não era inferior a muitos

---

* Esta foi a primeira de muitas ocasiões em que as críticas de Ligne, amplamente propagadas pela história como verdadeiras, estavam erradas em termos factuais e se baseavam em sua parcialidade austríaca. Seus merecidamente famosos relatos de Potemkin em guerra, que ele repetia em suas belas cartas para José, Ségur e a marquesa de Coigny, e por consequência para toda a Europa, nunca traziam mentiras de forma deliberada, mas devem ser lidos no contexto da sua função, que era espionar o amigo e convencê-lo a aliviar a pressão sobre seu próprio imperador. Além disso, ele estava frustradíssimo por não ter recebido uma posição de comando.

soberanos da Europa". Os generais russos eram tão servis que, se Potemkin deixasse cair alguma coisa, vinte deles corriam para pegar.[20] O príncipe levantou-se para cumprimentar Damas, sentou-o ao seu lado e convidou-o para jantar com Ligne e sua sobrinha numa pequena mesa, enquanto os generais comiam ao redor de uma mesa grande. A partir de então, Damas jantou com Potemkin todos os dias, durante três meses de luxo e impaciência.[21] Ligne era o consolo dos estrangeiros — "uma criança em sociedade, Lovelace com as mulheres". Não havia escassez delas.

Potemkin não conseguiria aguentar a guerra sem mulheres. Não tardou para que uma *coterie* de deusas se juntasse a ele para passar o inverno, todas com mais ou menos vinte anos, que vieram ver os maridos no exército. Havia a Afrodite russa — a princesa Iekaterina Dolgorúkaia, mulher de um oficial e filha do príncipe Fiódor Bariátinski, um dos principais cortesãos de Catarina. Era aclamada por sua "beleza, graça, gostos refinados, delicadeza de tato, humor e talento". Havia, ainda, a esbelta e lasciva Iekaterina Samóilova, mulher do sobrinho de Potemkin e filha do príncipe Serguei Trubetskoi. Era a "mais adorável das mulheres", por quem Ligne logo se apaixonou, e escreveu poemas que capturam a tristeza da vida naquelas paragens: "Dromedários, cavalos; zaporogos, ovelhas; é tudo que encontramos aqui".[22] A terceira daquela graciosa troica era a mulher de Pável Potemkin, Praskóvia.[23] Ségur provocava Potemkin, de Petersburgo, por seu caso com uma moça de "belos olhos negros, com quem se diz que você tentou executar os Doze Trabalhos de Hércules".[24] Damas afirmou que Potemkin "subordinava a arte da guerra, a ciência da política e o governo do reino a suas paixões particulares".[25] Essa galáxia de Vênus girava em torno de Potemkin: quem seria a próxima sultana-chefe?

Potemkin e Ligne atormentavam-se reciprocamente: Potemkin pressionava os austríacos a entrar na guerra "contra nosso inimigo comum".[26] Ligne brandiu uma das cartas de José, que continha um plano de guerra, e exigiu que Potemkin revelasse sua estratégia. Potemkin postergou, e depois de duas semanas Ligne alegou ter sido enganado com a declaração: "Com a ajuda de Deus atacarei qualquer coisa que esteja entre o Bug e o Dniester". Outra mentira de Ligne. Numa carta inédita, Potemkin tinha explicado com grande clareza o plano russo: "Vamos tentar o cerco de Ochakov, enquanto o exército da Ucrânia cobre Bender", e os corpos de exército do Cáucaso e de Kuban lutavam contra as tribos das montanhas e os otomanos a leste.[27]

Mas Ligne não exagerava no que dizia respeito ao impossível mau humor de Potemkin para com ele: estavam "às vezes bem, às vezes mal, discutindo a ponto de partir para a briga, ou era favorito incontestável, às vezes jogando com ele, falando ou sem falar, acordados até as seis da manhã". Ligne disse que era babá de "uma criança mimada", e babá maldosa, nesse caso. Mas Potemkin também estava farto da "vil ingratidão" do príncipe, porque seu Gabinete Negro abria todas as cartas de Ligne para os amigos. O Sereníssimo queixou-se a Catarina de que o *jockey diplomatique* não conseguia se decidir: "Aos seus olhos, às vezes sou Térsites, às vezes Aquiles", a mal-afamada Térsites de *Troilo e Créssida* ou o heroico Aquiles da *Ilíada*. Era uma relação de amor e ódio.[28]

Entre conduzir adultérios, rir-se de dromedários e jogar bilhar, Potemkin realizava um milagre pronto para o ano seguinte. Primeiro aguardava suas reservas e os novos recrutas, de modo que aos poucos um exército de 40 mil a 60 mil homens foi se formando em Elizavetgrado. Do outro lado do Mediterrâneo, oficiais de Potemkin tentaram recrutar mais homens, particularmente da Grécia e da Itália: por exemplo, na ilha de Córsega consta que um jovem se ofereceu para servir sob as ordens de um recrutador russo, o general I. A. Zaboróvski. O corso exigia uma patente russa equivalente à sua posição na Garde Nationale Corse. Chegou mesmo a escrever para seu general Tamara a esse respeito.* Mas o pedido foi recusado e ele continuou na França. O nome desse quase recruta do exército de Potemkin era Napoleão Bonaparte.[29]

O Sereníssimo criou uma Hoste Cossaca que estava em seus planos desde que destruiu a Siétch de Zaporójie. Como zaporogo honorário, Potemkin tinha "paixão pelos cossacos". Sua comitiva estava repleta deles, quase sempre velhos amigos seus da Primeira Guerra Turca, como Sidor Beli, Chapega e Golovati. Potemkin achava que a velha cavalaria pesada de couraceiros estava ultrapassada e era inconveniente nas guerras do Sul. Os cossacos tinham copiado a arte da equitação dos tártaros, e agora Potemkin fez com que sua cavalaria ligeira imitasse os cossacos. Mas decidiu também reconstituir os cossacos zaporogos, seduzindo, de volta, seus companheiros que tinham desertado para o lado turco. "Tente

---

* Muita coisa na história depende dessa ínfima questão de patentes. O conde Fiódor Rostopchin, posteriormente o governador de Moscou que incendiou a cidade em 1812, afirmou em seu relato *La Verité sur l'Incedie de Moscow* ter visto o documento: "Segurei esta carta várias vezes em minhas mãos". Lamentava que Bonaparte não tivesse ingressado no Exército russo.

arregimentar os cossacos", ordenou a Beli. "Eu mesmo checarei todos eles." Também completou suas fileiras recrutando novos cossacos entre poloneses, velhos crentes e até mesmo cocheiros e *petit burgeois*. A despeito das cautelas de Catarina, criou a nova "Hoste do Mar Negro e de Ikaterinoslav", sob o comando de Beli e seus protegidos cossacos. Posteriormente, passaram a ser chamados de cossacos do Kuban, a segunda maior hoste da Rússia (a do Don continuou sendo a maior) até a Revolução. Foi Potemkin quem fez dos cossacos os pilares do regime tsarista.[30]

Potemkin resolveu armar os judeus contra os turcos. Esse "projeto singular", provavelmente ideia do seu amigo judeu Zeitlin, nascido em algum debate rabínico com o príncipe, começou como esquadrão de cavalaria formado por judeus da propriedade de Kritchev. Em dezembro, ele criou um regimento judaico chamado Israelovski, palavra que fazia lembrar as Guardas Izmailóvski. Mas as semelhanças terminavam aí. Comandado pelo príncipe Ferdinand de Brunswick, seu objetivo final era libertar Jerusalém para os judeus, assim como Potemkin conquistaria Constantinopla para os ortodoxos. Esse sinal do invulgar filossemitismo de Potemkin e da influência de Zeitlin era uma ideia estranha, levando em conta o antissemitismo russo, em especial o cossaco, mas foi certamente uma das primeiras tentativas feitas por uma potência estrangeira para armar os judeus desde que Tito destruiu o Templo.

O príncipe queria que seu Israelovski fosse meio infantaria, meio cavalaria, essa última formada por cossacos judeus com lanças zaporoga: "já temos um esquadrão", observou Ligne para José II. "Por causa dos estribos curtos, as barbas vão até os joelhos, e o medo que têm de lombo de cavalo os torna parecidos com macacos." José, que tinha afrouxado as restrições dos seus próprios judeus, provavelmente se divertia com isso.

Em março de 1788, 35 dos barbudos cossacos judeus estavam em fase de treinamento. Logo havia dois esquadrões, e Ligne disse a Potemkin que havia muito mais na Polônia. Ligne era cético, mas admitia ter visto excelentes chefes de correio judeus e até postilhões. O Israelovski provavelmente acompanhava a cavalaria em patrulhas, porque Ligne escreveu que os soldados tinham tanto pavor dos próprios cavalos como dos cavalos dos inimigos. Cinco meses depois, no entanto, Potemkin extinguiu o Israelovski. Ligne gracejou dizendo que ele não ousou mantê-los porque tinha medo de "meter-se com a Bíblia". E assim terminou esse raro experimento, que diz muito sobre a originalidade e a imaginação de

Potemkin.* Ligne considerava os cossacos judeus "muito ridículos". Potemkin concentrou-se num "grande número de zaporogos e outros voluntários cossacos" que apareciam, para com eles formar a Hoste do Mar Negro.[31]

O "príncipe-marechal", como os estrangeiros o chamavam, iniciou os reparos da frota danificada, ao mesmo tempo que preparava uma nova e imensa flotilha para combater no Liman, abaixo de Ochakov. Os russos estavam expostos no Liman. Devido à natureza desse estuário de águas rasas, Potemkin teria que travar uma guerra diferente, com uma frota de outro tipo. Potemkin e seu almirante Mordvínov foram atrás do mais criativo engenheiro naval que conheciam: as barcaças vermiculares de Samuel Bemtham tinham sido abandonadas e esquecidas quando o tour da imperatriz seguiu para Kherson, enquanto ele continuou sua viagem atrás, mais devagar.** Agora voltavam a precisar dele, mas o Sereníssimo esquecera-se de pagar-lhe. A dívida foi rapidamente quitada, porém Potemkin estava tão constrangido que mal conversava com Bentham. "Por ordem de Sua Alteza", Sam foi alistado na marinha[32] — apesar de "ter preferido continuar em terra firme".[33] Potemkin ordenou-lhe que criasse uma flotilha ligeira que pudesse combater a frota turca no Liman.[34] Enquanto Potemkin parecia ocioso em Elizavetgrado, tendo ataques de cólera com Ligne, os arquivos mostram que ele cuidava da criação dessa frota com o máximo vigor. "Equipe-a completamente, o mais rápido possível, com cordame e todos os armamentos", ordenou ele a Mordvínov. "Não perca tempo."[35]

José acabou aceitando o *casus foederis* e lançou um incompetente ataque preventivo contra a fortaleza otomana de Belgrado, na atual Sérvia. A operação

---

* É o caso de perguntar-se o que terá acontecido com esses cossacos judeus. Seis anos depois, em 1794, judeus poloneses criaram uma cavalaria ligeira com quinhentos homens para lutar contra os russos. Seu coronel Berek (Berko) Joselewicz ingressou na Legião Polonesa de Napoleão em 1807. Berek foi agraciado com a Légion d'Honneur, mas morreu combatendo os austríacos em 1809. Teria algum dos cossacos judeus de Potemkin lutado por Napoleão? Posteriormente, em meados do século XIX, o grande poeta polonês Adam Mickhievicz formou outro regimento judaico de cavalaria, os Hussaros de Israel, entre os exilados poloneses em Istambul. Um certo tenente Michal Horenstein chegou a desenhar um elegante uniforme cinza. Durante a Guerra da Crimeia, os cavaleiros, junto com os cossacos otomanos remanescentes, lutaram contra os russos nos arredores de Sebastópol.

** Samuel ficou tão deprimido que escreveu uma carta ao primeiro-ministro Pitt, o Jovem, propondo a troca de seu "batalhão de novecentos russos" para supervisionar um panóptico "de malfeitores britânicos".

falhou ridiculamente quando comandos austríacos, disfarçados com uniformes especiais, perderam-se na neblina. Potemkin ficou "furioso"[36] com Ligne por causa dessa palhaçada militar, mas isso liberou os russos. "Não é muito bom para eles", afirmou Catarina a Potemkin, "mas é bom para nós." José pôs seus 145 mil soldados em posição, mas ficou na defensiva na Europa Central, o que pelo menos restringiu os turcos, dando a Potemkin tempo para travar a Batalha do Liman.[37]

Essa estratégia deixou os austríacos em desespero. Potemkin declarou com firmeza a Catarina que "ninguém me convence a fazer se não houver nenhuma vantagem, e ninguém me impede de fazê-la se houver uma oportunidade útil".[38] Ligne tentou convencê-lo, mas Potemkin respondeu com um riso maldoso: "Você acha que vai chegar aqui e me levar pelo nariz?".[39] O general austríaco príncipe Frederico José de Saxe-Coburgo-Saalfeld também não conseguiu tomar Khotin. Uma segunda arremetida para Belgrado não chegou sequer a começar. A guerra austríaca não ia bem.[40]

Então Potemkin deu a Ligne dois memorandos estratégicos inéditos que o "jóquei diplomático" não menciona em suas famosas cartas, porque firmemente restauram o equilíbrio das conquistas austro-russas: "Parece-me que em várias ocasiões é preciso estar bastante em guarda", e o Sereníssimo explica então como os turcos lutavam: "Eles gostam de envolver seus inimigos por todos os lados [...]". O conselho de Potemkin era concentrar forças, e não espalhá-las em finos cordões, como José vinha fazendo. Tenha ou não visto esses documentos, José fez exatamente aquilo que Potemkin o aconselhou a não fazer, com resultados desastrosos.[41]

Tudo que restava a Ligne era acusar o príncipe de vaidosa busca de medalhas e de mentir sobre suas vitórias. Quando um mensageiro trouxe a notícia de uma vitória no Cáucaso, Potemkin ficou radiante: "Veja se é verdade que eu não faço nada! Acabei de matar 10 mil circassianos, abissínios, imericianos e georgianos, e já matei 5 mil turcos em Kinburn". Ligne afirmou que era mentira, mas os generais Tekeli e Pável Potemkin tinham alcançado uma série de vitórias no Kugan em setembro e novembro, contra o aliado otomano, o xeque Mansour.[42] Ligne simplesmente não fazia ideia da amplitude do comando de Potemkin.*

---

* As cartas de Ligne contam só metade da história; os arquivos de Potemkin guardam a outra metade. A alegação de Ligne de que Potemkin mentia sobre suas vitórias em outros fronts foi

★ ★ ★

Foi a vez de Catarina perder a confiança por um momento e de Potemkin encorajá-la na crença de que os dois eram criaturas abençoadas. Cristo a ajudaria — e Ele já o fizera antes. "Houve momentos", escreveu o príncipe para tranquilizá--la, "em que todas as rotas de fuga pareciam bloqueadas. E de repente a sorte ajudou. Confie Nele." E agradeceu o casaco de pele que ela lhe mandara. Ela sentia a sua falta — em especial numa situação de crise: "sem você, é como se eu estivesse perdendo uma mão, e me meto em encrencas nas quais com você eu nunca me meteria. Sempre tenho medo de estar faltando alguma coisa".[43] Mais adiante, na primavera, ela escreveu um pós-escrito a um curto bilhete, agradecendo suas palavras de incentivo. "Achei que seria bom lhe dizer que o amo, meu amigo, muito e sem cerimônia." Ainda eram tão chegados que costumavam pensar do mesmo jeito e até sofrer das mesmas doenças.[44]

Uma delegação polonesa chegou a Elisavetgrado: Potemkin deixou os delegados esperando durante dias e depois os desconcertou recebendo-os de roupão sem usar calções por baixo. Apesar disso, Potemkin prestou séria atenção ao problema da Polônia. A esparramada Comunidade caminhava para o chamado "Sejm de Quatro Anos", o longo parlamento que presidiu a Revolução Polonesa e derrubou o protetorado russo. Isso é o que a aliança proposta por Potemkin e o rei Estanislau Augusto poderia ter evitado. "Faça a Polônia juntar-se a nós na guerra", recomendou o príncipe a Catarina.[45] Ele ofereceu aos poloneses 50 mil fuzis para equipar as forças da Polônia, que incluiriam uma cavalaria com 12 mil homens para combater os turcos. Potemkin queria comandar pessoalmente parte dos poloneses — "pelo menos uma única brigada. Sou tão polonês quanto eles", protestou, referindo-se às suas origens de Smolensk e ao *indigenat* como nobre polonês.

---

aceita por historiadores, mas isso é que é falso. A rede de espionagem de Potemkin, revelada por seus arquivos, mantinha-o informado de acontecimentos num imenso teatro de operações: ele recebia relatórios regulares do governador da fortaleza polonesa de Kamenets-Podolsk, o general De Witte, que contou que tinha conseguido colocar espiões na turca Khotin numa remessa de manteiga — embora o fato de a irmã da esposa grega de De Witte ser casada com o paxá de Khotin talvez também tenha ajudado.

Essa oferta para comandar tropas polonesas não era à toa. Potemkin ainda estava desenvolvendo seus flexíveis planos para lidar com a Polônia e o próprio futuro quando Paulo fosse tsar, em parte baseado em suas novas propriedades no país.[46] De qualquer maneira, Catarina não confiava no plano, talvez apreensiva com as vastas terras e os projetos dele para a Polônia. Tudo o que ela propôs foi um tratado preservando especificamente a débil e caótica Constituição polonesa que servia aos interesses russos. Nunca foi assinado.

Havia sempre um toque de comédia quando se tratava do Seressíssimo, mesmo na guerra. Quando seus cossacos capturaram quatro tártaros, os prisioneiros tinham certeza de que seriam mortos. Mas Potemkin animadamente os jogou dentro de um barril de água e anunciou que acabavam de ser batizados. Quando um francês já meio senil chegou, dizendo-se especialista em cerco militar, o príncipe lhe fez algumas perguntas e descobriu que o sábio tinha esquecido quase tudo que sabia. "Eu gostaria de dar uma espiada [...] e estudar de novo as obras que esqueci", pediu o velho. Potemkin, "sempre bondoso e afável" com figuras exóticas, riu e lhe disse que se acalmasse: "Não vá se matar com tanta leitura [...]".[47]

Samuel Bentham, trabalhando sob o comando do almirante Mordvínov e do general Suvórov em Kherson, atirou-se à tarefa de criar uma flotilha a remo, usando toda a sua engenhosidade.* Fez adaptações nas "amaldiçoadas" barcaças imperiais de Catarina para transformá-las em canhoneiras, porém seu trabalho mais importante foi renovar um cemitério de canhões velhos e instalá-los em qualquer navio ligeiro que pudesse converter ou construir. "Eu gosto de imaginar que sou o agente principal, equipando as galés e os barcos menores", escreveu.[48]

A obra-prima de Bentham foi armar seus navios com canhões muito mais pesados do que o habitual na maioria das canhoneiras.[49] "O emprego de grandes canhões de 36 ou mesmo de 46 libras em embarcações pequenas como lanchas de navio", gabou-se Bentham, com justiça, ao irmão, "foi inteiramente ideia minha."[50] Diga-se a favor de Potemkin que, ao fazer uma inspeção em outubro, compreendeu de imediato o significado da ideia de Bentham e adotou-a na cons-

---

* Durante esse processo, ele inventou uma carreta anfíbia, provavelmente a primeira embarcação anfíbia de desembarque; uma bomba-relógio; um primitivo torpedo; e bombas de garrafa, com líquido inflamável, para acender e jogar — 160 anos antes dos coquetéis molotov. Talvez elas devessem ser chamadas de "Bentham", ou "coquetéis Potemkin".

trução de todas as fragatas e canhoneiras, incluindo 25 *chaiki*[51] zaporogas que seu factótum Faléiev estava construindo em paralelo. "O que eles respeitam na frota é o calibre dos canhões, e não sua quantidade", explicou Potemkin a Catarina.[52] De alguma forma, ele venceu a própria falta de jeito para agradecer publicamente a Bentham por tudo que fez.[53] Bentham ficou felicíssimo.

Até a primavera, Potemkin criou uma flotilha ligeira fortemente armada de cerca de cem barcos a partir praticamente do nada.[54] Até Ligne teve que admitir que "foi preciso muito valor da parte do príncipe para imaginar, criar e equipar" a frota em tão pouco tempo.[55] O nascimento da frota do Liman — outro "filho amado" — foi talvez o "serviço mais essencial que Potemkin prestou à Rússia".[56] A quem entregar o comando? Nassau-Siegen chegou a Elizavetgrado no Ano-Novo, ansioso para servir. Potemkin achava divertido o pedigree de Nassau — da cama da rainha do Taiti à incursão em Jersey durante a Guerra de Independência dos Estados Unidos — mas conhecia suas limitações. "Quase um marinheiro", ele se referia a Nassau,[57] o que fazia dele o candidato perfeito para sua quase frota do Liman. Em 26 de março, pôs Nassau, cuja "bravura" era "célebre", no comando da flotilha a remo.[58]

Potemkin inspecionava e reinspecionava como um maníaco: "O peso da sua autoridade, o temor que inspirava e a imediata execução dos seus desejos tornavam quase desnecessárias suas visitas de inspeção".[59] Pelo fim de março, tudo estava praticamente pronto. "Então podemos começar a dançar", declarou Nassau.[60] Mas, justamente quando a questão do comando parecia resolvida, apareceu no Liman um general americano.

"Paul Jones chegou", comunicou Catarina a Grimm em 25 de abril de 1788. "Eu o vi hoje. Acho que fará maravilhas para nós."[61] Na fantasia de Catarina, Jones abriria caminho como um relâmpago para Constantinopla. John Paul Jones, nascido filho de um jardineiro numa ilha escocesa, era o mais célebre comandante naval de sua época. Ainda é tido como um dos fundadores da Marinha dos Estados Unidos. Seu minúsculo esquadrão de navios tinha aterrorizado a costa britânica durante a Guerra de Independência dos Estados Unidos: sua façanha mais inusitada foi realizar incursões na costa escocesa, tomando como reféns os moradores de uma casa de campo. Isso lhe valeu nos Estados Unidos a invejável reputação de herói da liberdade, na França a de arrasa corações e na Inglaterra a de pirata desprezível. Gravuras com sua imagem eram postas à venda; babás inglesas assustavam as crianças contando histórias desse bicho-papão sanguinário. Quando a Guerra da Independência terminou, em 1783, Jones, que morava em Paris, de repente ficou à toa na vida. Grimm, Thomas Jefferson e o virginiano rei da Polônia, Lewis Littlepage, ajudaram a encaminhá-lo para Catarina, que sabia que a Rússia precisava de marinheiros — e que jamais pôde resistir a uma celebridade ocidental. Costuma-se dar crédito a Catarina por ter contratado Jones sem consultar Potemkin. Mas os arquivos mostram que Potemkin negociou com ele de forma simultânea. "Caso este oficial esteja agora na França", disse ele em 5 de março a Simolin, o embaixador russo em Paris, "peço a Vossa Excelência que o faça vir o quanto antes, para que possa usar seus talentos iniciando a campanha."[62]

Jones bem que chegou a Tsárskoe Seló, mas o almirante Samuel Greig e os oficiais britânicos da frota do Báltico se recusaram a servir com esse corsário infame, por isso Catarina despachou Jones diretamente para Elizavetgrado. Em 19 de maio de 1788, Potemkin entregou ao contra-almirante Pável Ivánovitch Dzones o comando dos seus onze encouraçados, enquanto Nassau ficava com a flotilha a remo.[63] Jones não era o único americano a lutar por Potemkin: Lewis Littlepage, que o príncipe conhecia de Kíev, chegou como espião do rei da Polônia no quartel-general russo. Na Batalha do Liman, comandou uma divisão de canhoneiras. O príncipe nomeou Damas, Bentham e outro voluntário inglês, Henry Fanshawe (Potemkin o chamava de "Fensch"), um cavalheiro de Lancashire, para o comando de esquadrões sob as ordens de Nassau. "Os tenentes-coronéis Fensch e Bentham finalmente aceitaram servir a bordo dos navios", informou Potemkin a Mordvínov.

Nassau e os outros três se revelaram escolhas inspiradas para a flotilha,[64] já os dois americanos, nem tanto. Jones provocava ressentimento e agitação: Fanshawe e Bentham não ficaram nem um pouco impressionados com o "célebre, melhor dizendo, notório" Jones, e o primeiro declarou que "nada, a não ser a presença do inimigo, nos convenceria a servir *com* ele, e nenhuma consideração no mundo nos faria *servir sob* o seu comando".[65] Em Petersburgo, Ségur escreveu para Potemkin uma carta muito moderna, apesar de lisonjeira, sobre a fama: "Eu não esperava, tendo ido à guerra nos Estados Unidos com o bravo Paul Jones, encontrá-lo aqui, tão longe de casa, mas celebridade atrai celebridade, e não me surpreende ver todos aqueles que amam a glória [...] virem juntar os louros deles com os seus". Mas Ségur, previdentemente, suplicou a Potemkin que fosse justo com Jones e jamais "o condene sem primeiro o ouvir".[66]

* * *

Em 20 de maio de 1788, Nassau viu a floresta de mastros da frota otomana no Liman, ao largo de Ochakov. "Precisamos dançar uma dança com o capitão paxá", gabou-se Nassau à sua mulher.[67] Jurou a Damas que, em dois meses, estaria morto ou ostentando a Cruz de São Jorge.[68]

Ghazi Hassan-Pasha, o capitão paxá, comandava dezoito navios de linha, quarenta fragatas e dezenas de galés a remo, numa flotilha que totalizava 109 navios, consideravelmente maior do que a dos russos em número e tonelagem.[69] O próprio capitão paxá, filho renegado de um servidor ortodoxo georgiano na costa berbere, era o guerreiro otomano extraordinário do fim do século XVIII, último de uma tradição de piratas argelinos que tinha vindo em socorro do sultão. O "renegado argelino", imediatamente reconhecível por sua "bela barba branca", tinha visto o inferno de Chesme e voltara às pressas para defender Istambul; derrotara as rebeliões egípcias contra o sultão; e conquistara o apelido de "Crocodilo das Batalhas no Mar".[70] Era o preferido do povo de Istambul. Lady Craven, que visitou sua casa em 1786, descreveu a magnificência do seu estilo de vida e a abundância de brilhantes no turbante de sua mulher.[71] Andava sempre acompanhado por um leão, seu animal de estimação, que se deitava a uma ordem sua.

Potemkin, novamente sofrendo de um ataque de nervos, se perguntava se deveria evacuar a Crimeia. "Quando se está montado num cavalo", respondeu Catarina, "não faz sentido apear e segurá-lo pelo rabo." O que Potemkin queria era que a imperatriz lhe tirasse as dúvidas, e não propriamente evacuar — e foi o que ela fez.[72]

O Liman, ou estuário do Dnieper, era uma baía longa, estreita e traiçoeira, que se estendia cinquenta quilômetros para oeste, antes de abrir-se no mar Negro. Tinha apenas treze quilômetros de largura, mas na entrada pouco mais de três. A costa sul era russa, terminando na estreita faixa de terra de Kinburn, porém a foz era dominada pelas colossais fortificações da fortaleza otomana de Ochakov. Tinha grande importância estratégica, porque Ochakov era o principal objetivo de guerra dos russos na primeira campanha. Ela não poderia ser tomada se os otomanos controlassem o Liman. Além disso, perder a batalha deixaria os turcos livres para atacar Kinburn de novo, avançar 24 quilômetros rio acima até Kherson e possivelmente tomar a Crimeia. A estratégia de Potemkin consistia em assumir o controle naval do Liman e então sitiar a poderosa Ochakov, o que abriria as comunicações entre Kherdon e Sebastópol, protegeria a Crimeia e acrescentaria um novo trecho de litoral. Tudo dependia, portanto, do príncipe de Nassau-Siegen, do contra-almirante John Paul Jones e do Crocodilo das Batalhas do Mar.

Em 27 de maio, Potemkin marchou de Elizavetgrado com seu exército, enquanto o capitão paxá reunia sua frota. Na manhã de 7 de junho, o capitão paxá avançou pelo Liman com sua flotilha a remo respaldada por navios de guerra. Era uma cena esplêndida e impressionante — "melhor do que um baile em Varsóvia", na opinião de Nassau, "e estou convencido de que vamos nos divertir tanto como o príncipe Sapieha dançando 'l'Allemande'". Nassau e Damas mostraram um ao outro retratos de suas mulheres em casa. Os turcos abriram fogo. Enquanto ventos contrários impediam o avanço do esquadrão de Jones, Nassau lançou mão das ligeiras *chaiki* zaporogas à sua esquerda para atacá-los ao longo da linha. Os turcos recuaram caoticamente. O capitão paxá disparou contra suas próprias forças em retirada. Afinal, ele foi o homem que resolveu o problema da preguiça dos bombeiros de Istambul jogando quatro deles no fogo *pour encourager les autres*.

Nassau e Jones ordenaram a suas respectivas frotas que saíssem atrás. Bentham, que comandava uma divisão de sete galés e duas canhoneiras, viu sua artilharia pesada ganhar o dia, mas teve as sobrancelhas chamuscadas quando seus canhões explodiram.[73] A Primeira Batalha do Liman foi mais um impasse do que uma debandada — mas foi encorajadora.

"É uma dádiva de Deus!", exclamou o Seleníssimo, cujo exército estava acampado em Novi Grigóri, onde ele dedicara uma igreja ao seu santo padroeiro, são Jorge. Deu um abraço em Ligne.[74] Surpreendentemente para um homem notório pela indolência, o conceito de comando de Potemkin era abrangente e associado ao domínio de todos os detalhes. Ele supervisionava as manobras da flotilha, suas formações e os códigos de sinalização entre os navios e Kinburn. Pensava, em primeiro lugar, nos homens comuns: ordenou a Nassau que desse a cada um sua porção de *eau de vie* (licor) todos os dias e especificou que as refeições fossem servidas na hora, sempre quentes, e contendo obrigatoriamente sopa de legumes e carne nos dias santos. Quando viesse o verão, os homens deveriam tomar banhos diários. Mais notáveis ainda eram suas opiniões sobre disciplina. "Estou totalmente convencido", escreveu, que "sentimentos de humanidade" contribuem para a saúde e o serviço das tropas. "Para ter êxito nisso, recomendo que proíba surrar as pessoas. O melhor remédio é explicar exata e claramente o que você fez." Os contemporâneos consideravam a humanidade e a generosidade de Potemkin com seus soldados louca, complacente e perigosa. Seriam consideradas paparicação meio século depois na Marinha Real inglesa.[75]

Nassau e Jones tornaram-se inimigos hidrófobos: o inquieto paladino não se impressionou com as sensatas medidas tomadas por Jones para preservar os próprios navios, enquanto Jones achava que Nassau o odiava porque o havia "tirado da trapalhada que fez e do perigo".[76] Ambos iam se queixar ao príncipe, que tentava manter a paz, embora em segredo apoiasse Nassau. "É a você exclusivamente". escreveu ele dois dias depois, "que atribuo esta vitória."[77] Mas também lhe ordenou que se desse bem com Jones: "Modere um pouco seu belo ardor".[78]

Em 16 de junho, o Crocodilo decidiu romper o impasse levando sua frota inteira, incluindo encouraçados, para o Liman. "Nada poderia representar um front mais formidável do que essa linha que se estende de costa a costa", escreveu Fanshawe, tão densa que ele não conseguia ver nenhum intervalo entre as velas. O ataque era iminente. Naquela noite, depois da chegada de mais 22 canhoneiras russas, Nassau convocou um conselho de guerra. Jones declarou: "Vejo em vossos olhos a alma dos heróis", mas recomendou cautela. Nassau perdeu as estribeiras, dizendo ao americano que ele poderia ficar atrás com seus navios se quisesse, e ordenou um ataque preventivo ao amanhecer. Os dois almirantes agora travavam cada qual sua própria guerra.

Damas encabeçou o ataque à direita com suas galés, suas baterias de canhão e seus bombardeiros, enquanto Bentham e Fanshawe, respaldados pelos encouraçados de Jones, *Vladímir* e *Alexandre*, atacavam os pesadões navios de linha turcos. Os turcos avançavam soando trombetas, percutindo címbalos e gritando por Alá, mas, desnorteados pelo ataque preventivo russo, logo tentaram bater em retirada. Os capitânias do seu vice-almirante e depois o próprio Ghazi Hassan atolaram nos baixios. As canhoneiras de Damas disparavam repetidamente sobre eles, mas o fogo turco conseguiu afundar um barco russo menor. Jones interrompeu a perseguição com seus navios de linha ao perceber os baixios. A prudência não lhe rendeu amigos. Bentham, Fanshawe e o resto continuaram a dar caça com suas canhoneiras mais leves. Mas a *pièce de résistance* veio à tarde, quando Damas destruiu o capitânia do Crocodilo. Sua explosão foi "um espetáculo magnífico", segundo Fanshawe.[79] O "renegado argelino" continuou a comandar da ponta de terra vizinha. Quando anoiteceu, os jovens ingleses intensificaram a perseguição. Os turcos se retiraram debaixo dos canhões de Ochakov, deixando para trás dois navios de linha e seis canhoneiras destruídos.

Durante a noite, o Crocodilo retirou os encouraçados que lhe tinham custado a batalha, mas, quando passavam pela ponta de terra de Kinburn, Suvórov abriu fogo com uma bateria, posicionada exatamente para uma oportunidade como aquela. Os dois encouraçados e as cinco fragatas tentaram evitar o bombardeio, mas encalharam. Eram bem visíveis à luz da lua. Durante a trégua, Jones fez um reconhecimento secreto e escreveu a giz na popa de um navio de guerra: "Para ser incendiado, Paul Jones 17/28 de junho". Jones, Bentham e Damas foram remando até o capitânia de Nassau. Houve outra altercação entre os almirantes. "Sei capturar navios tão bem quanto você!", berrou Nassau. "Demonstrei a minha aptidão para capturar navios que não são turcos", respondeu Jones com mordacidade. Comentários como esse é que lhe rendiam inimigos firmemente empenhados em destruí-lo.[80]

Nassau e os valentes jovens resolveram atacar. E lá se foram atropeladamente em seus barcos para bombardear as baleias encalhadas. "Tínhamos a mesma disciplina", escreveu Bentham, "de uma turba londrina." Samuel disparou tantos projéteis que não conseguia nem ver os alvos, de tanta fumaça. Capturou um navio de linha, mas a "turba londrina" tinha tamanha sede de sangue que explodiu os outros navios turcos com 3 mil escravos remadores ainda acorrentados a bordo. Os gritos devem ter sido medonhos. "Cadáveres ficaram boiando por uns quinze dias", contou Samuel ao pai.[81] O resto da frota refugiou-se debaixo das muralhas de Ochakov. O capitão paxá fez uma seleção de oficiais para executar.[82]

"Nossa vitória é total — minha flotilha conseguiu!", declarou Nassau, *soi-disant* "Senhor do Liman". Em dois dias da Segunda Batalha do Liman, os turcos tinham perdido dez navios de guerra e cinco galés com 1673 prisioneiros e mais de 3 mil mortos, enquanto os russos perderam apenas uma fragata, tiveram dezoito mortos e 67 feridos. Damas foi incumbido da honra de dar a notícia ao príncipe, que aguardava em Novi Grigóri para atravessar o Bug.[83] Dessa vez Potemkin perdeu o controle. Voltou a beijar Ligne profusamente: "O que foi que eu lhe falei sobre Novi Grigóri? Aqui de novo! Não é incrível? Sou o filho mimado de Deus". Ligne comentou friamente que aquele era "o homem mais extraordinário que já existiu".[84] O príncipe de Táurida estava emocionadíssimo: "Os barcos venceram os navios. Enlouqueci de alegria!".[85]

Naquela noite, o eufórico Potemkin chegou da costa para jantar com Nassau e Lewis Littlepage no capitânia de Jones, o *Vladímir*. A bandeira de Potemkin como grão-almirante das Frotas do Mar Negro e do Cáspio foi hasteada ao som de música. Nassau e Jones ainda estavam a ponto de se atracar. "Tão brilhante no segundo time", comentou Nassau a respeito de Jones, "eclipsado no primeiro."[86] O príncipe marechal convenceu Nassau a pedir desculpas ao melindroso americano, mas tinha certeza de que as vitórias pertenciam a Nassau. "Foi tudo obra dele", informou a Catarina. Quanto ao "pirata" Jones, não era um "camarada de armas".[87] A vitória na verdade devia-se mais à artilharia de Bentham do que à "turba" de Nassau. Naturalmente, era o que Samuel achava, e ele foi promovido a coronel* e condecorado com o são Jorge com espada de punho de ouro.[88] Catarina enviou a Potemkin uma espada dourada "enfeitada com três grandes diamantes, a coisa mais bela possível", e uma placa dourada com a inscrição "Ao marechal de campo príncipe Potemkin de Táurida, comandante do exército em terra e do exército no mar vitorioso no Liman e criador da frota".[89] O irritadiço Jones recebeu menos do que o descarado Nassau: a afronta era clara. O castigado Crocodilo das Batalhas do Mar lançou-se às águas marinhas com os restos de sua frota.

Justamente quando as coisas iam tão bem, chegou uma perigosa notícia de Catarina: Gustavo II, da Suécia, tinha atacado a Rússia em 21 de junho, criando um pretexto ao simular um ataque contra sua própria fronteira, com o uso de tropas suecas vestindo fardas russas.[90] Antes de sair de Estocolmo para chefiar suas tropas na Finlândia, Gustavo gabou-se de que em pouco tempo iria "almoçar em São Petersburgo". A capital ficou exposta, pois a parte boa das forças russas estava no sul, apesar de Potemkin ter deixado um corpo de observação guardando a fronteira, e mandado calmucos e basquires, com suas lanças e seus arcos e flechas, para assustar os suecos. (Eles assustavam também os russos.) Felizmente, a Frota do Báltico, sob o comando de Greig, não tinha partido para combater os turcos no Mediterrâneo. Potemkin designou o conde Músin-Púchkin para comandar o front finlandês contra Gustavo. Logo depois, Alexei Orlov-Tchésmenski

---

* Potemkin escreveu-lhe o seguinte: "Senhor, Sua Majestade imperial, distacando a bravura demonstrada pelo senhor contra os turcos no Liman de Ochakov [...] teve o prazer de graciosamente presenteá-lo com uma espada inscrita, para comemorar a sua coragem [...]".

chegou a Petersburgo para explorar a suposta negligência do príncipe — e ouvir Catarina dizer que uma "carga de neve"[91] desabara em sua cabeça. Petersburgo logo se sentiu como uma cidade fortificada, informou ela. A primeira batalha naval em 6 de julho na Gotlândia foi uma vitória para a Rússia, "por isso, meu amigo", disse ela ao consorte, "também senti o cheiro de pólvora".[92] Mas Gustavo ainda avançava por terra. Num daqueles seus momentos em que imaginava implacáveis evacuações de povos, Potemkin sugeriu, meio de brincadeira, despovoar a Finlândia, dispersando as pessoas e transformando-a em terra arrasada.[93]

Infelizmente, a Suécia era apenas a ponta do iceberg. Inglaterra, Holanda e Prússia estavam prestes a assinar uma Tríplice Aliança que se revelaria fortemente antirrussa. A França estava paralisada por uma revolução iminente. Mas Catarina se viu entre as duas falhas sísmicas da Europa — a da Rússia contra a Turquia e a da Áustria contra a Prússia. A ciumenta Prússia, sob o novo rei Frederico Guilherme, estava decidida a arrancar vantagens dos troféus russo-austríacos contra os turcos e doida para se banquetear novamente no suculento bolo da Polônia — um cardápio de desejos que o chanceler prussiano conde Von Hertzberg juntaria no plano a que deu nome. A Áustria sentia-se exposta a ataques prussianos na retaguarda, mas a Rússia assegurou a José que não permitiria que isso acontecesse. A pressão sobre Potemkin voltou a crescer; a Rússia estava novamente em crise.[94]

Em 1º de julho, Potemkin atravessou o Bug à frente do seu exército para investir contra Ochakov, enquanto Nassau fazia uma incursão nos navios deixados sob suas muralhas: depois de outra batalha, os turcos abandonaram os navios e correram desabaladamente de volta para a fortaleza. Duas horas depois, Fanshawe ouviu Potemkin atacar a cidade.[95] O Sereníssimo montou no cavalo e investiu contra Ochakov à frente de 13 mil cossacos e 4 mil hussardos. A guarnição o recepcionou com uma barragem seguida pela surtida de seiscentos *spahis* e trezentos soldados de infantaria. O príncipe de imediato colocou vinte canhões na planície debaixo da fortaleza e pôs-se a direcionar pessoalmente o fogo, "onde os imensos diamantes do belo retrato da imperatriz que está sempre em sua botoeira atraem tiros". Dois cavalos e um carreteiro foram mortos ao lado dele.

Ligne aplaudiu a "bela coragem" de Potemkin, mas Catarina não ficou nem um pouco impressionada. "Se você se matar", escreveu ela, "me mate também. Faça-me a misericórdia de abster-se dessas diversões no futuro."[96] E assim começou o cerco de Ochakov.

27. Grito de destruição: O assalto a Ochakov

Começou de manhã
Ao nascer de um sol vermelho
Quando Potemkin fala...
Ó, bravíssimo líder,
Um acento de tua mão e Ochakov é tomada
Diz a palavra e Istambul cairá
Marcharemos contigo no fogo e na chuva...
Canção dos soldados em marcha,
"A queda de Ochakov"

A temível fortaleza de Ochakov era o troféu mais desejado pela Rússia em 1788, porque controlava as entradas do Dnieper e do Bug. Isso era vital para Kherson e, portanto, para a própria Crimeia. Os turcos tinham reforçado sua malha defensiva, aconselhados por um "importante engenheiro francês", Lafite. "A cidade", observou Fanshawe, "formava um comprido paralelogramo do alto do morro até a beira d'água, fortificada com uma muralha de considerável espessura em volta, um fosso duplo [...] flanqueada por seis bastiões, uma ponta de areia que vai do flanco ocidental até o Liman, que flanqueia a muralha do mar e termina numa bateria coberta."[1] Era uma considerável cidade de mesquitas, palácios, jardins e quartéis, com uma guarnição de 8 mil a 12 mil *spahis* e janízaros, com seus blusões verdes e túnicas por cima de pantalonas, turbantes, escudos, punhais curvos, machados e lanças.* Até José II, que inspecionou Ochakov em sua visita, gostou de saber que ela não era suscetível a um *coup de main*.[2]

Logo que começou a investir contra a fortaleza, o Sereníssimo insistiu em partir com Ligne, Nassau e sua comitiva num barco a remo para reconhecer e testar alguns morteiros. Ochakov saudou o príncipe com um bombardeio e despachou um esquadrão de turcos em barcos pequenos. Potemkin os ignorou altivamente. "Não se via nada mais nobre e corajoso do que o príncipe", segundo Ligne. "Amei-o loucamente aquele dia."[3] As demonstrações de coragem de Potemkin impressionavam a todos — em especial poucas semanas depois, quando Sinelnikov, governador de Iekaterinoslav, foi atingido na virilha por uma bala de canhão quando estava de pé entre o imperturbável Potemkin e o agitado Ligne. O Sereníssimo ordenou a redução de um baluarte turco nos jardins do paxá. Isso deflagrou uma escaramuça que Potemkin e duzentas cortesãos observaram do meio do bombardeio. "Nunca vi um homem", afirmou Nassau, "que se comportasse melhor sob fogo do que ele."[4] Potemkin correu para ajudar Sinelnikov que, cortesão até o último minuto, mesmo nos estertores da agonia lhe pediu que "não se expusesse a tamanho perigo porque só existe um Potemkin na Rússia". A dor era tão excruciante que ele suplicou a Potemkin que o matasse.[5] Sinelnikov morreu dois dias depois.[6]

O príncipe estendeu as duas alas de suas forças num arco em volta da cidade e ordenou um bombardeio de artilharia. Todos esperavam que o assalto começasse — em especial Suvórov, que estava sempre sonhando em soltar a maldita baioneta, ou mesmo a "meretriz imprevisível" do mosquete.

No dia seguinte, 27 de julho, os turcos fizeram uma surtida com cinquenta *spahis*. Suvórov, "bêbado depois do jantar", atacou-os, jogando mais e mais homens no meio da confusão, sem ordens de Potemkin. Os turcos fugiram, mas voltaram com forças superiores para perseguir Suvórov e os russos até suas linhas, matando muitos dos seus melhores soldados e em seguida decapitando-os. Quan-

---

* Hoje, apesar de não haver mais fortificações, pode-se ficar em pé no baluarte onde havia muralhas e olhar para baixo, no comprimento do Liman, e para os acampamentos dos sitiadores russos. Ao longe, à esquerda, fica a foz do Bug. Do lado oposto, em sua própria ponta de terra, ergue-se a fortaleza russa de Kinburn. Ali perto, à direita, no fim da ponta de terra de Ochakov, o reduto de Hassan-Pasha ainda tem um poder impressionante. As pedras das ruas são praticamente tudo que resta. A moderna Ochakov fica atrás.

do Potemkin mandou um bilhete para investigar o que estava acontecendo, Suvórov teria respondido com estes versinhos:

> Sentado numa pedra
> Contemplo Ochakov.[7]

Três mil turcos caíram em cima dos russos em fuga, no que Damas definiu como "carnificina inútil".[8] Suvórov foi ferido e o resto de sua divisão só escapou porque o príncipe Repnin desviou a atenção do inimigo. As cabeças dos russos foram expostas em postes em Ochakov.

O Sereníssimo chorou a morte de duzentos soldados, "devido à humanidade e compaixão do seu coração", de acordo com seu secretário Tsebrikov. "Meu Deus", gritava Potemkin. "Você está feliz por ter deixado esses bárbaros estraçalharem todo mundo." Repreendeu furiosamente Suvórov dizendo que "soldados não são descartáveis para serem sacrificados assim [...]".[9] Suvórov ficou amuado e foi se recuperar em Kinburn.*

Potemkin não tomou Ochakov de assalto. A pressão para que o fizesse só aumentava: em 18 de agosto, os turcos realizaram outra incursão. O general Mikhail Goleníschev-Kutúzov, mais tarde o lendário herói de 1812 que levou a melhor sobre Napoleão, foi ferido na cabeça pela segunda vez — como Potemkin, era cego de um olho.** Nassau repeliu os turcos disparando-lhes nos flancos a partir de sua flotilha no estuário. Com a chegada do inverno a Ochakov, os estrangeiros — como Ligne e Nassau — resmungavam cruelmente da lenta incompetência de Potemkin. Nassau considerava Potemkin o "homem menos militar do mundo e orgulhoso demais para consultar quem quer que seja".*** Ligne afirmou

---

* Como se tornou regra da historiografia russa afirmar que Suvórov era um gênio, deduziu-se que ele estava simplesmente tentando iniciar o assalto de Ochakov, frustrado com a inepta hesitação de Potemkin. É possível, mas improvável, uma vez que Suvórov não tinha atrás de si artilharia nenhuma. Foi uma operação desastrada, de um general bêbado e falível, capaz tanto de erros onerosos como de vitórias brilhantes.
** A maioria dos heróis de 1812 combateu sob o comando de Potemkin — o futuro marechal de campo e príncipe Mikhail Barclay de Tolly, ministro da Guerra e comandante do Primeiro Exército sob Kutúzov em Borodinó, também serviu em Ochakov.
*** Mas até Ligne teve que admitir a José II que o acampamento era limpo e arrumado, os soldados bem pagos e a cavalaria ligeira estava em excelente estado, ainda que não fizesse manobras ou praticassem.

que ele estava desperdiçando "tempo e pessoas", e escreveu a Cobenzl em código, falando mal de Potemkin — embora não ousasse fazê-lo para Catarina.[10] "É impossível", escreveu Damas, para quem as baterias estavam mal distribuídas pela cidade, "que tantos erros tenham sido cometidos, a não ser que o príncipe Potemkin tivesse motivos pessoais [...] para postergar." Mas todos esses estrangeiros eram contra a Rússia em sua parcialidade. As razões de Potemkin eram políticas e militares.[11] O Sereníssimo queria deixar os austríacos absorverem os primeiros ataques otomanos, em especial porque José tinha falhado em praticamente todos os seus planos, exceto com relação ao pífio troféu de Sabatsch e em seguida optara por ficar na defensiva. Catarina estava cem por cento de acordo: "Melhor devagar, mas de forma saudável, do que rápido, mas com perigo".[12] Por causa da guerra sueca, da aliança anglo-prussiana, que era cada vez mais hostil, e do desempenho, surpreendentemente forte, dos exércitos otomanos contra a Áustria, Potemkin sabia que Ochakov não seria o fim da guerra: havia todas as razões para economizar recursos até o fim do ano.

O Sereníssimo não era um gênio do movimento, estando mais para Fabius Cuntactor, um protelador e observador de acontecimentos. Aquela era uma época em que oficiais como Ligne e Suvórov viam a guerra como um glorioso jogo de cargas e assaltos, sem levar em conta o custo humano. Potemkin jogou fora o manual das guerras convencionais do Ocidente e optou por um estilo de luta adequado à natureza dos inimigos — e à sua própria. Preferia vencer batalhas sem ter que lutar, como em 1783 na Crimeia. No caso dos cercos, preferia subornar, negociar e subjugar uma fortaleza pela fome. Não era uma atitude de arrojo, mas generais modernos teriam reconhecido sua humanidade e prudência.[13] Em termos mais específicos, Potemkin decidiu que não invadiria Ochakov enquanto não fosse absolutamente necessário, para poupar o sangue de seus homens. "Farei de tudo", comunicou a Suvórov, "para que o custo seja baixo."[14] Mensageiros de Potemkin iam e vinham, negociando com os turcos. O Sereníssimo "estava convencido de que os turcos querem se render".[15] O assalto era seu último recurso.*
Além disso, os estrangeiros não faziam ideia de suas vastas responsabilidades, comandando e aprovisionando exércitos e marinhas do Cáucaso ao golfo da Finlân-

---

* Havia boas razões militares para não empreender o assalto até que a frota tivesse controlado o Liman e a artilharia chegasse, o que só ocorreu em agosto.

dia, administrando a política polonesa e levando Faléiev a criar outra flotilha a remo, já de olho na luta no Danúbio no ano seguinte.[16]

"Não serei joguete dos russos, que querem que eu carregue todo o fardo sozinho",[17] queixou-se José a Ligne, amargamente. O desespero de José para dividir a carga explica as frenéticas e venenosas tentativas de Ligne de forçar Potemkin a atacar Ochakov ou se responsabilizar pelos fracassos de José. Em setembro, o mais hábil comandante otomano, o grão-vizir Yusuf-Pasha, surpreendeu José em seu acampamento, e o Kaiser conseguiu escapar com vida por muito pouco, fugindo de volta para Viena. José aprendeu, de maneira bem desagradável, que não era Frederico, o Grande. "Quanto ao nosso aliado", gracejou Potemkin, "sempre que ele está por perto, tudo dá errado."* Os inimigos sem dúvida tinham aprimorado suas habilidades militares desde a última guerra — "os turcos não são mais os mesmos", relatou Potemkin a Catarina, "e foi o diabo que lhes ensinou". Os austríacos não conseguiam entender por que Catarina não mandava Potemkin empreender o assalto, mas "negocia tudo com ele". Metade do tempo ele nem mesmo respondia às cartas dela. "Ele resolveu fazer o que quer."[18]

O príncipe costumava jogar bilhar com Ligne até as seis da manhã, ou simplesmente ficar acordado batendo papo. Uma noite, Ligne lhe ofereceu um jantar para cinquenta generais e todos os seus amigos exóticos.[19] Potemkin com frequência caía em depressão, e nessas ocasiões "colocava o lenço molhado de água de lavanda ao redor da testa, sinal de sua hipocondria". Durante o calor, servia sorvetes e gelado de fruta. À noite, Ligne e os demais iam ouvir sua "numerosa e única orquestra regida pelo famoso e admirável Sarti". Reza uma história que durante um desses recitais, enquanto as trompas tocavam, Potemkin, de roupão, perguntou a um oficial de artilharia alemão: "O que acha de Ochakov?". "O senhor acha que as muralhas de Ochakov são como as de Jericó, que caíram ao toque das trombetas?", retrucou o oficial.[20]

Houve consolos do tipo feminino quando voltaram a ser acompanhados

---

* Potemkin não era o único protelador: quando Ligne partiu a cavalo e foi juntar-se a Rumiántsev-Zadunáiski, considerou-o igualmente inativo, e o conde Nikolai Saltikov retardava, ostentosamente, seu ataque a Khotin. Era uma política russa, e também um hábito — como Kutúzov o demonstraria com tanto efeito em 1812.

pelas três graças, que Ligne considerava "as três moças mais lindas do Império".[21] O príncipe aos poucos se apaixonava pela mulher de Pável Potemkin. Praskóvia Andréievna, *née* Zakrevskaia, tinha um corpo pouco gracioso, mas "um rosto magnífico, pele de deslumbrante brancura e belos olhos, pouca inteligência, mas era muito autossuficiente". Seus travessos bilhetes para Potemkin sobrevivem nos arquivos: "Você zomba de mim, meu querido primo, dizendo, como desculpa, que aguarda minhas ordens para vir ver-me [...]. Fico sempre encantada".[22] Damas estava igualmente encantado com a libidinosa sobrinha de Potemkin por casamento, Iekaterina Samóilova, de 25 anos. O retrato dela pintado por Lampi mostra uma ousada sexualidade, de lábios carnudos, com joias nos cabelos e um turbante oscilando no alto da cabeça. Quando teve filhos, mais tarde, os gaiatos diziam que o marido, Samóilov, jamais a via — mas apesar disso ela continuava dando amplas "provas de fecundidade".[23] Depois de um gélido dia nas trincheiras, Damas, que usava audaciosamente uniforme francês e russo em dias alternados, visitou a tenda das mulheres: "Eu esperava que um cerco mais enérgico as fizesse sucumbir mais depressa do que a cidade". Logo teve sucesso com Samóilova, mas voltou a ser ferido. Potemkin consolou o protegido trazendo Scavrónskaia, outra sultana recém-chegada, para o seu leito de enfermo.[24] O príncipe não queria privar Damas de "ver uma das mulheres mais bonitas da Europa".*

O capitão paxá teve um encontro com a Frota de Sebastópol ao largo de Fidonise, perto do delta do Danúbio, em 3 de julho, e a cria de Potemkin passou no seu primeiro teste — raspando. Ghazi Hassan retirou-se e agora voltava para salvar Ochakov. O Crocodilo entregou uma remessa de suprimentos e mais 1500 janízaros para a guarnição. Duas vezes os suprimentos passaram — para vexame do almirante e fúria de Potemkin. Mas a frota inteira dos turcos foi novamente acuada sob as muralhas de Ochakov e portanto neutralizada: como sempre, havia algum método na loucura de Potemkin.

Em 5 de setembro, o príncipe, Nassau, Damas e Ligne partiram de navio

---

* Em Gátchina, o microcosmo de paradomania prussiana do grão-duque Paulo, o tsarévitch indignava-se com esse harém na guerra e perguntou, em tom de escárnio, onde, nas instruções de cerco de Vauban, estava escrito que era necessário levar as sobrinhas para tomar cidades. Isso era saboroso, porque o próprio Paulo, em 1787, pedira para levar a mulher com ele para a guerra.

para o Liman com o objetivo de examinar a Fortaleza de Hassan-Pasha e discutir o plano de Nassau para desembarcar 2 mil homens debaixo da muralha da bateria mais baixa. Os turcos abriram fogo com metralha e bombas. Potemkin ia sentado sozinho na popa, com suas medalhas refulgindo no peito e uma expressão de "fria dignidade, deliberadamente assumida e verdadeiramente admirável".[25]

A comitiva de Potemkin, particularmente seu estranho bando de almirantes neófitos e espiões estrangeiros, começou a debandar, em um processo de desilusão mútua. A vida em Ochakov ficou mais difícil. "Não temos água", escreveu Ligne, "comemos mosca e estamos a cem léguas de um mercado. Só bebemos vinho [...] dormimos quatro horas depois do jantar." O severo inverno chegou cedo. Ligne queimou sua carruagem como lenha. O acampamento virou "lama e excremento". Até o Liman ficou verde dos corpos queimados de turcos.[26]

Samuel Bentham, horrorizado com o fedor de decomposição e disenteria, descreveu a guerra como um "negócio abominável". Potemkin, tolerantemente, mandou-o ao Extremo Oriente* numa missão de grande apelo para ambos.[27] Littlepage, os olhos do rei da Polônia, saiu furioso quando Potemkin suspeitou que ele estivesse tentando sabotar Nassau. O pequeno americano protestou, alegando nunca ter sido "criador de caso". O Sereníssimo acalmou-o, e ele voltou para junto de Estanislau Augusto.[28] A verdadeira vítima dessa separação de caminhos foi o famoso marujo americano John Paul Jones, que, devido às suas obscuras origens, vivia sob pressão para demonstrar o seu valor. Sua conduta melindrosa e pedante não o tornou muito querido do Sereníssimo. Quando Nassau foi promovido a contra-almirante, Jones fez uma ridícula confusão a pretexto de precedência e saudação formal — seu relato enumerava seis razões para não bater continência a Nassau!

Não demorou para que qualquer coisa que desse errado no mar fosse atribuída ao pobre Jones. Potemkin ordenou ao americano que destruísse navios ancorados ao largo de Ochakov, ou que pelo menos danificasse seus canhões. Jones fez duas tentativas, mas, por alguma razão, não conseguiu. Potemkin revogou a

---

* O coronel Bentham deveria comandar dois batalhões na fronteira sino-mongol, criar uma escola regimental, descobrir novas terras, formar alianças com mongóis, calmucos e quirguizes, e iniciar transações comerciais com o Japão e o Alasca. Além disso, concebeu um plano potemkiano para derrotar a China com 100 mil homens. Em 1790, voltou, passando por Petersburgo, para o quartel-general de Potemkin em Bender, a fim de prestar contas ao príncipe e obter autorização para retornar à Inglaterra, o que finalmente fez. Assim terminou uma aventura ímpar nas relações anglo-russas.

ordem e repassou-a para Anton Golovati e seus amados cossacos zaporogos, que a cumpriram. Jones reclamou grosseiramente ao príncipe, que respondeu: "Eu lhe garanto, senhor contra-almirante, que no comando nunca me envolvo em considerações pessoais, faço justiça quando necessário [...]. Quanto às minhas ordens, não sou obrigado a justificá-las e altero essas ordens de acordo com as circunstâncias. Comando há muito tempo e conheço muito bem as regras".[29] O Seveníssimo decidiu que Jones era "inepto para comandar" e pediu que Catarina o chamasse de volta.[30] "Lamentarei eternamente ter perdido a sua confiança", escreveu Jones a Potemkin em 20 de outubro. "Ouso dizer que é difícil, mas bem possível, encontrar oficiais navais com a minha habilidade [...] porém jamais se encontrará um homem de coração mais suscetível à lealdade e com mais zelo [...]."[31] Num encontro posterior, Jones criticou amargamente Potemkin por ter tido a ideia de dividir o comando. "De acordo", respondeu o príncipe marechal, "mas agora é tarde."[32] Em 29 de outubro, Jones partiu para Petersburgo,[33] onde logo descobriu o perigo de fazer inimigos poderosos.

Depois de outra tentativa de subjugar a cidade com bombardeios por terra e por mar, Nassau, irritado com a demora e em desgraça porque Potemkin tinha descoberto suas desleais manipulações da verdade, partiu furioso para Varsóvia. "A sorte dele acabou", comunicou Potemkin a Catarina.[34]

Ligne, o espião de José, também foi embora. Potemkin escreveu-lhe a "mais doce, terna e ingênua" despedida. Ligne pediu desculpas por ofender o amigo num bilhete inédito e quase ilegível para o príncipe — "Perdão, mil perdões, meu príncipe" —, que tem um ar de amante rejeitado na véspera da separação.[35] Potemkin, "às vezes o melhor dos homens", parecia ter despertado de um sonho para dizer adeus a Ligne: "ele me tomou nos braços por longo tempo, veio atrás de mim várias vezes, começou de novo e finalmente me deixou partir, com pesar". Mas chegando a Viena Ligne disse a todo mundo que Ochakov jamais seria tomada e pôs-se a arruinar a reputação de Potemkin.[36] Com isso, o jovem Roger de Damas perdeu seus dois patronos. O príncipe se ofereceu para substituí-los como "amigo e protetor". E Potemkin, que ia da "mais perfeita benevolência" para a "mais rabugenta grosseria" em questão de segundos, inspirava "gratidão, devoção e ódio no mesmo instante".[37]

Catarina preocupava-se com a glória e o conforto do seu príncipe: mandou--lhe uma bandeja e uma espada comemorativa pela primeira, e uma joia e um sobretudo de pele pelo último. Potemkin ficou feliz: "Obrigado, Lady Matuchka [...]". As joias mostravam "generosidade régia" e as peles, "cuidados maternos. E isto", acrescentou, com sentimento, "me é mais precioso do que miçangas e ouro".[38]

O clima em Ochakov e a política na Europa deterioraram-se no fim de outubro. O frio agora era severo. Numa inspeção às trincheiras, Potemkin disse aos soldados que não precisavam se levantar quando ele aparecesse: "Basta tentarem não se deitar diante dos canhões turcos". Logo os sofrimentos do exército se tornaram "inconcebíveis" na neve e no gelo, com temperaturas de quinze graus Celsius negativos. Os soldados enrolaram as tendas e passaram a viver em buracos no chão, o que foi um choque para Damas, embora aqueles *zemliankas* fossem a maneira russa tradicional de as tropas acamparem no frio. Havia pouquíssimos alimentos, carne ou conhaque. Potemkin e Damas receberam as últimas notícias da França. "Você acha que quando o rei tiver reunido os Estados Gerais [...] vai jantar na hora que quiser?", perguntou Potemkin. "Que nada, só vai comer quando tiverem a bondade de deixar!"

Logo ficou tão ruim que mesmo Samóilova teve que ir acampar com o marido, que comandava o flanco esquerdo. Isso trouxe consideráveis inconveniências ao amante, Damas: "Fui obrigado a correr o risco de ficar congelado na neve, para dar a ela as atenções que se dignou aceitar".[39]

O estado de miséria do exército era "totalmente culpa do príncipe Potemkin", comunicou Cobenzl a José. "Foi ele que perdeu um ano inteiro diante da infeliz Ochakov, onde o exército sofreu mais com doença e falta de suprimentos do que se tivesse perdido duas batalhas."[40] Os críticos de Potemkin, em especial os austríacos, argumentavam que sua postergação causou a morte de 20 mil homens e 2 mil cavalos, de acordo com o tendencioso francês, o conde de Landeron, que nem sequer esteve lá.[41] Dizia-se que diariamente morriam no hospital de quarenta a cinquenta homens.[42] "Dificilmente um homem se recupera de disenteria."[43] É difícil saber quantos de fato morreram, mas Potemkin com certeza perdeu menos homens do que os generais anteriores, como Münnic e Rumiántsev-Zadunáiski, cujos exércitos ficaram tão dizimados que mal puderam prosseguir na sua campanha. Os austríacos, que o amaldiçoavam por causa de Ochakov, não estavam em posição de criticar: exatamente na mesma época, 172 mil soldados seus estavam doentes; e 33 mil morreram, número superior a todo o exército de Potemkin.[44]

Os estrangeiros, porém, zombavam da generosidade e dos cuidados de Potemkin com suas tropas, ao mesmo tempo que reclamavam da sua brutal indiferença. Samóilov, que vivia com as forças do príncipe, reconheceu que houve "um extraordinário congelamento, mas nossas tropas não sofreram" porque Potemkin tomou providências para que tivessem casacos de trincheira de pele, chapéus e *kengi* — galochas de pele ou feltro por cima das botas —, além de tendas especiais. Recebiam suprimentos de carne e vodca e "ponche quente de bálsamo de Riga".[45]

O Sereníssimo distribuía muito dinheiro entre os soldados no campo, "o que os tornava mimados [...] sem aliviar suas necessidades", afirmou Damas, com assombroso preconceito aristocrático e desdém pelos soldados comuns.[46] Os russos o compreendiam melhor. Potemkin era, conforme seu secretário escreveu, "naturalmente predisposto a amar a humanidade". Quanto aos cuidados com os moribundos, Tsebrikov viu quarenta tendas de hospital armadas ao lado da barraca de Potemkin por ordem expressa dele, para que pudessem ser mais bem tratados: o príncipe os visitava para verificar seu estado, um tipo de cuidado e preocupação quase nunca demonstrado por generais britânicos sessenta anos depois, durante a Guerra da Crimeia. Mas Tsebrikov cruzou com um comboio de carroças retornando do exército, com três ou quatro cadáveres em cada uma.[47] O exército sofreu, muitos morreram, mas os cuidados médicos, o dinheiro, os alimentos, as roupas e o humanitarismo de Potemkin, sem paralelo na Rússia, talvez expliquem a sobrevivência das tropas.

Por fim, um desertor informou ao Sereníssimo que o *seraskier* (comandante) turco jamais se renderia e tinha executado os oficiais com quem Potemkin vinha negociando.[48] O príncipe continuou em compasso de espera.

Até a imperatriz estava ficando impaciente. A Rússia ainda estava em guerra em duas frentes, mas o front sueco tinha melhorado com a derrota infligida por Greig à marinha sueca na Gotlândia e com a intervenção da Dinamarca, que atacou a retaguarda da Suécia. Em agosto, a Inglaterra, a Prússia e a Holanda concluíram sua tríplice aliança. Na Polônia, o ressentimento reprimido contra a dominação russa explodiu numa celebração da liberdade. "Um grande ódio surgiu contra nós na Polônia", relatou Catarina a Potemkin em 27 de novembro.[49] Ela tentou negociar um tratado com a Polônia nos termos tradicionais, mas a Prússia passou à frente propondo um tratado que oferecia aos poloneses a esperança de uma Constituição mais forte e de libertar-se da Rússia. Catarina estava perdendo a Polônia, mas Potemkin poderia liberar as mãos dela se firmasse rapidamente a paz com os turcos.

"Por favor, me escreva sobre isso rápida e detalhadamente", pediu a imperatriz ao príncipe, "para que eu não deixe escapar nada importante e, depois da captura de Ochakov, se empenhe acima de tudo em iniciar as negociações de paz."[50] O sempre adaptável Potemkin já tinha advertido Catarina sobre a necessidade de realinhar-se para ficar mais perto da Prússia e proposto sua aliança polonesa: suas sugestões foram ignoradas, e ficou claro que as advertências tinham fundamento. Ele quis renunciar novamente.[51] Os poloneses, que passaram a contar com o respaldo da Prússia, exigiam a saída de todas as tropas russas da Comunidade, apesar de o exército russo no sul depender da Polônia para ter onde passar o inverno e para a maioria dos seus suprimentos. Foi um novo golpe. "Se você recuar [...]", disse-lhe Catarina, "vou interpretar isso como um golpe mortal." Suplicou-lhe que capturasse Ochakov e pusesse o exército em alojamentos de inverno. "A coisa que mais quero no mundo é que você venha aqui [...]", em parte para vê-lo depois de tanto tempo, e em parte "para conversar muito com você tête-à-tête".[52]

O príncipe não resistiu à tentação de dizer "eu avisei" para Catarina: "Está ruim na Polônia, o que não teria acontecido, é claro, com o meu projeto, mas a situação agora é esta". Sugeriu arrancar os dentes da Tríplice Aliança arriscando propostas à Prússia e à Inglaterra e fazendo as pazes com a Suécia. Sua carta parece uma ordem a uma imperatriz: "Você resolverá depois qual será a vingança".[53] Os relatórios secretos do seu *homme d'affaires*, Garnovski, em Petersburgo, sugeriam que o descontentamento com a forma como Potemkin vinha conduzindo a questão de Ochakov chegara a Catarina. A corte estava insatisfeita com a demora já em agosto. Alexandre Vorontsov e Zavadóvski enfraqueceram a posição de Potemkin e resistiram ao seu desejo de reaproximação com a Inglaterra e a Prússia. Catarina estava "insatisfeita".[54] Só a chegada do Sereníssimo poderia aliviar seu estado de confusão e vacilação.[55]

Quando o restante da frota turca retirou-se para o porto a fim de passar o inverno, em 4 de novembro, deixando apenas a guarnição, Potemkin fez seus planos.[56] No fim de novembro, toda a cavalaria foi dispensada para se recolher aos alojamentos de inverno, uma marcha miserável, com frequência fatal, através dos ermos nevados.[57] Enquanto isso no cerco, os turcos fizeram uma surtida em 11 de novembro contra uma das baterias de Potemkin e mataram o general S. P. Maximovitch, cuja cabeça depois foi tristemente pendurada nas ameias.[58] Abundantes nevascas retardaram o desfecho.*

Em 27 de novembro, Catarina lhe fez um apelo: "Tome Ochakov e faça a paz com os turcos".[59] Em 1º de dezembro, Potemkin assinou seu plano para tomar de assalto a fortaleza com seis colunas de mais ou menos 5 mil homens cada, num total de 30 mil, mas Fanshawe alegou que só restavam 14 500.[60] Samóilov, que chefiou uma das colunas, relata que o príncipe esperou deliberadamente até que o próprio Liman estivesse congelado, para que Ochakov pudesse ser atacada também por mar.[61] No dia 5, a ordem de batalha foi definida durante um conselho de guerra. Damas foi incumbido de encabeçar a coluna que assaltaria o Portão Istambul. Ele se preparou para a morte escrevendo uma carta de despedida para o irmão, devolvendo as cartas de amor de sua amante parisiense, a marquesa de Coigny — e passando a noite com a amante russa, Samóilova, até duas da manhã, quando voltou sorrateiramente para sua barraca.

Potemkin passou a noite mais importante da sua vida até aquele momento num refúgio subterrâneo nas trincheiras de vanguarda. O teimoso *valet* do príncipe recusou entrada a Repnin, que tinha ido lá informá-lo de que o assalto estava para começar, porque não ousou acordar o patrão: "exemplo de obediência passiva inimaginável em qualquer outro país que não seja a Rússia". O príncipe de Táurida orou enquanto os homens avançavam.[62]

Às quatro horas da manhã de 6 de dezembro, três projéteis deram o sinal. Aos gritos de urra, as colunas investiram contra as trincheiras. Os turcos resistiram ferozmente. Os russos não deram trégua. Damas atacou o Portão Istambul com seus granadeiros. Uma vez lá dentro, "teve início de imediato o mais horrível e sem paralelo dos massacres", justificando o apelido que lhes deu Frederico, o Grande — *"les oursomanes"*, metade ursos, metade psicopatas.[63]

* Mas primeiro, em 7 de novembro, Potemkin deu ordem para que seus zaporogos tomassem a ilha de Berezan, que oferecia a Ochakov a última fonte potencial de apoio e abastecimento: os cossacos remaram para lá em suas "gaivotas" e tomaram a ilha, emitindo seus característicos gritos de ameaça. Capturaram 77 canhões e dois meses de provisões destinadas a Ochakov — demonstrando que foi uma boa decisão.

38. (*À direita*) A "Matushka" de Potemkin. Catarina, nos anos 1780, tal como podia ser vista passeando pelo parque em Tsárskoie Seló, de gorro e sapatos para caminhada, com um de seus amados galgos.

39. (*Abaixo*) Potemkin, de capacete no centro, lidera um assalto à poderosa fortaleza turca de Ochakov em 1788. Os mortos turcos, de tão numerosos, eram empilhados em pirâmides no gelo, onde ficavam congelados.

40. (*À esquerda*) Conde Alexandre Suvórov, o mais brilhante general da Rússia. Duro, culto e terrivelmente excêntrico, costumava dar cambalhotas nu na frente do seu exército todas as manhãs. "Não dá para ser mais Suvórov do que Suvórov", dizia Potemkin.

41. (*Abaixo*) O convite para o famoso baile oferecido por Potemkin no Palácio de Táurida em 28 de abril de 1791. Catarina e Potemkin choraram quando ele se ajoelhou aos pés dela para dizer adeus.

42. Princesa Iekaterina Dolgorúkaia, amante de Potemkin no fim de sua vida. Era um modelo de beleza aristocrática, por quem o príncipe se apaixonou perdidamente, chocando as pessoas ao acariciá-la em público, mandar construir para ela um palácio subterrâneo, ordenar salvas de artilharia para marcar seu carinho e servir diamantes em vez de pudim em seu baile de aniversário.

43. Condessa Sofia Potocka, a "Bela Grega" e notável aventureira da época, com fama de ser "a moça mais linda da Europa". Era uma espiã e cortesã notória pela "beleza, pelo vício e pelos crimes" que foi vendida aos catorze anos pela mãe, uma vendedora de frutas de Constantinopla, e se tornou uma das últimas amantes de Potemkin, antes de se casar com o incrivelmente rico conde polonês Felix Potocki, seduzindo o enteado e acumulando uma imensa fortuna.

44. Príncipe Platon Zúbov, último favorito de Catarina, a Grande, vaidoso, tolo e politicamente inepto. Ela o apelidou de "Moreno". Potemkin não conseguiu tirá-lo do caminho, mas, como Zúbov reconhecia, o Sereníssimo continuava a ser o "marido exigente" de Catarina.

45. "A morte de Potemkin foi tão extraordinária quanto sua vida." Em 5 de outubro de 1791, Potemkin, chorando pela imperatriz, morreu nas estepes bessarábias à margem da estrada, nos braços da sobrinha favorita, a condessa Branicka. Ela desmaiou. Um cossaco comentou: "Viveu no ouro, morreu na relva".

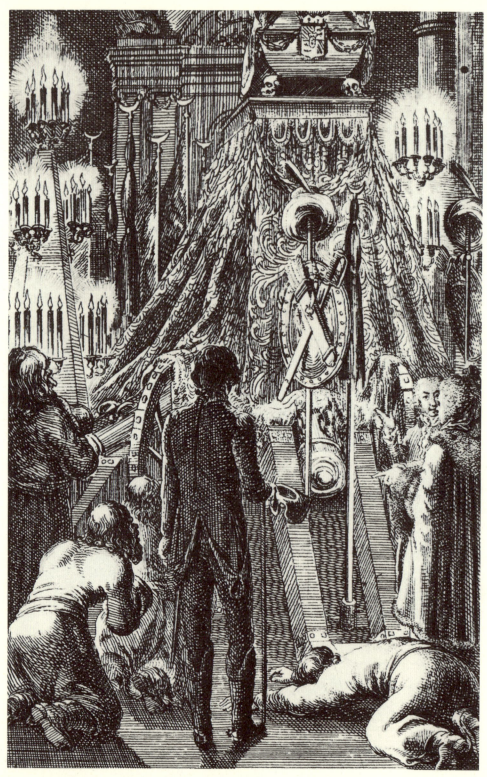

46. O funeral de Potemkin em Jassy foi magnífico, mas o destino do corpo foi tão desassossegado quanto sua vida.

Os soldados russos quase enlouqueceram de "fúria": mesmo depois que a guarnição se rendeu, correram pelas ruas matando todo mundo que encontravam, fossem homens, mulheres ou crianças — de 8 mil a 10 mil turcos no total — "como um violento vendaval", narrou Potemkin para Catarina, "que num instante jogava as pessoas em seus ataúdes".[64] Foi uma destruição absoluta, justificada pelos russos como uma guerra santa contra os infiéis. Os turcos foram mortos em números tão grandes, e tão densamente, que tombavam em pilhas, sobre as quais Damas e seus homens pisoteavam com força, as pernas afundando nos corpos ensanguentados. "Cobrimo-nos de sangue e de cérebros arrebentados" — mas dentro da cidade. Os corpos estavam tão amontoados que Damas foi pisando num e noutro até seu pé esquerdo escorregar numa massa ensanguentada, com três ou quatro corpos de profundidade, e entrar na boca de um turco ferido. A mandíbula fechou com tanta força em seu calcanhar que rasgou um pedaço da bota.[65]

Foi uma orgia tamanha de saques que os soldados enchiam as mãos de diamantes, pérolas e ouro, vendidos no acampamento no dia seguinte por uma ninharia. Ninguém sequer se deu ao trabalho de roubar prataria. Potemkin guardou uma esmeralda do tamanho de um ovo para a imperatriz.[66] "O sangue turco corria como rios", cantavam os soldados russos marchando para o século seguinte. "E o paxá caiu de joelhos diante de Potemkin."[67]

O *seraskier* de Ochakov, um velho e duro paxá, foi levado com a cabeça descoberta à presença do Sereníssimo, que oscilava entre a dor e a euforia. "Devemos este banho de sangue à sua teimosia", disse o príncipe. Se Ochakov tivesse se rendido, aquilo poderia ter sido evitado. O *seraskier* parecia surpreso de encontrar um comandante tão comovido com a perda de vidas. "Cumpri o meu dever", respondeu o *seraskier* Hussein-Pasha com indiferença, "e você o seu. A sorte se voltou contra nós." Ele só tinha insistido, acrescentou com bajulação oriental, para tornar a vitória de Sua Alteza mais brilhante. Potemkin mandou procurarem o turbante do *seraskier* nas ruínas.

Às sete da manhã, depois de quatro horas de luta selvagem, Ochakov era russa.* Potemkin mandou parar o massacre e foi imediatamente obedecido. Pro-

---

* A cidade não existe mais, à exceção de uma construção, uma antiga mesquita convertida em museu. É típico da preconceituosa cegueira soviética contra Potemkin que o museu seja dedicado a Suvórov. Na verdade, Suvórov não só não estava no comando do assalto a Ochakov, como sequer

vidências especiais foram tomadas para proteger as roupas e joias das mulheres e para cuidar dos feridos. Todas as testemunhas, incluindo os estrangeiros, eram de opinião que o assalto de Potemkin foi "excelente" e astutamente planejado no caso das fortificações.[68]

O príncipe entrou em Ochakov com sua comitiva e seu serralho — "belas amazonas felizes", segundo o professor de matemática do grão-duque, Charles Masson, "por estarem visitando campos de batalha e admirando os belos corpos dos turcos deitados de costas, cimitarra na mão".[69] Muitas histórias já circulavam, mesmo antes de relatórios detalhados chegarem a Petersburgo, sobre o arrogante desinteresse de Potemkin pelos feridos. "Como eles raramente informam a verdade a meu respeito", escreveu Potemkin para Catarina, corrigindo os boatos, "neste caso também estão mentindo." O Sereníssimo transformou sua tenda palaciana em hospital, instalando-se num pequeno refúgio subterrâneo.[70]

Damas correu para se juntar a Potemkin e suas "sobrinhas" — especialmente Iekaterina Samóilova, que, como seria de se esperar, lhe deu uma deliciosa recompensa. "Essa forma particular de felicidade [...] nunca recompensou homem nenhum tão imediatamente, por uma manhã de alegria tão cruel. A maioria precisa esperar até chegar à sua capital", incluindo, sem dúvida, o sofredor marido de Samóilova.[71]

O tenente-coronel Bauer, o mais rápido viajante da Rússia, partiu a galope para informar a imperatriz. Ao chegar, Catarina dormia, enfermiça e tensa. Mamónov acordou-a. "Eu estava mal", disse a imperatriz, "mas você me curou." Potemkin escreveu-lhe no dia seguinte — "Cumprimento-a com a fortaleza", 310 canhões e 180 estandartes; 9500 turcos foram mortos e 2500 russos. "Oh, como lamento por eles", escreveu o príncipe.[72]

Massacres são fáceis de cometer e difíceis de limpar. Havia tantos corpos turcos que não havia como sepultar todos, mesmo que o chão fosse de terra macia. Os cadáveres foram empilhados em carretas, levados para o Liman, e ali descartados no gelo. Ainda úmidos de sangue coagulado, congelaram em macabras pirâmides de sangue escurecido. As damas russas lançaram seus trenós no gelo para ir admirá-las.[73]

Catarina estava triunfante: "Eu seguro você pelas orelhas com as duas mãos

---

estava presente. Mas o museu o saúda como vencedor e gênio do episódio, e quase não menciona Potemkin. São absurdos assim que resultam do planejamento estatal da verdade.

e o beijo, meu querido amigo [...]. Você calou a boca de todos, e esses êxitos lhe dão a oportunidade de ser generoso para com aqueles que o criticaram cega e estupidamente".[74] Incapazes de esconder a própria incompetência, atribuindo-a a Potemkin, os austríacos ficaram quase desapontados. "Tomar Ochakov é muito vantajoso para continuar a guerra", ponderou José a Kaunitz em Viena. "Mas não para fazer a paz."[75] Os cortesãos agora riam-se de Ligne, que vinha "cantando com toda a força dos seus pulmões" que Ochakov não poderia ser tomada naquele ano.[76] Os detratores de Potemkin apressaram-se a escrever cartas bajulatórias.[77] "Aí está um homem que nunca toma o caminho já trilhado", disse Littlepage, "mas ainda assim chega ao seu destino."[78]

Te-déuns foram cantados em 16 de dezembro, ao troar de 191 canhões. "A euforia pública foi grande." Bauer, promovido a coronel e presenteado com uma caixa de rapé de ouro e diamantes, foi mandado de volta levando uma estrela de São Jorge incrustada de diamantes e uma espada enfeitada de brilhantes, no valor de 60 mil rublos, para o príncipe de Táurida.[79] Potemkin estava exausto, mas não descansou sobre os louros da vitória. Havia muito a fazer antes de voltar a Petersburgo. Numa de suas explosões de eufórica energia, inspecionou os novos estaleiros navais em Vitovka, decidiu fundar uma nova cidade chamada Nikoláiev, e fez uma viagem a Kherson para uma revista da frota. Mas as tarefas mais importantes eram guarnecer Ochakov com soldados, despachar a frota de volta para Sebastópol, converter os butins turcos em navios de linha de 62 bocas de fogo e instalar o exército em alojamentos de inverno. Não era coisa fácil, uma vez que a Polônia tornava-se cada vez mais hostil, encorajada pela aliança anglo-prussiana.

O príncipe voltou a sugerir uma détente com a Prússia. Catarina discordava e ressaltou que as questões da Europa Ocidental eram departamento *dela*. "Minha senhora, eu não sou cosmopolita", respondeu Potemkin. "Não dou a mínima para a Europa, mas, quando ela intervém em assuntos que me foram confiados, não há como ser indiferente." Isto é uma prova clara da divisão de responsabilidades entre os dois consortes e da recusa de Potemkin a ser restringido até mesmo por isso. Quanto à Prússia, "não tenho paixão pelo rei prussiano", nem medo de suas tropas. Simplesmente achava que "elas precisam ser menos desprezadas do que o resto".[80]

Por fim, o Sereníssimo partiu para Petersburgo. "Vou levar você comigo", disse ele a Damas. "Não devemos nos separar. Tomarei todas as providências."[81] Os trenós estavam prontos. O príncipe e Damas entraram naquelas cabines que lembravam berços de bebê e se envolveram em peles e couros. "Pronto?", perguntou Potemkin a Damas, com a voz abafada. "Dei ordem para que você fique perto de mim." Lacaios saltaram nos assentos traseiros dos trenós e chicotearam os cavalos, que partiram velozmente noite adentro, escoltados por cossacos com tochas acesas. Damas ficou para trás e só o alcançou em Moguiliov. Só queria dormir; mas, onde o príncipe chegava, governadores e nobres locais mandavam a guarnição desfilar, e havia sempre um festejo à sua espera. Damas foi conduzido diretamente do trenó para um "baile magnífico", onde "a cidade inteira estava reunida". O príncipe afugentou as preocupações de Damas sobre roupas e fadiga, convocou todas as moças e "sem mais delongas, me trouxe uma parceira, depois do que [...] dancei até as seis da manhã". Ao meio-dia, estavam de novo na estrada.[82]

Petersburgo aguardava a volta do príncipe com o medo e a comoção do Segundo Advento. "Toda a cidade está preocupada esperando Sua Alteza", informou Garnovski. "Só se fala nisso." Os diplomatas olhavam para a estrada — especialmente os prussianos e os ingleses. Um diplomata inglês ficou bêbado em companhia de Naríchhkin e aos berros ergueu um brinde a Potemkin. Um corsário americano, desapontado mas sempre esperançoso, John Paul Jones, também aguardava ansiosamente o príncipe, que decidiria o seu destino. "O príncipe ainda não chegou", queixou-se Zavadóvski ao marechal de campo Rumiántsev--Zadunáiski. "Sem ele — nada feito."[83]

Catarina acompanhou sua rápida jornada, que comparou à migração de um pássaro, "e você ainda se pergunta por que está cansado. Se chegar aqui doente, vou arrancar suas orelhas em nosso primeiro encontro — por maior que seja a felicidade de vê-lo".[84] Mas Catarina continuava irritadiça, cercada por todos os lados de guerras, coalizões e intrigas de corte. Mamónov era um conforto, mas de pouca ajuda em questões de Estado: além disso, vivia doente. Catarina preocupava-se com a recepção do consorte — especialmente quando se deu conta de que tinha construído arcos de triunfo para o príncipe Orlov e para Rumiántsev--Zadunáiski, e agora se esquecera do Sereníssimo. "Mas Vossa Majestade o conhece tão bem que não precisa ficar prestando contas", respondeu o secretário dela, Khrapovítski. "É verdade", disse ela, "mas ele também é humano e talvez goste disso." Por isso, ordenou que o portão de mármore em Tsárskoie Seló fosse iluminado e decorado com uma ode apropriadamente ambígua do poeta da corte, Petrov: "Você entrará na catedral de Santa Sofia com palmas". Era outra referência à Hagia Sofia de Istambul. Catarina ficava imaginando se Potemkin "estaria em Constantinopla este ano, mas não me conte tudo de repente".[85] A estrada ficou iluminada por dez quilômetros, dia e noite. Os canhões da fortaleza deveriam ser disparados — a prerrogativa do soberano. "O príncipe é amado na cidade?", perguntou ela ao seu *valet*, Zakhar Zótov. "Só por Deus e pela senhora", respondeu ele bravamente. Catarina não ligou. Disse que estava doente demais para deixá-lo voltar para o sul. "Meu Deus", murmurou, "preciso do príncipe agora."[86]

Às seis da tarde de 4 de fevereiro de 1789, um domingo, o Sereníssimo chegou a Petersburgo, no meio de um baile de aniversário da filha do grão-duque Paulo. Potemkin foi direto para os seus aposentos na casa contígua ao Palácio de Inverno. A imperatriz abandonou as festividades e surpreendeu o príncipe quando ele trocava de roupa. Ficou com ele por muito tempo.[87]

28. Meus êxitos são seus

Vamos exaltar Potemkin
Vamos traçar para ele um buquê em nossos corações.
Canção marcial de soldados russos,
"A Campanha Moldávia de 1790"

A preferência da imperatriz era deliciosa;
E apesar das obrigações serem um tanto duras,
Para jovens nessa época da vida
Isso não é nem um pouco difícil.
Lord Byron, *Don Juan*, Canto x:22

Em 11 de fevereiro de 1789, duzentos estandartes otomanos de Ochakov passaram marchando pelo Palácio de Inverno levados por um esquadrão de Salva--Vidas com o acompanhamento de quatro corneteiros. O desfile foi seguido por um esplêndido jantar em homenagem a Potemkin.[1] "O príncipe que vemos é extremamente afável e gracioso com todos — comemoramos a sua chegada todos os dias", informou Zavadóvksi, amargurado, a Rumiántsev-Zadunáiski. "Toda a fé concentra-se *em uma pessoa*."[2] Potemkin recebeu mais 100 mil rublos para o Palácio de Táurida, um bastão de comando incrustado de diamantes e, o mais importante de tudo, a reforma de Rumiántsev-Zadunáiski, comandante do Exército da Ucrânia. O príncipe foi nomeado comandante dos dois exércitos.

Potemkin distribuiu abundantes honrarias entre os seus homens: fez questão de que Suvórov, que levou consigo para Petersburgo, recebesse um penacho de diamantes para o chapéu com a letra "K" de Kinburn.[3] E despachou seu general preferido diretamente para a velha comandância de Rumiántsev, onde os turcos já tinham começado a lançar ataques.* O príncipe prometeu a Suvórov um corpo de exército separado.[4]

Mas as festividades não conseguiam dissipar a tensão da posição internacional da Rússia nem as angústias particulares de Catarina. Depois do jantar naquela noite, Catarina teve uma discussão com o seu favorito, Mamónov. "Lágrimas", anotou Khrapovítski, "noite passada na cama." O comportamento de Mamónov era medonho: vivia doente, hostil ou simplesmente ausente. Quando Catarina sondou o príncipe a esse respeito, ele respondeu: "Você não tinha ciúmes da princesa Shcherbatóva" (uma dama de companhia), acrescentando: "Não existe aí um *affaire d'amour?*". E repetiu "cem vezes": "Oh, Matushka, cuspa nele".[5] Dificilmente Potemkin poderia ser mais claro em suas advertências contra o amante dela. Mas Catarina, cansada e com quase sessenta anos, não quis ouvir.

Estava tão acostumada a ouvir só o que queria, e tão habituada à sua rotina com Mamónov, que não reagiu às advertências de Potemkin. Além disso, num ou noutro momento, o Sereníssimo sempre se voltava contra os favoritos. Assim sendo, o problema com Mamónov persistiu — "mais lágrimas", anotou Khrapovítski no dia seguinte. Catarina passou o dia inteiro na cama, e o consorte veio socorrê-la. "Depois do jantar, o príncipe G. A. Potemkin atuou como mediador da paz" entre a imperatriz e Mamónov.[6] Mas ele apenas passou um verniz nas rachaduras da relação. Não havia como o príncipe resolver todos os problemas da Rússia.

Os líderes estavam divididos a respeito da posição cada vez pior do Império. Embora se conduzisse bem em dois fronts, um contra os turcos e o outro contra os suecos, o poderio da Rússia sangrava hemorragicamente na Polônia. O "Sejm [polonês] de Quatro Anos", agora estimulado por Berlim, estava demonstrando com entusiasmo — e ingenuidade — o protetorado e se jogando nos braços da

---

* Dizem algumas versões que Suvórov se queixara a Catarina de que o invejoso Potemkin não lhe dava comandos importantes. A verdade era justamente o oposto.

Prússia. "O grande ódio"[7] contra a Rússia levava a Polônia a reformar sua Constituição e a guerrear com Catarina. A Prússia, cinicamente, apoiava o idealismo dos "patriotas" poloneses — muito embora o verdadeiro interesse de Frederico Guilherme fosse a partição, e não a reforma, da Polônia.

E não era só isso: a Prússia e a Inglaterra também se empenhavam com afinco em manter suecos e turcos na guerra. Pitt agora esperava poder atrair a Polônia para um "sistema federativo" contra as duas potências imperiais. Isso assustou Viena, onde a saúde de José não era boa — ele estava "vomitando sangue". Os austríacos afligiam-se achando que Potemkin se tornara pró-Prússia. Tudo que José pôde sugerir ao seu embaixador foi lisonjear a vaidade do "ser todo-poderoso".[8]

Nesse caso, deveria a Rússia arriscar-se numa guerra contra a Prússia ou fazer um acordo com Berlim, o que significava fazer as pazes com os turcos, traindo os temerosos austríacos e provavelmente fazendo a partição da Polônia para compensar o território otomano? Era esse nó górdio que a tão esperada chegada de Potemkin deveria cortar.

Potemkin já vinha aconselhando Catarina a abrandar seu obstinado desprezo por Frederico Guilherme. O Conselho esperava que ele tentasse convencê-la a fechar um acordo, pois sabia que a Rússia não poderia lutar ao mesmo tempo contra a Prússia e a Polônia e com a Turquia e a Suécia. Como ainda não havia chegado a hora de fazer as pazes com o sultão, Potemkin teria que evitar a guerra noutras partes. O Seceníssimo não queria retornar ao sistema prussiano de Pánin, por isso deu o seguinte conselho a Catarina: "Incite o rei prussiano a tirar o que quiser da Polônia".[9] Se induzisse o rei prussiano a revelar a verdadeira cobiça que havia por trás da sua impostura na Polônia, os poloneses deixariam de amar a Prússia.[10] "A sinceridade", disse ele ao aliado Bezboródko,[11] "é desnecessária na política."[12]

Essa visita também assinalou o fim da sua amizade com o embaixador francês, Ségur, que tinha apoiado as críticas de Ligne e Cobenzl durante a luta em Ochakov. Ségur ficou ofendido: "Sua amizade por mim esfriou um pouco, a minha jamais imitaria a sua. Minha afeição por você é pelo resto da vida".[13] Eles tinham aventado a possibilidade de uma quádrupla aliança com os Bourbon e os Habsburgo,[14] mas a Grã-Bretanha era cada vez mais forte, e a França cada vez mais fraca. "Eu teria aconselhado meu soberano a aliar-se com Luís, o Gordo,

Luís, o Jovem, são Luís, o esperto Luís IX, o sábio Luís XII, Luís, o Grande, até mesmo com Luís, *le Bien-Aimé*", disse o Sereníssimo para provocar Ségur, "mas não com Luís, o Democrata."[15]

Pobre Ségur, numa partida de xadrez com o príncipe teve que aguentar uma noite inteira de brincadeiras antifrancesas da parte do "bobo" da corte de Potemkin — os nobres russos ainda mantinham palhaços entre os empregados. Mas se vingou um pouco subornando o bobo para que provocasse Potemkin a respeito dos estúpidos erros militares russos. O príncipe virou a mesa e jogou as peças de xadrez contra o palhaço em fuga, mas percebeu a piada de Ségur, e a noite terminou "da maneira mais alegre".[16]

Ségur estava prestes a tornar-se detetive, rastreando os bordéis de Petersburgo em nome do "pirata" americano de Potemkin, Jones. Em abril, justamente quando Potemkin ia fazer de Jones "o homem mais feliz do mundo" com um novo emprego, o americano foi preso e acusado de pedofilia. A história tem o sórdido faiscar de um escândalo sexual moderno. Jones fez um apelo ao Sereníssimo: "Uma mulher má me acusou de violentar sua filha!". Pior, a filha teria nove anos. Ele implorou a Potemkin: "Será que vão espalhar por aí que na Rússia, uma mulher desgraçada, que fugiu do marido e da família, raptou a filha, vive aqui numa casa de má fama e leva uma vida devassa e adúltera, teve crédito suficiente, mediante uma simples queixa, sem o apoio de nenhuma prova, para afetar a honra de um oficial general conceituado, que mereceu e recebeu condecorações dos Estados Unidos, da França e deste império?". Jones, que tinha sido um libertino parisiense, admitiu a Potemkin: "Adoro mulheres" e "os prazeres que só se obtêm desse sexo, mas usar a força para consegui-los é para mim uma coisa horrível".[17]

Potemkin, inundado de responsabilidades e já antipatizando com Jones, não respondeu. A capital tornou-se um deserto para Jones. O detetive Ségur foi o único amigo a apoiar o velho camarada americano e resolveu descobrir quem o havia caluniado. Descobriu que Jones tinha contado a verdade a Potemkin — a mãe acusadora era uma caftina que se dedicava a "um infame tráfico de meninas". A menina, Katerina Goltzwart, tinha doze anos, talvez catorze, e não nove. Vendia manteiga para os hóspedes no hotel de Jones, o London Tavern. Em sua declaração ao chefe de polícia três dias depois do incidente, Jones admitiu que a "depravada menina" esteve várias vezes em seu quarto. Ele sempre lhe dava dinheiro.

Dizia que não tinha tirado a sua virgindade, mas, "cada vez que ela vinha *chez moi*, entregava-se graciosamente a tudo que um homem pudesse querer dela".

Ségur pediu a Potemkin que reabilitasse Jones e não o acusasse. O último pedido era possível, mas o primeiro, não. "Obrigado pelo que você tentou fazer por Paul Jones, apesar de não ter feito o que eu gostaria", escreveu Ségur ao príncipe. "Paul Jones não é mais culpado do que eu, e um homem do seu nível nunca sofreu humilhação tão grande por causa da acusação de uma mulher cujo marido confirma que é uma caftina e cuja filha oferece seus serviços como prostituta nas estalagens."[18] Graças às investigações de Ségur e à ajuda não muito entusiasmada de Potemkin, Jones não foi processado, e Catarina o recebeu uma última vez em 26 de junho de 1789. Quem caluniou Jones? Potemkin estava acima dessas vendetas. Os oficiais ingleses odiavam o corsário americano o suficiente para o caluniar, mas Ségur, o detetive, concluiu que o culpado foi o príncipe de Nassau-Siegen.

De volta a Paris, Jones escreveu um relato jactancioso do Liman e bombardeou Potemkin com queixas sobre as medalhas que lhe eram devidas. "O tempo lhe mostrará, meu senhor", escreveu ele ao Sereníssimo em 13 de julho de 1790, "que não sou charlatão nem vigarista, mas um homem leal e verdadeiro."[19]

Em 27 de março, o sultão Abdul-Hamid I, homem pacífico e amante dos vinhos, morreu. Mas, em vez de ser boa notícia, isso só piorava as coisas para a Rússia, pois foi sucedido por Selim III, de dezoito anos, um reformista agressivo e inteligente, cuja determinação para a luta era reforçada pelos fanáticos muçulmanos e pelos embaixadores da Prússia, da Inglaterra e da Suécia. A Áustria e a Rússia queriam discutir a paz com Selim para repelir uma possível intervenção prussiana na Guerra Turca — mas os prognósticos não eram animadores. O chanceler austríaco, Kaunitz, escreveu para Potemkin a respeito da ferocidade de Selim, alegando que certa vez, ao avistar um judeu nas ruas de Istambul usando os sapatos errados (amarelos), mandou decapitá-lo antes que o infeliz tivesse a oportunidade de explicar que era estrangeiro.[20] A paz só poderia ser alcançada nos campos de batalha na próxima campanha de Potemkin: não era de admirar que Catarina estivesse tão ansiosa.

Potemkin e Catarina ainda flertavam um com o outro. Depois da recepção do aniversário dela no palácio de Paulo, em 12 de abril, ele docemente deu uma injeção de ânimo na vacilante imperatriz elogiando a "mãe dos seus súditos, em especial para mim" e as "virtudes angelicais" da "águia primogênita ainda implume", referindo-se a Alexandre, o neto dela.[21] Antes de sair deu-lhe um delicado presente, "uma chamada *bagetelle*", escreveu-lhe ela, "que é de rara beleza e, o mais importante, tão inimitável como você. Fico maravilhada com os dois — ela e você. Você é mesmo a personificação do humor inteligente".[22]

Em 6 de maio de 1789, depois de preparar planos com Catarina para qualquer eventualidade, incluindo guerras contra a Prússia e a Polônia, o príncipe de Táurida partiu de Tsárskoie Seló para o sul. Os velhos parceiros só voltariam a encontrar-se quase dois anos depois.[23]

O Sereníssimo foi correndo para o front, onde dividiu os exércitos combinados da Ucrânia e de Iekaterinoslav — cerca de 60 mil homens — em seu próprio exército principal e mais quatro corpos. Sua estratégia consistia em lutar em torno do mar Negro na direção sul, através dos principados da Moldávia e da Valáquia (hoje Moldávia e Romênia), tomando as fortalezas de cada rio: Dniester, Prut e depois o Danúbio. O exército de Potemkin deveria cobrir o Dniester até reduzir os turcos o suficiente para iniciar a luta Danúbio acima até a moderna Bulgária — e as muralhas de Constantinopla.[24]

O principal exército austríaco, sob o comando de um dos seus muitos oficiais escoceses, o marechal de campo Loudon, deveria atacar Belgrado (na Sérvia atual), enquanto o príncipe Frederico José de Saxe-Coburgo-Saalfeld cooperava com os russos na Valáquia e na Moldávia. A força mais importante, depois da do próprio Potemkin, era o "corpo voador" de Suvórov, o Terceiro, que deveria proteger a "articulação" com os austríacos no flanco extremo esquerdo russo. Suvórov equilibrou-se em três trios paralelos — o Sereth, o Bârlad e o Prut — e esperou.

O novo grão-vizir, Hassan-Pasha Genase, comandava um exército otomano de 100 mil: sua estratégia consistia em esmagar os austríacos onde o elo entre os aliados era mais fraco, nos rios Prut e Sereth, perto da "articulação" de Suvórov, enquanto uma nova armada desembarcava na Crimeia. O ex-capitão paxá Ghazi Hassan, o Crocodilo das Batalhas do Mar, de barbas brancas, partiu por terra no comando de um corpo de exército de 30 mil homens, com a função de distrair o exército principal de Potemkin, enquanto o vizir rompia as linhas. As manobras turcas eram inusitadamente eficientes. Os russos estavam vigilantes. Em 11 de maio, Potemkin atravessou o Bug, acumulou suas forças em Olviopol e avançou rumo à poderosa fortaleza otomana de Bender, no Dniester.

No Ocidente, o mundo mudava. Potemkin instalava-se em seu novo quartel-general em Olviopol quando a turba parisiense invadiu a Bastilha em 3/14 de julho. A Assembleia Nacional aprovou a Declaração dos Direitos do Homem em 15/26 de agosto.[25] Os Patriotas Poloneses, que se opunham à Rússia, sentiram-se encorajados pela Revolução Francesa — Varsóvia vivia um festival de liberdade e esperança. A Polônia exigiu que a Rússia retirasse suas tropas e seus paióis. Potemkin monitorava cuidadosamente a Polônia, mas não teve escolha e obedeceu.[26] Continuou a desenvolver suas políticas polonesas, expandindo vigorosamente os cossacos do mar Negro, para que funcionassem como ponta de lança ortodoxa e levantassem a área oriental, pró-russa, de Constantinopla quando chegasse a hora.[27]

Potemkin "voava" entre seu quartel-general em Olviopol, onde a Rússia, a Polônia e a Turquia se encontravam, e Kherson, Ochakov e Elizavetgrado, checando e inspecionando seu vasto front até ficar exausto com "hemorroidas e febre", como informou a Catarina, "mas nada vai me deter, só a morte".[28] Para encorajá-lo, ela lhe mandou uma das suas recompensas por Ochakov, o bastão de comando de marechal de campo incrustado de diamantes.

O grão-vizir avançava sub-repticiamente, com um corpo de exército de 30 mil homens, para atacar os austríacos de Coburg, antes que eles pudessem juntar-se aos russos. Nesse momento vital, chegou uma longa e angustiada carta secreta de uma imperatriz desvairada. Justamente quando os turcos sondavam o ponto mais fraco do front de Potemkin, o relacionamento de Catarina com Mamónov desintegrou-se de maneira humilhante.

Catarina finalmente entendeu que Mamónov não era feliz: é difícil culpá-lo. O favorito sempre se queixou de que viver na corte era como sobreviver na selva.[29] Seu papel de companheiro de uma mulher mais velha aborrecia-o, agora que estava acostumado ao luxo. Potemkin impedia que ele desempenhasse alguma função política — em sua última visita, o príncipe negara o pedido de Mamónov para ser vice-chanceler da corte. Suas obrigações sexuais talvez tivessem se tornado tediosas, até desagradáveis.

Catarina estava entrando nos sessenta. Em público, continuava majestosa;

em privado, simples e brincalhona. "Eu a via uma ou duas vezes por semana durante dez anos", escreveu Masson, "cada vez com mais admiração." Sua modéstia com os funcionários era admirável: a condessa Golovina lembrava-se de uma ocasião em que ela e as outras damas de companhia estavam jantando num clima de grande alegria quando perceberam que a "linda" mão da criada que lhes servia os pratos usava um "magnífico anel solitário". Levantando os olhos, descobriram que era a imperatriz. Ela cuidava da aparência, mantendo uma boa pele e mãos bem tratadas. O cabelo agora branco era cuidadosamente adornado — mas ela engordara imensamente; as pernas viviam tão inchadas que "perdiam a forma". Os arquitetos, incluindo Cameron, em Tsárskoie Seló, e nobres cujas casas ela visitava, aos poucos foram instalando *pentes douces* para lhe facilitar a entrada nas edificações. A voz era rouca, o nariz talvez tivesse ficado mais "absolutamente grego" ou aquilino, ela sofria de gases e indigestão, e provavelmente perdeu alguns dentes. Mais velha,* o tempo exagerou tanto a sua natureza afetuosa como a sua carência emocional.[30]

A imperatriz escreveu uma carta para Mamónov oferecendo-se generosamente para liberá-lo e cuidar da felicidade dele, casando-o com uma das mais ricas herdeiras da Rússia. A resposta foi arrasadora. Ele confessou que estava apaixonado pela princesa Dária Shcherbátova, uma dama de companhia, havia "um ano e meio" e pediu autorização para casar-se com ela. Catarina perdeu o fôlego e desmoronou diante dessa descarada traição da sua confiança e dos seus sentimentos. Mamónov foi atrás dela, jogou-se aos seus pés e contou tudo. Anna Naríchkina, amiga de Catarina, gritou com o favorito. Profundamente magoada, mas sempre decente com os amantes, Catarina concordou que ele se casasse com Shcherbátova.

De início, ela ocultou essa crise de Potemkin, provavelmente por constrangimento e para ver se surgia uma relação com um novo jovem que lhe fosse próximo. Mas em 29 de junho disse a sua equipe que ia escrever para Potemkin em Olviopol. Quando a carta o alcançou, ela já tinha supervisionado o casamento de Mamónov em 1º de julho: o noivo recebeu 2250 camponeses e 100 mil rublos. Catarina chorou na cerimônia. "Nunca fui tirânica com ninguém", escreveu ela a Potemkin, melancólica, "e odeio compulsão — é possível que você não me co-

---

* Os cortesãos também eram velhos: Ivan Tchernichov exalava um cheiro tão repulsivo nos aposentos da imperatriz que o chão precisava ser saturado de lavanda quando ele saía.

nheça tanto, que a generosidade do meu caráter tenha sumido da sua lembrança e que você me considere uma egoísta miserável? Você teria me curado dizendo-me a verdade." Ela se lembrou das advertências de Potemkin — "Matuchka, cuspa nele" — que foram ignoradas. "Mas, se você sabia desse amor, por que não me falou francamente?"[31]

O Sereníssimo respondeu: "Quando fiquei sabendo, ano passado, que ele mandava frutas da mesa para ela, compreendi de imediato, apesar de não ter nenhuma prova exata para mencionar a você, Matuchka. No entanto, joguei indiretas. Eu lamentava por você, minha mãe adotiva, e a grosseria dele e suas doenças fingidas ainda eram mais intoleráveis por causa disso". Potemkin desprezava a "mistura de indiferença e de egoísmo [de Mamónov] [...]. Narciso em grau extremo", aconselhando-a a nomear o ingrato como embaixador na Suíça.[32] Em vez disso, o conde e a condessa Mamónov foram enviados para Moscou, para sofrer as consequências do que fizeram.

"Um lugar sagrado", afirmou Zavadóvski, com razão, "nunca fica vago por muito tempo."[33] Catarina já tinha encontrado um substituto para Mamónov, mas queria resolver tudo antes de contar a Potemkin. Mesmo na primeira carta dela os olhos de Potemkin devem ter sido atraídos pela referência a um jovem que ela apelidou de "Le Noiraud" — "Moreno" —, com quem Catarina estava se familiarizando. Já três dias depois da declaração de Mamónov, Catarina via Moreno com mais frequência: seu *valet* e seu secretário desconfiaram que um caso estava começando.[34] Ele era protegido de Anna Naríchhkina e do conde Nikolai Saltikov, chefe da criadagem do grão-duque Paulo e detrator de Potemkin. Como a corte inteira sabia que Mamónov estava apaixonado por Shcherbátova, eles não perderam tempo em empurrar Moreno para a imperatriz, porque sabiam que Potemkin interviria se perdessem tempo. O príncipe não escolhia os amantes de Catarina, mas gostava de certificar-se de que não eram hostis. Não há dúvida de que os partidários de Moreno tinham a intenção de enfraquecer Potemkin, sabendo que a guerra o impediria de voltar às pressas, como fizera após a morte de Lanskoi. Em junho de 1789, era muito mais provável que essa imperatriz enfermiça, atormentada pela guerra e pela dispepsia aceitasse o que lhe fosse oferecido do que em qualquer outra época da sua vida. Para ela, talvez a felicidade tivesse se tornado mais importante do que a dignidade.

Moreno chamava-se Platon Alexándrovitch Zúbov, o último favorito de Catarina. Foi, provavelmente, o mais belo de todos. Com 22 anos, Zúbov era musculoso, mas frágil, bonito e sombrio — vem disso o apelido que Catarina lhe deu —, mas sua expressão era tensa, vaidosa, fria. Suas doenças frequentes combinavam bem com o instinto maternal de Catarina. Estava na corte desde os onze anos — Catarina pagara por seus estudos no exterior. Esse almofadinha, esperto de um jeito superficial e tolo, não era nem imaginativo nem curioso, muito menos capaz, apenas ávido e ambicioso. Nada disso tinha importância num favorito. Potemkin a ajudou a governar um império e travar a guerra. Zúbov era seu companheiro e pupilo em seu trabalho para o Império. "Estou fazendo muito bem pelo Estado", disse ela, dissimuladamente, "ao educar homens jovens."[35]

A ascensão de Zúbov à grandeza obedeceu a um ritmo conhecido: a corte notou quando o jovem ofereceu o braço a Catarina à noite. Trajava uniforme novo, com uma pluma no chapéu. Depois do carteado, foi convocado para acompanhar Catarina até os apartamentos imperiais e tomou posse dos aposentos do favorito, onde possivelmente encontrou um presente em dinheiro. No dia seguinte, a sala de espera do "novo ídolo" estava cheia de pessoas pedindo favores.[36] Em 3 de julho, Zúbov foi promovido a coronel das Guardas Montadas e ajudante-general e, significativamente, deu de presente à sua protetora, Naríchkina, um relógio de 2 mil rublos. Os patronos de Zúbov, temendo a reação de Potemkin, recomendaram-lhe que demonstrasse respeito por "Sua Alteza".[37]

Catarina apaixonou-se.[38] Vivia quase nas nuvens, cheia de admiração por Moreno. "Amamos esta criança que é de fato muito interessante", declarou, exagerando na ênfase. Sua alegria tinha a sentimentalidade de uma mulher velha nos espasmos do entusiasmo sexual por um homem quase quarenta anos mais jovem, como escreveu ela a Potemkin: "Sou gorda e feliz, voltei a despertar para a vida como uma mosca no verão".[39] Ao encomendar alguns livros para Zúbov, ela chegou até a fazer uma piada maliciosa e inusitadamente atrevida para o seu secretário. Um dos livros chamava-se *Lucine sem intercurso — uma carta na qual se demonstra que uma mulher pode dar à luz sem intercurso com um homem*. Catarina soltou uma gargalhada: "Isto é uma revelação, e, nos tempos antigos, Marte, Júpiter e os outros deuses ofereciam uma desculpa".[40] Mas ela aguardava nervosamente a reação do príncipe de Táurida.

"Sua paz de espírito é muito necessária", escreveu ele, com cautela, "e para mim é mais preciosa do que qualquer coisa", mas não esperava que disso lhe resultasse algum dano político, uma vez que "sua clemência está comigo".[41] Potemkin, no entanto, não emitiu juízos sobre a escolha de Zúbov. Catarina não conseguiu vencer o constrangimento e mencionar o jovem pelo nome para Potemkin, mas não conteve o entusiasmo por sua beleza física: "Moreno tem olhos lindos". Ela reafirmou a secreta parceria entre os dois: "Você está certo quando escreve que conta com a minha clemência e que não há nenhuma situação capaz de prejudicá-lo [...]. Seus vilões não terão êxito comigo". Em troca, suplicou a Potemkin que aprovasse seu novo amor. "Console-me, afague-nos."[42]

Logo ela estava induzindo Zúbov a escrever cartas lisonjeiras ao consorte, para recriar a "família" deles: "Estou incluindo uma carta de admiração da alma mais inocente do mundo [...] que tem bom coração e um jeito doce de pensar". E acrescentou, esperançosa: "Pense no quanto a situação seria fatal para minha saúde sem este homem. *Adieu mon ami*, seja agradável conosco".[43] Quando ele foi "agradável", a imperatriz inclusive agradeceu sua aprovação: "É um grande contentamento para mim, meu amigo, saber que você está satisfeito comigo e com o Moreninho [...]. Espero que ele não fique mimado".[44] Era esperar demais. Zúbov passava horas diante do espelho enrolando o cabelo. Arrogantemente, permitia que seu macaquinho de estimação puxasse as perucas de veneráveis suplicantes. "Potemkin devia sua ascensão quase exclusivamente a si mesmo", segundo Masson, que conheceu bem os dois homens. "Zúbov devia a sua às enfermidades de Catarina."[45]

A ascensão de Zúbov é sempre descrita como um desastre político para Potemkin, mas seu significado tem sido exagerado pela análise retrospectiva. O maior interesse do príncipe era que Catarina encontrasse um favorito e o deixasse livre para governar o Império e fazê-la feliz. Ele não ficou triste com o término do caso com Momónov, que tinha sido originalmente escolha sua, porque Momónov foi desrespeitoso com Catarina. Quando esteve em Petersburgo em fevereiro, dizia-se que estava tentando impor seu próprio candidato[46] — e uma fonte sugere que era Valerian, irmão mais novo de Zúbov, o que faz crer que, fossem quem fossem os amigos dos Zúbov, eles não eram vistos como inerentemente hostis. Na verdade, Potemkin gostava do bravo e capaz Valerian e o promovia sempre que possível.[47] Damas, que estava com Potemkin, não notou nenhum sinal de antipatia especial pelos Zúbov.[48] Potemkin e Zúbov iniciaram então a correspondência de costume — o jovem favorito fazendo a corte ao consorte mais velho. Todo favorito almejava suplantar o príncipe. O perigo agora era maior por causa da idade de Catarina. Mas o prestígio e o poder de Potemkin aumentaram durante a guerra. Portanto, Zúbov era inconveniente em termos políticos — não mais, porém, do que uma picada de alfinete.

O Sereníssimo concedeu sua aprovação lentamente: "Minha querida Matuchka, como poderia eu não amar sinceramente o homem que a faz feliz? Pode ter certeza de que terei uma amizade franca com ele, por causa do seu apego a você". No entanto ele tinha notícias mais animadoras: vitória.[49]

O corpo de exército otomano de 30 mil homens de repente avançou em direção a Fokshany na Moldávia, onde 12 mil austríacos guardavam o flanco direito de Potemkin. Coburgo, o indigesto comandante austríaco, não tinha dúvidas sobre as próprias limitações e pediu ajuda russa. Potemkin tinha ordenado especificamente a Suvórov que impedisse qualquer concentração dos turcos ou tentativa de dividir as forças aliadas. Logo que Suvórov recebeu o recado de Coburgo, informou a Potemkin e obrigou seus 5 mil russos a marcharem para intervir tão agressivamente que o comandante turco achou que só podiam ser a vanguarda de um exército. Em 20 e 21 de julho de 1789, na Batalha de Fokshany, o minúsculo mas disciplinado corpo de exército de Suvórov, assistido pelos austríacos, pôs os turcos em debandada, matando mais de 1500 e perdendo apenas algumas centenas de homens. Os turcos fugiram para Bucareste.[50]

O enorme exército do grão-vizir estava novamente em marcha. Suvórov voltou às pressas para o seu posto. Potemkin atravessou o Dniester em 12 de agosto, tomando a direção sul para instalar seu quartel-general em Dubossary. Todos os olhos acompanhavam os movimentos do grão-vizir: Potemkin manteve seu exército entre Dubossary e Kishnev, e correu a Ochakov e Kherson a fim de prepará-las para o planejado ataque turco pelo mar.

Em seu quartel-general de Dubossary, o Sereníssimo vivia suntuosamente numa residência "tão esplêndida quanto a do vizir". William Gould, o imperador do paisagismo, criou ali um jardim inglês instantâneo.[51] A orquestra de Sarti tocava o dia inteiro. Muitos generais viajam com suas amantes e criadagem, mas só Potemkin foi à guerra com um exército de jardineiros e violonistas. Era como se planejasse passar ali o resto da vida.[52]

O vizir identificou corretamente a "articulação" dos exércitos aliados como o ponto fraco de Potemkin, por isso lançou duas investidas. O velho Crocodilo, Ghazi Hassan, partiu de Izmail numa incursão com 30 mil homens e precipitou-se através do Prut para atrair o principal exército de Potemkin. Mas Potemkin não tirou o seu exército do lugar e despachou Repnin para deter a investida e, se possível, tomar a poderosa Izmail: perseguiu o agora outrora marinheiro argelino e seu corpo de exército de volta até a fortaleza. Lá chegando, Repnin perdeu tempo e não fez nada.

Em 1º de setembro, Potemkin deu ordens específicas a Suvórov sobre o exército do vizir. "Se o inimigo aparecer em qualquer parte vindo em sua direção, ataque-o, depois de pedir a misericórdia divina, e não permita que ele se concentre."[53] Logo depois das ordens de Potemkin, em 4 de setembro, Suvorov recebeu um segundo pedido de ajuda de Coburgo. O grão-vizir aproximava-se de Fokshany, investindo contra os 18 mil homens de Coburgo com um exército de 90 mil. Suvórov respondeu a Coburgo: "Chegando. Suvórov".[54] Mal teve tempo de despachar um mensageiro para o príncipe antes de lançar seus 7 mil homens numa marcha forçada espartana de cem verstas, através de rios cheios, percurso que fez em dois dias e meio.

Potemkin afligia-se achando que ele não chegaria a tempo.[55] No mesmo dia em que mandara Suvórov preparar-se, concebeu uma complexa operação anfíbia para atacar um vital porto fortificado otomano chamado Hadji-Bey, a futura Odessa. As forças terrestres avançaram de Ochakov respaldadas por uma flotilha formada por *chaiki* zaporogas e outras canhoneiras a remo, sob o comando daquele talentoso aventureiro napolitano José de Ribas, cuja retaguarda era coberta por navios de linha da Frota do Mar Negro. Potemkin pessoalmente chefiava seu exército rumo a Kaushnay, para o caso de Repnin ou Suvórov precisarem de ajuda. Essas sofisticadas manobras desmentem a injusta reputação de Potemkin como militar incompetente.[56]

Suvórov foi encontrar Coburgo atemorizado diante do acampamento do grão-vizir à beira do rio Rimnik. Os turcos superavam numericamente os aliados à base de quatro por um. Em 8 de setembro, Potemkin mandou Suvórov "auxiliar o príncipe Coburgo no ataque ao inimigo, mas não na defesa". Em 11 de setembro, os aliados atacaram. Os turcos combateram com seu velho fanatismo, lançando leva após leva de janízaros e *spahis* contra os quadrados de Suvórov. Só aguentaram duas horas. Então as tropas aliadas avançaram, aos berros de "Catarina" e "José". As novas forças ligeiras de Potemkin — seus *jaegers*, atiradores de elite móveis, mais cavalaria, carabineiros e cossacos — mostraram-se tão competentes e rápidas quanto as forças otomanas. Os turcos foram aniquilados, 15 mil morreram no "cruel campo de batalha".[57] O grão-vizir — gabou-se Potemkin ao seu ex-amigo Ligne — "fugiu como um menino".[58]

O eufórico Sereníssimo cumulou Suvórov de elogios: "Eu o abraço e beijo sinceramente, meu querido amigo, seu infatigável zelo me faz querer tê-lo em toda parte!". Suvórov abraçou-o de volta: "Estou beijando sua preciosa carta e mantenho o mais profundo respeito, Sereníssimo, Deus Misericordioso!". Essa exaltação baseava-se no respeito mútuo: a estratégia era de Potemkin; a tática devia-se ao gênio de Suvórov. Potemkin explorou o triunfo de Suvórov em terra e no mar. Tomou Kaushany em 13 de setembro. No dia seguinte, Ribas capturou Hadji-Bey. O príncipe ordenou à Frota de Sebastópol que se lançasse ao mar para atacar os otomanos.

Em seguida, avançou contra as duas mais potentes fortalezas otomanas no Dniester. Brandindo as lembranças do banho de sangue de Ochakov como arma, Potemkin esperava tomá-las "sem grande custo". Primeiro havia os imponentes baluartes de Akkerman (Belgrado-no-Dniester) dominando a entrada do rio. Quando a frota turca voltava para Istambul, Potemkin ordenou a tomada de Akkerman. A fortaleza se rendeu em 30 de setembro. O príncipe correu para inspecioná-la e voltou por Kishnev, esforçando-se para arranjar o aprovisionamento dos exércitos enquanto a Polônia fechava suas portas.*

O Sereníssimo voltou suas atenções para o maior de todos os troféus do Dniester: a famosa fortaleza de Bender, construída no alto de uma escarpa acima do rio, numa moderna praça fortificada com quatro torres formidáveis e uma guarnição de 20 mil homens, um pequeno exército.[59] Potemkin iniciou o cerco da fortaleza, mas ao mesmo tempo abriu negociações. Em 4 de novembro, conseguiu o que queria. Depois teve o prazer de contar a Catarina o "Caso Milagroso" dos oito generais de Bender, que tinham sonhado que se entregavam ou morriam. Foram ao paxá contar a história. Os sonhadores turcos buscavam, obviamente, uma sonolenta desculpa para evitar um assalto russo, mas Potemkin divertiu-se muito com essa parábola salvadora.[60] Bender entregou-se; Potemkin tomou trezentos canhões — em troca de deixar a guarnição ir embora. O documento de rendição, hoje nos arquivos de Potemkin,[61] captura a complexa formalidade da

---

* A colossal fortaleza de Akkerman continua de pé.

absurda burocracia otomana, mas também se refere a Potemkin em termos não concedidos ao grão-vizir, só ao próprio sultão.*

Bender foi a conquista ideal para Potemkin, não custando à Rússia um homem sequer. O sucesso foi contagioso: José cumprimentou o Sereníssimo, mas numa carta inédita para Ligne ele compreendeu o verdadeiro alcance da proeza de Potemkin: "É uma arte sitiar fortes e tomá-los à força [...] mas assenhorear-se desta maneira é a maior arte de todas". Seria "a mais bela glória de Potemkin".[62]

O grão-vizir não teria concordado: depois de Rimnik, o sultão mandou matá-lo em Shumla. Já o *seraskier* de Bender foi decapitado em Istambul: quatro meses depois, o embaixador britânico viu a cabeça ainda apodrecendo na frente do Serralho.[63]

"Bem, Matuchka, saiu de acordo com meu plano?",[64] perguntou o eufórico Potemkin a Catarina. O triunfo despertou-lhe a veia de brincalhão, e ele compôs esta cantiga:

Nous avons pris neuf lançons
Sans perdre un garçon
Et Bender avec trois Pashas
Sans perdre un chat.[65]**

A reação do Sereníssimo à vitória de Suvórov em Rimnik não poderia ser mais generosa: "De fato, Matuchka, ele merece a sua benevolência e a luta foi vital, estou pensando em alguma coisa para dar a ele [...]. Pedro, o Grande, distribuía títulos de conde por nada. Que tal dar [o título] a ele com o sobrenome de 'Rimnikski'?".[66] Potemkin sentia-se orgulhoso pelo fato de os russos terem resgatado os austríacos, que por pouco não fugiram. Pediu a Catarina que "demonstrasse

---

* "Para Sua Alteza Monseigneur príncipe Potemkin: Representação de Ahmet Pasha Huhafiz de Bender. Ao prestar com o mais profundo respeito as honras devidas a Vossa Alteza, muito generoso, muito firme, muito gracioso, adornado por um elevado gênio para conceber e executar grandíssimos empreendimentos, cuja autoridade é acompanhada pela mais ofuscante dignidade, ministro principal, aclamado com a mais alta precedência e primeiro representante de Sua Alteza Imperial, a padixá da Rússia, nós representamos [...] a piedade pelas crianças e pelas mulheres nos leva a aceitar [...] a proposta."
** "Tomamos nove galeotas/ Sem perder um menino/ E Bender com três paxás/ Sem perder um gato."

boa vontade com Suvórov" e "opróbrio com os generais parasitas que não valem o salário que recebem".[67]

Catarina entendeu o recado. Deu a Suvórov o título e uma espada cravejada de diamantes com a inscrição "Conquistador do Grão-Vizir." Potemkin agradeceu-lhe a recompensa concedida a Suvórov (José também fez dele um conde imperial) e deu a cada soldado um rublo.[68] Ao mandar todos os prêmios de Suvórov — uma "carroça cheia"[69] de diamantes e a Cruz de São Jorge do Primeiro Grau —, disse ele ao novo conde: "O senhor certamente obterá glória e vitórias iguais em qualquer época; mas nem todos os chefes seus sentiriam um prazer tão grande como o que sinto ao informá-lo de suas recompensas". Mais uma vez, esses dois excêntricos brilhantes e extremamente emotivos superaram um ao outro. "Mal consigo ver a luz do dia de tantas lágrimas de alegria!", declarou Suvórov-Rimnikski. "Viva o príncipe Grigóri Alexándrovitch [...]. Um homem honesto, um homem bom, um grande homem!"[70]

Potemkin era o herói do momento, indo de "conquista em conquista", como contou Catarina a Ligne: ele agora tinha tomado todo o Dniester, o Bug e a terra entre eles.[71] Te-déuns foram cantados em Petersburgo; 101 canhões disparados. Se o poder é afrodisíaco, a vitória é o próprio amor: Catarina escreveu para ele como se fossem quase amantes de novo. "Sua campanha atual é brilhante! Amo-o muito, muito."[72] Mas os dois ainda discutiam como deveriam reagir à pressão prussiana para minar os ganhos russos contra os turcos. Ela lhe disse que vinha seguindo seu conselho sobre os prussianos: "Estamos acariciando os prussianos", embora não fosse fácil tolerar os "abusos" deles. Contou-lhe que Zúbov quis ver a coleção de arte e os aposentos de Potemkin na casa da Millionáia, por isso ela o levou para um tour e notou que a decoração estava um tanto gasta para um herói conquistador. Mandou reformar tudo, usando generosamente damasco branco no quarto de dormir e pendurando a coleção para ele. E concluiu: "Amo-o de todo o coração".[73]

Nesse meio-tempo os austríacos, agora nas mãos firmes de Loudon, tinham tomado a balcânica Belgrado em 19 de setembro, enquanto Bucareste se rendeu a Coburgo. O te-déum pelas duas Belgrados (a outra era Akkerman — Belgrado-no-Dniester) foi cantado simultaneamente em Petersburgo.

A vitória acelerou o culto do príncipe como Marte. Catarina tinha cunhado um medalhão com o perfil dele para comemorar Ochakov. O escultor, Chúbin, estava esculpindo um busto.[74] Desse modo, ela instruiu Potemkin sobre o estrelato, como uma mãe sensata aconselhando um filho famoso. "Não seja muito pretensioso", escreveu ela, "mas mostre ao mundo a grandeza da sua alma."[75] Potemkin entendia que "tudo de bom me foi dado por Deus", mas ficou um pouco magoado. Ameaçou retirar-se a um bispado.[76] Catarina respondeu: "Um mosteiro jamais será o lar de um homem cujo nome é trombeteado em toda a Ásia e em toda a Europa — é pequeno demais para ele".[77]

Em Viena, onde até José agora era popular, o nome do príncipe era aplaudido nos teatros e as mulheres usavam cintos e anéis ostentando o nome "Potemkin". Ele não resistia à tentação de contar tudo isso a Catarina e lhe mandou o anel "Potemkin" da princesa Esterhazy. Depois das instruções de Catarina, ele tinha o cuidado de não se gabar demais diante dela, que lhe era tão parecida no amor à glória: "Como sou seu, então meus êxitos pertencem diretamente a você".[78]

O enfermiço Kaiser recomendou a Potemkin que tornasse a paz mais desejável por causa "das más intenções dos nossos inimigos" — os prussianos.[79] Certamente os turcos agora estavam prontos. Potemkin instalou sua corte em Jassy, a capital moldávia, para passar o inverno como um sultão, cair na esbórnia com suas amantes, construir suas cidades, criar seus regimentos — e negociar a paz com a Sublime Porta. Agora era imperador de tudo aquilo que supervisionava. Vivia em palácios turcos; sua corte era cada vez mais exótica — príncipes cabardianos e embaixadores persas; as moças, russas ou não, comportavam-se como odaliscas. O calor, as distâncias, os anos longe de Petersburgo, mudaram o homem. Os inimigos começaram a compará-lo a um tirano assírio quase mítico do século VII a.C., famoso por sua caprichosa extravagância, sua voluptuosa decadência e suas vitórias marciais — Sardanápalo.

29. O delicioso e o cruel: Sardanápalo

Agora sonhando que sou sultão
Aterrorizo o mundo com olhares...
        Gavrili Derjávin, "Ode à princesa Felitsa"

O despotismo do vício
A fraqueza e a miséria do fausto
A negligência — a apatia — os males
Da preguiça sensual dez mil tiranos produzem.
        Lord Byron, *Sardanápalo*

"Muito cuidado com o príncipe", sussurrou a princesa Iekaterina Dolgorúkaia à amiga condessa Varvara Golovina, quando ela chegou à corte do Sereníssimo em Jassy, a capital da Moldávia. "Aqui ele é como um soberano."[1] A capital selecionada por Potemkin, Jassy (atual Iasi, na Romênia), poderia ter sido feita especialmente para ele. Estava cercada por três impérios — otomano, russo e Habsburgo —, rezava em três religiões — muçulmana, ortodoxa e judaica — e falava três línguas — o grego, o turco e o francês. Seus mercados, dominados por judeus, gregos e italianos, ofereciam "todas as mercadorias do Oriente em grande abundância".[2] Sua sofisticação, que consolou Ligne em 1788 das misérias de

Ochakov, tinha "bastante de oriental para ter o *piquant* da Ásia e bastante civilização para acrescentar algumas graças europeias".[3]

Os governantes, os hospodares ou príncipes, da Valáquia e da Moldávia, os dois principados danubianos, eram gregos do bairro de Fanar em Constantinopla, alguns deles descendentes de imperadores bizantinos. Esses ricos fanariotas compraram seus tronos temporários do sultão otomano. Suas coroações ortodoxa-islâmica, bizantina-otomana em Istambul foram talvez o único exemplo de governantes coroados num país que não governavam.[4] Uma vez em Jassy ou Bucareste, os híbridos hospodares greco-turcos taxaram seus reinos temporários para encher os cofres e cobrir o preço exorbitante que tinham pagado ao sultão pelos tronos: "um príncipe deixa Constantinopla com uma dívida de 3 milhões de piastras e, quatro anos depois [...] volta com 6 milhões".[5] Viviam como magníficas paródias de imperadores otomano-bizantinos, cercados de cortesãos fanariotas — o primeiro-ministro era chamado de grão-postelnik, o chefe de polícia de grão-spatar e o presidente da suprema corte de grão-hetmã. Frequentemente podiam governar nos dois lugares, ou num deles, várias vezes.

Os aristocratas, os chamados boiardos, eram romenos, mas revestidos de ricas dinastias fanariotas, algumas das quais agora sediadas em Jassy, onde construíram belos palácios neoclássicos. Esses boiardos gregos, que lembravam "macacos num cavalo coberto de rubis", viviam de robe e de pantolonas turcas, deixavam a barba crescer, raspavam a cabeça e ostentavam gorros rodeados de pele e colares de pérola. Usavam espanta-moscas, lambiscavam gelados de fruta e liam Voltaire. Suas mulheres preguiçavam nos divãs, usando turbantes impregnados de diamantes e anáguas curtas transparentes, o pescoço e o braço cobertos de gaze com pérolas e moedas costuradas. Balançavam colares em forma de leque feitos de diamantes, pérolas, corais, lápis-lazúlis e madeiras raras. Conhecedores da feminilidade como Ligne eram fascinados por essas "princesas bonitas, ternas — e apáticas", cujo único defeito era a barriga protuberante, considerada sinal de beleza. Ligne alegava que a moral delas fazia *Les Liaisons Dangereuses* de Paris parecerem monásticas, e que o hospodar deixava os amigos "visitarem" as mulheres na casa da mulher dele — mas só depois de um exame médico. "As pessoas se juntavam e se separavam, não havia nem ciúme nem mau humor."[6]

Não eram apenas o cosmopolitismo e o luxo que agradavam a Potemkin, mas também a política. O trono da Moldávia era altamente lucrativo, porém perigosíssimo: cabeças rolavam com a mesma rapidez com que se acumulavam fortunas. Ligne entreouviu as damas da corte suspirando: "aqui meu pai foi massacrado por ordem da Porta e aqui minha irmã por ordem do hospodar". Tratava-se do campo de batalha das duas guerras russo-turcas, o que deixava os hospodares numa posição impossível. Eles viviam numa corda bamba política entre o Deus ortodoxo e o sultão muçulmano. Tinham que participar de um complicado jogo duplo. A Primeira Guerra Russo-Turca dera à Rússia o direito de designar cônsules nesses principados. Uma das principais causas da guerra em 1787 foi a derrubada otomana do hospodar moldávio, Alexandre Mavrocordato, que recebeu refúgio na Rússia e mandava a Potemkin livros e pedidos de dinheiro, embora escrevesse que "só a filosofia me sustenta". A impermanência desses hospodares, sua raça grega e a ortodoxia do povo atraíam Potemkin.[7]

O Sereníssimo agora governava a partir de Jassy como se tivesse, por fim, encontrado seu reino. A Dácia lhe estava destinada desde o Projeto Grego de 1782. Os boatos sobre as prováveis coroas de Potemkin ficavam cada vez mais pitorescos — um ducado livoniano, um reino grego de Moreia e até mesmo um projeto extremamente potemkiano de comprar duas ilhas italianas, Lampedusa e Linosa, do Reino de Nápoles e fundar uma ordem de cavalaria — mas uma variação em torno da Dácia era muito mais provável.[8] Potemkin "via a Moldávia como um domínio que lhe pertencia".[9]

Embora os hospodares da Moldávia e da Valáquia se correspondessem com Potemkin do acampamento turco, suplicando a paz,[10] o príncipe adotava a resplandescência deles, enquanto governava através de um divã de boiardos, sob o comando do seu dinâmico negociador georgiano[11] Serguei Lajkarev.* Os turcos e os ocidentais sabiam que Potemkin queria a Moldávia; ele aliciava e seduzia os boiados,[12] que estavam quase lhe oferecendo o trono.[13] As cartas deles nessa época agradeciam por tê-los libertado "da tirania dos turcos. Suplicamos a Vossa Alteza que não deixe escapar da sua vista vigilante os pequenos interesses do nosso país,

---

* Lajkarev, que os ocidentais comparavam a um palhaço cigano, certa vez repeliu uma turba islâmica em Negroponte saltando de um balcão com uma bacia de água, e ameaçando-os com o horror do batismo instantâneo. Posteriormente, na comitiva de Alexandre I em Tilsit em 1807, foi ele que se encontrou com Napoleão e negociou a anexação russa da Bessarábia, cedida pela Porta no tratado de 1808, em troca da dominação francesa da Europa.

que sempre terá Vossa Alteza como Libertador". O príncipe Cantacuzino, rebento de imperadores bizantinos, aclamou aquela "época de felicidade — ousamos correr para as sábias luzes de Vossa Alteza, herói do século".[14]

O Sereníssimo tomou a moderna providência de tornar-se um magnata da imprensa. Fundou, editou e publicou seu próprio jornal, Le Courrier de Moldavie. Impresso em sua própria prensa de tipos móveis, Le Courrier era um tabloide que trazia estampada a cimeira moldávia e dava notícias internacionais e locais. Os artigos eram moderadamente liberais, raivosamente contrários à Revolução Francesa e mansamente favoráveis a um reino romeno independente governado por Potemkin.[15] Alguns achavam que ele até planejou criar um Exército moldávio, destacando para isso regimentos russos de primeira linha.[16] Seu sobrinho general Samóilov, que estava quase sempre com ele nessa época, declara que Potemkin só faria a paz se a Moldávia — ou Dácia —* ganhasse a independência.[17]

O príncipe jamais foi do tipo que deixasse a guerra, o inverno ou o pequeno detalhe de formar um novo reino interferir nos seus prazeres. "Senhor monge, sim, vida monástica, não", Catarina o provocava, usando um eufemismo imperial.[18] Ele residia nos palácios do príncipe Cantacuzino ou do príncipe Ghika e passava os dias quentes em Czerdak, no campo perto dali.** Acompanhavam-no dez mecânicos de Tula, doze carruagens de livros, vinte joalheiros, 23 mulheres fabricantes tapeceiras, cem bordadeiras,[19] uma trupe de mímicos, seus duzentos trompetistas (para tocar o te-déum de Sarti em homenagem a Ochakov, com o acompanhamento de disparos de canhão, ideia que Tchaikóvski tomou de empréstimo para sua *1812 Ouverture*), um coro de trezentas vozes, um *corps de ballet*,[20] o jardineiro Gould, o arquiteto Stárov,[21] sobrinhos, sobrinhas e seu chanceler Pópov.

Só os cozinheiros ingleses se recusavam a ir,[22] por isso ele teve que se contentar com jardins ingleses e refeições francesas — provavelmente uma ideia muito

---

* Embora Potemkin viesse, com o tempo, a representar o odiado imperialismo russo para os romenos, um visitante francês, quarenta anos depois, descobriu que os boiardos de Jassy ainda o viam como uma espécie de pai do nacionalismo romeno. Isso fazia sentido, uma vez que a Dácia, grosso modo, forma a Romênia. No entanto, o único legado do nome foi a decisão do presidente Ceaucescu de dá-lo à marca nacional de automóveis, "Dacia".
** O Palácio Ghika ainda existe: agora é a Faculdade de Medicina da Universidade de Iasi. Foi ampliado, mas ainda tem o pórtico clássico original.

melhor, no fim das contas. Mas recebia cestos[23] de iguarias inglesas como consolação. Uma dessas remessas — a conta está nos arquivos — continha salmão defumado, salmão seco, salmão marinado, arenques holandeses, anchovas livonianas, lampreias, enguias, dois barris de maçãs, duas garrafas de mexilhões, duas garrafas de vinho tinto, duas garrafas de Lacrima Christi, duas garrafas de champanhe e seis de Hermiatate, três garrafas de vinho tinto da Borgonha, três de vinho branco da Borgonha, três garrafas de rum jamaicano — e mais.

"Festas, bailes, teatros, balés eram organizados o tempo todo." Ao ouvir falar que, a setecentas verstas de distância, havia um oficial que tocava bem o violino, o príncipe mandou um mensageiro buscá-lo; quando o violinista chegou, ele ouviu com prazer, deu-lhe um presente e despachou-o imediatamente de volta.[24] Isso reflete a ideia pré-napoleônica de Potemkin de que um exército marcha movido a alegria, não a estômago cheio. "Um exército triste jamais consegue desincumbir-se das tarefas mais difíceis", escreveu ele, "e tem mais tendência a adoecer."[25]

As beldades de Petersburgo acorriam em bandos para entretê-lo e enganar os maridos. Praskóvia Potemkina, a de pele imaculada e rosto perfeito, instalou-se firmemente como "sultana favorita",[26] e suplicantes aguardavam em sua sala de espera para pedir favores.[27] Praskóvia e o príncipe viveram um amor profundo em Jassy. "Você é meu prazer e meu tesouro inestimável, você é uma dádiva de Deus", escreveu ele, acrescentando que seu amor se manifestava não em louca paixão ou embriaguez, mas "numa ternura infinita". Sem ela, "sou apenas metade de mim [...] você é a alma da minha alma, minha Parachinka". Ele sempre gostou de escolher vestidos para as sobrinhas e de desenhar batinas de monges, e Praskóvia devia ficar linda de uniforme, pois ele lhe escreveu o seguinte: "Sabe, minha linda doçura, você é uma couraceira do meu regimento. O capacete fica perfeito em você, tudo fica bem em você. Hoje vou colocar uma mitra em sua cabeça [...]. Faça-me o favor, minha beldade única, ponha um vestido de calicô e cetim roxo [...]". Ele lhe dizia que joias usar — o que colocar num diadema. Chegou a projetar um imaginário refúgio amoroso para eles, o que revela a comovente originalidade desse homem estranho e sensível: "Desenhei padrões para você, trouxe-lhe diamantes, agora estou projetando para você uma pequena casa com jardim ao estilo oriental, com todo o luxo mágico [...]". Haveria um grande salão, o murmúrio de uma fonte. Em cima, haveria uma galeria iluminada com "quadros de Hero e Leandro, Apolo e Dafne [...] os mais ardentes poemas de Safo" e um quadro erótico da própria Praskóvia "de vestido branco curto, cingido por uma delicada faixa lilás, aberto no peito, cabelos soltos sem pó, uma chemise presa por um rubi [...]". A cama seria cercada de "cortinas finas como fumaça" num quarto com vidro cor de água-marinha. "Mas o lugar onde o luxo há de superar a si mesmo é o banheiro", cercado de espelhos e cheio de água, perfumado de rosa, lilás, jasmim e laranja. O Sereníssimo ficava "alegre quando você está alegre, e satisfeito quando você está satisfeita".[28]

Quando estava amando, o príncipe era capaz de fazer qualquer coisa pela amada. Em março e abril de 1790, chegou a ordenar a Faléiev que rebatizasse dois navios em homenagem a Praskóvia.[29] "As joias, os diamantes e todos os tesouros dos quatro cantos do mundo eram usados para realçar os encantos dela." Quando ela queria joias, o coronel Bauer ia galopando até Paris; quando falava em perfumes, o major Lamsdorf partia para Florença e voltava com duas carruagens de fragrâncias.[30]

Eis uma lista de compras parisienses muma dessas lendárias missões, provavelmente destinadas a Praskóvia e outras "sultanas", em julho de 1790, o segundo ano da Revolução Francesa. O mensageiro foi Lamsdorf. Quando ele chegava a Paris, esperava-se que o embaixador francês, barão Simolin, esquecesse tudo o mais: "Não deixei um momento de me ocupar dele no cumprimento das encomendas que Vossa Alteza quis que fossem resolvidas em Paris, e de assisti-lo com meus conselhos e os de uma dama que conheço". Pelo visto, Simolin recrutou a amante para certificar-se de que estava comprando as meias certas. De fato, "tomamos o cuidado de resolver tudo dentro da última moda". Sem a dama e sem Lamsdorf, Simolin admitiu que não teria comprado o seguinte:

— artigos da moda [vestidos de baile] feitos por Mademoiselles Gosfit, Madame de Modes 14 333 *livres* [libras francesas]
— artigos da moda [vestidos de baile] feitos por Henry Desreyeux 9488 *livres*
— uma peça de musselina das Índias, bordado da Índia em seda e prata (Henry Desreyeux) 2400 *livres*
— [moda de] Madame Plumesfeur 724 *livres*
— vendedor de Rubis 1224 *livres*
— madame florista 826 *livres*

— costureira por quatro espartilhos 255 *livres*
— sapateiros por 72 pares de sapatos [sapatilhas de baile] 446 *livres*
— bordadeira para doze pares de sapatos [sapatilhas de baile] 288 *livres*
— um par de orelheiras 132 *livres*
— fabricante de meias por 6 dúzias de pares 648 *livres*
— rubis 248 *livres*
— madame vendedora de gaze 858 *livres*
— empacotador Bocqueux 1200 *livres*.[31]

É se suspeitar que nem tudo fosse para Potemkin. Logo que os artesãos e as costureiras terminavam o serviço, Lamsdorf partia a galope de volta para Jassy. Essas missões frívolas eram úteis também: os mensageiros que levavam iguarias e vestidos de baile de Paris transportavam a vasta correspondência de Potemkin — de vinte a trinta cartas por dia — e coletavam informações de inteligência e respostas; por exemplo, Stackelberg informou de Varsóvia que o mais rápido mensageiro de Potemkin entregara um despacho urgente em sua viagem para o Ocidente.[32] Tratava-se de serviços de diplomacia, espionagem, vestidos de baile e comidas reunidos num só.

O Seríssimo sem dúvida era extravagante. Essa viagem para obter catorze artigos custou 44 mil libras francesas, aproximadamente 2 mil libras esterlinas, numa época em que um gentleman inglês podia viver confortavelmente com trezentas libras por ano. Era mais do que o salário anual de um marechal de campo russo (7 mil rublos).[33] Essas missões eram bem frequentes. Potemkin até mandava regularmente para Grimm listas de compras de roupas femininas, mapas ou instrumentos musicais, de que o *philosophe* de Catarina se desincumbia com diligência.[34] No entanto, a notória ineficiência de Potemkin na quitação de suas dívidas deixava Simolin enlouquecido. Em 25 de dezembro de 1788, ele foi obrigado a pedir ajuda a Bezboródko, para que o príncipe pagasse uma remessa anterior que tinha custado 32 mil libras francesas.[35]

O estilo de vida de Potemkin já era régio, ou mesmo imperial, em 1774, e ele era dono de "uma fortuna maior do que a de certos reis".[36] É impossível estabelecer a soma exata: mesmo na época da sua morte, seus bens eram inquantificáveis. O príncipe era "prodigiosamente rico e não valia um centavo", escreveu Ligne, "preferindo a prodigalidade e as doações à regularidade em pagar".[37] Isso era quase literalmente verdade, porque ele era na prática membro da família imperial

— de modo que o Tesouro era seu banco privado. "É verdade que Potemkin tinha acesso imediato ao Tesouro do Estado", afirmou Masson, "mas também gastava muito com o Estado e se comportava como um grande príncipe da Rússia tanto quanto como um favorito de Catarina."[38] Púchkin relataria posteriormente uma história segundo a qual um funcionário do Tesouro que fez perguntas a Potemkin sobre um pedido de dinheiro recebeu como resposta o seguinte bilhete: "Pague ou vá à merda!". Dizia-se que Catarina ordenou ao Tesouro que tratasse os pedidos dele como se fossem seus, mas não era bem assim.[39]

Não há registro de que Catarina algum dia tenha negado a Potemkin um pedido de dinheiro, mas, apesar disso, ele precisava pedir formalmente, mesmo sabendo que seria atendido. Na construção de suas cidades e frotas, e durante a guerra, colossais quantidades de dinheiro passaram por suas mãos, mas a imagem de que ele esbanjava extravagantemente recursos públicos não encontra respaldo nos arquivos, que mostram que o dinheiro era alocado por Catarina, através do procurador-geral Viázemski, e em seguida distribuído por Potemkin, por meio de seus gabinetes e funcionários, como Faléiev, Zeitlin ou Pópov, até chegar aos regimentos e frotas. Boa parte jamais chegava ao próprio príncipe — embora ele fosse augusto demais para se preocupar com somas menores, e Viázemski se queixasse à imperatriz de que deixara de prestar contas. Isso toca na questão da probidade financeira. Em seu caso, era um conceito sem sentido: o Sereníssimo usava seu próprio dinheiro com despesas do Estado, e o Tesouro para seus próprios gastos, e praticamente não via diferença entre as duas coisas.[40]

O príncipe era faminto por dinheiro e adorava gastar — mas não tinha interesse nenhum pela acumulação para si. Gastava uma fortuna para manter seu estilo de consorte imperial, quando até os principais cortesãos se esforçavam ao máximo para manter as aparências. Além disso, os atrasos dos pagamentos feitos pelo Tesouro significavam que, para executar seus projetos e formar seus exércitos, ele precisava enfiar a mão no bolso. Essa avidez por riqueza era parte de sua apólice de seguro contra a subida de Paulo ao trono, uma das razões para ter investido em terras na Polônia.

Certa vez ele estava mostrando a alguns oficiais um dos seus palácios quando depararam com uma banheira de ouro. Os oficiais ficaram tão entusiasmados que Potemkin berrou: "Se algum de vocês conseguir defecar o suficiente para enchê-la, pode ficar com ela". Quando um bajulador se admirou do resplendor de um baile que ele ofereceu, o príncipe comentou: "Quer dizer, senhor, que pretende conhecer a fundura do meu bolso?". O próprio Potemkin não tinha ideia dessa fundura. Sabia apenas que o bolso praticamente não tinha fundo: sua fortuna foi estimada em 9 milhões, 16 milhões, 40 milhões e até 50 milhões de rublos. Mas, levando em conta que durante a guerra e a paz todos os orçamentos militares e para desenvolvimento do sul do Império passavam por sua chancelaria, essas cifras são irrelevantes e suas dívidas eram enormes.[41]

Potemkin tomava emprestado prodigiosamente e atormentava seu banqueiro escocês, Richard Sutherland, que enriqueceu com os negócios do príncipe e acabou sendo elevado à condição de banqueiro de corte de Catarina, além de barão.* Banqueiros e homens de negócios giravam em torno de Potemkin como urubus, competindo entre si na oferta de bens e de empréstimos.[42] Sutherland esforçou-se mais, e sofreu mais, que os outros para cuidar dos negócios de Potemkin. Em 13 de setembro de 1783, suplicou a Potemkin "humildemente que se dignasse ordenar que me pagassem as crescentes cobranças que tive a honra de lhe enviar, chegando a um total de 167029 rublos e sessenta copeques", a maioria gasta com questões de Estado, assentando imigrantes. O angustiado banqueiro tentou explicar que "novamente tomo a liberdade de revelar a Vossa Alteza que meu crédito depende, e depende muito, da devolução desse dinheiro".[43] Sutherland estava evidentemente desesperado, porque devia a outros banqueiros de Varsóvia e outros lugares, e quase sempre parece que Potemkin estava a ponto de provocar uma reação em cadeia de quebradeiras bancárias em toda a Europa — mas convém lembrar que a maioria desse dinheiro não foi gasta com bugigangas. Sutherland era o meio pelo qual Potemkin financiava o assentamento de imigrantes, a obtenção de madeira e a construção de suas cidades — o melhor exemplo do quanto seus gastos pessoais e imperiais estavam entrelaçados.

Em 1788, o príncipe devia a Sutherland 500 mil rublos. Três semanas depois, Sutherland jurou que as coisas tinham atingido um "ponto [tão] crítico e preocupante" que ele era obrigado a "vir importunar meu maior benfeitor [...] para conseguir [...] a soma sem a qual eu não saberia como honrar os meus negócios". Foi o próprio Potemkin quem rabiscou em francês na carta: "Diga-lhe que ele vai receber 200 mil rublos".

O Sereníssimo nada tinha de mesquinho — pelo contrário, era absurdamen-

---

* Era de Sutherland o rosbife que Potemkin comeu num jantar e gostou tanto que pediu para embrulhar e levar para casa.

te generoso. Não sabia o que era poupar. Só a sua morte nos ofereceu um vislumbre da sua fortuna, e mesmo isso não nos esclarece muita coisa. Como a própria imperatriz, ele era parte do Estado, e o Império era sua fortuna.[44]

Os inimigos de um país se multiplicam na proporção dos seus êxitos. Os inimigos da Rússia, provocados pelas perigosas vitórias de Potemkin, fizeram o possível para convencer os otomanos a continuarem lutando. Enquanto isso, a atividade militar da Rússia ficou paralisada com a possibilidade de guerra contra a Prússia, a Polônia e a Inglaterra, além da Turquia e da Suécia. Assim sendo, Potemkin passou o inverno de 1789 e boa parte do ano seguinte tentando negociar com a Sublime Porta. De início, os turcos pareciam sinceros em seu desejo de fazer a paz. O sultão Selim soltou o embaixador russo preso nas Sete Torres e designou o ex-capitão paxá Ghazi Hassan-Pasha, "o famoso cavaleiro argelino",[45] como grão-vizir para negociar a paz.

No entanto, a diplomacia prussiana visava minar a Rússia e cumprir o chamado Plano Hertzberb, que recebeu o nome do chanceler prussiano e foi projetado para garantir que a Prússia ficasse com as cidades polonesas de Thorn e Canzig, desde que a Áustria cedesse a Galícia para a Polônia e a Rússia devolvesse os principados danubianos para a Turquia. Isso exigia uma coalizão contra a Rússia, por isso foi oferecida uma aliança ao sultão para assegurar a devolução da Crimeia. A Suécia ficaria com a Livônia e Riga. A Áustria, aliada da Rússia, foi ameaçada de invasão prussiana. A própria Rússia foi obrigada a retirar-se da Polônia, deixando o terreno livre para a Prússia, que se viu na situação irônica de ter a maior influência num país que desejava dividir. Só então, quando se ofereceram à Polônia reforma constitucional e uma aliança em troca da cessão de Thorn e Danzig, é que os poloneses perceberam que tinham sido enganados: a Prússia não só era tão predadora quanto a Rússia, como era ainda mais. Apesar disso, tiveram que aceitar os avanços prussianos e virar-se contra os russos. A Inglaterra apoiava a Prússia na exigência de que a Rússia e a Áustria fizessem a paz com a Porta tendo como base o *statu quo ante bellum*. Não havia como pensar em operações militares russas: Potemkin teve que transferir um corpo de exército para cobrir um possível ataque da Polônia e da Prússia. Em 24 de dezembro de 1789, Catarina dizia ao seu secretário: "Agora estamos em crise: ou a paz ou uma guerra tripla com a Prússia".[46]

O homem que negociava a paz em nome de Potemkin era um operador e empreendedor diplomático levantino chamado Ivan Stepanovitch Barozzi, agente quádruplo grego a serviço da Rússia, da Turquia, da Áustria e da Prússia, simultaneamente. Depois de ouvir umas conversas sinuosas e misteriosas de Potemkin em Jassy, onde ficou chocado com o comportamento libidinoso do príncipe, Barozzi rumou para a sede do vizir, Shumla, com as condições de Potemkin.[47] O Dniester seria a nova fronteira. Akkerman e Bender seriam arrasadas. Os principados se tornariam "independentes".*

Barozzi chegou a Shumla em 26 de dezembro de 1789. Os relatos do príncipe mostram que essas discussões foram lubrificadas com uma chuva de *baksheesh*. Pelo menos dezesseis anéis, relógios de ouro, colares e caixas de rapé foram designados para diferentes autoridades turcas, especificados como "Anel com rubi azul e diamante para o primeiro-secretário do embaixador turco Ovni Esfiru", enquanto o próprio Barozzi recebeu um "anel com uma grande esmeralda" para presentear ou usar em suas discussões com o vizir.[48] Potemkin até se ofereceu para construir uma mesquita em Moscou. No entanto, por mais encantadores que fossem os brilhantes, as condições de Potemkin não agradaram ao "renegado argelino". O Seríssimo, ignorando a contraproposta, apresentou suas novas condições em 27 de fevereiro de 1790. "Minhas propostas são breves", declarou ele, "não há necessidade de muita conversa." Não haveria armistício — "mais o desejo de ganhar tempo do que de fazer a paz — pelo que conheço das artimanhas turcas". Então veio uma frase potemkiana: "Os turcos adoram usar carro de combate para caçar lebre". O príncipe preferia ser derrotado a ser enganado.[49]

Potemkin estava certo ao não se comprometer de todo com as conversações de Barozzi. O príncipe sabia, através dos austríacos e dos seus espiões em Istambul, que o sultão Selim via as conversações de paz do grão-vizir como uma política secundária e paralela a suas negociações com o embaixador prussiano, Dietz, em Constantinopla. Se os turcos conseguissem ajuda da Prússia e da Polônia, poderiam continuar lutando. Quando Potemkin respondeu, o sultão já tinha assinado

---

* Potemkin também sugeriu que, se os turcos apoiassem um russo indicado para rei da Polônia, a Rússia consideraria a possibilidade de aceitar o Bug como fronteira. Em outras palavras, a Rússia usaria a ajuda muçulmana para retomar a Polônia, e Potemkin potencialmente garantiria uma coroa para si — Polônia ou Dácia. Apesar disso, mesmo em troca da Polônia, é difícil acreditar que Potemkin aceitasse a fronteira no Bug, que significaria entregar Ochakov.

uma agressiva aliança com a Prússia, em 20 de janeiro de 1790, segundo a qual Frederico Guilherme se comprometia a ajudar a reconquistar a Crimeia e ir à guerra contra Catarina.

À medida que o laço era apertado no pescoço da Rússia, "a saúde do imperador é a tempestade mais severa que ameaça o céu da política", disse Potemkin a Kaunitz naquele mês de janeiro. José II estava combalido, fisicamente pela tuberculose e politicamente por revoltas em todo o seu império, da Hungria à Holanda. Quando parecia recuperar-se, passou por uma dolorosa cirurgia num abcesso anal que lhe esgotou as forças. A cena da morte foi trágica. "Alguém chorou por mim?", perguntou. Disseram-lhe que Ligne estava em prantos. "Não imaginei que merecesse essa afeição", respondeu o imperador. Sugeriu o próprio epitáfio: "Aqui jaz um príncipe cujas intenções eram puras, mas que teve o azar de ver o colapso de todos os seus planos". Catarina ficou "triste por meu aliado", que estava "morrendo, odiado por todos".[50] Quando José morreu, em 9/20 de fevereiro de 1790, Kaunitz teria resmungado: "Isso foi uma coisa muito boa que ele fez".[51]

Até pode ter sido uma coisa boa para a monarquia dos Habsburgo, mas foi certamente outro golpe para a Rússia. Em 18/29 de março, a Prússia apertou ainda mais o cerco, assinando uma aliança militar com a Polônia. Frederico Guilherme transferiu 40 mil homens para a Livônia no norte e mais 40 mil para a Silésia, convocando uma reserva de 100 mil. O novo monarca Habsburgo, Leopoldo, rei da Hungria (até ser eleito imperador), ficou apavorado e imediatamente escreveu para Potemkin: "O senhor perdeu um amigo na pessoa do meu irmão, Sua Majestade o imperador, mas o senhor encontrou outro amigo em mim, que mais do que qualquer um reverencia seu gênio e sua nobreza". O Sereníssimo e Leopoldo coordenaram a defesa da Galícia contra os poloneses — mas a verdadeira preocupação do rei da Hungria era impedir a invasão prussiana "numa ação conjunta com a Polônia" e salvar a monarquia dos Habsburgo. Implorou a Potemkin que fizesse uma paz que já não estava ao seu alcance.[52]

No meio dessas convulsões, o príncipe soube que um inglês admirável estava morrendo de febre perto de Kherson. John Howard era um desinteressado reformador de prisões, que ousara revelar as condições miseráveis de celas e hospitais em suas viagens pelo mundo, incluindo o vice-reino de Potemkin. O Sereníssimo despachou seu médico para cuidar dele, mas Howard morreu. O duque de Leeds, secretário britânico do Exterior, escreveu para dizer que "a nação britânica jamais esquecerá" aquela *sensibilité*, e Potemkin respondeu: "O sr. Howard tinha todo o direito de receber minhas atenções. Era o famoso amigo da humanidade e um cidadão britânico, e essas coisas, Monsieur le Duc, são motivos suficientes para conquistar a minha estima". Howard tornou-se herói russo e soviético.[53]

Então o príncipe de Táurida voltou seus canhões, e sua imaginação, contra o eterno inimigo da Rússia, a Polônia. Os chamados "Patriotas", eufóricos com a possibilidade de adquirirem uma Constituição forte, de expulsarem os russos e de receberem a Galícia, controlavam Varsóvia. A tensão de perder a Polônia surtiu efeitos deletérios em Catarina e Potemkin — ele sofreu de panarício e reumatismo. Catarina, num gesto de doçura, mandou-lhe uma "farmácia inteira de remédios" e "um casaco de pele de raposa com chapéu de marta".[54] Se houvesse novamente uma guerra contra a Prússia e a Polônia, "assumirei o comando pessoalmente", garantiu Potemkin a Leopoldo.[55] Enquanto os austríacos entravam em pânico e pediam assistência russa, as operações militares contra os turcos foram suspensas.

Catarina via a Polônia como um inimigo a ser enfrentado quando ela tivesse uma chance, mas a versátil imaginação de Potemkin vinha havia algum tempo desenvolvendo um plano para introduzir um cavalo de troia na Comunidade. O cavalo de troia era ele mesmo, respaldado por seus correligionários ortodoxos no leste da Polônia e por sua nova hoste de cossacos. Ele convocaria a Polônia ortodoxa nos palatinados de Bratslav, Kíev e Podólia (onde ficavam suas imensas propriedades) a rebelar-se contra o governo central católico, em nome da Rússia, na tradição cossaca do hetmã Bogdan Khmelnitsky. Por isso, depois de tomar Bender, ele pediu a Catarina que lhe concedesse um novo título de ressonância histórica especial: grão-hetmã.[56]

"Seu plano é muito bom", respondeu a imperatriz, ainda que em dúvida se o hetmanato não acabaria provocando mais ódio no Sejm polonês.[57] Mesmo assim, em janeiro ela o nomeou "grão-hetmã do mar Negro e das hostes cossacas de Iekaterinoslav". Potemkin ficou contentíssimo com o seu hetmanato e desenhou um refulgente uniforme, com o qual posou em Jassy.[58] Sua própria extravagância irritava sua natureza por vezes cenobita: Potemkin teve a sensibilidade de perceber que seus oficiais mais pobres não conseguiriam acompanhá-lo, por isso ordenou que todos, até ele, usassem túnicas de pano comum — muito mais espartanas, como explicou a Catarina.[59] Ele passara a ter o cuidado de partilhar a sua glória com a imperatriz. Quando ela o saudou como "meu hetmã", ele respondeu: "Claro que sou teu! Posso me gabar de não dever nada a ninguém, só a ti".[60]

Potemkin, que já controlava na prática a política externa russa com a Áustria e a Turquia, estava assumindo também a política russa com a Polônia. Exigiu a demissão do embaixador russo em Varsóvia, Stackelberg, a quem chamava de "coelho" medroso,[61] por isso Catarina designou Bulgákov, aliado de Potemkin.[62] Ela sabia que Potemkin tinha seus próprios interesses na Polônia e continuava muito suscetível à possibilidade de formar um ducado independente em suas terras. Ele a tranquilizou afirmando que "não há nada aqui que eu queira para mim" e, com relação ao título de hetmã, "se o seu bem-estar não o exigir", ele não precisava de "um fantasma que era mais cômico do que distinto". Nesse meio-tempo, passou a primavera formando sua própria hoste cossaca — chegando a ponto de convencer alguns zaporogos solteiros a casarem.[63]

O hetmanato de Potemkin ofendeu os Patriotas em Varsóvia. Os boatos sobre seus planos de ser rei da Polônia ganharam nova intensidade. O príncipe negou indignado essa ambição a Bezboródko: "É perdoável que o rei [da Polônia] ache que quero tomar o seu lugar. Para mim, o diabo que o carregue. Que pecado, achar que tenho outros interesses que não sejam as questões de Estado".[64] Potemkin provavelmente estava sendo sincero: a coroa da Polônia era um chapéu de bobo da corte. Um ducado ucraniano ou moldávio, vagamente ligado à Polônia, era mais viável. Além disso, ele estava, havia tempos, convencido dessa vaidade dos estadistas — a de que aquilo que era bom para Potemkin era bom para a Rússia.

As revoluções Francesa e Polonesa mudaram a atmosfera na corte de Catarina, bem como sua política externa. Ela andava assustada com a propagação de ideias francesas — ou "venenos", como as chamava — e resolveu suprimi-las na Rússia. Em maio de 1790, quando a Rússia estava perdendo seu aliado austríaco, a Guerra Sueca era decisiva e a aliança prussiano-polonesa ameaçava abrir um novo front, um jovem nobre chamado Alexandre Radíschev publicou um livro anônimo, *Uma jornada de São Petersburgo a Moscou*, um ataque velado a Catarina, à servidão e a Potemkin, que, segundo insinuava, era um tirano oriental. No entanto, foi a aplicação dos princípios revolucionários franceses à Rússia, não meramente os insultos a Potemkin, que a deixou indignada. Radíschev foi preso, julgado por sedição e *lèse-majesté* — e condenado à morte.

O príncipe interveio em defesa do autor, muito embora as revoluções tivessem tornado perigoso debilitar o regime naquela época, ainda que tivesse sido atacado pessoalmente, e apesar das pressões que sofreu. "Li o livro que me mandaram. Não estou com raiva [...]. Parece, Matuchka, que ele a andou caluniando também. E você também não ficará com raiva. Seus feitos são o seu escudo." A generosa resposta de Potemkin e o seu senso de proporção acalmaram Catarina. Ela comutou a sentença, e Radíschev foi exilado na Sibéria. "A misericórdia da monarca", escreveu o agradecido irmão do autor em 17 de maio de 1791, "foi conseguida pelo príncipe Grigóri Alexándrovitch."[65]

O príncipe ainda estava negociando com o grão-vizir. Catarina decidiu que a demanda por uma Moldávia independente, com seu próprio príncipe (Potemkin), era excessiva, por causa do novo tratado da Porta com a Prússia. O príncipe, sempre flexível, não teve dificuldade nenhuma para mudar de política e propôs que a Moldávia fosse oferecida à Polônia como uma isca para atrair a Comunidade de volta ao grupo russo. Não perdia nada com isso, porque ela ainda poderia vir a ser seu ducado polonês particular.[66] O Sereníssimo sofria. "A ansiedade com tantas incertezas acaba comigo: me tira o sono e a vontade de comer", informou ele a Catarina. "Estou pior do que um bebê de colo." Não esquecia Zúbov: Potemkin gostava do jovem amante de Catarina "cada vez mais, pois ele a deixa feliz e satisfeita".[67]

Uma vez que o sultão Selim resolveu continuar lutando, apoiado pela Prússia, a política de paz do grão-vizir ficou obsoleta. O ex-capitão paxá era prestigiado demais para ser morto abertamente, por isso o Crocodilo das Batalhas do Mar morreu de forma misteriosa em 18 de março de 1790, talvez envenenado pelo sultão. Isso assustou Catarina. "Pelo amor de Deus", escreveu ela a Potemkin, alertando-o. "Cuidado com os turcos [...]. Eles podem envenená-lo. Lançam mão desses ardis [...] e é possível que os prussianos lhes deem a oportunidade" de exterminar o homem "que mais temem".[68] Nesse meio-tempo, os turcos na Moldávia aproveitaram a oportunidade para derrotar o exército austríaco de Coburgo, o que levou Potemkin a declarar a Catarina, numa explosão de raiva, que o marechal de campo austríaco tinha "agido como um idiota e apanhado como uma prostituta". Mas o inconsistente rei da Prússia ficou chocado ao descobrir que seu novo tratado com a Porta o obrigava a lutar contra a Rússia e renegou a aliança, convocando de volta seu embaixador, Dietz, caído em desgraça. Frederico Guilherme estava mais interessado em combater os austríacos e, em maio, assumiu pessoalmente o comando do seu exército.[69]

Os Habsburgo sucumbiram à ameaça prussiana. Leopoldo abandonou as esperanças de José de conquistar território turco para restaurar a ordem em suas próprias províncias e negociou uma reaproximação com a Prússia, retirando-se portanto da Guerra Turca. Em 16/27 de julho em Reichenbach, Leopoldo cedeu às demandas anglo-prussianas de armistício imediato, com base no *statu quo ante bellum*. A Prússia comemorou a vitória aumentando suas apostas: Frederico Guilherme acabou ratificando o tratado prussiano-turco de Dietz. A Rússia ficou sozinha na guerra fria contra a Prússia, a Inglaterra e a Polônia, e na guerra quente contra a Turquia e a Suécia.

Em 28 de junho, os suecos pela primeira vez derrotaram a Frota Báltica dos russos, agora comandada por Nassau, cuja temeridade lhe custou caro em Svensksund.[70] Mas Catarina, que odiava aceitar más notícias, demorou três semanas para contar a Potemkin.[71] No entanto, essa nuvem escura tinha um ponto de claridade — a vitória sueca salvou a reputação de Gustavo, permitindo-lhe portanto buscar uma paz honrosa, assinada em 3/14 de agosto em Verela, com base no *statu quo ante bellum*. "Tiramos uma pata da lama", comunicou Catarina, exultante, a Potemkin. "Quando tirarmos a outra, vamos cantar aleluia!"[72]

A saída da Áustria da guerra tinha aliviado temporariamente também a ameaça da Prússia. Potemkin e Catarina perceberam que, enquanto a Prússia e a Inglaterra preparavam seu próximo lance, havia uma chance de esmagar os turcos, que vinham reforçando suas forças no Danúbio e no Cáucaso. O príncipe estava "cansado como um cão", viajando nos dois sentidos as mil verstas entre Kherson, Ochakov e sua nova base naval, Nikoláiev, para inspecionar os navios. Apesar disso, concebeu uma estratégia anfíbia para subjugar as fortalezas turcas no Danúbio, abrindo a rota para Constantinopla.[73] A frota patrulharia o mar Negro. O exército tomaria as fortalezas danubianas. A flotilha — um improviso potemkiano de barcaças imperiais convertidas, canhoneiras de Bentham, *chaiki* zaporogas e um navio mercante marselhês disfarçado de embarcação de guerra, comandado por Ribas e sua tripulação heterogênea de "salteadores gregos, renegados de Corfu e condes italianos"[74] — abriria caminho Danúbio acima para se encontrar com o exército aos pés da mais formidável fortaleza turca: Izmail.

Potemkin inventou pessoalmente o treinamento das tropas anfíbias na flotilha de Ribas durante o verão: suas instruções, que mostram que as ideias do príncipe precederam a muito mais famosa *Arte da vitória* de Suvórov, revelam sua mentalidade moderna, sua imaginação e sua capacidade militar. "Descubra quem é mais adequado para tiros de precisão, quem é bom para correr e quem sabe nadar", instruiu Potemkin, numa ordem que mostra que ele previu o que chamaríamos de comandos de assalto marítimo, munidos de armas leves e altamente habilidosos. Ao mesmo tempo, ordenou a seus generais no Kuban e no Cáucaso que destruíssem o exército de 40 mil homens de Batal-Pasha antes de atacarem a grande fortaleza otomana de Anapa.[75]

Em agosto, o príncipe de Táurida estabeleceu novo quartel-general na fortaleza capturada de Bender, no Dniester, lugar conveniente para supervisionar seus exércitos e suas marinhas em todos os fronts, enquanto se mantinha em contato com Varsóvia, Viena e Petersburgo. Nessa cidade tártara semidestruída, cercada de estepes, ele se entregou a um esplendor sardanapaliano que ofuscava até mesmo sua própria corte de Jassy.

Nova campanha, nova amante: suas relações com Praskóvia Potemkina, que ele amara durante dois anos, terminaram em Jassy, e ela foi despachada para o complacente marido em campanha. Enquanto exércitos marchavam, barcaças eram impulsionadas a remo e frotas velejavam, Potemkin talvez tenha vivido um breve caso com Iekaterina Samóilova, a lasciva sobrinha por casamento que tinha namorado Damas em Ochakov. Ligne escreveu para dizer que "amava ternamente" Potemkin e tinha ciúme só de pensar que ele pudesse estar sentindo saudades "dos belos olhos, do belo sorriso e da nobre indiferença de Madame Samóilova".

No entanto, ela não durou muito tempo, porque o lugar de Praskóvia como "sultana favorita" foi ocupado pela princesa Iekaterina Dolgorúkaia, de apenas 21 anos, e com fama de ser a mulher mais bela da Rússia. "Sua beleza me impressionou", escreveu o pintor Vigée Lebrun. "Seus traços tinham qualquer coisa de grego de mistura com qualquer coisa de judeu, em especial de perfil." Seus longos cabelos negros, descuidadamente soltos, caíam-lhe nos ombros. Tinha lábios carnudos, olhos de um azul-cinza claro, pele de marfim e corpo esplêndido.[76] A corte de Potemkin também ganhou vida nova com a chegada de exilados da Revolução Francesa que se apresentaram como voluntários para combater pela Rússia.

Um deles era Alexandre, conde de Langeron, veterano da Guerra de Independência dos Estados Unidos, que pertencia exatamente a essa categoria de aristocratas galocêntricos que escarneciam dos primitivos russos — e ficou tão indignado com o esplendor sibarita de Potemkin que seu relato regurgita toda mentira maldosa que escutou. As amargas memórias de Langeron (e de Ligne) sobre Potemkin têm dominado sua imagem histórica no Ocidente desde então. Mas Langeron terminou a vida como um homem desiludido, injustamente expulso das forças armadas por Alexandre I depois da Batalha de Austerlitz, em seguida perdoado, e mais tarde nomeado governador-geral do sul, cargo no qual só ficou um ano. "Incapaz de comandar um corpo de exército", escreveu Wiegel, "recebeu o comando de um país." Somente após esses fracassos amadureceu o suficiente para reconhecer a grandeza de Potemkin e redigir um tributo apaixonado.

Langeron foi acompanhado por um compatriota mais talentoso, Armand du Plessis, de 24 anos, duque de Richelieu, que nos legou um relato menos preconceituoso da vida com o Sereníssimo. Esse admirável aristocrata, de traços finos e sérios, cabelos cacheados e olhar irônico, era sobrinho-neto do cardeal de Luís XIII e neto do intrépido marechal de campo de Luís XV. Herdou a fria astúcia do primeiro e a tolerância cosmopolita do último.[77]

Dez dias e dez noites na estrada hospedando-se em estalagens mal iluminadas não prepararam Richelieu para o espetáculo que ofuscou seus olhos ao entrar no salão do príncipe no Palácio do Paxá em Bender: "um divã estofado de ouro debaixo de um magnífico baldaquino; cinco mulheres encantadoras com todo o gosto e toda a descuidada elegância possíveis, e a sexta vestida com toda a magnificência do traje grego, estiravam-se no sofá à moda oriental". Até o tapete era entrelaçado de ouro. Flores, ouro e rubis espalhavam-se ao redor. Caixas de perfume com arabescos exalavam delicados perfumes árabes — "magia asiática". O próprio Potemkin, trajando um volumoso casaco orlado de pele de marta com as estrelas das ordens de Santo André e São Jorge, e pouco mais que isso, estava sentado no meio delas — mais próximo, porém, da princesa Dolgorúkaia, que vestia audaciosamente uma roupa turca como uma odalisca (à exceção das pantalonas). Ela jamais saía de perto dele.

A ceia foi servida num salão por altos couraceiros, de cinto e peitoral de prata, capa vermelha e chapéu de pele encimado por penacho de plumas. Andavam "de dois em dois, aos pares [...] como guardas em peças trágicas", enquanto a orquestra tocava. Richelieu foi apresentado a Potemkin, que o saudou com timidez. Depois foi liberado para se misturar aos presentes, entre os quais estavam seus amigos Damas e Langeron.[78] O príncipe, escreveu Richelieu, ultrapassava "tudo que a imaginação é capaz de definir como o que há de mais absoluto. Nada é impossível para o poder que tem nas mãos — ele hoje comanda do monte Cáucaso ao Danúbio e além disso compartilha com a imperatriz o resto do governo do Império".[79]

Havia cinquenta oficiais reunidos no fim de um salão intensamente iluminado, guardando distância da multidão, à espera do príncipe. "Aqui se via um sultão destronado, instalado por três anos na sala de espera do príncipe, depois outro soberano que se tornou coronel cossaco, lá se via um paxá apóstata, mais adiante um macedônio e depois embaixadores persas"[80] — e no meio dessa espécie de bazar estava sentado Samuel Bentham, aguardando seus documentos para ir para casa. Potemkin sentia falta de um pintor em sua corte, em especial o único artista que teve permissão para pintá-lo adequadamente — Lampi. Por isso escreveu para Kaunitz em Viena, pedindo-lhe que despachasse o artista para Bender: "É um calmante para mim ter bons pintores por perto, que trabalhem sob o meu olhar atento".[81]

"Tudo que pode contribuir para o prazer numa capital", comentou Richelieu, "acompanha o príncipe Potemkin no meio de acampamentos e do tumulto dos exércitos."[82] A vida diária surreal naquele lugar lembrava Petersburgo, com seus pequenos banquetes, seus recitais de música, sua jogatina, seus casos amorosos, sua ciumeira, "tudo que a beleza inspira com o delicioso, o cruel e o pérfido".[83] O príncipe vivia num mundo bizarro, tão distante da existência comum que "a palavra 'impossível' teve que ser apagada da gramática". Dizia-se que a magnificência com que celebrava o seu amor por Dolgorúkaia "ia além de qualquer coisa que se leia nas *Mil e uma noites*".[84] O que quer que desejasse, dos quatro cantos do mundo, ela conseguia. Não havia mais limites. A princesa disse que gostava de dançarinos. Quando Potemkin ouviu falar de dois capitães que eram os melhores dançarinos ciganos da Rússia, mandou um mensageiro buscá-los — apesar de estarem no Cáucaso. Quando finalmente chegaram, dançavam todos os dias depois do jantar — um vestido de mulher, o outro de camponês. "Nunca vi dança melhor na minha vida", afirmou o ajudante de Potemkin, Engelhardt.[85]

O príncipe resolveu construir um palácio subterrâneo para a princesa: estava cansado de andar entre seu palácio e as residências das sultanas, por isso dois regimentos de granadeiros trabalharam durante duas semanas para construir essa residência troglodita. Quando ficou pronta, Potemkin decorou-a por dentro com colunas gregas, sofás de veludo e "todo tipo de luxo imaginável".[86] Até os russos maravilhavam-se com tamanha extravagância, mas todo o exército da Rússia passou o inverno em suas *zenliankas*, e os abrigos subterrâneos dos oficiais eram "confortáveis como casas", com telhado de palha e chaminé.[87] Potemkin, é claro, foi bem mais longe: havia uma galeria para a orquestra, mas o som era ligeiramente "abafado", o que produzia uma ressonância ainda melhor. O lugar mais sagrado desse refúgio subterrâneo de prazeres era, como o serralho, uma série de salas cada vez mais secretas: do lado de fora havia os generais. O apartamento propriamente era dividido em dois: no primeiro homens jogavam dia e noite, mas no segundo ficava o divã onde o príncipe se deitava, cercado por seu harém, mas sempre cada vez mais perto da princesa Dolgorúkaia.

Ignorando as regras do adultério civilizado, "cheio de paixão e estimulado pelo excesso de despotismo", Potemkin por vezes esquecia-se de que havia outras pessoas presentes e acariciava a princesa com "excessiva familiaridade", como se ela fosse uma cortesã plebeia, e não uma das mais imponentes nobres da Rússia. A princesa então o repelia às gargalhadas.[88] Ao chegar, sua amiga a condessa Golovina sentiu asco dessa paixão corrompida, "baseada na vaidade". A virtuosa Golovina de início acreditou na garantia de Dolorúkaia de que não havia relações sexuais com o Sereníssimo, trinta anos mais velho do que ela. Mas houve um momento em que Dolgorúkaia não se conteve e de repente "cedeu a um coquetismo tão chocante" que tudo ficou claro.[89] O marido dela, Vassíli Dolgorúki, interrompia a farra de Potemkin sempre que possível. Segundo Langeron, o Sereníssimo o pegou pelo colarinho e berrou: "Seu traste, fui eu que lhe dei todas essas medalhas, nenhuma delas merecida! Você não passa de um monte de lama, e posso fazer com você o que eu quiser!". O francês comentou que "essa cena teria causado algum espanto em Paris, Londres ou Viena".[90]

Certa ocasião, talvez durante o canhonaço da Ochakov de Sarti, o príncipe arranjou seus granadeiros de Iekaterinoslav com cem canhões e quarenta cartuchos de festim para cada soldado numa praça perto do palácio subterrâneo. Os tambores soaram. Ele se atracava ruidosamente dentro do palácio subterrâneo com a princesa e, num momento supremo, deu sinal para dispararem. Quando o marido dela ouviu aquela salva orgásmica, comentou com indiferença: "Quanto barulho por nada".[91]

Potemkin se superou num jantar de aniversário da princesa Dolgorúkaia. A sobremesa foi servida. Os convidados pasmaram-se ao ver suas taças de cristal serem enchidas com diamantes em vez de bombons, servidos aos montes em colheres de cabo comprido. Até a paparicada princesa, sentada ao lado de Potemkin, ficou impressionada: "Tudo por você", sussurrou ele. "Quando é você que festeja, o que é que pode espantá-la?"[92]

A indolência de Potemkin era sempre mais aparente do que real, mas servia para confirmar todos os preconceitos estrangeiros contra a barbárie russa. Entretanto, no mesmo momento que, segundo Langeron, o príncipe passava o tempo aos beijos e afagos com Dolgorúkaia, os arquivos atestam que ele jamais trabalhou tanto, ou numa escala tão colossal. Estava supervisionando a construção de suas próprias cidades, e com tanta atenção aos detalhes que especificava até a forma dos sinos de igreja de Nikoláiev, a posição das fontes e o ângulo das baterias em volta do Almirantado; supervisionando também a construção por Faléiev de mais canhoneiras e navios de linha nos estaleiros de Ingul; reorganizando a guerra no Cáucaso e no Kuban (demitiu o comandante, Bíbikov, por estropear a marcha para Anapa por "incompetência e negligência", e nomeou um substituto); discutindo a estratégia de sua flotilha com Ribas, ordenando-lhe ao mesmo tempo que investigasse abusos financeiros de oficiais. Além disso, concebeu um novo sistema de sinalização para a frota e de treinamento para os artilheiros.

No tocante aos assuntos poloneses, ele finalmente concordou em conceder à princesa Lubomirska a sua propriedade em Dubrovna, como parte do pagamento por Smila.* Instruía o embaixador russo em Varsóvia, Stackleberg, depois Bulgákov, sobre política russa, e recebia relatórios secretos de Varsóvia do barão D'Asch sobre a Revolução Polonesa, lidava com as queixas do rei Estanislau Augusto sobre o roubo de cavalos poloneses por seus cossacos e discutia seu hetmanato e planos secretos para a Polônia com magnatas pró-Rússia. O Sereníssimo estava sempre reformando e aprimorando o exército, acrescentando cavalaria ligeira e cada vez mais cossacos, mas também estava empenhado em diluir o conteúdo aristocrático dos elitistas Regimentos das Guardas, promovendo estrangeiros, cossacos e velhos crentes, para desagrado da alta nobreza. Como afirmou a

---

* A Dubrovna de Potemkin aparece na história de Napoleão. O imperador se hospedaria na sede da propriedade da princesa Lubomirska durante sua retirada de Moscou.

Catarina, os oficiais do Preobrajénksi tinham sido "amolecidos pelo luxo". Estava, portanto, envolvido em algo mais do que seduzir Dolgorúkaia. "Minhas tarefas são inúmeras", argumentou ele com a princesa Lubormirska, exagerando um pouco. "Não me sobra um momentinho para pensar em mim mesmo."[93]

E havia a situação internacional. Os poloneses estavam se armando: se apoiassem a Prússia muito de perto, "será hora de pôr em prática seu plano", informou Catarina ao grão-hetmã Potemkin.[94] O pior de tudo era que britânicos e prussianos preparavam uma guerra para deter os russos. Catarina e Potemkin observavam com cautela as nuvens de tempestade, embora tivessem se animado com a paz sueca. Catarina confidenciou que estava tão "feliz" que os vestidos ficaram apertados demais e tiveram de ser alargados. No entanto, sentia falta do consorte: "Por vezes sinto, meu amigo, que em muitas ocasiões eu gostaria de conversar com você por quinze minutos".[95] Quando o ministro prussiano desmaiou e bateu com a cabeça no trono, durante as comemorações da paz sueca por Catarina, ambos viram nisso um bom presságio. Mas a "extremamente cansada" Catarina, tão parecida com Potemkin, sempre adoecia quando a tensão aliviava. Agora quase teve um colapso. Confidenciou que sofreu uma "forte crise de diarreia" e "cólica intestinal".[96]

O príncipe era agora o bicho-papão de prussianos e patriotas poloneses, que fechavam o cerco contra suas ambições de realeza; e, desde 1789, havia movimentos em andamento no Sejm para anular sua *indigenat* e confiscar suas propriedades na Polônia, envolvendo-o em negociações ainda mais complexas.[97] Talvez sonhando com a aposentadoria e com a segurança, ele pediu a Catarina que lhe concedesse umas terras no sul que tinha visto: "Tenho o suficiente, mas não há um lugar onde eu possa encostar a cabeça com prazer". Ela concedeu as terras e mandou-lhe um aparelho de café de ouro e um anel de diamante.[98]

Houve mais um corre-corre de negociações antes que Potemkin percebesse que só a guerra obrigaria os turcos a se sentarem à mesa enquanto Prússia e Inglaterra continuassem a incentivá-los. "Estou farto dos contos de fadas turcos", disse Potemkin a seu negociador, Lajkarev. "Explique a eles que se quiserem a paz que sejam mais rápidos — ou eu os derrotarei."[99] A guerra aconteceria.

Em março, ele tinha assumido pessoalmente o comando da Frota do Mar Negro e designado o contra-almirante Fiódor Uchakov seu vice — outra de suas extraordinárias escolhas. Em 24 de julho, ordenou-lhe que se lançasse ao mar para "confrontar o inimigo". Depois de inspecionar a frota pessoalmente, mandou-o sair de novo em 3 de julho: "Que Deus nos ajude. Coloque todas as esperanças Nele, anime as tripulações e inspire-as para a batalha [...]".[100] Uchakov derrotou duas vezes os turcos, em 8 de julho e em 28 e 29 de agosto ao largo de Tendra, explodindo seu navio capitânia. Fazia apenas sete anos que o Sereníssimo tinha criado a frota. "No norte, você multiplicou a Frota", explicou Potemkin a Catarina, "mas aqui você a criou do nada."[101] Ela concordou que a frota era cria deles — "um empreendimento nosso, por isso muito querido de nossos corações".[102] Potemkin ordenou então à flotilha que abrisse caminho lutando até o Danúbio. "Ordenei à Frota de Sebastópol que se lançasse ao mar", comunicou ele a Ribas, "e que se tornasse visível para você. Você e sua flotilha devem estar prontos para se juntar a eles na foz do Danúbio [...]. Mantenha-me a par de tudo."[103] Em setembro, Potemkin correu a Nikoláiev e à Crimeia para inspecionar as frotas e em seguida ordenou que o exército avançasse para o sul rumo ao Danúbio.

Noutro ponto da costa do mar Negro, houve mais boas notícias: em 30 de setembro, o general Herman eliminou um exército turco de 25 mil homens e capturou Batal-Pasha. "Não perdemos nem quarenta homens!", informou Potemkin a Bezboródko.[104] Mais perto de casa, ele ordenou a tomada de Chilia, no Danúbio, mas a primeira tentativa foi um fracasso sangrento, porque Ribas ainda não tinha conseguido destruir a flotilha turca naquele rio. Potemkin tentou um segundo assalto, e Chilia caiu em 18 de outubro de 1790.[105] Ribas furou o bloqueio e entrou no Danúbio dois dias depois, tomando Tulcha e Isackcha, enquanto abria caminho rumo à poderosa Izmail. O príncipe confiava em Ribas e o admirava. "Com você aqui", escreveu ele, "eu lhe passo o comando."[106] Pelo fim de novembro, todo o baixo Danúbio, até Galatz, era dele — à exceção de Izmail. Potemkin decidiu tomar a fortaleza: "Farei uma tentativa contra Izmail", afirmou, "mas não quero perder nem dez homens".[107]

Bem a oeste dali, Richelieu, Langeron e Charles, filho do príncipe de Ligne, jantavam em Viena, para onde tinham ido resmungar sobre a inatividade de Potemkin, quando ouviram a notícia da derrota de Batal-Pasha e da investida contra Izmail. Imediatamente partiram a galope para realistar-se com Potemkin em Bender. "Suplico a Vossa Alteza que me permita entrar novamente no exército antes de Izmail", escreveu-lhe Langeron.[108] Nenhum jovem sabre ia querer perder o assalto — o clímax da carreira militar de Potemkin e um dos dias mais sangrentos do século.

30. Um mar de carnificina: Izmail

> *Tudo que o diabo faria se ficasse totalmente doido,*
> *Tudo que desafia o pior que a pena é capaz de expressar,*
> *Tudo aquilo que é povoado pelo inferno, ou triste*
> *Como o inferno, meros mortais que seus poderes abusam,*
> *Correu frouxo aqui (como anteriormente e desde então).*
> Lord Byron, a tomada de Izmail, *Don Juan*, Canto VIII:123

Em 23 de novembro de 1790, cerca de 31 mil soldados russos, sob as ordens dos tenentes-generais Ivan Gudóvitch, Pável Potemkin e Alexandre Samóilov, e a flotilha, comandada pelo major-general Ribas, investiram contra a inconquistável Izmail. Era fim de estação; a doença dizimava o exército faminto. Só o duro e talentoso Ribas tinha estômago para um assalto. Os outros três generais discutiam entre si. Nenhum deles tinha prestígio para forçar a invasão de uma fortaleza quase inexpugnável.[1] Izmail foi construída num anfiteatro natural, defendido por 265 canhões e uma guarnição de 35 mil homens, o efetivo de um exército de tamanho médio. Era um semicírculo de muralhas formidáveis, fossos profundos, torres interligadas, paliçadas e redutos perpendiculares, com o rio Danúbio como um diâmetro plano. Engenheiros franceses e alemães haviam, pouco tempo antes, reforçado suas ameias "brilhantemente construídas".[2]

Potemkin seguia tudo de Bender porque, se Izmail não caísse, não queria que o prestígio do exército inteiro fosse afetado.³ O príncipe não via necessidade de viver com mais austeridade nesse momento crucial. Pelo contrário, continuava a contar com uma superabundância de opções no front feminino. Seu ardor pela princesa Dolgorúkaia já esfriava. A "sultana" em ascensão, Madame de Witte, continuava ao lado dele. Constava que a condessa Branicka estava a caminho, e "Madame L." — a mulher do general Lvov — "está vindo e trazendo uma menina de quinze ou dezesseis anos, bela como Cupido", informou uma mulher da corte e "última vítima do príncipe" a uma testemunha bem informada, se bem que hostil.⁴ Ele parecia mais sibarita que nunca. Estava "enfeitiçado" quando Richelieu, Langeron e o jovem Ligne chegaram a Bender, mas não disse se ia ou não invadir Izmail. Langeron perguntou, mas "ninguém abriu a boca". Os três ingressaram no exército em Izmail.⁵

Sem que os generais em Izmail soubessem, o príncipe já tinha decidido que os comandantes em cena eram incapazes de tomar a cidade, fato que a maioria dos historiadores do cerco desconhece. Por isso tinha convocado o único homem que ele sabia capaz de tomá-la, Suvórov. "Com a ajuda de Deus, capture a cidade", escreveu-lhe Potemkin em 25 de novembro, acrescentando que "há muitos generais lá da mesma patente, e por isso a coisa acabou se tornando uma espécie de parlamento indeciso". O príncipe avisou a Suvórov que as muralhas de Izmail do lado do rio eram as mais fracas e recomendou apenas dois soldados no local: "Ribas vai ajudá-lo [...] e você ficará satisfeito com Kutúzov". Nos dois casos, a posteridade concordaria com o julgamento de Potemkin. "Providencie os arranjos e, com uma prece a Deus, tome-a."⁶ Suvórov partiu imediatamente para Izmail.

O acampamento ali era um retrato do caos administrativo e da fraca liderança que imperavam entre os russos. O príncipe tinha mandado a artilharia avançar e exigiu a captura da cidade "a qualquer custo".⁷ Em 25 de novembro (mesmo dia em que Potemkin convocara Suvórov), Gudóvitch presidiu um hesitante Conselho de Guerra no qual Ribas exigiu um assalto total e os outros vacilaram. Ribas fez um apelo ao príncipe, que secretamente lhe escreveu de volta, em 28 de novembro, dizendo que Suvórov estava a caminho e que portanto "todas as dificuldades serão eliminadas". Em 2 de dezembro, Gudóvitch realizou outro Conselho e ordenou uma retirada. Ribas ficou furioso. "A comédia acabou",⁸ escreveu o desgostoso oficial a um amigo. A artilharia foi desmontada; as tropas começaram a ir embora. Ribas fez um apelo ao príncipe enquanto sua flotilha remava de volta para Galatz.⁹

Em Bender, Potemkin mantinha sua fachada de despreocupação e libertinagem, sem jamais revelar que Suvórov estava a caminho para assumir o comando. Dizem que jogava cartas com seu harém quando Madame de Witte, fingindo ler a sua sorte, previu que ele tomaria Izmail em três semanas. Potemkin riu, dizendo que dispunha de uma maneira mais infalível do que a adivinhação — Suvórov —, como se a ideia acabasse de lhe ocorrer enquanto jogava cartas. O Seheníssimo adorava fazer essas brincadeiras com seus crédulos cortesãos — mas a ocultação era deliberada. Na verdade, ele se gabou a Catarina afirmando que tinha escondido suas verdadeiras intenções dos inimigos e de sua própria equipe. "O açougueiro nunca deve mostrar sua faca", escreveu ele certa vez. "O segredo é a alma da guerra."[10]

Quando a notícia da retirada de Gudóvitch chegou ao conhecimento do desdenhoso príncipe, ele tratou o general com uma dose de sarcasmo potemkiano e o designou para comandar os corpos de exército do Cáucaso e Kuban: "Vejo que o senhor teve uma grande discussão sobre ações contra Izmail, mas não encontrei nada que seja danoso para o inimigo [...]. Como o senhor nunca viu de perto os turcos, a não ser depois de capturados, estou lhe mandando o general Suvórov que vai lhe mostrar como fazer [...]".[11] Potemkin sabia que era impossível "ser mais Suvórov do que Suvórov".

O conde Suvórov-Rimnikski tomou o caminho de Izmail, fez as tropas que se retiravam darem meia-volta e chamou de volta a flotilha de Ribas. Suvórov entrou no acampamento em 2 de dezembro, mais "parecido com um tártaro do que com o general de um exército europeu", um pequeno espantalho cavalgando sozinho, a não ser por um ordenança cossaco.[12] Apesar (ou por causa) de suas peculiaridades, como passar as noites cantando, comer no chão em momentos improváveis e rolar nu pelo solo, Suvórov inspirava confiança. Ele reorganizou as baterias de artilharia, supervisionou a construção de escadas e faxinas para encher os fossos, e treinou as tropas com maquetes das muralhas. O Seheníssimo aguardava, tenso, em Bender — mas deliberadamente concedeu a Suvórov uma estreita rota de fuga para o caso de ele julgar Izmail de fato inexpugnável. Não se tratava de insegurança, era apenas um sensato lembrete para que Suvórov não arriscasse os homens e o prestígio russos se o assalto fosse impossível. Afinal, os turcos estavam convencidos de que Izmail era mesmo inexpugnável.[13]

Em 7 de dezembro, um corneteiro foi enviado à fortaleza com cartas de Potemkin e Suvórov exigindo que Izmail se rendesse para evitar o que o príncipe definiu como derramamento do "sangue inofensivo de mulheres e crianças".[14] Suvórov foi mais direto: se Izmail resistisse, "ninguém será poupado".[15] Os turcos responderam desafiadoramente, desfilando pelos baluartes, já enfeitados com muitos estandartes — apresentando, segundo Richelieu, "a mais pitoresca visão dessa multidão de homens magnificamente vestidos".[16] Quando o *seraskier* pediu uma trégua de dez dias, Suvórov rejeitou essa tática protelatória. Ribas planejou o assalto. Depois de um conselho de guerra em 9 de dezembro, Suvórov ordenou a invasão de Izmail por todos os lados — seis colunas pelo flanco terrestre e quatro através do Danúbio. "Amanhã", disse Suvórov ao exército, "ou os turcos ou os russos serão sepultados em Ismail."[17] O *seraskier*, como uma voz já de além-túmulo, declarou: "O Danúbio vai parar de correr, os céus vão desabar sobre a terra, antes que Izmail se renda".[18]

Às três da manhã de 11 de dezembro, os céus de fato desabaram sobre a terra. Uma sustentada barragem de artilharia castigou a fortaleza antes que um foguete ziguezagueasse pelo céu para dar a ordem de avançar. A artilharia turca impôs um custo mortífero à ofensiva. Izmail era, na descrição de Langeron, um "espetáculo de horror e beleza", com chamas coroando os baluartes.[19] Damas, que comandava uma coluna atacando através do Danúbio, foi um dos primeiros a galgar as muralhas: como Potemkin percebera, o lado do rio era mais fraco. Do flanco terrestre, as duas primeiras colunas tinham entrado na cidade, mas os elementos avançados do ataque de Kutúzov foram repelidos duas vezes, com baixas terríveis. Suvórov então lhe teria mandado um bilhete cumprimentando-o pela tomada de Izmail e nomeando-o governador da cidade. Isso o encorajou a lançar-se novamente contra as muralhas, dessa vez com êxito. Um padre brandindo um crucifixo, com balas ricocheteando nele, trouxe a reserva. Quando o sol surgiu, todas as colunas estavam em cima dos baluartes, mas várias ainda não tinham descido para as ruas. Então os russos desabaram sobre Izmail como uma "torrente que inunda os campos". O combate mano a mano entre 60 mil soldados armados chegou ao ponto máximo da ferocidade: ao meio-dia a batalha ainda não estava decidida.[20]

Izmail assumiu o horror encarnado de um inferno dantesco. Enquanto os "ursomaníacos" berravam "urra" e "Catarina II" e os turcos recuavam, os russos foram novamente tomados pela volúpia do caos, uma febre de loucura sanguinolenta que matava tudo à sua frente. "Seguiu-se a mais horrível carnificina", lembrava-se Damas, "a mais inigualável matança. Não é exagero dizer que as sarjetas foram tingidas de sangue. Até mulheres e crianças caíram vítimas da fúria." Os gritos das crianças não detinham os russos. Um turco saiu correndo de um prédio e apontou a arma contra Damas, mas a arma falhou e o "pobre-diabo" foi morto imediatamente por seus homens.

Quatro mil cavalos tártaros escaparam dos estábulos subterrâneos e em sua debandada pisotearam mortos e feridos, os cascos frenéticos esmagando carne humana e despedaçando o crânio dos moribundos, até serem eles próprios massacrados. O *seraskier* e 4 mil homens ainda defendiam o bastião onde sua tenda verde foi armada. Quando estavam quase se entregando, um marinheiro inglês a serviço dos russos tentou capturar o general turco e o abateu a tiros, mas foi perfurado por quinze baionetas. Depois disso, os russos mergulharam numa sinistra orgia de morte, abrindo caminho de forma metódica pelo meio dos 4 mil homens, sem deixar um único sobrevivente.

Os turcos aguardavam a morte com uma resignação que Richelieu nunca tinha visto. "Não tentarei pintar o horror que congelou todos os meus sentidos." Mas ele conseguiu salvar a vida de uma menina de dez anos que estava empapada de sangue e cercada de quatro mulheres, todas com a garganta cortada. Dois cossacos iam matá-la quando ele a pegou pela mão e "tive o prazer de ver que minha pequena prisioneira não tinha nenhum ferimento, além de um arranhão no rosto, provavelmente causado pela mesma espada que matara sua mãe". Um príncipe tártaro, Kaplan Giray, e seus cinco filhos, descendentes orgulhosos de Gêngis Khan, fizeram um último ato de resistência no bastião: o pai foi o último a tombar, dentro da coroa formada pelos corpos dos seus bravos filhos.

O massacre ia se parecendo cada vez mais uma pantomima macabra à medida que a resistência ia perdendo intensidade. Os russos sedentos de sangue cobriam-se com qualquer peça de roupa que encontrassem — masculina ou feminina. Desnudavam as vítimas antes de matá-las, para não estragar os trajes. Saqueavam as lojas turcas, liberando o delicioso aroma de especiarias que impregnava o ar rasgado pela gritaria dos moribundos. Cossacos irreconhecíveis, mais aterradores que nunca com suas perucas e vestidos, corriam pelas ruas com aroma de especiarias à procura de coisas para pilhar, atolados até os joelhos num pântano de cadáveres enlameados, cheirando a sangue, brandindo espadas gotejantes e perseguindo infelizes sem roupa, enquanto cavalos relinchavam e galopavam, cães latiam e crianças berravam.

> O calor
> Da matança, como lodo do Nilo inundado de sol,
> Engendrou as formas monstruosas de todos os crimes.

A pilha de corpos era tão alta que Langeron não teve opção a não ser passar por cima. Richelieu, ainda segurando a criança pela mão, encontrou-se com Damas, e os dois tiveram que afastar os corpos para que a menina passasse. O massacre continuou até as quatro da tarde, quando os turcos finalmente se renderam.

> O clarão
> Das ruas em chamas, como o luar sobre a água,
> Refletia-se em sangue, um mar de carnificina.

O mais alto paxá sobrevivente de Izmail estendeu alguns tapetes no chão no meio da arruinada fortaleza, cercado pelos corpos de seus compatriotas massacrados, e pôs-se a fumar um cachimbo tranquilamente, como se ainda estivesse sentado em seu serralho. Assim foi conquistada "uma das chaves do Império Otomano".[21] Quase 40 mil morreram[22] num dos maiores massacres militares do século.

Num pedaço de papel, agora amarelado e quase cheirando a pólvora, Suvórov informou a Potemkin: "Países e tronos caem diante do trono de Sua Majestade imperial. O assalto foi mortífero e longo. Izmail foi tomada, e aproveito para cumprimentar Vossa Alteza".[23]

O príncipe ficou "feliz e afetuoso como um sultão".[24] Mandou disparar os canhões para comemorar e escreveu imediatamente para Catarina, despachando o irmão do novo favorito, Valerian Zóbov, de quem gostava muito, com a notícia — que ele descreveu dando o devido crédito a Suvórov. "Cumprimento-o de todo o coração",[25] respondeu Catarina. O hostil Langeron afirmou que o homem que um mês antes não queria perder dez soldados agora se gabava: "O que são 10 mil, 12 mil homens como custo de tamanha conquista?". Potemkin talvez tenha bancado o conquistador sedento de sangue, porém é mais revelador o fato de que jamais visitou Izmail, apesar de planejar fazê-lo todos os dias: caiu doente, como costumava acontecer quando o suspense acabava, mas também não tinha o menor desejo de desfilar em meio ao "medonho espetáculo".[26] Acabou mandando Pópov em seu lugar. Sem dúvida estava satisfeitíssimo com a vitória, mas também profundamente chateado com as baixas russas — tinha perdido o sobrinho-neto, coronel Alexandre Raievski, um de dois irmãos que eram "os mais queridos de todos os seus sobrinhos".* O mais provável é que sua postura fosse a de quem executou bem um trabalho sujo. Para o príncipe era um alívio que Izmail tivesse caído, porque ele e Catarina esperavam que agora os turcos se convencessem a firmar uma paz generosa. Potemkin ficou também muito feliz de saber que, quando a notícia chegou a Viena, o príncipe de Ligne teve que engolir as palavras traiçoeiras que pronunciara sobre suas habilidades de comandante militar.[27]

Consta que, quando Suvórov chegou a Jassy logo depois da batalha, Potemkin o recebeu esplendidamente e perguntou: "Como eu poderia recompensá-lo pelos seus serviços?". Suvórov respondeu rápido: "Não, Alteza, não sou homem de negócios [...]. Ninguém pode me recompensar, a não ser Deus e a imperatriz!". Isso é pura ficção, que acabou se tornando história.** Os dois excêntricos só voltaram a encontrar-se em fevereiro, e os bilhetes que trocaram eram eufóricos. E em Petersburgo, onde chegaram quase juntos, Potemkin continuou a elogiar e promover seu comandante favorito.[28]

O Sereníssimo transferiu o exército para os alojamentos de inverno e viajou para sua "capital", Jassy. Quando a comitiva se aproximava, Richelieu notou a luz que subia da cidade, iluminada pelas tochas de uma festa em homenagem a Potemkin. Mas o príncipe relutava em demorar-se em Jassy.[29]

---

* O irmão sobrevivente, Nikolai Raievski, foi o heroico general de 1812 que defendeu o reduto de Raievski na Batalha de Borodinó. Bem depois, ficou amigo de Púchkin, que viajou com ele, ouvindo com prazer as histórias que contava sobre Potemkin e 1812. Os Raievski eram filhos da irmã de Samóilov.

** Praticamente todo relato histórico, seja russo ou inglês, traz essa lenda a respeito de Suvórov. Teria sido o fim das relações entre eles, com o invejoso Potemkin sendo justamente castigado pelo genial Suvórov. Na verdade, esse encontro provavelmente jamais ocorreu. Nenhuma das testemunhas em Jassy, como Langeron, o menciona. Potemkin estava em Bender, e não em Jassy, depois de Izmail. Pesquisa recente realizada por V. S. Lopatin, que derrubou por completo a maioria desses pilares, aceitos como verdadeiros, das relações Potemkin-Suvórov, mostra que os dois só poderiam ter se encontrado dois meses depois — ou seja, na primeira semana de fevereiro.

* * *

Potemkin queria retornar a Petersburgo com o prestígio de um comandante supremo que tinha conquistado vitórias num teatro de guerra "formado por quase um quarto do globo, em toda parte com êxito". Talvez não tivesse a audácia aterradora, de baioneta em punho, de Suvórov, mas, como estrategista e comandante supremo do Exército e da Marinha, não tinha perdido uma única batalha. Numa carta para Catarina, não resistiu à tentação de comparar suas vitórias às do príncipe Eugênio de Saboia e de Frederico, o Grande, apesar de jurar que evitava cometer o pecado do orgulho, seguindo seu "conselho maternal na última campanha". Lançando um olhar retrospectivo, agradeceu a Catarina pela benevolência "para comigo desde a minha primeira juventude". E concluiu: "Como pertenço a você, todos os meus maravilhosos êxitos também são seus".

Catarina e Potemkin não eram velhos, mas já não eram jovens. Viviam sempre com os nervos à flor da pele, e os anos de poder os tornaram mais imperiosos e sensíveis. Mas ainda se preocupavam um com o outro, delicada e amorosamente. O cerco de Izmail tinha custado caro a ambos. Os consortes trocavam notícias sobre doenças. "Minha saúde está melhorando", escreveu Catarina, "acho que a gota atingiu meu estômago e meus intestinos, mas eu a curo com pimenta do reino e uma taça de málaga que bebo diariamente." Ele estava doente em Jassy, mas, quando soube da doença dela, concordou com o málaga e a pimenta, porém acrescentou que ela precisava "manter sempre o estômago aquecido. Beijo-lhe as mãos, mãe adotiva".[30] Estava ausente de Petersburgo havia quase dois anos e perguntou a Catarina se podia ir para casa. "É extremamente necessário para mim passar um tempinho com você", escreveu ele de Jassy em 11 de janeiro de 1791. A Polônia era, provavelmente, o principal assunto que gostaria de discutir frente a frente com ela. "Quero vê-la."[31]

Ela queria vê-lo — "falar é melhor do que escrever", concordou —, mas pediu que esperasse um pouco. Isso tem sido interpretado como o começo da sua perda de prestígio, e como medo, da parte dela, de que Potemkin quisesse voltar a Petersburgo para afastar Zúbov. Mas não é isso que as cartas dela dão a entender, embora certamente houvesse tensão entre os dois. Ele estava frustrado com a inflexibilidade demonstrada por ela em relação a apaziguar a Prússia. Sabia também que, na capital, os prussianos, os poloneses e seus aliados, o grão-duque Paulo e várias lojas maçônicas tentavam enfraquecê-lo, alegando que ele queria ser rei da

Polônia. O príncipe suspeitava que Zúbov também tramava contra ele. Mas continuava confiante nos eternos laços "sagrados" com a imperatriz: "Não duvido da tua permanente proteção".[32]

O certo é que Catarina não agia como se estivesse perdendo a afeição de uma vida inteira. Pelo contrário, cumulava-o de presentes e chegou a comprar de volta o Palácio de Táurida — por 460 mil rublos — para quitar as dívidas dele. Mas Potemkin achou muito divertido notar que os diamantes da Ordem de Santo André, mandada pela imperatriz, eram falsos, feitos de cristal — certamente símbolo de uma corte cada vez mais esclerosada.[33] Ela simplesmente lhe pediu que esperasse algumas semanas no sul para não perder a oportunidade de fazer a paz com os turcos depois do triunfo de Izmail. A queda da fortaleza tinha de fato atordoado Istambul.[34]

Se fosse possível negociar a paz com a Porta, a Rússia teria condições de dedicar-se ao problema da Polônia: seu Sejm de Quatro Anos estava rascunhando uma Constituição que deveria fazer do país um reino viável, e portanto uma ameaça à Rússia. Potemkin, que controlava a política da Rússia em relação à Polônia e à Porta, sugeriu a Catarina forçar os turcos a ceder a Moldávia para a Polônia e com isso voltar os poloneses contra os prussianos.[35] Mas tudo dependia dos turcos. Agora a Grã-Bretanha e a Prússia lhes jogaram uma corda de salvamento — a "Crise de Ochakov".

Mesmo antes da queda de Izmail, a Tríplice Aliança já vinha planejando impedir o engrandecimento russo. Até então, a Prússia tinha conduzido a coalizão contra a Rússia e só a inepta e inconsistente diplomacia de Frederico Guilherme tinha evitado que mais danos fossem causados. Agora a Grã-Bretanha, livre da crise da baía de Nootka com a Espanha, tomou a dianteira na luta contra a Rússia por razões comerciais e políticas. A deterioração das relações entre a Grã-Bretanha e a Rússia começara com a Neutralidade Armada de Catarina e o fim do tratado comercial anglo-russo em 1786, seguido da assinatura de um tratado franco-russo no ano seguinte. Isso gerou o sentimento de que a Grã-Bretanha era dependente demais de suprimentos navais russos e por isso deveria intensificar o comércio com a Polônia. A Grã-Bretanha estava alarmada com a influência da Rússia no Leste Europeu, especialmente depois que a queda de Izmail abriu a perspectiva de uma paz vitoriosa com os turcos. William Pitt, o primeiro-ministro, tencionava, portanto, criar um "sistema federativo" de alianças com a Polônia e a Prússia, entre outros, para forçar a Rússia a aceitar uma paz baseada no *statu quo ante bellum*.

Se a Rússia não aceitasse ceder Ochakov e outras conquistas, seria atacada pela Marinha Real no mar e pela Prússia em terra. A rigor, parecia que a Grã-Bretanha era capaz de ir à guerra simplesmente para "arrancar uma pena do chapéu da imperatriz".[36]

Era improvável que Selim III fizesse a paz com a Rússia sabendo que a Grã-Bretanha estava armando uma frota para bombardear Petersburgo. O sultão executou seu último grão-vizir, voltou a nomear o belicoso Yusuf-Pasha e a formar outro exército. Pitt e os prussianos prepararam seu ultimato, seus exércitos e seus navios de guerra. A presença do príncipe em Petersburgo tornou-se necessária: agora ele podia ir para casa.

Em 10 de fevereiro de 1791, ele partiu de Jassy. Consta que teria dito, em tom de brincadeira, que ia a Petersburgo afastar Zúbov e "extrair o dente" — *zub* quer dizer dente —, embora, no meio da Crise de Ochakov, tivesse assuntos mais importantes para tratar. Petersburgo aguardava a sua chegada com mais apreensão do que nunca. "Todos os ministros estão tomados de pânico", com medo do príncipe, escreveu o embaixador sueco conde Curt Stedingk para o rei Gustavo III em 8 de fevereiro.[37] "Todo mundo está na maior agitação" diante da possibilidade da "aparição desse fenômeno". O governo parou de funcionar: "Ninguém ousa, e ninguém pode, decidir nada antes dessa chegada".[38]

"Madame", perguntou Stedingk à imperatriz na corte, "deve-se acreditar no boato de que o príncipe Potemkin trará a paz?"

"Não estou sabendo de nada, mas é possível", respondeu Catarina, acrescentando que o Sereníssimo era original e muito astuto, e faria o que pudesse, e ela permitiria. E afirmou, de forma reveladora: "Ele adora me preparar surpresas".

As carruagens da corte foram despachadas para esperar sua chegada, as estradas iluminadas com tochas todas as noites durante uma semana. O conde Bruce encabeçava a delegação de boas-vindas, aguardando numa cabana à beira da estrada de Moscou, não ousando sequer tirar a roupa. Bezboródko partiu a cavalo para combinar táticas com Potemkin de antemão.[39] Frederico Guilherme reunira 88 mil homens na Prússia Oriental, Lord Hood acumulara uma "armada" de 36 navios de linha e 28 embarcações menores em Spithead — e o príncipe de Táurida, com uma nova e deslumbrante amante a tiracolo, preparava-se para a guerra e para o baile mais extravagante da história da Rússia.[40]

PARTE OITO
A ÚLTIMA DANÇA
1791

31. A Bela Grega

Primeiro, faça um teste consigo mesmo para saber se você é covarde; se não for, fortaleça sua bravura inata passando bastante tempo com seus inimigos.

Conselho do príncipe Potemkin ao sobrinho-neto
N. N. Raievski, futuro herói de 1812 e amigo de A. S. Púchkin

Quando Potemkin entrou em Petersburgo em 28 de fevereiro de 1791 — com seu caminho iluminado por centenas de tochas[1] —, a imperatriz correu para encontrá-lo. Ela mais uma vez o presenteou com o Palácio de Táurida — que acabara de recomprar dele. A ameaça de guerra da coalizão anglo-prussiana era a mais grave crise que a Rússia enfrentava desde os dias de Pugatchov, e os dois velhos parceiros tinham ansiosos encontros diários, enquanto nobres e diplomatas disputavam entre si para comemorar o retorno do Sereníssimo.

"Apesar da grande expectativa que eu tinha desse evento e de tudo que eu ouvira falar sobre a importância e o poder desse homem, o séquito, a balbúrdia, a animação em torno dele me surpreenderam, e ainda tenho seus efeitos diante de meus olhos", escreveu Jean-Jacob Jennings, um diplomata sueco. "Desde que esse príncipe chegou, não há outro assunto de conversa na sociedade, nas casas nobres ou plebeias, além dele — o que ele faz ou vai fazer, se está jantando, vai jantar ou já jantou. O interesse do público concentra-se nele — todos os tributos, homenagens, ofertas de cidadãos de todas as classes — senhores, artesãos, comerciantes, escritores — todos se sentam à sua porta e lotam suas salas de espera."[2]

O príncipe de Táurida era a imagem do triunfador: "Seu prestígio e autoridade nunca foram tão grandes", comentou o embaixador sueco Stedingk. "Tudo que antes da sua chegada brilhava foi ofuscado, e toda a Rússia está aos seus pés."[3] Houve uma efusão de admiração — e de inveja da parte de alguns magnatas.[4] O "público" russo, até onde existia, significando a baixa nobreza e os comerciantes, cultuava-o como herói. Senhoras usavam o retrato dele em medalhões — "Seu peito de pérola exalando suspiros", escreveu Derjávin, "À imagem de um herói dá vida".[5] A "Ode a Potemkin", escrita especialmente para a ocasião, era recitada em recepções.[6] Todo fidalgo tinha que oferecer um baile no que era chamado de "O carnaval do príncipe Potemkin".[7]

Catarina parecia aliviada e feliz de ver o Sereníssimo depois de tanto tempo. "A vitória o embelezou", relatou ela a Grimm. Potemkin era agora "belo como o dia, alegre como uma cotovia, brilhante como uma estrela, mais espiritual do que nunca, já não rói as unhas e dá festas todos os dias. Todos estão encantados, apesar dos invejosos".[8] O príncipe nunca tinha sido tão encantador. Até Augustyn Deboli, o hostil embaixador da Polônia revolucionária, informou que Potemkin era tão polido que ele, maldosamente, indagava a todos se tinham notado o quanto o seu comportamento tinha mudado.[9]

Eis a impressão que causava Potemkin em seu apogeu, em março de 1791. "Vi pela primeira vez esse homem extraordinário no domingo passado, no círculo íntimo do grão-duque", comentou Jennings, arrebatado. "Ele tinha sido descrito como muito feio. Não achei nada disso. Pelo contrário, tem uma presença imponente e aquele defeito no olho não altera tanto o rosto como seria de esperar." Potemkin trajava o uniforme branco de grande almirante da Frota do Mar Negro, coberto de diamantes e medalhas. Logo que esse grande almirante apareceu, o "círculo em torno do grão-duque se desfez e se formou em volta do príncipe Potemkin, exatamente como se víssemos nele a pessoa do nosso mestre". Até príncipes de Württemberg ficavam eretos e imóveis "como estátuas, olhos fixos no grande homem, esperando que ele se dignasse agraciá-los com um olhar".[10]

"O carnaval de Potemkin" significava festas todas as noites. Os cortesãos — Nikolai Saltikov, Zavadóvski, Ivan Tchernichov, Bezboródko, Osterman, Stróganov e Bruce — competiam entre si para ver quem oferecia o baile mais extravagante. Alguns quase se arruinaram financeiramente, tentando rivalizar com os

Stróganov. Mas estavam confusos quanto à identidade da mais recente amante do príncipe. Os cortesãos se prepararam para oferecer bailes em homenagem a sua "sultana", a princesa Dolgorúkaia, até perceberem que ele jamais a visitava. Ela pretextava doença — mesmo assim ele não a visitou, nem sequer uma vez, e os covardes cortesãos então decidiram cancelar seus bailes, e a princesa, desacoroçoada, retirou-se para Moscou.[11] Em 18 de março, o príncipe de Nassau-Siegen deu uma das festas mais caras, com travessas de esturjão sterlet, a iguaria favorita de Potemkin. Ali, o Sereníssimo, usando seu magnífico uniforme de grão-hetmã incrustado de joias, que Deboi alegava ter custado 900 mil rublos,[12] desvelou seu prato favorito: Madame de Witte, a aventureira mais intrigante de todas.

A aparição no baile de Nassau dessa "beleza de renome" foi "a maior sensação", de acordo com espantadíssimo Jennings. Quando Potemkin acabou seu carteado, correu para o seu lado e só falou com ela, enquanto todos olhavam: "todas as mulheres ficaram agitadas, os homens também — as primeiras de desespero, irritação e muita curiosidade, os últimos de desejo e expectativa".[13]

Sophie de Witte, então com 25 anos, cachos louros, uma nobre face grega e olhos cor de violeta, era "a mulher mais linda da Europa naquele tempo". Passou de cortesã adolescente em Constantinopla à condição de uma das condessas mais ricas da Polônia: durante quarenta anos, espantou e escandalizou a Europa com sua "beleza, seus vícios e seus crimes". Nascida numa aldeia grega nos arredores "da cidade do desejo do mundo", foi apelidada de "Bela Grega" ou "La Belle Phanariote", por causa do bairro grego de Fanar. A mãe, comerciante de hortaliças, vendeu-a quando tinha doze anos a um embaixador polonês, que conseguia mulheres para o rei Estanislau Augusto, enquanto sua igualmente bela irmã foi vendida para um importante paxá otomano. A partir de então, toda vez que era comprada, outro homem se apaixonava por ela e fazia um lance maior do que o anterior. Assim, em sua trajetória com a bagagem diplomática, Sophie de Tchelitche, como ela então se apresentava, foi descoberta pelo major de Witte, filho do governador da fortaleza polonesa de Kamenets-Podolsk, que a comprou por mil ducados e casou com ela em 1779, quando era uma menina de catorze anos. Witte despachou-a para Paris com a princesa Nassau-Siegen para aprender boas maneiras — e francês.

La Belle Phanariote enfeitiçou Paris. Langeron a viu lá e elogiou "os olhos mais ternos e belos que a natureza já criou", mas não tinha ilusões quanto a suas astutas manipulações e a "frieza do seu coração".[14] Parte do seu fascínio consistia em "uma espécie de originalidade vinda de uma fingida ingenuidade ou de ignorância". Em Paris, todos elogiavam seus *"beaux yeux"*. Quando alguém perguntava por sua saúde, ela respondia: "Meus *beaux yeuex* estão doloridos", o que divertia imensamente todo mundo.[15] Na Polônia, quando a Guerra de Potemkin começou, o marido dela, então governador de Kamenets, era peça vital na rede de espionagem do príncipe no sul da Polônia: foi ele que introduziu espiões em Khotin, escondendo-os junto com os carregamentos de manteiga. Mas foi provavelmente a mulher que deu as informações: a irmã dela era casada com o paxá de Khotin, enquanto a própria Sophie se tornou amante do general que comandava o cerco, Nikolai Saltikov.[16] Mas o observador Ribas a viu e a apresentou a Potemkin em Ochakov. Visitantes em Jassy e Bender notavam os seus trajes gregos e viam que ela posava melodramaticamente e "aparecia em todo lugar" para impressionar o Sereníssimo. Tornou-se confidente do caso amoroso dele com Dolgorúkaia, a quem, em seguida, suplantou.[17] Potemkin nomeou o complacente marido governador de Kherson.[18] É provável que a usasse como agente secreta entre os poloneses e os turcos.[19]

A imperatriz, habituada às últimas amantes do seu consorte, deu à "Bela Grega" um par de brincos de diamante.[20] O marido de Sophie ficou tão orgulhoso disso que se gabava de que ela seria lembrada pela história como amiga da família real, acrescentando: "O príncipe não é amante da minha mulher, apenas amigo, porque, se fosse amante, eu romperia qualquer relação com ele". Essa ilusão simplória certamente provocava risinhos dissimulados. A espiã-cortesã claramente fascinava Potemkin — era oriental, intrigante, Vênus e grega, e qualquer uma dessas qualidades já bastava para atraí-lo. "Você é a única mulher", disse-lhe Potemkin, "que me surpreende", ao que a sedutora condessa respondeu: "Sei disso. Se eu fosse sua amante, você já teria me esquecido. Sou e serei sempre apenas sua amiga". (Mulheres sempre dizem isso em público: nenhum dos conhecidos de ambos acreditava nela.)[21] Talvez ela tenha violado suas próprias regras, porque duas semanas depois diplomatas perceberam que Potemkin de repente começou a perder o interesse: teria ela sucumbido, mesmo achando errado?[22]

O Sereníssimo decidiu oferecer um baile para desafiar a coalizão anglo-prussiana e comemorar Izmail. Ele deveria estar negociando o subsídio que a

Rússia pagaria a Gustavo III por uma aliança russo-sueca. Era do interesse de Potemkin resolver isso, porque a Grã-Bretanha também ofereceu aos suecos um subsídio para o uso dos seus portos numa guerra contra a Rússia. A ameaça era tão séria que Potemkin enviou Suvórov em 25 de abril para comandar o corpo de exército em frente à Suécia como uma advertência clara a Gustavo. O rei sueco tentava leiloar seus serviços, e a Grã-Bretanha fez um lance de 200 mil libras esterlinas, mas, uma vez resolvida a Crise de Ochakov, o preço despencaria. Por isso Potemkin deliberadamente atrasou as negociações, forçando o embaixador sueco, Stedingk, a assistir aos ensaios do seu baile no Palácio de Táurida.

Com isso, Stedingk recebeu uma educação teatral — mas nenhuma satisfação diplomática.[23] O Sereníssimo, coberto de diamantes, parecia preocupado com diamantes — olhava diamantes, admirava os enormes diamantes do seu retrato de Catarina em miniatura, brincava com diamantes até as pedras se tornarem o único assunto das conversas.[24] Potemkin fez Stedingk "andar por cinquenta apartamentos, ver e admirar tudo [e então] me colocou em sua carruagem, falando apenas de si mesmo, da Crimeia e da Frota do Mar Negro". No dia seguinte, mais ensaios.[25] Quando o príncipe se cansava dos próprios espetáculos, o seu rosto revelava "desgosto, tédio, estafa [...] oriundos do fato de ter todos os seus desejos satisfeitos, quando a pessoa se torna blasé com relação a tudo e nada resta a desejar".[26]

Então baixou uma ordem: "duzentos músicos, colocados na galeria do grande salão, tocam [...] com nós dois como única plateia. O príncipe está no sétimo céu. Cem pessoas chegam, dançam, fazem outra quadrilha". Os ensaios começavam às três da tarde e terminavam às nove da noite, "sem um momento para fixar a atenção do príncipe na Suécia. Assim, senhor", comunicou Stedingk ao rei, melancolicamente, "é o homem que governa o Império".[27] Potemkin dizia para quem quisesse ouvir que não estava envolvido em assuntos estrangeiros e só pensava em se divertir.[28]

Os negócios de verdade eram conduzidos nos apartamentos de Catarina, onde os consortes lutavam para fazer frente a uma iminente guerra anglo-prussiana. Após dois anos vivendo longe um do outro, eles adaptavam sua relação ao autoritário predomínio do príncipe e à fatigada teimosia da imperatriz. Em 16 e 17 de março, Pitt despachou seu ultimato para Petersburgo, por intermédio de Berlim. Foi um ato precipitado do primeiro-ministro britânico, em geral cauteloso, mas 39 navios de linha e 88 mil prussianos não eram uma ameaça qualquer. A imperatriz estava decidida a não fazer concessões nem aos prussianos nem aos ingleses.

Em seu esforço para encontrar uma saída daquela enrascada, Potemkin e Catarina recorreram até ao principal estadista da odiada Revolução Francesa, Honoré Gabriel Riqueti, conde de Mirabeau. Potemkin achava que "a França enlouqueceu", e Catarina era de opinião que Mirabeau deveria ser enforcado, não numa única forca, mas em muitas — *e depois* "quebrado na roda". Porém era apropriado que Potemkin mantivesse contato secreto com Mirabeau, seu único rival europeu em termos de excêntrico brilhantismo, porte físico e extravagante devassidão. (Ironicamente, o pai de Mirabeau certa vez resmungou a respeito do filho: "Não conheço ninguém, a não ser a imperatriz da Rússia, que fosse páreo para esse homem".) O príncipe pagou gordas propinas a "Mirabobtcha", o apelido que deu ao conde, numa tentativa de convencer a França a juntar-se à Rússia contra a Grã-Bretanha (quando, na verdade, Mirabeau defendia uma entente com Londres). Mirabeau, já generosamente subornado pelo acuado Luís XVI, apenas "consumiu" o dinheiro de Potemkin para financiar seu magnífico estilo de vida e em seguida caiu doente. Morreu em Paris em 19 de março/2 de abril de 1791 — dia do baile de Nassau para Potemkin.[29]

O Sereníssimo sabia que a Rússia simplesmente não era capaz de lutar contra a Tríplice Aliança e a Polônia, e ainda contra os turcos. Por isso, enquanto preparava o exército para uma guerra mais ampla, posicionando corpos de exército no Duína e em Kíev, prontos para avançar através da Polônia para a Prússia, estava preparado para subornar Frederico Guilherme a fim de deixar a Rússia com uma mão livre para lidar com os turcos e os poloneses. Catarina não queria render-se à coalizão. Isso causava estresse na amizade entre eles. Stedingk acreditava que "até Sua Majestade, a imperatriz", estava "secretamente com ciúme" do Sereníssimo. Talvez fosse por essa razão que Catarina disse que Potemkin fazia "tudo que ela *lhe permitia fazer*". Stedingk informou que "a imperatriz já não era a mesma [...] a idade e as enfermidades a tinham tornado menos capaz". Agora era mais fácil enganá-la. Para parafrasearmos Lord Acton, o poder absoluto embrutece, e os dois tinham se tornado mais brutos — destino dos estadistas que nunca deixam o governo. Mas Potemkin orgulhosamente a tratava como mulher. "Está querendo o quê?", perguntou ele ao sueco. "Ela é mulher — é preciso saber lidar com ela. Não se pode apressar nada."[30]

Na verdade, a questão não era tão pessoal assim. Ela estava aflita porque havia uma divergência concreta entre o ponto de vista dos dois, o que nunca havia acontecido antes. Provavelmente estava com medo de que ele levasse a melhor e minasse sua autoridade. Potemkin, por sua vez, estava irritado por achar que o orgulho e a obstinação dela punham em risco todas as conquistas que conseguiram juntos. Catarina deveria se render ao maior conhecimento de Potemkin a respeito da situação militar da Rússia?[31]

O príncipe também precisava afastar o companheiro da imperatriz, Platon Zúbov, cada vez mais envolvido em intrigas contra ele. Isso certamente contribuía para aumentar a tensão. Um político nunca se expõe tanto como quando parece invencível, pois os inimigos se juntam, e Potemkin vivia às voltas com tentativas de enfraquecê-lo. Devoli deixou registrado que Zúbov, Saltikov e Nassau-Siegen já estavam tramando contra ele, apesar de "tantas tentativas contra [...] Potemkin terem fracassado como essa".[32] Mas Zúbov contava com o respaldo do patrono Nivolai Saltikov, tutor dos pequenos grão-duques, e portanto ligado a Paulo e seu círculo pró-prussiano baseado na propriedade de Gátchina, e às lojas maçônicas, particularmente os rosa-cruzes, vinculados a Berlim.* Algumas dessas lojas[33] tornaram-se pontos de encontro de críticos do regime Catarina-Potemkin, principalmente porque muitos magnatas eram maçons — e o príncipe não era.[34] O próprio Paulo, com seu ódio a Potemkin, mantinha traiçoeira correspondência com Berlim.[35]

Catarina e Potemkin agora tinham pouco tempo para carinhos nostálgicos: viviam às turras e reconciliações como o faziam desde que se apaixonaram um pelo outro, dezessete anos antes. A crença de Catarina durante todos aqueles anos, de que suas discussões eram "sempre sobre poder, não amor", tinha mais fundamento do que nunca. Quando a tentativa de persuadir fracassava, Potemkin usava de intimidação para forçá-la a mudar de postura. Catarina resistia aos prantos, muito embora suas lágrimas fossem tão manipuladoras quanto os ataques de

---

* Não por coincidência, a primeira e mais cruel biografia anti-Potemkin, escrita mesmo antes de Helbig, *Panslavin Fürst der Finsternis* (Panslavin Príncipe das Trevas), era de autoria de um maçom, J. F. E. Albrecht, provavelmente um rosa-cruzista. A maçonaria mística era surpreendentemente popular entre os maníacos por paradas militares da Prússia: o gordo, maçante e estúpido Frederico Guilherme da Prússia supostamente passava noites comunicando-se com os espíritos de Marco Aurélio, Leibniz e o Grande Eleitor, de quem esperava aprender a grandeza. Se isso de fato acontecia, as lições fracassaram.

cólera dele. A sua recusa a tratar com amabilidade uma potência que estava prestes a invadir uma Rússia exausta era mesmo insensata. Potemkin, que conhecia a situação na prática, não estava sugerindo rendição, apenas uma trégua razoável com Frederico Guilherme enquanto a paz com os turcos não era assinada.

Potemkin contou ao *valet* de Catarina, Zakhar Zótov, que teria que haver um escândalo, porque a imperatriz estava postergando a decisão. Ela nem sequer se correspondia com Frederico Guilherme. Então o Sereníssimo, muito zangado, resmungou qualquer coisa sobre Zúbov — por que Mamónov tinha deixado o cargo de um modo tão estúpido, em vez de esperar que Potemkin arranjasse as coisas? Se a guerra se tornasse de fato iminente, Potemkin protegeria seus ganhos turcos satisfazendo a Prússia com uma partição polonesa. Mas a partição, que estragaria seus planos mais sutis para a Polônia, era o último recurso.[36]

Catarina e Potemkin discutiram durante dias seguidos. Catarina chorava. Potemkin tinha ataques de raiva. Roía as unhas enquanto o tumulto atingia Catarina nos intestinos. Em 22 de março, Catarina estava doente, de cama, com "espasmos e forte cólica". Mesmo nas brigas ainda se comportavam como um velho casal: Potemkin sugeria que ela tomasse remédio para os intestinos, mas ela insistia em confiar "na natureza". O príncipe mantinha a pressão.[37]

Um menino de dez anos, filho do *valet* de Potemkin, assistiu a uma briga seguida de reconciliação, cena muito parecida com a da vida de qualquer casal: o príncipe esmurrou a mesa e saiu da sala batendo a porta com tanta força que os copos tilintaram. Catarina desfez-se em lágrimas. De repente notou a presença da criança assustada, que certamente queria estar em qualquer lugar, menos ali. Ela sorriu em meio às lágrimas e, fazendo um gesto na direção de Potemkin, disse ao menino: "Vá lá e veja se está tudo bem". A criança obedientemente correu para os aposentos do Sereníssimo, que estava sentado à mesa do seu escritório.

"Foi ela que mandou você aqui?", perguntou o príncipe.

Sim, respondeu o menino, com a coragem sincera dos inocentes: talvez o Sereníssimo devesse ir lá consolar Sua Majestade imperial, que estava chorando e arrependida.

"Deixe-a fungar!", disse Potemkin, duramente — mas tinha o coração mole demais para ficar longe dela por muito tempo. Poucos minutos depois, ele se acalmou e foi fazer as pazes.[38] Eram assim as relações pessoais e políticas entre eles já perto do fim da vida.

"Teimosia", anotou o secretário de Catarina em 7 de abril, "leva a nova guerra." Mas agora a possibilidade de batalhas em diversos fronts — pois muito provavelmente a Polônia e a Suécia se juntariam a Inglaterra, Prússia e Turquia — fez Catarina recuar. Ela disse à sua equipe que não haveria mais "cerveja comum e cerveja preta" — produtos ingleses —, mas em 9 de abril Potemkin e Bezboródko redigiram um memorando para apaziguar Frederico Guilherme e tirar a sua atenção da guerra. "Como podem nossos recrutas lutar contra os ingleses?", resmungara Potemkin. "Não é verdade que [todos] aqui estão cansados de tiro de canhão sueco?" Catarina, de fato, estava cansada de atirar: cedeu e concordou secretamente em renovar o velho tratado prussiano, estimular a Polônia a aceitar a cessão de Torun e Danzig para a Prússia, e fazer a paz com a Porta, ganhando Ochakov e o interior da região.[39] Mas eles se preparavam para a guerra. "Você terá notícias minhas se atacarem por terra ou mar", escreveu Catarina para um amigo em Berlim, deliberadamente *en clair*, e sem fazer concessões.[40]

Os consortes não sabiam que a coalizão estava desmoronando. Antes que a proposta de Catarina chegasse a Berlim, os britânicos esmoreceram. O governo Pitt tecnicamente venceu os três debates parlamentares sobre a crise de Ochakov — mas perdeu a disputa. Em 18/29 de março, Charles James Fox triturou os pífios argumentos a favor da expedição naval contra a Rússia com um discurso inspirado, indagando que interesses britânicos estariam em jogo em Ochakov, enquanto Edmund Burke atacou Pitt por proteger os turcos — "uma horda de asiáticos bárbaros". O embaixador de Catarina, Semion Vorontsov, reagrupou o "lobby" russo de comerciantes, de Leeds a Londres, e preparou seu próprio arsenal de jornalistas. Tinta e papel se mostraram mais fortes do que o aço prussiano e a pólvora britânica. Até a Marinha era contra: Horatio Nelson não conseguia ver "como chegaremos à frota dela. Mares estreitos e ausência de portos amigos são coisas muito negativas". Em poucos dias, a frase "não à guerra contra a Rússia!" estava rabiscada em todos os muros do reino. O apoio ministerial minguou. Em 5/16 de abril, Pitt retirou seu ultimado e despachou um enviado secreto, William Fawkener, a Petersburgo a fim de encontrar uma saída para a derrocada que quase lhe custou o cargo.[41]

O príncipe e a imperatriz ficaram eufóricos. Catarina comemorou colocando a estátua de Fox em sua Galeria de Cameron, entre Demóstenes e Cícero. Potemkin festejou gabando-se jovialmente ao embaixador britânico, Charles Whitworth, de que ele e Catarina eram "os filhos mimados da Providência". A crise de Ochakov propôs pela primeira vez a Questão Oriental aos britânicos, mas eles ainda não estavam interessados na sobrevivência do "homem doente da Europa". Jingo teria que esperar. Potemkin cometera um erro ao forçar Catarina a negociar — mas só quando se examinava a situação em retrospecto. Seu conselho fora sensato. Eles tiveram sorte. O príncipe achava que ele e a imperatriz compartilhavam uma boa estrela: "para terem êxito", disse ao inglês, "eles só precisavam querer".[42]

O baile de máscaras, que ele vinha ensaiando dia e noite desde sua volta, serviria para assinalar o triunfo russo contra os turcos, prussianos e britânicos — a desafiadora comemoração da Providência por Catarina e Potemkin. Seus empregados percorriam Petersburgo a galope entregando o seguinte convite:*

> O general marechal de campo príncipe Potemkin de Táurida roga-lhe que lhe conceda a honra de vir na segunda-feira, 28 de abril, às seis da tarde, ao seu palácio nas Guardas Montadas para o baile de máscaras que será agraciado com a presença de Sua Majestade imperial e de Sua Alteza imperial.[43]

---

* O autor encontrou provavelmente a única cópia ainda existente deste cartão, endereçada à condessa Osterman, nos arquivos do Museu Estatal de História Local de Odessa.

32. Carnaval e crise

> *Que ontem o marechal príncipe Potemkin nos ofereceu uma festa magnífica, na qual fiquei das sete da noite às duas da manhã, quando fui para casa [...]. Escrevo-lhe agora para melhorar a minha dor de cabeça.*
>
> Catarina II ao barão Grimm

Às sete da noite de 28 de abril de 1791, a carruagem imperial parou diante da clássica colunada do palácio do príncipe nas Guardas Montadas, iluminada por centenas de tochas. A imperatriz, trajando vestido russo longo de mangas compridas com um rico diadema, apeou lentamente na chuva. Potemkin adiantou-se para recebê-la. Ele usava casaca escarlate e, sobre os ombros, uma capa rendada em preto e dourado, enfeitada de diamantes. Estava coberto de "tantos diamantes quanto um homem seria capaz de usar".[1] Atrás dele, um ajudante carregava uma almofada contendo seu chapéu, tão pesado de diamantes que mal dava para ser usado. Potemkin aproximou-se da imperatriz entre duas filas de lacaios de libré amarelo-pálido com azul e prata. Cada um segurava um candelabro. Banhado desse resplendor imperial, Potemkin ajoelhou-se diante de Catarina. Ela o fez levantar-se. Ele tomou-lhe a mão.

Houve um ruído surdo enquanto 5 mil pessoas, mais interessadas em comer do que em observar a história, corriam para banquetear-se em mesas com alimentos e bebidas à vontade. Havia balanços, carrosséis e até lojas onde as pessoas recebiam roupas, mas no momento elas só queriam a comida. O príncipe tinha mandado servir depois que a imperatriz entrasse. Mas um mordomo confundiu a carruagem de um cortesão com a da imperatriz e começou o banquete antes da hora. Quase aconteceu um tumulto. Por um momento, Catarina, apreensiva com o povo numa época em que a Revolução Francesa desmontava a monarquia dos Bourbon, achou que "o honrado público" estivesse se agitando, e ficou aliviada ao perceber que as pessoas simplesmente enchiam os bolsos de comida para levar para casa.[2]

O príncipe conduziu sua imperatriz para a porta do palácio, que depois passaria a chamar-se Táurida, e criaria um novo padrão de simplicidade e magnificência clássicas. "Tudo era gigantesco." Eis a clara mensagem: a fachada era singela e colossal, projetada pelo arquiteto Ivan Stárov, para simbolizar o poder e o esplendor de Potemkin. Duas longas alas partiam de um pórtico abobadado, tendo como suporte seis colunas dóricas. Uma vez lá dentro, o casal entrou numa sala de espera e percorreu uma fila de cumprimentos que levava à Cúpula, ou Salão das Colunas, onde o grão-duque Paulo e a mulher, e 3 mil convidados vestindo fantasias, aguardavam Catarina.

"Imagine se for capaz!", escreveu Catarina a Grimm, lançando-lhe um desafio. O salão era o maior da Europa — de formato ovalado, com 21 metros de altura, 74,5 metros de comprimento e 14,9 metros de largura, apoiado por duas fileiras de 36 colunas jônicas — a "poesia das colunas" que apequenavam os milhares de convidados. (Poderia abrigar facilmente 5 mil pessoas.) Os pisos eram de madeira de lei e decorados com vasos brancos de mármore "espantosamente imensos", com lustres de cristal preto de muitas camadas pendendo do teto — tesouros comprados da duquesa de Kingston. Em cada lado corria uma fila de janelas francesas.[3] O salão era tão brilhante que quase parecia em chamas, iluminado pelos lustres colossais e por 56 menores, cada qual com dezesseis velas. Cinco mil tochas ardiam. A orquestra de instrumentos de sopro de trezentos músicos e um órgão, acompanhada por coros — tudo escondido nas duas galerias — explodiu num concerto de peças especialmente compostas.

Bem na frente dela, a imperatriz não poderia deixar de ver o famoso Jardim de Inverno. Também era o maior da Europa, do mesmo tamanho dos restos de um palácio que cobriam seis hectares. O imenso salão de vidro repousava sobre colunas em forma de palmeiras, que continham tubulação de água quente. Era a *chef d'oeuvre* de William Gould — uma selva organizada de plantas exóticas, "flores, jacintos e narcisos, murtas, laranjeiras em abundância" —, onde as paredes eram todas espelhos que ocultavam mais aquecedores imensos.* Luminárias e diamantes ficavam escondidos em cachos de uvas falsos, montes de peras e abacaxis, para que tudo parecesse aceso. Peixes prateados e escarlates nadavam em globos de vidro. A pintura da cúpula imitava o céu. Caminhos e pequenos outeiros cruzavam essa pérgula, levando a estátuas de deusas. O efeito mais notável era sua "perspectiva infinita", pois Catarina podia ver, através do brilho do Salão de Colunas, a leveza tropical do Jardim de Inverno e, mais adiante, através de suas paredes de vidro, o Jardim Inglês externo, onde "caminhos de areia serpenteiam, colinas se elevam, vales despencam, cortes abrem bosques, lagos cintilam",[4] com suas *follies* e seus morros, ainda cobertos de neve, estendendo-se em declive até o Neva. A floresta tropical e os morros nevados — o que ali era real?

No meio do Jardim de Inverno erguia-se um templo dedicado à imperatriz numa pirâmide decorada com diamantes. Ao pé da estátua de *Catarina, a Legisladora*, de Chúbin, um cartaz de Potemkin dizia: "Para a Mãe da Mãe-Pátria e minha benfeitora".[5] O príncipe conduziu Catarina pela esquerda do Salão das Colunas até um estrado, coberto de tapetes persas, de frente para o jardim. Dos jardins tropicais surgiram duas quadrilhas, cada uma com 24 crianças, "as mais belas de São Petersburgo", segundo Catarina, vestindo fantasias azul-celeste e rosa, e cobertas da cabeça aos pés "com todas as joias da cidade e dos subúrbios" — os meninos de traje espanhol, as meninas de traje grego. O grão-duque Alexandre, o futuro imperador que venceria Napoleão, dançou um complicado balé na primeira quadrilha, coreografado por Le Pick, o célebre mestre de dança. O grão-duque Constantino dançou na segunda. "É impossível", escreveria Catarina, "ver alguma coisa mais deslumbrante, mais variada, mais brilhante." Em seguida, o próprio Le Picq dançou um número solo.

Quando escureceu, Potemkin conduziu a família imperial, seguida por toda a festa, à Sala dos Gobelinos, onde tapeçarias contavam a história de Ester. No meio de sofás e cadeiras havia uma maravilha potemkiana: um elefante de ouro

---

* O tsar dos jardineiros de Potemkin, William Gould, "vivia em esplendor" na vila palladiana que Catarina mandou construir para ele no terreno do Táurida (ainda chamada de "casa do jardineiro") e "dava recepções para a nobreza". Morreu em faustosa aposentadoria em Ormskirk, Lancashire, em 1812.

em tamanho natural, coberto de esmeraldas e rubis, com um relógio oculto na base, montado por um cornaca negro vestindo seda da Pérsia que fez um sinal para que as cortinas se levantassem e revelassem um palco e um anfiteatro com camarotes. Duas comédias francesas e um número de balé foram seguidos por um desfile de todos os povos do Império, incluindo paxás otomanos capturados em Izmail, no esplendor asiático de seus trajes nacionais. Enquanto os convidados assistiam ao espetáculo, criados nas outras salas acendiam mais 140 mil luminárias e 20 mil velas. Quando a imperatriz voltou, a Sala das Colunas estava banhada num fulgor de luzes.

O príncipe levou Catarina pela mão ao Jardim de Inverno. Quando pararam diante da estátua no templo, ele mais uma vez caiu de joelhos e agradeceu à imperatriz. Ela o levantou, e beijou-lhe ternamente a testa e agradeceu-lhe por seus feitos e por sua devoção. A "Ode" às vitórias de Potemkin, de autoria de Derjávin, foi recitada. "Trovão da vitória, reboa! Bravos russos, alegrai-vos!"[6]

Potemkin fez um sinal para a orquestra. O baile finalmente começou. Catarina jogou cartas com a nora na Sala dos Gobelinos, depois parou para descansar. Assim como *ele* tinha apartamentos nos palácios *dela*, Catarina tinha um quarto no *dele*. Os quartos dos dois mostravam a sua aconchegante intimidade. Ambos adoravam palácios monumentais e dormitórios minúsculos: o dela ficava na ala de Potemkin, e o teto era decorado com símbolos clássicos de volúpia, bodes e pastores. Havia uma porta secreta, escondida atrás de um tapete pendurado na parede, que ia dar na sala de visita, no quarto de dormir e no escritório de Potemkin, de modo que um podia entrar livremente no quarto do outro. O dele era simples, confortável e claro, com paredes de seda comum.* (Às vezes, quando ele estava morando ali, consta que ela ficava hospedada; certamente ofereceu jantares.)[7]

À meia-noite, Catarina voltou para a ceia tão animada que as 48 crianças tiveram que dançar a quadrilha novamente do começo ao fim. A mesa da imperatriz, posta onde a orquestra no anfiteatro tinha tocado, estava coberta de ouro. Quarenta e oito magnatas sentaram-se à sua volta. Catorze mesas cercavam a dela. Havia outras mesas e outros bufês em salas diferentes. Cada uma era iluminada por uma bola de vidro branca e azul. Sobre uma mesa, havia uma imensa

---

* Quando o imperador Paulo resolveu desfigurar o edifício depois da morte da mãe, esses pequenos quartos lhe causavam tanta aversão que ele não os destruiu. Limitou-se a lacrá-los, e só eles existem até hoje.

taça de prata entre outros dois gigantescos vasos da duquesa de Kingston. Enquanto garçons trajando a libré de Potemkin serviam, o príncipe postava-se atrás da cadeira da imperatriz, avultando sobre ela como um ciclope reluzente de diamantes, e servindo-a até que ela insistiu para que ele se sentasse e a acompanhasse. Depois do jantar, houve mais concertos, e o baile recomeçou. Às duas da manhã, quatro horas depois de sua hora habitual de sair dos bailes, a imperatriz se levantou para ir embora. O príncipe de Táurida a conduziu para fora, como a conduzira para dentro.

No vestíbulo, o Sereníssimo caiu de joelhos — a submissão ritual desse gigante de capa vermelha perante sua imperatriz, diante dos grandes do Império e dos gabinetes da Europa. Ele mandara preparar o seu quarto, se ela resolvesse ficar. Era improvável, mas ele queria poder oferecer-lhe. Ela estava cansada demais para ficar. A orquestra tinha preparado duas árias diferentes — uma se a imperatriz ficasse e a outra se fosse embora. Se ela estivesse indo embora, Potemkin tinha combinado que colocaria a mão no peito, sobre o coração, e quando o fez a orquestra explodiu nos melancólicos compassos de um lamento de amor, escrito, muito tempo antes, pelo próprio príncipe. "A única coisa no mundo que importa", dizia a cantata, "é você." A suntuosidade do baile, a tristeza da canção e ver aquele pesado gigante caolho de joelhos comoveram Catarina. Os consortes sentiam-se velhos e tinham amado um ao outro por muito tempo. Ambos romperam em lágrimas. Ele beijou-lhe a mão repetidamente, e os dois soluçaram até que ela subiu na carruagem e partiu.[8]

Parecia um adeus. Essa despedida em geral é interpretada como premonição da morte de Potemkin. Muita coisa da última visita dele a Petersburgo costuma ser distorcida pela visão retrospectiva.* Mas foi uma noite de emoções, o clímax de sua aventura em comum. Potemkin demorou-se entre os detritos da festa, tocado de melancolia e nostalgia, quase em transe.

Quando foi se despedir de uma dama que o conhecia bem — a condessa Natália Zakrevskaia —, ela percebeu seu ar de tristeza. Foi tomada por um sentimento de compaixão. Conhecia-o bem o suficiente para dizer: "Não sei o que será de você. É mais novo do que a soberana. Vai sobreviver-lhe: mas o que será de você? Jamais concordará em ser o segundo homem". Potemkin pensou nisso so-

---

* Algumas versões sustentam que foi a última vez que eles se encontraram. Na realidade, Potemkin permaneceu em Petersburgo por mais três movimentados meses.

nhadoramente: "Não se preocupe. Vou morrer antes da soberana. Vou morrer logo". Ela nunca mais o veria.[9]

"A festança foi magnífica", escreveu Stedingk, que estava presente, "e nenhum outro homem seria capaz de fazê-la."[10] Mas tinha sido uma festa irresponsavelmente extravagante — supõe-se que Potemkin gastou de 150 mil a 500 mil rublos durante aqueles três meses. Todos sabiam que o Tesouro financiou o baile, assim como custeava todas as contas do príncipe, mas não demorou para que se espalhasse a crença de que, como informou Stedingk, "essa prodigalidade desagrada a imperatriz".

Catarina chegou em casa tão agitada naquela noite que não conseguiu dormir. Superou sua "dorzinha de cabeça" escrevendo para Grimm com grande entusiasmo sobre a "festa magnífica", como uma adolescente na manhã seguinte ao seu baile de debutante. Até traçou um mapa para mostrar a Grimm onde ficou sentada, além de contar até que horas tinha ficado: mas isso já basta como sinal de desaprovação! Ela então "explicou" a Grimm o objetivo político do que era claramente uma produção conjunta Catarina-Potemkin: "Pois então, Monsieur, é assim que nós, no meio de dificuldades e guerra, e da ameaça de ditadores [referia-se a Frederico Guilherme da Prússia], nos conduzimos em Petersburgo". Não há prova nehuma de que houvesse reclamado dos gastos de Potemkin, apesar de terem sido colossais e excessivos, mas é provável que tenha se queixado. Como qualquer um de nós, pode muito bem ter ficado chocada ao receber a conta.

Quando escrevia para Grimm, chegou uma carta trazendo notícias dramáticas da Polônia, o que significava que Potemkin teria que permanecer bem mais tempo em Petersburgo.

Em 22 de abril/3 de maio de 1791, a Comunidade da Polônia e da Lituânia adotara uma nova Constituição em meio a cenas tumultuadas no Sejm: um deputado chegou a puxar a espada durante os debates, ameaçando matar o filho como Abraão a Isaque. A Revolução de "Três de Maio" na Polônia criou uma monarquia hereditária, na qual a sucessão deveria ser oferecida ao Eleitor da Saxônia ou sua filha, com um poder executivo forte, quase combinando os poderes da Coroa inglesa e da presidência americana, e um exército. Varsóvia comemorou com o slogan "O rei com a nação". Os que achavam que a Polônia não tinha jeito ficaram impressionados. "Povo feliz", escreveu Burke, "príncipe feliz."

O momento era oportuno para os russos, mas desfavorável para os poloneses, porque a coalizão anglo-prussiana estava prestes a deixar a Rússia com as mãos livres para lidar com seu desajeitado e recalcitrante satélite. Catarina tinha a mesma aversão de Potemkin pela Revolução Francesa: o republicanismo era "uma doença da cabeça", declarou ela, e já estava adotando medidas repressoras contra ideias radicais na Rússia. A Revolução Polonesa na verdade foi politicamente conservadora, fortalecendo, e não enfraquecendo, a monarquia, restringindo, e não ampliando, o direito de votar. Mas Catarina preferia vê-la como uma extensão jacobina da Revolução Francesa dentro de sua esfera de influência: "Estamos perfeitamente preparados", afirmou Catarina ao despedir-se em tom de ameaça de Grimm, "e infelizmente não cedemos nem ao próprio diabo!".[11]

Potemkin, que recebia quase diariamente relatórios de Bulgákov, Branicki e espiões em Varsóvia, também seguia de perto os acontecimentos na Polônia. Não gostou do que viu[12] e resolveu assumir o controle supremo da política polonesa e colocar em ação seus planos secretos. Ainda não tinha conseguido desalojar Zúbov, mas provavelmente achava que uma paz otomana e um êxito polonês esmagariam seus críticos. Por isso ficou bem mais tempo do que havia combinado com Catarina, para discutir a Polônia, o que submeteu a um estresse severo a parceria dos dois. Mas, antes de poder cuidar da Polônia, era preciso forçar os turcos a um acordo e a negociar sua saída da Crise de Ochakov com o enviado de Pitt, Fawkener, que estava prestes a chegar.

"Se quiser tirar a pedra do meu coração, se quiser acalmar os espasmos", escreveu Catarina a Potemkin no começo de maio, "então mande mensageiros aos exércitos rapidamente, para que as forças terrestres e navais comecem as operações [...]" — do contrário eles jamais conseguiriam a paz que ambos desejavam.[13] O príncipe, num dos seus surtos de criatividade eufórica, disparou ordens para suas forças, ao mesmo tempo que fundava novos assentamentos no sul. Em 11 de maio, ordenou ao almirante Uchakov que se lançasse ao mar e perseguisse o inimigo; a Repnin, comandando o exército principal na ausência do príncipe, que atacasse decisivamente pelo Danúbio para destruir qualquer concentração de forças turcas; e a Gudóvitch, no comando do corpo de exército do Kuban, que tomasse a mais importante fortaleza otomana naquela área — Anapa.[14] Enquanto isso, os parceiros concluíam seus planos para a Polônia.

Em 16 de maio, quando a crise anglo-prussiana ainda não tinha sido resolvida, Catarina assinou seu primeiro rescrito para Potemkin sobre a Polônia. O príncipe só poderia intervir se os prussianos entrassem em território polonês, hipótese em que Potemkin ofereceria à Polônia o principado otomano da Moldávia, em troca da revogação de sua Revolução. Se não mordessem a isca, Potemkin poderia recorrer a "medidas extremas" na forma tradicional, providenciando uma confederação sob seus aliados poloneses, Branicki e Potocki. Catarina acrescentou, especificamente, que entre essas "medidas extremas" ela aprovava "o plano secreto" dele de instigar os ortodoxos em Kíev, Podólia e Bratslav, sob a bandeira do "grão-hetmã" dos cossacos.[15] Costuma-se dizer que Potemkin não obteve os poderes que queria.[16] Pelo contrário, seus poderes eram potencialmente vastos, apesar de condicionados à probabilidade real, se bem que cada vez menor, de a Prússia e a Inglaterra atacarem a Rússia. (As negociações com Fawkener não haviam começado.)* Além disso, Potemkin não "recebia" os rescritos como se fosse aluno e ela a mestra de uma escola primária: os dois preparavam juntos esses documentos, revisando os rascunhos um do outro, como sempre faziam. Os rescritos e a correspondência mostram que Catarina estava de acordo com os planos cossacos e moldávios de Potemkin, e assim vinha sendo por mais de dois anos.

Os planos de Potemkin para a Polônia são o mistério do seu último ano: ele estava tecendo uma trama de fios sobrepostos que ninguém jamais conseguiu desenredar. Seus planos parecem versáteis, variáveis e exóticos, mas o príncipe jamais viu necessidade de tomar decisões com base num plano até o último momento. Enquanto isso, executava todos ao mesmo tempo. Vinha examinando a questão polonesa desde que chegara ao poder, e suas políticas para o país existiam em vários níveis diferentes, porém é impossível separá-las de sua necessidade de um principado fora das fronteiras russas. Todos esses planos contêm brechas para o estabelecimento de um reino próprio para Potemkin. Ele estava convencido de que seu ducado polonês "independente", erigido em torno de suas propriedades de Smila, seria uma forma camuflada de a Rússia ficar com faixas da Europa Central sem ter que recompensar as outras potências com uma segunda partição da Polônia.

---

* Alguns historiadores poloneses veem essa condição como uma farsa para enganar Potemkin, porque Catarina já estava ciente de que não haveria guerra com a Prússia. Está bem claro que não é assim. A Inglaterra vacilara, mas não se rendera. As condições impostas às ações de Potemkin eram bastante razoáveis. Os documentos anexados, discutindo a criação de forças polonesas para respaldar uma confederação, mostram que os dois trabalharam juntos pouco antes do baile do Táurida: ele redigiu uma proposta que exigia o recrutamento de forças polonesas, à margem da qual ela acrescentou seus comentários.

Os projetos potemkianos eram quatro. Havia a anexação da Moldávia pela Polônia. Esse ducado se enquadraria bem na Polônia vislumbrada por seu aliado, Felix Potocki, numa carta a Potemkin naquele mês de maio: uma república federal de hetmanatos semi-independentes. Ao mesmo tempo, havia o plano para uma confederação, encabeçada por Branicki e Potocki, que revogaria a nova Constituição e a substituiria pela versão antiga, ou por uma nova Constituição federal, com a Moldávia como suborno. Já em fevereiro Potemkin tinha lisonjeado Potocki, convidando-o para um encontro "sobre o verdadeiro bem-estar do nosso país comum".[17]

Havia também a ideia de Potemkin de invadir a Polônia como grão-hetmã dos cossacos do mar Negro para libertar os ortodoxos da Polônia oriental. Isso combinava sua ascendência polonesa, suas ambições de realeza, seu gosto pelo drama, seu instinto russo para esmagar a Revolução Polonesa — e sua "paixão por cossacos".[18] Mesmo antes de tentar conseguir o hetmanato, Potemkin já vislumbrava um papel polonês especial para os cossacos do mar Negro, recrutando-os na Polônia.[19] Em 6 de julho de 1787, por exemplo, Catarina permitiu que ele criasse quatro desses esquadrões provenientes das suas aldeias polonesas,[20] nas quais já dispunha de forças próprias: a milícia montada e de infantaria de Smila.[21] Posteriormente, Alexandra Branicka explicou que ele "queria unir os cossacos ao Exército polonês e declarar-se rei da Polônia".[22]

Esse parece o mais improvável dos seus planos, mas na verdade era viável. As províncias ortodoxas da Podólia e da Polônia oriental, chefiadas por magnatas como Felix Potocki, com sua antiquada visão da liberdade polonesa, estavam bem longe dos sofisticados e católicos patriotas que dominavam o Sejm de Quatro Anos em Varsóvia com seu ultramoderno conceito francês de liberdade (e que odiavam Potemkin). O erro está em ver esse levante cossaco de forma isolada: tanto Catarina como Potemkin viam-no claramente como uma maneira de mobilizar a população ortodoxa para quebrar o poder da revolução em Varsóvia, ao mesmo tempo que possivelmente dava ao Sereníssimo seu próprio reino dentro de uma Polônia federada, sob domínio da Rússia.

A quarta possibilidade era a segunda partição da Polônia: Potemkin jamais hesitou em discutir uma nova partição, e com frequência acenava com essa ideia diante de embaixadores prussianos; mas, apesar das opiniões de historiadores nacionalistas poloneses, era sua última opção. Ele poderia ter feito a Polônia ceder Torun e Danzig em abril para evitar a guerra em mais dois fronts em abril, mas aquele momento tinha passado. Esse rebento orgulhosamente renascido da *szlachta* compreendia bem que a participação destruía sua antiga terra natal — "*nosso* país" — e também arruinava sua base pessoal fora da Rússia. Em termos estratégicos, beneficiava mais a Prússia do que qualquer outro país, trazendo os Hohenzollern para mais perto da Rússia. Ele preferia a política petrina de manter uma Polônia independente funcionando como uma mutilada e excêntrica zona de separação. Longe de buscar a partição, a maioria dos planos de Potemkin, como a opção moldávia, envolvia a ampliação da Polônia, não a sua diminuição. Vivesse mais tempo, ele poderia ter tido êxito e ajudado a impedir a partição. E, se Catarina tivesse morrido antes, ele provavelmente teria se tornado um magnata polonês.

Potemkin ficou em Petersburgo para elaborar uma política polonesa, enquanto as histórias de seus sinistros planos circulavam na febril Varsóvia revolucionária. O embaixador polonês Deboli aumentava a tensão mandando para Estanislau Augusto qualquer boato que surgisse sobre as ambições de realeza de Potemkin. Com os inimigos se unindo na corte para finalmente o depor, preparava-se a cena para a mais amarga crise de sua longa amizade com Catarina.

"Estamos dando conta de tudo sem você, não estamos?", teria respondido Catarina a Potemkin, de acordo com o hostil Deboli. As palavras soam verdadeiras, embora o tom em que foram ditas seja o de uma mulher repreendendo ironicamente o marido, e não se divorciando dele.[23] William Fawkener, enviado especial de Pitt, tinha chegado em 14 de maio, mas as prolongadas negociações para solucionar a Crise de Ochakov só começaram para valer no começo de junho, quando Catarina e Potemkin tiveram longas conversas com ele. Em seus despachos nunca publicados, Fawkener fazia observações sobre a diferença de estilo dos dois, apesar da mensagem comum: durante uma audiência com o inglês, Catarina estava elogiando o surpreendente bom humor de Potemkin quando foi interrompida por um dos seus galgos latindo do lado de fora para uma criança. Ela tranquilizou o menino e, voltando-se para Fawkener, comentou causticamente: "Cães que latem não mordem".[24]

Potemkin, por sua vez, convidou o intimidado buldogue britânico para um jantar, no qual o inglês foi completamente esmagado pelo solilóquio exuberante e divertido do príncipe — "estranho e cheio de inconsistências". O Sereníssimo "me disse que era russo e amava o seu país, mas amava a Inglaterra também; que eu era um ilhota e, consequentemente, egoísta, e só amava minha ilha". Fez-lhe também uma pergunta potemkiana: por que a Grã-Bretanha não ficava com Creta (Cândia) no Mediterrâneo como recompensa da bonança otomana? Esse *pied-à-terre* daria à Grã-Bretanha controle do comércio egípcio-levantino. Depois continuou a falar arrebatadamente sobre suas terras meridionais, o solo, o povo, a frota — "grandes projetos" cujo êxito dependiam "apenas dele". No fim dessa performance, o aturdido Fawkener admitiu a Londres que não lhe fora dada a oportunidade de dizer uma só palavra, mas Pitt não teve mais dúvida sobre a seriedade da dedicação da Rússia ao mar Negro e sua recusa a fazer concessões a respeito de Ochakov.[25] Pelo começo de julho, a Inglaterra e a Prússia se deram conta de que simplesmente teriam que ceder às demandas de Catarina.

Fawkener foi mais humilhado ainda pela chegada a Petersburgo de Robert Adair, mandado de forma maldosa (e talvez traiçoeira) por Charles James Fox como enviado não oficial da oposição. Semion Vorontsov garantiu a Adair, de 28 anos, uma boa recepção, contando a Potemkin que até Georgiana, duquesa de Devonshire, a rainha da moda, "honra-o com sua amizade".[26] Adair teve uma "grande acolhida" pela imperatriz e pelo príncipe. Antes de sair, Potemkin lhe deu um presente em nome de Catarina — um anel com o retrato dela.[27]

O príncipe, do alto de sua dignidade, agora parecia um nobre urso atacado por uma matilha de cães. Zúbov explorava o quase subliminar desconforto de Catarina com o comportamento dominador de Potemkin, dando a entender que ele se tornava uma possível ameaça. "Alguma suspeita secreta ocultava-se no coração da imperatriz contra esse marechal de campo",[28] relatou Gavrili Románovitch Derjávin, o poeta neoclássico e funcionário público. O Sereníssimo resmungava que ela vivia cercada pelos seus inimigos. Quando Catarina estava em Tsárskoie Seló para passar o verão, Potemkin lhe fez menos visitas do que de costume, e não ficava muito tempo. À medida que o acordo com os anglo-prussianos se aproximava, e a Questão Polonesa se tornava premente, embaixadores perceberam que Catarina parecia tratá-lo com frieza. Como muitas vezes acontecia, essa frieza deu novas esperanças aos inimigos de Potemkin.

Zúbov não estava apenas enfraquecendo o príncipe perante Catarina: primeiro conseguiu virar Suvórov[29] contra o antigo patrono oferecendo-lhe vantagens que Potemkin já tinha recomendado. Assim sendo, Suvórov desentendeu-se com Potemkin não por causa da inveja do príncipe, mas das mal aconselhadas intrigas do general. Em seguida Zúbov disse a Derjávin, "em nome da imperatriz", que não recorresse a Potemkin em busca de favores: Zúbov lhe conseguiria o que ele quisesse.

Derjávin tinha feito seu nome com uma "Ode à princesa Felitsa", que descrevia provocadoramente o procurador-geral Viázemski como "colérico" e Potemkin como "indolente"; apesar disso o príncipe o protegeu contra Viázemski e outros inimigos ao longo dos anos.[30] Derjávin pagou a decência de Potemkin com traição mesquinha — e comovedora poesia. (Sua obra-prima, *A queda-d'água*, que inspirou Púchkin, foi um tributo póstumo a Potemkin.)[31] Zúbov ofereceu a Derjávin o cargo de secretário da imperatriz. O poeta aceitou o emprego e moderou os elogios a Potemkin em seus poemas.

Quando leu um desses, Potemkin deixou raivosamente seu quarto de dormir, chamou a carruagem e saiu "sabe Deus para onde" debaixo de uma tempestade de raios e trovões. Derjávin apareceu poucos dias depois, e Potemkin, que com certeza sabia exatamente o que Zúbov tinha feito para virar a cabeça do seu protegido, recebeu o poeta com frieza, mas sem rancor.[32]

O príncipe sempre se comportava como um maníaco em tempos de tensão política. Roía as unhas e entregava-se a casos amorosos com priápico entusiasmo. Derjávin e estrangeiros como Devoli diziam que ele tinha enlouquecido — insinuando que sofria da insanidade da sífilis terciária, sobre a qual não há nenhuma prova. Certa noite, segundo Deboli, Potemkin apareceu bêbado na casa da condessa Púchkina e acariciou-lhe os cabelos. Ela ameaçou expulsá-lo e ele disse, arrastando as palavras, que não tinha desistido da ideia de ser rei da Polônia.[33] A história é improvável. Além disso, até os inimigos admitiam que seu sucesso como sedutor era maior do que nunca. "As mulheres têm fome das atenções do príncipe Potemkin", observou o conde Fiódor Rostopchin, seu detrator, "como os homens têm fome de medalhas."[34] O Seresíssimo deu uma festa de três dias numa de suas casas perto de Tsárskoie Seló, enquanto "as conversas na cidade giram em torno", informou Fawkener a Londres sem tomar fôlego, "de sua briga com uma mulher, sua aparente inclinação por outra, [e] seu real apego a uma terceira".[35]

A arapuca parecia pronta para se fechar sobre Potemkin. A maior parte das versões afirma que, quando o príncipe finalmente partiu de São Petersburgo, no fim de julho, já tinha sido arruinado por Zúbov, rejeitado por Catarina e derrotado pelos inimigos, e estava morrendo de desgosto. Nada poderia estar mais longe da verdade.

Em julho, quando o conde estava em Peterhof, Zúbov achou que já tinha enfiado suspeitas suficientes na cabeça de Catarina para que seu golpe rasteiro funcionasse.[36] Mas quem substituiria Potemkin? Não havia ninguém da mesma estatura militar ou política — com uma exceção. Em 24 de junho, misteriosamente, o conde Alexei Orlov-Tchésmenski chegou. Suas visitas à capital desde 1774 sempre coincidiam com tentativas de derrubar Potemkin: ele gostava de se gabar de que, quando entrava pela porta, Potemkin saía pela janela.[37] Mas quando Orlov-Tchésmenski apareceu em Tsárskoie Seló, Catarina informou a Potemkin por bilhete — não exatamente o comportamento de uma imperatriz disposta a derrubá-lo.[38] Durante os meses de junho e julho, Potemkin, que estava na cidade, escrevia para Catarina, em Tsárskoie Seló, sobre sua dolorosa unha encravada. Ela preocupava-se o suficiente para responder, assinando em seus bilhetes "Adieu Paizinho". Como de hábito, mandava também a carta bajuladora de Zúbov. Potemkin também lhe mandou de presente um vestido.[39] Até Deboli informou que Catarina deu ordens enfáticas a Orlov-Tchésmenski para não atacar "seu grande amigo".[40]

Além disso, a influência de Potemkin não acabara. Quando Fawkener enfim acenou que a Inglaterra concordaria com as condições russas, Potemkin simplesmente aceitou o acordo, sem se dar sequer ao trabalho de consultar Catarina. Deboli viu que isso irritou os ministros russos — mas não é bem um indício de perda de poder.[41] Então Potemkin obteve uma série de vitórias: em 19 de junho, anunciou que Kutúzov obedecera precisamente às suas ordens de atacar em Badadag — derrotando 20 mil turcos. Em 22 de junho, Gudóvitch invadiu a fortaleza de Anapa, onde — como bônus — capturou o herói tchetcheno xeque Mansour, que ali buscara refúgio.* "Esta é a chave que abriu a porta para os grandes impactos", declarou Potemkin a Catarina em 2 de julho. "Você gostará de ver que eles vão rugir na Ásia!" Naquele dia, talvez para reconciliar-se com Potemkin, a imperatriz, acompanhada por dois Zúbov, saiu de Peterhof para jantar com o príncipe no Palácio de Táurida, em Petersburgo, onde ergueu um brinde ao consorte. E nada mais de falar na queda iminente de Potemkin.[42]

---

* Mansour foi despachado para Petersburgo e morreu três anos depois nas masmorras de Schlüsselburg.

Em 11 de julho, a Crise de Ochakov acabou: os britânicos e prussianos assinaram o acordo que permitia a Catarina ficar com Ochakov e a faixa de terra entre o Bug e o Dniester — desde que os turcos firmassem imediatamente a paz. Se não o fizessem, a Rússia tinha liberdade de lutar por condições mais favoráveis. Naquele mesmo dia, um mensageiro chegou para anunciar que Repnin, obedecendo à ordem de Potemkin para atacar pelo Danúbio contra concentrações inimigas, tinha alcançado esplêndida vitória em Manchin, em 28 de junho, destruindo o exército de 80 mil homens do grão-vizir e impedindo que dois exércitos turcos se juntassem. "Obrigada pela boa notícia, meu amigo", escreveu Catarina a Potemkin. "Dois feriados num só, meu amigo, e além disso outros maravilhosos acontecimentos. Estou indo amanhã à cidade para comemorar." Os te-déuns foram cantados para a imperatriz na Catedral de Kazan. Catarina ofereceu jantares e bailes a Fawkener, com a presença do príncipe.[43]

Varsóvia e Petersburgo aguardavam a reação de Potemkin à Constituição de Três de Maio. O príncipe, como um morteiro gigante, apesar de enferrujado, voltava-se lentamente para a Polônia, mas quais eram seus planos? Intrigas e projetos rodopiavam à sua volta. Deboli estava convencido de que Potemkin pretendia ser rei da Polônia inventando uma "guerra civil", numa referência à Confederação ou à invasão cossaca.[44] Branicki em Varsóvia gabava-se de planejar sua Confederação em conformidade com sugestões patrióticas para aumentar o tamanho da Polônia. Alexandra Branicka queria que Potemkin fosse o herdeiro de Estanislau.[45] Varsóvia vinha sendo inundada havia anos por panfletos advertindo que Potemkin faria os filhos de Alexandra herdeiros do trono.[46] Havia cômicos interlúdios entre as ameaças. O príncipe não resistiu à tentação de provocar o embaixador da Polônia, Deboli, numa festa, dizendo que os poloneses gostavam tanto da Sublime Porta que até usavam pantalonas turcas. Deboli ficou ofendido com esse insulto sobre calças, "por isso respondi que não precisamos das pantalonas de outro povo porque temos as nossas".[47]

Potemkin estava dividido. Seu dever era partir a galope para o sul e negociar a paz com os turcos, mas seu instinto o mandava permanecer em Petersburgo, onde continuava exposto a Zúbov, até que ele e Catarina chegassem a um acordo sobre o que fazer com a Polônia. Isso mais uma vez aumentou a tensão entre dois hipersensíveis conhecedores do poder, que a essa altura já não estavam tão satisfeitos um com o outro, dominados por "ciumezinhos recíprocos".[48] Catarina queria que ele se dedicasse à paz.

Quando a briga rebentou, era também sobre mulheres: ela ainda teria ciúme de Potemkin, apesar de amar seu Moreno, ou simplesmente estava cansada das devassidões do príncipe? Potemkin sugeriu que o imprestável príncipe Mikhail Golítsin fosse nomeado um dos novos inspetores do Exército, criados para acabar com abusos nas forças armadas. "Ele não dará prestígio a você no Exército", respondeu Catarina, mas estava irritada mesmo era com a mulher de Golítsin. Agora todo mundo em Petersburgo sabia que Potemkin, farto da Bela Grega, estava enfeitiçado pela princesa Praskóvia Andréievna Golítsina (*née* Chuválova), a moça letrada, mas "inquieta", que se tornara a "última paixão" do príncipe.[49] Catarina escreveu: "Vou lhe dizer que o rosto da mulher, por mais lindo que seja, não vale o fardo de ter que carregar esse homem nas costas [...] a mulher dele pode ser encantadora, mas não há absolutamente nada a ganhar cortejando-a". Inclusive, a família de Praskóvia decidira proteger a reputação dela, e Potemkin poderia muito bem acabar ficando com o marido sem ter a mulher. Catarina não o poupou de nada. Os dois Golítsin o estavam enganando. "Meu amigo, estou acostumada a lhe dizer a verdade. Você também precisa me dizer." Ela lhe implorou que fosse para o sul e "conclua a paz, depois você volta para cá e se diverte como e quanto quiser [...]. Quanto a esta carta, rasgue-a depois de ler".[50] Mas o príncipe guardou essa carta, a mais cáustica que Catarina lhe escreveu na vida.*

O paroxismo de raiva de Catarina, como tantas vezes, era um gesto de alívio para liberar pressão depois de uma disputa entre os dois. Ela havia acabado de assinar o segundo rescrito para Potemkin, de 18 de julho, que encerrou o debate e o deixou livre para partir imediatamente para o sul. Historiadores russos, poloneses e do Ocidente discutem há duzentos anos o significado desse rescrito. Boa parte da confusão vem do problema de reconciliar os poderes extraordinários que confere a Potemkin, de um lado, com a convicção de que ele estava caindo em desgraça, do outro. Segundo a lenda o príncipe era um homem arruinado, perdendo poder hemorragicamente, que "não suportava a ideia de desgraça" quando "descobriu que Platon Zúbov parecia ter controle absoluto sobre a mente da imperatriz". É o que estrangeiros ouviam quando visitavam Petersburgo durante a ascensão de Zúbov após a morte de Potemkin.[51] Uma vez aceito que Catarina e Zúbov estavam prestes a afastá-lo, como poderia ela conceder-lhe vastos poderes

---

* É possível, embora improvável, que algumas das cartas de Potemkin para "Praskóvia" já citadas fossem endereçadas a Praskóvia Golítsina, e não a Praskóvia Potemkina.

para fazer a paz ou a guerra com turcos e poloneses? Portanto, argumentavam, Catarina deve ter assinado um documento falso só para se livrar dele. Isso se baseia num exame retrospectivo, e não na realidade.[52]

Em 1791, *nenhum contemporâneo* seu achava que ele estivesse prestes a ser dispensado. Embora todos soubessem que tinha havido brigas, até mesmo estrangeiros hostis, como Deboli e o embaixador britânico Whitworth, informavam que o poder do Seraníssimo estava aumentando, e não diminuindo: "tamanha é a confiança depositada nele", relatou Whitworth a Grenville, "que ele tem plena liberdade" para fazer a guerra ou a paz com os turcos.[53] Com relação às intrigas de Zúbov, "não há a menor probabilidade de terem êxito, de tão inexplicável que é a predileção da imperatriz por ele".[54] Tempos depois, o próprio Zúbov admitiu que tinha "alcançado uma meia vitória" por sobreviver às tentativas de Potemkin para afastá-lo, mas "não consegui tirá-lo do meu caminho; e era essencial afastá-lo, porque a imperatriz sempre se entendia com ele e simplesmente o temia como se fosse um marido exigente. Ela só amava a mim, mas com frequência apontava para Potemkin como um exemplo que eu deveria seguir". Então Zúbov revelou seu verdadeiro interesse pelo amor da imperatriz: "É culpa dele que eu não seja duas vezes mais rico do que sou".[55]

Quando nos damos conta de que ele não estava, de forma nenhuma, prestes a ser dispensado, fica claro que o rescrito foi um triunfo para Potemkin, compensando com folga sua incapacidade de expulsar Zúbov. Uma vez assinada a paz com a Porta, Potemkin recebeu todos os poderes para fazer a guerra na Polônia, pôr seus planos em execução e até decidir sobre a forma da Constituição polonesa. O príncipe pôde negociar com Potocki os detalhes, embora fosse essencial parecer que os poloneses estavam convidando os russos, e não o contrário. Mas "nossos próprios interesses exigem que isso seja resolvido o mais rápido possível, para que o mal [...] não crie raízes".[56] O rescrito dá a entender que Potemkin convenceu a imperatriz de que seus planos poderiam resultar num vizinho submisso, sem necessidade de partição. Mas Catarina deixou claro que, se os planos do príncipe falhassem, a partição era a única alternativa.

Em sua última noite em Petersburgo, o Seraníssimo jantou na casa da sobrinha Tatiana, juntamente com a condessa Golovina, que o considerava o mais sórdido dos homens. Mas dessa vez ele a comoveu. O príncipe lhe disse, e repetiu, que jamais haveria de esquecê-la. Tinha certeza de que morreria logo.[57]

Às quatro da madrugada de 24 de julho de 1791, Potemkin partiu de Tsárskoie Seló. Enquanto o príncipe galopava vertiginosamente para o sul, a imperatriz lhe mandou um bilhete impregnado da terna efusão da velha amizade que os unia: "Adeus, meu amigo, beijos".[58] Nunca mais se encontraram.

33. A última viagem

> *Sua sobrinha quis saber...*
> *"Que notícias me traz?"*
> *"Trago-te muita tristeza*
> *Veste luto*
> *Teu tio morreu*
> *Estirado numa capa, no meio das estepes."*
> Canção marcial de soldados,
> "A morte de Potemkin"

O badalar de sinos, os disparos de canhão e a nuvem de poeira levantada por suas carruagens assinalaram a chegada de Potemkin a Moguiliov em sua viagem para o sul. Servidores públicos e nobres de distantes cantos da província, além das damas trajando suas melhores roupas, aguardavam na casa do governador.

Quando a carruagem parou, a multidão correu para junto da escada: o príncipe de Táurida emergiu num roupão solto de verão, coberto de poeira, e atravessou a passos largos a multidão, sem olhar para ninguém. No jantar aquela noite, o Sereníssimo convidou um nobre patriota polonês, Michel Oginski, para se juntar à sua comitiva e jovialmente o submeteu a uma performance de virtuose, conversando sobre a Holanda, "que ele conhecia como se tivesse vivido lá a vida inteira;

a Inglaterra, sobre cujo governo, usos e costumes era perfeitamente versado", e também sobre música e pintura, "acrescentando que os ingleses não entendiam nada de nenhuma das duas coisas". Quando falavam sobre a arte da guerra, o príncipe declarou que o segredo da vitória estava em violar as regras, mas estudar estratégia não era suficiente: "É preciso nascer para isso".[1] Não é bem a recepção que se esperaria de um político caído em desgraça, nem o comportamento de um príncipe arruinado.

Quando Potemkin estava chegando à Moldávia, o príncipe Repnin já negociava com o grão-vizir em Galatz. Potemkin contou alegremente a Catarina que as preliminares tinham sido acertadas em 24 de julho, mas no dia 31, quando estava a apenas um dia de distância, Repnin assinou uma trégua. Consta que Potemkin ficou louco de ciúme com Repnin, por ter roubado o seu show. Mas os relatos de Repnin mostram que Potemkin estava bem satisfeito com ele, por ter negociado, embora não necessariamente por ter assinado, as preliminares. A raiva de Potemkin era política e pessoal — mas dificilmente provocada por ciúme. Repnin, que Catarina dizia ser "pior do que uma velha", era sobrinho de Pánin, maçom da seita martinista e parte da corte prussófila de Paulo, mas apesar disso se tornara o submisso burro de carga de Potemkin. "A Bíblia os une", explicou Ligne — o martinismo de um e a superstição do outro "combinam maravilhosamente".[2] Não mais. A artimanha de Repnin certamente foi incentivada pelas cartas da capital, alegando que Zúbov o protegeria da fúria de Potemkin. "Seu martinistazinho insignificante", teria berrado Potemkin de acordo com uma versão. "Que audácia!"[3]

Repnin tinha assinado o acordo errado na hora errada: sem saber do último acordo com Fawkener, combinou um armistício de oito meses, que dava aos turcos amplo fôlego para reconstruir suas forças, e aceitou uma demanda turca de que a Rússia não fortificasse território cedido. Repnin também não percebeu que Potemkin aguardava notícias de Uchakov e a frota: se tivessem êxito, os termos poderiam ser melhorados. Acontece que Uchakov acabara de derrotar a frota otomana no mesmo dia em que Repnin assinou os termos; Constantinopla entrou em pânico. Catarina também ficou felicíssima quando Potemkin a informou sobre a paz, mas tanto ela como Bezboródko imediatamente denunciaram os erros grosseiros de Repnin. Quando Catarina soube do triunfo de Uchakov, ficou furiosa.[4] Potemkin poderia ter usado a vitória de Uchakov para forçar os turcos a lutar de novo e, com isso, desobrigar a Rússia do acordo de Fawkener.[5] Isso ainda era possível, porém mais difícil, por causa das concessões de Repnin.

O Sereníssimo voltou correndo a Nikoláiev para inspecionar seus novos encouraçados e seu palácio e percorreu quase voando as quinhentas verstas de volta a Jassy, em trinta horas. Caiu doente, como quase sempre acontecia depois de meses de tensão nervosa, debilitante devassidão, excesso de trabalho e viagens exaustivas. Havia peste em Constantinopla e uma epidemia de febres em todo o sul. "Nunca vi nada parecido", relatou ele a Catarina, que se afligia com a saúde dele, como nos velhos tempos.[6] Jassy estava infestada de "pútridos miasmas dos pântanos".[7] Todo mundo estava adoecendo.

O grão-vizir Yusuf-Pasha juntou outro exército otomano de 150 mil homens no Danúbio. Seu embaixador iniciou as negociações testando a determinação de Potemkin, ao perguntar-lhe se havia chance de ficar com o Dniester. O príncipe suspendeu as conversas. O vizir pediu desculpas e ofereceu-se para executar seu próprio embaixador. Potemkin exigiu independência para a Moldávia, aprovação russa da nomeação dos hospodares da Valáquia e a cessão de Anapa.[8] Ele pedia alto, desafiando os turcos a lutarem de novo para livrá-lo dos termos do acordo de Fawkener. Então veio um mau presságio.

Em 13 de agosto de 1791, um dos seus oficiais, o príncipe Carlos Alexandre de Württemberg, cunhado do grão-duque Paulo, morreu de febre. Potemkin, que se tornara mais amigável com a mulher de Paulo, preparou um elaborado funeral régio para o irmão dela. O príncipe, já perseguido por premonições de morte, lutava contra a própria doença. Seguiu o cortejo durante quilômetros, a pé, no calor sufocante, e bebeu dois copos de água gelada no cemitério. Quando o carro fúnebre passava por ele no meio do funeral, o delirante Potemkin achou que fosse sua carruagem e tentou subir. Para um homem supersticioso, foi como o dobrar do sino. "Deus é testemunha, estou atormentado." Caiu e foi tirado de Galatz, ordenando a Repnin que evacuasse o exército daquela cidade insalubre.[9]

Potemkin foi repousar na vizinha Gusha, onde Pópov por fim o convenceu a tomar seu remédio, provavelmente cinchona, uma casca sul-americana, uma forma anterior do quinino. Ele se recuperou o suficiente para nomear Samóilov, Ribas e Lajkarev plenipotenciários russos — mas Catarina sentiu que poderia ficar sem o indispensável consorte: "Rezo a Deus para que Ele afaste de você essa desgraça e me poupe desse golpe", escreveu ela. Catarina chorou vários dias. Em 29 de agosto, chegou a rezar pela vida de Potemkin no serviço noturno no Mosteiro de Niévski, para o qual doou ouro e diamantes. Alexandra Branicka foi convocada para tomar conta do tio. Mas, dez dias depois: "Estou melhor", comunicou Potemkin a Catarina, "não tenho esperança de voltar a vê-la, querida Matushka".[10] Voltou para Jassy, mas não conseguia se livrar da febre.

"Não entendo como você consegue mudar-se de um lugar para outro nesse estado de fraqueza", escreveu Catarina, acrescentando que Zúbov estava "muito preocupado e por um dia não soube como aliviar minha tristeza". Mesmo doente, Potemkin deve ter revirado os olhos ao ler isso, mas até os últimos dias mandava lembranças ao "dente" que não conseguira extrair. Durante quatro dias, padeceu de mais febres e dores de cabeça, que melhoraram em 10 de setembro. "Estou nas mãos de Deus", informou Potemkin à imperatriz, "mas seus negócios não serão afetados até o último minuto."[11]

Era verdade: ele supervisionou as conversações de paz, mandou presentes para o vizir,[12] posicionou o exército para o caso de a guerra estourar de novo e informou que a frota tinha voltado para Sebastópol. Também não suspendeu as intrigas polonesas. Convocou secretamente seus aliados da Polônia, o general da artilharia polonesa Felix Potocki e o hetmã de campo da Coroa polonesa Seweryn Rzewuski: "Tenho a honra de propor uma entrevista pessoal", na qual comunicaria as "sinceras intenções" e as "disposições específicas" da imperatriz.[13] Eles partiram imediatamente. Durante todo o verão, Potemkin jamais descuidou da colonização, da construção naval ou da própria diversão.[14] Desejava música harmoniosa e companhia vibrante, escrevendo, em 27 de agosto, ao político e historiador francês Sénac de Meilhan, cujas ideias sobre a Revolução Francesa e a Grécia Antiga "são coisas tão agradáveis que merecem uma discussão em pessoa. Venha ver-me na Moldávia".

Musicalmente, Potemkin convalescia compondo hinos: "E agora minha alma, temendo e esperando no abismo de sua perversidade, busca ajuda mas não a encontra", diz seu "Cânone para o Salvador": "Dê-lhe sua mão, virgem puríssima [...]".[15] Mas também estava prestes a contratar um novo e mais talentoso compositor. "Quero lhe mandar o primeiro pianista e um dos melhores compositores da Alemanha", sugeriu Andrei Razumóvski, embaixador russo em Viena, ao príncipe. Ele já tinha oferecido o emprego ao compositor, que concordara em viajar: "Ele não está satisfeito com seu cargo aqui e adoraria fazer essa viagem. Está na Boêmia agora, mas espera-se que volte. Se Vossa Alteza desejar, posso contratá-lo por uma breve temporada, só para ouvi-lo e ficar um pouco com ele".[16] A resposta de Potemkin se perdeu. O nome do compositor era Mozart.*

---

* Mozart morreu logo depois, em 24 de novembro/5 de dezembro de 1791.

★ ★ ★

A saúde de Potemkin piorava. Todas as labirínticas complexidades dos interesses do príncipe reduziram-se a uma relação que tinha sido constante em sua vida por vinte anos. Catarina e o Sereníssimo voltaram a escrever simples cartas de amor um para o outro, como se nenhum dos dois quisesse perder a oportunidade de expressar sua profunda afeição. Empestada de febres, Jassy era um "verdadeiro hospital". A maioria dos pacientes, incluindo Repnin e Faléiev, recuperava-se lentamente, depois de quatro dias de trêmulo delírio,[17] mas Potemkin, cuidado por Sachenka Branicka e Sophie de Witte, não melhorava.

Catarina queria acompanhar a doença dele e supervisionar sua recuperação como se ele estivesse nos seus apartamentos no Palácio de Inverno, mas os mensageiros demoravam de sete a doze dias, por isso suas cartas ternas e preocupadas estavam sempre atrasadas em relação aos acontecimentos: quando achava que o príncipe tinha melhorado, ele na verdade tinha piorado. Se a carta inicial dizia que ele estava melhorando, a segunda diria que estava minguando rápido. Em 16 de setembro, a primeira carta que ela recebeu "me deixou feliz porque vi que você estava melhor, mas a segunda aumentou minha preocupação novamente, porque vi que você teve febre permanente e dores de cabeça durante quatro dias. Peço a Deus que lhe dê força [...]. Até mais, meu amigo, Cristo o abençoe".[18]

As notícias dele nunca eram suficientes para Catarina: ela ordenou a Pópov que lhe mandasse informes diários e pediu a Branicka: "Por favor, condessa, escreva-me dizendo como ele está e faça o possível para que se cuide ao máximo para evitar uma recaída, que é o pior de tudo para alguém já debilitado. E sei como ele é descuidado com a saúde". Branicka e Pópov assumiram o controle do quarto de enfermo, mas não havia muita coisa que os três médicos, o francês Massot, e dois russos, pudessem fazer.[19] Dessa maneira, acompanhamos seu doloroso declínio através das cartas dos dois parceiros — Catarina cada dia mais preocupada e Potemkin cada dia mais fraco, até entrarem os informes de Pópov.

Quando as cartas de Catarina chegavam, Potemkin as lia soluçando. Acreditara estar melhorando, apesar de "as dores agudas no ouvido me atormentarem". Mesmo piorando, preocupava-se com os 8 mil soldados doentes. "Graças a Deus eles não morrem", disse Potemkin. Os plenipotenciários turcos chegariam dentro de quatro dias: "Espero montes de artimanhas, mas estarei atento". Potemkin foi transferido de Jassy para uma casa de campo.[20]

O príncipe parou de banquetear-se e comia moderadamente: o preceito de comer menos para controlar a febre funcionou e "Sua Alteza está melhor a cada hora que passa". Potemkin aproveitou a oportunidade para arranjar o trajeto que o exército russo deveria seguir ao retirar-se da Moldávia, uma vez que a passagem pela Polônia ainda estava fechada. As negociações avançavam. O mundo observava atentamente: os austríacos tinham assinado a paz com a Porta em Sistova. Os jornais em Viena noticiavam a doença do príncipe, informados quase diariamente por mensageiros. Ouviam que estava melhor, depois pior, depois melhor. Se viesse a guerra, Potemkin comandaria pessoalmente, mas enquanto isso exigia ter alguma influência na Valáquia e na Moldávia. As conversações de paz seriam "tempestuosas". Esperava-se que o príncipe visitasse Viena no outono, logo que a paz fosse assinada.

O príncipe sentia-se "cansado como um cão", mas garantiu à imperatriz, por intermédio de Bezboródko: "Eu não me poupo".[21] Três dias depois, a febre voltou com força redobrada. O príncipe tremia, cada vez mais fraco. Branicka passava dia e noite ao seu lado.* Ele relutava em tomar quinino. "Convencemos Sua Alteza a tomá-lo, invocando o altíssimo nome de Vossa Majestade imperial, apesar da sua forte aversão", informou Pópov. O Sereníssimo implorou a Bezboródko que arranjasse um "roupão chinês [...] preciso desesperadamente". Catarina apressou-se a mandar-lhe um, junto com um casaco de pele. O príncipe ainda ditava bilhetes para Catarina sobre doenças no exército no mesmo dia em que escreveu, derrotado: "Estou totalmente sem forças e não sei quando virá o fim".[22]

O príncipe sofria "incessante e severamente". Pelo dia 25, os gemidos e choros do príncipe acabrunhavam sua comitiva. Quando percebeu que a febre tomara conta, o príncipe parecia ter resolvido desfrutar o próprio declínio. Dizia a lenda que ele "destruiu a si mesmo", e certamente seus hábitos alimentares não ajudavam. Esse "sultão" febril devorou "um pernil de porco, um ganso salgado e três ou quatro frangos" besuntados com *kvass*, "todos os tipos de vinhos" e licores. *Sterlet* e ganso defumado foram encomendados a Astrakhan e Hamburgo. "Ele deliberadamente procurava meios de evitar a recuperação." Quando estava ensopado de suor, derramava "dez frascos de água-de-colônia na cabeça".

---

* Pelo visto a Bela Grega já não era necessária — ela desapareceu quando a saúde dele piorou. Branicka provavelmente ordenou-lhe que fosse alegrar a vida dos magnatas poloneses que chegavam para ver o príncipe.

Deveria morrer de forma tão excêntrica como tinha vidido.²³ Estava doente demais para ligar.

Potemkin falou "da vida sem esperança", escreveu Pópov, pesarosamente, para Catarina, "e disse adeus a todos, sem ouvir nossas palavras de consolo". O príncipe foi assistido pelo bispo Ambrósio e o metropolita Iona, um georgiano que lhe suplicava para comer com moderação e tomar seu remédio. "Dificilmente vou me recuperar", respondia Potemkin. "Mas Deus decidirá." Então se voltou para Ambrósio para discutir o sentido da vida e mostrou que, apesar de todas as suas superstições russas, era também criatura do Iluminismo: "Você, meu confessor, sabe que nunca desejei o mal a ninguém. Fazer todos os homens felizes foi uma coisa que desejei".* Quando souberam da nobre confissão de Potemkin, todos os presentes romperam em soluços. Os padres saíram, e o dr. Massot disse que a situação era irremediável. "Um profundo desespero tomou conta de nós", escreveu o padre, "mas não havia nada que pudéssemos fazer."²⁴

O príncipe reanimou-se no dia seguinte, 27 de setembro. Nada o fazia sentir-se melhor do que uma linha da imperatriz. As cartas chegaram, com o desgrenhado casaco de pele e o roupão, mas o fizeram pensar em seu passado com ela e em seu futuro. "Lágrimas abundantes escorriam-lhe dos olhos toda vez que o nome de Vossa Majestade era mencionado." Ele conseguiu escrever-lhe este bilhete: "Querida Matuchka, a vida é ainda mais difícil para mim quando não a vejo".²⁵

Em 30 de setembro, ele fez 52 anos. Todos tentaram reconfortá-lo, mas, sempre que se lembrava de Catarina, "chorava amargamente" porque nunca mais a veria. Naquele dia, milhares de verstas ao norte, a imperatriz, lendo os relatos de Pópov, escreveu para seu "querido amigo": "Estou infinitamente preocupada com a sua doença. Pelo amor de Deus", implorou ela, ele precisava tomar os remédios. "E depois de tomá-los, suplico-lhe que evite alimentos e bebidas que destruam o efeito dos remédios." Ela reagia aos relatos de Pópov, dez dias antes, mas, quando sua carta saía de Petersburgo, Potemkin acordou com dificuldade de respirar, provavelmente um sintoma de pneumonia. A febre voltou, e ele desmaiou. Em 2 de outubro, acordou sentindo-se melhor. Tentaram convencê-lo a tomar o quinino, mas ele resistiu. E então, desejando desesperadamente ver as estepes, o eterno

---

* Jeremy Bentham, cujo utilitarismo avaliava o êxito de um governante pela felicidade que ele proporcionava aos súditos, teria gostado de ouvir isso: é o caso de indagarmos se Samuel não teria discutido a ideia com o príncipe numa de suas longas viagens de carruagem pelo sul.

beduíno quis voltar a viajar e sentir o vento do mar Negro. "Sua Alteza quer que o tiremos daqui", disse Pópov a Catarina, "mas não sei como levá-lo. Está cansado demais."[26]

Enquanto o entourage discutia o que fazer, o príncipe escreveu, de próprio punho, sua última carta para a imperatriz — uma simples e delicada prova de devoção à mulher que amava:

> Matuchka, Senhora Misericordiosíssima! Em minha situação atual, tão esgotado pela doença, rezo para que o Altíssimo conserve tua preciosa saúde e me ajoelho aos teus sagrados pés.
> O mais leal e agradecido dos súditos de Vossa Majestade Imperial,
> Príncipe Potemkin de Táurida.
> Ó, Matuchka, como estou doente!

Então teve um colapso, não reconheceu mais ninguém e entrou em coma. Os médicos lutaram nove horas para lhe sentir o pulso. As mãos e os pés estavam frios como gelo.[27]

Em Petersburgo, Catarina acabava de ler as cartas de 25 e 27 — "a vida é ainda mais difícil para mim quando não a vejo". Chorou. Depois, chegou a examinar a letra, tentando encontrar um fiapo de esperança. "Confesso que elas me deixam desesperadamente preocupada, mas vejo que suas últimas três linhas estão escritas de um jeito um pouco melhor", escreveu ela em sua última carta para o amigo. "E seus médicos me garantem que você está melhor. Rezo a Deus [...]." Escreveu também para Branicka: "Por favor, fique com ele [...]. Adeus, alma querida. Deus a abençoe".[28]

À tarde, Potemkin acordou e deu ordem para partirem. Achava que, se pudesse chegar a Nikoláiev, se recuperaria. Não conseguiu dormir naquela noite, mas estava calmo. De manhã, não parava de perguntar: "Que horas são? Tudo pronto?". Havia um denso nevoeiro, mas ele insistiu. Puseram-no sentado numa poltrona e o levaram para a carruagem de seis lugares, onde tentaram agasalhá-lo confortavelmente. Ele ditou sua última carta para dizer a Catarina que estava exausto. Pópov levou-a para lhe mostrar e, embaixo, ele conseguiu rabiscar: "O único jeito é ir embora". Porém não teve mais forças para assinar.

Às oito da manhã, acompanhada por médicos, cossacos e a sobrinha, sua carruagem partiu através da estepe aberta rumo às colinas bessarábicas.

Epílogo
Vida após a morte

> *Eles pisoteiam os heróis? — Não — Suas proezas*
> *Brilham na escuridão dos séculos.*
> *Seus túmulos, como morros na primavera, florescem.*
> *A obra de Potemkin ficará gravada.*
>
> Gavrili Derjávin, *A queda-d'água*

No dia seguinte, o corpo foi solenemente levado de volta a Jassy para autópsia e embalsamamento. A dissecação foi executada em seus apartamentos no Palácio de Ghika.* Abrindo a mole e majestosa barriga, o dr. Massot e seus assistentes examinaram os órgãos e os extraíram, um a um, esvaziando as tripas como uma mangueira.[1] Descobriram que as vísceras estavam "úmidas", inundadas de suco biliar. O fígado estava inchado. Os sintomas sugeriam um "ataque biliar". Houve os boatos inevitáveis sobre envenenamento, mas nenhum indício foi encontrado. É mais provável que Potemkin tenha sido debilitado pela febre, fosse tifo ou malária, e por hemorroidas, ingestão de bebidas alcoólicas e exaustão geral, mas não morreu necessariamente de nada disso. As dores de ouvido, a fleug-

---

* Agora, apropriadamente, abriga a Faculdade de Medicina da Universidade de Iasi, embora haja quem sustente que a autópsia foi realizada no Palácio de Cantacuzino.

ma e a dificuldade de respirar indicam que provavelmente padeceu de broncopneumonia. De qualquer maneira, a bile exalava um cheiro insuportável. Nada, nem mesmo o processo de embalsamamento, conseguiu eliminá-lo.[2]

Os médicos embalsamaram o corpo: Massot abriu um buraco triangular na parte de trás do crânio e extraiu o cérebro. Em seguida, encheu o crânio de ervas e poções aromáticas para secar e preservar a famosa cabeça. As vísceras foram colocadas numa caixa, o coração numa urna dourada. O cadáver foi costurado, como um saco, e vestido com o melhor uniforme do príncipe.

À sua volta, reinava o caos. Os generais de Potemkin discutiam sobre quem deveria comandar o Exército. Tudo — um corpo, uma fortuna, as cartas de amor imperiais, a guerra e a paz de um império — aguardava a reação da imperatriz.[3] Quando a notícia chegou a São Petersburgo, sete dias depois, a imperatriz desmaiou, chorou, foi sangrada, padeceu de insônia e retirou-se em isolamento. O secretário tomou notas sobre seus dias de "lágrimas e desespero", mas ela se acalmou compondo um panegírico a Potemkin louvando seu

> excelente coração [...] rara compreensão e incomum amplitude mental; suas opiniões eram sempre tolerantes e generosas; era extremamente humano, um poço de conhecimentos, excepcionalmente bondoso e sempre repleto de novas ideias; ninguém tinha seu talento para encontrar a palavra certa e fazer um comentário gracioso. Suas qualidades militares durante esta guerra devem ter impressionado a todos, pois nunca fracassou em terra ou no mar. Ninguém no mundo foi menos conduzido pelos outros [...]. Numa palavra, era um estadista, tanto em conselhos como em execução.

Porém o que ela mais estimava eram as suas relações pessoais: "Ele era zelosa e apaixonadamente apegado a mim, repreendendo-me quando achava que eu poderia ter me saído melhor [...]. Sua qualidade mais preciosa era a coragem de coração e alma, que o distinguia do resto da humanidade e que significava que compreendíamos um ao outro perfeitamente, e que os menos esclarecidos tagarelem à vontade [...]". É um belo e justo tributo.

Ela acordou chorando no dia seguinte. "Como vou substituir Potemkin?", perguntava. "Quem pensaria que Tchernichov e outros homens sobreviveriam a ele? Sim, estou velha. Ele era um verdadeiro nobre, um homem inteligente, não me traiu, não podia ser comprado." Houve "lágrimas" e depois mais "lágrimas".[4] Catarina pranteava-o como se fosse um membro da família de Potemkin. Eles escreviam um para o outro: consolo por grafomania. "Nossa dor é universal", ela expressou para Pópov, "mas estou tão exposta que não consigo nem falar a respeito."[5] As sobrinhas, que foram a Jassy para o sepultamento, sentiam-se da mesma maneira. "Meu pai está morto e derramo lágrimas de dor", escreveu sua "gatinha" Katinka Scavrónskaia para Catarina. "Acostumei-me a depender dele para a minha felicidade [...]." Acabara de receber uma afetuosa carta dele quando veio a notícia da sua "orfandade".[6] Varvara Golítsina, que Potemkin tinha amado com tanta paixão logo depois de Catarina, lembrou que "ele era tão terno, tão gracioso, tão bondoso conosco".[7]

A vida tinha que seguir em frente. Catarina, com o egoísmo dos monarcas, inclusive resmungava sobre os inconvenientes causados, tanto quanto sobre sua dor: "Que choque mais cruel o príncipe Potemkin me deu morrendo assim! Agora todo o fardo recai sobre os meus ombros".[8] O Conselho reuniu-se no dia em que a notícia chegou, e Bezboródko foi enviado a Jassy para concluir as conversações de paz. Em Constantinopla, o grão-vizir encorajou Selim III a recomeçar a guerra, enquanto os embaixadores estrangeiros lhe disseram, corretamente, que a paz agora era mais provável porque o futuro rei da Dácia estava morto.[9]

Catarina ordenou a "são" Mikhail Potemkin que fosse a Jassy buscar suas cartas e pôr em ordem as labirínticas finanças do príncipe. Mas as cartas imperiais eram as relíquias mais sagradas do legado de Potemkin. Mikhail Potemkin e Vassíli Pópov tiveram uma discussão a esse respeito.[10] Pópov insistiu em entregá-las pessoalmente. E Mikhail[11] foi embora sem elas.*

A nebulosa questão da fortuna, porém, levou vinte anos e três imperadores para ser resolvida, e nunca foi desvendada. Ao que parece, desde 1783 Potemkin recebeu um total de 55 milhões de rublos — incluindo 51 352 096 rublos e 95 copeques do Estado para financiar seus exércitos, construir suas frotas e erigir suas cidades, e quase 4 milhões de seu próprio dinheiro. Não foi possível fazer uma prestação de contas dos milhões gastos por ele.** O imperador Paulo reabriu a in-

---

* Mikhail Potemkin morreu estranhamente em sua carruagem, na viagem de volta de Jassy. Seu irmão conde Pável Potemkin foi posteriormente acusado de assassinar e roubar um príncipe persa quando era vice-rei do Cáucaso: ele escreveu um poema protestando inocência, em seguida morreu de febre. Houve quem dissesse que cometeu suicídio.
** Os quase 4 milhões de sua renda "privada" parecem pouco, levando em conta que Catarina regularmente comprava seus palácios por mais ou menos meio milhão de rublos. As somas de di-

vestigação, mas seu sucessor, Alexandre, que tinha dançado no baile de Potemkin, desistiu da tarefa impossível, e a questão enfim foi arquivada.[12]

Petersburgo não falava de outro assunto que não fosse sua mítica fortuna pessoal — milhões, ou só dívidas? "Apesar de seu legado ser considerável, especialmente os diamantes", relatou o conde Stedingk a Gustavo III, "imagina-se que, quando as dívidas forem quitadas, não sobrará muita coisa para os sete herdeiros."[13] Catarina também estava interessada: ela poderia ter deixado as dívidas dele para os herdeiros, o que consumiria toda a fortuna, que seria de 7 milhões de rublos, mas entendia que Potemkin tinha usado o Tesouro como seu banco pessoal, ao mesmo tempo que gastava dinheiro seu com o Estado — era impossível diferenciar. "Ninguém sabe exatamente o que o falecido deixou", escreveu o imparcial Bezboródko ao chegar a Jassy. "Ele deve muito ao Tesouro, mas o Tesouro lhe deve muito." Além disso, o banqueiro da corte, o barão Sutherland, morreu quase ao mesmo tempo que seu cliente, expondo um escândalo financeiro potencialmente perigoso para o frágil crédito da Rússia. Potemkin devia a Sutherland 762 785 rublos[14] — e só em Petersburgo um total de 2,1 milhões de rublos.[15]

Catarina resolveu o problema do dinheiro com característica generosidade, comprando o Palácio de Táurida dos herdeiros por 935 288 rublos, mais a coleção de arte, a fábrica de vidro, 1 milhão de rublos em diamantes e algumas propriedades. Quitou as dívidas pessoalmente e deixou a maior parte da fortuna para ser dividida entre sete herdeiros, gananciosos e agora muito ricos, membros das famílias Engelhardt e Samóilov. Só em Smila, cada um recebeu 14 mil almas do sexo masculino, e sem contar as terras russas, mas apesar disso ainda estavam discutindo o butim dez anos depois.[16] Mesmo passados dois séculos, em tempos soviéticos, os moradores da aldeia de Tchijovo ainda escavavam o cemitério da igreja em busca do tesouro perdido de Potemkin.

A imperatriz mandou interromper a vida social em Petersburgo. Não houve recepções na corte, nada de Pequenos Hermitages. "A imperatriz não aparece."[17] Alguns admiravam o seu luto: Masson compreendeu que "não era o amante que ela lamentava. Era o amigo cujo gênio foi assimilado ao dela".[18] Stedingk achava a

---

nheiro estatal eram bem maiores do que a renda anual de todo o Império Russo, que em geral oscilava entre 40 milhões e 44 milhões de rublos — apesar de estar aumentando rapidamente.

sensibilité de Catarina um tributo maior ao príncipe do que qualquer panegírico.[19] A capital estava envolta num "verniz de luto", mas boa parte dele ocultava muita alegria.[20]

Enquanto a pequena nobreza e os oficiais subalternos, cujas mulheres usavam o medalhão dele no pescoço, pranteavam um herói, parte da velha nobreza e da cúpula militar comemorava.[21] Rostopchin, que julgava Zúbov um "basbaque", apesar disso ficou "encantado" com a rapidez com que todos esqueceram a "queda do Colosso de Rodes".[22] O grão-duque Paulo teria resmungado que o Império agora ostentava menos um ladrão — mas Potemkin o tinha mantido longe do seu lugar de direito por quase vinte anos. Zúbov, "sem parecer triunfante", era como um homem que agora podia respirar, "ao fim de uma longa e dura subordinação".[23]

No entanto, três dos homens mais talentosos do Império, dois deles supostamente seus inimigos mortais, lamentaram. Quando o marechal de campo Rumiántsev-Zadunáiski, filho natural de Pedro, o Grande, soube da notícia, sua comitiva esperava que ele comemorasse. Em vez disso, ele se ajoelhou diante de um ícone. "Por que a surpresa?", perguntou aos companheiros. "O príncipe era meu rival, até meu inimigo, mas a Rússia perdeu um grande homem […] imortal por seus feitos."[24] Bezboródko admitiu-se "em débito" com "um homem raríssimo e formidável".[25] Suvórov ficou triste, afirmando que Potemkin era "um grande homem e um homem grande, tanto em inteligência como em estatura: não como aquele alto embaixador francês em Londres, sobre quem o lorde chanceler Bacon disse que 'o sótão está mal mobiliado'", mas era, ao mesmo tempo, "a imagem de toda a vaidade terrestre". Suvórov considerava que uma época heroica tinha chegado ao fim: Potemkin o usara como seu rei Leônidas de Esparta. Duas vezes ele foi rezar no túmulo de Potemkin.[26]

Em Jassy, Engelhardt perguntou aos camponeses-soldados se preferiam Rumiántsev ou Potemkin. Eles aplaudiram o histórico "assustador mas enérgico" de Rumiántsev, porém o príncipe "era nosso pai, iluminou nossa carreira, fornecia tudo de que precisávamos; nunca teremos outro comandante como ele. Que Deus preserve para sempre sua memória".[27] Em Petersburgo, soldados choraram por ele.[28] Até o maldoso Rostopchin admitiu que os granadeiros de Potemkin estavam chorando — apesar de dizer que era porque tinham perdido "o privilégio de roubar".[29] Bezboródko ouviu os soldados que pranteavam Potemkin. Quando lhes perguntava sobre suas privações em Ochakov, costumavam responder: "Mas foi necessário naquele momento [...]" e Potemkin os tratara com humanidade.[30] Mas os melhores tributos são as canções marciais sobre Potemkin que os soldados cantavam nas Guerras Napoleônicas.

> Aqui repousa, famoso não só pela guerra,
> Um homem cuja alma ainda era maior...
>
> Gavrili Derjávin, A queda-d'água

A escandalosa personalidade do príncipe fez aflorar tantos sentimentos quando ele estava vivo, e até depois, que obscureceu qualquer análise objetiva de suas realizações, na verdade distorcendo-as grotescamente. Os inimigos o acusavam de preguiça, corrupção, devassidão, indecisão, extravagância, falsificação, incompetência militar e desinformação em vasta escala. O sibaritismo e a extravagância são as únicas verdadeiramente justificadas. Até os inimigos sempre reconheceram sua inteligência, a força de sua personalidade, a visão espetacular, a coragem, a generosidade e as grandes realizações. "Não se pode negar", escreveu Castera, primeiro biógrafo de Catarina, "que ele tinha a mente, a coragem e a energia que, com o desenvolvimento gradual dos seus talentos, o tornaram apto para ser primeiro-ministro." Ligne achava que, ao criar Potemkin, a natureza tinha usado "a matéria-prima que normalmente teria servido para criar uma centena".[31]

Como conquistador e colonizador, está no nível do seu herói Pedro, o Grande, que fundou uma cidade e uma frota no Báltico como Potemkin fundou cidades e uma frota no mar Negro. Ambos morreram com 52 anos. As semelhanças acabam aí, pois Potemkin era tão humanitário e indulgente quanto Pedro era brutal e vingativo. Mas o príncipe só pode ser compreendido, e portanto apreciado, à luz de sua parceria única, e quase de igual para igual, com Catarina: foi um casamento sem paralelo no amor e na política. No sentido mais simples, foi um terno caso de amor e uma nobre amizade, mas isso seria ignorar suas conquistas colossais. Nenhum dos lendários romances da história se iguala ao seu exuberante êxito político.

A relação possibilitou a Potemkin deixar para trás qualquer outro ministro favorito e comportar-se como um tsar. Alardeava o seu status imperial porque era um homem que não conhecia limites, o que provocava ainda mais rancor. Ele se comportava excentricamente porque podia. Mas seus problemas vinham da singular ambiguidade de sua situação, pois, mesmo tendo os poderes de um co-tsar, *ele não era um co-tsar*. Como todos os favoritos, foi vítima da crença de que a monarca era controlada por um "mau conselheiro" — o que explica o título da sua primeira biografia, *Príncipe das trevas*. Tivesse sido tsar, seria julgado por seus feitos, não por seu estilo de vida: cabeças coroadas podiam se comportar como quisessem, mas imperadores artificiais jamais são perdoados por suas extravagâncias. "A fama do Império foi aumentada pelas conquistas dele", afirma Ségur, "mas a admiração que provocavam ia para ela e o ódio que despertavam ia para ele."[32]

O Sereníssimo era um político dinâmico e um militar cauteloso. Era competente e comedido no comando direto, mas excepcional como supremo estrategista e comandante em chefe em terra *e* mar: foi um dos primeiros a coordenar operações anfíbias em diferentes fronts, dentro de um vasto teatro de guerra. Foi acusado pelo fato de o Exército russo ser caótico e corrupto, defeitos tão verdadeiros hoje como dois séculos atrás, mas também merece crédito por suas conquistas. Quando Bezboródko[33] chegou ao Exército, por exemplo, em 1791, ficou impressionado com a ordem que encontrou, apesar do que tinha ouvido falar. Nem seus adversários eram tão fracos como viriam a ser retratados: os turcos várias vezes derrotaram os austríacos, supostamente mais competentes do que os russos. No geral, Potemkin tem sido subestimado pela história militar: deveria ser elevado da categoria dos comandantes incompetentes para a dos extremamente aptos, embora ficasse atrás de gênios contemporâneos seus como Frederico, o Grande, Suvórov e Napoleão. Como disse Catarina a Grimm, ele só entregava vitórias. Poucos generais podem se gabar disso. Pela tolerância e decência para com seus soldados, Potemkin é único na história russa, mesmo no final do século XX, na época da Guerra da Tchetchênia. "Homem nenhum até aquela altura", escreveu Wiegel, "tinha usado seu poder com objetivos menos malignos."

Trinta anos depois, o conde de Langeron, cujos relatos preconceituosos sobre Potemkin causaram tanto dano à reputação do príncipe como os de Ligne e Helbig, admitiu: "Julguei-o com grande severidade, e o ressentimento influenciou minhas opiniões". Então, resolveu julgá-lo com justiça:

> Claro que ele tinha todos os defeitos dos cortesãos, as vulgaridades dos parvenus e os absurdos dos favoritos, mas tudo isso serviu de experiência para o alcance e a

força do seu gênio. Não tinha aprendido nada, mas adivinhou tudo. Tinha uma mente tão grande quanto seu corpo. Sabia como conceber e executar seus milagres, e um homem assim era necessário para Catarina. Conquistador da Crimeia, subjugador dos tártaros, transplantador dos zaporogos para o Kuban e civilizador [dos cossacos], fundador de Kherson, Nikoláiev, Sebastópol, instalador de estaleiros em três cidades, criador de uma frota, dominador do mar Negro [...] todas essas políticas maravilhosas deveriam assegurar-lhe reconhecimento.

Aleksandr Púchkin, que fez amizade com Langeron em Odessa em 1824, também achava que Potemkin foi "tocado pela mão da história [...]. Devemos-lhe o mar Negro".[34] Cidades, navios, cossacos, o próprio mar Negro, e sua correspondência com Catarina, continuam sendo os melhores monumentos à sua memória.

Derjávin foi inspirado a compor seu poema épico *A queda-d'água* logo depois da morte de Potemkin. Ele captura muitas facetas do Mecenas e do Alcibíades que o poeta conheceu. Usa a imagem da cachoeira — sua magnificência, sua velocidade, seu poder natural — para simbolizar Potemkin, bem como a turbulência da vida e sua natureza transitória. Potemkin foi um dos mais notáveis estadistas da Rússia imperial, numa classe que só divide com Pedro, o Grande, e a própria Catarina. O duque de Richelieu, excelente julgador de caráter, ele próprio um estadista, foi o estrangeiro que melhor compreendeu o Sereníssimo. "A soma de sua grandes qualidades", escreveu ele, "supera todos os defeitos [...]. Quase todos os seus atos públicos trazem a marca da nobreza e da grandeza."[35]

> O pó de Alcibíades!
> Será que os vermes ousam formigar em sua cabeça?
> Gavrili Derjávin, *A queda-d'água*

A imperatriz decidiu que os funerais do príncipe deveriam ser realizados em Jassy. Potemkin tinha pedido a Pópov que o sepultasse em sua aldeia de Tchijovo, mas Catarina achava que o lugar dele era uma de suas cidades,[36] Kherson ou Nikoláiev.[37] Foi estranho ela não sepultá-lo em Petersburgo, mas talvez essa cria racionalista do Iluminismo não desse grande importância a túmulos. Tinha muito mais interesse nos lugares e nas pessoas que haviam compartilhado enquanto ele era vivo. Além disso, Catarina sabia que, quanto mais longe da capital o corpo de Potemkin descansasse, menos Paulo poderia degradá-lo depois que ela morresse.

Em 11 de outubro, o corpo de Potemkin foi colocado num salão, provavelmente no Palácio de Ghika, para visitação pública: o catafalco ficou dentro de uma câmera de veludo vermelho, com borlas de prata e segurado por cordas de prata. Um rico brocado de ouro enfeitava o estrado. Ele estava deitado num caixão coberto de veludo rosa, tendo por cima um dossel de veludo rosa e preto, apoiado em dez colunas e encimado por penas de avestruz. As condecorações e os bastões de Potemkin foram dispostos em almofadas de veludo e em duas pirâmides de cetim branco que ficavam em cada lado do caixão. A espada, o chapéu e o cachecol repousavam na tampa. Dezenove velas imensas ardiam, seis oficiais montavam guarda. Soldados e moldávios choravam o "protetor que perderam" e passavam em fila diante do caixão. Na frente dessa magnífica mise en scène, uma placa relacionava os títulos e as vitórias de Potemkin.*

Às oito da manhã de 13 de outubro, os granadeiros de Iekaterinoslav e os mosqueteiros do Dnieper ladearam as ruas por onde a procissão passaria. Os canhões dispararam salvas e os sinos tocaram lugubremente, enquanto o caixão era carregado por generais, junto com o dossel levado pelos salva-vidas. Um esquadrão de hussardos, seguido por couraceiros, abria caminho. Com longos mantos negros, 120 soldados seguravam tochas, 35 oficiais portavam velas. Atrás vinham os exóticos trajes turcos dos boiardos da Moldávia e os príncipes do Cáucaso. Depois do clero, dois generais ostentavam os aparatos do poder. O retrato em miniatura de Catarina, incrustado de diamantes, que ele sempre usava, era mais eloquente do que todas as medalhas e todos os bastões.

O carro fúnebre preto, levando o caixão, atrelado a oito cavalos cobertos de preto, conduzido por postilhões de compridos mantos pretos e chapéus pretos, percorria com estrépito as ruas, seguido pelas sobrinhas do príncipe. Seus cossacos eram os últimos.

O cortejo aproximou-se dos bastiões de contornos arredondados do mosteiro Golia e passou pelo portão fortificado de trinta metros de altura. O caixão foi

---

* Esta desapareceu poucos anos após os funerais de Potemkin. Duzentos anos depois, em outubro de 1998, o autor, ajudado por um padre romeno e dois professores, resolveu vasculhar o mosteiro Golia, em Iasi, e descobriu a placa e seu belamente inscrito memorial debaixo de um piano, atrás de uma pilha de livros de orações: estava empoeirada, mas intacta.

levado para dentro da igreja da Ascensão, outrora visitada por Pedro, o Grande. A mescla de arquiteturas bizantina, clássica e russa nas colunas brancas e nas flechas era de autoria do próprio Potemkin. Canhões dispararam uma última salva.[38]

A perda de Potemkin deixou uma lacuna na vida de Catarina que nunca foi preenchida: depois do Natal, ela ficou no quarto durante três dias sem sair. Falava nele com frequência. Ordenou a salva de 101 canhões pela paz de Jassy e ofereceu um jantar comemorativo — mas chorosa e bruscamente evitava qualquer brinde. "A dor dela era tão profunda quanto antes." Em 30 de janeiro de 1792, quando Samóilov submeteu o texto do tratado, ela e o sobrinho de Potemkin choraram sozinhos.[39] Quando voltou de Tsárskoie Seló naquele verão, disse a todo mundo que ia morar na casa de Potemkin, à qual batizou de Táurida em homenagem a ele, e hospedava-se lá com frequência.

Adorava o palácio e tinha o hábito de andar sozinha pelos jardins, como se estivesse à procura dele.[40] Um ano depois, chorou abundantemente nos aniversários do nascimento e da morte do príncipe, soluçando sozinha em seu quarto o dia inteiro. Visitava o Palácio de Táurida com os netos e Zúbov a tiracolo. "Tudo ali era um encanto", disse ela a Khrapovítski, "mas agora há alguma coisa de errado." Em 1793, continuava indo ao Táurida: às vezes dava um jeito de ficar lá secretamente depois do jantar. "Ninguém", escreveu Khrapovítski,[41] "seria capaz de substituir Potemkin aos olhos dela", mas vivia rodeada dos amigos de Potemkin.

Pópov, já um dos seus secretários, tornou-se para ela a encarnação do legado político do príncipe. Na verdade, bastava Pópov dizer que o príncipe não aprovaria isto ou aquilo para que Catarina se recusasse até mesmo a examinar a proposta. Tal era o poder de um morto. Quando ela ia ao Palácio de Táurida, Pópov caía de joelhos e lhe agradecia por dignar-se viver na casa do seu "criador". Samóilov foi nomeado procurador-geral com a morte do príncipe Viázemski. Ribas fundou Odessa em Hadji-Bey, como Potemkin ordenara, porém foi Richelieu, como governador-geral da Nova Rússia, que fez da cidade um dos portos mais cosmopolitas do mundo. Em 1815, Richelieu tornou-se primeiro-ministro da França.

Dois anos depois da morte de Potemkin, o príncipe de Ligne referiu-se a ele para Catarina como "meu querido e inimitável, adorável e admirável" amigo. Ligne nunca se recuperou da frustração de não ter recebido o comando de um exército e chegou a suplicar a Metternich que o deixasse tomar parte na invasão napoleônica da Rússia em 1812 — desprezível retribuição à generosidade de Catarina e Potemkin. Sobreviveu o suficiente para se tornar o idoso ornamento do Congresso de Viena e produziu um último epigrama antes de expirar aos 79 anos: "Le Congrès", disse, "ne marche pas; mais il danse".⁴² O conde de Ségur adaptou-se à Revolução Francesa a ponto de vir a ser grande mestre de cerimônias de Napoleão, aconselhou o imperador a não invadir a Rússia em 1812 e emergiu como um par durante a Restauração. Nassau-Siegen tentou convencer Napoleão a deixá-lo atacar a Índia britânica, mas morreu em 1806 na Prússia.

Francisco de Miranda tornou-se "El Percursor" do Libertador da América do Sul, depois de servir como general nos exércitos revolucionários franceses. Em 1806, desembarcou na costa da Venezuela com duzentos voluntários e teve que recuar. Mas em 1811 Simon Bolívar o convenceu a retornar como comandante em chefe do exército patriota venezuelano. Um terremoto e derrotas militares fizeram o indeciso ditador negociar com os espanhóis. Quando tentou fugir, Bolívar mandou prendê-lo e o entregou aos espanhóis. Esse amante da liberdade morreu em 1816 numa prisão espanhola — trinta anos depois do encontro com o Sereníssimo. Sir James Harris foi nomeado conde de Malmesbury, e Talleyrand o descreveu como "o ministro mais esperto de sua época". Sir Samuel Bentham tornou-se inspetor-geral de Obras Navais e foi responsável pela construção da frota vitoriosa em Trafalgar. Jeremy Bentham construiu, de fato, uma prisão panóptica, respaldado por Jorge III, mas a experiência foi um fracasso. Ele culpou o rei.

John Paul Jones foi incumbido por Washington e Jefferson de derrotar os piratas argelinos da Barbária, mas morreu em Paris em 7/18 de julho de 1792, com apenas 44 anos, e foi homenageado com um funeral de Estado. É reverenciado como o fundador da Marinha dos Estados Unidos. Seu túmulo foi dado como perdido até 1905, quando o general Horace Porter descobriu Jones bem preservado num caixão de chumbo. Num exemplo de necroimperialismo, o presidente Theodore Roosevelt enviou quatro cruzadores para ir buscar Jones, e em 6 de janeiro de 1913, a milhares de milhas de distância e 125 anos depois de despedir-se de Potemkin, foi sepultado novamente num sarcófago de mármore, inspirado em Napoleão nos Inválidos, na Academia Naval de Annapolis, onde hoje repousa.⁴³

Catarina via Branicka como a herdeira emocional de Potemkin, cedendo-lhe os apartamentos do príncipe nos palácios imperiais, para poderem ficar juntas, mas especificando que Sachenka seria servida por diferentes empregados, porque ver o rosto dos velhos criados de Potemkin lhe seria profundamente penoso.[44] Catarina promoveu Platon Zúbov a muitos dos cargos de Potemkin, mas ele se revelou calamitosamente inadequado para qualquer posição.[45] Muitos tinham saudade do Seleníssimo quando viam a insolente mediocridade dos Zúbov — "a ralé do Império".[46]

Catarina, encorajada por Potemkin, quase com certeza planejava deserdar o "instável" grão-duque Paulo e passar a coroa para o neto Alexandre. Sem Potemkin, provavelmente não teve a determinação necessária.[47] Em 5 de novembro de 1796, Catarina II acordou à hora de sempre. Retirou-se para seu closet privado, onde foi acometida por um severo AVC. Dessa maneira, como Jorge II da Inglaterra, ela adoeceu de repente, num momento que não diferencia entre reis e plebeus. Depois de forçarem a porta, o *valet* e a camareira levaram-na para o quarto de dormir, onde o dr. Rogerson a sangrou. Era pesada demais para ser posta na cama, por isso foi estendida num colchão no chão. Mensageiros partiram a galope para informar o grão-duque Paulo em Gátchina: quando os viu chegar, ele achou que tivessem ido prendê-lo. Paulo partiu para Petersburgo. Em algum momento daquela tarde, segundo consta, ele e Bezboródko destruíram documentos sugerindo que o filho de Catarina fosse preterido. Em 6 de novembro, Catarina morreu às 9h45 da noite, ainda no colchão no chão.

Paulo I revogou todas as conquistas do reinado de sua mãe que conseguiu. Vingou-se de Potemkin transformando o Palácio de Táurida no quartel das Guardas Montadas e o Jardim de Inverno em estábulos. A biblioteca de Potemkin foi puerilmente "exilada" em Kazan, exemplo único de vingança bibliográfica. Mandou mudar o nome de Grigóripol. Reintroduziu a paradomania prussiana do pai, tratando a Rússia como um quartel, e fez o que pôde para destruir o tolerante "exército de Potemkin", que tanto odiava.[48] Seu estilo de inconsistência despótica uniu contra ele os mesmos elementos que tinham derrubado Pedro III. Dessa maneira, o obsessivo medo de Paulo de ser assassinado acabou se justificando. (Platon Zúbov foi um dos assassinos.) Embora os cossacos de Potemkin continuassem a ser os pilares do regime dos Románov, os filhos de Paulo, Alexandre I e Nicolau I, instituíram a mesma paradomania prussianizada que seria a face da monarquia pelo resto de sua história: "Império Cnuto-Germânico" era como o anarquista Bakúnin o chamava.[49]

Sophie de Vitte casou com o mais rico "régulo" da Polônia, Felix Potocki, que fisgou em Jassy depois da morte de Potemkin. Sophie teve um caso apaixonadamente incestuoso com o filho adotivo Iúri Potocki, cometendo "todos os crimes de Sodoma e Gomorra". Quando Langeron a visitou, ela lhe disse: "Sabe o que sou e de onde venho, *eh bien*, não consigo viver com apenas 60 mil ducados de renda". Quatro anos depois que seu idoso marido morreu, em 1805, ela se livrou do filho adotivo e fez fortuna enquanto criava seus filhos biológicos. A condessa Potocka morreu "respeitada e admirada" em 1822.[50]

Já Sachenka Branicka retirou-se para suas propriedades e ficou tão rica que não conseguia calcular o que tinha. "Não sei exatamente", declarou ela, "mas devo ter uns 28 milhões." Viveu majestosamente, quase como uma rainha, até alcançar uma era diferente. A testemunha do "último suspiro" de Potemkin tornou-se "portadora da sua glória". Conservou o corpo flexível e esbelto e o frescor de pele até a idade madura, mas sempre usando aqueles longos vestidos catarinianos, presos na cintura por uma única fivela larga. Ergueu um santuário em homenagem a Potemkin em sua propriedade e aparece numa pintura com o busto dele atrás. Alexandre I visitou-a duas vezes e a nomeou grã-senhora da corte. Mesmo vinte anos depois da morte de Catarina, Wiegel viu com perplexidade que as mulheres mais nobres lhe beijavam a mão como se fosse uma grã-duquesa, o que ela parecia aceitar "sem o menor mal-estar ou constrangimento". Grandes porções da aristocracia polonesa e russa descendiam dos filhos dela à época da sua morte, aos 84 anos em 1838, quando Vitória era rainha da Inglaterra.[51]

O "anjo" de Potemkin, a condessa Scavrónskaia, uma vez libertada pela morte do marido melomaníaco, casou com um cavaleiro de malta italiano, o conde Giulio Litta, por amor.[52] Tatiana, a caçula das sobrinhas, viúva de Mikhail Potemkin, arranjou um marido bem mais velho, o príncipe Nikolai Iussúpov, descendente de um cã tártaro chamado Yusuf, que, segundo consta, mantinha uma aldeia inteira de servas prostitutas. A princesa Iussúpova foi infeliz no casamento, mas, como o tio, acumulava joias, entre as quais se destacavam os brincos de Maria Antonieta, o diamante Estrela Polar e o diadema da irmã de Napoleão, Caroline Murat, rainha de Nápoles. Félix Iussúpov, que matou Raspútin em 1916, tinha orgulho de sua conexão com o Sereníssimo.[53]

Duas sobrinhas-netas complementam a vida de Potemkin. Elisa, a filha de Branicka conhecida como Lise, casou com o príncipe Miguel Vorontsov, filho de Semion, inimigo de Potemkin, que o criou na Inglaterra como um seco e fleumático milorde. Ele se tornou vice-rei da Nova Rússia e do Cáucaso, como o tio-avô da mulher. Consta que Lise herdou a certidão de casamento de Potemkin com

Catarina e a jogou no mar Negro — morada apropriada para o documento. "Milord" Vorontsov descobriu que era impossível controlar sua princesa namoradeira e refinada. Ela já estava envolvida num namoro secreto com um dos primos Raievski, quando, em 1823, conheceu Aleksandr Púchkin, que vivia no desterro em Odessa. A ligação dela com Potemkin certamente foi parte da atração que exerceu sobre o poeta: ele conheceu as sobrinhas de Potemkin e anotou as histórias que elas contavam. Apaixonou-se pela princesa Votontsova. O poeta insinuou em seus poemas que os dois fizeram amor numa praia do mar Negro. Acredita-se que ela tenha servido de inspiração para as mulheres de muitos poemas de Púchkin, incluindo Tatiana em *Eugene Onegin*. No poema "O talismã", ele escreveu: "Ali onde as ondas salpicam/ O pé de recifes solitários.../ Uma adorável feiticeira/ Me deu seu talismã". O presente era um anel com uma inscrição em hebraico.

Vorontsov pôs fim ao caso mandando Púchkin embora. O poeta vingou-se disso escrevendo versos cômicos que zombavam de Vorontsov e (provavelmente) engendrando a filha dele, Sophie, que Lise deu à luz nove meses depois que o poeta partiu. Assim o sangue de Potemkin misturou-se ao de Púchkin. O poeta usava o "talismã" dela quando foi morto num duelo, em 1837.[54]

A filha de Scavrónskaia, também Iekaterina, virou motivo de escândalo na Europa. Conhecida como "Anjo Nu" devido ao gosto por vestidos transparentes como véus, e "le Chat Blanc" — "Gatinha Branca" — pela ganância sensual, casou com o heroico general príncipe Pedro Bagration. Como a mãe, que era "anjo" de Potemkin, seu rosto tinha uma doçura seráfica, a pele era de alabastro, os olhos de um azul surpreendente, os cabelos uma cascata de cachos louros. Tornou-se amante de Metternich em Dresden em 1802 e lhe deu uma filha, Clementine, que portanto era aparentada com Potemkin e também com o "Cocheiro da Europa". Goethe a viu em Carlsbad e falou dela com entusiasmo quando ela começava outro caso amoroso com o príncipe Luís da Prússia. Após a morte de Bagration na Batalha de Borodinó, ela se exibiu descaradamente e envolveu-se um pouco com a política europeia no Congresso de Viena em 1814. Competia implacavelmente com a duquesa de Sagan pelos favores do tsar Alexandre I: cada uma ocupava uma ala diferente do seu Palácio de Palma. Os policiais austríacos que espionavam sua alcova em Viena referiram-se à sua magnífica "expertise prática". A Gatinha Branca mudou-se então para Paris, onde ficou famosa pela promiscuidade, pela bela carruagem e pelos diamantes de Potemkin. Em 1830, casou com um general e diplomata inglês, Lord Howden. Comovedoramente, quando visitou o velho Metternich, 35 anos depois no exílio em Richmond, a filha dele disse que mal conseguiu abafar o riso porque o velho "Anjo" ainda usava, ridiculamente, os vestidos transparentes que um dia arrebataram os príncipes da Europa. Viveu até 1857, mas a filha Clementine, que foi criada pelos Metternich, morreu jovem.[55]

Por fim, Sophia, filha de Samóilov, casou com o filho do conde Bóbrinski, de modo que o sangue de Catarina, o dos Orlov e o dos Potemkin também se misturaram.[56]

Em 1905, a Revolução foi prenunciada em Odessa pelo motim de marinheiros do *Encouraçado Príncipe Potemkin de Táurida*. Isso deu origem ao filme de Eisenstein: o nome Potemkin, promovido pela aristocracia tsarista, tornou-se, dessa maneira, o símbolo do bolchevismo.* A Escadaria de Richelieu, em Odessa, foi rebatizada de "Escadaria de Potemkin", e a estátua do duque francês hoje contempla as escadas que levam o nome do "homem extraordinário" que ele tanto admirava.

O Palácio de Táurida ficaria sendo "o lugar de nascimento, a cidadela e o cemitério da democracia russa".** Em 6 de janeiro de 1918, a Assembleia Constituinte, o primeiro parlamento verdadeiramente democrático da história russa até 1991, reuniu-se, sob os olhares de Lênin e de uma horda de soldados bêbados da Guarda Vermelha, pela primeira e última vez, no Salão das Colunas, onde Potemkin se ajoelhara aos pés de Catarina. Lênin partiu, a Guarda Vermelha expulsou os parlamentares e o Táurida foi trancado.[57] Na última década do século XX, o Palácio passou a abrigar a Comunidade dos Estados Independentes, de modo que a residência do homem que trouxe muitas dessas terras para o Império Russo se tornou a sede de sua desintegração.[58]

E, é claro, a expressão "Aldeia de Potemkin" passou a integrar a linguagem do dia a dia.

Nem todas as partes do corpo de Potemkin chegaram a Kherson em 23 de novembro de 1791. Quando grandes homens eram embalsamados, suas vísceras

---

* Inclusive Jorge V da Inglaterra ficou preocupadíssimo que o filme fosse mostrado para os alunos de Eton: "Não é bom que os meninos vejam motins, especialmente motins navais".
** Em 1906, a Duma Estatal, relutante concessão feita pelo tsar Nicolau II à Revolução de 1905, foi sediada no antigo Jardim de Inverno. Depois da Revolução de Fevereiro, ele abrigou por algum tempo tanto o Governo Provisório da Rússia como o Soviete de Petrogrado.

eram enterradas em separado. O lugar de repouso do coração era especialmente significativo. No começo daquele ano, por exemplo, o coração de Mirabeau tinha sido transportado pelas ruas de Paris em seu funeral de Estado dentro de uma caixa de chumbo coberta de flores.[59]

Consta que as vísceras de Potemkin teriam sido sepultadas na igreja da Ascensão, no mosteiro Golia, em Jassy. Não havia nenhum sinal visível delas no templo, mas, ao longo de séculos do Reino da Romênia, do comunismo e agora da democracia, alguns intelectuais sabiam que repousam numa caixa dourada sob o tapete e a laje em frente ao trono medieval de veludo vermelho do hospodar da Moldávia. Dessa maneira, o cérebro que concebeu o Reino da Dácia jaz sob o retrato de um barbudo príncipe moldávio, Basil, o Lobo, trajando cafetã dourado, branco e vermelho, e um gorro com três penas.[60]

A família de Potemkin não tinha esquecido o lugar da morte do príncipe nas colinas da Bessarábia, assinalado pela lança do cossaco Golovati.[61] Samóilov mandou construir ali uma pequena coluna clássica quadrada em 1792, com gravações laterais informando a data e o evento: seu estilo e a pedra branca lembram tanto a fonte construída no palácio de Nikoláiev que o arquiteto só pode ter sido o mesmo, o próprio Stárov. Posteriormente, no começo do século XIX, os herdeiros de Potemkin ergueram uma pirâmide de dez metros de altura, em pedra escura, com degraus que levam até ela.*

Chegando a Kherson, o corpo não foi sepultado, mas apenas posto num túmulo não lacrado, especialmente construído dentro de uma cripta, no meio da igreja de Santa Catarina.[62] A imperatriz ordenou que um nobre monumento de mármore fosse projetado e construído sobre o túmulo, mas por ocasião da sua morte, cinco anos depois, o mármore ainda não estava pronto. Dessa maneira, o príncipe, um parvenu que de alguma forma era da realeza, permaneceu enterra-

---

* O sítio se perdeu e supostamente foi destruído: ninguém deixou registro de ter visto o lugar desde o começo do século XIX. Ausente dos mapas e desconhecido até de acadêmicos locais, sobreviveu apenas num mapa austríaco de 1913, mas parecia improvável que os monumentos pudessem existir ainda hoje. No entanto, lá estão, numa estrada rural, numa colina bessarábica, conhecidos apenas pelos camponeses da região, que levaram o autor até "o lugar do Potemkin", que sobreviveu ao domínio russo e otomano, ao Reino da Romênia, à anexação por Stálin em 1940, à ocupação alemã e sua devolução para a Romênia, à reinclusão na União Soviética e à criação da independente República da Moldávia.

do, mas em certo sentido insepulto.⁶³ Visitantes e moradores locais, incluindo Suvorov, ali rezavam.

Em 1798, Paulo ficou sabendo dessas visitas e resolveu vingar-se no corpo: irritava-o que Potemkin ainda conseguisse desafiar a tradição e a decência dez anos depois de sua morte. Assim sendo, baixou um decreto em 18 de abril para o procurador-geral, príncipe Alexandre Kurákin: o corpo estava insepulto e, "considerando isso obsceno, Sua Majestade ordena que o corpo seja secretamente sepultado numa cripta no túmulo projetado para esse fim e que a cripta seja coberta de terra e nivelada como se nunca tivesse existido". O fato de um homem da estatura de Potemkin ser sepultado sem deixar vestígio já era ruim. O imperador, ao que tudo indica, ordenou verbalmente a Kurákin que destruísse qualquer monumento à memória de Potemkin e espalhasse os ossos no vizinho Desfiladeiro do Diabo. Na calada da noite, o túmulo foi preenchido e coberto de terra, mas ninguém sabia se os oficiais tinham obedecido às ordens de Paulo. Afinal, os ossos foram jogados no desfiladeiro, sepultados em segredo numa cova de indigente, ou levados pela condessa Branicka?⁶⁴ Durante muito tempo, ninguém sabia ao certo.⁶⁵

Noutra abertura de túmulo na calada da noite, em 6 de julho de 1818, o arcebispo de Iekaterinoslav, Iov Potemkin, primo do Sereníssimo, levantou o piso da igreja, abriu o caixão e descobriu que o cadáver embalsamado ainda estava lá. De modo que nisso, como em tantas outas coisas, os despóticos caprichos do imperador Paulo foram descumpridos por seus oficiais. Mas eles lhe obedeceram na parte relativa a parecer que não havia nada lá. Iov Potemkin, segundo consta, teria posto algum artefato tirado do túmulo dentro de sua carruagem quando saiu: terá sido um ato familiar ou episcopal de pilhagem de sepultura? Ou seria a urna contendo uma parte especial do corpo? O príncipe teria continuado lá depois da intervenção do arcebispo?⁶⁶

Cada escavação noturna semeava mais dúvidas. Mas esse é o problema inerente à clandestinidade, à escuridão e aos túmulos. Em 1859, outra comissão oficial decidiu abrir o túmulo para provar que o príncipe ainda estava lá: ao fazer isso descobriram uma grande cripta, um caixão de madeira dentro de um caixão de chumbo e uma franja de ouro para servir de enfeite. Milgov, burocrata local, arrumou a cripta e fechou-a novamente.⁶⁷

Depois que todo mundo finalmente passou a ter certeza de que havia uma sepultura naquele lugar, foi decidido que era necessária uma lápide imponente. Mas ninguém conseguia lembrar exatamente onde ficava o túmulo, portanto não se sabia onde colocá-la. Parece uma desculpa esfarrapada para justificar novas escavações pelos intrometidos mais curiosos. Em 1873, outra comissão escavou e descobriu que o caixão de madeira continha um crânio com o furo triangular na parte de trás do embalsamamento realizado por Massot, e tufos de cabelo louro-escuro, restos de uma cabeleira que tinha fama de ser a mais bela da Rússia, além de três medalhas, roupas e fragmentos trançados de ouro do uniforme. Tudo foi trancado novamente, e construíram uma lápide adequada mais ou menos em cima do túmulo.[68] Enfim, Potemkin, se era ele mesmo, pôde descansar em paz.

Então veio a Revolução: os bolcheviques escavaram de bom grado o cemitério da Santa Catarina que continha os corpos de oficiais mortos no cerco de Ochakov. Há fotografias amareladas, hoje mantidas pelo padre local, que mostram uma macabra cena revolucionária; multidões de camponeses nos trajes de 1918 apontam para os esqueletos ressecados ainda com cabelos, usando as casacas trançadas, os calções e as botas da época de Catarina — enquanto ao fundo podem ser vistas as botas de cano alto e os casacos de couro da polícia secreta da Tcheka.[69]

Doze anos depois, em 1930, um jovem escritor chamado Boris Lavrenev voltou a Kherson, sua cidade natal, para visitar o pai doente. Saiu para dar um passeio pela fortaleza e viu uma placa do lado de fora de Santa Catarina que dizia: "Museu Antirreligioso de Kherson". Dentro ele viu uma caixa de vidro em forma de pirâmide. Nela havia "uma coisa redonda marrom". Quando chegou perto, viu que era um crânio. Perto dele, na mesa, estava escrito: "O crânio do amante de Catarina II, Potemkin". Na caixa ao lado, havia um esqueleto, ainda com músculos encarquilhados nos ossos. Uma placa dizia: "Os ossos de Catarina II, amante de Potemkin". Na terceira caixa estavam os restos de uma jaqueta de veludo verde, calças brancas de cetim e meias e sapatos carcomidos — as roupas de Potemkin.

Lavrenev saiu correndo da igreja e passou um telegrama para o ministério encarregado de proteger as artes. Quando voltou a Leningrado, um amigo lhe escreveu para dizer que o "museu" tinha sido fechado. Potemkin foi recolhido, colocado num caixão novo no jazigo e emparedado outra vez. "Dessa maneira, em 1930, em Kherson", escreveu Lavrenev, "o marechal de campo Seríssimo príncipe Grigóri Alexándrovitch Potemkin, objeto de exposição do Museu Antirreligioso de Kherson, foi sepultado pela segunda vez."[70]

Em 11 de maio de 1984, o mistério de Potemkin mostrou-se mais uma vez irresistível para burocratas locais: o chefe do Departamento de Medicina Legal de

Kherson, L. G. Boguslavksi, abriu o túmulo e encontrou "31 ossos humanos [...] pertencentes ao esqueleto de um homem, provavelmente de 185 cm [...] de cerca de 52-55 anos", morto provavelmente duzentos anos antes. Mas havia, aparentemente, algumas dragonas no caixão também, que segundo consta teriam pertencido a um oficial britânico da época da Guerra da Crimeia. O caixão era mais moderno, mas trazia em cima uma cruz católica, bem como uma ortodoxa. Os analistas concluíram que se tratava, sem sombra de dúvida, de Potemkin.

Em julho de 1986, Boguslavski escreveu para o professor Evgeni Anisimov, o distinto acadêmico especialista em século XVIII, a quem as provas não pareciam convincentes: se fosse Potemkin, por que uma cruz católica no caixão, e por que as dragonas britânicas? Estariam eles concluindo que era Potemkin porque gostariam que fosse, ou como resultado da análise científica? Deixando de lado a fascinante questão da identidade do oficial britânico cujo uniforme foi encontrado ali, era ou não era Potemkin?

O tamanho, a idade e a datação do corpo estavam corretos. Os velhos caixões, fossem de chumbo, dourados ou de madeira, bem como as medalhas, quaisquer ícones remanescentes, e as roupas, desapareceram na Revolução. O caixão católico, menor do que o esqueleto, foi provavelmente providenciado em 1930. As dragonas inglesas são de outro túmulo, relíquias do ignorante saque de ninharias feito pelos bolcheviques. Dessa maneira, em 1986, o príncipe de Táurida foi sepultado pela oitava vez, se contarmos as vísceras de Jassy e todas as outras escavações — e mais uma vez esquecido.[71]

A igreja de Santa Catarina agora está lotada de fiéis. A primeira coisa que se vê espiando de fora por entre as clássicas colunas de Stárov é uma grade de madeira e ferro em volta de uma solitária lápide de mármore branco, plana, de 2,15 metros de comprimento por 90 centímetros de largura, localizada bem debaixo da cúpula. Dentro, sob um grande brasão dourado na pedra, lê-se:

Marechal de Campo
Sereníssimo Príncipe
Grigóri Alexándrovitch
Potemkin de Táurida
Nascido em 30 de setembro de 1739
Falecido em 5 de outubro de 1791
Aqui sepultado em 23 de novembro de 1791

Em torno da borda de mármore há sete rosáceas douradas, com suas vitórias e cidades inscritas em cada uma.* Uma velha senhora vende velas à porta. Potemkin? "Tem que esperar o padre Anatóli", diz ela. O padre Anatóli, de longos cabelos louros lisos, olhos azuis e uma tranquilidade de clero de cidade de província, representa uma nova geração de ortodoxos criados sob o comunismo e tem o maior prazer em mostrar a um estrangeiro o túmulo de Potemkin. Ninguém o abriu durante alguns anos e nenhum estrangeiro jamais o viu.

O padre Anatóli acende seis velas, vai até o meio do piso e abre um alçapão oculto. A escada, muito inclinada, desaparece na escuridão. O padre Anatóli vai na frente e usa a cera para prender a primeira vela na parede. Isso ilumina o estreito corredor. À medida que avança, vai prendendo outras velas, para iluminar o caminho até chegar a uma pequena câmara: outrora forrada de lâminas, continha os caixões de prata, chumbo e madeira de Potemkin, "todos roubados pelos comunistas". O simples caixão de madeira, com uma cruz em cima, fica sobre um estrado no meio do jazigo. O padre prende as velas restantes em volta da câmara para iluminá-lo. Então levanta a tampa do caixão: há uma pequena sacola preta dentro, contendo o crânio e os ossos numerados do príncipe Potemkin. Isso é tudo.

Resta um derradeiro mistério: o coração. Não foi sepultado em Golia como as vísceras e o cérebro, mas colocado numa urna dourada. E para onde foi levado? Samóilov afirmava que foi colocado sob o trono da Santa Catarina em Kherson, mas o padre Anatóli assegura que não há vestígio. A hipótese mais provável é que o coração fosse o objeto retirado pelo arcebispo Iov Potemkin em 1818. Para onde o terá levado — para a propriedade de Branicka ou Tchijovo, onde o Sereníssimo pediu para ser enterrado? Hoje, os moradores de Tchijovo ainda acreditam que o coração de Potemkin está sepultado lá, na igreja da família, onde ele aprendeu a cantar e a ler.

Seria o mais apropriado: o Império, que o Sereníssimo tanto fez para construir, hoje está em ruínas, e a maior parte das conquistas de Potemkin já não é russa. Se suas vísceras estão na Romênia e os ossos na Ucrânia, parece correto que o coração repouse na Rússia.

> Continue rugindo, ó catarata!
> Gavrili Derjávin, *A queda-d'água*

---

* Na fila de cima está escrito "Ochakov 1788, Crimeia e Kuban 1783, Kherson 1778". Nas duas do meio: "Akkerman 1789" e "Iekaterinoslav 1787". Na de baixo: "Bender 1789" e "Nikoláiev 1788".

Notas

ARQUIVOS, PERIÓDICOS E ABREVIATURAS USADOS NAS NOTAS E NA BIBLIOGRAFIA

AAE	Archives des Affairs Etrangères, Quai d'Orsay, Paris, volumes 68-139
AGAD	Archiwum Glowne Akt Dawnych w Warszawie
AGS	Arkhiv Gosudarstvennogo Soveta
AHR	*American History Review*
AKV	Arkhiv Knyaza Vorontsova
AVPRI	Arkhiv Vneshnyey Politiki Rossiyskhoy Imperii
B&F	*Joseph II und Graf Ludwig Cobenzl: Ihr Briefwechsel Fontes Rerum Austriacarum*, ed. de A. Beer e J. Fiedler, Viena, 1873
BM	British Museum, Londres
CASS / CSS	*Canadian American Slavic Studies / Canadian Slavic Studies*
CHOIDR	Chteniya v Imperatorskom Obshchestve Istorii Drevnostyey Rossiyskikh
CMRS	*Cahiers du Monde Russe et Soviétique*
CaG / CII	Catarina, a Grande, ou Catarina II, imperatriz da Rússia
DVS	*Dukh Velikogo Suvorova ili Anekdoty Podlinnyye o Knyaze Italiyskoye. Grafe Alexandre Vasileviche Suvorove-Rymnikskom*, São Petersburgo, 1808
EA	Estanislau Augusto (Poniatowski), rei da Polónia
FoG / FII	Frederico, o Grande, ou Frederico II, rei da Prússia
GAOO	Gosudarstvenny Arkhiv Odesskoy Oblasti
GAP / GAPT	Grigóri Alexándrovitch Potemkin (Tavrítcheski)
GARF	Gosudarstvenny Arkhiv Rossiskoy Federatskii, Moscou
GIM OPI	Gosudarstvenny Istoricheskiy Muzey Otdel Pismennykh Istochnikov

GPB	Gosudarstvennaya Publishnaya Biblioteka
H	Sir James Harris, 1º conde de Malmesbury
HZ	*Historische Zeitschrift*
IRLI	Institut Russkoy Literatury Akademii Nauk SSSR
ITUAK	*Izvestiya Tavricheskoy Uchenoy Arkhivoy Komissii*
IV	*Istoricheskiye Vestnik*
IZ	*Istoricheskiy Zapiski*
JB	Jeremy Bentham
JII	José II, sacro imperador romano
KD	M. I. Kutúzov, *Dokumenty*, Moscou 1950-6, v. 1-5
KFZ	*Kamer Fureskiy Zhurnal*
L	V. S. Lopatin (Org.), *Ekaterina II i G. A. Potemkin, Lichnaya Perepiska 1769--91*, Moscou, 1997
MIRF	*Materialy dlya istorii Russkogo flota*
N-S	Karl, príncipe de Nassau-Siegen
PRO	Public Record Office, Londres
PSZ	*Polnoye Sobraniye Zakonov*
RA	*Russkiy Arkhiv* 1863-1917
RGADA	Rossiskiy Gosudarstvenny Arkhiv Drevnikh Aktov, Moscou
RGIA	Rossiskiy Gosudarstvenny Istoricheskiy Arkhiv, São Petersburgo
RGVIA	Rossiskiy Gosudarstvenny Voenno-Istoricheskiy Arkhiv, Moscou
RP	grão-duque Nikolai Mikháilovitch, *Russkiye Portrety XXVIII i XIX stoletiy (Portraits Russes)*, São Petersburgo, 1906-13, v. 1-5
RS	*Russkaya Starina* 1870-1918
RV	*Russkiy Vestnik*
SA	Stanislas-Augustus (Poniatovski), rei da Polônia
SB	(Sir) Samuel Bentham
SBVIM	*Sbornik Voenno-Istoricheskikh Materialov*, São Petersburgo, 1893-5
SD	A. V. Suvórov, *Dokumenty*, ed. de G. P. Mescheryakov, Moscou, 1949-53, v. 1-4
SeA	Severny Arkhiv
SEER	*Slavonic and East European Review*
SENA	Senatskiy Arkhiv
SIMPIK KV	*Sbornik Istoricheskikh Materialov po Istorii Kubanskoyo Kazachego Voyska 1737-1901*, ed I. I. Dmitrenko, São Petersburgo, 1896
SIRIO	*Sbornik Imperatorskogo Russkogo Istoricheskogo Obshchestva*
TGV	*Tavricheskiye Gubernskiye Vedomosti*
VI	*Voprosy Istorii*
VIZ	*Voenno-Istoricheskiy Zhurnal*
ZG	*Zapiski Garnovskogo*
ZOOID	*Zapiski Odesskogo Obshchestva Istorii Drevostye*

PRÓLOGO: MORTE NAS ESTEPES [pp. 31-43]

1. Os relatórios de V. S. Pópov para Catarina II sobre a doença de GAP são a principal fonte para este relato de seu falecimento, a menos que esteja mencionado de outra forma: RGVIA 52.2.94.3-26 e RA (1878) 1, pp. 20-5. G. Derjávin, *The Waterfall*, em H. G. Segal, *The Literature of Eighteenth-Century Russia*, v. 2, p. 302.

2. RGADA 5.85.1.124-5, L 153 / SIRIO 27: 217, CaG a GAP, 30 set. 1782.

3. RGADA 5.85.1.124-5, L 153 / SIRIO 27: 217, CaG a GAP, 30 set. 1782.

4. Gravura impressa de M. M. Ivanov, Hermitage E: 22158. Comissionada por V. S. Pópov e condessa A. V. Branicka. Estranhamente, embora Pópov estivesse aparentemente aguardando os plenipotenciários turcos em Jassy e não estivesse na cena da morte, ele é retratado ali, sem dúvida por suas próprias ordens. Ivánov era o artista doméstico de GAP e viajava na sua comitiva. Ver capítulo 23. Esta não é a única gravura da morte de GAP: ver também *Morte de G. A. Potemkin*, uma gravura de G. I. Skouroditov, mostrando apenas cabeça e torso do príncipe morto, braços cruzados sobre o peito.

5. James Harris, *Diaries and Correspondence*, p. 281, Sir James Harris ao visconde Stormont, 21 jul./1 ago. 1780.

6. Visita do autor à Moldávia, 1998.

7. Ligne, *Letters* (Staël), p. 97, príncipe de Ligne para príncipe Kaunitz, nov. 1788.

8. SIRIO 23 (1878): 571, CaG a barão F. M. Grimm, ago. 1792. K. Waliszewski, *Autour d'un trône*, v. 1, p. 141.

9. AKV 13: 216-22, A. A. Bezboródko a P. V. Zavadóvski, 5 dez. 1791, Jassi.

10. RGADA 5.85.1.429. L 470, CaG a GAP, 3 out. 1791.

11. RGADA 5.85.2.304. L 470, CaG a GAP.

12. RGVIA 52.2.22.191. L 470, CaG a GAP, 3 out. 1791.

13. C. F. P. Masson, *Secret Memoirs*, p. 109.

14. Visita do autor à Moldávia, 1998.

15. RA 1867 A. N. Samóilov, "Zhizn i deyania Generala Feld Marshal Knyazya Grigoriya Alexandrovicha Potemkina-Tavricheskogo", col. 1558.

16. Samóilov, col. 1558.

17. L. N. Engelhardt, *Zapiski*, 1868, p. 96.

18. Samóilov, col. 1558.

19. AKV 13: 216-22, A. A. Bezboródko a P. V. Zavadóvski, 5 dez. 1791, Jassi.

20. Derjávin, *The Waterfall*, in Segal, v. 2, p. 299.

21. BM 33540 f296, Jeremy Bentham para príncipe P. Dáchkov 19/30 jul. 1786.

22. Masson, p. 110.

23. Ligne, *Letters* (Staël), v. 2, p. 6, príncipe de Ligne para conde de Ségur, 1 ago. 1788.

24. Louis Philippe, conde de Ségur, *Mémoires et souvenirs et anecdotes*, 1859, pp. 348-9. Littlepage citado em Curtis Carroll Davis, *The King's Chevalier*, p. 148.

25. A. S. Púchkin, *Polnoye Sobraniye Sochineniya*, v. 12, p. 177.

26. Lord Byron, *Don Juan*, VII: 41.

27. Elisabeth Vigée Lebrun, *Souvenirs*, v. 1, p. 324.

28. ZOOID 9 (1875): 461-4.

29. Derjávin, *The Waterfall*, in Segal, v. 2, p. 299.

30. Conde de Stedingk, *Un Ambassadeur à la cour de Catherine II*, ed. condessa Brevern de la Gardie, p. 186, Stedynk a Gustavo III, 28 out. 1791.

31. AKV 7: 37, conde Fiódor Rostopchin a conde S. R. Vorontsov, 7 out. 1791, Jassi.

32. A. Soldatsky, *The Secret of the Prince*, ZOOID 9, 360-3.

33. RGVIA 52.2.94.30. V. S. Pópov a CaG, Jassi.

34. SIRIO 23: 561, CaG a Grimm.

35. A. V. Khrapovítski, *Dnevnik*, p. 377.

36. Masson, p. 113.

37. SIRIO 23: 561, CaG a Grimm.

38. Bakúnin, citado em Wladimir Weidle, *Russia: Absent and Present*, p. 49.

39. Khrapovítski, pp. 377-87.

Sobre a história de GAP. A pedante moralidade e autopreservação dinástica dos Románov no século XIX suprimiu uma reabilitação real de GAP: os testemunhos de contemporâneos sobre seu casamento com Catarina só puderam ser publicados *após* a Revolução de 1905, quando regime foi forçado a relaxar sua autocracia. O culto de Suvórov, após sua campanha contra os franceses e ao longo de todo o século XIX, e de novo durante a Grande Guerra Patriótica, desempenhou seu papel para distorcer as histórias de GAP. Até a morte de Stálin, os relatos históricos soviéticos enxergavam Potemkin como uma mistura de ódio de classe e afetação comunista. Seu principal papel na história soviética foi demonstrar a insensatez dos caprichos imperiais e servir como um desajeitado tolo nobre que "frequentemente prejudicava" as ações do herói, Suvórov. Ver a *Bolshaia Sovietskaya Encyclopedia*, v. 46, p. 545, publicada em 1940. Edições posteriores de *Istorii SSSR* (tais como a edição de 1949, de Y. I. Belan) seguem essa linha ainda mais, uma vez que Stálin fizera de Suvórov um herói oficial durante a guerra. (Um historiador stalinista adotou uma linha ligeiramente diferente, colocando Potemkin como um líder popular semelhante a Pedro, o Grande: "O nome de Potemkin", escreveu o autor de *Istoriia SSR*, v. 1, pp. 702-3, *S drevneiskykh vremen do kontsa XVIII V.*, publicado em Moscou em 1939, "odiado pelos aristocratas por causa de sua arbitrariedade, tornou-se popular entre os soldados, embora menos que Suvórov" — naturalmente. Mas isso foi publicado antes da Segunda Guerra Mundial.) Apenas nos anos 1950 historiadores como E. I. Druzhinina começaram a analisar apropriadamente sua carreira. As principais pesquisas de autores como V. S. Lopátin e O. I. Ieliseieva apareceram depois da queda do comunismo e o devolveram ao seu lugar de direito.

No Ocidente, desde a morte de Potemkin até hoje, houve uma interminável corrente de histórias românticas de Catarina e seu amante, embora naturalmente os destacados especialistas modernos em Rússia, como Marc Raeff, Isabel de Madariaga, J. T. Alexander e W. Bruce Lincoln tenham dado importância ao seu papel especial. A biografia de Catarina, de autoria de Vincent Cronin, oferece um justo retrato dele, enquanto a de Henri Troyat enfatiza sua personalidade. No entanto, as lendas de Potemkin são tão pitorescas e estranhas que também afetaram historiadores acadêmicos. A tendência de tratar Potemkin meio como anedota, meio como lenda, em relação a quem as regras habituais da história são ignoradas, não mostra sinal de diminuir, mesmo nos anos 1990. Peguemos dois dos mais admirados historiadores modernos. A citação é de T. C. Blanning, professor de História Europeia Moderna e Cambridge, distinta autoridade sobre José II e os Déspotas Esclarecidos, que se refere ao desempenho de Potemkin na alcova em *Joseph II Profiles in Power*, p. 176. Norman Davies, professor de História da Escola de Estudos Eslavônicos e da Europa Oriental da Universidade de Londres, repete a lenda das Aldeias de Potemkin como se fosse um inquestionável fato histórico em *Europe: A History*, p. 658.

1. O MENINO PROVINCIANO [pp. 47-70]

1. RS (1872), 5, p. 246: Istoricheskiye rasskazy i anekdoty zapisannyye so slov imenityh lyudey, P. E. Karabanovym (Karabanov).

2. Serguei Alexándrovitch Medvedev, um descendente de Mikhail Potemkin que vive em Petersburgo, é a fonte desta informação — n. 1998-2000, "About the Potemkin's Family", *Nobleman's Assembly*.

3. RGADA 286.413.638-48. *Istochnik* (1995), n. 1, pp. 16-25.

4. Príncipe Emanuel Golítsin, *Récit du voyage du Pierre Potemkin: la Russie du XVII siècle dans ses rapports avec l'Europe Occidentale*, pp. xxviii, xxix, xxx, xxxi, 255, 305, 370, 262-3, 253. Ironicamente, o príncipe Emanuel Golítsin era filho do príncipe Mikhail e da princesa Praskóvia Andréievna (*née* Shuvalova), supostamente a última amante do príncipe G. A. Potemkin. Ver capítulo 33.

5. RA 1867, Samóilov, col. 558; RGADA 286.1.413.253.691, Spisok voennym chinam 1-oy poloviny 1860 stoletiya in Senatski Arkhiv (1895), v. 7.

6. Henri Troyat, *Pushkin*, pp. 16-7.

7. RP 5.22, p. 221. Lenda local: Victor M. Zheludov, "Zhivoie dyhanie istorii".

8. Lenda local: Zheludov. Visita do autor a Chizhova, 1998.

9. RP 5.22, p. 221. Karabanov RS 1872, 5, p. 463. RGADA 286.413.638-48. *Istochnik* (1995), n. 1, pp. 16-25. Emanuel Golítsin, pp. xxviii, xxix, xxx, xxxi, 255, 305, 270, 262, 263, 253.

10. William Coxe, *Travels into Poland, Russia, Sweden and Denmark*, p. 343.

11. Masson, p. 303.

12. Engelhardt, 1863, p. 3.

13. F. F. Wiegel, *Zapiski Filipa Filipovich Vigela*, 1864-6, v. 1, pp. 21-2.

14. Martha Elena casou-se com o coronel Vassíli A. Engelhardt; Pelageia casou-se com Pedro E. Visotski; Dária casou-se com Alexandre A. Likachev; Nadejda morreu em 1757, aos dezenove anos, sem se casar; e Maria casou-se com Nikolai B. Samóilov.

15. Isabel de Madariaga, *Catherine the Great: A Short History*, pp. 14-5.

16. I. O. Orlovski, *In the Motherland of His Highness*, pp. 1-20. Pesquisa local em Chizhova pelo autor, 1998.

17. Masson, p. 303.

18. L. Zaiev, "Motherland of Prince Potemkin", IV (1899), n. 2, pp. 169-200. Orlovski, p. 4. S. N. Shubinski, *Historical Essays and Stories*, p. 144.

19. Margravine de Anspach (Lady Craven), *Journey through the Crimea to Constantinople*, p. 142, 21 fev. 1786, S. Petersburgo. Mandariaga, *CtG: A Short History*, pp. 13-20. E. V. Anisimov, *Empress Elisabeth*, pp. 43-4 e 75-83. Shcherbátov citado em Anisimov, pp. 77-8.

20. Isabel de Madariaga, *Russia in the Age of Catherine the Great*, pp. 79-80.

21. Anspach, *Journey*, p. 142, 21 fev. 1786, S. Petersburgo. Mandariaga, *CtG: A Short History*, pp. 13-20. Anisimov, *Empress Elisabeth*, pp. 43-4 e 75-83. Scherbátov citado em Anisimov, pp. 77-8.

22. Waliszewski, *Autour d'un trône*, v. 1, p. 43.

23. Ségur, *Mémoires*, 1859, pp. 192-3. Anisimov, *Empress Elisabeth*, pp. 43-4, 75-83.

24. Reginald Pole Carew, "Manners and Customs", Corwall County Archive, Antony, CO/R/2/3. Ligne, *Lettres* (Staël), p. 65, Ligne a Coigny.

25. Masson, p. 318. Anisimov, *Empress Elisabeth*, pp. 43-4, 75-83. Catarina citada em Anisimov, p. 76. Shcherbátov citado em Anisimov, p. 77.

26. John LeDonne, *Ruling Russia*, p. 189. Anisimov, *Empress Elisabeth*, pp. 75-9.

27. Pesquisa local em Tchijovo pelo autor, 1998.

28. Anspach, *Journey*, p. 154, 9 mar. 1786. Ligne, *Lettres* (Staël), p. 69, Ligne para Coigny, carta IX, 1787.

29. RS (1875), v. 12-4. M. I. Semevski, *Prince G. A. Potemkin-Tavrichesky*, p. 487. Karabanov, p. 46.

30. Semevsky, *GAPT*, pp. 486-8. Krabanov, p. 463. RA (1882), n. 2, pp. 91-5, papéis do conde A. N. Samóilov. Metropolita Platon a conde A. N. Samóilov, 26 fev. 1792; p. 93, GAP a metropolita Platon; padre Antip Matvéiev a P. V. Lopukhin.

31. RGADA 286.413.638-48. *Istochnik* (1995), n. 1, pp. 16-25.

32. V. I. Ustinov, "Moguchiv velikoross", VIZ (1991), n. 12, p. 701.

33. D. I. von Vizin, *Sobraniye sochineniya*, v. 2, pp. 87-93.

34. N. F. Shahmagonov, *Hrani Gospod' Potemkina*, pp. 8-9.

35. Semevsky, *GATP*, pp. 486-8. Shahmagonov, pp. 8-9. B. I. Krasnobaev, *Russian Culture in the Second Part of the Eighteenth Century and at the Start of the Nineteenth*, p. 143.

36. Anspach, *Journey*, p. 133, 18 fev. 1786.

37. Ségur, *Mémoires*, 1859, p. 192.

38. *Memoirs of CtG*, 1955, p. 60. Anisimov, *Empress Elisabeth*, pp. 216-7.

39. CaG, *Memoirs*, 1955, p. 186. Anisimov, *Empress Elisabeth*, pp. 168-9, 176-7.

40. CaG, *Memoirs*, 1955, pp. 124, 150. Anisimov, *Empress Elisabeth*, pp. 168-9.

41. Púchkin, *Polnoye Sobraniye Sochineniya* 8: parte 1, 1948, s. 2, p. 42. Gosti s'ekhalis na Dachu.

42. Marquês de Custine citado em Weidle, p. 39. Anisimov, *Empress Elisabeth*, pp. 26-7, 144.

43. L. W. B. Brockliss, "Concluding Remarks: The anatomy of the Minister-Favourite", in J. H. Elliot e L. W. B. Brockliss (Orgs.), *The World of the Favourite*, pp. 278-303.

44. Shahmagonov, pp. 8-9.

45. Adam Czartoryski, *Memoirs*, p. 87. Anisimov, *Empress Elisabeth*, p. 24.

46. Princesa Dáchkova, *Memoirs*, v. 1, p. 318.

47. J. Cook, *Voyages and Travels through the Russian Empire*, v. 1, p. 42.

48. Masson, p. 206. A. S. Púchkin, *The Captain's Daughter*, p. 190.

49. D. Thiébault, *Mes souvenirs de vingt ans séjour à Berlin*, v. 2, p. 78. Plutarco, *The Rise and Fall of Ancient Athens* [Ascensão e queda de Atenas], Penguin Classics, pp. 245-87. Tucídides, *The Peloponesian War* [A Guerra do Peloponeso], Penguin Classics, pp. 375-8, 382-4, 400-87, 544-78, 583-604. Sarah B. Pomeroy, Stanley M. Burstein, Walter Donlon e Jennifer Tolbert Roberts, *Ancient Greece: A Political, Social and Cultural History*, p. 303.

50. Semévski, *GATP*, pp. 488-9. Krasnobaev, p. 223.

51. AAE (Quai d'Orsay) 20: 60, conde de Langeron.

52. SIRIO 72: 209-10, conde Solms a FoG, 27 jul. 1772.

53. Czartoryski, p. 87. Anisimov, *Empress Elisabeth*, p. 24.
54. *Mémoires du Roi Stanislas-Auguste* (SA), v. 1, pp. 136-7. CaG, *Memoirs*, 1955, pp. 240-50.

2. O HOMEM DA GUARDA E A GRÃ-DUQUESA: O GOLPE DE CATARINA [pp. 71-91]

1. Este relato da vida de Catarina até o golpe baseia-se nas suas próprias memórias — *Memoirs*, Anisimov, *Empress Elisabeth*, pp. 230-45; Madariaga, *Russia*, pp. 1-30; e de J. T. Alexander, *Catherine the Great: Life and Legend*, pp. 1-60.
2. CaG, *Memoirs*, 1955, p. 87.
3. Alexander, *CtG*, pp. 32-3.
4. CaG, *Memoirs*, 1955, pp. 182, 101.
5. CaG, *Memoirs*, 1955, pp. 114-5, 141. Ver as instruções do chanceler A. Bestújev para o grão--duque Pedro sobre sua rudeza e tolice citadas em Anisimov, *Empress Elisabeth*, pp. 234-5. Alexander, *CtG*, pp. 42-3.
6. CaG, *Memoirs*, 1955, p. 118.
7. CaG, *Memoirs*, 1955, pp. 196, 200, 161.
8. CaG, *Memoirs*, 1955, p. 225.
9. CaG, *Memoirs*, 1955, p. 211.
10. CaG, *Memoirs*, 1955, p. 301. Anisimov, *Empress Elisabeth*, pp. 242-3.
11. CaG, *Memoirs*, 1955, p. 240. Madariaga, *Russia*, pp. 15-37. Alexander, *CtG*, pp. 1-4, 55-60.
12. SA, *Mémoires* v. 1, p. 42.
13. Derek McKay e H. M. Scott, *The Rise and Fall of the Great Powers 1648-1815*, pp. 181-92. Anisimov, *Empress Elisabeth*, pp. 109-16, 244-5. Adam Zamoyski, *The Last King of Poland*, pp. 54-66.
14. CaG, *Memoirs*, 1955, p. 288.
15. CaG, *Memoirs*, 1955, pp. 307-9.
16. CaG, *Memoirs*, 1955, p. 310.
17. PRO SPF 91/82, Charles, Lord Cathcart, 29 dez. 1769, São Petersburgo.
18. Anspach, *Journey*, p. 145, 29 fev. 1786.
19. Sabatier, diplomata francês, em 1772, citado em Waliszewski, *Autour d'un trône*, v. 1, p. 124.
20. Baronesa Elisabeth Dunsdale, *English Lady at the Court of Catherine the Great*, ed. de Anthony Cross, p. 54, 27 ago. 1781.
21. Sir Horace Walpole, 14 nov. 1775, citado em Anthony Cross, *By the Banks of the Thames*.
22. Durand de Distroff, encarregado de negócios francês, citado em Waliszewski, *Autour d'un trône*, v. 1, p. 129.
23. Semévski, *GATP*, pp. 488-9. Krasnobaev, p. 223. Madariaga, *Russia*, pp. 15-7.
24. CaG, *Memoirs*, 1955. "Last Thoughts of HIM Elisabeth Petrovna", pp. 329-38, é a principal fonte para este relato da morte da imperatriz Elizaveta. Anisimov, *Empress Elisabeth*, pp. 245-8. Também Philip Longworth, *The Three Empresses*, pp. 228-9. Robert Coughlan, *Elisabeth and Catherine*, pp. 172-4.
25. Anisimov, *Empress Elisabeth*, pp. 241-3, 245-8. A carta de Catarina II para Sir Charles Hanbury Williams com citações da carta do conde Stanisław Poniatowski para ela própria é citada em Anisimov, pp. 240-1. O general Lieven é citado em CaG, *Memoirs*, 1955, p. 267.

26. CaG, "Last Thoughts of HIM Elisabeth Petrovna", pp. 329-38. Anisimov, *Empress Elisabeth*, pp. 26-7.

27. M. Semévski, "Shest mesyatsev iz russkov istorii XVIII veka. Ocherk tsarstvovaniya Imperatora Peetra III 1761–2", OZ, v. 173, p. 161. Anisimov, *Empress Elisabeth*, pp. 242-3, 245-8. FoG citado em David Fraser, *Frederick the Great*, pp. 457-8.

28. Dáchkova, p. 45

29. CaG, "Last Thoughts of HIM Elisabeth Petrovna", p. 331.

30. CaG, "Last Thoughts of HIM Elisabeth Petrovna", pp. 329-38.

31. PSZ xv n. 11, 445, 21 fev. 1762; PSZ xv n. 11, 444, 18 fev. 1762; PSZ xv n. 11, 481, 21 mar. 1762; PSZ xv n. 11, 538, 18 maio 1762.

32. RA (1907) 11, pp. 130-2.

33. Krasnobaev, pp. 488-9.

34. PSZ xv n. 11, 445, 21 fev. 1762; PSZ xv n. 11, 444, 18 fev. 1762; PSZ xv n. 11, 481, 21 mar. 1762; PSZ xv n. 11, 538, 18 maio 1762.

35. Soloviov, v. 13, p. 73, citado em Madariaga, *Russia*, p. 25.

36. Dáchkova, pp. 78-9.

37. CaG, *Memoirs*, 1955, pp. 341-9; CaG para Stanisław Poniatowski, 2 ago. 1762.

38. General barão Von Ungern-Sternberg, em Masson, p. 137.

39. As principais fontes para este relato do golpe são as próprias memórias — *Memoirs* — de Catarina, particularmente sua carta para Stanisław Poniatowski, de 2 ago. 1762, e também publicada em EA, *Mémoires*, v. 1, p. 377. CaG, *Memoirs*, também em CaG, *Sochineniya imperatritsy Ekaterina II*, ed. de A. N. Pypin, v. 12, p. 547. Ver também Dáchkova, pp. 74-80. SIRIO 12 (1873): 2-4, Robert Keith para Mr. Grenville, 1 jul./12 jul. 1762, São Petersburgo. Madariaga, *Russia*, pp. 21-37. Alexander, *CtG*, pp. 5-16.

40. CaG, *Memoirs*, 1955, pp. 341-2.

41. CaG, *Memoirs*, 1955, p. 343, CaG para EA.

42. RA (1867) 4, pp. 482-6. CaG, *Memoirs*, 1955, p. 343, CaG para EA, 2 ago. 1762.

43. Príncipe M. M. Shcherbátov, *On the Corruption of Morals in Russia*, p. 229.

44. Dáchkova, p. 74.

45. Dáchkova, pp. 45-6.

46. A. F. von der Asseburg, *Denkwürdigkeiten*, pp. 316-7.

47. David L. Ransel, *The Politics of Catherinian Russia: The Panin Party*, pp. 11-20, 65.

48. Dáchkova, p. 74.

49. Dáchkova, pp. 78-80.

50. CaG, *Memoirs*, 1955, pp. 341-9. CaG para Poniatowski, 2 ago. 1762.

51. Reginald Pole Carew, Russian anecdotes [Anedotas russas] no Antony Archive CO/R/3/92, não publicado. Essas anedotas baseiam-se claramente nas conversas do inglês com russos eminentes que conheceu na sua longa estada em 1781: ele passou a maior parte do tempo com GAP, passeando na sua carruagem em visita às suas terras e fábricas. Provavelmente ouviu estas histórias do golpe do próprio GAP. A história de GAP viajar nas carruagens de Catarina com Vassíli Bíbikov coloca GAP durante essas horas pela primeira vez.

52. Pole Carew, Russian anecdotes, Antony Archive CO/R/3/62.

53. Dáchkova, p. 80.

54. Dáchkova, pp. 80-1.
55. Alexander, *CtG* , pp. 10-1. Madariaga, *Russia*, p. 31.

3. PRIMEIRO ENCONTRO: O TEMERÁRIO PRETENDENTE DA IMPERATRIZ [pp. 92-110]

1. Ségur, *Mémoires*, 1859, pp. 348-9.
2. Jean-Henri Castera, *The Life of Catherine II*, v. 2, p. 269. Em uma das primeiras biografias de CaG, publicada em 1798, há muita discussão sobre quanto teria sido acrescentado pelo seu tradutor Tooke e suas fontes. Samóilov cols. 597-8. Engelhardt, 1868, p. 42.
3. Ségur, *Mémoires*, 1859, pp. 348-9.
4. Anônimo, *Memoirs of the Life of Prince Potemkin*, pp. 16-7. Esta tradução de Cerenville, e adaptação de Helbig, conta as lendas correntes sobre GAP durante sua vida. (*Não é* uma autobiografia falsa de GAP.)
5. Ustinov, pp. 70-8.
6. R. Nisbet Bain, *Peter III*, p. 160, citado em Alexander, *CtG*, p. 11.
7. Asseburg, p. 315. Ustinov, pp. 70-8.
8. V. A. Bilbasov, *Istoriia Ekaterini II*, v. 2, p. 74.
9. CaG, *Memoirs*, 1955, pp. 341-9, carta para S. Poniatowski, 2 ago. 1762.
10. Dáchkova, pp. 80-107.
11. SIRIO 7: 108-20. SIRIO 42: 475, 480.
12. RA (1867) 4, pp. 482-6.
13. Anisimov, *Empress Elisabeth*, p. 245.
14. O. A. Ivánov, "Tayna Pisma Alexyev Orlova iz Ropshi", *Moskovskiy zhurnal* (1995), n. 9, p.
15. Ivánov lançou sérias dúvidas sobre a famosa "terceira carta" de A. G. Orlov a CaG confessando o assassinato de Pedro III numa briga de bêbados e implicando o príncipe Fiódor Bariátinski. Também CaG, *Memoirs*, 1955, p. 350.
15. *Moskovskiy zhurnal* (1995), n. 9, p. 18. AKV 21:89. CaG, *Memoirs*, 1955, p. 351.
16. Dáchkova, p. 107. Condessa V. N. Golovina, *Souvenirs*, p. 37.
17. Alexander, *CtG*, p. 15.
18. S. M. Soloviov, *Istoriy rossii s drevneyshikh vremyon*, v. 13, pp. 114-5.
19. P. Morane, *Paul I*, pp.57-8. Também Arthur M. Wilson, *Diderot*, citado em Alexander, *CtG*, p. 14. GAP mais tarde contou ele mesmo ao conde de Ségur que Dáchkova ultrapassou seus limites com sua arrogância e irritou CaG (Ségur, 1825-7, v. 2, p. 228).
20. RGADA 268.890.291-4 Geroldmeisterskaia contora (Gabinete Heráldico).
21. RA (1867) 4, pp. 482-6. Informação sobre as Guardas Montadas, jun. 1762. Ver também I. Annenkov, *History of the Cavalry Guards Regiment*. Alexander, *CtG*, p. 64.
22. Thiébault, v. 2, p. 78. RA (1907) 11, pp. 130-1, lenda sobre o príncipe Potemkin-Tavríchevski. Krasnobaev, p. 489. Para o talento de Potemkin para a imitação, ver SIRIO 26, v. 2, p. 302. Samóilov, cols. 597-8. Engelhardt, 1868, p. 42.
23. *Sochineniia*, v. 12, pp. 546-63, CaG para S. Poniatowski, 9 ago., 12 set., 27 dez. 1762. (Ver também *Memoirs*, 1955.)

24. SIRIO 7: 162. Alexander, *CtG*, pp. 67-8. Madariaga, *CtG: A Short History*, pp. 137-8. Madariaga, *Russia*, pp. 559-60.

25. Ransel, *Politics*, p. 79.

26. SIRIO 7: 206.

27. CaG, *Sochineniia*, v. 12, p. 559, CaG para S. Poniatowski.

28. Ransel, *Politics*, pp. 111-5.

29. AKV 31: 260-72, Mikhail L. Vorontsov para Alexandre R. Vorontsov, 8 dez. 1763 e 9 mar. 1764.

30. Masson, pp. 331-2.

31. Zamoyski, *Last King of Poland*, p. 86.

32. AXC 798 f527, S. Poniatowski para CaG, 2 nov. 1763. SA, *Mémoires*, p. 33.

33. Madariaga, *Russia*, pp. 33-7, 187-204. Alexander, *CaG*, pp. 61-76. Ransel, *Politics*, pp. 104-11. Zamoyski, *Last King of Poland*, pp. 61-100.

34. Barão de Breteuil, citado em Waliszewski, *Autour d'un trône*, v. 1, pp. 96-7. Bilbasov, *Istoriia*, v. 2, p. 281.

35. Ransel, *Politics*, pp. 116-27. Waliszewski, *Autour d'un trône*, v. 1, pp. 96-7.

36. Lenda, por exemplo, narrada em *Great Moscow Guide*, p. 318.

37. Anisimov, *Empress Elisabeth*, p. 200. Anisimov cita a história de S. S. Uvárov que A. G. Razumóvski respondeu ao desejo de Catarina de evitar casamento com G. G. Orlov.

38. Henry Troyat, *Catherine the Great*, p. 175.

39. BM Add MS 15, 875, Sir George (posteriormente conde) Macartney para Lady Holland, fev. 1766.

40. Philip Mansel, *Le Charmeur d'Europe*, p. 141.

41. G. Casanova, *History of my Life*, v. 10, cap. 7, p. 141.

42. Mansel, *Charmeur*, p. 96.

43. G. Casanova, v. 10, cap. 7, p. 14.

44. Cavaleiro de Corberon, *Um Diplomat français à la cour de Catherine II*, v. 2, p. 95, 13 jan. 1777.

45. Macartney para Lady Holland (ver nota 39).

46. Príncipe de Ligne, *Fragments*, v. 1, pp. 101-2.

47. O. I. Ieliseieva, *Perepiska Ekateriny II i. G. A. Poteeeemkina perioda vtoroy russko-turestskoy voyny 1787-91*, p. 23, CaG para P. V. Zavadóvski.

48. RA (1877), v. 1, p. 468, conde A. I. Ribeaupierre, *Zapiski grafa Ribopera*.

49. V. O. Kliuchevsky, *Empress Catherine*, p. 307.

50. Ligne, *Letters* (Staël), v. 2, p. 45, Ligne para CaG.

51. Comentários de CaG para V. Pópov em N. Shilder, *Imperator Aleksandr I*, v. 1, pp. 279-80.

52. Conde Roger de Damas, *Mémoires*, p. 99.

53. Scherbátov, p. 237.

4. CICLOPE [pp. 113-26]

1. Púchkin, *Polnoye Sobraniye Sochineniya*, v. 12, p. 177, GAP para Chechkovski. Ver também Georg von Helbig, "Russkiye izbranniye i sluchainye liudi", RS 56 (10), 1887, p. 24.

2. CaG, Memoirs, 1955, pp. 355-7. Confissão sincera de CaG a GAP, 1774. GARF 728.1.425.1-5. Também CaG, Sochineniia, v. 12, pp. 697-9.

3. A correspondência de CaG com F. M. Grimm e outros é encontrada em SIRIO 23.

4. SIRIO 23. Ver acima.

5. Casanova, v. 10, cap. 7, p. 139.

6. Castera, v. 2, pp. 370-5.

7. Castera, v. 2, p. 401. Philip Mansel, *Pillars of Monarchy*, p. 31.

8. Casanova, v. 10, cap. 7, pp. 101-5.

9. CaG, Memoirs, 1955, Fragmentos autobiográficos, pp. 358-9, O baile de máscaras.

10. *Joseph II und Graf Ludwig Cobenzl*, ed. de A. Beer e J. Fiedler (B&F), v. 1, p. 16, Cobenzl para José II, 5 maio 1780. Coxe, v. 2, p. 97.

11. CaG, Memoirs, 1955, p. 194.

12. John Parkinson, *A Tour of Russia, Siberia and the Crimea*, p. 211.

13. Citado de T. Livánova, *Russkaya muzkal'naya kultura XVIII veka*, v. 2, p. 406, in Madariaga, *Russia*, p. 329.

14. Scherbátov, p. 237.

15. SIRIO 19 (1876): 297, Sir Robert Gunning para conde de Suffolk, 28 jul./8 ago. 1772.

16. Ransel, *Politics*, p. 76. SIRIO 12: 202-3, Sir George Macartney para conde de Sandwich, 18 mar. 1765.

17. Krasnobaev, p. 490.

18. K. L. Blum, *Eins russischer Staatsman*, condessa Sievers para conde Ya. Sievers, 17 abr. 1774, citado em A. G. Brückner, *Potemkin*, p. 26.

19. *Memoirs of the Life of Prince Potemkin*, p. 17.

20. Samóilov, cols. 597-8.

21. Saint-Jean, *Lebensbeschreibung des Gregor Alexandrowitsch Potemkin des Tauriers*, prefácio do tradutor, e caps. 1-12; Waliszewski, *Autour d'un trône*, v. 1, pp. 114, 146. Semevski, *GAPT*, p. 490.

22. RGADA 18.202.2-3. Bispo Porfírio, "Information", ZOOID 13: 187-8. Semevski, *GAPT*, pp. 490-1.

23. Porfírio, pp. 187-8.

24. Samóilov cols. 602-3.

25. Byron, *Don Juan*, Canto IX: 84.

26. Saint-Jean, cap. 1-12. RS (1872) 5, p. 466, Informação de família sobre o príncipe Potemkin. Semevsky, *GAPT*, p. 493.

27. *Memoirs of the Life of Prince Potemkin*, p. 120; Krasnobaev, p. 490.

28. Castera, v. 2, p. 270. Semevski, *GAPT*, p. 493.

29. *Memoirs of the Life of Prince Potemkin*, p. 120; Krasnobaev, p. 20.

30. Confissão sincera de CaG, pp. 355-6. Semevski, *GAPT*, pp. 492-3. GARF 728.1.425.1-5. CaG, *Sochineniia*, v. 12, pp. 697-9, CaG para GAP, mar. 1774. SIRIO 26 (1879): 309-10. O enviado da Sardenha, marquês de Parelo, alega que GAP foi a um hierofante de ocultismo para tentar salvar seu olho.

31. Samóilov, cols. 602-3.

32. RS (1872) 5, p. 466, Informação de família sobre o príncipe Potemkin. RGADA 1.85.1.343, L 11, CII para GAP. Aqui Catarina no início de 1774 conta a GAP que G. Orlov sempre falava bem dele.

33. Bilbasov, *Istoriia*, v. 2, pp. 519-21.

34. RS (1872) 5, p. 466. Informação de família sobre o príncipe Potemkin. Saint-Jean, caps. 1-12. Semevski, *GAPT*, p. 493.

35. Waliszewski, *Autour d'un trône*, v. 1, p. 38.

36. Krasnobaev, p. 491. Saint-Jean, caps. 1-12. A condessa Isavel Razumóvskaia foi mais tarde colocada pelo pai num convento depois do seu casamento secreto com o conde Pedro Apráxin. GAP intercedeu por ela com K. G. Razumóvski. Semevski, *GAPT*, pp. 492-3.

37. Conde de Buckinghamshire, *Dispatches and Correspondence*, v. 2, p. 232.

38. Soloviov, v. 14, pp. 48-9, citado em Madariaga, *Russia*, pp. 139-50.

39. Alexander, *CaG*, pp. 103-15; Madariaga, *Russia*, pp. 139-50.

40. Universidade de Kazan 17.261.3-2300, 25-2708/56-5705.

41. Este relato da Comissão é baseado em Madariaga, *Russia*, pp. 139-85, e Alexander, *CaG*, pp. 100-2, 112-20.

42. RGADA 268.890.191-4, Geroldmeisterskaia contora (Gabinete Heráldico).

5. O HERÓI DE GUERRA [pp. 127-50]

1. RGADA 5.85.1.210, L 5, GAP para CII, 24 maio 1769. No apartamento do príncipe Prozorovski.

2. N. F. Dubrovin, *Pugachev and his Henchmen*, v. 2, p. 403. CII para conde Z. G. Tchernichov, 23 jun. 1769.

3. Voltaire, *Ouevres complètes*, v. 58, p. 39, CII para Voltaire, 4/15 ago. 1769.

4. Christopher Duffy, *Russia's Military Way to the West*, pp. 130-6.

5. SIRIO 54 (1886): 161.

6. RS (1895) 83, pp. 199-200, conde de Langeron, citado em Duffy, *Russia's Military Way*, p. 125.

7. Frederico, o Grande, *Ouevres*, v. 23, p. 89, citado em Giles MacDonogh, *Frederick the Great*, p. 299.

8. Duffy, *Russia's Military Way to the West*, pp. 130-6. Os salários dos oficiais russos foram extraídos de LeDonne, *Ruling Russia*, pp. 363-4.

9. AAE 20: 1, 88. Daqui em diante, o "Journal de campagnes faites au servisse de Russie par comte de Langeron Général en Chef", do conde de Langeron, e seus outros ensaios no Quai d'Orsay, Archive des Affaires Étrangères, serão referidos como um número de volume de AAE.

10. Duffy, *Russia's Military Way*, p. 135.

11. RGADA 268.890.219-4, Geroldmeisterskaia contora (Gabinete Heráldico).

12. *Memoirs of the Life of Prince Potemkin*, p. 25.

13. Citado em P. B. Bartenev, "Biografi generalissimov i general-feld-marshalov Rossiykoy Imperatorskoy armii", *Voenno-istoricbesheskiy sbornik* (1911), v. 4, p. 14.

14. Langeron, AAE 20:14, Exército russo e Exército turco.

15. Langeron, AAE 20:14-5.

16. Wiegel col. 1, p. 80 (1864-6).

17. Masson 1859, p. 149, citado em Duffy, *Russia's Military Way*, p. 169.

18. RGADA 11.1.267.127 (verso), GAP para P. A. Rumiántsev.

19. SeA, S. Petersburgo (1826), p. 164, Rumiántsev para CII, 14 nov. 1775, Moscou.

20. CHOIDR 186, livro 2, parte 2, pp 2-3.
21. SeA (1826), p. 164-71, Rumiántsev para CII, 14 nov. 1775, Moscou.
22. Semevski, *GAPT*, p. 494.
23. Lord Kinross, *The Ottoman Centuries*, pp. 394-5.
24. Ligne, *Letters* (Staël), v. 2, p. 8, príncipe de Ligne para conde de Ségur, 1 ago. 1788; v. 2, pp. 10, 11, 12-3, set. 1788. GAP sobre táticas turcas tirado de conde de Ségur, *Memoirs*, 1960, pp. 268-9.
25. SeA (1826), pp. 164-71, Rumiántsev para CII, 14 nov. 1775, Moscou. RGDA 1.43.11.1-1, GAP para CII, 21 ago. 1770.
26. Semevski, *GAPT*, p. 494.
27. SeA (1826), pp. 164-71, Rumiántsev para CII, 14 nov. 1775, Moscou. RGDA 268.890.291-4. Geroldmeisterskaia contora (Gabinete Heráldico).
28. Kinross, p. 400.
29. Barão de Tott citado em Kinross, p. 401.
30. Voltaire, v. 58, p. 96. CII para Voltaire, 16/27 set. 1770, São Petersburgo.
31. Voltaire, v. 58, p. 91, Voltaire para CII, 14 set. 1770, Ferney; p. 102, Voltaire para CII, 25 out. 1770, Ferney.
32. CHOIDR (1865), livro 2, pp. 111-3, Rumiántsev para CaG, 1771.
33. KFZ, jan.-abr. 1771.
34. Semevski, *GATP*, p. 496. RGADA 1.85.1.209, L 10, CII para GAP s.d. Geralmente datada de fevereiro de 1774, pode datar de 1771-2, o que também serviria. Se assim for, foi nesse momento que Catarina veio a visitar Potemkin e esperou fora do seu quarto por duas horas, comportamento que poderia sugerir que estavam prestes a começar um relacionamento. Seria um comportamento bastante "louco" para um aliado de Orlov avisá-la de que eram excentricidades perigosas para uma imperatriz.
35. *Starina i Novizna* (1879), v. 1, p. 283, G. G. Orlov para P. A. Rumiántsev.
36. SeA (1826), pp. 164-71, Rumiántsev para CII,14 nov. 1775, Moscou.
37. Samóilov, col. 1002. Cartas de GAP para Zaporogian Ataman, 15 abr. e 25 maio 1772, citado de A. Skalkovsky, *The History of the New Sech or the Last Zaporogian Kosh*, v. 3, pp. 127-9.
38. AKV 32: 74. AKV 8: 1-38, S. R. Vorontsov para F. Rostopchin, 18/29 out. 1796.
39. Alexander, *CtG*, pp. 160-1. Madariaga, *Russia*, pp. 211-3.
40. Madariaga, *Russia*, pp. 213-4. Alexander, *CtG*, pp. 154-61. Voltaire, v. 58, p. 102, Voltaire para CII, 25 out. 1770, Ferney.
41. SIRIO 13: 258-61.
42. Madariaga, *Russia*, pp. 258-9. Alexander, *CtG*, pp. 135-7.
43. Ribbing para presidente da Chancelaria Sueca, 13 jul. 1772. Svenska Riksarkivet (SRA) Coleção Muscovitica, p. 356, n. 29, citado em Ransel, *Politics*, p. 293.
44. GARF 728.425-5. CaG, *Sochineniia*, v. 12, pp. 697-9, Confissão sincera, CaG para GAP, 21 fev. 1774. CaG, *Memoirs*, 1955, pp. 355-7.
45. RGADA 5.85.1.370, L 8, CII para GAP s.d., fev. 1774. Mais uma vez, a carta mencionada anteriormente sobre seu primeiro retorno do Exército em 1771 também se encaixaria nesta visita em 1772.
46. Samóilov, cols. 1004-16.
47. Madariaga, *Russia*, pp. 258-9. Alexander, *CtG*, pp. 135-7.

48. CaG, *Sochineniia*, v. 12, pp. 697-9, CaG para GAP, Confissão sincera.
49. SIRIO 13: 270-2. SIRIO 19: 325.
50. RGADA 5.85.1.370, L 8, CII para GAP s.d., fev. 1774.
51. AKV 32: 165, S. R. Vorontsov para A. R. Vorontsov, 9 fev. 1774.
52. AKV 32: 165, S. R. Vorontsov para A. R. Vorontsov, 11 jun. 1773.
53. RS (1889) 9, pp. 481-517, notas do príncipe Iúri Vladímirovitch Dolgorúki. As memórias de Dolgorúki contêm elementos de fantasia. Para as posturas em relação a GAP no Exército, ver o ensaio de Lopatin em *Perepiska*, pp. 500-2 e M. V. Muromtsev para A. I. Bibikov de Silistra em A. A. Bibikov, *Zapiski o zhiznoi i sluzhbe Alexandra Ilicha Bibikova*.
54. Voltaire, v. 58, p. 231, CII para Voltaire, 19/30 jun. 1773.
55. SeA (1826), pp. 164-71, Rumiantsev para CII, 14 nov. 1775, Moscou.
56. RGADA 5.85.1.119, L 7, CII para GAP, 4 dez. 1773.
57. RS, notas de Dolgorúki. Ver nota 53.
58. RS, notas de Dolgorúki. Ver nota 53.
59. Citado em J. T. Alexander, *Autocratic Politics in a National Crisis: The Imperial Russian Government and Pugachev's Revolt*, p. 85, como RGADA 6.527.32, Platon Liubasi para N. N. Bantish-Kamenskii, 18 dez. 1773.

6. O MAIS FELIZ DOS HOMENS [pp. 151-65]

1. Samóilov, col. 1016.
2. CaG, *Memoirs*, 1955, p. 356, Confissão sincera, CII para GAP.
3. Saint-Jean, pp. 1-10.
4. Michael B. Petrovich, "Catherine II and a Fake Peter III in Montenegro", p. 169. Também Madariaga, *Russia*, p. 210.
5. As informações em geral neste relato da Rebelião de Pugacthov são baseadas, a menos que referências sejam dadas, em *Istoriia Pugachova*, de A. S. Púchkin, em sua novela *A filha do capitão* e nos dois livros de J. T. Alexander sobre o tema — *Emperor of the Cossacks: Pugachev and the Frontier Jacquerie of 1773-75* e *Autocratic Politics*, pp. 1-10. Também Madariaga, *Russia*, pp. 239-55.
6. Púchkin, *Captain's Daughter*, p. 245.
7. Alexander, *Autocratic Politics*, pp. 175-6.
8. Ransel, *Politics*, pp. 241-50. SIRIO 19: 399-400.
9. Ransel, *Politics*, pp. 241-50. Alexander, *CtG*, pp. 166-7. Madariaga, *Russia*, pp. 261-2. SIRIO 19: 325-7, Sir Thomas Gunning para Suffolk 27 set./8 out. 1772, e SIRIO 19: 401, 4/25 fev. 1774.
10. Supostamente, CaG para Madame Geoffrin. Trata-se de um documento muito publicado desde então, mas a carta original é desconhecida.
11. Ségur, *Mémoires*, 1827, v. 3, p. 37, CaG para Ségur, 1785.
12. Citado em Alexander, *CtG*, p. 173.
13. Alexander, *CtG*, pp. 166-7. Madariaga, *Russia*, pp. 260-1.
14. Robert B. Asprey, *Frederick the Great: The Magnificent Enigma*, p. 600.
15. Engelhardt, 1868, pp. 42-3. *Memoirs of the Life of Prince Potemkin*, p. 27. Saint-Jean, pp. 1-12.
16. GARF 728.1.425.1-5, CaG para GAP, mar. 1774. CaG, *Sochineniia*, v. 12, pp. 697-9.

17. Masson, p. 108.
18. *Memoirs of the Life of Prince Potemkin*, p. 27.
19. Engelhardt, 1868, pp. 42-3.
20. *Memoirs of the Life of Prince Potemkin*, p. 27.
21. GARF 728.1.425.1-5. CaG, *Sochineniia*, v. 12, pp. 697-9, CaG para GAP, mar. 1774.
22. KFZ, 4 fev. 1774.
23. RGADA 1.85.1.277, L 7, CII para GAP, s.d., fev. 1774. A fonte principal para as cartas entre CII e GAP é *Perepiska*, de V. S. Lopatin, mas em vários casos o autor também usou os originais. Daí referências dadas tanto ao lugar do documento e sua página em *Perepiska*, Lopatin como "L" mais o número da página.
24. RGADA 5.85.1.342, L 7, CII para GAP, s.d., fev. 1774.
25. RGADA 1.85.1.208, L 8, CII para GAP, s.d., fev. 1774.
26. RGADA 5.85.1.370, L 8, CII para GAP, s.d., fev. 1774.
27. RGADA 5.1/1.1.213, L 14, CII para GAP, s.d., fev./mar. 1774.
28. RGADA 5.85.1.292, L 56, CII para GAP, s.d.
29. RGADA 5.85.1.370, L 8, CII para GAP, s.d., fev. 1774.
30. RGADA 5.85.1.277, L 7, CII para GAP, s.d., fev. 1774.
31. RGADA 5.85.1.137, L 7, CII para GAP, s.d., fev. 1774.
32. Alexandre Vassíltchikov para o encarregado de negócios francês citado em Waliszewski, *Autour d'un trône*, v. 1, p. 145.
33. RA (1873) 2, pp. 123-5. A. P. Barsukov, *Knyaz Grigory Grigorevich Orlov*, p. 127. Conde Solms para FoG, 25 mar. 1774.
34. SPBII 238.276a.7426.1/1, L 11, GAP para CII, 27 fev. 1774.
35. RGADA 1263.1.7713.3, L 13, CII para GAP, 28 fev. 1774.
36. SIRIO 19 (1876): 405.
37. RA (1873), n. 2, pp. 123-5, conde Solms para FoG, 7 e 18 mar. 1774.
38. Frederico, o Grande, *Politische Correspondenz 1879-1939 35*, p. 215, 30 mar. 1774.
39. RA (1873), n. 2, p. 125. Barsukov, *Orlov*. Conde Solms para FoG, 7 mar. 1774.
40. RA (1873) 8.9, p. 342, general-conde P. I. Pánin para príncipe A. B. Kurákin, 7 mar. 1774.
41. RA (1873) 2, p. 125. Barsukov, *Orlov*. Conde Solms para FoG, 7 mar. 1774.
42. Brückner, *Potemkin*, pp. 26-7, citado em Blum, *Ein russicher Staatsman*, condessa Sievers para conde Sievers, 31 mar. 1774.
43. Condessa E. M. Rumiántseva, *Pisma k ee muzhu grafu P. A. Rumiantseva-Zadunayskomu 1762--1779*, pp. 179-81. Ver também: RA (1866), p. 396, para a entusiasmada reação do general A. I. Bíbikov à ascensão de GAP.
44. SIRIO 27: 52.

7. AMOR [pp. 169-84]

1. As descrições de GAP baseiam-se no retrato inacabado de G. Lampi no Hermitage. Waliszewski, *Autour d'un trône*, v. 1, p. 145. Stedingk, p. 98, J. J. Jennings para Fronce, 17 mar. NS 1791. Ver

também o retrato impresso de GAP como capitão das Chevalier-Gardes, pintor desconhecido. Agradecimentos a V. S. Lopatin.

2. SIRIO 19 (1876) 405.
3. RA (1873) 2, pp. 123, 125, conde Solms para FII, 4 e 7 mar. 1774.
4. Waliszewski, *Autour d'un trône*, v. 1, p. 145.
5. Conde de Ségur, *Memoirs*, ed. de Gerard Shelley, p. 186.
6. Nathaniel Wraxall, *Some of the Northern Parts of Europe*, p. 201.
7. AAE 11: 297, 1773.
8. RGADA 5.85.1.145, L 54. RGADA 5.85.1.352, L 130.
9. RGADA 5.85.1.133, L 15.
10. RGADA 1.1/1.54-44, L 61.
11. RGADA 1.1/1.54-105, L 62.
12. Blum citado em Brückner, *Potemkin*, pp. 25-6. Condessa Sievers para conde Sievers, 28 abr. 1774.
13. RGADA 5.85.1.252, L 48.
14. Julian Ursyn Niemcewicz, *Pamietniki czasow moich*, p. 80.
15. RA (1877) 1, p. 479, Ribeaupierre. SIRIO 23 (1878): 84, CII para barão F. M. Grimm, 2/4 mar. 1778.
16. Regras de CII para o Pequeno Hermitage: Waliszewski, *Autour d'un trône*, v. 1, p. 153.
17. SIRIO 23 (1878): 7, CII para Grimm, 30 ago. 1774.
18. RGADA 5.85.1.382, L 59.
19. SIRIO 23 (1878): 3, CII para Grimm, 19 jun. 1774.
20. RGADA 1.1/1.54.6, L 14.
21. SIRIO 23 (1878): 4, CII para Grimm, 3 ago. 1774.
22. RGADA 5.85.1.150, L 94.
23. RGADA 1.1/1.54.42, L 18.
24. RGADA 1.1/1.54.6, L 24.
25. RGADA 1.85.1.209, L 10.
26. K. K. Rotikov *Drugoy Peterburg*, pp. 103-4.
27. RGADA 5.85.1.326, L 60.
28. RGADA 1.1/1.54.7, L 18. A canção de GAP para CaG, "Assim que contemplei você", contém o verso: "Teus belos olhos me cativaram", Masson, p. 108.
29. RGADA 5.85.1.343, L 11.
30. RGADA 1.1/1.54.16, L 15.
31. RGADA 5.85.1.253, L 44.
32. RGADA 1.1/1.54.12, L 23.
33. RGADA 5.85.1.343, L 11.
34. RGADA 5.85.1.133, L 15.
35. RGADA 5.85.1.343, L 12.
36. RGADA 5.85.1.150, L 94.
37. RGADA 5.85.1.347, L 57.
38. RGADA 5.85.1.144, L 64.
39. RGADA 1.1/1.1.213, L 23.

40. RGADA 1.1/1.54.27, L 32.
41. RGADA 5.85.1.226, L 37.
42. RGADA 5.85.1.172, L 87.
43. RGADA 5.85.1.160, L 53.
44. RGADA 1.1/1.54.3, L 87.
45. RGADA 5.85.1.226, L 37.
46. RGADA 1.1/1.54.11, L 27.
47. RGADA 5.85.1.313, L 59.
48. RGADA 1.1/1.54.19, L 16. SIRIO 13:398.
49. RGADA 5.85.1.255, L 17.
50. RGADA 1.1/1.54.14, L 93.
51. RGADA 1.1/1.54.17, L 26.
52. GARF 728.1.425.1-5. CaG, *Sochineniia*, v. 12, pp. 697-9, CII para GAP.

8. PODER [pp. 185-202]

1. A menos que especificadas, para as fontes de informações gerais sobre a Rebelião de Pugatchov, ver capítulo 6, nota 5. Masson, p. 108.
2. RGADA 5.85.1.252, L 14.
3. RGADA 1.1/1.54.12, L 14.
4. RGADA 1.85.1.209, L 10.
5. RGADA 1.85.1.343, L 11-2.
6. RGVIA 52.1.72.336.
7. Rumiántseva, pp. 179-80, condessa E. M. Rumiántseva para conde P. A. Rumiántsev.
8. Castera, v. 2, p. 401. Rumiántseva, pp. 179-80.
9. Brückner, *Potemkin*, p. 26, conde Sievers, 17 abr. 1774.
10. RA (1873) 2, p. 125. Solms para FII, 7 mar. 1774. Mansel, *Pillars of Monarchy*, pp. 31, 93.
11. RGADA 5.85.1.207, L 14.
12. Rumiántseva, pp. 180-1.
13. Rumiántseva, pp. 179-80.
14. RGVIA 52.1.72.336.
15. RGADA 5.85.1.15, L 16.
16. RGADA 5.85.1.410, L 22.
17. RA (1873) 2, p. 126. Solms para FII, 18 mar. 1774. Rumiántseva, p. 183, 8 abr. 1774.
18. Khrapovítski, 30 maio 1786. Rumiántseva, p. 183, 18 abr. 1774.
19. Durand de Distroff, citado em Waliszewski, *Autour d'un trône*, v. 1, p. 146.
20. Waliszewski, *Autour d'un trône*, v. 1, p. 146.
21. RGADA 1.1/1.54.64, L 27.
22. SIRIO 5: 413, Sir Robert Gunning para Suffolk.
23. RGADA 5.85.1.12, L 29. Dubrovin, *Pugachev*, v. 3, pp. 47-9.
24. Madariaga, *Russia*, p. 249.
25. RGADA 5.85.1.299, L 30.

26. SIRIO 19: 406, Gunning para Suffolk, 10/21 jun. 1774.
27. E. P. Karnovich, *Zamechatelnyye bogatstva chastnykh v Rossii*, pp. 265-7.
28. RGADA 1.1/1.54.25, L 25.
29. AKV 10:110, S. R. Vorontsov, 12/24 jul. 1801, Londres. A obtenção dessas medalhas recebeu prioridade de Catarina e ministros. Por exemplo, a própria CII escreveu a Gustavo III da Suécia acerca da Ordem do Serafim de GAP (ver SIRIO (1914) 145: 96), e em 12 março de 1774 Nikita Pánin ordenou ao embaixador russo na Polônia, Otto-Magnus Stackelberg, que pedisse ao rei Estanislau Augusto que concedesse a Águia Branca a GAP (ver SIRIO (1911) 135: 68).
30. RGADA 1.1/1.54.22, L 30. SIRIO 19: 406, Gunning para Suffolk.
31. RGADA 5.85.1.143, L 31.
32. GARF 728.1.416.40, L 34. AGS: parte 1, p. 452, São Petersburgo.
33. Alexander, *CtG*, pp. 176-8. Madariaga, *Russia*, pp. 249-51. *Russkiy Biographicheskiy Slovar*, v. 14 (1904), conde P. S. Potemkin.
34. AGS: 1, p. 454.
35. E. S. Shumigorski, *Imperator Pavel i zhizn i tsartsvovaniye*, p. 23. G. Derjavin, *Sochineniia*, v. 5 *Zapiski*, p. 498.
36. SIRIO 6:74-6, 22 jul. 1774.
37. RGADA 5.85.1.3/3.
38. XVIII *Century*, livro 1 (1868), p. 112.
39. SIRIO 6: 88-9, conde N. I. Pánin para conde P. I. Pánin, s.d.
40. SIRIO 6: 74-6, N. I. Pánin para P. I. Pánin, 22 jun. 1774. SIRIO 6: 86-9, N. I. Pánin para P. I Pánin. RGADA 1274 Panini-Bludov op 1.3.3383, GAP para P. I. Pánin.
41. SIRIO 13: 421, 29 jul. 1774. SIRIO 13: 427-8. SIRIO 6: 81, 29 jul. 1774.
42. Dubrovin, *Pugachev*, v. 3, p. 254.
43. RS (1870) Out., p. 410.
44. Pugatchovshchina (iz arkhiva P. I. Panina), p. 39, GAP para P. I. Pánin, 4 out. 1774.
45. Alexander, *Autocratic Politics*, p. 95.
46. V. V. Mavrodin, *Krestyanskaya voyna v Rossiya*, v. 3, p. 403. Madariaga, *Russia*, pp. 265-6. Alexander, *Autocratic Politics*.
47. SIRIO 13: 446-7.
48. Alexander, *Autocratic Politics*, pp. 184-6.
49. SIRIO 6: 117, P. I. Pánin para CII.
50. Mavrodin, v. 3, p. 434.
51. Madariaga, *Russia*, p. 266.
52. RGADA 5.85.3.80, CII para GAP, 13 out. 1774.
53. Madariaga, *Russia*, p. 268. Philip Longworth, *The Cossacks*, p. 222.
54. CII para P. S. Potemkin, 27 set. 1774, citado em Alexander, *Autocratic Politics*, p. 197.
55. RGADA 5.85.1.164, L 50. RGADA 5.85.1.189, L 50. RGADA 5.85.1.228, L 50. GARF 728.416.41, L 52. Alexander, *Autocratic Politics*, p. 203. *Lettres d'amour de Catherine II à Potemkine*, org. de Geroges Ourrard, pp. 123, 128.
56. Mavrodin, v. 3, p. 42. SIRIO 23: 11, CII para Grimm, 21 dez. 1774.
57. Dimsdale, set. 1781. Bolotov, v. 3, p. 192, citado em Alexander, *Autocratic Politics*, p. 211.
58. RGADA 5.85.1.254, L 34.

9. CASAMENTO: MADAME POTEMKIN [pp. 203-222]

1. RGADA 1.1/1.54.114, L 31, CII para GAP, s.d., Tsárskoie Seló.
2. KFZ, p. 281, 8 jun. 1774.
3. Este relato do casamento baseia-se no KFZ de 8 de jun. de 1774; na pesquisa de V. S. Lopatin, *Ekaterina II i G. A. Potemkin, lichnaya perepiska*, pp. 31-3 e 513-5, e em O. I. Yeliseeva, *Perepiska Ekateriny II i G. A. Potemkina*, p. 28; e em P. B. Bartenev, "On Catherine and Potemkin Marriage: A Book of Notes of the Russkiy Arkhiv", RA (1906) 2, p. 613, que usa os relatos do conde D. N. Bludov sobre a condessa A. V. Branicka, príncipe e princesa M. S. e E. K. Vorontsov (ver Epílogo); conde A. G. Stróganov sobre a princesa E. K. Vorontsova; as notas do príncipe F. N. Golítsin; conde A. A. Bóbrinski sobre o conde A. N. Samóilov; e conde V. P. Orlov-Davidov sobre o conde A. N. Samóilov.
4. Visita do autor a São Petersburgo, 1998.
5. Coxe, v. 2, p. 88.
6. RA (1906) 2, p. 613. Relato de Bartenev: esta história foi contada pelo conde A. A. Bóbrinsky, neto de Samóilov.
7. Castela, v. 3, p. 90.
8. RP 2.1, p. 8.
9. Ver nota 3 acima.
10. RGADA 5.85.1.362, L 72. RGADA 1.1/1.54.30, L 74.
11. RGADA 5.85.1.271, CII para GAP.
12. RGADA 5.85.1.238, L 49.
13. RGADA 1.1/1.54.42, L 18, CII para GAP, s.d.
14. M. Kukiel, *Czartoryski and European Unity 1770-1861*, pp. 17-8.
15. RGADA 5.85.1.267, L 94.
16. Castela, v. 3, p. 90.
17. Conde de Ségur, 21 dez. 1787, citado em Waliszewski, *Autour d'un trône*, v. 1, p. 89. No v. 2 de suas *Mémoires* (1826), Ségur escreveu que era geralmente aceito que houvera um casamento secreto, "um segredo de outro tipo e mais indissolúvel unia-os um ao outro". Ao passar por Viena no seu caminho para casa, ele discutiu esse mistério com José II.
18. *Louis XVI and the Comte de Vergennes: correspondence*, org. ed. J. Hardman e M. Price, p. 162. Luís XVI para conde de Vergennes, s.d., recebida em 5 out. 1774.
19. PRO FO v. 15 Robert Keith, 19 out. 1782, citado em Harold Temperley, *Frederick the Great and Kaiser Joseph*, p. 224.
20. PRO FO Secretary of State: State Papers, Foreign [Secretaria de Estado, Documentos de Estado, Estrangeiros], cyphers SP 106/67 n. 33, Sir Charles Whitworth para Lord Grenville, 1 jul. 1791.
21. Príncipe de Ligne, *Mélanges militaires, littéraires et sentimentaires*, v. 24, p. 181, príncipe de Ligne para príncipe Kaunitz, 15 dez. 1788, Jassi.
22. RGADA 1.1/1.54.42, L 18.
23. RGADA 5.85.1.359, L 37, CII para GAP, s.d.
24. BM Egerton MSS 2706, Sir Robert Gunning para conde de Suffolk, 19 ago. 1774. Também SIRIO 19 (1876).
25. Bartenev, "On Catherine", p. 616.

26. RGADA 1.1/1.54.103, L 67, RGADA 5.85.1.41, L 68, RGADA 5.85.1.166, L 68. GARF 728.1.416.22, L 69, CII para GAP.

27. SIRIO 23:13, CII para barão F. M. Grimm.

28. RGADA 1.1/1.54.119, L 80, CII apara GAP. GARF 728.1.416.27, L 80.

29. Os melhores relatos da princesa Tarakánova são os despachos de Sir William Hamiltonpara, o conde de Rochford, em 4 jan. 1775 e 30 maio 1775, BM Egerton MSS 2636 ss. 104, 108, 110 e 124, citado em Brian Fothergill, *Sir William Hamilton, Envoy Extraordinary*, pp. 157-62. Ver também correspondência Gunning–Suffolk sobre Tarakáova em SIRIO 19: 460-2, jun. 1775, Moscou.

30. SIRIO 1: 105. RP 4:1, p. 109.

31. *Russkaya beseda*, 1858, v. 6, p. 73. SIRIO 19: 461, Suffolk para Gunning, 26 maio 1775.

32. SIRIO 19: 461, Suffolk para Gunning, 26 maio 1775. RGADA 1.1/1.54.66, L 67, CII para GAP. RGADA 1.1/1.54.97, L 70, CII para GAP. Waliszewski, *Autour d'un trône*, v. 2, pp. 104-14; conde Alexei Orlov para GAP, RA (1875) 2, n. 5, p. 6. SIRIO 1: 105, 169-96. Anisimov, *Empress Elisabeth*, p. 251. SIRIO 19: 466-7, Gunning para Suffolk, 19/30 jun. 1775, Moscou.

33. RP 4: 1, p. 109. SIRIO 1: 170-93.

34. RGADA 5.85.1.259.

35. AKV 8:1-38, S. R. Vorontsov para F. Rostopchin, 18/29 nov. 1796.

36. Bolotov, v. 3, pp. 208-13.

37. RGADA 1.1/1.54.137, L 76.

38. SIRIO 19 (1876): 470, Gunning para Suffolk, 13/24 jul. 1775, Moscou. SIRIO 23: 4, CII para Grimm, 3 ago. 1774, São Petersburgo.

39. RGADA 5.85.1.362, L 72.

40. Bolotov, v. 3, pp. 207-24; A. Travin, *Zapiski*, Pskov, 1894, pp. 25-129; G. Vinsky, *Moe Vremya*, p. 147, todos citados em Dimitri Shvidkovsky, *Empress and Architect*, pp. 192-3. SIRIO 27 (1880): 47, CII para Madame Bielke, 24 jul. 1775.

41. *Louis XVI — Comte de Vergenne: correspondence*, p. 162, Luís XVI para conde de Vergennes s.d., recebida 5 out. 1774.

42. Sobre a teoria de que Tiômkina era filha de Catarina: ver T. V. Alexeeva, *Vladimir Lukich Borovikovsky i russkaya kultura na rubezhe 18-19 vekov*, e também V. S. Lopatin, *Pepiska*, 638-9. O retrato de Elisaveta Grigórievna Tiômkina por V. L. Borovikóvski (1798) está pendurado no Museu Tretiakov em Moscou. De forma evidente e pouco graciosa, ela carrega, sim, alguma semelhança com a velha mãe de GAP, Dária. Mas não era herdeira de GAP, e este autor não encontrou uma única referência a ela em alguma correspondência de GAP. Ninguém sequer a menciona até bem mais tarde. Como GAP, até onde sabemos, não teve outros supostos filhos, é possível que fosse infértil. Outra teoria é que Tiômkina fosse filha de outro Potemkin, tal como Pável ou Mikhail, mas então por que seu patronímico? Tiômkina mais tarde casou-se com I. X. Kalageorgi, um grego a serviço russo, que serviu como governador da primeira cidade de GAP, Kherson. Sobre as posturas em relação a filhos ilegítimos: Anisimov, *Empress Elisabeth*, p. 201. Também o sobrinho de GAP, Vassíli Engelhardt, que nunca se casou, foi pai de cinco bastardos com várias amantes e *todos* foram legitimados como nobres e membros da família Engelhardt.

43. SIRIO 19 (1876): 463-4, Suffolk para Gunning, 30 jun. 1775, St. Jame's. SIRIO 19: 476-9, Suffolk para Gunning, 1 set. 1775; Jorge III para CII, 1 set. 1775.

44. SIRIO 19 (1876): 476, Suffolk para Gunning, 1 set. 1775, St. Jame's. SIRIO 19: 476-501, Suffolk

para Gunning, 8 set. 1775. SIRIO 19 (1876): 489, Gunning para Suffolk, 20 set./1 out. 1775, Moscou. SIRIO 19: 500-2, CII para Jorge III, 23 set. 1775, Moscou.

45. RGADA 5.85.1.343, L 11, CII para GAP, s.d.
46. RGADA 1.1/1.54.3, L 85. RGADA 5.84.1.149, L 86. RGADA 5.85.1.172, L 87, CII para GAP.
47. SIRIO 19 (1876): 506, Gunning para Suffolk, 5/16 out. 1775, Moscou.
48. RGADA 1.1/1.54.30, L 74. GARF 728.1.417.1, L 66. RGADA 5.85.1.166, L 68.
49. RGADA 5.85.1.265, L 96, GAP para CII, s.d.
50. Castera, v. 2, pp. 314-5; Waliszewski, *Autour d'un trône*, v. 2, p.148.
51. GARF 728.1.416.49, L 69, CII para GAP, s./d. RGADA 5.85.1.159, L 75, CII para GAP, s.d.
52. RGADA 5.85.1.161, L 76, CII para GAP, s.d.
53. RGADA 5.85.1.161, L 76, CII para GAP. RGADA 11.1.946.595, V. A. Engelhardt para GAP, 5 jul. 1775.

10. SOFRIMENTO E COMPREENSÃO [pp. 223-36]

1. RGADA 5.85.1.369, L 94.
2. SIRIO 19 (1876): 509, Sir Robert Gunning para conde de Suffolk, 1/12 jan. 1776, São Petersburgo.
3. SIRIO 19 (1876): 511, Richard Oakes para William Eden, 16/27 fev. 1776, São Petersburgo.
4. SIRIO 19 (1876): 511, Oakes para Eden, 16/27 fev. e 26 fev./8 mar. 1776, São Petersburgo. Corberon, p. 164, 27 jan. 1776; p. 190, 11 fev. 1776; p. 194, 30 mar. 1776.
5. RGADA 5.85.1.267, L 94, CII para GAP, s.d.
6. RGADA 5.85.1.412, L 91, CII para GAP, s.d.
7. RGADA 5.85.2.305, L 95.
8. RGADA 5.85.1.413, L 91. RGADA 5.85.1.419, L 91. RGADA 5.85.1.412, L 91. RGADA 5.85.1.412, L 92. RGADA 5.85.1.363, L 93. RGADA 5.85.1.366, L 93. RGADA 5.85.1.369, L 94. RGADA 5.85.1.267, L 95.
9. RGADA 5.85.1.364, L 91, CII para GAP. RGADA 5.85.1.384, L 91, CII para GAP.
10. RGADA 5.85.1.364, L 92, CII para GAP.
11. RGADA 5.85.1.413, L 91. RGADA 5.85.1.419, L 91. RGADA 5.85.1.412, L 91. RGADA 5.85.1.412, L 92. RGADA 5.85.1.363, L 93. RGADA 5.85.1.366, L 93. RGADA 5.85.1.369, L 94. RGADA 5.85.1.267, L 95.
12. RGADA 5.85.3.87, L 96, CII para GAP. RA (1878) 1, p. 18, CII para príncipe D. M. Golítsin, 13 jan. 1776. Corberon, p. 188, 22 mar. 1776.
13. Corberon, p. 190, 24 mar. 1776.
14. B&F, v. 1, p. 18, conde Louis Cobenzl para JIII, 5 maio 1780.
15. RS (1895) 83, p. 31, CII para conde O. M. Stackelberg, 2/13 maio 1776, 12/23 maio. V. A. Bilbasov, "Prisoedineniye Kurlyandii k Rossii", RS (1895) 83, pp. 30-4. Também o enviado da Prússia informou FII sobre a questão da Curlândia em despachos de 23 abr. e 8 set. 1776 e 4 maio 1781. RGVIA 1640.1.32, FII para GAP, 29 maio 1776, Potsdam, não publicada.
16. RGVIA 271.1.28.6, 2 set. 1775, e 271.1.28.7, 6 out. 1775, príncipe Henrique da Prússia para GAP, não publicada. Corberon p. 210, 9 abr. 1776.
17. RGADA 1.1/1.54.67, L 98, CII para GAP.
18. Este relato da morte da grã-duquesa Natália baseia-se em KFZ, abr.-maio 1776, Corberon,

pp. 229-50, Madariaga, *Russia*, pp. 344-6, e Alexander, *CtG*, pp. 228-31, bem como a já citada correspondência entre CII, GAP e outros.

19. RGADA 5.85.3.307, L 98.
20. KFZ, 9-15 abr. 1776. SIRIO 42: 346, CII para Kozmin.
21. Corberon, p. 229, 26 abr. 1776.
22. Corberon, pp. 230-1. SIRIO 27: 78-9, Oakes para Eden, 15/26 abr. 1776.
23. Dimsdale, p. 46, 22 ago. 1781. Alexander, *CtG*, p. 229.
24. Corberon, p. 244, 5 maio 1776.
25. SIRIO 19 (1876): 520, Oakes para Eden, 15/26 abr., 3/14 maio, 10/21 maio e 14/25 jun. Corberon, p. 244, 5 maio 1776.
26. A. A. Vassíltchikov, *Semeystvo Razumovskikh*, v. 1, p. 363, conde Kiril Razumóvski para M. V. Kovalinski.
27. Corberon, p. 248, 7 maio 1776; p. 246, 6 maio 1776; p. 259, 21 maio 1776.
28. RGADA 5.85.1.235, L 100. GARF 728.1.416.1, L 102, CII para GAP.
29. RGADA 5.85.1.345-6, L 103.
30. RGADA 5.85.1.235-6. GARF 728.1.416.1, L 102. RGADA 5.85.1.345-6, L 103. RGADA 1.1/1.43.119, L 104. *Moskovskiye Vedomosti*, 16 ago. 1776, citado em Alexander, *CtG*, p. 207.
31. RGADA 1.1/1.43.119, L 104. RGADA 5.85.1.14, L 106. A imperatriz Elizaveta deu a A. G. Razumóvski o Palácio Aníchkov em 1756: Anisimov, *Empress Elisabeth*, p. 202. O palácio recebeu esse nome em homenagem ao coronel Aníchkov, que construiu a ponte que fica ao lado.
32. SIRIO 19 (1876): 519, Oakes para Eden, 1/12 jul. 1776, S. Petersburgo. Rumiántseva, p. 204, Rumiántseva para P. A. Rumiántsev.
33. RGADA 5.85.1.385, L 106, CII para GAP. RGADA 5.85.3.91, L 106, CII para GAP. Karnovich, p. 266. Samóilov col. 1205. Harris, p. 528, pode ser a origem da cifra de 9 milhões de rublos: certamente soa muito alta e provavelmente é imprecisa, mas, dada a variedade de presentes e a pródiga generosidade com que foram oferecidos, é impossível verificar. É possível que a cifra pudesse ter se originado no fato de Potemkin vangloriar-se da sua riqueza para Harris. Os números para os moradores e a propriedade de Kritchev são, no entanto, verificáveis, usando os documentos de Samuel Bentham, os documentos de Samóilov e outras fontes: ver capítulo 20. Samóilov, como um dos que pertenciam ao círculo de GAP e herdeiro do seu patrimônio, é digno de confiança.
34. SIRIO 19 (1876): 521, Oakes para Eden, 26 jul./6 ago. 1776, São Petersburgo.
35. Brockliss, pp. 279-303.
36. Castera, v. 2, p. 308.

11. OS FAVORITOS DELA [pp. 239-63]

1. *Russkiy istoricheskiy zhurnal* 5 (1918): 244-57, citado em Alexander, *CtG*, pp. 342-52. *Pisma imp. Ekateriny II k gr. P. V Zavadovskomu 1775-1777*, org. De I. A. Barskov, cartas 7, 22, 30, 33, 35, 39, CII para P. V. Zavadóvski.

2. AKV 12: 9-10, Zavadóvski para S. R. Vorontsov.

3. *Russkiy istoricheskiy zhurnal* 5 (1918): 244-57, citado em Alexander, *CtG*, pp. 342-52. *Pisma CII — Zavadóvski* (Barskov), cartas 7, 22, 30, 33, 35, 39, CII para P. V. Zavadóvski.

4. Parkinson, p. 76.

5. *Russkiy istoricheskiy zhurnal. Pisma CII* — Zavadóvski (Barskov), e Alexander, *CtG*, pp. 342-5, cartas 27, 62, CII para P. V. Zavadóvski. RGADA 5.85.1.296, L 114. RGADA 1.1/1.54.96, L 114, CII para GAP.

6. Masson, p. 105.

7. AKV 24: 156, Zavadóvski para S. R. Vorontsov.

8. CaG, *Memoirs*, 1955, p. 355, Confissão sincera para GAP.

9. GARF 728.1.416.51, L 115.

10. AKV 12: 16-19, Zavadóvski para S. R. Vorontsov.

11. Alexander, *CtG*, p. 213.

12. RGADA 1.1/1.54.69, L 116.

13. GARF 728.1.416.51, L 115.

14. RGADA 1.1/1.54.69, L 116.

15. Harris, p. 149, Sir James Harris (H) para William Eden, 2/13 fev. 1778; H para conde de Suffolk, 2/13 fev. 1778. Onde o número de página para "Harris" não é dado, a data se refere aos "Diaries and Correspondence of Sir James Harris, 1st Earl of Melmesbury".

16. Harris, p. 170, H para William Fraser, 16/27 maio 1778.

17. Harris, p. 172, H para Suffolk, 22 maio/2 jun. 1778; Harris, p. 173, H para Suffolk 29 maio/9 jun. 1778.

18. KFZ, 8 maio 1778. RGADA 5.85.1.141, L 124.

19. SIRIO 23:89, CII para barão F. M. Grimm, 16 maio 1778.

20. GIM OPI 197.1.152, L 124.

21. Madariaga, *Russia*, p. 354.

22. Harris, H para Suffolk, 20/31 dez. 1778.

23. RGADA 5.85.1.59, L 125, CII para GAP, s.d.

24. *Starina i Novizna* (1901) 4. ed., P. M. Maikov, pp. 23-4, Zavadóvski para conde P. A. Rumiántsev.

25. RA (1881) 3, pp. 402-3, CII para Rímski-Kórsakov.

26. RGADA 5.85.1.59, L 125, CII para GAP. KFZ, 1 jun., 28 jun. 1778. RA (1881) 3, pp. 402-3, CII para Kórsakov. RP 5.1.119. Harris, p. 174, H para Suffolk, 8/19 jun. 1778.

27. Harris, pp. 179, 180, H para Suffolk, 28 ago./9 set., 14/25 set., 10/21 ago., 20/31 dez. 1778. Harris, p. 195, 14/25 set. 1778.

28. Harris, p. 179, H para Suffolk, 14/25 set., 1778.

29. Harris, p. 224, H para visconde Weymouth, 9/20 set. 1779.

30. RA (1911) 6, pp. 190-4, Corberon. RGADA 10.3.467.3, CII para Kórsakov, 10 out. 1779; Harris para Weymouth, 11/22 out. 1779.

31. RGADA 5.85.1.370, L 8, e RGADA 1.1/1.54.63, L 8, CII para GAP, s.d., mas datada por Lopatin como anterior a 14 e 18 fev. 1774, respectivamente. François Ribadeau Dumas, *Cagliostro*, pp. 13-83, e W. R. H. Trowbridge, *Cagliostro: The Splendour and Misery of a Master of Magic*, pp. 1-154.

32. Pole Carew CO/R/3/195, não publicada. Harris, pp. 434-40, H para Weymouth, 11/22 out. 1779, H para Charles James Fox, 9/20 maio 1782. Também Dimsdale, p. 57, 27 ago. 1781. AKV 13:163/4, A. A. Bezboródko para S. R. Vorontsov, 5 jul. 1789.

33. Harris, H para Weymouth, 11/22 out. 1779.

34. Harris, p. 366, H para visconde Stormont, 14/25 maio 1781.

35. Shcherbátov, pp. 245, 241, 119. Alexander, *CtG*, pp. 201-26, e Madariaga, *Russia*, pp. 343-58.

36. Parkinson, p. 49. "Commentary on Russia in 1786", de George Macartney, Macartney Papers, Osborne Collection, Beinecke Library, Universidade de Yale, citado em Alexander, *CtG*, p. 215.

37. Ligne, *Fragments* 1, 275.

38. Corberon, v. 2, pp. 137-8. Ségur, *Mémoires*, v. 3, p. 18. RGADA 1.85.1.209, L 10, CII para GAP, 1774. Khrapovítski, p. 13. Dizia-se que Semion Fiódorovitch Uvárov, outro oficial da Guarda, desfrutou de um breve caso com Catarina pouco antes da sua relação com Iermólov após a morte de Lanskoi, e que ele veio a se tornar um favorito do príncipe Potemkin, que apreciava ouvi-lo tocar o *bandore*, um antigo instrumento de corda, e a sua habilidade em dançar a *prisiadka*. Ele não recebeu nenhuma recompensa a não ser uma respeitável carreira na Guarda. Seu filho S. S. Uvárov tornou-se ministro da Educação sob Nicolau I e inimigo de A. S. Púchkin. Ver Serena Vitale, *Pushkin's Button*, p. 143.

39. SIRIO 27 (1880): 130-1, *ukaz* de GAP sobre o posto de ajudante de ordens para a imperatriz, 16 jun. 1776.

40. Saint-Jean, cap. 6, pp. 40-8.

41. AVPRI 2.2/8a.20.94, L 1 24, GAP para CII, e CII para GAP, 27 maio 1777.

42. GIM OPI 197.1.1.152, L 124, CII para GAP, s.d.

43. RGADA 5.85.1.334, L 124, CII para GAP, s.d.

44. Saint-Jean, cap. 2, pp. 12-21.

45. Corberon, v. 2, p. 154, 19 jun. 1776.

46. Harris, pp. 430, 528, H para Stormont, 25 mar./5 abr. 1782.

47. Engelhardt, 1868, p. 49.

48. Khrapovítski, p. 254 — a "prisão" de A. D.- Mamónov em 1789 RS (1876) 15, p. 16, Garnovski para V. S. Pópov, dez. 1786.

49. Engelhardt, 1868, p. 46.

50. RS (1876) 16, p. 406, CII para N. I. Saltikov, jul. 1789, citado em Garnovski para V. S. Pópov.

51. AGAD 172: 79, GAP para AS, 25 set. 1779, São Petersburgo, não publicada. RGADA 11.914 A. D. Lanskoi para GAP, 3 abr. 1784. RGADA 11.914, Lanskoi para GAP, 29 set. 1783. RGADA 11.914, Lanskoi para GAP, s.d.

52. Conde J. E. von der Goertz, *Mémoire sur la Russie*, seção 3, p. 43. Nas *Mémoires* (1826) de Ségur, v. 2, p. 344, o conde Mamónov, que era o favorito de Catarina no final da década de 1780, disse a Ségur que Catarina ficaria zangada se ele "se metesse" em assuntos do governo.

53. Damas, p. 97.

54. Harris, p. 210, H para Weymouth, 7/18 ago. 1779.

55. Harris, p. 366, H para Stormont, 7/18 maio 1781.

56. Saint-Jean, cap. 2, pp. 12-21. B&F, v. 1, p. 17, Cobenzl para JII, 5 maio 1780.

57. Harris para Weymouth, 11/22 out. 1779.

12. AS SOBRINHAS DELE [pp. 264-77]

1. RGADA 11.1.9496.595, V. A. Engelhardt para GAP, 5 jul. 1775. RGADA 5.85.1.161, L 76, CII para GAP.

2. RA (1877) 1, p. 479, Ribeaupierre.

3. AKV 11:361, S. R. Vorontsov para conde Kochubey, s.d.,1802.

4. Wiegel, *Zapinsky*, p. 43.

5. Wiegel, *Zapinsky*, pp. 43-4.

6. Ségur, *Mémoires*, 1826, v. 2, p. 225.

7. RGADA 1.1/1.43.118, L 116, CII para GAP, s.d.

8. RS (1875), março 5190520, CII para GAP, s.d.

9. Correspondência entre GAP e Varvara Engelhardt entre 1777 e 1779 em Semevsky, *Prince G. A. Potemkin-Tavrichesky*, pp. 512-22. Harris, p. 180, H para conde de Suffolk, 14/25 set. 1778. Ver também N. Y. Bolotina, *Ties of Relationship between Prince G. A. Potemkin and the Family of the Princes Golitsyn*, em Coletânea de Estudos de Golítsin, editada em *Bolshiye vyazemy*. Ver também Varvara Golítsina em *Russkiy Biographicheskiy Slovar* (1916), v. 5 e entradas referentes a ela em RP. Sobre Dária Potemkina: RP 5.221.

10. Kukiel, pp. 17-8.

11. Harris, p. 224, H para visconde Weymouth, 9/20 set. 1779. PRO FO Secretary of State: State Papers, Foreign, cyphers SP 103/63, Alleyne Fitzherbert, Lord de St. Helens, para Charles James Fox, 26 abr. 1783.

12. B&F, v. 1, p. 139. Cobenzl para JII, 19 mar. 1781.

13. Marquês d'Aragon, *Un Paladin au XVIII siècle. Le Prince Charles de Nassau-Siegen*, p. 133, Nassau-Siegen (N-S) para esposa, fev. 1787. Vigée Lebrun, v. 1, pp. 192-4.

14. Memórias do príncipe Iúri Dolgorúki citadas em RP 1:1, p. 30.

15. RGADA 1.1/1.54.26, L 116.

16. Corberon, v. 2, p. 371, 24 set. 1780; p. 377, 27 set. 1780; p. 384, 2 out. 1780. B&F, v. 1, p. 13, Cobenzl para JII, 13 dez. 1780.

17. Harris, pp. 181,185, H para Suffolk, 21 set./2 out. e 5/16 out. 1778.

18. RGADA 11.858.6, 3 jun. 1785; RGADA 11.858.5, 8 abr. 1784; RGADA 11.858.4, 29 mar. 1784; RGADA 11.858.3, 14 mar. 1784; todas de Tatiana Engelhardt para GAP, todas não publicadas. Corberon, v. 2, p. 363, 17 set. 1780. RP 1:1, p. 10 e 4:2, p. 206.

19. RGADA 11.858.4, Tatiana Engelhardt para GAP, 29 mar. 1784, não publicada.

20. RGADA 11.914, A. D. Lanskoi para GAP.

21. Muitas dessas histórias de incesto eram simplesmente lendas dos inimigos. Os Habsburgo, porém, de fato casaram-se com suas sobrinhas em várias ocasiões — com dispensação papal. Por exemplo, a quarta esposa de Felipe II da Espanha era sua sobrinha. Ver também Derek Beales, *Joseph II*, p. 20. A história do regente, o duque de Orléans, não é provada, mas narrada em Christine Pevitt, *The Man Who Would Be King: The Life of Philippe d'Orléans, Regent of France*, p. 249. A história de Augusto, o Forte, era amplamente acreditada; não é provada, embora no pântano moral da sua corte fosse bem possível: Nancy Mitford, *Frederick the Great*, p. 35; e David Fraser, *Frederick the Great*, pp. 22, 42. A correspondência de Voltaire, inclusive suas cartas para Madame Denis, foi editada por Theodore Besterman.

22. RS (1875) 12, pp. 681, 682, 683, 684, cartas de mulher desconhecida para GAP (também: RGADA-11).

13. DUQUESAS, DIPLOMATAS E CHARLATAES [pp. 278-300]

1. SIRIO 23 (1878): 571, CII para barão F. M. Grimm, ago. 1792.

2. Esse relato da duquesa de Kingston baseia-se em: Isobel Grundy, *Lady Mary Wortley Montagu: Comet of the Enlightenment*, pp. 1-10, 526. Corberon, v. 2, p. 179, 22 set. 1777. RGVIA 52.33.539, Samuel Bentham para seu pai, 17 maio 1780. São Petersburgo. RGADA 39.33.539, 8 abr. 1780. BM 120.3355, 8 abr. 1780. Elisabeth Mavor, *Virgin Mistress: The Life of the Duchess of Kingston*, pp. 157, 175, 184. Anthony Cross, "Duchess of Kingston in Russia", p. 390. Anthony Cross, *By the Banks of the Neva*, pp. 363-7. Waliszewski, *Autour d'un trône*, v. 1, p. 95. T. H. White, *The Age of Scandal*, pp. 147-9. Príncipe Felix Iussúpov, *Lost Splendour*, pp. 6-9.

3. Visita do autor ao Hermitage, 1998.

4. "The Northern Hero: The Life of Major S—le The Celebrated Swindler", British Library 1493 r35, 1786. James George Semple no *Dictionary of National Biography* (1903). Castera, v. 2, pp. 399, 445. Mavor, p. 184. Cross, "Duchess", pp. 394-5.

5. Waliszewski, *Autour d'un trône*, v. 1, p. 114.

6. Corberon, v. 2, p. 227, 10 maio 1779.

7. Rumiántseva, pp. 197-9, condessa E. M. Rumiántseva para conde P. A. Rumiántsev, 2 fev. 1776.

8. Príncipe de Ligne, citado em Mansel, *Charmeur*, p. 9; Ligne, *Lettres* (Staël), p. 71, carta 11, Ligne para Coigny.

9. O pai do vizir que conheceu James Keith era um pregoeiro em Kirkcaldy chamado James Miller. Philip Mansel, *Constantinople: City of the World's Desire*, p. 202. MacDonogh, *FtG*, pp. 193-4. Fraser, *FtG*, p. 248. Harris, p. 181, H para conde de Suffolk, 21 set./2 out. 1778; p. 184, H para Suffolk, 5/16 out. 1778.

10. Isabel de Madariaga, *The Travels of General Francisco de Miranda*, p. 9.

11. Harris, p. 321, H para visconde Stormont, 13/24 dez. 1780.

12. Rumiántseva, pp. 197-9, Rumiántseva para Rumiántsev, 2 fev. 1776.

13. Harris, pp. 197-9, Suffolk para H, 9 jan. 1778, p. 140, H para Suffolk, 26 jan./6 fev. 1778, p. 170, H para William Fraser, 16/27 maio 1778. Waliszewski, *Autour d'un trône*, v. 1, p. 11. Castera, v. 2, p. 282.

14. SIRIO 19 (1876): 407, Sir Robert Gunning para Suffolk, 7/18 mar. 1774, São Petersburgo. SA, *Mémoires*, v. 2, 1774, p. 233. A. R. Barsukov, *Proekty voennykh reform*, p. 113, citado em Ransel, *Politics*, p. 251.

15. RGADA 5.85.1.141, L 124.

16. *Memoirs of the Life of Prince Potemkin*, pp. 48-9.

17. RGADA 5.167.1, príncipe Henrique da Prússia para Potemkin, 25 out. 1778, não publicada.

18. Isabel de Madariaga, *Britain, Russia and the Armed Neutrality*, p. 3.

19. Harris, p. 210, H para visconde de Weymouth, 7/18 ago. 1779.

20. Harris, p. 212, H para Weymouth, 9/20 set. 1779.

21. Harris, p. 146, H para Suffolk, 30 jan./10 fev. 1778.

22. Harris, p. 212, H para Weymouth, 9/20 set. 1779.

23. Goertz, seção 3, p. 41, Goertz para FoG, memorando.

24. Harris, p. 210, H para Weymouth, 7/18 ago. 1779, p. 214, 9/20 set. 1779.

25. RGVIA 271.1.66.1, H para GAP, s.d., não publicada. RGADA 11.923.11, H para GAP, não publicada. Harris, p. 268, H para seu pai, 26 maio 1780. RGADA 11.923.2, H para GAP, não publicada.

26. Harris, p. 216, H para Weymouth, 9/20 set. 1779.

27. Corberon, v. 2, p. 313. P. Fauchille, *La Diplomatique française et la Ligue des Neutres*, p. 316, citado em Isabel de Madariaga, "The use of British Secret Service Funds at St. Petersburg, 1777--1782", p. 466; Malmesbury PRO FO Secretary of State: State Papers, Foreign, cyphers 91/103, n. 59, 9/20 set. 1779; H para Gertrude Harris, s.d., Papers of Lord Malmesbury, Merton College Oxford, citado em Madariaga, "British Secret Service Funds", p. 467.

28. *Memoirs of the Life of Prince Potemkin*, p. 50. Castera, v. 2, p. 442. RGADA 11.858.6, Tatiana Engelhardt para GAP, 3 jun. 1785, não publicada. Pole Carew CO/R/3/203, não publicada. Harris, p. 338, H para Stormont, 16/27 fev. 1781.

29. Esse relato de Cagliostro em Petersburgo e do ocultismo do século XVIII baseia-se nas seguintes fontes: SIRIO 23 (1878), CII para Grimm, 9 jul. 1781. RS 12, pp. 50-83. V. Zotov, "Cagliostro: His Life and visit to Russia". Dumas, pp. 65-73. Trowbridge, pp. 142-7, e sobre charlatães e curadores ocultistas do século XVIII, pp. 74-110. RGADA 5.85.1.179, L 8, CII para GAP, s.d. RGADA 5.85.1.280, L 19, GAP para CII, e resposta de CII, s.d. RGADA 1.1/1.54.18, CII para GAP, s.d. Corberon, v. 1, p. 159 e v. 2, pp. 395-6. Madariaga, *Politics & Culture in Eighteenth Century Russia: Collected Essays*, pp. 150-67.

30. RGADA 5.85.1.179, L 8, CII para GAP, s.d. RGADA 5.85.1.280, L 19, GAP para CII. e resposta de CII, s.d. RGADA 1.1/1.54.18, CII para GAP, s.d.

31. RGADA 5.85.1.179, L 8, CII para GAP, s.d. RGADA 5.85.1.280, L 19, GAP para CII, e resposta de CII, s.d. RGADA 1.1/1.54.18, CII para GAP, s.d.

32. RS 12, pp. 50-83. Zotov. SIRIO 23 (1878), CII para Grimm, 9 jul. 1781.

33. Harris, pp. 239-40, H para Stormont, 15/26 fev. 1780.

34. Harris, p. 240, H para Stormont, 15/26 fev. 1780.

35. Harris, p. 225, H para Weymouth, 23 out./5 nov. 1779; pp. 225-6, 9/20 set. 1779. Harris, p. 229, H para Weymouth, 23 out./5 nov. 1779.

36. Harris, p. 252, H para Stormont, 31 mar./11 abr. 1780. Também Malmesbury PRO FO Secretary of State: State Papers, Foreign, cyphers SP 91/106 n. 161, citado em Madariaga, "British Secret Service Funds", p. 466. Memoirs de Torcy, v. 2, p. 99. Corberon, v. 1, p. 370, Corberon para Vergennes, 24 set. 1779. Fauchille, p. 293.

37. Harris, p. 255, H para Stormont, 7/18 abr. 1780.

38. Harris, p. 275, H para Stormont, 15/26 jun. 1780. Potemkin de J. E. Cerenville, *La Vie de Prince Potemkine*, p. 73, n 1. Madariaga, "British Secret Service Funds", p. 472. Goertz, seção 3, p. 41, Goertz para FoG. Harris, p. 405, H para Stormont, 13/24 mar. 1781. FO 65/1 n. 170, H para Stormont, 29 dez./9 jan. 1781.

39. Corberon, v. 1, p. 370, 23 set. 1780.

40. Harris, p. 256, H para Stormont, 15/26 maio 1780. PRO FO Secretary of State: State Papers, Foreign, cyphers SP 91/104 s.n., H para Stormont, 15/26 fev. 1780; SP 91/104, n. 19, Stormont para H, 11 abr. 1780; SP 91/105 n. 42, H para Stormont, 14 jul. 1780.

41. SIRIO 19 (1876): 506, Gunning para Suffolk, 5/16 out. 1775, Moscou. SIRIO 23: 136, CII para Grimm, 7 maio 1779. Stephen K. Batalden, *Catherine II's Greek Prelate: Eugenios Voulgaris in Russia 1771-1806*, pp. 33, 39, 43, 41. RGADA 16.689.1. ZOOID 1 (1844), pp. 206-11. S. Sofanov, "Ostatki Grecheskikh Legionov v Rossii". PSZ 14.366. CII nomeou Voulgaris arcebispo de Kherson e Slaviansk em 9

set. de 1775. Voulgaris foi sucedido em 6 ago. de 1779 por outro dos clérigos gregos de GAP, o arcebispo Nikiforos Theotokis. Ver Gregory L. Bruess, *Religion, Identity and Empire*, pp. 85-6. Também GPB 227.1.25 cap. 1, CII sobre Ginásio Grego, 19 nov. 1774, citado em Batalden. Harris, p. 203, H para Weymouth, 24 maio / 4 jun. 1779. Goertz, seção 1, p. 24.

    42. Harris, p. 203, H para Weymouth, 24 maio / 4 jun. 1779.

    43. Corberon, v. 2, p. 226.

14. BIZÂNCIO [pp. 303-13]

    1. Essa descrição do Império Otomano baseia-se no barão de Tott, *Memoirs*, especialmente o v. 1; os relatos não publicados, anônimos e de N. Pisani, I. Bulgákov e outros a partir de Istambul, sobre a Sublime Porta e a política otomana no Arquivo da Chancelaria de Potemkin em RGVIA 52, por exemplo N. Pisani para I. Bulgákov RGVIA 52.11.53.11. Estes estão repletos de descrições vívidas das idas e vindas da política otomana e todos são inéditos. Ver também Kinross, esp. pp. 112, 362--406, e Mansel, *Constantinople*, esp. pp. 57-132, que é o melhor relato moderno.

    2. Anspach, *Journey*, p. 199, Lady Craven para o Margrave de Anspach, 11 maio 1786, Constantinopla. De Tott v. 1, p. 137. Kinross, pp. 137-47, 171. De Tott, v. 1, p. 96. Mansel, *Constantinople*, pp. 60-1.

    3. RGVIA 52.11.53.31, N. Pisani para I. Bulgákov, 1 / 12 maio 1787.

    4. De Tott, v. 3, p. 101. Mansel, *Constantinople*, p. 203.

    5. Sir Robert Keith, embaixador britânico em Viena, citado em M. S. Anderson, *The Eastern Question*, p. 22.

    6. Gerhard F. Kramer e Roderick E. McGrew, "Potemkin, the Porte and the Road to Tsargrad", pp. 267, 210B, coronel Barozzi para GAP, jan. 1790.

    7. Harris, p. 203, H para visconde Weymouth, 24 maio / 4 jun. 1779. Corberon, v. 2, p. 226.

    8. RGADA 5.85.1.1, L 189, GAP para CII.

    9. Isabel de Madariaga, *Politics and Culture in Eighteenth Century Russia: Collected Essays*, pp. 20-1. Metropolita Zósimo citado em D. Stremoukhoff, "Moscow the Third Rome: Sources of the Doctrine", *Speculum* (1953) 28, p. 112, citado em Madariaga, *Politics and Culture*, pp. 20-1.

    10. RGADA 11.941.4, príncipe Alexandre Mavrocordato para GAP, 10 jul. 1791, Elizavetgrado. Coxe, v. 2, p. 461. RA 3 (1789), p. 19. *Ypselotate kai Eklamprotate Prinkips in T. Georgikon ta D'vivilia en eroika to metro*, São Petersburgo 1786, e GAP para Voulgaris, ambos citados em Batalden, pp. 71-1. Também ZOOID 9 (1785), 281-2. GAP estava cultivando três proeminentes bispos gregos que serviram todos como propagandistas para seu projeto bizantino-russo. Nikiforos Theotokis escreveu hinos de louvor ao grão-duque Constantino, saudando-o como o futuro imperador de Bizâncio. Quando GAP mudou Theotokis para ser arcebispo de Astrakhan e Stavropol, ele foi sucedido em 28 de novembro de 1786 por Ambrósio. Ver Bruess, pp. 85-6, 117, 128, 170.

    11. AKV 13: 223-8, conde A. A. Bezboródko para conde P. V. Zavadóvski, 17 nov. 1791, Jassi. O. I. Yeliseeva, "The Balkan Question in G. A. Potemkin's Project of Foreign Policy", in *The Century of Catherine II: Russia and the Balkans*, pp. 63-8. AVPRI 5.591.1.99-113 verso. AVPRI 5.591.1.105-6 verso. SIRIO 26: 93, 399, 369-70. A. A. Bezboródko, "Retrato ou breve nota das guerras da Rússia com os tártaros, a começar em meados do século décimo e durando de forma ininterrupta por quase oitocentos anos", s.d.,1776. SIRIO 26 (1879), p. 385, "Memorial Brigadra Alexandra Andree-

vicha Bezborodka po delem politicheskim". Batalden, pp. 96-7. O. I. Yeliseeva, *GA Potemkin's Geopolitical Projects, Associates of Catherine the Great*, pp. 26-31. O. P. Markova, "O proiskhozhdenii taak nazyvayemogo Grecheskogo Proekta". Hugh Ragsdale (Org.), *Imperial Russian Foreign Policy*, pp. 75-103.

12. Ségur, *Mémoires*, v. 2, p. 393. Masson, p. 203. RP 2.1.9 Mikhail Garnovski para Vassíli Pópov, ago. 1787, citado em Waliszewski, *Autour d'un trône*, pp. 30-3. Goertz, p. 45.

13. AKV 13: 84, Bezboródko para S. R. Vorontsov, 29 jul. 1785.

14. Harris, p. 281, H para Sir Joseph Yorke, 14/25 jul. 1780.

15. B&F, v. 1, p. 6, príncipe Von Kaunitz para conde Cobenzl, 14 abr. 1780, Viena.

16. A. A. Bezboródko, *Pisma A. a. Bezborodka*, p. 57, Bezboródko para P. A. Rumiántsev--Zadunáiski, 4 fev. 1780. RA (1872), p. 992, CII para D. M. Golítsin, Viena.

17. RGADA 5.85.1.30, L 137. RGADA 5.85.1.309, L 138. RGADA 5.85.1.204, L 138. RGADA 5.85.1.110, L 139. RGADA 5.85.1.203, L 138. Todas de CII para GAP.

15. O SACRO IMPERADOR ROMANO [pp. 314-30]

1. *Josef II und Katharina von Russland. Ihr Briefwechsel*, ed. de Alfred Ritter von Arneth, carta III, CII para JII, 19 maio 1780.

2. *Maria Theresa und Josef II. Ihre Correspondenz*, ed. de Alfred Ritter von Arneth, v. 3, p. 246, JII para Maria Teresa, 2 jun. NS 1780, Moguiliov. SIRIO 27: 182, CII para GAP, 23 h, 23 maio 1780, Chklov.

3. B&F, v. 1, p. 1, JII para conde Cobenzl, 13 abr. 1780, Viena.

4. Este perfil de José II baseia-se em: Mansel, *Charmeur*, p. 80. Ligne, *Fragments*, v. 1, 310. Ligne, *Mélanges*, v. 20, p. 79. Ligne, *Letters* (Staël), v. 2, p. 34, Ligne para CII, 12 fev. 1790. SIRIO 23: 440, CII para o barão F. M. Grimm. 19 abr. 1788. Edward Crankshaw, *Maria Theresa*, pp. 254-68. Andrew Wheatcroft, *The Habsburgs*, pp. 226, 232, 236. T. C. W. Blanning, *Joseph II*, pp. 47-67, 151-5. Beales, pp. 31-89, 306-37, 431-8.

5. *Maria Theresa — JII* (Arneth), v. 3, p. 246, JII para Maria Teresa, 2 jun. 1780.

6. Engelhardt, 1997, pp. 26-30. SIRIO 23: 175-82, CII para Grimm.

7. Engelhardt, 1997, pp. 27-30.

8. Jerzy Lojek, *Stanislas Poniatowski: Pamietniki synowca Stanislawa Augusta przekl*, Instytut Wydawniczy, PAX 1979, p. 58.

9. L, p. 709. Artigos de V. M. Zheludov, inclusive "Tsarski Kolodets" [O poço da tsarina], todos da *Rayonnay Gazeta* da região de Dukhovschina do Oblast de Smolensk. RGADA 5.85.1.83, L 140, CII para GAP.

10. *Maria Theresa — JII* (Arneth), v. 3, pp. 250, 260, JII para Maria Teresa, 8 e 19 jun. 1780.

11. Dimsdale, p. 70, 7 set. NS 1781, Tsárskoie Seló.

12. *Maria Theresa — JII* (Arneth), v. 3, p. 270, JII para Maria Teresa, 4 jul. 1780, São Petersburgo. SIRIO 23 (1878): 183, CII para Grimm, 24 jul. 1780, Peterhof.

13. Corberon, v. 2, p. 287, 18 ago. 1780. Harris, H para visconde Stormont, 2/13 out. 1780.

14. Harris, H para Stormont, 2/13 out. 1780. Fraser, *FtG*, p. 561.

15. RGADA 52.3.2.1, príncipe Henrique da Prússia para GAP, 2 ago. 1780, Rheinsburg, não publicada. Harris, p. 285, H para Stormont, 28 ago./ 8 set. 1780.

16. Fontes para Ligne: ver as próximas duas notas.

17. As principais fontes para o retrato do príncipe de Ligne são Mansel, *Charmeur*, bem como os próprios escritos de Ligne, *Mélanges, Fragments* e *Letters*, e as cartas não publicadas dele para GAP em RGADA e RGVIA, citadas mais tarde. Francisco de Miranda, *Archivo del General Miranda*, p. 294, 26 mar. 1787, Kíev. Corberon, v. 2 pp. 274-5, 8 ago. 1780. Ligne, *Letters* (Staël), v. 2, p. 71, carta 11, Ligne para Coigny, 8 ago. 1780. Mansel, *Charmeur*, pp. 21, 29, 65, 93. SIRIO 23 (1878): 185, CII para Grimm, 7 set. 1780. B&F, v. 1, p. 53, Cobenzl para JII, 17 set. NS 1780. Harris, p. 287, H para Stormont, 22 set./3 out. 1780.

18. B&F, v. 1, p. 91, Cobenzl para JII, 13 dez. 1780.

19. RGADA 11.893.9, Ligne para GAP, 6 dez. NS 1780, Viena, não publicada. B&F, v. 1, p. 113, Cobenzl para JII, 4 fev. 1781.

20. GARF 728.1.416.42, L 144, CII para GAP, s.d.

21. Harris, p. 321, H para Stormont, 13/24 dez. 1780.

22. Harris, p. 314, H para Stormont, 13/24 dez. 1780; pp. 380-1, H para Stormont, 14/25 jul. 1781. SIRIO 23 (1878): 431, CII para Grimm, 30 nov. 1787. Harris, p. 275, H para Stormont, 15/26 jun., 6/17 out., 24 nov./5 dez., 13/24 dez. 1780. Madariaga, *Russia*, pp. 385-7. AKV 13: 75-83, A. A. Bezboródko para S. R. Vorontsov, jul. 1785. PRO FO Secretary of State: State Papers, Foreign, cyphers SP 106/67, William Fawkener para Lord Grenville, 18 jun. 1791, não publicada. Harris, pp. 431-2, Charles James Fox para H, e H para Fox, 19/30 abr. 1782; pp. 342-50, H para Stormont, 13/24 mar. 1781, H para Stormont, 30 abr./11 maio 1781. William Coxe, *Memoirs of the Kings of Spain of the House of Bourbon*, v. 3, p. 448 (sobre os depósitos de 2 milhões de libras em Minorca), citado em Madariaga, *Britain, Russia ant he Armed Neutrality*, p. 297.

23. GARF 728.1.416.47, L 145, e RGADA 5.85.1.104, L 146, CII para GAP.

24. Cyrus Ghani, *Iran and the Rise of Reza Shah — Qajar Collapse to Pahlavi Power*, pp. 1-2.

25. Pole Carew CO/R/3/95, maio 1781, não publicada. Sobre a expedição persa: AAE Mémoires e conde de Ségur para conde de Vergennes, 15 out. 1786. Passe Turco-Tatar Present Soviétique (1986): Michel Lesure, L'Expedition d'Astrabad 1781-2; Est-il encore um Secret d'État? 3 set. 1780, Ordem do príncipe Potemkin para Colégio do Almirantado — Opisanie del Arkhiva Morskago ministerstva za vremya s poloviny XVIII-go do nachala XIX stoletiya, S. Petersburgo 1877 — 82, v. 3, p. 629, n. 724/111. Citado em Lesure. Sobre a questão armênia: GAP queria criar um "Projeto Armênio" para correr paralelamente ao seu "Projeto Grego" e perseguiu essa ideia ao longo de toda sua carreira, promovendo clérigos armênios exatamente da mesma maneira que fez com os gregos. Bruess, pp. 196-7. Para mais sobre este assunto, ver capítulos 17, 18, 19.

26. B&F, v. 1, pp. 154-8, Cobenzl para JII, 23 maio 1781; p. 207, Cobenzl para JII, 26 ago. 1781. *JII — CII* (Arneth), carta XXXII, JII para CII, e carta LXXXIV, CII para JII.

27. B&F, v. 1, p. 141, Cobenzl para JII, 5 abr. 1781. Harris, p. 367, H para Stormont, 8/19 jun. e 25 jun./6 jul. 1781.

28. B&F, v. 1, p. 197, JII para Cobenzl, 19 ago. 1781, p. 207, Cobenzl para JII, 26 ago. 1781. PRO FO Secretary of State: State Papers, Foreign, cyphers SP 65/3, n. 94, H para Stormont, 25 jun./6 jul. 1781.

29. RGADA 5.85.1.490, L 146, CII para GAP. Harris, p. 382, H para Stormont, 14/25 jul. 1781.

16. TRÊS CASAMENTOS E UMA COROA [pp. 331-41]

1. *JII — CII* (Arneth), carta XLIX, CII para JII, 7/18 dez. 1781. B&F, v. 1, p. 170, conde Cobenzl para JII, 5 jul. 1781.

2. Harris, p. 391, H para visconde Stormont, 10/21 e 17/28 set. 1781; pp. 399-408, 21 out./1 nov. 1781; p. 394, 21 set./2 out. 1781. B&F, v. 1, p. 209, Cobenzl para JII, 26 ago. 1781.

3. B&F, v. 1, p. 226, 12 set. 1781; p. 291, 18 jan. 1782; v. 2, p. 75, 1 nov. 1786, todas Cobenzl para JII. Wiegel citado em RP 3.1, p. 10.

4. RGADA 5.85.1.401, L 148, CII para GAP.

5. Casanova, v. 10, cap. 8, pp. 190-7.

6. Ségur, *Mémoires* (Shelley), p. 189.

7. RGADA 11.867.12, grão-general Branicki para GAP, 9 abr. NS 1775, Varsóvia. RGADA 11.867.1-60, não publicada. A correspondência de Branicki com GAP é um estudo da relação russo-polonesa entre 1775 e 1791. Eu a utilizei para ilustrar a relação entre tio e sobrinho e as políticas polonesas de GAP, mas sua janela para as relações com a Polônia é detalhada demais para este livro, embora futuros estudiosos possam considerá-la inestimável. Já em 1775, era aceito na Corte que GAP estava protegendo Branicki e alimentando seu poder no seu partido polonês. Para um exemplo, ver SIRIO (1911) 135.68, vice-chanceler Ivan Osterman para O. M. Stackelberg, 7 dez. 1775, Moscou.

8. Zamoyski, *Last King of Poland*, p. 291.

9. Dimsdale, 27 ago. 1781.

10. Existe uma lenda de que o casamento de Nadéjda Engelhardt e Chépelev foi uma recompensa posterior por ter matado o príncipe Pedro M. Golítsin num duelo em 1775. Chépelev supostamente teria matado Golítsin a pedido de Potemkin porque Golítsin estava flertando com Catarina. Não há evidência para nada disso: Golítsin na realidade foi morto por um homem chamado Lavrov, e de forma nenhuma por Chépelev. O casamento só ocorreria cinco anos depois — um tempo longo demais para Chépelev esperar pela sua recompensa. De qualquer forma, um duelo vingativo não era o estilo de Potemkin. Ver a carta de Catarina sobre o duelo, RGADA 1.1/1.54.130, L 79, provavelmente em out./nov. 1775.

11. B&F, v. 1, p. 291, 18 jan. 1782; v. 2, p. 75, 1 nov. 1786; v. 1, p. 93, 13 dez. 1780, todas de Cobenzl para JII.

12. RGADA 11.901.5, P. M. Scavrónski para GAP, 20 jun. 1784, Viena. RGADA 11.901.19, P. M. Scavrónski para GAP 4/15 jun. 1785, Nápoles, não publicada.

13. Vigée Lebrun, v. 1, pp. 192-4.

14. RGADA 11.857.8, condessa A. V. Branicka para GAP, s.d., não publicada.

15. RGADA 11.857.40, Branicka para GAP, s.d., não publicada.

16. Wiegel 1 (1891), p. 43.

17. Harris, p. 391, H para Stormont, 7/18 set. 1781.

18. B&F, v. 1, p. 282, Cobenzl para JII, 18 jan. 1782. Harris, p. 412, H para Stormont, 9/20 nov. 1781; p. 408, 21 out./1 nov. 1781.

19. Arneth, *Joseph II u. Leopold von Toscana*, v. 1, pp. 114-24, 5 jun. 1782. B&F, v. 1, p. 301, JII para Cobenzl, 19 fev. 1782. Roderick E. McGrew, *Paul I*, p. 129. SIRIO 23: 145 e SIRIO 23: 157-9, CII para Paulo, 25 abr. e 7 jun. 1782. D. M. Griffiths, "The Rise and Fall of the Northern System", p. 565. Ransel, *Politics*, p. 211. SIRIO 9: 64. B&F, v. 1, p. 342, JII para Cobenzl, 13 nov. 1782.

20. B&F, v. 1, pp. 262, 318, Cobenzl para JII, 4 dez. 1781 e 18 jul. 1782.
21. RGADA 7.2.2607, GAP para CII, CII para o príncipe Viázemski etc.
22. SIRIO 23: 621, CII para Grimm, 6 abr. 1795.
23. B&F, v. 1, p. 318, 18 jul. 1782.
24. RGADA 5.85.1.121, L 150, CII para GAP, 3 jun. 1782. Também RGVIA 271.1.31.1106, M. S. Potemkin para GAP, 1 jun. 1782, não publicada.
25. Harris, p. 447, H para Charles James Fox, 10/21 jun. 1782.
26. *JII — CII* (Arneth), p. 136, JII para CII, e CII para JII, 12 jul. e 5/26 jul. 1782.
27. *JII — CII* (Arneth), p. 169, carta XXIV, JII para CII, 13 nov. 1782; carta LXV, CII para JII, 10 set. 1782. B&F, v. 1, p. 344, Cobenzl para JII, 4 dez. 1782. Harris, H para Lord Grantham, 23 dez./3 jan. 1783.
28. B&F, v. 1, p. 344, Cobenzl para JII, 4 dez. 1782.
29. Ségur, *Mémoires*, 1827, v. 2, pp. 401, 382-3. Castera, v. 3, p. 307.
30. AVPRI 5.585.294, L 317, GAP para CII, 29 set. 1788.
31. RGADA 5.85.1.557, L 256, CII para GAP, 23 nov. 1787.
32. RGADA 5.85.1.88, L 154, CII para GAP.

17. O PARAÍSO DE POTEMKIN: A CRIMEIA [pp. 342-62]

1. Este relato do canato da Crimeia e sua anexação usa as *Memoirs* do barão de Tott, esp. v. 2; N. F. Dubrovin (Org.), *Prisoyedineniye Kryma k Rossii (reskripty, pisma, relatsii, doneseniya)*, v. 2; e N. F. Dubrovin (Org.), *Bumagi knyaza Grigoriya Alexandrovicha Potemkina-Tavricheskogo 1774-88*, SBVIM, v. 1 e 6; as duas obras de Alan W. Fisher, *The Crimean Tartars* e *The Russian Annexation of the Crimea*. Também Alexander, *CtG*, pp. 246-55, e Madariaga, *Russia*, pp. 386-91.
2. Fisher, *Crimean Tartars*, pp. 7-69.
3. De Tott, *Memoirs*, v. 2, p. 98. Fisher, *Russian Annexation*, pp. 6-21.
4. SIRIO 8.227, CII para Voltaire.
5. Fisher, *Crimean Tartars*, pp. 7-69.
6. Entre os cristãos da Crimeia, havia gregos e armênios. Os gregos estavam estabelecidos em Taganrog e Mariupol, junto com "albaneses" que haviam lutado pelos russos na Primeira Guerra Turca. Havia problemas enormes, e os russos, em particular GAP, devem levar a culpa pelas carnificinas que se seguiram. Havia reclamações e quase motins. Os arcebispos Voulgaris e Theotokis atuavam como porta-vozes dos gregos junto a GAP, que resolvia os problemas, arranjava benefícios e favorecimento de status. Ele aprendeu já com sua primeira experiência de assentamento e se envolvia nos menores detalhes durante os anos 1780. Os armênios receberam suas próprias cidades, Gregoripol e Nakhichevan, e muitos também se estabeleceram em Astrakhan, onde GAP nomeou José Argutinski como seu arcebispo. Ver capítulos 18 e 19. Ver também Bruess, pp. 122-7, RGADA 16.689.2.1.29 para GAP concedendo benefícios em Taganrog. RGADA 5.85.1.35, L 151, GAP para CII. Ele também mandou ordens para I. A. Hannibal em Kherson para preparar-se em caso de guerra: ZOOID 11: pp. 324-6, N. N. Murzakevich, *The Materials for a History of the Principal Town of a Province — Kherson*, GAP para Hannibal, 11 ago. 1782.
7. RGADA 5.85.1.122, L 152, CII para GAP, 19 set. 1782.

8. RGADA 5.85.2.15, L 152, CII para GAP, 30 set. 1782.

9. RGADA 5.85.1.88, L 154, CII para GAP.

10. RGADA 5.85.1.126, L 154, CII para GAP, 18 out. 1782.

11. Dubrovin, *Prisoyedineniye Kryma*, v. 2, pp. 98, 318-9, 322, 550, 558, 752-3, príncipe Prozorovski para GAP; GAP para Prozorovski; conde P. A. Rumiántsev para GAP; general Alexandre Suvórov para GAP. Privilégio para gregos em PSZ, 21 maio 1779, 14879; Privilégio para armênios em PSZ, 14 nov. 1779 14942. ZOOID 2 (1848-50): 660. ZOOID 1: 197-204. IV (1860) pp. 359-62. Fisher, *Russian Annexation* pp. 131-4. Marc Raeff, "The Style of Russia's Imperial Policy and Prince Potemkin", pp. 10-1.

12. Harris, p. 483, H para Lord Grantham, 8/19 nov. 1782.

13. RGADA 11.893.6, príncipe de Ligne para GAP, 23 maio 1787?, não publicada. Ver também Semple no *Dictionary of National Biography* (1903).

14. Harris, p. 372, H para visconde Stormont, 25 jun./6 jul. 1781.

15. Harris, p. 481, H para Grantham, 4/15 nov. 1782. SIRIO 23 (1878): 274-5, CII para barão F. M. Grimm, 20 abr. 1783.

16. AVPRI 5.5/1.591.1.106, L 154, GAP para CII.

17. Harris, p. 498, H para Grantham, 20/31 jan. 1783. PRO FO Secretary of State: State Papers, Foreign, cyphers SP 65/8, n. 47, H para Grantham, 2/13 dez. 1782, citado em Isabel de Madariaga, "The Secret Austro-Russian Treaty", p. 135.

18. Rescritos de Catarina II para GAP sobre a Crimeia: RGADA 5.85.3.158-60, 14 dez. 1782. RGADA 5.85.165, 14 jan. 1783. RGADA 5.85.3.167-9, 7 fev. 1783. RGADA 5.85.3.175-80, 8 abr. 1783.

19. Harris, p. 487, H para Grantham, 6/17 dez. 1782.

20. Harris, p. 492, H para Grantham, 27 dez. 1782/27 jan. 1783.

21. Harris, pp. 380-1, H para Stormont, 14/25 jul. 1781. SIRIO 23 (1878): 431, CII para Grimm, 30 nov. 1787. Harris, p. 275, H para Stormont, 15/26 jun., 6/17 out., 24 nov./5 dez., 13/24 dez. 1780. Madariaga, *Russia*, pp. 385-7. AKV 13:75-83 A. A. Bezboródko para S. R. Vorontsov, jul. 1785. PRO FO Secretary of State: State Papers, Foreign, cyphers SP 106/67, William Fawkener para Lord Grenville, 18 jun. 1791, não publicada. Harris, pp. 431-2, Charles James Fox para H, e H para Fox, 19/30 abr. 1782; pp. 342-50, H para Stormont, 13/24 mar., 30 abr./11 maio 1781.

22. RA (1888) 3, pp. 364-7, sobre trajes e armas de soldados, GAP para CII. Masson, v. 1, p. 103. RGADA 5.85.3.81, *ukaz* de CII para GAP sobre transformação dos regimentos dos dragões e hussardos e forças irregulares, 15 dez. 1774. SBVIM, v. 1, pp. 74-88; pp. 74-88, p. 13, GAP para Colégio da Guerra, 16 nov. 1774; p. 38, p. 10, ordem de GAP para Regimento de Couraceiros de Kazan, 27 out. 1774. Ver também RS 7, pp. 722-7; RA (1888) 2, pp. 364-7; e RS (1908) 136, p. 101. Senador Nikolai Iákovlevitch Tregubov, *Zapiski*. A. Begunova, *Way through the Centuries*, pp. 86-7. Essas reformas foram continuadas ao longo dos anos 1780 — ver SIRIO 27 (1880): p. 348, *ukaz* de CII para GAP, 14 jan. 1785. Vale a pena notar que o Exército britânico aboliu essa "vestimenta extravagante" — pó, pomada etc. — somente no século XIX, muito depois de GAP tê-lo feito na Rússia.

23. Harris, p. 498, H para Grantham, 20/31 jan. 1783.

24. P. V. Zavadóvski, *Pisma Zavadovskago k Rumiantsevu*, p. 255, Zavadóvski para P. A. Rumiántsev.

25. RGVIA 271.1.31.14, M. S. Potemkin para GAP, s.d.

26. RGADA 5.85.1.440, L 162, CII para GAP. RGADA 1.1.43.61, L 163, GAP para CII, 22 abr. 1783.

27. RGADA 5.85.1.449, L 165, CII para GAP, maio 1783.

28. Arquivo de família de M. S. Vorontsov, p. 265, n. 38, GAP para general conde A. B. de Balmain, 31 maio 1783; p. 265, n. 40, ordem de GAP para tenente-general A. S. Suvórov, 10 jun. 1783; p. 266, n. 42, 43, 54, ordens de GAP para de Balmain, 14 e 23 jun. 1783; p. 277, n. 77, ordem de GAP para de Balmain; p. 279, n. 83, ordem de GAP para tenente-coronel Rakhmanov.

29. AVPRI 123.123/2.71.127, GAP para Balmain. RGADA 1.1/1.43.76-7. RGADA 5.85.1.450, CII para GAP. RGADA 1.1/1.43.78, GAP para CII. RGADA 5.85.1.456, CII para GAP. RGADA 5.85.1.459, CII para GAP. RGADA 1.1/1.43.80, L 165-73, GAP para CII. RGVIA 52.2.37.63, GAP para Bezboródko. Harris, p. 504, Grantham para H, 22 fev. 1783.

30. *Louis XVI — Comte de Vergennes*, pp. 131-4.

31. A. S. Pishchevich, *Zhizn A. S. Pishchevicha*, p. 128. Ver também Duffy, *Russia's Military Way*, p. 181. Arquivo de Família de M. S. Vorontsov, p. 282., n. 91, 93, GAP para Suvórov ,11 e 13 set. 1783; p. 282, n. 92, GAP para cã Shagin Giray, 13 set. 1783.

32. RGADA 5.85.1.461, CII para GAP. RGADA 5.85.1.504.

33. A. Petrushevsky, *Generalissimo Knyazi Suvorov*, v. 1, p. 226.

34. RGADA 1.1/1.43.86-7, L 175, GAP para CII, 10 jul. 1783, Karasubazaar. RGADA 1.1/1.43.67-8, L 176, GAP para CII, 16 jul. 1783, Karasubazaar. RGADA 1.1/1.43.69-71, L 179, GAP para CII, 29 jul. 1783, Karasubazaar. RGADA 1.1/1.43.74-5, L 179, GAP para CII, 29 jul. 1783, Karasubazaar.

35. John Anthony Guldenstaedt, citado em Coxe, *Travels*, v. 2, p. 413.

36. RGVIA 52.1/194.20.6.58 (texto georgiano, p. 26), rei Hércules/ Héracles/ Erakle para GAP, 21 dez. 1782. RGVIA 52.1/194/20/6/34, rei Hércules para GAP, 31 dez. 1782. RGVIA 52.2.31 GAP para CII, 5 ago. 1783. RGVIA 52.1.28.23, CII para GAP, 23 ago. 1783. RGVIA 52.1.28.25, CII para GAP, 30 set. 1783. John F. Baddeley, *Russian Conquest of the Caucasus*, pp. 20-1. Ronald Grigor Suny, *The Making of the Georgian Nation*, pp. 58-9.

37. RGADA 1.1/1.43.64, L 180, GAP para CII.

38. Ver nota 24. Também RGVIA 52.2.29.33, GAP para CII, 13 out. 1783; RGVIA 52.2.29.56, GAP para CII, 22 jun. 1784.

39. RGADA 5.85.3.175-80, rescrito de CII para GAP sobre linha de ação após a decisão da imperatriz sobre a anexação da Crimeia com Taman e Kuban, 8 abr. 1783.

40. AKV 13: 53-4, Bezboródko para P. V. Bakúnin, 31 maio 1784.

41. RGADA 5.85.1.507, L 181, CII para GAP. Sobre o "Projeto Armênio", ver Bruess, pp. 196-8.

42. RGADA 5.85.513. SIRIO 27: 279, CII para GAP.

43. RGADA 5.85.1.508, SIRIO 27: 276-80, CII para GAP.

44. RGADA 5.85.4.1.524, CII para GAP.

45. Arquivo de família de M. S. Vorontsov, p. 279, n. 84, ordem de GAP para tenente-general Suvórov, 12 ago. 1783.

46. RA (1905) 2, p. 349, Iákov Bulgákov para GAP, 1 out. 1783, Constantinopla. RGADA 5.85.4.1.521, CII para GAP. RGADA 5.85.4.1.521, L 185, CII para GAP, 26 set. 1783.

47. *JII — CII* (Arneth), carta XCIV, JII para CII, 12 nov. 1783, Viena.

48. RGADA 5.85.4.1.524, general I. A. Igelstrom para GAP, fev. 1784, Karasubazaar, não publicada.

49. S. N. Glinka, *Zapiski*, pp. 10-1.

50. RGADA 5.85.4.1.524, L 186, CII para GAP. RGADA 1.1/1.43.4, L 187, GAP para CII, 22 out. 1783, Tchernigchov.

51. AKV 13: 45-6, Bezboródko para Semion Vorontsov, 7 fev. 1784. Para GAP lutando contra a peste no sul (enquanto também encomendava novos navios de guerra), ver ZOOID 11: 335, GAP para coronel Gaks, 16 jul. 1783; p. 341, GAP para Gaks, 6 out. 1783; pp. 342-4, GAP para Gaks 14, 22 out. 1783 e GAP para M. V. Muromtsev, 9 nov. 1783.

52. Engelhardt, 1997, pp. 39-41.

53. RA (1905) 2, p. 352, GAP para Bulgákov. RA (1866) 1-2, p. 1574.

54. AKV 13: 47-8, Bezboródko para Semion Vorontsov, 15 mar. 1784.

18. IMPERADOR DO SUL [pp. 365-93]

1. Damas, pp. 89-90. Este capítulo tem grande dívida com E. I. Druzhinina, *Severnoye Prichonomorye 1775-1800*, especialmente sobre números de população e assentamentos.

2. *Memoir of the Life of Prince Potemkin*, pp. 66-7.

3. Roger P. Bartlett, *Human Capital: The Settlement of Foreigners in Russia 1762-1804*, p. 109. Ligne, *Mélanges*, v. 24, p. 181, príncipe de Ligne para príncipe Kaunitz, 15 dez. 1788, Jassi.

4. Wiegel I, pp. 29-30. Raeff, *Imperial Manner*, pp. 234-5. O ensaio de Raeff é altamente perceptivo sobre o estilo e talento de GAP como governante do sul.

5. ZOOID 11: pp. 506-8; E. A. Zagorovsky, *Organization of the Administration in New Russia under Potemkin 1774-1*, pp. 1-33. Outra figura importante em sua chancelaria era o barão Von Bühler, irmão do ministro-chefe da Saxônia, que serviu como seu assessor sênior para política estrangeira no fim da década de 1780.

6. RS (1876) 15, pp. 33-8, jul. 1787. M. Garnovski, *Zapiski Mikhaila Garnovskago*.

7. Samóilov, cols. 1234-5.

8. RGADA 5.85.1.38, L 73, CII para GAP. Manifesto sobre a Liquidação da Sec. Zaporojiana. SBVIM, v. 1, pp. 46-52, 3 ago. 1775.

9. AVPRI 2.2/8.20.55, L 99, GAP para CII, 21 abr. 1776, Skalkovsky, *New Sech*, parte 3 A, pp. 148, 158-63. Cartas de Potemkin para atamã P. I. Kalnikshevski, 21 jun. de 1774, e então carta ameaçadora para o mesmo, 8 dez. 1774, citadas em Skalkovsky.

10. SBVIM, v. 1, pp. 74-88, proposta sobre o Don, 18 fev. 1775; pp. 20-1, relatório para o Senado, 14 maio 1775. Kolómenskoie, pp. 33-4. PSZ XX n. 14, 251, 15 fev. 1775. PSZ XX, n. 14, 464, 9 maio 1775. SIRIO 23: 37.

11. RGVIA 52.1.54.3.21-30, correspondência de GAP com S. D. Efremov e sua esposa, Melania Karpovna.

12. RGADA 5.85.1.68, L 110, GAP para CII, e sua resposta, GAP para CII, e novamente sua resposta. RGADA 5.85.1.68, L 110.

13. SBVIM, v. 6, p. 54.

14. SBVIM, v. 1, pp. 74-88, 36-7, GAP para general P. A. Tekeli, 8 jun. 1775.

15. William H. McNeill, *Europe's Steppe Frontier 1500-1800*, pp. 200-2. RGADA 5.85.1.464, L 81, CII para GAP. SBVIM, v. 1, pp. 65-7, 8 set. 1775. Druzhinina, pp. 64-5.

16. RGADA 1.1/1.54.83, L 125. RGADA 5.85.3.109. SIRIO 27: 50-1.

17. RGADA 5.85.1.25, L 127, CII para GAP. Zavadóvski, pp. 23-4, conde P. V. Zavadóvski para conde P. A. Rumiántsev. O debate sobre a localização de Kherson: SBVIM, p. 110. *Ukaz* de CII para GAP; p. 112, GAP para CII, 25 jul. 1778. RGVIA 143,1.6-7 s/d,1777. GAP orça a fundação de Kherson em 460103 rublos.

18. Samóilov, cols. 1215-8. Catarina também enviou trabalhadores: RGADA 5.85.3.109, CII para GAP sobre trabalhadores construindo o Almirantado, 31 maio 1778. Relatórios de I. A. Gannibal para GAP: RGVIA 1.194.54.10.52, 11 nov. 1779. Também ZOOID 11: pp. 324-6. Murzakevich, GAP para Gannibal, 1 mar. 1781 e 11 ago. 1782. Druzhinina, pp. 64-83.

19. Samóilov, cols. 1215-8.

20. M. S. Bentham, *Life of Brigadier-General Sir Samuel Bentham*, pp. 17-18, 10 ago. 1780.

21. Arquivo Cornwall, Antony CAD/50 Pole Carew Papers 1, 3, 4, 8, 9, 13, 14, 15, 16, 17, 18, 20, não publicados.

22. RGADA 11.900,1, Reginald Pole Carew para GAP, 24 out. 1781, Kherson, não publicada.

23. Arquivo Cornwall, Antony CAD/50 Pole Carew Papers 25-7, não publicadas.

24. RGADA 11.900.1, Pole Carew para GAP, 24 out. 1781, Kherson, não publicada.

25. M. Antoine, *Essai Historique sur le commerce et la navigation de la Mer Noire*, p. 112.

26. ZOOID 8: 210, GAP para CII.

27. ZOOID 13: 162, M. Antoine para GAP, 11 jan. 1786.

28. ZOOID 11: 342, GAP para coronel Gaks, 22 out. 1783. ZOOID 11: 354, GAP para coronel N. I. Kórsakov, 1 fev. 1784. ZOOID 11: 343, GAP para M. V. Muromtsev.

29. RGVIA 271.1.35, pp. 4-5.

30. RGVIA 52.2.11.102, pp. 22-3, GAP para Ivan Starov, 26 maio 1790.

31. ZOOID 11: 341, GAP para Gaks, 6 out. 1783. CII observava Kherson cuidadosamente: para sua aprovação e suprimento de novas verbas, ver SIRIO 27 (1880): 292, CII para GAP, 22 jan. 1784.

32. ZOOID 11: 335, GAP para Gaks, 22 out. 1783 e GAP para Muromtsev, 9 nov. 1783.

33. Antoine, p. 228. É uma marca da escala de ambição de GAP nas transações que ele esperasse estabelecer comércio com a Etiópia através do mar Vermelho. O. Markova, *O neutralnay sistemee i franko-russkikh otnosheniyakh, Vtoraya Polovina XVIII v.*, p. 47. Também: Druzhinina, cap. xxx.

34. RGADA 11.946.152, dr. G. Behr para GAP, 1787, não publicada.

35. RGADA 5.85.1.88, CII para GAP, 30 set. 1782.

36. Harris, p. 477, H para Lord Grantham, 25 out./5 nov. 1782.

37. RGADA 5.85.1.88, L 154, CII para GAP.

38. RGADA 1.1/1.43.84-5, L 165, GAP para CII. RGADA 1.1/1.43, pp. 76-7, GAP para CII. RGADA 1.1/1.43.78, L 168, GAP para CII. Todas de Kherson, maio 1783.

39. Vassíltchikov, v. 1, pp. 370-1, conde Kiril Razumóvski, 22 jun. 1782.

40. Anspach, *Journey*, p. 157, 12 mar. 1786.

41. P. I. Sumarokov, *Travelling through all the Crimea and Bessarabia*, pp. 21-4. Maria Guthrie, *A Tour performed in the years 1795-6 through the Taurida or Crimea*, carta IX, p. 32.

42. RGADA 1355.1.2064.

43. Visita do autor a Kherson, 1998. Museu de Arte de Kherson e padre Anatóli, sacerdote da igreja de Santa Catarina.

44. RGADA 1.1/1.43.80-3, L 172, GAP para CII, jun. 1783, Kherson.

45. RGADA 1.1/1.43.80-5, L 165, GAP para CII jun. 1783, Kherson.

46. AVPRI 2.2/8a.21.32.
47. RGADA 1.1/1.43.69-71, GAP para CII, jul. 1783, Karasubazaar.
48. Guthrie, carta 27, p. 91.
49. ZOOID 12: 308, GAP para Kórsakov.
50. RGVIA 52.1.1.160.3 p. 57, Kórsakov para GAP, relatório sobre o plano dos trabalhos de construção na região de Tavrítcheski, 14 fev. 1786. Também 160.2.160-2, Kórsakov para GAP.
51. Miranda, pp. 229-30, 1 jan. 1787.
52. Guthrie, carta 27, p. 91.
53. RGADA 1.1/1.43.80-3, L 172, GAP para CII, jun. 1783, Kherson.
54. RGADA 1.1/1.43.66, L 181, GAP para CII.
55. ZOOID 12: 265, GAP para A. B. de Balmain, 1783.
56. ZOOID 12: 281,272 GAP para I. A. Igelstrom, 16 ago. 1783.
57. Miranda, p. 227, 28 dez. 1786.
58. ZOOID 23 (1901): 41-3.
59. SIRIO 27: 300. Fisher, *Russian Annexation*, pp. 142-3. "Ocherk voennoy sluzhby krymskikh tatar s 1783 po 1889 god", ITUAK 30 (1899), pp. 1-2. Fisher, *Crimean Tartars*, p. 87. Druzhinina, pp. 64-7, 69, 161-2.
60. Miranda, p. 225, 25 dez. 1786.
61. GIM OPI 197.2.43, GAP: Sobre a província de Táurida.
62. Visita do autor a Simferopol, 1998.
63. RGADA 1.1/1.43.69, L 178, GAP para CII, jul. 1783, Karasubazaar. O coronel Nikolai Kórsakov foi morto no cerco a Ochakov pela sua própria espada quando caiu num barranco. Está enterrado, como o próprio GAP, na igreja de Santa Catarina em Kherson. Seu túmulo ainda está lá, embora ele provavelmente tenha sido desenterrado pelos bolcheviques.
64. RGADA 16.799.39-40, L 209.
65. RGADA 16.798.114, *ukaz* de CII para GAP sobre Iekaterinoslav, 22 jan. 1784. RGDA 16.798.180, CII para GAP, aprovando plano de Iekaterinoslav 13 out. 1786. Druzhinina, p. 176.
66. Miranda, p. 234, 8 jan. 1787.
67. RGADA 16.689.2.95 e 98, N. Chertkov para GAP, 24 dez. 1781.
68. Druzhinina, p. 89.
69. George Soloveytchik, *Potemkin*, p. 191.
70. RGADA 16.799.1.39-40, L 209. Ségur, *Mémoires*, v. 3, p. 173, diz que GAP falou sobre a São Pedro quando Catarina visitou o local em 1787, mas não estava nos efetivos planos nem nas cartas para CII. Claramente foi uma informação propagada por estrangeiros hostis.
71. RGADA 16.799.2.149, L 219.
72. RGADA 16.799.1.1, L 199, GAP para CII. RGVIA 52.1.72.179, L 202, GAP para CII.
73. B&F, v. 2, p. 86, conde Cobenzl para JII, 1 nov. 1786.
74. RGADA 11.946.270, Charles Castelli para GAP, 21 mar. 1787, Milão, não publicada.
75. ZOOID 9: 276, I. M. Sinelnikov para V. S. Pópov, 19 abr. 1784. ZOOID 4: 376, GAP para Sinelnikov, 15 jan. 1786. ZOOID 4: 377, GAP para V. V. Kahovski. ZOOID 4: 375, GAP para Sinelnikov, 14 mar. 1787. ZOOID 2: 742-3, GAP para Sinelnikov, 28 set. 1784.
76. RGADA 16.799.1.35-6, GAP para CII, out. 1786, s.d.
77. RGADA 16.799.1.35, L 210, GAP para CII. RGADA 5.85.1.498, L 203, GAP para CII, s.d.

78. RGADA 16.696.1.179, 30 jan. 1792.
79. RGADA 11.950.5.234. RGVIA 52.2.103.50-1. RGADA 52.2.11.102.22-3 (planos de Starov). RGADA 16.696.1.163-4 e 180-1.
80. Bartlett, p. 133. A. Fadiev, *Vospominaniya 1790-1867*, v. 1, p. 42.
81. Dimitri Shvidkovsky, *The Empress and the Architect: British Architecture and Gardens at the Court of Catherine the Great*, pp. 250-1.
82. Visita do autor a Dniepropetrovsk, 1998.
83. John Dornberg, *Brezhnev*, p. 69.
84. ZOOID 13: 184-7, GAP para M. L. Faléiev, 1791. ZOOID 13: 182-3, Faléiev para GAP, provavelmente 1791.
85. P. M. Vyborny, *Nikolaev*, p. 6.
86. Sumarokov, *Travelling*, p. 7. Guthrie, cartas 1-2, pp. 6-8.
87. SBVIM, v. 7, p. 371. José de Ribas: RP 2.1, p. 34. AAE 20:24, Langeron.
88. IRLI 265.2.2.2115.1-2, L 169, GAP para CII, Kherson. RGADA 5.85.1.502, L 173, CII para GAP, Tsárskoie Seló. AVPRI 2.2/8a.21.42, L 185, GAP para CII, Nejin. Evgenii Anisimov citado em Lindsey Hughes, *Russia in the Age of Peter the Great*, p. 88.
89. Visita do autor a Kherson, 1998.
90. Miranda, p. 204, 22 nov. 1786. SIRIO 27 (1880): 369. CII para GAP sobre dinheiro para a marinha, 26 jun. 1786.
91. Anspach, *Journey*, p. 159, 12 mar. 1786.
92. *JII — CII* (Arneth) p. 353, JII para conde Lacy, 19/30 maio 1787.
93. PRO FO Secretary of State: State Papers, Foreign, cyphers SP106/67, William Fawkener para Lord Grenville, 18 jun. 1791 e Estimate of Russian Black Sea Fleet by British Ambassador Charles Whitworth [Estimativa da Frota do Mar Negro russa pelo embaixador Charles Whitworth] 11 jan. 1787, não publicada. M. S. Anderson, *Europe in the Eighteenth Century*, pp. 144-5. SIRIO 27 (1880): 354-5, *ukaz* de CII para GAP colocando a Frota do Mar Negro sob seu próprio comando independente, 13 ago. 1785.
94. PSZ 10: 520/1, 24 abr. 1777.
95. Michael Jenkins, *Arakcheev, Grand Vizier of the Russian Empire*, pp. 171-203.
96. RGADA 16.588.1.12. RGADA 16.799.1.141-2 e 95. SBVIM, v. 7, p. 8. GAP para major-general e governador de Azov Chertkov, 15 jun. 1776 e p. 94 para general Meder, 27 ago. 1776. GAP tomou cuidado especial com os armênios — ver L. Melliksset-Bekov, *From the Materials for the History of the Armenians in the South of Russia*, p. 14. GAP (via Pópov) para Kahovski sobre o assentamento de armênios. Bruess, pp. 195-7. Druzhinina, pp. 176, 150-4, 164-5.
97. CAD/51. Pole Carew Papers, não publicado. Em 25 jun. 1781, Potemkin providenciou para que milhares de nobres e servidores estatais fossem transferidos para as novas terras, se assim desejassem. "Essas terras", escreveu Pole Carew sobre a Nova Rússia, "estão reservadas para o transporte de 20 mil camponeses da Coroa das partes do Império onde sejam numerosos demais."
98. ZOOID 8: 212, GAP para CII, 10 ago. 1785. ZOOID 8 contém muitos dos relatórios de GAP para CII e ordens sobre colonos, por exemplo, ZOOID 8: 209, 9 jul. 1776 sobre o assentamento de albaneses em Kerch e Yeni-Kale. *Raskólniki*: GAP cultivava os velhos crentes, deixando-os cultuar como bem quisessem. ZOOID 9 (1875): 284. GAP para o metropolita Gabriel de São Petersburgo, 26 ago. 1785. Ver

relatório sobre assentamento do relatório dos *raskólniki* de Sinelnikov, governador de Iekaterinoslav, para GAP, ZOOID 9: p. 270, 2 abr. 1785.

99. PSZ 22: 280, 14 jan. 1785. Os governadores de GAP enviaram funcionários para recrutar mulheres; ver por exemplo ZOOID 10, ago. 1784. Kahovski escrevendo a Pópov sobre um relatório para GAP, diz que enviou um funcionário para a Pequena Rússia, "onde ele encontrou esposas para todos os solteiros". É difícil avaliar o sucesso da campanha de recrutamento feminino de GAP, mas em janeiro de 1785 sabemos que 4425 mulheres recrutadas foram mandadas para juntar-se a seus maridos em sua dura vida na fronteira.

100. ZOOID 8: 212, GAP para CII, 10 ago. 1785. "Deixe-me transferir funcionários eclesiásticos que o Sínodo devolve para assentamento neste território", pediu ele a CII em 1785. "Os funcionários serão como colonos militares e será duplamente vantajoso, pois serão ao mesmo tempo lavradores e milicianos." Quatro mil padres desempregados foram assentados. Também: Bartlett, p. 125.

101. PSZ 20: 14870 e 15006. GAP para M. V. Muromtsev, 31 ago. 1775, SBVIM, v. 7 p. 54. Numa jogada potencialmente revolucionária, Potemkin determinou que proprietários de terras não podiam reclamar de volta servos que se estabelecessem em suas províncias — mais uma evidência, como se fosse necessário, de seu direito semi-imperial de fazer o que julgasse certo, mesmo que com isso quebrasse as regras da sociedade russa dominada por nobres. Era o tipo de coisa que não o tornava popular com a aristocracia.

102. RGADA 11.869.114, príncipe A. A. Viázemski para GAP, 5 ago. 1786. Ver também RGADA 448.4402.374. Inicialmente, 26 mil servos foram deslocados para as províncias de Azov e Iekaterinoslav. Mais camponeses — provavelmente 24 mil ao todo — tiveram permissão de inscrever seus nomes para transferência. Outros 26 mil camponeses de proprietários de terras também foram. 30307 camponeses do Estado também se estabeleceram no norte do Cáucaso, segundo uma carta de Viázemski para GAP em 1786.

103. V. Zuev, "Travel Notes 1782-3", *Istoricheskiy i geographichesky mesyazeslov*, p. 144.

104. SIRIO 27: 175. PSZ 22: 438-40. 16239, 13 ago. 1785. SBVIM, v. 7, pp. 119-24. GAP determinou que um nobre podia receber um lote de terra, contanto que assentasse não menos que quinze famílias para cada 1500 deciatinas durante os primeiros dez anos. Catarina deu-lhe poderes exclusivos para decidir que impostos deveriam pagar, se é que deveriam. Por exemplo: Druzhinina, p. 63. RGADA 248.4402.374-5. Isto mostra como GAP e CII trabalharam juntos na colonização do sul. Em 16 out. 1785, GAP sugeriu que os proprietários de terras e camponeses que se estabelecessem no sul não deveriam pagar nenhum imposto sobre a terra nem imposto coletivo. O Senado concordou (mesma referência, pp. 382-3) em 25 nov. 1785, mas CII (p. 384) deixou os detalhes para serem decididos por GAP.

105. RGADA 11.946.273 e 275. Mikhail Kantakusin (príncipe Cantacuzino) para GAP, 6 fev. 1787 e 25 jan. 1787, São Petersburgo, não publicada. Alguns desses recrutadores eram mercadores, outros príncipes fanariotas como Cantacuzino ou nobres como o Duc de Crillon.

106. A. Skalkovsky, *Chronological Review of New Russia (1730-1823)*, parte 1, pp. 146-7.

107. RGADA 11.946.32. Panaio e Alexiano para GAP, 11 dez. 1784, Sebastópol, não publicada. O conde Demetrio Mocenigo enviou cinco grupos de gregos e corsos, mais de 1010 pessoas entre ago. 1782 e jul. 1783. Druzhinina, *Severnoye prichernomoye*, p. 159. Ver Bruess, p. 115.

108. ZOOID 11: 330-1 GAP para conde Ivan Osterman, 25 mar. 1783.

109. RGADA 11.895.25. GAP para barão Sutherland, s.d.,1787, não publicada.

110. ZOOID 9 (1875): 26, Sinelnikov para Pópov. RGADA 16.962.14. V. M. Kabuzan, *Narodonaseleniye rossii v XVIII — pervoy polovine XIX veka*, p. 154.

111. ZOOID 11: 331, GAP para Gaks, 26 maio 1783.

112. RGADA 11.946.278. Mikhail Kantakusin (Cantacuzino) para GAP, 30 maio 1785, Moguiliov, não publicada. Bartlett, p. 126.

113. Edward Crankshaw, p. 313.

114. Y. Gessen, *Istoriya Evreyskogo naroda v Rossii*, e do mesmo autor, *Zakon i zhizn kak sozdavalis organichitelnyye zony o zhitelsteve v Rossii*, pp. 16-8, citado em Madariaga, *Russia*, p. 505. Esse levantamento dos judeus sob CII e GAP deve muito a D. Z. Feldman, *Sveetleyshiy Knyaz GA Potemkin i Rossiyskiye Evrei*, pp. 186-92; David E. Fishman, *Russia's First Modern Jews The Jews of Shklov*, pp. 46-9 e 91-3; John Klier, *Russia Gathers Her Jews, Origins of the Jewish Question in Russia 1772-1825*, pp. 35-80, particularmente sobre GAP, pp. 37, 95, 125; e Louis Greenberg, *The Jews in Russia*, v. 1, pp. 23-4.

115. RGADA 16.696.1.179, Registro de pessoas em Iekaterinoslav, 30 jan. 1792. Sobre os 45 mil judeus ganhos pela Rússia na primeira partilha: Klier, p. 19.

116. GAP veio a conhecer seu círculo de mercadores e rabinos judeus por meio da sua propriedade de Krichev, na Bielorrússia, e pela corte mantida nas proximidades em Chklov por Semion Zóritch, ex-amante de Catarina. Joshua Zeitlin não era o judeu mais próximo de GAP, mas o outro importante cortesão judeu era Natan Nota ben Hayim, conhecido em russo como Natan Chklover (Natan de Chklov) ou Nota Khaimovitch Notkin, que, como Zeitlin, estava em contato com os *philosophes* do Iluminismo judaico, tais como Moses Mendelssohn em Berlim. Zeitlin e Notkin ajudaram Potemkin a construir estradas, cidades e erguer exércitos e esquadras — e é provável que Zeitlin estivesse por trás da ideia do príncipe de criar um regimento judeu (ver capítulo 26). Notkin, uma figura judaica bem menos religiosa que Zeitlin, foi o primeiro numa longa linhagem de príncipes mercantes judeus seculares que eram cada vez mais russificados e desjudaizados. Inclusive, o abastado genro de Zeitlin, Abraham Perets, que continuou a ser patrocinado pelos herdeiros de GAP, tornou-se tamanha figura da sociedade em São Petersburgo no começo do século XIX que se converteu ao ortodoxismo. Mesmo assim sua íntima amizade com o ministro reformista de Alexandre I, Mikhail Speránski, chocou a sociedade russa e prejudicou o ministro — o que só serve para mostrar a natureza extraordinária da amizade de GAP com *rebbe* Zeitlin alguns anos antes. Outros dos judeus favorecidos por GAP incluíam Karl Hablitz, o botânico que serviu na expedição persa, e Nikolai Stiglitz, que comprou 2 mil almas na ex-terra zaporoga do príncipe A. A. Viázemski a pedido de GAP. Stiglitz, descendente de judeus alemães, fundou uma dinastia mercante que durou até boa parte do século XIX. (Talvez, o assentamento de judeus em terras cossacas tenha sido um fator a mais para contribuir para seu antissemitismo.) Esses judeus desempenharam um papel especial na construção dos projetos de GAP no sul. Notkin sugeriu inclusive assentar especialmente "judeus em estepes férteis para criar rebanhos [...] e fundar fábricas" — um precursor das fazendas coletivas judaicas fundadas naquela área pelos bolcheviques nos anos 1920 e a ideia durante a Segunda Guerra Mundial de criar um lar nacional judaico na Crimeia. Um exemplo da proteção de GAP aos judeus foi o falso escândalo da moeda em 1783 envolvendo os judeus de Chklov. Por fim, pelos arquivos sobre o barão Richard Sutherland, o banqueiro britânico, parece que Potemkin apoiou Zeitlin contra o barão, uma marca e tanto de favorecimento no caso de um famoso anglófilo. Klier, p. 95; Greenberg, pp. 23-4; Derzhavin, *Zapiski*, p. 133; Feldman, pp. 186-92; Fishman, pp. 46-59 e 91-3. Página 80 para a delegação para Catarina. Página 57 para as memórias de Zeitlin e GAP juntos por parte do bisneto do primeiro

Shai Hurvitz, Hashiloah 40 (1922), p. 3. ZOOID 12: 295, 6 mar. 1784, Zeitlin nomeado por GAP administrador da unidade monetária da casa da moeda de Kaffa. Sobre o decreto de Catarina a respeito de *zhids* e *evrei*: PSZ: XXII.16146. Para a relação entre GAP, Sutherland e Zeitlin, ver GARF 9, RGVIA 52 e RGADA 11, especialmente RGADA 11.895.3-5, Sutherland para GAP, 10 ago. 1783 e 13 set. 1783. RGADA 11.895.7 Sutherland para GAP, 2 mar. 1784. Todas não publicadas. Ver também capítulo 29, nota 43.

117. ZOOID 17: 163-88, P. A. Ivanov, "A administração da imigração judaica na região da Nova Rússia". Também ZOOID 11: p. 330, GAP para conde Osterman, 25 mar. 1783. GAP aprova a imigração judaica para Kherson, possivelmente não da Polônia e Bielorrússia, mas do Mediterrâneo, via os corsos e italianos do Duc de Crillon. Engelhardt, p. 42.

118. Miranda, p. 219, 30 dez. 1786.

119. Fishman, pp. 46-59, 91-3. Para a aposentadoria de Zeitlin em Ustie, pp. 58-9 e também notas 37-41. Nota 41: Fishman acredita que "o modelo de papel de Zeitlin em construir sua corte pode ter sido o de Potemkin". Zeitlin, nascido em 1742, viveu em luxuosa aposentadoria até 1821. O papel ativo de líder da comunidade judaica recaiu sobre Notkin e Perets.

19. NEGROS BRITÂNICOS E GUERREIROS TCHETCHENOS [pp. 394-406]

1. AKV 16: 202-4, S. R. Vorontsov 11/22 ago. 1786, Londres. AKV 11: 177-9, S. R. Vorontsov para conde N. P. Pánin, 6/18 maio 1801, Southampton. AKV 13: 101-2, A. A. Bezboródko para S. R. Vorontsov, 28 out. 1785, São Petersburgo.

2. BM 33540, 64-5, SB para JB, 1784, Kremenchuk.

3. Bartlett, pp. 127-8, D. Gray para Sir Robert Ainslie, 24 jun. 1784.

4. ZOOID 12: 324, GAP para V. V. Kahovski.

5. Arquivo de Família de M. S. Vorontsov, ordens de S. A. Príncipe GAP referentes à região de Táurida, s.d., julho? 1785: pp. 324-5, n. 194, GAP para Kahovski.

6. ZOOID 15 (1889): 607-8, GAP para Sinelnikov, 1 jul. 1784.

7. ITUAK 8 (1889), p. 10, GAP para Kahovski, 16 ago. 1787.

8. RGVIA 52.1.2.461.40, GAP para Kahovski, 25 maio 1787.

9. ZOOID 11: parte 2, pp. 673-4, GAP para M. L. Faléiev.

10. RGADA 16.788.1.149, primeiro discurso de GAP para a nobreza e habitantes da região de Tavrítcheski, contendo apelo para cultivar agricultura e descrição dos benefícios resultantes disto.

11. RGVIA 52.1.2.496.44-5, GAP para Kahovski, 20 jan. 1787. Arquivo de família de M. S. Vorontsov, p. 220, n. 180, ordens de S. A. Príncipe GAP referentes à fundação da região de Tavrítcheski, 1781-6, GAP para Kahovski.

12. RGVIA 52.1.461.1.13, GAP para professores V. Livánov e M. Prokopóvitch, 5 jan. 1787. RGVIA 52.1.461.1.14, GAP para K. Hablitz, mesma data. SIRIO 27 (1880): 357, CII para GAP sobre professores Livánov e Prokopóvitch, recém retornando da Inglaterra, 1 set. 1785.

13. PRO FO Secretary of State: State Papers, Foreign, cyphers SP106/67 William Fawkener para Lord Grenville, 18 jun. 1791, não publicada.

14. AKV 13: 59-60, Bezboródko para S. R. Vorontsov, 20 ago. 1784. Sirin Bei, um dos funcionários locais da Crimeia, recebeu 27 mil deciatinas, mais que as 18 mil de Bezboródko. Pópov recebeu 57876 deciatinas (28 mil na própria península), enquanto Bezboródko ficou tão emocionado com

esta "muito bela propriedade perto de Karasubazaar" que se vangloriou, em São Petersburgo, que seria de escala régia. (Potemkin montou uma "fazenda inglesa" nela.) Druzhinina, pp. 119-20.

15. RGVIA 52.1.2.461.1.64.

16. Venetia Murray, *High Society in the Regency Period*, pp. 145-7.

17. RGADA 11.939.2, Lady Craven para GAP, 5 abr. 1786, Sebastópol, não publicada. Cross, *By the Banks of the Neva*, p. 358.

18. *Filosofskaya i politicheskaya perepiska Imperatritsky Ekateriny II s Doctorom Zimmermanom*, p. 47, CII para dr. Zimmerman, 10/21 jan. 1786. Pedido de GAP para especialistas em seda à Crimeia. AAE 10: 206, Observations sur l'état actuel de la Crimée, Comte de Ségur para Comte de Vergennes, não publicada.

19. Arquivo de família de M. S. Vorontsov, ordens de S. A. príncipe GAP referentes à fundação da região de Tavrítcheski, p. 313, n. 159, 3 dez. 1784.

20. ZOOID 15 (1889): 678-80. E. A. Zagorovsky, *Potemkin's Economic Policy in New Russia* (reproduzido em KNDKO, v. 2, 1926), p. 6. Shterich e engenheiro de mineração Gayskop receberam ordens de buscar carvão betuminoso em 1790 em torno de Lugansk e do Donetz Setentrional. Um nobre chamado Falkenberger foi empregado pela região de Táurida pelo seu conhecimento especializado em mineração. RGADA 16.689.1.50. Ver também RGADA 11.869.134, A. A. Viázemski para GAP sobre prospectos de mineração na Crimeia e no Cáucaso, 12 set. 1783.

21. RGADA 16.799.1.35, GAP para CII.

22. AAE 10: 206, Observations sur l'état actuel de la Crimée, Ségur para Vergennes, não publicada.

23. Guthrie, carta LXI, p. 195. Em outro exemplo de seu patrocínio de novas indústrias, GAP auxiliou e estabeleceu um artesão grego chamado Pavel Aslan em Taganrog em 1780 porque este conhecia o segredo de fazer uma forma especial de brocado. SIRIO 27: 257-8. Druzhinina, *Severnoye Prichonomorye*, p. 84. Bruess, pp. 130-1.

24. RGADA 16.799.1.35, L 210, GAP para CII. RGADA 5.85.1.498, L 203, GAP para CII, s.d.

25. RGADA 11.946.201, Joseph Banq para GAP, 14 out. 1781, Astrakhan. RGADA 11.946.207, Banq para GAP, 16 abr. 1782, Astrakhan. RGADA 11.946.208, Banq para GAP, 10 maio 1783, Kherson. RGADA 11.946.203, Banq para GAP, 31 out. 1783, Soudak. RGADA 11.946.204, Banq para GAP, 14 jan. 1784. RGADA 11.946.220, Banq para GAP, 26 abr. 1785, Karasubazaar. RGADA 11.946.226, Banq para GAP, 15 jan. 1787, Soudak. Todas não publicadas.

26. ZOOID 9 (1875): p. 254.

27. RGVIA 271.1.33.1, Banq para GAP, 25 set. 1783, Soudak, não publicada.

28. Tavricheskiy Gubernakiye Vedemosti 5. GAOO 150.1.23.10, GAP para Kahovski ref. Banq. RGADA 11.946.226, Banq para GAP, 15 jan. 1787, Soudak. O substituto de Banq foi o francês Jacob Fabre. Não publicada.

29. AAE 10: 206, Observations sur l'état actuel de la Crimée, Ségur para Vergennes. Guthrie, carta XL, p. 130.

30. ZOOID 4: 369, GAP para Faléiev, 13 out. 1789, Akkerman (Belgrado-no-Dniester).

31. PSZ 20: 520-1, 24 abr. 1777.

32. PSZ 21: 784, 22 dez. 1777.

33. Bartlett, p. 120. RGADA 11.869.73, 5 ago. 1786. Viázemski oferece a GAP 30307 colonos (ho-

mens e mulheres) para o Cáucaso (ou possivelmente Iekaterinoslav). P. S. Potemkin governou a região a partir de 1 jul. 1783. *Russkiy Biographicheskiy Slovar*, v. 14 (1904).

34. Sobre a religião tchetchena: visita do autor a Grózni, Tchetchênia, 1994. Marie Bennigsen Broxup (Org.). *The North Caucasus Barrier: The Russian Advance towards the Moslem World*; ver Paul B. Henze, "Circassian Resistance to Russia", p. 75. Baddeley, pp. 40-50. *Russkiy Biographicheskiy Slovar*, v. 14, sobre o conde P. S. Potemkin. Quando GAP ordenou ao coronel Pieri que usasse o Regimento de Astrakhan para eliminar Mansour, Pieri e seiscentos de seus homens foram emboscados e massacrados. Ver também Ségur sobre os tchetchenos e a guerra caucasiana em suas *Mémoires* (1826), v. 2.

35. Anspach, *Journey*, p. 155, 9 mar. 1786, Kherson. Miranda, p. 247, 27 jan. 1787.

36. Visitas do autor à Crimeia, São Petersburgo e Dniepropetrovsk, 1998. J. C. Loudon (Ed.). *Encyclopaedia of Gardening*, p. 52. RGADA 11.950.5.234, William Gould a GAP, não publicada. Dornberg p. 69.

37. Visita do autor a Karasubazaar/Alupka na Crimeia, 1998. Anna Abramova Galichenka, Museu Alupka. Miranda, p. 234, 9 jan. 1787.

38. Kruchkov, p. 164. Visita do autor a Nikoláiev, 1998. RGVIA 52.2.2.22-33, GAP para Stárov, 26 maio 1790.

39. PRO FO Secretary of State: State Papers, Foreign, cyphers SP106/67 Fawkener para Grenville, 18 jun. 1791, São Petersburgo, não publicada.

40. Os primeiros números de população são de Kabuzan, p. 164. Os segundos são de Druzhinina, pp. 150-5, 160-5, 200. Druzhinina é a historiador de maior autoridade dos assentamentos meridionais de Potemkin. A citação é de McNeill, p. 200. McNeill também cita as estatísticas de Kabuzan.

41. Ségur, *Mémoires*, 1859, v. 2, p. 43.

42. McNeill, p. 202.

43. ITUAK (1919) n. 56, pp. 127-30. G. Vernadski, poesia do príncipe G. A. Potemkin dedicada à fundação de Iekaterinoslav.

20. ANGLOMANIA: OS BENTHAM NA RÚSSIA E O IMPERADOR DE JARDINS [pp. 407-29]

1. Jeremy Bentham, *Collected Works*, ed. de Sir J. Browning, v. 10, p. 171, George Wilson para JB, 26 fev. 1787.

2. I. R. Christie, *The Benthams in Russia*, pp. 1-10.

3. BM 33558 f3, SB para ?, 1 ago. 1780. M. S. Bentham, pp. 67-8. Alguns desses documentos do arquivo Bentham no British Museum são total ou parcialmente inéditos, embora outros ou seções deles apareçam em uma ou mais das *Collected Works* de Jeremy Bentham, a biografia de Sir Samuel Bentham (feita por sua viúva) e os extraordinários artigos e livros de I. R. Christie, tais como seu trabalho *The Benthams in Russia*. Portanto, embora este autor tenha retornado aos documentos originais no BM, somente os documentos de Bentham encontrados nos arquivos russos, RGADA e RGVIA, são rotulados como não publicados. Este relato deve muito a I. R. Christie.

4. BM 33555 f65, SB para JB, 7 jan. 1783.

5. BM 33539 f60, S. Pleshichev para JB. 21 jun. 1780.

6. BM 33539 ff289-94, SB para JB, 16 jun. 1782, Irkutsk.

7. BM 33539 f39, SB para JB?, 8 abr. 1780.

8. BM 33564 f31, diário de SB, 1783-4.

9. BM 33558 f100, SB para Jeremy Bentham, 1 jun. 1783; f77 SB para JB; ff102-4, SB para marechal de campo príncipe A. M. Golítsin, 23 mar. 1783; ff108-9, SB para condessa Sófia Matuchkina e, f114, ela para ele, 2/13 maio 1783. BM 33540 f7, SB para JB?, 20 jan. 1784.

10. BM 33540 f6, SB para JB, 20 jan. 1784; ff17-8, SB para JB, 22 jan. 1784. BM 33540 ff7-12, SB para JB, 20/31 jan. — 2 fev. 1784 e 6/17 — 9/20 mar. 1784.

11. BM 33564 f30, diário não datado de SB, mar. 1784.

12. Jeremy Bentham, *Correspondence*, p. 279, SB para JB, 10/21 jun. — 20 jun./1 jul. 1784.

13. BM 33540 f88, SB para ?, 18 jul. 1784. M. S. Bentham, pp. 74-7, SB para Jeremy Bentham, 18 jul. 1784.

14. Christie, *Benthams in Russia*, pp. 122-6. Druzhinina, *Severnoye Prichonomorye*, p. 148.

15. BM 33540 ff87-9, SB para Jeremy Bentham?, 18 jul. 1784, Kritchev.

16. CO/R/3/93 Arquivos Cornwall, Antony Reginald Pole Carew, 4/15 jun. 1781. CO/R/3/10.1, planos de Pole Carew para propriedades de GAP no Dnieper, inclusive a ilha de Chartiz, onde ele queria construir algum tipo de cidade ou assentamento, estão nos arquivos de GAP: RGADA 11.900.3/4/5, Pole Carew para GAP, 30 mar. 1782 e 13/24 ago. 1781. Todas estas, na Rússia e nos Arquivos Cornwall, são inéditas. As experiências de Pole Carew na Rússia são fascinantes e deveriam ser publicadas.

17. BM 33540 ff87-9, SB para Jeremy Bentham, 18 jul. 1784, Kritchev.

18. M. S. Bentham, p. 77, SB para Jeremy Bentham, 18 jul. 1784.

19. Christie, *Benthams in Russia*, pp. 127-8. BM 33540 f216, SB para JB.

20. BM 33558 f383, A. Beaty para Thomas Watton, 18 fev./1 mar. 1786.

21. BM 33540 f99, SB para JB, 26 ago. - 6 set. 1784.

22. BM 33540 f108, GAP para SB, 17 ago. 1784, Tsárskoie Seló.

23. BM 33540 f108, GAP para SB, 10 set. 1784, São Petersburgo.

24. RGADA 11.946.183, SB para GAP, 3 mar. 1786.

25. BM 33540 f237, SB para Jeremy Bentham, 6 jan. 1786.

26. BM 33540 ff380-2, SB para Jeremy Bentham, 2/14 jun. 1787.

27. BM 33540 ff87-9, SB para Jeremy Bentham?, 18 jul. 1784, Kritchev.

28. BM 33540, GAP para SB, 10 set. 1785, São Petersburgo.

29. M. S. Bentham, p. 79.

30. Christie, *Benthams in Russia*, p. 132.

31. RGADA 11.946.132-4, SB para GAP 18, jul. 1784, Kritchev, não publicada.

32. Ségur, *Mémoires*, 1960, p. 71.

33. BM 33540 ff70-8, SB para JB, 10/12 jun. — 20/1 jul. 1784.

34. BM 33540 f147, 30 mar./10 abr. 1785.

35. BM 33540, SB para JB, jun. 1784.

36. BM 33540 f68, SB para JB, 19 jun. 1784, Kremenchuk.

37. BM 33540 f94, SB para JB, 18 jul. 1784.

38. BM 33540 f235, Jeremy Bentham, 2 nov. 1784.

39. BM 33540 f306, marquês de Lansdowne para Jeremy Bentham, 1 set. 1788.

40. RGADA 11.946.141-2, JB para GAP, 27 ago. 1785. RGADA 11.946.186-210, JB para GAP, fev. 1785. Estas são em parte não publicadas.

41. BM 33 540 ff151-2, SB para JB, 27 mar. 1785.

42. BM 33 540 f160, Robert Hyman para JB, 10 maio 1785.

43. BM 33 540 f258, JB para?, 9 maio/28 abr. 1786.

44. SIRIO 23: 157.

45. Dimsdale, p. 51, 7 set. 1781

46. Cross, *By the Banks of the Neva*, pp. 267-7, 174-6, 184. Esse relato dos jardineiros de GAP deve muito a Anthony Cross, *By the Banks of the Neva*. A deliciosa história do rosbife é de Coxe, *Travels*, 5 ed., citada por Cross na p. 410, n. 163.

47. RGIA 1146.1.33, não publicado. Ver nota 49.

48. Anna Abramova Galichenka, Museu Alupka. Visita do autor à Crimeia, 1998.

49. RGIA 1146.1.33, não publicado. Sobre os movimentos e projetos de Gould em Astrakhan, na Ucrânia, em Nikoláiev e na Crimeia, ver Cross, *By the Banks of the Neva*, p. 275. Call deve ter sido Martin Miller Call, um dos três jardineiros recrutados por CaG do duque de Northumberland. Call apenas partiu para a Rússia em 1792 e trabalhou no Jardim de Táurida. Cross, *By the Banks of the Neva*, p. 285. Elisabeth Vigée Lebrun, uma das muitas que comparou a "magnificência" de Potemkin às *Mil e uma noites*, aclamou "o poder e grandiosidade de sua imaginação". Vigée Lebrun, pp. 23-4.

50. RGADA 11.89.1.1, príncipe Balozelski para GAP, 9/20 jul. 1780, não publicada.

51. RGADA 11.923.8, H para GAP, 15 jun. 1784, Londres, não publicada.

52. RGADA 11.923.5, H para GAP, 4 jun. 1784, Londres, não publicada. RGVIA 52.2.89.91, Lord Carysfort para GAP, 12 jul. 1789, Londres, não publicada. Sir Joshua Reynolds para GAP, 4 ago. 1789, citada em "Sir Joshua and the Empress", de Frederick W. Hilles, pp. 270-3 em *Eighteenth Century Studies in Honor of Donald F. Hyde*. Cross, *By the Banks of the Neva*, pp. 321-3.

53. Visita do autor ao Museu do Hermitage, Depto. da Europa Ocidental, Maria P. Garnova, 1998.

54. B&F, v. 1, p. 115, conde Cobenzl para JII, 4 fev. 1781; p. 265, Cobenzl para JII, 4 dez. 1781; p. 278, JII para Cobenzl, 27 dez. 1781. A pintura mais famosa de Brompton é o seu sonhador retrato dos dois jovens grão-duques, Alexandre e Constantino — era, como escreve Anthony Cross em seu *By the Banks of the Neva*, p. 310, "a realização do seu 'Projeto Grego' com seus pequenos netos nos estrelados papéis de um futuro Alexandre, o Grande, e Constantino, o Grande". (Os Brompton deram a um de seus filhos o nome de Alexander Constantine.) Uma de suas pinturas da imperatriz deve ter sido enviada para Viena. Mas seu destino é desconhecido.

55. RGADA 11.946.119-23, Richard Brompton para GAP, 21 jun. 1782. Tsárskoie Seló, não publicada.

56. Cross, *By the Banks of the Neva*, pp. 309-10. Bentham citado em Cross, p. 310.

57. Ségur, *Mémoires* (1826), v. 2, p. 341. Também Licolnshire Archive Office, Lincoln, Yarborough Collection, Worsley MS n. 24 f205 citado em Cross, *By the Banks of the Neva*, pp. 357-8. Worsley foi um dos cavalheiros ingleses que agora incluíam São Petersbugo nas suas Grandes Viagens. Ele conheceu Lady Craven, o príncipe Pável Dáchkov e os Bentham. Na história de Ségur, Potemkin e Catarina ficaram trancados durante uma hora, mas Worsley diz que foram duas.

58. BM 33540 f168, Lansdsowne para JB, s.d.

59. BM 33540 ff196,199, 201, 219, 226, 232, 240, 256, viagem de JB a Kritchev, set. 1785-jan. 1786.

60. BM 33540 f163, 18/29 jun. 1785.

61. Miranda, pp. 234-5, 9 jan. 1787. Druzhinina, *Severnoye Prichonomorye*, p. 136n. Christie, *Benthams in Russia*, p. 148.

62. BM 33540 f163, SB para JB, 10 jun. 1785.

63. BM 33540 ff318-21, JB para Christian Trompovsky, 18/29 dez. 1786.

64. BM 33540 f339, JB para SB, fev. 1787.

65. BM 33540 f432, JB para Charles Whitworth, s.d.

66. BM 33540 f31, 19/30 dez. 1786.

67. BM 33540 f151, JB para Jeremy Bentham, 27 mar. 1785.

68. BM 33540 f64, SB para Reginald Pole Carew, 18 jun. 1784, Kremenchuk.

69. Christie, *Benthams in Russia*, p. 166.

70. E. P. Zakalinskaia, *Votchinye khozyaystva Mogilevskoy gubernii vo vtoroy polovinye XVIII veka*, pp. 37, 41-3. Ver R. Christie, "Samuel Bentham and the Western Colony at Krichev", pp.140-50.

71. BM 33558 ff422-3, SB para Jeremy Bentham, 14/25 fev. 1788, Elizavetgrado.

72. Jeremy Bentham, *Correspondence*, v. 3, p. 443, JB para Jeremy Bentham, 29 abr./ 9 maio 1785.

73. BM 33540 f296, JB para príncipe Dáchkov, 19 ju. 1786.

74. Soloveytchik, *Potemkin*.

75. Jeremy Bentham, *Correspondence*, v. 3, pp. 599-611, Diário da partida de JB.

76. Zakalinskaia pp. 37, 41-3. Christie, *Benthams in Russia*, p. 206. Christie, "Samuel Bentham at Krichev", p. 197.

77. Licolnshire Archive Office, Lincoln, Yarborough Collection, Worsley MS 24, pp. 182-4. Sir Richard Worsley também conheceu Lady Craven e foi, como Samuel Bentham, amigo do príncipe Pável Dáchkov. Cross, *By the Banks of the Neva*, pp. 357-8.

78. BM 33540 f88, SB para JB, 18 jul. 1784.

21. O NEGRO BRANCO [pp. 430-50]

1. SIRIO 23 (1878): 319, CII para barão F. M. Grimm, 14 set. 1784. Masson, p. 107. Alexander, *CtG*, pp. 216-9, e Madariaga, *Russia*, pp. 354-6.

2. Parkinson, pp. 45-9. Dáchkova, pp. 251, 229-30. RA (1886) n. 3, pp. 244-5. Izzapisok doctora Veikarta. Masson, p. 107.

3. SIRIO 26: 280-1, A. A. Bezboródko para GAP, 29 jun. 1784.

4. SIRIO 23 (1878): 244, CII para Grimm, 29 jun. 1782, e SIRIO 23: 316-17, 7/18 jun. 1784.

5. SIRIO 23: 316-7, CII para Grimm, 25 jun. 1784.

6. SIRIO 23: 344.

7. AKV 21: carta 6 p. 464, E. Poliáski para Semion Vorontsov, 18 ago. 1784. SIRIO 23: 317-8, CII para Grimm, 9/18 set. 1784. AKV 31, Alexandre Vorontsov para Semion Vorontsov, 21 jul. 1784, Riga.

8. B&F, v. 1, p. 17, conde Cobenzl para JII, 5 maio 1780.

9. Harris, p. 366, H para visconde Stormont, 14/25 maio 1781.

10. Harris, H para Stormont, 21 jul./1 ago. 1780.
11. RGADA 1.1/1.54-45, L 203, CII para GAP. RGADA 5.85.1.498, L 204, GAP para CII.
12. RGADA 1.1/1.43.63, L 204.
13. Engelhardt, 1868, p. 49.
14. Saint-Jean, cap. 6, pp. 40-8.
15. SIRIO 23: CII para Grimm, 31 ago. 1781. Foi nessa época que se diz que Catarina teve um breve caso com Semion Fiódorovitch Uvárov, o oficial das Guardas que entretinha GAP tocando seu *bandore* e dançando a *prisiadka*. Entretanto, se verdadeiro, esse breve interlúdio não levou a nada, e Uvárov retornou à sua respeitável carreira nas Guardas. Para um exemplo desta história ver Vitale, p. 143.
16. Dáchkova, v. 1, p. 218.
17. *Memoirs of the Life of Prince Potemkin*, pp. 88-90.
18. Dáchkova, v. 1, pp. 341-2.
19. Visita do autor ao Palácio Aníchkov, 1998, guiado por Ina Lokotnikova. Engelhardt, 1997, pp. 39-40.
20. *Memoirs of the Life of Prince Potemkin*, pp. 88-90. Engelhardt, 1997, pp. 50-1.
21. B&F, v. 2, p. 37, Cobenzl para JII, 14 maio 1785. As cartas amigáveis de V. I. Levachov para GAP, datando de 1774, estão em RGADA 2.1.946.2-3 e RGAVIA 52.2.59.6.
22. B&F, v. 2, p. 37, Cobenzl para JII, 14 maio 1785.
23. Damas, p. 97.
24. SIRIO 42: 123, CII, nov. 1790.
25. Dimsdale, 27 set. 1781. Anspach, *Journey*, p. 134, 18 fev. 1786.
26. Golovina, p. 6.
27. Masson, p. 93. Dimsdale, p. 51, 27 ago. 1781. Esta descrição de Tsárskoie Seló se baseia em Shvidkovsky, pp. 41-106.
28. SIRIO 23: 89, CII para Grimm, 16 maio 1778.
29. Shvidkovsky, p. 191.
30. Dimsdale, p. 72, 25 set. 1781; p. 62, 27 ago. 1781.
31. Damas, p. 95.
32. BM 33539 f39, SB, 8 abr. 1780, São Petersburgo.
33. Dimsdale, p. 51, 27 ago. 1781.
34. SIRIO 23: 438, CII para Grimm, 22 fev. 1788.
35. Damas, p. 97.
36. Harris, p. 304, H para Stormont, 13/24 dez. 1780.
37. M. Garnovski, *Zapiski*: RD (1876) 15, 16, 17; ver 15, p. 699, jan. 1788. Mikhail Garnovski enviava estes relatórios para V. S. Pópov, que digeria as notícias e as passava adiante para GAP.
38. RGADA 5.85.2.88, L 274, CII para GAP, 8 mar. 1788.
39. Pushkin, *Polnoye Sobranige Sochineniya*, v. II, p. 16.
40. Engelhardt, 1868 p. 20. Anônimo, c. 1787, *General Observations Regarding the Present State of the Russian Empire*, p. 29. Harris, p. 413, H para Stormont 16/27 nov. 1781.
41. SIRIO 23 (1878), CII para Grimm, 30 jun. 1785, Peterhof.
42. Garnovski, RS (1876) 15, p. 226, 3 fev. 1789.
43. Garnovski, RS (1876) 16, p. 9.

44. Dáchkova, v. 1, pp. 291-5.
45. Ségur, *Mémoires*, 1827, v. 3, p. 46, CII sobre o "olho do dono". Masson, p. 79.
46. Ségur, *Mémoires*, 1827, v. 2, p. 359.
47. SIRIO 23 (1878): 353, CII para Grimm, jun. 1785. SIRIO 23: 353, CII para Grimm, 1 jun. 1785.
48. Ségur, *Mémoires*, 1827, v. 2, pp. 393, 419.
49. B&F, v. 2, p. 75, Cobenzl para JII, 1 nov. 1786.
50. Ségur, *Mémoires*, 1827, p. 418.
51. *Memoirs of the Life of Prince Potemkin*, pp. 98-103.
52. Khrapovítski, 30 maio 1786.
53. Ségur, *Mémoires*, 1827, v. 2, pp. 418-9.
54. GARF 728.1.416.54, L 206, CII para GAP (após 28 jun. 1786?). KFZ, 17-28 jun. 1786.
55. B&F, v. 2, p. 75, Cobenzl para JII, 1 nov. 1786.
56. *Memoirs of the Life of Prince Potemkin*, pp. 103-4.
57. Khrapovítski, p. 13.
58. RGADA 1.1/1.43.1-16, L 206, GAP para CII (jul. 1786?).
59. Khrapovítski, p. 13.
60. B&F, v. 2, p. 75, Cobenzl para JII, 1 nov. 1786.
61. RGADA 11.902, conde A. D. Mamónov para GAP, s.d.
62. Ségur, *Mémoires*, 1827, v. 2, p. 420.
63. Garnovski, RS (1876) 15, pp. 15-6, dez. 1786; p. 474, out. 1787. Damas, p. 109.
64. Davis, p. 148.
65. Corberon, v. 2, p. 365, 19 set. 1780.
66. Miranda, p. 204, 22 nov. 1786.
67. Saint-Jean, cap. 6, p. 40.

22. UM DIA NA VIDA DE GRIGÓRI ALEXÁNDROVITCH [pp. 451-76]

1. IV (1889), v. 37: 683-4, G. P. Alexéiev.
2. Thiébault, v. 2, p. 78.
3. RA (1877) 1, p. 479, Ribeaupierre.
4. RGADA f11.
5. Castera, v. 3, p. 296.
6. SIRIO 23 (1878): 300, CII para F. M. Grimm, 5 abr. 1784.
7. M. Fournier-Sarloveze, *Artistes Oubliés*, pp. 95-6.
8. Ségur, citado em Castera, v. 2, p. 333.
9. Mason, p. 110.
10. Davis, p. 148. SIRIO 54 (1886): 148-9, duque de Richelieu, "Journal de mon voyage em Allemagne".
11. Ségur citado em Castera, v. 2, p. 333.
12. SIRIO 54 (1886): 148-9, Richelieu, "Mon voyage".
13. Ségur, citado em Castera, v. 2, p. 333.
14. Ségur, *Memoirs* (Shelley), pp. 210-1.

15. A famosa descrição de GAP feita por Ligne é tirada de *Letters* (Staël), v. 2, p. 6, príncipe de Ligne para conde de Ségur, ago. 1788, Ochakov. Esta é a fonte para as citações de Ligne neste capítulo, a não ser que explicitado de outra forma. SIRIO 54 (1886): 147-8, Richelieu, "Mon voyage".

16. Davis, p. 148.
17. Ségur, *Memoirs* (Shelley), p. 252.
18. Anspach, *Journey*, p. 137, 18 fev. 1786.
19. RGIA 1146.1.33.
20. SIRIO 33 (1881): 239, Grimm para CII, 10/21 set. 1786, Paris.
21. RGADA 11.889.2, príncipe Lubomirski para GAP, 15 ago. 1787.
22. B&F, v. 2, p. 194, JII para conde Cobenzl, 12 set. 1787; p. 55, Cobenzl para JII, out. 1785. RGADA 11.928.8, Cobenzl para GAP, 26 mar. 1786.
23. RGVIA 52.2.61.7, príncipe F. M. Golítsin, embaixador russo em Viena, para GAP, 26 ago./6 set. 1781.
24. Miranda, p. 272, 6 e 7 mar. 1787.
25. RGADA 85.1.488, L 204, CII para GAP. SIRIO 23 (1878): 333, 372, 374, CII para Grimm, 15 abr. 1785 e 17 fev. 1786. E 17 jun. 1786, Pella.
26. Damas, p. 109. SIRIO 26 (1879): 315, marquês de Parelo.
27. Ségur, *Mémoires*, 1859, pp. 358-9. Lista do guarda-roupas de Potemkin por ocasião da sua morte. CHOIDR (1891), livro IV, pp. 15-53. Spisok domov i dvizhimogo imushchestva G. A. Potemkina-Tavricheskogo, kuplennogo u slednikov ego imperatritsvey Ekaterinoy II. Ver também SIRIO 54 (1886): 148-9, Richelieu, "Mon voyage".
28. Brockliss, "Concluding Remarks", in Elliot e Brockliss, pp. 298-9.
29. Harris, p. 338, H para visconde Stormont, 16/27 fev. 1781.
30. Brockliss, "Concluding Remarks", in Elliot e Brockliss, p. 282.
31. Waliszewski, *Autour d'un trône*, v. 1, p. 153.
32. SIRIO 23: 84, CII para Grimm, 2-4 mar. 1778.
33. SIRIO 23: 84, CII para Grimm, 22 dez. 1777, São Petersburgo.
34. Anspach, *Journey*, p. 137.
35. Wiegel, v. 1, p. 291. J. H. Plumb, *Sir Robert Walpole: The Making of a Statesman*, p. 124. Frederick K. Goodwin e Kay Redfield Jamison, *Manic-Depressive Illness*, pp. 332-67, esp. 342-56. Ver também Kay Redfield Jamison, *The Unquiet Mind*.
36. Ségur, *Memoirs* (Shelley), pp. 210-1.
37. Ségur, *Memoirs* (Shelley), p. 212.
38. *Moskovityanin zhurnal* (1852), n. 2, jan., livro 2, p. 88.
39. Thiébault, v. 2, p. 78.
40. SIRIO 26 (1879): 35, Parelo.
41. Engelhardt, 1997, p. 68.
42. *Moskovityanin zhurnal* (1852), n. 2, jan., livro 2, p. 92.
43. Castera, v. 3, p. 128.
44. Miranda, p. 238, 13 jan. 1787.
45. RGADA 5.169.1, príncipe Carlos da Curlândia, 2 mar. 1787, Cracóvia. RGADA 11.925.15, princesa Dáchhkova para GAP, s.d. RGADA 11.946.229, professor Bataille para GAP, s.d., 1784. RGADA 5.17.1-10, Frederico Guilherme de Württemberg para GAP, 7-8 set. 1784. RGADA 5.166.8, EA para GAP, 7 maio

1787. RGADA 11.896.1, Ernest de Hesse para GAP, s.d., 1780. Todas não publicadas. B&F, v. 1, p. 464, JII para conde Cobenzl, 13 maio 1784.

46. RGADA 11.918.1, G Golovchin para GAP, 22 ago. 1784 (casamento da moça Naríchkin). RGADA 11.937.3, conde de Sayn e Wittgenstein para GAP (sem os favores de CaG), 1 ago. 1780. RGADA 11.946.430-4, Elias Abaise, príncipe da Palestina (?) para GAP, ago. 1780. RGVIA 52.2.89.145 e 146, princesa Bariátinskaia para GAP, 2 set. 1790 e 11 mar. 1791, Turim. RGADA 11.946.303 e 315, Nicolas Carpoff para GAP, 27 maio e 25 set. 1786, Kherson. Todas não publicadas.

47. RGADA 11.946.43-4, Elias Abaise, príncipe da Palestina (?) para GAP, ago. 1780, s.d., não publicada.

48. Ribeaupierre, p. 479.

49. SBVIM, v. 7, p. 399, GAP para o contra-almirante conde Marko Voinovitch, 9 out. 1789.

50. Niemcewicz, pp. 79-80.

51. Niemcewicz, p. 79.

52. Ligne, *Letters* (Staël), p. 75, Ligne para JII, abr. 1788, Elizavetgrado.

53. RGADA 11.867.11, K. Branicki para GAP, s.d., não publicada.

54. RGADA 11.946.385, Alexis Deuza para GAP, 24 ago. 1784, Ozérki, não publicada.

55. RGADA 11.902a, Registro das Dívidas de GAP.

56. RGADA 11.946.378, C. D. Duval para GAP, fev. 1784, não publicada.

57. RGADA 52.2.35.7, Pierre Tepper de Varsóvia para GAP, 25 set. 1788, não publicada.

58. Karnovich, pp. 265-9. Waliszewski, *Autour d'un trône*, v. 1, p. 155.

59. BM 33540 f6, SB para JB, 20 jan. 1784.

60. SIRIO 54 (1886): 148-9, Richelieu, "Mon voyage".

61. Miranda, pp. 229-30, 1 jan. 1787.

62. Derjávin, v. 6, p. 444.

63. BM 33540 f64, SB para Reginald Pole Carew, 18 jun. 1784.

64. RGVIA f5, op. 194, livro 409, ordem para Brzokovski, 28 jan. 1787. Waliszewski, *Autour d'un trône*, v. 1, p. 157.

65. RS 11, pp. 722-3.

66. SIRIO 27: 238-9. ZOOID 11: 346-7.

67. Wiegel, 1864, p. 30.

68. Wiegel, 1864, p. 30.

69. Anspach, *Journey*, p. 137, 18 fev. 1786.

70. Shcherbátov, p. 245.

71. Saint-Jean, cap. 6, p. 40.

72. Pole Carew CO/R/3/95, não publicada. Ele gostava de visitar seus amigos britânicos também para jantar e às vezes levar seu rosbife para casa — ver capítulo 20.

73. RGADA 11.881.1, Sacken para GAP, referente a Ballez, o cozinheiro, 3/14 out. 1778, não publicada.

74. Pole Carew CO/R/3/95, não publicada.

75. BM 33540 f65, SB para JB, s.d.

76. RGADA 11.901.9, conde Scavrónski para GAP, 20 jun. 1784, não publicada.

77. Marc Raeff, "In the Imperial Manner", in Marc Raeff (Org.) *Catherine the Great: A Profile*, pp. 187-246. SIRIO 26 (1879): 309-10, Parelo.

78. Engelhardt, 1868, p. 89. Weidle, p. 152.

79. RGADA 11.864.36-77. RGADA 11.864.1.29. RGADA 11.864.1.16. RGADA 11.864.1.13. RGADA 11.864.1.12. RGADA 11.864.2.86. RGADA 11.864.2.73. RGADA 11.864.2.68. Alguns extratos dessas cartas de mulheres desconhecidas foram publicados em RS (1875) 7. A maior parte não está publicada.

80. Ribeaupierre, p. 476.

81. Samoilov, col. 157.

82. Wiegel, 1864 p. 30.

83. Ségur, p. 361. B&F, v. 1, p. 484, Cobenzl para JII, 3 nov. 1784. O conde Sologub casou-se com Natália Naríchkina em 28 maio de 1781, segundo KFZ.

84. RGVIA, chancelaria de Potemkin 52.2.35.33, Ferguson Tepper para GAP, 11 jan. 1788, Varsóvia, e GAP para Mssrs. Boesner, 21 set. 1788, Brodi perto de Ochakov, não publicadas. B&F, v. 1, p. 484, Cobenzl para JII, 3 nov. 1784.

85. RGADA 11.85.2.31, L 217, CII para GAP, 1 jul. 1787.

86. B&F, v. 2, p. 75, Cobenzl para JII, 1 nov. 1786.

87. Arquivo Rechetilovski (Arquivo de V. S. Pópov), documentos privados do príncipe GAPT, p. 403.

88. Harris, p. 447, H para Charles James Fox, 10/21 jun. 1782; p. 281, H para Stormont, 2 jul./1 ago. 1780.

89. Harris, p. 281, H para Stormont, 2 jul./1 ago. 1780.

90. SIRIO 54 (1886): 147-8, Richelieu, "Mon voyage".

91. Harris, p. 200, H para Weymouth, 24 maio/4 jun. 1779. SIRIO 26 (1879): 309-16. O marquês de Parelo também admirava a memória de GAP.

92. Cross, *On the Banks of the Neva*, p. 356. Sir John Sinclair citado em Cross. SIRIO 26 (1879): 309-16. O marquês de Parelo achava que ser um "homem conhecedor" era o "maior dom de um grande ministro" como GAP.

93. AKV 9: 86, Semion R. Vorontsov para Alexander R. Vorontsov, 4/15 nov. 1786.

94. Miranda, p. 234, 8 jan. 1787.

95. Damas, pp. 89-90.

96. SIRIO 42: 173, CII para Seinac de Meilhan, 11 jun. 1791.

97. SIRIO 20 (1878): 607, CII para Grimm, 27 ago. 1794.

98. RGADA 11.946.210, JB para GAP, 25 fev. 1785.

99. ZOOID 4: 470, J. Grahov, Tipografia Militar de Potemkin.

100. Pole Carew CO/R/3/95, não publicado.

101. RGADA 5.85.2.1, L 189, GAP para CII (começo de 1784).

102. Universidade Estatal de Kazan 17: 262: 3-2300, 25-2708, 56-5700, 52-60. N. Y. Bolotina, "The Private Library of Prince GAP-T".

103. Ségur, *Memoirs* (Shelley), p. 359.

104. AAE 20: 330-5, Langeron, "Evénements dans la campagne de 1791".

105. Harris, p. 239, H para Stormont, 15/26 fev. 1780. Púchkin, *Polnoye Sobraniye Sochineniya*, v. 12, p. 171. GAP acreditava em aguçar sua habilidade política e coragem moral vivendo entre seus inimigos — ver seu conselho a seu sobrinho-neto N. N. Raievski, citado no início do capítulo 31.

106. Engelhardt, 1868, p. 42.

107. Púchkin, *Polnoye Sobraniye Sochineniya*, v. 12, p. 156. Madariaga, *Politics and Culture*, p. 167.

108. AVPRI 5.585.168, L 266.
109. AVPRI 5.585.128-31, L 388, GAP para CII, dez. 1789. RGADA 5.85.2.272-4, L 390, CII para GAP.
110. Ségur, 1825, v. 1, p. 539.
111. Edvard Radzinsky, *Rasputin*, p. 501. Radzinsky está descrevendo Raspútin e não GAP. Embora o príncipe fosse um esteta de alta cultura e um nobre, ao passo que Raspútin era um camponês siberiano inculto, ambos compartilhavam dessa característica quintessencialmente russa. Potemkin afinal foi criado entre os camponeses de Tchijovo e carregou consigo para a corte algumas de suas ideias e seus hábitos. Ambos foram os conselheiros mais próximos de imperatrizes russas, ainda que tivessem tido efeito precisamente oposto sobre a história. Enquanto GAP fortaleceu imensamente a imperatriz e o Império, deixando grandes obras atrás de si, Raspútin minou, maculou e contribuiu para a destruição de sua imperatriz e o Império, não deixando nada atrás de si.
112. Púchkin, *Polnoye Sobraniye Sochineniya* 12, p. 811.
113. Amanda Foreman, *Georgina, Duchess of Devonshire*, pp. 42-3, 126-7, 133. *Hoyle's Games*, nova ed. revista por C. Jones, Londres, 1796, citado em John Masters, *Casanova*, pp. 46-7.
114. *Moskvityanin zhurnal* (1852), jan. livro 2, pp. 3-22, 97-8.
115 Castera, v. 2, p. 279.
116. RS (1875) 7, p. 681, mulher anônima para GAP.
117. RGIA 1.146.1.33, não publicada.

23. O TEATRO MÁGICO [pp. 479-94]

1. RGADA 5.85.2.229, L 348, CII para GAP, 13 maio 1789, Tsárskoie Seló.
2. Miranda, pp. 204-19, 22 nov.-28 dez. 1786.
3. Miranda, p. 219, 30 dez. 1786.
4. Duc de Cars, *Mémoires du duc de Cars*, v. 1, pp. 268-79.
5. Davis, p. 88. Neste capítulo, a fonte para o retrato do príncipe Nassau-Siegen é Aragon; e para Francisco de Miranda seu diário (referências dadas); Isabel de Madariaga, *The Travels of General Francisco de Miranda in Russia*; Benjamin Keen e Mark Wasserman, *A History of Latin America*, pp. 154-8; e Adam Zamoyski, *Holy Madness*, pp. 136-43, 152-3. O epigrama sobre Nassau e as expectativas de sua esposa no casamento pertence a Zamoyski, *Last King of Poland*, p. 260.
6. Miranda, pp. 220-4, 31 dez. 1786-3 jan. 1787.
7. B&F, v. 2, p. 75, conde Cobenzl para JII, 1 nov. 1786.
8. Miranda, pp. 224-7, 25-29 dez. 1786-15 jan. 1787.
9. Anspach, *Journey*, p. 144, Lady Craven para Anspach, 29 fev. 1786, Moscou.
10. Miranda, pp. 225-38, 25 dez. 1786-5 jan. 1787.
11. Aragon, p. 115, príncipe Karl de Nassau-Siegen (N-S) para esposa, jan. 1787.
12. Miranda, p. 242, 8 jan. 1787. M. M. Ivánov mais tarde pintou a cena de morte de GAP.
13. B&F, v. 2, p. 86, Cobenzl para JII, 1 nov. 1786.
14. Miranda, p. 241, 16 jan. 1787.
15. Miranda, p. 244, 20 jan. 1787.
16. Engelhardt, 1997, p. 53.
17. SIRIO 23 (1878): p. 392, CII para barão F. M. Grimm, 19 jan. 1787, Kritchev.

18. Jeremy Bentham, *Collected Works*, p. 525 (Bowring, v. 10, pp. 168-71), JB para George Wilson, 9/20 fev. 1787.

19. Ségur, *Memoirs* (Shelley), p. 218.

20. Ligne, *Letters* (Staël), p. 65, príncipe de Ligne para Coigny. Ligne não se juntou à viagem até Kíev.

21. Khrapovítski, 17 jan. 1787.

22. Jeremy Bentham, 10/30 jan. 1787, citado em Christie, *Benthams in Russia*, p. 177.

23. SIRIO 23 (1878): p. 393, CaG para Grimm, 23 jan. 1787, Nóvgorod Severski.

24. Ségur, *Memoirs* (Shelley), p. 222.

25. Urszula Mniszech, *Listy pani miniszchowej zony marszalka w. koronnego, in, Rocznik towarzystwa historyczno literackiego*, p. 192.

26. GIM OPI 1.139.32, L 214, GAP para CII, 7 jan. 1787, Simferopol.

27. Aragon, p. 121, N-S para esposa, 13/24 jan. 1787.

28. Miranda, pp. 245-53, 23 jan./7 fev. 1787.

29. Davis, pp. 148-9.

30. Ségur, *Mémoires*, 1859, v. 2, p. 4.

31. Zamoyski, *Last King of Poland*, p. 260. Davis, pp. 27, 119, 213.

32. Miranda, pp. 294-5, 26 mar. 1787. Ségur, 1890, v. 1, pp. 422-3, citado em Mansel, p. 106.

33. Ségur, *Mémoires*, 1859, v. 2, pp. 17-9.

34. Ligne, *Mélanges*, v. 21, p. 9, e *Letters* (Staël), p. 33, Ligne para Coigny. Ségur (Shelley), p. 224.

35. Miranda, pp. 255, 257, 7 e 12 fev. 1787.

36. Ségur, *Mémoires*, 1859, v. 2, p. 17. Aragon, p. 138, N-S para esposa. Miranda, p. 257, 14 fev. 1787.

37. Aragon, p. 138, N-S para esposa. Stephen Sayre citado em Joseph O. Baylen e Dorothy Woodward, "Francisco Miranda and Russia: diplomacy 1787-88", *Historian* XIII (1950), 52-68.

38. B&F, v. 2, p. 134, Cobenzl para JII, 25 abr. 1787, Kíev.

39. Miranda, p. 261, 20 fev. 1787; p. 269, 28 fev. 1787.

40. Saint-Jean, pp. 63-75.

41. Miranda, p. 279, 14 mar. 1787; p. 262, 18 fev. 1787; pp. 263-4, 19 fev. 1787; p. 291, 22 mar. 1787.

42. Ségur, *Memoirs* (Shelley), pp. 227-9. SIRIO 23: 399, CII para Grimm, 4 abr. 1787.

43. RGADA 11.867,1-60, grão-comandante K. Branicki para GAP, não publicada.

44. Miranda, pp. 220-4, 31 dez. 1786-3 jan. 1787.

45. Miranda, p. 271, 4 mar. 1787.

46. Edward Rulikowski, "Smila".

47. O príncipe K. F. Lubomirski foi um dos principais fornecedores de madeira de GAP — GAP fez acordos com Lubomirski e alguns dos Potocki em 1783. AVPRI 2.2/8a.21.39.

48. AVPRI 5.585.157, L 257, GAP para CII, 25 dez. 1787. J. M. Soloviov, *Istoriya pedeniya polshi*, p. 198, e Khrapovítski, p. 16, 16/17 mar. 1787.

49. RGADA 52.2.71.1-93. RGVIA 52.2.35.9-35. RGVIA 52.2.56.2. RGVIA 52.2.74. RGVIA 52.2.39. Esses documentos cobrem a interminável correspondência de GAP com seu *homme d'affaires* polonês, conde Moczinski; com o embaixador russo em Varsóvia, conde O. M. Stackelberg; e com o príncipe K. G. Lubomirski e sua família, sobre as transações de Smila e Meschiricz. Alguns dos Lubomirski

questionaram a posse do príncipe K. F. Lubomirski, e portanto seu direito de vender essas propriedades. Por fim, em 1790, GAP ofereceu sua propriedade de Dubrovna (que ficava próxima a Kritchev, perto de Orsha-sobre-o-Dnieper) como pagamento adicional para os Lubomirski para resolver as discórdias. Também RGADA 5.166.8-14. A correspondência entre SA e GAP sobre Smila e suas propriedades: GAP recrutou o rei para ajudá-lo em seu litígio, bem como Branicki e outros magnatas do Sejm Polonês. Estes documentos são todos inéditos e formam um quadro fascinante dos labirínticos assuntos de GAP e da relação entre Rússia e Polônia — mas estão além do escopo deste livro. Ver capítulo 29, notas 93 e 97.

50. SIRIO 23: 393, 8 fev. 1787. Ligne, *Letters* (Staël), p. 34, Ligne para Coigny. Miranda, p. 259, 15 fev. 1787.

51. Ligne, *Letters* (Staël), p. 34, Ligne para Coigny, carta 1.

52. Aragon, p. 126, N-S para esposa, fev. 1787, Kíev.

53. Ségur, *Mémoires*, 1855, v. 2, p. 27.

54. Kukiel, p. 18.

55. Aragon, p. 131, N-S para esposa, fev. 1787, Kíev.

56. Zamoyski, *Last King of Poland*, p. 295. Mniszech, p. 199.

57. Miranda, pp. 265-6, 22 fev. 1787.

58. Aragon, p. 134, N-S para esposa. Madariaga, *Russia*, p. 370. Zamoyski, *Last King of Poland*, p. 294.

59. EA para Kicinski, 21 mar. 1787, BP 38, p. 59 citado em Zamoyski, *Last King of Poland*, p. 294.

60. Aragon, p. 134, N-S para esposa, mar. 1787.

61. Davis, p. 148.

62. Miranda, p. 261, 21 fev. 1787; p. 265, 22 fev. 1787; p. 278, 11 mar. 1787.

63. Miranda, p. 305, 11 abr. 1787; p. 309, 21 abr. 1787.

64. B&F, v. 2, p. 120, Cobenzl para JII, 9 abr. 1787, Kíev. Miranda, p. 300, 1 abr. 1787.

24. CLEÓPATRA [pp. 495-511]

1. Esse relato do cruzeiro baseia-se principalmente nas descrições do conde de Ségur, do príncipe de Nassau-Siegen e do príncipe de Ligne, além de Madariaga, *Russia*, pp. 393-5, e Alexander, *CtG*, pp. 256-7. As referências específicas são dadas abaixo.

2. Aragon pp. 141-4, N-S para esposa. Ligne, *Letters* (Staël), p. 37, príncipe de Ligne para Coigny. Ségur, *Memoirs* (Shelley), pp. 230-1. Também Ségur, *Mémoires*, 1859, v. 3, p. 30. Waliszewski, *Autour d'un trône*, v. 2, p. 233. Ségur chama Catarina de "Cleópatra do Norte".

3. Essa descrição do encontro de Kaniev baseia-se nos seguintes materiais inéditos: RGADA 5.166.14, EA para GAP, 16/17 fev. 1787. RGADA 5.166.9, AS, para GAP, 7 maio 1787. Há numerosas cartas entre esses dois de 1774 a 1791, que são imensamente informativas acerca de seu relacionamento e o da Rússia e Polônia. Este trabalho utiliza somente uma pequena fração dessa correspondência inédita. Também SIRIO 26: 284. SIRIO 23: 407-8. RGADA 5.85.2.24, L 215, CII para GAP, 25 abr. 1787. RGADA 5.85.2.23, L 215, CII para GAP, 25 abr. 1787. RGADA 5.85.2.22, L 215. Khrapovítski, p. 33, 26 abr. 1787. EA para Kicinski, 8 maio 1787, Kalinka. *Ostatnie Lata*, v. 2, p. 42, citado em Zamoyski, *Last King of Po-*

land, p. 297. Ligne, *Letters* (Staël) p. 40, Ligne para Coigny. Ligne citado em Mansel, *Charmeur*, p. 111. Ségur, 1859, v. 2, p. 39.

4. RGADA 5.166.14, EA para GAP, 16-17 fev. 1787, não publicada.

5. Ségur, *Mémoires*, 1859, v. 3 pp. 30-46. Zamoyski, *Last King of Poland*, p. 297. Ligne, *Letters* (Staël), p. 82. Aragon, pp. 141-4, N-S para esposa, maio 1787. SIRIO 23: 408, CII para barão F. M. Grimm, 26 abr. 1787.

6. SIRIO 26: 284. SIRIO 23: 407-8. RGADA 5.85.2.24, L 215, CII para GAP, 25 abr. 1787. RGADA 5.85.2.23, L 215, CII para GAP, 25 abr. 1787. RGADA 5.85.2.22, L 215. Khrapovítski, p. 33, 26 abr. 1787. EA para Kicinski, 8 maio 1787, Kalinka. *Ostatnie Lata*, v. 2, p. 42, citado em Zamoyski, *Last King of Poland*, p. 297. Ligne, *Letters* (Staël), p. 40, Ligne para Coigny. Ligne citado em Mansel, *Charmeur*, p. 111. RGADA 5.166.9, EA para GAP, 7 maio 1787, não publicado. Há muitas cartas de EA para GAP nessa época nessa fonte. EA promete ajudar GAP a proteger suas propriedades na Polônia. Ségur, *Mémoires*, 1859, v. 2, p. 39.

7. RGVIA 271.1.43.1, JII para GAP, 25 nov. 1786, Viena. Esse arquivo inédito contém muito da correspondência de GAP com JII, seu sucessor Leopoldo e seu chanceler, príncipe Kaunitz. B&F, v. 2, p. 117, conde Cobenzl para JII, 25 fev. 1787. *JII — CII* (Arneth), Briefe Joseph II an den Feldmarschall Grafen Lacey, p. 277, JII para Kaunitz, 19 ago. e 12 set. 1786, e JII para CII, 15 fev. 1787.

8. SIRIO 23: 408, CII para Grimm, 3 maio 1787. B&F, v. 2, p. 141, Cobenzl para JII, 11 maio 1787. Ségur, *Memoirs* (Shelley), pp. 232-3. Ligne, *Letters* (Staël), p. 40, Ligne para Coigny.

9. BM 33540 ff365-6, SB para JB, 16 maio 1787, Kremenchuk. M. S. Bentham p. 82. Christie, *Bentham in Russia*, pp. 186-7.

10. Ligne, *Letters* (Staël), p. 40, Ligne para Coigny. Ségur, *Memoirs* (Shelley), pp. 234. *JII — CII* (Arneth), p. 356, JII para Lacey, 19 maio 1787, Kaidak. B&F, v. 2, p. 140, Cobenzl para JII, 6 maio 1787, Kaniev.

11. *JII — CII* (Arneth), p. 356, JII para Lacey, 19 maio 1787, Kaidak. SIRIO 23: 410, CII para Grimm, 15 maio 1787, Kherson.

12. Khrapovítski, pp. 30, 29, 15-20. Ligne, *Mélanges*, v. 24, pp. 4-8.

13. Ségur, *Mémoires*, 1859, v. 2, pp. 46-7. Ligne, *Mélanges*, v. 24, pp. 4-8. Museu Histórico Estatal de Dniepropetrovsk, visita do autor, 1998.

14. *Memoirs of the Life of Prince Potemkin*, p. 118. Ségur, *Mémoires*, v. 3, p. 220.

15. *JII — CII* (Arneth), p. 355, JII para Lacey, 19 maio 1787, Kherson; p. 358, 30 maio 1787, Aibar, Crimeia. Khrapovítski, pp. 35, 36, 15 maio 1787.

16. SIRIO 23 (1878): 410, CII para Grimm, 15 maio 1787. Ségur, *Mémoires*, 1859, v. 2, p. 47. Ligne, *Letters* (Staël), p. 42, Ligne para Coigny.

17. Ségur, *Mémoires*, 1859, v. 2, pp. 47-8.

18. Ségur, *Mémoires*, 1859, v. 2, pp. 54-5.

19. Aragon, p. 154, N-S para esposa, maio 1787. *JII — CII* (Arneth), p. 358, JII para Lacey, 30 maio 1787.

20. Ségur, *Memoirs* (Shelley), pp. 238-9.

21. B&F, v. 2, pp. 147-50, Cobenzl para Kaunitz, 3 jun. 1787, Sebastópol. Ségur, *Mémoires*, 1859, v. 2, pp. 54-5.

22. Ségur, *Mémoires*, 1859, v. 2, pp. 54-5.

23. Visita do autor a Crimeia, 1998. Ségur, *Mémoires*, 1859, v. 2, pp. 54-5. Aragon, p. 155, N-S para esposa. *JII — CII* (Arneth), p. 361, JII para Lacey, 1 jun. 1787.

24. *JII — CII* (Arneth), p. 361, JII para Lacey, 1 jun. 1787. Aragon, pp. 155-8, N-S para esposa. Ligne, *Letters* (Staël), p. 42, Ligne para Coigny. SIRIO 23 (1878): 411, CII para Grimm, 21 maio 1787. Bakhchisara. B&F, v. 2, p. 148, Cobenzl para Kaunitz, 3 jun. 1787, Sebastópol. RA (1865), p. 622, L 216 CII para GAP, 28 maio 1787, São Petersburgo.

25. Ligne, *Mélanges*, v. 24, p. 11.

26. Ligne, *Mélanges*, v. 24, pp. 4-7. Aragon, pp. 158-61, N-S para esposa, 1 jun. 1787, Sebastópol. B&F, v. 2, p. 150, Cobenzl para Kaunitz, 3 jun. 1787. *JII — CII* (Arneth), p. 363, JII para Lacey, 3 jun. 1787; p. 292; JII para Kaunitz, 3 jun. 1787. Ségur, *Mémoires*, 1859, v. 2, pp. 66-7.

27. Ligne, *Mélanges*, v. 24, pp. 4-8. SIRIO 23 (1878): 412, CII para Grimm, 23 maio 1787. *JII — CII* (Arneth), p. 363, JII para Lacey, 3 jun. 1787; p. 292; JII para Kaunitz, 3 jun. 1787. B&F, v. 2, pp. 150-1, Cobenzl para Kaunitz, 3 jun. 1787.

28. B&F, v. 2, pp. 150-1, Cobenzl para Kaunitz, 3 jun. 1787. *JII — CII* (Arneth), p. 364, JII para Lacey, 5 jun. 1787.

29. RGVIA 52.2.53.31, N. Pisani para I. Bulgákov, 1/12 maio 1787, não publicada. Os relatos sobre a dinastia diplomática profissional otomana, os Pisani, via Bulgákov para GAP, são evidência inestimável de como Istambul já estava num estado de febre bélica. RGVIA 52.2.53.80, N. Pisani para Bulgákov, 1 jun. 1787. Aqui novamente Pisani relata que recrutas já estavam marchando através de Istambul para preparar-se para a guerra. Isso é evidência significativa, uma vez que a maioria das histórias joga a culpa da guerra inteira na forma inadequada de lidar e nas provocações de GAP à Sublime Porta. Ségur, *Mémoires*, 1859, v. 2, pp. 52-3. Aragon, pp. 158-61, N-S para esposa, 1 jun. 1787.

30. Ligne, *Letters* (Staël), p. 42, Ligne para Coigny. Mansel, *Charmeur*, p. 113. Aragon, pp. 158--73, N-S para esposa.

25. AS AMAZONAS [pp. 512-27]

1. Ligne, *Letters* (Staël), p. 42, Ligne para Coigny, Kaffa. Nota sobre Companhia das Amazonas, *Moskvityanin zhurnal* (1844), n. 1, pp. 266-8, nota de G. Dusi baseada nas memórias de Elena Sardanova. Heródoto, *The Histories* [*Histórias*], pp. 306-8. Ver também Neal Ascherson, *Black Sea*, pp. 111-4.

2. Ségur, *Mémoires*, 1859, v. 2, pp. 88-90.

3. Ligne, *Letters* (Staël), p. 42, Ligne para Coigny.

4. Ségur, *Memoirs* (Shelley), p. 245.

5. Guthrie, carta LXV, pp. 204-6.

6. Ligne, *Letters* (Staël), p. 60, Ligne para Coigny. *JII — CII* (Arneth), p. 363, JII para Lacey, 5 e 7 jun. 1787. B&F, v. 2, p. 163, conde Cobenzl para príncipe Kaunitz, 13 jun. 1787. Aragon, pp. 173-4, N-S para esposa.

7. *JII — CII* (Arneth), p. 364, JII para Lacey, 7 jun. 1787. Aragon, p. 174, N-S para esposa. Ségur, *Memoirs* (Shelley), p. 236.

8. Ségur, *Memoirs* (Shelley), p. 242; ou Ségur, *Mémoires*, 1859, v. 2, pp. 67-8.

9. Ségur, *Memoirs* (Shelley), p. 242. *JII — CII* (Arneth), p. 364, JII para Lacey, 8 jun. 1787, Staricrim. ZOOID 13: 268, general V. V. Kahovski para V. S. Pópov, 11 jun. 1787, Karasubazaar; tenente Tsiruli para Kahovski, 7 jun. 1787. Parece ter havido duas meninas. Enquanto a segunda missão do

tenente Tsiruli soa como uma busca de aquisição sexual, a compra da criança de seis anos deve seguramente ser um experimento educacional, embora as duas coisas não sejam necessariamente excludentes. Tsiruli estava fora nas montanhas quando um impresso contemporâneo, *Purchase of a Tartar Maiden* [Compra de uma donzela tártara], mostra José comprando a criança de um "mercador de escravos". Há uma referência à menina circassiana no diário de Zinzendorf sobre o dia da morte de José II. O imperador escreveu para a condessa Chanclos para assegurar que a menina recebesse sua pensão de mil guildas. Uma nota de rodapé no diário escrito por Hans Wagner diz que ela era Elisabeth Gulesy, uma circassiana comprada por José em sua viagem à Crimeia. A condessa Chanclos a criou, Kaunitz então assumiu sua guarda e ela se casou com Amandus Lacdemer, o mordomo de certo conde Karoly, em 1798. Estou em dívida com o professor Derek Beales por essas referências: Wien von Maria Theresa bis zur Franzosenzeit, *Aus den Tagebüchern des Grafen Karl v. Zinzendorf* (ed. de Hans Wagner), Viena, 1972, p. 40, 20 fev. 1790. Também *Österreich zur Zeit Kaiser Joseph II mit Regent Kaiserin Maria Theresias, Kaiser und Landesfürstm Niedero-Sterreichische Landesaustellung* (catálogo da Exposição da Baixa Áustria) Stift Melk, 19 mar.-2 nov. 1980, p. 439, item 551, Linz, Stadtarchiv.

10. RGADA 5.85.2.39, L 216, CII para GAP, 9 jun. 1787. Ségur, *Mémoires*, 1859, v. 2, p. 90. *JII — CII* (Arneth), p. 373, JII para Lacey, 12 jul. 1787, Berislav. SIRIO 27: 410-3, 447. KFZ 8 jun. 1787. RGADA 5.85.2.3, L 217, CII para GAP ("Sua gatinha").

11. "Aldeias de Potemkin" e "Helbig" na *Modern Encyclopeadia of Russian and Slavic History*, Academy International Press 1982, de Joseph L. Wieczynski, p. 134. Georg von Helbig, "Potemkin der Taurier", *Minerva ein Journal historischen und politicschen Inhalts herausgegeben von J. W. Archeholtz* (Hamburgo 1797-1800). *Russische Günstlinge* (Tübingen, 1809), *Potemkin: Eins interessanter Beitrang zur Regier ungeschichte Katarina der Zweiten* (Halle/Leipzig 1804). Estas obras foram reeditadas em diferentes formas, tais como (em francês) *Vie de Potemkin*, de J. E. de Cerenville (1808), e *Memoirs of the Life of Prince Potemkin* (Londres, 1812 e 1813).

12. Vassíltchikov, v. 1, pp. 370-1, 22 jun. 1786.

13. Anspach, *Journey*, p. 160, 3 abr. 1786.

14. Khrapovítski, p. 17, 4 abr. 1787.

15. ZOOID 12: 303, 309, 320, GAP para Kahovski, 1784, 1785.

16. *JII — CII* (Arneth), p. 356, JII para Lacey, 19 maio 1787, Kaidak. SIRIO 23: 410, CII para Grimm, 15 maio 1787, Kherson.

17. Miranda, p. 244, 20 jan. 1787.

18. Anspach, *Journey*, p. 160, 3 abr. 1786.

19. Ligne, *Letters* (Staël), p. 65, Ligne para Coigny.

20. Anspach, *Journey*, p. 170, 8 abr. 1786.

21. Ségur, *Memoirs* (Shelley), p. 232.

22. Ligne, *Letters* (Staël), p. 137. Ligne para Coigny. Ségur, *Mémoires*, 1859, v. 3, pp. 6-8, 111-3, 120-5. B&F, v. 2, p. 172, Cobenzl para Kaunitz, 22 jun. 1787.

23. Ségur, *Memoirs* (Shelley), p. 232.

24. *Moskvityanin zhurnal* (1842), n. 2, pp. 475-88. Crônica oral da estada de CII em Tula, coletada por N. Andréiev. Miranda, p. 324, 9 maio 1787.

25. Aragon, p. 117, N-S para esposa, 3 jan. 1787, Kherson.

26. *JII — CII* (Arneth), p. 364, JII para Lacey, 8 jun. 1787, Starikrim.

27. Ligne, *Letters* (Staël), p. 65, Ligne para Coigny, Tula. Ligne, *Mélanges*, v. 24, p. 3, "Rélation de ma campagne de 1788 contre les Turcs".

28. RGADA 2.111.13-14, CII para comandante de Moscou P. D. Eropkin, 12 e 20 maio 1787. SIRIO 27: 411, CII para grão-duque Alexandre, 28 maio 1787. RGADA 10.2.38.1-2, CII para conde L. A. Bruce, 14 maio 1787.

29. Ligne, *Mélanges*, v. 24, p. 11. Miranda, p. 204, 11 nov. 1786.

30. IRLI 265.2.2115.5-6, L 219, GAP para CII, 17 jul. 1787, Kremenchuk. RGADA 5.85.1.543, L 220, CII para GAP, 27 jul. 1787.

31. RS (1876) 15, pp. 33-8, Garnovski, jul. 1787.

32. B&F, v. 2, p. 192, Cobenzl para JII, 9 ago. 1787.

33. Ligne, *Mélanges*, v. 24, pp. 5, 11, 14, citado em Mansel, *Charmeur*, p. 116.

34. *Memoirs of the Life of Prince Potemkin*, pp. 117-8. Honoré de Balzac foi um dos muitos que se referiram às "Aldeias de Potemkin": ver Graham Robb, *Balzac*, p. 383.

35. AKV 14: 242-3, Arkadii Ivánovitch Markov para A. R. Vorontsov, 17 fev. 1787. São Petersburgo.

36. RGVIA 52.11.53.31, N. Pisani para Bulgákov, 1/12 maio 1787, não publicada. Essa descrição da chegada da guerra também usa Madariaga, *Russia*, pp. 394-7, e Alexander, *CtG*, pp. 262-5.

37. Sobstvennoruchnyye bumagi Knyaza Potemkina, RA (1865), pp. 740-1, CII para GAP, 16/27 out. 1786, e GAP para Bulgákov, 13/24 dez. 1786. Ragsdale, pp. 75-103.

38. AKV 14: 242, Markov para A. R. Vorontsov, 17 fev. 1787, São Petersburgo. B&F, v. 2, p. 188, Cobenzl para JII, 9 ago. 1787, São Petersburgo.

39. ZOOID 8: 201, GAP para Bulgákov, mar. 1787.

40. RGVIA 52.2.1.9, GAP para Bulgákov.

41. ZOOID 8: 203, GAP para A. A. Bezboródko, 14 ago. 1787.

42. RGVIA 52.2.53.59, N. Pisani para Bulgákov, 15/26 maio 1787. RGVIA 52.2.53.80, N. Pisani para Bulgákov, 1 jun. 1787. RGVIA 52.2.53.31, N. Pisani para Bulgákov, 1/12 maio 1787. Todos esses despachos são inéditos. O último lista as atividades dos diplomatas da Inglaterra para encorajar a guerra contra a Rússia e a política da Porta de usar distrações por parte dos povos caucasianos, inclusive os daguestaneses, tchetchenos e lezguianos, para atacar a Rússia.

43. RGVIA 52.2.53.130, N. Pisani para Bulgákov, s.d. Essa data claramente do verão de 1787. RGVIA 52.2.53.31, N. Pisani para Bulgákov, 1/12 maio 1787. Ambas não publicadas. ZOOID 8: 203, GAP para Bezboródko. Ao receber esses relatórios, é possível notar o tom de queixa de Potemkin em suas cartas para Bezboródko. "Peço tanto a você para ganhar algum tempo", escreveu ele em 14 ago. 1787, quando já era tarde demais.

44. RGADA 1.1/1.47.5-9, L 223, CII para GAP, 24 ago. 1787.

45. RGADA 5.85.2.43-8, L 223, CII para GAP, 24 set. 1787.

46. MIRF cap. 15, p. 51, M. I. Voinovitch para GAP, 25 ago. 1787. AVPRI 5.585.149, L 223, GAP para CII, 22 ago. 1787. RGADA 11.267.38-41, GAP para P. A. Rumiántsev-Zadunáiski, 22 ago. 1787.

47. AVPRI 5.585.343, L 226, GAP para CII, 28 ago. 1787.

48. RGADA 1.1/1.47.13-14, L 226, CII para GAP, 6 set. 1787.

49. AVPRI 5.585.317, L 229, GAP para CII, 16 set. 1787, Kremenchuk.

50. AVPRI 5.585.143, L 231, GAP para CII, 19 set. 1787.

51. Robert Slater, *Rabin: Warrior for Peace* (Londres, 1996), p. 142. Robert C. Tucker, *Stalin in*

Power: Revolution from Above 1928-1941 (Nova York, 1990), p. 625. Alan Bullock, *Hitler and Stalin: Parallel Lives* (Londres, 1991), pp. 805-6. Os mais novos relatos russos, *Stalin*, de Edvard Radzinsky (Londres, 1996), pp. 445-7, e *Stalin: Triumph and Tragedy*, de Dmitri Volkogonov (Nova York, 1991), pp. 405-7, mostram que Stálin conseguiu se manter funcional naqueles dias mais do que até agora havia-se percebido. Macdonogh, pp. 278-80, 157. Hughes, p. 30.

    52. AVPRI 5.585.152, L 232, GAP para CII, 24 set. 1787, Kremenchuk; p. 314, L 232, GAP para CII, 24 set. 1787. SBVIM, n. 4, pp. 150-1, GAP para Rumiántsev-Zadunáiski, 24 set. 1787.

26. COSSACOS JUDEUS E ALMIRANTES AMERICANOS: A GUERRA DE POTEMKIN [pp. 528-48]

    1. Nos capítulos 26-34, a descrição do curso da Segunda Guerra Russo-Turca baseia-se nas seguintes obras. A fonte principal é A. N. Petrov, *Vrotaya turetskaya voyna v tsarstvovaniye imperatritsy Ekateriny II 1787-91*. Outras são V. S. Lopatin, *Potemkin i Suvarov*; A. V. Suvárov, *Pisma*, ed. V. S. Lopatin; A. Petrushevsky, *Generalissimo Knyazi suvarov*; D. F. Maslovsky, *Zapiski po istorii voieennogo iskusstva v Rossii*; ZOOID 8, 4, 11. D. F. Maslovsky (Org.), *Pisma i Bumagi A. V. Suvarova, G. A. Potemkina, i. P. A. Rumiantseva 1787-1789. Kinburn Ochakovskaya operatsiya*, SBVIM; N. F. Dubrovin (Org.), *Istoriya voyny i vladychestva russkikh na Kavkaze; Bumagi Knyaza Grigoriya Alexandrovicha Potemkina-Tavricheskogo*, ed. de N. F. Dubrovin, SBVIM; RS, 1875, jun., RS, 1876, jul. e RA, 1877, cartas de GAP a A. V. Suvórov; I. R. Christie, "Samuel Bentham and the Russian Dnieper Flotilla", e I. R. Christie, *The Benthams in Russia*, MIRF. Em inglês e francês, esse relato recorre a Christopher Duffy, *Russia's Military Way to the West*; os relatos de Alexandre, conde de Langeron sobre as campanhas da guerra 1787-91 em AAE, v. 20; Roger, conde de Damas, *Mémoires*; *Mélanges* e *Lettres* (Staël) do príncipe de Ligne; e o "Journal de mon voyage em Allemagne" do Duc de Richelieu. Os papéis de Langeron ainda não foram publicados na sua totalidade. Os relatos de Langeron e Ligne têm sido usados em larga escala contra GAP. São úteis, mas claramente preconceituosos. O relato de Langeron é equilibrado pelo seu tributo final a GAP, enquanto as cartas inéditas entre Ligne e GAP, usadas aqui pela primeira vez, revelam muito mais sobre seus motivos. As fontes raramente usadas Richelieu e Damas fornecem um relato muito mais justo de GAP em guerra. Se a referência é a um documento específico, a referência é anotada, mas informação genérica sobre o curso da guerra, em especial extraída de Petrov, não é referenciada. RGADA 5.85.2.43-8, L 223, CII para GAP, 24 set. 1787. RGADA 5.85.2.49, L 235, 25 set. RGADA 5.85.2.52-4, L 238, 2 out. 1787.

    2. AVPRI 5.585.365-7, L 358, GAP para CII, 2 out. 1787, Kremenchuk.

    3. RGADA 5.85.2.56, L 240, CII para GAP, 9 out. 1787.

    4. RS (1875), maio, v. 8, pp. 21-33, cartas de GAP para A. V. Suvórov, 1787-8, 5 out. 1787.

    5. Byron, *Don Juan*, canto VII: 55.

    6. Duffy, *Russia's Military Way*, pp. 185-7.

    7. AEE 20:20, Langeron, "Armées Russes et Turques". Damas, pp. 34-5, Engelhardt, 1868, p. 183. Duffy, *Russia's Military Way*, pp. 192-3.

    8. AEE 20: 95-7, Langeron, "Résumé des campagnes de 1787, 1788, 1789".

    9. RS (1875), maio, v. 8, p. 21, GAP para Suvórov, 5 out. 1787; p. 28, 1 jan. 1788.

    10. AVPRI 5.585.365-7, L 358, GAP para CII, 1 nov. 1787.

    11. RS (1875), maio, v. 8, pp. 21-33, cartas de GAP para Suvórov, 5 nov. 1787.

12. Aragon, p. 189, N-S para esposa (o desejo de Paulo de entrar para o Exército e levar a esposa). RGADA 5.85.2.43-8, CII para GAP, 24 set. 1787. RGADA 5.181.7, grão-duque Paulo Petróvitch para GAP, jun. 1788, Pavlovsk. RGADA 5.181.11, grão-duque Paulo Petróvitch para GAP, 26 set. 1789, Gátchina. RGADA 5.182.2-3 e 181.1, 6, grã-duquesa Maria para GAP, jun. 1788, Pavlovsk e Gátchina. Ségur, *Memoirs* (Shelley), p. 265. Damas, pp. 100-7. RS (1876) 15, p. 484, Garnovski, nov. 1787. SIRIO 42: 191, CII para grão-duque Paulo Petróvitch, 1791.

13. B&F, v. 2, p. 231, JII para o conde Cobenzl, 11 dez. 1787, Viena.

14. RGVIA 52.2.52.10, JII para o príncipe de Ligne, 25 nov. 1787, Viena, não publicada.

15. Ligne, *Mélanges*, v. 7, p. 152, Ligne para conde de Ségur, 1 dez. 1787, Elizavetgrado.

16. AVPRI 5.585.312, L 254, GAP para CII, 12 nov. 1787, Elizavetgrado.

17. Ligne, *Mélanges*, v. 24, p. 15.

18. Ligne, *Letters* (Staël), p. 72, Ligne para JII, dez. 1787, Elizavetgrado.

19. Pichkevitch, p. 128.

20. Ligne, *Mélanges*, v. 24, pp. 11-5.

21. Damas, pp. 23-5.

22. Ligne, *Mélanges*, v. 21, pp. 296-7.

23. AAE 20: 64, Langeron, "Résumé des campagnes de 1787, 1788, 1789".

24. RGVIA 52.2.64.4, Ségur para GAP, 7 jan. 1788, São Petersburgo, não publicada.

25. Damas, p. 25.

26. RGVIA 52.2.48.1, GAP para Cobenzl, 15 out. 1787, Elizavetgrado, não publicada.

27. Ligne, *Mélanges*, v. 24, p. 17. RGVIA 52.2.52.3, GAP para Ligne, s.d., não publicada.

28. Ligne, *Mélanges*, v. 24, p. 18. AVPRI 5.585.179-80, L 282, GAP para CII; e RS (1873), nov., pp. 727--8, L 283, 5 maio 1788, Elizavetgrado.

29. Conde Fiódor Rostopchin, *La Verité sur l'incendie de Moscou*, p. 27. Aragon, p. 180. Waliszewski, *Autour d'un trône*, v. 2, p. 78. Ver também GAP sobre as missões no Mediterrâneo do general V. S. Tamara: RGVIA 52.2.47.11, GAP para príncipe Kaunitz, out. 1790, não publicada.

30. SIMPIK KV, v. 29, p. 9, GAP para atamã Sidor Beli, 2 jan. 1788, Elizavetgrado. AVPRI 2.2/8a.21.96, L 261, GAP para CII, 3 jan. 1788, Elizavetgrado. SIRIO 27 (1880): 494 CII agradece a GAP por fundar forças cossacas, 20 maio 1788; pp. 486-7, rescrito de CII para GAP concordando com sua proposta de completar as forças cossacas com cocheiros e pequenos burgueses, 20 abr. 1788. A paixão de GAP por cossacos: AKV 13: 227, A. A. Bezboródko para S. R. Vorontsov, 17 nov. 1791. SIRIO 27 (1880): 332-3 rescrito de CII para GAP sobre precauções a serem tomadas em organizar o retorno dos cossacos de Nekrazovski e Zaporójie, 15 abr. 1784. Tanto CII quanto GAP foram inicialmente cautelosos mas GAP, em última instância, persuadiu a imperatriz. Ver também Longworth, *Cossaks*, p. 229.

31. Ligne, *Letters* (Staël), p. 74, Ligne para JII, dez. 1787. Ligne, *Mélanges*, v. 24, p. 41, Ligne para JII, 2 mar. 1788; p. 57, Ligne para JII, 6 abr. 1788; v. 21, pp. 180-1, "Mémoire sur les Juifs". D. Z. Feldman, *Svetleyshiy Knyaz GA Potemkin i Rossiykiy Evrei*, pp. 186-92. N. A. Engelhardt, *Ekaterinskiy kollos*. IV (1908), abr., pp. 55-7. Dudakov, S. Y., *Istoriya odnogo mipha: Ocherli russkoy litaratury XIX-XX*, Moscou, 1993, pp. 29-31. Ambos citados por Feldman. Para o oficial de cavalaria judeu de Napoleão: Berek Joselewicz, ver Cecil Roth e Geoffrey Wigoder, *New Standard Jewish Encyclopedia*, Londres, 1975.

32. BM 33540 f408, N. S. Mordvínov, 21 set. 1787; f442, SB para William Pitt.

33. BM 33540 f452, SB para Pleshichev, 7 jan. 1788, Kherson.

34. Mordvínov para GAP, 31 ago. 1787, citado em I. R. Christie, "Samuel Bentham and the Russian Dnieper Flotilla", p. 176. BM 33 540 f487, SB para Jeremy Bentham, 12/27 out. 1787; ff365-6, SB para JB, 16 maio 1787, Kremenchuk; f391, SB para JB, s.d., 1787; f397, SB para JB, 2-3 set. 1787, Kherson.

35. MIRF 15:99, 104, 123, citado em I. R. Christie, "Samuel Bentham and the Russian Dnieper Flotilla", pp. 175-8, e Christie, *Benthams in Russia*, pp. 218-221.

36. Ligne, *Mélanges*, v. 24, pp. 20-1.

37. Blanning, *JII*, p. 176. Ligne, *Mélanges*, v. 24, pp. 44-6, fev. 1788, Elizavetgrado.

38. AVPRI 5.585.175, L 262, GAP para CII, 15 jan. 1788, Elizavetgrado.

39. Ligne, *Mélanges*, v. 24, pp. 44-6, Ligne para JII, fev. 1788, Elizavetgrado.

40. RGVIA 52.11.69, conde Joseph de Witte para GAP, 13 maio 1788, Podolsk-Kamenets. RGADA 11.921.1 e 11,921.9, Witte para GAP, 6-8 out. 1787, não publicada.

41. RGVIA 52.2.52.5, GAP para Ligne, 3 abr. 1788; e RGVIA 52.2.52.6, 2/13 maio 1788, não publicadas.

42. Ligne, *Mélanges*, v. 24, p. 49, Ligne para JII, fev. 1788, Elizavetgrado.

43. AVPRI 5.585.160, L 265, GAP para CII; e RGADA 5.85.2.88, L 274, CII para GAP, 8 mar. 1788.

44. RGADA 5.85.2.97, L 284, CII para GAP, 7 maio 1788. Tsárskoie Seló.

45. AVPRI 5.585.160, GAP para CII, 3 jan. 1788. Elizavetgrado.

46. AVPRI 5.585.168-73, L 265, GAP para CII.

47. *Memoirs of the Life of Prince Potemkin*, p. 148. Ligne, *Letters* (Staël), pp. 78-9, maio 1788.

48. BM 33 540 f395, SB para JB, 30 ago.-2 set. 1787.

49. BM 33 558 f424, SB para Henry Fanshawe, 2/13 set. 1787, Kremenchuk.

50. BM 33 540 f487, SB para JB, 12/23 out. 1788.

51. MIRF 15: 86, citado em I. R. Christie, "Samuel Bentham and the Russian Dnieper Flotilla", pp. 175-8, e Christie, *Benthams in Russia*, pp. 218-21.

52. AVPRI 2.2/8a.21.94, L 248, GAP para CII, 1 nov. 1787.

53. BM 33540 f487, SB para Jeremy Bentham.

54. MIRF 15: 60-90, citado em I. R. Christie, "Samuel Bentham and the Russian Dnieper Flotilla", pp. 175-8, e Christie, *Benthams in Russia*, pp. 218-21.

55. Ligne, *Mélanges*, v. 7, p. 158, Ligne para Ségur 8, maio 1787.

56. AAE 20: 71, Langeron, "Résumé des campagnes".

57. Damas, p. 32.

58. RGVIA 52.2.82.1, GAP para N-S, 26 mar. 1788, Elizavetgrado, não publicada.

59. Damas, pp. 32-3.

60. Aragon, p. 203, N-S para esposa, 18 mar. 1788.

61. SIRIO 23 (1878): 446, CII para Grimm, 25 abr. 1788, As fontes gerais para John Paul Jones, além dos arquivos russos e da correspondência não publicada com GAP, são três biografias: *John Paul Jones: A Sailor's Biography*, de Samuel Eliot Morison; *The Life of Rear-Admiral John Paul Jones*, de George R. Preedy; e *The Life of John Paul Jones*, de James Otis.

62. RGVIA 52.2.56.1, GAP para barão Simolin, 5/16 mar. 1788, não publicada.

63. RGVIA 52.2.82.1, GAP para N-S, 26 mar. 1788, Elizavetgrado, não publicada.

64. MIRF 15: 98, 188, GAP para Mordvínov, 29 fev. 1788, citado em I. R. Christie, *Benthams in Russia*, pp. 218-21.

65. BM 33540 f488, SB para JB, 12/23 out. 1788.
66. RGVIA 52.2.82.1, GAP para N-S, 26 mar. 1788, Elizavetgrado, não publicada.
67. Aragon, p. 223, N-S para esposa, 4 jun. 1788.
68. Damas, p. 31-2.
69. Aragon, p. 225, N-S para esposa, 18 mar. 1788.
70. Tott, v. 3, p. 24. Damas, pp. 44-5. Ligne, *Letters* (Staël), p. 88, Ligne para JII, ago. 1788.
71. Tott, v. 3, p. 24. Anspach, *Journey*, p. 191, Lady Craven para Anspach, 25 abr. 1786, Constantinopla.
72. SIRIO 27: 480, CII para GAP, 27 maio 1788.
73. BM 33540 f488, SB para JB, 12/23 out. 1788.
74. Ligne, *Mélanges*, v. 24, p. 20.
75. RGVIA 52.2.82.1, GAP para N-S, abr. 1788 s.d. RGVIA 52.2.82.4, GAP para N-S, s.d. Ambas não publicadas.
76. J. P. Jones para José de Ribas, 11/22 jun. 1788, citado em Morison, pp. 374-8.
77. RGVIA 52.2.82.13, GAP para N-S, não publicada.
78. RGVIA 52.2.82.1, GAP para N-S, 10 jun. 1788, não publicada.
79. Coronel Henry Fanshawe, citado em Christie, "SB and the Flotilla", p. 191.
80. Morison, pp. 379-81.
81. BM 33540 f489, SB para Jeremy Bentham, 12/23 out. 1788.
82. BM 33554 ff490-1, Fanshawe, 18 jun. 1788.
83. Damas, p. 45.
84. Ligne, *Mélanges*, v. 24, p. 21.
85. Aragon, p. 238, N-S para esposa, 28 e 29 jun. 1788. RS (1875), jun. p. 160, GAP para Suvórov.
86. Aragon, p. 236, N-S para esposa, 25 jun. 1788.
87. RGVIA fVUA 2388.13, L 296, GAP para CII, jun. 1788.
88. M. S. Bentham, p. 89, citado em Christie, "SB and the Flotilla". BM 33540 f490, GAP para SB.
89. Aragon, p. 250, N-S para esposa.
90. SIRIO 23 (1878): 446, CII para Grimm, 31 maio 1787.
91. RGADA 5.85.2.124, L 305, CII para GAP, 19 jul. 1788, São Petersburgo. Diz-se que o marido de Tatiana Engelhardt, Mikhail Potemkin, que estava em São Petersburgo como General-Kreigskommissar, ou inspetor-geral do Exército, desde 1783, e Mamónov juntaram forças em 1788 para opor-se aos argumentos de A. R. Vorontsov, Zavadóvski e Orlov-Tchésmenski acerca da condução da guerra por GAP. Ver "M. S. Potemkin" em *Russkiy Biographichesky Slovar*, v. 14 (1904).
92. RGADA 5.85.2.121, L 302, CII para GAP, 17 jul. 1788.
93. AVPRI 5.585.260, L 304, GAP para CII, 18 jul. 1788, Ochakov.
94. RGADA 5.85.2.115, L 299, CII para GAP, 3 jul. 1788.
95. BM 33554 d92-3 jun. 1788.
96. RS (1889), n. 9, p. 510, príncipe Y. V. Dolgorúki. Ligne, *Mélanges*, v. 24, p. 95, Ligne para JII, 12 jul. 1788. RGADA 5.85.2.119, L 301, CII para GAP, 13 jul. 1788, São Petersburgo.

27. GRITO DE DESTRUIÇÃO: O ASSALTO A OCHAKOV [pp. 549-65]

1. Para as principais fontes para esse relato da Segunda Guerra Turca, ver capítulo 26, nota 1. BM 33554 ff93-4, Henry Fanshawe, jul. 1788, não publicada.
2. B&F, v. 2, p. 170, JII para conde Cobenzl, 16 jun. 1787, Kherson.
3. Ligne, *Mélanges*, v. 24, pp. 21-3, 2 jul. 1788, Ochakov.
4. Aragon, p. 250, N-S para esposa.
5. RS (1895) 9, p. 175. Ligne, *Mélanges*, v. 7, p. 194, príncipe de Ligne para conde de Ségur, 1 out. 1788, Ochakov.
6. BM 33540 f489, SB para JB, s.d.
7. Petrushevsky, v. 1, p. 327.
8. Damas, pp. 58-9. Ligne, *Mélanges*, v. 24, p. 123, Ligne para JII, 11 ago. 1788.
9. RS (1895), set., pp. 175-6, Roman Maximovitch Tsebrikov, *Vokrug ochakova 1788 god (dbevnikochevidtsa)*. RS (1875), maio, p. 38, GAP para A. V. Suvórov, 27 jul. 1788.
10. Damas, pp. 56-9. Aragon, p. 250, N-S para esposa. Ligne, *Mélanges*, v. 24, p. 129, Ligne para JII, 20 ago. 1788; p. 176, Ligne para Cobenzl. Uma carta inédita de GAP para Nassau-Siegen, datada de jul./ago. 1788, foi recentemente colocada no mercado pelos comerciantes de livros antigos Maggs Brothers de Londres, no seu Catálogo 1275 de Cartas Autografadas e Documentos Históricos, lote 149. A carta não datada, escrita à mão por GAP em francês, relata que o almirante Marko Voinovitch está dando cobertura para a abordagem do capitão paxá a partir do mar Negro, de modo que Nassau-Siegen possa dar de beber aos seus homens durante o dia e "à noite retornar à posição atual". É típico da atitude solidária de GAP aos seus homens que ele especifique que eles devam ter permissão para um tempo em terra. Seu preço era de 1200 libras.
11. Damas, pp. 56-7. Ligne, *Mélanges*, v. 24, p. 129, Ligne para JII, 20 ago. 1788, Ochakov.
12. RGADA 5.85.2.136-7, L 311, CII para GAP, 31 ago. 1788.
13. Samóilov, col. 1260.
14. RS (1875), maio, pp. 21-33, GAP para Suvórov, abr. 1788.
15. Ligne, *Letters* (Staël), p. 87, Ligne para JII, ago. 1788.
16. RGVIA 52.7.1.13, GAP para conde Rzewowski, 7 nov. 1788, quartel-general em Ochakov, não publicada. AVPRI 5.585.278, L 320, GAP para CII, 17 out. 1788. ZOOID 4: 363, GAP para M. L. Faléiev, 14 ago. 1788, Ochakov. ZOOID 2: 667, 668, GAP para Faléiev.
17. *Lettres de Catherine II au prince de Ligne*, p. 81, JII para Ligne, 18 jun. 1788.
18. *CII — Ligne*, pp. 96-7, Cobenzl para Ligne. Ligne, *Mélanges*, v. 24, p. 157, Ligne para JII; p. 75. RGVIA fVUA.2388.7, L 291, GAP para CII, 8 jun. 1788, acampamento no Bug. AVPRI 5.585.278, L 320, GAP para CII, 17 out. 1788.
19. Ligne, *Mélanges*, v. 24, p. 176.
20. AAE 20: 74, Langeron, "Résumé des campagnes".
21. Aragon, pp. 268-70, N-S.
22. RGADA 11.864.2.91, Praskóvia Potemkina para GAP (não assinada, mas provavelmente de Praskóvia Potemkina), não publicada.
23. RP 2.1 p. 36, condessa Iekaterina Serguéievna Samóilova.
24. Damas, pp. 66-9.
25. Damas, pp. 63-4.

26. Ligne, *Mélanges*, v. 7, pp. 198-201, Ligne para Ségur, 1 dez. 1788. Ligne, *Letters* (Staël), v. 2, p. 16, Ligne para Ségur, 1 out. 1788.

27. BM 33540 f489 e 33558 f443 e f445, SB para JB. BM 33558 f442, William Newton para J. T. Abbot, 10 set. 1789. Christie, *Benthams in Russia*, p. 241.

28. RGVIA 52.7.89.64-5, Lewis Littlepage para GAP, 16 set. 1788, e GAP para Littlepage, 16 set. 1788, ambas não publicadas.

29. RGVIA 52.7.82.21, GAP para John Paul Jones, s.d., não publicada.

30. AVPRI 5.585.278, L 320, GAP para CII, 17 out. 1788, Ochakov.

31. RGVIA 52.11.82.23, John Paul Jones para GAP, 20 out. 1788 a bordo da embarcação de guerra *Vladímir* diante de Ochakov, não publicada.

32. Otis, pp. 352-4. Preedy, p. 223.

33. Preedy, p. 216. Otis, pp. 335-52. Morison, p. 382.

34. Damas, pp. 70-1. AVPRI 5.585.278, L 320, GAP para CII, 17 out. 1788.

35. RGADA 11.893.11, Ligne para GAP, 16 set. 1788, não publicada.

36. Ligne, *Mélanges*, v. 24, pp. 25, 26, 32.

37. Damas, pp. 70-1.

38. AVPRI 5.585.278, L 320, GAP para CII, 17 out. 1788, Ochakov.

39. Damas, p. 72.

40. B&F, v. 2, p. 299, Cobenzl para JII, 24 out. 1788.

41. AAE 20: 74, Langeron, "Résumé des campagnes".

42. Damas, pp. 66-7.

43. BM 33540 f489, SB para JB.

44. Criste, *Kriege und Kaiser Joseph II*, p. 220 n 3, citado em Blanning, *JII*, p. 178.

45. Samóilov, col. 1251.

46. Damas, pp. 63-4.

47. RS (1895) 84, n. 9, Tsebrikov, p. 172, 12-15 jun.; p. 177, 28 jul.; p. 151, 5 jun. 1788.

48. AVPRI 5.585.273, GAP para CII, 15 set. 1788.

49. RGADA 5.85.2.150-1, L 327, CII para GAP, 27 nov. 1788.

50. RGADA 5.85.2.145-7, L 322, CII para GAP, 19 out. 1788.

51. AVPRI 5.585.284-5, L 324, GAP para CII, 3 nov. 1788.

52. RGADA 5.85.2.152-3, L 311, CII para GAP, 7 nov. 1788.

53. AVPRI 5.585.286-7, L 326, GAP para CII, 17 nov. 1788.

54. RS (1876) 16, p. 213, 16 ago. 1788; p. 220, Garnovski para Pópov, 1 out. 1788.

55. RS (1876) 16, pp. 229-30, Garnovski para Pópov, 29 nov. 1788.

56. Damas, p. 72.

57. BM 33540 f496, Fanshawe, 15 fev. 1789, Kíev.

58. Damas, pp. 74-5.

59. RGADA 5.85.2.150-1, L 327, CII para GAP, 27 nov. 1788.

60. Damas, pp. 79-84. BM 33554 f98, Fanshawe.

61. Samóilov, col. 1251.

62. Damas, pp. 79-83.

63. Macdonogh, p. 299.

64. AVPRI 5.585.290, L 330, GAP para CII, 26 dez. 1788.

65. Damas, pp. 84-6.
66. Samóilov, col. 1256. *Memoirs of the Life of Prince Potemkin*, p. 187.
67. ZOOID 9 (1875): 459, a canção em homenagem à captura de Ochakov. Há também canções dedicadas à campanha de GAP de 1790 (p. 461) e sua morte.
68. Damas, pp. 86-7. Samóilov, cols. 1256-7. BM 33554 f98, Fanshawe.
69. AAE 20: 81, Langeron, "Résumé des campagnes". Masson, p. 312.
70. AVPRI 5.585.290-3, GAP para CII, 26 dez. 1788, Ochakov.
71. Damas, pp. 88-9.
72. AVPRI 5.585.288-9, L 328, GAP para CII, dez. 1788.
73. Samóilov, col. 1258. Masson, p. 312.
74. RGADA 5.85.2.149, L 329, CII para GAP, 16 dez. 1788. A travessa de prata gravada dada por CII a GAP em comemoração de Ochakov pode ser vista no Museu do Arsenal do Krémlin, em Moscou. O medalhão em sua honra foi criado por L. Leberecht. RGADA 5.85.2.185, L 371, CII para GAP, 7 set. 179.
75. JII — CII (Arneth), p. 325, JII para príncipe Kaunitz, 2 fev. 1789; carta CLXVI, JII para CII, 5 jan. 1789.
76. B&F, v. 2, p. 316, Philip Cobenzl para Ludwig Cobenzl, 5 jan. 1789, Viena. Também RGVIA 52.11.55.72, relatório de Viena sobre a carta de GAP para o príncipe de Ligne, referente à sua condução da guerra, 15 fev. 1791, não publicada.
77. RGVIA 52.11.82.24, GAP para N-S, 7 dez. 1788, Ochakov, não publicada.
78. Davis, p. 194.
79. SIRIO 23 (1878): 467, CII para barão F. M. Grimm, 17 dez. 1788. *Memoirs of the Life of Prince Potemkin*, p. 190.
80. AVPRI 5.585.290-3, L 330, GAP para CII.
81. Damas, pp. 89-90.
82. Damas, p. 93.
83. P. V. Zavadóvski, *Pisma Zavadovskago Rumiantsevu*, p. 320, P. V. Zavadóvski para P. A. Rumiántsev-Zudunáiski, jan. 1789.
84. RGADA 5.85.2.150-1, L 327, CII para GAP, 27 nov. 1788.
85. Khrapovítski, pp. 229, 238, 26 jan. 1789.
86. RS (1876) 16, pp. 234-5, 226, Garnovski para Pópov, 3 jan. e 3 fev. 1789.
87. *Memoirs of the Life of Prince Potemkin*, pp. 195-7.

28. MEUS ÊXITOS SÃO SEUS [pp. 566-82]

1. Para as principais fontes para esse relato da Segunda Guerra Turca, ver capítulo 26, nota 1. KFZ, 11 fev. 1789. Também para este capítulo: Madariaga, *Russia*, pp. 407-11, e Alexander, *CtG*, pp. 262-85.
2. Zavadóvski, p. 321.
3. KFZ, 15 abr. 1789. RS (1876), out., p. 23.
4. SBVIM, v. 7, p. 127, GAP para A. V. Suvórov, 23 abr. 1789.
5. *CII Sochineniia*, v. 12, meio volume 2, pp. 699-701, L 355-7, jun. 1789. Khrapovítski, pp. 255, 260, 11 abr. 1789.
6. Khrapovítski, 11 e 12 fev. 1789.

7. RGADA 5.85.2.150-1, L 327, CII para GAP, 27 nov. 1788.

8. B&F, v. 2, p. 340, JII para conde Cobenzl, 24 abr. 1789; p. 344, 19 maio 1789; p. 326, Cobenzl para JII, 24 jan. 1789; p. 335, 15 abr. 1789.

9. AVPRI 5.585.236, L 358, GAP para CII, 9 jul. 1789, Olviopol.

10. AVPRI 5.585.299-303, L 334, GAP para CII, fev. 1789.

11. AKV 13: 180-1, A. A. Bezboródko para Semion Vorontsov, 7 mar. 1789.

12. Cartas de Bezboródko, 1685, GAP para Bezboródko, 1789.

13. RGVIA 52.2.64.12, Ségur para GAP, s.d., primavera/verão 1789, não publicada.

14. Aragon, p. 280, N-S para esposa.

15. Ségur, *Mémoires*, 1859, p. 152.

16. Ségur, *Mémoires*, 1859, pp. 152-3.

17. Esse relato do escândalo sexual de Jones baseia-se nas biografias de Jones de Otis, Morison e Preedy, bem como em cartas inéditas do conde de Ségur para GAP no RGVIA.

18. RGVIA 52.2.64.12, Ségur para GAP, s.d., verão 1789, São Petersburgo, não publicada. Ségur, *Mémoires*, 1859, pp. 164-5.

19. J. P. Jones para GAP, 13 abr. 1789, citado em Otis, p. 359. Depoimento para o chefe de polícia citado em Morison, p. 388. RGVIA 52.2.64.12, Ségur para GAP, s.d., verão 1789, São Petersburgo, não publicada.

20. RGVIA 52.2.47.31, príncipe Kaunitz para GAP, 30 jun. 1789, Viena, não publicada.

21. AVPRI 5.585.203, L 344, GAP para CII, abr. 1789. KFZ, 12 abr. 1789.

22. RGADA 5.85.2.17, L 343/4, CII para GAP, abr. 1789.

23. RGADA 5.85.1.496, L 343, CII para GAP, e CII para GAP, abr. 1789.

24. Petrov, *Vtoraya turetskaya voyna*, v. 2, apêndice, pp. 15-6, relatório de GAP a partir de 10 jun. 1789, Elizavetgrado. RGVIA 52.2.48.3, GAP para Cobenzl, 25 mar. 1789, sobre o plano de batalha para 1789, não publicada.

25. GAP recebia relatórios frequentes sobre a Revolução Francesa do embaixador russo em Versalhes, Simolin (por exemplo, RGVIA 52.2.56.31, Simolin para GAP, 27 abr./ 8 maio 1790, Paris, não publicada — "O rei é um prisioneiro fantasma nas Tulherias [...] uma horrenda anarquia"). O conde Stackelberg em Varsóvia também mandava notícias (RGVIA 52.2.39.306, Stackelberg para GAP, 26 jul./6 ago. 1789, Varsóvia, não publicada — "Paris apresenta a visão de um vasto acampamento — todas as portas fechadas [...] ruas cheias de soldados, mulheres que excitam sua coragem [...]"). Quando retornou para a França, o conde de Ségur também fez relatórios sobre os acontecimentos para GAP: RGVIA 52.2.64.24, Ségur para GAP, 9 maio 1790, Paris, não publicada — "estamos em convulsões".

26. AVPRI 5.585.347, L 353, GAP para CII, 25 jun. 1789, Olviopol. GAP recebia informações sobre a Revolução Polonesa de uma ampla variedade de fontes. A maior parte dessas cartas e relatórios não publicados permanece em seus arquivos. RGVIA 52.2.70.1. Branicki, por exemplo, relatou sobre a situação de Varsóvia em 31 dez. 1788, não publicado. Stackelberg mandava relatórios detalhados e jornais locais, por exemplo, RGVIA 52.2.39.290, Stackelberg para GAP, 1/12 jun. 1789. O próprio GAP tentou acalmar a russofobia instruindo Stackelberg e outros a reassegurar ao rei Estanislau Augusto e outros sobre suas próprias intenções pacíficas relativas à Polônia, por exemplo, RGVIA 52.2.39,11, GAP para Stackelberg, 6 jul. 1788, Ochakov, não publicada, ou RGVIA 52.2.39.21, GAP para Stackelberg, 20 jul. 1789, Olviopol, não publicada. Estes fatos estão em sua maioria fora do escopo deste trabalho, mas devem ser inestimáveis para estudantes das relações russo-polonesas.

27. SIMPIK KV, v. 2, p. 9. As ordens de GAP aos seus oficiais cossacos mostram seu desenvolvimento gradual das forças cossacas numa nova hoste substancial. GAP para atamã Beli, 2 jan. 1788, Elizavetgrado; p. 10, GAP para A. A. Golovati sobre a formação da Hoste do Mar Negro a partir de cossacos ex-zaporogos, 10 ago. 1788; p. 24, GAP para Anton Golovati para recrutar a nova Hoste do Mar Negro, 4 out. 1789.

28. AVPRI 5.585.339, L 350, GAP para CII, 10 jun. 1789, Elizavetgrado.

29. RS (1876) 15, p. 16, Garnovski, dez. 1786.

30. Masson, pp. 42, 55. Vigée Lebrun, pp. 13-4. Golovina, p. 120. Golovina, que mostra a brincalhona simplicidade de Catarina com suas damas, escrevia sobre o último ano da vida da Imperatriz. Elas sabiam que a soberana não estava bem, e Golovina chorou depois de tê-la visto pela última vez.

31. *CII Sochineniia*, v. 12, meio volume, pp. 699-701, L 355-7, CII para GAP, jun. 1789. RGADA 5.85.2.166-7, CII para GAP, 14 jul. 1789.

32. RS (1876) 16, p. 400, Garnovski para Pópov, 21 jun. 1789. RGADA 5.85.2.3-4, GAP para CII, 18 jul. 1789, Olviopol.

33. AKV 12: 63, P. V. Zavadóvski para S. R. Vorontsov, jun. 1789. São Petersburgo.

34. Khrapovítski, pp. 290-1, 19 jun. 1789.

35. RS (1876) 16, pp. 406-7, Garnovski para Pópov.

36. Masson, pp. 99-100.

37. RS (1876) 16, p. 404, Garnovski para Pópov. Khrapovítski, p. 290, 18-23 jun. 1789.

38. RGADA 5.85.2.163, L 358, CII para GAP, 6 jul. 1789.

39. RGADA 5.85.2.173, L 363, CII para GAP, 5 ago. 1789, Tsárskoie Seló.

40. Khrapovítski, pp. 294-8, 501-4.

41. RGADA 5.85.2.7, L 357, CII para GAP, s.d.

42. RGADA 5.85.2.166-7, L 319, CII para GAP, 14 jul. 1789.

43. RGADA 5.85.2.163, L 358, CII para GAP, 6 jul. 1789.

44. RGADA 5.85.2.177, L 365, CII para GAP, 12 ago. 1789.

45. Masson, p. 194.

46. PRO FO Secretary of State: State Papers, Foreign, cyphers SP 181, barão de Keller para Berlim, 26 fev. 1789, São Petersburgo.

47. Saint-Jean, pp. 137-45. Isto é sempre dúbio, mas ver também GAP sobre V. A. Zúbov após Izmail: RGADA 1.1/143.35-5, L 444, GAP para CII, 18 dez. 1790, Bender.

48. Damas, p. 113.

49. RGADA 1.1.43.42, L 362 GAP para CII, 30 jul. 1789, Olviopol.

50. Philip Longworth, *The Art of Victory*, pp. 156-7. SD, v. 3, pp. 500-10. V. S. Lopatin, *Potemkin i Suvorov*, pp. 157-69.

51. RGIA 1146.1.33, relatos de Mikhail Garnovski para GAP, 27 jul. 1789, William Gould enviado a Dubossary, não publicados.

52. RS (1889) 9, p. 512, príncipe Y. V. Dolgorúki.

53. RGVIA 52.1.47.586.2.430, GAP para Suvórov, 1 set. 1789.

54. Philip Longworth, *The Art of Victory*, p. 157. SD, v. 3, p. 553, Suvórov para Khostov, 29 ago. 1796.

55. RS (1875), out., p. 220, GAP para CII, 10 set. 1789.

56. AAE 20: 95-7, Langeron, "Résumé des campagnes". Lopatin, *Potemkin i Suvorov*, pp. 157-70.

57. SO (183), v. 9, p. 64, GAP para Suvórov, e Suvórov para GAP, set. 1789, citado em Lopatin, *Potemkin i Suvorov*, p. 167.

58. RGVIA 52.2.52.8, GAP para Ligne, 15 set. 1789, Lauchon, não publicada.

59. AAE 20: 149, Langeron, "Evénements de campagne de 1790".

60. AVPRI 5.585.144, GAP para CII, 9 nov. 1789, Bender.

61. RGVIA 52.2.39.28, GAP para conde Stackelberg com texto da rendição de Bender, 7 nov. 1789, não publicada.

62. RGVIA 52.2.46.3, JII para GAP, 1 dez. 1789, Viena; e RGVIA 52.2.46.14, JII para GAP, 5 dez. 1789, Belgrado, não publicada. Estas cartas mostram a relação e ligação próximas entre os austríacos e GAP em 1789. As nuances são fascinantes — mas estão fora dos objetivos deste livro. Ver também as seguintes cartas de GAP para JII, príncipe Kaunitz, conde Cobenzl e o príncipe de Ligne. RGVIA 52.2.52.8, GAP para Ligne, 15 set. 1789, Kauchon. GAP, que ficara magoado pelas calúnias do príncipe de Ligne depois do seu desentendimento em Ochakov, ainda tinha apreço pelo seu amigo e sempre pungentemente ávido de ganhar sua admiração. Após a Batalha de Rimnik, por exemplo, GAP escreveu a ele: "Estou rabiscando uma carta para você para lembrá-lo, meu príncipe, de alguém que o ama ternamente apesar de todos os seus defeitos". RGVIA 52.2.48.4, GAP para Cobenzl, 30 jul. 1789, Olviopol. RGVIA 52.2.46.1, GAP para JII, 15 set. 1789, Lauchon. Sobre Rimnik: RGVIA 52.2.47.1, GAP para Kaunitz, 28 jul. 1789, Olviopol. RGVIA 52.2.47.3, GAP para Kaunitz, 15 set. 1789. RGVIA 52.2.48.33, Cobenzl para GAP, 26 set. 1789 na queda de Belgrado, e RGVIA 52.2.48.36, 15/26 out. 1789, GAP para Cobenzl: envia congratulações. RGVIA 52.2.48.38, Cobenzl para GAP sobre Bender, 16/27 nov. 1789, São Petersburgo. RGVIA 52.2.46.2, GAP para JII, 7 nov. 1789 sobre a queda de Bender. RGVIA 52.2.47.54, Kaunitz para GAP sobre esperanças de paz, 2 nov. 1789. RGVIA 52.2.46.3, JII para GAP, 1 dez. 1789, Viena, congratula GAP sobre Bender. RGVIA 52.2.48.3, GAP para Cobenzl, 25 mar. 1789 sobre o plano de batalha para 1789. Todas as cartas acima não publicadas.

63. PRO FO Secretary of State: State Papers, Foreign, cyphers SP 107/67, Sir Robert Ainslie em Istambul para J. Ewart em Berlim, 8 fev. 1789, não publicada.

64. AVPRI 5.585.326-7, L 383, GAP para CII.

65. AVPRI 5.585.326, L 383, GAP para CII, 9 nov. 1789, Bender.

66. IRLI 265.2.2115.13-14, L 338, GAP para JII, 22 set. 1789, Kaushany.

67. AVPRI 5.585.132, L 374, GAP para CII, 2 out. 1789, Akkerman (Belgrado-no-Dniester).

68. AVPRI 5.585.237, L 338, GAP para CII, 21 out. 1789, Kishnev.

69. RGADA 5.85.2.198, L 379, CII para GAP, 18 out. 1789.

70. GPB S-Sch f755, v. 1, citado em Lopatin, *Potemkin i Suvorov*, p. 173. GAP para Suvórov, e Suvórov para Pópov, 8 nov. 1789.

71. *CII — Ligne*, p. 114, CII para Ligne, 5 nov. 1789.

72. RGADA 5.85.2.197, CII para GAP, 18 out. 1789.

73. RGADA 5.85.2.199, L 378 CII para GAP, 18 out. 1789.

74. RS (1876) 16, pp. 415-22, Garnovski para Pópov, ago./set.

75. RGADA 5.85.2.204, L 383, CII para GAP, 15 nov. 1789.

76. AVPRI 5.585.128-31, L 388, GAP para CII, dez. 1789.

77. RGADA 5.85.2.273, L 391, CII para GAP, 20 dez. 1789.

78. AVPRI 5.585.123-31, L 359, GAP para CII, dez. 1789, Jassy.
79. RGVIA 271.1.43.3, JII para GAP, 7 out. 1789, Viena, não publicada.

29. O DELICIOSO E O CRUEL: SARDANÁPALO [pp. 583-606]

1. Para as principais fontes para este relato da Segunda Guerra Turca, ver capítulo 26, nota 1. Golovina, pp. 24-5.
2. SIRIO 54 (1886): 197, Richelieu, "Mon voyage".
3. Ligne, *Mélanges*, v. 7, p. 199, príncipe de Ligne para conde de Ségur, 1 dez. 1788.
4. Mansel, *Constantinople*, pp. 154-5. Esta descrição deve muito ao capítulo de Philip Mansel sobre os príncipes gregos da Valáquia e da Moldávia.
5. AAE 20: 8-10, Langeron, "Journal de la campagne de 1790".
6. Ligne, *Mélanges*, v. 7, pp. 199-210, Ligne para Ségur, 1 dez. 1788.
7. AAE 20: 8-10, Langeron, "Journal de la campagne de 1790". Damas, p. 139. Ligne, *Mémoires*, 1828, v. 1, pp. 211-4, Ligne para Ségur, 1 dez. 1788, e v. 2, pp. 390-2. Mansel, *Constantinople*, pp. 154-5. RGVIA 52.2.89.149, príncipe Alexandre Mavrocordato para GAP, 21 set. 1790, Elisavetgrado, não publicada. SIRIO 54 (1886): 197, Richelieu, "Mon voyage". Ligne, *Mélanges*, v. 7, pp. 199-210, Ligne para Ségur, 1 dez. 1788.
8. Castera, v. 3, p. 294. Saint-Jean, pp. 48-54, 137-45. AAE 20: 38, Langeron, "Journal de la campagne de 1790" (résumé).
9. AAE 20: 367, Langeron, "Résumé 1790".
10. RGVIA 52.11.91.11, príncipe Nicholas Mavrogeny, hospodar da Valáquia, para GAP, 5 nov. 1789; e RGVIA 52.11.91.6, GAP para príncipe Nicholas Mavrogeny, hospodar da Valáquia, 24 out. 1789, não publicada.
11. Demetrius Dvoichenko-Markov, "Russia and the First Accredited Diplomat in the Danubian Principalities 1779-1808", pp. 208-18.
12. Saint Marc de Giraudin, *Souvenirs de voyage et d'études*, p. 249, citado em Georges Haupt, "La Russie et les Princapautés Danubiennes em 1790: Le Prince Potemkin-Tavrichesky et le Courrier de Moldavie", pp. 58-63. Também N. Iorga, *Geschichte des Osmanishen Reiches* (Gotla, 1908), v. 1, p. 469, citado em Dvoichenko-Markov, p. 218.
13. Samóilov, col. 1553.
14. RGVIA 52.11.91.25-6, príncipe de Cantacuzino e outros para GAP, 12 fev. 1790. RGVIA 52.11.91.24, boiardos moldavos para GAP, 17 nov. 1789. RGVIA 52.11.91.23, boiardos moldavos para GAP, s.d., 1790, não publicada.
15. ZOOID 4: 470. Haupt, pp. 58-63.
16. AAE 20: 367, Langeron, "Résumé 1790".
17. Samóilov, col. 1553.
18. RGADA 5.85.2.206, L 385, CII para GAP, 25 nov. 1789.
19. RA (1907) 2, pp. 130-2.
20. Engelhardt, 1997, p. 82.
21. RGIA 1146.1.31, relatos de Mikhail Garnovski, 1790, não publicados.
22. RS (1876) 16, p. 425, Garnovski para Pópov, 4 mar. 1790.

23. RGVIA 52.11.89.128, não assinada para GAP, s.d., não publicada.
24. *Moskovityanin zhurnal* (1852), n. 2, jan., livro 2, p. 101.
25. *Moskovityanin zhurnal* (1852), n. 2, jan., livro 2, p. 99.
26. AAE 20: 98, Langeron, "Résumé 1790".
27. RGADA 11.940.5, Peter Zahorevski para Praskóvia Potemkina, s.d., não publicada.
28. RS (1875), jun., v. 12, pp. 164-8. Brückner, *Potemkin*, pp. 254-5, GAP para Praskóvia Andréievna Potemkina. RGADA 11.857.8, 13, 14, 19, 22, 40, P. A. Potemkina para GAP.
29. SBVIM, v. 8, p. 22, ordens de GAP para M. L. Faléiev, 15 mar. e 23 abr. 1790.
30. AAE 20: 131, Langeron, "Evénements de la Campagne de 1790 des Russes contre les Turcs em Bessarabie et em Bulgarie".
31. RGVIA 52.2.56.32-3, barão I. M. Simolin para GAP, 16/26 jul. 1790, Paris, não publicada.
32. RGVIA 52.2.39.182, conde Stackelberg para GAP, 18/29 mar. 1788, Varsóvia, não publicada.
33. RGVIA 52.2.56.32-3, Simolin para GAP, 16/26 jul. 1790, Paris, não publicada.
34. RGVIA 52.2.35.35, GAP para barão Sutherland, 1/16 mar. 1787 sobre pagamento ao barão Grimm por compras em Paris, não publicada.
35. *Literaturnoye nasledstvo* (Moscou, 1937), v. 29-30, pp. 386-9. Simolin para A. A. Bezdoródko, 25 dez. 1788/5 jan. 1789, Paris. A conta foi de 8 mil libras de Turenne, cada uma valendo aproximadamente quatro libras normais.
36. Vigée Lebrun, v. 1, p. 323.
37. Ligne, *Letters* (Staël), v. 2, p. 5, Ligne para Ségur, ago. 1788.
38. Masson, p. 113.
39. A. S. Púchkin, "Notes on Russian History of the Eighteenth Century", p. 5.
40. RGADA 248.4404.221, verso, CII para senador conde Andrei Petróvitch Chuválov ordenando a transferência de 3 milhões de rublos a GAP para construir o Almirantado de Sebastópol, 2 set. 1785. Uma vez iniciada a guerra, em 1787, os orçamentos aumentaram maciçamente. Um documento no mesmo lugar que o acima, do príncipe A. A. Viázemski para CII em 7 nov. 1790, mostra, por exemplo, como 7,3 milhões de rublos foram distribuídos entre 1787 e 1790 por GAP para a Frota do Mar Negro e os exércitos de Iekaterinoslav e ucraniano por intermédio de funcionários como o coronel Garnovski, Faléiev e Pópov. Entretanto, Viázemski queixa-se sim de que GAP negligenciara três vezes informar os detalhes de todos seus gastos de dinheiro. Outro exemplo: SIRIO 27 (1880): 348-51, CII para GAP, 14 jan. 1785. CII ordenou a Viázemski que pagasse a GAP 1 milhão de rublos para criar novos regimentos. PSZ xxii, n. 16, 131. SIRIO 27 (1880): 354, CII para GAP, 13 ago. 1785. Nesse caso, a verba é de 2,4 milhões de rublos para o Almirantado do Mar Negro.
41. *Memoirs of the Life of Prince Potemkin*, pp. 85-7.
42. GARF 9: Correspondência de Potemkin com diferentes pessoas. Potemkin continuou a usar seu "judeu da corte" e amigo Zeitlin, além de banqueiros como Ferguson Tepper de Varsóvia. Sua correspondência inédita está espalhada por todos os arquivos dos RGIA em Petersburgo, RGVIA f 52 e RGADA f 11 em Moscou. Este é um retrato inestimável das finanças de GAP e do Império Russo, porém, mais uma vez, está além do escopo deste livro. Ver a próxima nota referente aos infelizes esforços do barão Sutherland.
43. RGADA 11.895,3-5, barão Richard Sutherland para GAP, 10 ago. e 13 set. 1783. RGADA 11.895,7, barão Richard Sutherland para GAP, 2 mar. 1784. Todas não publicadas. Presumivelmente Sutherland recebeu alguma coisa como pagamento porque acalmou-se até o ano seguinte, quando entrou

em choque com Zeitlin: "Fico extremamente mortificado em saber que estou perdendo a proteção e a confiança com a qual Sua Alteza tem se dignado a me honrar, mediante o relatório dos meus negócios com Monsieur Zeitlin". Sutherland alegava que era "vítima da sua própria boa vontade" e se rebaixava para que Potemkin perdoasse qualquer coisa que tivesse feito. Desconfia-se que GAP seja um dos poucos estadistas russos capaz de se indispor com um barão britânico em nome de um negociante judeu (ver capítulo 19). RGVIA 52.2.35.33, Ferguson Tepper para GAP, 11 jan. 1788, Varsóvia. Sutherland logo voltou a gozar de favorecimento, mas todo atraso em pagá-lo atingia os banqueiros do escocês em Varsóvia, Ferguson Tepper, que logo estavam rogando diretamente a GAP que desse a Sutherland o dinheiro para pagar-lhes 77 912 rublos. Para a maneira como a chancelaria de GAP funcionava ao mesmo tempo como gabinete estatal e pessoal, ver RGVIA 271.53.1 Abbe Michel Ossowski para GAP, 30 jul. 1789, não publicada. Aqui um polonês discute tanto as propriedades de GAP, como seu fornecimento de madeira e mastros para construção de navios em Kherson.

44. RGVIA 52.2.35.4, Sutherland para GAP, 6 out. 1788. RGADA 11.895.13, Sutherland para GAP, 22 out. 1788, não publicada.

45. RA (1873) 2, p. 1687, GAP para Bezboródko.

46. Khrapovítski, 24 dez. 1789.

47. Gerhard F. Kramer e Roderick E. McGrew, "Potemkin, the Porte and the road to Tsargrad: The Shumla Negotiations 1789-90", pp. 467-87. Este trabalho traz citações dos Diários Barozzi no Haus-, Hof- und Staatsarchiv Russland II Berichte austríacos, 202A a 206B.

48. RGIA 468.1.2.3904, lista de joias enviada para Jassy para negociações turcas, não publicada.

49. RGVIA 52.2.79.1, GAP para Barozzi, fev. 1790. ZOOID 8 (1872): 194-5, GAP para grão-vizir e Barozzi, 16/27 fev. 1790. ZOOID 8: 198-9, GAP para Barozzi, primeira oferta da mesquita em Moscou.

50. RGADA 5.85.2.216, L 397, CII para GAP, 6 fev. 1790.

51. Blanning, *JII* 1, pp. 189, 198. SIRIO 54: 111, Richelieu, "Journal de mon voyage". RGVIA 52.2.47.8, GAP para príncipe Kaunitz, 31 jan. 1790, não publicada. Ligne, *Letters* (Staël), v. 2, p. 34, Ligne para CII, 12 fev. 1790. José vinha insistindo com GAP para negociar a paz à medida que suas condições pioravam. Sua correspondência com GAP (toda não publicada): RGVIA 271.1.43.3, JII para GAP, 7 out. 1789, Viena. RGVIA 52.2.47.41, JII para GAP, 22 out. 1789, Viena (carta de seis páginas). RGVIA 52.2.47.6, GAP para Kaunitz, 11/22 dez. 1789, Jassy, e também RGVIA 52.2.47.4, GAP para Kaunitz, 7 nov. 1789, Bender.

52. RGVIA 52.2.46.9, Leopoldo, rei da Hungria, para GAP, 30 mar. 1790, e GAP para rei da Hungria, s.d. Também RGVIA 52.2.46.6, GAP para Leopoldo, s.d. A correspondência entre GAP e os austríacos Leopoldo e Kaunitz permanece inédita. Conta-se também que GAP ficava ultrajado com as cartas nervosas de Leopoldo, pisoteando-as furiosamente e xingando os Habsburgo, que logo ficaram sabendo dos nomes que ele usava para ofendê-los. Sir N. William Wraxall, *Historical Memoirs of my own Time*, p. 171.

53. RGVIA 52.2.65.1, duque de Leeds para GAP, 31 mar. 1790. RGVIA 52.2.65.2, GAP para Leeds, 30 maio 1790, não publicada. Cross, *By the Banks of the Neva*, pp. 361-3. John Howard (1726-90) foi enterrado perto de Kherson, e o tsar Alexandre I erigiu uma pirâmide sobre sua tumba. Os soviéticos continuaram a reverenciar esse amigo da humanidade. Em 1998, quando o autor visitou Kherson, ainda havia passeios e panfletos oferecidos aos turistas para incentivá-los a visitar a tumba de Howard.

54. RGADA 5.85.2.212, L 385, CII para GAP, 3 dez. 1789.

55. RGVIA 52.2.46.4, GAP para Leopoldo, rei da Hungria, 25 maio 1790, não publicada.
56. AVPRI 5.5/1.589.214-16, GAP para CII, s.d., nov./dez. 1789.
57. RGADA 5.85.2.208-9, L 385, CII para GAP, 2 dez. 1789.
58. Engelhardt, 1997, p. 82.
59. RGADA 1.1/1.43.24-6, L 414, GAP para CII, maio 1790. A ordem real é citada em SIMPIK KV, v. 2, p. 30, 31 mar. 1790: "Para todos os escalões do Exército, eu ordeno que vistam apenas uniforme regular sem qualquer diferenciação. Os generais não devem usar águias em suas túnicas [...]".
60. AVPRI 5.585.142, L 397, GAP para CII, fev. 1790, Jassy.
61. AVPRI 5.585.128-31, L 389, GAP para CII, dez. 1789.
62. RGADA 5.85.2.225-6, L 407, CII para GAP, 19 mar. 1790, e RGADA 5.85.2.224, L 408, CII para GAP, 30 mar. 1790.
63. AVPRI 5.585.323, L 394, GAP para CII, 23 jan. 1790, Jassy. RGADA 5.85.2.208, L 387, CII para GAP, 2 dez. 1789. AVPRI 5.585.128-31, L 388-9, GAP para CII, dez. 1789. As ordens para seus oficiais cossacos Chepega e Golovati sobre a formação da nova hoste intensificam-se no fim de 1789, primavera de 1790, por exemplo SIMPIK KV, v. 2, p. 24, GAP para Golovati, 4 out. 1789; p. 32, abr. 1790, Jassy.
64. RGVIA 52.2.37.207, GAP para Bezboródko.
65. RA (1842) 7-8, pp. 17-8. AKV 5: 402, M. N. Radíschev para conde A. R. Vorontsov, 17 maio 1791.
66. RGADA 1.1/1.43.107, L 441, GAP para CII, 3 dez. 1790.
67. RS (1876), nov., pp. 417-8, 1 GAP para CII, jun. 1790.
68. RGADA 5.85.2.227, CII para GAP, 27 abr. 1790.
69. RGADA 1.1/1.43.17, L 419, GAP para CII, 19 jun. 1790.
70. Madariaga, *Russia*, p. 414. A culpa da saída da Áustria da aliança russa, segundo Wraxall, deveu-se em parte a Leopoldo ouvir falar da rudeza de GAP. Mas a ira russa era o menor dos problemas de Leopoldo. No entanto, é muito provável que GAP estivesse, *sim*, furioso com a perda da aliança austríaca. Wraxall afirma que GAP tinha "ebulições de fúria". Wraxall, p. 171.
71. RGADA 5.85.2.239, L 422, CII para GAP, 17 jul. 1790.
72. RGADA 5.85.2.245-6, L 425, CII para GAP, 9 ago. 1790.
73. RGADA 1.1/1.43.38, L 427, GAP para CII, 16 ago. 1790, Bender.
74. AAE 20: 179, Langeron, "Evénements 1790".
75. Dubrovin, p. 20, citado em Lopatin, *Potemkin i Suvorov*, p. 182.
76. RP 2.1, p. 36. RP 4.1, p. 19. RP 1.2, p. 85. Vigée Lebrun, v. 1, pp. 319-20. AAE 20: 158, Langeron, "Evénements 1790". Golovina, pp. 24-5. RGVIA 52.2.52.1, Ligne para GAP, s.d., mas provavelmente 18 out. 1789 ou mesmo 1790 de Viena, porque menciona que o jovem Charles de Ligne está servindo com GAP e Izmail pode ser tomada. Não publicada. A caligrafia de Ligne é notoriamente difícil de decifrar. Isso marca um outro estágio na reconciliação de Ligne e GAP após Ochakov. "Com frequência sinto a necessidade de dizer ao meu querido príncipe que eu o amo ternamente e, pela primeira vez na minha vida, a ausência não faz nenhuma diferença [...]. Que infelicidade para mim que eu não possa ver [...] Madame Samóilova [...] e aqueles que o cercam na Moldávia e de quem gosto tanto e que o adoram tanto [...]."
77. SIRIO 54 (1886): 111-98, Richelieu, "Mon voyage". RP 4.2, p. 152.
78. SIRIO 54 (1886): 147-9, Richelieu, "Mon voyage".
79. SIRIO 54 (1886): 147-9, Richelieu, "Mon voyage".

80. AAE 20: 158, Langeron, "Evénements 1790".
81. RGVIA 52.2.47.12, GAP para Kaunitz, out. 1790, Bender, não publicada.
82. SIRIO 54 (1886): 147-9, Richelieu, "Mon voyage".
83. AAE 20: 160, Langeron, "Evénements 1790".
84. Vigée Lebrun, v. 1, p. 321.
85. Engelhardt, 1868, p. 88.
86. Engelhardt, 1868, p. 88. AAE 20: 226, Langeron, "Evénements 1790".
87. SIRIO 54 (1886): 147-9, Richelieu, "Mon voyage".
88. SIRIO 54 (1886): 147-9, Richelieu, "Mon voyage". AAE 20: 160, Langeron, "Evénements 1790".
89. Golovina, pp. 24-5.
90. AAE 20: 143, Langeron, "Evénements 1790". Púchkin, *Polnoye Sobraniye Sochineniya*, v. 12, p. 173. A história de Púchkin se passa em Ochakov com uma condessa, mas os acontecimentos reais provavelmente ocorreram em Bender com a princesa Dolgorúkaia em 1790.
91. Engelhardt, 1997, p. 88.
92. Vigée Lebrun, v. 1, p. 321. AAE 20: 226, Langeron, "Evénements 1790".
93. RGVIA 52.2.71.9, GAP para princesa Lubomirska, 2 ago. 1790, "Um momentinho para mim mesmo", e RGVIA 52.2.71.8, GAP concorda em ceder Dubrovna, 20 jul. 1790, Czerdack, perto de Jassy, não publicada. Sobre a política polonesa: RGVIA 52.2.70.12, GAP, para Branicki, 28 fev. 1790 sobre o hetmanato; RGADA 11.946.56, barão Ivan I. d'Asch para GAP, 23 jul./3 ago. 1790, e documento 65 D'Asch agradece a GAP por presente de um manuscrito turco. RGVIA 52.2.7.2, EA para GAP, 22 jul. 1790, Varsóvia; RGVIA 52.2.68.26,conde Felix Potocki para GAP, 1 maio 1790, Viena. Todas não publicadas. Sobre reformas do Exército, cossacos e regimentos de Guardas: RGADA 1.1/1.43.24-6, L 414, GAP para CII, maio 1790. G. S. Vinsky, *Moe vremya zapiski* com nova introdução de Isabel de Madariaga. Vinsky resmunga que GAP está enchendo as Guardas com "todo tipo de *raznochintski* e até mesmo asiáticos". AKV 9: 270, S. R. Vorontsov queixa-se do mesmo, 7 nov. 1792, citado em Duffy, *Russia's Military Way*, p. 138. Sobre recrutamento de cossacos: SIMPIK KV, v. 2, p. 39, GAP para Chepega, 9 nov. 1790, Bender. Sobre a guerra na região do Kuban: Dubrovin, *Istoriya voyny*, v. 2, pp. 260-1, Iúri Bogdanovitch Bíbikov para GAP, 16 fev. 1790; p. 269, GAP para general de Balmain, 26 jun. 170; e p. 269, GAP para I. V. Gudóvitch, 24 dez. 1790. Também SBVIM, v. 8, p. 9, GAP para I. B. Bíbikov, 23 fev. 1790. Sobre a guerra naval, v. 7, p. 107, GAP para José de Ribas, 8 jul. 1790; p. 139, GAP para Ribas, 17 ago. 1790. Sobre sinais para frota: v. 8, p. 18, GAP para Ribas, 14 mar. 1790. Sobre Nikoláiev: ZOOID 8: 200, GAP para igreja de Nikoláiev, ordens para Sáarov e arquitetos e ordens para Faléiev, 24 ago. 1790, citadas em Kruchkov.
94. RGADA 5.85.2.266, L 440, CII para GAP, out. 1790.
95. RGADA 5.85.2.251-4, L 430, CII para GAP, 29 ago. 1790.
96. RGADA 5.85.2.256-7, L 434, CII para GAP, 11 set. 1790. RGADA 5.85.2.266, L 439, CII para GAP, out. 1790.
97. A ameaça ao *indigenat* de Potemkin e à posição da Rússia na Polônia pode ser acompanhada na correspondência não publicada Potemkin–Stackelberg, por exemplo, RGVIA 52.2.74.2, GAP para marechais do Sejm Malachowski e Sapicha, 7 nov. 1788, Ochakov. RGVIA 52.2.39.1, CII para Stackelberg, 12 maio 1788, Tsárskoe Seló. RGVIA 52.2.39.270, Stackelberg para GAP, 13/24 abr. 1790. RGVIA 52.2.39.385, Stackelberg para GAP, 1/12 abr. 1790. RGVIA 52.2.39.384, Stackelberg para GAP, 5/6 mar.

1790. RGVIA 52.2.39.370, Stackelberg para GAP, 12/23 jan. 1790. RGVIA 52.2.39.358, Stackelberg para GAP, 3/14 jan. 1790. Ver também a propaganda anti-Potemkin: "Reflexão", RGVIA 52.2.54.147, s.d., não assinada. Todas acima não publicadas. Ver capítulo 23, nota 49.

98. RGADA 1.1/1.43.59-60, L 432, GAP para CII, 10 set. 1790, Bender. RGADA 5.85.2.258-9, L 439, CII para GAP, 16 set. 1790. RGADA 5.85.2.260, L 436, CII para GAP, 30 set. 1790. RGADA 5.85.2.262, L 436, CII para GAP, 1 out. 1790.

99. Petrov, *Vrotaya turetskaya voyna*, v. 2, pp. 43-4, GAP para Lajkarev, 7 set. 1790. RA (1884) 2, p. 30.

100. SBVIM, v. 8, p. 16, GAP para F. F. Uchakov, 14 mar. 1790; p. 89, GAP para Uchakov, 24 jun. 1790; p. 92, GAP para Uchakov, 3 jul. 1790.

101. RGADA 1.1/1.43.55, L 431, GAP para CII, 4 set. 1790, Bender.

102. RGADA 5.85.2.58-9, L 434, CII para GAP, 6 set. 1790.

103. SBVIM, v. 8, p. 172, GAP para Ribas, 28 set. 1790.

104. RGVIA 52.2.37.230, GAP para Bezboródko.

105. RGVIA 52.2.586.1.586, GAP para Bezboródko.

106. SBVIM, v. 8, p. 186, GAP para Ribas, 13 nov. 1790.

107. AAE 20: 272, Langeron, "Evénements 1790".

108 Museu Local de História Estatal de Odessa d680 e d681, Armand Duc de Richelieu para GAP e Alexandre, conde de Langeron para GAP, 10 nov. 1790.

30. UM MAR DE CARNIFICINA: IZMAIL [pp. 607-16]

1. Para as principais fontes para este relato da Segunda Guerra Turca, ver capítulo 26, nota 1. Este capítulo também usa Alexander, *CtG*, pp. 257-92, e Madariaga, *Russia*, pp. 413-26. RA (1871), set. 394-6, conde G. I. Tchernichov para príncipe S. F. Golítsin, 23-24 nov. 1790, Izmail. G. I. Tchernichov era o filho de Ivan, que dirigia o Colégio Naval e se opunha a Potemkin. Mas ele escreve ao seu amigo, o príncipe S. F. Golítsin, que era casado com a sobrinha de GAP Varvara e portanto próximo ao Seieníssimo. Dessa forma, esse é o depoimento de uma testemunha hostil dado a uma amistosa, e mostra como é impossível tentar dividir estritamente a corte russa em facções de família ou partidos políticos.

2. Damas, pp. 148-50. SIRIO 54 (1886): 156, Richelieu, "Mon voyage".

3. RGADA 1.1/1.43.107, L 442, GAP para CII, 3 dez. 1790, Bender.

4. RA (1871) pp. 385-7, 20 nov. 1790, Izmail.

5. AAE 20: 169, Langeron, "Evénements 1790".

6. SD, v. 2, pp. 524-5, GAP para A. V. Suvórov, 25 nov. 1790, Bender. KD, v. 1, p. 113, GAP para Suvórov, 25 nov. 1790. GAP usa a palavra polonesa "Sejm" em vez de parlamento. RA (1877), n. 10, pp. 196-7, GAP para Suvórov (dois bilhetes), 25 nov. 1790, Bender.

7. RA (1871), pp. 391-2, conde G. I. Tchernichov para príncipe S. F. Golítsin, 22 nov. 1790, Izmail.

8. RGVIA 52.1.586.1.630, GAP para José de Ribas, 28 nov. 1790. RA (1871), set., p. 396, conde G. I. Tchernichov para príncipe S. F. Golítsin, 27 nov. 1790, Izmail.

9. AAE 20: 194, Langeron, "Evénements 1790".

10. *Memoirs of the Life of Prince Potemkin*, p. 229. Castera, v. 3, p. 292. RGADA 1.1/1.43.51-4, L 447, GAP para CII, 13 jan. 1791, Jassy. RGADA 1.1/1.43.22, L 415, GAP para CII, 29 maio 1790, Kokoteny ("a alma da guerra").

11. SBVIM, v. 8, pp. 193-4, GAP para general Ivan Gudóvitch, 28 nov. 1790, Bender. SIRIO 54 (1886): 194, Richelieu, "Mon voyage".

12. SBVIM, v. 8, p. 195, GAP para Suvórov, ordem 1730, 4 dez. 1790, Bender. RGVIA 52.1.16.11. RA (1877) 10. pp. 197-8, GAP para Suvórov, 29 nov. 1790, Bender, e 4 dez. 1790, Bender.

13. SBVIM, v. 8, p. 194, GAP para Suvórov, 29 nov. 1790, Bender. SIRIO 54 (1886): 168-9, Richelieu, "Mon voyage".

14. RV (1841) 1.8, p. 345, GAP para governador de Izmail, 7 dez. 1790.

15. RA (1877) 10, p. 198, Suvórov para governador de Izmail, 7 dez. 1790, Izmail. SD, v. 2, p. 535, Suvórov para governador de Izmail, 7 dez. 1790, citado em Longworth, *Art of Victory*, p. 167.

16. SIRIO 54 (1886): 174, Richelieu, "Mon voyage".

17. Damas, p. 151.

18. Longworth, *Art of Victory*, p. 168.

19. AAE 20: 235, Langeron, "Evénements 1790".

20. Damas, pp. 153-5. SIRIO 54 (1886): 181-3.

21. Damas, pp. 153-6. SIRIO 54 (1886): 183-7, Richelieu, "Mon voyage". AAE 20: 235, Langeron, "Evénements 1790".

22. Longworth, *Art of Victory*, p. 174. AAE 20: 235, Langeron, "Evénements 1790". Duffy, *Russia's Military Way*, pp. 187-8. M. S. Anderson, *Europe in Eighteenth Century*, p. 135. O verdadeiro preço da morte em Izmail nunca será conhecido. Mesmo testemunhas oculares não conseguiam se decidir entre 24 mil e 300 mil, mas a melhor estimativa é que 26 mil turcos morreram em Izmail. Dos 9 mil prisioneiros, 2 mil morreram de seus ferimentos dentro de uma semana. As perdas russas foram muito mais elevadas que os 1815 mortos e 2445 feridos oficiais — provavelmente entre 4500 e os 8 mil mortos estimados por Langeron (4 mil morreram em consequência de ferimentos), inclusive 429 oficiais.

23. Samóilov, col. 1550.

24. AAE 20: 272, Langeron, "Evénements 1790".

25. RGADA 5.85.2.277, L 446, CII para GAP, 3 jan. 1791.

26. SIRIO 54 (1886): 174, Richelieu, "Mon voyage".

27. SIRIO 54 (1886): 174, Richelieu, "Mon voyage". AAE 20: 272, Langeron, "Evénements 1790". Púchkin, *Polnoye Sobraniye Sochineniya*, v. 12, pp. 171-2. RGVIA 52.2.47.16, GAP para príncipe Kaunitz, 25 jan./5 fev. 1791, Jassy, e RGVIA 52.2.47.19, GAP para Kaunitz 9/20 fev. 1791; RGVIA 52.2.55.72, não nomeado para GAP, 15 fev. 1791, Viena, todas não publicadas. GAP ainda estava em contato amigável com Kaunitz. Na primeira carta, despachada para Viena com o jovem príncipe Charles de Ligne, GAP agradece a Kaunitz por enviar-lhe o "quadro do Monsieur Casanova" — irmão do conquistador Casanova, um conhecido retratista. "Ele felizmente chegou bem", escreveu GAP, "e me dá enorme prazer." A segunda carta cobre política: "Nossos inimigos e os invejosos fazem de tudo para separar nossos interesses mas não terão êxito", GAP declarou, embora isso já tivesse efetivamente acontecido. GAP então agradeceu a Kaunitz pelo queijo que lhe enviou. Em troca: "Eu tenho um cavalo turco para Sua Alteza que pertenceu ao paxá em comando de Izmail". GAP informou triunfalmente ao príncipe Kaunitz e ao príncipe de Ligne em Viena da sua vitória: agora no terceiro documento, GAP

fica sabendo que Ligne teve de corrigir suas opiniões equivocadas sobre o generalato de GAP. Dois relatos revelam como "a extraordinária carta que o príncipe Potemkin escreveu ao príncipe de Ligne para cumprimentá-lo pela conduta de seu filho na coluna que cruzou o Danúbio sob o general Ribas [...] foi visivelmente dirigida a vingar os libelos que o príncipe de Ligne pai fizera sobre a reputação do marechal de campo russo após seu regresso de Ochakov".

28. Lopatin, *Potemkin i Suvorov*, p. 198: "Após Izmail: O que aconteceu em Jassy?". A recente pesquisa da lenda feita por Lopatin parece refutá-la de forma conclusiva. Exemplos da história aparecem em Petrushevsky, v. 1, pp. 400-1, e Longworth, *Art of Victory*, p. 175.

29. AVPRI 5.585.217, L 447, GAP para CII, 11 jan. 1791, Jassy. Richelieu e Damas agora regressaram a Paris, assolada pela revolução. O jovem príncipe Charles de Ligne retornou a Viena levando as cartas anunciando a vitória para o príncipe Kaunitz. Kaunitz mandou a GAP o queijo e o quadro, GAP lhe enviou o cavalo do paxá de Izmail, mencionado acima. Ver cartas não publicadas na nota 27, acima.

30. RGADA 1.1/1.43.51, L 448, GAP para CII, 13 jan. 1791, Jassy. RGADA 5.85.2.275, L 444, CII para GAP, 20 dez. 1791. AVPRI 5.585.208, L 449, GAP para CII, 15 jan. 1791, Jassy.

31. AVPRI 5.585.217, L 447, GAP para CII, 11 jan. 1791, Jassy.

32. RGADA 1.1/1.43.51-4, L 448, GAP para CII, 13 jan. 1791, Jassy.

33. AVPRI 5.585.204, L 451, GAP para CII, 11 jan. 1791, Jassy. M. I. Pilaev, *Staryy Peterburg*, p. 306.

34. RGADA 5.85.2.279-80, L 451, CII para GAP, 22 jan. 1791.

35. RGADA 1.1/1.43.51, L 448, GAP para CII, 13 jan. 1791, Jassy.

36. McKay e Scott, pp. 240-2. John Ehrman, *The Younger Pitt*, v. 2: *The Reluctant Transition*, pp. 12-7.

37. Stedingk, p. 77, conde Stedingk para Gustavo III, 8 fev. 1791.

38. Stedingk, p. 87, Stedingk para Gustavo III, 8 fev. 1791.

39. Stedingk, p. 94, Stedingk para Gustavo III, 8 fev. 1791.

40. Ehrman, v. 2, pp. 12-7. PRO FO 65/20. Sir Charles Whitworth para duque de Leeds, n. 2, 10 jan. 1791. PRO FO 30/8/20, Joseph Ewart para William Pitt, 11 fev. 1791, ambas conforme citadas em Ehrman, v. 2, pp. 12-7.

31. A BELA GREGA [pp. 619-28]

1. *Memoirs of the Life of Prince Potemkin*, pp. 233-4. Este capítulo utiliza, além das referências dadas abaixo, Alexander, *CtG*, pp. 285-92, e Madariaga, *Russia*, pp. 409-26.

2. Stedingk, p. 98, J. J. Jennings para Fronce, 17 mar. 1791, São Petersburgo.

3. Stedingk, p. 96, Conde Stedingk para Gustavo III, 17 mar. 1791, São Petersburgo.

4. Coleção AGAD da família Popiel 421: 10-1, Augustyn A. Deboli para EA, não publicada.

5. Derjávin, *The Waterfall*, in Segal, p. 302.

6. AGAD 421: 5-6, Deboli para EA, s.d., mar. 1791, não publicada. A ode a GAP foi provavelmente aquela de Sumarokov — ver Bolotina, "Private Library of Prince GAPT", p. 254.

7. AGAD 421: 1-2, Deboli para SA 1, 2, 3, 4, 5 março 1791, não publicada.

8. SIRIO 42: 163, CII para príncipe de Ligne, 21 maio 1791. SIRIO 33: 349, CII para barão F. M. Grimm, 30 mar. 1791.

9. AGAD 421: 10-1, Deboli para EA, mar. 1791, não publicada.
10. Stedingk, p. 98, Jennings para Fronce, 17 mar. 1791, São Petersburgo.
11. AGAD 421: 12-5 e 20-1, Deboli para EA, 1 abr. e 8 abr. 1791, não publicadas. Stedingk, p. 103, Stedingk para Gustavo III, 25 mar. 1791, São Petersburgo.
12. AGAD 421: 12-5 e 20-1, Deboli para EA, 1 abr. e 8 abr. 1791, não publicadas. Stedingk, p. 103, Stedingk para Gustavo III, 25 mar. 1791, São Petersburgo.
13. Stedingk, pp. 98-103, Stedingk para Gustavo III e Jennings para Fronce 15, 21, 25 mar., 1 abr. 1791, São Petersburgo.
14. AAE 20: 134-5, Langeron, "Evénements 1790". RP 1.1, p. 72.
15. Vigée Lebrun, v. 1, p. 325. Czartoryski, p. 37.
16. Engelhardt, 1868, p. 69.
17. SIRIO 54 (1886): p. 149, Richelieu, "Mon voyage". Golovina, pp. 24-5.
18. RGVIA 52.11.69.61, GAP para conde Joseph de Witte, 21 set. 1788, não publicada.
19. RP 1.1 p. 72. AGAD 421: 5-6 e 20-1, Deboli para EA, s.d., mar. 1791 e 8 abr. 1791, não publicadas.
20. AGAD 421: 12-5 e 20-1, Deboli para EA, 1 abr. e 8 abr. 1791, não publicadas. Stedingk, p. 103, Stedingk para Gustavo III, 25 mar., 1 abr. 1791, São Petersburgo.
21. AGAD 421: 12-5, Deboli para EA, 1 abr. 1791, São Petersburgo, não publicada. Stedingk, p. 108, Jennings para Fronce, 1 abr. 1791, São Petersburgo. AAE 20: 286, Langeron, "Evénements 1790".
22. AGAD 421: 22-3, Deboli para EA, 12 abr. 1791, São Petersburgo, não publicada.
23. Ehrman, v. 2, pp. 18-9. RGADA 5.85.2.290, L 455, CII para GAP, 25 abr. 1791. O despacho de Suvórov para a Suécia é encarado pela maioria dos historiadores do general como mais evidência do ciúme de Potemkin, embora na verdade a ameaça sueca fosse real em abril de 1791.
24. Stedingk, p. 107, Jennings para Fronce, 1 abr. 1791, São Petersburgo.
25. Stedingk, pp. 113-6, Stedingk para Gustavo III, 8 abr. 1791, São Petersburgo.
26. Stedingk, pp. 10, Jennings para Fronce, 1 abr. 1791, São Petersburgo.
27. Stedingk, pp. 113-6, Stedingk para Gustavo III, 8 abr. 1791, São Petersburgo.
28. AGAD 421: 16-9, Deboli para EA, 5 abr. 1791, São Petersburgo, não publicada.
29. K. E. Dzedzhula, *Rossiya i velikaya Frantzuzskaya burzhuaznaya revolyutsiya kontsa XVIII veka*, p. 281. *Literaturnoye nasledstvo* (Moscou, 1937), v. 29-30, pp. 448-50, barão Simolin para conde Osterman, 21 mar./1 abr. 1791, Paris, pp. 450-1. Também AKV 8: 1-38, S. R. Vorontsov para F. V. Rostopchin, 18/29 nov. 1796. GAP era informado de perto sobre a Revolução tanto por Stackelberg em Varsóvia, cujas cartas estão em RGVIA 52.2.39.385, como por Simolin, por exemplo RGVIA 52.2.56.31, bem como por Ségur: RGVIA 52.2.64.24, conde de Ségur para GAP, 9 maio 1790, Paris. Todas estas são inéditas. A verdadeira opinião de Catarina sobre Mirabeau ("serve para ser quebrado na roda") está em SIRIO 23 (1878): 520, CII para Grimm, 30 abr. 1791. Antonina Vallentin, *Mirabeau: Voice of the Revolution*, p. 65.
30. Stedingk, p. 111, Stedingk para Gustavo III, 8 abr. 1791, São Petersburgo.
31. Stedingk, p. 94, Stedingk para Gustavo III, 11 mar. 1791; e p. 96, 17 mar. 1791, São Petersburgo.
32. AGAD 421: 84, Deboli para EA, s.d., mar.? 1791, São Petersburgo, não publicada.
33. Derjávin, *Sochineniya*, v. 6, p. 592.

34. Madariaga, *Politics and Culture*, pp. 166-7. Franz Demmler, *Memoirs of the Court of Prussia*, p. 342.

35. Vernadsky, *Imperatritsa Ekaterina II i Zakonodatdnaya Komissiya 1767-8*, pp. 237-9, citado em Lopatin, *Potemkin i Suvorov*, p. 213.

36. Robert H. Lord, *The Second Partition of Poland*, pp. 180-1. Goertz, p. 74.

37. Khrapovítski, p. 359, 15, 17, 22 mar. 1791.

38. RS (1892), abr., p. 179, Memórias de Fiódor Secretarev.

39. Khrapovítski, pp. 359-61, 7 e 9 abr. 1791. Madariaga, *Russia*, p. 418. Lord, p. 181 e apêndice 5, Osterman para Alopeus, 14/25 mar. 1791.

40. SIRIO 42: 150-1. RS (1887) 55, p. 317.

41. Ehrman, v. 2, pp. 19-28. Madariaga, *Russia*, p. 418. Lord, pp. 183-5. Hansard XXIX: 31, 52-79. AKV 8: 1-38, S. R. Vorontsov para Rostopchin, 18/29 nov. 1796. O marquês de Salisbury comparou a confrontação da Grã-Bretanha com a Rússia em 1878 a uma briga entre um tubarão e um lobo (citado em Adrew Roberts, *Salisbury* [Londres, 1999]).

42. PRO FO Secretary of State: State Papers, Foreign, cyphers SP 106/67, n. 29, Charles Whitworth, 10 jun. 1791, São Petersburgo, não publicado.

43. Museu Local de História Estatal de Odessa, convite à condessa Osterman, 28 abr. 1791. Visita do autor a Odessa, ago. 1998. Não publicado.

32. CARNAVAL E CRISE [pp. 629-45]

1. Para as principais fontes desse relato da Segunda Guerra Turca, ver capítulo 26, nota 1. Para a Revolução Polonesa este capítulo usa, além das referências dadas abaixo, Alexander, *CtG*, pp. 285- -92, e Madariaga, *Russia*, pp. 409-26, Lord, pp. 512-28, Zamoyski, *Last King of Poland*, pp. 326-57, Ehrman, v. 2, pp. 26-41, McKay e Scott, pp. 240-7. Também Jerzy Lojek, "CII's Armed Intervention in Poland" e Jerzy Lukowski, *The Partitions of Poland 1772, 1793, 1795*. *Memoirs of the Life of Prince Potemkin*, p. 243.

2. SIRIO 23 (1878): 517-9, CII para barão F. M. Grimm, 29 abr. 1791.

3. Zoia Belyakova, *The Romanov Legacy*, p. 91. Potemkin recusava-se a usar sebo. Dizia-se que o custo foi mais de 70 mil rublos: ele havia comprado cada vela da capital e teve de encomendar mais em Moscou.

4. Derjávin citado de A. A. Kiuchariants, *Ivan Starov* (Leningrado, 1982), p. 43, por Cross, *By the Banks of the Neva*, p. 275. A letra e a música das quatro peças de coral eram, segundo "Private Library of Prince GAPT", de Bolotina, de G. R. Derjávin e Óssip Kozloviski, respectivamente.

5. Anspach, *Journey*, p. 137, 18 fev. 1786.

6. Ode de Derjávin citada em Lopatin, *Potemkin i Suvorov*, p. 230.

7. L. I. Dyachenko no Palácio de Tavrítcheski. Visita do autor a São Petersburgo, 1998. Também L. I. Dyachenko, *Tavrichesky Dvorets*, pp. 1-64.

8. Esse relato baseia-se no seguinte: SIRIO 23 (1878): 517-9, CII para Grimm, 29 abr. 1791. *Memoirs of the Life of Prince Potemkin*, pp. 240-4, 386-7. Belyakova, p. 91. Dyachenko, pp. 1-57. Visita do autor ao Palácio de Táurida com Ludmila Dyachenko, set. 1998. *Moskovskiy zhurnal* (1852), v. 3, pp. 21-8, sobre a vida privada do príncipe Potemkin.

9. Púchkin, *Polnoye Sobraniye Sochineniya*, v. 12, p. 177. História de Natália Zakrevskaia, *née* Razumóvskaia. Esta era a irmã de Elizaveta, a filha de Kiril Razumóvski com quem GAP possivelmente flertou na década de 1760.

10. Stedingk, p. 137, conde Stedingk para Gustavo III, 18 maio 1791, São Petersburgo.

11. SIRIO 23 (1878): 59, 29 abr. 1791, e SIRIO 23 (1878): 520, 30 abr. 1791, CII para Grimm, São Petersburgo. Zamoyski, *Last King of Poland*, pp. 336-7. Edmund Burke, *Collected Works*, v. 6, pp. 244--6, citado em Zamoyski, p. 345. Lord, pp. 527-8. Madariaga, *Russia*, pp. 420-1.

12. AGAD 421: 84, Deboli para SA 12 abr. 1791; 421: 36-9, 29 abr. 1791; 421: 58-65, 17 maio 1791, São Petersburgo, não publicadas.

13. RGADA 5.85.2.289, L 457, CII para GAP, maio 1791.

14. RV (1841), v. 8, pp. 366-7, GAP para almirante F. F. Uchakov, príncipe N. I. Repnin e general em chefe I. V. Gudóvitch, 11 maio 1791. RGVIA 52.2.11.153, L 457, GAP para CII, 9 jun. 1791, e RGVIA 52.2.21.145-9, GAP para CII, 9 jun. 1791. Anapa, como Izmail, Bender e Akkerman, era sempre um alvo russo. Ver Dubrovin, *Istoriya voyny*, v. 2, p. 269, GAP para Gudóvitch sobre Anapa, 24 dez. 1790. RGADA 16.799.2.170, L 456, e RGADA 16.766.2.171, L 456, ambas GAP para CII. Essas cartas, datadas dessa época, propõem assentar prisioneiros suecos, armênios e moldavos nas terras de GAP, bem como expandir Nikoláiev e construir mais navios.

15. RA (1874) 2, pp. 251-2, rescrito de CII a GAP sobre a Polônia, 16 maio 1791.

16. Jerzy Lojek, "Catherine's Armed Intervention in Poland", pp. 579-81.

17. RGVIA 52.2.68.32 e /30, conde Felix Potocki para GAP, 12 out. 1790 e 9 jul. 1791, não publicadas. Lord, pp. 527-8, Potocki para GAP, 14 maio 1791, todas as três de Viena. RGVIA 52.2.68.47, GAP para Potocki, 18/29 maio 1790. RGVIA 52.2.68.48, GAP para Potocki, 8 fev. 1791, não publicada.

18. AKV 13: 227, A. A. Bezboródko para S. R. Vorontsov, 17 nov. 1791.

19. SIRIO 27 (1880): pp. 332-3, rescrito de CII para GAP sobre precauções no retorno dos cossacos de Zaporójie e Nekrazovski, 15 abr. 1784.

20. SIRIO 27 (1880): 338, rescrito de CII para GAP sobre manter distanciamento dos cossacos na Polônia, 2 jul. 1784. SIRIO 27 (1880): 416, rescrito de CII para GAP permitindo estabelecimento de cinco esquadrões de cossacos poloneses, 6 jul. 1787.

21. Ver Rulikowski, Smila.

22. S. Malachowski, *Pamietnik i Stanislawa hr. Nalecz Malachowskiegowyd. Wincenty hr. Los*, p. 92.

23. AGAD 421: 58-65, Deboli para EA, 17 maio 1791, São Petersburgo, não publicada.

24. PRO FO Secretary of State: State Papers, Foreign, cyphers SP 106/67, William Fawkener para Lord Grenville, n. 3, 2 jun. 1791, São Petersburgo, não publicada.

25. PRO FO Secretary of State: State Papers, Foreign, cyphers SP 106/67, Fawkener para Lord Grenville, 18 jun. 1791, São Petersburgo. Também em algum lugar: GAP sobre a frota do mar Negro, Fawkener n. 3, 2 jun. 1791, São Petersburgo. Ambas não publicadas.

26. RGVIA 52.2.89.159, S. R. Vorontsov para GAP, 3 maio 1791, Londres, não publicada.

27. PRO FO Secretary of State: State Papers, Foreign, cyphers SP 106/67, Charles Whitworth n. 41, 5 ago. 1791, São Petersburgo, não publicado. Stedingk, p. 146, Stedingk para Gustavo III, 25 jun. 1791, São Petersburgo.

28. Derjávin, v. 6, pp. 592, 422-3.

29. Derjávin, v. 6, pp. 592, 422-3.

30. O retrato de Derjávin usa Jesse V. Clardy, *G. R. Derzhavin: A Political Biography*, pp. 70-1, 123, 128.

31. RP 1.1, p. 39. Burton Raffel, *Russian Poetry under the Tsars*, p. 20. Segal, v. 2, pp. 262-74.

32. Derjávin, v. 6, pp. 592, 422-44.

33. AGAD 421: 122-3, Deboli para EA, 22 jul. 1791, São Petersburgo, não publicada. Derjávin, v. 6, pp. 423-4. AKV 8: pp. 44-5, conde Fiódor Rostopchin para S. R. Vorontsov, 25 dez. 1791, Jassy.

34. AKV 8: 67, Rostopchin para S. R. Vorontsov, 14/25 abr. 1793, e pp. 44-5, 25 dez. 1791, Jassy.

35. PRO FO Secretary of State: State Papers, Foreign, cyphers SP 106/67, Fawkener n. 4, 7 jun. 1791, São Petersburgo, não publicado.

36. PRO FO Secretary of State: State Papers, Foreign, cyphers SP 106/67, Whitworth, 8 jul. 1791, São Petersburgo, não publicado.

37. PRO FO Secretary of State: State Papers, Foreign, cyphers SP 106/67, Whitworth n. 41, 8 jul. 1791, São Petersburgo, não publicado.

38. RGADA 5.85.1. 479 L 457, CII para GAP, jun. 1791.

39. RGADA 5.85.2.18, L 458, CII para GAP, e RGVIA 52.2.22.70, L 458, GAP para CII, jun. 1791. Os relatórios das frentes de batalha para GAP, suas ordens aos comandantes e seus relatórios para CII estão em RGVIA 52, op. 2, por exemplo, o relatório de GAP para CII sobre a incursão de M. I. Kutúzov através do Danúbio em 4 jun. 1791 pode ser encontrado, datado de 19 jun. de 1791, em RGVIA 52.2.21.164.

40. AGAD 421: 122-3, Deboli para EA, 22 jul. 1791, São Petersburgo, não publicada.

41. AGAD 421: 77-8, Deboli para EA, 31 maio 1791, São Petersburgo, não publicada.

42. RGVIA 52.2.22.4, l 458, GAP para CII, jul. 1791. KFZ, 2 jul. 1791. A queda de Anapa: Dubrovin, *Istoriya voyny*, v. 2, p. 269, Gudóvitch para GAP, 22 jun. 1791. Sobre a captura e o destino de Mansour: Marie Bennigsen Broxup (Org.), *The North Caucasus Barrier: The Russian Advance towards the Moslem World*; ver Paul B. Henze, "Circassian Resistance to Russia", p. 75.

43. PRO FO Secretary of State: State Papers, Foreign, cyphers SP 106/67, acordo assinado por Whitworth, Fawkener e Goertz, 11/22 jul. 1791 e 16/27 jul., São Petersburgo, não publicado. KFZ, 12 jul. 1791. RGADA 5.85.1.432, L 459, CII para GAP, jul. 1791, e RGADA 5.85.1.430, L 459, CII para GAP, jul. 1791. RGVIA 52.2.22.11-15, relatório de Repnin para GAP sobre a Batalha de Machin.

44. AGAD 421: 122-3, Deboli para EA, 22 jul. 1791, São Petersburgo, não publicada.

45. AGAD 421: 113-14, Deboli para EA, jul. 1791, São Petersburgo, não publicada.

46. RGVIA 52.2.39.346, conde Stackelberg para GAP, 9/20 dez. 1789, não publicada.

47. AGAD 421: 85-6, Deboli para EA, 17 jun. 1791, São Petersburgo, não publicada.

48. Stedingk, p. 143, Stedingk para Gustavo III, 25 jun. 1791, São Petersburgo.

49. AAE 20: 312, Langeron, "Evénements de l'hiver de 1790 et 1791". Stedingk, p. 209, J. J. Jennings para Fronce, dez. 1791, São Petersburgo. Golovina, p. 64.

50. RGADA 5.85.1.499-500, L 460, CII para GAP, jul. 1791. GAP, ao contrário do que diz a lenda, foi perspicaz para reformar o Exército para pôr fim aos abusos financeiros por parte de oficiais. Daí ter criado uma nova espécie de Inspetoria do Exército para checar abusos. AVPRI 2.2/8a.21.139, L 460, GAP para CII, 14 jul. 1791. Ver Epílogo, nota 34.

51. Vigée Lebrun, v. 1, p. 323.

52. Lojek, "CII's Armed Intervention in Poland", pp. 579-81. Argumenta-se que as condições que CII coloca nas ações dele provam que se trata de uma farsa, embora o rescrito não contivesse mais condições do que seu rescrito para GAP sobre a Crimeia em 1783. Isso serve à visão geral de

muitos historiadores poloneses. Lojek, por exemplo, sugere que a condição de que GAP tivesse de organizar uma oposição polonesa era claramente uma farsa, porque CII sabia que a nobreza apoiava a nova Constituição. Todavia, um país raramente invade outro sem primeiro dar um jeito de fazer parecer que estão sendo convidados a entrar pela oposição. Além disso, Felix Potocki era um dos muitos magnatas poloneses que se opunham ao Três de Maio e se apegavam ao velho conceito polonês de "liberdade dourada". As ações de GAP também eram condicionadas à assinatura da paz com a Porta, mas isso era apenas questão de bom senso: ele próprio sempre havia salientado que a paz no sul era necessária antes da guerra no oeste.

53. PRO FO Secretary of State: State Papers, Foreign, cyphers SP 106/67, n. 40, Whitworth para Grenville, 5 ago. 1791. AGAD 421: 103-4, Deboli para EA, 8 jul. 1791. Esses despachos diplomáticos a partir de São Petersburgo são ambos inéditos.

54. PRO FO Secretary of State: State Papers, Foreign, cyphers SP 106/67, Whitworth, 12 jul. 1791, São Petersburgo, não publicado.

55. RS (1876), set., p. 43, Knyaz Platon Alexándrovitch Zúbov.

56. Arquivo Rechetilovski (Arquivo Pópov), pp. 77-84, rescrito secreto de Catarina II sobre a Polônia para GAPT, 18 jul. 1791. RA (1874) 2, pp. 281-9.

57. Golovina, p. 28.

58. RGADA 5.85.2.291, L 461, CII para GAP 25, jul. 1791. KFZ, 24 jul. 1791

33. A ÚLTIMA VIAGEM [pp. 646-53]

1. Michel Oginski, *Mémoires sur la Pologne and les Polonais*, v. 1, cap. 7, pp. 146-53.

2. Ligne, *Mélanges*, v. 24, p. 67, príncipe de Ligne para JII, abr. 1788. RGADA 5.85.2.25, CII para GAP, 19 nov. 1786.

3. Masson, p. 111.

4. RGVIA 52.2.22.90-103, príncipe N. I. Repnin para GAP, jul.-ago. 1791. RGADA 5.85.2.296, CII para GAP, 12 ago. 1791, Tsárskoie Seló. SIRIO 29: 220, A. A. Bezboródko para P. V. Zavadóvski, 17 nov. 1791. Engelhardt 1997, p. 94. SIRIO 23 (1878): 553, CII para barão F. M. Grimm, 27 ago. 1791.

5. PRO FO Secretary of State: State Papers, Foreign, cyphers SP 106/67, Charles Whitworth para Lord Grenville, 5 ago. 1791, São Petersburgo, não publicado. Samóilov, col. 1555 e notas 1 e 2, mais cols. 1556-7.

6. RGADA 1.1/1.43.97, L 464, GAP para CII, 4 ago. 1791, Olviopol. RGADA 5.85.2.296, L 465 CII para GAP, 12 ago. 1791.

7. Essa foi a expressão de Maria Guthrie dez anos depois para a febril doença dos rios em torno do mar Negro: carta 23, p. 111. SIRIO 29: 121, Bezboródko sobre GAP ter interrompido as conversações em agosto de 1791.

8. Samóilov, col. 1557.

9. AKV 8:37, conde F. V. Rostopchin para conde S. R. Vorontsov, 7 out. 1791. Samóilov, col. 1555. RGADA 1.1/1.43.100, L 465, GAP para CII, 15 ago. 1791, Galatz. Stedingk p. 197, J. J. Jennings para Fronce, s.d., São Petersburgo.

10. RGVIA 52.2.38.18, V. S. Pópov para Bezboródko, 24 ago. 1791. RGADA 1.1/1.43.104, GAP para

CII, 24 ago. 1791. RGADA 5.85.2.298, L 466 CII para GAP, 28 ago. 1791. Khrapovítski, 28 e 29 ago. 1791. AAE 20: 358, Langeron, "Evénements 1791". RV (1841), v. 8, p. 372, GAP para Repnin, ago. 1791.

11. RGADA 1.1/1.43.106, L 468, GAP para CII, 6 set. 1791, Jassy. RGADA 5.85.2.302, CII para GAP, 4 set. 1791, São Petersburgo. RGVIA 52.2.38.2, V. S. Pópov para Bezboródko, 6 set. 1791.

12. RGVIA 52.2.89.95, C. S. Czernisen (?) para Pópov "para dizer ao marechal", 9 set. 1791, não publicada.

13. RGVIA 52.2.68.50, GAP para conde Potocki Grand Maître d'Artilleries, s.d., 4 set.?, 1791, e RGVIA 52.11.71.16, GAP para conde Rzeweewski, s.d., 4 set. 1791, ambas de Jassy, ambas não publicadas. Zamoyski, *Last King of Poland*, p. 357. SBVIM, v. 8, p. 254, relatórios de GAP sobre as negociações com o vizir e retorno da Frota de Sebastópol, 29 ago. 1791.

14. Por exemplo, RGVIA 52.2.89.162, Chevalier Second para GAP, 25 jun./6 jul. 1791, Haia, sobre o assentamento de uma "Nova Marselha" de colonos franceses. RGVIA 52.2.89.165, GAP para conde de Kahlenberg, 29 ago./9 set. 1791 sobre fornecer contratos de madeira para construção de navios. Todas não publicadas.

15. "Cânone para o Salvador", citado em Lopatin, *Potemkin i Suvorov*, p. 239.

16. Vassíltchikov, v. 3, p. 122, conde Andrei Razumóvski para GAP, 15 set. 1791, Viena. RGVIA 52.2.89.166, GAP para Sénac de Mielhan, 27 ago. 1791. RGVIA 271.1.65.1, Sénac de Mielhan para GAP, 6 ago. 1791, Moscou. Ambas não publicadas.

17. AKV 8: 43, Rostopchin para S. R. Vorontsov, 25 dez. 1791, Jassy.

18. RGADA 5.85.2.303, L 468, CII para GAP, 16 set. 1791. Os relatórios de Pópov a CII sobre a doença de GAP são a principal fonte para esse relato de seu falecimento, a menos que atribuído a outra fonte: RGVIA 52.2.94.3 e RA (1878) 1, pp. 20-5.

19. Popov 6-25 set. 1791. AKV 25: 467, CII para condessa A. V. Branicka, 16 set. 1791.

20. RGADA 1.1/1.43.103, L 468, GAP para CII 16, set. 1791. Pópov, 16 set. 1791.

21. RGVIA 52.2.37.255, GAP para Bezboródko, 16 set. 1791. Pópov, 16 set. 1791. RGVIA 52.11.55.253, 247 e 268, relatórios de Viena sobre GAP e conversações de paz, 21, 17 e 28 set. 1791, não publicados.

22. RGADA 1.1/1.43.7, L 469, e RGVIA 52.2.22.187, L 469, GAP para CII, 21 set. 1791. Pópov, 21 set. 1791. RGVIA 52.2.37.257, GAP para Bezboródko.

23. AAE 20: 358, Langeron, "Evénements 1791". Castera, v. 3, p. 323. Samóilov, col. 1557. Pópov, 25 set. 1791.

24. Pópov, 25 set. 1791, relatório do metropolita Iona, originalmente em georgiano. ZOOID 3: 559.

25. RGADA 1.1/1.43.102, L 470, GAP para CII, 27 set. 1791. Pópov, 27 set. 1791.

26. Pópov, 30 set.-2 out. 1791. RGADA 5.85.2.304, CII para GAP, 30 set. 1791.

27. RGADA 1.1/1.43.9, L 470, GAP para CII, 2 out. 1791, Jassy. Pópov, 2 out. e 3 out. 1791.

28. RGADA 5.85.1.429, L 470, CII para GAP 3, out. 1791. AEB, v. 25, p. 467, CII para Branicka. Pópov, 3-4 out. 1791. Khrapovítski, 3 out. 1791.

EPÍLOGO: VIDA APÓS A MORTE [pp. 655-74]

1. Visitas do autor a Tchijovo, província de Smolensk, Rússia, set. 1998, e Kherson, Ucrânia,

jul./ago. 1998. Padre Anatóli e V. M. Zheludov, o professor escolar de Petrishchevo, província de Smolensk. Samóilov, cols. 1569 e 1560.

2. AKV 13: 216-22, A. A. Bezboródko para P. V. Zavadóvski, nov. 1791, Jassy. Também ZOOID 11: 3-5. AAE 20: 358, Langeron, "Evénements 1791". Lopatin, *Perepiska*, pp. 961-4. Havia história de que o dr. Timan envenenara o príncipe sob ordens ou de Zúbov ou de Catarina. Até mesmo Langeron as descarta. Logo surgiu um panfleto indecente intitulado *Panslavin — Fürst der Finsternis* [Príncipe das trevas], de J. F. E. Albrecht, um maçon — o início da mitologia anti-Potemkin. O relato sugeria que uma rainha boa ordenara o envenenamento de seu demoníaco cogovernante.

3. Engelhardt, 96-7. AKV 13: 216-22, Bezboródko para Zavadóvski, s.d., nov. 1791. RA (1878) 1, pp. 20-5, V. S. Pópov para CII, 8 out. 1791, Jassy. O general Kahovski supostamente deveria assumir o comando, mas estava na Crimeia, então Mikhail Kamenski, futuro marechal de campo nas Guerras Napoleônicas, tomou o controle e saiu frenético pelas ruas, surrando judeus, mas o Exército recusou-se a obedecer à sua autoridade. Os desejos de GAP prevaleceram.

4. Khrapovítski, pp. 377-8, 16, 17 e 18 out. 1791.

5. RGADA 5.131.5-5, CII para Pópov, 4 nov. 1791.

6. RGADA 11.1096.1-1, condessa Iekaterina Scavrónskaia para CII, 3 nov. 1791.

7. RA (1878) 1, p. 25, princesa Varvara V. Golítsina para príncipe Alexandre Borisovitch Kurákin, 2 nov. 1791, Jassy.

8. SIRIO 23 (1878): 561, CII para barão F. M. Grimm, 22 out. 1791.

9. RGVIA 52.2.55.285, notícias de Viena, 1/12 out. 1791, não publicadas. AKV 13: 221-2, Bezboródko para Zavadóvski, nov. 1791.

10. RGADA 5.138.9, M. S. Potemkin para CII, 6 dez. 1791, Jassy.

11. V. L. Esterhazy, *Nouvelles Lettres du Comte Valentin L. Esterhazy à sa femme 1792-95*, p. 371, 23 dez. 1791-3 jan. 1792. Stedingk p. 216, conde Stedingk para Gustavo III, 26 dez. 1791-9 jan. 1792. AKV 8: 58, F. V. Rostopchin para S. R. Vorontsov, 28 set. 1792, São Petersburgo. *Russkiy Biographicheskiy Slovar*, v. 14 (1904). AKV 13 (1879): 256, Bezboródko para S. R. Vorontsov, 15 maio 1792, Tsárskoie Seló.

12. LeDonne, p. 262. ZOOID 9: 222-5, relatório de M. S. Potemkin. ZOOID 9: 227, imperador Alexandre I para tesoureiro do Estado Vasilev, 21 abr. 1801, São Petersburgo. ZOOID 8: 226-7, explicação de Pópov das finanças de GAP, 9 maio 1800. ZOOID 8: 225-6, breve nota sobre renda e despesa de quantias extraordinárias no comando do príncipe GAPT. ZOOID 9 (1875): 226, *ukaz* de CII para o gabinete sobre as dívidas de GAP, 20 ago. 1792, Tsárskoie Seló. Brückner, *Potemkin*, p. 274. Karnovich, p. 314. O escândalo financeiro de Sutherland é mais bem contado em Cross, *By the Banks of the Neva*, pp. 80-1. GAP não foi o único magnata exposto pela morte de Sutherland. O príncipe Viázemski, o conde Osterman e o próprio grão-duque Paulo, todos estavam enormemente endividados com ele. Rulikowski, Smila. RS (1908) 136, pp. 101-2. Tregubov. Tregubov escreveu: "O benefício para o país, sentido por todos, valeu todo o dinheiro que ele gastou". Isso era literalmente a verdade para os soldados sob seu comando.

13. Stedingk, p. 188, Stedingk para Gustavo III, 28 out. 1791, São Petersburgo.

14. AKV 13: 216-22, Bezboródko para Zavadóvski, nov. 1791, Jassy.

15. RGADA 11.902a Registro das Dívidas do Príncipe GAPT, e RGADA 11.902a.30. As dívidas estendiam-se das vastas somas devidas a Sutherland para os pilares de ônix para o Palácio de Táuri-

da, diamantes, xales muçulmanos de ouro (1880 rublos), vestidos femininos (mais de 12 mil rublos), ostras, frutas, aspargos e champanhe.

16. AKV 13: 223-8, Bezboródko para Zavadóvski, 17 nov. 1791, Jassy.
17. Esterhazy, p. 333, 17/28 out. 1791, São Petersburgo.
18. Masson, p. 113.
19. Stedingk, p. 188, Stedingk para Gustavo III, 4 nov. 1791.
20. Esterhazy, p. 333.
21. Stedingk, pp. 186-8, Stedingk para Gustavo III, 28 out. 1791, São Petersburgo.
22. AKV 8:39, Rostopchin para S. R. Vorontsov, 25 dez. 1791, Jassy e AKV 8: 53, Rostopchin para S. R. Vorontsov, 8 jul. 1792, São Petersburgo.
23. Stedingk, p. 196, J. J. Jennings para Fronce, s.d., São Petersburgo.
24. S. N. Glinka, *Russkiye chteniya, izdavaemye Sergeem Glinkoyu. Otechestvennye istoricheskiy pamyatniki XVIII I XIX stoleiya*, pp. 78-9.
25. AKV 13: 223-8, Bezboródko para Zavadóvski, 17 nov. 1791, Jassy.
26. Petrushevsky, p. 263. Suvórov, *Pisma* (Lopatin), p. 224, A. V. Suvórov para D. I. Khvostov, 15 out. 1791; pp. 232-3: Suvórov para Khvostov, 20 jul. 1792; p. 251, Suvórov para Khvostov, 24 nov. 1796 e Suvórov para P. I. Turchaninov, 7 maio 1793.
27. Engelhardt, 1997, p. 97.
28. Stedingk, pp. 188 e 195, Stedingk para Gustavo III, 28 out. 1791 e Jennings para Fronce, s.d., São Petersburgo.
29. AKV 8: 39, 25 dez. 1791, Jassy.
30. AKV 13: 223-8, Bezboródko para Zavadóvski, 17 nov. 1791, Jassy.
31. Ligne, *Mélanges*, v. 22, p. 82, príncipe de Ligne para CII, 1793.
32. Ségur citado por Castera, v. 3, p. 333.
33. AKV 13: 223-8, Bezboródko para Zavadóvski, 17 nov. 1791, Jassy. Como sempre no caso do príncipe, diferença entre a lenda e a verdade é marcada: o caos, corrupção e destruição dos exércitos que ele deixou em Jassy, por exemplo, preenchem todos os relatos. Contudo, o conde Bezboródko, que sempre lançou um olhar sardônico, porém justo, sobre Potemkin, avaliou que os depósitos de grãos estavam cheios, o exército estava em "muito bom estado", as provisões eram generosas, e a frota e a flotilha eram numerosas, ainda que não construídas com a melhor madeira, e que, apesar da obsessão de Potemkin com cossacos, ele tinha de admitir que "as forças leves cossacas estão no melhor estado possível".
34. AAE 20: 362, Langeron. Púchkin citado em Lopatin, *Perepiska*, p. 470. Castera, v. 2, p. 177. Wiegel, v. 1, pp. 28-9. Samóilov, col. 1560. Derjávin in Segal, v. 2, pp. 291-2. Ligne, *Mélanges*, v. 7, pp. 171-2, Ligne para conde de Ségur, 1 ago. 1788. Sobre o estado do Exército: Potemkin sem dúvida permitiu a seus coronéis administrar seus regimentos lucrativamente com um mínimo de supervisão, embora estivesse introduzindo inspetores para parar com abusos afrontosos. Tampouco estava remotamente interessado em exercícios prussianos ou cerimonial interminável. Estrangeiros diziam (por exemplo, Damas, pp. 114-6) que ele desencorajava todos os exercícios, todavia seus arquivos revelam suas instruções para treinamento de seus comandos marítimos já citados acima. SBVIM, v. 4, p. 217, em que GAP dá instruções de treinamento, criticando oficiais que ensinam manobras "raramente adequadas para usar em batalha" e recomenda marcha fácil para caminhar mais depressa sem se cansar e treinamento simples em formar quadrados, atirar e recarregar. GAP simplesmente

desdenhava a obediência servil e pedante do treinamento e das táticas prussianas e desenvolveu seu próprio estilo independentemente da opinião ocidental, mas baseado em tradições tártaras, cossacas e russas. Isso ofendia oficiais franceses e alemães — daí Langeron, Damas e Ligne. Por fim, sobre a corrupção no Exército russo sob comando de GAP, vale notar que o Exército de Luís XVI era assolado de corrupção e que incumbências no Exército britânico, embora reformadas em parte em 1798, ainda eram vendidas até 1871, quando Gladstone as aboliu. Então o sistema de GAP provavelmente não era pior do que as guardas montadas em Londres.

35. SIRIO 54 (1886): 147-9, Richelieu, "Mon voyage".
36. RA (1879) 1, pp. 2-25, Pópov para CII, 8 out. 1791.
37. RGADA 5.131.4-4, CII para Pópov, s.d., nov. 1791.
38. Engelhardt, 1997, pp. 97-102. Visita do autor ao mosteiro Golia em Iasi, na Romênia, out. 1998.
39. Khrapovítski, pp. 383-5, 387.
40. AKV 18: 36, príncipe V. Kochubey para S. R. Vorontsov, 28 jul./9 ago. 1792.
41. Khrapovítski, pp. 407-8, 236. Madariaga, *Russia*, p. 562.
42. Ligne, *Mélanges*, v. 22, p. 82, Ligne para CII, 1792. Harold Nicolson, *The Congress of Vienna*, p. 292. Para Pópov, ver RP 2.1.19 e AKV 8: 58, Rostopchin para S. R. Vorontsov, 28 set. 1792, São Petersburgo.
43. Contra-almirante J. P. Jones para Potemkin, 13 abr. 1789, citado em Otis, p. 359. Depoimento para o chefe de polícia citado em Morison, p. 388. RGVIA 52.2.64.12, Ségur para GAP, s.d., verão 1789, São Petersburgo, não publicada.
44. Stedingk, p. 226, Stedingk para Gustavo III, 6/17 fev. 1792. AKV 8: 48-50, Rostopchin para S. R. Vorontsov, 13/24 fev. 1792, São Petersburgo.
45. Masson, p. 195. Como Catarina deu continuidade à maioria das políticas de Potemkin, a Zúbov coube a tarefa de executá-las, mas ele não o fez com nada da leveza de toque e flexibilidade do seu amo. Suas únicas realizações foram a gananciosa e sangrenta partilha da Polônia que Potemkin tivera esperança de evitar e as desastradas negociações para casar a grã-duquesa Alexandra com o rei da Suécia, um casamento que o príncipe havia sugerido. Essa foi uma humilhação que acelerou o golpe final de Catarina. A própria expedição potemkiniana de Zúbov para atacar a Pérsia foi revogada após a morte da imperatriz.
46. Masson, pp. 58-9. AKV 13 (1879): 256, Bezboródko para S. R. Vorontsov, 15 maio 1792, Tsárskoie Seló.
47. Masson, p. 124. Ligne, *Mélanges*, v. 24, p. 183. O príncipe de Ligne disse que estavam planejando remover Paulo já em 1788. Ligne para Kaunitz, 15 dez. 1788, Jassy.
48. McGrew, p. 237. ZOOID 9 (1875): 226, rescrito de Paulo I, 11 abr. 1799. Sobre a biblioteca: Bolotina, "Private Library of Prince GAPT", 252-64, 29 maio 1789. Paulo ordena que a biblioteca seja mandada para o Ginásio Kazan, 29 mar. 1799. Ela chegou a Kazan em "dezoito carretas", e em 1806 foi colocada na Biblioteca da Universidade Estatal de Kazan.
49. Czartoryski, p. 62.
50. RP 1.1, p. 72. AAE 20: 134-5, Langeron, "Evénements 1790". Sophie de Witte/Potocka construiu um palácio e um lindo parque chamado Sopheiwka, que permanece popular na Ucrânia de hoje. Também possuía propriedades na Crimeia e planejava construir uma nova cidade ali, batizada com seu nome. Um de seus filhos com Witte, Jan, tornou-se o policial secreto russo encarregado de

observar potenciais revolucionários poloneses contra Alexandre I em Odessa durante os anos 1820. O poeta polonês Adam Mickiewicz era um deles. Ver Acherson, p. 150.

51. Wiegel, v. 1, p. 43. RP 4.2, p. 214. RP 2.1, p. 5. Ela mantinha um santuário para GAP em sua famosa propriedade, Belaiatserkov. Há um retrato dela com seus filhos, agora no Palácio Alupka, na Crimeia, no qual o busto a seu lado é dito como sendo GAP. É possível que o coração de GAP esteja enterrado em Belaiatserkov. Branicka também construiu um fabuloso parque chamado Alexandria, que ainda existe na Ucrânia. Era muito amada por dar aldeia aos seus camponeses e dotá-los de seus próprios bancos agrícolas para financiar suas lavouras.

52. RP 1.1, p. 30. RP 1.1, p. 29. RP 3.1, p. 10. RP, 1.2, p. 120. Scavrónskaia também foi feita grã--senhora da corte por Alexandre I. Seu marido, o conde Giulio P. Litta, foi um alto oficial sob Alexandre I e Nicolau I.

53. Iussúpov, pp. 6-9. RP 1.1, p. 10 e RP 4.2, 206. Ver também T. Iussúpova em *Russkiy Biographicheskiy Slovar* (1916).

54. Anthony L. H. Rhinelander, *Prince Michael Vorontsov, Viceroy to the Tsar*, pp. 75-6. Henri Troyat, *Pushkin*, pp. 214-25. Vorontsov comandou pessoalmente algumas das campanhas de Nicolau I contra Chamil e os muridas da Tchetchênia e Daguestão que desafiaram as tentativas russas de controlar o Cáucaso Setentrional. Vorontsov e Lise aparecem em *Hadji Murat* de Liev Tolstói: ver Tolstói, *Master and Man and Other Stories* (Harmondsworth, 1977).

55. RP 1.1, p. 30. RP 1.1, p. 29. RP 3.1, p. 10. RP 1.2, p. 120. Alan Palmer, *Metternich*, pp. 36, 136, 137, 148, 322.

56. A família estendida de Potemkin multiplicou-se no século XIX, mas não as linhagens mais próximas da história do príncipe. O filho de Pável Potemkin, conde Grigóri, morreu em Borodinó, enquanto seu outro filho Serguei casou-se mas não teve filhos. Mikhail Potemkin teve duas crianças com Tatiana Engelhardt, mas seu filho homem, Alexandre, não teve filhos. As outras linhagens, porém, multiplicaram-se excepcionalmente. O último de uma linhagem nobre foi Alexandre Alexéievitch, que foi o último marechal da nobreza de Smolensk, morto pelos bolcheviques em 1918, quando o capturam na Crimeia ao tentar fugir da Rússia. Sua filha, Natália Alexándrovna Potemkina, seguiu vivendo em Simferopol, uma das cidades do príncipe, e morreu no ano 2000. Assim teve fim um ramo nobre da família Potemkin.

57. Orlando Figes, *A People's Tragedy: The Russian Revolution 1891-1924*, pp. 217, 515-6.

58. Kenneth Rose, *George V*, p. 320.

59. Vallentin, p. 523.

60. Visita do autor ao Mosteiro Golia em Iasi, Romênia, out. 1998. Fanica Ungureanu, professor de Ciências Econômicas da Universidade de Iasi, mostrou o lugar ao autor.

61. Visita do autor ao monumento a Potemkin, República da Moldávia, 1998.

62. RGADA 11.966.1-2, pp. 1, 2, Pópov para CII, out. 1791 e 27 mar. 1792.

63. RGADA 11.956.1, Pópov para CII, p. 2; Pópov para CII, 27 mar. 1792. ZOOID 9: 390-3. Monumentos lapidares na igreja-fortaleza de Kherson, inclusive Soldatsky. RGADA 16.696.2.35, general em chefe Kahovski para CII, 27 fev. 1792; p. 35, Kahovski para CII, 2 fev. 1792. RGVIA 1287.12.126.31 e 21 (1823) rescritos de CII sobre monumentos de GAPT citados em "New Work of I. P. Martos", in E. V. Karpova, *Cultural Monuments, New Discoveries*, pp. 355-64.

64. ZOOID 9: 390-3, sobre os monumentos lapidares da igreja-fortaleza de Kherson, inclusive Soldatski. ZOOID 5 (1863): 1006, sobre o local do enterro de GAP por I. Andréievski: imperador Paulo

I para Alexandre Kurákin, 27 mar. 1798 e Kurákin para o governador local Seletski, recebida em 18 abr. 1798. É irônico que esse fosse o mesmo A. B. Kurákin cuja carta para seu amigo Bíbikov, quando estava no séquito de Paulo na sua viagem à Europa em 1781-2, havia assegurado que Paulo estava excluído do poder enquanto Catarina vivesse. Sobre Paulo e o corpo de GAP, ver AAE 20: 331, Langeron, 1824: "O comandante da fortaleza teve a coragem de desobedecer, mas reportou que a ordem [de Paulo] fora obedecida". Langeron era próximo da corte de Paulo.

65. AAE 20: 331, Langeron escreve em 1824 do seu desgosto com o fato de a família ainda não ter construído para GAP o monumento que ele merecia. Karpova, pp. 355-64. RGVIA 1287.12.126.23-4 A. Samóilov para Alexandre I. GAOO 4.2.672.2, rescrito de Alexandre I para construir o monumento de GAP, 1825. Mas, assim que Paulo foi assassinado pelos seus oficiais das Guardas, em 1801, e seu filho Alexandre o sucedeu prometendo governar "como a minha amada avó Catarina Segunda", GAP foi reabilitado e um monumento encomendado em Kherson. O escultor I. P. Martos foi comissionado, mas o trabalho foi logo interrompido por uma das frequentes brigas entre os herdeiros de Potemkin envolvendo dinheiro — o monumento deveria custar a vasta soma de 170 mil rublos — e não foi reiniciado até 1826. O colossal monumento clássico de bronze, enfim desvelado em 1837, retratava Potemkin numa armadura e trajes romanos com uma imensa espada e elmo emplumado, no alto de um pedestal alcançado por degraus e guardado pelas figuras de Marte, Hércules, Apolo e Netuno. Durante a Revolução, porém, Kherson mudou de mãos repetidas vezes de um lado a outro e foram os petlliuraístas que derrubaram o GAP romano de Martos para vingar a liquidação do Siétch zaporogo. Eles o jogaram nos pátios do museu local. Os nazistas posteriormente o roubaram ou destruíram.

66. AAE 20: 331, Langeron, "Evénements 1791". ZOOID 9: 390-3.

67. ZOOID 5 (1863): 1006, I. Andréievski. Carta de Milgov de Kherson, 12 out. 1859 publicada no diário de São Petersburgo, *Vedomosti*, n. 9, 18 jan. 1860.

68. ZOOID 9: 390-3, N. Murzakevitch, 30 ago. 1874.

69. Padre Anatóli, da igreja de Santa Catarina. Visita do autor a Kherson, jul.-ago. 1998.

70. B. A. Lavrenev, *Potemkin's Second Burial*.

71. ZOOID 9: 390-3, Soldatski. L. G. Boguslavski para E. V. Anisimov, 15 jul. 1986, Kherson.

Bibliografia selecionada

No caso de uma figura sobre a qual tanta mitologia maldosa se desenvolveu, mesmo quando ainda era viva, uma palavra a respeito de fontes é oportuna. Tive a sorte de encontrar muito material desconhecido e inédito em vários arquivos. Dos arquivos russos, grandes quantidades foram publicadas no século passado em SIRIO e ZOOID, bem como em revistas históricas, como *RA* e *RS* e coleções de documentos como *Bumagi Potemkina*, de Dubrovin (SBVIM). E há os arquivos publicados de Vorontsov, que continuam sendo uma fonte essencial. Todos contêm materiais ignorados ou esquecidos. Por exemplo, SIRIO contém documentos como a "Voyage en Allemagne" de Richelieu, e o relato da própria Catarina sobre o baile de Potemkin, que tem sido relativamente negligenciado. No geral, são inestimáveis e quase sempre precisos, apesar de eu ter checado os originais sempre que possível.

A coleção recém-publicada por V. S. Lopatin da correspondência Catarina-Potemkin é um trabalho colossal de erudição e pesquisa, fruto de vinte anos de trabalho, e eu a usei com abundância. Trata-se agora de um material indispensável para qualquer um que estude essa época. Mesmo essas mais de mil cartas provavelmente ainda não são tudo, e há mais bilhetes entre os dois ainda não catalogados. A coleção de cartas de Lopatin entre Suvórov e Potemkin e seu relato das relações entre os dois são leituras igualmente obrigatórias, pois as pesquisas dele levaram a uma bem-sucedida reinterpretação desse relacionamento. Dito isso, os relatos de Lopatin por vezes tendem para o lado romântico — ele aceita, por exemplo, que Catarina era mãe de Isabel Tiômkina e a deu à luz em Moscou em 1775; e que Catarina visitou Tchijovo quando retornava de Moguiliov. Sua datação dessas cartas é sempre sensata e plausível, mas há ocasiões, como nas cartas referentes a Cagliostro, em que a pesquisa ocidental demonstra que o momento foi muito posterior. Em minha admiração por Lopatin e em minha gratidão por ele, corrigi humildemente essas afirmações, ou pelo menos sugeri dúvidas.

Os arquivos — particularmente RGADA, RGVIA e AVPRI, todos em Moscou, e RGIA, em Petersburgo, e AGAD, o Arquivo Histórico Estatal Polonês em Varsóvia — continuam repletos de material não publicado. Em RGADA, por exemplo, encontrei uma grande quantidade de cartas não publicadas, e de Potemkin, sobre assuntos de Estado, sobre suas finanças pessoais e sobre sua vida amorosa, incluindo muitas cartas de amor anônimas e cartas de Alexandra Branicka. RGVIA, o arquivo do Ministério da Guerra, contém o arquivo da chancelaria de Potemkin e muitos fascinantes documentos estatais e privados que usei aqui. RGIA contém cartas inéditas de Frederico, o Grande, bem como relatos pessoais. Em Varsóvia, o imenso arquivo Deboli tem sido subutilizado, e há também numerosas cartas de Potemkin para Estanislau Augusto. Em geral, a correspondência nesses quatro arquivos contém uma massa de material inédito, boa parte utilizada neste livro: isso inclui as cartas trocadas com os imperadores José e Leopoldo; príncipe Kaunitz; Frederico, o Grande; o rei Gustavo III da Suécia; o rei Estanislau Augusto da Polônia; o príncipe Henrique da Prússia; as sobrinhas de Potemkin, condessa Alexandra Branicka e a princesa Tatiana Iussúpova; os sobrinhos dele, conde Scavrónski e conde Branicki, e os aliados e agentes poloneses de Potemkin; seus marchands, como Lord Carysfort; visitantes como Lady Craven, Reginald Pole Carew e Sénac de Meilhan; conde Semion Vorontsov e outros estadistas russos; o príncipe de Ligne; o conde de Ségur; o conde de Malmesbury; o duque de Leeds; Jeremy e Sir Samuel Bentham; o príncipe de Nassau-Siegen; John Paul Jones; Lewis Littlepage; Francisco de Miranda; seus agentes diplomáticos secretos e embaixadores russos de Viena, Paris, Constantinopla; seus banqueiros, incluindo o barão Richard Sutherland; e muitas preciosidades fascinantes, como sua lista de compras em Paris. Muitas dessas cartas, como as de Estanislau Augusto e Sutherland, aparecem em todos esses arquivos.

Lamentavelmente, só consegui usar uma fração do material que encontrei: coisas como o imenso material sobre Potemkin e a Polônia ou sobre as ordens militares de Potemkin ficam para outros livros; outras, provenientes, por exemplo, de Ligne e Malmesbury, apenas acrescentam toques curiosos a relações já bem documentadas. Outras coisas são simplesmente minuciosas ou obscuras demais para usar.

Nos museus locais da Ucrânia e da Rússia, os arquivos com frequência contêm cópias de documentos mandados há muito tempo para RGADA ou RVBIA em Moscou, mas tive a sorte de descobrir raridades ali também, como o convite original para o baile de Potemkin no Museu Estatal Histórico Local de Odessa, que pode muito bem ser o único existente. Há também imenso reservatório local de fatos e lendas ao qual há um século não se recorre, bem como informações sobre personagens, como M. L. Faléiev em Nikoláiev, que não estão disponíveis em nenhuma outra parte.

Na Grã-Bretanha, o PRO contém os despachos não publicados de Fitzherbert e Fawkener, que oferecem um revigorante relato, e quase nunca usado, dos últimos meses de Potemkin em Petersburgo. O arquivo Bentham do Museu Britânico, apesar do muito que foi publicado, ainda rende tesouros não divulgados. Foi de grande utilidade para mim o arquivo inédito em Antony, na Cornualha, dos diários de Reginald Pole sobre suas visitas à Rússia e o tempo que passou com Potemkin. Em Paris, AAE, os Arquivos do Ministério do Exterior no Quai d'Orsay, contêm grande quantidade de documentos úteis, muitos deles inéditos, bem como o relato completo do conde de Langeron, que é inestimável. Partes de Langeron foram publicadas na Rússia, e uma publicação completa está sendo preparada no Ocidente.

O material publicado sobre Potemkin divide-se claramente entre o preconceituoso e o imparcial, ou pelo menos o mítico e o documental. Naturalmente, tratei qualquer coisa ligada a Helbig,

The Memoirs of the Life of Prince Potemkin, Cerenville (ambas adaptações de Helbig) ou Saint-Jean (cuja própria identidade já é um mistério) como hostil e indigna de confiança, ao passo que Castera é muito útil. Mesmo quando relatam histórias neutras, Charles Masson, Saint-Jean e Helbig devem ser vistos como "escritores de mitos", e não como historiadores. Mas a mitologia de Potemkin é importante também, e conta sua própria história, embora eu tente reavaliá-la sempre que possível usando documentos. Masson odiava o imperador Paulo, e suas *Memórias secretas* foram notoriamente publicadas quando ele era vivo, mas ele registra alguns incidentes sobre Potemkin que parecem verdadeiros. Testemunhas oculares como Ligne, Ségur, Corberon, Richelieu, Miranda, Damas e Langeron (todos estrangeiros) e Rostopchin, Tsebrikov, Ribeupierre, Derjávin, Bezboródko, Votontsov, Zavadóvksi, Wiegel, Engelhardt e Samóilov eram parciais e subjetivos, mas sente-se que contam o que *acreditavam* ser verdadeiro. Alguns são abertamente maldosos, como Rostopchin e Vorontsov; Dolgorúki é maldoso e fantasista; enquanto outros, como Samóilov, são apoiadores. Muitos ficam no meio do caminho. Bezboródko, por exemplo, nos parece cuidadosamente correto. As "Conversas à mesa", a história da Rebelião de Pugatchov e as Notas Históricas de A. S. Púchkin são outras fontes menos usadas do que deveriam: o poeta era embevecido com Potemkin, conheceu sua família e seu círculo, e registrou cuidadosamente suas histórias, que eu trato, portanto, como um valioso relato oral de pessoas que o conheceram. Entre os estrangeiros, os maldosos relatos de Ligne e Langeron sobre a folha de serviço de Potemkin na guerra denegriram completamente sua reputação em todas as histórias subsequentes. Apesar disso, também são inestimáveis, em razão do justo tributo prestado por Langeron a Potemkin numa fase posterior da vida. No caso de Ligne, cartas inéditas nos arquivos de Potemkin nos dão a oportunidade de situar seus preconceitos em determinado contexto. Os relatos muito mais positivos de Richelieu, Stedingk e Miranda sobre o mesmo período são com frequência ignorados e funcionam como contrapeso.

Em termos de histórias ocidentais publicadas, usei como livros de referência as obras de Isabel de Madariaga e J. T. Alexander, juntamente com Marc Raeff, David Ransel, Roger Bartlett (*Human Capital*), John LeDonne (*Ruling Russia*), Anthony Cross (sobre os britânicos na Rússia), Lord e Zamoyski (sobre a Polônia) e Kinross e Mansel (sobre Constantinopla). Dos biógrafos anteriores de Potemkin, Brückner é o mais importante, enquanto Soloveytchik é útil, mas não tem todas as referências.

FONTES PRIMÁRIAS

ALBRECHT, J. F. E. *Panslavin Fürst der Finsternis, und seine geliebte, Prince of Darkness, a satirical tale being the History of Catherine II and Potemkin*. Germânia: 1794.

ALEXEEV, G. P. "Episode from the Life of Prince Potemkin", IV (1889), v. 37.

ANÔNIMO. *General Observations Regarding the Present State of the Russian Empire*. Londres: 1787.

ANÔNIMO. *Anecdoten zur Lebensgeschichte des Ritters und Reichs-fürstern Potemkin*. Freistadt-am-Rhein: 1792.

ANÔNIMO. *Authentic Memoirs of the Life and Reign of Catherine II, Empress of all the Russias, collected from authentic manuscripts, translations etc. of the King of Sweden, Right Honourable Lord Mountmorres, Lord Malmesbury, Monsieur de Volney and other indisputable authorities*. 2. ed. Londres: 1797.

ANÔNIMO. *La Cour de la Russie il y a cent ans 1725-1783, extraits des dépêches des ambassadeurs anglais et français*. Berlim: 1858.

ANÔNIMO. *The Memoirs of the Life of Prince Potemkin, comprehending original anecdotes of Catherine II and of the Russian court, translated from the German*. Londres: 1812-3.

ANÔNIMO. "Canções do Exército russo sobre Potemkin". ZOOID, v. 9, pp. 459-6, 1875.

ANTOINE, M. (barão de Saint-Joseph). *Essai Historique sur le commerce et la navigation de la Mer Noire*. Paris: 1820.

ANSPACH, Margravina de (Lady Craven). *Journey through the Crimea to Constantinople*. Londres: 1789.

_____. *Memoirs*. Londres: 1826.

ASSEBURG, A. F. von der. *Denkwürdigkeiten*. Berlim: 1842.

BANQ, J. Cartas para G. A. Potemkin. RGVIA f52.

BARBARYKIN, A. D. Lenda sobre o príncipe Potemkin-Tavrítcheski. RA, v. 11, 1907.

BENTHAM, Jeremy. *Collected Works*. Ed. Sir J. Bowring. Edimburgo, 1838-43.

_____. *Correspondence of*. Londres: 1968-81. v. 2-4.

BENTHAM, Sir Samuel. Papers, Archives f 33 540 BM.

BEZBORÓDKO, A. A. Cartas para G. A. Potemkin. RS, 1873.

_____. Cartas para S. R. Vorontsov, A. R. Vorontsov, P. V. Zavadóvski etc. AKV 13. Moscou: 1879 (também ZOOID, v. 11; SIRIO, v. 29).

_____. "Pisma A. A. Bezborodka k grafu P. A. Rumiantsevu 1777-93". Ed. de P. M. Maykov. *Starina i novizna*, v. 3, 1900.

BÓBIKOV, A. A. *Zapiski o zhizni i sluzhbe Alexandra Ilicha Bibikova*. Moscou: 1865.

BOLOTOV, A. T. *Zhizn i priklyucheniya Andreya Bolotova 1738-93*. Leningrado: 1931.

BRANICKA, A. V. Cartas para G. A. Potemkin. RGADA f 11.

BRUCE, P. H. *Memoirs*. Londres: 1782.

BUCKINGHAMSHIRE, conde de. *The Despatches and Correspondence of John, 2nd Earl of Buckinghamshire, Ambassador to the Court of Catherine II of Russia 1762-5*. Ed. de A. D. Collyer. Londres: 1900-2.

BULGÁKOV, I. I. *Iz bumagy Ya. I. Bulgakova*. RA, v. 7, pp. 337-408, 1905.

_____. *Pisma Ya. I. Bulgakova k knyazyu Potemkinu*. RA, 1861.

BURKE, Edmund. *Collected Works*. Londres: 1826.

CASANOVA, Giacomo, Chevalier de Seingalt. *History of my Life*. Trad. para o inglês de Williard R. Trask. Baltimore; Londres: 1997.

Catarina II

BUMAGI Ekateriny 1774-1796. SIRIO, v. 7, 10, 13, 27, 42.
IMPERATRITSA Ekaterina II i knyaz Potemkin-Tavrichesky, podlinnaya ikh perepiska. RS, v. 16, 1876.
PISMA imperatritsky II k Grimmu 1774-1796. SIRIO, v. 23, São Petersburgo, 1878.
PISMA imp. Ekateriny II k gr. P. V. Zavadovskomu 1775-1777. Ed. I. A. Barskov. *Russkiy istoricheskiy zhurnal*, v. 2, 3, 4, 1918.

Catarina II: Livros

CORRESPONDENCE *of Catherine the Great when Grand Duchess with Sir Charles Hanbury Williams and Letters from Count Poniatowski*. Ed. e trad. para o inglês de conde de Ilchester e Mrs. Langford-Brooke. Londres: 1928.

DOCUMENTS *of Catherine the Great, the Correspondence with Voltaire and the Instruction of 1767 in the English Text of 1768*. Ed. de W. P. Reddaway. Cambridge: 1931.

FILOSOFSKAYA *i politicheskaya perepiska Imperatritsy Ekateriny II s doctorom Zimmermanom 1785-1792*. São Petersburgo: 1803.

JOSEPH II *und Katharina von Russland. Ihr briefwechsel*. Ed. de Alfred Ritter von Arneth. Viena: 1869.

LETTRES *de Catherine II au prince de Ligne 1780-96*. Paris: 1924.

MEMOIRS *of Catherine the Great*. Ed. de D. Maroger. Londres: 1955.

MEMOIRS *of Catherine the Great*. Trad. para o inglês de Katherine Antony. Nova York: 1927.

OEUVRES *complètes de Voltaire, correspondance avec l'Imperatrice de Russie*. Paris: 1821. v. LVIII.

SOCHINENIYA *imperatritsy Ekateriny II na osnovanii podlinnykh rukopsye c obyasnitelnmi primechaniyami*. Ed. A. N. Pypin. São Petersburgo: 1901-7. v. 1-12.

Catarina II: Documentos diversos

CARTA *régia de Catarina sobre o reconhecimento dos méritos de Potemkin*. GAOO f 162.

INSTRUÇÃO *ao nosso Cavalheiro de Câmara G. A. Potemkin*. RGADA f 18.

CARTAS *para V. S. Pópov*. RGADA f 5.

CARTAS *para G. A. Potemkin sobre a Geórgia*. VI (1983), n. 7 (RGVIA f 52).

CARTAS *para A. N. Samóilov*. RA, v. 10, 1878.

CARTAS *para O.-M. Stackelberg*. RS, v. 3. São Petersburgo: 1871.

RELATÓRIOS *e ordens para G. A. Potemkin sobre o sul*. RGADA f 16.

RESCRITOS *para G. A. Potemkin*. SIRIO 27, São Petersburgo, 1880.

RESCRITOS *para G. A. Potemkin sobre a Crimeia e desenvolvimento de Kherson*. RGADA f 5 d 85.

RESCRIPTY *G. A. Potemkinu 1791*. RA, v. 2, pp. 246-58, 1874.

CERENVILLE, J. E. *La Vie de Prince Potemkine, rédigée par un officier français d'après les meilleurs ouvrages allemands et français, qui ont paru sur la Russie à cette époque*. Paris: 1808.

COOK, J. *Voyages and Travels through the Russian Empire*. Edimburgo: 1770.

CORBERON, Marie-Daniel Bourrée, Chevalier de. *Un Diplomate français à la cour de Catherine II 1775--1780, journal intime*. Ed. de L. H. Labande. Paris: 1904.

COXE, W. *Travels into Poland, Russia, Sweden and Denmark*. Londres: 1874.

CUSTINE, marquês de. *Empire of the Tsar: A Journey through Eternal Russia*. Nova York: 1989.

CZARTORYSKI, Adam. *Memoirs*. Londres: 1888.

DAMAS D'ANTIGNY, J. E. R. *Mémoires du Comte Roger de Damas*. Paris: 1912.

DÁCHKOVA, E. R. *The Memoirs of Princess Dashkov*. Ed. e trad. para o inglês de Kyril Fitzlyon. Londres: 1958.

DEBOLI, Augustyn. *Despachos secretos para o rei Estanislau Augusto da Polônia*. AGAD 420-1.

DERJÁVIN, G. R. *Cartas para V. S. Pópov*. Arquivo Reshetilovskiy.

DERJÁVIN, G. R. *Sobraniye sochineniya*. São Petersburgo: 1864-72.
_____. *Obras*. Moscou: 1985.
DESCRIÇÕES *econômicas de cidades russas, Nikoláiev, Kherson* etc. RGADA f 1355.
DIDEROT, Denis. *Mémoires pour Catherine II*. Ed. de P. Vernière. Paris: 1966.
_____. *Oeuvres complètes*. Ed. de J. Assezat e M. Tourneux. Paris: 1875-7.
DIMSDALE, baronesa Elisabeth. *An English Lady at the Court of Catherine the Great: The Journal of Baroness Elisabeth Dimsdale 1781*. Ed. de Anthony Cross. Cambridge: 1989.
DMITRENKO, I. I. (Org.). SIMPIK KV. São Petersburgo: 1896.
DOLGORUKI, Iúri Vladímirovitch. *Notas (Zapiski)*. RS, v. 9, pp. 481-517, 1889.
DUBROVIN, N. F. (Org.). *Prisoyedineniye Kryma k Rossii (reskripty, pisma, relatsii, doneseniya)*. São Petersburgo: 1885-9.
ENGELHARDT, L. N. *Zapiski 1766-1836*. Moscou, 1868; 1997 (ed. de I. I. Fedyukin).
ERENSTRUM, John-Albert. *Notas Históricas*. RS, 1893.
ESTERHAZY, Valentin Ladislas. *Nouvelles Lettres du Comte Valentin L. Esterhazy à sa femme 1792-95*. Ed. de Ernest Daudet. Paris: 1909.
FALÉIEV, M. L. *Relatórios para Potemkin*. ZOOID, V. 8, 13.
FREDERICO II, o Grande, rei da Prússia. *Cartas para Potemkin*. RGIA, São Petersburgo, ff 1640-1.
_____. *Politische Correspondenz*. Berlim: 1879-1939.
GARNOVSKI, M. *Zapiski Mikhaila Garnovskago, 1786-90*. RS, v. 15, 16, 17, 1876.
GLINKA, S. N. *Novoye sobraniye russkikh anekdotov*. Moscou: 1829.
_____. *Russkiye chteniya, izdavaemye Sergeem Glinkoyu, otechestvennye istoricheskiy pamyatniki XVIII i XIX stoleiya*. São Petersburgo: 1845.
_____. *Zapiski*. São Petersburgo: 1895.
GOERTZ, J. E. von der. *Mémoire sur la Russie*. Ed. W. Stribrny. Wiesbaden: 1969.
GOLOVINA, V. N. *Zapiski grafini Golovinoy*. Ed. S. Shumigorsky. São Petersburgo: 1900; Paris: 1910; Londres: 1910.
GRIBOVSKI, A. M. *Notes on Catherine the Great*. Moscou: 1864.
_____. *Vospominaniya i dnevnkik Adriana Moiseevicha Gribovskago*. RA, v. 1, 1899.
GUTHRIE, Maria. *A Tour performed in the years 1795-6 through the Taurida or Crimea*. Londres: 1802.
HARRIS, James. *Diaries and Correspondence of James Harris, 1st Earl of Malmesbury*. Londres: 1844.
HELBIG, Georg von. *Ein interessanter betirang zur Regierungsgeschichte Katarina der Zweiten*. Leipzig: 1804.
_____. "Potemkin der Taurier. Anecdoten zur Geschichte seines Lebens und seiner Zeit". *Minerva, ein Journal historischen und politischen Inhalts herausgegeben von J. M. von Archenholtz*. Hamburgo: 1797-1800.
_____. *Russische Günstlinge*. Berlim: 1917.
_____. "Russkie izbrannye i sluchainye liudi". RS, v. 56 (10), 1887.
HÉRCULES II (Herakles, Irakli), rei/tsar de Kartli-Kahetia (Geórgia). *Cartas para Potemkin*. RGVIA f 52. VI (1983), n. 7.
HOWARD, J. *The State of Prisons in England and Wales with preliminary observations and an account of some foreign prisons and hospitals*. Londres: 1792.
INFORMAÇÃO *de família sobre o príncipe Potemkin*. RS (1872) 5.
IONA, metropolita. Descrição dos últimos dias de Potemkin. ZOOID, v. 3.
TCHERNICHOV, G. I. Cartas para S. F. Golítsin durante o cerco de Izmail. RA, 1791.

José II, sacro imperador romano

CARTAS para Potemkin. RGVIA f 52.
JOSEPH II, Leopold II und Kaunitz. Ihr Briefwechsel. Ed. A. Beer. Viena, 1873.
JOSEPH II und Katharina von Russland. Ihr Briefwechsel. Ed. Alfred Ritter von Arneth. Viena: 1869.
MARIA THERESA und Joseph II. Ihre Correspondenz. Ed. Alfred Ritter von Arneth. Viena: 1867.
JOSEPH II und Graf Ludwig Cobenzl. Ihr Briefwechsel, fontes rerum austriacarum. Ed. de A. Beer e J. Fiedler. Viena: 1873.
JOSEPH II und Leopold von Toscana. Ihr Briefwechsel 1781 bis 1790. Ed. Alfred Ritter von Arneth. Viena: 1872.

KEITH, Sir Robert Murray. *Memoirs and Correspondence*. Londres: 1849.
KHRAPOVÍTSKI, A. V. *Dnevnik 1792-93*. São Petersburgo: 1784; Moscou: 1901.
KÓRSAKOV, N. I. Cartas e relatórios para Potemkin. RGVIA f 52.
LANGERON, Alexandre, conde de. *Des armées russes et turques*. AAE, Quai d'Orsay, Paris.
_____. *Détails sur la composition et l'organisation des armées turques et sur la manière actuelle des russes de faire la guerre*. AAE, Quai d'Orsay, Paris.
_____. *Journal de campagnes faites au service de Russie par le comte de Langeron: résumé de campagnes de 1787, 1788, 1789 des russes contre les turcs en Bessarabie, en Moldavie and dans le Kouban*. AAE, Quai d'Orsay, Paris.
LANGERON, Alexandre, conde de. *Deuxième campagne en Bessarabie et en Moldavie en 1790*. AAE, Quai d'Orsay, Paris.
_____. *Evénements politique de l'hiver de 1790-1791 en Russie et fêtes de Petersburg*. AAE, Quai d'Orsay, Paris.
_____. *Troisième campagne en Moldavie et en Bulgarie 1791 — événements de la campagne en 1791 des russies contre les turcs*. AAE, Quai d'Orsay, Paris.
LANSKOI, A. D. Cartas para Potemkin. RGADA f 11.
LEOPOLDO II, sacro imperador romano. Cartas para Potemkin. RGVIA f 52.
LEOPOLD II, Franz II und Katharina, ihre correspondenz, nebst eine einleitung zur geschichte der politik Leopold II. Ed. A. Beer. Leipzig: 1874.
LIGNE, C. J. E., príncipe de. *Fragments des mémoires de prince de Ligne*. Paris: 1880.
_____. *Letters and Reflections of the Austrian Field Marshal*. Ed. de baronesa de Staël-Holstein. Filadélfia: 1809.
_____. Cartas para Potemkin. RGVIA f 52; RGADA 11.
_____. *Les Lettres de Catherine II au prince de Ligne, 1780-96*. Bruxelas; Paris: 1924.
_____. *Lettres du prince de Ligne à la marquise de Coigny pendant l'année 1787*. Ed. M. de Lescure. Paris: 1886.
_____. *Lettres et pensées*. Londres: 1808.
_____. *Mélanges militaires, litéraires et sentimentaires*. Dresden: 1795-1811.
_____. *Mémoires et mélanges historiques et littéraires*. Paris: 1827-9.
LOUIS XVI *and the Comte de Vergennes: correspondence*. Ed. de J. Hardman e M. Price. Studies on Voltaire and the Eighteenth Century. Oxford: Voltaire Foundation, 1998.
MACARTNEY, George, conde. *An Account of Russia in 1767*. Londres: 1768.

MALACHOWSKI, S. *Pamietniki Stanislawa hr. Nalecz Malachowskiego wyd. Wincenty hr. Los.* Poznan: 1885.

MAMÓNOV, A. D. Dmítriev-. Cartas para Potemkin. RGADA f 11; RGIA.

MARIA THERESA, imperatriz-rainha. *Maria Theresias letzte Regierungszeit, 1763-80.* Ed. Alfred Ritter von Arneth. Viena: 1879.

MASSON, Charles François Philibert. *Secret Memoirs of the Court of Petersburg.* Londres: 1800.

MINISTERSTVO imperatorskago dvora, kamer-fureskiy tseremonialnyy zhurnal 1762-96. São Petersburgo: 1853-96.

MIRANDA, Francisco de. *Archivo del General Miranda, 1785-7.* Caracas: 1929.

MNISZECH, Urszula. *Listy pani mniszchowej zony marszalka w. koronnego, in, rocznik towarzystwa historyczno literackiego.* Paris: 1866.

MURZAKEVICH, N. Report on Gravestone Monuments of Kherson Fortress Church. ZOOID, v. 9, 1874.

NIEMCEWICZ, Julian Ursyn. *Pamietniki czasow moich.* Paris, 1848.

OGINSKI, Michel. *Mémoires sur la Pologne et les Polonais.* Paris; Genebra: 1826.

ORLOV-TCHÉSMENSKI, A. G. Cartas para Potemkin. RA, v. 2. São Petersburgo: 1876.

_____. Tayna pisma Alexyey Orlova iz Ropshi. Ed. O. A. Ivanov. *Moskovskiy zhurnal,* n. 9-12, 1995; n. 1-3, 1996.

PÁNIN, N. I. Cartas para P. I. Pánin etc. SIRIO, v. 6.

PÁNIN, P. I. Cartas para N. I. Pánin. RA, v. 2, 1876

PARELO, marquês de. Despachos. SIRIO, v. 26, pp. 306-16, 1879.

PARKINSON, John. *A Tour of Russia, Siberia and the Crimea 1792-1794.* Ed. de William Collier. Londres: 1971.

PAULO I, imperador da Rússia (grão-duque Paulo Petróvitch e grã-duquesa Maria Fiódorovna). Cartas para Potemkin. RGADA f 5; RS, v. 9, 12, 1873.

PISHCHEVICH, A. A. *Zhizn A. S. Pishchevicha 1764-1805.* Moscou: 1885.

POLE CAREW, Sir Reginald. Unpublished Papers on Russia, CO/r-2; CAD 50; CO/r/3/92, 93, 95, 101, 195, 210.

PONIATOWSKI, príncipe Stanisław (sobrinho do rei da Polônia). *Pamietniki synowca Stanislawa Augusta* przekl. Ed. de Jerzy Lojek. Varsóvia: Instytut wydawniczy pax, 1979.

PÓPOV, V. S. Documentos, arquivo de propriedade Reshetilovskiy. RA, 1865 e 1878 (incluindo relatórios de Pópov a Catarina II sobre a morte de Potemkin).

_____. Documentos e cartas a vários destinatários, inclusive Catarina II, Potemkin e A. A. Bezboródko, RGADA f 11, ZOOID, v. 8, RGVIA f 52.

G. A. *Potemkin-Tavrichesky: Documentos selecionados*

FOLHA de serviço do pai A. V. Potemkin. RGADA f 286. Spisok voennym chinam 1-oy poloviny 18go stoletiya SeA vii 1895.

GENEALOGIA. *Istochnik* (1995), n. 1, (RGADA f 286).

REGISTRO de guerra do Gabinete Heráldico. *Geroldmeysterskaya contora,* livro 890, RGADA f 268.

PISMA Potemkina. ZOOID, Odessa, 1844-1956.

DETALHES DE RELATOS, RGIA ff 468, 1374, 602, 1285, 899, 1640, 1088, 899, 1146.

DETALHES DE RELATOS, GARF 9.

EKATERINA I POTEMKIN: podlinaya ikh perepiska 1782-91; RS, v. 16, 1876.
DOCUMENTOS PESSOAIS, RGADA f 11 (várias cartas de mulheres desconhecidas); RS, v. 12, abr. 1875.
DOCUMENTOS da chancelaria de Potemkin, RGVIA f 52
Cartas para:
- A. A. Bezboródko, RGADA f 11; ZOOID 8; RA, v. 9, 1873 (originais no arquivo da família de S. V. Kochubey na aldeia de Dikanka, Região da Poltava).
- A. V. Branicka, RGADA f 11 d 857.
- Brzojovsky, assessor de Smila, RGVIA f 5.
- I. I. Bulgákov, ZOOID 8; SBVIM, v. 8; RGVIA f 52.
- Catarina II sobre a Geórgia, VI (1983), n. 7; geral e pessoal, AVPRI, ff 1, 2, 5; RGADA ff 1, 16, 5; RGVIA f 52; sobre Izmail para Catarina e outros, RV, v. 8, 1841; sobre a Polônia, RA, v. 2, 1874.
- Varvara Engelhardt, in M. I. Semevsky, *Grigory Alexandrovich Potemkin-Tavrichesky*. RS, v. 3, 1875.
- M. L. Faléiev, ZOOID v. 2, 4, 8.
- príncipe Henrique da Prússia, RGADA f 5.
- S. Lajkarev e I. S. Barozzi, ZOOID, v. 8; RA, v. 2, 1884.
- I. V. Loginov, *Istochnik*, v. 6, Moscou, 1995.
- N. V. Repnin, RV, v. 8, 1841; ZOOID, v. 8.
- P. A. Rumiántsev-Zadunáiski, SBVIM, v. 4, 6.
- rei Estanislau Augusto da Polônia, 1764-79, AGAD 172, RGADA ff 5, 11, RGVIA f 52.
- A. V. Suvórov, RS, v. 13, maio 1875; v. 9, 1839. AKV 2, 1790; SD, v. 2, KD, v. 1, 1791; RA, v. 10, 1877. RGVIA f 52 op. 1 d 586; SBVIM, v. 4.
- P. I. Pánin, RGADA f 1274, RA, v. 2, 1876.
- Paulo I (grão-duque Paulo Petróvitch), RS, v. 11, 12, 1873.
- V. S. Pópov, referente a governo e assuntos pessoais, "Arquivos pessoais do próprio príncipe Potemkin-Tavrítcheski", arquivo Reshetilovskiy.
- Praskóvia A. Potemkina 1789-90, RS, v. 13, jun. 1875.
- Vários (incluindo relatórios sobre a construção da cidade para Catarina II e funcionários), ZOOID, v. 2, 4, 8, 10, 11, 12, 13, 15, 1872. Ordens para funcionários sobre a construção de Kherson e desenvolvimento no sul, ZOOID, v. 11; ITUAK v. 3, 8, 10. RGADA ff 14, 16, ZOOID 2. Ordens do Seréníssimo Príncipe G. A. Potemkin-Tavrítcheski referentes à fundação da Região de Tavrítcheski 1781-6, Arquivo da Família M. S. Vorontsov, AKV 13. Para governadores de província, GAOO f 150, particularmente sobre a Crimeia GIM OPI f 197. Também OOIKM dd 651, 7, 652.
- Vários membros da realeza estrangeiros (inclusive Frederico Guilherme, duque de Württemberg; Carlos, príncipe da Curlândia; o príncipe de Anhalt-Bernburg; príncipe de Hesse-Philipstal; margrave de Anspach), RGADA f 5.

KNYAZ *Grigory Alexandrovich Potemkin-Tavrichesky 1739-91*, biograficheskiy ocherk po neizdannym materialam, RS, 1875.

RASPORYAZHENIYA svetleyshego knyazya Grigoriya Alexandrovicha Potemkina-Tavricheskogo kasatelno tavricheskoy oblasti s 1781 po 1786. ZOOID, 1881.

SOBSTVENNORUCHNYYE bumagi Knyazya Potemkina. RA, 1865.
PROPOSTAS e ordens concernentes ao Arsenal do Krémlin. RGADA f 396.
POESIA sobre a fundação de Iekaterinoslav. Ed. G. Vernadsky. ITUAK, v. 56, 1919.
CONTEÚDO da biblioteca de Potemkin. RGADA f 17 d 262; original na Universidade de Kazan.
ANÚNCIO da queda de Izmail. GAOO f 150.
REGISTRO de dívidas. RGADA f 11; ZOOID. v. 8, 9.

G. A. Potemkin-Tavrichesky: Livros

LETTRES d'amour de Catherine II à Potemkine: correspondence inédite. Ed. Georges Ouvrard. Paris: 1934.
EKATERINA II i G. A. Potemkin, lichnaya perepiska 1769-1791. Ed. V. S. Lopatin. Moscou: 1997.
PEREPISKA Ekaterina II i G. A. Potemkina v period vtoroy russko-turetskoy voiny (1787-1791): istochnko-vedcheskiye issledovaniya. Ed. O. I. Yeliseva. Moscou: 1997.
BUMAGI Knyaza Grigoriya Alexandrovicha Potemkina-Tavricheskogo. Ed. N. F. Dubrovin. SBVIM, 1774--88, 1790-3. São Petersburgo: 1893, 1895.
PISMA i bumagi A. V. Suvorova, G. A. Potemkina, i P. A. Rumiantseva 1787-1789 kinburn ochakovskaya operatsiya. Ed. D. F.Maslovsky. SBVIM. São Petersburgo: 1893.
SBORNIK istoricheskikh materialov po istorii kubanskogo kazachego voyska, 1737-1801. Ed. I. I. Dmitrenko. São Petersburgo: 1896.

RADISHCHEV, A. N. A Journey from St Petersburg to Moscow. Trad. para o inglês de Leo Wiener. Ed. Roderick Page Thaler. Cambridge, Mass.: 1958.
RIBAS, José de. Cartas para Potemkin. ZOOID, v. 8, 11.
RIBEAUPIERRE, A. I. Mémoires (Zapiski grafa Ribopera). RA, v. 1, 1877.
RICHARDSON, William. Anecdotes of the Russian Empire. Londres: 1784, 1968.
RICHELIEU, Armand du Plessis, Duc de. Journal de mon voyage en Allemagne. SIRIO, v. 54, pp. 111-98, 1886.
ROSTOPCHIN, Fiódor. La Verité sur l'incendie de Moscou. Paris: 1823.
RUHLIÈRE, Claude Carloman de. A History or Anecdotes of the Revolution in Russia. Londres: 1797; Nova York: 1970.
RUMIÁNTSEV-ZADUNÁISKI, P. A. Cartas para Potemkin. RGADA f 11; SBVIM, v. 4.
RUMIANTSEVA, E. M. Pisma grafini E. M. Rumiantsevoy k ee muzhu feldmarshalu grafu P. A. Rumiatsevu--Zadunayskomu, 1762-1779. São Petersburgo: 1888.
SABATIER DE CABRE. Catherine II, her Court and Russia in 1772. Berlim: 1861.
SAINT-JEAN, Sekretär des Fürsten Potemkin. Lebensbeschreibung des Gregor Alexandrowitsch Potemkin des Tauriers. Karlsruhe: 1888.
SAMÓILOV, A. N. Zhizn i deyaniya generala feldmarshala knyazya Grigoriya Alexandrovicha Potemkina--Tavricheskogo. RA, 1867.
SÉGUR, Louis Philippe, conde de. Cartas para Potemkin. RGVIA f 52, ZOOID, v. 9.
_____. Mémoires et souvenirs et anecdotes. Paris: 1859.
_____. Memoirs and Recollections of Count Ségur, ambassador from France to the Courts of Russia and Prussia etc., written by himself. Londres: 1825-7.

SÉGUR, Louis Philippe, conde de. *Memoirs of Louis Philippe Comte de Ségur*. Ed. Eveline Cruikshanks. Londres: 1969.

_____. *Memoirs of the Comte de Ségur*. Ed. Gerard Shelley. Nova York: 1925.

_____. *Oeuvres complètes de Monsieur le comte de Ségur, Mémoires et souvenirs et anecdotes*. Paris: 1824-6.

SHCHERBÁTOV, M. M. *On the Corruption of Morals in Russia*. Ed. e trad. para o inglês de A. Lentin. Cambridge: 1969.

Stanisław Poniatowski, rei Estanislau Augusto II da Polônia

CARTAS para Potemkin. RGADA f 5, AGAD 172, RGVIA f 52.

MÉMOIRES du roi Stanislas-Auguste Poniatowski. São Petersburgo: 1914; Leningrado: 1924.

MÉMOIRES SECRÈTES et inédites de Stanislas-Auguste. Leipzig: 1862.

IUSSÚPOV, príncipe Felix. *Lost Splendour*. Londres: 1953.

STEDINGK, Curt Bogislaus Christophe, conde de. *Un Ambassadeur de Suède à la cour de Catherine II; feld-maréchal comte de Stedingk; choix de dépêches diplomatique, rapports secrets and lettres particulières de 1790 à 1796*. Ed. de condessa de Brevern de la Gardie. Estocolmo: 1919.

SUMAROKOV, P. I. *Cherty Ekateriny velikoy*. São Petersburgo: 1819.

_____. *Travelling through all the Crimea and Bessarabia 1799*. Moscou: 1800.

SUTHERLAND, barão Richard. Cartas para Potemkin. RGADA f 11, RGVIA f 52.

SUVÓROV, A. V. *Dokumenty*. Ed. G. P. Meshcheryakov. Moscou: 1949-53.

_____. *Pisma*. Ed. V. S. Lopatin. Moscou: 1986.

_____. *Pisma i bumagi A. V. Suvorova, G. A. Potemkina, i P. A. Rumiantseva 1787-1789, kinburn ochakovskaya operatsiya*. D. F. Maslovsky. SBVIM. São Petersburgo, 1893.

_____. *Pisma i bumagi Suvorova*. Ed. V. Alekseyev. Petrogrado: 1916.

THIÉBAULT, D. *Mes souvenirs de vingt ans séjour à Berlin*. Paris: 1804.

TOTT, barão de. *Memoirs of the Turks and the Tartars*. Londres: 1786.

TREGUBOV, N. Y. *Zapiski*. RS (1908) 136, pp. 101-2.

TSEBRIKOV, R. M. *Vokrug ochakova 1788 god (dnevnikochevidtsa)*. RA, v. 84, n. 9, 1895.

VIGÉE LEBRUN, Elisabeth. *Souvenirs*. Paris: 1879.

VINSKY, G. S. *Moe vremya, Zapiski*, São Petersburgo: 1914; Cambridge Partners: 1974.

VIZIN, D. I. von. *Sobraniye sochineniya*. Ed. de G. P. Makogonenko. Moscou; Leningrado: 1959.

VORONTSOV, S. R. Cartas para Potemkin. AKV 9.

VOLTAIRE, *Oeuvres complètes de Voltaire: correspondance avec l'imperatrice de Russie*. Paris: 1821. v. LVIII.

WILLS, Richard. *A Short Account of the Ancient and Modern State of the Crim-Tartary Land*. Londres: 1787.

WIEGEL (Vigel), F. F. *Zapiski Filipa Filipovich Vigela*. Moscou: 1873, 1891, 1928.

_____. *Vospominaniya F. F. Vigela*. Moscou: 1864-6, 1891.

WRAXALL, N. *A Tour through Some of the Northern Parts of Europe*. Londres: 1776.

WRAXALL, Sir N. William. *Historical Memoirs of my own Time*. Londres: 1904.

ZAVADÓVSKI, P. V. "*Pisma grafa P. V. Zavadovskago k feldmarshalu grafu P. A. Rumiantsevu 1775-1791*". Ed. P. M. Maykov. *Starina i novizna*, v. 4, 1901.

FONTES SECUNDÁRIAS

ADAMCZYK, T. *Fürst G. A. Potemkin: Untersuchungen zu seiner Lebensgeschichte*. Emsdetten: 1936.
ALDEN, John R. *Stephen Sayre, American Revolutionary Adventurer*. Baton Rouge: 1983.
ALEXANDER, J. T. *Autocratic Politics in a National Crisis: The Imperial Russian Government and Pugachev's Revolt 1773-1775*. Bloomington: 1969.
_____. *Catherine the Great: Life and Legend*. Oxford: 1989.
_____. *Emperor of the Cossacks: Pugachev and the Frontier Jacquerie of 1773-75*. Lawrence: 1973.
ALEXEEVA, T. V. *Vladimir Lukich Borovikovskii i russkaia kultura na rubezhe 18-19 vekov*. Moscou: 1875.
ALLEN, W. E. D. *A History of the Georgian People*. Londres: 1932.
ANDERSON, M. S. *The Eastern Question 1774-1923*. Nova York: 1966.
_____. *Europe in the Eighteenth Century 1713-83*. Londres: 1961.
_____. "Samuel Bentham in Russia 1779-91". *American Slavic and East European Review*, v. 15, n. 2, 1956.
ANDERSON, R. C. *Naval Wars in the Levant*. Londres: 1952.
ANDREEVSKY, I. *Sobre o local onde o corpo de Potemkin foi enterrado*. ZOOID, v. 5.
ANISIMOV, E. V. *Empress Elisabeth: Her Reign and Her Russia 1741-61*. Ed. de J. T. Alexander. Gulf Breeze, Flórida: 1995.
_____. *Rossiya v seredine XVIII vek; borba za nasledie petra*. Moscou: 1986.
_____. *Zhenshchina na rossiyskom prestole*. São Petersburgo: 1997.
_____. *History of the Cavalry Guards Regiment 1738-1848*. São Petersburgo: 1849.
ANÔNIMO. *Pessoas do quadro de funcionários do príncipe Potemkin*. ZOOID, v. 11, pp. 506-8.
ANÔNIMO. *Pessoal da casa e funcionários de Potemkin*. RA, v. 2, 1907.
ANÔNIMO. "Uma breve biografia Anton Golovati". *Odessky vestnick*, 31 out. 1995.
ARAGON, L. A. C., marquês d'. *Un Paladin au XVIII siècle. Le Prince Charles de Nassau-Siegen*. Paris: 1893.
ARETZ, Gertrude. *The Empress Catherine*. Londres: 1947.
ASCHERSON, Neal. *Black Sea: The Birthplace of Civilisation and Barbarism*. Londres: 1996.
ASKENAZY, S. *Die letzte polnische Königswahl*. Gottingen: 1894.
ASPREY, Robert B. *Frederick the Great: The Magnificent Enigma*. Nova York: 1986.
AYLING, Stanley. *Fox: The Life of Charles James Fox*. Londres: 1991.
BADDELEY, John F. *The Russian Conquest of the Caucasus*. Londres: 1908.
BAIN, R. Nisbet. *Peter III: Emperor of Russia*. Londres: 1902.
BARON, S.W. *The Russian Jew under Tsar and Soviets*. Nova York: 1964.
BARSUKOV, A. R. *Razskazy iz russkoi istorii XVIII veka*. São Petersburgo: 1885.
_____. *Knyaz Grigory Grigorevich Orlov*. RA, v. 1-2, 1873.
BARTENEV, P. B. "Biografi generalissimov i general-feld-marshalov Rossiyskoy Imperatorskoy armii". *Voenno-istoricheskeskiy sbornik*. São Petersburgo: 1911.
_____. *On Catherine and Potemkin's Marriage: a Book of Notes of the Russki Arkhiv*, RA, v. 12, 1906.
BARTLETT, Roger P. *Human Capital: The settlement of foreigners in Russia 1762-1804*. Cambridge: 1979.
BATALDEN, Stephen K. *Catherine II's Greek Prelate: Eugenios Voulgaris in Russia 1771-1806*. Nova York: 1982.
BAYLEN, Joseph A.; WOODWARD, Dorothy. "Francisco Miranda and Russia: Diplomacy 1787-88". *Historian*, v. XIII, 1950.

BEALES, Derek. *Joseph II: In the Shadow of Maria Theresa 1741-80*. Cambridge: 1987.
BEGUNOVA, A. *Way through the Centuries*. Moscou: 1988
BELAN, Y. I.; MARCHENKO, M. I.; KOTOV, V. N. *Istoria USSR*. Kíev: 1949
BELYAKOVA, Zoia. *The Romanov Legacy: The Palaces of St Petersburg*. Londres: 1994.
BENNIGSEN BROXUP, Maria (Org.). *The North Caucasus Barrier: The Russian Advance towards the Moslem World*. Londres: 1992.
BENTHAM, M. S. *The Life of Brigadier-General Sir Samuel Bentham*. Londres: 1862.
BILBASOV, V. A. *Prisoedineniye Kulyandii k Rossii*. RS, v. 83, 1895.
_____. *Istoricheskiye Monografia*. São Petersburgo: 1901.
_____. *Istoriya Ekateriny II*. Berlim: 1900.
BLANNING, T. C.W. *Joseph II and Enlightened Despotism*. Londres: 1970.
_____. *Joseph II: Profiles in Power*. Londres: 1994.
BLUM, K. L. *Ein russischer Staatsmann: Des Grafen Jakob Johann Sievers Denkwürdigkeiten zur Geschichte Russlands*. Lepizig; Heidelberg: 1857.
BOLOTINA, N. Y. Tese de graduação sobre o trabalho de Potemkin no sul. RSUH, Moscou, 1991.
_____. "Grigory Alexandrovich Potemkin". Enciclopédia para Crianças. Moscou: 1996.
BOLOTINA, N. Y. "The Private Library of Prince G. A. Potemkin-Tavrichesky". *Kniga issledovaniya i materialy*, v. 71, 1995.
_____. *Sebastopol has to be the main fortress: documents on the foundation of the Black Sea fleet*. Istoricheskiy arkhiv, n. 2, 1997.
_____. *Ties of Relationship between G. A. Potemkin and the Vorontsov Family: The Vorontsovs — two centuries in Russian History*. Petushki: 1996.
_____. *Ties of Relationship between Prince G. A. Potemkin and the Family of the Princes Golitsyn, Conference of Golitsyn Studies*. Moscou: 1997.
BOLSHOYA Sovetskaya Enziklopediya. Moscou: 1940.
BROWNING, Reed. *The War of Austrian Succession*. Londres: 1994.
BRUESS, Gregory I. *Religion, Identity and Empire: A Greek Archbishop in the Russia of Catherine the Great*. Nova York: 1997.
BRÜCKNER, A. G. *Istoriia Ekateriny vtoroi*. São Petersburgo: 1885; Berlim: 1883.
_____. *Potemkin*. São Petersburgo: 1891.
BUGOMILA, Alexander: *The History of Government of New Russia by G. A. Potemkin*. Iekaterinoslav: 1905.
BYRON, Lord. *Don Juan*. Londres: Penguin Classics, 1977.
CASTERA, Jean-Henri. *The Life of Catherine II, Empress of Russia*. Trad. para o inglês de William Tooke. Londres: 1798.
CATE, Curtis. *War of the Two Emperors: The duel between Napoleon and Alexander, Russia 1812*. Nova York: 1985.
CHRISTIE, I. R. *The Benthams in Russia*. Oxford; Providence: 1993.
_____. "Samuel Bentham and the Russian Dnieper Flotilla". SEER, v. 50, n. 119, abr. 1972.
_____. "Samuel Bentham and the Western Colony at Krichev 1784-7". SEER, v. 48, v. 111, abr. 1970.
CLARDY, Jesse V. *G. R. Derzhavin: A Political Biography*. Mouton: 1967.
COUGHLAN, Robert. *Elisabeth and Catherine, Empresses of All the Russias*: Nova York: 1974.
CRANKSHAW, Edward. *Maria Theresa*. Londres: 1969.
CRONIN, Vincent: *Catherine, Empress of All the Russias*. Londres: 1978.

CROSS, Anthony. *By the Banks of the Neva: Chapters from the Lives and Careers of the British in Eighteenth--Century Russia*. Cambridge: 1997.

_____. *By the Banks of the Thames: Russians in Eighteenth Century Britain*. Newtonville, Mass.: 1980.

_____. "The Duchess of Kingston in Russia". *History Today*, v. 27, 1977.

_____ (Org.). *Great Britain and Russia in the Eighteenth Century: Contacts and Comparisons, Proceedings of an International Conference*. Newtonville, Mass.: 1980.

_____. "John Rogerson: Physician to Catherine the Great". CSS, v. 4, 1970.

DAVIES, Norman. *Europe: A history*. Oxford: 1996.

DAVIS, Curtis Carroll. *The King's Chevalier: A Biography of Lewis Littlepage*. Indianópolis: 1961.

DEMMLER, Franz. *Memoirs of the Court of Prussia*. Londres: 1854.

DMITRENKO, I. I. (Org.). *Sbornik istoricheskikh materialov po istorii kazacheskogo voyska 1737-1901*. São Petersburgo: 1896.

DORNBERG, John. *Brezhnev*. Londres: 1974.

DOSTYAN, I. S. *Russia and the Balkan Question*. Moscou: 1972.

DRUZHININA, E. I. *Kyuchuk-Kaynardzhiyskiy mir 1774 goda*. Moscou: 1955.

_____. *Severnoye prichernomorye v 1775-1800*. Moscou: 1959.

DUBNOW, S. M. *History of the Jews in Russia and Poland*. Filadélfia: 1916-20.

DUBROVIN, N. F. (Org.). *Istoriya voyny i vladychestva russkih na Kavkaze*. São Petersburgo: 1886.

_____. *Pugachev i ego soobshchniki*. São Petersburgo: 1884.

DUFFY, Christopher. *Frederick the Great: A Military Life*. Londres: 1985.

_____. *Russia's Military Way to the West: Origins and Nature of Russian Military Power 1700-1800*. Londres: 1981.

DUKES, Paul. *Catherine the Great and the Russian Nobility: A Study Based on the Materials of the Legislative Commission of 1767*. Cambridge: 1967.

DULICHEV, V. P. *Raskazy po istorii Kryma*. Simferopol: 1997.

DUMAS, F. Ribadeau. *Cagliostro*. Londres: 1967.

DURAN, James A. "Catherine, Potemkin and Colonization". *Russian Review*, v. 28, n. 1, jan. 1969.

_____. "The Reform of Financial Administration in Russia during the Reign of Catherine II". CSS, v. 4, 1970.

DVOICHENKO-MARKOV, Demetrius. "Russia and the First Accredited Diplomat in the Danubian Principalities 1779-1808". *Slavic and East European Studies*, v. 8, 1963.

DYACHENKO, L. I. *Tavricheski Dvorets*. São Petersburgo: 1997.

DZHEDZHULA, K. E. *Rossiya i velikaya Frantzuzskaya burzhuaznaya revolyutsiya kontsa XVIII veka*. Kíev: 1972.

EHRMAN, John. *The Younger Pitt*. Londres: 1983. v. 2: *The Reluctant Transition*.

EIGHTEENTH *Century Studies in Honor of Donald F. Hyde*. Nova York: 1970.

ELLIOTT, J. H. *The Count-Duke of Olivares: The Statesman in an Age of Decline*. New Haven; Londres: 1999.

_____.; BROCKLISS, L.W. B. *The World of the Favourite*. New Haven; Londres: 1999.

FADYEV, V. *Vospominaniya 1790-1867*. Odessa: 1897.

FATEYEV, A. M. *Potemkin-Tavrichesky*. Praga: 1945.

FELDMAN, Dmitri. *Svetleyshiy Knyaz G. A. Potemkin i Rossiskiye Evrei*. Material da Sétima Conferência Internacional sobre Judeus. Moscou: 2000.

FIGES, Orlando. *A People's Tragedy: The Russian Revolution 1891-1924.* Londres: 1996.

_____.; KOLONITSKII, Boris. *Interpreting the Russian Revolution: The Language and Symbols of 1917.* New Haven; Londres: 1999.

FISHER, Alan W. *The Crimean Tartars.* Studies in Nationalities of USSR. Stanford: 1978.

_____. "Enlightened Despotism and Islam under Catherine II". *Slavic Review*, v. 27, 1968.

_____. *The Russian Annexation of the Crimea 1772-83.* Cambridge: 1970.

FISHMAN, David E. *Russia's First Modern Jews, The Jews of Shklov.* Nova York; Londres: 1996.

FOREMAN, Amanda. *Georgiana, Duchess of Devonshire.* Londres: 1998.

FOTHERGILL, Brian. *Sir William Hamilton, Envoy Extraordinary.* Londres: 1969.

FOURNIER-SARLOVEZE, M. *Artistes oubliés.* Paris: 1902.

FOX, Frank. "Negotiating with the Russians: Ambassador Ségur's Mission to St Petersburg 1784-89". *French Historical Studies*, v. 7, 1971.

FRASER, David. *Frederick the Great.* Londres: 2000.

FUKS, E. B. *Istoria generalissimusa knyazia italikogo graf Suvorova-Rymniksogo.* Moscou: 1811.

GARRARD, J. G. (Org.). *The Eighteenth Century in Russia.* Oxford: 1973.

GAY, Peter. *The Enlightenment: An Interpretation, the Science of Freedom.* Londres: 1969.

GHANI, Cyrus. *Iran and the Rise of Reza Shah — Qajar Collapse to Pahlavi Power.* Londres; Nova York: 1999.

GILBERT, O. P. *The Prince de Ligne: A Gay Marshal of the Old Regime.* Londres: 1923.

GOLDER, Frank. *John Paul Jones in Russia.* Garden City, NY: 1927.

GOLÍTSIN, príncipe Emmanuel. *Récit du voyage de Pierre Potemkin: la Russie du XVII siècle dans ses rapports avec l'Europe Occidentale.* Paris: 1855.

GONCHARENKO, V. S.; NAROZHNAYA, V. I. *The Armoury, State Museum Preserve of History and Culture, the Kremlin: A Guide.* Moscou: 1995.

GOODEN, Angelica. *The Sweetness of Light: A Biography of Elisabeth Vigée Lebrun.* Londres: 1997.

GOODWIN, Frederick K.; JAMISON, Kay Redfield. *Manic-Depressive Illness.* Oxford: 1990.

GRAHOV, J. *Potemkin's Military Printing House.* ZOOID 4, 1855.

GRAVE, B. *Vosstaniye Pugacheva.* Leningrado: 1936.

GREENBERG, Louis. *The Jews in Russia.* New Haven: 1944. v. 1: *The Struggle for Emancipation.*

GRIBBLE, Francis. *The Comedy of Catherine the Great.* Londres: 1932.

GRIFFITHS, David M. "The Rise and Fall of the Northern System: Court Politics in the First Half of Catherine's Reign". CSS (1970), pp. 547-69.

GRIGOREVICH, N. *Kantsler knyaz A. A. Bezborodko v svyazi s sobytiyami ego vremeni.* SIRIO, v. 26, 29.

GROB, G. N. (Org.). *Statesmen and Statecraft of the Modern West: Essays in Honor of Dwight E. Lee and H. Donaldson Jordan.* Barr, Mass.: 1967.

GRUNDY, Isobel. *Lady Mary Wortley Montagu: Comet of the Enlightenment.* Oxford: 1999.

HARVEY, Robert. *Clive: The Life and Death of a British Emperor.* Londres: 1998.

HAUPT, G. "La Russie et les Principautés Danubiennes en 1790: Le Prince Potemkin-Tavrichesky et le Courrier de Moldavie". CMRS, v. 7, n. 1, jan.-mar. 1966.

HERÓDOTO. *The Histories.* Londres: Penguin Classics, 1954.

HORWOOD, D. D. (Org.). *Proceedings of the Consortium on Revolutionary Europe.* Tallahassee: 1980.

HOSKING, Geoffrey. *Russia: People and Empire 1552-1917.* Londres: 1997.

HUGHES, Lindsey. *Russia in the Age of Peter the Great.* New Haven; Londres: 1998.

IORGA, N. *Histories des relations Russo-Roumaines*. Iasi: 1917.//
ISTORIIA SSSR, s drevnyeyshikh vremen do kontsa XVIII v. Moscou: 1939.
IVANOV, P. A. *Fabre's Summer Residence*. ZOOID 22.
_____. *The Management of Jewish Immigration from Abroad to the Novorossisky Region*. Arquivos de Iekaterinoslav. ZOOID, v. 17.
JAMISON, Kay Redfield. *The Unquiet Mind*. Londres: 1996.
JENKINS, Michael. *Arakcheev, Grand Vizier of the Russian Empire*. Nova York: 1969.
JONES, Robert E. *Provincial Development in Russia: Catherine II and Jakov Sievers*. New Brunswick: 1984.
_____. "Urban Planning and the Development of Provincial Towns in Russia 1762-96". In GARRARD J. G. (Org.). *The Eighteenth Century in Russia*. Oxford: 1973.
JOSSELSON, Michael; JOSSELSON, Diana. *The Commander: A Life of Barclay de Tolly*. Oxford: 1980.
KABUZAN, V. M. *Narodonaseleniye rossii v XVIII-pervoy polovine XIX veka*. Moscou: 1976.
KARABANOV, P. F. *Istoricheskiye rasskazy i anekdoty, zapisannyye so slov imenityh lyudey P. F. Karabanovym*. RS, v. 5, 1872.
KARNOVICH, E. P. *Zamechatchyye bogatstva chastnykh lits v Russii*. Petersburgo: 1885.
KARPOVA, E. V. *Cultural Monuments, New Discoveries*. Leningrado: 1984.
KEEN, B.; WASSERMAN, M. *A History of Latin America*. Boston: 1998.
KEEP, John L. H. *Soldiers of the Tsar: Army and Society in Russia 1462-1874*. Oxford: 1985.
KELLY, Laurence (Org.). *Moscow: A Travellers' Companion*. Londres: 1983.
_____. (Org.). *St. Petersburg: A Travellers' Companion*. Londres: 1981.
KINROSS, Lord. *The Ottoman Centuries: The Rise and Fall of the Turkish Empire*. Nova York: 1979.
KLIER, John Doyle. *Russia Gathers her Jews: The Origins of the Jewish Question in Russia 1772-1825*. Dekalb, Ill.: 1986.
KLIUCHEVSKY, V. O. *A Course in Russian History: The Time of Catherine the Great*. Trad. para o inglês e ed. de Marshall S. Shatz. Nova York: 1997.
KOROLKOV, K. *Hundredth Anniversary of the Town of Ekaterinoslav 1781-1887*. Iekaterinoslav: 1887.
KÓRSAKOV, A. N. "Stepan Ivanovich Sheshkovsky 1727-94: Biograficheskiy Ocherk". *Storicheskiy vestnik*, v. 22, 1885.
KRAMER, Gerhard F.; MCGREW, Roderick E. "Potemkin, the Porte and the Road to Tsargrad: The Shumla Negotiations 1789-90". CASS, v. 8, inverno 1974.
KRASNOBAEV, B. I. *Russian Culture in the Second Part of the Eighteenth Century and at the Start of the Nineteenth*. Moscou: 1983.
KRUCHKOV, Y. S. *Istoria Nikolaeva*. Nikoláiev: 1996.
KUKIEL, M. *Czartoryski and European Unity 1770-1861*. Princeton Westport, Conn.: 1955.
LANG, D. M. *The Last Years of the Georgian Monarchy 1658-1832*. Nova York: 1957.
_____. *A Modern History of Georgia*. Londres: 1962.
LASHKOV, F. F. *Prince G. A. Potemkin-Tavrichesky as Crimean Builder*. Simferopol: 1890.
LAVRENEV, B. A. "Potemkin's Second Burial". *Pamyatniki otechestva*, n. 2, pp. 154-5, 1991.
LEBEDEV, P. *Studies of New Russian History from Unpublished Sources*. São Petersburgo: 1863.
LEDONNE, John P. *Ruling Russia: Politics and Administration in the Age of Absolutism 1762-96*. Princeton: 1984.
LENTIN, A. *Russia in the Eighteenth Century from Peter the Great to Catherine the Great*. Londres: 1973.
LEVITATS, I. *The Jewish Community in Russia 1722-1844*. Nova York: 1970.

LEWIS, D. B. Wyndham. *Four Favourites*. Londres: 1948.
LINCOLN, W. Bruce. *The Romanovs: Autocrats of All the Russias*. Nova York: 1981.
LISKE, X. "Zur polnischen Politik Katharina II 1791". HZ, v. 30, 1873.
LOCKYER, Roger. *Buckingham*. Londres: 1981.
LOJEK, J. "Catherine's Armed Intervention in Poland: Origins of the Political Decisions at the Russian Court in 1791 and 1792". CSS, v. 4, v. 3, outono 1970.
_____. "The International Crisis of 1791: Poland between the Triple Alliance and Russia". *East Central Europe*, v. 2, n. 1, 1975.
LONGWORTH, Philip. *The Art of Victory: The Life and Achievements of Field Marshal Suvorov 1729-1800*. Nova York: 1965.
_____. *The Cossacks*. Londres: 1969.
_____. *The Three Empresses — Catherine I, Anne and Elisabeth of Russia*. Londres: 1972.
LOPATIN, V. S. *Potemkin i Suvorov*. Moscou: 1992.
LORD, Robert H. *The Second Partition of Poland*. Cambridge, Mass.: 1915.
LOUDON, J. C. *An Encyclopaedia of Gardening*. Londres: 1822.
LOUIS, Victor; LOUIS, Jennifer. *Complete Guide to the Soviet Union*. Nova York: 1991.
LUKOWSKI, Jerzy. *The Partitions of Poland 1772, 1793, 1795*. Londres: 1999.
MACCONNELL, A. *A Russian Philosophe: Alexander Radishchev 1749-1802*. Haia: 1964.
MACDONOGH, Giles. *Frederick the Great*. Londres: 1999.
MCGREW, Roderick E. *Paul I of Russia 1754-1801*. Oxford: 1992.
MCKAY, Derek; SCOTT, H. M. *The Rise of the Great Powers 1648-1815*. Londres: 1983.
MACKAY, James. *I Have Not Yet Begun to Fight: A Life of John Paul Jones*. Edimburgo; Londres: 1998.
MCNEILL, William H. *Europe's Steppe Frontier 1500-1800*. Chicago: 1964.
MADARIAGA, Isabel de. *Britain, Russia and the Armed Neutrality of 1780: Sir James Harris's Mission to St Petersburg during the American Revolution*. New Haven: 1962.
_____. *Catherine the Great: A Short History*. New Haven; Londres: 1990.
_____. *Introduction to G. S. Vinsky, Moe vremya, Zapiski*. Cambridge: 1974.
_____. *Politics and Culture in Eighteenth-Century Russia: Collected Essays*. Londres; Nova York: 1998.
_____. *Russia in the Age of Catherine the Great*. Londres: 1981.
_____. "The Secret Austro-Russian Treaty of 1781". SEER, v. 38, pp. 114-45, 1959.
_____. *The Travels of General Francesco de Miranda in Russia*. Londres: 1950.
_____. "The Use of British Secret Service Funds at St Petersburg 1777-1782". SEER, v. 32, n. 79, 1954.
MANSEL, Philip. *Constantinople: City of the World's Desire 1453-1924*. Londres: 1995.
_____. *Le Charmeur de l'Europe: Charles-Joseph de Ligne 1735-1814*. Paris: 1992.
_____. *Louis XVIII*. Londres: 1981.
_____. *Pillars of Monarchy*. Londres: 1984.
MARKOVA, O. P. *O nevtralnoy sisteme i franko-russkikh otnosheniyakh (Vtoraya polovina XVIII v)*. Istoriya SSSR, n. 6, 1970.
_____. *O proiskhozhdenii tak nazyvayemogo Grecheskogo Proekta (80e gody XVIII v.)*. Istoriya SSSR, v. 4, 1958.
MASLOVSKY, D. F. *Zapiski po istorii voiennogo iskusstva v rossii, tsarstvovaniye Ekateriny velikoy 1762-94*. São Petersburgo: 1894.

MASSIE, Robert. *Peter the Great: His Life and World*. Nova York: 1981.
MASTERS, John. *Casanova*. Londres: 1969.
MAVRODIN, V. V. *Krestyanskaya voyna v rossiya*. Leningrado: 1961, 1966, 1970.
MELLIKSET-BEKOV, L. *From the Materials for a History of the Armenians in the South of Russia*. Odessa: 1911.
MENNING, B.W. *G. A. Potemkin and A. I. Chernyshev: Two Dimensions of Reform and the Military Frontier in Imperial Russia*. In HORWOOD, D. D. (Org.). *Proceedings of the Consortium on Revolutionary Europe*. Tallahassee: 1980.
MIKHÁILOVITCH, grão-duque Nikolai. *Russkiye Portrety XVIII i XIX stoletiy*. São Petersburgo: 1906-9. (Reeditado como *Famous Russians*. São Petersburgo: 1996.)
MITFORD, Nancy. *Frederick the Great*. Londres: 1970.
_____. *Madame de Pompadour*. Londres: 1954.
_____. *Voltaire in Love*. Londres: 1957.
MOOSER, R. Aloys. *Annales de la musique et des musiciens en Russie au XVIII Siècle*. Genebra: 1948-51.
MORANE, P. *Paul I de Russie*. Paris: 1907.
MORISON, Samuel Eliot. *John Paul Jones: A Sailor's Biography*. Boston: 1959.
MOSKVITYANIN ZHURNAL, *O privatnoy zhizni Knyazya Potemkina (Potemkinskiy prazdnik)*, (1852) 3. Ed. M. P. Pogodin. Moscou: 1991, reed.
MOSKVITYANIN ZHURNAL, *Verbal Chronicle of Catherine's visit to Tula and Potemkin*, (1842) 2.
MOUROUSY, Prince. *Potemkine mystique et conquerant*. Paris: 1988.
MUFTIYZADE, I. *Essays on Crimean Tartars' Military Service from 1783-1889*. ITUAK, 1889.
MURRAY, Venetia. *High Society in the Regency Period*. Londres: 1998.
MURZAKEVICH, N. N. *The materials for a history of the principal town of a province — Kherson*. ZOOID, v. 11.
NICOLSON, Harold. *The Congress of Vienna*. Londres: 1948.
NIRSHA, A. M. *Anton Golovaty*. Museu Histórico Local Estatal de Odessa.
NOLDE, B. *La Formation de l'Empire Russe: études, notes et documents*. Paris: 1953.
NORMAN, Geraldine. *The Hermitage: The Biography of a Great Museum*. Londres: 1997.
NOVITSKY, G. A. *Istoriya USSR (XVIII vek)*. Moscou: 1950.
OGARKOV, Vassíli V. *Grigory Alexandrovich Potemkin*. São Petersburgo: 1892.
OLDENBOURG, Zoë. *Catherine the Great*. Londres: 1965.
ORLOVSKY, I. I. *In the Motherland of His Highness*. Smolensk: 1906.
OTIS, James. *The Life of John Paul Jones, together with Chevalier Jones' own account of the campaign of the Liman*. Nova York: 1900.
PALMER, Alan. *Alexander I, Tsar of War and Peace*. Londres: 1974.
_____. *Metternich, Councillor of Europe*. Londres: 1972.
_____. *Napoleon in Russia*. Londres: 1967.
PANCHENKO, A. M. *Potemkinskie derevni kak kulturlnyy mif, XVIII Vek* (1983) 14.
PAPMEHL, K. "The Regimental School Established in Siberia by Samuel Bentham". *Canadian Slavonic Papers*, v. XVIII, 1966.
PASTEUR, Claude. *Le Prince de Ligne: l'enchanteur de l'Europe*. Paris: 1957.
PETROV, A. *Voyna rossii s turetskiey i polskimi konfederatami*. São Petersburgo: 1866-74.
_____. *Vtoraya turetskaya voyna v tsarstvovaniye imperatritsy Ekateriny II 1787-91*. São Petersburgo: 1880.

PETROVICH, M. B. "Catherine II and a Fake Peter III in Montenegro". *Slavic Review*, v. 14, n. 2, abr. 1955.

PETRUSHEVSKY, A. *Generalissimus Knyazi Suvorov*. São Petersburgo: 1884.

PEVITT, Christine. *The Man Who Would Be King: The Life of Philippe d'Orléans, Regent of France*. Londres: 1997.

PFLAUM, Rosalynd. *By Influence and Desire: The True Story of Three Extraordinary Women — the Grand Duchess of Courland and her Daughters*. Nova York: 1984.

PIKUL, V. S. *Favurit: roman-khroniki vremen Ekateriny II*. Moscou: 1985.

PILAEV, M. I. *Staryy Peterburg*. São Petersburgo: 1889; Moscou: 1997.

PIPES, R. "Catherine II and the Jews". *Soviet Jewish Affairs*, v. 5, n. 2.

PLUMB, J. H. *Sir Robert Walpole*. Londres: 1956.

PORPHIRY, Bishop. *Information about Prince Potemkin's service in the Synod*. ZOOID, v. 13, Moscou, 1882.

PREEDY, George R. *The Life of Rear-Admiral John Paul Jones*. Londres: 1940.

PÚCHKIN, A. S. *The Captain's Daughter*, in *The Queen of Spades and Other Stories*. Londres: Penguin Classics, 1958.

_____. *Complete Prose Fiction*. Ed. de Paul Debreczeny. Stanford: 1983.

_____. *Istoriya Pugacheva*. In *Polnoye Sobraniye Sochineniya*, v. 12, Moscou/Leningrado, 1937-49.

PÚCHKIN, A. S. *Notes on Russian History of the Eighteenth Century*. Leningrado: Istoricheskiye Zametki, 1984.

_____. *Polnoye Sobraniye Sochineniya*. Moscou; Leningrado: 1937-49.

RADZINSKY, Edvard. *Rasputin*. Londres: 2000.

RAEFF, Marc (Org.). *Catherine the Great: A Profile*. Nova York: 1972.

_____. "The Style of Russia's Imperial Policy and Prince G. A. Potemkin". In GROB, G. N. (Org.). *Statesmen and Statecraft of the Modern West: Essays in Honor of Dwight E. Lee and H. Donaldson Jordan*. Barr, Mass.: 1967.

RAFFEL, Burton. *Russian Poetry under the Tsars*. Nova York: 1971.

RAGSDALE, Hugh (Org.). *Imperial Russian Foreign Policy*. Woodrow Wilson Center Series. Cambridge: 1993.

RAKHAMATULLIN, M. A.. *Firm Catherine*. Otechestvennaya Istoriya, 1997.

RANSEL, David L. "Nikita Panin's Imperial Council Project and the Struggle of Hierarchy Groups at the Court of Catherine II". CSS, v. 4, n. 3, dez. 1971.

RANSEL, David L. *The Politics of Catherinian Russia: The Panin Party*. New Haven: 1975.

REID, Anna. *Borderland: A Journey through the History of Ukraine*. Londres: 1997.

RHINELANDER, Anthony L. H. *Prince Michael Vorontsov, Viceroy to the Tsar*. Montreal: 1990.

ROBB, Graham. *Balzac*. Londres: 1994.

ROIDER, Karl A. *Austria's Eastern Question 1700-1790*. Princeton: 1982.

_____. "Kaunitz, Joseph II and the Turkish War". SEER, v. 54, n. 4, out. 1976.

ROSE, Kenneth. *George V*. Londres: 1983.

ROTIKOV, K. K. *Drugoy Peterburg*. São Petersburgo: 1998.

RULIKOWSKI, Edward. *Smila. Slownik geograficzny krolestwa polskiego I innych krajow, slowianskich* (ed. de Filip Sulimierski, Bronislaw Chlebowski e Wladyslaw Walewski), v. 10, Varsóvia, 1889.

Russkiy Biographicheskiy Slovar (incluindo biografias de Varvara Golítsina. v. 5 1916; Iekaterina Scavrónskaia, v. 18, 1904, I. A. Gannibal, v. 4, 1914; P. S. e M. S. Potemkin, v. 14, 1904), v. 1-25, A. A. Polovtsev, São Petersburgo: 1896-1916.

RUUD, Charles A.; STEPANOV, Sergei A. *Fontanka 16: The Tsars' Secret Police*. Quebec: 1999.

SEGAL, Harold G. *The Literature of Eighteenth-Century Russia*. Nova York: 1967.

SEMEVSKY, M. I. *Grigory Alexandrovich Potemkin-Tavrichesky*. RS, v. 3, 1875.

_____. *Vosemnadtsatyy vek, istoricheskiye sbornik*. Russkaya Starina, v. 12-4, São Petersburgo: 1875.

SHAHMAGONOV, N. R. *Hrani Gospod' Potemkina*. Moscou: 1991.

SHAW, Stanford J. *Between the Old and New: The Ottoman Empire under Selim III 1789-1807*. Cambridge, Mass.: 1971.

SHILDER, N. K. *Imperator Aleksandr I*. São Petersburgo: 1890-1904.

_____. *Imperator Pavel Pervyy*. São Petersburgo: 1901.

SHUGOROV, M. F. *Prince Potemkin's Tomb*. RA, 1867.

SHVIDKOVSKY, Dimitri. *The Empress and the Architect: British Architecture and Gardens at the Court of Catherine the Great*. New Haven; Londres: 1996.

SKALKOVSKY, A. *Chronological Review of New Russia 1730-1823*. Odessa: 1836.

_____. *The History of the New Sech or the Last Zaporogian Kosh*. Odessa: 1886.

SOLDATSKY, A. *Secret of the Prince*. ZOOID, v. 9.

SOLOVEYTCHIK, George. *Potemkin: A Picture of Catherine's Russia*. Londres: 1938.

_____. *Potemkin: Soldier, Statesman, Lover and Consort of Catherine of Russia*. Nova York: 1947.

SOLOVIEV, S. M. *Istoriya padeniya polshi*. Moscou: 1863.

_____. *Istoriya rossii s drevneyshikh vremyon*. Moscou: 1959-66.

STORCH, H. von. *Annalen der Regierung Katharina der Zweyten, Kaiserin von Russland*. Leipzig: 1798.

_____. *Tableau historique et statistique de l'Empire de Russie*. Paris; Basileia: 1801.

SUNY, Ronald Grigor. *The Making of the Georgian Nation*. Bloomington; Indianapolis: 1988-1994.

TEMPERLEY, Harold. *Frederick the Great and Kaiser Joseph*. Londres: 1968.

TILLYARD, Stella. *Aristocrats*. Londres: 1995.

TIKTOPULO, Y. A. *The Mirage of Tsargrad: On the Destiny of Catherine's Greek Project*. Rodina: 1991.

TIMOSHEVSKY, G. I. *Mariupol and its Environs*. Mariúpol: 1892.

TOLSTÓI, A. *Peter the Great*. Moscou: 1932.

TOLSTOY, L. "Hadji Murat". In *Master and Man and Other Stories*. Londres: Penguin Classics, 1977.

TOURNEUX, M. *Diderot et Catherine II*. Paris: 1899.

TROWBRIDGE, W. R. H. *Cagliostro: The Splendour and Misery of a Master of Magic*. Londres: 1910.

TROYAT, Henri. *Catherine the Great*. Londres: 1977.

_____. *Pushkin*. Paris: 1946; Nova York: 1970.

USTINOV, V. I. "Moguchiy velikoross", n. 12, 1991.

VALLENTIN, Antonina. *Mirabeau, Voice of the Revolution*. Londres: 1948.

VASSÍLTCHIKOV, A. A. *Semeystvo Razumovskikh*. São Petersburgo: 1880.

VERNADSKY, G. V. *History of Russia*. New Haven: 1954.

_____. *Ocherk istorii prava russkogo gosudarstva XVIII-XIX v*. Praga: 1924.

_____. *Russkoye masonstvo v tsarstvovovaniye Ekateriny II*. Petrogrado: 1917.

_____. *Imperatritsa Ekaterina II i Zakonodatclnaya Komissiya 1767-68*. Perm: 1918.

VINOGRADOV, V. N. *The Century of Catherine II*. Novaya i noveyshaya istoriya, n. 4, Moscou, 1996.

VITALE, Serena. *Pushkin's Button: The Story of the Fatal Duel that Killed Russia's Greatest Poet*. Londres: 1999.

VYBORNY, P. M. *Nikolaev*, Odessa: 1973.

WALISZEWSKI, K. *Autour d'un trône*. Paris: 1894.

———. *The Romance of an Empress: Catherine II of Russia*. Nova York: 1894; Paris: 1893.

WEIDLE, Wladimir. *Russia: Absent and Present*. Londres: 1952.

WHEATCROFT, Andrew. *The Habsburgs*. Londres: 1995

WHITE, T. H. *The Age of Scandal*. Londres: 1950.

WILSON, Arthur M. *Diderot*. Nova York: 1972.

YAVORNITSKIY, D. I. *Istoriya goroda Ekaterinoslava*. Dniepropetrovsk: 1996.

YELISEEVA, O. I. G. A. *Potemkin's Geopolitical Projects, Associates of Catherine the Great*. Palestra em conferência Moscou, 22/23 set. 1997, publicada. Moscou: 1997.

———. *Lubenzy moy pitomez: Catherine II and G. A. Potemkin in the Years of the Second Russo-Turkish War*. Otechestvennya Istoriya, v. 4, 1997.

———. *Noble Moscow, from the History of the Political Life of Eighteenth-Century Russia* (incluindo *Red Coat*). Moscou: 1997.

ZAGOROVSKY, E. A. *Organisation of the Administration in New Russia under Potemkin 1774-91*. Odessa: 1913.

ZAGOROVSKY, E. A. *Potemkin's Economic Policy in New Russia*. Odessa: 1926.

ZAKALINSKAYA, E. P. *Votchinye khozyaystva Mogilevskoy gubernii vo vtoroy polovinye XVIII veka*. Moguiliov: 1958.

ZAMOYSKI, Adam, *Holy Madness: Romantics, Patriots and Revolutionaries 1776-1871*. Londres: 1999.

———. *The Last King of Poland*. Londres: 1992.

ZAYEV, L. *Motherland of Prince Potemkin*. IV, São Petersburgo, 1899.

ZHELUDOV, Victor M. "*Favurit russiski* [Favorito russo]", "*Pero istorii soyedinilo ikh* [A pena da história as escreveu]", "*Serdtse knyazya Potemkina* [O coração de Potemkin]", "*Zdes rodilsia Potemkin* [Aqui nasceu Potemkin]" e "'*Tsarski kolodets* [O poço da Czarina]", todos publicados na *Rayonnay Gazeta* da Região de Dukhovshchina de Smolensk Oblast, 6 maio 1996, 14 dez. 1995, 12 out. 1993, 6 ago. 1992, respectivamente.

ZIEGLER, Philip. *The Duchess of Dino*. Londres: 1962.

ZOTOV, V. *Cagliostro: His Life and Visit to Russia*. RS, 1875.

ZÚBOV, P. A. *Knyaz Platon Alexandrovich Zubov 1767-1822*. RS, v. 16, 17.

ZUEV, V. *Notas de viagem*, Istoricheskiy i geographicheskiy mesyazeslov, São Petersburgo: 1782-3.

Créditos das imagens

1: Sereníssimo príncipe Grigóri Potemkin, de Johann Baptist von Lampi (1751-1830), Hermitage, São Petersburgo, foto de N. Y. Bolotina

2: Catarina, a Grande, em 1762, de Vigilius Ericksen (1722-82), Musée des Beaux Arts, Chartres, França, Lauros-Giraudon/ Bridgeman Art Library

3: Condessa Alexandra Branicka, de R. Brompton, Alupka Palace Museum, Ucrânia, foto do autor

4: Retrato de Paulo I, 1796-7, de Stepan Semiónovitch Shukin (1762-1828), Hermitage, São Petersburgo, Rússia/Bridgeman Art Library

5-11: Palácios de Potemkin*

12: Retrato de Catarina II, a Grande, em Roupa de Viagem, 1787 (óleo sobre tela) de Mikhail Chibanov (fl. 1783-9), Museu Estatal Russo, São Petersburgo, Rússia/Bridgeman Art Library

13: Retrato do príncipe de Táurida, marechal de campo, estadista Grigóri A. Potemkin (1739--91), Museum of History and Art, Cherepovets, Album / Fotoarena

14: Assinatura de Potemkin

15: Catarina, a Grande, 1793, de Johann Baptist von Lampi (1751-1830), Hermitage, São Petersburgo, Rússia/ Bridgeman Art Library/Fotoarena

16: Retrato do príncipe Potemkin-Tavrítcheski, atribuído a Johann Baptist von Lampi (1751--1830), Museu Suvórov, São Petersburgo

17: Monumentos de beira de estrada assinalando a morte de Potemkin, foto do autor

* Palácios de Potemkin: Táurida, foto do autor; Aníchkov, coleção do autor; Ostrovki, coleção do autor; Bablovo, foto do autor; Iekaterinoslav, foto do autor; Nikoláiev, Museu Estatal de História de Nikoláiev, foto do autor; Kherson, Museu Estatal de História de Kherson, foto do autor.

18: Caixão de Potemkin, igreja de Santa Catarina, Kherson, Ucrânia, foto do autor
19: Placa anunciando a morte de Potemkin, foto do autor
20: Alçapão na igreja de Santa Catarina em Kherson, Ucrânia, que conduz ao túmulo de Potemkin, foto do autor
21: Igreja em ruínas na aldeia natal de Potemkin, Tchijovo, Rússia, foto da coleção do autor
22. Potemkin com o uniforme da Chevalier-Gardes, coleção de V. S. Lopatin
23: Mãe de Potemkin, Dária Potemkina, *Portraits Russes* do grão-duque Nikolai Mikháilovitch, cortesia da British Library
24: Imperatriz Isabel, filha de Pedro, o Grande, gravura de E. Chemesov, acervo de Weidenfeld & Nicolson
25: Grã-duquesa Catarina com o marido Pedro e o filho, Paulo, coleção de Weidenfeld & Nicolson
26: Marechal de campo Pedro Rumiántsev na Batalha de Kagul, 1770, coleção de Weidenfeld & Nicolson
27: Grigóri Orlov, *Portraits Russes* do grão-duque Nikolai Mikháilovitch, cortesia da British Library. Alexei Orlov, *Portraits Russes* do grão-duque Nikolai Mikháilovitch, cortesia da British Library
28: Catarina e Potemkin no budoar de Catarina, coleção do autor
29: Alexandre Lanskoi, de D. G. Levitski, *Portraits Russes* de grão-duque Nikolai Mikhailovich, cortesia da British Library
30: Conde Alexandre Dmítriev-Mamonóv, de Mikhail Chibanov, *Portraits Russes* do grão-duque Nikolai Mikháilovitch, cortesia da British Library
31: Princesa Varvara Golítsina, *Portraits Russes* do grão-duque Nikolai Mikháilovitch, cortesia da British Library
32: Condessa Iekaterina Scavrónskaia com a filha, de Angelica Kauffman, *Portraits Russes* do grão-duque Nikolai Mikháilovitch, cortesia da British Library
33: Elizabeth Chudleigh, duquesa de Kingston, foto da coleção do autor
34: Princesa Tatiana Iussúpova, de E. Vigée Lebrun, *Portraits Russes* do grão-duque Nikolai Mikháilovitch, cortesia da British Library
35: Retrato de Iekaterina Samóilova, de Johann Baptist von Lampi (1751-1830), *Portraits Russes* do grão-duque Nikolai Mikhailovich, cortesia da British Library
36: José II e Catarina, encontro em 1787, coleção de Weidenfeld & Nicolson
37: Charles-Joseph, príncipe de Ligne, foto da coleção do autor
38: Catarina andando no parque em Tsárskoie Seló, de V. L. Borovikóvski, coleção de Weidenfeld & Nicolson
39: Invasão da fortaleza turca de Ochakov em 1788, Museu Estatal de História Local de Odessa, foto de Serguei Bereninich, foto da coleção do autor
40: Conde Alexandre Suvórov, *Portraits Russes* do grão-duque Nikolai Mikháilovitch, cortesia da British Library
41: Convite para o baile de Potemkin no Palácio de Táurida, 1791, Museu Estatal de História Local de Odessa, foto de Serguei Bereninich, foto da coleção do autor
42: Princesa Iekaterina Dolgorúkaia, de Johann Baptist von Lampi (1751-1830), *Portraits Russes* do grão-duque Nikolai Mikháilovitch, cortesia da British Library

43: Condessa Sofia Potocka, de Johann Baptist von Lampi (1751-1830), *Portraits Russes* do grão-duque Nikolai Mikháilovitch, cortesia da British Library The Orion Publishing Group

44: Príncipe Platon Zúbov, de Johann Baptist von Lampi (1751-1830), coleção de Weidenfeld & Nicolson

45: Morte de Potemkin, 1791, Museu Estatal de História Local de Odessa, foto de Serguei Bereninich, foto da coleção do autor

46: Funeral de Potemkin, coleção de Weidenfeld & Nicolson

Índice remissivo

As abreviaturas C e P designam Catarina e Potemkin, respectivamente.

Abaise, Elias, 462
Abdul-Hamid I, sultão otomano, 307, 506, 522, 570
Abdul-Pasha, 134
Acharov, 245
Acton, John Emerich Dalberg-Acton, Lord, 624
Adair, dr. Robert, 639
Afonin (colega de P), 62
África, 307, 348, 371, 480
Aga, Iakub, 378
Aga-Mohommed-Khan, 327
Aguilar, Diego d', 391
Ahmet Pasha Huhafiz de Bender, 580n
Ainalikawak, Tratado de, 290, 345, 360
Akhtiar, 349, 377
Akkerman (Belgrado-no-Dniester), 533, 579, 581, 593, 674
Ak-mechet, 379
Alasca, 555n
Alba, duquesa de, 483
albaneses, 216, 304-6, 345, 388, 513, 520
Albânia, 304

Albrecht, J. F. E., 625n
"Aldeias de Potemkin", 42, 366, 518, 521
Alemanha, 211, 286, 289, 445, 515, 649; *ver também* Prússia
Alembert, Jean d', 97, 107, 444
Alexandre, grão-duque (mais tarde tsar Alexandre I), 154, 206, 233n, 244n, 308, 435, 440, 458, 585, 600, 631, 666-8
Alexei Mikháilovitch, tsar, 48-9
Alexei, tsarévitch (filho de Pedro I), 66, 133n
Alupka, Palácio (Crimeia), 27, 421, 423
amazonas, regimento de (mulheres albanesas), 512-3
Ambrósio, bispo (Zertis-Kamenski), 61, 68, 142, 652
América do Norte, 480
América do Sul, 481, 665
Amours, Les (Sappho), 472
Anais (Tácito), 74
Anapa, 523, 599, 603, 635, 641, 648
Anatóli, padre, 674
Anatólia, 135, 343
Anecdotes of the Russian Empire (Richardson), 108

anfíbias, tropas, 598
anglomania, 416-23
Aníchkov, Palácio (São Petersburgo), 89, 435-6
Anisimov, professor Evgenii V., 673
Anna Ivánovna, tsarina, 66, 68, 228
Anna Leopóldovna, regente, 66
Anna Petróvna (filha de C), 75, 105
Anspach, margrave de, 399
Antoine, M., barão de Saint-Joseph, 373, 375, 459
Apráxin, marechal de campo, 75
Apráxina, condessa, 275
Armênia, 327, 358, 359, 472
armênios, 305, 327, 342, 345, 354, 359, 380, 388
Armfeld, conde, 69
Arte da vitória (Suvórov), 599
"Arte pela Arte" (círculo de intelectuais russos), 177
Artek, 421
Asch, barão d', 603
Ásia Central, 327, 329
assassinato médico, 231
Assembleia dos Notáveis (Paris), 490
Astrakhan, 37, 50, 265, 326-7, 343, 366, 370, 400-2, 421, 466, 651
Augusto II, o Forte, rei da Polônia, eleitor da Saxônia, 274
Augusto III, rei da Polônia, eleitor da Saxônia, 103
Austrália, 395
Áustria, 133n; aliança com a Rússia, 286, 311-27, 329, 336-40, 350, 353, 651; ameaça de invasão prussiana, 592; e a guerra russo-turca, 534, 537n, 557, 563, 577, 580, 597, 661; tratado de defesa com os turcos, 144
ávaros (tribo), 403
Ayton, John, 419-20
Azerbaijão, 327, 358-9
Azov (Rússia), 366
Azov-Mozdok, Linha, 402

Babarikin, Dmítri, 82
Bablovo, Palácio, 440
Bablovski, bosques de, 440

Badadag, 641
Bagdá, 304, 487
Bagration, Pedro, príncipe, 668
Bahadir Giray, 346
Bakhchisaray, 346, 506-8, 515-9
Bakúnin, Mikhail, 666
Balaclava, 379, 388, 512
Bálcãs, 135, 154, 304, 510
Ballez, Monsieur, 467
Balmain, general conde A. B. de, 353
Balsamo, Giuseppe, 294
bánia ver casa de banhos
Banq, Joseph, 401
Bariátinskaia, princesa Iekaterina *ver* Dolgorúkaia, princesa Iekaterina
Bariátinski, príncipe Fiódor, 498, 534
Bârlad, rio, 571
Barozzi, Ivan Stepanovitch, 593
Barsov, professor, 67
Bartenev, professor P. B., 206
basquires, 34, 124, 156, 194, 547
Bataille, professor, 462
Batal-Pasha, 599, 605
batatas, cultivo na Rússia, 415
Bauer, coronel (mais tarde brigadeiro), 37, 483, 562-3, 588
Baviera, 288-9, 311, 317, 444
Beccaria, Cesare, 115, 125
Behr, dr., 427
Beirute, 327
Belgrado, 304, 340, 537-8, 571, 579, 581
Beli, Sidor, 535
Beligorsk, 514
Bender, 132, 134, 137, 153, 199, 523, 533-4, 555, 572, 579-80, 593, 595, 599-601, 605, 608-9, 613, 622, 674
Benson (factótum), 425-6
Bentham, Jeremiah (pai), 407, 417
Bentham, Jeremy, 407, 417-9, 424, 426-8, 472, 485, 502, 515, 665; cartas para P, 418; comerciando com a Rússia, 416-7; *Panóptico*, 425, 665; plano para possuir terras na Crimeia, 425; recrutando artesãos, 418, 427; sobre P,

31, 39; utilitarismo, 652n; viagem à Crimeia, 423
Bentham, Sir Samuel, 281, 373, 395, 407, 417, 420, 428, 431, 465, 601, 652n; caráter, 407; caso amoroso, 410, 431n; comandando esquadrão, 542-5; construção de navios, 415, 426-7, 501, 537, 540, 547, 665; cultivando batatas, 415; dirigindo fábricas, 414-5, 425, 427; em Kritchev, 413-6; enviado ao Extremo Oriente, 555; família, 407; homenagens, 547; nomeado tenente-coronel, 410; plano de possuir terras na Crimeia, 425; sobre a duquesa de Kingston, 280; sobre C, 441; sobre Kherson, 372; sobre P, 465; variedade de trabalhos para P, 427; viagem a Sibéria, 408; viagem com P, 412
Berezan, ilha de, 560
Berry, duquesa de, 274
Bessarábia, 31, 343-4, 585n, 670
Bestújev-Riúmin, chanceler A. P., 285n
Betskoi, Ivan, 216, 385
Bezboródko, conde Alexandre, 251, 299, 310-1, 313, 330, 336, 350, 352, 354, 358-9, 361, 395, 398, 431-2, 445, 490, 498, 568, 589, 596, 605, 616, 620, 627, 647, 651, 659, 661, 666; amizade com Iermólov, 437; aparência, 221, 310; apoio de P a, 361, 659; dando apoio ao luto de C, 431; e o Projeto Grego, 310; e o tratado austríaco, 310, 312, 330; em conversações de paz, 657; participando de orgias, 310; secretário de C, 221, 312; sobre as finanças de P, 658; sobre os inimigos de P, 361; subornado por Harris, 299; trabalhando com P, 310
Bíbikov, general Alexandre Ilítch, 157, 188-9, 191, 193, 337-8, 603
Bíbikov, Pável, 337
Bíbikov, Vassíli I., 88
Bíblia, 475, 647
Bielke, Madame Johanna Dorothea, 114
Bielorrússia, 236, 312, 372, 392, 398, 418
Binetti, La (atriz italiana), 333
Biron, Ernst Johann, duque da Curlândia, 66, 228

Biron, Pedro, duque da Curlândia, 228
Bóbrinski, Alexei Grigórievitch, 83, 105, 206, 216, 261, 272, 333, 669
Boetti, Giovanna Battista, 403
Boguslavski, L. G., 673
bolchevismo/bolcheviques, 669, 672-3
Bolívar, Simon, 665
Borodinó, Batalha de, 613n
Borovikóvski, V. L., 376n, 439
Bourbon, dinastia dos, 105, 131, 217, 494, 568, 630
Branicka (nascida Engelhardt), condessa Alexandra V. (sobrinha de P), 243, 608; ajuda dos favoritos de C, 449; amizade com C, 265, 270, 335, 653, 665; aparência, 265; após a morte de P, 665, 667; caráter, 265, 470; cartas para P, 335; casamento, 275, 333-5; como mulher de negócios, 270, 667; condecoração de C, 485n; cuidando de P doente, 648, 650, 651, 653; dama de companhia de C, 221, 249, 317; filhos, 642; herdando a certidão de casamento de C e P, 206; informando C da traição de Kórsakov, 249, 270; membro extraoficial da família imperial, 270; na Corte, 438; nascimento, 270; P buscando favores para, 326; pintura retratando, 423; presentes ingleses para, 249, 270, 286, 298; relacionamento com P, 270, 275, 294, 317, 334-5, 488; rumores de ser filha de C, 270, 493; sobre a viagem final de P, 32, 34-5, 38; viajando com C, 502, 505
Branicki, Ksawery, grão-hetmã da Coroa polonesa, 333-4, 336, 463, 491-3, 496, 499, 502, 635-7, 642
Brejnev, Leonid, 383n
Bristol, conde de, 279
Browne, conde George, 285, 391
Bruce, Conde Iákov A., 285n, 521, 616
Bruce, condessa Praskóvia A. (nascida Rumiántseva), 117, 120-2, 124, 132, 160-1, 231, 247-50, 256-7, 270
Bucareste, 140, 147, 577, 581, 584
Buckinghamshire, John Hobart, conde de, 124

791

Buffon, conde de, 62
Bulgákov, Iákov I., 360, 362, 505, 510, 523-4, 596, 603, 635
Bulgária, 129, 193, 304, 390, 571
Burke, Edmund, 627, 634
Bush, John, 319, 420, 439
Bush, Joseph, 420
Byron, George Gordon, Lord, 40, 169, 223, 239, 264, 275, 430, 530, 566, 583, 607

Caesar (título romano), 65
Cagliostro, "conde" Alessandro di, 250-1, 294-6
Cagliostro, "condessa" Serafina, 296
Cairo, 304, 487
calmucos, 124, 153, 156, 487, 505-6, 514, 547, 555
Cameron, Charles, 439, 573, 627
Cantacuzino, príncipe, 586, 655
Canzig, 592
caraítas (seita judaica), 508
Carew, Reginald Pole *ver* Pole Carew, Reginald
Caribe, 339
Caricatures (Hogart), 472
Carlos II, rei da Inglaterra, 49
Carlos XII, rei da Suécia, 50, 369, 421, 516
Carlyle, Thomas, 274
Carysfort, John Joshua Proby, Lord, 422-3
"casa Chépelev" (residência de P), 235, 267, 451
casa de banhos (*bánia*), 52-4, 162, 178, 186, 267, 319, 405
Casanova, Giacomo, Chevalier de Seingault, 73, 108-9, 115-6, 211, 283, 295, 322, 333, 434
Castera, Jean-Henri, 660
Catarina I, tsarina, 66, 67n
Catarina II (a Grande), tsarina: — ESCRITOS *Memórias*, 58, 71-4, 76; *Notas sobre história russa*, 472; — OPINIÕES: sobre Isabel, 64; sobre o assassinato de Pedro, 97; sobre Pedro, 72; — PESSOAL: amor pela leitura, 72; amor por jardins ingleses, 420; amor por vestir-se com elegância, 115; aparência, 70, 92, 108, 171, 441, 573; chamada "a Grande", 441; e os judeus, 391-2; habilidade para lidar com pessoas, 109; Palácio de Catarina, 438-9; personalidade, 184; religião, 109; tato, 108; — RELAÇÕES PESSOAIS: com Isabel, 71-5, 79; com Orlov, 76, 79, 82, 102, 113-4, 116-7, 138, 145-6, 152, 184, 240; — RELAÇÃO COM P:, 32, 99-100, 109, 113-4, 138, 143, 146, 159-64, 423, 440-2, 528-9, 539, 556, 570-1, 614, 624-6, 642-4, 660-1; apelidos para P, 170, 172, 176-7, 181; arranjos para o funeral de P, 662; casamento com P, 61n, 203-8, 218-21, 225-6, 229-30, 232-6, 239-40, 251, 260-3; cerimônia de casamento, 205; correspondência, 35-6, 43, 148-9, 171-2, 175-6, 178-83, 187, 201, 206, 219, 223, 225-6, 313, 355, 359, 433, 485, 524-6, 528, 643, 650, 652-3; crise, 638-43; e a família de P, 221, 271, 320, 333, 336, 346; e a morte de P, 41-2, 655-8, 663-4; encontros amorosos com P, 52, 55, 162, 178, 186; faz da mãe de P dama de companhia, 68; postura em relação aos casos de P, 263, 268; primeiro encontro com P, 91-4; problemas, 223-6, 229-30, 233-4, 236; quitando as dívidas de P, 658; relação de P com os favoritos de C, 36, 240-1, 244-6, 250, 252, 256, 258, 260-2, 434-5, 437, 446, 448, 575-6; sobre P, 151, 161-2; vida conjunta com P, 169-36; — VIDA: amantes (favoritos), 69, 73, 75-7, 145-6, 152, 183-4, 223-4, 231n, 239-63, 297, 431-2, 445-6, 567, 575-6; casamento com Pedro, 71-4, 78, 83; cerimônia de casamento, 72; conspirações contra, 102, 142-3; coroação, 97-8; doenças, 216, 604, 614, 626; e a rebelião camponesa, 194-6; flertes, 73-4; golpe para tomar o trono, 69-70, 74, 77, 81-91; governo, 102; Grande Instrução, 125; gravidezes, 73, 75, 78, 216; morte, 666; nascimento, 71; no baile de máscaras, 629-34; rotina diária, 114-7; sobre a morte de Lanskoi, 430-2; sucessão, 69; tornando-se imperatriz, 87-95; trama para assassinar, 191; viagem ao sul, 483, 495-15
Cáucaso, 48, 118, 273, 354, 356, 358, 366-7, 388, 397, 402-3, 523-5, 538, 552, 598-9, 601, 603, 657, 663, 667; corpos de exército do, 357, 403, 534, 609

cavalaria russa, ordens da, 115
Ceaucescu, Nicolae, 586
Chamberlen, família, 230
Chamil, imã, 403
Chancelaria Secreta (Rússia), 82
Chapega, Z. A. (cossaco), 535
Chechkóvski, Stepan I., 101, 114, 337
Chemiakin, Nikita, 405n
Chépelev, P. A., 334
Cheremetev, conde P. B., 56
Chertkov, Evgraf Alexándrovitch, 205-6, 522
Chesme, 138-9, 141, 212, 439, 543
Chevaliers-Gardes, 115, 187, 215
Chibanov, Mikhail, 376n
China, 48, 253, 466, 525, 555n
Chipre, 304, 340
Chúbin, F. I. (escultor), 581, 631
Chudleigh, Elisabeth ver Kingston, duquesa de
Chuválov, conde Pedro I., 77, 79
Chuválov, Ivan Ivánovitch, 62-5, 67, 79-80, 86, 103
circassianos, 216, 402-3, 538
Clausewitz, Karl von, 307
Cleópatra, 36, 158, 495-6
Clive, Robert, Lord, 459
cnute, açoitamento com, 58, 70, 101, 114, 191, 201, 271
Cobenzl, conde Louis, 320-1, 323, 326, 336, 340, 437, 455, 469-70, 481, 484, 501-2, 509, 514, 523, 552, 568; arranjos de viagem para José II, 315; em Kíev, 487; mulherengo, 443; organizando interceptações da correspondência de Paulo, 337; relacionamento com P, 312; relatórios a José II, 263, 323, 326, 329, 334, 336, 338, 432, 501-2, 557; tomando aulas de canto, 443
Cobley, Henrietta, 417
Coburgo-Saalfeld, príncipe Frederico José de Saxe, 538, 571-2, 577-8, 581, 597
Coigny, Louise Marthe, marquesa de, 533, 560
colonização russa, 405, 387-96
Comissão Especial do Departamento Secreto do Senado, 199

Comissão Legislativa (Rússia), 124, 140
Complô Saldern, 159, 337
condenados britânicos colonizando a Crimeia, 393-4, 395-6
Confissões francas sobre meus assuntos e pensamentos (Vizin), 62
Conselho de Estado (Rússia), 128, 190, 273
conservatórios russos, 381, 383
Constantino, grão-duque, 233n, 308, 330, 340, 517, 631
Constantinopla (Tsargrado), 129, 286, 300, 303-4, 306, 308-9, 328, 337, 340, 343-4, 354, 362, 369, 377, 399, 414, 424, 479-81, 483, 487, 505-8, 510, 514, 524, 536, 541, 565, 571-2, 584, 593, 598, 621, 647-8, 657; ver também Império Otomano
Constantinov, Zakhar, 309n
Corberon, Chevalier Marie Daniel Bourrée, 224, 228, 230-3, 250, 254, 256, 259, 265, 271-2, 281, 283, 288, 292-5, 298, 300, 303, 320-1
Córsega, 348, 535
corte russa: bailes, 437; no verão, 438, 439; programa semanal, 438; trajes, 115, 437-8; vida na, 116-7
cossacos, 31-4, 152-3, 194, 366, 368, 398, 402, 505, 603, 611, 636-7; amor de P pelos, 368, 637; de Kuban, 536; Hoste Cossaca, 535, 596; judeus, 536; zaporogos, 34, 140, 153, 368-71, 377, 391, 501, 534-5, 537, 556, 560, 596, 662
Courrier de Moldavie, Le (jornal), 586
Cox, James, 282
Coxe, William, 350
Craven, Elisabeth (nascida Berkeley), condessa de (mais tarde margravina de Anspach), 77, 387, 399, 404, 438, 455, 458, 465-6, 482, 518-20, 543
Creta, 324, 340, 510, 639
Crillon, Duc de, 389
Crimeia, 341-62; anexação pela Rússia, 348, 353, 355, 366, 378; assentamentos russos, 388; canato da, 141; cenário/aparência, 378; conquista da, 33, 347; Guerra da, 377, 406, 537n, 558, 673; importância para a Rússia, 348; in-

793

dependência dos otomanos, 144, 197, 286, 289; jardins na, 421; plano da Prússia para, 592; população da, 405; posição geográfica, 144; rebelião na, 338, 346; visita de C à, 505-16, 521, 523
Cromwell, Oliver, 396, 459
Curlândia, 208, 228-9, 250-1, 290, 295, 298, 334, 492
Custine, marquês de, 66
Czartoryski, irmãos, 75, 104

Dáchkov, príncipe Kiril, 81
Dáchkov, príncipe Pável Mikháilovitch, 410, 417, 424, 434-6
Dáchkova, princesa Iekaterina P. (nascida Vorontsova), 83, 85-7, 89-90, 93-7, 103, 275, 361, 410, 434-6, 438, 442-3
Dácia, reino da, 38, 340, 492, 585-6, 593, 657, 670
Daguestão, 328, 357
Dalmácia, 340
Damas, Roger, conde de, 110, 576; chegada à corte de P, 533; desdém por soldados, 558; na Segunda Guerra Russo-Turca, 542, 544-5, 551, 554, 556-7, 561, 611; P como amigo e protetor, 556; sobre C, 441; sobre os favoritos de C, 262; sobre P, 365, 471; sucesso com as mulheres, 554, 562, 599; uniformes, 554; viagem com P para Petersburgo, 563
Danúbio, rio, 129, 137, 140-1, 147-9, 187, 189-90, 193, 215, 344, 523-4, 530, 553-4, 571, 598, 601, 605, 607, 610, 635, 642, 648; fortaleza turcas no, 598
Danzig, 390, 592, 627, 637
Deboli, Augustyn, 620, 638, 640-2, 644
Debraw, dr. John, 418, 425-6
Declínio e queda do Império Romano (Gibbon), 472
Denis, Madame, 275
Derjávin, Gavrili Románovitch, 31, 35, 41, 278, 314, 331, 342, 365, 394, 451, 465, 583, 620, 632, 639-40, 655, 660, 662, 674
Deuza, Alexis, 463
Devonshire, Georgiana, duquesa de, 399, 474, 639

Dezembrista, Revolta (Rússia, 1825), 233*n*
Diaghilev, Serguei, 177
Diderot, Denis, 114, 126, 146, 158, 178, 444, 472
Dimsdale, barão dr. Thomas, 319, 330, 332
Dimsdale, baronesa Elisabeth, 77, 319, 330, 420, 438-9
Dinamarca: auxílio à Rússia, 558; guerra da Rússia contra a, 82, 84-5
Dino, Dorothea da Curlândia, duquesa de, 275
Diocleciano, imperador romano, 366
diplomatas, 284-6
Dmítri, "Falso", 154
Dmítriev-Mamónov, Alexandre *ver* Mamónov, Alexander Matvéievitch Dmítriev
Dnieper, rio, 197, 216, 310, 345, 351, 368, 371-2, 380, 383, 396, 408-9, 411-3, 415, 425-6, 485-6, 491, 495-7, 505, 518, 520, 525, 543, 549, 663
Dniepropetrovsk (Iekaterinoslav), 379-83, 390-1, 396, 400, 404, 406, 412, 421, 455, 503, 523, 525, 550, 571, 595, 602, 663, 671, 674; "Máfia de Dniepropetrovsk", 383*n*
Dniester, rio, 129, 131-2, 134, 388, 534, 571-2, 577, 579, 581, 593, 599, 642, 648
Dolgorúkaia, princesa Iekaterina F. (nascida Bariátinskaia), 436, 534, 583, 599-604, 608, 621-2
Dolgorúki, príncipe Iúri A., 148-9, 154
Dolgorúki-Krimski, príncipe Vassíli M., 141, 215, 344, 602
Dubrovna, 413, 603
Durand de Distroff, 113, 185
Duval (joalheiro francês), 464
Dzones, Pável Ivánovitch *ver* Jones, John Paul

Efremov (hetmã), 370
Egito, 340, 510
Eisenstein, Sergei, 669
Elizabeth I, rainha da Inglaterra, 64
Elizabeth II, rainha da Inglaterra, 520
Elizavetgrado, 390, 531-3, 535, 537, 541-2, 544, 572
Elphinstone, almirante John, 137
Emin, Mehmed, 132
Encouraçado Potemkin (filme), 42, 669

Encouraçado Príncipe Potemkin de Táurida (navio de guerra), 669
Engelhardt, Alexandra (sobrinha de P) *ver* Branicka, condessa Alexandra V.
Engelhardt, Anna V. (sobrinha de P, mais tarde Zhukova), 265
Engelhardt, Elena Marfa A. (irmã de P), 54, 59, 221
Engelhardt, Iekaterina (sobrinha de P) *ver* Scavrónskaia, condessa Iekaterina
Engelhardt, Liev Nikoláievitch (primo de P), 54, 259, 361, 369, 436, 473
Engelhardt, Nadéjda V. (sobrinha de P, mais tarde Izmáilova, depois Chépeleva), 266, 334
Engelhardt, Tatiana V. (sobrinha de P, mais tarde Potemkina, depois princesa Iussúpova), 266, 273, 280, 294, 334, 352, 644, 667-8
Engelhardt, Varvara (sobrinha de P) *ver* Golítsina, princesa Varvara
Engelhardt, Vassíli A. (cunhado de P), 54, 59, 221
Engelhardt, Vassíli V. (sobrinho de P), 267, 273, 319, 499
Eschenbaum, 246-7, 413, 439
Escócia, 285, 418
Escola de Guerra (Rússia), 32, 50, 66, 103, 155, 159, 187, 191, 224, 273, 362, 366
escravidão *ver* servidão
esoterismo, 295; *ver também* maçonaria; rosacrucianismo
Espanha, 49, 67, 105, 217, 286, 291, 296, 307, 369, 378, 387, 480, 494, 615
Esprit des lois (Montesquieu), 74, 125
Estados Unidos, 292, 339, 394, 396, 416, 444, 473, 541-2, 569, 600, 665; Revolução Americana, 130, 217, 349, 360, 396, 541
Estandas, Antonio d', 400
Estanislau Augusto, rei da Polônia *ver* Poniatowski, Stanisław
Estevão, o Pequeno (governante de Montenegro), 154-5
Estocolmo, 119, 547
Eugene Onegin (Púchkin), 668
Europa: Central, 289, 538, 636; Leste Europeu, 615; Ocidental, 117, 346, 563; Oriental, 343, 406; salões da, 114, 322; sudeste da, 304; sul da, 389
Evrard (valete), 488
execuções: na Rússia, 200; no Império Otomano, 305, 306
Exército prussiano, 129
Exército russo, 32, 41, 49, 72, 129-30, 133, 252, 285, 318, 428, 466, 535, 614, 661
Exército turco/otomano, 134-5, 137, 140, 571, 577, 605, 648; *ver também* Guerras Russo-Turcas
Expedição Secreta (Rússia), 82, 101, 337

Fages, Vaumale, 119
Faléiev, Mikhail Leontovitch, 368, 372-3, 384-6, 397, 401, 405n, 541, 553, 588, 590, 603, 650
Fanshawe, Henry, 542, 545-6, 548-9, 560
faraó (jogo), 68, 73, 117, 250, 258, 462, 474
Fasi (joalheiro suíço), 464
Fawkener, William, 405, 627, 635-6, 638-42, 647-8
Ferdinand de Brunswick, príncipe, 536
ferro, fundição de, 413
Fidonise, 554
Filipe, duque de Orléans (regente da França), 274
Filosofia natural (Buffon), 62
Finlândia, 72, 143, 246, 438, 547-8
Fiódor, tsar, 49-50
Fitzherbert, Alleyne (mais tarde barão de Santa Helena), 270, 399, 410, 443-5, 484, 504, 509
Fitzherbert, sra., 205
Florença, 389, 424, 473, 588
Fokshany, 143, 145-6, 159, 578; Batalha de, 577
Fox, Charles James, 339, 350, 627, 639
França, 105, 340, 510; aliados no Oriente, 104; aliança com a Áustria, 312; apoio à Turquia, 128, 138, 188, 307; apoio da Prússia, 354; mediadora entre a Rússia e os turcos, 289; na Guerra de Independência dos Estados Unidos, 289, 349; Revolução Francesa, 130, 296, 473, 490, 572, 586, 588, 596, 599, 624, 630,

795

635, 649, 665; Tratado de Comércio Franco-Russo, 445
Frederico Guilherme da Prússia, 320, 322, 510, 548, 568, 594, 598, 615-6, 624, 625n, 626-7, 634
Frederico II (o Grande) da Prússia, 39, 72, 75-6, 81-3, 102, 104, 130, 132, 145, 158-9, 163-4, 228, 285, 288, 315, 321-2, 330, 399, 473, 485, 510, 516, 553, 560, 614, 661; admirado por Paulo, 232; admirado por Pedro, 78; apoiando C, 287; apoio de Pedro a, 81-2; ciúme dos ganhos da Rússia, 144; crises emocionais após batalhas, 527; desgosto com comportamento de C, 159; habilidade musical, 456; homenagem prestadas a P, 192; imitado por José II, 315, 318; incentivando a França contra a Rússia, 354; liga anti-austríaca, 444; misoginia, 165; modelo de colonização, 388; ódio de Isabel a, 75; pão-durismo de, 290; sobre Frederico Guilherme, 320; sobre P, 164; sobre Pedro, 95
Frederico José, general ver Coburgo-Saalfeld, príncipe frederico José de Saxe
Frota Báltica, 387, 526, 547, 598
Frota do Mar Negro, 33, 197, 252, 324, 361, 367, 371, 382, 386-7, 406, 491, 524-6, 578, 604, 620, 623

Gabinete Negro (Rússia), 285, 337, 532, 535
Gaks, coronel, 374, 376, 390
Gannibal, general Abram, 51, 371
Gannibal, Ivan Abramovitch, 37-3, 375
Gannibal, Óssip, 371
"Gansos Voadores" (famílias celtas), 285
Garnovski, coronel Mikhail A., 280-2, 405n, 450, 518, 559, 564
Gedemim, grão-duque, 65
Gêngis Khan, 131, 342-3, 356, 611
Geórgia, reino da, 327, 356, 410, 522-4
Georgievsk, 402; Tratado de, 357, 402
Georg-Ludwig, príncipe de Holstein-Gottorp, 82-3, 85, 274
Gibbon, Edward, 472

Gibraltar, 137, 307, 480, 487
Giroir, Claude, 380
glagoli (patíbulo), 200; *ver também* patíbulos
Glinka, S. N., 360
Glória de Catarina — Iekaterinoslav (navio), 385
Goebbels, Josef, 81n
Goertz, conde J. E. von der, 262, 292, 294, 299, 320-1
Goleníschev-Kutúzov, Mikhail ver Kutúzov, general Mikhail I.
Golia, mosteiro de (Iasi), 663, 670, 674
Golítsin, marechal de campo príncipe Alexandre M., 129, 131, 150, 161, 195, 203, 213, 409, 431n
Golítsin, príncipe A. M. (vice-chanceler imperial), 94
Golítsin, príncipe Dmitri M., 228, 312
Golítsin, príncipe Grigóri Serguéievitch, 269
Golítsin, príncipe Mikhail A., 643
Golítsin, príncipe Pedro M., 193
Golítsin, príncipe S., 205n
Golítsin, príncipe Serguei Fiódorovitch (mais tarde marechal de campo), 269
Golítsina, princesa Praskóvia Andréievna (nascida Chuválova), 643
Golítsina, princesa Varvara (sobrinha de P, nascida Engelhardt), 221, 264, 266-9, 271, 275, 334, 336
Golovati, Anton, 535, 556
Golovati, Pável, 41
Golovina, condessa Varvara N., 573, 583, 602, 644
Goltzwart, Katerina, 569
Goncharova, Natália, 205
Gorbatchóv, Mikhail, 402n
Gordon, Revolta de (Londres), 251
Gotlândia: Batalha da, 548
Gotlândia, Batalha da, 558
Gould, William, 404, 405n, 420, 421-2, 428, 476, 482, 501, 514, 519, 577, 586, 631
Grã-Bretanha, 75, 104-5, 137-8, 154, 201, 205, 279, 286, 291, 307, 324-5, 347, 373, 387, 395-6, 398-9, 413, 417, 420, 422, 424, 428, 440,

443, 445, 472, 481, 484, 541, 548, 555, 558-9, 568, 570, 592, 598, 604, 616, 627, 636, 638-9, 641, 647, 666-7, 669; buscando aliança, 324-5; buscando assistência militar russa, 217; coalizão anglo-prussiana, 619, 622, 635; e a Guerra de Independência dos Estados Unidos, 349, 396; enviando presidiários para colonizar a Crimeia, 393-6; planejando a guerra contra a Rússia, 616, 627; Tratado de Comércio Anglo-Russo, 445, 615; Tríplice Aliança (Inglaterra, Holanda e Prússia), 548, 558-9, 615, 624

"Grande Instrução" (artigos de Catarina, a Grande), 125

Grantham, Thomas Robinson, Lord, 347, 354

Grasse, almirante Joseph de, 339

Grécia, 304, 340, 382, 535; Antiga, 310, 649

Greig, almirante Samuel, 137-8, 212, 542, 547, 558

Grigóripol, 388, 666

Grimm, barão Frederich Melchior, 42, 114, 158, 165, 175-6, 201, 210, 215, 231, 246-7, 295-6, 318, 320, 430, 432, 440-2, 444, 449, 453, 455-6, 472, 485, 490, 501-2, 504, 510, 517, 541-2, 589, 620, 629-30, 634-5, 661

Gudóvitch, Ivan V., 607-9, 635, 641

Guerra da Crimeia, 377, 406, 537n, 558, 673

Guerra da Sucessão bávara, 297

"Guerra das Batatas", 288-9

Guerra de Independência dos Estados Unidos (Revolução Americana), 130, 217, 349, 360, 396, 541; legalistas deixando os Estados Unidos, 396

Guerra dos Sete Anos, 68, 74-5, 81-3, 104, 119, 130, 133, 217, 285-6, 321

Guerras Múridas, 404

Guerras Russo-Turcas, 516; atuação de P, 525-581; Primeira, 127-8, 327, 523, 530, 535, 585; Segunda, 33, 208, 383, 401

Guibald, Mademoiselle, 294, 470, 489

Gulesy, Elisabeth, 516

Gunning, Sir Robert, 118, 164, 170, 191, 193, 209, 217-8

Gustavo II, rei da Suécia, 69, 547

Gustavo III, rei da Suécia, 145, 244, 288, 616, 623, 658

Guthrie, Maria, 376-7, 385, 400-1, 514

Hablitz, Karl-Ludwig, 328, 378, 398

Habsburgo, dinastia dos, 105, 131, 274, 289, 311, 314, 316, 319-20, 323-4, 336-7, 500, 507, 513, 568, 583, 594, 598

Haci Giray, 343

Hackett (jardineiro), 420

Hadji-Bey, 579

Hamilton, Emma, Lady, 211, 335

Hamilton, Sir William, 211

Harris, Sir James, 1º conde de Malmesbury, 243, 245, 278, 290-91, 311, 322-3, 332, 350, 375, 471; aconselhado por P, 441, 473; amizade com P, 339, 349-50, 432, 440, 465; deixando Petersburgo, 350; e os Bentham, 410, 417; nomeado conde de Malmesbury, 665; recomendando ingleses a P, 422

Harvey, Augustus, 279

Hassan-Pasha Genase, grão-vizir, 571

Hassan-Pasha, Ghazi (capitão-paxá, mais tarde grão-vizir), 543, 592

Hastie, William, 383

Helbig, Georg von, 517-8, 522, 625n, 661

Henderson, Logan, 418-9, 424, 483, 514-5

Henrique da Prússia, príncipe, 229, 231, 233, 288, 290

Hércules, tsar de Kartli-Kakhetia, 357, 402, 523

Herman, general I. I. von, 605

Hertzberg, conde Ewald Friedrich von, 548

Hill, sr., 413

Hitler, Adolf, 81n, 527

Hogart, William, 472

Holanda, 316, 548, 558, 594, 646; Tríplice Aliança (Inglaterra, Holanda e Prússia), 548, 558-9, 615, 624

Homero, 122

homossexuais, 177

Hood, almirante Sir Samuel (visconde), 41, 616

Horácio, 472

Horan, cardeal de, 296n
Horenstein, Michael, 537n
hospodares (governantes/príncipes da Valáquia e Moldávia), 584-5, 648
Hoste Cossaca, 535, 596
Hoste do Mar Negro, 31, 536-7
Howard, John, 594-5
Howden, John Caradoc, Lord, 668
Howe, William, Lord, 417
Hungria, 316, 401, 594
Hussein-Pasha, seraskier de Ochakov, 561

iacutos, 124
ícones retratando C e P, 376
Idade da Razão, 178, 294
Iekaterinogrado, 402-3
Iekaterinoslav (Dniepropetrovsk), 379-83, 390-1, 396, 400, 404, 406, 412, 421, 455, 503, 523, 525, 550, 571, 595, 602, 663, 671, 674
Iekaterinoslav — Glória de Catarina (navio), 385
Ieláguin, Ivan Perfilevitch, 139, 163, 173, 182, 185, 295
Iermólov, Alexandre Petróvitch, 435-8, 442, 445-50, 475
Igelstrom, general I. A., 360
Igreja ortodoxa, 34, 60, 71, 83, 98, 120, 122, 158, 275, 309, 314, 388, 473; Pedro III e, 83; velhos crentes, 154, 384, 388, 473, 536, 603
Iluminismo, 39, 66, 72, 125, 182, 254, 321, 391, 443, 492, 516, 652, 662
Imerécia, 357
Império Otomano, 104, 126, 135, 138, 141, 144-5, 191, 217, 287, 290, 300, 304, 309, 312, 317, 329, 342-3, 349, 353-4, 356-7, 371, 389, 445, 522-3, 548, 568, 572, 592-3, 596, 598, 612, 627; Sublime Porta (governo otomano), 34, 128-9, 132, 144, 305, 307-8, 325, 339, 344, 347, 349, 481, 486, 504-5, 510, 516, 523, 582, 592, 642
Império Persa, 327, 357; *ver também* Pérsia
Império Romano, 230, 366
Império Russo, 33-4, 48, 60, 66, 71, 98, 108, 156, 175, 215, 308, 327, 343, 349, 366, 428, 508, 658, 669; *ver também* Rússia
incesto, 274-5, 667
Índia, 119, 327, 357, 459, 588, 665
Inglaterra *ver* Grã-Bretanha
Iona (metropolita), 652
irlandeses, 283, 285, 391, 394
Isabel Petróvna, tsarina: abolição da pena de morte, 59, 65; amantes de, 63, 65, 67; antipatia a Pedro, 76; aparência, 64; casamento, 105, 205; Catarina II e, 71-3, 75, 79; doença, 69, 75, 78-9; e a Igreja ortodoxa, 83; em roupas de homem, 64, 90; "filha" (jovem italiana), 210-3; funeral, 81; medo infligido aos cortesãos, 64-5; morte, 68, 80; organizando bailes travestis, 64; pegando os filhos de Catarina, 73, 75; postura em relação aos judeus, 391; procurando esposa para Pedro, 71; tomando o trono, 66, 84, 90; vaidade, 64
Isabella de Parma, 316
Isackcha, 605
Islã, 304, 308, 403; sufismo místico, 403; *ver também* muçulmanos
Israel, Estado de, 527
Israelovski (regimento judaico), 536
Ístria, 340
Itália, 210-2, 333, 335, 337, 347, 378, 381, 400, 410, 531, 535
Iugoslávia, 304
Iussúpov, príncipe Felix, 435, 667
Iussúpov, príncipe Nikolai B., 56, 667
Ivan III, tsar, 309
Ivan IV (o Terrível), tsar, 194, 309, 366
Ivan VI, tsar, 66, 84-5, 102, 106-7
Ivánov, M. M. (pintor), 482
Izmail, 137, 523-4, 530, 577-8, 598, 605-10, 612-5, 622, 632
Izmáilov, coronel P. A., 334
Izmailóvski, Guardas de, 204, 536

janízaros, 82, 135, 304, 306, 343, 524, 529, 550, 554, 578
Japão, 555n

Jardim de Inverno, 404, 428, 630-2, 666, 669
jardins ingleses, 34, 404, 420-1, 472, 476, 482, 501, 514-5, 520, 577, 586
Jassy, 33, 38, 41, 401, 582-7, 589, 593, 595, 599, 613-4, 616, 622, 648-50, 655, 657-9, 662, 664, 666, 670, 673
Jefferson, Thomas, 480, 542, 665
Jennings, Jean-Jacob, 170, 619-21
Johnson, I. B., 461*n*
Jones, almirante John Paul, 528, 541-2, 544-7, 555-6, 564, 569-70, 665
Jones, Thomas, 423
Jorge II, rei da Inglaterra, 279, 666
Jorge III, rei da Inglaterra, 117, 163, 192, 217, 286, 445, 448, 665
Jorge V, rei da Inglaterra, 669
Jornada de São Petersburgo a Moscou, Uma (Radíschev), 596
José II, sacro imperador romano, 321, 331, 353, 394, 455, 483; aliança de defesa com a Rússia, 311-23, 329; aparência, 314; caráter, 315; casamentos, 316; comprando menina escrava, 516; comprando pintura de C, 423; consultores militares de, 285*n*; e a Guerra Russo-Turca, 354, 360, 532, 534, 537, 553, 563, 580, 582; e o Projeto Grego, 340, 349; e os judeus, 391; morte, 594; pintura retratando, 453*n*; reformas, 316, 500; reinado conjunto com a mãe, 316; reinando sozinho, 323; sobre o casamento de C e P, 208; sobre os navios de P, 387; sobre P, 318; vida sexual, 317; visita de Paulo a, 331, 336
Josefa da Baviera, 317
Josefina, imperatriz consorte da França, 36, 307
Joselewicz, coronel Berek, 537*n*
judaísmo, 34, 508; rabinos, 34, 391-2, 473
judeus, 128, 305, 316-7, 342, 373, 376, 389, 391-3, 414, 425, 428, 480, 528, 536-7, 583; cossacos, 536

Kagul, 137-9, 141; Batalha de, 439
Kahovski, Vassíli V., 382, 396-7, 518-9, 526
Kalischevski, P. I. (hetmã), 369

Kamenets, Batalha de, 131
Kamenski, General Mikahil F., 130
Kantemir, príncipe, 209
Kaplan Giray, 611
Kar, general Vassíli, 156
Karasubazaar, 345, 353, 355, 357, 359, 404, 424, 482, 514
Karl-Peter-Ulrich, duque de Holstein *ver* Pedro III, tsar
Kartki-Kakhetia, 357
Karzev, Semen, 56
Kaunitz-Rietberg, príncipe Wenzel von, 37, 290, 312, 353, 453, 461, 500, 563, 570, 594, 601
Kaushany, 579
Kazan, 50, 89, 124, 188-9, 191, 194-5, 197-8, 326, 343, 366, 642, 666; Comissão de, 190, 199
Keith, George, 285
Keith, James, 285
Keith, Robert Murray, Lord, 208
Keyserling, conde Herman von, 103
Kherson: atualmente, 376*n*, 386*n*; construção, 346, 371-6, 504; corte em, 522; palácio em, 404; planos para, 370; população, 406; primeiro governador, 371; tumba de P, 662, 670-4
Khitrovó, tenente Fiódor A., 89, 106
Khotin: Batalha de, 132; paxá de, 539, 622
Khrapovítski, Alexandre V., 42, 446, 448-9, 564, 567, 664
kibitka (trenó), 368, 412
Kíev, 483, 485-6, 488-9, 490-3, 496, 518, 542, 595, 624, 636
Kilia, 137
Kinburn, 197, 345, 347, 371, 505, 525-6, 529-31, 538, 543-4, 546, 550-1, 567
Kingston, Elisabeth Chudleigh, condessa de Bristol e duquesa de, 278-82, 347, 399, 410, 450, 630, 633
Kingston, Evelyn Pierrepont, duque de, 279
Kirim Giray, 131, 344
Kirtland, irmãs, 419, 424
Kischnev, 33
Kisseliov (ajudante de campo), 489-90
Kizikerman, 505, 516

799

Kizlovski, Grigóri Matvéievitch (padrinho de P), 51-2, 60
Kizlovski, Serguei Grigórievitch, 60
Kliutchevski, V. O., 366
Kneller, Godfrey, 423
Kórsakov, coronel Nikolai, 374, 378, 417
Kórsakov, Ivan Nikoláievitch ver Rímski-Kórsakov, major Ivan Nikoláievitch
Kostrov, Emil, 62
Krasnopevzev, Timofei, 56
Kremenchuk, 359, 404, 412, 428-9, 431, 486, 500-1, 521-2, 525
Krestinek, Ivan, 212
Kritchev, 236, 352, 391, 412-6, 419, 424-5, 427-9, 431, 485, 491, 501, 536
Kronstadt, 90-1, 374
Kuban, 343, 353-6, 360, 379, 402-3, 516, 523, 525, 534, 536, 599, 603, 609, 635, 662, 674; Linha, 402n
Kuchuk-Keinardji, Tratado de, 197, 286, 344
Kurákin, príncipe Alexandre B., 165, 337, 338, 671
Kurákina, princesa Elena, 77
Kutúzov, general Mikhail I. (mais tarde príncipe e marechal de campo), 551, 553, 608, 610, 641

La Binetti (atriz italiana), 333
Lacey, conde Francis Antony, 285n
Lacey, conde Francis Maurice (marechal de campo), 285n, 503, 515-6
Lafayette, marquês de, 528
Lafite (engenheiro), 549
Lajkarev, Serguei L., 585, 604, 648
Lampi, Giambattista, 387, 453, 554, 601
Lamsdorf, major, 588-9
Langeron, Alexandre, conde de, 129-30, 133, 385, 473, 600-3, 605-6, 608, 610, 612-3, 621, 661, 662, 667
Lansdowne, marquês de ver Shelburne, William Petty
Lanskoi, Alexandre Dmítrievitch, 231n, 251-2, 257, 260-1, 263, 273-4, 297, 312, 324, 326-7, 346, 361, 410-1, 430-2, 433-4, 437, 439, 449, 574
Larga, Batalha de, 136-7
Lavater, Johann Kaspar, 295
Lavrenev, Boris, 672
Le Picq (mestre de dança), 631
Leeds, Francis Godolphin Osborne, duque de, 594, 627
Leopoldo II, sacro imperador romano (antes grão-duque da Toscana, depois rei da Hungria), 337, 594-5, 598
Lermontov, Mikhail Iúrevitch, 285
Leste Europeu, 615
Levachev, major, 249
Levachov, Vassíli, 437, 446, 475
Líbano, 327
Liga de Príncipes Alemães, 444
Ligne, Charles-Joseph, príncipe de, 208, 441; amizade com P, 322, 394, 398, 465, 553, 556, 599; C sobre, 322, 479; casamento, 321; como escritor, 322; correspondência com P, 347; criação, 321; desejo de comando militar, 321, 664; em Bakhchisaray, 507; em viagem com C, 497; em visita às cidades e aldeias de P, 504, 521; espiando P, 556; na Guerra dos Sete Anos, 321; poema para P, 512; sobre C, 108, 254, 459; sobre José II, 316, 317; sobre mulheres gregas/turcas, 584; sobre os tártaros, 506, 515; sobre os turcos, 135; sobre P, 34, 39, 456, 471-3, 492, 528, 546, 664; terras dadas por P, 510
Ligne, príncipe Charles de (filho), 605
Liman, Batalha do, 538, 542, 544, 546; frota do, 541
Litta, conde Giulio, 667
Littlepage, Lewis, 40, 454, 487, 492-3, 542, 547, 555, 563
Lituânia, 65, 103, 153, 343, 411, 634; Comunidade da Polônia e da Lituânia, 634
Livánov, professor, 384, 398
Livônia, 72, 90, 281, 285, 391, 592, 594
Locke, John, 472
Lopatin, V. S., 251, 613

Lopukhiná, condessa Natália, 65
Loudon, marechal de campo Gideon, 462, 571, 581
Lubomirska, princesa, 603
Lubomirski, príncipe Ksawery, 455, 466, 49-2
Luís da Prússia, príncipe, 668
Luís XIV, rei da França, 49, 67, 86, 133n, 192, 208, 254, 298, 420, 441, 457
Luís XV, rei da França, 35, 173, 256, 272, 295, 600
Luís XVI, rei da França, 36, 73, 163, 216, 265, 296n, 299, 490, 624
luteranismo, 72

Macartney, Sir George (mais tarde conde), 92, 108, 253
Mack (joalheiros), 482
Macmillan, Harold, 473
maçonaria, 251, 295-6, 625; lojas maçônicas, 295, 473, 614, 625
"Máfia de Dniepropetrovsk", 383n
Mahmud II, sultão otomano, 307
Malmesbury, 1º conde de *ver* Harris, Sir James
Malmesbury, 6º conde de, 350n
Mamónov, Alexander Matvéievitch Dmítriev, 434-5, 448-50, 484, 489, 494, 496-7, 499, 502, 504, 562, 564, 567, 572-4, 626
Manchin, 642
Mansour, xeque, 403, 523, 525, 538, 641
Marchese (cantor), 455
Maria Antonieta, rainha consorte da França, 36, 254, 296n, 322, 444, 457, 533, 667
Maria Fiódorovna, grã-duquesa, mais tarde tsarina (nascida princesa Sophia Dorothea de Württemberg), 232-3, 308, 331, 435
Maria Teresa, rainha-imperatriz da Áustria, 145, 147, 158, 163, 192, 228, 254-5, 288, 312, 314, 316, 320, 323, 391
Marinha dos Estados Unidos, 541, 665
Marinha Real inglesa, 129, 545, 616, 627
Marinha russa, 103, 292, 297, 361, 398, 414-6, 428, 614
Marinha sueca, 558

Mariúpol, 346, 388
Marlborough, duque de, 133n, 459
martinismo, 295, 647
Massandra, 421, 511
Masson, Charles, 164, 185, 243, 453, 562, 573, 576, 590, 658
Massot, dr., 650, 652, 655-6, 672
Matuchkina, condessa Sófia, 409
Mavrocordato, príncipe Alexandre, 486, 523, 585
Maximovitch, general, 560
Mazarin, cardeal Jules, 67, 275
Mazeppa, hetmã Ivan Stepánovitch, 369
Meca, 304
Medina, 304
Mehmed II, sultão otomano, 303
Meilhan, Sénac de, 472, 649
Memórias (Catarina, a Grande), 58, 71-4, 76
Ménchikov, 63, 68, 147, 282
Mengli Giray, 343
menonitas, 390
Meschiricz, 491
Mesmer, Franz, 295
Mesopotâmia, 135
Metternich, princesa Clementine, 668-9
Metternich, príncipe Klemens von, 665, 668-9
Mickhievicz, Adam, 537n
Mikhelson, tenente-coronel Ivan I., 194, 198-9
Minorca, 324-5, 487
Mirabeau, Honoré Gabriel Riqueti, conde de, 316, 624, 670
Miranda, Francisco de, 379, 392, 404, 491, 519; apresentado a C, 488; em exércitos revolucionários franceses, 665; morte, 665; na Venezuela, 665; passado, 479, 481; sobre a correspondência de P, 461; sobre a corte de P, 480; sobre mulheres, 488; sobre novas cidades, 375, 377, 380; sobre o talento musical de P, 456; sobre P, 465, 471, 479; tratamento frio por parte de P, 493; viajando com C, 471, 480-2
Miróvitch, Vladímir, 107
misticismo, 122, 159, 468
Mniszech, condessa (Ursula Zamoyska), 485n

Mocenigo, conde, 389
Moguiliov, 312-3, 315, 317-8, 320, 324, 326, 461, 564, 646
Moldávia, 33, 36, 42, 140, 143, 208, 348, 382, 390, 422, 424, 523-5, 566, 571, 577, 583-6, 597, 615, 636, 637, 647-9, 651, 663, 670
moldávios, 32, 34, 39, 327, 390, 636, 663
mongóis, 131, 344, 356, 555
Montagu, Mary Wortley, 279
Montenegro, 154-5
Montesquieu, 74, 115, 125, 416
Mordvínov, almirante Nikolai, 252, 387, 415, 417, 537, 540, 542
Moreia, 340, 585
Moscou: mudança de P para, 59-60; Peste de, 118, 141; Universidade de, 62, 67
Mosteiro de Troitsko-Sergueiévna, 220
Mozart, Wolfgang Amadeus, 456, 516, 649
muçulmanos, 131, 177, 357, 378-9, 570
Münnich, conde Burhard von, 90, 91
Murat, Caroline, rainha de Nápoles, 667
múridas, 403; Guerras Múridas, 404
Museu Britânico, 282
Museu Hermitage, 177-8, 282
Músin-Púchkin, conde V. P., 547
Mustafá II, sultão otomano, 304
Mustafá III, sultão otomano, 132, 189, 307

Nachkichevan, 388
Nagu (menino calmuco), 514
Napoleão Bonaparte, imperador da França, 36, 39-40, 296n, 367, 370, 535, 537n, 551, 585, 603, 631, 661, 665, 667
Nápoles, 211, 335, 385, 427, 463, 467, 470, 585, 667
Naqshbandi (irmandade muçulmana), 403
Naríchkin, Liev A., 117, 143, 190, 258, 334, 438, 447, 462, 469, 484, 488-9, 520
Naríchkina, Anna N., 573
Naríchkina, irmãs, 469, 489, 575
Nassau-Siegen, Charles, príncipe de, 271, 502, 544, 570, 621

Natália, grã-duquesa (nascida Wilhelmina de Hesse-Darmstadt), 157-9, 230, 231n, 232
navios, construção de, 372, 387, 414, 426, 501, 504, 537, 540, 662
Negroponte, 585
Neielov, Ilia, 440
Nelson, almirante Horatio, 627
"Neutralidade Armada" (Rússia), 297, 299, 329, 615
Newton (soldado irlandês), 283
Newton, Isaac, 472
Nicolau I, tsar, 206, 233, 435, 666
Nicolau II, tsar, 53, 74, 206, 435, 669
Nicolau, são, 383
Nikitskaia, igreja, 61n
Nikoláiev (cidade), 37-8, 368, 383-4, 387, 397, 404, 406, 421, 563, 598, 603, 605, 648, 653, 662, 670, 674
nogais, 344, 355-6, 360, 397, 402
nômades, 305, 344, 355, 360, 519
Notas sobre história russa (Catarina, a Grande), 472
Nova Rússia (províncias meridionais), 191, 362, 366, 388-9, 402, 404-5, 664, 667; P como vice-rei, 362, 365-405; ver também Rússia
Novo Mundo, escravos negros do, 57

Oakes, Richard, 224, 231-2, 234
Obreskov, Alexei M., 128, 144
Ochakov: cerco de, 534, 548, 672; Crise de, 615-6, 623, 635, 638, 642
ocultismo, 295
Odessa, 33, 366, 383-5, 406, 578, 628n, 662, 664, 668-9
Odisseia (Homero), 122
Oginski, Michel, 646
Olivares, conde-duque de, 40, 67n, 450n, 458n
Olsufiev, A. V. (secretário de C), 124
Olviopol, 505n, 572-3
Oranienbaum, Palácio, 75, 84-5, 87, 91, 95, 197-8, 449
Orczelska, condessa, 274

Ordem de Santo André (mais alta condecoração russa), 192, 531, 615
Orenburg, 155-6, 188, 197; comissão secreta de, 194
Orlov, conde Fiódor G., 432
Orlov, irmãos, 81, 157, 186, 432
Orlov, príncipe Grigóri Grigórievitch, 147, 152, 157, 161, 164, 187-8, 191, 193, 195, 203, 212, 216, 224, 232-3, 242, 247, 259, 272, 332, 430, 564; antagonismo com P, 121, 139, 195, 232; aparência, 76; apresentando P a C, 99-100; caráter, 77; como negociador de paz, 143; família, 76; filho com C, 78-9, 83; lidando com a peste bubônica, 142; morte, 231n, 348, 434; no poder, 95, 97, 157-9; nomeado general diretor, 98; patrocinando novos favoritos, 248; presenteado com miniatura de C, 215; relacionamento com C, 76-7, 79, 82, 102, 113-4, 116-7, 138, 145-6, 152, 184, 240; respeito por P, 123
Orlov-Davidov, conde V. P., 206
Orlov-Tchésmenski, conde Alexei G., 87-8, 95-7, 117, 121, 137-9, 154, 186-7, 210, 224, 232, 272, 440, 547, 641
Osterman, conde Ivan A. vice-chanceler, 119, 620
Osterman, condessa A. I., 628n
Ostrovki, 439-40, 447
Ozérki, 243, 257, 320, 381, 440, 463

Pahlavi, dinastia, 329
Palácio de Catarina, 438-9
Palavitsa, 379
Paleóloga, Sofia, 309
Palestina, 462
Palmerston, Henry Temple, Lord, 489
Pánin, conde Nikita Ivánovitch, 86, 96, 98, 102, 106, 115, 146, 157, 188, 195-7, 275, 283, 287, 312-3, 330, 337; aparência, 86; apoio para P, 119; C sobre, 323; destituição, 332; ganhando poder, 196; morte, 348; papel no golpe de C, 86, 89; patrocinando favoritos de C, 248; rivalidade com P, 287, 291-2, 296, 299, 320

Pánin, general conde Pedro Ivánovitch, 165, 195-9
Panóptico, 425, 537, 665
Parkinson, John, 253
Parma, conde de, 400
Passek, capitão, 87-8
patíbulos, 156, 199-200, 202, 466
Paulo, grão-duque (mais tarde tsar Paulo I), 66, 74, 89, 98, 105, 125, 214, 270, 436, 630, 666; amor por coisas prussianas, 188, 318, 320; assassinato, 666; casamento com Maria (princesa de Württemberg), 232; casamento com Natália (grã-duquesa), 159; como tsar, 109; desfigurando o Palácio de Táurida, 632n; destruindo a tumba de P, 42, 671; doença, 98; e a morte de P, 659; fazendo intrigas contra C e P, 625; investigando as finanças de P, 657; nascimento, 73, 270; planos de P para desacreditar, 337; proposto como sucessor em conjunto com a mãe, 80; relacionamento com C, 157, 484n, 531; relacionamento com P, 42, 188, 228, 336, 484n, 522, 532, 554n; torna-se tsar, 666; treinando tropas, 532
Pedro I (o Grande), tsar, 33, 49-50, 55-6, 60, 66, 71-2, 77, 82, 86, 90, 102, 120, 133, 137, 144, 147, 159, 192, 204, 208, 211, 274, 288, 332-3, 345, 369, 371, 377, 387, 438, 472, 509, 516, 525, 580, 659, 662, 664; caráter, 64; crises emocionais depois de batalhas, 527; doença, 458; estátua de, 341; família, 48; fundando cidades, 660; fundando Regimentos das Guardas, 68; fundando São Petersburgo, 63; impondo serviço compulsório, 55; importando títulos germânicos, 65; mudando regras de herança, 65; P imitando, 38; semelhanças entre P e, 660; Tabela de Posições (serviço militar), 55; visita ao sul, 519
Pedro II, tsar, 66
Pedro III, tsar (grão-duque Pedro Fiódorovitch), 80-2, 86-7, 89-90, 93-4, 96-7, 99, 101, 107, 109, 141, 153-56, 189, 194, 198, 274, 287, 318, 666; abdicação, 95; amor pela Prússia, 75-6; aparência, 72; assassinato, 96-7, 213; caráter, 72;

803

casamento, 71-3, 78, 84; caso amoroso, 76; cerimônia de casamento com C, 72; comandando o exército, 83; comportamento, 72, 78-85; e a Igreja ortodoxa, 83; hábito de beber, 74; impostores alegando ser, 153-5; infância, 72; opinião de C sobre, 72; planos militares, 80

Pequeno Hermitage (extensão do Palácio de Inverno), 117, 175, 257, 267, 438, 470

Perekuchina, Maria Savichna, 204

Pérsia, 211, 288, 326-7, 329, 356-8, 467, 525, 632; Império Persa, 327, 357

peste bubônica, 118, 141-2, 348, 354-5, 359, 361, 374, 481, 648

Peterhof, 72, 75, 84, 87, 90, 93, 95, 174, 195, 197, 248, 438, 440, 449, 641

Petróv (bibliotecário), 139

Pisani, N., 306, 522-4, 533

Pitt, William, 37, 445, 458, 537, 568, 615-6, 623, 627, 635, 638-9

Plutarco, 69, 309, 340, 472

Pole Carew, Reginald, 88, 373-4, 386, 413, 417, 465-7, 472

Polônia: aliança da Rússia proposta com, 498-9, 539, 558; aliança militar com a Prússia, 593; ameaça da Prússia, 592; apoio à Turquia, 307; Comunidade da Polônia e da Lituânia, 634; monarquia hereditária, 634; Parlamento, 103; Partição da, 145, 191, 229, 391, 626; "Patriotas", 595; reis da, 48, 343, 498; Revolução Polonesa, 539, 596, 603, 615, 635, 637; separação da Rússia, 558, 567, 572, 592; terras de P na, 491, 603

Poltava, Batalha de, 50, 204

Pompadour, Jeanne Antoinette Poison, Madame d'Etoiles, marquesa e duquesa de, 173, 256

Poniatowski, príncipe Stanisław, 318

Poniatowski, Stanisław (rei Estanislau II Augusto da Polônia), 70, 128, 261, 287, 318, 333, 462, 480, 485, 487, 490-3, 496, 498-500, 516, 539, 555, 603, 621, 638; C dá a luz filha de, 75; caso amoroso com C, 75, 77, 184, 240; desejo de retornar a C, 101, 498; honrarias prestadas a P, 192; negociações políticas com C, 490-1, 498-9; sobre C, 70; torna-se rei da Polônia, 103-4

Pópov, Vasaíli Stepánovitch, 41, 43, 109, 362, 367-8, 385, 398, 412, 457, 461-4, 476, 586, 590, 613, 648, 650-3, 657, 662, 664

Porter, general Horace, 665

Potemkin, Alexandre Vassílievtch (pai de P), 50-2, 59

Potemkin, arcebispo Iov, 671, 674

Potemkin, conde Pável Serguéievitch (primo de P), 188-9, 194, 198-9, 201, 209, 243, 248, 273, 353, 355, 357-8, 402-3, 534, 538, 554, 607; acusado de assassinato, 657n

Potemkin, Hans-Tarasi, 48

Potemkin, Ilarion, 48

Potemkin, Ivan, 48

Potemkin, Mikhail Serguéievitch (primo de P), 209, 243, 273, 334, 352, 657, 667

Potemkin, Pedro Ivánovitch, 49-50

Potemkin, Serguei (primo de P), 52

Potemkina, Dária Vassílievna (mãe de P, nascida Kondireva), 51-3, 59, 61, 67, 221, 320

Potemkina, Nadéjda (irmã de P), 54

Potemkina, Praskóvia Andréievna (nascida Zakrevskaia), 534, 554, 588, 599

Potemkinskaia (aldeia), 200

Potemkin-Tavrítchevski, príncipe Grigóri Alexándrovitch: — CASOS AMOROSOS, 35, 263, 276, 334, 469, 599; com sobrinhas, 35, 263-77, 334-5 — MORTE, 39, 231n, 646; autópsia e embalsamento, 655; funeral, 662; locais de sepultamento, 662, 670-4; escavações da tumba, 671-3; lápide, 673; premonições da, 633, 648; reações das pessoas à, 656-8; — PESSOAL: ambições, 47, 61; amizades, 78, 139, 350, 411, 465; amor pela leitura, 62; amor pela música, 454-6; amor por comida, 466; amor por jardins ingleses, 420, 476; amor por jogos de apostas, 474; amor por joias, 463; anglofilia, 416-23; aparência, 32, 68, 99, 122, 170, 352, 452, 620; atitude em relação a lutar em guerras, 551; ausência de preconceito, 392; ausência de vingança, 336, 338, 465; biblioteca de, 472; caráter, 453-4, 464-5; coleção de arte, 422; como estadista, 252, 272, 279; compreensão do comércio, 327; conhecimento, 471-3; diplomacia, 287; e judeus, 391; escrevendo poesia, 406; facilidade com mulheres, 54; gostos, 174; hábitos, 174; histórico familiar, 47-53; humanidade e generosidade, 418, 544, 557, 658-9, 661; ideias políticas, 472-3; inteligência, 60, 471; lidando com bajuladores, 460; mímica, 99, 434; religiosidade, 56, 60, 122, 220, 473; sexualidade, 177; timidez, 465; tolerância com subordinados, 463; vestimenta, 174, 188, 215, 456; — RELACIONAMENTO COM C, 32, 99-100, 109, 113-4, 138, 143, 146, 159-64, 423, 440-2, 528-9, 539, 556, 570-1, 614, 624-6, 642-4, 660-1; apelidos dados por C para, 170, 172, 176-7, 181; apelidos para C, 172; casamento, 61n, 203-8, 218-21, 225-6, 229-30, 232-4, 236, 239-40, 251, 260-3; cerimônia de casamento, 205; consolando, 431, 432; correspondência, 35-6, 43, 148-9, 171-2, 175-6, 178-83, 187, 201, 206, 219, 223, 225-6, 313, 355, 359, 433, 485, 524-6, 528, 643, 650, 652-3; crise, 638-43; dívidas quitadas por C, 658; encontros amorosos com C, 52, 55, 162, 178, 186; primeiro encontro com C, 91-4; problemas, 223-6, 229-30, 233-4, 236; relação com os amantes de C, 36, 240-1, 244-6, 250, 252, 256, 258, 260-2, 434-5, 437, 446, 448, 575-6; vida conjunta com C, 169-236; — VIDA: alistando para serviço militar, 61; almirante do mar Negro e Capitão de Frotas Marítimas, 525; comando militar, 567, 661; combatendo na guerra contra os turcos, 525-81; como monge, 160; como vice-rei da Nova Rússia, 362, 365-405; condecorações, 134, 192, 229; cruzeiro pelo Dnieper, 495-510; dando baile de máscaras, 627-33; doenças e hipocondria, 31-8, 179, 261, 359, 457-8, 460, 522, 525, 529, 553, 647-51, 653; e a Crimeia, 341, 362, 378, 388, 392, 394-5, 399, 404, 505, 516, 521, 523; educação, 55, 60, 62; finanças, 191-2, 589-91-, 657; herói de guerra, 127-50; incentivando o comércio e a manufatura, 399-401, 412, 414; incentivando o cultivo de terras, 398, 400, 415; infância, 53-5; lendas sobre, 42; missão no exterior, 119; mudança para Moscou, 59-60; mudança para palácios imperiais, 174; mudança para São Petersburgo, 62; na corte, 99, 109-10, 113-4, 116, 119-20, 122-4; na Escola de Guerra, 187, 191, 224, 362, 366; nascimento, 47, 51; naturalização polonesa, 48; no Conselho de Estado, 190; no golpe contra Pedro, 83, 85, 87-8, 95, 129; no Santo Sínodo, 120, 123; nomeado grão-hetmã do mar Negro e Hoste de Ikaterinoslav, 595; perda do olho, 121; "Projeto Grego", 300, 304, 308-11, 317, 326-7, 329, 337, 339-40, 381-82, 585; promovido a marechal de campo, 362; recebe retrato da imperatriz, 215; retirando-se da Corte, 122; rotina diária, 451-76; status de nobre polonês, 334; terras na Polônia, 491, 603; tesoureiro do Exército, 124; título de Tavrítchevski, 517; títulos, 32; torna-se príncipe do Sacro Império Romano, 228; última viagem, 31-8, 653

Potocki, Felix, 637, 649, 666
Potocki, Ignacy, 493
Potocki, Iúri, 667
Praga, Batalha de, 530
Prashkovski, Batalha de, 132
presidiários britânicos colonizando a Crimeia, 393-6
Príncipe Potemkin de Táurida (navio de guerra), 669
"Projeto Grego", 300, 304, 308-11, 317, 326-7, 329, 337, 339-40, 381-2, 585
projeto persa-armênio, 359
Prokopóvitch, professor, 398
Protasova, Anna, 256
Prozorovski, príncipe Alexandre A., 128
Prússia, 625n; aliança com a Rússia, 104, 289; aliança militar com a Polônia, 593; aliança otomana com, 593, 597; apoio à Turquia,

307; coalizão anglo-prussiana, 635; paz russa com, 82; planejando guerra contra a Rússia, 615-6; Plano Hertzberg, 548; planos para a Polônia, 592; Rússia em guerra contra a, 80, 82; tratado com a Rússia, 627; Tríplice Aliança (Inglaterra, Holanda e Prússia), 548, 558-9, 615, 624
Prut, rio, 129, 134, 571, 578
Psalmanazar, George, 295
Púchkin, Aleksandr Serguéievitch, 51, 56, 62, 65, 156, 200, 205, 366, 371, 435, 439, 474, 590, 613n, 619, 640, 662, 668; ligação com a família de P, 668
Púchkin, tenente, 90
Púchkina, condessa, 640
Pugatchov, Iemelian, 153-8, 177, 181, 185, 187, 188, 190-1, 193-202, 209-11, 273, 344, 369, 370, 396, 619

Qajar, dinastia, 329
Quersoneso, 309, 358, 371, 511
quirguizes, 156, 487, 555

Rabin, Yitzhak, 527
Radíschev, Alexandre N., 596-7
Radziwill, príncipe Karol Stanislas, 211
Raievski, coronel Alexandre N., 613
Raievski, general Nikolai N., 613n, 619
Raspútin, Grigóri Iefimovitch, 53, 435, 667
Razumóvskaia, condessa Isabel, 123
Razumóvski, conde Alexei G., 79, 105-6, 205, 210, 213, 235
Razumóvski, conde Andrei K., 188, 230, 232, 649
Razumóvski, conde Kiril G., 53, 57, 73, 89, 106, 113, 123, 128, 143, 171, 195, 233, 242, 275, 375, 518
Rebelião de Pugatchov, 186-9, 209, 369
Regimentos das Guardas (Rússia), 66, 68, 603
Relógio do Pavão, 282
Repnin, príncipe Nikolai V., 136-7, 140, 224, 289, 331, 529, 551, 560, 578, 635, 642, 647-8, 650
Revolta de Gordon (Londres), 251
Revolta Dezembrista (Rússia, 1825), 233n

Revolução Americana, 130, 217, 349, 360, 396, 541
"Revolução Diplomática" (Europa), 75, 284, 312
Revolução Francesa, 130, 296n, 473, 490, 572, 586, 588, 596, 599, 624, 630, 635, 649, 665
Revolução Polonesa, 539, 596, 603, 615, 635, 637
Revolução Russa, 672
Reynolds, Sir Joshua, 422-3
Ribas, José de, 212, 385, 481, 578-9, 598-9, 603, 605, 607-10, 622, 648, 664
Ribbing, conde, 143
Ribeaupierre, conde Alexandre I., 109, 175, 264, 452
Richardson, William, 108
Richelieu, Armand du Plessis, duque de Fronsac, 450, 454, 471, 600-1, 605, 608, 610-3, 662, 664, 669
Richelieu, cardeal Armand du Plessis de, 40, 67n, 458n
Richesse des Nations, La (Smith), 472
Riga, 390, 395, 413-4, 418, 425, 558, 592; cerco de, 50
Rimnik, Batalha do, 580
Rímski-Kórsakov, major Ivan Nikoláievitch, 246-50, 257-8, 263, 270, 292, 440
Rinaldi, Antonio, 439
Rivery, Aimée Dubucq de, 307
Rodney, Almirante G., 338-9
Roebuck (jardineiro), 425
Rogerson, Dr. J., 256-7, 271, 293, 332, 410, 431-2, 666
Románov, dinastia dos, 42, 378, 435, 666
Romênia, 33, 37-8, 140, 304, 340, 571, 583, 586, 670, 674
Rontsov, Ivan P., 251
Roosevelt, Franklin Delano, 81n
Roosevelt, Theodore, 665
Rópcha, 95-7
rosacrucianismo, 295, 625
Rostopchin, conde Fiódor V., 41, 535, 640, 659
Rousseau, Jean-Jacques, 54, 118, 188, 322
Rudorfski, conde, 274
Rudzevitch, Iákov Izmáilovitch (Iakub Aga), 378

Rumiántseva, condessa Iekaterina M., 151, 165, 187-8, 235

Rumiántsev-Zadunáiski, conde Pedro Alexándrovitch (marechal de campo), 127, 129, 132-4, 136-41, 143-4, 147-51, 160, 185, 187, 189-90, 193, 196-7, 214-5, 221, 223, 248, 257, 317-8, 346, 352, 439, 489n, 525-9, 532, 553, 557, 564, 566-7, 659

Rússia: aliança com a Áustria, 286, 311-27, 329, 336-40, 350, 353, 651; aliança com a Prússia, 104, 289; anexação da Crimeia, 348, 353, 355, 366, 378; "Arte pela Arte" (círculo de intelectuais), 177; Chancelaria Secreta, 82; colonização, 387-96, 405; Comissão Especial do Departamento Secreto do Senado, 199; Comissão Legislativa, 124, 140; conquista da Crimeia, 33, 347; Conselho de Estado, 128, 190, 273; conservatórios musicais, 381, 383; construção de navios, 372, 387, 414, 426, 501, 504, 537, 540, 662; cultivo de batatas introduzido por Bentham e P, 415; Expedição Secreta, 82, 101, 337; Gabinete Negro, 285, 337, 532, 535; guerra contra a Dinamarca, 82-5; guerra contra a Prússia, 80, 82; industrialização fomentada por P, 400; instalações industriais na, 413; lei de sucessão, 66; "Neutralidade Armada", 297, 299, 329, 615; Nova Rússia (províncias meridionais), 191, 362, 366, 388-9, 402, 404-5, 664, 667; Ordem de Santo André (mais alta condecoração russa), 192, 531, 615; paz com a Prússia, 82; produção de sal, 209; produção de seda, 400; proposta de aliança com a Polônia, 498-9, 539, 558; Revolta Dezembrista (1825), 233n; Revolução Russa, 672; Senado, 79-80, 82, 89, 101-2, 185, 199, 201, 334, 337, 341; separação da Polônia, 558, 567, 572, 592; trajes da corte russa, 115, 437-8; tratado com a Prússia, 627; Tratado de Comércio Anglo-Russo, 445, 615; vinho produzido na, 400; *ver também* Exército russo; Guerras Russo-Turcas; Império Russo; União Soviética

Rzewuski, hetmã Seweryn, 649

Sagan, Wilhelmina da Curlândia, duquesa de, 668

Saint-Germain, conde de, 295

Saint-Jean (memorialista), 256, 258, 450

Saint-Joseph, barão de *ver* Antoine, M.

sal, produção de, 209

Saldern, Caspar von, 158-9, 337

Salomão, tsar da Imerécia, 357

Saltikov, conde Nikolai I., 553, 574, 620, 622

Saltikov, Serguei V., 73-4, 84, 119, 184, 240

Saltikova, Dária Nikoláievna, 58-9

Samóilov, conde Alexandre Nikoláievitch, 120, 607; como general, 273; em posse da certidão de casamento para C e P, 206; ergue pilar memorial para P, 670; nomeado plenipotenciário, 648; nomeado procurador-geral, 664; secretário do Conselho de Estado, 273

Samóilov, Nikolai V., 54

Samóilova, condessa Iekaterina (nascida Trubetskaia), 534, 554, 562, 599

Samóilova, condessa Sophia A., 669

Samóilova, Maria A. (irmã de P), 54

Sanguszko, Karolina, princesa (mais tarde princesa de Nassau-Siegen), 480

Sanovski, dr., 39

Santos, Batalha dos (Caribe), 339

São Petersburgo, 35-6, 41, 43, 50, 53, 56, 59-60, 63, 66, 68-70, 78, 83, 87, 90, 92, 96, 101, 124, 126, 131, 133, 138-9, 142-5, 150-1, 155-8, 177, 203-4, 208, 211, 213, 221, 228-9, 235, 245-6, 278, 280, 298, 319, 341, 345, 348, 359, 374, 383, 408-9, 428, 432, 438, 442, 462, 465-7, 484-5, 514, 521, 547, 596, 631, 640, 656; fundação por Pedro, o Grande, 63; Praça do Senado, 341

Sapieha, príncipe Casimir Nestor, 488, 493, 544

Sappho, 472

Sarátov, 198, 366, 402

Sardanápalo, 582-3

Sardanova, Elena, 513

Sarti, Giuseppe, 381, 455-6, 488, 495, 533, 553, 577, 586, 602

Saxe, marechal Maurice de, 272

Sayre, Stephen, 489
Scavrónskaia (nascida Engelhardt, sobrinha de P), condessa Iekaterina, 56, 243, 427, 667; ajuda dos favoritos de C, 449; aparência, 266; casamento com Litta, 667; casamento com Scavrónski, 333; doença, 346; joias, 463; P em busca de favores para, 326; relação com P, 271, 470, 488, 554, 657; suposta gravidez de P, 271; temperamento, 272; viajando com C, 313; viúva de Scavrónski, 667
Scávronskaia, condessa Iekaterina P. (mais tarde princesa Bagration), 668
Scavrónski, conde Pável Martinovitch, 56, 333, 335, 420, 467, 667
Schlüsselburg, 66, 95, 102, 107, 413, 641
Schtofel'n, general K. F. von, 134
Schwerin, conde Kurt Christopher von, 76
Sebastópol, 33, 377-9, 382, 387, 406, 412, 474, 482, 508-10, 517, 525-7, 529, 537n, 544, 554, 563, 579, 605, 649, 662
seda, indústrias de, 400
Ségur, Louis-Philippe, conde de, 136, 416; amizade com P, 444, 446, 449, 465, 487, 514, 534, 569; brincadeira feita por P com, 514; com José II, 503, 506; discussões com P, 340, 472; escritos poéticos, 444; *Mémoires*, 444; na Revolução Francesa, 665; negociando o tratado de comércio franco-russo, 445; no encontro de C com o rei da Polônia, 499; presente de Branicki, 333; primeiro encontro com P, 457; repreendido por piadas, 254; sobre a Crimeia, 401, 405; sobre as sobrinhas de P, 266; sobre Bezboródko, 310; sobre Jones, 542; sobre o casamento de C e P, 207; sobre P, 40, 454-5, 457, 459, 469, 471-2, 520, 661; viajando na comitiva de C, 484; virando detetive, 569; visitando as novas cidades de P, 504
"Sejm de Quatro Anos" (parlamento da Revolução Polonesa), 539, 615, 637
Selim III, sultão otomano, 570, 616, 657
Semple, major James George, 282-3, 290, 346-7, 399
Senado russo, 79-80, 82, 89, 101-2, 185, 201, 334, 337, 341; Comissão Especial do Departamento Secreto do, 199
Sêneca, 472
Sereth, rio, 571
serviço militar, 57, 61, 65, 82, 128-9, 351
servidão, 53, 57-8, 125, 516, 596; escravos fugitivos, 194, 370
Sevres, "condessa" de, 481, 489
Shagin Giray, 286, 289-90, 338-9, 345-6, 349, 353, 358, 360, 446
Shakespeare, William, 424, 495
Shcherbátov, general príncipe Fiódor F., 193
Shcherbátov, príncipe Mikhail M., 57, 253
Shcherbátova, princesa Dária F., 573-4
Shelburne, William Petty, conde de (mais tarde marquês de Lansdowne), 408, 417, 424
Sibéria, 48, 228, 395, 408, 428, 597
Sicília, 294
Sievers, conde Iákov, 165, 203
Sievers, condessa E. K., 165, 173
Silésia, 81, 289, 594
Simferopol, 379, 400, 406, 482
Simolin, barão I. M., 542, 588-9
Sinclair, Sir John, 471
Sinelnikov, Ivan M., 381, 396, 550
"Sistema do Norte" (rede de potências europeias nortistas), 105, 159, 287-8, 366
Skouratova, Dária *ver* Potemkina, Dária Vassílievna (mãe de P)
Smila, 491-3, 603, 636-8
Smith, Adam, 472
Smolensk, 47-8, 53-5, 61, 67, 123, 221, 318, 330, 361, 412, 491, 519, 539; regimento de, 48
Solms, conde von, 164-5, 171, 188-9
Sologuba, condessa Natália (nascida Naríchkina), 469
Soloveytchik, George, 380
Solugub, conde Ivan A., 469
Somov, Constantine, 177
Sophia Dorothea, princesa de Württemberg *ver* Maria Fiódorovna, grã-duquesa
Sophie, princesa de Zerbst-Anhalt *ver* Catarina II (a Grande), tsarina

Rumiántseva, condessa Iekaterina M., 151, 165, 187-8, 235
Rumiántsev-Zadunáiski, conde Pedro Alexándrovitch (marechal de campo), 127, 129, 132-4, 136-41, 143-4, 147-51, 160, 185, 187, 189-90, 193, 196-7, 214-5, 221, 223, 248, 257, 317-8, 346, 352, 439, 489n, 525-9, 532, 553, 557, 564, 566-7, 659
Rússia: aliança com a Áustria, 286, 311-27, 329, 336-40, 350, 353, 651; aliança com a Prússia, 104, 289; anexação da Crimeia, 348, 353, 355, 366, 378; "Arte pela Arte" (círculo de intelectuais), 177; Chancelaria Secreta, 82; colonização, 387-96, 405; Comissão Especial do Departamento Secreto do Senado, 199; Comissão Legislativa, 124, 140; conquista da Crimeia, 33, 347; Conselho de Estado, 128, 190, 273; conservatórios musicais, 381, 383; construção de navios, 372, 387, 414, 426, 501, 504, 537, 540, 662; cultivo de batatas introduzido por Bentham e P, 415; Expedição Secreta, 82, 101, 337; Gabinete Negro, 285, 337, 532, 535; guerra contra a Dinamarca, 82-5; guerra contra a Prússia, 80, 82; industrialização fomentada por P, 400; instalações industriais na, 413; lei de sucessão, 66; "Neutralidade Armada", 297, 299, 329, 615; Nova Rússia (províncias meridionais), 191, 362, 366, 388-9, 402, 404-5, 664, 667; Ordem de Santo André (mais alta condecoração russa), 192, 531, 615; paz com a Prússia, 82; produção de sal, 209; produção de seda, 400; proposta de aliança com a Polônia, 498-9, 539, 558; Revolta Dezembrista (1825), 233n; Revolução Russa, 672; Senado, 79-80, 82, 89, 101-2, 185, 199, 201, 334, 337, 341; separação da Polônia, 558, 567, 572, 592; trajes da corte russa, 115, 437-8; tratado com a Prússia, 627; Tratado de Comércio Anglo-Russo, 445, 615; vinho produzido na, 400; *ver também* Exército russo; Guerras Russo-Turcas; Império Russo; União Soviética
Rzewuski, hetmã Seweryn, 649

Sagan, Wilhelmina da Curlândia, duquesa de, 668
Saint-Germain, conde de, 295
Saint-Jean (memorialista), 256, 258, 450
Saint-Joseph, barão de *ver* Antoine, M.
sal, produção de, 209
Saldern, Caspar von, 158-9, 337
Salomão, tsar da Imerécia, 357
Saltikov, conde Nikolai I., 553, 574, 620, 622
Saltikov, Serguei V., 73-4, 84, 119, 184, 240
Saltikova, Dária Nikoláievna, 58-9
Samóilov, conde Alexandre Nikoláievtch, 120, 607; como general, 273; em posse da certidão de casamento para C e P, 206; ergue pilar memorial para P, 670; nomeado plenipotenciário, 648; nomeado procurador-geral, 664; secretário do Conselho de Estado, 273
Samóilov, Nikolai V., 54
Samóilova, condessa Iekaterina (nascida Trubetskaia), 534, 554, 562, 599
Samóilova, condessa Sophia A., 669
Samóilova, Maria A. (irmã de P), 54
Sanguszko, Karolina, princesa (mais tarde princesa de Nassau-Siegen), 480
Sanovski, dr., 39
Santos, Batalha dos (Caribe), 339
São Petersburgo, 35-6, 41, 43, 50, 53, 56, 59-60, 63, 66, 68-70, 78, 83, 87, 90, 92, 96, 101, 124, 126, 131, 133, 138-9, 142-5, 150-1, 155-8, 177, 203-4, 208, 211, 213, 221, 228-9, 235, 245-6, 278, 280, 298, 319, 341, 345, 348, 359, 374, 383, 408-9, 428, 432, 438, 442, 462, 465-7, 484-5, 514, 521, 547, 596, 631, 640, 656; fundação por Pedro, o Grande, 63; Praça do Senado, 341
Sapieha, príncipe Casimir Nestor, 488, 493, 544
Sappho, 472
Sarátov, 198, 366, 402
Sardanápalo, 582-3
Sardanova, Elena, 513
Sarti, Giuseppe, 381, 455-6, 488, 495, 533, 553, 577, 586, 602
Saxe, marechal Maurice de, 272

Sayre, Stephen, 489
Scavrónskaia (nascida Engelhardt, sobrinha de P), condessa Iekaterina, 56, 243, 427, 667; ajuda dos favoritos de C, 449; aparência, 266; casamento com Litta, 667; casamento com Scavrónski, 333; doença, 346; joias, 463; P em busca de favores para, 326; relação com P, 271, 470, 488, 554, 657; suposta gravidez de P, 271; temperamento, 272; viajando com C, 313; viúva de Scavrónski, 667
Scávronskaia, condessa Iekaterina P. (mais tarde princesa Bagration), 668
Scavrónski, conde Pável Martinovitch, 56, 333, 335, 420, 467, 667
Schlüsselburg, 66, 95, 102, 107, 413, 641
Schtofel'n, general K. F. von, 134
Schwerin, conde Kurt Christopher von, 76
Sebastópol, 33, 377-9, 382, 387, 406, 412, 474, 482, 508-10, 517, 525-7, 529, 537n, 544, 554, 563, 579, 605, 649, 662
seda, indústrias de, 400
Ségur, Louis-Philippe, conde de, 136, 416; amizade com P, 444, 446, 449, 465, 487, 514, 534, 569; brincadeira feita por P com, 514; com José II, 503, 506; discussões com P, 340, 472; escritos poéticos, 444; *Mémoires*, 444; na Revolução Francesa, 665; negociando o tratado de comércio franco-russo, 445; no encontro de C com o rei da Polônia, 499; presente de Branicki, 333; primeiro encontro com P, 457; repreendido por piadas, 254; sobre a Crimeia, 401, 405; sobre as sobrinhas de P, 266; sobre Bezboródko, 310; sobre Jones, 542; sobre o casamento de C e P, 207; sobre P, 40, 454-5, 457, 459, 469, 471-2, 520, 661; viajando na comitiva de C, 484; virando detetive, 569; visitando as novas cidades de P, 504
"Sejm de Quatro Anos" (parlamento da Revolução Polonesa), 539, 615, 637
Selim III, sultão otomano, 570, 616, 657
Semple, major James George, 282-3, 290, 346-7, 399
Senado russo, 79-80, 82, 89, 101-2, 185, 201, 334, 337, 341; Comissão Especial do Departamento Secreto do, 199
Sêneca, 472
Sereth, rio, 571
serviço militar, 57, 61, 65, 82, 128-9, 351
servidão, 53, 57-8, 125, 516, 596; escravos fugitivos, 194, 370
Sevres, "condessa" de, 481, 489
Shagin Giray, 286, 289-90, 338-9, 345-6, 349, 353, 358, 360, 446
Shakespeare, William, 424, 495
Shcherbátov, general príncipe Fiódor F., 193
Shcherbátov, príncipe Mikhail M., 57, 253
Shcherbátova, princesa Dária F., 573-4
Shelburne, William Petty, conde de (mais tarde marquês de Lansdowne), 408, 417, 424
Sibéria, 48, 228, 395, 408, 428, 597
Sicília, 294
Sievers, conde Iákov, 165, 203
Sievers, condessa E. K., 165, 173
Silésia, 81, 289, 594
Simferopol, 379, 400, 406, 482
Simolin, barão I. M., 542, 588-9
Sinclair, Sir John, 471
Sinelnikov, Ivan M., 381, 396, 550
"Sistema do Norte" (rede de potências europeias nortistas), 105, 159, 287-8, 366
Skouratova, Dária *ver* Potemkina, Dária Vassílievna (mãe de P)
Smila, 491-3, 603, 636-8
Smith, Adam, 472
Smolensk, 47-8, 53-5, 61, 67, 123, 221, 318, 330, 361, 412, 491, 519, 539; regimento de, 48
Solms, conde von, 164-5, 171, 188-9
Sologuba, condessa Natália (nascida Naríchkina), 469
Soloveytchik, George, 380
Solugub, conde Ivan A., 469
Somov, Constantine, 177
Sophia Dorothea, princesa de Württemberg *ver* Maria Fiódorovna, grã-duquesa
Sophie, princesa de Zerbst-Anhalt *ver* Catarina II (a Grande), tsarina

soviética, era *ver* União Soviética
spahis (cavaleiros feudais turcos), 135-6, 548, 550, 578
Sparrow (jardineiro), 420
Stackelberg, conde Otto-Magnus, 228, 493, 589, 596
Staël, Madame de, 66
Stálin, Ióssif, 43, 231, 383, 514, 527, 531, 670
Stárov, Ivan E., 374, 380, 382-3, 404-5, 435, 440, 586, 630, 670, 673
Stavropol, 402, 406
Stedingk, conde Curt, 41, 616, 620, 623-4, 634, 658
Stekalov, 163
Stormont, visconde de, 278, 298-9, 324
Strackhov, 248-9
Strawberry Hill (Londres), 440
Stróganov, conde A., 620
Stróganova, condessa Iekaterina P., 250, 410
Sublime Porta *ver* Império Otomano
Suécia, 63, 69, 72, 86, 104-5, 110, 119, 145, 153, 192, 244, 288, 323, 340, 351, 354, 369, 462, 516, 524-5, 547-8, 558-9, 568, 570, 592, 598, 623, 627; apoio à Turquia, 307
suecos, 110, 145, 285, 377, 390, 516, 547, 567-8, 598, 623
Suffolk, conde de, 164, 217, 248, 291
sufismo místico, 403
Suíça, 531, 574
suíços, 42, 164, 243, 427, 464
Sumarokov, P. I., 376
Sutherland, Richard, 390, 392, 417, 420, 591, 658
Suvórov-Rimnikski, conde general Alexandre V. (mais tarde príncipe e marechal de campo), 402n, 561n, 661; amizade com P, 531; *Arte da vitória*, 599; comandando ataque a Izmail, 609, 612; comandando contingente diante da Suécia, 623; como herói nacional no período soviético, 531, 561n; controlando êxodo de cristãos da Crimeia, 345; "corpo voador", 571; correspondência com P, 530; discussões com P, 473; em Fokshany, 577; em Kherson, 540; em Kinburn, 525; em Kuban, 353, 360, 402n; em Ochakov, 551; em Rimnik, 578, 580; ex-centricidade, 529; honrarias recebidas, 567, 580; lado intelectual, 530; louvor e respeito de P por, 578-80; mito de ódio entre P e, 531; museu soviético dedicado a, 561n; na Batalha de Liman, 546; papel na captura de Pugatchov, 199; preparando a invasão da Pérsia, 326-7; reação à morte de P, 659; táticas militares, 530, 550-1, 613; voltando-se contra P, 639
Svickhoski, 249
Swedenborg, Emanuel, 295

Tabela de Posições (serviço militar russo), 55, 159, 190
Tácito, 74, 243, 309
Taganrog, 346
"Talismã, O" (Púchkin), 668
Talízin, almirante Ivan L., 90-1
Talízin, capitão A. F., 90
Talleyrand, Príncipe Charles-Maurice de, 275, 533, 665
Tarakánova, princesa, 213, 385, 440
Tartária, 342-4
tártaros, 124, 128, 131, 134-6, 153, 156, 171, 342-5, 353, 355-6, 369, 377-9, 396, 398, 482, 497, 506-8, 511, 513-5, 519, 535, 540, 611, 662
Táurida, Palácio de, 360, 428, 452, 566, 615, 619, 623, 641, 658, 664, 666, 669
Tchaikóvski, Piotr Ilitch, 586
Tchelitche, Sophie de *ver* Witte, Sophie de
Tchernichov, conde Ivan G., 143, 233, 279-80, 361, 573, 620
Tchernichov, conde Zakhar G., 73, 103, 113, 128, 159, 187, 195, 279, 489
Tchetchênia, 357, 403, 661
tchetchenos, 394, 402-3, 523, 525, 641
Tchijovo, 47, 51-3, 55, 57, 59, 70, 174, 191, 319, 658, 662, 674
Tekeli, general P. A., 370, 538
Telesin, 48
Teodósia (cidade), 379, 483, 514
Tepper (banqueiro), 464
Teyssonière, Chevalier de la, 283, 294
Thorn, 592

Tiômkina, Elisaveta Grigórievna, 216
Todi, Madame, 455
Tolly, príncipe Mikhail Barclay de, 551
Took, William, 280
tortura, 51, 58, 87, 101-2, 133n, 152, 191, 201, 332
Toscana, 138, 316, 337
Tott, barão de, 131, 135, 138, 304, 307, 344
trajes da corte russa, 115, 437-8
Transilvânia, 343
Tratado de Comércio Anglo-Russo, 445, 615
Tratado de Comércio Franco-Russo, 445
Trebizonda, Jorge de, 304
Tríplice Aliança (Inglaterra, Holanda e Prússia), 548, 558-9, 615, 624
Troitsk, 195
Troitsko-Sergueiévna, Mosteiro de, 220
tropas anfíbias, 598
Trubetskoi, príncipe Ivan U., 216
Trubetskoi, príncipe Nikita S., 79
Trubetskoi, príncipe Serguei, 534
Tsargrado *ver* Constantinopla
Tsarítsino, 209
Tsárskoie Seló, 72, 117, 146, 161, 173-4, 180, 190-1, 203, 209, 231-2, 234, 245-6, 260, 267, 313, 319-20, 322, 325, 332, 339, 369, 405, 414, 420, 430-2, 438-40, 446-7, 483, 517, 564, 571, 573, 639-41, 645, 664
Tsebrikov, R. M. (secretário de P), 551, 558
Tsiruli, tenente, 516
Tulcha, 605

Uchakov, contra-almirante Fiódor F., 604-5, 635, 647
Ucrânia, 38, 53, 89, 123, 131, 243, 367, 370, 377, 420, 489, 525, 534, 567, 571, 674
União Soviética, 42, 101, 200, 233, 382-3, 386, 402, 440, 531, 561, 595, 658, 670
Universidade de Moscou, 62, 67
Ushurma (pastor tchetcheno), 403

Valáquia, 140, 208, 340, 382, 571, 584-5, 648, 651
Vassíltchikov, Alexandre S., 145-8, 152, 157-9, 162-5, 182-5, 192, 243, 251, 258, 260

Veneza, 60, 211, 340, 345, 474
Venezuela, 479, 494, 665
Vergennes, Charles Gravier, conde de, 208, 216, 354, 360
vermicular (barcaça), 426, 501-2
Viázemski, príncipe Alexandre Alexéiovitch, 102, 124-5, 190-1, 198, 201, 311, 590, 640, 664
vidro, fábricas de, 350n, 413
Vigée Lebrun, Marie Anne Elisabeth, 40, 266, 271, 421, 463, 599
vinho, produção de, 400
Visotskaia, Pelageia A. (irmã de P), 273
Visotski, Nikolai P. (sobrinho de P), 273
Vitória, rainha da Inglaterra, 489n
Vitovka, 563
Vivarais, Chevalier de, 119, 283
Vizin, Denis von, 62, 460
Vladikafkaz, 402, 406
Vladímir, grão-príncipe de Kíev, 358n
Voinovitch, conde Marko I., 327-8, 358, 463
Voltaire, 97, 107, 114, 118, 126, 129, 138, 142, 148, 158, 173, 178, 275, 322, 345, 357, 420, 472, 584
Vorontsov, conde Alexandre Románovitch, 311, 446, 450, 559
Vorontsov, conde Mikhail I. (chanceler), 86, 90, 96, 103, 106
Vorontsov, conde Roman I., 216, 251
Vorontsov, conde Semion Románovitch, 147, 149, 214, 242, 253, 265, 352, 394, 471, 627, 639
Vorontsov, príncipe Mikhail Semiónovitch, 206, 667
Vorontsova, princesa Isabel, 76, 84, 91
Vorontsova, princesa Sophie S., 668
Voulgaris, Eugenios, 309-10, 472

Walpole, Horace, 77, 280, 422
Walpole, Sir Robert, 458
Warbeck, Perkin, 154
Washington, George, 40, 480, 487, 665
Weymouth, visconde, 262-3
Whitworth, Sir Charles, 627, 644
Wiegel, F. F., 266, 367, 466, 469, 600, 661, 667

Wilhelmina, princesa de Hesse-Darmstad *ver* Natália, grã-duquesa
Witte, general Joseph de, 539, 621
Witte, Sophie de (mais tarde condessa Potocka), 539, 621-2, 667
Wolsey, cardeal Thomas, 40, 450*n*
Württemberg, príncipe Carlos Alexandre de, 648

Yeni-Kale, 197, 345, 379, 388
Yusuf-Pasha (grão-vizir), 523-4, 553, 616, 648

Zaboróvski, general I. A., 535
Zakrevskaia, condessa Natália G., 554, 633
Zamoyska, Ursula, condessa Mniszech, 485*n*
zaporogos (cossacos), 34, 140, 153, 368-71, 377, 391, 501, 534-5, 537, 556, 560, 596, 662
Zavadóvski, conde Pedro V.: amante de C, 224, 227-8, 234, 240-2, 260; aparência, 221; ciúmes de P em relação a, 225, 234; correspondência com C, 241; desaparece da Corte, 234; desejo de P de destituir, 242; destitui Iermólov, 448; doença, 240; fim do caso amoroso com C, 242, 262; inimizade em relação a P, 372, 446, 450, 559, 564; nomeado ajudante-general, 223; presentes de C, 234, 242; relação com P, 242; secretário de C, 221; serviço para C, 244; sobre P, 247, 352
Zeitlin, Joshua, 391-2, 405*n*, 483, 536, 590
zemliankas, 557
Zertis-Kamenski, Ambrósio (mais tarde bispo), 61, 68, 142, 652
Zhukov, Mikhail M., 265
Zimbry, 140
Zimmerman, dr., 114, 400
Zinovieva, Iekaterina H., 224
Zorich, Semion Gravrilovitch, 245
Zótov, Zakhar, 565, 626
Zúbov, conde Valerian A., 576, 612
Zúbov, príncipe Platon Alexándrovitch ("Moreno"), 574-6, 612, 625, 643, 666